汉译世界学术名著丛书

经 济 学

(第十九版)

上 册

〔美〕保罗·萨缪尔森
　　　威廉·诺德豪斯 著

萧琛 等译

商务印书馆
The Commercial Press

Paul A. Samuelson   *William D. Nordhaus*
ECONOMICS Nineteenth Edition
McGraw-Hill Education, 2010
© 2010 by McGraw-Hill Education
中文简体字本由麦格劳—希尔公司授权出版

汉译世界学术名著丛书
出 版 说 明

我馆历来重视移译世界各国学术名著。从五十年代起,更致力于翻译出版马克思主义诞生以前的古典学术著作,同时适当介绍当代具有定评的各派代表作品。幸赖著译界鼎力襄助,三十年来印行不下三百余种。我们确信只有用人类创造的全部知识财富来丰富自己的头脑,才能够建成现代化的社会主义社会。这些书籍所蕴藏的思想财富和学术价值,为学人所熟知,毋需赘述。这些译本过去以单行本印行,难见系统,汇编为丛书,才能相得益彰,蔚为大观,既便于研读查考,又利于文化积累。为此,我们从今年着手分辑刊行。限于目前印制能力,现在刊行五十种,今后打算逐年陆续汇印,经过若干年后当能显出系统性来。由于采用原纸型,译文未能重新校订,体例也不完全统一,凡是原来译本可用的序跋,都一仍其旧,个别序跋予以订正或删除。读书界完全懂得要用正确的分析态度去研读这些著作,汲取其对我有用的精华,剔除其不合时宜的糟粕,这一点也无需我们多说。希望海内外读书界、著译界给我们批评、建议,帮助我们把这套丛书出好。

商务印书馆编辑部
1981 年 1 月

译者序[1]

世上最难得的一位"经济学通才",美国首位诺贝尔经济学奖得主,于2009年12月13日与世长辞,享年94岁。作为宗师教科书的第16、17、18和本版的主译人,作为这位泰斗的最多受益者之一,我的手机在当天十多个小时内几乎被打爆。《东方早报》《华夏时报》《中国证券报》《21世纪经济报道》、新华社《国际先驱导报》《每日经济新闻》等多家媒体的稿约,一个比一个"更加十万火急"!以至于那天下午我在北大电教104阶梯教室授课告一段落的时候,一个欲起身提问的同学竟然无端地被其他几个同学"打住":"……还是让老师去忙吧!"

随后一周,采访的倾盆大雨和追悼的文论、鲜花一直在日夜兼程地洒遍神州各地。中国媒体记者的敏锐、才智、执著和高效,中国经济学人的诚挚、感慨、激情与追思,在一位远在万里的教授悄然离世的时候,竟然能够表现得如此淋漓尽致!而笔者本人也总算着实地体味了一把"怎样才叫真正的学者":当你离开这个世界的时候,全球每个角落的同行都会同时因你而拨冗奔忙!

---

[1] 本序言修改自主译人萧琛纪念萨缪尔森先生的文稿:"经济学的阳光与希望的田野 — 分享一代宗师萨缪尔森的风范与睿智"。该文曾发表于2009年12月19日《华夏时报》第26整版。

一、萨缪尔森:"让'沉闷的科学'变成诱人的富于激情的学科"

萨缪尔森《经济学》(英文版)教科书第19版近年已在美国麦格希出版公司(McGraw-Hill)问世。该书首版发行是在1948年,之后大约每三年更新一次,迄今已经有了19个版本。半个多世纪以来,这部西方世界的"经济学圣经",早已被译成了40余种文字,销售总量已超过一千万册。[1]

萨缪尔森《经济学》教科书长期广泛流行,是一件值得思索和回味的事情。萨缪尔森早在而立之年就在西方经济学界赢得了盛誉。他在30岁时出版的一项高级研究成果《经济分析基础》,在25年之后为他带来了诺贝尔经济学奖,并使他成为美国经济学家中第一个享此殊荣的人。

一个顶尖的学者为什么会很早就投身于普及性教育事业并取得了如此显赫的成就?

首先,萨缪尔森有一种经世济民的心胸和博学睿智的头脑。在二战后百废待兴、憧憬无限的氛围中,作为一名教师,他所看到的是年轻学生们失望于传统教科书的茫然的眼神,他感到"探讨普及经济学的革命性方法的时机业已成熟"。[2] "为了影响一代人的思想",[3] 萨缪尔森长期竭尽心血,甘之如饴。在诺贝尔颁奖致辞

---

[1] "胡代光序"第1页,萨缪尔森和诺德豪斯:《经济学》第16版中译本,华夏出版社,1999年。

[2] "金色的诞辰",第2页,萧琛译,萨缪尔森和诺德豪斯:《经济学》第16版中译本,华夏出版社,1999年。

[3] 萨缪尔森:《保罗·萨缪尔森科学论文集》第4卷,MIT出版社,1977年出版,第870页。

中，瑞典斯德哥尔摩经济学院教授阿沙·林贝克曾经这样评价:"萨缪尔森在提高经济学分析水平方面的贡献,已超过当代任何一位其他的经济学家。他事实上是重写了经济学理论的许多领域。"[1]

其次,萨缪尔森博采众长、善于折衷,是一位海纳百川的高手。在本书第19版教科书中,萨缪尔森还在卷首加上了一个异乎寻常的声明,精准地选用了"折衷"一词总结概括了自己的经济学生命。萨缪尔森一直认定,现代资本主义经济是一种"混合经济",由私人经济和公共经济两部分构成,前者可以用微观经济学加以分析,后者则可用宏观经济学进行论证。"萨缪尔森的开拓性的教科书的功绩在于:它第一次成功地把(当时)新的凯恩斯主义经济学和传统的微观经济学结合在一起。萨缪尔森使用了新古典综合派的概念,即一旦经济被恢复到充分就业状态,原有的古典学派的原理便能够适用。"萨缪尔森意欲为宏观经济学提供一个同微观经济学相一致的分析框架。[2]一个基本的事实是:"宏观经济学"一词,在萨缪尔森的教科书问世之前,甚至还不曾出现在西方经济学的词典中。[3]在微观经济学领域,萨缪尔森所采用的一整套市场分析方法,如供给曲线、需求曲线和成本曲线等,迄今仍是经济学界的共识和典范。[4]

再次,萨缪尔森具有博爱的师长情怀和非凡的沟通才能。萨

---

[1] "胡代光序"第2页,萨缪尔森和诺德豪斯:《经济学》第16版中译本,华夏出版社,1999年。

[2] "Play it again, Samuelson", *The Economist*, August 23rd, 1997, p.58.

[3] "金色的诞辰",第2页,萧琛译,萨缪尔森和诺德豪斯:《经济学》第16版中译本,华夏出版社,1999年。

[4] "Play it again, Samuelson", *The Economist*, August 23rd, 1997, p.58.

缪尔森的第16版和第17版的书前都有一句看似平常却意境迥远的题词："献给我们的孩子和学生。"萨缪尔森不仅桃李满天下、读者千百万，而且还是一位6个孩子（含三胞胎）的慈父和15个子孙的家长。萨缪尔森深感："若要让'沉闷的经济学'变成激动人心的学科，以恢复它的本来面目，那么，即使是很一般的经济学图表，也都需要重新加以设计。"萨缪尔森还专门附加了一章"如何读图"。为了更恰如其分，他甚至踏破铁鞋地采撷了一句有点鲜见的中国谚语，来作为该章的题头格言。在讨论国际贸易的时候，他曾独具匠心地绘制了一幅特别的"世界地图"。在该图中，各国的位置性状仍赫然可辨，但版图大小却不再取决于疆土面积、而是取决于贸易份额！这样的图读起来，怎能不让年轻的学生为之心动和奋发图强？

最后，萨缪尔森既是语言巨匠，也是幽默大师。[1]在缜密漫长的理论思辨和沉闷枯燥的逻辑推理中，《经济学》教科书的读者总是有幸能不时地为作者的语言艺术所感染，不时地为一种自然幽默的风格所触动。例如，在讨论"边际价值决定价格"的时候，萨缪尔森会提醒你应当切记，是"狗尾巴在摇动狗身子。"又如，在讲解国际贸易政策时，他将"关税"比作"撒在轮船发动机里的沙子"；而在讨论投资乘数效应的时候，他又用"拨动小提琴弦"加以类比。此外，在介绍马克思的专栏中，他引用了马克思的名言："让旧世界在共产主义革命面前发抖吧"，而后又加以呼应："统治阶级确实在这位伟人的影响下颤抖了一个多世纪！"

---

1 "Play it again, Samuelson", *The Economist*, August 23rd, 1997, p.58.

二、萨缪尔森：让《经济学》持久地"站在时代的潮头和经济学的锋刃之上"[1]

萨缪尔森《经济学》教科书"的确开创了一个崭新而持久的典范"。[2] 研究经济学的历史学家，像那些研究地球上骨骼与化石的古生物学家一样，通过考证《经济学》的第1版如何修订成第2版，并最终成为今天这个版本的，来确定各种经济学观点的盛衰年代。

尽管如此，随着岁月的流逝，"凯恩斯革命"的局限性逐渐暴露，萨缪尔森的教科书也遭致了许多批评。在20世纪60年代，曾有一本评论性专著《批萨缪尔森》[3] 指责他过于为自由放任的市场制度辩护，其篇幅竟然等同于萨缪尔森的教科书。而到1997年第16版推出之前，美国评论界又有人认为萨缪尔森过于追随凯恩斯，其15个版本的教科书基调"体现了一种对政府干预功能的信任和对市场运作后果的担忧"。该文还指出，"由于总是着眼于短期总需求，《经济学》低估了探讨长期经济增长的源泉的重要性。又由于凯恩斯所担心的问题，即'人们往往会储蓄过多，从而导致经济紧缩'，《经济学》的许多版本都隐含着一种'反储蓄'的基调。直到1989年发行的第13版，萨缪尔森和诺德豪斯才深感美国的储蓄率已经过低，才开始提请人们关注储蓄水平和经济增长之间

---

[1] "萨缪尔森致中国读者"第1页，萨缪尔森和诺德豪斯：《经济学》第16版中译本，华夏出版社，1999年。

[2] "金色的诞辰"，萧琛译，萨缪尔森和诺德豪斯：第16版中译本，华夏出版社，2003年第7次印刷，第3页。

[3] 林特：《批萨缪尔森》，1974年德文版，1977年英文版。

存有密切的关系。"[1]

近年,釜底抽薪式的挑战应该说来自斯坦福大学的教授斯蒂格利茨。他写道:"在实质上,这(指新古典综合体系)就是把经济学分为两个不同的部分。在一个部分中,当社会的经济资源没有达到充分就业时,宏观理论便能够适用;在另一部分,当社会的资源达到充分就业时,微观理论就发生作用。这种二者相互独立而很少关联的理论体系在教科书的写作和课程的教学上得以反映出来。先讲微观、后讲宏观,或者把次序颠倒过来都是无所谓的事情。在过去的数十年中,经济学者们已经对微观经济学和宏观经济学的分割提出了疑问。整个经济学界已经相信,宏观的变化必须以微观经济学的原理为基础;经济学只有一套,而非两套。然而,这一观点却没有在现有的任何教科书中被反映出来。"[2]

不满是向上的车轮,竞争是创新的动力。早在20世纪70年代,当"滞胀"这个经济学难题出现之后,经济学界已深感"新古典综合派"的解释力已经达到极限,并呼吁要"寻找一个新的凯恩斯,他的突如其来的洞察能力将会发展出一个理论,来解释今天所发生的事情"[3]。到了20世纪90年代,当"不停滞又不膨胀"的"新经济"展现之后,西方经济学家则更是大声疾呼:"需要超过马歇尔和萨缪尔森的原理"。萨缪尔森第15版《经济学》发行之后,一些评论家已经委婉地挑明:"其流行势头似成强弩之末"[4]。同期,斯蒂格

---

[1] "Play it again, Samuelson", *The Economist*, August 23rd, 1997, p.58.

[2] 斯蒂格利茨:《经济学》中译本上册,姚开建等译,高鸿业等校,中国人民大学出版社,1998年,第17页。

[3] 美《商业周刊》1974年6月29日第50页。

[4] "Play it again, Samuelson", *The Economist*, August 23rd, 1997, p.58.

利茨和曼昆的教科书都已经开始在国内外引起轰动。威廉·鲍莫尔（William Baumol）的教科书的呼声也很高，截止到1997年已经出了7版，而更早的理查德·利普西（Richard G. Lipsey）的教科书，在1981年就出到了第6版。

令人困惑、感叹与折服的一点是，1998年萨缪尔森教科书的第16版，也即50周年金版诞生后，其人气指数又再度如日中天。加里·伯克曾评论道："凯恩斯曾不无自嘲地说过，'长期看，我们都属于死亡。'在经济学第16版问世的今天，我对此似乎不敢苟同。看来，我们的脉搏依然相当强劲。"而萨缪尔森本人甚至不无自豪地宣称"已经站到了时代的潮头和经济学的锋刃之上"[1]。

三、萨缪尔森："地大物博人口众多的中国，无疑是个正在重新崛起的大国……"

在萨缪尔森《经济学》教科书50周年"世纪金版"（也即第16版）中译本的首发式上，我们曾播放过萨缪尔森为我们特别录制的《金版中译本发行贺辞》，并宣读过他的《致中国读者》的亲笔信函。萨缪尔森写道："就政治经济而言，中国无疑是个正在重新崛起的大国。中国的党政领导和广大民众已经选定了市场竞争机制作为发展经济的主要手段……地大物博人口众多的中国，在其迅速发展的今天，特别需要我们这本教科书来为您服务。"

走向市场经济的进程中，中国所面临的挑战无疑异常严峻。

---

[1] "萨缪尔森致中国读者"第1页，萨缪尔森和诺德豪斯：《经济学》第16版中译本，华夏出版社，1999年。

例如，计划经济转向市场经济的逻辑步骤，新兴经济体与成熟经济体接轨的合作模式，从模拟市场切换到成熟市场的临界条件和成功关键，切实向民间资本开放垄断产业，有效提高居民财产性收入，尽快挪除居民消费的制度性障碍，危机救市中从倚重（政府）投资走向倚重国民消费，从强调中间需求到强调最终需求等，此外，对于GDP、双顺差导向的成就和困难，都需要经济学者进一步努力借鉴和创新。"美国经营全球经济"进程中，已经在很多领域反叛了他们自己的经典经济学。[1]

经济学是一门帮助人们增强洞察能力和保障选择效率的学问。经济学有许多定义，就当今中国读者而言，笔者感到有两个特别值得注意。其一是马歇尔的定义，"经济学是一门研究人类一般生活事物的学问；它研究个人和社会活动中与获取和使用物质福利必需品最密切相关的那一部分。"其二是罗宾斯的定义，"经济学是研究人类行为的一个侧面，即目的和具有多种用途的稀缺的手段之间关系的科学。"[2]

坚持不懈地将最优化行为、市场均衡和稳定性偏好假设结合起来。[3] 经济学提供了各种范示，可以帮助我们在确定目标、选择手段和保证效率之间获得一种均衡。科学家是否应长期担任行政领导？现阶段"学历学位"是否比"就业机会"更加稀缺？金融海啸之后应否多做些时间密集型的事情，如生孩子或读MBA？经济

---

[1] 萧琛："美国负债增长模式的运作、震荡与前景"，《北京大学学报》，2012年第1期。

[2] 杰克·赫什利弗："经济学帝国的扩张"，萧琛译，朱天校，《现代国外经济学论文选》第十四辑，商务印书馆，1992年出版，第179页。

[3] 加里·贝克尔：《人类行为的经济学方法》，1976年英文版，第4页。

译者序

适用房的装修是否应追求豪华？是否应该用当"富人"的办法去购买第 N 套住房？股票价格指数（沪指）2000 点后是否应继续增持一线蓝筹股？显然，这些问题的答案都会因时因地因人而异。

正因为如此，我们才需要寻找一种一般性的参照"解"。日常生活中，你看到的是情怀各异的芸芸众生，是特殊；而在经济学中，你遇到的将是具有自利目标和理性手段的经济人，是一般。找到了一般，显然有助于比照出特殊。认真系统地学习经济学之后，你将会用一种同以往迥异的目光去审视整个世界和关注中国经济改革。

你所关注的可能不再仅仅是价格如何上涨，而是会这样问："价格上涨的主要原因是需求拉动还是成本推进？"你所看到的房地产调控，可能不再仅仅是呼吁降价和声讨暴利，而是能否扩大供给和缩小需求。你所困惑的大牛市，可能不再是机关单位如何三令五申"不准上班炒股"，而是会反思中国股市现阶段的内在法则是资源配置还是财富分配？你所重视的新农村建设，很可能不再仅仅是剪刀差、财政拨款和税收减免，而是丰收悖论、蛛网理论和边际消费倾向。而你所担忧的"民工荒"和"用工荒"，可能不再仅仅是农民工的处境如何尴尬，而是会想到二元结构和"刘易斯拐点"。还有，你所关注的 4 万亿救市，也可能不再仅仅是十大产业的振兴动向，而是会问，中间需求（渔船渔网）究竟有多少能够转换成最终需求（买鱼吃鱼）？总之，你会发现世界从来未曾变得如此生机勃勃和意趣盎然！

哈佛大学的曼昆教授说得好："在我当学生的 20 年中，最令我兴奋的课程是我在上大学一年级时所选的连续两个学期的经济学原理。可以毫不夸张地说,这门课改变了我的一生。"[1] 无怪乎萨缪尔森敢有一句豪言:"如果我能为一个国家编写经济学教科书,我就不会在乎是谁在为它制定法律,又是谁在为它起草条约。"[2] 萨缪尔森的教科书不仅能够让初学者迅速地概览主流经济学的全貌,而且还能不断地刷新财政学、金融学、统计学、会计学、制度经济学、国际经济学、发展经济学和环境经济学的知识。在西方它堪称一部"流动的经济学百科全书"。

改革开放30年来,东西方经济学的交流和碰撞,对于中国新一代人力资源的素质乃至整个民族的思维习惯,显然已经产生了积极深远的影响。许多经济学工具,如需求管理和比较优势等,都已为政策制定者所驾轻就熟。在应对人民币升值压力和贸易摩擦的岁月里,在应对美国次贷危机和国际金融海啸的风浪中,在反思过度储蓄和谴责过度消费的争议中,在呐喊美元退位和应对国际气候政治压力中,中国党和政府的气魄和明智,中国13亿人的沉着与坚实,都已经让整个世界刮目相看!

他山之石,可以攻玉。经济学的阳光正在洒遍希望的田野,中国经济已经从国际金融危机的阴影中率先走出,民间资本正进入传统的六大垄断行业,资本市场的"国际版"正在酝酿,人民币互换的周边化、区域化和全球化的进程正在稳步推进。楼市奇迹和卖地财政已经引起政府和业界的高度警惕和反思,"十二五"的恢弘画面正在向我们徐徐展开,城镇化、市场化和低碳化的新

---

[1] 曼昆:《经济学原理》中译本,梁小民译,三联书店和北京大学出版社,1999年,第6页。

[2] 张维迎:致读者(代序),经济学英文版第16版影印本,机械工业出版社,1998年7月,第8页。

浪潮正在华夏广袤的热土地上日夜兼程地涌动和激荡，甚至，新能源、ICE 和物联网等依稀成型中的世界经济三大新产业和新增长点，也在中国被提上议事日程……。一代经济学宗师生前所愿的重新崛起，正在中国转变成活生生的现实！

萨缪尔森所愿的也许更多更多。他不仅让我们更深刻地去领悟什么是学者和什么是教授，不仅让我们更认真地思索什么是大学和什么是大师，而且让我们更热切地探讨什么是科教兴国和什么是人才强国！在伟人已经离去的今天，翻开他最后亲笔的这部教科书，难道我们不应该想得更多更多？难道我们不应该做得更多更多？斯人健在时，不用扬鞭自奋蹄、于细微处见精神；斯人逝去后，化作春泥更护花，甚至，于无声处听惊雷！

萧 琛
2011 年 11 月

目 录

上 册

一个折衷主义者的宣言 ································· 1
前　言 ·· 5
第一编　基本概念 ···································· 1
第一章　经济学核心概念 ························ 3
　为何学习经济学 ··· 3
　　稀缺与效率：经济学的双重主题 ············ 4
　　经济学的逻辑 ··· 8
　　热切的心情，冷静的头脑 ····················· 12
　经济组织的三个经济问题 ························ 14
　　市场经济、指令经济和混合经济 ·········· 15
　社会的技术可能性 ··································· 17
　　投入和产出 ·· 17
　　生产可能性边界 ···································· 19

第二章　现代混合经济 ·························· 31
　市场机制 ··· 32
　贸易、货币和资本 ··································· 43

贸易、专业化和劳动分工 44
　　　货币：交换的润滑剂 49
　　　资　本 50
　政府——看得见的手 54
　　　效　率 55
　　　公　平 62
　　　宏观经济的增长与稳定 65
　　　福利国家的崛起 66
第三章　供给和需求的基本原理 70
　需求表 72
　　　需求曲线 74
　供给表 81
　　　供给曲线 81
　供给和需求的均衡 87
　　　供给曲线与需求曲线的均衡 89

第二编　微观经济学：供给、需求和产品市场 101
第四章　供给和需求：弹性及其应用 103
　需求弹性和供给弹性 104
　　　需求的价格弹性 104
　　　弹性和收益 107
　　　供给的价格弹性 111
　弹性在主要经济政策问题中的应用 113
　　　农业经济学 114
　　　税收对价格和数量的影响 117

最低下限与最高上限 ·· 121

第五章　需求和消费者行为 ··· 129
　　选择和效用理论 ·· 129
　　需求曲线的推导 ·· 136
　　另一种分析方法：替代效应和收入效应 ······················· 142
　　从个人需求到市场需求 ··· 144
　　上瘾物品的经济学 ··· 149
　　价值悖论 ·· 154
　　消费者剩余 ··· 156

第六章　生产和企业组织 ·· 162
生产理论和边际产量 ·· 163
　　基本概念 ·· 163
　　规模报酬 ·· 170
　　短期和长期 ··· 173
　　技术变革 ·· 176
　　生产率和总生产函数 ·· 182
企业组织 ··· 186
　　企业的性质 ··· 186
　　大企业、小企业和微型企业 ······································· 190

第七章　成本分析 ·· 197
成本的经济分析 ·· 198
　　总成本：固定成本和可变成本 ···································· 198
　　边际成本的定义 ·· 201
　　平均成本 ·· 203

生产和成本之间的关系 ………………………………………… 210
　　　企业的投入选择 …………………………………………………… 213
　经济成本和企业会计 …………………………………………………… 216
　　　收益表或损益表 …………………………………………………… 216
　　　资产负债表 ………………………………………………………… 219
　机会成本 ………………………………………………………………… 224
　　　机会成本和市场 …………………………………………………… 228

第八章　完全竞争市场分析 ……………………………………………… 231
　竞争企业的供给行为 …………………………………………………… 232
　　　竞争企业的行为 …………………………………………………… 232
　竞争行业的供给行为 …………………………………………………… 241
　　　加总所有企业的供给曲线可得到市场供给曲线 ………………… 242
　　　短期均衡和长期均衡 ……………………………………………… 244
　竞争市场的各种特殊情况 ……………………………………………… 249
　　　一般原则 …………………………………………………………… 250
　竞争市场的效率和公平 ………………………………………………… 255
　　　市场机制的评价 …………………………………………………… 255
　　　限　制 ……………………………………………………………… 263

第九章　不完全竞争和垄断 ……………………………………………… 267
　不完全竞争模式 ………………………………………………………… 267
　　　形形色色的不完全竞争者 ………………………………………… 271
　　　市场不完全竞争的根源 …………………………………………… 274
　垄断行为 ………………………………………………………………… 284
　　　边际收益的概念 …………………………………………………… 284

利润最大化的条件 288

　　边际原则：让过去成为过去 294

第十章　寡头和垄断竞争 299

不完全竞争者的行为 300

　　不完全竞争的实质 303

　　不完全竞争理论 304

　　价格歧视 312

博弈论 316

　　基本概念 319

公共政策如何应对市场力量 326

　　不完全竞争的经济成本 326

　　经济活动监管 330

　　反托拉斯法与经济学 334

　　反托拉斯法讨论的基本问题：行为和结构 336

第十一章　不确定性经济学 344

风险和不确定性经济学 345

　　投机：资产或商品的跨时空调配 346

　　风险和不确定性 352

保险经济学 356

　　信息经济中的市场不灵 358

　　社会保险 361

医疗保障：不会消失的问题 363

　　医疗保健经济学 364

创新与信息 369

第三编 要素市场：劳动、土地和资本 ········· 375

第十二章 市场如何决定收入 ············· 377

收入与财富 ························· 377
收　入 ························· 379
财　富 ························· 382

边际生产率决定投入的价格 ················ 384
要素需求的性质 ····················· 384
分配理论和边际收益产品 ················ 388
生产要素的需求 ····················· 391
生产要素的供给 ····················· 395
供给和需求决定要素价格 ················ 397
国民收入的分配 ····················· 401
收入分配中是否也存在看不见的手 ············ 405

第十三章 劳动市场 ····················· 407

工资决定的基本理论 ···················· 407
一般工资水平 ······················ 407
对劳动的需求 ······················ 409
劳动的供给 ······················· 413
工资差异 ························· 416

劳工市场的问题与政策 ··················· 426
美国工会的经济学 ···················· 426
工会如何提高工资 ···················· 428
对工资和就业的影响 ··················· 430
歧　视 ························· 433

	歧视的经济学解释	434
	对妇女的经济歧视	438
	经验证据	439
	减少劳工市场歧视	440

第十四章 土地、自然资源和环境 …… 442

自然资源经济学		443
	资源种类	445
	固定的土地和租金	447
环境经济学		452
	外部性	453
	外部性引起的市场无效率	455
	矫正外部性问题的政策	461
	气候变化：减缓抑或不减缓	467

第十五章 资本、利息和利润 …… 472

利息和资本的基本概念		473
	什么是资本	473
	收益率和利率	475
	资产的现值	478
	利率的神秘世界	483
资本、利润和利息理论		490
	资本的基本理论	490
	利润作为资本的收益	498

第四编　应用微观经济学 …… 503

第十六章 政府税收和支出 …… 505

政府对经济的控制 ······ 506
    政府的政策工具 ······ 506
    政府的职能 ······ 511
    公共选择理论 ······ 517
政府支出 ······ 519
    财政联邦制 ······ 519
文化和技术影响 ······ 524
税收的经济学问题 ······ 525
    税收原则 ······ 525
    联邦税 ······ 530
    州和地方政府的税收 ······ 537
    税收的效率与公平 ······ 539
    最后的话 ······ 542

第十七章　效率与公平：重大权衡 ······ 543
不公平的根源 ······ 544
    收入和财富的分布 ······ 545
    美国的贫困问题 ······ 551
反贫困政策 ······ 559
    再分配的代价 ······ 560
    反贫困政策：计划和批评 ······ 566
    福利改革之战 ······ 568
    新世纪初期的经济政策 ······ 572

第十八章　国际贸易 ······ 574
国际贸易的实质 ······ 574

商品和服务的国际贸易原因 ····· 577

国家间的比较优势 ····· 580
比较优势原则 ····· 580
比较优势图解 ····· 586
扩展到多种商品和多个国家 ····· 593
限制条件和结论 ····· 595

贸易保护主义 ····· 598
贸易和关税的供求分析 ····· 598
保护主义经济学 ····· 609
多边贸易谈判 ····· 620

一个折衷主义者的宣言

科学永远在进步,尽管有时也会出现倒退。对于经济学来说这当然也同样中肯。第二次世界大战结束时,领军的经济学入门教材已经失去了应有的学术活力和适用价值。经济学也在推陈出新,新的经济学教科书也因此奉天承运,1948年萨缪尔森的首版《经济学》问世。该书让宏观经济学跨进了各大学的殿堂,并很快成了经济学教材的黄金范本,直至全球化步伐日夜兼程的当今。

多年来无论是经济还是经济学本身无疑都发生了翻天覆地的变化。一版接一版的萨缪尔森《经济学》,包括诺德豪斯加盟后的多个版本,不仅如实笔录了当代世界经济的变革,而且也及时提供着经济学前沿地带最缜密的学术思考。

令人惊讶的是,眼前的这本《经济学》也许是所有19个版本中最为出色的一版。我们称之为"不偏不倚版"或曰"精华版"。它仍在进一步倡扬现代混合经济的价值:能将严厉冷酷的市场运作规律与公正热心的政府监管机制巧妙地糅合成一体!

折衷主义在今天之所以如此重要,是因为全球经济正面临一场可怕的雪崩,也许是上世纪30年代大危机以来最为严重的周期性衰退。诸多现存教科书都曾推崇得意过早的自由主义,一直为自由市场的金融成就欢呼雀跃，不断为解除管制、取消监管等自由主义改革而推波助澜。然而，这场庆典的苦果，却只能是疯狂之极的楼市和股市轰然崩溃，而酿成目前这场金融危机。

我们所倡导的折衷主义，并不是一味旨在让读者背离个人信仰的方剂。我们只是分析家而绝非是邪教布道者。本书倡导的折衷主义并非是由意识形态所培育的。我们只根据现实和理论来推定自由主义或官僚主义的客观后果。所有读者都可据以自由地择定他们自己心中最好的行为准则和价值标准。

漫游了经济学领地之后，我们的心得是，无论是无管制的资本主义制度还是过度管制的中央计划体制，二者都不能有效地组织起一个真正现代化的社会。这一点已经为经济史所证实。

来自左翼和右翼的各种诟病一直在呼唤折衷主义者临危授命。严格管制的中央计划经济，在上世纪中间的几十年中曾经被广泛地鼓吹和采行，而在其酿成了经济停滞和消费者种种不幸后果之后，终于为历史所抛弃。

哈耶克和弗里德曼警示我们止步的"通向奴役的路"究竟是什么样的呢？他们所反对的东西是社会保障、最低工资、国家公园、累进税制，以及致力于环境保护和减缓全球变暖等政府规制。今天，在高收入社会中绝大多数人当然都拥护这些计划。这类混合经济既提供法治规则，也允许有限度的竞争自由。

在随后的篇章中，我们会概览折衷主义者笔下的经济学。数以百万计的中国、印度、拉丁美洲以及新兴社会的学生们都已从这本教科书中寻觅到经济学的无穷智慧。我们的使命不仅在于确保本书能涵盖最新最优秀的经济学思想，并全面透彻地解析现代混合经济的运作逻辑,而且还在于我们始终怀着一种公正博大的胸怀去阐释来自左翼和右翼的各种批评意见。

尽管如此,在此宣言中,还是不妨允许我们再上一个台阶:认可"有限的折衷主义"的存在。我们的知识体系当然还不够完善,社会经济等各种资源则更是有限。我们当然也会注意到当前世界经济的困境。我们已经目睹不受约束的资本主义制度所滋生的令人寒心的收入和财富的不公平分配,以及供给学派财税信条所导致的巨大的财政赤字。我们还见证了缺乏监管体制时那些重大的现代金融创新所带来的数以千亿美元计的天价损失,乃至许多曾经令人肃然起敬的金融帝国大厦的坍塌。

只有当社会经济航船平稳驶向"有限的折衷"这个新的海域,我们才有可能确保全球经济恢复到充分就业的理想境界。在那里,社会经济进步的果实将能更加公平地为栽培它的人们所分享。

保罗·萨缪尔森
2009 年 2 月

前　言[1]

当我们完成《经济学》第19版时，美国经济已陷入20世纪30年代大萧条以来最严重的金融危机并已陷入严重的经济衰退之中。美国联邦政府已投入数以千亿计的美元来拯救其岌岌可危的金融系统，事实上这也是在捍卫整个世界的金融体系。新一届奥巴马政府已与国会一起通过了美国历史上最大规模的刺激经济的一揽子计划。动荡的经济以及各国应对危机的方式，势将重新塑造美国的经济、劳工市场以及未来的世界金融体系。

尽管如此，我们还是应当牢记，2007~2009年的金融危机是在那以前半个多世纪中世界上绝大多数地区，尤其是北美、西欧以及东亚等富裕国家的生活水平已经经历了蔚为壮观的提升之后才突然爆发的。为此，人们不禁要问：21世纪人类能否续写上一世纪的辉煌？少数国家的丰裕能否进一步惠及多数贫困的国家？人们或者会问：圣经《启示录》中四位骑马人所警示的那些祸害——饥荒、战争、环境恶化、经济萧条——是否将会蔓延到北半球？我们是否有足够的智慧来重塑金融体系使之能够继续提供支持经济增长的动力？面对诸如全球气候变暖等环境问题的威胁，我们又

---

[1] 本书较原书删去了少量教学元素。

应当进一步思考些什么？

所有这些都将是我们在这一新版《经济学》中所要努力加以探讨的问题。

市场日益重要

你也许会担心，长期繁荣所酿成的人们对于经济事务的兴趣早已逐渐淡去。但在生活中令我们费解的一点却是，各国人民对于经济学不朽真理的追求事实上已经变得比以往更加的热切。那些对历史记忆犹新的人们也许早已发现：21世纪这场威胁到全球金融市场的危机，不过是对上个世纪银行大恐慌的某种新的回应。

放眼世界，计算机和通信技术的进步已经创造出一个竞争更加激烈的全球市场，世界也因此变得更加密不可分。像中国和印度等曾经严重依赖于集中计划体制的发展中的大国，若想赶上当今富裕国家的生活水平，恐怕很有必要去进一步理解和把握市场经济制度的精髓。与此同时，越来越多的有识之士也已经开始对全球性的环境问题感到忧心忡忡。他们深感，很有必要尽快签订更多旨在保护人类珍贵的自然遗产的国际协定。所有这些令人目不暇接的发展和变化，都不过是我们所称谓的恢弘的"现代经济歌剧"中的生动壮观的一幕。

新版《经济学》

半个世纪以来，在美国乃至全世界的课堂上，我们这本教科书都已经成了经济学入门教学的范本。它每一个新的版本，都要从最杰出的经济学家那里汲取有关市场如何运行、社会如何提高人民生活水平等各方面的研究成果和思想精华。尽管如此，自1948年本书第1版问世以来，经济学毕竟已经发生了非常深刻的变化，况且，经济学原本就是一个活生生的不断丰富和发展着的有机运动整体，因此这本书的每一次再版都势必是一次新生。而每经历一次新生，作者都能够借这个令人振奋的时刻，来展示现代经济学家最前沿的博大精深的思想成果，并进一步更加系统地阐释经济学如何促进着世界走向更大的繁荣。

有鉴于此，本书的使命是：对现代经济学原理和美国乃至整个世界的经济制度体系进行一番明晰、精确和生动的介绍和剖析；本书的宗旨是强调最基本的经济学原理，它们比每天报纸上的头条新闻要更加能够经得起时间和历史的考验。

《经济学》第19版

随着经济学和它所置身的现实世界的发展，本书也在发展。我们的理念是继续强调六条构成前一版本以及本次修订版的基本原则：

1. 经济学的核心理论　通常情况下经济学都似乎是在没完没了地应对新的困惑、谜团和其他两难问题。然而，有经验的教师都明白，支撑整个经济学的不过是一些最基本的概念。只要掌握了这些基础知识，整个学习进程就会事半功倍并变得意趣盎然。为此，本书的注意力始终放在经济学的核心理论，即那些颠扑不破的真

理上面。这些理论在 21 世纪的重要性将丝毫不会逊色于它们在 20 世纪的情况。微观经济学的概念，如稀缺、效率、专业化的成果和比较优势原理等，永远都不会丧失它们在经济学中的核心地位，只要稀缺性本身还继续存在。

宏观经济学方面，我们强调两大核心方法：一方面从凯恩斯经济学出发去理解经济周期，另一方面则从新古典经济学的增长模型来把握长期经济增长趋势。借助这个理论框架，我们在已有的诸如消费函数的讨论中融入了更多的金融宏观经济学的新发展成果。

2. 经济学的创新　经济学在推动人们了解创新的意义方面做出了许多贡献。软件产业中令人目不暇接的发明速度也许已经让我们习以为常。在该产业，几乎每个月都有新的产品问世。互联网正在革新交流和学习的习惯，现代商业也正在接受一场洗礼。

此外，我们还强调经济学本身的创新。经济学家都在以自己的方式变成一群改革者和发明家。历史表明，经济思想一旦用于解决现实世界的问题，便会酝酿和掀起社会变迁的浪潮。本书讨论的重要创新包括通过"排放（许可证）交易"计划，将经济学应用到环境保护领域。我们还将阐释行为经济学家是如何改变消费者理论和金融产业的面貌。此外，事关人类未来的最重要的创新之一，是如何处理诸如气候变化等这类"全球公共品"问题，为此我们将探讨全球环境问题的处理模式，如《京都议定书》等。最后，我们还将关注政策的创新，诸如联邦储备在货币政策方面的新动向。

3. 小的即美的　在过去的半个世纪中，经济学大大拓展了其研究领域。经济学的大旗不仅飘扬在传统的市场领域之上，而且还覆盖了环境、法律研究、统计和历史方法、性别和种族歧视，甚至深入到我们家庭生活等各个方面。然而，从本质上讲，经济学毕竟是一门关于在现实中如何选择的科学。这就意味着身为作者的我们必须选择那些最为重要并且最具持久意义的问题作为本书探讨的对象。总之，这有点像点菜进餐，小的往往是美好的，因为它便于消化。

为本书确定命题曾遇到很多两难问题。为挑选这些课题，我们调查了许多授课教师和有影响的学者，以判定哪些课题对于传授给品行良好的公民或新一代经济学人是至关重要的。我们曾拟定了一份涵盖主要课题的目录清单，然后又忍痛将其中的许多章节和附录陆陆续续地删去。我们不时地发问，所保留下来的课题的内容和效果是否能像我们所预期的那样完好，对于学生理解21世纪的经济学是否真的不可或缺。每一课题只有闯过了这几关之后，才有可能最后被收编入书。如此严格筛选的结果是，本书比前一版减少了三章，篇幅上也减少了四分之一。农业经济学、工会历史、马克思主义经济学、一般均衡模型新论、监管发展和劳工团队问题等都被删掉，所腾出的篇幅用来更多地探讨当代金融经济学、真实商业周期理论以及全球公共品等更加重大的课题。

4. 新世纪的政策问题　对于许多学生来说，经济学吸引他们的地方在于经济学和公共政策的关系。而第19版所强调的，正是微观经济学和宏观经济学方面的政策制定问题。随着人类社会的发展，人们开始破坏自然环境和生态系统。环境经济学可以帮助学生理解经济活动的外部性问题，并进一步探寻能让人类经济发展和自然环境相适应的途径。一系列新案例都力图将微观经济学的核心命题应用到现实生活之中。

第二大重点在于金融经济学和货币经济学。我们相当彻底地重新编写了金融经济学部分的内容。过去的内容强调将货币发行量作为中央银行影响经济的主要因素。这种方法已经不能反映现代金融体系的真实面貌了。如今的美联储正不断尝试制定旨在影响短期利率以及为金融市场提供流动性的政策。在第19版中，我们将用三个重点章节将这些变化充分展开。

5. 关于全球化问题的争论　　过去10年中，曾出现许多关于国际贸易在经济生活中的作用等问题的激烈舌战。一些人认为美国制造业就业率的下降原因在于工作机会都被出口到了印度和中国。移民成为了一个饱受争议的话题，特别是在那些失业率高居不下的地区。无论原因何在，美国在21世纪初都实实在在地面临着一种困惑：产出高速增长和就业显著下降二者竟然能够并行不悖。

有关全球化的讨论是近些年来重大的论战之一，其症结在于国家之间日益增进的经济一体化。美国人都明白，现在还没有哪一个国家能成为孤岛。移民潮和国际贸易对交易品种、成交价格和我们的薪酬都有着深刻的影响。恐怖主义可以对本土的经济产生摧毁性的影响，而非洲的战争则可以导致饥荒进而降低人民的生活水平。如果我们不仔细地研究比较优势原理，则恐怕没有人能够透彻地理解贸易增长和资本流动所带来的影响。我们将看到金融资本的流动如何对贸易格局产生重大的影响；并回答这样的问题：当像中国这样的穷国正在储蓄之时，像美国这样的富国为什么却正在借债？为此，第19版进一步增加了国际经济学、国际经济贸易及其同国内经济运行如何相互影响等方面的内容。

6. 简明清晰　尽管第19版有许多新的特点，但整个准备过程中贯穿始终的"朝圣的北斗"，还是力图创造出一种清晰和易于让学生接受的方式。学生们是来自不同的背景、带着对现实世界运作方式不同的先入之见而走进我们的课堂的。我们的作用并不是要改变他们的价值观。相反，我们只是希望学生们能首先理解经济学的不朽真理，然后积极地去付诸实践，从而让整个世界变得更加适合于他们及其家庭去从事工作和进行生活。而欲达此目的，则应该说没有什么办法能够比简明清晰的陈述更为有效了。我们在全书的每一页上都煞费苦心，以增进对基础经济理论的全面把握。我们曾收到各地学生和教师的数以千计的评论和建议，并已经将他们的建议融进了第19版《经济学》中。

致　谢

本书虽然只有两位作者，但是合作者却很多很多。我们衷心感谢我们的同行、评论家、学生和麦格劳—希尔出版公司的工作人员，是他们保证了《经济学》第19版能够及时完成。麻省理工学院、耶鲁大学及其他院校的同行也热情地提出过宝贵的意见。他们包括 William C. Brainard、E. Cary Brown、John Geanakoplos、Robert J. Gordon、Lyle Gramely、Paul Joskow、Alfred Kahn、Richard

Levin、Robert Litan、Barry Nalebuff、Merton J. Peck、Gustav Ranis、Herbert Scarf、Robert M. Solow、James Tobin、Janet Yellen 和 Gary Yohe。

此外，我们还从许多基础经济学教学人士们不倦的工作中获益匪浅，他们为教科书所做的努力已充分体现在本版之中。我们还要特别感谢第 19 版的审稿人。他们是：

Esmael Adibi, *Chapman University*

Abu Dowlah, *Saint Francis College*

Adam Forest, *University of Washington, Tacoma*

Harold Horowitz, *Touro College*

Jui-Chi Huang, *Harrisburg Area Community College*

Carl Jensen, *Iona College, New Rochelle*

Craig Jumper, *Rich Mountain Community College*

Carlos Liard-Muriente, *Central Connecticut State University*

Phillip Letting, *Harrisburg Area Community College*

Ibrahim Oweiss, *Georgetown University*

Walter Park, *American University*

Gordana Pesakovic, *Argosy University, Sarasota*

Harold Peterson, *Boston College*

David Ruccio, *University of Notre Dame*

Derek Trunkey, *George Washington University*

Mark Witte, *Northwestern University*

Jiawen Yang, *George Washington University*

麻省理工学院、耶鲁大学和其他许多院校的学生们也发挥了一种"看不见的大学"的作用。他们不断地提问与诘难，使得我们的教科书每一版都比前一版要少一点遗憾。尽管他们人数众多、无法枚举，但书中每一章都渗透着他们的思考和影响。Nancy King 在纽黑文市（耶鲁大学所在地）为本书后期运作的后勤保障方面提供了很多的帮助。在此我们特别要感谢 Caroleen Verly 为本书做出的贡献，他阅读了手稿并提出了许多宝贵的改进意见。我们还要感谢 Dr. Xi.Chen 为本书提供了 economic globes 并且审查了原稿。

若没有麦格劳—希尔出版公司熟练而精干的团队在每一阶段的辛勤工作，本书是无法完成的。我们想要特别感谢（按出现先后顺序排序）的是：Douglas Reiner、Karen Fisher、Noelle Fox、Susanne Reidell、Lori Hazzard、Matt Baldwin 和 Jen Lambert。正是这个技术娴熟的专家小组，用一大垛的软盘和小山似的文稿塑成了眼前这样一件完美的艺术品。

致我行我素的学生

在历史书上你们已经见过那些涤荡文明根基的革命浪潮，如宗教冲突、争取政治自由的斗争、打倒殖民主义和帝国主义的战争。而在过去的 20 年中，席卷东欧、前苏联和其他每一个地区的经济改革浪潮也已经在改变整个世界的面貌。一些青年人因为不满意中央集权政府而推倒了柏林墙，推翻了强权，并向民主政治和市场经济靠拢。

与你相仿的年轻学生们，正憧憬着自由民主市场经济体制所能带来的繁荣。他们正在努力抗争，以便能有权从西方教科书中获取所需要的新思想。本版经济学正是那些能够带给他们希望的西方教科书中的一本。

思想的市场

我们的学生们到底在追求一种什么样的市场呢？从本书中，你将了解到全球化带来的机遇与挑战、金融市场的脆弱性、不熟练劳工和训练有素的医生。你可能在报纸上看到国内生产总值、消费者价格指数、联邦储备和失业率等名词。在你系统地学完本书各章之后，你就能把握这些词的准确含义。更重要的是，你还会了解到影响和决定它们的经济力量。

尽管如此，思想的市场还同样存在。经济学不同流派正是在此建树他们各自的理论大厦，并努力向其同行们传播自己的学术主张。在随后各章中，你会发现各种关于经济学的思想成果的公正的评论：从早期的经济学家，如亚当·斯密、大卫·李嘉图、卡尔·马克思，到现代的思想巨匠，如约翰·梅纳德·凯恩斯、米尔顿·弗里德曼和詹姆斯·托宾。

祝 愿！

驶往混合经济这块大陆时，你也许难免有点担忧，这完全可以理解。不过由衷地说，我们事实上是在羡慕甚至是在嫉妒你——我们的新学生！因为你刚刚起锚扬帆，开始你人生的远航，前方魅人的经济学世界正在等待着你去遨游！这是个多么令人激动的时刻，一辈子，只有这么一次！值此，我们衷心地祝愿你一帆风顺！

保罗·萨缪尔森
威廉·诺德豪斯

第一编

基本概念

第一章 经济学核心概念

> 骑士时代已经过去；随之而来的是智者、经济学家和计算者的时代。
>
> ——埃德蒙·伯克

为何学习经济学

开卷之际你也许会问：为什么要学习经济学？不妨让我们仔细掂量一下。

一些人学经济学是为了帮助自己找到好的工作。

另一些人认为他们应能更深地理解关于通货膨胀和失业的报道的背后还藏着什么。

还有一些人则希望弄明白：何种政策可以减缓全球变暖？苹果播放器 iPod 转由"中国制造"意味着什么？

所有这些还有其他更多的理由当然都很好。然而，我们已经开始认识到，一条最重要的理由应该是：在人的一生（从摇篮到坟墓）中，你永远都无法回避无情的经济学真理。

作为一个选民，如果你不懂一点经济学，那么你的意见和建议就很有可能不得要领和令人费解。不学经济学，你就不能完全明白国际贸易、税收政策或者造成经济衰退和高失业率的各种原因。

选择终身职业，也许是你一生中要做的一项最重要的经济决策。你的前途不仅取决于你的能力，而且还取决于全国和各地的经济力量对你的工资的影响。此外，经济学知识还可以帮助你在购买房屋、支付子女教育以及为退休而储蓄等场合做出更明智的选择。诚然，学习经济学并不一定能让你变成一个天才；但不学经济学，命运就很可能会与你格格不入。

毋庸赘言，我们希望你能够发现，除了有用之外，经济学本身还是一个很有魅力的领域。一届接一届的年轻学生们常常惊讶地发现：理解经济学原理，透过现象看本质，竟然是如此地开心和刺激！

稀缺与效率：经济学的双重主题

让我们从经济学的定义开始。半个多世纪以来，经济学所研究和讨论的问题的范围已经扩大了很多。以下是本书讨论的主要方面：

- 经济学研究金融市场行为，包括利率、汇率和股价。
- 探究一些国家或人群富裕而另一些国家或人群却长期贫穷的根源，继而寻求各种提高穷国和穷人收入的解决办法，而前提条件则是不损害经济本身的成长。
- 研究商业周期（也译"经济周期"——译者注），即信贷、失业和通货膨胀的上下波动，探讨如何利用经济政策加以调节。
- 考察国际贸易、国际金融和全球化的经济影响，并着重分析若干关于自由贸易开放边界等热点难题。
- 提出并回答政府采用何种政策才能达到既定的重大目标，如加快经济增长、有效利用资源、实现充分就业、稳定价格水平和公平地分配收入等。

这已经是一份很长的清单，不过我们还可以进一步将它扩展好多倍。但是，如果将所有这些定义加以提炼的话，我们就会发现其中存在一个共同的主题：

> **经济学**研究的是一个社会如何利用稀缺的资源生产有价值的商品，并将它们在不同的个体之间进行分配。

若思考一下这些定义，我们可以发现经济学贯穿着两大核心思想，即物品和资源是稀缺的，以及社会必须有效利用这些资源。事实上，正是由于存在着稀缺性和人们追求效率的愿望，才使得对经济学的关注永远不会消失。

不妨考虑一个不存在稀缺的社会。如果能无限量地生产出各种物品，或者如果人类的欲望能够完全得到满足，那么会产生什么样的后果呢？既然人们拥有了自己想要拥有的一切东西，当然也就不必再担心花光其目前有限的收入。而企业也不必为劳动成本和医疗保健问题犯愁；政府则不用再为税收、支出和环境污染等问题而大伤脑筋，因为谁都已经不在乎这些问题了。此外，既然我们所有的人都能够随心所欲地得到自己所想要的东西，那么，也就没有任何人会去关心不同的人或不同阶层之间的收入分配（是否公平的）问题。

在这个丰裕而理想的伊甸园里，所有的物品都实行免费，仿佛沙漠中的沙子和海滩边的海水。所有的价格也都因此变成了"零"，市场也因此而变得可有可无。如果是，则经济学当然也就不再是一门有用的学科。

然而，任何现实社会都决不是那种拥有无限可能性的"乌托邦"，而是一个到处都充满着**经济品**的稀缺的世界。**稀缺**是指这样一种状态：相对于需求，物品总是有限的。实事求是的观察家都不会否认，尽管经历了两个世纪的经济快速增长，美国的生产能力还是不能完全满足每个人的欲望。如果将所有的需要加总起来的话，你立刻就会发现，现有的物品和劳务甚至根本无法满足每个人的消费欲望中很小的一部分！我们的国民产出须扩大很多很多倍，才有可能使得普通的美国人都能达到医生或联赛棒球手那样高的生活水准。更何况在美国以外的国家，特别是非洲地区。在那里，成千上万的人甚至还处于饥寒交迫之中。

鉴于人的欲望的无限性，就一项经济活动而言，最重要的事情当然就是最好地利用其有限的资源。这使我们不得不面对效率这个关键性的概念。**效率**是指最有效地使用社会资源以满足人类的愿望和需要。相反，如若一个经济中充斥着恶性竞争、严重污染或政府腐败，它当然只能生产出少于"无上述问题"时该经济原本可以生产的物品，或者还会生产出一大堆不对路的物品。这些都会使消费者的境遇比本该出现的情况更差。这些问题都是资源未能有效配置的后果。

经济效率要求在给定技术和稀缺资源的条件下,生产最优质量和最多数量的商品和服务。在不会使其他人境况变坏的前提下,如果一项经济活动不再有可能增进任何人的经济福利,则该项经济活动就被认为是有效率的。

经济学的精髓之一在于承认稀缺性是一种现实存在,并探究一个社会如何进行组织才能最有效地利用其资源。这一点,可以说是经济学伟大而独特的贡献。

当代经济学有两大分支:微观经济学和宏观经济学。亚当·斯密通常被认为是**微观经济学**的创始人,今天,经济学的这一分支主要是研究作为单个实体的市场、企业、家庭的行为。亚当·斯密曾在《国富论》(1776年)中考察了物品价格的形成,以及土地、劳动和资本的价格如何确定等问题,并揭示了市场机制的长处和弊端。更为重要的一点是,斯密指明了市场的效率特征,并解释了个人的自利行为通过竞争市场如何产生社会经济效益。今天拓展了的微观经济学的领地已经远远超出了最初的界定,它已经讨论到垄断和国际贸易的作用,还有金融和其他许多重要的命题。

经济学的另一个重要分支是**宏观经济学**。它研究经济的总体运行。在约翰·梅纳德·凯恩斯1936年发表革命性巨著《就业、利息与货币通论》之前,现代意义上的宏观经济学还根本不存在。当时,英美经济尚未走出20世纪30年代的大萧条,超过四分之一的美国劳动人口处于失业状态。凯恩斯的新理论展现了一个探讨高通胀和高失业交替攀升的商业周期的根源的分析范式。如今，宏观经济学已经拓展到很多领域，如总投资与消费的决定、中央银行对货币和利率的管理、导致国际金融危机的原因，还有，为什么一些国家经济繁荣而另一些国家却停滞不前等问题。尽管宏观经济学已经进步并远远超越了凯恩斯当初的创见，但凯恩斯提出的一系列命题仍然不失为现代宏观经济学的基本范畴。

经济学的逻辑

经济生活是由一系列活动组成的复杂集合，包括购买、销售、讨价还价、投资、劝说等。经济科学的最终目的就是要理解这些复杂的活动。这也正是本书的宗旨之所在。那么，经济学家又是如何完成他们的任务的呢？

经济学家运用科学方法来理解经济生活，包括观察经济事件、利用统计分析和历史记录。对于预算赤字的影响或通货膨胀的原因等复杂现象来说，历史可以提供丰富的前车之鉴。

经济学家经常依赖于分析和理论。理论研究方法使得经济学家能够进行一般化的抽象，诸如讨论国际贸易与专业化分工的好处、税收与配额的弊端等等。

此外，经济学家们创建了一门被称为经济计量学的专业分析技术，即将统计学工具应用到经济问题的分析之中。借助经济计量学，经济学家可以从堆积如山的经验数据中抽象出简单明了的事物之间的联系机制。

不妨提请初出茅庐的经济学人注意一下：必须警惕经济推理中各种常见的思维谬误。由于经济关系通常十分复杂，涉及许多不同的变量，因此很容易混淆事件背后的真正原因和政府政策对经济的影响。以下是经济推理中一些常见的谬误：

- 前因后果谬误（也译"后此谬误"——译者注）。第一个错误出自于因果推理。如果我们仅仅因为一件事发生在另一件事之前，就想当然地认为前者是后者的原因，那么，我们就犯下了这里所说的前因后果谬误。[1] 一个实例发生在20世纪30年代大萧条时期的美国。一些人观察到，在商业周期扩张之前或之中，会出现或伴随物价上涨的现象。由此，他们便得出结论说，治疗大萧条的良方是提高工资和价格。这种对策建议会导致一系列以增加工资和提高价格为目的的非效率（也可译"无效率"或"低效率"——译者注）的立法和规定。然而这些举措真的能够推动经济复苏吗？几乎可以肯定地说："不能。"尽管它们可能会有利于复苏早日起步，但事实情况却是，只有在政府为准备第二次世界大战而扩大军事开支从而导致总支出迅速回升的时候，经济才得到了真正的复苏。
- 不能保持其他条件不变。第二个陷阱是在考虑某一问题时没能保持其他相关条件不变。例如，我们或许想知道提高税率究竟会增加还是会减少税收收入。一些人提出了这样一种诱

---

[1] 后此（post hoc）是"后此，所以因此"（post hoc，ergo propter hoc）的缩写。它是从拉丁文翻译而来的，整个短语的意思是："在此之后，因而必然由此造成。"

人的观点,即我们既可以将财政蛋糕分而食之,而同时又可以拥有它。他们争辩说,降低税率会在增加政府收入的同时减少预算赤字。他们指出,1964年肯尼迪·约翰逊的"减税"大大降低了税率之后,1965年政府收入马上就有所上升。据此,他们认为降低税率便可以提高政府的收入。

这一推理有什么错呢?本论断的前提应该是:其他条件不变——这一点特别重要;而它却忽视了1964~1965年期间的经济增长。由于人们的收入在这一时期有所上升,因此,尽管税率降低了,政府收入却依然有所增加。进一步的研究表明,如果1964年没有降低税率,则1965年政府的收入会达到更高的水平。可见,这一分析在推断中没有坚持"保持其他条件不变"的原则。

切记:当你分析一个变量对于经济体系的影响时,一定要保持其他条件不变。

- **合成谬误**。有时我们会假定,对局部来说是正确的东西,对总体来说也一定正确。然而,在经济学中,我们经常发现总体并不等于部分之和。如果你认为对局部来说成立的东西,对总体也必然成立,那你就犯了"合成谬误"。

如果你真的忽略了合成谬误的原理,那么你就会对以下这些正确的命题吃惊不已:(1)如果某一农场主获得丰收,他的收入会增加;但如果所有农场主的收成都破纪录的话,则他(以及所有)的农场收入却(都)会下降。(2)如果一个人获得了更多的货币,那么他的境况会变好;但如果每个人都获得了更多的货币,那么整个社会反而可能变糟。(3) 如果对某一产品（比如鞋类或钢铁）征收高额关税，则该行业的生产者（由于得到保护而）可能会因此发财；但如果对所有的行业都征收高额关税，则绝大多数生产者和消费者的境况都会变坏。

实证经济学与规范经济学

在考虑经济问题时，我们必须区分事实本身和它是否公平这两个方面的问题。实证经济学讨论的是经济社会的事实，而规范经济学则涉及价值判断。

实证经济学回答如下的问题：为什么医生比门房赚的钱要多？北美自由贸易协定（NAFTA）是提高了还是降低了大多数美国人的工资？高利率能否使经济放缓和通货膨胀降低？尽管这些问题可能很难回答，但只要利用分析和经验例证就可以找到答案。因此将这类问题归于实证经济学的范畴。

规范经济学涉及伦理信条和价值判断。应该提高失业率以确保通货膨胀不会迅速上升吗？美国是否应该进一步用谈判协议的办法去降低进口关税？美国的收入分配是否已经变得更加不公平？由于这类问题涉及伦理、价值而非事实本身，因此其答案也就无所谓正确或错误。尽管经济学也可以关注这些争议，办法是考察各政策方案可能产生的后果，但是，这类问题还是只能依靠政治辩论和投票决策去解决。

这些例子没有任何诡异或神奇之处，它们不过是整个体系中的个体互动的结果。个体相互作用时，整体行为往往与个体行为的结果大相径庭。

导言中我们姑且简略地提及这些谬误。以后，当引入了经济学工具之后，我们还将重新就这些问题展开讨论，并举例说明不注意经济学逻辑会使你犯什么样的错误。这些错误有时会使你付出昂贵的代价。当你学完这本书之后，不妨再回过头来看看，为什么上述那些看似矛盾的结论实际上却是完全正确的。

热切的心情，冷静的头脑

从20世纪以来，经济学已经从一粒小橡树果子长成了一棵高大繁茂的橡树。在它的各个分支中，我们可以找到关于一系列重大问题的解释：国际贸易的好处，降低失业和抑制通货膨胀的建议，退休基金的投资方式，甚至为防止全球变暖而拍卖有限的二氧化碳排放权的提案等。世界各地的经济学家都在努力地收集经验数据，以增进我们对经济发展趋势的理解。

你或许会问，经济学家进行权衡、分析和计算的目的是什么？经济科学的最终目的是改善人们的日常生活条件。提高国内生产总值绝不是一场数字游戏。较高的收入水平所意味的是可口的食品、温暖的房屋、热水，还有安全的饮用水以及长期预防疾病的接种疫苗。

较高的收入还意味着更多的东西。它可以使政府更多地开办学校，从而使年轻人更多地学习文化，掌握现代化设备和计算机操作技能。随着收入的进一步提高，国家还可以提供财力支持科研，确定适应本国气候和土壤的农业技术，或研制出针对当地疾病的疫苗。经济增长能够提供更多的资源，人们会有更多的时间从事诗歌和音乐等艺术事业，也会有更多的闲暇时间读书、听音乐和亲自演奏。经济发展并没有固定的模式，世界各地的文化也千差万别，尽管如此，免受饥饿、疾病和自然灾难之苦，却是全人类共同的心愿。

然而，人类几千年的历史告诉我们，仅仅依靠热情是不能解决饥饿和治愈疾病的。一个自由和有效的市场并不能必然地使收入分配得到全社会的认可。决定经济进程的最佳路径，或实现社会产出的公平分配，所需要的都是冷静的头脑。它可以客观地评估各种手段的成本和收益，尽最大的可能保持分析的独立性，而不受各种一厢情愿的空想的干扰。有时，经济进程还要求一些过时的工厂倒闭；有时，情况先是恶化，尔后才会好转，正如某些中央计划体制的国家采用市场原则后所经历的那样。医疗保健领域的选择更难权衡，因为有限的资源所直接涉及的是人的生死存亡。

你也许听说过一句口号，叫做"各尽所能，按需分配"。但那些政府已经逐渐明白，还没有哪一个社会能仅靠这一理想化原则长期地运转下去。为了维持经济的健康运行，政府必须建立机制，让人们有工作和储蓄的动力。

社会应当为失业者提供一定时期的支持，但如果（失业等）社会保险覆盖面过大或时间过长的话，则人们就会依赖政府。他们会逐渐认为政府应该为他们生活的各个方面负责。这当然会使人类的进取之剑日益锈钝。正是由于政府项目追求崇高目标，才意味着严格审查和效率管理势必不可缺忽。

社会必须致力于兼顾无情的"市场规则"与慷慨的"国家福利"。只有在充满热情的同时保持冷静的头脑，经济科学才能够发挥作用，才能为一个富有效率、繁荣和公正的社会寻找到恰当的平衡点。

经济组织的三个经济问题

人类社会，无论它是一个发达的工业化国家，还是一个中央计划型的经济体，或者只是一个孤立的部落社会，都必须面对和解决三个最基本的经济问题：生产什么、如何生产和为谁生产。

事实上，经济组织的这三个基本问题，在今天与在人类文明之初是同样重要和关键。下面我们就进一步仔细地观察这三个问题：

- 生产什么和生产多少？一个社会必须决定，在诸多可能的物品和劳务之中，每一种应该生产多少以及何时生产。今天，我们应当生产比萨饼还是衬衫？生产少量的优质衬衫还是生产大量的普通衬衫？我们应当利用有限的资源生产更多的消费品（如比萨饼），还是应当生产较少的消费品和较多的投资品（如生产比萨饼的机器），从而让明天有更多的产出和消费？
- 如何生产？一个社会必须决定谁来生产，使用何种资源，以及采用何种生产技术。谁来种田，谁来教书？用石油发电，还是用煤炭发电，或是用太阳能发电？设备是由人还是由机器人来操作？

- 为谁生产？谁来享用经济活动的成果？收入和财富的分配是公平合理的吗？社会产品如何在不同的居民之间进行分配？我们的社会是否会成为一个富人很少而穷人很多的社会？教师、运动员、汽车工人和风险投资家，谁应当得到高收入？社会应该给穷人提供最低消费，还是严酷地遵循不劳动者不得食的原则？

市场经济、指令经济和混合经济

解决生产什么、如何生产以及为谁生产的问题，有哪些不同的方式呢？不同的社会选取和借助各种不同的经济体制进行组织，而经济学则研究这些可供社会采用的配置稀缺资源的制度和机制。

通常我们区分两种本质不同的经济组织方式。一个极端是，政府制定大部分经济政策，处于统治集团最高层的那些人逐层向下发布经济指令。另一个极端是，决策由市场来做出，个人或企业通过货币支付自愿地交换物品和劳务。让我们简要地考察一下经济组织的这两种形式。

在美国和越来越多的国家中，多数经济问题都是由市场来解决的。因此，它们的经济制度称为市场经济。**市场经济**是一种主要由个人和私人企业决定生产和消费的经济制度。价格、市场、盈亏、刺激与奖励的一整套机制解决了生产什么、如何生产和为谁生产的问题。企业采用成本最低的生产技术（如何生产），生那些利润最高的商品（生产什么）。消费则取决于个人如何决策去花费他们的收入（为谁生产），这些收入包括来自劳动的工资收入和来自财产所有权的财产收入。市场经济的极端情况被称为**自由放任**经济，即政府不对经济决策施加任何影响。

与市场经济不同，**指令经济**是由政府做出有关生产和分配的所有重大决策。在指令经济中，如20世纪大部分时期前苏联所采取的经济制度，政府不仅占有大部分生产资料（土地和资本），而且拥有并指导大多数行业中的企业经营，并成为大多数工人的雇主，指挥他们如何工作。此外，政府还决定社会产出在不同的物品与劳务之间如何分布。简言之，政府通过它的资源所有权和实施经济政策的权力解答基本的经济问题。

当今世界上没有任何一个经济完全属于上述两种极端之一。相反，所有的社会都是既带有市场经济的成分也带有指令经济的成分的**混合经济**。

> 经济生活既可以经由官僚体系集中指令去组织，也可以交由分散的各行其是的市场机制去组织。今天，美国和其他高收入经济体的大多数决策都是经由市场机制而形成的。不过政府在监督市场运行方面仍然扮演着重要的角色：政府制定法律来监管经济生活，提供教育和治安等服务，并管制污染等。当今绝大多数社会都采行混合经济制度。

社会的技术可能性

造出的每一支枪,下水的每一艘军舰,发射的每一枚火箭,归根结底,都意味着对那些忍饥挨饿的人们的一种偷盗。

——德怀特·艾森豪威尔总统

每个经济体的资源存量都是有限的——无论是劳动、技术知识、工厂和工具,还是土地和能源。在决定生产什么和如何进行生产时,该经济体实际上是在决定如何配置资源,以生产千百万种商品和劳务。多少土地应该用于种植小麦,或用于建筑房屋?多少工厂应该用于生产计算机?多少工厂制作比萨饼?多少儿童按职业运动员培养?多少儿童按职业经济学家培养?抑或,按计算机软件人员培养?

相对于需要来讲,物品总是稀缺的,面对这一无可否认的事实,一个经济体系必须决定如何利用其有限的资源。它必须在物品的各种有可能的组合之间进行选择(生产什么),在不同的生产技术之间进行选择(如何生产),最后还必须决定谁消费这些物品(为谁生产)。

投入和产出

要回答这三个问题,每个社会必须就经济的投入和产出做出选择。**投入**指的是生产商品和服务的过程中所使用的物品或劳务。一个经济体使用其现有的技术将投入转换为产出。**产出**是指生产过程中创造的各种有用的物品或劳务,它们可以用于消费或用于进一步生产。我们来看看一块比萨饼的"生产"。我们说,鸡蛋、面粉、热能、比萨饼烤炉和厨师的熟练劳动等是投入,而可口的比萨饼则是产出。在教育中,老师的时间、教室和实验室、课本等是投入,而有知识的、能干的、高收入的公民则是产出。

投入的另一个名称叫**生产要素**。它们可以被划分成三大基本范畴:土地、劳动和资本。

- 土地或更为流行的说法,自然资源,指的是生产过程中大自然赋予人们的礼物。它包括:农业、住房、工厂和道路等所使用的土地;给汽车加油或给房间供暖的能源,还有诸如铜、铁矿石和沙等非能源资源。在今天这个拥挤的世界上,我们必须拓宽自然资源的范畴,将环境资源,诸如清新的空气和适合饮用的水,也视为一种自然资源。
- 劳动指人们花费在生产过程中的时间和精力(在汽车制造厂上班,在土地上耕作,在学校里教学,或制作比萨饼等)。在各种技术水平上,千百万种工作和任务都是由劳动完成的。对于一个发达的工业化国家来说,劳动曾一直是最熟悉和最重要的生产要素。
- 资本是一个经济体为了生产其他的物品而生产出来的耐用品。资本品包括机器、道路、计算机、铁锤、卡车、钢铁厂、汽车、洗衣机和建筑物等。在后文我们还将看到,专业化的资本品积累是经济发展必不可少的要素。

如果需要用"投入"和"产出"这两个术语来表述以上三大

基本经济问题,那么,我们应该这样说,一个社会必须决定:(1)产出什么、产出多少;(2)如何产出,即用何种技术和要素进行投入,以得到令人满意的产出;(3)为谁生产,即如何分配这些产出。

生产可能性边界

生活经验告诉我们,人不能拥有世间一切物品。通常我们会听到这样的话:"你可以选择巧克力,也可以选择香草冰激凌,但是不能两者统统都要。"同理,一个国家也无法没有限制地得到它所想要的一切物品,因为这要受到资源和可供利用的技术的制约。

在有限的机会中进行选择,其迫切性在战争时期表现得最为突出。在讨论2003年美国是否应当对伊拉克开战时,人们想要弄清的问题是:这场战争的代价究竟会有多大。官方说它只需要500亿美元,尽管一些经济学家认为它可能要花费2万亿美元之多!更甚者,代价还并不仅仅是货币,货币数字后面意味着所要购买的各种其他资源。而随着伊拉克战争开销的攀升,人们自然进一步想知道,为什么要向巴格达城而不是纽约市派驻更多的警力?或者,为什么要在中东而不是在美国的中西部对电力系统进行维修?众所周知,正如上文引用过的艾森豪威尔总统所说的话那样,军事上占用的资源越多,可供民用消费和投资的资源就会越少。

为了使讨论生动起见,我们不妨考察一个只生产大炮和黄油这两种经济品的经济体。大炮代表的是军费开支,而黄油则代表民用开支。现在假定我们的经济体将所有的资源都投入到民用物品,即黄油的生产上。于是,每年所能生产的黄油便会有一个最

表1-1 稀缺资源的约束意味着需要在大炮与黄油之间进行权衡

各种生产可能性		
可能性	黄油（百万磅）	大炮（千门）
A	0	15
B	1	14
C	2	12
D	3	9
E	4	5
F	5	0

稀缺的投入和技术限制了大炮与黄油的生产。当我们从A移到B……最后移到F时，我们就将劳动、机器和土地由大炮行业转到黄油行业，从而增加了黄油的生产。

大的数量。黄油的最大数量取决于该经济体所拥有的资源的数量与质量，以及利用资源进行生产的效率。现假设，利用现有的技术和资源，每年能够生产出来的黄油的最大数量为500万磅。

从另一极端讨论，假设所有的资源都用于生产大炮。同样，由于资源的有限性，该经济体只能生产出有限数量的大炮。在本例中，我们假设，如果不生产任何黄油的话，该经济体每年能够生产15 000门某种类型的大炮。

全生产大炮和全生产黄油显然是两个极端的选择。而在这两个极端之间，存在着许多种其他组合的可能性。只要愿意放弃一些黄油，我们就可以拥有更多大炮；相反，若愿意放弃一些大炮，则可以得到更多的黄油。

表1-1给出了大炮和黄油的一系列的可能性组合。组合F是一个极端，表示只生产黄油而不生产大炮；组合A是另一个极端，

即全部资源都用于生产大炮。在它们之间的组合 E、D、C 和 B，则表明了为了生产更多的大炮，该经济体必须相应放弃更多的黄油。

你或许会问，一个国家如何将黄油转换为大炮？黄油转换成大炮，并非指这两种实物的直接挪动，而是要经由将生产它们的经济资源从一种用途转换成另一种用途的渠道和手段。

我们可以用图 1-1 形象地描述该经济体的生产可能性。图中横坐标表示黄油，纵坐标表示大炮。根据表 1-1 中的数据，在图 1-1 的横轴上向右量取 5 个单位的黄油，在纵轴上向上量取 0 个单位的大炮，便可得到 F 点；同理，向右量取 4 单位黄油，向上量取 5 单位大炮，就可以得到 E 点；最后，向右量取 0 单位黄油，向上量取 15 单位大炮，可得 A 点。

如果用所有的代表黄油与大炮的不同的产量组合的新点填满上述几点之间的空隙，则我们就能得到如图 1-2 所示的称为生产可

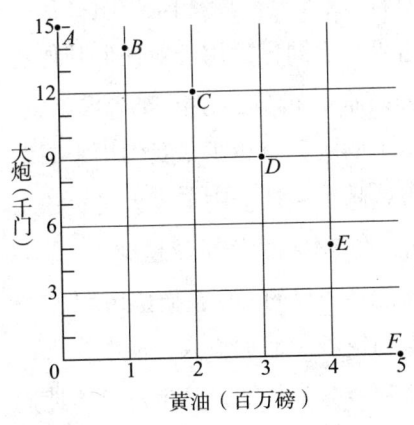

图 1-1　生产可能性的图形表述
本图描绘了表 1-1 中所示的各种选择的产量。

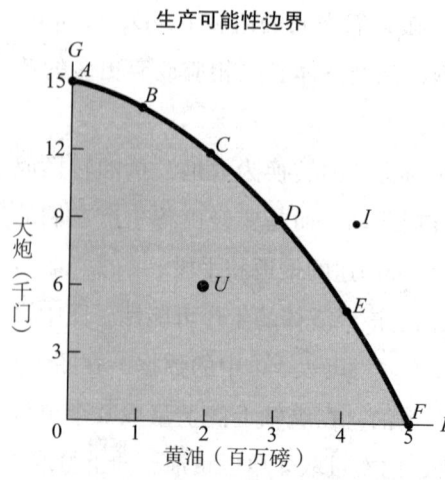

图 1-2 一条平滑的曲线把代表生产可能性数值的各点连接起来

这一边界表示可供选择的清单,沿着这条边界,社会可以选择用大炮去替代黄油。它假设技术状况和投入数量是既定的。边界之外的点(如 I 点)是不可行的,或者是达不到的。而边界内的任何一点(如 U 点)表明经济尚未达到有效率的生产,如商业周期中失业率较高时的情形。

能性边界,或简称 PPF 的连续平滑的曲线。

> **生产可能性边界**,表示在技术知识和可投入品数量既定的条件下,一个经济体所能有效率地得到的最大产量。

生产可能性边界是供一个经济体进行选择的菜单。图 1-2 描绘的是大炮和黄油的生产可能性边界,但同样适用于对任何其他物品的选择。由此,政府用于生产公共品(如高速公路)的资源越多,剩下的用于生产私人品(如住房)的资源就越少;我们用来消费的食品越多,则用来消费的衣服就越少;社会决定今天消费的东西越多,则用于生产未来消费物品的资本品的产量就越少。

图 1-3 到图 1-5 给出了生产可能性边界的一些重要应用。图 1-3 表明经济增长对一国生产可能性的影响。增加投入,或改进生产技术,能使国家产出更多的商品和劳务,其结果是生产可能性边

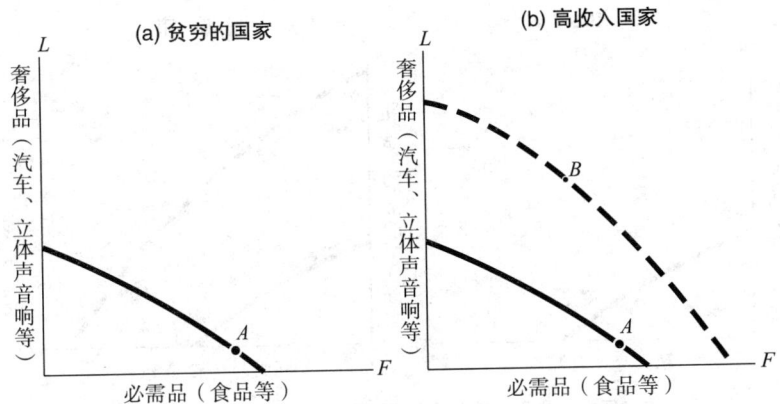

图1-3 经济增长使生产可能性边界向外移动

（a）尚未发展的国家很贫穷。它必须将几乎所有的资源都用于生产食品，而只能享用很少的奢侈品。（b）投入品的增加和技术变革使PPF向外移动。随着经济的增长，一国从A移动到B，与增加的奢侈品消费相比，食品消费增加较少。如果愿意的话，它也可以同时增加两种物品的消费。

界向外移动。该图还表明，一个贫穷的国家必须将其大部分资源用于生产食品，而富裕的国家随着其生产潜能的增长，则能够生产出更多的奢侈品。

图1-4表明了必须在私人品（按价格购买）和公共品（用税收支付）之间进行选择。贫穷的国家仅仅能承担很少的公共品，如公众健康和基础教育等。但是，随着经济的增长，更多的产出份额将被用于生产公共品和提高环境质量。

图1-5表明，一个经济体如何在（a）当前消费品和（b）投资或资本品（机器、厂房等）之间进行选择。通过牺牲当前消费和生产更多的资本品，一国的经济能够更快速地增长，从而使未来

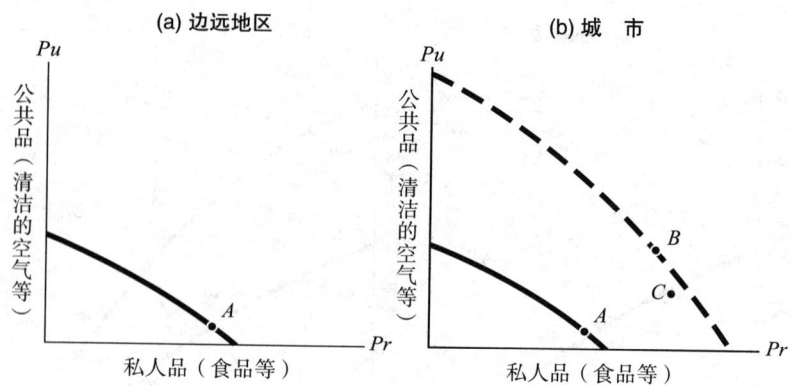

图 1-4 经济体必须在公共品和私人品之间选择

（a）贫穷的边远地区，产出仅能糊口，很少有剩余来提供清洁的空气或公众保健等公共品。（b）现代化的繁荣的经济，将较高收入中的更多部分用于公共品和政府服务（道路、环保和教育）。

有可能生产出更多的两种物品（消费品和资本品）。

罗伯特·弗罗斯特在其诗作《未选择的路》中揭示了经济学的一个最深层的概念：机会成本。由于资源是稀缺的，因此，我们必须不断地决定如何利用我们有限的时间和收入。当你决定是否学经济学，是否买汽车，或是否上大学时，你需要放弃一些事情——存在着若干可以被放弃的机会。这类有待被放弃的非最优的事情或东西，体现着你进行该项决策的机会成本。

机会成本概念也可以用生产可能性边界加以说明。不妨看图 1-2 中的生产可能性边界。该图反映了大炮与黄油之间此消彼长的关系。假设，该国决定将大炮购买量从 9 000 门增加到 12 000 门，即从边界上的 D 点移动到 C 点，则这一决策的机会成本为多少呢？

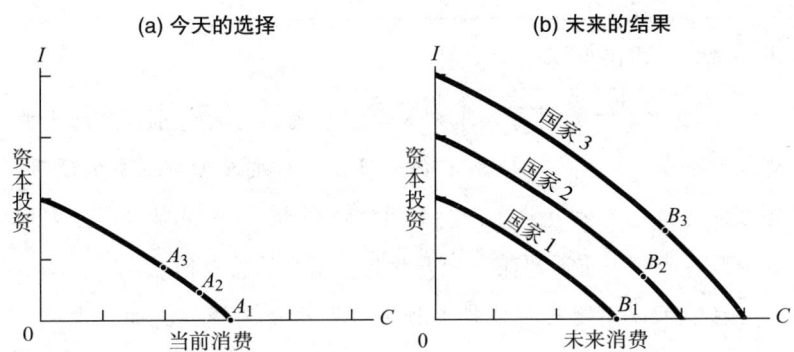

图 1-5 为增加对未来消费的投资，需要牺牲当前的消费

一个国家可以选择生产当前消费品（比萨饼和音乐会），或生产投资品（如比萨烤箱和音乐大厅）。（a）三个国家初始条件相同。它们具有相同的生产可能性边界，如左图所示，但它们的投资比率不同。国家1没有对未来投资，位于 A_1（不打算生产新机器）。国家2适度地抑制当前的消费，并对未来进行投资，位于 A_2。国家3则牺牲了大量的当前消费，对未来进行了大力投资。（b）若干年后，投资多的国家经济处于领先地位。因此，节俭的国家3将其生产可能性边界远远地向外推移，而国家1的生产可能性边界却根本没有移动。这说明对未来投资较多的国家将拥有更多的投资品和更多的消费品。

你可以用美元来计算它。但是，在经济学中，我们经常需要穿透货币的面纱，而直接考察各种选择的实际影响。说到底，从 D 到 C 的机会成本，是为生产较多大炮而必须放弃的黄油。在本例中，增加3 000门大炮的机会成本是100万磅黄油。

举个现实世界中的例子：在国立黄石公园附近开采金矿的成本。开采者声称，由于黄石公园的门票收入几乎不受影响，因此金矿开采的成本很低。但经济学家却回答说，用货币收入来衡量成本未免太狭隘了。试问，伴随金矿开采而来的噪音、水和空气

不要做时间的傻瓜

一位伟大的美国诗人卡尔·桑德堡写道:"时间是你人生的硬币,是唯一一枚你自己拥有的、可以自行决定如何花费的硬币。当心,切勿让其他人替代你去利用这枚硬币。"这足以强调:人们最常面对的一个重要决策,就是如何利用自己的时间。

我们可以用生产可能性曲线来说明这项选择。例如,作为一名学生,你可能有 10 小时的时间用于准备即将来临的经济学和历史的考试。如果你仅仅复习历史,那么,你会在历史考试中得到高分,而在经济学考试中取得低分,反之亦然。把两门考试的分数看做你学习的"产出",在时间资源既定的条件下,可以画出分数的生产可能性边界。又如,如果两种商品是"分数"和"娱乐",你又如何画出这一生产可能性边界呢?你自己处于这条边界的何处?你的那些懒惰的朋友们又在何处呢?

近期,有人就美国人如何利用时间的问题收集了大量的数据。调查数据所记录的是,两三天内你的时间的利用情况。不妨登录网址 www.bls.gov/tus/home.htm,传上你利用时间的记录,并与其他人的情况作个比较。

的污染、环境的恶化等,是否真的不会影响黄石公园独特而宝贵的风景价值?尽管货币成本可能很小,但是,考虑到野生动物和自然生态价值会丧失,因此机会成本事实上可能很大。

在存在稀缺的世界上,选择一种东西意味着要放弃其他一些东西。一项选择的**机会成本**，是相应的所放弃的物品或劳务的价值。

经济学家投入了很多的精力，以研究和探索不同的市场结构、经营动机和税收体制中的效率。注意，效率是指尽可能有效地利用该经济体的资源以满足人们的需要和愿望。总体经济效率的一个非常重要的方面就是生产的效率，用生产可能性边界可以很容易地演示出来。效率意味着该经济处在边界"上"而非边界"内"。

当一个经济体无法在不减少一种产品产量的前提下生产出更多的另一种产品时，即当选择点处在生产可能性边界上的时候，我们就说此时是**有效率的生产**。

让我们看一看为什么有效率的生产必然位于生产可能性边界上。我们从图1-2中的 D 点所示的位置开始分析。假设市场需要增加100万磅黄油，如果我们不考虑 PPF 所示的约束，我们也许就会认为在不减少大炮产量的情况下，有可能生产出更多的黄油，比如，通过移动到 I 点，即 D 点的正右方。但是，I 点处于边界之外的"不可能"区域。从 D 点出发，在不放弃一些大炮的情况下，我们不可能得到更多的黄油。因此，D 点是有效率的生产点，而 I 点则是不可能达到的点。

运用 PPF，我们能够说明生产效率的一种更深刻的意义：位于 PPF 之上，意味着生产更多数量的某种物品必然要求放弃一定数量的其他物品。当我们生产更多的大炮时，我们就用大炮替代了黄油。在充分就业的经济中，替代是一种基本的生活法则，生产可能性边界则表示社会为人们提供的各种选择。

商业周期和环境恶化所产生的浪费 总是有很多理由，让经济遭受资源无效率利用之苦。当经济中还存在着未利用的资源时，该经济体决不可能位于其生产可能性边界之上，而只能是处于其边界之内的某个位置。在图 1-2 中，U 点代表 PPF 之内的某一点；在 U 点，社会仅仅生产了 2 单位的黄油和 6 单位的大炮，一些资源没有得到利用。而若将这些资源投入使用，则我们就能得到更多的黄油和更多的大炮。于是整个经济可以从 U 点移至 D 点，从而生产出更多的黄油和更多的大炮，并提高该经济体的效率。我们能够在保持大炮产量的同时，得到更多的黄油。

历史上，经济危机是产生非效率的根源之一。1929~1933 年大萧条期间，美国的总产出几乎下降了 25%。经济体并未遭受由于技术性遗忘而产生的生产可能性曲线向内移动，而是因为各种不利因素压低了总支出的水平，从而使经济下移到其 PPF 之内。十年后，二战军费支出扩大了需求，因此产出迅速增加，经济被拉回了生产可能性边界。

在经济周期的衰退阶段，也会出现同样的情形。最近的增长放缓发生在 2007~2008 年，其间美国国内的住房和信用市场等问题蔓延到整个国民经济。美国的基本生产力这些年来并没有下降。然而，被削减的总支出在那个时期曾将经济暂时地推到了生产可能性边界以内。

当市场无法真实反映事物的稀缺性时，例如环境恶化，另一种非效率就会发生。假设一个未被管制的企业决定往一条河排放化学物质，导致鱼类死亡，并破坏了人们的娱乐机会。这家企业这样做并非由于它有邪恶的意图，而是由于该排放物的市场价格并没有真实反映其社会偏好——在无管制条件下，污染的价格为零，而不是本应用死去的鱼和丧失的娱乐机会所衡量的机会成本。

环境恶化也会使经济处于生产可能性以内。这种情况可以由图1-4（b）来说明。由于企业没有面临正确的价格，经济从 B 点移到了 C 点。私人品增加了，但公共品（例如洁净空气和水）却减少了。有效率的环境管制可以使生产可能性边界向东北方向移动，直至回归虚线所示的有效率边界。

在结束本章之前，不妨让我们简要地回顾一下开篇时的那个问题，为什么要学习经济学？对此，最好的回答也许是凯恩斯提供的一个最有名的论断。他在自己的著作《就业、利息与货币通论》的最后几行曾这样写道：

> 经济学家和政治学家的思想，无论正确与否，都会比常人所了解的更有分量。的确，统治世界的人可以说非他们莫属。实干家自以为他们不受理论的羁绊，可他们却常常是某位已故经济学家的奴隶；目空一切的暴君，其狂妄荒诞的念头，也往往系从学术界数年前的涂鸦之作中剽窃而来。我确信，同思想的潜移默化的功能相比，既得利益的作用是被夸大了的。诚然，这绝非是指眼前，而是指经历了一段岁月之后。因为，在经济学界和政治学界，25岁或30岁以后还能继续为新理论思潮所裹挟的人往往为数不多。因而，文官、政治家乃至鼓动家们用以左右时事的高论不大可能是最新的。尽管如此，

思想，而不是利益，或迟或早终归是危险的，无论是伸张正义，还是放纵邪恶。

旨在理解怎样才能将经济学强有力的思想用于人类社会核心问题的分析，这就是我们学习经济学最根本的理由。

第二章 现代混合经济

每个人都力图用好他的资本，使其产出能实现最大的价值。一般说来，他既不企图增进公共福利，也不知道他能够增进多少。他所追求的仅仅是一己的安全或私利。但是，在他这样做的时候，有一只看不见的手在引导着他去帮助实现另外一个目标，尽管该目标并非是他的本意。追逐个人利益的结果，是他经常地增进社会的利益，其效果要比他真的想要增进社会的利益时更好。

——亚当·斯密

《国富论》（1776年）

想想你最近几天消费的商品和服务。可能你乘坐了一次航班来到学校，或者为家里的汽车购买了一些汽油。你可能还吃了一些从副食店买回来的预制食品，或者在餐馆吃了一顿美味。你还可能买了一本书（比如这本书），或者买了一些医疗药品。

现在讨论一下你的前几项购买。搭乘飞机航班也许能很好地说透这方面的问题。你很可能是从网上购买了一张飞机票。这个听起来很简单的购买行为，却涉及许许多多的有形资本，比如你的电脑、知识产权（在软件和设计中）、精密的光缆传输，以及复杂的航班预订系统和定价模型。航空公司准备好了所有这一切，目的是获取利润（尽管在此例中很可能是微利的）。

同期，政府也在航空客运产业中扮演着重要的角色。它管制着航空安全，拥有着很多机场，管理着交通控制系统，观察预报气象数据这类公共品，并提供关于航班延误的信息。这些工作的清单显然可以继续被添加下去，诸如公共部门和私人企业对飞机制造的支持，关于航空公司竞争的国际协议，能源政策以及其他种种。

同理，这里的分析也适用于你的其他购买行为，衣服、汽油、药品或其他任何商品，其适用程度取决于该部门的性质。世界各国经济都是一种**混合经济**，即市场上的私人企业，以及监管、税收和规划等各政府部门的结合体。市场经济究竟是什么，其影响力何以如此之大？"资本主义制度"中的"资本"一词指的是什么？政府需要对市场进行什么样的调控？以下我们将首先讨论市场机制背后的经济原理，接着考察政府在经济生活中的作用。

市场机制

在多数高收入国中，大部分经济活动都是私人企业经由市场机制而进行和完成的，我们不妨由此开始我们系统的学习。在市场经济中负责决策的是谁呢？当你听到在美国并没有某一个人、机构或政府在对三大问题进行负责时，你一定会感到很吃惊。事实上，数以百万计的企业和消费者每天都在自发地进行着各种交易，每个人都试图不断地改善他们的经济状况；这些活动都通过价格和其他市场机制而得到了协调。

为了进一步讨论，我们可以看一下纽约市。如果没有物品不断地流入和流出这个城市，纽约人只要不出一个星期便会濒临饥荒的边缘。为了纽约人的生存，周边世界必须提供许多物品和劳务。从邻近的市县，到美国的 50 个州，再到世界上若干个遥远的角落，物品都在日日夜夜、源源不断地流进纽约这个城市。

为什么纽约 1 000 万市民能够如此长期地高枕无忧，而不必担心他们所依赖的复杂而精良的市场经济机器会突然停转？答案是令人吃惊的：这些经济活动完全可以通过市场机制得到协调和保障，并不需要也没有任何人为之进行统一的指导或强制它如何运行。

身在美国的人们会注意到政府会做很多事情来调控经济活动：它管制药品，消防火灾，征集税收，派驻军队到世界各地，等等。但是我们恐怕很少去思考，如果没有政府的介入，我们日常的经济生活将如何运行？成千上万的商品每天由数以百万计的人们生产，他们纯粹出于自愿，并没有任何一种集中的指挥系统和强制计划。

市场看上去只是一群杂乱无章的卖者和买者；但却总是有适量的食品被生产出来，被运送到合适的地点，并最终以美味可口的形式出现在人们的餐桌上。这似乎应该说是一个奇迹。然而，若仔细观察一下纽约或其他的经济体，我们就可以令人信服地证明：市场体系既不是混乱也不是奇迹。它是一个自身具有内在逻辑的体系。这个逻辑体系在发挥着作用。

市场经济是一部复杂而精良的机器,它通过价格和市场体系来协调个人和企业的各种经济活动。它也是一部传递信息的机器,能将数十亿各不相同的个人的知识和活动汇集在一起。在没有集中的智慧或计算的情况下,它能解决涉及亿万个未知变量或相关关系的生产和分配的问题,对此连当今最快的超级计算机也都望尘莫及。并没有人去刻意地加以管理,但市场却一直相当成功地运行着。在市场经济中,没有一个单独的个人或组织专门负责生产、消费、分配和定价等问题。

市场如何决定价格、工资和产出?最初,市场是买者与卖者面对面地进行交易的实实在在的场所。那时的市场,无论是在城市还是在乡村都是大家司空习惯的,农民将他们的产品带到那里出售,满目都是黄油、乳酪、活鱼、蔬菜等农副产品。而今天,美国仍然存有许多交易者人头攒动的重要市场。例如,小麦和玉米在芝加哥期货交易所交易,石油和白金在纽约商品交易所交易,而宝石则在纽约市的"钻石街区"进行交易。

市场应被理解成一种买者和卖者决定价格并交换物品、劳务或资产的机制。几乎每一样东西都存在相应的市场。你还可以在纽约的拍卖厅里买到大师们的艺术品,你可以在芝加哥交易所里买到污染许可证。市场可以是集中的,如股票市场;也可以是分散的,如大部分劳工市场。市场甚至可以是电子化的,随着互联网的发展,电子商务将日益流行。其中一些最重要的市场都是为交易金融资产而形成的,例如股票、债券、外汇和抵押贷款等市场。

> **市场**是买者和卖者相互作用并共同决定商品、劳务和资产的价格以及交易数量的机制。

市场的核心作用是决定商品的**价格**。价格是物品的货币价值。在更深层次,价格代表了不同商品可以被交换的条件。一辆自行车的价格可能是500美元,而一双鞋的价格是50美元。简言之,市场所表明的是:自行车与鞋交易的基本比价是10:1。

除此之外,对于生产者和消费者来说,价格还是一种信号。如果消费者需要更多数量的某种物品,该物品的价格就会上升,从而向生产者传递出供给不足的信号。当一场可怕的疾病减少了牛肉的产量时,牛肉的供给就会减少,从而汉堡包的价格也将会提高。更高的价格鼓励农民生产更多的牛肉,同时也促使消费者用其他产品替代对汉堡包和牛肉的消费。

这个适用于消费市场的道理,同样也适用于生产要素市场,如土地市场和劳动市场等。如果市场需要更多的计算机编程人员,计算机编程人员的价格(小时工资)就会趋于上升。这种相对工资的变化就会鼓励劳工流向那些蓬勃成长的行业。

> 在市场中,是价格在协调生产者和消费者的决策。较高的价格趋于抑制消费者购买,同时会刺激生产;而较低的价格则鼓励消费,同时抑制生产。价格在市场机制中起着平衡的作用。

市场均衡 在每一时点,市场上都有一些人正在购买,而另一些人正在出售;一些企业正在投资于新产品,而政府正在制定管制老产品的法规；一些外国企业正在美国开设工厂，而美国的企业也正在将它们的产品销往海外。在所有这些喧嚣混杂的经济活动之中，市场正在不断地解决生产什么、如何生产和为谁生产的问题。当市场平衡了所有影响经济的力量时，市场就达到了**供给和需求的市场均衡**。

市场均衡代表了所有不同的买者和卖者之间的一种平衡。消费者和企业愿意购买或出售的数量取决于价格。市场找到了正好平衡买者和卖者愿望的均衡价格。过高的价格将导致产量太多而产品过剩，而太低的价格则会引起排队和短缺。在某一价格水平上，买者所愿意购买的数量正好等于卖者所愿意出售的数量，这一价格就达成了供给和需求的均衡。

以上我们讨论的是在单个市场上价格如何帮助平衡消费和生产（或需求和供给）的问题。当我们将所有不同的市场——牛肉、汽车、土地、劳动、资本和其他任何物品的市场放在一起来考虑时，则会发生什么样的情况呢？这些市场将会同时运作，共同决定价格和产量的一般均衡。

在让每一市场上的卖者和买者（供给和需求）相匹配的过程中，市场经济同时解决了生产什么、如何生产和为谁生产这三个问题。以下是市场均衡的概况：

1. 生产什么商品和劳务取决于消费者在每天购买决策中的货币选票。一百年前，许多关于交通运输的货币选票都投给了马和马蹄铁，而今天，许多都花在了汽车和轮胎上。

从厂商方面看，企业会受利润最大化愿望的驱使。**利润**，即净收益，等于总销售额和总成本之间的差额。企业会因为利润低而离开亏损的行业，同样也会受高利润的吸引转而生产需求较多的物品。当今一些利润最高的活动是生产和销售药品——抗抑郁药、抗躁狂药、抗虚弱药和抗其他脆弱症状的药品。受高利润引诱，企业会在其研究开发方面投入数十亿的资金，以赶上药品发展所需的速度。

2. 如何生产取决于不同生产者之间的竞争。为了应对价格竞争和取得最大利润，生产者的最佳方法便是采用效率最高的生产技术，以便将成本降到最低点。有些时候，技术改进只是渐进的，往往是改善机器性能或调整投入组合以获得较大的成本优势。而在另一些时候，技术可能会发生巨大的变革。例如，蒸汽机由于获得每单位有用功的成本更低，因而能够取代马匹；又如，飞机取代火车成了效率最高的长途运输工具。今天我们正处于一个科学技术日新月异的转型时期，无论是在收银台上还是在教室里，计算机革命都随处可见。

3. 为谁生产主要取决于生产要素市场上的供给与需求。要素市场（即生产要素市场）决定了工资、地租、利息和利润的水平。这些价格被称为要素价格。一个人可能分别从工作、股票、存款、财产上获得工资、红利、利息和租金。把要素取得的所有收益加总在一起，我们可以计算出他的市场收入。因此，收入在消费者之间的分配取决于他们所拥有的要素的数量（人工、英亩等）和价格（工资率、地租等）。

市场经济的统治者是谁？是诸如微软和通用汽车公司这样的大企业在发号施令，还是国会和总统，抑或是麦迪逊大道上的广告大亨？所有这些机构都会影响我们，然而经济的核心控制者却是偏好和技术，它们才是市场的两大君主。

一个基本的决定性因素是消费者偏好。消费者根据自己先天或后天的偏好（并以其货币选票加以表达）解决社会资源的最终用途，也即在生产可能性边界上的各个点之间进行选择。

另一个决定因素是社会可利用的资源与技术。经济不能超越它的生产可能性边界。你能够乘飞机前往中国香港，但却没有通往火星的航班。因此，经济资源限制了消费者花钱选择消费对象的范围。消费者的需求必须同厂商所能提供的商品和服务紧密匹配，厂商根据消费者需求解决生产什么的问题。

当你对为什么一些技术未能投入市场产生疑惑时，回想一下"二元君主"概念是很有用的。从以蒸汽为动力的斯坦利蒸汽汽车（Stanley Steamer），到无烟无味的普莱米尔（Premiere）香烟，历史上充斥过许多没有市场的产品。无用的产品如何消亡？是否存在一个政府机构专门宣布新产品的价值？答案是：不存在这种不必要的机构。实际上，它们的消亡是因为按那样的市场价格无法唤起消费者的需求。其产品的成本大于效益。这告诉我们，是利润在奖励或惩罚企业并引导市场机制。

> 正如农夫用胡萝卜加大棒来驱使驴前行一样，市场体系用利润和亏损来引导企业有效率地生产出符合人们需要的产品。

第二章 现代混合经济

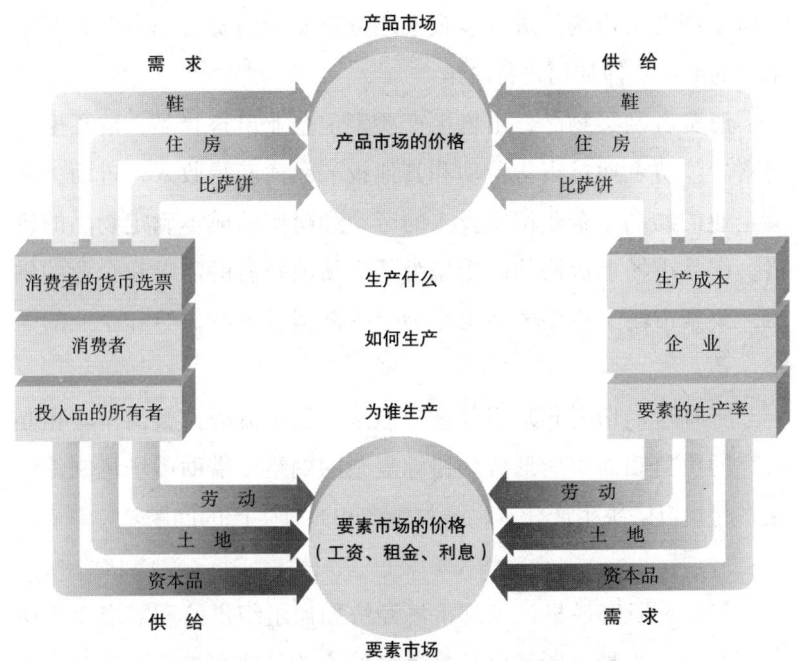

图 2-1 市场体系依赖于供给和需求以解决三位一体的经济学问题

这里我们可以看到市场经济的循环。在图上部的产品市场，消费者（家庭、政府和外国人士）的货币选票和企业的供给决策相互作用，共同决定生产什么。在图下部的要素市场，企业对投入品的需求与公众对劳动及其他投入品的供给相结合，帮助决定工资、租金和利息的支付；收入进而影响物品配送给谁。企业为购买要素投入品和以最低价格出售产品而展开的竞争，解决如何生产的问题。

图 2-1 是我们绘制的经济活动的流程图。关于消费者和生产者如何相互作用并共同决定投入和产出的价格与数量，借助该图可以一目了然。请注意观察流程图中两种不同的市场。图的上部是产品市场，如比萨饼和鞋等；图的下部是诸如土地和劳动等投入品，

或曰生产要素市场。进一步观察还可以发现消费者和企业这两个不同的经济主体如何进行决策。

消费者购买物品，出售生产要素；企业出售物品，购买生产要素。消费者通过出售劳动和其他投入品而获得收入，进而去购买企业的物品；企业按所投入的劳动和财产的成本确定物品的价格。产品市场上价格的确定是为了平衡消费者的需求和企业的供给，要素市场上价格的确定是为了平衡消费者的供给和企业的需求。

所有这一切听起来很复杂，但是，整个流程又很简单。相互依存的供给和需求所形成的错综复杂的网络，借助市场机制编织在一起，以解决生产什么、如何生产和为谁生产的问题。

亚当·斯密最早认识到市场经济如何组织供给和需求双方所包含的复杂力量。斯密以其最著名的论断，即在本章开篇时所引的《国富论》中的一段话，指明了公众利益和私人利益之间的和谐一致性。不妨回到前文重读一下那些看似矛盾的论断，特别注意一下其中**看不见的手**的微妙之处，即在一个良好运转的市场机制中，追求私人利益可以增进公共福利。

斯密的这段话写于1776年。那一年《美国独立宣言》也刚好问世。这两大思想成果的同时出现，也许并不是一种巧合。当美利坚合众国的开创人在不列颠帝国的苛政之下大声呼唤自由之时，大英帝国的亚当·斯密也在倡导一种伟大的革命信条，呼吁将贸易和工业从封建桎梏中解放出来。斯密认为在所有可能出现的结果中，这种方式是最好的；政府对市场竞争的任何干预都几乎是有害的。

斯密关于市场机制运行的见解启发了当代经济学家——包括资本主义制度的歌颂者和批判者。经济学的理论家们已经证明，在一定的条件下，完全竞争经济是有效率的（请记住，经济效率指的是：在不损害其他人经济福利的前提下，已无法再增进某个人的经济福利）。

尽管如此，在经历了两个多世纪的实践和思考之后，我们逐渐认识到这一学说的适用范围和现实的局限性。我们发现存在着"市场不灵"，并且市场也并不总是产生最有效率的结果。市场不灵的一种情况是垄断以及其他形式的不完全竞争。"看不见的手"的第二种不灵表现为市场的外溢效果或外部性：正面的外部性包括科学发现等，而负面的外溢效果应包括环境污染。

对市场的最后一种指责是：其收入分配的后果在政治上或道义上是无法接受的。若这些情况中出现任何一种的话，亚当·斯密的"看不见的手"的原理就会崩溃，政府就会试图干预，以弥补"看不见的手"的不足。

小结：

> 亚当·斯密发现了竞争性市场经济的一个重要特征。在完全竞争和不存在市场不灵的情况下，市场会用其资源尽可能多地生产出有用的物品与劳务。但在存在着垄断、污染或其他市场不灵的情况下，看不见的手的效率特征就可能会遭到破坏。

经济学之父亚当·斯密

"人们为什么如此辛苦劳碌？贪婪、野心和对财富、权力及名望的追求的最终目的是什么？"正如艾萨克·牛顿对宇宙的物质世界有所洞察一样，苏格兰人亚当·斯密（Adam Smith，1723~1790）窥见了经济学人文世界的真谛。斯密在《国富论》（1776年）中回答了他所提出的上述问题，解释了自利的动机如何以一种神奇般的方式润滑了经济机器，从而形成了自我调整的自然秩序。斯密坚信人类的辛苦劳碌可以改善普通民众的生活。"消费是所有生产的唯一的终点和目的。"

斯密是第一个倡导经济增长的人。工业革命之初，他指出专业化和劳动分工导致劳动生产率显著提高。在一个著名的例子中，他描述了一家大头针工厂的专业化生产："一个人抽出钢丝，另一个人把它拉直，第三个人再把它切断，"依此类推。这种程序使得10个人一天内可以制造48 000枚大头针，而如果"所有人都单独工作，则每个人一天都无法生产出20枚，甚至可能连一枚大头针也生产不出来"。斯密认为这种劳动分工的结果是"普遍的丰裕，连最底层的人们都能享受到它的恩惠"。今天，假如斯密能够重新回到我们身边，那么他对两个多世纪以来的经济增长成就该作何感想呢？

斯密用几百页的篇幅抨击了政府数不胜数的干预蠢举。不妨回顾一下17世纪那些试图改进其产业的纺织业行会的会长。当时城镇行会规定："如果纺织者想要按照自己发明的方法织布，则应该首先取得行会中四位最年长的商人和四位最年长的纺织者的同意；其次还要经过城镇法官的准许，才可以使用一定数量和一定长度的纱线。"斯密辩驳说，这类约束——无论是由政府规定还是由垄断者提出，也无论是关于生产还是关于对外贸易——都会限制市场体系的正常运行，并最终损害工人和消费者的利益。

以上这些观点并非意味着斯密是上述组织的辩护者。他对于任何固有的权力都持不信任态度，无论是私人垄断，还是公众独裁。他所关心的是普通大众的福利。但是，正像许多伟大的经济学家一样，他从自己的研究中认识到，通向浪费的路往往都是由善良的动机铺设而成的。

总而言之，亚当·斯密关于具有自律性的"看不见的手"的学说，是他对于现代经济学的千古不朽的贡献。

贸易、货币和资本

现代经济最显著的特征是什么？本节将讨论其中最重要的三个：

1. 发达经济以细密的贸易网络为特征，而这个网络又基于大量的专业化和精细的劳动分工。
2. 当今的经济都大量使用货币。货币提供了衡量事物的价值尺度，并能为贸易提供融资手段。
3. 现代工业技术依赖于大规模的资本运用。资本品使人的劳动能力成为更加富有效率的生产要素，并促使劳动生产率的增长速度高出从前的许多倍。

贸易、专业化和劳动分工

与 18 世纪的经济相比,今天的经济所依靠的主要是个人和企业的专业化分工,并通过广泛的贸易网进行协作。专业化程度的不断加深使得特定职业工人的劳动生产率获得提高,并利用其产出交换到所需商品,这使西方经济获得了迅速的增长。

专业化是指让个人或国家各自集中精力去完成某一种(或一系列)任务——这就使得每个人和每个国家都能够发挥其特殊技能和资源优势。经济生活的事实之一是,并不是让每个人都以平庸的水平去做每一件事,更有利的办法是进行劳动分工,将生产划分成许多细小的专业步骤或作业任务。劳动分工让高个子去打篮球,让有头脑的人去当老师,而让能说会道的人去推销汽车。胜任某一职业所需要接受的专业训练通常需要很多年——培养一名合格的神经外科医生就需要 14 年之久。

资本和土地也可以高度的专业化。拿土地来说,在人口稠密的城市和温润的海洋之间,会出现令人惬意的滨海沙滩。这些沙地有的被专门用做葡萄园,像美国加利福尼亚州和法国所做的那样;而那些靠近深水的岸边土地,则往往被用于修建深水港口,以扮演世界贸易中心的角色。

资本也是可以高度专业化的。用来撰写本教科书的计算机程序也许花了十多年时间才开发出来,但它在管理炼油厂或面对其他大量的数据问题时却束手无策。专业化中给人印象最深的一个例子是用来管理汽车并提高其效率的计算机芯片,它甚至可以作为"黑匣子"来记录交通事故发生的那一刹那的影像。

专业化带来的高效率催生了人们之间和国家之间的复杂的贸易网，正如我们今天所看到的那样。我们中间很少有人能够独立生产一件最终产品，而仅仅能够制作我们的消费品中极小的一部分。我们或许讲授了大学课程中的一小部分；或许只是专门取出停车计时器中的硬币；或许只是分离出果蝇的遗传基因，等等。作为这些专业化劳动的报酬，我们却能获得足以购买世界各地的物品的收入。

贸易生财的思想是经济学的核心见解之一。不同的人或国家专门从事于某些领域的生产，然后，自愿地用他们所生产的物品去交换他们所需要的物品。日本通过专业化制造汽车和家用电器等物品而大大提高了生产率，它出口大部分的工业制成品，以支付原材料的进口。相反，那些执行自给自足战略、试图生产绝大部分消费品的国家，却发现自己的经济走上了停滞之路。贸易能够使所有的国家都富裕起来，并提高每个人的生活水平。

全球化

翻开今天的报纸，你可能很难避开"全球化"这类话题。这个术语到底意味着什么？经济学如何使人们更好地理解这类事件？

全球化是个广泛流行的术语，它表示不同国家之间经济一体化程度的加深。当今，从跨国界的物品流、服务流和资本流的显著增加中，我们不难感受到全球一体化程度的提高。

全球化的主要表现之一，是进口和出口在国家总产出中的份额日益增加。随着运输和通信费用的不断降低，加上关税和其他贸易壁垒的消减，贸易在美国总产出中的份额，在过去的半个世纪里已经翻了一番还要多。无论是在价格还是在设计方面，美国的生产商如今都必须同世界各地的同行们进行竞争。

然而，更深层次上，全球化反映出专业化和劳动分工已延伸至全世界。两个世纪前，许多人在农场上居住，实际上生产着他们消费的所有物品：食物、房屋、衣服和燃料，等等。逐渐地，人们开始专业化生产，并从其他社区或国家的人那里购买大部分消费品。今天，许多商品在许多国家生产，并在全世界流转。

经济全球化的一个有趣例子是 iPod（苹果播放器）的生产。谁生产了 iPod？你可能认为它是由苹果公司制造的，然而，如果你看看 iPod 的背面，它写着"中国制造"。真相到底是怎样呢？iPod 事实上是一个用于转播音乐的小型便携电脑。它至少有 451 个由全世界生产的零件。苹果公司设计它的软件，管理它的程序，在每 299 美元的售价中可以获得 80 美元。中国的分工主要是初步装配，在中国台湾的分包合同中含有 5 美元的人工成本。因此，当贸易数据所记录的一个卖到美国的 iPod 对中国产生了 150 美元的贸易逆差时，中国实际获得的只是这 150 美元中非常小的一部分。

哈尔·瓦里安（Hal Varian），谷歌首席经济学家，非常巧妙地总结了这项调研的结果：

总之，在谁制造了或在哪里制造了 iPod 的问题上并没有简单的答案。iPod，就像其他产品一样，在很多国家、由几十个公司进行生产，它们在生产的每一阶段都为其最终价值做出了不同的贡献。而iPod的真正价值并不是在这些零件中，或仅将其加总，它最主要的价值在于iPod的概念和设计。这就是为何每售一台iPod苹果公司能获得80美元，即价值链中最大的一部分。苹果公司的聪明人设计出如何将451个最一般的零件组合成一个有价值的产品的方法。他们并未制造iPod，但是却创造了它。这才是实际中最重要的。

经验数据表明，上述模式也适用于美国和其他高收入国家的国际生产活动。

和商品市场一样，全球化也发生在金融市场中。金融市场一体化的加强，可以由国际借贷规模日益增大和各国利率趋同的情况得到说明。金融市场一体化的主要原因是：关于国际资本流动的各种管制已经逐渐解除、融资成本降低、金融市场创新，尤其是新型金融工具的采用。

毫无疑问，国际金融市场一体化会导致贸易收益增加。因为那些需要资本用于生产的国家可以向有资本剩余的国家借钱。在过去20年中，日本和中国是全球最大的债权国。令人吃惊的一点是，美国却是最大的债务国。原因一方面是美国的储蓄率低，另一方面则是因为美国的信息技术和生物医学等产业的全球化分布的格局。

商品和金融市场的全球一体化创造了惊人的贸易收益，其表现是不断走低的价格、加快的革新和更高的经济增长率。当然，这些业绩也会伴随着许多痛苦的负面问题。

经济一体化的第一个问题是：国外低成本的生产商对国内生

产商的取代，会带来失业和利润损失。例如，从1980年到2007年，美国的纺织品和服装业的就业量由200万人下降到60万人。失业的纺织工，几乎都无法从其他消费者"正享受廉价中国服装"中得到慰藉。于是，这些在国际贸易发展中受损的人，便开始不断地呼吁"加强保护主义"，主张对国际贸易设置关税和配额等限制举措。

第二个问题是伴随金融一体化而来的国际金融危机。最近的危机发生在2007年年中，美国的房价问题波及到了全世界的股票市场和债券市场。有人可能会问，为何由于美国的房地产市场，印度的股票市场竟然下降了20%或30%。这种令人忧虑的扩散和蔓延，恰好是国内外市场紧密联系的结果。21世纪初金融市场的非理性繁荣曾带来非常小的风险溢价，致使全球的资产价格上升。而到2007~2008年，投资者已经变得悲观，全球各地的风险溢价急剧上升，这其中当然也包括印度的资产。

全球化向政策制定者提出了新的问题。国际贸易的收益能否弥补国内社会解体与断层的成本？一国是否应该通过在金融市场设置壁垒，以把自己从金融危机中隔绝开来？一体化是否会导致更大的不公平？中央银行是否应该对蔓延全球的金融不稳定作出回应？这些问题都正在日益困扰着世界各国试图解决这些问题的决策者。

小结：

专业化和贸易是提高生活水平的关键。通过专业化，人们可以在一个非常精细的专业领域中变得富有生产力,并用自己的专业化产品与其他人的产品进行交换,能够极大地增加消费品的种类和数量,并提高每个人的生活水平。

货币:交换的润滑剂

如果说专业化允许人们集中优势完成特定的工作,那么,货币则允许人们用其专业化生产的产品交换其他人生产的大量物品和劳务。

货币是一种支付手段或交换媒介,即我们购物时所支付的现金和支票。货币还是一种能够便利交换的润滑剂。当人们信任并接受货币作为物品和债务的支付手段时,交换才能顺利进行。设想一下,若任何时候想买块比萨饼或去听音乐会,你都不得不用物品去交换,那么,经济生活将会是何等的复杂和麻烦。为得到那块比萨饼,你能提供什么劳务?教育产品又如何,你用什么物品作为学费才恰好是你们学校所需要的呢?货币作为买方和卖方间的媒人,每天毫不费力地为各自为利的个体们促成了几十亿桩联姻。

政府通过中央银行控制货币的供给。但是,就如其他润滑剂一样,货币也会导致经济机体过热,从而损害经济增长的发动机。它可能会失去控制,导致恶性的通货膨胀,即价格急剧上升。当这种情况发生时,人们便急于在货币贬值之前将它花费出去,而不是去为未来进行投资。正如20世纪80年代部分拉美国家和90年代许多前社会主义国家所发生的情况那样,这些国家的年通货膨胀率竟然超过了 1 000%，甚至 10 000%！不难设想其恶性到了何种程度：本周所领的工资，到周末就会贬值 20%！

货币是交换媒介。货币供应适度是各国宏观经济政策的主要任务之一。

资　本

在生产过程中，两大投入要素是劳动和资本。我们都知道什么是劳动，因为我们都是出卖自己的时间来获得工资的工人。另一大配套投入是**资本**———一种被生产出来的要素，一种本身就是由经济过程产出的耐用的投入品。资本包括一系列大量、专业化的机器、厂房、计算机、软件，等等。

绝大多数人并没有意识到我们的日常活动在多大程度上依赖于资本，包括我们居住的房屋、驱车行驶的高速公路，以及给我们输送电力和有线电视的缆线。2008 年，美国经济中的资本品净额——包括政府、企业和居民户所拥有的资本，人均已超过 15 万美元。

资本与土地和劳动不同，它在使用之前必须首先被生产出来。例如，一些公司制造纺织机械，这些机械又用来生产衬衫；另一些公司生产农用拖拉机，这些拖拉机又被用来帮助生产玉米。

资本的利用涉及时间消费和迂回的生产手段。人们在很早以前就已经认识到那些间接的或者说是迂回生产手段，通常比直接的生产手段更加富有效率。例如，最直接的捕鱼方法是下河用手抓鱼，但这样恐怕只会很容易让你感到沮丧，却不会帮你抓到很多的鱼。通过使用钓鱼竿（属资本设备），相同时间内的捕鱼效率可能会有所提高。若使用更多的资本品，如渔网和渔船，则捕鱼的效率就会大幅度提高，足可以满足许多人的需要，还可以使专业化生产渔网和捕鱼设备的人也过上富裕的生活。

靠牺牲当前消费而获得的增长　　如果人们愿意储蓄——节制眼前消费以备未来消费，那么，社会就能够将资源用于新的资本形成。较多的资本存量会将生产可能性边界向外推移，有助于经济的快速增长。重新观察一下图 1-5，看一看为了投资而放弃现在的消费是如何扩展了未来的生产可能性边界。高储蓄率和高投资率可以帮助我们解释中国台湾、中国大陆和亚洲其他国家和地区经济在过去 30 年的快速增长。相比之下，很多贫穷国家却陷入了一个被称为"贫困陷阱"的恶性循环中。它们收入低，几乎没有用于储蓄的东西。少得可怜的储蓄和投资只能带来缓慢的经济增长，于是这些国家的经济地位当然也就更加落后了。

小结：

> 许多经济活动都涉及放弃现时消费以增加资本。我们每次进行投资，如新建一座工厂或修筑一条道路，增加受教育年限或提高教育质量，增加知识技术积累等，都在提高经济未来的生产率，进而增加我们未来的消费。

在市场经济中，资本主要归私人拥有，从投资中得到的收益也归个人所有。每块土地都有一份契据或所有权凭证；几乎每一台机器和每一幢房屋都属于某一个人或某一家公司。产权赋予资本所有者使用、交换、装修、挖掘、钻探等利用其资本品的权利。这些资本品也有市场价值,人们能够以任何价格购买和出售资本品。个人占有资本并能从中获取利润,是资本主义的实质之所在。

然而,尽管我们的社会是以私有财产为基础,但产权还是有限的。社会决定"你的"财产中多大部分可以传给你的后代,多大部分必须以遗产税和房地产税的形式缴纳给政府。社会决定你的工厂能够排放多少污染物,以及你的车应该停放在哪里,等等。即使是你的房子,也不是你的城堡:你必须遵守城市规划当局的法规;如果需要的话,你还必须为了修建道路而拆迁自己的房屋。

非常有趣的一点是,最有价值的经济资源,即劳动,不能像私人财产那样成为可以买卖的商品。自废除奴隶制以来,将人的赚钱能力视为一种"其他的资本品"是违法的。你不能自由地卖出你自己;你只能在某个工资价位上将自己租借出去。

我们已经重点强调了现代经济中的一些关键特征:民族和国家间的专业化和劳动分工导致高效率;不断增加的产出使得贸易成为可能;货币使得贸易能够更快、更有效地进行;在将一部分人的储蓄转化为另一部分人的资本的过程中,复杂的金融系统势必发挥着重要的作用。

资本和污染的产权

经济学家经常强调产权在有效市场经济中的重要性。产权指的是个人或企业所拥有的购买、出售和使用资本品和市场经济中其他财产的权利。这些权利由法律制度来保证，法律制度使得经济能够在一定的范围内顺利执行。对一个市场经济而言，有效而理想的法律制度应当包括：产权的界定、合同法和仲裁制度。

正如贫穷的国家所认识到的那样，如果没有法律来强制执行合同或保障公司保有其利润，就很难建立市场经济。当法律制度崩溃时，像2003年后饱受战争创伤的伊拉克，人们就会开始为其生命的安危而担忧，就很少会有时间或意愿去为未来进行长期的投资。于是产出会因此下降，生活质量也会因此而有所恶化。事实上，令人恐惧的非洲饥荒中，很多是由内战和法律秩序的瘫痪所造成的，而不是由于恶劣的气候条件。

环境问题是由于产权不健全而损害经济的又一个例子。水和空气一般来说是公共财产，即没有任何人拥有或控制它们。俗话说"三个和尚没水吃"，人们并不会考虑到其行动的所有成本。一些人或许会将垃圾倒入水中，或将烟雾排放到空气中，因为这些成本（肮脏的水和污浊的空气）主要是由其他人来承担的。相反，人们很少会将垃圾堆放在自家门前的草坪上，或在自家的起居室内燃烧煤炭，因为这些成本需由他们自己承担。

近年来，经济学家提议通过出售或拍卖污染许可证，并允许在市场上交换，从而将产权问题扩展到"环境品"之上。已经有初步迹象显示，产权的这种延伸显然有助于激励人们更加有效地减少污染。

政府——看得见的手

在理想的市场经济中，所有物品和劳务的价格都取决于体现消费者评价和社会成本的市场竞争，并以货币形式自愿地进行交换。这种制度无需政府的干预，就能够从社会上可供利用的资源中获取最大的利益。然而，在现实中，还不曾有一种经济能够完全依照"看不见的手"的原则顺利运行。相反，每个市场经济几乎都会遭受其制度不完善之苦，存在着诸如过度的污染、失业、金融恐慌、贫富两极分化等症状。

世界上任何一个政府，无论多么保守，都不会对经济袖手旁观。政府针对市场机制的缺陷肩负起许多责任。军队、警察以及国家气象服务等，都是常见的政府活动的领域。诸如宇宙空间探索和科学研究等公益事业，也都得到了政府的大力资助。政府或许还会对一些行业（如金融业及药业）加以监管，而对另一些（如教育和生物医学研究）则予以补贴。此外，政府还对其公民征税，并将税收中的一部分再分配给老年人和贫穷者。

政府如何行使它们的职能呢？要求公民纳税、遵守规定和消费一定数量的公共品和服务，是运行一个政府的基本活动。因为具有强制权力，政府能够行使一些在自愿交换条件下无法实现的职能。强制减少纳税人或被管制企业的收入和机会的同时，政府能够增进其他人或企业的自由与消费。

在包罗万象的政府职能中，政府对于市场经济所行使的职能主要有三项：

1. 政府通过促进竞争、控制诸如污染这类外部性问题,以及提供公共品等活动来提高经济效率。
2. 政府通过财政税收和预算支出等手段,有倾斜地向某些团体进行收入再分配,从而增进公平。
3. 政府通过财政政策和货币政策促进宏观经济的稳定和增长,在鼓励经济增长的同时,减少失业和降低通货膨胀。

以下我们简要考察政府的每一项职能。

效　率

亚当·斯密认识到,只有在完全竞争成立时,市场机制的优点才能充分体现出来。**完全竞争**指的是什么?它指的是,没有一家企业或一位消费者足以影响整个市场的价格。例如,小麦市场是完全竞争性市场,因为即使最大的小麦农场也只能生产世界小麦产量的微不足道的一部分,从而无法对小麦的价格产生举足轻重的影响。

"看不见的手"所适用的都是完全竞争的市场经济。在这种环境下,市场能够有效地配置资源,从而经济恰好位于其生产可能性边界上面。如果所有行业都处于完全竞争均衡,正如本书后面所要看到的那样,市场将会采用最有效率的技术和最少量的投入来生产消费者最偏好的产出组合。

然而,在很多情况下市场的竞争却都不完全。其中最重要的三种情况是:不完全竞争(如存在垄断)、外部性(如污染)和公共品（如国防及灯塔）。在每一种情况下，市场不灵都会导致生产或消费的低效率，而政府在医治这些疾病中往往能够扮演一个很有用的角色。

偏离有效市场的重要原因之一是存在不完全竞争或垄断。在完全竞争条件下，任何企业或个人都无法影响价格，而当买者或卖者能够左右一种商品的价格时，我们就认为出现了**不完全竞争**。例如，若电话公司能影响电话服务的收费水平，或者，某个工会能够左右劳动的价格，则一定程度的不完全竞争就已经出现。当出现不完全竞争时，社会的产出将会从生产可能性边界上移至边界之内。例如，当只有一家卖者（垄断者）并且漫天要价以获取超额利润时，就会出现上述情况。该物品的产出就会低于有效率的水平，从而经济的有效性就会受到损害。在这种情况下，市场的"看不见的手"就会不灵。

不完全竞争的后果是什么？不完全竞争导致价格高于成本，消费者购买量低于效率水平。过高的价格和过低的产出，是伴随不完全竞争而来的非效率的标志。

在现实中，几乎所有的行业都存在一定程度的不完全竞争。例如，航空公司在某些航线上可能没有竞争，但在其他航线却有许多对手。不完全竞争的极端情况便是垄断——唯一的卖者独自决定某种物品或劳务的价格水平。例如，微软就垄断着 Windows 操作系统的生产。

自 20 世纪以来，绝大多数国家的政府都采取了若干措施来反对垄断这种不完全竞争的极端形式。政府有时还对地区性的供水、电话和电力等垄断行业的价格和利润加以管制。此外，政府的反托拉斯法还禁止各种固定价格或瓜分市场的行为。最重要的对不完全竞争的制约是将市场对竞争者开放，无论竞争者来自国内还是国外。除非政府通过关税和管制对它们进行保护，否则很少有垄断者能够长时间地抵挡住竞争者的攻击。

非效率的第二种类型是溢出效应或曰外部性，它指的是强加于他人的成本或效益。市场交易一般是指人们自愿地以货币来交换物品或劳务的活动。一个企业用鸡肉制作冷藏鸡腿时，它从鸡肉市场上向所有者购买鸡肉，卖鸡者得到了鸡的全部价值。你去理发时，理发师得到了相应的时间、理发技能和理发店租金的全部价值。

但是，许多相互作用却发生在市场以外。一种情况是，航空公司制造了大量的噪音，它们一般不会因为干扰了机场附近的居民而向他们进行补偿。另一种情况是，一些公司大量投资于研究和开发，这也会对社会的其他成员产生正面的溢出效应。例如，美国电报电话公司的研究员发明了交换机从而触发了一场电子革命，但是该公司的利润增长却仅为全球社会获利中的很小的一个部分。这些事例说明，一个行动可能在市场交易之外有助于或有损于其他人的利益，即存在着根本不发生经济支付的经济交易。

外部性（或溢出效应）指的是企业或个人向市场之外的其他人所强加的成本或效益。

在当今世界，负外部性受到了社会的大部分关注。随着社会人口日益稠密，随着能源、化学和其他原料产量不断提高，负外部性或负的溢出效应已逐渐由微小的麻烦变成了巨大的威胁。这正是需要政府进行干预的地方。设计政府管制的目的是控制住这种外部性，如空气和水的污染、矿区的裸露、危险的排废行为、不安全的药品和食品，还有放射性物质，等等。

政府在许多方面很像一个家长那样常说"不"字：不让工人暴露在危险的工作条件下；不让工厂的烟囱排放出有毒的烟尘；不得出售危险的药品；不得不系安全带驾车，等等。在自由市场和政府管制之间寻求恰当的平衡，这是一项艰巨的工作。它要求我们对双方都进行成本效益分析。尽管如此，今天还很少有人赞成重新回到经济不受管制、企业可以随意倾倒废料（如钚）的那个混乱无序的年代。

尽管像污染或全球变暖等负外部性问题常常成为新闻热点，但从经济角度讲，正外部性的问题也许更为重要。考虑一下人类根除天花的努力过程。天花是一种能夺去几百万人性命，并能使更多的人终身毁容的疾病。没有私人公司愿意到需要抗病的世界上的遥远角落，承担起研究、疫苗接种和其他野外工作。私人生产激励不足，因为其收益分散在世界各地，私人公司不能从中获得回报。可见市场竞争价格并不能反映消灭传染病的收益。类似的正外部性的例子包括：高速公路网的投资建设，国家气象服务和基础科学资助。

正外部性的极端情况是公共品。**公共品**是指这样一类商品：将该商品的效用扩展于他人的成本为零；无法排除他人参与共享。

公共品最好的例子是国防。假设一国决定为守卫边境或向混乱地区派遣维和部队而增加支出。无论愿意与否，该国都需要为其行动付出代价并承担战争的成本。

然而，一旦政府决定购买公共品，市场机制依旧会发挥作用。37
在提供公共品（如国防或灯塔）时，政府的行为与其他任何大笔开销的个人行为并无二致。政府通过向这些物品投入足够的货币选票，使资源向那里流动。一旦投入货币选票之后，市场机制就接手过去，引导资源流入企业，从而生产出灯塔或坦克。

作为公共品的灯塔

灯塔是说明公共品概念的好例子。它们可以拯救生命和船只。但是灯塔的值班人却不能向过往船只一一收取费用；就算可以收费，也不能说明这种社会服务符合了效率的要求。灯塔服务只有在完全免费提供时才可能达到效用最大化。因为，为100艘船提供服务的成本并不比对一艘船提供服务时更多。

但是我们不妨稍等片刻。近期一项历史研究断定，早年位于英格兰和威尔士的灯塔，实际上是由私人提供并且也是可以盈利的。它的经费来源于政府授权其可向使用附近港口的船只征收的"灯光税"。或许我们可以由此断定，灯塔实际上并不属于公共品。

为理解这个问题，我们需要回到经济学原理上。公共品的两个关键性特征是：(1)增加一个人消费服务所追加的成本为零（非相克性）；(2)不排除他人享用（非相斥性）。这两个特征灯塔都具备。

但"公共"品并非是必然由公共提供的。常见的情况是没有人提供。而且,仅仅因为它是私人提供这一点,并不意味着这样提供就一定是最有效率的,或者只要经由市场机制就能够为灯塔完全地收回成本。英国的例子可以说明这样一个有趣的问题:如果公共品的提供能够同另一个物品或服务相连接(在这个例子中是船只的吨位),并且如果政府授权私人收取必要的费用,那么就会产生一个资助公共品的替代机制。这个办法在收费无法同吨位联系起来时收效甚微(比如在国际海域)。如果政府坚决将收取费用的权利私人化,则这个办法就会完全不起作用。

美国则是一种完全不同的情况。从早年开始,美国就相信航海救援应该由政府提供。确实,第一届国会的第一批法案之一,还有美国的第一个公共工程法,都曾这样写明:"所有的灯塔、信号灯和浮标等相应设施,其维护和维修都应该由美国的财政部进行支付。"

然而,不同于许多公共品,灯塔所需要的资金比较有限,回顾历史上没有航海服务时所发生的故事可能意味深长。一个引人入胜的案例曾经发生在美国佛罗里达东海岸。这是一条很不太平的航道,水表下几英尺处有蜿蜒200多英里长的暗礁,又处于大西洋飓风最活跃的地带。因而,这条海上通道很自然地成了风暴、海难和海盗的多发海域。

直到1825年,这里才出现了灯塔,在那以前甚至连私人的灯塔也不曾有过。当然,市场也并非没有对这里的"风险"做出过积极的反应。从私人经济中兴盛起来的是"营救产业"。营救者主要是若干隐泊在暗礁附近的船只,日夜等待着不幸船只的出现。然后他们"挺身而出",为营救生命和打捞货物提供帮助,包括将船只拖到合适的港湾，然后要求按货物价值的一个相当大比例进行收费。营救业是19世纪中期南佛罗里达地区的主要产业之一。它使得基威斯特（Key West）一度成了那一带最富裕的小镇。

尽管营救者们无疑有正向的价值创造，但是他们并不具备灯塔所有的公共品特征。因为很多被抢救的货物都是被保险了的，而在航海（保险）中显然存在着很大的道德风险。营救者和遇难船长之间的默契和交易通常都以货主或保险公司的损失为前提。而只有在美国政府出资在佛罗里达海峡沿岸建设了灯塔之后，船只失事的数量才开始下降，营救者们也才逐步淡出了商界。

灯塔今天已经不再是公共品的争议焦点，而主要只是旅游者们的好奇之物。灯塔在很大程度上已经被以卫星为基础的全球定位系统（GPS）所取代。GPS也是一个由政府免费提供的公共品。灯塔的历史提醒我们，那些由于公共品未能被有效提供而产生的问题，并非已经完全消失。

税　收　政府必须寻找收入来源，以提供公共品和实施收入再分配计划。这些收入来自于税收，即对个人和公司的收入、工资、消费品销售额和其他项目所征收的税款。各级政府（市政府、州政府和联邦政府）都征税以维持它们自身的开支。

税收听起来好像是另一种"价格"。在此，它是我们为公共品所支付的价格。但税收与价格之间存在着重大的差异：税收并不是自愿支付的。美国的每一个公民都必须服从税法，都有义务支付公共品的一部分成本。当然，作为公民，通过民主过程，我们当然是既选择了公共品,又选择了为它而负担的税收成本。但是,私人品的支出与消费之间的密切联系并不适用于税收和公共品之间的联系。我购买汉堡包,仅仅是因为我当时需要它;但我却必须支付我应当缴纳的所有税金,以支持国防和公共教育,即使我对这些东西一点也不关心。

公 平

以上关于垄断和外部性等市场不灵问题的讨论,主要集中在市场配置资源功能的缺陷(不完全竞争)方面,这种缺陷可以通过明智的干预办法加以矫正。为此不妨先假定,经济运行完全符合效率原则,即始终位于生产可能性边界之上,而从不移至界内,总是能够选定适量的公共品和私人品,等等。但即使在这种市场体系完美运行的条件下,市场仍然有可能导致一种缺憾。

> 市场并不必然能够带来公平的收入分配。市场经济可能会产生令人难以接受的收入水平和消费水平的巨大差异。

对于为谁生产的问题,市场机制为什么有可能提供一种不可接受的结果呢?其中一个原因在于:收入取决于一系列因素,包括努力程度、教育、继承权、要素价格和运气。由此导致的收入分配可能会同公平的结果相悖。另一个原因,不妨回头想一下,物品追随的是货币选票而不是最大满足。富人的猫所喝的牛奶,也许正是穷人孩子维持健康所必需的东西。之所以发生这种情况,是因为市场不灵吗?不,根本不是。因为市场机制正在做它应做的工作,即把物品交给那些有货币选票的人。即使是最有效率的市场体系,也可能产生极大的不公平。

市场体系中的收入分配,往往由家庭出身的偶然性所造成。《福布斯》杂志每年都会列出美国财富排名前400位的富豪。令人印象深刻的是,他们当中有多少人的财富系继承而来,又有多少人以所继承的财富作为跳板进而攫取了更多的财富?人们是否认为这些都天经地义?一个人仅仅因为继承了5 000平方英里的土地,或因其家庭所拥有的油井,就应该成为亿万富翁吗?在自由放任时代的资本主义制度下,事情就曾经是这样。

美国历史上的大部分时期,经济增长都如同涨潮一般,浮载起所有的船只,无论是穷人还是富人的收入都会有所提高。但是近30年来,家庭结构的变化及低技能、低教育水平劳工工资下降的现实,已经逆转了传统的潮流。伴随对市场的重新强调而来的,是更多的无家可归者、更多的贫困儿童以及许多城市中心地带的贫困化。

收入不公平在政治上或道德上也许不能为人们接受。一个国家没有必要将竞争市场的结果作为既定的和不可改变的事实接受下来;人们可以考察收入分配并判断它是否公平。如果一个民主社会不喜欢自由放任市场体系下的货币选票的分配,它可以采取一些措施来改变收入的分配。

不妨假设,选民决定要减少收入分配的不公平。在这种情况下,政府可以用哪几种方法呢?首先,它可以采用累进税,相对于低收入者而言,对富人按更高的税率征税。它可以对财富和巨额遗产课以重税,以砸碎世袭特权的链条。联邦所得税和遗产税就是这种带有收入再分配性质的累进税制的实例。

其次，由于低税率并不能帮助那些根本没有收入的人，因此政府可以进行转移支付，即向私人支付货币。今天，转移支付的对象包括老人、残疾人和拖儿带女的人，还有为失业者提供的失业保险。这套转移支付制度编织了一张"安全网"，保护不幸者免受困苦。最后，政府有时对低收入阶层的消费也给予补贴，向他们提供食品券、医疗补贴和低价住房。尽管在美国，这类支出在总支出中所占比例还是比较小。

税收和转移支付问题一直是富有争议的。当人们填写纳税申报单，或者看到薪水中巨大的扣除项时，几乎没有人认为他们所交的税收在购买公共品。但人们也感到，社会必须向每个公民提供生活基本品，如食品、教育和医疗等。

在公平问题的争论中经济学有何高见呢？作为一门科学，经济学并不能答好这类富有伦理色彩的规范性问题：我们的收入中究竟有多少应该被征税，又有多少份额应该转移给贫困家庭。在我们的民主社会中，这是一个只能由投票箱去回答的政治问题。

然而，经济学能够分析不同收入再分配方案的成本与收益。经济学家们花费了大量的时间分析不同的税收方案（比如它们应基于收入还是消费）。他们还研究了究竟是发放现金还是发放食品能够更有效地减少贫困。

经济学也可以提醒我们市场究竟带来了什么，又拿走了什么。在这个结构性变化频发的世界上，我们应该牢记："若非得到供给和需求的恩典，倒霉的可能就是我了。"

宏观经济的增长与稳定

自从资本主义产生以来，它就不时地受到通货膨胀（价格上升）和经济衰退（高失业率）的周期性困扰。例如，二战后美国已经发生了9次衰退，其中有几次衰退曾经造成上百万人失业。这些波动被称为商业周期。

今天，由于凯恩斯和他的追随者的思想贡献，我们知道了如何控制商业周期的剧烈波动。通过审慎地运用财政政策和货币政策，政府就能够影响产出、就业和通货膨胀的水平。政府的财政政策就是税收权力和预算支出权力。货币政策涉及货币供应量和利率水平，进而影响到资本品的投资和其他利率敏感性的支出。通过这两种基本的宏观经济政策工具，政府能够影响总支出水平、增长率与产出水平、就业率与失业率、物价水平和通货膨胀率。

最近半个世纪以来，发达工业化国家的政府成功地运用了凯恩斯革命的遗产。第二次世界大战以后的30年内，在扩张性的货币政策和财政政策的刺激下，市场经济经历了前所未有的增长。

20世纪80年代，政府开始制定宏观经济政策，以促进经济增长与生产率提高等长期目标的实现。（经济增长表示国民总产出的增长，而生产率代表每单位投入的产出或资源的利用效率。）例如，大多数工业化国家都降低了税率以刺激储蓄和生产。许多经济学家强调公众通过缩小预算赤字来增加公共储蓄的重要性，认为这是增加国民储蓄或投资的一种有用的办法。

促进经济稳定与增长的宏观经济政策包括财政政策（税

收政策和预算支出政策）和货币政策（影响利率和信贷条件）。自从20世纪30年代现代宏观经济学产生和发展以来，政府已经成功地抑制了通货膨胀和失业的大幅度波动。

表2-1概括了当今政府所起的经济作用。该表说明了政府在提高效率、促进更公平的收入分配和追求经济的增长与稳定的宏观经济目标方面的重要职能。在所有发达的工业化社会中，我们都看到了一种**混合经济**，即市场决定大多数私人部门产品的价格与产量，而政府运用税收、支出和货币管理计划来调控总体经济的运行。

福利国家的崛起

本书主要讨论现代工业化国家的混合经济。追溯它的历史将对这一讨论有所帮助。让我们回到市场经济还未形成以前的中世纪，那时欧洲和亚洲的多数经济活动是由贵族阶层和城镇行会所把持的。然而到了大约两个世纪以前，贵族政府对价格和生产方法的控制力便开始减弱。封建的枷锁逐渐地让位于我们现在所称的"市场机制"。

对于欧洲和北美的大多数国家来说，19世纪是一个**自由放任**的时代。这种被译成"别管我们"的学说认为，政府应当尽可能少地干预经济，尽可能多地将经济决策留给市场供求机制去完成。19世纪中叶许多政府就都曾经实践着这一经济信条。

然而，19世纪末，未加管束的资本主义的过度发展——包括

表 2-1　政府能够弥补市场的缺陷

市场经济不灵	政府干预	政府重要的政策应对
非效率		
垄断	鼓励竞争	反托拉斯法，放松管制
外部性	干预市场	反污染法，反烟尘法
公共品	鼓励有益的活动	提供公共教育，修筑道路
不公平		
难以接受的收入与财富的不平等	收入再分配	收入和财富的累进税
		收入支持或转移支付计划（如医疗补助等）
宏观经济问题		
商业周期（高通货膨胀率和高失业）	通过宏观政策稳定经济	货币政策（如调整货币供给和利率等）
		财政政策（如税收和支出计划等）
低速经济增长	刺激经济增长	改善税收制度的效率
		通过减少预算赤字或增加预算盈余来提高国民储蓄率

腐败、危险品和贫困，导致美国及西欧工业国家纷纷放弃了完全自由放任的思想。政府逐步被赋予越来越多的经济职能：管制经济，征所得税，向老人、失业者、贫困人群提供社会保障，等等。

这种新的制度被称为**福利国家**，即由市场调节日常经济生活中的具体活动，而由政府维持社会秩序，管理退休金和医疗保险，以及为贫困家庭提供救济等。

福利国家的大部分批评者担心政府干预将使天平倾斜至社会主义，这种体制下国家拥有、操作并管制着大部分经济。在1942年，约瑟夫·熊彼特，一位哈佛大学的经济学家，声称美国是"生活在氧气帐下的资本主义"，并正在走向社会主义。资本主义的成功产生了异化和自我怀疑，削弱了自身的效率和创新精神。

自由派的批评者，如弗里德里希·哈耶克与米尔顿·弗里德曼，主张回到自由市场和政府作用最小化的时代。这些人认为政府管得过多过严，干预和侵扰个人的生活；政府创造了垄断；政府不灵和市场不灵同样普遍；高税收扭曲了资源配置；社会保障制度中不乏榨干公众钱包的威胁；环境管制挫伤了企业的进取精神；政府稳定经济的企图只会带来经济增长减缓和通货膨胀加剧。总之，在一些人看来，政府不仅没有解决问题，反而成了问题本身。

1980年前后，潮流再次逆转。保守主义在许多国家抬头，各国政府开始减税并放松经济管制。许多国有企业被"私有化"，所得税率被降低，很多慷慨的福利项目被削减。

最富戏剧性的一点是，俄罗斯和东欧的社会主义国家都开始向市场经济转轨。推崇中央计划和政府指令的经济模式长达数十年之后，1990年前后，这些国家终于开始艰难地转向分权化的市场经济。而共产党领导下的中国，在近30年里，允许私人企业和外国公司在其境内经营，逐步走向了经济繁荣。许多在印度、非洲和拉美的前社会主义政体，也都已信奉市场资本主义制度，致力于减少政府在国民经济中的干预。

在权衡政府和市场的相对优点时，公众讨论常常会疏于理解社会所面临的选择的复杂性。市场机制的确在一些国家产生了奇迹。但是,市场需要健全的政治法律制度,以及可以促进贸易和保证金融系统稳定的社会公众基础投资。如果没有这些政府设施,市场很容易就会产生"腐败资本主义",以及分配不公、普遍贫困和生活水平下降。

在经济实践中,成功往往有很多原因,而失败的原因往往只有一个。市场经济的成功可能会让我们忽略集体行动的一系列成就。政府计划帮助减少了贫困和营养不良,降低了肺结核和骨髓灰质炎等疾病的发病率。即使是在2008~2009年世界最大的经济体纷纷陷入严重衰退的时候,宏观经济政策也曾帮助遏止了金融市场的恐慌,缩短了商业周期的长度并降低了它的严重程度。政府所资助的科学研究已经穿透了原子,发现了脱氧核糖核酸(DNA)分子,并探测了广袤的宇宙空间。

> 关于政府成就和政府不灵的争论提醒我们,合理划分市场和政府的界限是一个长期而持久的课题。在刻画有效的市场机制和由公共决定的管制和再分配之间的黄金分割线的问题上,经济学是能够帮助社会的必不可缺的基本工具。一个好的混合经济应当是且必须是有限制的混合经济。那些希望将政府缩减为警察加灯塔的人只能生活在梦幻的世界中。每个有效率并且讲人道的社会都会要求混合经济的两面——市场和政府都同时存在。如果没有市场或者没有政府,现代经济运作就都会孤掌难鸣。

第三章　供给和需求的基本原理

什么是"精明"人?他通晓世间万物的价码,但对其价值却一无所知。

——奥斯卡·王尔德

前两章介绍了经济学必须解决的基本问题:应该生产什么?如何生产?为谁生产?

我们还讨论了现代混合经济主要仰仗市场价格体系去解决上述基本问题。不妨再回顾一下,现代经济的基石是所谓的"二元君主":消费者偏好和技术。"消费者主权"的行使通过美元投票决定:应当生产哪些东西?所生产的产品又应该流向何处?而技术则影响着成本和价格,以及决定生产哪些产品。本章的任务就在于描述在一个市场经济体系中上述生产流程是如何展开的。

市场类似于天气,总是变化莫测,风暴不时起伏,错综复杂而又富有魅力。正像研究气象一样,仔细研究市场之后我们也会发现:各种随机运动的背后,似乎也隐藏着某些确定的因素和机理。要探讨单个市场的价格和产出规律,首先必须掌握供给需求分析。

以汽油价格为例,如图 3-1 所示。该图描述的是实际汽油价格,

第三章 供给和需求的基本原理　　71

图 3-1　汽油价格与供给和需求的变动

近半个世纪以来，汽油价格大幅度波动。20 世纪 70 年代石油供给减少，产生了两次戏剧性的"石油冲击"，造成社会动荡，加强管理的呼声也随之高涨。新的节能技术带来的需求减少，导致 1980 年以后油价长期下降。进入 21 世纪后，对石油的国际需求剧增（与供给相比）导致价格不断攀升。供给和需求的分析工具对于我们理解这些趋势是至关重要的。

资料来源：U. S. Departments of Energy and Labor. The price of gasoline has been converted into 2008 prices using the consumer price index.

即经过总价格水平调整后的价格。二战后，由于人们爱上了汽车，并逐步迁居到郊区，因此对汽油和其他石油产品的需求急剧上升。接着，到 20 世纪 70 年代，由于石油供给限量、石油国战争以及革命运动等原因，石油生产受到限制，导致 1973 年和 1979 年以后国际油价陡然上升。此后，节能运动、汽车小型化、信息经济的发展和世界生产扩大等因素，又共同导致了汽油价格的下跌。2002年之后的伊拉克战争以及世界对石油需求的不断增长使石油市场更加动荡。

油价剧烈波动背后的机理是什么？经济学拥有非常有力的工具来解释经济中的这类问题。这个工具被称为供给和需求理论。该理论说明消费者偏好如何决定商品的消费需求，同时企业成本又如何成为商品供给的基础。汽油价格的上涨，或是由于人们对汽油的需求上升，或是由于石油供给量的下降。从网络股票到钻石，再到土地，几乎每个市场的情况都是如此：供给和需求的变动势必导致产出和价格的变动。如果你能理解供给和需求是如何变动的，那么，你就已经朝着理解市场经济机理的方向迈出了一大步。

本章介绍供给和需求的概念，说明它们在单个商品竞争市场上是如何发挥作用的。我们首先讨论需求曲线，然后再讨论供给曲线。利用这些基本的分析工具，我们将能够看到市场上商品的价格如何取决于两条曲线的交点——需求和供给的力量在此处恰好平衡。正是价格的变动，即价格机制的作用，才使得供给和需求达到了这种平衡或均衡。最后在本章结束时，我们还将给出一些运用供给和需求原理进行分析的实例。

需 求 表

常识和细致的科学观察表明，人们购买一种商品的数量取决于它的价格。在相同的条件下,[1]一种物品的价格越高,人们愿意购买的数量就越少;市场价格越低,人们购买的数量就越多。

在其他条件相同时,一种物品的市场价格与该物品的需求数量之间存在着一定的关系。这种价格与需求之间的关系可以用一张**需求表**或一条**需求曲线**来表示。

让我们来看一个简单的例子。表3-1提供了一个假想的对玉米片的需求表。在每一价格水平,我们都能够确定消费者购买玉米片的数量。例如,在每盒价格是5美元时,消费者每年会购买900万盒玉米片。

在较低的价格水平上,购买玉米片的数量较多。这样,在玉

---

[1] 稍后,我们会讨论影响需求的其他因素,包括收入和消费者偏好。术语"保持其他条件不变"意味着价格变化,需求的其他决定因素不变。

表 3-1 将需求量和价格结合起来的需求表

	玉米片的需求表	
	(1)价格(美元/盒) P	(2)需求量(百万盒/年) Q
A	5	9
B	4	10
C	3	12
D	2	15
E	1	20

在每一市场价格上,消费者都愿意购买一定数量的玉米片;随着玉米片价格的下降,玉米片的需求量会上升。

米片价格为4美元时，购买量为1 000万盒；而在价格（P）更低即3美元时，需求量（Q）就还要多，为1 200万盒。依此类推，在该表所列明的每一价格水平上，我们都能找到相应的需求量。

需求曲线

用图形表示的需求表就是*需求曲线*。我们将需求曲线描绘在图3-2中，其中，横轴代表玉米片的需求量Q，纵轴代表玉米片的价格P。注意：数量和价格呈反比关系，即当P下降时，Q上升。需求曲线从西北方向东南方倾斜。这一重要性质被称为*需求向下倾斜规律*。该规律建立在常识和经济理论的基础之上，并经过了经验数据的检验和证明，几乎适用于一切商品，包括玉米片、汽油、大学教育和非法毒品等。

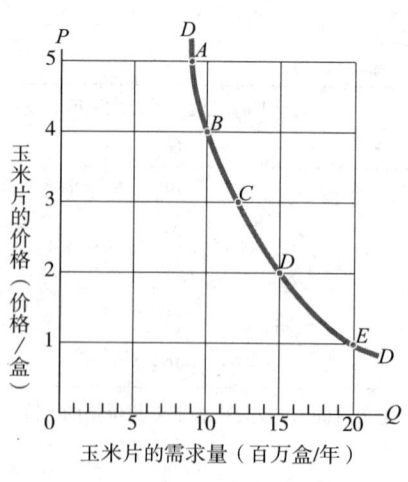

图3-2 向下倾斜的需求曲线将需求量和价格联系起来

在玉米片的需求曲线中，纵轴衡量价格（P），横轴衡量需求量（Q）。表3-1中的每一对价格和需求量（P，Q）的数值都被描绘为一个点，连接各个点的平滑的曲线就是我们所要的需求曲线DD。需求曲线斜率显然为负，体现的是需求向下倾斜规律。

需求向下倾斜规律：当一种商品的价格上升时（同时保持其他条件不变），购买者便会趋向于购买更少的数量。同理，当价格下降且其他条件不变时，需求量会增加。

价格上升时，需求量为什么会趋于下降呢？原因有两个。第一个是**替代效应**。当一种物品的价格上升时，我会用其他类似的物品来替代它（当牛肉价格上升时，我们可以多吃鸡肉）。价格上升抑制购买量的第二个原因是存在着一种**收入效应**。因为，当价格上升时，我们会发现自己比以前穷了一些。汽油价格上涨一倍之后，我们的实际收入只会明显降低，削减汽油和其他物品的消费开支是很自然的。

到目前为止,我们讨论需求都还是限于"上述那条"需求曲线。那么，它是谁的需求呢？我的，你的，还是每个人的？决定需求的基本因素是"个人的"偏好。但在本章,我们拟集中讨论市场需求，它所代表的是所有个人需求的总和。现实世界中，我们所能直接观察得到的往往是市场需求。

市场需求曲线是将在每一价格水平下所有个人的需求量加总而得到的。

市场需求曲线符合需求向下倾斜规律吗？ 当然。例如，当价格下降时，较低的价格将通过替代效应吸引新的顾客。此外，若既经过替代效应又经过收入效应，则价格的下降就会刺激原有的顾客购买更多的数量。相反，一种物品价格的上升，势必影响我们中间的一些人减少购买。

计算机需求的爆炸性增长

我们可以用个人电脑为例来说明需求向下倾斜规律。第一台计算机的价格极高,运算能力很有限,只有个别企业和家庭才能支付得起这笔费用。而如今我们已经很难设想,短短20年前,普通人竟然都还是用打字机和钢笔写作,竟然是用手工在草稿纸上计算!

近40年来,计算机的价格大幅度下降。低价格吸引了新的买主。越来越多的人有能力购买计算机,计算机被广泛地应用于工作、学习和娱乐。在21世纪,随着互联网的发展,计算机的作用越来越大,于是有更多的人努力追赶潮流。到2007年,全球个人计算机销售量竟然超过了2.5亿台!

图3-3描述的是美国官方统计的计算机及其外设的价格和需求量。价格表示的是购买同等质量计算机的成本,也就是说,计算机质量的快速提高已经被考虑进去。你可以看出,随着软件的发展,互联网、电子邮件和其他技术的普遍应用,计算机的价格明显地在不断下降,而产量却在以惊人的速度提高。

玉米片、汽车或计算机的市场需求曲线是由什么决定的呢?给定某一价格,一系列因素均会影响需求量:平均收入水平、人口规模、相关物品的价格及其可获得性、个人和社会的偏好,还有其他特殊因素等。

- 消费者的平均收入是需求的重要决定因素。当人们的收入上升时,即使价格不变,个人几乎也会倾向于购买更多数量的

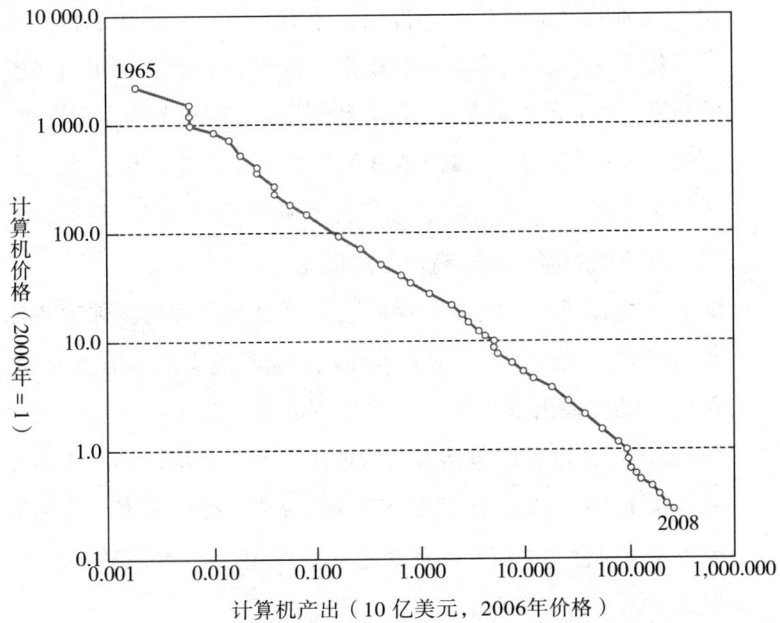

图 3-3 计算机价格下降刺激计算机产量惊人地增长

计算机和打印机等外设的价格,按考虑了质量指标(如内存或计算速度)的购置成本进行统计。计算机价格从 1965 年以来下降了 8 000 多倍。伴随价格下降的是:收入增长,用途日益广泛,导致计算机产量增长 14 万倍之多。

资料来源:Department of Commerce estimates of real output and prices. Note that the data are plotted on ratio scales.

任何物品。较高的收入会使汽车的购买量急剧上升。
- 市场规模(用人口衡量)显然影响着市场需求曲线。加州 4 000 万人口购买的苹果和汽车,可能是罗得岛州 100 万人口购买数量的 40 倍。

- 相关物品的价格及其可获得性会影响对该物品的需求,尤其是替代品之间存在着重要的联系。替代品是指具有相同功能的物品,如玉米片和麦片、钢笔和铅笔、小型汽车和大型汽车、石油和天然气。如果替代品 B 的价格下降,则物品 A 的需求会趋于下降。(不妨试问,如果计算机的价格下降,那么,人们对打字机的需求是升高还是降低呢?)

- 除了这些客观因素之外,我们还必须加上一系列被称为品位或偏好的主观因素。消费者偏好代表众多的文化和历史因素。它们可以反映出真正的心理或生理需要(对饮料、爱情或激情的需要),也可以包括人为造成的需要(香烟、毒品或迷人的赛车),还可以具有很大一部分传统或宗教的因素(美国崇尚牛肉,但食用牛肉在印度却犯禁忌;海蜇在日本是鲜美菜肴,但在美国却令人作呕)。

- 最后,在某一物品需求的背后,通常还存在着一些特殊因素。雨伞的需求量在多雨的西雅图较高,但在阳光明媚的菲尼克斯却较低;空调的需求在炎热的天气会上升;纽约市的汽车需求量较低,那里公共交通很方便,但是停车却是许多车主的噩梦。

表 3-2 用汽车作例子对需求的决定因素进行了总结。

随着经济生活的变革,需求在不断发生变化。只是在教科书中需求曲线才静止不动。

需求曲线为什么会移动呢?因为除物品价格以外的其他因素发生了变化。不妨考虑一个非价格变量的变化如何使需求曲线移

表 3-2 许多因素影响需求曲线

影响需求曲线的因素	以汽车为例
1. 平均收入	收入增加，人们购买更多的汽车
2. 人口	人口增加导致汽车购买量增加
3. 相关商品价格	汽油价格下降导致汽车需求增加
4. 偏好	拥有车成为身份的象征
5. 特殊影响	包括交通工具替代，汽车安全性，未来价格预期等

动的例子。众所周知，在20世纪90年代经济繁荣时期，美国人的平均收入急剧增长。对汽车需求而言这是一个巨大的收入效应，于是在任何价格下汽车的需求数量都有提高。例如，如果平均收入增长10%，在价格为1万美元时汽车需求数量会从1 000万辆增加到1 200万辆。这就会导致需求曲线发生移动，因为该需求数量的提高所体现的是商品价格变化以外的因素的作用。

上述这些幕后因素变化的净效应，我们称之为需求增加。在图3-4中，汽车的需求增加表现为需求曲线向右移动。必须注意：需求曲线的这种移动意味着在每一价格水平人们都会购买更多的汽车。

你可以通过回答下列问题来检验你的学习情况：温暖的冬季引起供暖石油的需求曲线是向左还是向右移动？为什么？如果年轻人对棒球失去了兴趣，转而喜欢篮球，则对于棒球比赛的门票的需求会产生何种影响？个人计算机价格的急剧下降对于打字机的需求会产生何种影响？如果蓝领工人的工资下降，而受过高等教育的人才薪水快速上升，则对大学教育的需求会产生何种影响？

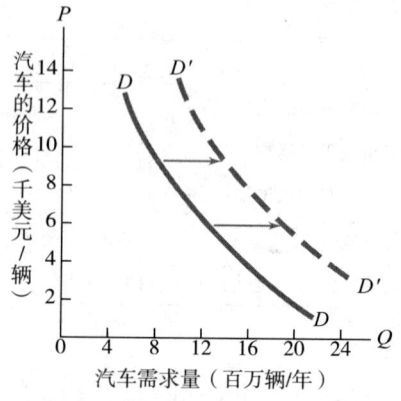

图 3-4 汽车需求的增加

影响需求的因素发生变化时,汽车需求就会受到影响。这里我们看到平均收入上升、人口规模扩大和汽油价格的降低对汽车需求的影响。我们将需求曲线的这种移动称为需求增加。

沿着曲线的移动和曲线的移动

切勿混淆沿着曲线的移动和曲线的移动。必须注意,不要把**需求的变化**(表现为需求曲线的**移动**)与**需求量的变化**(表现在价格变化之后,需求量在同一条需求曲线上移动到不同的点)相混淆。

当影响需求曲线的一种因素发生变化时,需求会发生变化。以比萨饼为例。如果收入增加,即使价格不变,消费者想要购买的比萨饼数量也会增加。也就是说,较高的收入增加了需求,使比萨饼的需求曲线向右移动。这就是比萨饼需求的移动。

与之不同的是需求量的变化。假设由于某种技术进步导致比萨饼的成本和价格下降,那么,在保持其他条件不变的情况下,消费者势必倾向于购买更多的比萨饼。但是,购买量的增加并不是来自于需求的增加,而是来源于价格的下降。这一变化体现为**沿着需求曲线的移动**,而不是需求曲线本身的移动。

当商品价格之外的因素变化引起购买数量发生变化时，我们称这种变化为需求变动。当所要购买的数量在每一价格水平增加（或减少）时，我们说需求增加（或需求减少）。

供 给 表

现在我们从需求转到供给。市场的供给涉及企业愿意生产和销售某物品的条件。西红柿的供给告诉我们在每一价位上西红柿的销售量。更准确地说，供给表反映的是在其他条件相同时，一种物品的供给量和它的市场价格之间的相互关系。在考察供给时，应当保持不变的条件包括生产成本、相关物品的价格和政府政策。

一种商品的**供给表**或**供给曲线**体现的是：在其他条件不变的情况下，该商品的市场价格与生产者愿意生产和出售的数量之间的关系。

供给曲线

表3-3是一张假定的玉米片的供给表，图3-5用供给曲线描绘了该表的数据。这些数据表明，在玉米片价格为每盒1美元时，生产者将不生产任何玉米片。在如此低的价格水平上，早餐供应商可能会将其设备用于生产其他的谷类食品，如麦麸片，以获取更多的利润。而在玉米片价格上升时，早餐供应商便会生产更多的玉米片。（这是因为）当玉米片价格进一步上升时，厂商就会发现，

表 3-3 供给表将供给量与价格联系起来

玉米片的供给表

	(1) 价格 (美元/盒) P	(2) 需求量 (百万盒/年) Q
A	5	18
B	4	16
C	3	12
D	2	7
E	1	0

该表说明，在每一价格水平上，玉米片生产商愿意生产和出售的数量。请注意，价格与供给量之间存在着正相关的关系。

雇佣更多的工人，购买更多的自动化机器，以及开设更多的玉米片工厂将是有利可图的。所有这些显然都会在较高的市场价格上提高玉米片的产量。

图 3-5 显示的是单个商品的供给曲线向上倾斜的一般情况。供给曲线向上倾斜的重要原因之一是"边际收益递减规律"（后面会详细讨论这一概念）。我们不妨以葡萄酒为例来介绍一下这个重要的规律。如果社会需要更多的葡萄酒，那么，就会有更多的劳动追加到适于种植酿酒葡萄的有限的土地上，但每一个新增加的劳动所增加的产品数量则是递减的。因此，刺激产出增加所必需的价格水平就要上升。通过提高葡萄酒的价格，社会能够诱导葡萄酒的生产者生产和出售更多的葡萄酒，葡萄酒的供给曲线因此便是向上倾斜的。同样的道理也适用于其他许多物品。

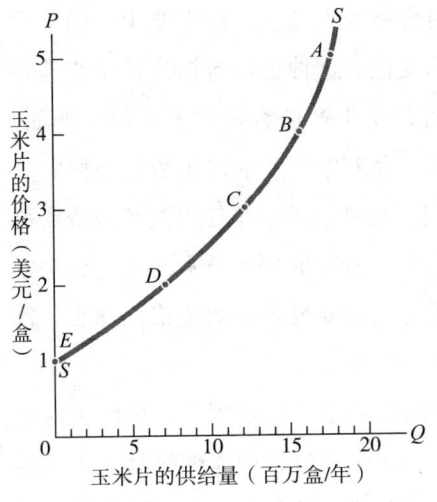

图 3-5 供给曲线将供给量与价格联系起来

供给曲线画出了表 3-3 中价格和数量的各种组合。连接这些点的平滑曲线,便是向上倾斜的供给曲线 SS。

考察供给决定因素的基本点在于:生产者提供商品为的是利润,而不是乐趣或博爱。因此,决定供给的一个关键因素便是生产成本。相对于市场价格而言,当某物品的生产成本比较低的时候,生产者大量供给该物品就会有利可图。当生产成本相对于价格而言比较高的时候,生产者就会提供比较少的数量,而转向其他产品的生产,甚或退出该产业。

生产成本主要取决于投入品价格和技术进步。劳动、能源或机器等投入品的价格显然会对既定产出水平的生产成本产生重大的影响。例如,2007 年石油价格急剧上升,提高了制造商的能源开销,从而提高了其生产成本,制造商便降低了供给。相反,最近 30 年来,计算机价格的下跌使得企业越来越多地用计算机取代人工,正如在工资支付和会计工作中所发生的那样。这就会导致计算机供给的增加。

另一个同样重要的决定因素是技术进步，即降低生产同一数量产出所需要的投入品数量的变化。这种进步包括从科学突破到现有技术的更新与挖潜，或者仅是生产流程的重新组织。例如，近年来制造商越来越富有效率。今天生产一辆汽车所需花费的劳动时间远远低于10年前的情况。这种技术进步使得汽车制造商可以在相同成本下生产更多的汽车。另外举个例子来说明。如果电子商务可以让购买者更方便地比较必要投入品的价格，那么，这种进步同样也会降低相应的生产成本。

然而，生产成本并非供给曲线的唯一决定因素。供给也受相关物品价格的影响，特别是那些在生产过程中能够轻易地进行替代的相关物品的价格。如果一种替代品的价格上升，那么另一种替代品的供给就会下降。下面以美国农业生产为例进行说明。政府提高对乙醇汽油的补贴，以减少对进口石油的依赖。乙醇汽油的生产原料主要是玉米。玉米需求的增加（玉米需求曲线移动）导致玉米价格的上升。结果，农民势必生产更多的玉米，而减少大豆的生产；最后导致大豆的供给减少、价格上升。所有这些变动，都是出于为减少进口石油依赖而采行的补贴政策。

政府政策也会对供给曲线产生重大影响。我们刚刚讨论了乙醇汽油补贴和玉米生产之间的关系。环境和健康方面的考虑会决定采用何种技术，而税收和最低工资法会大大提高投入品的价格。政府外贸政策会对供给产生重要的影响。例如，美国按自由贸易协定向墨西哥鞋类开放市场后，美国的鞋类供给就会上升。

最后，特殊因素也会影响供给曲线。气候条件对农业和滑雪产业有着重要的影响。计算机行业以富有创新精神著称，这导致

表 3-4　供给受生产成本和其他因素影响

影响供给曲线的因素	以汽车为例
1. 技术	计算机化生产降低了生产成本，增加了供给
2. 投入品价格	工资下降，导致生产成本下降，从而供给增加
3. 相关物品价格	如果卡车价格下降，则轿车供给会增加
4. 政府政策	取消进口汽车配额和降低关税，会增加汽车总供给
5. 特殊因素	互联网购物和竞价使消费者能以更低廉的成本比较经销商的销售价，迫使高成本卖家出局

计算机产品日新月异。市场结构会影响供给，而对于未来价格的预期通常会对供给决策产生重大的影响。

表3-4以汽车为例，列举了决定供给的重要因素。

企业不断地改变其产品和劳务的组合。引起供给发生变动的背后的原因是哪些呢？

> 当物品价格之外的其他因素发生变动从而引起供给数量发生变动时，我们称这种变动为供给的变动。从供给曲线看：在市场的每一价格水平上，当供给的数量增加（或减少）时，我们就说供给增加（或减少）。

当汽车的价格发生变动时，生产者当然也改变汽车生产的供给量，但这时供给和供给曲线却并没有发生变动。相反，只有在影响供给的其他因素发生变化时，供给才会发生变动，供给曲线也会因此移动。

我们不妨以汽车市场为例来说明供给曲线如何移动。如果引进了节约成本的计算机化的设计和生产方法,则会降低生产汽车的劳动需求量;如果削减汽车工人工资,如果日本汽车制造商的生产成本降低,或者如果政府放松了对汽车行业的某些管制规定,那么汽车的供给就会增加。这些因素中的每一个都会提高在每一价格水平上美国的汽车供给。图3-6说明了汽车供给的增加。

为了检验你是否理解了供给变动,请思考下列问题:如果沙特阿拉伯的革命战争导致了石油产量的下降,世界的石油供给曲线会受到什么样的影响?如果中国对美国的服装出口关税下降,服装的供给曲线将会发生怎样的变化?如果英特尔公司研究出一种可以大幅度提高计算速度的芯片,则计算机的供给曲线又会受到何种影响?

当回答上述问题时,你要切记沿着曲线的移动与曲线本身的移动之间的区别。回顾一下前文图3-1所示的汽油价格曲线。当石

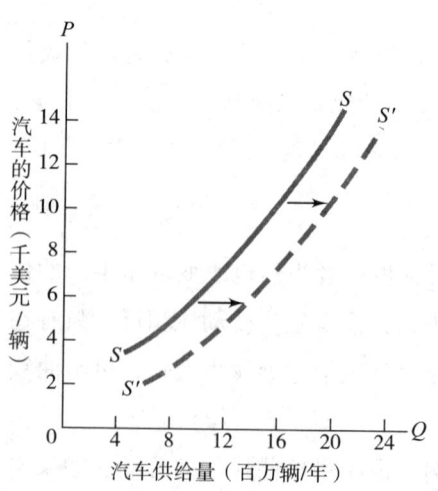

图 3-6 汽车供给的增加

生产成本下降时,汽车供给会增加。在每一价格水平上,生产者都会提供更多的汽车,供给曲线由此右移。(如果国会对汽车进口设立配额,则供给曲线会发生何种变化?)

油价格上升，同时，由于20世纪70年代政治动荡而导致石油生产下降时，这些变动导致了供给曲线向内移动。当更高的价格导致石油销售量下降时，就会产生沿着需求曲线的移动。

由图3-3可见计算机的价格和数量的变动的历史，更像供给的变动，还是更像需求的变动？

你如何描述鸡肉价格上升导致的鸡肉生产增加的情况？又如何解释鸡饲料价格下降而引起鸡肉生产上升的情况？

供给和需求的均衡

到目前为止，我们一直孤立地分析供给和需求。我们知道在每一价格下人们愿意购买和销售的数量。我们已经看到，消费者对于玉米片、汽车和计算机的需求量是这些物品价格的函数。同样，生产者愿意供给这些物品和那些物品的数量也取决于它们的价格。而当我们把市场的这两个方面放在一起时，又会发生何种情况呢？

答案是：供给和需求的力量会相互作用，产生均衡的价格和均衡的数量，即市场均衡。市场均衡发生在供给和需求力量达到平衡的价格与数量的点上。在该点，买者所愿意购买的数量正好等于卖者所愿意出售的数量。之所以称这一点为均衡是因为：当供求力量平衡时，只要其他条件保持不变，价格就没有理由继续波动。

让我们分析表3-5中的玉米片的例子，看看供给和需求是如何

表 3-5　均衡价格发生在需求量等于供给量之处

	玉米片的需求和供给			
（1） 可能的价格 （美元/盒）	（2） 需求量 （百万盒/年）	（3） 供给量 （百万盒/年）	（4） 市场状态	（5） 对价格的压力
A　5	9	18	过剩	↓向下
B　4	10	16	过剩	↓向下
C　3	12	12	均衡	中立
D　2	15	7	短缺	↑向上
E　1	20	0	短缺	↑向上

表中显示了不同价格水平上的供给量和需求量。只有在每盒 3 美元的均衡价格时，供给量才等于需求量。价格太低会出现短缺，从而价格趋于上升；价格太高会造成过剩，从而迫使价格下降。

决定市场均衡的；该表中的数据来自表 3-1 和表 3-3。为了找到市场价格和数量，我们发现，在某一价格上（我们需要找到一个价格，在这一价格水平上）愿意购买和愿意出售的数量正好相等。如果我们假定每盒的价格为 5 美元，那么这个价格水平能长期维持下去吗？显然不能。正如表 3-5 中 A 行所示，在 5 美元的价格水平，生产者每年愿意出售的数量是 1 800 万盒，而需求者仅仅愿意购买 900 万盒。在价格为 5 美元的条件下供给量超过了需求量，玉米片存货会堆积在超市里；由于购买得太少，而玉米片太多，所以玉米片的价格会趋于下降，正如表 3-5 中第（5）栏所示。

现在，我们假定每盒的价格为 2 美元。这一价格能够出清市场吗？看看表中的 D 行便可以发现，在 2 美元的价格下消费超过了生产。在这一价格水平，玉米片存货卖空。由于人们争相寻找他们愿意购买的玉米片，从而价格被抬高，如表3-5中的第（5）栏所示。

我们还可以继续考虑其他的价格水平，但是，我们还是很容易发现均衡价格为3美元，即表3-5中的C行。在价格为3美元时，消费者所愿意购买的数量正好等于生产者所愿意供给的数量，为12个单位。只有在价格为3美元时，消费者和供给者才会做出一致的决策。

在需求量与供给量相等的价格水平上，就会实现**市场均衡**。在均衡点上，价格既没有上升的趋势，也没有下降的趋势。我们也称均衡价格为**市场出清价格**。这意味着所有供给和需求的订单都已完成，账面上已经出清，需求者和供给者都得到了满足。

供给曲线与需求曲线的均衡

我们通常用图3-7这样的供求图描述市场均衡，该图把图3-5中的供给曲线和图3-2中的需求曲线放在一起。由于这两个图在横轴和纵轴上采用了完全相同的单位，因此，我们可以把它们放在一起。

通过寻找使需求量等于供给量的价格水平，我们找到了市场均衡。均衡价格发生在供给曲线与需求曲线的交点，即C点。

我们如何知道供给曲线与需求曲线的交点就是市场均衡点呢？让我们重复先前的试验。我们从最初的每盒5美元的高价开始分析，这一价格表示在图3-7中纵轴的顶端。在这一价格水平上，

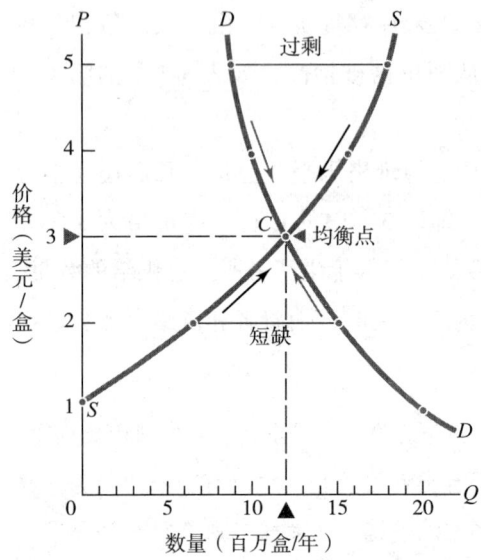

图 3-7 市场均衡发生在供给曲线与需求曲线的交点

市场均衡的价格和数量发生在供给曲线与需求曲线的交点。在 C 点,即 3 美元的价格水平上,企业愿意供给的数量等于消费者愿意购买的数量,当价格太低(如 2 美元时),需求量超过了供给量,出现了短缺,迫使价格上升到均衡水平。若在 4 美元的价格水平下,则会发生何种情况呢?

供给者愿意出售的数量高于需求者愿意购买的数量。其结果是出现了过剩,即供给量超过了需求量,如图中标有"过剩"的线段所示。沿着两条曲线向下的箭头表示当市场存在着过剩时价格的运动方向。

在每盒 2 美元的低价上,市场出现了短缺,即需求量超过了供给量,如图中标有"短缺"的线段所示。在存在着短缺的情况下,购买者为得到有限的物品而展开的竞争引起价格上升,如图中向上的箭头所示。

现在,我们看到了供给与需求的平衡或均衡发生在供给曲线与需求曲线的交点,即 C 点。在 C 点,价格为每盒 3 美元,数量为 12 单位,需求量与供应量相等:既不存在短缺,也不存在过剩;

价格既没有上升的趋势，也没有下降的趋势。在 C 点，而且只有在 C 点，供给与需求的力量才能达到平衡，价格也才能稳定在可以持续不变的水平上。

> 均衡价格与均衡数量发生在愿意供给的数量等于愿意购买的数量的水平上。在竞争市场上，这一均衡出现在供给曲线与需求曲线的交点上。在均衡价格水平上，市场上不存在短缺或过剩。

供给分析与需求分析，远不限于告诉我们均衡价格和均衡数量。它也能用于预测经济条件的变化对于价格和数量的影响。让我们换成面包的例子。假设一段时期的不良气候提高了面包的重要原料小麦的价格，从而使面包供给曲线向左移动。图 3-8（a）说明了这一情况。在该图中，面包的供给曲线从 SS 移动到 $S'S'$，而需求曲线却没有移动，因为无论收成好坏，人们每天对三明治都有同样的需求。

面包市场会发生何种变化呢？在原价格水平上，恶劣的天气最终使得面包商只能生产较少的面包，从而导致需求量超过了供给量。价格会因此上升，生产会得到刺激，因而在抑制消费降低需求量的同时，也提高了供给量。价格持续上升，直到需求量与供给量在新的均衡价格上再次达到相等时为止。

正如图 3-8（a）所示，新的均衡点发生在新的供给曲线 $S'S'$ 与原来的需求曲线的相交点 E'。因此，农业歉收（或者供给曲线的任何向左移动）提高了价格，并且由于需求向下倾斜规律，需

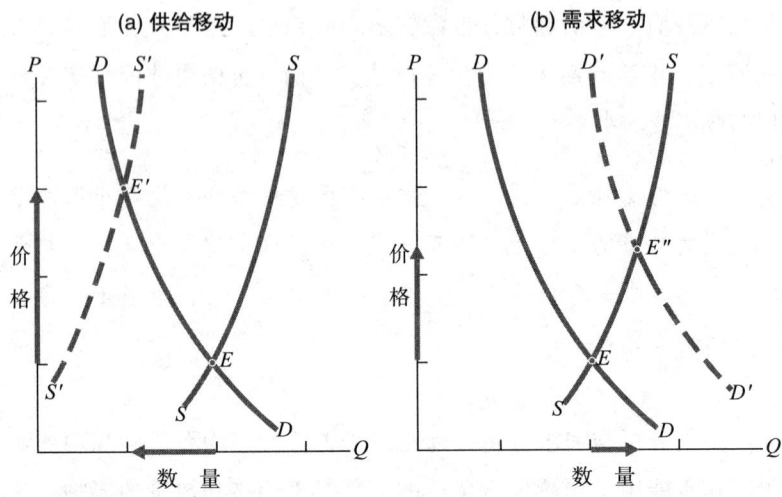

图 3-8 供给或需求的移动改变了均衡价格和数量

(a) 如果供给曲线向左移动,初始价格水平上就会出现短缺,价格将会上升,直到愿意购买和出售的数量在新的均衡点 E' 相等为止。(b) 需求曲线向右移动会导致超额需求,随着均衡价格和数量向 E'' 移动,价格将会上升。

求量会降低。

假设,新的烤制技术降低了成本,从而增加了供给,即供给曲线向右下方移动。画出一条新的供给曲线 $S'''S'''$,以及与此相应的新的均衡点 E'''。那么,为什么均衡价格会下降,而均衡数量又会提高?

我们也可以用供给与需求原理考察需求变化如何影响市场均衡。假设家庭收入急剧增加,每个人因此想买更多的面包。这一变化在图 3-8(b)中表示为"需求的移动"。在这种情况下,在每一价格水平上,消费者都需要更多数量的面包。因此,需求曲线

表3-6 需求和供给的移动对价格和数量的影响

	需求和供给变化	对价格和数量的影响
如果需求上升……	需求曲线向右移动……	价格↑ 数量↑
如果需求下降……	需求曲线向左移动……	价格↓ 数量↓
如果供给上升……	供给曲线向右移动……	价格↓ 数量↑
如果供给下降……	供给曲线向左移动……	价格↑ 数量↓

从 DD 向右移动到 $D'D'$。

在原来的价格水平上，需求的移动会产生面包短缺，接着会发生面包抢购。价格上升，直到供给与需求在较高的价格水平上恢复平衡。从图形上看，在图3-8（b）中，需求的增加导致市场均衡从 E 移动到 E''。

在这两个移动（供给移动和需求移动）中，影响需求曲线或供给曲线的某个因素都发生了变化。在供给移动的例子中，可能是由于技术或投入品的价格发生变化。而在需求移动中，影响消费需求的诸因素（收入、人口、相关物品的价格、偏好）中的一个（或多个）发生了变化，需求表也因此发生变动（参见表3-6）。

> 当影响需求或供给的诸因素发生变化时，就会导致需求或供给发生变动，并引起市场上的均衡价格和均衡数量也发生变动。

如何解释价格和数量变化，这是一个重要问题。我们有时会听到："汽油需求并没有遵循需求向下倾斜的规律。2003年到2006年，汽油价格飞速增长（见图 3-1），然而，美国汽油消费量只增不减。你们经济学家应该如何解释这种现象！"

在仔细分析供给和需求之前，我们不能给出一个明确的解释。但是，这个悖论最有可能的解释是需求曲线发生了移动，而不是单纯地沿着需求曲线移动。我们知道，中国和印度的经济飞速发展，大量进口石油，导致全球石油需求增加。此外，美国汽车数量剧增，燃油利用率又下降，也导致美国对汽油的需求增加。

经济学家总是在回答诸如此类的问题：当市场上价格或数量发生变化时，这种情况是反映了供给方面的变化还是需求方面的变化？有时，在简单的情形下，同时考察价格和数量会给你提供一条线索：究竟是供给曲线移动了，还是需求曲线移动了。例如，面包价格的上升伴随着数量的减少表明供给曲线向左移动（供给下降了）。价格的上升伴随着数量的增加则表明需求曲线可能向右移动了（需求增加了）。

图 3-9 说明了这一点。图（a）和图（b）中，数量都上升了。但是图（a）中价格上升了，而图（b）中价格却下降了。图 3-9（a）描绘的是需求增加，即需求曲线移动的情况。这种移动导致均衡的需求量由 10 单位增加到 15 单位。图 3-9（b）描绘的是沿着需求曲线移动的情况。在这种情况下，供给的移动使得市场均衡从 E 点移动到 E'' 点。结果，需求量从 10 单位增加到 15 单位。但是，在这个例子中需求没有变动，而是当消费者根据价格的变动，沿着他们的需求曲线从 E 变动到 E'' 时，需求量增加了。

不妨回到前文关于 2003~2006 年汽油消费量变化的讨论中。请解释：为什么这种情况最好是由图 3-9（a）去解释。还请解释：

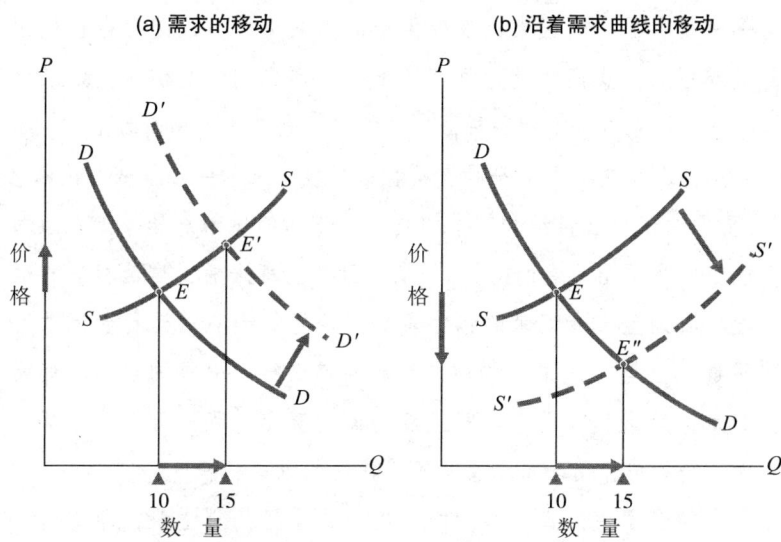

图 3-9 曲线的移动与沿着曲线的移动

初始均衡点为 E,数量为 10 单位。在(a)中,需求的增加(即需求曲线的移动)形成了一个新均衡点 E′,数量为 15 单位。在(b)中,供给的移动导致了沿着需求曲线的移动,均衡点从 E 移动到 E″。

需求向下倾斜的规律在汽车市场中仍然成立。

微妙的均衡概念

"均衡"是经济学中最难以掌握的概念之一。日常生活中所见的现象应该让我们对均衡概念相当熟悉,例如,放在碗底的桔子,或是静止了的钟摆,都可以看做是一种均衡状态。在经济学中,均衡意味着市场运作中不同力量处于平衡,从而价格和数量使购买者和供应商的愿望达成一致。价格太低意味着各种力量尚未平衡——吸引需求的因素比吸引供给的因素更有力，因而存在超额需求或短缺。我们知道竞争市场是一种形成均衡的机制。如果价格太低，需求者会争相购买，抬高价格，直至达到均衡为止。

然而，均衡概念似乎具有某种诡辩性。正如一位权威所论断："不要同我谈什么供给和需求的均衡。石油的供给总是等于石油的需求。你找不出二者的差异。"从会计的角度来看，这位权威的确有理。石油生产者记录的销售量显然恰好等于石油消费者记录的购买量。但是这种算术结论并不能否定供给和需求的规律。更重要的是，如果我们没有理解经济均衡的实质，我们就无法理解各种因素是如何作用于市场及其发生作用的方式和程度。

在经济学中，我们对于能够出清的市场的销售量，即均衡数量很感兴趣。我们还想知道消费者愿意购买的数量与生产者愿意出售的数量恰好相等的价格水平。只有在这一水平上，买者和卖者才会同时达到满足。也只有在这一价格水平上，价格和数量才不会继续有变动的趋势。因此，只有当我们了解了供求均衡时，我们才能理解这样一些悖论：移民也许不会降低所移入城市的工资；土地税也许不会提高租金；以及收成不好反而有可能提高（的确是提高）农民的收入。

供求分析中一个迷人、重要而又十分复杂的例子是移民在决定工资方面的作用。如果你向人请教这个问题，他们可能会告诉你加州和佛罗里达州的移民确实降低了当地人的工资。原因就在于供给和需求。他们也许会请你去看图 3-10（a），该图说明了关于移民的一项供求分析。根据这一分析，移民使得该地区劳动供给曲线向右移动，从而压低了工资。

严谨的经济学研究对这个简单的推理表示怀疑。最近，一项实证研究得出结论说：

> 移民对于当地劳动市场的影响很微弱。没有证据表明当地人在就业等经济方面有重大损失。大部分实证研究……发现移民占总人口的比重每增加10%，最多只会使当地的工资下降1%。[1]

怎样解释移民对工资的影响为何如此之小？劳动经济学家强调美国人口具有很强的流动性，这就意味着新移民很快就会散布到整个国家。移民一旦成功，通常会流入到他们有可能找到工作的城市——也就是说，劳动者倾向于迁往那些经济发展强劲从而对劳动的需求增加的地方。

图3-10（b）描绘了这种可能性，在供给曲线移动到$S'S'$的同时，需求曲线向右移动到$D'D'$。新的均衡工资E''点，与原工资水平E点相当。另一种可能性是当移民迁入时，当地出生的居民出现迁出，因此劳动总供给并没有变动。这将使劳动供给曲线停留在初始的位置上，从而工资不会发生变动。

在说明供给需求理论工具有实证能力的时候，移民问题是一个很好的例子。

---

1 Rachel M. Friedberg and Jennifer Hunt, "The Impact of Immigrants on Host Country Wages, Employment, and Growth," *Journal of Economic Perspectives*, Spring 1995, pp. 23–44.

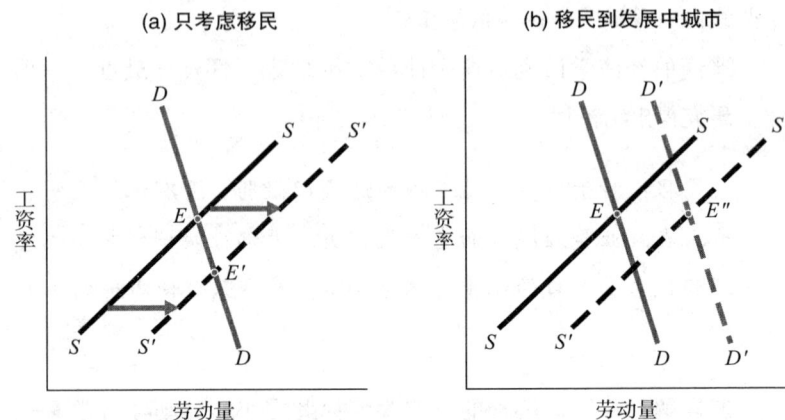

图 3-10 移民对工资的影响

在（a）中，新移民使得劳动供给曲线由 SS 移动到 $S'S'$，降低了均衡工资。但更常见的是，移民进入到劳动市场发展城市，如（b）所示，如果在该劳动市场上，供给的增长是随着需求的增长而来的，那么工资的变化则非常小。

通过价格进行分配

现在，让我们思考一下市场机制的成就。通过决定所有投入和产出的均衡价格和均衡数量，市场将社会的稀缺品配置或配给到各种可能的用途中。谁进行配给？计划委员会、国会，还是总统？都不是，答案是市场。它通过供求的相互作用进行了这种配给。这就是所谓的用钱包进行配给。

生产什么物品？这一问题将由市场价格信号做出回答。较高的玉米价格刺激了玉米生产，而较低的电脑价格则刺激对电脑的需求。那些拥有最多货币选票的人，对于生产什么物品往往最具有影响力。

为谁生产物品？钱包的力量决定了收入和消费的分配。那些拥有高收入的人会得到更大的房子、更多的衣服以及更长的假期。有钱做后盾时，那些最迫切的需求通过需求曲线都能得以实现。

就连如何生产的问题也取决于供给和需求。当玉米价格较高时，农民有可能使用昂贵的拖拉机和灌溉系统。当石油价格很高时，石油公司甚至会到海上进行深钻，以利用最新的勘探技术寻找新的油田。

通过本章关于供给和需求的讨论，我们已经了解：对物品的欲望（体现在需求中）如何与物品的成本（体现在供给中）相互作用。进一步学习将会加深我们对于这些概念的理解，并说明如何将这一工具应用到其他重要的领域中。尽管这只是一种初步的讨论，但它也能为我们解释现实经济世界提供一种必备的工具。

第二编

微观经济学:供给、需求和产品市场

第四章 供给和需求:弹性及其应用

别指望靠教会鹦鹉说"供给"和"需求",就能让它们变成经济学家。

——佚　名

以上我们已经学完了本书导论部分,下一部分我们开始进入微观经济学,即关于单个企业、消费者和市场的行为的研究。经济史上多数大的变迁和关于经济政策的主要争论,都包含在对于单个市场的研究之中。在微观经济学的基本范畴内,我们将探讨那些造成神经外科医生与纺织工人收入相差悬殊的原因。同时,微观经济学对于理解计算机价格何以暴跌以及计算机使用因何迅速普及也很关键。事实上,如果不用供给和需求的理论进行分析,我们就无法理解关于医疗保健或最低工资的激烈争论。就连贩毒或犯罪及其惩罚等问题,若不考察一下人们对上瘾物品与普通物品的需求究竟有何差异,则我们恐怕也无法将问题解释清楚。

但是理解供给和需求远非鹦鹉学舌那么简单。全面把握微观经济分析意味着应该理解需求曲线和供给曲线的推导,知晓关于成本的各种概念,分清完全竞争和垄断之间的差别。所有这些及其他关键的问题，都将成为我们遨游微观经济学奇妙世界时的主要景点。

需求弹性和供给弹性

虽然供给和需求通常可以帮助我们判断供给量和需求量是增加还是减少，但为了使之成为真正有用的工具，我们需要知道供给和需求在多大程度上对价格的变动做出反应。一些购买，比如观光旅游，是对价格变动十分敏感的奢侈品。而另一些物品，如食品、电力等必需品的消费，则对价格的变动几乎无动于衷。上述这些关于价格变动和购买量之间的数量关系，我们可以运用弹性这一重要概念进行分析。下面我们将先对弹性进行详细的定义和说明，然后运用这一新的工具分析税收及其他政府干预举措对于微观经济的影响。

需求的价格弹性

我们首先研究消费需求对于价格变动的反应的灵敏程度。

需求的价格弹性，有时称**价格弹性**，衡量的是：当一种物品的价格发生变动时，该物品需求量相应变动的大小。价格弹性的准确定义是需求量变动的百分比除以价格变动的百分比。

不同物品的价格弹性,或对价格变化的敏感程度差别很大。当一种物品的价格弹性很高时,我们称这种物品是"富有弹性"的,这意味着该物品的需求量对价格变动反应比较强烈。当一种物品的价格弹性很低时,我们称这种物品是"缺乏弹性"的,也就是说该物品的需求量对价格变动反应比较微弱。

拥有替代品的物品一般比没有替代品的物品的弹性要大。如果明天所有食品或鞋的价格上涨20%,你无法设想人们不去吃饭或光脚走路。因此,食品和鞋的需求缺乏价格弹性。另一方面,如果疯牛病使英国牛肉的价格上涨的话,则人们可以转而食用其他国家的牛肉,或用羊肉、家禽肉来满足自己的肉类需求。因此,英国牛肉的价格弹性在这里就比较高。

人们对价格变动做出反应的时间的长短,也是影响价格弹性的一个因素。汽油就是一个典型的例子。假设当汽油价格突然上涨,而你正在驾驶着汽车横穿美国大陆,你是否会卖掉汽车放弃旅行?一般情况下你大概不会。因此,在短期内,这种场合的汽油需求可能就非常缺乏弹性。

然而,从长期来看,你可以根据汽油的较高价格来调整自己的消费(行为),可以购买小型节能车、骑自行车、乘火车、搬到距离工作场所较近的地方居住或者与其他人共用汽车。消费模式调整余地较大,通常都意味着所消费的物品的长期需求(的价格)弹性要大于短期需求(的价格)弹性。

需求的经济特征决定了个人消费品需求价格弹性的大小:奢侈品、具有替代品的物品以及消费者有较长时间调整其行为的物品的（需求的价格）弹性会比较大。相反，必需品、缺少替代品的物品和在短期行为内的物品的（需求的价格）弹性则会比较小。

价格弹性的准确定义是需求量变动的百分比除以价格变动的百分比。我们用 E_D 表示（需求的）价格弹性，并且为方便起见，我们去掉负号，让所有的弹性都表现为正值。

我们可以根据下列公式计算出价格弹性的数值：

$$需求的价格弹性 = E_D = \frac{需求量变动的百分比}{价格变动的百分比}$$

现在我们可以进一步区分价格弹性的类型：

- 如果价格变动 1 个百分点引起需求量的变动超过 1 个百分点，则该物品就**富有需求价格弹性**。例如，如果价格上升 1 个百分点，导致需求量下降 5 个百分点，则该物品就富有需求价格弹性。
- 如果价格变动 1 个百分点引起需求量的变动不足 1 个百分点，则该物品就**缺乏需求价格弹性**。例如，价格上升 1 个百分点而需求量仅下降 0.2 个百分点。
- 一种重要的特殊情形是某物品拥有**单位需求价格弹性**，即需求量变动的百分点恰好等于价格变动的百分点。在这种情况下，价格上涨 1 个百分点会导致需求量下降 1 个百分点。以后我们还会看到这一点意味着当价格变动时，商品总支出（等于 $P \times Q$）保持不变。

切勿混淆曲线的弹性与它的斜率。区别二者的常用例子是呈直线状的需求曲线。我们通常将需求曲线描绘成线性关系或直线,因为这样很容易作图。

一个自然的问题就是:直线需求曲线的价格弹性是多少?这个问题的答案很令人吃惊:沿着一条直线需求曲线,价格弹性竟能够从 0 变动到无穷大!

这个例子说明了一个要点。当你在图形中考察一条需求曲线时,一般来说较陡的斜率并不意味着缺乏弹性,而较平缓的斜率也不标志着富有弹性。斜率并不等于弹性,这是因为,需求曲线的斜率取决于 P 和 Q 的变化,而弹性则取决于它们的百分比变动。唯一的例外是完全有弹性及完全无弹性这两种极端情况。

> 弹性并不能仅仅由斜率单独推导出来。计算弹性的一般方法是:弹性等于位于直线或(曲线在)该点切线上的需求点之下的线段长度与位于该点之上的线段长度二者的比值。

弹性和收益

许多企业都想知道提高价格是增加还是减少收益。对许多企业来说,这是个具有重要战略意义的问题。无论是航空公司,还是棒球队或杂志社,都需要决定是否值得提高价格,以及较高价格的收益是否能够弥补较低需求的损失。让我们来看一看需求的价格弹性与总收益之间的关系。

根据定义,**总收益**等于价格乘以数量(即 $P \times Q$)。如果消费者以每单位3美元的价格购买5单位,那么总收益为15美元。如果你知道需求的价格弹性,你就会弄清价格变动对总收益会产生什么影响:

1. 当需求缺乏弹性时,降低价格会减少总收益。
2. 当需求富有弹性时,降低价格会增加总收益。
3. 当需求具有单位弹性时,价格下跌不会引起总收益的任何变动。

在今天的经济生活中,弹性的概念已经得到了广泛的应用,依据不同的弹性对消费者进行分组管理的尝试就是其中的一个例子。该技术已在航空运输业界广泛倡导和流行(详见下面的专栏)。另一个例子是软件公司,它们尝试用不同的弹性对其产品制定不同的价格。例如,如果你购买一个全新操作系统的需求非常迫切,那么你的需求弹性就比较低。在这种情况下,出售者就可以向你收取一个比较高的价格,从而获得更多利润。相反,如果你并不急于更新你的操作系统,则你就可以伺机寻求一个更合适的价格。这种情况下,你的需求弹性就比较高,出售者只能向你索取比较低的价格以卖出他们的产品。

我们可以用弹性来分析经济学中最著名的悖论之一:丰收悖论。设想某年大自然对农业格外恩惠,寒冷的冬季冻死了所有的害虫;适于播种的春季早早到来;没有发生恶性霜冻;好雨滋润了成长中的秧苗;阳光灿烂的十月使得收割顺利并得以运往市场。年终时,琼斯一家愉快地坐下来计算一年的收入,但他们将会大吃一惊:好年景和大丰收反而降低了他们及其他农民的收入。

弹性在航空运输中的应用

对于美国航空公司来说，弄清乘客的需求弹性相当于每年可带来数十亿美元的收益。在理想的情况下，航空公司希望向商务人员要求尽可能高的票价，而向闲暇游客提供足够低的票价以填补飞机上的空座。这是航空公司为增加总收益、追求利润最大化所希望采取的措施。

但是，航空公司要想对缺乏价格弹性的商务人员和富有价格弹性的闲暇游客收取不同的票价，它们必须解决一个大难题——识别并区分两种不同类型的乘客：它们如何阻止缺乏弹性的商务人员购买为闲暇游客准备的便宜机票？又如何避免富有弹性的闲暇乘客占用商务人员本来愿意付费的座位？

航空公司通过对不同的乘客采用"价格歧视"的措施解决了上述难题。这也正是利用不同价格弹性获取效益的一种案例。**价格歧视**是指同一种服务对于不同的顾客收取不同的费用的策略行为。航空公司通常会对有计划并希望选择低价位的游客提供折扣。同时，航空公司也许会要求该乘客等到周六晚上之后才能拿到打折的机票，这条规定会使得急于回家度周末的商务人员望而却步。另外，最后的时刻通常不提供折扣，因为许多商务往来事先并无计划，而是为了处理意外的事件——这是另外一种缺乏弹性的情况。航空公司已经设计出极其复杂的计算机程序来管理机票的销售，从而确保缺乏弹性的乘客无法从折扣中获益。

这是怎么回事？答案就在于人们对于食品的需求弹性。小麦、玉米等基本粮食作物缺乏弹性；就这些必需品而言，消费量对于价格的变动反应迟钝。这意味着当收成好的时候，农民作为一个整体的总收益要低于收成不好的时候。农业丰收提高了农产品的供给，进而会降低农产品的价格。但价格的下跌并不能使需求增加很多。其背后的原理就在于食品是缺乏价格弹性的，好收成（Q 值大）常常伴随着低收益（$P \times Q$ 值小）。

香烟税和吸烟

香烟税对吸烟有什么影响呢？有些人认为："一旦上瘾，人们会为了每天能够抽到烟而愿意付出任何代价。"毫无疑问，当你说需求数量与价格无关时，你实际上是在说价格弹性为零。那么，经验证据所显示的香烟消费的价格弹性究竟又是多少呢？

我们以一个历史案例来回答这个问题。新泽西州曾经将香烟税从每包40美分成倍增加到每包80美分，导致香烟平均价格从每包2.4美元上升到每包2.8美元。经济学家由此测算出了仅由价格上升所带来的香烟消费的效果：新泽西的香烟消费量由5 200万包下降到了4 750万包。

利用弹性计算公式，你可以计算出短期弹性是0.59（保证你能得到相同的数值）。根据更深入详细的统计数据所计算得到的弹性数值也大体相当。可见，经验证据表明，香烟的价格弹性确实不为零。

供给的价格弹性

当然,消费量并不是唯一受价格涨跌影响的变量。企业在制定其生产决策时也会受价格的影响。经济学家将供给的价格弹性定义为一种商品的供给量对其市场价格的反应程度。

更准确地说,**供给的价格弹性**是供给量变动的百分比除以价格变动的百分比。

同需求弹性一样,供给弹性也有极高和极低的情况。假设供给量完全固定不变,像市场上易腐烂的鱼一样,不论市场价格如何,都必须全部卖掉。这便是供给弹性为零,即完全无弹性的特殊情况,此时供给曲线为一条垂直线。

另一个极端情况是,价格的微小下降会使供给量骤降为零,而价格的稍许上升会诱发无穷多的供给。这种情况下,供给量变动百分比与价格变动百分比之间的比率极其高,从而产生了水平供给曲线。这便是供给无限弹性的极端情况。

表 4–1 弹性:重要概念小结

需求弹性的值	描述	定义	对收益的影响
大于 1($E_D > 1$)	富有弹性	需求量变动的百分比大于价格变动的百分比	价格下降时,收益增加
等于 1($E_D = 1$)	单位弹性	需求量变动的百分比等于价格变动的百分比	价格下降时,收益不变
小于 1($E_D < 1$)	缺乏弹性	需求量变动的百分比小于价格变动的百分比	价格下降时,收益减少

介于这两个极端之间，供给富有弹性还是缺乏弹性，取决于供给量变动的百分比是大于还是小于价格变动的百分比。在供给具有单位弹性，即供给的价格弹性为1时，供给量增加的百分比恰好等于价格上升的百分比。

很容易看出，供给的价格弹性与需求的价格弹性的定义完全相同。唯一的差别在于：对于供给而言，供给量与价格是正向变动，而对于需求而言，需求量与价格却是反向变动。

供给的价格弹性 E_S 的准确定义如下：

$$E_S = \frac{供给量变动的百分比}{价格变动的百分比}$$

图 4-1 描绘了供给弹性的三种重要情况：(a) 垂直的供给曲线，表示供给完全无弹性；(c) 水平的供给曲线，表示供给完全有弹性；(b) 中间那条过原点的直线表示供给具有单位弹性。

哪些因素决定供给弹性呢？影响供给弹性的主要因素是行业中增加生产的困难程度。如果所有的投入品很容易在现行市场价格下购得，正如纺织服装行业的情况那样，则价格的微小上升就会导致产出大幅度增加。这就表明供给弹性相对较大。另一方面，如果生产能力受到严格限制，例如金矿开采的情况，即使黄金价格急剧上升，黄金产量也只能增加很少，这就是供给缺乏弹性。

影响供给弹性的另一个重要因素是考察时段的长短。随着供给者做出反应时间的增加，给定的价格变动就会对供给量产生更大的影响。价格上升后的短时期内，企业也许无法增加劳动、原材料和资本等投入，因此供给很可能缺乏弹性。然而，随着时间

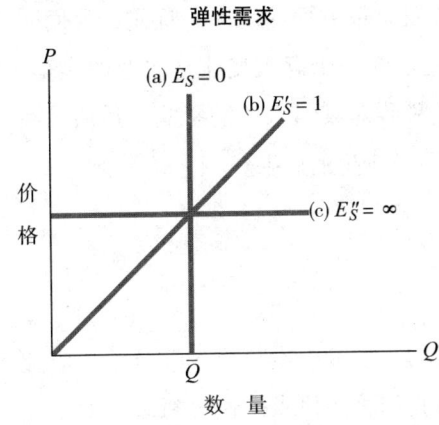

图 4-1 供给弹性依赖于生产者对价格的反应

当供给固定时，供给弹性为 0，如供给曲线（a）所示。供给曲线（c）表示供给量对价格变动做出无穷大的反应。当供给量变动的百分比与价格变动的百分比相等时，就出现了由（b）所示的中间情况。

的推移，企业可以雇用更多的工人，建造新的厂房和扩大生产能力，这样，供给弹性就会变得比较大。

以捕鱼为例，我们可以用图 4-1 说明供给如何随着时间的推移而发生变动。供给曲线（a）表示的是当天被运送到市场上的鲜鱼，在这个市场上卖鱼人仅仅靠叫卖售出全部的鱼，而不管最后是什么价格。曲线（b）代表中期（1 年左右）内捕鱼船只不变，尚未吸引到新劳动力的情况。长期内，随着新渔船的建造、新劳工的流入以及新渔场的建设，鱼的供给也许会变得非常富有弹性，正如图 4-1（c）所示。

弹性在主要经济政策问题中的应用

在了解了弹性的基础知识之后，我们将研究这些工具如何帮助我们理解各种基本经济趋势及政策方面的问题。首先，我们研究产业革命以来产业结构所发生的一个巨大变化：农业的衰落。其次，我们以汽油税为例讨论税收对某一产业的影响。最后，我们将分析政府对市场的各种干预所产生的后果。

农业经济学

首先我们将供给需求分析用于农业。本节第一部分给出农业部门经济学的基础知识。随后我们将用供求理论分析政府对农业市场进行干预的效果。

农业曾经是美国国民经济最大的产业。100年以前，美国人口的一半在农场生活和工作，但今天这个数字已经下降到不足劳动力的3%。同时，农产品价格相对于收入及经济中其他物品价格有所下跌。如图4-2所示，在过去半个世纪中农产品价格不断地下降。中等家庭的收入翻了一番还多，而农场主的收入却相对地停滞不动。来自农业州的议员们对于家庭农场的衰落忧心忡忡。

在解释农产品价格下降趋势的原因上，一张简图也许要比连篇累牍的文字更加简明有效。图4-3中，E点代表价格较高的初始均衡点。现在，让我们看一看，随着时间的推移，农业究竟发生了什么变化。由于大多数食品是必需品，人们对于食品的需求增加缓慢；与平均收入的增加相比，需求曲线的移动是很有限的。

供给的情况又如何呢？尽管许多人错误地认为农业是落后产业，然而统计研究表明，农业生产率（每单位投入的产出）增长

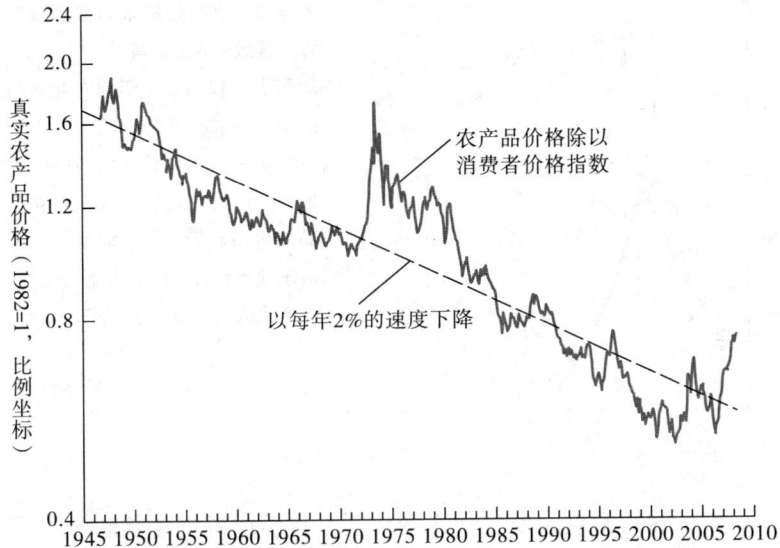

图 4-2 基本农产品的价格大幅度下降

基本农产品（诸如小麦、玉米、大豆等）的相对价格持续下降成为影响美国农业经济的一个主要因素。过去几十年，农产品的价格相对于一般价格水平以每年 2% 的速度下降。尽管自 2005 年起的粮食短缺减缓了食物相对价格的这种趋势，但没有扭转其长期的下滑趋势。然而，近来食物价格的上升导致了大多数国家的通货膨胀，甚至造成了一些贫穷国家因食物产生的骚乱。

资料来源：Bureau of Labor Statistics.

的步伐比大多数其他产业要快得多。重大的技术进步包括：通过使用拖拉机、联合收割机和摘棉机等实现了农业机械化，施肥、灌溉、培育良种和转基因作物的研制，所有这些创新都极大地提高了农业投入的生产率。农业生产率的迅速提高大大增加了供给，如图 4-3 所示，供给曲线从 SS 移动到 $S'S'$。

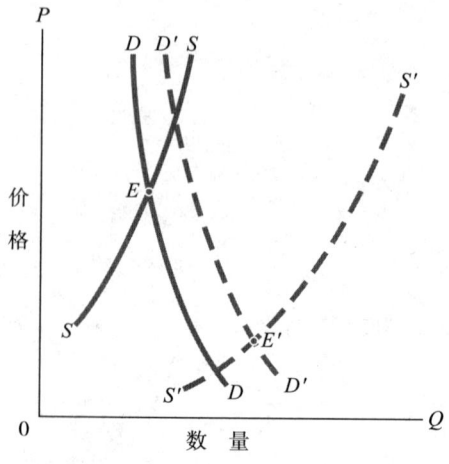

图4-3 供给的扩张和需求缺乏弹性导致了农业的衰退

均衡点 E 代表几十年前农业部门的情况。农产品需求的增长慢于由技术进步所导致的供给的巨大增长。因此,竞争性很强的农产品的价格趋于下降。而且,由于需求缺乏弹性,随着供给的增加,农场主的收入也趋于下降。

在新的均衡点会发生什么变化呢?供给的急剧增长超过了需求的有限增加,从而导致了农产品价格相对于经济中其他物品价格的下降趋势。这正是最近几十年来农业部门所发生的变化,参见图4-2。

种植限制 鉴于收入的下降,农场主们经常游说联邦政府给予经济援助。长期以来,各国政府采取了多种举措来帮助农民。它们通过价格支持提高了农产品的价格;通过关税和配额限制进口;有时它们还简单地对那些承诺休耕(不在土地上种植作物)的农民给予补贴。

减少产量到底是怎样有利于农民的呢?我们可以利用丰收悖论来进行解释。假如政府要求农民减少产量,如图4-4所示,那么上述措施导致供给曲线向左上方移动。由于食品需求缺乏弹性,限制种植不仅提高了农产品的价格,而且增加了农民的总收益。正如

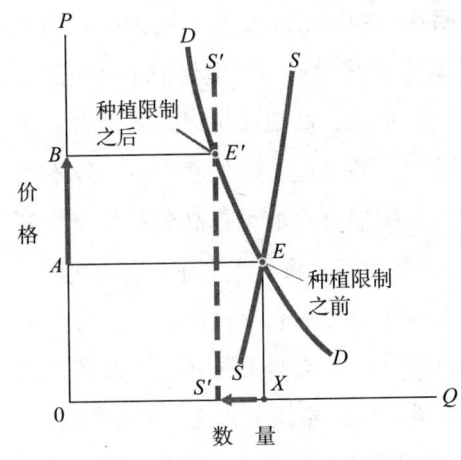

图4-4 限制种植的方案提高了价格和农场的收入

在限制种植以前，竞争市场在较低的价格水平 E 点达到均衡。当政府限制产量时，供给曲线向左移动到 $S'S'$，均衡点移动到 E'，价格上升到 B。由于需求缺乏弹性，新的收益矩形 $0BE'S'$ 的面积肯定要大于初始收益矩形 $0AEX$。

丰收会损害农民的利益一样，限制种植则有利于提高农民的收入。当然，消费者在限制种植所导致的较高价格中受到了损害——正如他们在水灾或干旱导致的粮食短缺中遭遇的情形一样。

限制产量是政府在单个市场上进行干预的一个典型例子。它们通常以牺牲消费者的利益为代价来增加某一部分人的收入。这样的政策一般都是非效率的：因为农民收入的增加实际上小于消费者因此遭受的损失。

税收对价格和数量的影响

政府对许多商品（香烟、酒、进口商品、电话服务等）课征税收。我们通常感兴趣的是确定谁实际上承担了税负。为了确定税收负担，供求分析就显得很有必要。

不妨以汽油税为例来说明这一问题。2008年，美国的平均汽油税大约为每加仑50美分。许多经济学家和环境保护主义者都主张美国征收更高的汽油税。他们指出，高税收可以抑制消费，从而减轻导致全球变暖的温室效应，并且能够降低我们对国外不稳定的石油资源的依赖性。有些人提倡将汽油税提高到每加仑1美元或2美元。若如此，则这个价格的变化将会产生什么影响呢？

具体来讲，假设政府决定通过对每加仑汽油增加2美元汽油税来抑制汽油消费。谨慎的政策制定者当然不愿在还不确切知道增税后果时便突然采取这一举措。他们希望了解这一税收的归宿。我们所说的**归宿**是指对生产者或消费者的真实收入征税的最终经济影响。仅仅因为企业为这一税收开出了支票就认为它们实际上减少了利润是不正确的。运用供求原理，我们可以分析谁实际上承担了税负，即税收的归宿在哪里。

如果汽油的零售价恰好上涨了2美元，则我们说税收的负担向前转嫁给了消费者。如果消费者突然停止购买汽油，则该税负可能完全向后转嫁给了石油公司。供求分析可以帮助我们判定通常居于这两种极端情况之间的实际影响。

图4-5给出了上述问题的答案。如图所示，税前初始均衡点为E，即初始SS曲线与DD曲线的交点，此时每加仑汽油价格为2美元，每年汽油的总消费量为1 000亿加仑。我们把在汽油零售市场征收2美元汽油税的情况描绘在图上便是：需求曲线保持不变，供给曲线向上移动。需求曲线没有移动是因为汽油税增加后，在每一个零售价格水平上，需求量并没有变动。注意：汽油的需求曲线比较缺乏弹性。

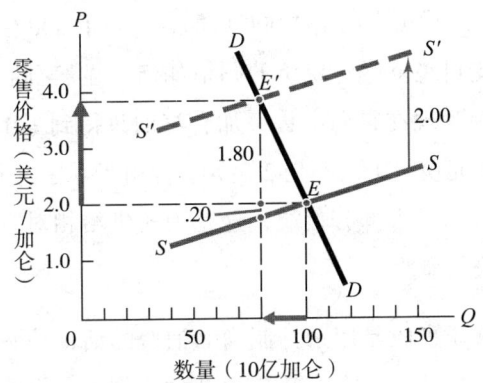

图 4-5 汽油税由消费者和生产者共同承担

税收的归宿如何？对汽油征收 2 美元的税收使供给曲线向上移动 2 美元，从初始供给曲线 SS 平移到新的供给曲线 S'S'。这一新的供给曲线与 DD 相交于新的均衡点 E'，此时消费者支付的价格上升了 180 美分，而生产者所得到的价格下降了 20 美分。箭头表示 P 和 Q 的变动。注意：消费者承担了大部分的税收。

相反，供给曲线却恰好向上移动了 2 美元。其原因就在于：只有当生产者得到与以前相等的净价格，他们才会愿意出售某个数量（比如 1 000 亿加仑）汽油。也就是说，在每一供给量上，市场价格上升的幅度必须正好等于税额。如果生产者最初愿意以 1.8 美元的价格出售 800 亿加仑汽油，则给定 3.8 美元的零售价格，他们仍只愿意出售相同数量的汽油（扣除税额之后，生产者得到了与以前相同的价格，即每加仑 1.8 美元）。

新的均衡价格是多少？答案就是新的供给曲线与需求曲线的交点，即 S'S' 与 DD 的交点 E'。由于供给曲线的移动，零售价格上升了。同时，购买量与销售量却下降了。如果仔细观察该图，我们还会发现，新的均衡价格从 2 美元上升到大约 3.8 美元。供给与需求相等的新均衡产出由1 000亿加仑降到了800亿加仑。

谁最终支付税款呢？税负的归宿如何？显然石油行业支付了一小部分，因为现在它们出售每加仑汽油只得到了1.8美元（3.8美元减去2美元税收）而不是2美元。但由于零售价上升了1.8美元，消费者承担了大部分负担，这是因为供给相对富有弹性，而需求却相对缺乏弹性。

补　贴　如果说税收是用于抑制商品消费的话，补贴则被用于刺激商品生产。农业是一个广泛应用补贴的例子。你可以将供给曲线向下移动来考察补贴对市场的影响。补贴的一般原理与税收原理相同。

税收转嫁的一般原理　汽油仅仅是分析税收转嫁的一个例子。运用这一工具，我们可以理解香烟税如何影响香烟的价格和消费量；对进口产品征收关税或其他税会如何影响国际贸易；财产税、社会保障税及公司所得税如何影响土地价格、工资及利率。

供求的相对弹性是决定税负归宿的关键因素。如果需求相对于供给缺乏弹性，比如汽油的例子，则税收的负担大部分转嫁给了消费者；相反，如果供给相对于需求缺乏弹性，比如土地的例子，则税负大部分转嫁给了供给者。下面是税负归宿的一般原理：

> 税收归宿指出了税收对生产者和消费者收入的影响。一般地说，税收归宿取决于供给和需求的相对弹性。（1）如果需求相对于供给缺乏弹性，则税收主要是向前转嫁给消费者；（2）如果供给相对于需求缺乏弹性，则税收主要向后转嫁给生产者。

最低下限与最高上限

　　政府有时不是对某种商品进行征税或补贴，而是通过立法规定该商品的最高或最低价格。历史上这样的例子比比皆是。自从有圣经以来，政府就限制贷款人所能收取的最高利息率（所谓的高利贷法）。战争时期，政府通常都管制工资和价格，以防止恶性的通货膨胀。20世纪70年代石油危机期间，曾出现汽油价格管制。包括纽约在内的一些大城市对公寓的租金加以管制。今天，诸如医疗保险等联邦健康项目对医生或医院收取费用的限制日益严格。此外，在有些情况下也存在着价格下限，比如最低工资。

　　与政府征税之后任由市场通过供求原理运作的措施相比，这些直接干预供求规律的举措具有本质的不同。尽管总是存在着压低价格、提高工资的政治压力，但是，实践告诉我们，一个又一个部门的价格和工资管制会引起重大的经济扭曲。尽管如此，正如亚当·斯密反对早期的重商主义政策时所深知的那样，大多数经济体系中，动机良好而技术拙劣的供求干预导致低效率的现象可谓比比皆是。制定市场中的最高价格或最低价格常常会产生令人吃惊的结果，有时甚至会出现南辕北辙的经济效应。不妨让我们来看一看其中的道理。

　　政府干预经济的两个十分重要的例子是：最低工资和汽油价格管制。这些例子都能说明政府对由市场决定的价格与数量进行干预所产生的惊人的副作用。

　　最低工资规定的是雇用者向受雇工人支付报酬的下限。美国联邦最低工资始于 1938 年。当时,政府要求某些企业支付给某些工人的工资不得低于每小时 25 美分。到 1947 年,最低工资相当于制造业工人平均工资水平的 65%(参见图 4-6)。最近大多数法律都提高了最低工资标准,在 2009 年,最低工资已被提高到每小时 7.25 美元。

即便是最著名的经济学家也难以就最低工资这一问题达成共

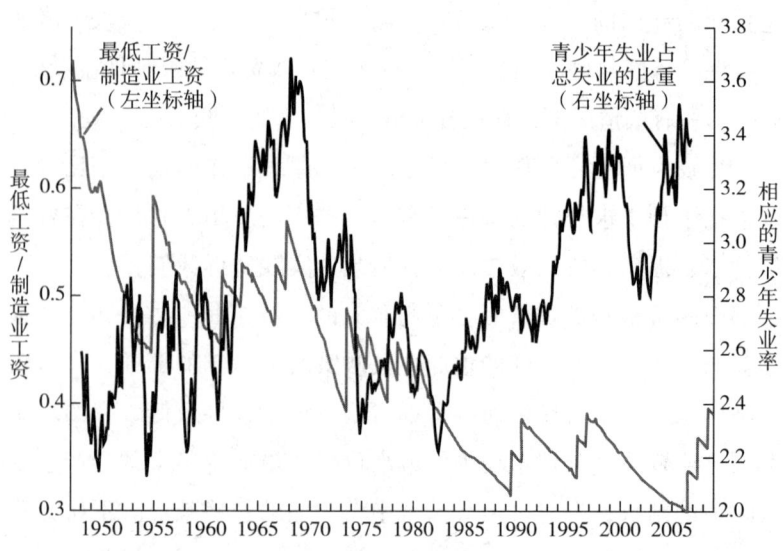

图 4-6　1947~2009 年最低工资和青少年失业状况

实线表明最低工资相对于制造业平均小时工资的水平。注意在过去的半个世纪里最低工资相对于其他工资是如何下降的。此外,虚线描述了青少年失业占总失业的比重,你发现这两条线之间的联系了吗?有关最低工资的争论告诉了我们什么?

资料来源:Data are from the U.S. Department of Labor. Background on the minimum wage can be found at the Labor Department's website at *www.dol.gov/esa/minwage/q-a.htm*.

识。例如，诺贝尔经济学奖获得者加里·贝克尔（Gary Becker）曾经直言："提高最低工资相当于使人们失业。"另一些诺贝尔奖得主则反对说："我们相信联邦最低工资的适度提高并不会严重损害就业机会。"

连专家们都难以达成共识，普通人又如何能说清楚这个问题呢？那么，我们应该如何看待这些表面上对立的观点？首先，我们应该看到，这些关于提高最低工资的争论掺杂了个人的价值判断，也许这些言论都基于最好的实证经济学分析，但在重大政策问题上，仍会有不同的意见。

一项冷静的分析表明，最低工资争论的核心不在于实证结果方面的根本分歧，而主要在于对政府干预的态度不同。首先请看图 4-7，该图描绘的是低技能劳工市场。图中说明了最低工资如何给出了大多数工作的工资下限。随着最低工资上升超过市场出清的均衡点 M，总的工作岗位沿着需求曲线到达 E 点，因此就业量下降了。劳动供给与劳动需求之间的缺口 U 代表了失业量。

运用供求分析，我们还可以看到失业可能增加，而低技能劳工的就业可能减少。但具体程度有多大？低收入劳工的工资收入会受什么影响？这些问题的回答可参照实证案例。

许多研究表明，最低工资上升 10%，只会使青少年就业量下降 1%~3%。而对于成年人的就业影响更小。最近的一些研究认为成年人的就业效应接近于零，还有一些研究甚至认为就业会有所增加。因此，仔细体会来自著名经济学家的引述可以看出，一些经济学家将较小影响视为"不重要"，而另一些则强调至少丧失了一些工作机会。图 4-7 的例子表明就业减少量（M 和 E 之间的水

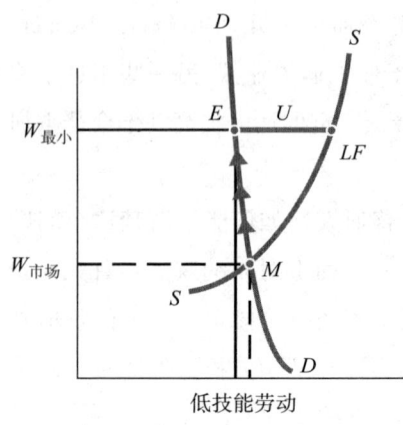

图 4-7 **最低工资制的影响**

将最低工资下限设定 W 最小水平，高于自由市场均衡工资率 W 市场会强制均衡点 E 实现。如箭头所示，就业量从 M 减少到 E。此外，失业量为 U，即 LF 处劳动供给量与 E 点处雇用人数之间差别。如果需求曲线缺乏弹性，提高最低工资水平将会增加低工资劳工的收入。要理解这一点，请用铅笔画出规定最低工资之前和之后的总工资矩形。

平距离）不大，但失业增加（如 U 线段所示）很显著。

图 4-6 呈现了半个多世纪以来最低工资水平和青少年失业状况的历史。随着劳工运动影响力的日益降低，最低工资水平与制造业工资水平的比率从 1947 年的三分之二降低到了 2008 年的三分之一左右。在这段时期青少年的相对失业率有缓慢上升的趋势。你可以去考察这个变化，看看你能否感受到最低工资如何影响青少年的失业水平。这应该说是一项很有意义的工作。

争论的另一个焦点是最低工资对收入的影响。事实上每一项研究都可以得出一个共同的结论，即对低工资劳工的需求是缺乏价格弹性的。我们所引用的研究成果认为，价格弹性介于 0.1~0.3 之间。按照前面所讲的弹性，最低工资增加 10% 时，相关群体的收入会提高 7%~9%。图 4-7 表明，低收入工人的收入在总就业减少的情况下是如何上升的。这可以通过比较均衡点 E 和 M 下各自的收入矩形得到。

然而，对收入的影响是导致人们在最低工资问题上观点不同的另一个原因。那些对低收入群体的福利状况特别关心的人们也许认为适度的效率损失是获得高收入的必要代价。而另外一些人则认为这一代价太昂贵了，他们更关心市场干预的累积成本，或高成本对价格、利润及国际竞争力的冲击。还有一些学者相信，作为一种向低收入群体转移购买力的方法，最低工资措施是无效的；他们更主张采用直接收入转移或政府工资补贴，而非扰乱工资体系本身。上述三种观点中你认为哪一种更重要？根据你自己的偏好顺序，你也许会就提高最低工资的合理性问题得出不同的结论。

另一种政府干预情况是规定价格上限。20世纪70年代美国曾采取这一措施，其结果很值得反思。以下我们再一次以汽油市场为例来说明价格上限的作用机制。

不妨设想下列这样的一幕。假如石油价格突然急剧上升，原因可能是石油卡特尔减少供给而同期消费者的需求却在上升，也可能是由于战争或革命而导致的中东政局的动荡。图3-1展示了石油市场上的供给与需求相互作用的结果。

政治家们目睹了价格的急剧上升，出来谴责这种局面。他们宣称消费者受到了牟取暴利的石油公司的"敲诈"。他们还担心高涨的价格会导致生活成本遭遇恶性通货膨胀。此外他们还为价格上升对穷人及老年人的冲击而烦恼。因此他们呼吁政府"采取措施"。面对价格上涨，美国政府也许会倾听这些意见，规定石油价格上限，正如1973~1981年所做的那样。

这种价格上限会产生什么效果呢？假设每加仑汽油的初始价

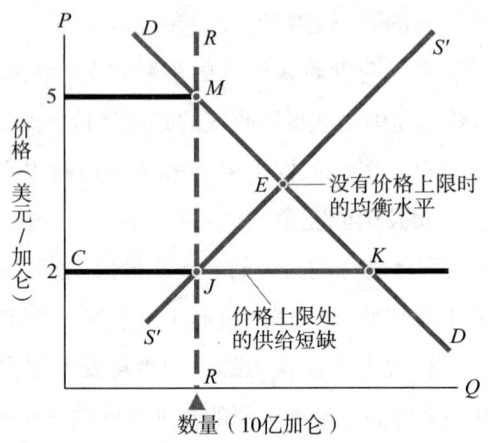

图 4-8　价格管制造成短缺

如果没有法定价格上限，价格会上升到 E 点。在 2 美元上限水平，供给和需求无法平衡，出现了短缺。从而需要正式的或非正式的配给制，以便用配给的办法去管理已经出现了短缺的供给，并把实际需求限制在供给为 RR 的水平处。如果 CJ 的配给票证可在市场上买卖，则将出现一条新的供给曲线 RR。如果价格上限为 2 美元，票证的售价将为 3 美元，则总价格（配给券加上现金）将为 5 美元。

格是 2 美元。由于石油供给的急剧下降，汽油的市场价格急剧上涨。现在请考虑一下供给冲击后的汽油市场。图 4-8 中供给冲击后的均衡点为 E。如果由市场自由调节，市场出清的价格大约为每加仑 3.5 美元。尽管消费者会抱怨，但还是愿意支付较高的价格，而不是停止使用燃料。

假设政府插手进来，规定每加仑汽油价格不得超过原价格 2 美元。图 4-8 中，我们将这一法定最高价格绘制为上限价格线 CJK。在法定上限价格处，供给量与需求量不相匹配。由于卖家索取市场均衡时的价格是违法的,所以市场无法"出清"。给定管制价格,消费者愿意购买的汽油量超过生产者愿意提供的数量。超过的数量如图 J、K 之间的距离所示。接踵而至的便是一个令人沮丧和短缺的时期——像"音乐车游戏"那样,当抽干汽油之后,某些人就会得不到汽油。

汽油供给不足致使不得不以某种方式实行配给供应。最初也许可以通过"先来先得"的原则加以实施。在这种原则下,人们会排队等待——通过"排队"进行配给。因为人们的时间是有价值的,所以排队的时间长度将作为限制需求的一种代价。如今,我们在医疗保健这样的市场上能够看见排队配给现象,在医疗保健市场上排队等待的代价通过补贴得到补偿。排队配给是一个浪费资源的方法,因为大量有用的时间花在排队等待上,而这种花费仅仅是为了阻止价格达到均衡状态。

有时,特别是在像第二次世界大战这样大的战争时期,政府会设计出某种以票证配给为基础的更加行之有效的非价格配给方法。人们也许根据汽车数量的分配而获得汽油配给。在票证配给制度下,每位顾客购买物品时除需货币外,还需拥有票证——事实上存在着两种货币。当采用票证配给时,由于需求受到票证分配的限制,短缺随即消失。

票证怎样改变了供求关系?在图4-8中,假定政府分发票证的数量对应于 CJ。那么供给和新的需求就在上限价格2美元处达到平衡。

有时,票证配给是市场行为的。图4-8显示票证的供给为 RR。在这样的供给曲线下,汽油的均衡价格为每加仑5美元,票证的价格由 JM 给出，或者说每加仑 3 美元。这时候，汽油再次成为市场交易商品，你需要花费每加仑的 2 美元货币和价值 3 美元的票证。可见，汽油的价格实际上上升了，只不过是以一种间接的方式上升。此外，拥有票证的人们相当于被赋予了一种新的以票征形式持有的收入。注意，虽然供给量因为价格管制而停留在原有的水平，但包含票证在内的总价格（$5）实际上是高于没有配给时的初始均衡价格（$3.50）。

所有这些听起来是很复杂的，事实上也确实如此。历史表明，随着时间的推移，价格管制会被合法或非法地加以规避，无论价格管制最初对消费者如何有利，最终都会被势必造成的效率损失所抵消。特别是当受管制物品有很多替代品（即供给或需求弹性高）之时，价格管制既会带来昂贵的成本，又会是难以管理实施，同时还是非效率的。因此，对大多数商品进行价格管制在大多数市场经济中是很少使用的。

但是，更深刻的问题在于：物品总是稀缺的。社会永远不能满足每个人的愿望。在正常时期，价格本身起到了配给稀缺物品的作用。当政府插手干预供给和需求时，价格不再充当配给者的角色。浪费、缺乏效率和短缺问题加剧是这些干预的可能伴随物。

第五章　需求和消费者行为

噢，理由就不必要啦：就是最潦倒的乞丐，与他自己最穷的时候比，恐怕也不是没有丰裕可言。

——李尔王

每天我们都要就如何配置稀缺的金钱和时间做出无数个抉择。我们应该买比萨饼还是汉堡包？买一辆新车还是修理我们的旧车呢？现在就用掉我们的收入还是存起来以备他日之用呢？我们应该睡懒觉，还是应该去吃早餐呢？当我们平衡各种各样的需求和欲望之时，我们就是在做出决定自己的生活方式的各种选择。

隐藏在这些个人选择背后的，是前几章所介绍过的需求曲线和价格弹性。本章我们将探讨消费者选择和消费者行为背后的基本机理。我们将会看到，个人选择其最为偏好的消费品组合的过程，是如何解释我们所观测到的市场需求模式的，我们还将学习如何衡量我们每个人参与市场经济所得到的福利。

选择和效用理论

在解释消费行为的过程中，经济学依赖于一个基本的前提假定，即人们倾向于选择那些他们认为最具价值的物品和服务。为了说明消费者在不同的消费可能性之间进行选择的方式，一个世纪以前，经济学家采用了效用这一概念。从效用概念出发，他们推导出需求曲线，并揭示了它的性质。

我们所说的"效用"指的是什么呢？简言之，**效用**表示满足。更准确地说，效用是指消费者如何在不同的物品和服务之间进行排序。例如，对于史密斯来说，如果组合 A 比组合 B 的效用更高，则这一排序就应该是史密斯偏好 A 超过他偏好 B。通常，我们可将效用理解成一个人从消费一种物品或服务中得到的主观上的享受或有用性。但是你切不可将效用等同于可观测的或可衡量的心理功效或感觉。相反，效用是一种科学构想，经济学家用它来解释理性的消费者如何做出决策。人们做出决策的目的在于让自己得到最大的满足或效用。从这一假定出发，我们可以推导出消费者的需求函数。

> 在需求理论中，我们假设人们追求效用的最大化，其含义就是他们总是选择自己最偏好的消费品组合。

如何将效用应用于需求理论？比如说，所消费的第 1 单位冰淇淋给你带来了一定水平的满足或效用。现在推想一下消费第 2 单位的情况：你的总效用会增加，因为该物品的第 2 单位会给你带来一些新增的效用。进而，增加同一物品的第 3 单位和第 4 单位又会有什么影响呢？最后，当你吃了足够多的冰淇淋之后，它将不再能够增加你的满意程度或效用，相反，会使你难受甚至作呕。

这一现象使我们想到了边际效用这一基本的经济概念。当你多吃 1 单位冰淇淋时,你会得到新增的效用或满足,效用的这一增加量就被我们称为**边际效用**。

"边际"是经济学的关键术语,通常是指"新增"或"额外"的意思。边际效用是指多消费 1 单位商品时所带来的新增的或额外的效用。

需求理论背后的一个基本理念就是**边际效用递减规律**。这个规律指出,随着个人消费越来越多的某种物品,他从中得到的新增的或边际的效用量是下降的。

为了理解这一规律,首先要记住当你消费较多的某种物品时,效用会趋向于增加。然而,当你消费得越来越多时,你的总效用的增加速度却会越来越慢。也就是说,你所得到的边际效用(消费某物品的最后 1 单位后所新增的效用),会随着该物品消费量的增加而减少。

> 边际效用递减规律是:当某物品的消费量增加时,该物品的边际效用趋于递减。

我们可以用数字来说明效用,见表 5-1。该表的第(2)栏显示,消费量(Q)的增加导致了总效用(U)的增加,但却以递减的速度在增加。第(3)栏增加 1 个单位物品的消费所得到的总效用的增加量衡量出边际效用。例如,在消费 2 个单位时,边际效用为 7 - 4 = 3 个单位的效用[把这些单位称为"尤特尔"(utils)]。

表 5-1　效用随消费量增加而增加

(1) 某一物品的消费量 Q	(2) 总效用 U	(3) 边际效用 MU
0	0	
		4
1	4	
		3
2	7	
		2
3	9	
		1
4	10	
		0
5	10	

当我们消费更多的某种物品或服务时，如比萨饼或音乐会，总效用会上升。1 单位物品与下 1 单位物品之间的效用增量被称为"边际效用"，即最后 1 个消费单位所带来的额外效用。根据边际效用递减规律，随着消费水平的提高，边际效用会下降。

接下来看第（3）栏。边际效用随着消费量的增加而下降这一事实说明了边际效用递减规律。

图 5-1 将表 5-1 中总效用和边际效用的数据图形化。图 5-1（a）中阴影方块是在每一相应的消费水平上加到总效用之中的边际效用。此外，那条平滑的曲线代表各消费单位上经平滑处理后的效用水平。它说明效用是增加的，但以递减的速度增加。图 5-1（b）描绘了边际效用。边际效用的每一阴影方块的大小，与图（a）中的总效用上的相应阴影方块相对等。图（b）中的直线是边际效用的平滑曲线。

边际效用递减规律意味着：图 5-1（b）中的边际效用（MU）曲线必然是向下倾斜的。它的一个严格等价的说法是：图 5-1（a）

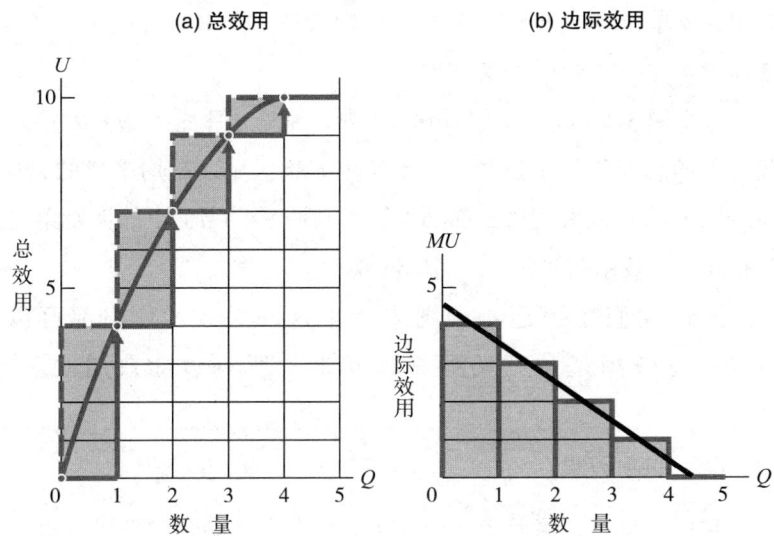

图 5-1　边际效用递减规律

虽然图（a）中的总效用随着消费量的增加而增加，但它是以递减的速度在增加的。这体现着边际效用的递减性。这一现象使得早期的经济学家归纳出需求向下倾斜规律。

图中，阴影方块表示每新增 1 单位所带来的额外效用。图（b）中边际效用下降的阶梯反映了总效用以递减的速度增加这一情况。如果我们使每次消费的物品的单位越来越小，则总效用的阶梯棱角就会消失，总效用就会变成图（a）中的平滑曲线。进一步看，图（b）中向下倾斜的平滑曲线所代表的经平滑处理的边际效用，变得与图（a）中的平滑曲线的斜率相一致。

中的总效用曲线必然是倒 U 形的，像一个穹顶。

总效用与边际效用之间的关系　运用图 5-1，我们很容易看出，消费一定数量商品的总效用等于一直消费到该点的各单位的边际效用之和。例如，假设消费了 3 单位，表 5-1 中第（2）栏表明，总

效用为9单位。在第(3)栏中,我们看到,前3单位的边际效用之和为 $4+3+2=9$,也为9单位。

考察图5-1(b),我们看到,在某一消费水平上,边际效用曲线之下的总面积的单位数——不论用方块区域还是用平滑的 MU 曲线以下的面积来衡量,都必然等于与图5-1(a)中的消费单位数相同时总效用曲线的高度的单位数。

无论我们用表还是用图来考察这一关系,我们都可以看到,总效用是从开始处累计起来的所有边际效用之和。

效用理论的历史

现代效用理论渊源于**功利主义**。功利主义是近两个世纪以来西方理性思潮的一大主流。1700年数理概率学的基本理论开始发展后不久,效用这一概念便产生了。例如,一位聪明的瑞士数学家,丹尼尔·贝努利(Daniel Bernoulli)在1738年观察到,人们似乎是在按下列方式行动:在一场公平的赌博中,他们认为所赢到的1美元的价值小于他们所输掉的1美元的价值。这就意味着:人们厌恶风险,并且,相继增加的新的美元财富给他们增进的是越来越少的真实效用。

早期将效用概念引入社会科学的人是英国的哲学家吉米·边沁(Jeremy Bentham,1748~1832)。在研究了法律理论并受到亚当·斯密学说的影响之后,他转入研究制定社会立法所必需的法则。他建议,社会应该按"效用原则"组织起来,他把效用原则定义为:"任何客体所具有的可以产生满足、好处或幸福,或者可以防止……

痛苦、邪恶或不幸……的性质。"根据边沁的理论，所有立法都应该按照功利主义原则来制定，从而促进"最大多数人的最大利益"。在他的其他立法建议中，也有关于犯罪和处罚的带有相当现代意味的思想，他建议通过严厉的处罚来加大犯罪者的痛苦，这样可以阻止犯罪活动。

边沁关于效用的观点对于今天的许多人来说似乎是很简单的。但是在 200 年以前，这些观点却颇具革命性，因为它们强调社会和经济政策的制定应能取得一定的实际效果。而在此之前，制定政策的正当理由和根据却是基于传统、君主的意志或宗教教义。今天，许多政治思想家正是以什么东西会使最大多数人的境况变好的功利主义观念为基础，来为他们提出的立法建议辩护。

在效用理论的发展过程中，接下来的一步是新古典经济学家——如威廉·斯坦利·杰文斯（William Stanley Jevons, 1835~1882）——推广边沁的效用概念，用以解释消费者行为。杰文斯认为经济理论是一种"愉快与痛苦的计算"，他说明理性的人们应以每一物品所能增添的额外的或边际的效用为基础来做出他们的消费决策。

杰文斯及其合作者的观点直接导致了现代序数效用理论的问世。而无差异曲线理论的发展则是由维弗雷多·帕雷托、约翰·希克斯、R.G.D. 艾伦、保罗·萨缪尔森和其他一些经济学家所推动的。这些新理论的出现，意味着传统上边沁的可计量的基数效用理论不再继续有存在的必要。

需求曲线的推导

解释完效用理论，现在我们运用效用理论来解释消费者需求，并理解需求曲线的性质。

我们假定，消费者试图使他的效用最大化，即消费者从可供选择的消费品组合中选择最偏好的组合。我们还假定，消费者有固定的收入并且面临既定的商品市场价格。

在这种情况下，消费者选定自己偏好的商品组合所应当遵循的规律是什么呢？可以肯定，我并不希望我所购买的最后一个鸡蛋和我所购买的最后一双鞋给我提供的边际效用正好相等，因为一双鞋的成本远远高于一个鸡蛋的成本。看来，更合理的规律应该是：如果物品 A 的价格是物品 B 的价格的 2 倍，那么，只有当物品 A 的边际效用至少是物品 B 的 2 倍时，我才会购买物品 A。

这就导致了等边际法则：我应该这样安排自己的消费，即在每一种物品上所支出的最后 1 美元，都能给我带来相等的边际效用。

> **等边际法则**：最大满足或效用最大化的基本条件是要符合等边际法则，即当花费在任何一种物品上的最后 1 美元所得到的边际效用正好等于花费在其他任何一种物品上的最后 1 美元所得到的边际效用的时候，该消费者就会得到最大的满足或效用。

为什么必须符合这一条件呢？如果花费在任何一种物品上的最后 1 美元能够提供更多的边际效用，那么，将钱从其他物品的花费中转移到该物品上来，就势必能增加自己的总效用——直到边际效用递减规律使得花费在该物品上的最后1美元的边际效用下降到与其他物品相等时为止。如果花费在某种物品上的最后1美元所能带来的边际效用低于其他物品一般的边际效用水平，那么，我就可以减少购买该物品，直到花费在该物品上的最后1美元所提供的边际效用上升到一般的边际效用水平为止。消费达到均衡时用于各种物品的每1美元的一般的边际效用被称为收入的边际效用。它衡量的是消费者追加1美元消费时可以得到的额外的效用。

消费者均衡的这一基本条件，可以用不同物品的边际效用（MUs）和价格（Ps）表示为如下简洁形式：

$$\frac{MU_{物品1}}{P_1} = \frac{MU_{物品2}}{P_2} = \frac{MU_{物品3}}{P_3} = \cdots\cdots = MU_{每1美元收入}$$

运用消费者行为的这一基本法则，我们很容易理解为什么需求曲线是向下倾斜的。为简便起见，假设每1美元收入的一般边际效用是固定不变的。然后提高第一种物品的价格。在消费量不变的情况下，第一个比率（即 $MU_{物品1}/P_1$）就会低于所有其他物品每1美元的边际效用 MU。因此，消费者不得不调整自己对第一种物品的消费。消费者调整的过程是：(a) 减少对第一种物品的消费；从而 (b) 提高了第一种物品的边际效用 MU；直至 (c) 在第一种物品新的、降低了的消费水平上，花费在第一种物品上每1美元的新的边际效用再次等于花费在其他物品上的每1美元的边际效用 MU。

一种物品的较高价格降低了消费者对该种物品所希求的

消费量；这也就说明了为什么需求曲线向下倾斜。

西班牙有句祝福朋友的话："祝你拥有健康、财富和更多闲暇。"这句话捕捉了这样一个思想：我们必须合理做好自己的时间预算，正如对货币要进行预算一样。时间是最公平的，即便是最富有的人一天也只有24个小时。让我们看一下前面所介绍的适用于稀缺货币配置的分析，现在如何应用到时间问题上来。

闲暇通常被定义为"一个人可以按自己的意愿去支配的时间"。闲暇是我们发挥个人特色的源泉。17世纪的哲学家弗朗西斯·培根认为，人类最纯洁的娱乐是园艺。现代英国政治家温斯顿·丘吉尔曾这样描写他的假日："我度过了愉快的一个月，盖了一间小屋，并口述了一本书：每天砌200块砖，写2 000个字。"

就像按用途分配货币一样，我们也可以将效用理论应用到时间的分配中。假定在完成所有工作之后，你一天有3个小时的自由时间，能够用于园艺、砌砖或撰写历史，那么，你分配自己的时间的最佳方法应该是什么呢？不妨暂不考虑把时间花费在这些活动上或许是一种投资，用以提高你未来的赚钱能力的可能性。相反，我们假设这些活动都是纯粹消费性质的或追求效用的。消费者选择的一般法则是：当你让花费在每一种活动上的最后一分钟的边际效用都相等时，你就能最佳地利用你的时间。

同理，每小时效用最大化原则也能够运用于生活中许多不同的领域，包括从事慈善活动、改善环境或减肥。它并不仅仅是一条经济学规律，而且也是一条关于理性选择的规律。

消费者是奇才吗？行为经济学的观点

以上这些讨论似乎假定消费者人人都是数学奇才，能够在他们日常生活中按照惯例计算边际效用到百分位和求解复杂的方程式。

这个不现实的前提条件当然不是经济学所认定的。众所周知，大多数的决策都只是根据人们的习惯和本能做出的。我们也许每天早晨都要吃麦片和酸奶，因为它们不太贵，在商店里也容易找到，并且能消除我们的饥饿感。

相反，我们在消费者需求理论中所假定的，只是消费者的爱好和行为具有相当强的共性。我们预期他们不会冒失莽撞和忙乱无序，也不至于因持久的误判或失算而自作自受。大多数人在大多数时间都能一以贯之地进行选择，并尽力避免购买行为偏差，且在总体上都能选择他们最偏好的商品，那么，我们的需求理论就能够提供一种合理的、与事实比较相符的答案。

然而，我们仍然应当警惕那种非理性的或无原则的行为倾向。众所周知，人人都会犯错。人们有时会买无用的东西，或者被无道德的推销商品的言辞所欺骗。**行为经济学**是一个新的研究领域，认为人们只具备有限的时间和记忆，信息是不完全的，人们非理性的行为方式看上去是相当普遍的。这种方法考虑到了不完全信息和心理偏差，还有昂贵的决策有可能导致糟糕的决定的可能性。

行为经济学试图解释：为什么居民户几乎都不去为他们的退休而储蓄，为什么股票市场会产生泡沫，还有在信息有限的二手车市场上人们的行为是怎样的。最近的一个解释行为理论的重要案例是：21世纪数以百万计的美国人经由"次级抵押贷款"购买房产。他们并没有研读或者未能理解房贷契约中的细则，结果许多人最终拖欠房贷，甚至失去了他们的房产，进而引发了一场较大范围的金融危机和经济衰退。然而，并非仅有贫困的消费者没有读懂契约中的细则，银行、对冲基金经理、债券评级公司，乃至其他成千上万的投资者也莫能外，他们也都购买了自己并没有弄清楚的资产。

在2001年和2002年，行为经济学成为主流，同时，诺贝尔奖被授予了这一领域的研究者。乔治·阿克尔洛夫（加州大学伯克利分校）在不对称信息和"次品"市场的研究领域中提出了更合理的解释；丹尼尔·卡尼曼（普林斯顿大学）和弗农·史密斯（乔治梅森大学）获得诺贝尔奖的理由是他们"关于人类如何进行判断和决策的分析……还有实验经济学家的经济预测理论"。

我们在这里详细讨论一下效用概念及其在需求理论中的应用背后的若干前沿问题。今天的经济学家一般都拒绝接受基数（或可计量的）效用概念，它来自人们消费物品或服务的感觉或经验。效用的多少不能像汽车加油站的计量表那样直观地得出。

相反,现代需求理论所注重的是**序数效用**理论。根据这种学说,我们只考察消费者对商品组合的偏好顺序。序数效用的问题是："我是否更偏好五香牛肉三明治而不是巧克力奶昔？"像"A是否比B更值得偏好？"这种说法——我们不需要知道A比B偏好多少——就称为序数的，或无计量的。序数变量就是那些我们能够排序，但是不能测量它们之间的数量差异的变量。在展览会上，我们可以按美丽的程度排列照片，而不需要对美丽程度进行数量上的度量。运用这种偏好顺序，我们可以坚实地确立起在本章及附录中所描述的市场需求曲线的一般性质。

聪明的读者在此可能会提出质疑，体现消费者均衡行为的等边际法则，是不是隐含着基数效用的理念。答案实际上是否定的，我们所需要的只是次序衡量。效用序数是一种能够扩展但却总能维持同样的大于或小于关系的量（就像用橡皮筋测量一样）。下面不妨讨论一下消费者均衡的边际条件。如果效用的数值范围增加了（比如，加倍或者乘以 3.1415），你就会发现，在这种情况下，所有的分子都发生了同样数量的变化，所以消费者均衡的条件照旧是成立的。

就某些特殊情况而言，基数效用或可计量的效用的概念是有用的。我们说飞机的速度是汽车的 6 倍，就是基数度量的一个例子。现今，在不确定条件下分析人们的行为就是用基数效用的概念。在第 11 章分析风险、不确定性和博弈经济学时，我们会进一步探讨这个问题。

在等边际法则中讨论效用时，我们所假设的是物品可以分割成若干很小的单位。然而在许多场合，单位物品的不可分割性也很重要，不能被忽略。显而易见，本田汽车当然不能被随意地分割成若干个部分，像分装果汁那样。假设我买一辆本田汽车而决不是两辆，那么，买第一辆车所增加的效用显然要大于等额美元所能买到的其他物品所能增进的效用，这也是第一辆车的吸引力之所在。而第二辆本田车所能增加的效用却会足够小，以至于能确保我不会再买。当不可分割性起作用时，等边际的均衡数量法则就会让位于非均衡数量法则。

另一种分析方法：替代效应和收入效应

边际效用的概念有助于解释需求向下倾斜这一基本规律。但是，近几十年来，经济学家们提出了另一种分析需求——无需提及边际效用的方法。该方法使用了无差异曲线，因此能严谨和统一地解释有关消费者行为的主要命题。该方法还有助于解释能够影响需求量对于价格变动的反应程度（需求的价格弹性）的各种因素。

无差异曲线分析探讨价格变动的替代效应和收入效应。通过考察这些问题，我们可以了解为什么某一物品的需求量随其价格的上升而下降。

替代效应是解释需求曲线向下倾斜的最显而易见的因素。如果咖啡的价格上升而其他物品的价格不变，那么，咖啡就会变成相对昂贵的东西。当咖啡变成更加昂贵的饮料时，咖啡的购买量就会减少，而茶叶或可可的购买量就可能会增加。同样，由于发送电子邮件比通过普通邮政发送信件更便宜、更迅捷，因而越来越多的人通过电子邮件通信。更一般地说，**替代效应**可以表述为：当某一物品的价格上升时，消费者倾向于用其他物品来替代变得较为昂贵的该种物品，从而更便宜地获得满足。

这里消费者的行为，同厂商面临某一投入品价格上涨时的选择行为并没有什么两样。当某一投入品的价格上涨时，企业会用比较便宜的投入品,去替代该种比较昂贵的投入品。经过这种替代,企业就能够用最小的总成本生产出预定的产量。同样,当消费者用更便宜的物品来替代较昂贵的物品时,他们也是在用最小的成本来获得既定的满足程度。

价格变动还影响实际收入。实际收入是指你的货币收入能够买到的物品的实际数量。当价格上升且货币收入固定不变时,消费者的实际收入便下降,因为他们的钱不再足以购买以前的数量。这就会导致一种**收入效应**,即物品价格变化通过对消费者实际收入的影响,进而影响消费者对该物品的需求数量。大多数物品的消费随收入的增加而增加,因此,收入效应常常会强化替代效应,使得需求曲线更向下倾斜。

为了用数字衡量收入效应,我们不妨考察一种物品的**收入弹性**。这一术语表示在其他条件(如价格)保持不变的情况下,需求量变动的百分比除以收入变动的百分比。

$$收入弹性 = \frac{需求量变动的百分比}{收入变动的百分比}$$

高收入弹性,如空中旅行或游艇所具有的那一种,表示这些物品的需求随着收入的增加而快速上升。低收入弹性,如土豆或旧家具所具有的,表示随着收入的增加,需求仅做出了微弱的反应。

收入效应和替代效应共同决定了各种商品的需求曲线的主要特征。在某些情况下,所得到的需求曲线是极富价格弹性的,如消费者在一种商品上花费很多、而该商品又存在着现成替代品的情况。在这种情况下,收入效应和替代效应都很强,需求量对于价格的上升就会做出强有力的反应。

但是,如果一种商品,如食盐,仅占消费者预算中很小的部分,且食盐又很难被其他商品所替代,同时,它所需要的搭配商品也很少。因此,对食盐来说,收入效应和替代效应都很小,其需求趋向于缺乏价格弹性。

从个人需求到市场需求

在分析了存在于咖啡或电子邮件的个人需求背后的机理之后,我们接下来考察如何从个人需求中推导出整个市场的需求。通过把所有消费者的需求量加总,我们可以得到某一物品的整个市场的需求曲线。每一个消费者都有一条需求曲线,该曲线是根据需求量随价格的变化来描绘的,它一般向右下方倾斜。如果所有消费者的需求都相似,假设有 100 万个消费者,那么,我们可以想象,每一个消费者的需求曲线扩张 100 万倍,就得到了市场需求曲线。

然而,实际上,人们的条件并不是完全一样的。一些人的收入较高,一些人的收入较低;有的人很喜欢喝咖啡,有的人喜欢喝茶。为了得到总的市场需求曲线,我们需要计算在每一价格水平上不同消费者的消费总量。然后,我们把总量作为一点描绘在市场需求曲线上。或者,如果愿意的话,我们也可以将每一市场价格水平上所有消费者的需求量加总,从而构造一个数字的需求表。

按照惯例,我们用小写字母(dd 和 ss)表示个人的需求曲线和供给曲线，用大写字母（DD 和 SS）表示市场的需求曲线和供给曲线。

市场需求曲线是在每一价格水平上的个人需求之和。图 5-2 说明了如何将个人的 dd 曲线按水平方向加总，得到市场需求曲线 DD。

我们知道，咖啡价格变动可以改变对咖啡的需求量。从预算研究、历史经验和我们自己的行为考察中都可以看出这一点。在第 3 章，我们曾简要地讨论了某些决定需求的重要的非价格因素。现在，我们根据对消费者行为的分析来复习一下前面的讨论。

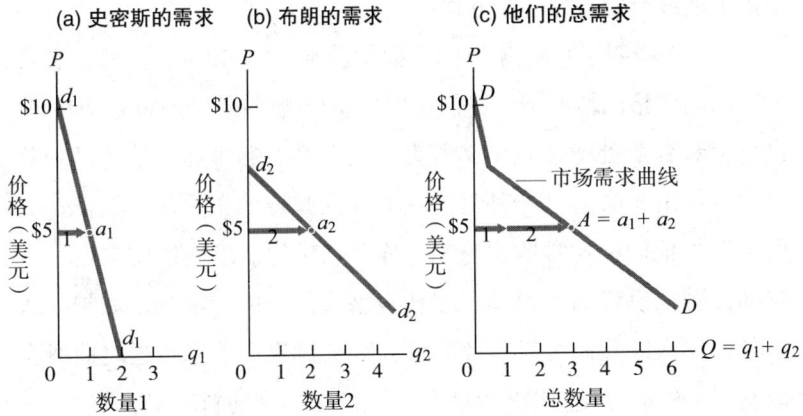

图 5-2　根据个人需求推导市场需求

我们把所有单个消费者的需求曲线加总，就可以得到市场需求曲线。在每一价格水平，如 5 美元，我们把每个人的需求量加总，便得到了市场需求量。本图表明，在价格为 5 美元时，我们将史密斯的 1 单位需求量与布朗的 2 单位需求量水平加总，得到 3 单位的市场需求。

收入的上升会增加我们所愿意购买的大多数物品的数量。对于收入变动，必需品做出的反应程度小于大多数物品，而奢侈品做出的反应则比较大。同时，还存在着被称为"劣品"的少量特殊物品，这些物品的购买量随着收入的增加而下降。因为，人们有足够的收入购买更好的物品来替代它们。对当今许多美国人来说，烧汤的骨头、城际客车旅行和黑白电视都是"劣品"的例子。

从需求曲线方面来说，所有这一切意味着什么呢？需求曲线表明一种物品的需求量如何对它的价格变动做出反应。但是，需求也受到其他物品的价格、消费者的收入和特殊因素的影响。需求曲线是在假设这些其他条件保持不变的前提下被描绘出来的。但是，如果这些条件发生了变化，则情况又将会如何呢？此时，整个需求曲线会向右方或左方移动。

图 5-3 说明了影响需求的因素的变动。在给定人们的收入和其他物品的价格的情况下，我们可以描绘出咖啡的需求曲线 DD。假设价格和数量处于 A 点，又假设收入上升而咖啡和其他物品的价格不变。由于咖啡是一种具有正的收入弹性的正常品，因此，人们会增加他们的咖啡购买量。这样，咖啡的需求曲线将向右上方移动，譬如说移动到 $D'D'$，A' 代表咖啡的新的需求量。如果收入下降，那么，我们可以预计需求和购买量也会下降。这时曲线会向左下方移动，我们用 $D''D''$ 表示，A'' 是咖啡的新的需求量。

众所周知，提高牛肉的价格会减少牛肉的需求量。以上我们已经看到，它还会影响其他商品的需求量。例如，牛肉的较高价格将提高替代品（如鸡肉）的需求。同时，牛肉的价格上升可能

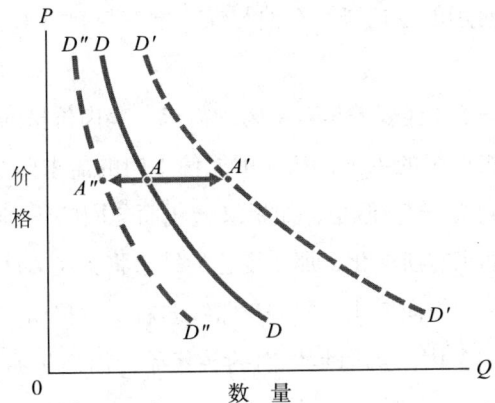

图 5-3 随着收入或其他物品价格的变动，需求曲线发生移动

随着收入上升，消费者一般愿意购买更多的物品，从而需求增加，或者说使需求曲线向外移动（解释了为什么较高的收入会使 DD 移动到 D'D'）。同样，一物品的替代物品价格的上升会增加对该物品的需求，或使需求向外移动（如从 DD 移动到 D'D'）。试解释为什么一般情况下收入的下降会使需求曲线移动到 D"D"。为什么鸡肉价格的下降会使汉堡包的需求曲线移动到 D"D"？

降低与牛肉汉堡包一起食用的面包圈和番茄酱的需求。而对于经济学教科书的需求，它却可能几乎不发生影响。

因此，我们说牛肉和鸡肉是相互替代的物品。如果物品 A 的价格上升增加了替代品 B 的需求，那么，物品 A 和物品 B 就互为**替代品**。另一方面，汉堡包和面包圈，或者汽车和汽油则是相互补充的物品。它们之所以被称为**互补品**，是因为物品 A 的价格上升会降低其互补品 B 的需求。介于替代品和互补品之间是**独立品**，如牛肉与教科书，对于它们来说，一种物品价格的变化对另一种物品的需求没有什么影响。试区分下列各对物品之间的关系：火鸡与吃火鸡时用的越橘酱、石油与煤、学院与教科书、鞋与鞋带、食盐与鞋带。

假设，图 5-3 代表的是对牛肉的需求。鸡肉价格的下降可能引起消费者购买更少的牛肉，从而可能使牛肉的需求曲线向左移动，比如说移动到 $D''D''$。但是，如果汉堡包面包圈的价格下降，其结果如何呢？如果有所变化，那么变化的结果将会是 DD 曲线沿着增加牛肉购买量的方向变化，即 DD 曲线向右上方移动。为什么反应会有所不同呢？因为鸡肉是牛肉的替代品，而面包圈则是牛肉的互补品。

关键概念复习：

- 当价格上升使得其他物品替代该物品时，就发生了**替代效应**。
- **收入效应**是物品的需求量的变动，该变动是由于价格变动改变了消费者的实际收入所致。
- **收入弹性**等于一种物品需求量变动的百分比除以收入变动的百分比。
- 如果一种物品价格的上升会导致另一种物品需求的上升，则这两种物品互为**替代品**。
- 如果一种物品价格的上升会导致另一种物品需求的下降，则这两种物品为**互补品**。
- 如果一种物品价格的变动对另一种物品的需求没有任何影响，则这两种物品是**独立品**。

就许多经济应用情况而言，价格弹性的数值估算是十分必要的。例如，一位汽车制造商想知道，安装昂贵的控污设备所引起的汽车价格上升对于汽车销售量的影响；一所大学需要了解，较高的学费对学生申请人数的影响；一位出版商会计算教科书价格的上升对其销售量的影响。而所有这些问题都需要估算价格弹性的数值。

类似的决策则依赖于收入弹性。正在规划道路或铁路网的政府需要估算收入上升对驾车旅行的影响；联邦政府在制定有关空气污染或全球变暖问题的政策时，必须计算较高的收入对能源消费的影响；在决定进行必要的投资以扩大发电能力时，电力部门需要知道收入弹性，以估算电力消费。

经济学家掌握了有效的统计技术来估算价格弹性和收入弹性。根据需求量、价格、收入和其他变量的市场数据，可以推导和估算出弹性的数值。表5-2和表5-3列举了若干物品的弹性估算值。

上瘾物品的经济学

在一个自由的市场经济中，政府通常让人们自主决定如何花费其货币收入。假如有些人想买昂贵的汽车而另一些人想买昂贵的房子，那么我们假定他们都知道什么对自己最有益。出于对个人自由的考虑，政府应尊重他们的选择。

然而在有些情况下，政府却谨慎而又十分犹豫地干涉成年人的私人决策。这包括消费具有内在价值的益品，以及与之相对立的害品，即它的消费被认为是有害的。对于这些物品，我们认识到，某些消费行为会产生严重后果，因而否定个人决策也许就变得可

表 5-2 若干物品的需求价格弹性的估算

商 品	价格弹性
西红柿	4.60
青 豆	2.80
合法赌博	1.90
出租车服务	1.24
家 具	1.00
电 影	0.87
鞋	0.70
法律服务	0.61
医疗保险	0.31
客车旅行	0.20
居民用电	0.13

需求价格弹性的估算表显示了物品的价格弹性变动范围较大。对于那些容易找到替代品的物品，如西红柿或青豆，其弹性一般较高。对于电力等日常生活必不可少而又没有方便的替代品的物品，其价格弹性一般较低。

资料来源：Heinz Kohler, *Microeconomics: Theory and Applications*（Heath, Lexington, Mass., 1992）.

取。今天，大多数社会都提供免费的公共教育和急救医疗；社会也同时处罚或禁止香烟、酒类和海洛因等有害物品的消费。

社会政策中最具争议的问题是害品中的上瘾物品。上瘾是一种不能自控、强制需要使用的消费范式。吸烟或吸毒成瘾的人或许会对沾染了这种习惯而懊悔不已；但是，这种习惯一经养成便很难逆转。一个经常吸烟或吸毒的人比不吸烟、不吸毒的人对这类物品的欲望要强烈得多。而且，对于上瘾物品来说，需求可能非常缺乏弹性。

表 5-3　若干物品的收入弹性

商　品	收入弹性
汽　车	2.46
房主占用的住房	1.49
家　具	1.48
书　籍	1.44
餐厅用餐	1.40
服　装	1.02
医疗服务	0.75
烟　草	0.64
鸡　蛋	0.37
人造黄油	−0.20
猪肉制品	−0.20
面　粉	−0.36

奢侈品的收入弹性较高，它的消费量相对于收入来说增长很快。对于需求量随着收入增长而下降的劣品来说，收入弹性为负。对于许多日常用品，如服装，需求与收入同比例上升。

资料来源：Heinz Kohler, *Microeconomics: Theory and Applications*（Heath, Lexington, Mass., 1992）．

　　上瘾物品的市场是十分庞大的。2007年，消费者花费在烟草产品上的支出为950亿美元，花费在酒精饮料上的总支出为1 550亿美元。非法毒品的总支出额显然只能靠推测，据近期估计总额大约为每年750亿美元。

　　这些物品的消费引发了公共政策方面的重大问题，因为上瘾物品不仅对使用者有害，而且会增加社会成本，造成社会危害。对使用者本人的危害主要包括：因吸烟而英年早逝的人每年约有45

万人，且不论吸烟导致的其他一系列医学方面的问题；因酒后开车而导致的交通死亡事故，每年高达 1 万起；静脉注射海洛因所导致的退学、失业、家庭破裂及艾滋病高发率，等等。对社会的危害则包括：购买高价毒品的"瘾君子"们制造的抢劫案和凶杀案；为治疗毒品、香烟或烟草使用者而付出的高额成本；传染性疾病，特别是艾滋病和肺炎的迅速蔓延；以及现存的使用者诱使新的使用者的趋势，等等。

美国常用的一种政策手段是严禁买卖和使用上瘾物品，并用刑事制裁来加强这一禁令的效果。在经济学上，禁止措施相当于使供给曲线急剧向上移动。供给曲线向上移动之后，上瘾物品的价格就会提高很多。在 1920~1933 年的禁酒运动期间，酒的价格大约比以前提高了 3 倍。据估计，目前可卡因的售价至少是其自由市场价格的 20 倍。

那么，供给限制对上瘾物品的消费量会有什么影响呢？对于使用者本人及社会所受到的危害又有何种影响呢？要回答这些问题，我们需要考虑上瘾物品需求的性质。有证据表明，偶尔使用非法毒品的消费者可以找到廉价的替代品，例如酒和烟草，因此其需求具有较高的价格弹性。相反，"瘾君子"们沉湎于特定物品，其需求缺乏弹性。

图 5-4 描述了上瘾物品的市场。对上瘾物品使用者来说，其需求曲线 DD 极其缺乏弹性。现在加入一项阻止使用毒品的政策。一种方法是对香烟征收重税。正如我们在前面章节看到的，这会使供给曲线向上移动。对非法物品的禁止措施对供给曲线具有相同的影响，使供给曲线从 SS 移动到 $S'S'$。

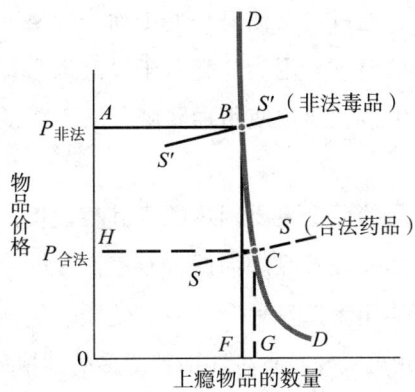

图 5-4 上瘾物品的市场

对于海洛因和可卡因等毒品的使用者来说，上瘾物品的需求是非常缺乏弹性的。因此，如果禁毒运动或高税收使得供给曲线由 SS 移动到 S'S'，花费在毒品上的总支出将从 0HCG 上升到 0ABF。对于极度缺乏弹性的毒品来说，供给受到限制时，毒品支出会急剧上升。如果"瘾君子"的收入主要来源于偷窃，那么禁毒对于犯罪行为会有什么影响？你是否明白，为什么在这种情况下，有人会主张减少毒品管制甚至使毒品合法化？

由于需求对于价格缺乏弹性，价格上升时需求的量下降得非常少。在较高的价格水平上，花费在该毒品上的总支出会急剧地增加。购买非法毒品所需要的开销将会是如此之高，以至于当事人可以不惜为此去抢劫和犯罪。其结果，正如两位对此有研究的经济学家曾指出的："非法毒品市场会滋生犯罪，恶化城市中心地带的平民区，传播艾滋病，腐蚀执法人员和政府官员，导致并加剧贫困，败坏社会道德观念。"

而就那些对毒品价格高度敏感的消费者，比如偶尔使用一下的人，则会出现与上述不同的情况。举例来说，当一个少年支付得起上瘾物品时，他可能会沾染一些；而当价格变得高昂（伴随着获取的困难）的时候，沦为"瘾君子"的人数却会减少。在这种情况下，限制供给既导致使用量骤减，又不降低花费在毒品购买上的支出额。

管理上瘾物品的一个主要困难源于其替代模式。许多毒品都有方便的替代品而非互补品。因此，专家们提醒道，提高一种毒品的价格会驱使使用者选择另一种有害物质。例如，对吸食大麻给予刑事处罚的州可能导致青少年消费更多的酒精和烟草。

显然，针对上瘾物品的社会政策会引起一系列非常复杂的问题。但是经济学的需求理论仍使我们对众多可供选择的方案的影响有了重要而深刻的理解。首先，它提出通过提高有害的上瘾物品的价格可以减少偶尔使用毒品的人数，否则他们将会被吸引到毒品市场中去。其次，它提醒我们，非法毒品的许多负面影响与其说是因为消费它们而引起的，不如说是因为禁止它们而产生的。许多观察者经过深思之后得出了一个看似矛盾的结论：如果政府放松管制，并将目前用于限制供给的资源转而用于治疗和心理咨询，那么上瘾物品的总成本都会因此降低，无论是对于使用者、其他人，还是就因毒品交易泛滥而被破坏的内城地带而言。

价值悖论

200多年以前，亚当·斯密在《国富论》中提出了价值悖论：

> 没有什么能比水更有用，然而水很少能交换到任何东西。

相反，钻石几乎没有任何使用价值，但却经常可以交换到大量的其他物品。

换句话说，为什么对生活如此必不可少的水几乎没有价值，而只能用做炫耀性消费的钻石却索取高昂的价格？

虽然在200年以前，这一悖论困扰着亚当·斯密，但是我们可以设想以下一个好问的学生与"当代亚当·斯密"的对话：

学　　生：我们如何才能解决价值悖论？

当代斯密：最简单的答案就是，水的供给和需求曲线相交于很低的价格水平，而钻石的供给曲线和需求曲线决定了它的均衡价格十分昂贵。

学　　生：但是您经常教导我去思考曲线背后的东西，为什么水的供给曲线和需求曲线相交于如此低的价格，而钻石却相交于一个很高的价格？

当代斯密：答案在于钻石十分稀缺，因此得到钻石的成本很高；而水相对丰裕，在世界上许多地区只需花费很低的成本就可以得到。

学　　生：但在这张图中，效用在哪里体现？

当代斯密：说得对，答案还没有将成本信息与同等正确的事实协调起来，即世界上水的供给比世界上钻石的供给有用得多。所以，我们必须再加上一条真理，水在整体上的效用并不决定它的价格或需求。相反，水的价格取决于它的边际效用，取决于最后一杯水的有用性。由于有如此之多的水，所以，最后一杯水只能以很低的价格出售。即使最初的几滴水相当于生命自身的价值，但最后的一些水仅仅用于浇草坪或洗汽车。

学　　生：现在我理解了，经济价值理论并不难懂，只要你记住：在经济学中，是狗尾巴摇动狗身子。摇动价格和数量这个狗身子的是边际效用这条狗尾巴。

当代斯密：非常正确！像水那样非常有用的商品只能以几乎接近于零的价格出售，因为最后的一滴水几乎一文不值。

我们可以将以上对话复述如下：商品的数量越多，它的最后一单位的相对购买愿望就越小。因此，为什么大量的水只有极低的价格，为什么必不可少的物品，如空气，却成为免费物品，其答案就清楚了。在这两种情况下，正是巨额的数量使其边际效用大大减少，因而降低了这些重要物品的价格。

消费者剩余

价值悖论强调，一种物品的标明的货币价值（用价格乘以数量来衡量）作为该物品总的经济价值的指标可能是极端错误的。我们所呼吸的空气其可衡量的经济价值为零，然而，空气对于福利的贡献却大得难以估量。

一种物品的总效用与其总市场价值之间的差额称为**消费者剩**

余。之所以会产生剩余,是因为我们"所得到的大于我们所支付的",这种额外的好处根源于边际效用递减规律。

我们之所以能享受消费者剩余,基本的原因在于:对于我们所购买的某一物品的每1单位,从第1单位到最后1单位,我们支付的是相同的价格。对于每1个鸡蛋或每1杯水,我们都支付了相同的价格。这样,我们所支付的每1单位的代价都是它最后1单位的价值。但是,根据边际效用递减这一基本规律,对于我们来说,前面的各单位都要比最后的1单位具有更高的价值。因此,我们就这样从前面的每1单位中享受到了效用剩余。

图5-5说明的是消费者剩余的概念。该例中货币为衡量效用提供了一个有效的尺度。这个例子是:一个人消费水,水的价格为每加仑1美元。图5-5中位于1美元的水平线表示了这一点。该消费者考虑在那一价格水平时购买多少加仑的水。第1加仑的水是非常有用的,能够消除极度的干渴,消费者愿意为它支付9美元。但是,这第1加仑水的代价只不过是市场价格1美元,于是消费者就获得了8美元的消费者剩余。

再考虑第2加仑的水。这1加仑水对消费者来说值8美元,但成本仍然为1美元,因此,消费者剩余为7美元。如此下去,直到第9加仑的水,它对消费者来说只值50美分,从而就不会购买这1加仑水了。在E点时,消费者达到了均衡,此时,按每加仑1美元的价格,该消费者购买了8加仑的水。

但是,在这里我们有了一个重要的发现:尽管该消费者只支付了8美元,但水的总价值为44美元。把纵轴每一边际效用相加(等于9美元+8美元+……+2美元),就得到了这一结果。这样,

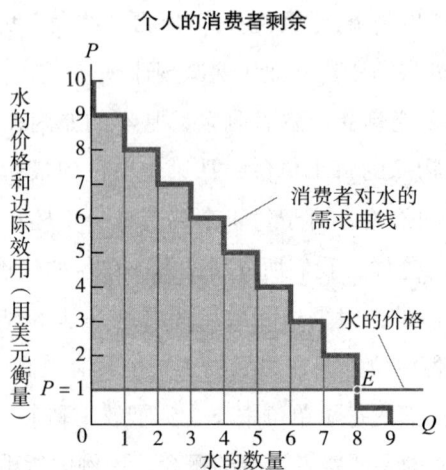

图 5–5　由于边际效用递减，消费者的满足程度超过了他所支付的代价

对水的向下倾斜的需求曲线反映了水的边际效用递减。注意一下消费者从前面的各单位中获得了多少超额的或过剩的满足程度。将所有阴影部分的剩余加总（第 1 单位 8 美元的剩余 + 第 2 单位 7 美元的剩余 + …… + 第 8 单位 1 美元的剩余），我们就得到，该消费者从水的购买中得到的消费者剩余总量是 36 美元。

在这个简化了的例子中，需求曲线与价格之间的面积就是消费者剩余的总量。

该消费者得到了超过其支付额 36 美元的消费者剩余。

图 5-5 考察了单个消费者购买水的情况。我们也可以将消费者剩余的概念运用于整个市场。图 5-6 中的市场需求曲线是个人需求曲线水平方向的总和。可以把个人消费者剩余的逻辑运用于整个市场。价格线之上的市场需求曲线的面积，如图 5-6 中 *NER* 所示，代表了消费者剩余的总量。

由于消费者按照最后 1 单位的价格支付全部单位的消费

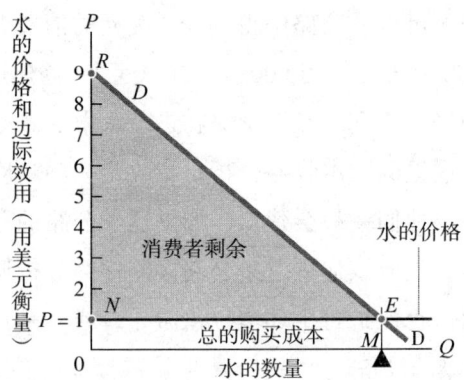

图 5-6　总的消费者剩余是需求曲线与价格之间的面积

需求曲线衡量了消费者每单位支付的代价。因此，需求曲线之下的总面积（0REM）代表了从消费者的消费中得到的总效用。减去消费者所支付的市场价格（等于0NEM），我们就可以得到从水的消费中所获得的消费者剩余，即灰色三角形 NER。这一工具有助于衡量公共品所带来的利益及垄断和进口关税所造成的损失。

品，因此，他们得到了成本之上的效用剩余。消费者剩余衡量的是消费者从某一物品的购买中所得到的超过他们所为之支付的那部分的额外价值。

消费者剩余的概念对于评估许多政府决策是极其有用的。例如，政府如何决定新建一条高速公路的价值，或保留一块娱乐场所的价值？假设一条新公路的修建正在考虑之中。由于公路对所有人免费，它并不能带来任何收入。使用公路的人所得到的价值在于时间的节省或旅行的安全，它能够用个人的消费者剩余来衡量。为了避免个人之间效用难以比较的困难，我们假设有1万名使用者，他们在所有方面都是完全相同的。

假定每个人可以从公路中得到350美元的消费者剩余。如果总成本小于350万美元（10 000 × 350美元），修建这条公路就会提高消费者的经济福利。经济学家在进行成本收益分析时会运用消费者剩余，这里的成本收益分析是指决定一项政府计划的成本与收益的分析。他们一般会建议，如果这条公路的总消费者剩余大于它的成本，就应该建造这条公路。同样的分析还被用于解决环境问题，如是否保护野生环境以供游乐，或者是否要求安装新的减轻环境污染的设备。

消费者剩余的概念还指出，现代社会的公民享受着巨大的特权。我们每个人都能以低价购买大量品种繁多的非常有用的物品。这显然是一种令人愧疚的思想意识。如果你认识的某个人正在夸耀自己的工作效率如何高，或者正在解释自己的实际工资如何高的时候，你不妨建议他们冷静下来思考一番。如果把拥有专业技术的他们送到荒无人烟的岛屿上，那么，他们的工资又能购买多少东西呢？事实上，如果没有资本设备，没有其他人的合作，没有一代又一代人所传承下来的技术知识，我们每个人又能生产出多少东西呢？很显然，我们所有的人都从我们未曾出力的经济世界中获得了利益。正如伟大的英国社会学家霍布豪斯（L. T. Hobhouse）所说：

> 某些行业的组织者认为，他们靠"自我奋斗"获得了成功，并"创造"了自己的企业。而在事实上，是整个社会向他提供了技术工人、机器、市场、安定和秩序——这一系列条件和整个社会环境是千百万人经过许多代人的努力共同创造出

来的。如果将这些社会条件统统收回,那么,我们只不过是……靠树根、野果和野兽维生的野人。

至此,我们已完成需求部分基本要点的讨论,下一章我们将转到成本和供给的分析。

第六章 生产和企业组织

美国人的事就是做企业。

——卡尔文·柯立芝，美国第 30 任总统

每天在我们吃早餐之前，必然有人先烤好面包。同理，生产汽车、发电、开发计算机程序，以及提供各种商品和服务的物流配送等，也都依赖于我们的生产能力。生产能力又取决于劳动力的质量和规模、资本的数量和质量、科学技术水平和科技应用能力，以及公共部门和私人部门的性质。为什么北美的生活水平高，而热带非洲的生活水平低？为了寻求答案，我们还是先来看一看生产这台机器到底是如何运转的。

我们的目的是了解市场力量是如何决定商品和服务的供给的。在以下 3 章中我们将陆续给出生产、成本和供给等重要概念，并阐述它们之间的相互联系。首先我们来探讨一下生产的基本理论，看一看企业如何将投入转化成所期待的产出。生产理论还将有助于我们理解为什么随着时间的推移，生产力与生活水平会有所提高，以及企业是如何调整它们的内部行为的。

生产理论和边际产量

基本概念

现代经济拥有丰富多彩的生产活动。农场使用化肥、种子、土地和劳动,将它们变成小麦或玉米。现代工厂使用能源、原材料、数控机床和劳动等投入,生产出拖拉机、DVD 或牙膏。航空公司使用飞机、燃油、劳动,以及由计算机网络控制的订票系统,向旅客提供快捷航班路线等服务。

我们已经提到过像土地、劳动那样的投入和像小麦、牙膏那样的产出。但是,如果你拥有一定数量的投入,你能够得到多少产出呢?在任何时点上,给定可使用的技术知识、土地和机器等,在投入劳动一定的情况下,仅仅能够得到一定数量的拖拉机或牙膏。所需要的投入量和能够得到的产出量之间的关系称为生产函数。

> **生产函数**是指:在既定的工程技术知识水平条件下,给定投入之后所能够得到的最大的产出。

一个重要的例子是关于发电的生产函数,我们假想有一本关于不同种类的发电厂的生产函数方面的技术说明手册,其中一页上有不同规格燃气涡轮机的说明,表明它们的投入(初始资本费用、油耗和使涡轮机转动所需投入的劳动)和产出(发电量)。下一页描述了几种不同规模的燃煤发电厂,列出它们的投入和产出。还有几页是关于核电站、太阳能电站等方面的信息。它们共同组成了发电的生产函数。

注意，我们的定义所假定的是：企业总是尽力做到有效率的生产。换句话说，在给定投入量的前提下，它们总是试图生产出最大的产量。

或者我们考虑一下繁重的挖沟工作。在美国，当我们向窗外望去，可能会看到昂贵的大型挖掘机，由一个人驾驶，另一个人操纵。这个小组可以轻易地在两小时内挖一条5英尺深50英尺长的沟渠。当我们访问非洲时，我们可以看到50个劳力，肩扛锄头，挖同样一条沟渠可能会花费一天的时间。这两种技术，一个为资本密集型，另一个为劳动密集型，代表了不同的挖沟生产函数。

我们可以不加夸张地说存在数百万个不同的生产函数——每一种物品或劳务都有一个生产函数。其中大部分并没有写出来而只是存在于人们的脑海中。在经济学领域，技术在飞速地变化，如计算机软件和生物技术，一种生产函数可能在使用之后不久便被淘汰。其中的一些，如医学实验室或悬崖峭壁建筑的设计蓝图，只是被用于特定的目的和地点，换个地方便毫无用处。尽管如此，经济学家还是发现生产函数对于描述企业的生产能力是一个非常有用的方法。

从企业的生产函数出发，我们能够列出3个重要的产量概念：总产量、平均产量和边际产量。我们首先计算总的实物产量，即**总产量**。总产量表示生产出来的、用实物单位衡量的产出总量，例如，多少蒲式耳小麦或多少双胶底运动鞋。图6-1（a）和表6-1

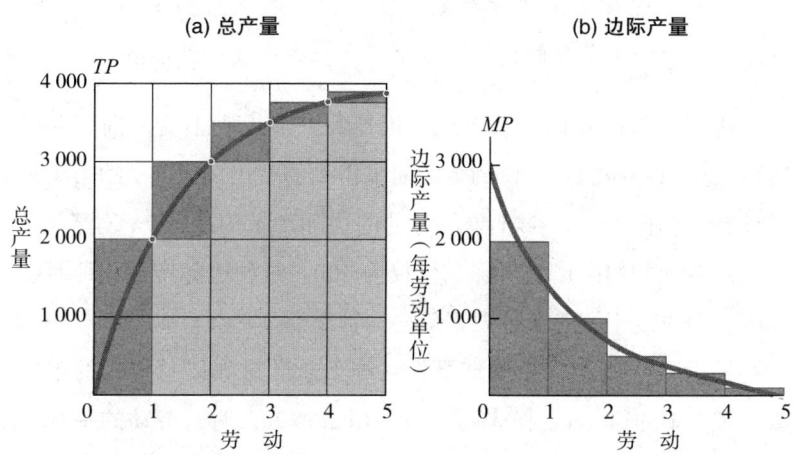

图 6-1 由总产量推导出边际产量

图（a）表明总产量曲线在其他条件不变的情况下，随着劳动投入量的不断增加而上升。但是总产量随着劳动投入量的不断增加以越来越小的增幅在增加（对比第 1 个和第 5 个工人带来的产出增加）。平滑地连接各点，我们便可以得到总产量曲线。

图（b）表明边际产量的递减过程。理解为什么（b）中深色矩形与（a）中的深色矩形相等。（b）中在边际产量曲线下部的区域（或深色矩形的总和）加总等于（a）中的总产量。

的第（2）栏表明的是总产量的概念。对于这一例子而言，它显示的是：随着劳动投入量的增加总产量所做出的反应。在劳动投入量为零时，总产量为零；此后，随着劳动投入的增加，总产量增加。当劳动投入为 5 单位时，总产量达到最大值 3 900 单位。

一旦我们懂得了总产量概念，就很容易衍生出一个同样重要的概念：边际产量。"边际"一词的含义是"新增"的意思。

一种投入的**边际产量**是在其他投入保持不变的情况下,由于新增1单位的投入而多生产出来的产量或产出。

比如,假设我们保持土地、机器和其他投入不变,则劳动的边际产量为每增加1单位的劳动而多得到的产出。表6-1的第(3)栏计算了边际产量。第1单位劳动的边际产量为2 000;对于第5单位,劳动的边际产量下降到仅仅为100。这种边际产量统计对于理解如何决定工资等其他要素价格非常重要。

最后一个概念是**平均产量**,它等于总产量除以总投入的单位数。表6-1的第(4)栏表明,在使用1个工人时,劳动的平均产量为每个工人2 000单位;在使用2个工人时,劳动的平均产量为每个工人1 500单位,等等。在这个例子中,劳动投入不断增

表6-1 总产量、边际产量和平均产量

(1)劳动投入量	(2)总产量	(3)边际产量	(4)平均产量
0	0		
		2 000	2 000
1	2 000		
		1 000	1 500
2	3 000		
		500	1 167
3	3 500		
		300	960
4	3 800		
		100	780
5	3 900		

本表说明总产量可以在其他投入(资本、土地等)不变,以及技术知识不变的条件下,由不同的劳动投入量来实现。从总产量,我们可以推导出边际产量和平均产量的重要概念。

加的整个区间内，平均产量都是下降的。

图 6-1 表示的是表 6-1 中的总产量和边际产量。仔细研究该图，理解图（b）中的边际产量的块状图随着图（a）中的总产量曲线的变化而变化。

运用生产函数，我们可以理解经济学中最重要的一个规律，即边际收益递减规律：

> **边际收益递减规律**表明在其他投入不变时，随着某一投入量的增加，新增加的产出越来越少。换言之，在其他投入不变时，随着某一投入量的增加，其每 1 单位投入的边际产量会下降。

边际收益递减规律表明了一个很基本的关系。当一种投入如劳动，被更多地追加于既定数量的土地、机器和其他投入要素上时，每单位劳动所能发挥作用的对象越来越有限。土地会越来越拥挤，机器会被过度地使用，从而劳动的边际产量会下降。

边际收益递减规律可由表 6-1 加以说明。假定土地和其他投入不变，我们可以看出，当劳动投入为零时，玉米产出也为零。在土地数量固定的情况下，增加 1 单位劳动投入后，我们可以发现玉米的产出增加了 2 000 蒲式耳。

下一步，继续保持土地等其他投入不变，将劳动投入从 1 单位增加到 2 单位时，玉米产出上升到 3 000 蒲式耳。因此，第 2 单位的劳动仅增加了 1 000 蒲式耳产出。第 3 单位的边际产量比第 2 单位的还要少，第 4 单位更少。表 6-1 中的假设试验就这样表明了边际收益递减规律。

图6-1也可以表明劳动的边际收益递减规律。假定土地和其他投入保持不变，我们可以看到，随着劳动投入的增加，边际产量曲线逐渐降低，这正是边际收益递减规律的表现。在图6-1（a）中，边际收益递减表现为一个凸型或拱形的总产量曲线。

适用于劳动的这一法则对于土地和其他投入也同样有效。我们可以把劳动换成土地。现在我们不妨保持劳动不变，而改变土地要素的投入。我们可以计算每种投入的边际产量（劳动、土地、机器、水、肥料，等等），并且使边际产量适用于任何产出（小麦、玉米、钢铁、大豆等）。我们同样可以发现其他投入也会体现出边际收益递减规律。

农业试验中的边际收益递减

边际收益递减规律经常在农业中得到体现。农民蒂莉增加劳动投入后，田地更精耕细作，播种和除草会更加认真，灌溉设施更合理应用，稻草人装束得更逼真。但是，投入到达某个水平之后，不断增加劳动所能增加的产量却会越来越少。一天中的第3次除草或第4次给机器上油，往往只能增加很少的产出。最后，当大量劳工涌向农场时，产出就几乎不会再有所增加。过多的耕作者甚至会糟践农田。

农业试验是最重要的科技研究活动。一个多世纪以来，为成功地提高农业生产力，人们采用多种技术测试种子、肥料和其他要素投入组合。由图6-2可见某一试验的结果：在土地、氮肥、劳动和其他投入保持不变的情况下,在两块试验田上施不同剂量的磷肥。真实世界的试验由于存在"随机干扰因素"而变得复杂——在这里,主要归结于土壤的差异。你会发现,在每英亩磷肥施用超过100磅后,边际收益递减规律的作用就开始明显起来。事实上,在每英亩磷肥达到300磅后,新施磷肥的边际产量为负值。

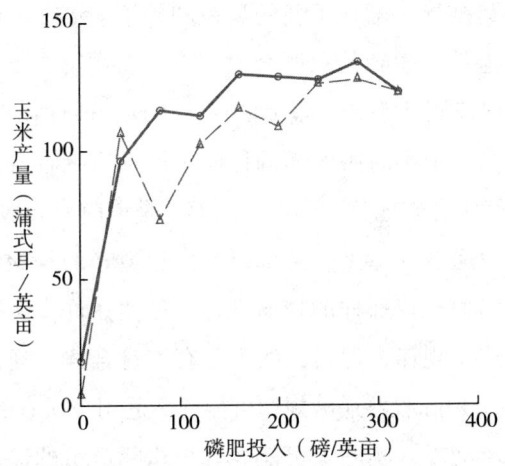

图 6-2 玉米生产中的边际收益递减

在爱荷华州的西部,农业研究人员在两块实验田中按两种方案施磷肥,以估计玉米的生产函数。在实验中,他们小心地保持其他要素诸如氮肥、水和劳动投入不变。由于土壤和气候总是存在微小差异,因此,即使是最细心的科学家也不能避免所有随机变量的影响,这一点可以从曲线的锯齿状看出。如果把实验数据整理后绘出一条平滑的曲线,你就会发现每一个用肥剂量和边际收益之间存有某种关系。在每英亩磷肥投入达到大约300磅的时候,边际产量开始出现负数。

资料来源: Earl O. Heady, John T. Pesek, and William G. Brown, *Crop Response Surfaces and Economic Optima in Fertilizer Use* (Agricultural Experiment Station, Iowa State College, Ames, Iowa, 1995), table A-15.

边际收益递减规律是解释为什么亚洲许多国家如此贫困的关键性因素之一。在拥挤的卢旺达和孟加拉国,生活水平很低,其主要原因是:每英亩的土地上都有众多的劳工,而不是农民无知,或在经济激励面前无动于衷。

我们也可以用学习的例子来说明边际收益递减规律。你也许会发现,一天中学习经济学的第 1 个小时的收效最大——掌握了新的定律及其推导,增长了新的见识和领悟。第 2 个小时中你可能会稍有些走神,学到的东西会少一点。而在第 3 个小时中,边际收益递减规律则几乎是以报复的形式出现,使你在事隔一天后,根本想不起第 3 个小时中所学的任何东西。边际收益递减规律是否表明平时就应合理地分配学习时间而不是考前一天抱佛脚?

边际收益递减规律是一条可以被广泛遵守的经验性规律,而不是像地球引力规律那样的普遍真理。虽然在许多实证研究中人们都发现了这一规律,但是,的确也有不符合这一规律的例外情况存在。另外,边际收益递减规律可能并不适用于所有的产量水平。某个最初的劳动投入实际上可能表现出边际产量的递增,这是因为,需要一个最小的劳动量才能走到田间并拿起锄头。尽管有这些例外,但边际收益递减仍是一条在大多数场合都能适用的规律。

规模报酬

边际收益和边际产量递减指的是当所有其他投入保持不变时,产出对于单一投入增加的反应。我们看到,在保持土地不变时,劳动的不断增加引起作物产量以越来越小的增量增加。

但有时，我们却对增加所有投入的后果感兴趣。例如，如果土地、劳动、水和其他投入都增加相同的比例，则小麦产量会发生何种变化呢？或者，如果劳动、计算机、机器人、钢和厂房都增加一倍，则拖拉机的产量会有何种变化呢？这些问题涉及规模报酬，即投入规模的增加对产出量的影响。就这个概念而言，有必要首先区分以下三种情况：

- **规模报酬不变**表示所有投入的增加导致产出以同样的比例增加。例如，如果劳动、土地、资本和其他投入增加一倍，那么，在规模报酬不变的情况下，产出也增加一倍。许多手工业（例如在美国的理发或发展中国家的手工织布）就表现为规模报酬不变。

- **规模报酬递增**，也叫**规模经济**，发生在所有投入的增加导致产出水平以更大比例增加的时候。例如，正在设计一个小规模化工厂的工程师发现，劳动、资本和原料投入增加10%，会引起总产出的增长超过10%。工程研究发现许多制造流程都有适度的规模报酬递增，包括那些当今最大规模的工厂。

- **规模报酬递减**发生在所有投入的均衡增加导致总产出以较小比例增加的时候。在许多流程中，规模的增大最终会达到一个极点，超过这一点就会导致低效率。这可能是由于管理成本或控制成本变得庞大而造成的。在电力工业中有这样的例子，当企业规模变得过大时，设备利用低效率的风险就会变得很大。许多涉及自然资源的生产活动，如种植供酿酒用的葡萄或给城市提供纯净饮用水等，都表现为规模报酬递减。

当所有投入的均衡增加导致更大比例、更小比例或同比例的产出增加时，生产表现为规模报酬递增、递减或不变。

工程师们普遍发现：现代大规模生产技术要求工厂具有最低限度的规模。第2章表明当产出增加时，企业会将生产过程分得更细，以获得专业化和劳动分工的优势。另外，大规模的生产可以更有效地利用专用资本设备，自动化生产、计算机设计与操作可以更快地完成简单和重复性的劳动。

信息技术往往具有很强的规模经济。一个很好的例子就是微软Windows Vista操作系统。开发这个程序需要超过100亿美元的费用用于研究、开发、测试和促销。但是，在一台计算机上新安装Windows Vista系统的成本几乎为零，因为安装这一程序只需要几分钟时间。我们发现较强的规模经济会使得企业拥有巨大的市场力量，但有时会给公共政策带来一些问题。

表6-2总结了这一部分的重要概念。

表6-2 重要的生产方面的概念

生产的概念	定　义
边际收益递减	在其他投入不变时，随着某一投入量的增加，边际产出越来越少
规模报酬	各种投入等比例增加时所带来产出增加
递减	……以更小比例
不变	……以相等比例
递增	……以更大比例

这个表非常简便地展现了生产方面一些重要的概念。

短期和长期

生产不仅需要劳动和土地，而且还需要时间。输油管道不可能在一夜之间就建造起来，而一旦建成，就要持续地运用几十年的时间。农民不可能在一个季节当中改种作物。一座大型发电厂的设计、建造、测试和调试并交付使用往往需要 10 年的时间。另外，资本设备一旦以一种具体的形式投入到一个巨大的汽车装配工厂，如果要拆卸并搬到另一地方或转入他用，那么在经济上就不合算了。

考虑到时间在生产和成本中所起的作用，我们区分两种不同的时期。我们定义**短期**为这样一个时期，在该时期里，企业能够通过改变可变要素，如原料和劳动，但不能改变固定要素（如资本）来调整生产。**长期**定义为一个足够长的时期，以至于包括资本在内的所有要素都可以得到调整。

为了更加清楚地理解这些概念，以钢铁生产对于需求变动做出反应的可能方式为例。譬如说，日本钢铁公司只利用了其高炉生产能力的 70%。现在，由于日本或加利福尼亚的地震导致钢材的需求量突然增大。为适应钢材的高需求，该公司当然可以延长工作时间，雇用更多的工人，发掘工厂和设备的最大潜力。凡在短期内能够得到调整的要素都称为可变要素。

假设钢铁需求的上升能持续相当长的一段时期，比如好几年。那么，日本钢铁公司就会考虑它的资本需求问题，并决定应该增加其生产能力。从更一般的意义上讲，公司可能考察所有的固定要素，即那些由于受到物质条件或法律合同限制在短期内不能得到调整的要素。所有要素投入，包括固定的和可变的，都能够得到调整所需要的时期，称为长期。在长期中，日本钢铁公司可能增加新的、更加有效的生产工艺，铺设轨道连接或安装计算机控制的系统，或者在墨西哥建造一个新的钢铁厂。当所有的要素均可以调整时，钢的总产量就可以大大增加，效率水平也会得到提升。

有效率的生产除了需要诸如劳动这些常规的投入之外，还需要时间。为此，我们在生产和成本分析中区分出两种不同的时期。短期是这样一个时期，在该时期里，只有一些要素，即可变投入要素能够得到调整；而固定要素，如厂房和设备，则不能得到充分的调整。长期指的是，企业使用的所有要素，包括资本，都能够得到调整的时期。

味道好极了！

现代市场经济的生产过程极其复杂，不妨让我们以常见的汉堡包为例来加以说明。

美国人更多的时间是花在工作中而不是在厨房里，因此他们对预制食品的需求一直在显著地增加。如今，边看电视边吃饭的生活方式已经取代去菜场买胡萝卜和豌豆回家自制的传统办法。麦当劳卖出的汉堡包的数量已经数以十亿计。诚然，所预制的方便食品难免有不尽如人意之处，经过洗涮、挑拣、切割、烫煮、冷冻、解融和再加温之后的食物，通常都不能保证原汁原味和美味可口。你要买的汉堡包，本该是闻起来吃起来都是汉堡包的食物，而不是那种不过是熟制了的硬邦邦的东西。

下例也许是"味"和"香"走进生活的一个典型的写照。有的企业，如国际香精香料公司（IFF），它们合成薯片、早餐麦片、冰淇淋和饼干以及其他加工食品的味道，再配以上好的香料、肥皂和香波的芬芳香味，便能制作成风味各异的食品。你若留意这类食品包装上的说明，你一定会发现该食品的原材料既包含"自然成分"，也包含许多"人造成分"——乙酸异戊酯（有香蕉的味道）、安息香醛（有杏仁的味道）等，都是化学合成物。

这些并不起眼的化学物质虽然与我们素昧平生，但却往往可以酿成一种令人瞠目结舌的奇迹。一位食品学专家，曾就他在国际香精香料公司的一段亲身经历这样详细地写道：

> 在实验室里，我将标明香型的过滤纸逐一放到瓶子里，闭上眼睛，深深地吸了口气，仿佛觉得眼前的那些食品就好像在变戏法一样，一个接一个地从那些瓶子里蹦出来。而且，我的确能闻到那些食品所散发着的新鲜的草莓、黑黝黝的橄榄、刺鼻的洋葱和小虾米的味道。这个绝非寻常的创造，的确让我心灵震撼。再一次闭上眼睛后，我又突然间闻到烤制好了的汉堡包的香味，一种特别的甚至是不可思议的香味，就像真的有人正在屋子里翻动着热烤炉上的汉堡包那样。然而，当我睁开双眼，面前放着的不过是一张白色的纸条而已。[1]

由以上的经历和体验可知，在现代经济中，"生产"不仅仅是种马铃薯和炼钢铁。它往往还包括：将鸡肉和马铃薯这类食物分

---

1 Eric Schlosser, *Fast Food Nation* (Perennial Press, New York, 2002), p.129.

解成更细微的物质,再配以人工合成的各种嗅觉味觉添加剂,重新加工成各式各样的新食品。如此深奥复杂的技术工艺,今天我们几乎随处可见。例如,可舒缓情绪或有助于血液平稳流动的药物,能够分解所抵押的物品或资产、加以重新包装,进而上市交易的新的金融工具,等等,都属于我们所说的那些拥有复杂深奥的生产程序的产业部门。然而,在大多数时候,人们甚至并不了解2美元一个的汉堡包(用可回收的薄纸包装),究竟聚合着哪些外来的物质。

技术变革

在上个世纪,经济史所记录的美国的总产量的增长幅度超过了10倍。这其中的功劳一部分归于投入的增加,例如劳动和机器。但是产量增长的主要原因还是由于技术变革,它带来了生产力和生活水平的迅速提高。

技术变革的事例往往激动人心:宽体式喷气飞机使得每单位投入产出的乘客/英里数几乎增加了50%;光导纤维降低了成本,提高了远距离通信的可靠性;计算机技术的改进,在30年的时间里,使计算能力提高了超过1 000倍。其他形式的技术变革则以更微妙的形式表现,例如,企业通过调整生产工艺以减少次品和增加产出。

我们要区分产品创新和工艺创新,前者指新的或改良的产品被推向市场;后者则指对已有产品采用新的或改良的生产加工技术。例如,工艺创新使公司用相同的投入获得了更多的产出。或者,能够用更少的投入生产出相同数量的产出。换句话说,工艺创新等同于生产函数的改变。

图 6-3 说明技术变革如何通过工艺创新来移动总产量曲线。较低的那条线代表 1995 年某一产业可以实现的产量,或生产函数。假设该产业的生产率或每单位投入的产出每年提高 4%,到 10 年以后,我们会发现工程技术的变革导致每单位投入的产出有 48% 的增长 $[(1+0.04)^{10}=1.48]$。

现在我们来考虑一下创造或改进产品的产品创新。产品创新比工艺创新要难以量化得多,但从长期来看,它是提高生活水平更为重要的因素。今天琳琅满目的物品与服务比起 50 年前已经大相径庭。在撰写这本教科书的过程中,作者使用了电脑软件、微处理器、互联网址和很多的数据库,而这些在 10 年前还是缺乏的。医药、通信和娱乐也是产品创新的重要领域。30 年前,互联网的

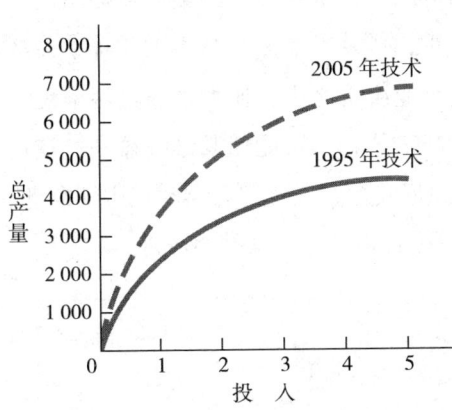

图 6-3 技术进步使生产函数上移

图中的实线表示 1995 年里既定技术水平条件下的最大的产出能力。由于计算机技术和管理水平提高,生产函数向上移动,使得 2005 年时每一投入水平获得了更多的产出。

整个领域，从电子商务到电子邮件，即便是在科幻小说里也是无法看到的。顺便提一下，你试试能不能找出一个产品或一个生产工艺的例子，它们自从你祖父辈以来就一直不曾更新过。

图6-3说明了技术进步令人振奋的一面。但技术变动是否可能存在相反的情况，即技术退步呢？对于一个正常运行的市场经济来说，回答是否定的。在市场经济中，较低劣的技术由于无利可图，会有被淘汰的倾向，而较先进的技术则由于提高了创新企业的利润而不断被引入生产之中。例如，若某人发明了一种昂贵的新型捕鼠器，而该捕鼠器却捉不到一只老鼠，则任何一个以追求利润为目的的企业都不会生产这种装置。即使有个管理不善的企业执意要生产它，生活在鼠患地区的明智的消费者也绝不会购买。可见，运行良好的市场势必只接受那些有用的而非低劣的捕鼠器的创新。

但是，在出现市场不灵的时候，技术退步也可能会在市场经济中发生。一个不受管制的企业可能采用一种浪费社会资源的生产方式，比如说，采用一种将有毒废弃物倒入河流的生产方式，因为那种生产工艺更加有利可图。但这是由于污染的社会损失没有被纳入企业的生产成本之中，所以企业才（侥幸）获得了经济利益。如果污染成本被纳入企业决策之中，比如说通过污染税等方式，那么，这种低劣的生产工艺就不可能使其继续盈利。在竞争性的市场中，劣品势必会像尼安德特人（旧石器时代中期欧洲、北非和西亚一带的"古人"——译者注）一样销声匿迹。

网　络

很多产品本身并没有多大用处，只有在和其他产品联合使用时才具有价值。这些产品往往具有非常强的互补性。一个非常重要的例子就是网络，在这里不同的人通过这个特殊的媒介紧密联系在一起。网络的种类很多，取决于它的物理连接，如电信系统、输电网络、计算机集群、管道网和道路网，以及人们使用相互兼容的软件（如Windows操作系统）或说同一语言（如英语）时所形成的间接网络。

为了解网络的本质，试想：如果没有加油站这个网络，那么你的汽车能够开多远；如果其他人都没有电话或电脑，那么你的电话或电子邮件的价值将会有多大？

网络市场很特殊，因为消费者不仅能从自己的使用中获益，而且还能从其他人的使用中获益。这就是**使用外部性**。我装了电话后，别人只要有电话就可以和我联系，因此我的入网给其他人带来正的外部效应。入网外部性可以说明许多大学都给它的学生和教授提供校园电子邮箱的原因：只有大家都参与进来，电子邮件的价值才能非常高。图 6-4 说明个人加入到网络中后是如何给他人带来外部收益的。

经济学家们已经发现了网络市场许多重要的特点。首先，网络市场是"冒尖鼓励型的"，意味着均衡将倾斜于一种产品或有限的几种产品。因为消费者肯定不喜欢购买那些与未来主导技术不相兼容的产品，因此均衡只会倾向于那种能打败所有竞争对手的唯一的产品之上。一个著名的例子就是计算机操作系统微软视窗，

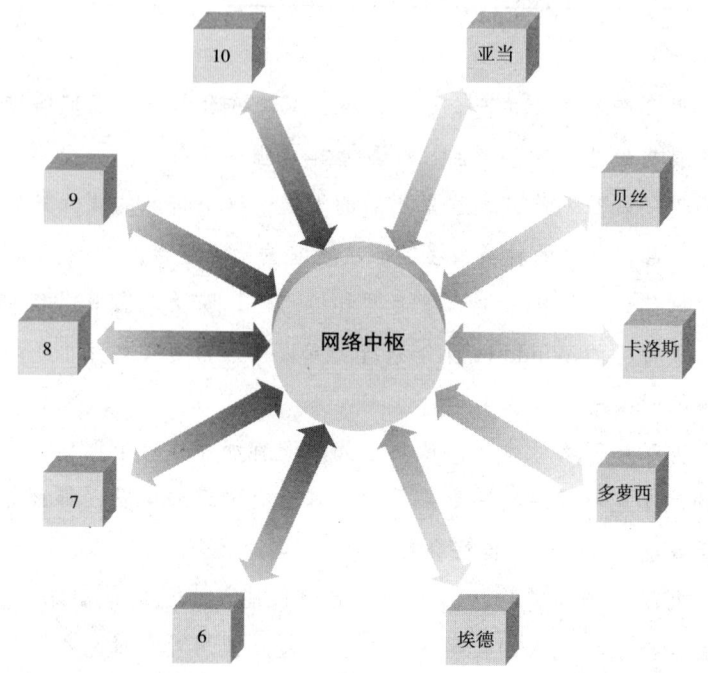

图 6-4 网络价值随着用户的增加而增加

假定每个人因为网络系统增加了一个连接电话网或电子邮件网的用户而增进 1 美元价值。如果埃德想加入,他会从亚当、贝比、卡洛斯和多萝西 4 人那里得到 4 美元的价值。但是早在网络中的这 4 个成员每人都因为埃德的加入而获得额外的 1 美元,因此使用外部性共有 4 美元的额外的外部价值。

　　网络效应使得网络的作用不知从哪里开始。(为了理解这一点,请注意第 2 个人和第 3 个人入网时的低价值。) 但是,当许多人入网时,每个新加入的成员都因为能与很多人相连接而获得高的价值 (作为练习,计算第 2 个和第 10 个人加入到网络中的价值是多少)。

它之所以能占据主导地位,部分原因就是因为消费者总是希望自己的计算机能适用于各种可以获得的软件。

网络市场第二个有趣的特征是"历史因袭"。一个著名的例子就是计算机所用的传统标准键盘（QWERTY keyboard）。你也许会感到惊讶，为什么字母排列莫名其妙的键盘能够成为标准键盘？19世纪的键盘设计原则是：将频繁使用的字母（比如e和o）排放到手动打字机感到比较方便的地方。等到电子打字技术出现之后，已经有数千万的人习惯了这种键盘打字。要将传统标准键盘替换成更有效的设计，一定非常昂贵，而且令人很难调整。因此，传统键盘的字母排列就只好一直维持不变。

这个例子表明，一项已经被使用的网络技术是怎样容易极端稳定的。类似的情况包括，许多环境保护主义者担忧美国"不经济"的汽车文化。现有的汽车、公路、加油站和住宅小区所构成的网络系统，很难为更有利于环保的新的格局所取代，例如集装箱运输的普及就很难。

第三，网络涉及规模经济、预期、动态以及冒尖优势等相互影响的复杂因素，因而导致了一场令人目不暇接的企业战略的重组。网络冒尖的本质是：一旦出现技术优势，企业势必在市场早期阶段全力竞争，以占据这个"胜者全得"（winner-take-all，俗称"赢家通吃"）的市场。此外，网络市场的惯性往往很大。一旦一种产品成为市场主导，则其他产品想要追赶就非常困难。这些特点意味着，企业往往在早期阶段就企图超越对手。

假设你将生产一种网络产品。为了确立早期的领导地位，你一定要说服用户相信你的产品最好，从而吸引他们购买和采用。促销手段包括：采用渗透定价策略，即向早期用户提供超低价格；将你的产品和其他已经流行的产品捆绑在一起；质疑你的竞争对手产品的质量或稳定性，等等。更重要的，你很可能会斥巨资做广告，该产品的需求曲线会因而向右上方移动。如果你是幸运的赢家，则你将会享受网络带来的规模经济，可以坐享你的垄断利润。但是千万不要因为你的优势地位而想当然，一旦你的领导地位受到质疑，那么，市场主导优势将会风水轮流转，你也非常容易就转向下风。

网络向公共政策提出了重要的问题。政府是否应该为保证竞争而制定标准？是否应该管制网络产业？反托拉斯政策应该如何对待像微软这样的垄断者？它在网络商战中成了幸运的大赢家，但使用了反竞争的手段。今天，这些问题已经为许多公共政策制定者所关注。

生产率和总生产函数

衡量经济业绩的最重要的指标之一就是生产率。**生产率**是总产出对加权平均的投入的比率。两个重要的变量是**劳动生产率**和**全要素生产率**，前者计算每单位劳动的产量，后者计算每单位总投入（一般包括资本和劳动）的产量。

经济学的一个核心概念是生产率，即产出与投入的比率。经济学家通常关注两种形式的生产率的衡量。全要素生产率指的是产出与所有投入（劳动、资本、原材料……）的指数的比率；而劳动生产率衡量的是每单位劳动（比如工作1小时）的产出。当

第六章 生产和企业组织

产出的增长率超过投入的增长率时,就表示**生产率增长**。

生产率增长的原因有技术进步,比如前面讲到的工艺和产品创新。另外,生产率的增长还可能源于规模经济和范围经济。

自从工业革命以来,规模经济和大规模生产成为促使生产率增长的最重要的要素。多数企业的生产规模已经比19世纪时扩大了许多倍。19世纪中期一艘大船可以装载2 000吨货物,而现在最大的超级油轮已经可以装运100万吨石油。

如果规模报酬递增得以实现的话,那么更大规模的投入和产出势必带来更高的生产率。假设技术不变,一个普通企业的投入增加10%,由于规模经济产出增加了11%,因此,这个规模经济就促使其全要素生产率增加了1%。

另一种效率增长源于**范围经济**,范围经济发生于大量不同产品同时生产比单独生产更有效率的时候。一个显著的例子是计算机软件的生产。软件程序在其演进过程中通常会涵盖各种额外的特性。例如,当消费者购买软件以准备其联邦收入所得税时,CD-ROM中通常会有其他一些模版,包括网页链接、政府文件,以及税收准备手册。这就是范围经济,因为这些不同的模板一起制作、包装和使用时会比单独做更便宜。范围经济就像专业化和劳动分工一样,随着经济日益强大和多样化而增加了生产率。

在许多部门规模报酬递增潜力很大的同时,某些领域规模报酬递减的可能性也不可忽视。当企业变得越来越大,其管理与合作的问题将会越来越困难。在无情地追求更高利润的过程中,企业不难发现其市场在地缘上扩张过度,或者生产空间的扩大已经超出了其有效管理的范围。一个企业毕竟只能有一个首席执行官、一个首席财务官和一个董事会。由于缺少时间研究每一市场,也没时间对每一决策都深思熟虑,高层管理人员会因为脱离日常生产活动而成为容易出错的孤家寡人。就像一个版图过于狭长的帝国,这种企业会发现自己很容易遭受更小、更灵活的对手的入侵。

我们已经讨论了关于生产的基本理论。运用这些理论我们可以评价近几年美国经济的运行业绩。为此我们需要考虑与总产出和总投入数量(如劳动、资本和土地)相关联的总生产函数。这方面经济学研究发现了什么呢?下面列举几个重要的发现。

- 由于技术进步和工人受教育程度与技能水平的提高,20世纪以来,全要素生产率不断地增长。
- 自从1900年以来,全要素生产率增长的年平均速度略低于1.5%。
- 整个20世纪,劳动生产率(每工作小时的产出)平均每年以略高于2%的速度增长。但是,从20世纪70年代早期到90年代中期,生产率的所有衡量指标都呈现出增长速度明显减缓的势头,同时,实际工资水平和生活水平也相应停滞不前。自90年代中期以来,由于计算机革命,生产率又重新恢复了明显的增长势头,其增长速度同历史标准相当(图6-5给出了历史标准水平)。
- 资本存量的增长速度要快于工作时间的增长速度。其结果是,工人所使用的资本物品的数量不断增加;因此,劳动生产率和工资出现了增长趋势,甚至其增长速度要快于仅仅由于全

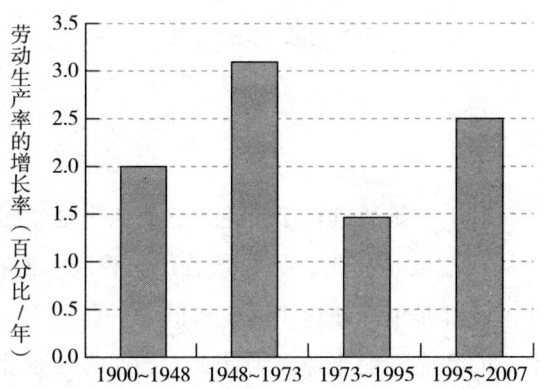

图 6-5 劳动生产率的增长率

这里给出了不同时期平均每工作小时的总体劳动生产率的增长率。在二战之后的半个世纪，劳动生产率得以快速增长，接着在 20 世纪七八十年代有所减缓，从 1995 年开始，由于信息技术的快速发展，劳动增长率得以快速增长。

资料来源：Bureau of Labor Statistics and private scholars.

要素生产率增长而引起的每年 1.5% 的增长速度。

最后，我们探讨一下准确地测量生产率增长所面临的困难。近来的经验研究表明，我们大大低估了某些领域生产率的增长。对医药保健、资本品、家用电器、计算机和计算机软件等的研究，都表明我们在统计生产率的方法上存在着很多缺陷。其中最大的一个缺点是没有考虑新产品和改进产品的经济价值。例如，就 CD 替代了原来的磁带而言，我们的统计就没有考虑到声音质量和稳定性的提高等因素。同理，我们的经济统计也很难准确地衡量出互联网对消费者的经济福利所作出的贡献。

企业组织

企业的性质

以上我们对生产函数进行了讨论，它们似乎是任何人都能操纵的机器：从一端放进猪肉，另一端就产出香肠。而在实际上，几乎所有的生产都是由专业组织去完成的——那些主宰现代经济的小的、中等的和大型的企业。为什么生产通常在企业，而不是在居民的地下室里进行呢？

企业或商业机构的存在有许多理由，但是，最重要的理由是：企业由专业化的组织所组成以便管理生产过程。企业的重要功能是实现批量生产的优势、筹集资金和组织生产要素。

首先，由企业组织生产的最强有力的决定因素在于专业化生产的经济性。有效率的生产需要专业化的劳动和机器、协同合作和精细分工，直至很细微的作业。不妨以大学教育这项服务为例。它需要专业化的员工来完成，包括讲授经济学、数学和西班牙语，提供伙食和住宿，登记成绩，收取学费以及应对各项开支。我们很难想象学生能自行处理所有这些事情。如果不需要专业化和劳动分工，那么，我们每个人也许只能在自家后院里生产出自己所需的大学教育、外科手术、电能和CD，或者在网上买到。显然，我们不能单独完成这些工艺，因此，效率通常都要求在企业里进行大规模的生产。

企业第二大功能是为大规模生产筹集资金。开发一架新商用飞机需要数十亿美元或欧元的开支；研究和开发一个新的计算机微处理器,需要花费同样多的钱。这些资金从哪里来? 在19世纪,企业的资金往往由富裕的、喜欢冒险的个人提供。今天,在一个私有企业经济中,生产所需资金的大部分都来自于公司利润或从金融市场借款。实际上,如果公司不能每年为新项目筹集数十亿美元的资金,那么,私有企业高效率的生产活动是不堪设想的。

企业存在的第三个理由在于管理和协调生产过程。一旦所有的生产要素都介入生产过程,必须有人来监督它们的日常活动,以保证这项工作能够被诚实有效地完成。企业经理既是组织生产,引入新思想、新产品或新工艺并做出企业决策的人,也是对企业的成功或失败承担责任的人。生产毕竟不能自行组织起来,必须有人监督新厂房的建造,与工会谈判,购买原材料和保障其他的供应。

以棒球为例,25个人如何才能自发地形成投球手、接球手和击球员的正确组合?如何排好顺序并运用最佳战略?如果你想购买一个棒球队的经营权,你就必须租借一个体育场,雇用棒球运动员,与各种人谈判以取得各种让步,雇用招待员,与工会相处,以及出售门票。而这就是企业的职能:协调生产过程,购买或租用土地、资本、劳动和原料。

> 企业由专业化机构组成以管理生产过程。生产在企业里进行的原因在于效率通常要求大规模的生产、筹集巨额资金以及对正在进行的活动实行细致的管理与协调。

生产是在企业中还是在市场上进行？

如果市场是如此有效的机制，那么为什么很多生产都在大型组织中进行？一个相关的问题是，为什么一些企业选择大而全的生产结构，而另一些企业却通过合同将大部分业务外包出去？例如，在1982年以前，美国电报电话公司（AT&T）的一体化既是垂直的也是水平的。它自己研究、开发、设计和生产自己需要的设备，安装和租用线路，以及提供电话服务。相反，大部分私人计算机公司则是让技术员从外界买进硬盘、电路板、监视器和键盘等，然后将计算机组装并销售出去。

关于产业组织的中心论题是罗纳德·科斯（Ronald Coase）在其开创性研究中提出来的，该研究使他在1991年获得了诺贝尔经济学奖。这是一个令人激动的研究领域，它回答内部金字塔控制结构，在组织和管理生产方面，为什么比外部市场契约型结构更具比较优势。

为什么由大企业组织生产会更有效率？最重要的原因也许是设计包括所有偶发事件的"完全契约"实在过于艰难。假定，Snoozer Inc. 认为自己发现了一种治疗懒惰的新药，那么，它是用自己的实验室研制，还是外包给一家公司（如 WilyLabs）？外包显然会带来一系列不可预见的偶然因素，很可能让新药丧失可行性。若新药真能推出并证明有效的话，则会发生什么情况？如果专利、税收或国际贸易法发生变动了呢？如果遭受到侵权诉讼了呢？

由于契约的不完全性，公司就会面临被敲竹杠的风险。因为，如果发现新药只有在和另一种药一同使用时才能有效的话，则 Wilylabs 就会去找 Snoozer 公司说："对不起，朋友，为获取两种药你需要再花费 1 亿美元。"这显然是一种恶意的敲竹杠。在涉及特定关系的投资和不完全契约的情况下，由于担心出现扯皮，Snoozer 公司就会选择内部研制，以便自己能控制研究成果。

近期，美国许多部门都出现了变化。很多高度一体化的企业已经转而经由外包或合同转让的新方式组织生产。自从 IBM 和 AT&T 几乎进行合并以来，计算机产业的这种趋势就可谓非常显著。这是因为，在计算机行业中，各种组件都是标准化或"商品化"了的，外包完全可以达到同样的效果。另外一个例子是耐克公司，它已将自己的大部分生产都外包出去了。理由是：生产过程已经标准化了，且耐克的真实价值是来自其设计和商标。此外，一些新型契约，如建立在信用基础上的长期合同，正在努力使敲竹杠问题降到最低水平。

研究组织的人士指出大公司鼓励创新和提高生产率的至关重要性。在 19 世纪，铁路不仅将小麦从农场运到市场，而且引入了"时区"这个新概念。其实，"准时"这个概念之所以变得如此关键，首先是源于列车时刻表，列车不准点就会造成事故。中央计划型经济的种种悲剧再清楚不过地昭示我们：如果没有现代私人企业中的组织天才，则所有的土地、劳动和资本都将无法真正地发挥作用。

大企业、小企业和微型企业

市场经济中的生产活动经由形形色色的企业组织,从最小的个人业主制,到在资本主义经济中几乎主宰经济生活的大公司。美国现存约 3 000 万个不同的企业。其中大部分为某一个人所有,即个人业主制。另一些是合伙制,由两个或可能多达 200 个合伙人共同所有。最大的企业通常都采取公司的形式。

小企业在数量上占有优势。但是,无论从销售额、资产、政治力量和经济力量,还是从工资数额和职工人数来看,几百家大公司却占有支配性的地位。

图 6-6 给出了美国经济组织的三种主要经济组织形式的数量以及总收入。

在企业组织形式族谱的一端是**个人业主制**,也称为"夫妻店"的典型的小企业。一个小企业可能每天只做几百美元的生意,仅

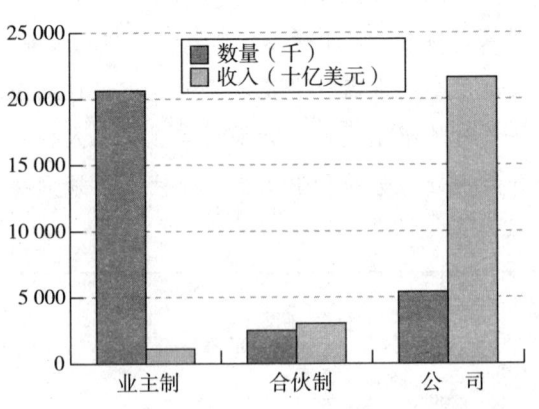

图 6-6 2004 年不同类型企业的数量和规模
公司的数量虽然少,但在经济中却占主导地位。

资料来源:Internal Revenue Service.

仅能够为小企业主的努力提供最低的工资。

虽然这些企业在数量上很多，但其总销售额却很小。就大多数小企业而言，个人都需要付出巨大的努力。单干的业主通常每周要工作50或60小时，且没有假期。小企业的平均寿命通常却只有一年。尽管如此，一些人还是向往自己开店经营。他们的小店很可能成为一次非常成功的冒险，可以带来数百万美元的家产。

企业往往综合各种人才——譬如说，专业的律师或医生。在美国，任何两个或两个以上的人都可以在一起成立一个**合伙制企业**。每个人都同意承担一部分工作和提供一份资本，从而分享一定比例的利润，当然也包括分摊有可能出现的亏损或债务。

今天，合伙制在经济活动总量中仅占相当小的一部分，如图6-6所示。直至目前，合伙制的组织形式都没有吸引力，其原因在于，合伙制要求无限责任，即每一合伙人对整个合伙制企业所欠的债务都具有无限的责任。如果你在合伙制企业中的份额为1%，而企业失败了，那么，你应该赔偿那1%的亏损。但是，如果你的合伙人无力偿还，你很有可能被要求支付所有的债务，这很可能会导致你倾家荡产。在美国，有些州允许某些行业的合伙制企业只承担有限责任，如律师事务所和建筑行业。

除了涉及不动产和专业人士的部门，合伙制企业管理起来很不方便。在大多数情况下，合伙制企业也远不如公司制的形式重要。

在发达的市场经济中，大多数经济活动都经由私人公司进行。几个世纪以前，公司执照是君主或立法机关根据特别法令颁发的。

英国的东印度公司就是一种有特权的公司，它实际上统治印度长达一个多世纪。在 19 世纪，铁路公司往往不得不花费一大笔钱从立法机关取得公司执照，其数额甚至和奠定路基的钱差不多。20 世纪以来，美国通过了一系列法律，几乎给了任何人为任何目的组建公司的特权。

今天，**公司**是一种企业组织形式，可以在 50 个州的任何一个或者国外取得执照，由众多的单个股东共同拥有。公司具有独立的合法身份，实际上是一个"法人"，可以为自己购买、出售、借贷、生产物品和提供劳务，并签订合同。另外，公司享有有限责任的权利。公司的每一个所有者的投资风险都严格限定在特定的数额上。

现代公司的核心特征如下：

- 公司的所有权属于那些掌握了公司普通股的所有人。如果你拥有一家公司股份的 10%，那么，你就拥有 10% 的所有权。上市公司在股票交易所，如纽约股票交易所得以估值。大型公司的股票一般都在那里交易，国家的大部分风险资本也在那里筹集和投资。
- 从原则上讲，股东控制他们所拥有的公司。股东按照他们所拥有的股份比例分取红利，他们选举董事会，对许多重要问题进行投票表决。但不要认为股东能在大企业经营中起什么显赫的作用。实际上，大公司的股东并不能真正地控制公司，因为他们太分散，根本不能左右拥有实权的公司经理们。
- 公司的经理和董事会拥有制定公司决策的合法权利。他们决定生产什么和如何生产。他们与工会进行谈判，并且当其他公司想要接管公司的时候，通常是由他们决定是否出售公司。当媒体宣布一个公司已裁减2万名工人时，这个决定也是由经理做出的。总之，股东拥有公司，但经理却经营它。

公司的优缺点 在市场经济中，公司占主导地位，因为它是一种能够最有效地从事经济活动的组织方式。公司是一个可以从事经济活动的"法人"。同时，无论股份多少次易手，公司都可以永久延续或永远存在。公司内部是有等级之分的，首席执行官（CEO）所行使的权力就如此之大，以至于公司有时可以被称为一个"独裁"组织。经理们可以快速无情地做出决定，这与立法机构做出经济决策的方式完全不同。

此外，公司的股东承担的是有限责任，即他们所承担的公司债务或亏损，不会超过他们最初的出资。如果我们购买了1 000美元的股票，那么，我们遭受的损失不可能超过我们原来的投资。

公司也存在一个主要的缺点：公司利润需要纳税。对于非公司形式的企业而言，超出成本的任何收入都像一般的个人收入那样纳税。而对于公司就不同了，公司的收入要交纳两次所得税：首先要作为公司的利润交税，然后则对以红利形式体现的个人收入征收所得税。

经济学家已经在严厉批评这种对公司收入"双重征税"的方式，有时建议将公司所得税与个人所得税体系相合并。在合并税制之下，公司利润势必先分配给个人，然后再按照个人所得进行征税。

公司的行为有时会激起公众的愤怒和政府的干预。19世纪末，一些公司曾热衷于欺骗、贿赂和哄抬价格，从而导致反对托拉斯和证券欺诈的立法。最近几年，人们又发现美国许多公司都存有严重的财务欺诈行为，很多公司主管经由巨额红利和股票期权最大可能获取了个人的私利。这类行径导致了公司丑闻的普遍爆发。如同公共部门一样，权力在私人部门中往往也会引发腐败。

> 有效率的生产常常要求企业有较大的规模，并且拥有数十亿美元的投资资本。承担有限的责任并拥有一套方便的管理体制的公司，能够吸收大量的私人资本，生产多种相关的产品，并能较好地分摊风险。

大公司的运转给公共政策带来了重要的问题。它们控制着市场经济的大部分，但是却不被公众所控制。有的学者已经意识到，大公司实际上也不是由其所有者所控制的。下面不妨让我们反思一下这方面的问题。

理解大公司行为的第一步是要知道它们几乎都是"公共所有"的。公司的股票可以出售给任何人，所有权分散于许许多多的投资者。以IBM公司为例，它在2008年市值约为1 700亿美元。数以千万计的人通过他们的共同基金和养老金账户与IBM公司保持着财务关系。但是，任何一个人拥有的股票都不超过公司总额的0.1%。所有权如此分散是公众拥有公司的一般情况。

由于大公司的股票是如此分散，因此通常所有权与控制权是分离的。所有者个人不能轻易地影响大公司的行为。股东往往要选举董事会（董事既包括圈内人士，也包括了解行情的局外人），大公司的战略决策和日常经营的主要责任，通常由管理者担负。

在大多数情况下，管理层与股东之间不存在利益冲突。较高的利润对双方都有利。但是管理者和股东之间的一个重要的潜在冲突却会引起人们的关注，即所谓的高管薪酬问题。高层经理人员可能会自定高薪金、高股票期权、高管理费用、高奖金、免费公寓、昂贵的艺术品和高额退休金，而这些费用最终都将作为股东的开支。没人要求经理按最低工资获得报酬，只是近年美国公司的支付实在是太过头了。一些业绩不好的公司（乃至于像世通和安然这些后来宣布了破产的公司）的高管的工资加奖金竟然可

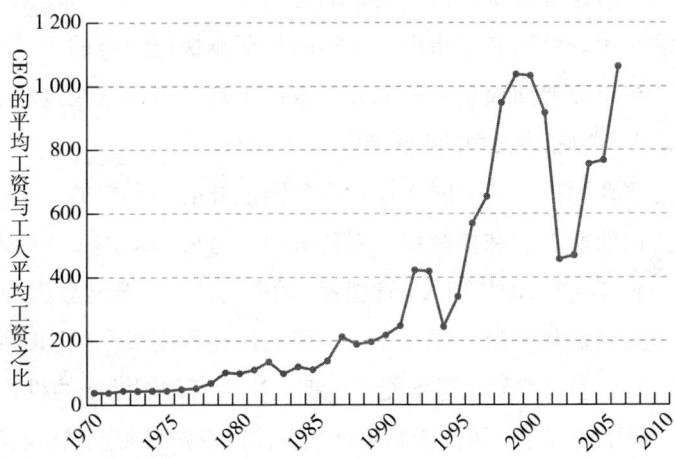

图 6-7　高管薪酬的暴涨

本图给出的是美国前 100 家大公司的 CEO 的平均薪酬同美国工人平均工资的比率。1970 年这个比率是 40 倍左右，到 2000 年已经上升到 1 000 多倍。导致这种爆炸性增长的因素很多，其中最重要的也许是 CEO 能够操控激励机制。

资料来源：Thomas Piketty and Emmanuel Saez, data from their website at *elsa.bekley.edu/~saez~/.*

达1亿美元甚至更多。

图6-7给出的是一幅令人忧心的图画：美国大公司高管们的平均薪酬与工人的平均工资的比率。历史上该比率一直在40倍左右，而近几年却上升到1 000多倍。高管薪酬的快速上升，是美国收入不平等上升的原因之一。高管薪酬上升的原因究竟是什么？一些经济学家已经讨论，为什么与其他国家的类似企业的经理相比，美国公司经理领取的报酬经常是其他国家的10倍或20倍？

就美国高管薪酬急剧攀升的问题，若干研究成果给出了以下几种意见。赞同者认为美国的经理在资本有效运作中发挥了巨大的作用。但这也许是高估了资本的边际生产率在竞争市场上所能起到的作用。赞同者还指出，美国高管薪酬快速上升的主要原因之一，在于股票期权是一种十分有效的工具。因为它通过股票价格变动将薪酬和该公司的经营业绩联系起来。

批评者则指出：美国高管薪酬急剧上升的最重要的一个原因在于公司的所有权和控制权二者的分离。这种弊端体现为所谓的委托－代理问题，即代理人（管理者）的激励并不完全同委托人（所有者）的利益相一致。更甚者，经理们还经常向股东们隐瞒激励程序，以至于股东们永远不能真正拥有决定管理层薪酬的投票权。此外，股票期权还有可能激励管理层扭曲财务账目制造虚假利润。

高管薪酬快速上升的趋势已经给公共政策带来了重要的问题。有何手段能够确保高管薪酬的有效性？大部分经济学家并不赞同政府设定收入标准，认为累进税制是处理收入不平等问题的最有效途径。大部分人还认为：更完全的信息，以及赋予公司所有人更多的权力，也可以消除大部分超额薪酬。

第七章 成本分析

成本所记录的不过是竞争的吸引力而已。

——弗兰克·奈特(Frank Knight)

《风险、不确定性和利润》(1921年)

生产几乎无处不在,而生产的后面是与其形影不离的成本。企业必须为自己的投入进行支付:螺钉、溶剂、软件、纱布、秘书以及统计员。盈利的企业在制定生产战略时,总是非常明智地考虑到这一简单的事实,因为每多花1美元不必要的成本,企业的利润就会减少相同的金额。

但是,成本所扮演的角色远远不只是影响生产和利润的水平。成本还会影响投入的选择、投资的决定,甚至可以决定企业是否继续保持该业务。是添加一个新雇员合算,还是给现有职员加班费合算?是开一家新厂还是扩建旧厂?是在国内投资一家工厂还是到海外另起炉灶?企业要选择有效的生产方法,即以最低成本生产产出的方法。

本章主要对成本进行系统的分析。首先,我们全面考察经济中的成本,其中包括一个非常重要的概念:边际成本。然后,我们考察企业的会计师在实际中是如何计算成本的。最后,我们讨论一个更广泛地应用于决策的概念：机会成本。对成本的全面研究将为以后对企业供给决策的理解奠定基础。

成本的经济分析

总成本：固定成本和可变成本

不妨考察一家企业。它使用资本、劳动和原料等投入，得到产出（用 q 表示）。该企业在要素市场上购买这些投入，而企业会计则会计算在每一产量水平 q 上所投入的总的美元成本。

表 7-1 说明了各种不同产出水平 q 各自对应的总成本（TC）。观察第（1）栏和第（4）栏，我们看到，TC 随着 q 的上升而上升。这是很自然的，因为要得到某一物品的更多产量必须使用更多的劳动和其他投入；增加生产要素便会引起货币成本的增加。例如，生产 2 单位物品的总成本为 110 美元，生产 3 单位物品的总成本为 130 美元，等等。在我们的讨论中，我们假定企业总试图以最低的成本进行产出。

表 7-1 第（2）栏和第（3）栏将总成本区分为两部分：总的固定成本（FC）和总的可变成本（VC）。

即使企业的生产量为零也必须支付的费用叫**固定成本**。有时，固定成本也称为"固定开销"或"沉没成本"。它由许多部分构成，如厂房或办公室的租金、债务的利息支付、长期工作人员的薪水，等等。这些成本是固定的，因为即使产量发生变化，这些开支也不会改变。例如，一个律师事务所可能拥有 10 年的办公室租约，

表 7-1 固定成本、可变成本和总成本

（1）产量 q	（2）固定成本 FC（美元）	（3）可变成本 VC（美元）	（4）总成本 TC（美元）
0	55	0	55
1	55	30	85
2	55	55	110
3	55	75	130
4	55	105	160
5	55	155	210
6	55	225	280

企业成本的主要组成部分是固定成本（当产量变动时，它并不变动）和可变成本（它随着产量的增加而增加）。总成本等于固定成本加可变成本：$TC = FC + VC$。

即使该事务所人员规模缩减到原来的一半，它也仍然有义务支付租金。由于 FC 是无论产量水平如何都必须支付的数量，因此，在第（2）栏中，它的数值保持 55 美元不变。

表 7-1 的第（3）栏显示的是可变成本（VC）。**可变成本**是随着产出水平的变化而变化的那些成本。它包括：生产所需要的原料（如生产汽车所需要的钢材）；为生产线配置的工人；进行生产所需要的能源，等等。在一个超市中，收银员是可变成本，因为经理可以轻易地调整收银员的工作时间来适应商店中顾客的流量。

根据定义，当 q 为零时，VC 的起始值为零。它是 TC 中随着产量增加而增加的部分；实际上，在任何两种产量之间，TC 的变

化量就是 VC 的变化量。

我们对这些成本概念做如下总结：

总成本代表为生产每一产出水平 q 所需要的用美元开支的最低成本总额。TC 随着 q 的上升而上升。

固定成本代表即使产出水平为零也必须支付的美元开支总额。固定成本不受任何产出量变动的影响。

可变成本代表随着产出水平的变化而变化的开支，包括原材料、工资和燃料，也包括非固定的所有成本。

一般情况下，根据定义可以得到：

$$TC = FC + VC$$

可以达到的最小成本

任何管理过企业的人都知道，如果我们将成本计划表做成表 7-1 那样，意味着我们将实际企业经营看得太简单了。表 7-1 背后显然有大量的工作要做。为了使成本最低，企业管理者必须确保：原材料最便宜，所采用的技术成本最低，所用的职工个个忠诚敬业，并以最经济的方式做出其他决策。

举例而言，假如你是一个棒球队的老板，你就必须考虑一系列的问题：跟球员商议薪水，选择经理，与器材供应商讨价还价，为电力及其他设施的账单发愁，考虑买多少保险，而且还必须处理其他能让整个球队以最低成本运营的各种问题。

只有经过上述管理方面的努力，才有表 7-1 那样的最低的固定成本和可变成本。

边际成本的定义

在经济学各领域中,边际成本是最重要的概念之一。**边际成本**(MC)表示由于多生产1单位产出而增加的成本。例如,一个企业生产1 000张光盘的总成本为10 000美元。如果生产1 001张光盘的总成本为10 006美元,那么,生产第1 001张光盘的边际成本就为6美元。

有时,多生产1单位产出的边际成本可能非常低。对于一架有空位的客机,增加一个旅客的边际成本微不足道,不需要增加任何资本(飞机)或劳动(飞行员和空中服务人员)。而在其他例子中,增加1单位产出的边际成本可能会很高。以电力系统为例,在正常情况下,它可以用最低成本和最高效的电厂生产足够的电力。但在炎热的夏季,当所有的空调都打开,电力的需求变得非常大的时候,电厂将不得不启用设备系统中那些陈旧的、高成本而又低效率的发电机。这势必会推高多生产1单位电的边际成本。

表7-2运用表7-1中的数据表明我们如何计算边际成本。表7-2第(3)栏中的MC数值来自于第(2)栏中的TC减去上一行的TC。因此,第1单位的MC是30美元(85美元 – 55美元)。第2单位的边际成本是25美元(110美元 – 85美元),依此类推。

除了从TC栏中得到MC之外,我们还可以从表7-1第(3)栏的每一个VC数值减去上一行中的VC而得到MC。为什么?因为可变成本的增加永远和总成本的增加完全相同,唯一的不同在于,根据定义,VC必须从零开始,而不是从固定的FC水平开始。(读者可以核对:30美元 – 0美元 = 85美元 – 55美元,55美元 –

表 7-2 边际成本的计算

(1) 产量 q	(2) 总成本 TC (美元)	(3) 边际成本 MC (美元)
0	55	
1	85	30
2	110	25
3	130	20
4	160	——
5	210	50

一旦知道了总成本,我们就很容易计算出边际成本。例如,为了计算第 5 单位的 MC,我们就从前 5 个单位的总成本中减去前 4 个单位的总成本,即 MC = 210 美元 –160 美元 = 50 美元。在空格里填入第 4 单位的边际成本。

30 美元 = 110 美元 – 85 美元,等等。)

生产的边际成本是多生产 1 单位产出所需要增加的成本。

图形中的边际成本 图 7-1 说明了总成本和边际成本。它表明 TC 与 MC 之间的关系类似于总产量与边际产量之间的关系,或者类似于总效用与边际效用之间的关系。

软件分销的边际成本

软件巨头微软公司试图进入互联网浏览器市场时,曾采取过一种赠送的策略,即将 IE 浏览器以独立产品或是跟 Windows 操作系统捆绑的方式进行赠送。微软的竞争者抱怨微软公司的"掠夺性行为"。那么，究竟是什么原因导致了微软公司赠送出了浏览器而又不会赔钱呢？

原因在于信息技术（IT）不寻常的特性。根据 IT 专家哈尔·瓦里安的说法，IT"一般具有这样一种特性，即生产第一个产品非常昂贵，而生产接下来的拷贝却非常便宜。"在这个例子中，微软花费了很大的成本来研发 IE 浏览器，而多销售一个软件的边际成本却几乎等于零。这就是说，微软生产和销售 1 000 001 个浏览器的总成本并不比 1 000 000 个更多。而只要 IE 浏览器的边际成本为零，微软就不会因为对外赠送而赔钱。

平均成本

讨论各种平均的或每个单位的成本，我们可以阐明一系列重要的成本概念。表 7-3 扩充了表 7-1 和表 7-2 中的数据，其中包括了 3 项新的指标：平均成本、平均固定成本和平均可变成本。

平均成本（AC）是在企业中广泛使用的概念。通过比较平均成本与价格，或平均成本与平均收益，企业就能得知是否可以获利。**平均成本**是总成本除以产品的单位总数，如表 7-3 中第（6）栏所示。也就是：

$$\text{平均成本} = \frac{\text{总成本}}{\text{产量}} = \frac{TC}{q} = AC$$

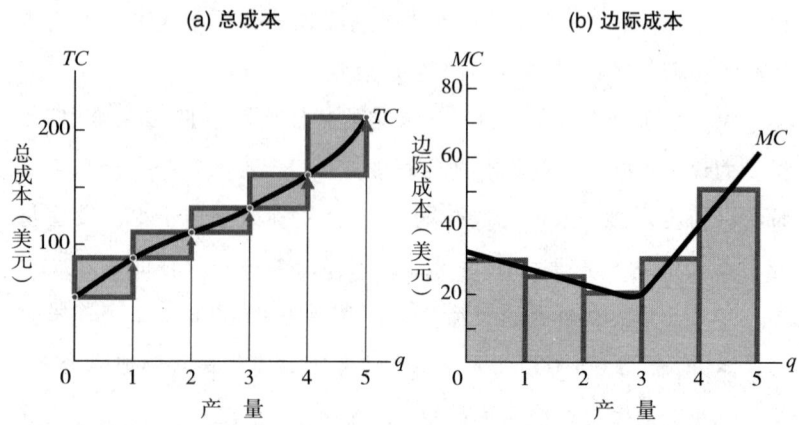

图 7-1　总成本与边际成本之间的关系

本图是根据表 7-2 中的数据描绘的。通过计算（a）中追加每单位投入所增加的成本，得到（b）中的边际成本。例如，为了得到生产第 5 单位产出的 MC，我们从 210 美元中减去 160 美元，就得到 MC 为 50 美元。在（a）中，我们连接各 TC 点做出一条平滑的曲线；在（b）中，经由 MC 的非连续性阶梯，我们也可以做出一条平滑的 MC 曲线。

在第（6）栏中，当产量仅为 1 单位时，平均成本必然等于总成本，即 85 美元 /1 = 85 美元。但是 $q = 2$ 时，$AC = TC/2 = 110$ 美元 /2 = 55 美元，如该栏的数字所示。应该注意，在开始时，平均成本越来越低（我们马上就会知道其原因）。在 $q = 4$ 时，AC 达到了 40 美元的最低点，此后缓慢上升。

图 7-2 描绘了表 7-3 所示的成本数据。图 7-2（a）描绘了在不同产出水平上的总成本、固定成本和可变成本。图 7-2（b）画的是，相应于平滑的边际成本曲线的各种平均意义上的成本概念。图（a）说明在固定成本保持不变的条件下，总成本如何随着可变成本的

表 7-3 各种成本都来自总成本表

(1) 产量 q	(2) 固定成本 FC (美元)	(3) 可变成本 VC (美元)	(4) 总成本 $TC = FC + VC$ (美元)	(5) 每单位的边际成本 MC (美元)	(6) 每单位的平均成本 $AC = TC/q$ (美元)	(7) 每单位的平均固定成本 $AFC = FC/q$ (美元)	(8) 每单位的平均可变成本 $AVC = VC/q$ (美元)
0	55	0	55		无穷大	无穷大	无法确定
1	55	—	85	30	85	55	30
2	—	55	110	25	55	—	27½
3	55	75	130	—	43⅓	18⅓	25
4*	**55**	**105**	**160**	**30** / **40***	**40***	**13¾**	**26¼**
5	55	155	210	50	42	11	—
6	55	225	280	70	46⅔	9⅙	37½

* 平均成本的最低水平。

我们可以由第（4）栏中的 TC 分解出其他的成本概念。第（5）栏和第（6）栏都值得强调：通过邻近的 TC 数值相减，便可计算出边际成本，如表中两行之间的数字所示。产量为 4 的带了 * 号的 MC 等于 40，是经过修匀的，来源是图 7-2（b）。在第（6）栏中，注意图 7-2（b）中 U 形 AC 曲线的最低点为 40 美元成本。（你能否看出，为什么带 * 号的 MC 的数值等于标 * 号的 AC 的最小值？此外，计算并填补表中空白。）

变动而变化。

现在，让我们看图（b）。该图描绘的是一条 U 形的 AC 曲线，它应当处于作为其来源的 TC 曲线的下方。

正如我们把总成本分解为固定成本和可变成本一样，我们也可以把平均成本细分为平均固定成本和平均可变成本两个部分。**平均固定成本**（AFC）被定义为 FC/q。由于总固定成本是不变的，因此，除以不断增加的产量，就得到一条不断下降的平均固定成本曲线［参见表 7-3 中的第（7）栏］。换句话说，当企业卖出越来越多的产品后，不变的 FC 为越来越多的产量单位所分摊。例如，一家软件公司可能拥有一大批编程人员来开发一个游戏。卖出的拷贝数不直接影响所需的开发人员数目，这使得他们成为固定成本。因此，如果该游戏非常畅销，则该程序的 AFC 非常低；如果该程序销售不佳，则 AFC 会很高。

图 7-2（b）中的虚的 AFC 曲线是一支双曲线，渐进于两个轴：随着固定成本被更多单位的产品所分担，它逐渐降低，接近水平轴。如果我们允许产量 q 的单位无限细分，AFC 将从无穷大开始，因为有限的固定成本分摊到无穷小的产量 q 上。

平均可变成本（AVC）等于可变成本除以产量，或 $AVC = VC/q$。正如你在表 7-3 和图 7-2（b）中所看到的，本例中的 AVC 开始时下降，然后上升。

理解平均成本与边际成本间的关系是非常重要的。我们不妨从记住有机联系着的下列三大规则开始：

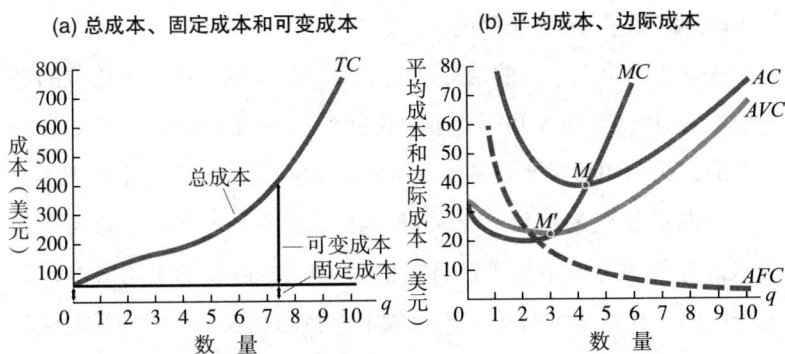

图 7-2 根据总成本曲线可以得出其他成本曲线

（a）总成本是固定成本与可变成本之和。（b）边际成本曲线起先下降，然后上升，如表 7-3 中第（5）栏给出的 MC 的数值所示。注意：MC 曲线与 AC 曲线相交于 AC 曲线的最低点。

1. 当 MC 在 AC 之下，它将平均成本拉下。
2. 当 MC 在 AC 之上，它将 AC 拉上。
3. 当 MC 等于 AC，AC 固定不变。在 U 形 AC 曲线底部，$MC = AC = AC$ 的最小值。

为了理解这些规则，让我们从第一条开始。如果 MC 小于 AC，这就意味着，生产最后 1 单位的成本小于过去全部单位的平均成本。这就隐含着，新的 AC（即包括最后 1 单位成本的 AC）必然会小于原来的 AC，因此，AC 必然会下降。

我们可以用一个例子来说明这一规则。从表 7-3 中可以看到第一单位的平均成本为 85。第二单位的边际成本为 25。这就隐含着前两个单位的平均成本为 $(85+25)/2 = 55$。由于 MC 在 AC 之下，这

就正确地暗示了 AC 是下降的。

表 7-3 中第六单位的情形说明了第二条规则。前 5 个单位的平均成本为 42，且第 5 和第 6 个单位间的边际成本是 70。正如我们看到的，第六单位的平均成本为 $46\frac{2}{3}$，边际成本拉高了平均成本。

第四单位处的情形非常关键。在该水平下，可以注意到平均成本恰好与边际成本相等，且其值为 40。所以新的平均成本恰好等于旧的平均成本并且等于边际成本。我们在表 7-4 中详细地说明它们之间的关系，该表重点关注产出的最低平均成本水平。在这张表中，我们假定表 7-3 中各单位产出是以千为单位，这样我们就可以看到产出中的细微变化。可以观察到当产出刚好低于平均成本最低点所对应的产出时，边际成本略微低于平均成本（并且当产出高于平均成本最低点所对应的产出时，边际成本略微高于平均成本）。如果我们进一步对这种计算进行放大，我们就可以无限

表 7-4 在平均成本最低点下对平均成本 (AC) 和边际成本 (MC) 的精细计算

q	FC	VC	TC	MC
3 998	55 000	104 920.03	159 920.03	
3 999	55 000	104 960.01	159 960.01	39.98
4 000*	55 000	105 000.00	160 000.00	39.99
4 001	55 000	105 040.01	160 040.01	40.01
4 002	55 000	105 080.03	160 080.03	40.02

*最小平均成本下的产出。

这张表放大了在平均成本最低点附近对成本的计算。在以上计算中我们假定在表 7-3 中的数值以千为单位。注意，在第 3 999 和第 4 000 个单位间，边际成本是如何略微低于平均成本最小值，而在第 4 000 和 4 001 个单位之间，边际成本又是如何略微高于平均成本最小值的。

接近地得到 MC 和 AC 是确切相等的。

通过对图 7-2（b）的研究，你将提高对 MC 和 AC 间关系的理解。注意，对前三个单位而言，MC 低于 AC，因此 AC 是下降的。而恰好在第四单位处，AC 等于 MC。超过四单位后，MC 在 AC 之上，并将平均成本拉上。从图形上来看，这意味着上升的 MC 曲线将与 AC 曲线恰好相交于 AC 曲线的最低点。

　　总结：用成本曲线来理解就是，如果 MC 曲线低于 AC 曲线，则 AC 曲线必然在下降。相反的如果 MC 高于 AC，则 AC 曲线是上升的。最后，当 MC 恰好等于 AC 时，AC 曲线是平坦的。AC 曲线总在最低点被上升中的 MC 曲线所穿过。

用棒球击球得分数说明边际成本和平均成本的关系

我们可以用打击率来说明 MC 和 AC 的相互关系。令 AB 为你至今的"终生打击率"（你的平均打击率），MB 为你今年的打击率（你的边际打击率）。为了简化，我们仍然假定每年打击次数为 100 次。

当你的 MB 低于 AB 时，它会将新的 AB 往下拉。例如，假定你前三年的"终生打击率"为 0.300，而第四年的打击率为 0.100，那么你新四年的"终生打击率"就为 0.250。同样，如果你第四年的打击率高于前三年的"终生打击率"，那么新的"终生打击率"将会增加。如果第四年的打击率跟前三年的"终生打击率"相同，那么新的"终生打击率"不会发生变化（MB = AB，此时新的 AB 与旧的 AB 相等）。

生产和成本之间的关系

什么因素决定一个企业的成本曲线？最主要的因素是要素价格以及企业的生产函数。

很明显，劳动和土地等投入的价格是影响成本的重要因素。每个企业经理都会告诉你，更高的租金和工资意味着更高的成本。但是，一个企业的成本曲线还会紧密地依赖于该企业的技术。当企业的技术进步使同样的产出消耗更少的投入时，企业的成本就会下降。

实际上，只要你知道要素的价格和生产函数，你就能够确定成本曲线。我们可以由表7-5中的数字例子看出从产出数据和要素价格到成本的推导。假设，农民史密斯租用了10英亩土地，并雇用农业劳工生产小麦。每一时期，土地的成本为每英亩5.5美元，每个劳工的成本为5美元。运用最先进的耕作方法，史密斯能够根据表7-5中前3栏所示的生产函数进行生产。在本例中，土地的成本是固定的（因为史密斯签订了10年的租约），而劳动的成本是可变的（因为雇用和解雇劳工很容易）。

运用生产数据和投入成本数据，对于每一产量水平，我们可以计算出生产的总成本，如表7-5中的第（6）栏所示。以生产3吨小麦的总成本为例。运用给定的生产函数，史密斯能够使用10英亩土地和15个农业劳工生产出这一产量。生产3吨小麦的总成本为（10英亩 × 5.5美元/英亩）+（15个劳工 × 5美元/劳工）= 130美元。相似的计算可以得出表7-5第（6）栏中所有其他总成本的数值。

表7–5 由生产数据和投入成本推算出总成本

(1) 产量（小麦吨数）	(2) 土地投入（英亩）	(3) 劳动投入（工人数）	(4) 土地租金（美元/英亩）	(5) 劳动工资（美元/工人）	(6) 总成本（美元）
0	10	0	5.5	5	55
1	10	6	5.5	5	85
2	10	11	5.5	5	110
3	10	15	5.5	5	130
4	10	21	5.5	5	160
5	10	31	5.5	5	210
6	10	45	5.5	5	280

农民史密斯租用了10英亩小麦地，租用可变的劳动。根据农业生产函数，劳动和土地的有效使用产生了如该表第（1）栏到第（3）栏所示的投入和产出。在投入价格为每英亩5.5美元和每个劳工5美元时，我们得到第（6）栏所示的史密斯的生产成本。所有其他成本概念（如表7-3中所示）也都能够从总成本数据中推算出来。

注意，这些总成本数据与表7-1到表7-3中所示的数据具有相同的性质，因此，表中所示的其他成本概念（即 MC、FC、VC、AC、AFC 和 AVC）也适用于农民史密斯的生产成本的例子。

经济学家通常画出U形的成本曲线。对于一个U形的成本曲线，成本在最初的阶段是下降的，到达一个最低点，然后再开始上升。我们一起来探究原因。回想第6章中的生产分析使用了两种不同的时期：短期和长期。同样的概念也适用于成本。

- 短期是一个可以调整可变投入，如原料和劳动，但不能调整全部投入的时期。在短期内，固定的和经常性的要素，如厂房和设备等,不能完全得到调整。因此,在短期,劳动成本和原料成本是可变成本,而资本成本是固定成本。
- 长期是所有投入都能得到调整的时期,包括劳动、原料和资本。因此,在长期,所有成本都是可变成本,而没有固定成本。

注意,说某一项成本是固定的还是可变的,取决于我们所考察的时间跨度。例如,在短期,航空公司所拥有的一定数量的飞机就是一种固定成本。但在长期,很显然航空公司可以通过买卖飞机等办法来控制其机群的规模。实际上,一个活跃的二手飞机市场的存在已经使得处理不需要的飞机变得相对简单。通常,在短期,我们会认为资本是固定成本,而认为劳动是可变成本。但事实并不一定如此(考虑你所在大学中那些长期聘用的教师)。当然,一般说来,劳动投入还是比资本投入更容易改变。

为什么成本曲线是 U 形的?从短期看,资本是固定的,而劳动是可变的。在这种情况下,可变要素(劳动)的边际收益是递减的,因为每新增 1 单位的劳动所对应的资本是下降的。因此,产出的边际成本会上升,因为每新增 1 单位的劳动所能带来的产出增量在降低,即可变要素的边际收益递减意味着短期边际成本的递增。这就说明了为什么边际收益递减导致边际成本在某一点之后上升。

图 7-3 可以说明这一点,图中的数据来自表 7-5。该图表明,边际产量的递增区域对应于边际成本的递减区域,而边际收益的递减区域意味着边际成本递增区域。

我们可以将生产率规律与成本曲线之间的关系总结如下:

在短期,当像资本那样的要素固定不变时,可变要素一

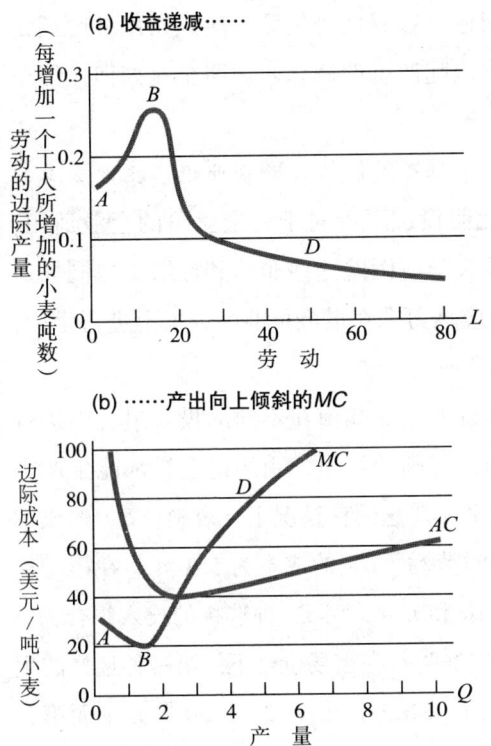

图 7-3 边际收益递减与 U 形成本曲线

U 形成本曲线是基于短期内边际收益递减得出的。在土地固定和劳动可变的情况下，(a) 图中，劳动的边际产量在开始时上升到 B 点左右，在 B 点达到最高值；此后，由于劳动的边际收益递减发挥作用，下降到 D 点。

(b) 图的成本曲线根据产量曲线和要素价格推导而来。可变要素的边际产量先递增后递减，产生了 U 形边际成本曲线和平均成本曲线。

般表现为开始阶段的边际产量递增和随后出现的边际产量递减。与之相应的是，成本曲线表现为开始阶段的边际成本递减和在边际收益递减发生之后出现的边际成本递增。

企业的投入选择

每个企业都必须决定如何生产其产出。应该用石油还是用煤来发电？汽车应该在美国还是在墨西哥组装？应该聘用教师还是研究生授课？我们不妨用边际产量的概念来说明企业如何按照最小成本法则选择其投入组合。

分析中我们将基于一个基本的假设，即企业追求生产成本的最小化。这一成本最小化假设，不仅对于完全竞争的企业适用，而且对于垄断者，甚至像大学或医院这些非营利性组织也同样适用。这一假设表明，企业应该力求在最低可能的成本上进行生产，从而使利润或其他目标达到最大。

一个简单的例子可以说明企业如何在不同的投入组合中进行选择。譬如说，某企业的工程师计算出，用两组选择都能生产出所需要的 9 单位的产出水平。在这两种情况下，燃料（E）的成本为每单位 2 美元，而每小时劳动（L）的成本为 5 美元。在第一种选择下，投入组合为 $E = 10$ 和 $L = 2$。第二种选择的投入组合为 $E = 4$ 和 $L = 5$。哪一种选择更好呢？在市场价格下，第一种选择的生产总成本为：（2 美元 × 10）+（5 美元 × 2）= 30 美元；而第二种选择的总成本为：（2 美元 × 4）+（5 美元 × 5）= 33 美元。因此，第一种选择是较好的最小成本的投入组合。

更普遍的情况是，存在着许多种可能的投入组合，而不仅仅是两组。但是，我们没有必要去计算每种投入组合的成本以找到最小的成本组合。有一个求最小成本组合的方法：首先像第 6 章那样，计算每一种投入的边际产量。然后用边际产量除以每种要素的价格，得到每 1 美元投入的边际产量。当每 1 美元投入的边际产量对于各种投入都相等时，就得到了最低成本的投入组合。也就是，每 1 美元的劳动、土地、石油等对于产量的边际贡献都必须正好相等。

根据这一推论,当每 1 美元投入的边际产量对于每一种生产要素都相等时,企业的生产总成本就达到了最低水平。这一结论称为最小成本法则。

最小成本法则:为了以最小成本生产出一定数量的产出,企业应该购买各种投入,直到花费在每一投入上的每 1 美元的边际产量都相等时为止。这就有:

$$\frac{L\text{的边际产量}}{L\text{的价格}} = \frac{A\text{的边际产量}}{A\text{的价格}} = \cdots\cdots$$

正如我们在第 5 章中看到的,企业的这一法则完全类似于追求效用最大化的消费者所遵循的原则。在分析消费者选择中,我们看到为了使效用最大化,消费者购买物品时要使花费在每一消费品上的每一美元的边际效用相对于各种物品都相等。

用以下方式可以理解最小成本法则:将每一要素细分成价值 1 美元的单位(在我们早先的燃料与劳动的例子中,1 美元的劳动就是 $1/5$ 小时,而 1 美元的燃料为 $1/2$ 单位)。因此,最小成本法则说明,每 1 美元的单位投入的边际产量相等。如果每 1 美元投入的边际产量不相等,你就可以减少单位美元的边际产量比较低的那种投入,并增加单位美元边际产量高的那种投入,从而在更低的成本下得到同样的产量。

最小成本法则的一个推论就是替代法则。

替代法则:如果一种要素的价格下降,而所有其他要素的价格保持不变,则企业用现在更便宜的要素替代所有其他要素,直到所有投入的单位美元的边际产量都相等,这便是有利可图的。

让我们以劳动(L)为例。劳动价格的下降会提高MP_L/P_L的比率,从而使MP_L/P_L高于所有其他投入的MP/P。根据边际收益递减规律,增加的劳动雇用量降低了MP_L,从而降低了MP_L/P_L。劳动的较低价格和较低的MP_L,使得每美元劳动的边际产量重新与其他要素的比率相等。

经济成本和企业会计

大到通用汽车公司,小至街头的熟食店,企业无不或多或少地使用精细的办法来记录它们的成本。企业会计中许多成本的分类与前面我们所学的经济学中的经济成本概念类似。但是,企业衡量成本的方法和经济学家衡量成本的方法往往有一些重大的不同。本部分我们将简单地介绍企业会计并指出其与经济学成本的异同。

收益表或损益表

让我们从一个小企业开始,该企业名为热狗餐馆。正如其名字听上去那样,该小店出售法兰克福香肠。其业务包括购买原料(热狗、最好的面包圈、昂贵的芥末和浓咖啡豆)和雇用劳工来制作和销售食品。另外，企业借款10万美元购买烹饪设备和其他餐馆用具，还要支付店铺的租金。热狗餐馆的创始人还有个远大抱负，他们组成公司并且发行普通股（参见第6章中的企业组织形式）。

要判定热狗餐馆是否盈利，我们必须借助于**收益表**，或用许多公司所喜欢的称呼——损益表，如表7-6所示。该表说明了下列几点：（1）热狗餐馆从2009年销售中所获得的收益；（2）为得到这些收入而花费的开支；（3）净收益，即扣除开支后剩下来的利润。这也就给出了收益表的基本恒等式：

$$净收益（或利润）= 总收入 - 总支出$$

这一定义给出了该厂商所要最大化的那个东西——众所周知的公司利润（报表底线一栏）。在许多方面，企业利润与经济学家定义的经济利润很接近。让我们仔细研究一下损益表，从顶部开始，第1行给出了收入值为25万美元。第2行至第9行为生产过程中各种投入的成本。例如，人工成本是每年雇佣劳工的开支，租金是每年的房租。销售和管理成本包括产品的广告费和办公费、杂费（包括电费）。

前3类成本（材料、人工成本和杂项成本）基本上对应于企业的可变成本，或者称销售成本。接下来3个分类，第6行到第8行，对应于企业的固定成本，因为它们在短期内不可能变化。

第8行出现了一个新术语——折旧，折旧与资本品的成本相关。企业可以租借或者拥有它们自己的资本品。以热狗餐馆租借的房屋为例，我们扣除了第7行的租金。

若是企业拥有自己的资本品，这种情况比较复杂。以烹饪设

表 7-6　损益表反映了一段时期的总销售收入和支出

热狗餐馆的损益表
（2009 年 1 月 1 日 ~2009 年 12 月 31 日）

(1)	净销售收入（扣除一切折扣和折让）		$250 000
	减销售成本：		
(2)	材料	$ 50 000	
(3)	人工成本	90 000	
(4)	杂项成本（工具等）	10 000	
(5)	减间接费用：		
(6)	销售和管理费用	15 000	
(7)	房屋租金	5 000	
(8)	折旧	15 000	
(9)	营业成本	$185 000	185 000
(10)	净营业收益		$ 65 000
	减		
(11)	设备借款的利息费用		6 000
(12)	州税和地方税		4 000
(13)	税前净收益（或利润）		$ 55 000
(14)	减：公司所得税		18 000
(15)	**税后净收益（或利润）**		**$ 37 000**
(16)	减：支付普通股的红利		15 000
(17)	留存收益		$ 22 000

备为例，它们的使用期大约为 10 年，到时它们便没有用或不值钱了。实际上，烹饪设备的一些部分在每年的使用过程中被消耗了。我们称那些被消耗掉的部分为"折旧"，并且计算出数值作为那一年资本投入的成本。**折旧**衡量的是企业实际拥有的资本投入分摊在每年的成本。

同样的推理适用于企业拥有的任何资本品：卡车用旧了，电脑过时了，房屋最终倒塌了，等等。以上每一种情况，企业都必须进行折旧。折旧公式有许多种，但每一种都会遵循以下两大原则：(a)资产生存期的折旧总额必然等于资本品的历史成本或购买价格；(b)折旧在资产的生存期内被记入每年的会计费用之中，它通常与该资产的实际经济寿命相联系。

现在，我们来了解一下热狗餐馆是如何提取折旧费的。设备按10年寿命期分摊折旧，因此，15万美元的设备每年应提取1.5万美元的折旧费（采用的是最简单的直线折旧法）。如果热狗餐馆拥有自己的房屋，它还要对房屋提取折旧。

加总所有的成本得到营业成本（第9行）。净营业收益为净收入减去营业成本（第1行减第9行）。我们是否已经计算了所有的生产成本？还没有。第11行包括10万美元借款每年的利息费用，应被认为是借入资金的成本。虽然它属于固定成本，但我们要把它与其他固定成本分开。州税和地方税，例如财产税，也被认为是一种开销。减去第11行和第12行得到所得税前利润5.5万美元。这些利润是如何分配的呢？大约1.8万美元以公司所得税形式流入联邦政府，留下3.7万美元的税后利润。普通股支付1.5万美元的红利，剩下2.2万美元作为企业的留存收益。请再一次注意，利润是销售收入减去成本后的剩余。

资产负债表

企业会计活动不仅能够反映作为经济动力的盈利和亏损等情

况，而且还提供**资产负债表**，它是企业在某一日期的财务状况表。这个表记录的是企业、个人或国家在某一时点上的价值。资产负债表的一方是**资产**（企业所拥有的有价值的财产或权益）。在资产负债表的另一边有两项，即**负债**（企业欠外界的资金或债务）和**净值**（或净价值，等于总资产减去总负债）。

资产负债表与损益表的一个重要不同在于存量和流量。**存量**代表变量的水平，例如湖中的水量，或者，在此例中为一个企业的以美元计算的价值。**流量**代表每一单位时间的变化，例如河中的水流或进出企业的收入和成本。损益表统计的是一个企业的流入和流出，而资产负债表度量的是在会计年度末的资产和负债的存量。

资产负债表的基本恒等式或平衡关系是总资产等于总负债加上企业所有者所拥有的净值：

$$总资产 = 总负债 + 净值$$

移项后可以更简明地发现：

$$净值 = 资产 - 负债$$

让我们通过分析表 7-7 来说明这个恒等式。该表显示的是热狗餐馆的简单资产负债表。左边是资产，右边是负债和净值。净值项目中故意留有空白，因为与基本资产负债表恒等式相一致的唯一正确的数值为 20 万美元。资产负债表应当总是两边平衡的，因为净值定义为资产减去负债的剩余。假定资产负债表中某一项改变了（比如资产增加），接着必然会有相应的变化以保持平衡（资

表 7-7　资产负债表记录了企业在某一时点上的资产、负债和净值的存量

热狗餐馆的资产负债表
（2009 年 12 月 31 日）

资　产		负债和净值	
		负　债	
流动资产：		流动负债：	
现　金	$ 20 000	应付账款	$ 20 000
存　货	80 000	应付票据	20 000
固定资产：		长期负债：	
设　备	150 000	应付债券	100 000
房　屋	100 000		
		净　值	
		股东权益：	
		普通股	10 000
		留存收益	....
总　计	$350 000	总　计	**$350 000**

产减少，负债增加或者净值减少）。

为了说明净值为什么总是平衡的，假设价值 4 万美元的热狗变质了。你的会计人员会向你报告："总资产减少了 4 万美元；负债保持不变。这就意味着，总净值也减少了 4 万美元。我们别无选择，只能将净值从过去的 21 万美元改写成 17 万美元。"会计记账就是如此。

现在我们将会计概念小结如下：

1. 损益表说明了销售额、成本和收益在一年或一个会计时期的变动情况。它衡量的是一个企业在特定时期内的美元的流入

和流出。

2. 资产负债表说明的是在某一时点的财务状况或财务快照，就像是对湖中储水量的衡量。主要的项目有资产、负债和净值。

在讨论表 7-7 中的资产负债表时，你或许会问，不同项目的数值是如何衡量的呢？会计人员如何知道设备的价值为 15 万美元呢？

其答案在于会计人员采用的是一套公认的原则或会计准则来解答大多数问题。资产负债表中所使用的最重要的假设是几乎所有的项目都反映其历史成本。正如我们在下一部分中将要看到的，这与经济学家的"价值"概念不同。例如，热狗面包圈的存货是按其购买价格计价的；新购买的固定资产（一套设备或一幢房屋）也按其购买价格记录（这就是历史成本准则）。比较久的资产的定价为购买价格减去累计折旧，由此解释了资本品可用性逐渐降低的原因。会计人员之所以使用历史成本，是因为它反映的是客观的评价，并且容易证实。

在表 7-7 中，流动资产指在一年内可转化为现金的资产，而固定资产代表资本品和土地。表中列举的大多数项目都可以说是不言自明的。现金包括硬币、钞票和银行存款形式的货币。现金是唯一价值准确而不用评估的资产。

在负债一方，应付账款和应付票据是指由于购买物品或借入资金而欠别人的款项。应付债券是在市场上发行的长期贷款。资产负债表的最后一个项目是净值，或股东权益。它有两个组成部分。第一个组成部分是普通股，它代表股东最初入股公司的部分。第二个组成部分是留存收益。这是从总利润中减去分配给股东的利得（如股息）之后的剩余，将来可以投入企业的再生产。回顾前文，热狗餐馆 2009 年的留存收益为 22 000 美元。至于净值，则是按历史成本评估后的企业资产减去负债之后的剩余。在这个例子中，净值势必等于 21 万美元。

了解了会计准则之后，我们可以看到，它可以广泛地应用于案例分析。20 世纪 90 年代末，在加快收入增长的竞争压力下，许多公司进行了财务造假以求得突出的业绩或掩饰企业的亏损。臭名昭著的造假案例很多：（安然公司和环球电讯公司）把资本资产伪造成公司的当期收入；（安然公司和 Qwest 公司）把资金流入记为当期收入的同时又对资金流出进行了资本化；Waste 管理公司长期增加其公司机动车辆的残值；Waste 管理公司夸大其垃圾填埋区未利用空间的价值；还有，亚马逊、雅虎、Qualcomm 公司等一大批或存或亡的网络公司对财务报表数据采取了报喜不报忧的手段。

为了了解会计欺诈是如何运作的，让我们来看看安然的例子。安然起步时是一个（名副其实的）盈利企业，它拥有最大的跨州的天然气运输管道网络。为维持高速增长，安然插足天然气期货交易，并将该商业模式广泛运用于其他市场。

然而在这个过程中，安然的利润开始下降。安然向其投资者隐瞒了利润下降的事实。你也许会问，像安然这样一个如此庞大的公众持有的公司，怎么可能竟然在基本事实层面上能愚弄所有世人且直到 2001 年才东窗事发？

安然成功地掩盖其经营问题所依靠的是下列四个因素。首先，当问题产生时，安然充分利用了如上介绍的会计准则的模糊性。一个例子是跟 Blockbuster Video 公司的号称"勇敢的心灵工程"的交易。这个交易产生了一笔现值为 1.11 亿美元、为期 20 年的收入。尽管所取得的收入的前提条件相当可疑，但安然却把这些预期收入都记成了当期的收入。

其次，该公司选择并不报告诸多财务交易的明细。比如，它向股东隐瞒了数以百计的合伙人关系。第三，董事会和外部审计员的消极怠工或敷衍塞责，没有质问甚至有时根本没有检查安然会计账户的明细。最后，尽管安然最多时吸收了投资者 700 亿美元的基金，但那些机构投资者，如大型的共同基金，对安然的数据没有进行深入的独立的分析。

安然案例警示人们：一旦企业内部有人蓄意展开其野心勃勃的财务欺诈计划，金融市场、会计事务所和投资公司经理有可能遭到愚弄从而投入数十亿美元。2007~2008 年价值万亿美元的不良抵押担保证券获得了债券评级机构的良好信用评级，而这些评级机构和投资者却并不了解这些证券背后的收入状况，这引发了一场更大的事件。此类会计和财务欺诈的历史警示人们：健全的会计审计制度，还有政府机构和非政府机构的警惕和审慎，是何等的重要！

机 会 成 本

本节我们从另一个角度来考察成本。要切记的一个重要经济

第七章 成本分析

学原则是：资源是稀缺的。这就意味着每次我们采用一种方法使用资源时，就放弃了用其他方法利用该资源的机会。这在我们的日常生活中很常见，我们必须决定如何使用有限的时间和收入。我们应当去看电影还是为了下周的考试做准备？应当去墨西哥旅行还是购买一辆汽车？应当读研究生还是参加职业培训，或是大学毕业后直接参加工作？

这里的每一个例子中，做出决定实际上都使我们失去了做其他事的机会。失去的选择被称为机会成本，这一点我们在第1章已有所接触，现在我们进一步深入讨论。去看电影而不是学习的直接美元成本是电影票的价格，但是机会成本却包括在考试中取得更好成绩的可能性。做出一项决定的机会成本涉及它所有可能的后果，无论它们是否体现为货币的交易。

> 决策具有机会成本，因为在一个稀缺的世界中选择一样东西意味着需要放弃其他一些东西。**机会成本**指的是错过的最有价值的物品或劳务的价值。

机会成本的一个重要例子是上大学。如果你在2008年进入公立大学，学费、书本费和旅行费合计约为7 000美元。这7 000美元是否就是你入学的机会成本？当然还不是。你还必须考虑花费在学习和上课上的时间的机会成本。2008年一个高中毕业生的全日制工作年平均工资为26 000美元。如果我们加上实际的花销和放弃的收入，我们发现大学的机会成本为每年33000美元（等于7 000美元 + 26 000美元），而不是每年7000美元。

企业决策也有机会成本。是否所有的机会成本都表现在损益表上呢？不一定。通常，企业账户仅包含有实际货币流入流出的交易。相反，经济学家常常试图"揭开货币的面纱"，分析隐藏在货币交易后面的实际结果和衡量一项活动的真实资源耗费。经济学家因此包含了所有成本，无论它是否表现为货币交易。

有几个重要的机会成本往往并不出现在损益表中。例如，在许多小企业中，家庭可能投入了许多无报酬的时间，但并没有被包含在成本之中。企业账户也不会涉及所有者自有资金的资本费用。而当企业把有毒废弃物倒入河流中的时候，它们也没有承担由此引起的环境污染的费用。但是，从经济学的观点来看，这些对于经济都是真实的成本。

让我们以热狗餐馆的所有者为例来说明机会成本的概念。该公司所有者每周投入60小时，而并不领取"工资"。在年末，如表7-6所示，公司获得了3.7万美元的利润。这对于一个新开张的企业来说是相当好的。

果真是这样吗？经济学家坚持认为，无论生产要素为谁所有，我们应当考虑生产要素的价值。即使所有者没有直接领取报酬，而是以利润的形式得到补偿，我们也应该把所有者的劳动作为成本来计算。因为所有者有其他的工作机会，因此，我们必须把失去的机会作为所有者劳动的成本来计算。

通过细致的考察，我们看到，热狗餐馆的所有者能够找到一份相似的、同样有趣的工作，他为别人工作，并获得6万美元。这就代表了机会成本或所放弃的收益，因为该所有者决定去当没有工资的小企业的老板，而不是为其他公司工作而领取工资。

因此，经济学家认为应当继续进行分析，不妨让我们计算一下热狗餐馆的实际利润。如果我们得到了 3.7 万美元账面利润,并减去所有者劳动的机会成本 6 万美元,那么,我们就会发现净亏损 2.3 万美元。因此,尽管账面数字认为热狗餐馆在经济上是可行的,但是,经济学家则会判定,该企业实际上是亏损的。

伊拉克战争的代价

一个令美国人烦恼的问题是伊拉克战争的开销。尽管涉及的是国家的机会成本而不是公司的机会成本,但分析原则上还是一样的。起初布什政府当局估计战争会很快结束,花费大概在 500 亿美元左右。而事实上,战争要比所计划的更加漫长、代价也更加昂贵。根据 2008 年美国国会的报告,花费在伊拉格和阿富汗战争上的开销累计约 7 500 亿美元。

不过经济学家林达·比尔姆斯和约瑟夫·斯蒂格利茨还是认为:报告中如此庞大的数据仍然是被低估了的,因为还未考虑到整场战争的机会成本。很明显被低估了的一项是,军人的开支并不能如实体现财政上的总开销,因为他们的医疗保健和其他社会福利方面的开支都被低估了。他们这样写道:

> 在伊拉格或阿富汗战场上死亡了的年轻的士兵,他或她的家庭应能收到政府 50 万美元(连同人寿保险,以"死亡抚恤金"的名义赔付)。这比保险公司给年轻人的车祸死亡赔偿要少得多。50 万美元的"预算开支"显然只是社会为丧失一个生命所偿付的一部分,且永远都无法充分补偿其家人。此外,伤残赔偿也很难为残废军人及其家属提供足够的补偿。事实

上，每5个严重残废的军人中，就有1个需要其家属放弃工作以照顾他的生活。

比尔姆斯和斯蒂格利茨还估算了油价变动的成本。因为战争，石油从2003年每桶25美元上涨到2008年最高点的155美元。

累计加总到2008年的所有机会成本之后，他们的结论是：伊拉克战争中美国人的花费是3万亿美元！分摊在每个美国家庭上大约为3万美元！姑且不论这些备受关注的数字争议，它倒是及时地提醒了我们：会计数字和实际的经济机会成本相去甚远。

机会成本和市场

迄今为止，你或许会说："现在，我完全被弄糊涂了。先前我已经了解到价格是物品在市场上实际社会成本的很好的衡量指标。而现在，你又告诉我，机会成本才是正确的概念。这里是否存在着前后矛盾呢？"

实际上，这里有一个简单的解释：在运转良好的市场上，当所有成本都包括进来时，价格等于机会成本。假设一种商品（如小麦）在竞争市场进行买卖。如果我把自己的小麦拿到市场上，我会得到来自购买者的一系列出价：每蒲式耳2.502美元、2.498美元、2.501美元，等等。这些价格代表了我的小麦对于3家面粉厂的价值。我选择最高的价格2.502美元。这种销售的机会成本是可得到的最佳的替代选择的价值，也就是次高出价2.501美元，它与我所接受的价格几乎相同。随着市场越来越接近于完全竞争，各种出价也会越来越接近，直至达到次高出价（即我们的机会成本的定义）正好等于最高出价（即价格）。在竞争市场上，众多的购买者为了得到资源而相互竞争，从而使出价达到最佳的选择点上，因此，这一出价也就等于机会成本。

市场之外的机会成本　在分析发生于市场之外的交易时，机会成本的概念显得尤其重要。你如何衡量一条公路或一个公园的价值？如何衡量保健或安全管制的价值？甚至学生的时间分配也可以运用机会成本来解释。

- 机会成本的概念可以解释，为什么学生在考试后，每周看电视的时间要比考前多。在考试前，看电视具有很高的机会成本，因为时间的另一种用途（学习）在提高考试成绩和获得好工作方面具有很高的价值。而在考试后，时间只具有较低的机会成本。
- 假定联邦政府想在加利福尼亚海岸开采石油。暴风雨般的抱怨随之而来。该方案的辩护者宣称："我们需要石油来保护我们，以免产油国扣留人质威胁我们的石油安全。我们美国到处都有丰富的海水。这个项目对美国经济是合适的。"然而在实际上，其机会成本却可能非常高。如果石油开采导致了石油泄漏，从而损害了海滩，娱乐活动等会遭到破坏，那么，这种石油开采的机会成本很可能是难以估量的。因为，每一份海边娱乐的价值都同海底石油的价值同样真实和珍贵。

没有走过的路 可见，机会成本是衡量我们做出一项决策时所放弃的那些东西，分析一下罗伯特·弗罗斯特在写下这段话时的想法：

> 两条路在林中分开，而我——
> 选择了较少的人所走的那一条，
> 此后一切差别正是由此而来。

弗罗斯特头脑中的另一条道路是什么呢？一种城市生活？一种使他不可能写道路、围墙和白桦树的职业？想象一下，如果罗伯特·弗罗斯特选择很多人走过的路，那么，对我们所有的人会有多么巨大的机会成本。

但是，还是让我们从诗人的境界回到现实的成本概念上来。这里应该抓住的中心问题是：

> 除了外在的货币支出之外，经济成本还包括那些由于各种资源可以利用在其他方面而导致的机会成本。

第八章 完全竞争市场分析

生产成本若不影响供给，则不会影响竞争价格。

——约翰·斯图亚特·穆勒

此前有关章节中我们讨论了市场机制所创造的奇迹：在没有中央控制或指导的条件下，市场机制为我们提供了生活必需品（如面包），以及各种高质量的产品和服务。不过，市场机制具体又是怎样运作的呢？

任何市场都有供给和需求两个方面。在系统地考察了每一个方面之后，我们现在将这两个部分合在一起，以考察市场的整体行为。作为单个产业组织分析的开篇，本章分析完全竞争市场（中）的行为；这是一个理想化的市场，所有单个的企业和消费者的影响都太小，以至于无法影响到市场的价格。我们将首先考察竞争性企业在供给方面的决策，然后分析竞争市场的若干特殊情况。本章的结论表明，完全竞争市场是有效率的。在掌握了完全竞争的核心理论之后，我们将在后面的章节中继续分析垄断和不完全竞争的其他形式。

竞争企业的供给行为

竞争企业的行为

首先,我们来分析一家完全竞争的企业。假设你拥有这样一家企业,你会生产多少产品?如果小麦的售价为每蒲式耳6美元,那么农民史密斯应该生产多少小麦?

在分析完全竞争企业的供给行为时,有两点需要注意。首先,我们将假设完全竞争企业所追求的是利润最大化。其次,我们观察到,完全竞争的世界是由原子式的企业所构成的,且它们都是价格接受者。

利润就像是公司的净盈利或实得收益。它们代表一个企业能够用于股东分红、投资于新工厂和设备,或者用于金融投资的资金数量。所有这些活动都提高了企业对于其所有者的价值。

企业之所以要实现利润最大化,是因为这样才能使企业带给其所有人的经济利益最大化。允许一个低于最大化的利润水平,就好比是降低企业所有者的薪酬,几乎没有任何一个企业的所有人会自愿接受。

利润最大化要求企业进行卓有成效的内部管理(防止浪费、鼓舞员工士气、选择有效的生产工艺等),并且做出明智的市场决策(以最低成本购买数量适当的投入品,并选择最优的产量水平)。

由于利润涉及成本和收入两个方面,因此企业应很好地掌握其成本结构问题。回顾上一章的表7-3,看看你对总成本、平均成本、边际成本这几个重要的概念是否已经清楚。

完全竞争的世界是一个价格接受者的世界。完全竞争企业出售无差异的产品（与行业中其他企业出售的产品相同）。这种企业相对于市场来说是如此之小，以至于它不能影响市场价格，而只是将市场价格作为既定价格加以接受。当农民史密斯出售小麦这种无差异的产品时，他面对的是众多的购买者，愿意支付每蒲式耳6美元的市场价格。正如大多数消费者必须接受由网络服务供应商或影剧院所收取的价格一样，竞争企业也必须接受它们所生产的小麦或石油的市场价格。

为讨论作为价格接受者的完全竞争企业的行为，我们首先来看一看其需求曲线的形状。图 8-1 对照的是整个行业的需求曲线（DD 曲线）与单个竞争企业所面临的需求曲线（dd 曲线）。由于

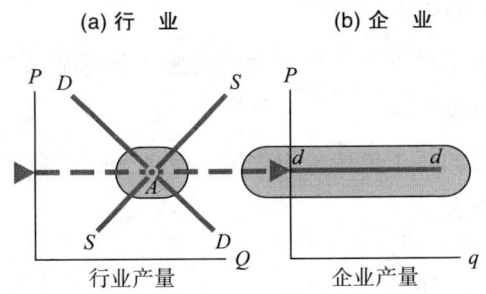

图 8-1　对一个完全竞争企业而言，需求曲线是完全有弹性的

在市场均衡点 A 处，左图中的行业需求曲线具有缺乏弹性的需求。然而，右图中完全竞争企业的需求曲线是水平的（即完全有弹性），这是由于单个完全竞争者所占有的市场份额是如此之小，以至于它可以按市场价格售出它想卖的所有产品。

一个竞争行业是由许多相对于市场而言很小的企业组成的,因此,一个企业的需求曲线只是整个行业的需求曲线的一个微小部分。从图形上看,竞争企业的需求曲线所占的份额是如此之小,以至于从一个完全竞争者的眼光来看,该企业的需求曲线 dd 看上去是完全水平的或弹性是无穷大的。图 8-1 说明了为何单个竞争者的需求弹性要比整个市场的需求弹性大得多。

由于竞争企业不能影响价格,所以每单位销售为它带来的额外收入都等于产品的价格。比如,当市场价格为每单位 40 美元时,竞争企业可以以 40 美元的价格出售它想要出售的数量。如果它决定出售 101 单位,而不是 100 单位,那么它的收入将会整整增加 40 美元。

请将以下几点牢牢记住:

1. 在**完全竞争**条件下,有许多规模较小的企业,每一个企业都生产相同的产品,并且,每一个企业的规模都太小,不可能影响市场的价格。
2. 完全竞争条件下的生产者面临的是一条完全水平的需求曲线(即 dd 曲线)。
3. 从所追加的每 1 单位的出售中,企业获得的额外收入正好等于市场价格。

假设你在经营鲍勃油厂,并且你必须做出利润最大化的产出决策。考察表 8-1 中的数据,它所包含的成本数据与前一章表 7-3 和表 7-4 相同。该表进一步假定,石油的市场价格为每单位 40 美元。

第八章 完全竞争市场分析

你可能猜测，鲍勃油厂的销售量为 3 000 单位。这一销售量产生的总收入为 40 美元 × 3 000 = 12 万美元，总成本为 13 万美元，亏损 1 万美元。通过经济学的学习，你已经懂得如何进行边际或曰增量分析。考虑多出售一单位所带来的影响。如果出售更多的石油，那么从每单位中获得的收入为 40 美元，而边际成本仅为 21 美元。由于所增加的单位投入产生了高于成本的收入，所以你可以将产量提高到 4 000 单位。在这个产量水平上，企业的总收入为 40 美元 × 4 000 = 16 万美元，总成本为 16 万美元，净利润为零。

如果你将产量提高到 5 000 单位，那么情况又将会怎样呢？在这一产量水平上，企业获得的总收益为 40 美元 × 5 000 = 20 万美元，成本为 21 万美元，这时你会亏损 1 万美元。这是怎么一回事呢？翻开账本看看，你会发现在 5 000 单位的产量水平上，边际成本为 60 美元，高于 40 美元的市场价格，因此，你每多生产 1 单位就亏损 20 美元（等于价格减边际成本）。

现在，你可以看出眉目了：最大利润的产量发生在边际成本等于价格的产量水平上。

这一命题背后的道理在于：只要最后 1 单位的价格高于其边际成本，竞争企业就往往能够获得额外的利润。而当出售额外的产量再也不能获得任何额外的利润时，总利润就达到了其最高点——最大化。在最大利润点，生产最后 1 单位产品所带来的收入额正好等于该单位的成本。额外的收入是什么呢？是每单位的价格。额外的成本是什么呢？是边际成本。

让我们通过考察表 8-1 来检验这一原则。从 4 000 单位的利润最大化产量开始，如果鲍勃多出售 1 单位的产量，那么，该单位

表 8-1 利润在边际成本等于价格的产量水平上达到最大

竞争企业的供给决策

(1) 产量 q	(2) 总成本 TC (美元)	(3) 每单位的边际成本 MC (美元)	(4) 平均成本 AC (美元)	(5) 价格 P (美元)	(6) 总收入 $TR = q \times P$ (美元)	(7) 利润 $\pi = TR - TC$ (美元)
0	55 000					
1 000	85 000	27	85	40	40 000	-45 000
2 000	110 000	22	55	40	80 000	-30 000
3 000	130 000	21	43.33	40	120 000	-10 000
3 999	159 960.1	38.98 / 39.99	40.000+	40	159 960	-0.01
4 000	**160 000**	**40** / 40.01	**40**	**40**	**160 000**	**0**
4 001	160 040.01	40.02	40.000+	40	160 040	-0.01
5 000	210 000	60	42	40	200 000	-10 000

前4列使用的数据，与前一章表7-3和表7-4相同。第(5)列数据表明，作为价格接受者的完全竞争厂商，其面对的市场价格是40美元。该表中，总收入为价格和产量的乘积，而利润等于总收入与总成本之差。

该表表明，价格与边际成本相等时的产量，是利润最大化的产量。如果将产量提高到4 000单位以上，那么由每单位新增产量所获得的40美元新增收入，将低于边际成本，因而利润会降低。而在产量低于4 000单位的条件下，若此时提高产量，则情况又将如何呢？

产量所带来的价格为40美元,而该单位产量的边际成本为40.01美元。因此,企业在第4 001单位上要遭受损失。同样,如果企业少生产1单位的产品,则它又会损失0.01美元。这就说明企业的最大利润的产量就发生在$q=4\,000$上,此时,价格等于边际成本。

在完全竞争条件下企业的供给原则为:当企业将其产量确定在使边际成本等于价格的水平上时,就实现了利润的最大化:

$$边际成本 = 价格 \quad 即 \quad MC = P$$

图8-2说明了一个企业的供给决策。当产品的市场价格为40美元时,企业查阅表8-1中的成本数据,发现与40美元的边际成本相对应的产量为4 000单位。因此,在40美元的市场价格水平下,企业将希望生产并出售4 000单位。这一产量等于图8-2中40美元的价格线与MC曲线的交点B所代表的产量。

我们选用这个例子是为了说明在利润最大化的产量上,企业得到零利润,总收入正好等于总成本。B点就是**零利润点**,它表示在这一价格水平上企业得到的是零利润;在零利润点上,价格刚好等于平均成本,因此收入正好弥补成本。

如果企业选择了错误的产量,则情况又会怎样呢?假设企业在市场价格为40美元时选择图8-2中A的产量水平。因为最后1单位的边际成本超过了价格,所以,这样做会造成亏损。我们可以计算出它的利润损失,如图8-2中的阴影三角形所示。这个三角形描绘出了在B和A之间的产量水平上价格高于MC的剩余额。

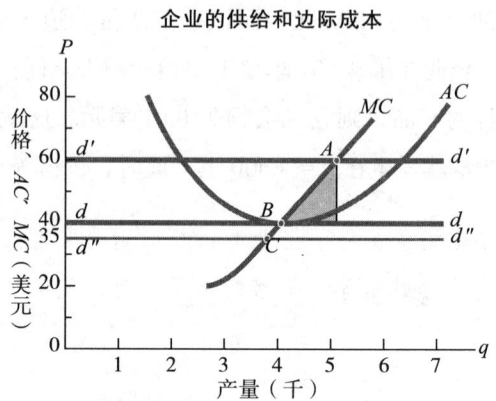

图 8-2 企业的供给曲线是它的边际成本曲线的上升部分

对于一个利润最大化的竞争企业来说,边际成本(MC)曲线向上倾斜的部分就是该企业的供给曲线。在市场价格为 $d'd'$ 时,企业会在 $d'd'$ 与 MC 的交点 A 上供给产量。请解释:为什么相交点 B 和 C 分别代表价格为 d 和 d'' 的均衡点。阴影部分代表当价格为 40 美元时在 A 点生产的损失。

这样,一般的原则是:

一个利润最大化的企业将其产量确定在能使边际成本等于价格的水平上。用图形来说,这就意味着企业的边际成本曲线也是它的供给曲线。

总成本与停业条件

企业供给的一般原则产生了一种可能性:价格是如此之低,以至于企业想要停止营业。在价格等于边际成本的均衡点上,鲍勃油厂难道就不可能因为损失一大笔钱而决定停业吗?一般说来,在短期内，当企业再也不能弥补它的可变成本时，它就会想到停止营业。

例如，假设企业面临着 35 美元的市场价格，如图 8-2 中水平的 $d''d''$ 线所示。在这一价格水平下，企业的 MC 在 C 点等于价格。在这一点，价格实际上要小于平均生产成本。企业遭受了损失，它还会继续生产吗？

令人奇怪的是，正确的答案是：会。企业应该使其亏损最小化，也就是使利润最大化。由于企业的固定成本为 5.5 万美元，在 C 点进行生产仅亏损了 2 万美元，而停业就会损失 5.5 万美元。所以企业会继续生产。

为了理解这一点，请记住，即使在企业没有生产任何产品时，它仍须履行契约。在短期内，企业必须支付固定成本，如银行利息、厂房租金和董事们的薪金。企业成本的剩余部分是可变成本，如原料、生产工人和燃料的成本等，在未进行生产时，这部分成本为零。当价格与 MC 一样高时，只要收入足以弥补可变成本，继续生产就会比较合算。

在这个市场价格水平，企业的收入正好等于它的可变成本（或者说，损失正好等于固定成本），这个关键的低市场价格称为**停业点**。对高于停业点的价格，企业将沿着它的边际成本曲线进行生产，这是因为，尽管企业可能在生产中遭受损失，但它若停止营业遭受的损失更大。而对低于停业点的价格，企业将会完全停止生产，因为停止营业时，企业仅仅损失了它的固定成本。于是我们可以推出企业的停业原则：

停业原则：企业在收入刚好抵补它的可变成本或者损失正好等于固定成本时，停业点就会出现。当价格低于平均可变成本时，企业就会停业以使其利润最大化（即损失最小化）。

图8-3显示了一个企业的停业点和零利润点。零利润点出现在价格等于 AC 时，而停止营业点出现在价格等于 AVC 时。因此，企业的供给曲线就由图8-3中的黑色实线来体现。它首先沿纵轴上升到与停业点相应的价格，然后跳至停止营业点 M'，此时价格 P 等于 AVC 的水平；此后，在高于停业点的价格上，沿着 MC 曲线继续上升。

关于企业停业点的分析得出了一个出人意料的结论：追求利润最大化的企业即使亏损，也可能在短期内继续经营。尤其是对于有大量负债，从而拥有较高固定成本的企业（航空公司就是很好的例子）来说，情况更是这样。因为对于这些企业来说，只要

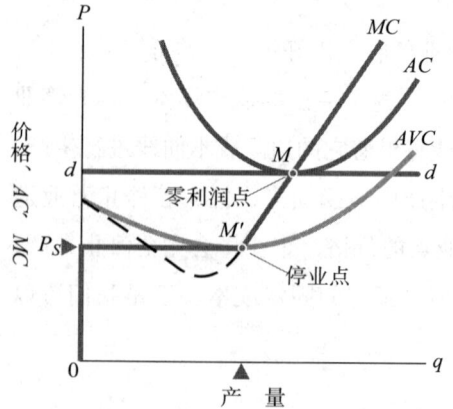

企业的供给和边际成本

图8-3 企业的供给曲线沿 MC 曲线向下延伸到停业点

只要企业的收入超过它的可变成本，它的供给曲线就与其 MC 曲线相一致。一旦价格下降到 PS 之下，即下降到停业点之下，损失就会大于它的固定成本，企业便停业。因此，MC 曲线的实线部分是企业的供给曲线。

亏损小于固定成本，它们支付固定成本并且继续营业，就是实现利润最大化和损失最小化。

采油业中闲置的钻井队

典型的"停工待业"情况往往出现在石油行业。新的油井往往由老钻井台团队开钻。每个钻井队就像是一个小型企业，它的开工或停业，要视其盈利状况而定。1999年，石油供应商之间爆发了价格战，许多供应商都停止了生产，从而使美国实际运营的钻井队的数量降至不足500个。难道说是油田干涸了吗？当然不是。这是因为过低的油价挫伤了供应商进行生产的动力。是利润枯竭，而不是油田干涸。

等到21世纪初油价飙升时，钻井业又呈现出什么样的情况呢？从2002年到2008年，油价翻了4倍，同期实际运营的钻井数也几乎上升为原先的4倍。油价上升时，这些企业相当于沿着MC供给曲线（与图8-3类似）向上倾斜的部分上移。

竞争行业的供给行为

到现在为止，我们讨论的还只是单个企业的问题，但是，一个竞争市场是由众多的企业组成的，我们感兴趣的也是所有企业总体的供给行为，而不是单个企业的供给行为。我们如何能从一个企业的供给行为转变到许多企业的总体行为呢？如何从鲍勃油厂的经营情况推广到整个石油行业呢？

加总所有企业的供给曲线可得到市场供给曲线

假设我们正在研究一个石油类的竞争市场。在某一既定价格水平上，A 企业会向市场供应若干数量，B 企业则会供应另一数量，C、D 等企业也是如此。在每一种情况下，每个企业的供给量都由其边际成本所决定。在某一既定价格下，市场供应总量一定是各个企业在这一价格下的单个供应数量的总和。

由此可知在完全竞争市场上单个企业供给与整个市场供给之间的如下关系：

> 为了得到完全竞争市场上某一物品的市场供给曲线，我们必须按水平方向将该物品单个生产者的供给曲线加总在一起。

图 8-4 用两个企业的情况来说明这一点。为了得到行业的供给曲线 SS，将在同一价格水平上所有企业的供给曲线 ss 以水平方向相加在一起。在 40 美元的价格时，A 企业供应 4 000 单位，而 B 企业供应 11 000 单位。因此，在 40 美元的价格时，行业的总供给为 15 000 单位。如果有 200 万个企业，而不是两个企业，我们仍然可以在现行市场价格条件下将 200 万个企业的供应量加在一起而得到行业的供应量。在每一价格水平上，将产量以水平方向加总可得到行业的供给曲线。

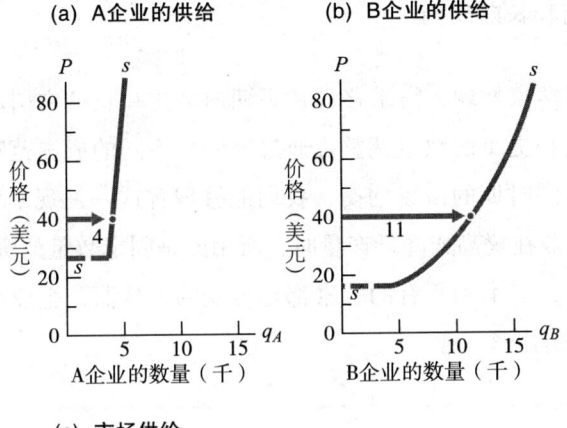

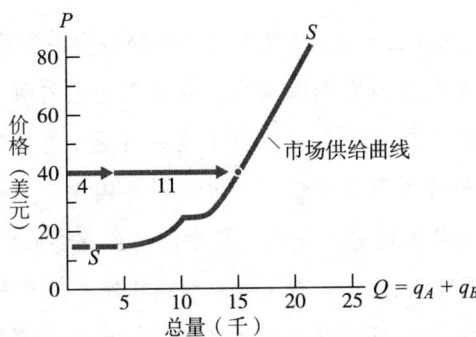

图 8-4 将所有企业的供给曲线加在一起得到市场供给曲线

由图可见供给曲线（SS）如何由两条独立的供给曲线（ss）组成。我们将每一企业在 40 美元价格下的供给量以水平方向加在一起，得到在 40 美元价格下的市场总供给。这种方法适用于任一价格水平和任何数量的企业。如果有 1 000 个与 A 企业相同的企业，那么，市场供给曲线看上去就像 A 企业的供给曲线一样，只不过横轴的单位变化了 1 000 倍。

短期均衡和长期均衡

经济学家发现，需求移动在短期内会比在长期内引起更大的价格调整和更小的数量调整。通过区分与不同的成本范畴相对应的两个不同时期的市场均衡，我们能够理解这一发现：(1) 短期均衡，企业在提高或降低产量时，所用的是固定数量的资本；(2) 长期均衡，资本和所有的要素都是可变的，从而，企业可以自由地进入或退出该行业。

企业的进入与退出

企业的存（进入）亡（退出）是影响市场经济发展的重要因素。企业进入某一行业是因为它刚刚成立，或是因为它打算进入新的领域。而当企业停止生产时它便退出了这一行业；它有可能是因为某条生产线无利可图而自动退出，也可能是因为无力支付债务而破产。我们说的自由地进入与退出是指，在企业进入和退出时，不会受到诸如政府管制、知识产权（如专利或软件等）因素的阻碍。

在美国这样一个充满活力的经济体中，新生的与倒闭的企业数量大得惊人。比如，2003年初全美有650万家企业，而那一年中有658 000家企业倒闭，同时有748 000家企业诞生。风险最大的行业是网络供应商，2003年中，由于企业倒闭，该行业的就业量降低了30%。最稳定的行业是大学，大学关闭所导致的就业量下降仅为4%。

大多数企业都是悄无声息地退出的，但有时大企业的退出会十分引人注目，当拥有1 040亿美元资产的电信巨头世通公司因为巨额财务造假而破产的时候,情况就是如此。尽管平滑的成本曲线不会让每家企业都上演生死存亡的大戏,但其背后的 P、MC 和 AC 的逻辑关系却是推动主要产业的成长与衰退的强大动力。

我们来举例说明短期均衡与长期均衡之间的区别。例如,鲜鱼市场的供应者是当地的捕鱼船队。假设对鱼的需求增加,在图 8-5 (a) 中表现为需求从 DD 上升到 $D'D'$。在较高的价格下,捕鱼船队的队长就愿意提高捕鱼量。在短期内,他们不可能建造新的渔船,但他们可以雇用更多的船员并工作更长的时间。增加可变要素的投入会导致鱼的供应量沿着短期供给曲线 S_sS_s 上升,如图 8-5 (a) 所示。短期供给曲线与新的需求曲线相交于 E' 点,这一点也就是

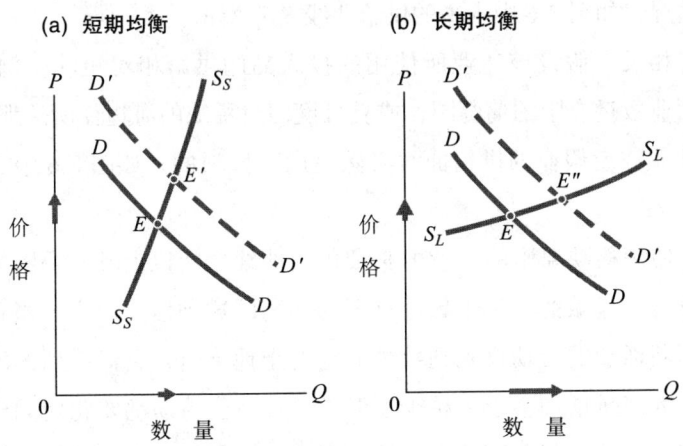

图 8-5 在不同的时期,需求增加对价格的影响不同

我们区分不同的时期,在这些时期内,企业有时间做出:(a) 劳动等可变要素的调整(短期均衡);(b) 所有要素可充分调整,固定要素也发生变化(长期均衡)。调整的时间越长,供给弹性的反应越大,价格上升的幅度越小。

短期均衡点。

在长期内,高价格能带来高利润,从而刺激了造船业发展,吸引更多的水手加入该行业,同时也引导新企业进入该行业。这就产生了图 8-5（b）中的长期供给曲线 $S_L S_L$,及长期的均衡点 E''。当所有的经济条件（包括船只、造船厂和企业的数量）都得到了调整以适应新的需求水平时,就达到了长期供给曲线与新的需求曲线的相交点所产生的长期均衡。

产业的长期供给　　一个产业的长期供给曲线具有何种形状呢？假设完全相同的企业可以自由进入某一产业。如果这些企业使用一般性的投入（如不熟练劳工）,即企业可以从其他用途中大量地抽调这种投入品而不会影响它的价格,那么,我们便处于成本不变的情况,如图 8-6 中水平的供给曲线 $S_L S_L$ 所示。

相反,假设该产业所使用的投入品的供给相对短缺。例如,酿酒业数量有限的葡萄园,或夏日度假时稀缺的海边住所。那么,酿酒业或度假业的供给曲线必然是向上倾斜的,如图 8-6 中 $S_L S_L'$ 所示。

使用稀缺要素的产业的长期供给曲线之所以上升,是因为边际收益是递减的。对于数量有限的葡萄园这种情况而言,当企业把不断增加的劳动投入到数量固定的土地上时,它们得到的酿酒葡萄的产量增加会越来越少,但是,每单位劳动都要花费同样的工资,因此,葡萄酒的 MC 是上升的。这种长期上升的 MC 意味着长期供给曲线必然也是上升的。

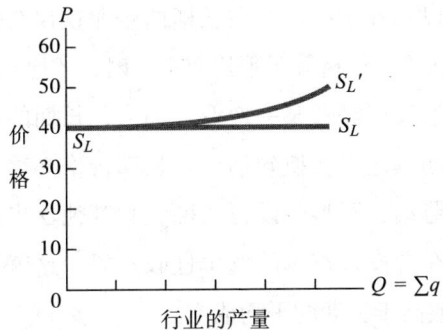

图 8-6 产业的长期供给取决于成本的情况

在可以自由进入和退出某个行业，而且任何数量的企业都可以按同样的、不变的成本曲线进行生产的情况下，长期供给曲线 $S_L S_L$ 等于每个企业的最低平均成本或零利润的价格的一条水平线。如果该行业使用的是某种特殊要素，如稀缺的海景房，那么，由于较高的产量利用的是较少的配套投入，长期供给曲线必须像 $S_L S_L'$ 一样向上倾斜。

关于零利润条件的分析表明，即使无利可图，企业也仍然可能继续经营一段时间。对于那些固定资本成本较高的企业来说，这种情况尤其可能发生。这一结论也可以解释：为什么在经济大滑坡中美国的许多大公司，例如通用汽车公司，尽管亏损几十亿美元，仍然要继续经营。

这种亏损提出了一个令人困惑的问题。资本主义是否可能趋向"资本家的安乐死"的状态，即竞争的加剧是否会最终导致长期的亏损？对于这一问题，我们需要分析长期的停止营业的条件。我们已经说明，当企业再也不能弥补它们的可变成本时，就会停止营业。但是，在长期内，所有的成本都是可变的。亏损的企业可以清偿债券，解雇管理人员，终止租约。在长期内，所有承诺都可以再次加以选择。所以，在长期内企业仅仅在价格等于或高于零利润点（在该点价格等于平均成本）时，才愿意进行生产。

如果企业想长期经营某一产业，那么，长期的价格不能处于关键性的零利润点之下。换句话说，长期价格必须自掏腰包弥补各种成本，如劳动、原料、设备、税收和其他支出，还要支付机会成本，如所有者投入资本的竞争性收益等。这就意味着长期内价格必须等于或高于长期的平均成本。

当长期价格跌到零利润水平以下时会出现什么情况呢？企业会因为无法盈利而退出该产业。由于正在生产的企业的数量下降，市场的供给曲线就会向左移动，价格也会随之上涨。最后，当价格上涨到足够高时，该产业就有利可图了。因此，与一个世纪前比，尽管现在我们生产的马蹄铁已经很少，但马蹄铁的生产商的长期利润仍然为零。

考虑另一个极端：一些有利可图的产业，比如开发电脑游戏。开始时，价格将高于长期平均成本，因此企业将获得正的经济利润。假设长期内进入该行业是完全自由的，那么任意数量的完全相同的企业都能进入该行业，且新进企业的生产成本与原有企业完全相同。在这种情况下，新进企业为利润所吸引，短期供给曲线右移，从而使价格下降。最终价格将降至零利润的水平，从而使其他企业进入该行业变得不再有利可图了。因此，尽管电脑游戏是一个兴旺的产业，但其长期利润仍然为零。

我们可以得出这样一个结论，在长期内，一个行业的价格趋向于某一关键点，在该点，同行的企业正好能够补偿它们的全部竞争成本。低于这一关键性的长期价格水平，企业就会退出该行业，直到价格恢复到长期平均成本水平为止。高于这一长期价格水平，新企业就会进入该行业，从而将市场价格压低到长期均衡价格，在这一价格水平上，所有的竞争成本刚好能够得到补偿。

长期的零利润均衡：当一个行业的供给是由具有完全相同成本曲线的竞争企业所提供，而且这些企业又可以自由地进入或退出该行业时，长期均衡的条件就是：对于每一个完全相同的企业来说，价格等于边际成本，又等于最低长期平均成本点。即：

$$P = MC = 最低长期 AC = 零利润的价格$$

这就是长期的**零经济利润**条件。

关于长期中竞争性资本主义的获利能力问题，我们能够得出一个惊人的结论。竞争的力量趋向于把各企业和各行业推向零利润的长期状态。竞争企业长期将获得正常的投资收益，但不可能获得超额的收益。那些有利可图的行业会吸引新企业的进入，从而使价格下降，利润减少到零。与之相比，那些正在遭受亏损的行业趋向于挤出或流失企业，因为企业会寻找其他拥有较好盈利机会的行业。随后，价格和利润再趋于上升。因此，在一个竞争性行业中，长期均衡是一种没有经济利润的均衡。

竞争市场的各种特殊情况

本部分将进一步探讨供求分析。我们首先分析竞争市场的一般性命题，然后再讨论一些特殊情况。

一般原则

我们在上面分析了竞争市场上需求和供给的移动的影响。这些发现结果适用于鳕鱼、褐煤、道格拉斯冷杉、日元、IBM 的股票、石油等任何竞争市场。那么，有没有一般性的原则呢？在下面的命题中，我们考察供给或需求的移动对价格和交易数量的影响。必须时刻记住，我们所说的供给或需求的移动是指供给曲线（表）或需求曲线（表）的移动，而不是指沿着曲线的移动。

> 需求原则：(a) 一般情况下，某一物品需求的增加（供给曲线保持不变）会提高该物品的价格。(b) 对于大多数物品来说，需求的增加会增加需求量，而需求的下降会产生相反的影响。
>
> 供给原则：(c) 某一物品供给的增加（需求曲线保持不变）一般都会降低价格，增加交易数量。(d) 供给的下降会产生相反的影响。

供给和需求的这两条原则总结了供给和需求的移动所能产生的定性影响。但是，价格和数量在量的方面具体变动的程度，则取决于供给和需求曲线的准确形状。在下面的例子中，我们将看到几种重要的成本和供给情况。

许多物品的生产，比如纺织品，可以简单地通过重复增添厂房、

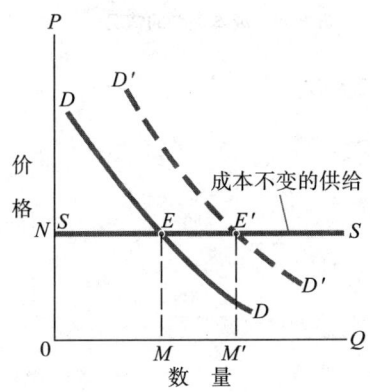

图 8-7 成本不变的情况

机器和劳动而扩大。每天生产 20 万件衬衫和每天生产 10 万件的过程是完全一样的,只不过规模扩大了 1 倍而已。此外,我们不妨假设纺织业与经济的其余部分以同样的比例使用土地、劳动和其他投入品。

在这种情况下,图 8-7 中的长期供给曲线 SS 是在不变的单位产品成本水平上的一条水平线。需求从 DD 上升到 $D'D'$,会产生新的交点 E',提高产量 Q,但价格 P 不变。

在上一部分我们所讨论的一些产业,如酿酒业和海滨地产业,其产品的供给需要某些稀缺的投入要素。对于葡萄种植来说,优质土地的数量有限。葡萄酒的年产量可以通过在每英亩土地上投入更多的劳动而得到一定程度的增加。但是,如果把可变生产要素,如劳动,增加到某种固定数量的要素(如土地)上,那么边际收益递减规律最终还是会发生作用。

其结果是:生产葡萄酒的边际成本随着葡萄酒产量的上升而

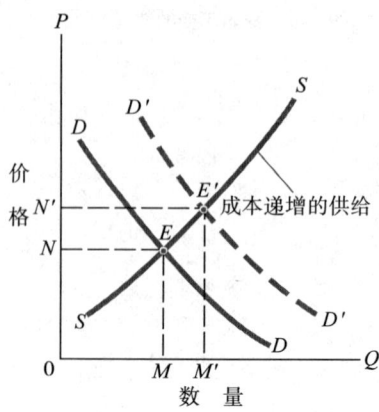

图 8-8 成本递增的情况

上升。图8-8表明了不断上升的供给曲线 SS。需求增加对价格会产生何种影响呢?该图表明,即使在长期,有同样的企业自由进入和退出的情况下,较高的需求也提高了这种物品的价格。

159　　无论价格如何,某些物品或生产要素的数量是完全固定不变的。达·芬奇只画了一张蒙娜丽莎的名画。自然界最初赋予的土地也可以被看做是数量不变的。提高土地的售价并不能使纽约市的第57街和第5大道的交汇处多出一个角来。提高高级经理的薪水,也不可能改变他们的努力程度。当供给数量不随着价格的变化而改变时,对这种生产要素的支付称为**租金**或**纯经济租金**。

当供给独立于价格时,供给曲线在相关领(区)域是垂直的。无论价格如何,土地都将继续对生产做出贡献。在图8-9中,以土地为例说明,价格的上涨并不能引起产量的增加。

固定要素的需求的增加,仅仅会影响到价格,供给量并没有

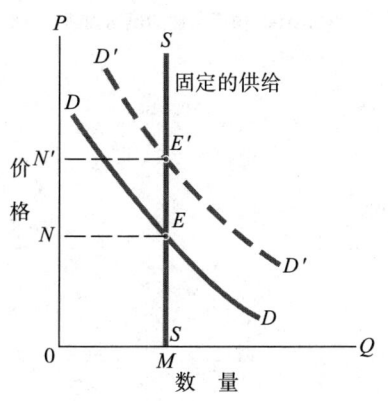

图 8-9 供给不变的要素获取租金的情况

变化。

在向固定数量的商品征收一种赋税时，赋税完全由供给者（比如，土地所有者）支付（或"转嫁"给供给者）。供给者用他的经济租金来支付赋税。消费者购买的物品或服务仍然和过去的一样多，并没有支付更高的价格。

贫穷国家的企业往往发现，当它们提高工资时，本地的工人反而会减少工作时间。当工资增加1倍时，工人并不需要每周工作6天，而可能把3天花在钓鱼上。在高收入国家情况也是如此。当技术改进引起实际工资提高时，人们感到，他们应以较多的闲暇和较早的退休来部分地享受实际工资提高的好处。第5章曾阐述收入效应和替代效应，它们解释了供给曲线为什么会向后弯曲。

图 8-10 显示了劳动力供给曲线的可能形状。最初，由于高工资的诱惑，劳工供给会增加。但是，到达 T 点以后，较高的工资导致人们工作更少的时间，并把更多的时间用于闲暇。正如我们

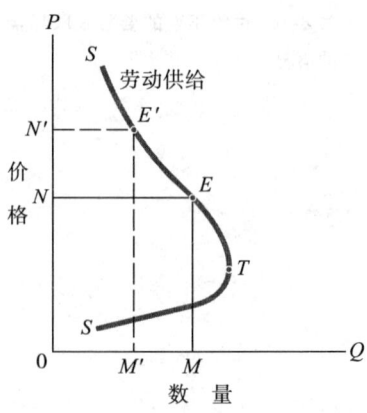

图 8-10 向后弯曲的供给曲线

在本部分开始时所提到的需求原则一样,需求的增加提高了劳动的价格。但是,应该注意,我们为什么在需求原则(b)中小心地加上了"对于大多数物品"。现在来看,需求的增加反而会降低劳动的供应量。

以上所有的讨论都是关于需求的移动和供给不变的情况。为了分析供给原则,我们现在必须移动供给,并保持需求不变。如果需求向下倾斜的规律是正确的,那么,供给的增加必然会降低价格并增加需求的数量。你可以自己画出供给曲线与需求曲线,证明供给原则的以下数量推论:

(c') 当需求缺乏弹性时,供给的增加使价格 P 下降的幅度最大。
(d') 当需求缺乏弹性时,供给的增加使数量 Q 增加的幅度最小。

从常识上讲这些原则的理由是什么呢?我们可以用汽车的需求富有弹性和电的需求缺乏弹性的情况加以说明。

竞争市场的效率和公平

市场机制的评价

过去10年中最重要的动向之一就是"重新发现市场"。许多国家放弃了行政命令的严厉干预,通过建立规则来发挥看不见的手微妙的调节作用。在对竞争市场运行做了基本分析之后,不妨让我们来看看它的表现究竟如何。竞争市场在满足人们的经济需要方面是否值得高度赞扬?在一定数量投入的条件下,社会真能够得到许多大炮和黄油吗?或者说,黄油会在运往商店的途中溶化,而大炮会有弯曲的炮筒吗?本章将对完全竞争市场的效率,作一个总体上的评述。

效率是经济学各领域中的核心概念。在一个经济体的资源和技术既定的条件下,如果一个经济体能够为消费者最大可能地提供各种物品和劳务的组合,那么,该经济体就是有效率的。[1]一个更精确的定义使用了帕累托效率(或称分配效率、帕累托最优,或简言之"效率")的概念。

---

[1] 经济学中效率的概念区别于工程学中的效率。有些生产工艺从经济学的角度讲是有效率的,尽管从工程学的角度看并非如此。比如,物理学表明,相对于1000℃的条件,在2500℃的条件下,燃烧过程中将有更多的能量转化为电能。然而,更高的温度可能需要特殊的金属和设计,从而形成更高的成本。因此,尽管较高的燃烧温度从热力学角度看具有更高的效率,但经济学意义上的效率,却要求一个较低的燃烧温度。

当任何可能的生产资源重组都不能在不使其他人的情况变坏的条件下,使得任何一个人的福利变好时,就达到了**帕累托效率**(或简称为**效率**)。因此,在实现了配置效率的条件下,只有降低某个人的效用才能增加另一个人的满足或效用。

我们可以直观地利用生产可能性边界来分析效率的概念。如果一个经济处于其生产可能性曲线 PPF 之内,那么,该经济显然是低效率的。如果我们使经济向外推移到生产可能性边界上,就没有人会蒙受效用减少之苦。至少,效率经济应该在 PPF 之上。但是,效率如果进一步提高的话,所需要的就不仅仅是所生产物品的正确组合了,它还需要这些物品在分配给消费者时,使消费者满足程度最大化。

经济学中最深刻的结论之一,就是资源在完全竞争市场中的配置是有效率的。这个重要的结论有一个前提假设,即所有的市场都是完全竞争的,没有任何如污染或不完全信息等外部因素。在这一部分中,我们用一个简化了的例子来说明在竞争市场的效率中所存在的一般原则。

考虑一种所有个人都完全相同的理想情况。我们进一步假设:(a)每个人都从事粮食生产的工作。当人们增加他们的劳动时间,而缩短他们的闲暇时间时,每增加 1 小时劳动时间就会令人越来越厌倦。(b)增加的每单位粮食消费都会带来递减的边际效用(MU)。[1]

---

[1] 为了简便起见,我们用闲暇时间的"尤特尔"来衡量福利水平(或用正常工作时间的"非尤特尔")。我们进一步假设每一小时被放弃的闲暇的边际成本不变,所以,所有闲暇与劳动的效用和成本都可以计算出来。

（c）由于在一块数量不变的土地上进行粮食的生产，根据边际收益递减规律，每增加1分钟的劳动时间会带来越来越少的新增粮食。

图8-11显示了在简化了的竞争经济中的供给和需求。当我们把完全相同的农民的同样的供给曲线水平相加时，我们就得到了一条向上倾斜的边际成本曲线MC。正如我们在本章的前一部分已经看到的，MC曲线也是该行业的供给曲线，因此，该图表示了

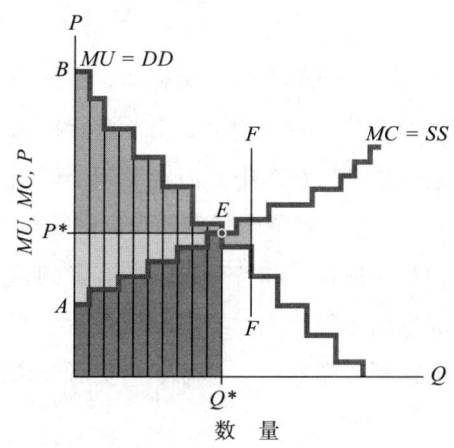

图8-11 在竞争性均衡点E，粮食的边际成本和边际效用正好相等
许多完全相同的农民消费者把他们的粮食带到市场。阶梯形向上的MC=SS曲线是单条边际成本曲线的总和，而阶梯形向下的MU=DD曲线代表消费者对粮食评价的水平相加。在竞争市场均衡点E，从最后1单位的粮食消费得到的边际效用，正好等于在E点生产最后1单位所需要的劳动边际成本（用放弃的闲暇表示）。

较深的阴影部分代表生产粮食的成本。SS以上和价格线以下的部分为生产者剩余。DD以下和价格线以上的部分为消费者剩余。生产者剩余和消费者剩余之和为经济剩余，即行业中全部的生产收益。经济效率意味着经济剩余达到最大。其他任何产量都会降低经济剩余。例如，从E点往右较浅的阴影部分就表示在FF上由于过多生产而带来的经济损失。

$MC = SS$。同样，需求曲线是将完全相同的个人的边际效用（或粮食需求）曲线按水平方向加总而获得；在图 8-11 中，它用粮食的阶梯形向下倾斜的 $MU = DD$ 曲线来表示。

SS 与 DD 曲线的相交点是粮食业的竞争性均衡点。在 E 点，农民的供应量正好等于消费者在均衡的市场价格下想要购买的数量。此时，每个人都将使自己的劳动达到这一关键点，在这一点，递减的粮食消费的边际效用曲线与递增的粮食生产的边际成本曲线相交。

图 8-11 还表明了**经济剩余**这个新概念，在图中为均衡时供给和需求曲线之间的部分。经济剩余是第 5 章所提到的消费者剩余以及生产者剩余的总和，在图中，消费者剩余表现为需求曲线和价格线之间的部分，生产者剩余则表现为价格线和 SS 曲线之间的部分。**生产者剩余**包括企业和特殊投入所有者的租金和利润，意味着超过生产成本的超额收入。经济剩余是从生产和消费某一种物品中所得到的福利或净效用，它等于消费者剩余与生产者剩余之和。

对竞争性均衡的详细分析将证明，它使产业中可能的经济剩余达到最大化，因此，它是具有经济效率的。在图 8-11 中的竞争性均衡点 E，代表性消费者会获得比在其他任何可能的资源配置状态下更高的效用或经济剩余。

衡量竞争性均衡的效率还有一种方法，就是比较均衡点 E 的微小变化所带来的经济影响。如以下三步分析所示，如果 $MU = P = MC$，配置就是有效率的。

1. $P = MU$。消费者选择购买的粮食量会一直增加到 $P = MU$ 时为止。其结果是，每个人从消费最后 1 单位粮食中得到满足的"尤特尔"正好是 P。（满足的尤特尔由闲暇的不变的边际效用度量，在脚注 3 中讨论过。）

2. $P = MC$。作为生产者，每个人都会提供粮食直到粮食的价格正好等于所供给的最后 1 单位粮食的 MC（在这里，MC 是按生产最后 1 单位粮食所放弃的闲暇的成本来计算的）。这样，价格就等于为增加最后 1 单位粮食所失去的闲暇时间满足的"尤特尔"数。

3. 把这两个等式放在一起，我们得出 $MU = MC$。这意味着，从最后 1 单位的粮食消费中所得到的"尤特尔"正好等于生产最后 1 单位粮食所失去的闲暇"尤特尔"。它也完全符合这一条件：社会从消费最后 1 单位中得到的边际收益等于社会生产最后 1 单位的边际成本，从而保证了竞争性均衡的效率。

现在，让我们撇开完全相同的农民消费者的简单化情况，分析拥有几百万家不同企业、上亿个消费者和无数种商品的经济。在这种更为复杂的世界中，完全竞争的经济仍然可以有效率地运行吗？

回答是"可以"，或者更好的回答则是："可以，如果……。"效率需要一些更为严格的条件，这些将在以后几章加以阐述。它们包括购买者必须具有充分的信息，生产者完全竞争，排除外部性，如污染或不完整的知识等。对于这样的经济来说，一个完全竞争的市场系统才会实现经济学家帕累托效率的理想境界。

图8-12说明了在拥有不完全相同的企业和消费者的情况下,竞争体系如何使某一单个商品的效用与成本达到平衡。在该图的左边,我们将所有消费者的需求曲线按水平方向相加,得到中间那幅图的市场需求曲线DD。在该图的右边,我们把所有各不相同的企业的MC曲线相加,得到中间那幅图的整个行业的SS曲线。

在竞争性均衡点E,左边的消费者得到了在代表有效率的社会MC的价格水平上他们愿意购买的该物品的数量。在该图的右边,均衡的市场价格也有效率地在各企业之间配置生产。位于中间的SS线下的阴影面积代表了右边所有阴影成本面积总和的最小值。

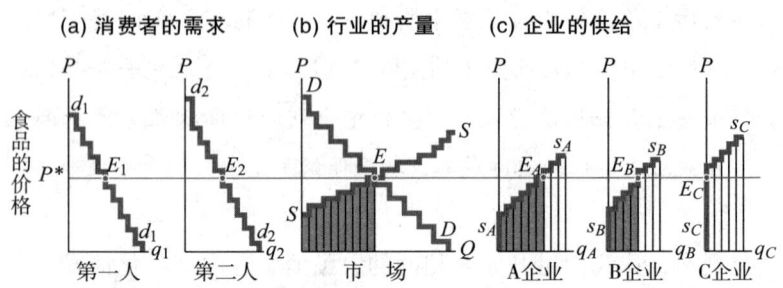

图 8-12 竞争的市场将消费者的需求和生产者的成本结合起来

(a) 该图的左边表示个人的需求。我们把所有消费者的dd曲线按水平方向加总,得到了中间那幅图的市场需求曲线DD。

(b) 市场把所有消费者的需求和企业的供给带到一起,并在E点达到了市场均衡。水平的食品价格线表示左边的每一个消费者和右边的每一个生产者都达到了均衡状态。在价格P^*,我们看到,每一个消费者的MU如何等于每一个企业的MC,从而导致了配置的效率。

(c) 对于每一个竞争企业而言,当上升的MC曲线代表供给曲线时,利润达到最大。阴影面积代表每一个企业在E点生产的成本。在价格等于边际成本时,整个行业以最小总成本来生产产品。

每个企业确定它的产量，使 $MC = P$。由于任何一种生产重组都不能以更低的成本生产出相同水平的行业产量，因此该经济具有生产效率。

多种物品 我们的经济不仅生产食品，而且生产服装、电影和许多其他商品。当消费者必须在众多产品中间做出选择时，我们的分析如何适用于这种情况呢？

原理完全相同。但是，我们现在需要回忆另一个限制条件：追求效用最大化的消费者在各种不同的物品中间分配他们的美元，直到最后1美元的边际效用对于所消费的每一种物品都相等时为止。在这种情况下，只要理想化的条件得到满足，在拥有多种物品和生产要素的情况下，一个竞争的经济就是有效率的。

换句话说，当个人的边际成本等于社会的边际成本，且二者都等于边际效用时，一个完全竞争的经济就是有效率的。每一个行业都必须使 MC 和 MU 相等。例如，如果看电影的 MC 是汉堡包的2倍，那么，看电影的 P 和 MU 也必须是汉堡包的2倍。只有这样，才能使各种物品的 $MUs = Ps = MCs$。通过使价格与边际成本相等，竞争就可确保经济能够达到配置效率。

> 完全竞争的市场是一种将（a）持有货币选票的消费者购买产品的愿望和（b）由企业的供给表示的这些产品的边际成本结合起来的机制。在这样的一种情况下——如果不减少一个消费者的效用，就不能增加任何一个其他消费者的效用——竞争才是效率的保证。这个原则在多种要素和多种产品的情况下同样是成立的。

本章强调了边际成本在达到资源的有效配置方面的重要性。但是，边际成本的主要作用可以扩展到完全竞争之外。运用边际成本来获得生产效率，对于任何一个试图最有效率地利用其资源的社会或组织来说都是适用的——无论其经济实体是资本主义还是社会主义，无论是追求利润最大化的企业还是非营利组织，也无论是一所大学还是一所教堂，甚或是一个家庭。

从本质上讲，边际成本的作用是这样的：假设你有若干种方法可以实现你的目标，每一种方法均需支付相应的成本。当决定在一种方法上投入多少资源时，你总是要保证各种方法之间的边际成本相等。只有当各种方法的边际成本都相等时，我们才能从有限的资源中获取最大的效益。

作为衡量资源有效配置的标准，边际成本并非只适用于利润最大化的企业，而适用于各种经济问题，事实上，它适用于所有涉及稀缺性的问题。假设你要解决关键性的环境问题，如全球变暖现象，你很快会发现边际成本对于最有效地实现你的环境目标起着关键的作用。在保证世界上每一个部门和每一个地方减少废气排放或清洁环境等的边际成本都相等时，达到环境目标可能花费的成本是最低的。即使在稀缺性的世界中，也能有效地达到你的目标。

在关于效率的分析中，边际成本是一个最基本的概念。对于任意追求某一目标的组织，效率要求它在每一项活动中，为实现目标所投入的边际成本都相等。市场经济中，只有当每家企业的边际成本 MC 都等于一个共同的市场价格时，该行业才能以最小的总成本进行生产。

限 制

我们已经了解了"看不见的手"的核心：竞争市场具有显著的效率特征。但是我们也需指出市场的一些缺陷。

在两个重要的领域中，市场都无法达到社会最优。首先，当存在污染、其他外部性、不完全竞争和不完全信息时，市场便无效。其次，竞争市场下的收入分配即使是有效率的，也可能不是社会想要的或能接受的。虽然我们将在后面的章节中讨论这两点，但在这里对此两种缺陷作一个简要介绍也是必要的。

有哪些市场不灵的因素，破坏了我们在讨论效率市场时所假想的那种抒情诗般的意境呢？一些比较重要的因素有：不完全竞争、外部性和不完全信息。

不完全竞争 当某个企业在某个市场上具有市场力量时（比如，由于拥有一种专利药品或地方电力特许权而形成的垄断），该企业就能将其产品价格提高到边际成本以上。消费者对这种产品的购买就会比在竞争条件下少，满意程度也会下降。消费者满意度的这种下降，是不完全竞争所带来的低效率的典型例子之一。

外部性 另一种重要的市场不灵是外部性。前文已述，当生产或消费的某些外在的影响未被包括在市场价格中时，就会产生外部性问题。举例说，一个电力公司可能向空气中排放含硫磺的废气，

对附近的房屋和人们的健康造成损害。如果该电力公司不为其带来的有害影响进行补偿，那么，污染就会超出效率所容忍的水平，从而最终损害消费者的福利。

不是所有的外部性都有害，有些外部性是有益的，如那些知识传播活动所带来的外部性。举例来讲，切斯特·卡尔森发明复印技术之后，他自己成了一个富翁。但是，全世界的秘书和学生都因为他的发明而从几十亿小时的苦差中解脱了出来。与整个世界的收益相比，他本人所得到的只不过是全部收益中的很小一部分。另一个有益的外部性例子来自公共健康计划，如天花、霍乱或伤寒的疫苗接种。接种疫苗保护的不仅仅是接种者，也保护了所有其他可能被传染的人。

不完全信息 第三种重要的市场不灵是信息不完全。"看不见的手"的理论假设：买者和卖者对其买卖的物品和劳务都有充分的信息；企业被假定为了解其行业经营范围内的各种生产函数；而消费者则被假定为了解商品的质量和价格，如企业的财务报表是否准确，哪些药品安全有效。

显然，这种理想世界与现实相差甚远。关键的问题是，不完全信息带来的损害有多大？在某些场合，效率的损失是很微小的。比如，我买的巧克力冰淇淋有点甜，或者我不知道从啤酒桶中倒出的啤酒的确切温度，这些都不会对我造成太大的影响。而在另一些场合，损失就可能很严重。以钢铁业巨子埃本·拜尔斯为例：他在一个世纪前服用了雷迪瑟来减轻病痛，当时这种药被当做万能药出售，而后来的分析表明雷迪瑟实际上是搀了镭的蒸馏水。拜尔斯死的时候非常丑陋，他的下巴和许多别的骨头都松裂了。这种"看不见的手"，我们显然不能要。

政府的重要任务之一就是确定哪些领域会因信息缺乏而遭受严重的经济后果（如金融业），然后对症下药。

我们已经看到，市场经济具备显著的效率。但是我们能否由此推论，自由放任的资本主义，一定能为绝大多数人带来最大幸福？市场经济必然导致资源最公平利用？答案是：绝非如此。

购买力在人们之间并不是均等分配的。在一个由价格和市场主导的经济体中，可能极少数的人，就占据了绝大多数的收入和财富。这些人或是继承了稀有的土地或石油资源，或是经营着巨型的公司或利润丰厚的对冲基金。在市场经济中，有些人很穷，也许并非因为其自身错误；而有些人很富，也并非源自其自身的美德。因此，隐藏在个人需求曲线背后的美元选票的权重，可以说分布得并不合理和公平。

一个分配极不公平的经济体，并不一定就是没有效率的。这样的经济体可能从其资源中，榨取出大量的枪炮和黄油。然而极少数的富人可能享用着这些黄油，甚至用它去喂猫；而那些枪炮，则可能主要用于保护富人们的黄油。

我们的社会并不仅仅追求效率。我们会致力于改变市场的分配结果，以提升收入和财富分配的公平性。政府可能会对高收入阶层或富有群体开征累进制的税收，并用这些税收去补贴穷人的食品、教育和医疗等开支。不过这也会产生一些麻烦：从富人身上应当征多少税？什么样的方案才能最大限度地让穷人受益？移民政策应当被包含在这些受益方案中吗?资本税的税率与劳动税的应当同样吗?那些不工作的穷人有资格接受政府的补贴吗?

没有科学而正确的答案。实证经济学无法说明政府应该采取什么样的措施去矫正市场经济中所存在的低效率和不公平。这些都是需要通过民主投票来回答的所谓的规范性问题。但是,经济学能为政府干预的益处提供宝贵的见解,从而保证现代社会的目标能够以最有效率的方式实现。

第九章　不完全竞争和垄断

所有垄断利润最大的好处是能有一个平静的生活。

——J. R. 希克斯

在现实经济生活中，由原子式企业（它们只是价格接受者）构成的完全竞争市场只是理想化的，可谓可望而不可即。当你从福特或丰田公司购买汽车，从麦当劳或温迪购买汉堡包，或者从戴尔或苹果公司购买电脑时，你面对的是大到足以影响市场价格的企业。实际上，在经济生活中多数市场是由几个大企业支配的，而且这样的企业往往只有两三家。现在，欢迎你来到现实世界，一个不完全竞争的世界。

不完全竞争模式

我们可以看到，在既定的技术水平条件下，与完全竞争相比，不完全竞争的价格较高，而产量较低。虽然不完全竞争有它的缺点，但是，大企业却可以利用规模经济优势，同时也负责大部分的技术创新，推动经济长期发展。你只有了解了不完全竞争市场的运行，才能对现代产业经济有更透彻的理解。

不妨回忆一下，在一个完全竞争的市场里，没有任何企业会大到足以影响市场的价格。按照这个严格的定义，美国几乎没有一个完全竞争的市场。考虑下列商品：飞机、铝、汽车、计算机软件、早餐麦片、口香糖、香烟、电力、冰箱和小麦，有哪个商品符合完全竞争的严格定义呢？的确，飞机和铝不符合，汽车也不符合。直至第二次世界大战，美国只有一家铝公司——美国铝公司（Alcoa）。就是在今天，最大的四家企业也仍然控制着美国铝产量的四分之三。世界商业飞机市场当今也主要是受两家大公司的支配，即波音和空中客车。同样，在汽车业中，美国小汽车与小型卡车市场80%的份额仍然为前五大汽车制造厂商（包括丰田和本田）所控制。虽然软件行业的发展日新月异，但是大部分的应用软件，无论是税收报表软件还是游戏软件，也都是由一小部分在市场上占主导地位的公司所生产。

早餐麦片、口香糖、香烟和冰箱呢？这些市场几乎为数量更少的几大公司所支配。电力市场同样也不能符合完全竞争市场的定义。在大多数城镇中，仅有一家公司为当地居民供电，操纵着电的市场。几乎没有人认为用自家的发电机或风车发电会更加经济。

梳理各个产业你会发现，按严格的定义恐怕只有小麦市场还能属于完全竞争范畴。所有其他的产品，从汽车到香烟，都无法通过竞争性的检验。原因很简单，每一行业中都存在一些企业能够通过改变它们的销售数量去影响市场价格。换句话说，它们在某种程度上都有能力控制其产品的市场价格。

如果一个企业能够影响其产品的市场价格，那么，该企业就是一个不完全竞争者。

当个别卖者能影响某一行业的产品价格时，该行业就处于**不完全竞争**之中。不完全竞争的类型主要有垄断、寡头和垄断竞争。

不完全竞争并非指某一企业对其产品的价格具有绝对的控制力。以可乐市场为例，可口可乐公司与百事可乐公司已经占据了大部分市场份额，显然已经是不完全竞争。如果市场中其他生产者生产的苏打水的平均市场价格为75美分，那么百事可乐公司完全能够以每罐70或80美分的价格在该市场上生存。当然，它不能把价格定为40美元或5美分，否则可能会无法经营。于是我们可以看出，一个不完全竞争者对其价格的确拥有某些但又绝不是全部的拍板权。

另外，决定价格的自由度在不同的行业之间也有差异。在某些不完全竞争行业，垄断力量的强度是非常微小的。例如，在计算机零售行业中，在价格上高出几个百分比的差异通常就会对其销售量产生明显的影响。与之相反的是，在计算机操作系统市场，微软公司具有明显的垄断地位，在很大程度上可以自由决定它所生产的Windows操作系统的价格。

图形描述　图9-1说明了完全竞争与不完全竞争之间的差异。图9-1（a）让我们想起完全竞争者面临着一条水平的需求曲线，这表明它能按现市场价格出售它想出售的全部产品。而一个不完全竞

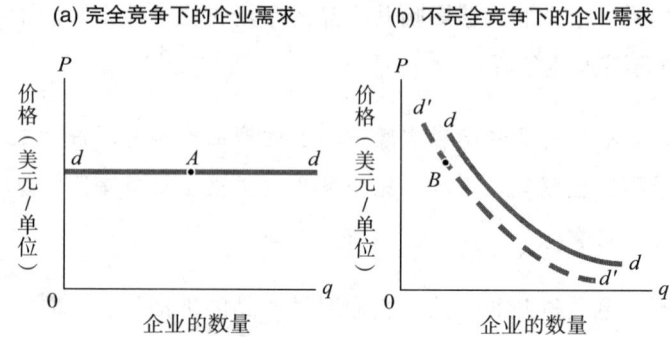

图 9–1　检验不完全竞争的关键是企业的需求曲线是否向下倾斜

（a）完全竞争的企业能够沿着它的水平 dd 曲线出售它想要出售的全部产品，而不会压低市场价格。（b）但是，不完全竞争者将会发现，它的需求曲线向下方倾斜，即较高的销售量会压低价格。除非该企业是一个受保护的垄断者，否则，它的竞争对手的价格的下降会在很大程度上使它的需求曲线 dd 移动到左下方 d'd'。

争者面临的却是一条向下倾斜的需求曲线。正如我们在图 9-1（b）中所看到的，如果一个不完全竞争的企业增加它的销售量，那么，它就必然会对其产品的市场价格产生向下的压力，使它沿着需求曲线 dd 向下移动。

另一种考察完全竞争与不完全竞争之间差异的方法是考察需求价格弹性。对于一个完全竞争者而言，需求是完全有弹性的；对于一个不完全竞争者而言，需求则仅具有一定的弹性。作为使用弹性公式的练习，计算一下图 9-1（a）中完全竞争者的弹性和图 9-1（b）中不完全竞争者在 B 点的弹性。

不完全竞争者的需求曲线是向下倾斜的。这个事实具有重要的含义：不完全竞争者是价格制定者而非价格接受者。它们必须决定自己产品的价格，而完全竞争者则可以将价格当作既定的。

形形色色的不完全竞争者

像美国这样的现代工业经济，犹如一片由形形色色的不完全竞争者组成的丛林。以科技迅速革新为动力的个人电脑产业的竞争模式，与不是那么富有生机的殡葬业的竞争模式就有着天壤之别。不过，我们可以通过认真分析市场结构，特别是卖者的数量和规模以及市场主导者对市场的控制能力，进而了解一个产业。经济学家将不完全竞争的市场结构分为以下三种类型。

"竞争光谱"的一个极端是完全竞争，即任一厂商都只是该行业中众多厂商中的一个。另一个极端则是**垄断**，即单一的卖者完全控制某一行业（这个单一的卖者称为"垄断者"，"垄断者"这个词来源于希腊语中的"单个"和"卖者"这两个词）。垄断者是它所在行业的唯一生产者，同时，没有任何一个行业能够生产出相近的替代品。此外，我们暂且假设垄断者以同一价格销售所有商品，即没有价格歧视。

完全的垄断在今天是罕见的。实际上，许多典型的垄断案例仅仅存在于那些受政府保护的产业。例如，如果一家制药企业研制出一种神奇的药品，那么它可以获得一项专利，并在若干年内保持自己对这种药物的垄断权。垄断的另一个重要的例子是获得当地公用事业的特许经营权，例如一家提供自来水的公司。在这样的例子中，仅仅只有一家卖者提供这项服务，而且没有相近的替代品。没有政府许可的垄断的例子很少，其中之一是微软的 Windows 操作系统，它大量投资于研发，快速创新，利用网络，并对竞争者采取无情打击策略（有时候这是非法的），从而逐步取得了垄断地位。

尽管如此，即使是一个垄断者，它也必须经常回头看看那些潜在的竞争者。上面说的那家制药企业会发现竞争者很可能正在生产类似的药品；10年前还处在垄断地位的电话公司，现在必须考虑移动电话给它们带来的冲击；比尔·盖茨声称，某个小公司正虎视眈眈地待在微软身边，随时准备推翻它的垄断地位。在长期内，没有一个垄断者能确保自己免受竞争的冲击。

寡头的意思是"几个卖者"。从上下文来看，几个可以是两个那么少，也可以是10个或15个那么多。寡头的重要特征是每个企业都可以影响市场价格。在航空业，仅仅一家航空公司降低票价的决定，就会引起它的所有竞争者降低票价，引发一场价格大战。

寡头产业在美国经济中是普遍存在的，特别是在制造业、交通及通信等部门中。例如，虽然在汽车业有各种各样不同的汽车类型，但汽车制造公司却为数不多。在家用电器业也是如此，尽管商店里摆着各种型号的冰箱和洗碗机，但它们的生产商却只有几家。你也许会惊讶：具有繁多品种的麦片市场居然也是一个寡头行业。

我们要考察的最后一种类型是**垄断竞争**。在这种情形下，一个产业中有许多卖者生产具有差异化的产品。这一市场结构与完全竞争相似：市场上有许多卖者，但任何一个卖者都没有太大的市场份额。它与完全竞争不相同的是：由不同企业销售的产品并不相同。**差异化产品**在重要的特征上表现不同。例如，个人电脑在速度、内存、硬盘、调制解调器、大小和重量等各方面具有不同的特性。正是由于这些差异，使得计算机在销售的时候价格会有少许的不同。

垄断竞争的典型例子是零售汽油市场。你可以去光顾当地的壳牌公司加油站，尽管它的价格要稍高一些，但因为它正好在你上班的路上，你也就接受了。但是，如果壳牌的油价再上升到比其他竞争者高出几个美分时，你就会去光顾稍远一点的麦瑞特加油站。

事实上，这个例子表明了地理位置是产品差异化的重要来源之一。去银行或杂货店要花一定的时间，而到达不同商店所需时间的差异就会影响我们的购买决策。用经济语言来说，购买一件商品的总价格不仅包括它的美元价格，还包括搜寻商品的机会成本、耗费的时间及其他非美元成本。因为去当地商店购买的总价格要低一些，所以人们倾向于就近购买。这种结论同样也可以用来解释为什么商品种类繁多的商场会那么流行：因为这样的话，人们可以一下子买好多东西而节约时间。如今，网上购物越来越盛行，因为相比步行或驱车去商店买东西，网上购物无须耗费太多时间，即便消费者要多花一些邮寄费用。

如今，质量问题已经成为产品差异化中越来越重要的因素。产品价格不同，性能也会有差异。大多数个人电脑可以运行同样的软件，且拥有众多的制造商。但是个人电脑业仍然是个垄断竞争的市场，这是因为电脑在速度、型号、内存、维修服务以及如CD、DVD、调制解调器和声音系统之类的配件等方面都有很大的差异。实际上，铺天盖地的电脑杂志，就是用来介绍这些垄断竞争的电脑制造商产品之间的差异。

竞争与对抗

在研究寡头的情况时，应该记住不完全竞争并不等于没有竞争。实际上，在经济生活中一些竞争最为激烈的市场，往往只有几个竞争企业。我们可以来看看航空业的残酷竞争，在一条特定的航线上往往只有两三家航空公司，但在它们之间，仍然是过一段时间就要发生一场票价大战。

我们如何把寡头间的对抗和完全竞争区分开来呢？对抗包含了许多提高利润和占有市场的行为。它包括利用广告使需求曲线向外移动（即刺激需求）、降低价格吸引业务，以及通过研究提高产品质量或者开发新的产品。完全竞争并不意味着对抗，而只是表示行业中没有一家企业能影响市场价格。

表 9-1 为各种可能存在的不完全竞争与完全竞争的范畴提供了一个轮廓。该表是不同类型市场结构的一个重要的概括，应该进行仔细的研究。

市场不完全竞争的根源

为什么某些产业表现出接近于完全竞争，而另一些产业则为少数大企业所控制？多数不完全竞争的例子可以归于这样两条主

表 9-1　各种市场结构

结　构	生产者的数目和产品差异化程度	一般经济领域	企业对价格的控制程度	营销的方式
完全竞争	许多生产；完全相同的产品	金融市场与农产品	没有	市场交易或拍卖
不完全竞争				
垄断竞争	许多生产者；产品有许多真正的或感观上的差异	零售业（比萨饼、啤酒……）个人电脑	一些	广告宣传和产品质量方面的竞争，受到管制的价格
寡　头	几个生产者；产品的差异化很小或没有差异	钢铁、化工……		
	几个生产者；产品有差异化	汽车、文字处理软件……		
垄　断	单一生产者；产品没有替代品	特许经营（电力、自来水）；微软 Windows；专利药品	相当大	广告

大部分行业是不完全竞争的。这里列出的是不同市场结构的主要特征。

要的原因。首先，当大规模生产出现规模效益并降低成本时，一个产业中的竞争者就会越来越少。在这些条件下，大企业就可以比小企业以更低的成本进行生产，而小企业只能以低于成本的价格销售，因而无法生存。

其次，当出现进入壁垒，即新的企业很难加入某一行业时，也有可能出现不完全竞争。在某些情况下，政府的一些限制竞争者数量的法律或法规，也会产生这些壁垒。在其他情况下，新企业也可能因为进入市场的成本太高而被拒之门外。让我们来考察不完全竞争的两种根源。

了解一个产业的技术与成本结构，有助于我们分析该产业需要多少个企业来支撑，各自的规模需要有多大。这里关键是要了解这个产业是否存在规模经济。如果存在规模经济，企业就可以通过提高产量来降低成本，至少产量可以提高到一定的程度。这就意味着较大的企业在成本上比小企业具有一定的优势。

当规模经济发生重要作用时，一个或几个企业就可以将产量提高到一定程度，以至于能够在整个产业的总产量中占据重要的比例。于是这个产业就成为一个不完全竞争市场。也许是单个垄断者主宰整个行业；更有可能的则是有几个大的企业控制市场的大部分份额；或者会存在许多企业，它们各自的产品存在一定的差异。不管是哪种结果，我们都能发现它们终究逃不出不完全竞争的范畴，更不会出现完全竞争中企业仅仅是作为价格接受者的情况。

我们可以看到市场规模和规模经济之间的关系是如何决定市场结构的形成的。这里有三个有趣的例子，如图 9-2 所示。

1. 为了进一步了解成本对市场结构的决定作用，我们首先来看一个有利于完全竞争的例子。由图 9-2（a）可见一个产业的平均成本的最低点出现在相对市场而言较低的产出水平上的情况。因此，这个产业就可以支撑完全竞争所需要的有效经

表 9-2 产业内竞争是以成本条件为基础的

产　业	（1）一个企业为了获得规模经济需要在美国总产量中所占的份额（%）	（2）最大的三家企业实际平均的市场份额（%）	（3）大规模经营的经济效果的主要原因
啤酒酿造	10~14	13	需要创立全国性品牌形象，并协调投资
香　烟	6~12	23	广告宣传，并反映出产品的差异性
玻璃瓶	4~6	22	需要集中工程和设计人员
水　泥	2	7	需要分摊风险和筹集资本
电冰箱	14~20	21	市场营销的要求和较长的生产周期
石　油	4~6	8	分摊勘探原油的风险和协调投资

这一研究考察了成本条件对于集中模式的影响。第(1)栏表示对长期平均成本曲线按产出占产业的份额开始上升的点所做的估算。将这一点与第(2)栏中三家最大企业平均的市场份额进行比较。

资料来源：F. M. Scherer and David Ross, *Industrial Market Structure and Economic Performance*, 3d ed. (Houghton Mifflin, Boston, 1990).

营的为数众多的企业了。图9-2(*a*)体现的是处于完全竞争状态的农场产业的成本曲线。

2. 一个中间的情况是具有规模经济的产业，即相对于所在的产业，其规模很可观。经济计量学与工程学的许多研究都表明，在许多非农产业中,长期平均成本都出现过下降的趋势。例如,表9-2就是对美国6个产业的研究结果。在这些例子中,平均成本的最低点发生在单个厂商产出占整个产业产出份额的较大的时候。

现在我们来看图9-2(b),它显示的是在某一产业中,企业在市场份额较大处达到平均成本最低点。这种行业需求曲线所提供的市场只能确保为数较少的企业共存,并且在平均成本的最低点进行生产。这种成本结构就会导致寡头。美国大多数制造业——包括钢铁、汽车、水泥以及石油业的需求和成本结构都与图9-2(b)中的情况十分相似。由于这些行业只能容纳少数大生产者,因此倾向于产生寡头垄断。

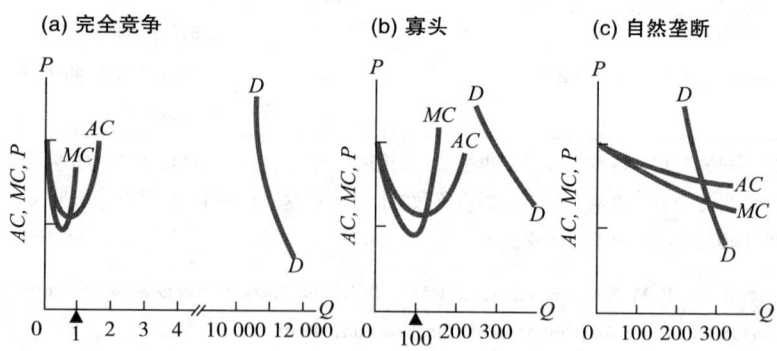

图9-2 市场结构取决于相对成本与需求因素

成本与需求条件影响市场结构。在(a)图完全竞争的情况下,相对于单一企业的效率规模而言,产业的总需求DD相当巨大,许多完全竞争者可以在此共存。在(b)中,相对于产业的总需求DD来说,成本在较高的产量水平才开始上升。为数众多的完全竞争者已不可能共存,寡头将会出现。当成本像图(c)中自然垄断的情况那样迅速且无限制地下降时,一个企业就能够扩大规模来垄断整个行业。

3. 最后一个重要的例子是自然垄断。**自然垄断**是指行业中只有一家企业能够有效率地进行生产。当技术在产量满足全部需求的范围内表现出显著的规模经济时，这种情况就会出现。图 9-2（c）显示了自然垄断的需求曲线。由于技术始终显示规模报酬递增的特性，从而平均成本和边际成本永远呈下降的趋势。随着产量的提高，企业可以不断地降低价格，且保持一定的利润，因为这时它的平均成本是下降的。成千上万个完全竞争者要想和平地竞争共处是不可能的，因为一个大企业具有远远高于一批小企业的效率。

一些自然垄断的例子是电话、电力、天然气和自来水以及铁路、公路和电力传输等公用事业。一个最重要的自然垄断是网络产业（参见第 6 章的讨论）。

然而，技术上的进步会削弱自然垄断。现在美国大多数人都可以享受至少两种无线电话服务，它们使用无线电波，而不是固定线路，从而削弱了电话公司的传统自然垄断地位。在有线电视领域中，我们也可以看到这种趋势，竞争者纷纷进入，打破该行业自然垄断的状态。并可能最终把它们转变成寡头格局。

尽管成本差异是决定市场结构的最重要因素，但是，进入壁垒也能增加产业集中程度。**进入壁垒**是新企业进入一个产业的各种阻碍因素。当进入壁垒很大时，这个产业的企业就很少，竞争的压力也就很有限。规模经济是进入壁垒的一种很普遍的类型，除此以外，法律限制、进入的高成本以及广告和产品差异化也会形成进入壁垒。

法律限制 有时，政府会限制某些产业的竞争。重要的法律限制包括专利、准入限制、关税与配额。专利是赋予发明者本人在一定时期内独自（或垄断）使用某种产品或工艺的特权。例如，制药业经常就一些新的药物授予各种各样的专利，因为研制这些药物要花几亿美元。专利是一种政府许可的垄断形式，已经得到经济学家的普遍认同。政府赋予专利以垄断权，目的是鼓励发明活动。这对于小企业和个人来说尤其有利。没有专利保护的前景，一个公司或单个发明者就不会愿意花那么多的时间和资源来进行研究和开发了。暂时的垄断高价及其所导致的低效率，实际上是商业社会为发明所付出的代价。

政府也对许多产业实施准入限制。最典型的是在一些公用事业，例如电话、电力和自来水，政府往往授予它们在当地享有特许垄断权。在这种情况下，政府授予企业提供某种服务的排他性权利。作为回应，该企业同意限制它的价格，并向所有的消费者提供服务，包括给有些消费者提供并不能盈利的服务。

在自由贸易的相关章节中，我们将会看到，自由贸易常常引起争议。但是让很多人吃惊的是：在强化竞争方面国际贸易究竟如何至关重要这一点，却鲜为人知。

研究关税的历史学家写道："关税是托拉斯之母。"这是因为政府强加的进口限制能将外国竞争者拒之门外。原因可能在于：某种产品的单个国家的市场可能只能支撑两三个企业，而世界市场则足够大，可以支撑很多的生产者。

由图9-2，我们可以看到限制外国竞争的结果。设想有一个类似于比利时或者贝宁的小国家，它决定在其国内只有本国航空公司可以提供航空服务。而这种小航空公司，不太可能具备高效的机群、储备、维修和互联网支持系统。如果真的这样，则比利时和贝宁的航空服务势必非常糟糕，价格也会非常昂贵。可以从图上看见的是，世界贸易的保护主义政策把产业结构从图9-2（b）变到了图9-2（c）。

当通过消除关税壁垒，市场扩大为一个自由贸易区时，强有力的和有效的竞争得到鼓励，垄断的力量也就会被削弱。增加竞争的最富于戏剧色彩的例子发生在欧盟。最近30年来，其成员国之间的关税不断降低，企业从更大的市场和更低的产业集中程度中获益。

进入的高成本　　进入壁垒除了法规上的，还有经济上的。某些产业的进入成本是很高的。例如，商业飞机制造业。对新飞机的设计和检测的成本之高，足以使潜在的进入者丧气。大概只有两家公司（波音和空中客车）能付得起开发下一代飞机所需的100亿～200亿美元的高成本。

另外，一些公司还进行了大量的无形投资，这些昂贵的投资也使潜在的进入者望而生畏。我们不妨考虑软件业。一旦电子表格软件（例如Excel）或文字处理软件（如Microsoft Word）被广泛接受，潜在的竞争者就很难再进入该市场。因为用户一旦掌握了一种软件以后，就不大愿意去学习另一种。因此，为了设法让人们接受一种新软件，潜在的竞争者就必须参与一场激烈的促销大战。这当然要花很多的钱,而且很可能还得亏本。

广告与产品差异化　　有时候企业也可以通过广告和产品差异化来构筑对付潜在竞争者的进入壁垒。广告可以打开产品的知名度并形成名牌效应。例如,百事可乐公司和可口可乐公司每年都要花费上亿美元做广告。这样,潜在的竞争者要进入可乐市场就必须花费很高的成本。

此外,产品差异化本身也会形成进入壁垒,提高生产者的市场力量。在许多行业(如麦片、汽车、家用电器、香烟),通常是由少数几家厂商生产许许多多、形形色色的品牌、型号和产品。从一方面来看,产品的多样化可以吸引最大范围的消费者。另一方面,大量具有差异化的产品使潜在的竞争者很难鼓足勇气加入这个市场。每一种有差异化的产品的需求是如此之小,以至于这些市场不能维持许多企业到达其 U 形成本曲线的最低点进行生产。其后果是图 9-2(*a*)中完全竞争的 *DD* 曲线向左方收缩,直到图 9-2(*b*)和 9-2(*c*)所示的寡头和垄断的情况。因此,产品差异化和关税一样导致了更高的集中程度和更加不完全的竞争。

品牌化和差异化产品

现代商业战略的一项重要任务就是品牌创造。比如,可口可乐的工厂在一次地震中全部坍塌了。那么,市场上可口可乐股票的价格将作何反应?它会一路狂跌到零吗?

根据财务专家的分析,这个问题的答案是,即使没有任何有形资产,可口可乐仍然要值大约 670 亿美元。这就是该公司的**品**

牌价值。产品品牌的产生取决于消费者对该产品的品位和质量的认可和口碑。当一个公司的产品看起来比其他公司的产品更好、更可靠,或更具吸引力时,品牌价值便得以确立。

在有差异化产品的世界里,一些公司因品牌价值而获得巨额利润。下表中显示了根据最近的估计,品牌价值为前十的公司:

排名	品牌名称	2006年品牌价值（10亿美元）
1	可口可乐	67
2	微软	60
3	IBM	56
4	通用电气	49
5	英特尔	32
6	诺基亚	30
7	丰田	28
8	迪斯尼	28
9	麦当劳	27
10	梅赛德斯-奔驰	22

资料来源:《商业周刊》,可在互联网获得,
http://www.businessweek.com/

如上表所示,可口可乐的公司市场价值比其工厂、设备和其他资产的估价总和多出670亿美元。公司怎样才能确立和维持品牌价值?首先,它们通常有创新产品,比如一种新饮料,一只可爱的卡通老鼠,或者一款高品质汽车。其次,通过投入巨资做广告来维持品牌价值。在广告中甚至将某种致命的产品,比如万宝路香烟(排名第14),与浪漫夕阳下与骏马共舞的英俊牛仔联系起来。第三,利用知识产权,如专利和版权,来保护品牌。在某种意义上,品牌价值就是企业过去创新活动的结晶。

垄断行为

分析了垄断这种极端情况之后，我们不妨转而研究不完全竞争者的行为。这需要一个新的概念，即边际收益。在分析其他市场结构时这个概念也将会得到广泛的运用。主要结论是：垄断行为会导致高价格、低效率和低产出，从而会减少消费者的福利。

边际收益的概念

假设你对一款叫做monopolia的新游戏具有垄断控制地位，而且你希望取得最大利润，那么，你应该收取多高的价格呢？你的产量应该是多少呢？

为了回答这些问题，我们需要一个新的概念——*边际收益*（MR）。从企业的需求曲线中，我们知道了价格（P）与销售量（q）之间的关系。我们也可以从表9-3中的第（1）栏和第（2）栏以及图9-3（a）中的该垄断者的需求曲线（dd）了解这一点。

把价格与数量相乘，可以计算出在每一销售水平上的总收益。表9-3中的第(3)栏表明，如何简单地用 P 乘以 q 来计算**总收益**（TR）。因此，零单位的 q 带来的 TR 等于零；1个单位的 q 带来的 $TR = 180$ 美元 $\times 1 = 180$ 美元；2个单位的 q 带来 160 美元 $\times 2 = 320$ 美元的总收益；以此类推。

这一直线或线性需求曲线的例子中，总收益最初随着产量的增加而上升，因为在这条需求曲线富有弹性的上部区域，出售较多的 q 所需要降低的 P 是不大的。但是，当我们达到直线需求曲线

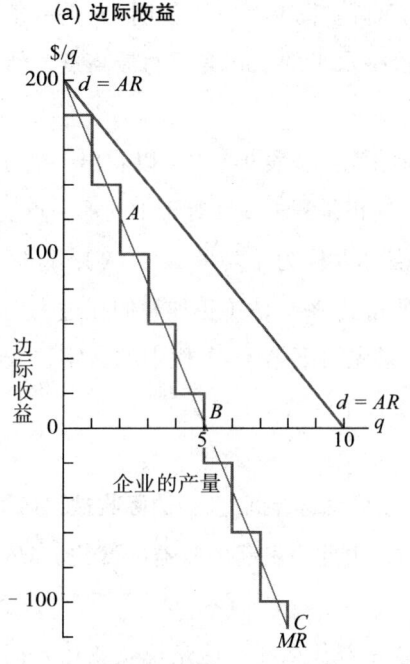

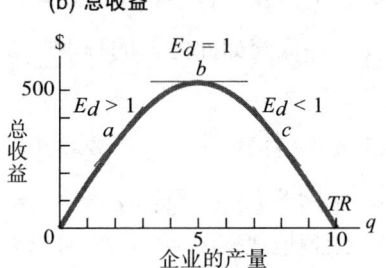

图9-3 边际收益曲线来自需求曲线

（a）梯形曲线表示每增加1单位的产量所增加的总收益，MR处于P之下。当dd变为缺乏弹性时，MR变为负数。把MR的梯形曲线拉平便可以得到一条平滑的MR曲线。在dd也是直线的情况下，MR的斜率总是dd曲线斜率的2倍。

（b）总收益曲线是穹形的——从零（此时$q=0$）开始上升到最高点（此时dd具有单位弹性），然后再下降到零（此时$P=0$）。如果我们在（b）中将TR画成平滑的曲线，就可以在（a）中得到平滑的MR曲线。

的中点时，TR就达到它的最大值。这时$q=5$，$P=100$美元，TR $=500$美元。超过此点，q的增加便将该企业带入需求缺乏弹性的区域。由于需求缺乏弹性，价格下降1%引起销售量的增加不到1%，因此，总收益随着价格的下降而下降。图 9-3（b）说明 TR 是一条穹形曲线，它从零上升到很高价格水平的 500 美元的最高点，然后下降到接近于零的水平。

你如何找到收入最高点的价格呢？从表 9-3 中可以看出，当 $q = 5$，$P = 100$ 时，TR 达到最大。这正是需求弹性等于 1 的那一点。

必须注意，每 1 单位的价格可以称为平均收益（AR），以区别于总收益。例如，TR 除以 q 便得到 $P = AR$（正如我们在过去用 TC 除以 q 而得到 AC 一样）。如果先写下第（3）栏中的数字，我们就可以运用除法来得到第（2）栏中的数字。

现在讨论所涉及的最后一个新概念，边际收益。**边际收益**（MR）的定义是：当销售增加 1 单位时，由此而引起的收益的变化。MR 既可以为正，也可以为负。

负边际收益这一陌生概念意味着什么呢？这是说企业让人们自由地取走物品吗？完全不是这样。负边际收益是指：为了售出更多单位的产量，该企业必须将价格降低到如此之低的程度，以至于它的总收益下降。

必须注意，即使 MR 为负，AR 或价格仍然为正。不要将边际收益与平均收益或价格相混淆。此外，图 9-3（a）描绘了需求（或 AR）曲线和边际收益（MR）曲线。细致地观察图 9-3（a）可以看出，阶梯形的 MR 必定处于 AR 的 dd 曲线之下。实际上，当 AR 向下降到离数值零还有一半距离时，MR 便变为负数。

需求的价格弹性与边际收益之间有何关系呢？当需求有弹

时，边际收益为正；当需求弹性为单位弹性时，边际收益为零；当需求缺乏弹性时，边际收益为负。

这一结论实际上是以一种不同的方法重述了我们在第4章中所使用过的弹性定义。回忆一下，当价格下降引起收益增加时，需求有弹性。在这种情况下，价格下降引起需求量上升得如此之高，以致收益上升，从而边际收益为正。

当需求弹性为单位弹性时情况如何？此时，价格下降与由此而引起的产量上升恰好相等，边际收益因此为零。你能否看出，在需求缺乏弹性的区域，边际收益为什么总是为负呢？对于完全竞争者无限弹性的需求曲线，边际收益为什么总是为正呢？

表9-3显示了重要的弹性关系，确信你真的理解了它们并且能够应用它们。

需要牢记的要点如下：

1. 边际收益（MR）是销售增加一单位时所引起的收益的变动。
2. 价格 = 平均收益（$P = AR$）。

表9-3 需求弹性、产量、价格、收益以及边际收益之间的关系

需求	产量（q）和价格（P）之间的关系	产量（q）对总收益（TR）的影响	边际收益（MR）
富有弹性（$E_P > 1$）	q变动百分比 > P变动百分比	q越高，TR越高	$MR > 0$
单位弹性（$E_P = 1$）	q变动百分比 = P变动百分比	q增大，TR不变	$MR = 0$
缺乏弹性（$E_P < 1$）	q变动百分比 < P变动百分比	q越高，TR越低	$MR < 0$

3. 当需求曲线向下倾斜时，$P > MR = P -$ 此前销售的所有单位的收益的减少量。

4. 当需求具有弹性时，边际收益为正；当需求具有单位弹性时，边际收益为零；当需求缺乏弹性时，边际收益为负。

5. 对完全竞争者而言，$P = MR = AR$。

利润最大化的条件

现在，我们回到这个问题上来，如果垄断者要实现利润最大化，那么，他应该如何确定其产量和价格呢？根据定义，总利润 = 总收益 – 总成本；用符号表示，$TP = TR - TC = (P \times q) - TC$。我们将会证明：当产量达到该企业的边际收益等于它的边际成本的水平时，利润达到最大。

确定这一最大利润条件的一种方法就是通过运用如表9-4所示的成本和收入表。为了找到利润最大化的数量和价格，我们计算第（5）栏中的总利润。这一栏告诉我们，最优的产量为4单位，每单位的价格为120美元。这就产生了480美元的总收益，在减去250美元的总成本之后，我们计算出总利润为230美元。浏览其他价格和产量水平可以看出，任何其他的价格—产量组合都不可能产生这么高的总利润水平。

用第二种方法我们可以得到更深刻的理解，这种方法就是比较第（6）栏中的边际收益和第（7）栏中的边际成本。只要每增加一单位的产量所带来的收益大于成本，该企业的利润就会随着产出的增加而增加。因此，只要 MR 大于 MC，企业就会继续增加

表 9-4　边际成本和边际收益的相等使企业得到最大利润的 q 和 P

有关企业最大利润的总结

(1) 产量 q	(2) 价格 P (美元)	(3) 总收益 TR (美元)	(4) 总成本 TC (美元)	(5) 总利润 TP (美元)	(6) 边际收益 MR (美元)	(7) 边际成本 MC (美元)	
0	200	0	145	−145			
1	180	180	175	+5	+180	30	MR > MC
2	160	320	200	+120	+140	25	
3	140	420	220	+200	+100	20	
4*	**120***	**480**	**250**	**+230**	**+60**	**30**	MR = MC
					+40	**40**	
5	100	500	300	+200	**+20**	**50**	
6	80	480	370	+110	−20	70	MR < MC
7	60	420	460	−40	−60	90	
8	40	320	570	−250	−100	110	

* 最大利润均衡

现在，我们将生产的总成本和边际成本，同总收益及边际收益放在一起，在所决定的利润最大化点 $MR = MC$，这时的 $q^* = 4$，$P^* = 120$ 美元，最大总利润 $TP = 230$ 美元 = (120 美元 × 4) − 250 美元。

它的产量。

另一方面，假设在一定的产量水平，MR 小于 MC，则意味着增加产量会降低利润，因此，企业应该在此时降低产量。显然，最佳利润点发生在边际收益正好等于边际成本的点上。因此找最大利润点的原则是：

> 当一个垄断者的边际收益等于他的边际成本时，即达到利润最大化的价格（P^*）和产量（q^*）：
>
> 当 $MR = MC$ 时，可以达到最大利润的（P^*）和（q^*）

这些例子说明利润最大化的 $MC = MR$ 原则在逻辑上的正确性。但是，我们也要了解在这一原则背后的含义。看看表 9-4，并假设该垄断者生产的 $q = 2$。在该点，多产生一个完整的单位产品的 MR 为 +100 美元，而它的 MC 为 20 美元。因此，如果多生产 1 单位，该企业就可以多获得 $MR - MC = 100$ 美元 – 20 美元 = 80 美元的利润。实际上，表 9-4 中的第（5）栏说明从 2 单位到 3 单位所增加的利润量正好是 80 美元。

因此，当 MR 大于 MC 时，增加产量可以使利润增加；当 MC 大于 MR 时，减少 q 可以使利润增加。只有当 $MR = MC$ 时，企业才处于它的最大利润的产量水平，因为这时改变产量水平不能增加任何利润。

图 9-4 表明了垄断的均衡。图（a）将企业的成本曲线和收益曲线结合起来。利润最大化点发生在 MC 等于 MR 的产量上，即两

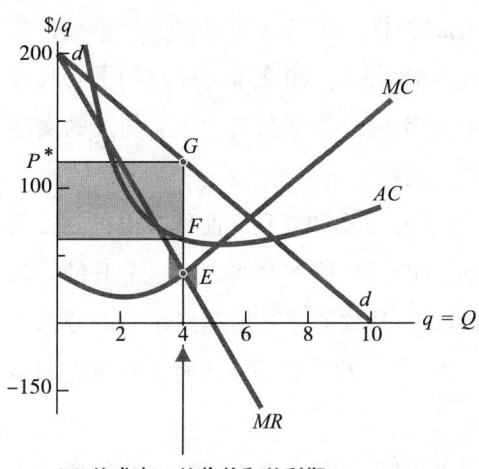

(a) 利润最大化

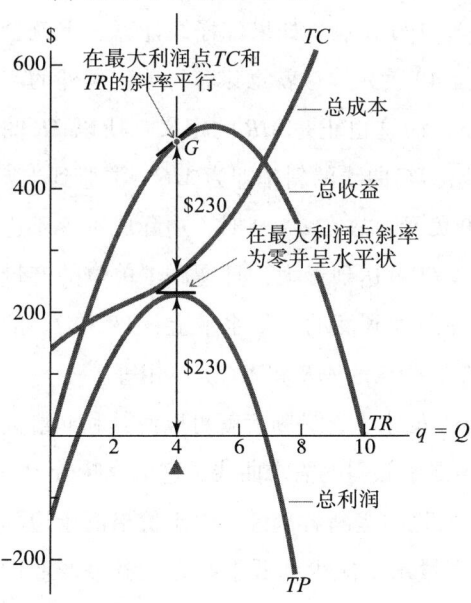

(b) 总成本、总收益和总利润

图 9-4 可以用总量的或边际的曲线来说明最大化利润的均衡

（a）在 E 点，MC 与 MR 相交，垄断者将得到最大利润。价格是在 E 点以上的 G 点；由于 P 在 AC 的上方，因此，最大利润是正值的利润。（你能否理解，为什么在 E 点的左、右两边的小三角形面积表示：由于背离 $MR = MC$ 水平而带来的总利润的减少部分？）

（b）本图说明了与上面论述相同的实现利润最大化的方法，但它使用的是总量概念，而不是边际概念。TR 曲线代表总收益，TC 曲线代表总成本。总利润等于 TR 减去 TC，从图中看，总利润则是由 TR 到 TC 的垂直距离给定的。每条曲线的斜率代表其边际值（即 MR 为 TR 曲线的斜率）。在这一点，总收益曲线和总成本曲线平行且斜率相等，即 $MR = MC$。

条曲线的交点 E。垄断的均衡点或最大利润点发生在 $q^* = 4$ 的产量水平。为了找到利润最大化的价格，我们从 E 点向上作垂线，与 dd 线相交于 G 点，此时相应的价格为 120 美元。G 点的平均收益高于 F 点的平均成本，这一事实可以保证利润为正。利润的实际数量是由图 9-4（a）中的阴影面积所给定的。

图（b）中使用了总收益、总成本和总利润曲线，也得到了相同的结论。总收益曲线是弧形的，总成本曲线永远是上升的。两者之间的垂直距离便是总利润，其数值在开始和终结的部分都是负数。在这两个部分之间，TP 为正数，在 $q^* = 4$ 时，到达它的最大值 230 美元。

我们进一步加上一个重要的几何知识点，即总值的斜率为边际值。那么看看图 9-4（b）中的 G 点。如果你仔细计算一下就会发现，该点斜率值为每单位 40 美元。这就意味着每单位额外的产出产生 40 美元的额外收益，而这也正是 MR 的定义。所以 TR 曲线的斜率即为 MR。类似地，TC 曲线的斜率即为 MC。注意到当 $q = 4$ 时，MC 也为每单位 40 美元。故在 $q = 4$ 时，边际成本等于边际收益。在该点处总利润（TP）达到最大，且增添 1 单位的产量的成本与收益正好相等。在最大利润的产量水平上，TR 和 TC 的切线平行，因此斜率（即在这些点的 MR 和 MC）也相等。

将产量确定在 MC = MR 的水平，垄断者就可以使其利润最大化。由于该垄断者拥有一条向下倾斜的需求曲线，这就意味着 P > MR。对于一个追求利润最大化的垄断者来说，由于价格高于边际成本，因此，垄断者会将产量水平减少到低于在完全竞争产业中所决定的水平。

尽管我们把 $MC = MR$ 原则运用于分析追求利润最大化的垄断者身上,但是,这一原则实际上可运用于更加广阔的领域。略加思考就会发现,$MC = MR$ 原则同样适用于追求利润最大化的完全竞争者。我们可以分两步来理解它:

1. 完全竞争者的 MR。对于一个完全竞争者来说,MR 意味着什么?它意味的是,多卖 1 单位的产品永远不会引起价格的下降,因此"先前所有的 q 的总收益损失"就等于零。价格与边际收益对于完全竞争者来说是相同的。

   在完全竞争的条件下,价格等于平均收益,也等于边际收益($P = AR = MR$),一个完全竞争者的 dd 曲线与它的 MR 曲线是两条重合的水平线。

2. 完全竞争者的 $MR = P = MC$。我们还可以看到,垄断者实现利润最大化的条件同样也适用于完全竞争者,只是结果有一些小小的区别。在经济学中,当产量处于 $MC = MR$ 的水平上时,利润达到最大化。但是从上一步中,我们看到对于一个完全竞争者来说,$MR = P$。因此完全竞争者的 $P = MC$,是 $MR = MC$ 利润最大化条件的一个特例。

   由于完全竞争者可以按市场价格出售所有它愿意出售的产品,因此其利润最大化的产量水平是 $MR = P = MC$。

通过重新描绘图 9-4(a),你也会得到这一结论。如果将该图用于分析完全竞争者,那么,在该市场价格水平,dd 曲线就是一条水平线,并与 MR 曲线相重合。利润最大化的 $MR = MC$ 的相交点也发生在 $P = MC$ 点上。这样,我们就知道如何将利润最大化的一般原则应用到完全竞争者和不完全竞争者两方面。

边际原则:让过去成为过去

我们以边际分析在经济学中更为普遍的运用来结束本章的内容。虽然经济理论不一定使你变得富有,但是,它的确会让你知道一些分析成本和收益的新方法。经济学最重要的教益之一是:你应该注意决策的边际成本和边际收益,并忽略过去的或沉没的成本。这一点可以表述如下:

> 让过去的事情成为过去。不要向后看。不要为已溅出的牛奶而哭泣,也不要为昨日的损失而悲叹。对于任何决策,要准确地计算你将多为之付出的成本,并把它和你将因之而增加的收益相权衡。根据边际成本与边际收益来进行决策。

这就是**边际原则**,它是指人们仅通过考虑和计算某一决策的边际成本与边际收益,来达到收益、利润或满足程度的最大化。有无数的场合可以利用边际原则。我们已经认识到,企业追求利润最大化的条件是符合边际成本等于边际收益的边际原则。

一个有趣的应用就是售房者的行为。行为经济学家观察到,即使当地房价急剧下跌,人们常常也不愿意以低于购买时的价格来出售自己的房子。

例如，假设你于2005年在美国圣何塞以25万美元的价格购买了一套房子，并且想在2008年卖掉它。而由于房价下跌，2008年类似房子的售价仅为20万美元。正如过去几年里许多人所面临的处境一样，你遭受了名义货币损失。

调查表明，你很可能将售价订为初始购买价格的25万美元，并且等上好几个月也没有买家提出认真的报价。这就是行为经济学家所说的"损失规避"，意思是说即使继续持有某项资产要付出高昂的代价，人们也拒绝承担现时的损失。这种行为已经在房市中得到证实，在房地产市场上，人们在售房遭受损失时总是开出更高的要价，并且会等上更长的时间。

经济学家劝告人们不要采取这种行为，遵循边际原则将会更好。忘掉你曾为自己的房子付出的价格，卖出当前你所能得到的最优价就行。

镀金时代的垄断者

在人类戏剧化垄断的背后，有时还存在如边际成本之类的抽象概念。鉴于此，在本部分的末尾我们不妨回顾一下美国企业史上一段最多姿多彩的时期。由于法律与习俗的不断变化，美国今天的垄断者，与1870~1914年镀金时代的那种辉煌、富有创造力、不道德、欺诈的强盗绅士相比，已经有天壤之别。诸如洛克菲勒、高德（Gould）、范德比尔特（Vanderbilt）、弗里德（Frick）、卡内基、罗森查德（Rothschild）以及摩根等大亨的传奇故事，描述了所有你可能很难想象得到的东西。他们开创了诸如铁路、石油、钢铁等产业，形成自己的财团，推动了西进运动。他们都打败了自己的竞争对手，并将惊人的财富留给了他们的后代。

19世纪最后30年的美国，充满了渎职和腐败的经济经历了强有力的增长。丹尼尔·德鲁是一个偷牛贼、马贩子和铁路工，他掌握了"灌肠术"的诀窍。在将牛运往屠宰场之前，他先不让它们碰水；而在牛过秤之前，他预先用盐将牛弄得特别渴，然后让它狂喝大量的水。后来，企业界的大亨们则通过抬高他们证券的价格来搞"搀水股"。

美国西部边疆的铁路大亨，历史可以将他们列为最不道德的企业家。横跨美洲大陆的铁路建设，是通过大量拨让联邦土地而获得资金、并经由大力贿赂无数议员与大官而取得特权的。南北战争后不久，老谋深算的铁路职员杰·高德就企图垄断全美的黄金供给，并用它来控制国家的货币供给。高德后来为了提高北部那段铁路（常年为大雪围困的地方）的声誉，竟然如此描述：那里是一片热带雨林的乐园，种植园里长满了桔子与香蕉，随处可见活蹦乱跳的猴子。到那个世纪末，所有的这些贿赂、土地转让、搀水股，以及那些荒诞的承诺，都终于促成了世界上最大的铁路系统的竣工。

约翰·洛克菲勒的故事可以说是19世纪垄断者的一个缩影。洛克菲勒看到幼小的石油产业可以挖掘很多的财富，就着手组织石油提炼产业。他是个小心翼翼的经营者，总是试图从那些容易争吵而又极不可靠的企业家那里获得"订单"。他自然会遭遇一些竞争对手。但他通过说服铁路部门秘密地给予回扣，并为他提供有关对手的供给信息，从而逐步获得了对该产业的控制权。只要竞争者稍不遵守他的规矩，洛克菲勒就会拒绝为他们供油，甚至宁愿将油倒在地上。到1878年，约翰·洛克菲勒已经控制了美国95%的石油供给与炼油市场。价格从上升变为稳定，相互拼杀的竞争终于为垄断所替代。

洛克菲勒还设计了一个相当精明的新方案，来保证自己在联盟中的控制权。这就是"托拉斯"，即股东将股份转交给托管人，由他们负责经营，实现利润最大化。其他行业也仿效标准石油托拉斯（Standard Oil Trust），很快，托拉斯就在煤油、糖、威士忌、铅、盐及钢铁行业中建立起来。

这种行为引起了农民与平民的极大公愤，不久后国家通过了反托拉斯法（参见第10章）。在1910年，进步人士的反"大财团"运动取得第一次伟大胜利后，才解散了标准石油集团。具有讽刺意味的是，洛克菲勒竟然能够在实际上从解散中获利。这是因为标准石油的公众股价格实际已经上涨了。

但是，垄断也创造了极大的财富。1861年美国只有3个百万富翁，而到1900年就增加到4 000名（20世纪初的100万美元，大约相当于今天的1亿美元）。

巨大的财富也引发了令人触目惊心的炫耀性消费（这个词在索斯坦·凡勃伦1899年的《有闲阶级论》一书中被引入经济学）。与早期的欧洲的主教和贵族一样，美国的企业大亨们也要为他们的财富树立永恒的纪念碑。许多财富被用于修建高贵的宫殿,例如，罗德岛新港范德比尔特庄园，至今仍可以为人们观瞻和仰慕；又如，他们收集的大量艺术品，成为美国大博物馆，如纽约大都会艺术博物馆的主要藏品；再如，开办基金会，设立一些以斯坦福、卡内基、梅隆、洛克菲勒命名的大学；等等。在他们的个人垄断因政治原因或因其他竞争性的赶超而瓦解之后很久，在他们的大多数财富被其继承者所分割而后代的企业又大为逊色的今天，这些强盗式绅士们的慈善基金等遗产依然在影响着美国的艺术、科学和教育。

第十章 寡头和垄断竞争

且看看1992年美国航空业的价格大战。当时,美国航空、西北航空和其他公司互不示弱、竞相降价、不可开交。其结果,客运量下降、航空公司亏损,这些都有迹可查。有人估计,美国航空业当年遭受的亏损竟然超出了该产业有史以来最高年份的总利润。

阿克塞·罗,马克·伯根和斯科特·戴维斯:《如何打一场价格战》

前几章我们考察了完全竞争和完全垄断的市场结构。但是,如果你看看窗外的美国经济,你就会发现像这样极端的情况是很少的。多数行业介于这两个极端之间,是由为数不多且相互竞争的几个企业组成的。

这一系列不完全竞争形式的主要特征是什么呢?不完全竞争者是如何决定价格和产出的?为了回答这些问题,本章的开头将分析寡头和垄断竞争者的表现,特别要说明的是集中和策略互动的作用。进而,我们讨论博弈论,它是我们理解人们和企业等经济主体如何进行策略互动的重要工具。最后,我们将讨论如何应对垄断滥用、加强监管和反托拉斯等方面的公共政策。

不完全竞争者的行为

不妨回顾一下表9-1，该表列举了以下几种市场类型：（1）完全竞争：当为数众多的企业生产一种完全相同的产品时，就会出现完全竞争的情况；（2）垄断竞争：在这种情况下，为数众多的企业生产略有差别的产品；（3）寡头：它是不完全竞争的一种过渡形式，在这种情况下，行业为少数几家企业所控制；（4）垄断：一个企业单独生产一个行业的全部产品，垄断是最集中的市场结构。

如何衡量厂商在市场上控制价格和产出的能力？不同产品的表现如何？我们不妨从这些问题开始。

在许多场合，例如，为确定政府是否应该干预某一市场，或者，大公司是否应该放弃它的垄断地位，经济学家都需要衡量该公司的市场控制能力。**市场力量**指的是单一厂商或少数企业控制某一产业的价格制定和生产决策的程度。

衡量市场力量最常用的一个指标是一个产业的集中率，图10-1说明了这一点。**四企业集中率**的定义是：某产业四家最大的厂商的总产量（或发货量）在整个产业中所占的百分比。同样，八企业集中率就是前八大厂商在某个产业总产量中所占的百分比。在完全垄断的情况下，四家或八家企业的集中率都是100%，因为

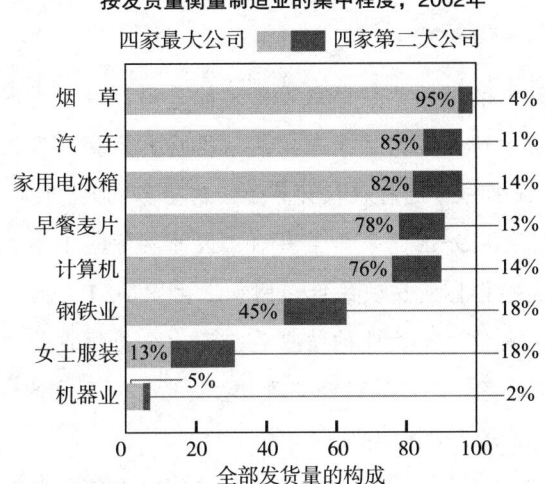

图 10-1 集中率衡量的是市场力量

就冰箱、汽车和许多其他产业而言,少数几家企业生产了美国国内产量的绝大部分。将这种情况与理想的完全竞争相对比,在理想的完全竞争之下,每家企业小到不能影响市场价格。

资料来源:U. S. Bureau of the Census,2002 年数据。

一家企业就生产了所有的产品,而在完全竞争的情况下,这两种集中率都接近于零,因为即使是最大企业,也只生产行业中全部产出的一小部分。

很多经济学家相信,传统的集中率没有能够充分地衡量市场力量。要想充分了解那些占统治地位的企业在行业中的角色,**赫芬达尔-赫希曼指数**(HHI)是一种更好的方法。该指数是通过将一个市场中所有参与者所占的市场份额的比率的平方进行加总而获得的。完全竞争的 HHI 接近零,而完全垄断的 HHI 则是 10 000。

慎用集中率指标

尽管集中率指标已经得到了普遍的采用,但由于国际竞争以及关系密切的行业之间的竞争,这一指标会产生许多误导。如图10-1中,传统集中率指标仅仅计算了国内生产,而把进口排除在外。由于在制造部门外国竞争非常激烈,因此实际集中率和市场力量可能要比这些指标所反映的低。例如,由图10-1可见,用传统集中率指标来衡量汽车行业的结果是前四大公司所占的市场份额是85%。但如果将进口包括到销售额中去的话,则同样的这四家企业就只能占到市场份额的43%。

此外,集中率指标往往忽略了来自其他相关产业的竞争。例如,集中率通常只被定义在一个狭窄的产业范围,如有线电话服务业。然而,激烈的竞争有时却来自于外部相关行业。与有线电话不在一个行业的蜂窝电话就是地方上传统有线电话服务的一个主要威胁。尽管四公司的集中率指标占有线电信运营商的60%,但四公司对于所有电信运营商而言仅仅是46%。因此市场的定义强烈影响集中率的测定。

最后,现实中衡量市场的集中程度,许多法律仲裁问题可谓至关重要,例如在讨论反托拉斯法的时候。这将会在本章后面进行。精准地刻画市场上所有竞争者的势力,对于判定垄断泛滥是否已经形成威胁这一点应当很有助益。

不完全竞争的实质

在分析市场集中率的过程中，经济学家发现不完全竞争市场存在着三个主要的因素：规模经济、进入壁垒和策略互动（前两者在前面的章节中已经分析过，第三大因素是下一节中具体考察的对象）。

- **成本** 对一个企业来说，当最低平均成本所对应的产量水平占该产业总产量相当大的比例时，只有少数几个企业可以获利并生存下来，结果就很可能形成寡头。
- **进入壁垒** 当存在规模经济或政府限制而形成进入壁垒时，一个产业的竞争者的数量就会十分有限。
- **策略互动** 当在某一市场上仅仅有少数几个企业时，它们必然会认识到它们之间的相互依赖性。**策略互动**是寡头市场的一个新特征，属博弈论研究领域。当每个企业的经营战略取决于它的竞争对手的行为时，就会出现策略互动。

为什么经济学家特别关注不完全竞争产业的情况呢？因为这些产业的行为往往是有损公众利益的。例如，不完全竞争者的价格通常要高于边际成本。有时，如果没有竞争的刺激，服务质量就会下降。高价格和低质量都是不受欢迎的结果。

高价格的结果是寡头产业经常（但不总是）能有超出正常的利润。在很多情况下，高度集中的烟草业和制药业的超额利润总是被当做政治攻击的目标。但是，进一步的研究表明，集中行业的利润率比非集中行业并高不了多少。

不完全竞争者通常提出的一个反击理由是，在现代经济中，大企业负担了绝大部分研发（R&D）和创新费用。这种说法不无道理，因为集中程度较高的产业为了在技术水平上超过竞争对手，每单位销售额中往往含有较高水平的研发费用。不过，个人和小企业也会创造出很多重大的技术突破。我们会在第 11 章经济创新中再次论述这一重要问题。

不完全竞争理论

诚然，对于产业集中度的研究非常重要，但它并不能说明问题的全部。实际上，为了解释不完全竞争者的行为，经济学家们已经开发了一个领域，即产业组织。在这里不可能全面地阐述这一广阔领域，我们将考察不完全竞争的三种重要情况：勾结寡头、垄断竞争和少数寡头。

一个市场不完全竞争的程度并不只取决于企业的数量和规模，也取决于企业的行为。当市场上企业为数不多时，它们就会注意竞争对手的行为和反应。例如，在同一条航线上飞行的两家航空公司，如果一家提高机票价格，另一家就要决定是与对方一起提价，还是保持低票价以排挤对方。策略互动描述的就是每个企业的经营决策如何依赖于竞争对手的商业行为。

当一个市场中只有为数不多的几个企业时，它们就可以在合作与不合作的行为之间做出选择。当企业按照自己的计划行动，而没有公开或暗中勾结其他企业时，它们就是以非合作方式共处，这会形成价格大战。当它们设法将双方的竞争降到最低程度时,可以说它们在以合作的方式共处。当寡头企业积极地合作时,它们就相互**勾结**起来。这一术语表示这样一种情况:两个或更多的企业共同确定它们的价格或产量,在它们之间瓜分市场,或者共同制定其他生产决策。

在美国资本主义的早期阶段,在反托拉斯法还没有奏效之前,寡头往往合并或形成一个托拉斯或卡特尔(回顾一下我们在第9章中有关托拉斯的讨论)。**卡特尔**是生产相似产品的独立企业联合起来以提高价格和限制产量的一种组织。今天,除了少数例外,在美国和其他多数市场经济国家,公司相互勾结起来共同确定价格或瓜分市场的行为是属于非法的。

不过,当企业不想通过公开的协议来避免竞争时,它们就会暗中进行勾结。但它们在暗中勾结时,往往会将价格定在相近的水平上,抬高利润,降低营业风险。近年,不仅网上音乐、钻石等销售商都已被查证有价格联手迹象,而且私立大学、艺术品交易、航空和电话业,也都被指控存有勾结行为。

成功的勾结会赢得很高的报酬。设想一个产业,该产业有四个企业(称A、B、C和D),它们都厌倦毁灭性的价格大战,于是暗中勾结,将价格定在同一水平,而不是互相压价。在这种情况下,企业可能需要寻求一种**勾结寡头**均衡,以得到使其共同利润最高的定价。这样,这四家企业实际上成了一个垄断者。

图10-2说明了寡头A的情况,四家企业有相同的成本曲线和需求曲线。我们假设其他三家企业总是会定一个与A相同的价格,据此画出A的需求曲线$D_A D_A$。

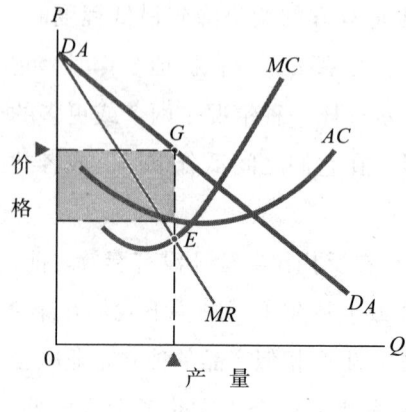

图 10-2 有勾结的寡头看上去很像垄断

在经历了灾难性的价格战之后,企业必然会认识到每一次削价都被竞争者的削价所抵消。因此,寡头 A 可能会假设其他寡头也会索取相似的价格,从而估计它的需求曲线 D_AD_A。当各企业相互勾结以确保利润最大化的价格时,价格将非常接近于单个垄断者的情况。你能解释为什么利润会等于阴影部分的矩形面积吗?

对于有勾结的寡头来说,利润最大化均衡在图 10-2 所示的 E 点,即企业的 MC 曲线与 MR 曲线的相交点。这里,恰当的需求曲线为 D_AD_A。有勾结的寡头的最优价格显示在 D_AD_A 曲线上的 G 点,它在 E 点的正上方。这一价格与垄断的价格水平完全相同,也就是说,高于边际成本,并且使得勾结寡头获得了满意的垄断利润。

当寡头能够相互勾结,使它们的共同利润达到最大时,考虑到它们之间的相互依赖性,它们就会以垄断者的价格和产量,来赢得垄断者的利润。

虽然许多寡头对于获取如此高的利润感到满意,但是,在现实生活中,存在许多阻碍它们有效勾结的因素。首先,勾结是非法的。其次,企业可能通过对所选择的顾客降低价格以增加其市场份额来"欺骗"协议中的其他成员。在价格保密、产品有差别、企业的数目不止几个或技术变化迅速的市场上,秘密降价的可能性更大。第三，随着国际贸易的不断深入，许多公司不仅要应付国内竞争，还要迎接外国企业的激烈挑战。

事实上，经验表明，成功运作卡特尔是一件很难的事，不管是公开的还是秘密的。

石油输出国组织（OPEC）就是一个长期勾结失败的例子。OPEC作为一个国际组织，规定了成员国(包括沙特阿拉伯、伊朗、阿尔及利亚等)的石油产量。它的目标是"为石油生产者确保公平和稳定的石油价格，向石油输入国提供有效的、经济的和有规律的石油供给，并保证石油行业的资本回报率。"批评者认为该组织是一个真正勾结在一起、旨在最大化产油国利润的垄断组织。

1973年，OPEC可谓家喻户晓，当时它导致了石油产量的急剧下降和石油价格的飞涨。但一个成功的卡特尔显然要能够要求其成员国限制生产以维持高价，并坚持执行集体的规定。然而，每隔几年一些OPEC的成员国就总是出现无视既定配额而增加生产的情况，从而导致价格竞争战的爆发。最为壮观的是1986年，沙特阿拉伯竟然将其石油价格从每桶28美元降低到10美元以下。

OPEC所面临的另一个问题是它规定的是生产配额，而不是价格。在需求不确定和价格缺乏弹性的条件下，这种做法很容易导致油价的剧烈变动。进入新世纪以来，由于物价飞速上涨，石油生产商更是富有起来，但是石油输出国组织实际上已经很少能有效控制事态了。

另一个屡次勾结而又不断失败的市场是航空业。这个产业可以说是相互勾结的天然候选者。主要的航空公司的数量屈指可数，而且在许多航线上只有一两个竞争者。但回头看本章开头那段描述近期美国航空业价格大战的引言可发现,航空公司破产是极为频繁的,有些航空公司甚至要花费更多的时间忙于破产而不是找到解决方法。事实上,只有当一家航空公司垄断了通往某个城市的几乎所有航线时,才有可能真正地采取垄断价格以获得垄断利润。

勾结寡头的另一极端是**垄断竞争**。垄断竞争在三个方面类似于完全竞争:有许多买者和卖者,进入和退出某一产业是自由的,各企业都把其他企业的价格视为既定。二者之间的差别在于:在完全竞争的条件下,产品是完全相同的;而在垄断竞争的条件下,产品是有差别的。

垄断竞争是非常普遍的,不妨看一下超级市场的货架,你会发现各种品牌的麦片、香波和冷冻食品系列,足以让人眼花缭乱。在每一系列,产品与服务虽然有差别,但它们的相似性仍然足以在它们之间构成竞争。还有一些垄断竞争的例子:在你家附近有几家杂货店,所卖的商品都一样,只是地理位置各不相同而已。加油站也是如此,它们销售同样的产品,只是在地理位置与品牌方面进行竞争。摆有几百种杂志的书摊是垄断竞争的,拥有50多个竞争品牌的个人电脑市场也是如此。诸多此类例子不胜枚举。

为便于分析,我们应记住这样一个重要的观点,即产品存在差别意味着每个销售者相对于完全竞争市场(销售者是价格接受者)来说在某种程度上都有提高或降低价格的自由。产品差异化使得每个卖者所面临的需求曲线向下倾斜。

图10-3表明某一垄断竞争的电子杂志的短期均衡位于 G 点。

它的 dd 需求曲线表示当其他杂志的价格不变时，该企业销售量与价格之间的关系；它的需求曲线是向下倾斜的，这是因为它的产品与任何其他出售者的产品都有某些差别——讨论的焦点不同。利润最大化的价格处在 G 点，由于 G 点的价格高于平均价格，该企业获得了相当可观的利润，其利润额用 ABGC 的面积来表示。

但是，我们的杂志并没有垄断作者、新闻发布权或电脑上网能力。企业可以通过雇用编辑、采用鲜明的新观点和新标语、购置打印机，以及雇用工人等办法加入该行业。由于电子杂志业是有利可图的，企业家就会将新的电子杂志投放市场。随着新企业的加入，现有垄断竞争的电子杂志的需求曲线向左方移动，因为新的杂志抢走了一部分市场。

最终的结果是电子杂志继续进入该市场，直到所有的经济利润（包含所有者的时间、才能和投入资本的合适的机会成本）下降到零时为止。图10-4说明了典型的卖者的长期均衡。在均衡点，

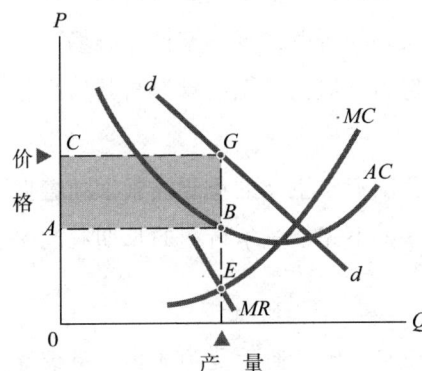

进入之前的垄断竞争

图 10-3　垄断竞争者生产许多相似的产品

在垄断竞争的条件下，为数众多的企业出售有差别的产品，因此它们拥有向下倾斜的需求曲线。每个企业都将其竞争者的价格视作是既定的。$MR = MC$ 的均衡点位于 E 点，价格处于 G 点。由于价格高于 AC，该企业获得了利润，即 ABGC 的面积。

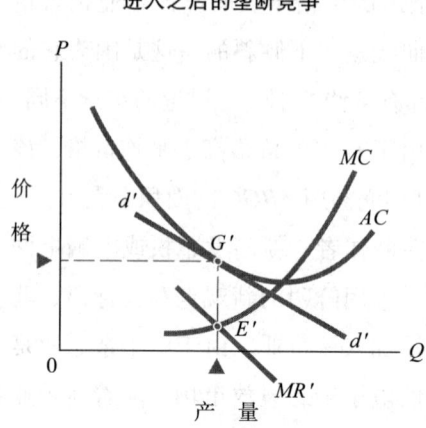

图 10-4 众多垄断竞争者的自由进入消除了利润

图 10-3 中典型出售者最初盈利的 dd 曲线由于新竞争者的进入会向左下方移动到 $d'd'$ 的位置。只有当每个卖者被推到一个长期的、没有利润的相切点,如 G' 点时,进入才会终止。在长期均衡点,价格仍然高于 MC,每个生产者都处于其长期 AC 曲线左边的下降部分。

需求减少或向左方移动,直到新的需求曲线 $d'd'$ 正好与该企业的 AC 曲线相切为止。G' 点就是该产业的长期均衡点,这是因为利润为零,没有人企图进入或被迫退出该产业。

这一分析结果可以很好地用来解释个人电脑产业。最初,电脑厂商,如苹果公司和康柏公司,赢得了很大的利润。但后来随着个人电脑产业进入壁垒的不断降低,许多小企业也进入了这个市场。今天,这个产业有为数众多的企业,每一家只在市场上占一小部分份额,尽管它们不停努力,但仍然无法赢得与其努力相称的经济利润。

垄断竞争模型提供了认识美国资本主义的重要线索:随着拥有新差异产品的企业的进入,这种不完全竞争行业的长期利润率为零。

在垄断竞争的长期均衡点,价格高于边际成本,但经济利润已经下降到零。

一些批评家认为，垄断竞争天生是低效率的。他们指出垄断竞争会导致过多新产品的出现，而如果消除这些不必要的产品差别，就会降低成本，从而降低价格。为了更好地理解他们的理由，我们不妨再看看图 10-4 中的长期均衡价格 G'。在该点，价格高于边际成本。因此，产量降低到理想的竞争水平之下。

批评垄断竞争的论断有它不可忽视的吸引力。它在揭示人类的福利，从苹果、肉桂、麦片到蜂蜜、坚果，再到所有食物的分配方面，的确有独到之处。有时候，我们很难解释为什么十字路口的四个角上会各有一个加油站。

不过，有一个逻辑性很强的观点可以用于解释当代市场经济所生产的差异化的产品和服务。所生产的大量产品满足了不同消费者的品位和需要。减少垄断竞争者的数目可能会降低消费者的福利，因为人们再也不能得到如此多样化的物品了。人们宁愿为自由选择支付较高的代价。

第三个不完全竞争的例子，是仅有少数企业的竞争市场。这次我们不考虑勾结的问题，而将注意力放在策略互动的现实问题上。策略互动可以在任何竞争者为数较少的市场中发生。正如网球运动员设法看透他的对手一样，每一家企业都必须考虑关键经营策略的改变会引起竞争者什么样的反应。如果通用电气公司生产出一种新型的冰箱，那么它的主要竞争对手惠而浦会有什么举动呢？如果美国航空公司降低横跨大陆的机票价格，联合航空公司又会做出何种反应呢?

考虑纽约到华盛顿的飞机运输市场,目前它是由德尔塔公司和美国航空公司所控制的。由于这个市场只有两家企业,我们将它称为**双寡头垄断**。假设德尔塔公司考虑将收费降低10%,只要美国航空公司不同样降低收费,则德尔塔公司的利润就肯定会提高。但是,如果对方同样也降低价格,则它的利润就会下降。如果它们不能相互勾结,则德尔塔公司就必须考虑价格的波动会引起对方何种反应。最好的方法是估计每种行为会引起对方的何种反应,然后从被认知的策略互动中找出使利润最大化的做法。这种分析属于我们接下来就要讨论的博弈论问题。

类似的策略互动发生在许多大型产业中:电视、汽车甚至经济学教材。与垄断和完全竞争不同,几乎没有一个简单的理论可以用于解释寡头的行为。成本与需求结构的不同,产业的不同,甚至于企业经营者性格的差异,都会引致不同的策略互动和不同的定价策略。有时,最好的方法是相机抉择,以便在对立之中进行权衡。

> 少数企业之间的竞争将一种全新的特征引入经济生活之中:它迫使企业考虑竞争者对于价格和产量变动的反应,并将策略问题带入市场。

价格歧视

当企业拥有市场力量时,它们就可以通过价格歧视手段去提高它们的利润。**价格歧视**指的是同样的产品以不同的价格卖给不同的顾客。

考虑下面的例子。你经营一家公司,出售一种叫做 MyMoney 的个人成功理财的软件。你的市场营销经理对你说:

> 老板,你看,我们的市场调查显示我们的客户可以分成两种类型:一直采用本公司软件的老客户,以及之前采用其他软件的新客户。我们何不对老客户提高价格,而对有可能转向竞争对手的新客户给予优惠?我已经算过了,如果我们将价格从 20 美元提高到 30 美元,但是给那些之前采用其他理财软件的客户 15 美元的折扣,我们就可以增加客户的数量。

你很容易被该建议所吸引,并大致画出了如图 10-5 所示的需求曲线。市场营销经理的调查显示老客户的需求价格弹性比潜在客户的小,因为新客户必须支付大量的转移成本。如果你的优惠计划能发生作用,并成功地细分了市场,则你的利润就会从 1 200 美元上升至 1 350 美元。(为确保你已经理解了这个分析,请使用图 10-5 中的数据计算一下:设定两种情况,一个是统一的垄断价格,另一个是细分市场实行价格歧视,然后推算价格和利润。)

价格歧视在今天被广泛使用,特别是针对那些不易从低价市场转移到高价市场的产品。这里有一些例子:

- 同样的教科书在欧洲要比在美国卖得便宜。是什么阻止了批发商从国外大量进口,从而压低国内市场的价格?是保护主义的配额限制了这一行为。然而,作为个人,你也许会通过

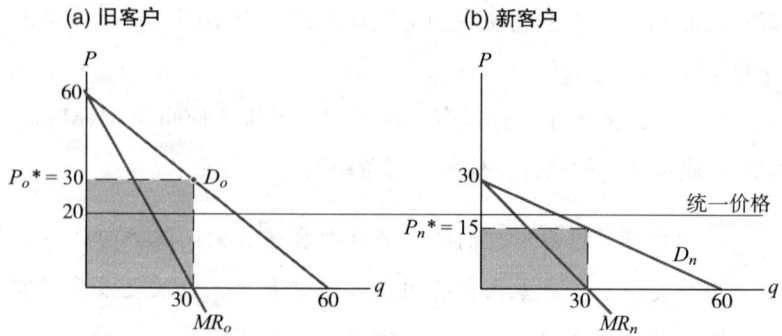

图 10-5　企业可以通过价格歧视提高利润

你是一个追求利润最大化的垄断者,出售边际成本为零的计算机软件。你的市场包括在图(a)中已有的客户和在图(b)中的新客户。老客户的需求弹性较小,因为他们转而使用其他程序的成本较高。

如果你设定一个统一价格,你在价格为 20 美元处实现最大利润 1 200 美元。但是假设你可以把市场细分为坚定的老客户和犹豫不决的新客户,你就能够将利润提高到(30 美元 × 30)+(15 美元 × 30)= 1 350 美元。

网上书店从国外购买书籍,从而降低购书成本。
- 航空业善于使用价格歧视(回顾我们在第 4 章关于航空业弹性的讨论)。它们通过对选择旅游高峰和非高峰时间的乘客,商务出行和旅游出行的乘客以及愿意等候的乘客提供不同价格的机票来细分市场。这使得它们无需牺牲收入就可以为航班吸引到足够的乘客。
- 地方公用事业常常使用"两部分定价"(有时也叫做非线性定价)来弥补高出的经费成本。如果你观察一下你的电话或电费账单,你会发现那上面通常都有服务的连接价格和每单位的价格。因为,相对于每单位价格来说,连接缺乏价格弹性,这就使得卖方可以降低每单位的价格，从而提高总的销售量。
- 从事国际贸易的企业常常发现国外的需求比国内的需求更有弹性。因此，它们在国外的售价要低于国内。这种行为也可以叫"倾销"，通常被国际贸易协定所禁止。
- 某些公司有时会降低其顶级产品的级别，生产性能低一些的产品，这样它就可以以较低的价格出售这些产品，从而赢得低端市场。例如，通过加入特殊的命令，IBM 公司让其激光打印机的速度从每分钟 10 页降低到每分钟 5 页，从而可以用较低的价格出售这种产品，而同时又不会影响到顶级产品的销售。

价格歧视的经济效率在哪里？令人惊奇的是，它们常常会提高经济福利。为理解这一点，回顾一下垄断者通过提高价格和降低销量来增加利润。它们这样做会赢得急需其产品的顾客，但同时也会失去那些犹豫不决的顾客。垄断者通过区分愿意支付高价的顾客（向他们收取高价）和只愿意支付低价的顾客（或是向他们收取中等价格，或是以低价向他们出售较次的产品），就可以分别制定不同的价格收费标准，进而能够同时提高企业利润和消费者的满意程度。

博 弈 论

> 策略性思维是在不断弄清对手的过程中战胜对手的一门艺术。
>
> ——埃维纳什·迪克西
>
> 巴里·纳勒巴夫
>
> 《策略性思考》(1991年)

经济生活中充满了国民、企业或国家争夺支配地位的情况。我们在前面章节所分析的寡头垄断有时会引发经济战。在19世纪，我们就已经看到了这种竞争，那时范德比尔特（Vanderbilt）和德鲁（Drew）曾在他们相互平行的铁路线上一而再再而三地竞相压低运输收费。近些年来，航空公司发起价格战，以便在价格大战中争夺客户，但其结果往往都是以惨败而告终（见本章开篇的那段引言）。但是，航空公司在降低价格之前应该考虑到它的对手将会对它降价这一举动做出什么样的反应，如何应对这些反应，等等。

一旦企业所想的是，竞争对手所想的是什么？应当如何应对？那么它事实上就已经跨入我们所讨论的博弈论的世界了。博弈论所分析的是，目标相互冲突的两个或更多的决策者的行为及其互动的情况。在不完全竞争的市场结构中，博弈论者若干重要的见解如下：

- 随着不合作寡头数量的增加，一个产业的价格和产量趋向于完全竞争市场的产出情况。
- 如果企业成功勾结，那么，市场价格和产量将接近于垄断所产生的价格和数量。
- 过去的经历表明,随着企业数量的增加,勾结协议更加难以付诸实施,发生欺骗和不合作行为的次数也会增加。
- 在多种情况下,不存在寡头市场的稳定均衡。由于企业威胁、欺骗、发动价格战、处罚较弱的对手、暗示它们的意向或简单地退出市场等原因,策略互动就可能导致不稳定的后果。

博弈论所分析的是两个或两个以上的比赛者或参与者选择能够共同影响每一参加者的行动或策略的方式。这一理论的定义听起来也许不那么令人重视,但在实际中却具有非常重要的意义。博弈论主要是由一位出生于匈牙利的名叫约翰·纽曼(John von Neumann,1903~1957年)的数学天才所开创和发展起来的。经济学家利用博弈论来研究垄断者们的互动、工会与管理层的争议、国家的贸易政策、国际环境协议、名誉以及其他诸多问题。

博弈论还可以用于点拨我们的政治、福利和日常生活。例如,博弈论认为,在某些场合,小心的相机抉择行为是一种最佳的策略。保安的巡逻路线应当随机,而不应当固定。你在玩扑克时偶尔也应当耍一点小聪明,不仅要在自己手气差的时候能够赢,而且在手气好的时候也要保证其他对手不会因为输得过多而退出牌局。我们将在本节探讨博弈论的基本理论。

我们首先分析动态价格削减。假设你是网上书店 Amazing 公司的总经理,该公司的口号是"我们的售价不会高于别人"。现在,打开你的浏览器,你会发现一家新开的网上书店 EZBooks 公司也在做广告:"我们的卖价总比别人低10%"。图11-6描述了这一动态变化。图中垂直的箭头表示EZBooks公司的削价,而水平的箭头表示Amazing公司与此相对应的削价。

探寻这种定价行为与对抗方式,我们可以看到,这种竞争的结果势必会以相互毁灭、价格趋零而告终。为什么?因为只有降低到零价格,双方的价格战略才能够做到言行一致,零的90%等于零。

最终两个公司都将会醒悟:当一个公司削价时,另一个也会采取相应的削价措施。只有那些目光短浅的人才会认为自己的价格可以长期地低于竞争对手。于是,每个市场的参与者都将会自问,如果我降价、提价或是维持不变,我的竞争对手将会怎样应对?一旦你开始考虑他人会如何对自己的决策做出反应的时候,你便进入了博弈论的领域。

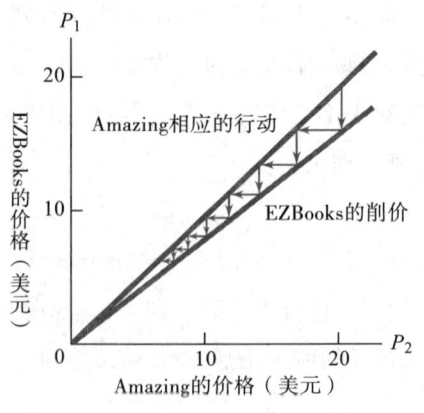

图10-6 当两个企业坚持相互削价竞争时发生的情况
价格动态下调步骤导致两个对手越来越低的价格。

基本概念

我们将从**双寡头垄断的价格博弈**入手来阐明博弈论的基本概念。如果市场上的供给只由两个企业提供，那么就称之为一个双寡头垄断市场。为简化起见，我们假设每一企业都具有相同的成本和需求结构。而且每个企业都可以选择运用正常的价格，或采取低于边际成本的价格，从而迫使对手破产，以占领整个市场。双寡头垄断博弈的新颖之点就是，企业利润的获得既取决于自己的战略，也取决于对手的战略。

体现两个企业或两个人之间相互作用的有用工具是双方的**回报矩阵**（也译作"支付矩阵"），这是一种表示双方采取的策略和回报

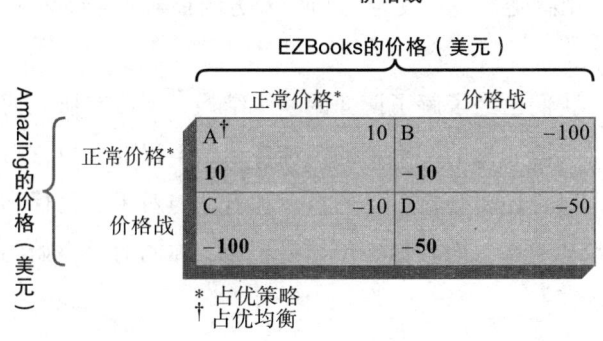

图 10-7 价格战的回报矩阵

这张回报矩阵表说明，竞争者之间不同的策略会导致不同的获利情况。Amazing 可以选择两种策略，如图中两行所示；而 EZBooks 也可以选择两种策略，如图中两列所示。每一格中的账目表示双方的损益状况。例如在 C 格中，Amazing 进行价格战，EZBooks 却采用正常价格，其结果是 Amazing 的利润为 –100 美元，而 EZBooks 的利润为 –10 美元。每一企业试图采取最优策略将最终导致 A 格中的占优均衡。

状况的方法。图 10-7 所示的就是我们讨论的这两家公司在双寡头垄断价格博弈中的支付情况。在回报矩阵中，每一个企业都可以在自己的行和列中选择战略。例如，EZBooks 公司可以在它的两列中选择，Amazing 公司则可以在它的两行中选择。在本例中，每个企业有两种选择：是运用正常的价格，还是采取低价格挑起价格战。

将每个竞争者所选择的两种决策组合起来，我们可以得到四种结果，它们被表述在该表中的四个格子内。左上方 A 格是两个企业选择正常价格的结果，D 是双方均选择低价的结果，B 和 C 则是一方采用正常价格，而另一方采取低价的结果。

每个格子中的数字代表了两个企业的**回报**情况，即每个企业在四种结果中的获利情况。左下角的数字是对弈者 Amazing 公司的获利，右上角的数字则表示 EZBooks 公司的获利。由于参与企业（的效用感受）是一致的，因而，双方的获利情况势必互为镜像。

既然我们已经了解了博弈的基本结构，下面来研究博弈参与者的行动。博弈论的一个新的精神在于：不仅要分析你自己的行动方案，而且还要分析自己的目标和行动与对手的目标和行动二者间的互动关系。而且你必须始终记住，你的对手也始终在分析你的战略。

> 博弈论的指导思想是：假设你的对手在研究你的策略，并采取追求自身最大利益的行动，这时你应该如何选择最有效的策略。

我们将这个准则用于双寡头垄断的市场。首先，请注意，这两家公司在图中的 A 格有着共同的最大利益。当双方都运用正常价格战略时，每个企业将各赚 10 美元。而在另一个极端，是双方都采用削价战略，从而都会遭受最大损失的情况。

在上述两种情况之间，存有两种有趣的战略，即只有一方选择发动价格战。例如，在结果 C 中，EZBooks 公司坚持正常的价格战略，而 Amazing 公司却采取降价战略。于是，Amazing 公司拥有了市场，可它却损失了大笔的金钱，因为它的售价低于成本。EZBooks 公司一直以正常价格销售，而不是对 Amazing 公司的策略以牙还牙，其处境反倒要好一些。

占优策略 在选择策略时，最简单的一种选择是**占优策略**，即无论其他博弈者采用何种战略，该博弈者的策略总是最好的。

例如，在我们价格策略的博弈中，设想一下 Amazing 公司所面临的选择。在 EZBooks 公司采用正常价格时，Amazing 公司如果按正常价格经营，则会得到 10 美元的盈利；而如果它进行削价竞争，就会亏损 100 美元。另一方面，如果 EZBooks 公司发动价格战，而 Amazing 公司按正常价格售卖，则 Amazing 公司会损失 10 美元；而如果 Amazing 公司也进行价格战，则会损失更多（达 50 美元）。同理，EZBooks 公司的战略也可以此类推。因此，一个企业无论采用什么战略，与之博弈的企业的最佳战略就是仍按正常价格销售。在这个特定的价格博弈中，正常价格对两个企业来说都是一种占优策略。

在两个（或全部）博弈者都采用占优策略时，我们称其结果是一种**占优均衡**。在图 10-7 中 A 的结果就是占优均衡。因为进行博弈的两个企业都采用了占优策略，从而造成了这样一种均衡状态。

纳什均衡 多数令人感兴趣的情况并不是占优均衡，为此我们还需要进一步加以研究。我们可以用上述双寡头垄断的例子来探讨这种情况。在这个我们称之为对抗博弈（rivalry game）的例子中，每个企业都将考虑是采用正常价格，还是抬高价格形成垄断并尽力获取垄断利润。

图10-8所示的就是这种对抗博弈，企业可以处于其正常价格的均衡状态，像我们在价格战中所看到的。或者，它们还可以力图抬高价格赚取垄断利润。有趣的是，这两家公司在单元格A中有最大的联合利润；如果每一方都采用高价战略的话，则双方共

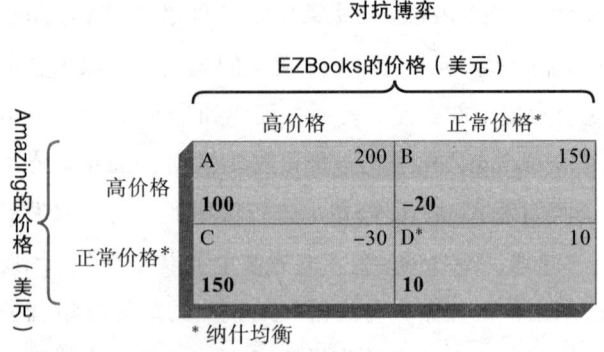

图10-8 双寡头垄断者应该采用垄断价格吗

对抗博弈中，每个企业按正常价格都可盈利10美元。如果双方抬高价格以达到垄断水平，则共同利润最大。然而，由于每一企业都想"欺骗"对手并通过降价获取更多利润，因而确保了在无合谋的情况下，正常价格的纳什均衡将成为一个普遍的事实。

计可赚300美元利润。只要企业之间存在合谋并共同设置垄断价格，A这种情况就会出现。而在另一个极端，则是双方都采用正常价格的竞争策略，于是每个企业仅能够盈利10美元。

在这里还有两种有趣的情况，即一个企业采用正常价格策略，而另一个则采取高价格策略。例如在C格中，EZBooks公司采用高价策略，而Amazing公司则采取正常价格。于是，Amazing公司会占领大部分市场，并赚取了最高收益，而此时EZBooks出现亏损。在单元格B中，Amazing公司以高价策略为赌注，而EZBooks公司则采取正常价格，这势必意味着Amazing公司的亏损。

在这一对抗博弈的例子中，由于Amazing公司选择了正常价格的占优策略，无论EZBooks公司怎样做，它都会获利较多。另一方面，EZBooks公司则没有采用占优策略。这是因为，如果Amazing公司采用正常价格策略，EZBooks公司也会采用正常价格；如果Amazing公司实行高价，EZBooks公司也会实行高价。

EZBooks公司处在一种有趣的两难困境之中：它是否应该采用高价策略，并希望Amazing公司也紧随其后呢？还是为了安全而采用正常价格出售呢？通过对这种回报矩阵的思考，我们可以清楚地看到：EZBooks公司还是应以正常价格销售。这个道理并不复杂，EZBooks会站在Amazing公司的立场上来考虑。无论EZBooks公司采用何种策略，Amazing公司都会采用正常价格策略，因为这是Amazing公司的占优策略。因此，EZBooks公司应该假定Amazing公司势必将采取占优策略方式，并据此找出自己的最佳行动方式。这会立即促使它按正常价格销售。这表明了博弈论的一条基本准则：把自己的战略建立在假定对手会按其最佳利益行动的基础上。

我们现在已经发现了解决问题的方法,称之为**纳什均衡**,以数学家约翰·纳什命名,他曾因在博弈论方面的贡献而获得诺贝尔经济学奖。纳什均衡是一个在其他博弈者的策略给定时,没有一方还能改善自己的获利的境况。纳什均衡有时也被称作**非合作性均衡**。这是因为,每一方选择策略时都没有共谋,他们只是选择对自身最有利的策略,而不考虑社会福利或任何其他群体的利益。

不妨举个简单的例子:假定人们驾车一律靠右行驶,那么你的最佳策略是什么?显然你也应该靠右,除非你想丧于非命。更值得注意的是,每个人都靠右行的情况是一种纳什均衡,即只要其他每个人靠右行驶,则不会有人对靠左行驶产生兴趣。

这里给出一个更精准的纳什均衡定义:假设 A 选择的策略是 S_A^*,而 B 选择的是 S_B^*。在对手都维持既定的策略,而自己又没有更好的策略的条件下,两人所选定的这一对策略 (S_A^*, S_B^*),就被称之为纳什均衡。当然,这里所讨论的还只是两人之间的纳什均衡问题。实际分析中,这个重要的范畴可以被拓展到多人或曰 n 人博弈中去。

你应该可以确认,图 10-8 中的策略所构成的是一个纳什均衡。也就是说,只要对手不改变策略,任何一方的回报都不可能增进。同样,我们还可以看出,图 10-7 中所讨论的占优均衡也是一种纳什均衡。

> 纳什均衡(也被称作非合作均衡),是博弈论最重要的概

念之一，在经济学和社会科学的许多领域都已经被广泛地采用。假定每个博弈参与者都选择其（能得最高回报的）最优决策，而又都认定其对手都不会改变他们的策略，则照此博弈的结果势必是一种纳什均衡。博弈论学者已经指出，竞争性均衡都是一种纳什均衡。

博弈论的精辟见解如今已渗透到经济学、社会科学、工商业活动以及日常生活等各个领域。比如，在经济学中，博弈论可以解释贸易战和价格战。

博弈论还表明，外国的竞争为什么会引起更激烈的价格竞争。当一个行业中美国的企业出现默契的合谋，并形成很高的寡头垄断市场价格时，中国或日本企业进入会出现什么样的情况呢？外国企业或许"拒绝玩那样的游戏"，它们可能不参与合谋，因为它们可能通过削价而获取市场份额，这样勾结机制就会瓦解。

许多博弈的关键问题之一是建立信誉。如果你能遵守诺言，说到做到，则你是可以信任的。但是你不能仅仅通过许诺而获得信誉。信誉必须与博弈的动机保持一致。

你如何才能得到信誉呢？下面是一些例子：中央银行通过在通货膨胀问题上采取不向政治妥协的强硬立场而获得信誉。更大的信誉来自于中央银行与政府分支机构的相互独立。商业上可通过签订承担法律责任的合同来建立信誉。一个更有争议的方法是，军队在前进中破釜沉舟——因为没有退路，只能以死相拼，才能赢取信誉。

以上这些例子，只是对半个世纪以来博弈理论家们的研究成果的粗浅介绍。这个领域对于经济学家和社会学家非常有用，可以帮助他们分析充分拥有信息并想以智慧取胜的少数人的处境。经济学、工商管理学甚至国家安全学的同学们都将会发现，博弈论可以帮助他们更好地进行策略性的思考。

公共政策如何应对市场力量

经济学分析表明，垄断会导致经济资源浪费。这些非效率何等重要？公共政策应怎样应对才能减轻垄断的危害？我们将在最后这一节中讨论这两个问题。

不完全竞争的经济成本

我们的分析已经表明，垄断者减少产量和提高价格，因此它们的产量低于应有的像在完全竞争行业中的那种水平。在不完全竞争的极端情况即垄断中这一点尤为明显。为了说明垄断如何以及为什么要保持如此低的产量，我们假设所有其他产业都是有效率地组织在一起的。在这样的经济中，价格是稀缺性的正确的经济标准或指标：衡量的是居民户消费的边际效用和企业提供产品的边际成本。

现在，垄断公司加入到该经济之中。一个垄断者并不必然是一个邪恶的企业，它并没有抢劫别人或强迫消费者接受它的产品。垄断公司所利用的仅仅是：它是某一产品或服务的唯一出售者这个事实。通过保持产品的稀缺性，垄断公司将其价格提高到边际成本之上（$P > MC$）。经济效率要求 $P = MC$，但垄断公司的产量低于最有效率的产量，产品给消费者带来的边际产品价值也高于给厂商带来的边际成本。在寡头和垄断竞争的情形下，只要厂商能够把价格提高到边际成本之上，这种情况同样存在。

我们这里利用分析垄断的图（如图10-9）来讨论不完全竞争所造成的效率损失。如果这个产业是竞争性的，那么，在 $P = MC$，即 E 点将会出现均衡。在一般的完全竞争条件下，这一产业的产量为6，而价格为100。

现在，让一个垄断者进入该图，该垄断者或许得到了关税、外贸配额，或是受益于政府设立的产业进入的法规，允许工会垄断某一产业的劳工等。不管是出于哪一种原因，垄断者都会确定 MC 等于 MR（而不是等于产业的 P），将均衡点移动到图10-9中的 $Q = 3$ 和 $P = 150$ 的点上。与零利润的竞争均衡相比，$GBAF$ 的面积就是垄断者的利润。

经济学家用**净损失**这一术语来衡量缺乏效率所造成的经济危害。这一术语表示经济福利的损失，这种损失是由于垄断、税收、关税或配额等一系列对价格和产量决策造成扭曲的经济行为带来的。一种新上市的止痛药以边际成本出售，消费者可以获得大量的消费者剩余。但是，如果这种产品为某一家企业所垄断，比如说由于专利保护，因而把价格抬高到垄断价格水平，则由此带来的消费者剩余的损失就会大于垄断者获得的垄断利润，这种经济福利的纯耗费我们称之为无谓损失。

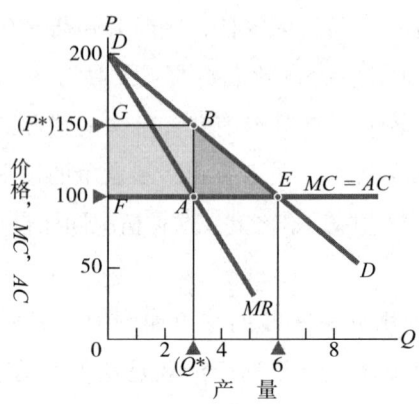

图 10-9 垄断者限制产量导致经济损失

垄断者限制其产量,因而提高价格,增加利润。如果该产业是竞争产业,那么,均衡会处于 E 点,此时,福利达到最大化。

垄断者的产量处于 B 点(此时,$Q=3$,$P=150$)时,价格高于 MC,消费者剩余遭受损失。把消费者剩余在 $Q=3$ 和 $Q=6$ 之间所遭受的全部损失加在一起,就得到了垄断所引起的经济浪费,等于阴影部分的面积 ABE。垄断者拥有的垄断利润(原本该是消费者剩余)等于 GBAF 的面积。

我们可以利用图 10-9 来说明垄断造成的净损失。E 点是有效率的产出水平,这里 $MC=P$。低于 E 点的每 1 单位产量下降,福利损失或消费者剩余的损失就是需求曲线与 MC 曲线之间的垂直距离。垄断者限制产量所造成的总福利损失就是所有这些损失之和,用三角形 ABE 来表示。

如图 10-9 中,用这种小三角形衡量不完全竞争市场的代价的方法,同样也用于其他大多数产出和价格偏离竞争水平的场合。

这样计算的成本有时被经济学家称为垄断的"静态成本"。它假设产出技术不变,因而可以说是静态的。还有一些经济学家则认为，如果不完全竞争市场比完全竞争市场以更快的速度进行技术变革，那么不完全竞争者将会拥有"动态收益"。下一章我们将会讨论这类关于创新的问题。

国家如何降低垄断带来的破坏性影响？经济学家和法学家通常有三种对策建议。

1. 历史上看，各国政府用于控制垄断行为的第一个工具是经济管制。鉴于这种做法已历时一个多世纪，今天各国的经济管制已经普遍设有专门机构，管理监督着各个有关的产业，包括其产品的价格和产量，企业的市场准入和退出，还有公共事业和交通运输业等。这事实上仅仅是有限的管制而并非国有化。
2. 应对市场势力的主要办法是实施反托拉斯政策。反托拉斯政策可用以禁止某些行为（如企业联合起来固定价格），也可以是指那些控制某些市场结构（如纯粹垄断和高度集中的寡头）的法规。
3. 较普遍用于遏制垄断弊端的更重要的方法，是尽可能多地鼓励竞争。即使是在大公司之间，政府也有许多政策可以促进良性的竞争。这对降低不同层次企业的进入门槛起着非常关键的作用。这意味着一种对于幼稚企业发展的鼓励，还意味着从国际市场向国内市场引入竞争。

在本章中我们将讨论前两种对策。

经济活动监管

美国产业中的经济管制可以追溯到一个多世纪之前。1887年，铁路成为美国第一个受到联邦全面管制的产业，政府成立了州际商务委员会（ICC）。州际商务委员会的目标是尽可能防止价格战，尽可能保证小城镇的服务质量以防止垄断。随后在1913年，联邦政府将监管扩大到银行业。1920年，美国政府的经济监管又进一步扩展至电力行业。到20世纪30年代，政府监管已经扩张到通信、证券市场、劳工、运输和航空等领域。

经济监管包括控制价格、市场准入与退出条件，以及控制服务标准。在自然垄断产业中，这样的监管是非常重要的。（不妨回想一下，若一行业的产量可由该行业中单一厂商独家有效生产，则该产业就是我们所说的自然垄断产业。）今天，最明显的被管制的自然垄断产业包括公共基础服务（供电、天然气和自来水）和电信产业（电话、广播、有线电视以及更普及的无线电频道）。20世纪30年代，美国的金融业也曾被列入政府监管的范围，特别是对银行、经纪公司和保险公司，都有严格的监管条例。但1977年以来，美国的许多产业的政府管制已经有所放松甚至解除，如航空业、运输业以及证券业。

监管可以抑制企业所面对的那些不受约束的市场力量。政府为什么要去否定市场做出的选择呢？主要原因有三：首先，防止寡头和垄断的市场力量滥用。其次，矫正信息不灵，例如在消费者信息不充分的场合。第三，正视外部性，如环境保护等问题。

这涉及社会监管,将在环境经济学那一章讨论。以下,我们将讨论前两大原因。

传统上认为,采取监管措施的目的是减少市场力量的过度使用。更具体地说,各国政府只应对很难保证企业充分竞争的产业进行监管。极端的例子是自然垄断。

由前面几章讨论可知,在完全竞争条件下,企业成本下降与实际经济规模扩大并不相悖;在这种市场结构中我们看到的通常都是寡头或垄断。这里一个更极端的要点是:在一个产业中,如果其规模经济或范围经济能够如此之强,以至于只允许其中某一个企业能够在竞争中最后存活下来,则这样的产业可谓自然垄断。

政府为什么有时要管制自然垄断产业?原因在于,自然垄断者相对其潜在的竞争对手拥有强大的成本优势,而且面对的是缺乏价格弹性的需求,因此它可以大幅度地抬高价格,获取巨额垄断利润,导致严重的国民经济非效率。因此,政府监管在不影响全社会享受自然垄断所带来好处的同时,还可以防止无管制条件下垄断所势必导致的超高价格。常见的一个例子是地方上的水资源分配。无论是在取水加工、配水机制,还是在将自来水管道接入千家万户等环节,水资源分配的成本都是相当之高,以至于它只适合由某一大企业来提供服务,否则成本只会更高。这当然是一种自然垄断。在实行经济监管条件下,政府专门机构将授权某个公司在特定区域内拥有供水专营权。这样,该公司承诺给该地区所有用户供水,而政府则审批该公司供水价格水平和其他服务条款。

另一种自然垄断，在网络产业中特别常见。它之所以应运而生，是适应网络系统有效运作对于标准化和兼容化的要求。铁路需要标准轨距，电力传输需要负载平衡，通信系统则要求标准规范，否则不同的局域网将无法相互"交谈"。

历史上早些时候，政府管制通常都是针对那些恶性竞争或破坏性竞争的行业而设置的。这是历史上政府一直对铁路、货运、航运、客运，以及对农业生产进行监管的一个原因。今天经济学家对这种政府管制理由已经很少表示理解和赞同。归根到底，竞争势必能提高效率，而一个有效率的市场体系应该能提供一个足够低的"摧毁性"价格（可以让竞争对手无法抗拒的价格——译者注）。

在没有监管的情况下，消费者通常都没有足够的产品信息。如药品，测试起来都是昂贵的、专业的和复杂的。一方面，政府监管药品，只允许销售那些通过了检验的"安全和有效"的药品。另一方面，政府还禁止虚假的和误导性的广告。在这两种情况下，政府所试图做的工作，都是在提供一种自身有效的信息，以矫正市场不灵。

监管金融市场的信息可谓尤其重要。人们在购买私人公司的股票或债券时，事实上是将自己的财富交给那些他们几乎一无所知的人。在购买ZYX.com公司的股票之前，我会审视该公司的财务报表，以把握其销售、利润和股息等情况。但我又怎能知道它们是如何统计其收入的呢？我怎么才能相信它们是在诚实地报告这些信息呢？

这正是政府监管金融市场的切入点。金融监管的目的绝大多数都在于增进信息的数量和质量,以便市场能更好地运作。在美国,某公司出售股票或债券之前,都需要正式公开披露其当前的财务状况,还有预测其经营前景的文件。公司的会计账目,都必须经由独立会计师和审计师的认可。

有时,特别是投机疯狂之际,公司有可能扭曲甚至是破坏规则。这种情况的大规模发生,是在20世纪90年代中后期和21世纪初,尤其是那些电信产业和许多"高科技"公司。2002年,这些非法行为都被公之于众,美国国会还通过了一项新法规明确规定:欺骗审计人员属于非法,企业成立独立董事会以监督会计师,并赋予美国证券交易委员会(SEC)若干新的监管权。一些人士认为,这种法规应该为那些最规矩的企业所欢迎。严格的财务报表准则,可以减少买卖双方的信息不对称,增进相互信任,鼓励金融投资,因而有利于金融市场的发展。

斯坦福大学的约翰·麦克米兰曾用一个有趣的比喻来谈论政府监管的作用。体育运动可视为一种竞赛,其中个人和团队都会倾其所能以击败其对手。然而,这一竞赛的参加者必须遵守一套详细的规则,而裁判则需要以敏锐的眼光对其加以监督,并通过对违规行为的适时、适度的处罚,来确保参赛者切实地遵守这套规则。若没有这种精心设计的规则,则体育比赛将变成一场血腥的斗殴。同理,政府监管,伴以强有力的司法制度,对于现代经济显然也是必不可少的,因为它能确保过度狂热的竞争者不会垄断、污染、欺诈、误导、致残或以其他方式虐待工人和消费者。这一体育运动的比喻提醒我们,对于监督经济的运行,并为其设置相应的规则而言，政府仍然起着重要的作用。

反托拉斯法与经济学

政府促进竞争的第二个重要工具是反托拉斯法。反垄断政策的目的在于，使消费者得以享用激烈的市场竞争带来的经济利益。反垄断法通过两种不同的方式打击有碍竞争的不当行为：首先，反垄断法禁止某些类型的商业行为，比如抑制竞争的价格固定行为。其次，反垄断法限制某些类型的市场结构，比如垄断，因为垄断厂商很可能通过限制贸易或其他方式，来滥用其经济势力。几个关键性的法律条例，以及一个多世纪以来的法庭判例，奠定了美国反垄断政策的体系框架。

反垄断法就像是由一把种子逐渐长成的巨大森林。反垄断法所依据的基本法律是如此简洁明了，以至于我们能将其原则完全引述于表 10-1 之中。寥寥数语，就能衍生出纷繁周到的法律条文，不得不令人拍案称奇。

《谢尔曼法》（1890 年） 在基于习惯和法庭判例的英美法体系中，垄断显然一直是违法的。但是，在 19 世纪 80 年代，兼并、卡特尔和托拉斯在美国经济生活中滋生蔓延之后，当时的法律本身却并不能够有效地阻止它们。（回顾第 9 章对于镀金时代的描述，体味一下那个时代惨烈无情的斗争策略。）

1890 年，平民党民生情绪的高涨导致了《谢尔曼法》的颁布。

该法为美国反垄断法体系奠定了基石。《谢尔曼法》的第一条就规定：禁止"限制贸易"或商业的任何合约、联合和共谋行为。第二条则规定禁止"垄断"和意欲垄断的阴谋。但是，无论是该法的正文还是附件，都没有给出"垄断"的确切含义，或逐条指明哪些行为是被禁止的。其具体的含义只是在随后多年的法庭判例中才逐渐得以充实和明确。

《克莱顿法》(1914 年) 《克莱顿法》的颁布，旨在进一步澄清和强化《谢尔曼法》。该法取缔了搭售合同（若消费者想购买商品 A，则不得不购买商品 B）；该法明文规定价格歧视和排他性交易为非法，还禁止相互兼任董事（一人在同一行业的多家公司中任董事），以及通过购买竞争对手的股票而实行兼并的行为。这些行为本身一般情况下并不违法，除非在其可能显著地削弱竞争的场合。在《克莱顿法》中，预防与惩罚是并重的。

《克莱顿法》的另一要点是：特别规定了工会组织可以不受反托拉斯法的约束。

《联邦贸易委员会法》(1914 年) 为禁止"不公平的竞争手段"，以及警示削弱竞争的垄断，美国联邦贸易委员会（FTC）得以建立。1938 年，美国联邦贸易委员会得到授权，以禁止虚假和欺骗性的广告。为增强其执法力度，美国联邦贸易委员会被授权可以调查企业，举行听证会，并有权对企业发布"停止终止"的命令。

反托拉斯法讨论的基本问题：行为和结构

尽管反托拉斯法具有简明直接的条款，但在实践中，根据具体的企业行为和市场结构对其加以运用，却并非易事。反托拉斯法是在经济学和判例法的交互作用下得以不断地演进和发展的。

许多案例中都凸显出这样一个问题：如何恰当地定义"市场"？举例来说，在新墨西哥州的阿尔布开克，什么是"电话"市场？

表10-1　简明实用的美国反托拉斯法

反托拉斯法

《谢尔曼法》(1890年修订)
- §1. 任何意在或阴谋组建托拉斯或类似托拉斯的安排，以限制州际贸易或国际商务活动的合同，均属非法。
- §2. 凡垄断或企图垄断，或与其他任何人联合或勾结，以垄断州际贸易或国际商务任何个人，均可作为犯罪。……

《克莱顿法》(1914年修订)
- §2. 若对于等级和质量类似的商品的不同买者实施价格歧视，而这种歧视可能显著地削弱竞争，或在任何行业形成垄断，则该类价格歧视为非法行为。……当然，上述情形不包括因合理的成本差异所造成的价格差别……
- §3. 当承租人或购买者不使用或交易其竞争对手的商品，而这将显著地削弱竞争，或在任何行业形成垄断时，若租赁人或出售者以此为条件，或者同意或知悉上述情形，则租赁人或出售者的行为被视为非法。
- §7. 任何企业不得收购……另一企业……的整体或其一部分，如果这将显著地削弱竞争，或在任何行业形成垄断。

《联邦贸易委员会法》(1914年修订)
- §5. 不公平的竞争方法……不公平或欺诈的行为或实施……都属于非法。

《谢尔曼法》、《克莱顿法》和《联邦贸易委员会法》奠定了美国反托拉斯法的基础。由这几个法的主要条文的解读可见，现代反托拉斯法的基本原则非常简单明了。

它是指所有的信息产业，还是仅指通信产业，或者仅指有线通信产业，抑或新墨西哥州的有线电话产业，甚至仅仅局限于某个特定的通话区域？在美国最近的判例中，市场的定义已经囊括了各种合理的高度替代品。如果固定电话费上升而转向手机通话的人足够多的话，那么这两种服务品就可以被视为同处一个行业。若电话费上升而又几乎没有人转而购买更多报纸，那么报纸就可以说不处于电话市场之上。

最早期的反托拉斯法关注于非法行为。联邦法院做出裁决，某些种类的串通行为本身是违法的；根本没有任何理由，能够证明这些行为的合理性。违法者不能通过援引一些有价值的目标（如产品质量）或是能够减轻处罚的情形（如低利润水平）来加以申辩。

在本身即违法的行为中，最重要的一类，是相互竞争的企业之间锁定价格的协定。即便是对反托拉斯法最严厉的批评者，也不能为固定价格的行为找到任何补偿性益处。还有以下两类行为在任何情形下也属非法：

- **串通投标**，不同的公司达成协议，使一家公司通常以抬高的价格赢得拍卖，这始终是非法行为。
- **市场分配方案**，竞争者按照地区和用户瓜分市场，这是反竞争的，因而本身也是违法的。

许多其他的做法是否违法则是不明确的，需要具体情况具体分析：

- 价格歧视，即一家公司对同样的产品，以不同的价格销售给不同的买主。这样的做法是不受欢迎的，但通常说来却并不违法（请回顾本章前面的部分对价格歧视的讨论）。如果价格歧视并非基于成本差异，并且已削弱竞争，那么这种价格歧视就是违法的。
- 搭售合同，即只有买方同时购买商品 B 时，企业才会出售商品 A，这种做法一般说来是违法的，除非卖方拥有很高水平的市场力量。
- 摧毁性低价是否违法呢？假设沃尔玛公司由于高效的运营和低廉的价格，使得帕博杂货店倒闭。沃尔玛的这种做法是违法行为吗？不是的。沃尔玛由于其高效的运营而使其竞争对手倒闭，这种行为本身并不违法，除非沃尔玛存在其他的违法行为。

请注意，上述情况所针对的是一家企业的行为。违法的是这些行为本身，而不是其所在的行业结构。电器设备厂商的巨大阴谋，可能是最广为人知的一个例子。1961年，电器设备行业的厂商曾由于串通协定操纵价格而被裁定有罪。该行业的几大巨头（如通用电气和西屋电器），曾通过合谋来抬高它们的产品价格。它们相互之间使用代号，并通过电话亭进行联络（就像间谍小说中在狩猎木屋中碰头的人物一样），以便遮掩其不法行径。对其过高收费的行为，这些公司后来都同意向消费者支付巨额的赔偿，此外，一些高管也由于违反了托拉斯法而被判入狱。

最明显的反托拉斯案例，所针对的是行业的结构，而不是企业的行为。这些案例涉及各种中断或限制主导厂商行为的企图。

《谢尔曼法》所掀起的反托拉斯第一个小高潮的所向是拆除现存垄断结构等问题。1911年，最高法院下令，将美国烟草公司和标准石油公司分解成若干个独立的公司。通过谴责这些明目张胆的垄断，最高法院阐明了若干重要的"合理法则"（rule of reason）。只有不合理的贸易限制（兼并、协议或类似行为）才归属《谢尔曼法》的管辖范围，并被判定为非法行为。

美国钢铁公司（1920）的案例表明，"合理法则"的使用，使得反托拉斯法几乎失去了管控垄断兼并的效力。J.P. 摩根通过兼并的方式打造出美国钢铁公司这一行业巨头。在其全盛时期，该公司掌控着60%的市场份额。然而，最高法院认为，企业规模或是垄断本身，并不违反反垄断法。在那个时期，也像今天一样，这些影响当时经济的案例所强调的是非法的垄断结构，而不是反竞争行为。

近几年，两个重要的案件为垄断结构和垄断行为确立了一个基本准则。在AT&T案件中，司法部提交了一份影响深远的诉讼。在20世纪的大部分时间里，美国电话电报服务（AT&T，有时被称作贝尔系统）通过纵向和横向的整合，成为受管制的电信服务行业中的垄断供应商。1974年，美国司法部提起反托拉斯诉讼，称AT&T公司通过反竞争的手段，垄断了受管制的长途电话市场。例如，该公司阻止MCI或者其他运营商连接到本地制造商，并通过拒绝购买非贝尔供应商的设备，从而垄断了电信设备市场。

面对反托拉斯诉讼和输掉官司的前景，AT&T于1982年同意了接受司法部的裁决方案。地方性的贝尔运营公司从AT&T公司中剥离（合法剥离）出来，重组为7个大型的区域性电话控股公司。而AT&T则保留了其长途电话业务，以及贝尔实验室（研究机构）和西电公司（设备制造商）。最终结果是，贝尔系统的规模和销售额均被削减了80%。

贝尔系统的解体，在电信行业掀起了一场激动人心的革命。新技术正在改变着电信行业的面貌：手机通信系统，在不断削弱亚历山大—格雷厄姆—贝尔系统基于有线通信的自然垄断；电话公司在齐心协力，把电视信号送进了千家万户；光导纤维犹如数据传输的高速公路，在美国和全世界范围内传送着海量的信息；互联网把不同的人和地区连为一体。而这些在10年之前是根本无法想象的。贝尔系统的解体，向人们清楚地揭示了这样一个真理：迅猛发展的技术革新，并不需要依赖于垄断的力量。

最近的重大反托拉斯案件，涉及软件业巨头微软公司。1998年，联邦政府和十九个州联合提出了一项影响深远的诉讼，指控微软公司非法把持其在操作系统软件市场上的主导地位，并利用自己在该市场上的优势，为其在其他市场（如互联网浏览器市场）上进一步谋取更大的利益。政府宣称，"微软公司涉及一系列范围广泛的违法活动，其目的和结果在于，遏制竞争对手进入操作软件系统这一市场，而微软在这一市场上已然形成了强劲有力、根深蒂固的垄断地位。"尽管通过公平手段获取的垄断地位是合法的，但采取行动遏制竞争却是非法的。

杰克逊法官在其"事实调查结果"中宣布，微软公司是一家垄断企业。自1990年以来，它控制了个人计算机操作系统市场上

第十章 寡头和垄断竞争

90%的份额,并滥用其市场力量,来"扭曲竞争,从而对消费者利益造成了侵害"。杰克逊法官发现,微软公司违反《谢尔曼法》的第一条款和第二条款。他发现,微软通过阻碍竞争的手段,来把持其垄断力量,并企图垄断网络浏览器市场。微软将其网络浏览器非法捆绑于操作系统之内,从而违反了《谢尔曼法》。

司法部提出了按照职能解构微软公司的激进措施。这种"分离"需要将微软公司分离成两个单独的、独立的公司。其中一家公司(WinCo)拥有微软公司的Windows和其他操作系统,而另一家公司(AppCo)则拥有应用软件和其他业务。杰克逊法官未加任何改动地全盘接受了司法部的改进建议。

然而,该案件的审理随后出现了离奇的转折:有证据表明,杰克逊法官私下里与记者进行了密切的交谈,并对案件的审理直言不讳,即便当时该案件仍在审理过程中。对于这种不道德行为,杰克逊法官受到了严厉的谴责,并因此被排除在该案件的审理过程之外。此后不久,布什政府决定不再试图分拆微软公司,而是采取了针对"行为"的改进方案。这些举措将有步骤地限制微软公司的行为,例如禁止搭售和价格歧视,以及确保Windows软件与非Windows软件的兼容性。经过进一步的详尽深入的聆讯,该案件于2002年11月结案。微软最终仍然完好如初,但已经处于政府和法院的严密监督之下。

在过去的30年里,对于反垄断和相应的法规,经济上和法律上的理解都经历了巨大的转变。经济法规和反垄断法日益着眼于提高经济效率的目标,而不是因为企业本身规模庞大或是利润丰厚，就对其进行打击。

对反托拉斯政策的态度发生转变的原因何在？首先，经济学家发现，集中度高的行业有时会有出色的表现。也就是说，尽管静态地看，集中度高的行业的效率较低；然而动态地看，这些行业却具有较高的效率，并且其动态的高效率要远远超过静态的低效率。考虑英特尔、微软和波音公司，它们拥有可观的市场份额，但是它们仍保有高度的创新性，并在商业上取得了巨大的成功。

推动反托拉斯及相应法规的新方式产生的第二股力量，源自对竞争本质的新认识。对于经验证据和观察结果的思考，使得许多经济学家认为，即便在寡头垄断市场，只要严格地禁止勾结，激烈的竞争也会随之迅速地形成。事实上，正如曾担任法学教授，现任联邦法官的理查德·波斯纳所说：

> 企业谋取或保持垄断力量的真正的单边行为，是欺骗专利局或是炸毁竞争对手的工厂。而欺诈和暴力一般而言又会受到其他法规的充分惩罚。

根据这种观点，反托拉斯法唯一合理的目的在于，以一种简单的禁令来代替现有的法规，这种禁令能够抵制那些明确或默许的不合理限制竞争的协定。

关于反托拉斯的积极性衰减的最后一个原因是：在集中度高的行业中已呈现日益深入的全球化趋势。随着越来越多的外国公司在美国经济中占得一席之地，它们都倾向于进行激烈的竞争以争夺市场份额，而这常常会扰乱原本的销售模式和定价规则。举例来说，随着日本汽车制造商在美国的汽车销量增加，美国三大汽车公司相安共存的局面已经逐渐土崩瓦解。许多经济学家都认为，就强化市场纪律而言，来自外国竞争的威胁，要远胜过反托拉斯法这一工具的威力。

第十一章　不确定性经济学

> 珍珠并不露在海滩上。如果你想要一颗,那就必须潜到水底去。
>
> ——中国谚语

生活充满了不确定性。不妨假设你在做石油生意,管理着某个在西伯利亚的合资项目,那么你将会面临什么困难呢?当然,你会面对令所有石油开采商都烦恼的油价下跌和石油禁运,或者还有来自敌对政权的袭击等问题。除此之外,在一个新地区开工生产还会面临许多的不确定性:不熟悉地质构成、石油运输路况、钻井成功率和工人的技术熟练程度。

除了上述不确定性,还涉及政治风险,诸如与日益集权主义和国家主义的莫斯科政府打交道,同时还有一系列其他随时可能出现的风险,例如突发冲突与局部战争等,那些地方贿赂盛行、法律形同虚设。甚至,你的合作伙伴也可能变得不道德,利用其东道国地利优势索取额外的回报。

你合资项目中所遭遇的上述棘手的社会问题,初级原理教科书中不能全面讨论。这些问题涉及风险、不确定性和信息等经济学命题。我们的石油企业必须处理钻探、价格以及市场等方面的各种不确定性。同理,居民还要警惕未来的工资和就业中存在的不确定性,要为教育投资或金融资产的回报风险等一系列问题大伤脑筋。另外,人们还会遭受飓风、地震或疾病等灾害。本章的第一节将讨论不确定性经济学的基本问题。

个人和社会怎样处理不确定性问题呢?一个重要的方法就是保险。第二节拟讨论保险的基本知识,包括社会保险这一重要领域。在第三节,我们将社会保险原理应用到医疗保障中,这是美国一个日益重要的政治和社会难题。最后我们还将研究信息经济学,并用以分析互联网的崛起。

不认真研究关于不确定性下的决策和信息经济学的奇妙问题,就不可能完整地把握经济生活的现实。

风险和不确定性经济学

在分析市场时,我们所假定的是成本和需求已知。但在现实生活中,商业活动都充满了风险与不确定性。我们曾介绍了一些西伯利亚石油合资项目中的不确定性问题,但是这些问题不仅限于石油生意。实际上,所有的企业都面临其投入和产出价格的不确定性。它们可能会发现经济衰退势必带来市场收缩,或者金融危机势必导致信用危机。而且,竞争者的行为也无法提前预知。企业的实质是今天投资以便明天获利,现在积攒财富以备未来不测。经济生活就是这样一场充满风险的交易。

现代经济学已经找到一些有用的工具,将不确定性引入对企业和家庭行为的分析当中。这里，我们将要考察市场在空间和时间上如何扩散风险的机制，提出在不确定性因素发生作用的条件下的个人行为理论。相对于纷繁的风险世界和现实的经济生活，这些内容当然只是一种简明扼要的探讨。

投机：资产或商品的跨时空调配

首先我们来考虑一下投机市场的作用。**投机**包括对有价值物品或商品的买和卖，是从市场价格的波动中谋取利益的一种活动。投机者希望能够低价买入，高价卖出。买卖的商品可能是谷物、石油、鸡蛋、股票或者外汇。投资者购买这些商品并不是为了自用。他们最不愿意看到的就是满载鸡蛋的卡车开到自己家的大门口。相反，他们希望的是能从价格的变动中谋取利润。

很多人认为，投机是一种不太好的行为，尤其是在利用财务造假或刺探内部信息进行投机的时候。但就整个社会而言投机却不无益处。在经济学上，投机者起到了将商品从丰收年成"调运"到歉收年成的作用。尽管投机者从来没有亲眼见到一桶石油或一张巴西债券，但是他们有助于熨平这些商品在不同地区和不同时期的价格，最终能消除各种价格差异。他们在商品充裕、价格低廉的时期买进，而在商品紧俏、价格高昂的时期卖出。投机者就是经由这种方式去消除价格在时间和空间上的差异，从而在事实上提高了整个市场的效率。

最简单的投机活动是通过买卖同一商品降低或消除地区差价。

这种活动被称为**套利**，即在一个市场上买入一种商品或资产，然后马上在另一个市场上卖出，通过一买一卖的价差获取利润。

举例来说，假定小麦在芝加哥的销售价格每蒲式耳比堪萨斯城高 50 美分；再假定，保险和运输成本是每蒲式耳 10 美分。那么，一个套利者（从事套利活动的人）就会在堪萨斯城买进小麦，再运到芝加哥卖出，这样每蒲式耳小麦就可以获利 40 美分。市场套利的结果是，每蒲式耳小麦在芝加哥和堪萨斯城之间的价格差绝不会超过 10 美分。由于套利的结果，市场之间的价格差通常不会超过商品在市场之间的转移成本。

套利者同时与几个城市的经纪人通话，以找出微小的差价，力图通过低价购买和高价售出来逐渐累积利润。套利活动有助于拉平完全相同的产品在不同市场上的价格差别。在此，我们又一次感受到"看不见的手"的作用，即在获取利润的动机的诱惑下，消除不同市场的价格差异，促进市场功能更加有效地发挥作用。

投机致力于确立某种不同的时间和空间上的价格范式。但未来难以预测，从而使这种价格范式不那么完美，即总是处在一种不断受到破坏而自身又不断地重新构建的均衡之中，很像被风吹动的湖面那样。

不妨以一种最普通的谷物玉米为例，它一年收获一次，且可以仓储起来以备将来使用。为避免缺货，玉米需要保持能够消费一年的储量。既然并没有人制定法律来保证玉米的储量，那么市场又怎么能形成有效的定价形式并且使其能够维持一整年呢？这就需要依靠投机者赚取利润的活动了。

消息灵通的玉米投机商知道，如果在秋季把所有收获的玉米马上全部抛向市场，则售价就会很低，因为此时玉米市场处于饱和状态。几个月之后，当玉米开始短缺时，价格就会上涨。投机商便可以通过（1）在秋季价低时买进玉米；（2）将其储藏起来；（3）当价格上扬时再把玉米卖掉，从而赚取利润。

投机商所进行的这一系列活动的结果是：将秋季的玉米价格提高了，而春季的供给量增加，从而使春季的玉米价格下降了。他们的买卖过程平衡了玉米的供给量，从而也使一年内的玉米价格趋向于平稳。图11-1说明了一个理想年份中价格的周期行为。

有趣的是，如果消息灵通的投机商之间存在着激烈的竞争，他们当中就不会有人获得超额利润。投机者的收益包括投入资本的利息、投机时间的适当报酬以及一笔风险酬金，用以补偿投机人所承担的未投保的风险。

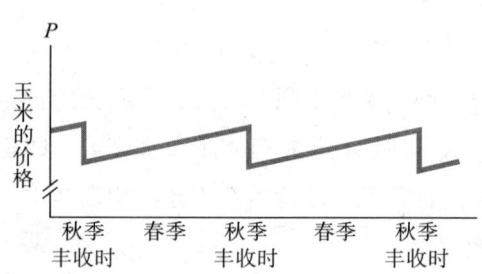

图 11-1　投机者拉平商品不同时节的价格

只有当预计某种商品价格上涨的幅度与储存成本相当时，投机者才会选择储藏这种商品。在均衡状态下，商品价格在丰收时期达到最低水平，然后随着储存量、保险和利息成本的增加逐步上涨，直到下一个丰收时期。这种灵活的价格模式有助于拉平不同季节间的消费。否则，丰收时节充斥过多商品，会造成秋季价格过低，而春季价格太高。

投机揭示了看不见的手的法则在起作用。通过拉平供给量和价格，投机实际上在提高经济效率。通过将商品从数量颇丰的时期转移到数量稀缺的时期，投机商在价格和边际效用低的市场购进商品，又在价格和边际效用高的地方卖出。投机商们在追求他们私人利益（利润）的同时，提高了公共的经济福利（总效用）。

投机市场的一个重要功能是让人们通过套期保值分摊风险。**套期保值**是通过对所拥有的一种商品做对冲交易来降低风险。让我们看看它是如何操作的。假设一位女士拥有一座谷物仓库。她秋季在堪萨斯买进200万蒲式耳玉米，存储6个月，在第二年春天卖出，每1蒲式耳的溢价为10美分，正好抵偿所有的成本。

问题在于谷物的价格很可能波动。如果谷物的价格上涨，她将大赚一笔。但如果谷物的价格严重下跌，会赔尽她的所有利润。如何使仓库拥有者在以仅储存谷物为生的同时，规避谷物价格波动的风险呢？

对其投资进行套期保值，她便可以避免一切有关玉米价格的风险。这位仓库拥有者的套期保值就是：在从农民手中买进玉米的同时立即卖出，而不是等到6个月以后交货的时候。当她在9月份买进200万蒲式耳玉米时，立即进行远期交易卖出，协议的未来交易价格使得她恰好能得到每蒲式耳10美分的存储费用。这就避免了因玉米价格波动可能产生的风险。套期保值通过做对冲交易来回避价格波动的风险。

但是，谁来购买谷物？为什么要买？某些人现在同意购买谷仓中的谷物以备将来出售。买者可能是一个已经签订了今后6个月卖面包的合同的面包师，想要锁定这期间谷物的价格。或者，买家还可能是一群相信谷物价格一定会上涨的投机者，希望借投资获取超额利润。总之，会有某个人在某个地方有经济动力去承担谷物价格波动的风险。

投机市场不仅从时间上和空间上促进了价格及配置形式的改善，还有助于风险的转移。这些任务都是由那些想从价格变动中获利的投机商所完成的。透过货币的面纱，我们发现，完美的投机行为实现了商品从其数量颇丰（价格低）时期向数量稀缺（价格高）时期的重新配置。

我们的讨论表明，理想的投机市场可以提高经济效率。让我们看看这一点是怎样做到的。比方说，某一群偏好相同的消费者所具有的效用序列，其满足程度在年度之间是相互独立的。现在我们假设在两年当中的第一年获得了好收成，比如，每人得到了3单位粮食；而在第二年，由于收获量少了，每人只得到1单位粮食。如果这种短缺是可以预见到的，那么应如何分配这两年的总共4单位的粮食呢？假如不考虑储存、利息和保险成本，那么只有当每一年的消费量相等时，两年合计的总效用和经济效率才会达到最大。

为什么相等的消费量比其他的总量分配比例的消费量的效用都要大呢？这是因为边际效用递减规律的作用。我们可以这样推理：假如我第一年的消费量大于第二年，则我第一年的边际效用

（MU）就比较低，而第二年的边际效用就比较高。因此，如果我把第一年的一部分粮食转到下一年，就会把消费从边际效用较低的时期转向边际效用较高的时期。在消费水平相等时，边际效用就会相同，从而我的总效用就会达到最大。

我们可用图来说明这一点。如果以美元来衡量效用，由于每1美元总是表示同一数量的边际效用，那么风险商品的需求曲线看起来就会正如图5-1的边际效用曲线一样。图11-2（a）中的两条曲线表明的是没有供给量转移、年度之间消费量不均等的情况。这时第一年的价格由较高的 S_1S_1 线与 DD 相交的 A_1 点确定，而第二年的价格则由位于较低的供给曲线 S_2S_2 与 DD 相交的 A_2 点确定。

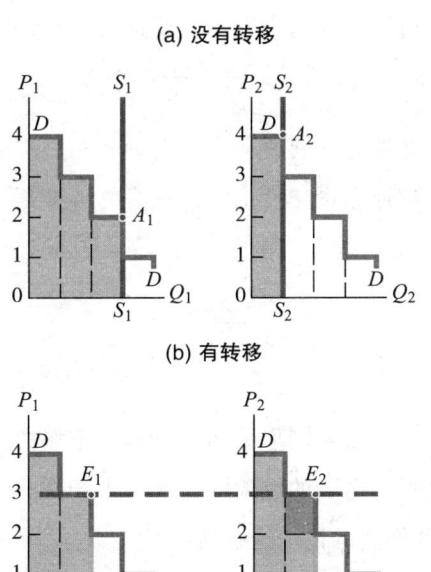

图11-2 投机储藏可提高效率

灰色的区域代表每年的总效用。将一个单位转移到第二年使 Q 和 P 及 MU 相等，并且使总效用增加了深色阴影部分。

这个图示也适用于一些其他的情况。可以将（a）的标注改为"地区市场没有套利行为"，把（b）改为"在市场上有套利行为"的情况。我们还可以用这个图示表明风险规避，只需将（a）的标注改为"有风险赌博"，以及（b）改为"无风险赌博"。保险通过将风险分散到许多相互独立的潜在赌博中，就可以将人们从（a）状况移到（b）状况。

由阴影区域相加的总效用将只能是（4+3+2）+4，即13美元。

但是，由于投机商将1单位的消费量转移到了第二年，如图11-2（b）中所示，因此 P_S 和 Q_S 将会在 E_1 和 E_2 点相等。而阴影区域所示的总效用将会增加到（4+3）+（4+3），即为14美元。稍加分析就可以看出，1美元效用的增加是由图11-2（b）中的深色区域来体现的，它表明的是：第二单位的边际效用超出第三单位的边际效用的超出额。因此，通过理想的投机行为实现的边际效用相等条件下，其消费量分配才是最优的。

虽然这些讨论只集中于实物产品，但今天更多的投机所涉及的是金融资产，例如股票、债券、抵押贷款以及外汇。每天，价值数万亿美元的资产在投机者、套期保值者以及投资者之间转手。尽管金融投机、套期保值和套利所涉及的资产价值要远大于商品投机活动的规模，但前者的基本原理和后者是完全一样的。

> 理想的投机对于减少消费的不利波动有重要的作用。在一个人人都厌恶风险的现实世界中，投机可以提高总体效用和分配效率。

风险和不确定性

人们是如何看待风险的？为什么人们尽量回避风险？市场机制（例如保险）如何帮助个人回避主要的风险？为什么市场在一些情况下不能提供保险？下面我们转入讨论这些问题。

无论你开车、拥有住房、参军、在股票市场进行投资，还是从事冒险性的职业,你都是在冒着生命、财产或危难的风险。一般说来,人们总是想要避免各种收入、消费和健康的不确定性。当我们想要避开风险时,我们就是一个"风险规避者"。

若一个人为损失一定量的收入而产生的痛苦感大于他为得到同等数量的收入而产生的满足感,则他就是一个**风险规避者**。

举例来说,假定我们抛硬币打赌,若硬币出现正面,可赢得1 000美元;而若出现反面,则失去1 000美元。这种赌博的期望值为零(即赢得1 000美元或输掉1 000美元的概率均为½)。一种期望值为零的赌博我们可以称为公平的赌博。现在的问题是,如果我们拒绝所有的公平赌博,那我们就是风险规避者。

根据我们在第5章所讨论的效用概念,风险规避与收入的边际效用递减在效用概念上是一致的。风险规避意味着,某一数量的额外收入所增加的效用比失去同样数量的收入所减少的效用要小。在像抛硬币这种成败机会均等的情况下,其期望值为零。然而,如果根据效用原理,则效用的期望值为负,因为获胜的满足要小于失败的痛苦。

图11-2说明了风险规避概念。假设图(b)为初始状况,我们可以在状态1和状态2下消费同样数量,即两个单位。一个人走过来对你说:"让我们扔硬币来决定一个单位。"这个人实际上在给你一个回到图(a)状况的机会。如果硬币出现正面你就赢了,你将会得到3个单位,如果输了你只能得到1个单位。经过仔细的计算,如果你拒绝赌博而保持状况(b),则效用的期望值为7

单位（= ½×7 尤特尔 + ½×7 尤特尔）；然而，如果你接受赌博，效用期望值为 6.5 单位（= ½×9 尤特尔 + ½×4 尤特尔）。这个例子表明，如果你是风险规避者，在边际效用递减的情况下，你会避免那些使不确定性增加而又不能提高收入期望的行为。

例如，倘若我是一个种玉米的农民。虽然我必然要与天气作斗争，但我宁愿回避玉米价格的风险。假定每蒲式耳 3 美元和 5 美元这两种价格以相同的可能性出现，那么玉米的预期价格就为每蒲式耳 4 美元。除非我能摆脱价格风险，否则，我就被迫面对一场赌博。按抛硬币的玉米价格的结果，或者以 3 万美元，或者以 5 万美元的价格售出 1 万蒲式耳的玉米。

因为我是一个风险规避者，我宁愿选择有把握的事。损失掉 1 万美元的前景所造成的痛苦比得到 1 万美元收益的前景所带来的快乐更加令人难以接受。如果我的收入降低到只有 3 万美元,那么，就会不得不削减一些重要的消费，如更换一台过时的拖拉机。而另一方面，额外增加的 1 万美元的重要性可能不大，很可能只是用来度个奢侈的寒假。因此我决定通过以每蒲式耳 4 美元的预期价格来出售我的玉米，并经由套期保值来分摊价格风险。

一般来说,人们都不愿冒风险。在其他条件相同的情况下，相对于不确定的消费水平来说，人们更喜欢做有把握的事情。也就是说，在同样的平均值条件下，人们宁愿要不确定性小的结果。由于这个原因，降低消费不确定性的活动能够导致经济福利的改善。

赌博产生的问题

一直以来，赌博被人们视为一种恶习，无异于吸毒、卖淫、酗酒和抽烟，因而是不受国家鼓励的消费行为。然而，随着时间的推移，人们对这类活动的态度已经有所改变。在过去的20年中，赌博已经得到许可，虽然对于毒品和烟草的限制已经日益严厉。总之，赌博是最近20年间发展得最快的（合法的）产业之一。

赌博与投机是完全不同的。理想的投机行为可以提高经济福利，而赌博却会带来严重的经济问题。首先，除了娱乐刺激，赌博不产生任何新的商品和服务。按本章后面的博弈论术语，应称之为一种"负和博弈"。因为从长远看几乎所有的当事人都要输钱，因为赌场总要从赌注中拿走一份。另外，根据其特点，赌博会加剧收入差距的扩大。人们坐近赌桌之前，口袋里的钱没有太大差别，而离开赌桌时却变得天上地下。一个赌徒及其全家都有可能一步登天，然而，若命运急转直下的话，则他们只能靠面包渣和后悔度过余生。许多观察家都相信，赌博对社会的确存有负面的影响。这包括赌博成瘾、社区犯罪、政治腐败以及有组织的犯罪团伙的参与，等等。

在给出了这么多实实在在反对赌博的经济理由之后，我们又如何理解近年来赌博合法化趋势和发行政府彩票的行为呢？其中一个重要的原因是，国家对财政收入的渴望。它们饥不择食地寻找财源；通过收取这些活动的部分收益来投资一些公共项目，使赌博和抽奖也能合法化，从而使私人恶习也能转而促进公众的利益。此外，赌博合法化还会减少不法活动的干扰，降低那些有组织的犯罪活动的暴利。尽管赌博合法化不无合理之处,但是对于国家将这种非理性行为推广到毫无支付能力的人群中来获利的行径,还是有许多观察家提出了质疑。

保险经济学

绝大多数人都希望回避失去生命、肢体或房屋的风险,但风险却并不能简单地被掩埋起来。当房屋失火,有人在汽车事故中丧生,或者飓风席卷了新奥尔良之时,某个人在某地必然要因此付出某种代价。

市场机制通过**风险分摊**来应付各种风险。这一过程就是将对一个人来说可能是很大的风险分摊给许多人,从而使每个人所承担的风险很小。风险分摊的主要形式是一种方向相反的赌博形式——**保险**。

例如,在购买住房火灾保险时,房主就好像是就其房屋被烧的可能性与保险公司打赌:如果不发生火灾,则房主只需要付出一小笔保险费;而如果真的着起火来,则保险公司必须按合同规定的价格赔偿房主的惨重损失。火灾保险的道理同样适用于人寿、事故、汽车或其他种类的保险。

保险公司通过集中各种不同的风险来分摊风险。就是说,它为数以百万计的住宅、生命或汽车提供保险。保险公司的优势在于,对个人来说是难以预料的事件,对整个人群来说则具有很强的可预见性。比方说英兰德火灾保险公司，它为 100 万所住房承担保险，每一所住房的价值为 10 万美元。一年当中，每所房屋发生火灾的概率为千分之一，于是该公司每所房屋的年预期损失值为 0.001×100 000 美元，即每年 1 所住房的保险费用为 100 美元。因而，保险公司向每个房主收取 100 美元保险费，再加 100 美元的管理费用，并将其储蓄起来。

每个房主所面对的问题是，要么每年失去 200 美元的固定损失，要么承担有千分之一可能性的 10 万美元的火灾损失。由于是风险规避者，房主会选择购买保险，以避免那种可能性很小但却惨重的损失，尽管他所付出的保费还是要高于不发生问题时的成本。就保险公司而言，它收取保费以便为公司赢得利润，同时也提高了个人的预期效用水平。但是，这种经济收益究竟从何而来呢？答案是，它产生于边际效用递减规律。

> 保险将较大的风险切分成小块，并零星地出售它们以换取小额的风险酬金。虽然保险可谓另一种形式的赌博，实际上却能正好发挥出一种（与赌博）相反的作用。尽管自然界会造成风险，但保险却能够帮助我们减轻和分散这些风险。

另一种分散风险的方式是经由资本市场来进行。这是因为，有形资本的资金所有权可以通过企业财务所有权这个媒介，将风险在很多所有者之间进行分摊。

投资生产一种新型商业飞机就是一个例子。这种飞机是全新设计的，包括研究与开发，可能需要 50 亿美元的投资，为期 10 年。

然而，这并不能确保这架飞机将具有足够的商业市场前景以补偿其投资。几乎没有人有这样的资金实力或意愿来承担如此巨大的风险。

市场经济可以通过公众拥有公司的办法来完成这一巨大的任务。像波音公司那样，成百上千万的人都拥有其股份，其中几乎没有一个人能拥有很大的份额。在这个例子中，我们假设，将波音公司的股权平均分给1 000万人，那么，50亿美元的投资对每个人来说只需承担500美元。于是，倘若该公司的股票收益有吸引力的话，则社会上恐怕会有许多人愿意承担这种风险。

> 通过将风险性资产的所有权分散到众多的所有者身上，资本市场便可以分散风险，并且能够鼓励人们进行规模大得多的投资，而这样的投资及其风险，对于单个所有者来说也是可以接受的。

信息经济中的市场不灵

到目前为止，我们的分析都假设投资者和消费者对自己所面临的风险非常了解，并且投机和保险市场都能够有效率地运行。然而，由于市场不灵，在现实中会出现许多不确定性和风险。市场不灵的两个重要因素是：逆向选择和道德风险。当这些因素存在时，市场就可能给出错误的信号，从而扭曲激励机制，甚至有时还会让市场机制名存实亡。在这样一些场合，政府很可能会决定介入和干预，并提供社会保险等机制。

虽然保险无疑是分散风险的一种有用手段，但在事实上，我们却不能对生活中所有的风险都进行投保。原因是，有效的保险市场只能在特定的条件下才能存在和发展。

保险市场正常运转的条件是什么呢？首先，必须存在大量的随机事件。只有这样，保险公司才能将各种不同的随机事件合并起来，并将风险分散，从而使那些对个人来说是很大的风险，能够变成对许多人来说是很小的风险。

其次，各随机事件还必须是相对独立的。任何一家谨慎的保险公司，都不会只对一所建筑物出售保险单，或只为迈阿密的飓风进行保险，而是尽力使其承保的范围分散到各种各样并相对独立的存在风险的对象上。

再者，保险公司对于这样的随机事件必须具有足够的经验，这样，才能准确地预测和估计损失。例如，在9·11恐怖袭击之后，为私人提供的恐怖袭击保险就被取消了，因为保险公司不能对未来发生恐怖活动的可能性做出可靠的预计。

最后，保险必须相对地排除**道德风险**。保险增加了冒险行为，进而人为地改变了原本的损失概率时，便会发生道德风险问题。很多情况下，道德风险并不那么重要。很少有人会因为投了保险金丰厚的人身保险便拿自己的生命当儿戏。但在有的时候，道德风险问题却显得比较突出。研究表明，保险的存在会增加接受整容手术的数量，因此，大多数医疗保险机构都不将此类服务纳入它们承保的范围。

如果能满足上述理想条件：存在多种投保情况，所投保的风险程度或多或少地具有独立性，随机事件的概率也可以准确地做出估计,且个人利益还未能腐蚀掉人们的基本道德,那么,私人保险市场就能够有效率地运转。

有时候,**逆向选择**会导致私人保险机制的缺失。当风险最大者成为最有可能购买保险的人群的时候,就会发生逆向选择问题。逆向选择会导致这样一个市场,其中只有面临最高风险的人才最有可能买保险,甚至还会导致该市场根本无法存在的情形。

当一家公司为由吸烟者和不吸烟者所组成的人群提供人寿保险时,一个很好的例子将会出现。假设这家公司不能确定某个人是否吸烟,或者政府可能有一项政策要求公司不能基于个人行为而对个人区别对待。但是,人们知道自己是否吸烟。我们可以在这里看到买方和卖方间的信息是不对称的。当买卖双方在重要的事实上所了解的信息不同,例如个人的健康状况或者一个正在出售商品的质量,就会发生**信息不对称**问题。

假设这家公司起初是基于人口的平均死亡率定价。在这个价格下,许多吸烟者会购买保险,而不吸烟者就不会买。这说明人群在以一种对公司不利的方式分类——这就是逆向选择。久而久之,当吸烟与否的数据尽知之时,该公司就会发现它的境况要比事前预计的糟糕得多。

接下来公司可能会提高保费。当价格上升时,更多的不吸烟者退出,使公司的境况更差。最后,可能由于价格太高,甚至连吸烟者也停止购买该公司的保险。在最极端的情形下,该保险市场势必会完全枯竭。

我们可以看到,统一的市场定价会导致一种逆向选择——价格提高,覆盖面受到限制,从而会产生不完全性的市场。另一个例子是"柠檬"市场（如二手车），在那里被出售的都是最差的汽车，而且二手车的均衡价格被降低。当买卖双方间存在信息不对称时，类似的市场不灵尤其严重。

你愿意投资一家提供学习成绩保险的公司吗

你的一个朋友提出了这样一个方案：他希望你投资一家叫做"G保险"的新公司，它向学生提供"成绩保险"。作为一般保费的回报，该公司保证在投保人因为成绩不好导致收入损失之时给予补偿。这种服务似乎很不错，因为大多数人的收入风险都很高。

认真思考一下，为什么这家保险公司几乎注定是出了一个馊主意？原因是，成绩与个人的努力直接相关，该市场会受到道德风险和逆向选择的影响。学生们将被诱惑着更少地学习（道德风险），而且预计会得低分的学生更易于购买学习成绩保险（逆向选择）。这些问题会导致市场的缺失，供给曲线和需求曲线会在零的保险水平处相交。因此公司要不将没有业务，要不就将遭受巨大的损失。

社会保险

当市场不灵严重以致私人保险不能提供足够的保险项目时，很可能需要政府提供**社会保险**。它包括覆盖大部分或全部地区的各种强制性项目，由税收和社会保险收费来筹资。这些项目之所以称为保险，是因为所针对的都是风险问题，例如失业、疾病和退休后的低收入。政府具有税收和调节权力,加上有能力通过扩大保险的覆盖面以避免逆向选择,因而政府的保险能够成为增进社会福利的举措。社会保险的基本原理可以由以下语句来解释,它们来自著名公共政策经济学家马丁·费尔德斯坦:

> 提供社会保险有两个明显不同的原因,两者都体现了信息不对称问题。其一是信息不对称势必削弱私人保险市场的作用,其二是政府无法区分以下两类人:一类是穷困的老人,或者由于坏运气或缺乏远见的非理性行为而失业的人,另一类是通过不储蓄而获得转移支付、故意钻空子的人。

关键在于,当私人保险市场所需要的前提条件无法被满足时,社会保险将会被提供。可能其风险并不独立:例如,当经济衰退时,大量人同时失业。又如,逆向选择问题很严重,一旦人们意识到自己病重,就会立即购买灾祸性医疗保险。再如,风险并不能被轻易地评估清楚,如针对恐怖袭击的保险。在上述每个例子中,私人市场机制都很少或几乎不能发挥作用,所以政府必须设置和引入社会保险。

让我们花些时间来看看失业保险的例子。这是一个私人保险市场无效的例子,因为私人保险所必需的诸多前提条件均不能满足:道德风险(如果保险金很高的话,人们会选择主动失业)、逆向选择(经常失业的人最愿意参加)、失业风险不存在独立性(它们将会伴随经济衰退出现),经济周期又无法预测,所以失业风险不能被精确地度量。同时,一些政权当局都认为,当人们失业时,势必需要有一张社会安全网。因此,政府通常都介入和提供失业保险。

下面一节将讨论政府提供医疗保障的重要性,在很多国家它都是社会保险中最大的项目。

> 当私人保险市场不能有效发挥作用,而且社会相信个人应该有社会安全网,以应对严重的风险(如失业、疾病和低收入)时,政府就会出面提供社会保险。

医疗保障:不会消失的问题

医疗保障是美国联邦政府计划中最大的项目。2008年美国医疗总支出将近7 000亿美元——甚至比巨额军费预算还要庞大。这些花费大部分用于称为医疗保险的社会保障项目,此外还用于为老年人提供的医疗津贴。剩下的部分是为穷人、残疾人和退伍军人提供医疗保障。

美国的医疗保障项目一直是广泛争议的,不仅是因为它开支巨大,而且也因为有一大部分人并未涵盖在其保险范围之内。医疗保障支出在GDP中所占比例,已经由1940年的4%,上升到1970年的7%,在2008年竟上升到了16%。尽管如此,还是大约有16%的非老年人口未被涵盖。因此医疗保险被称为不可能解决和不会消失的问题。

医疗保健经济学

为什么对医疗保健的争议如此之大？在美国，医疗保障体系是政府与市场合作的结果。近年来，这一体系获得了一系列显著的成就。许多可怕的疾病被根除了，例如天花、脊髓灰质炎。自从1900年以来，发展中国家的人寿预期（一个重要的健康指标）的改善程度，已明显大于有史记载以来的所有时期。医疗技术的进步（从膝关节内窥镜手术到成熟的抗癌药物），使得很多人可以过上没有痛苦且丰富多彩的生活。

尽管取得了如此大的成就，但美国重大的健康问题依旧未能解决：婴儿死亡率高于其他很多收入较低的国家，许多人未被医疗保险覆盖，穷人和富人的护理情况差距很大，此外传染病（例如艾滋病和肺结核）仍在传播。

一个最受公众、商业圈和政治领导人关注的问题是医疗保障支出的膨胀问题。实际上，每个人都赞同美国的医疗体系已经为国民健康做出了很大的贡献，但很多人还是担心，它将会变得日益不堪重负。

近年来，医疗保障体系存有三大特征，对美国医疗行业的发展至关重要：收入弹性大，技术进步快，以及消费者被日益隔离在价格之外。

医疗保障具有高收入弹性，说明当人们有能力支付其基本需求时，确保长寿而健康的生活就会变得越来越重要。而当其他情况不变时，伴随着收入的增加，具有高收入弹性的物品在消费中所占的比例也将会越来越大。

在上个世纪，由于医疗技术的进步，医疗保障也获得了迅速的提高。基础生物医学的发展，多种疫苗和药物的发明和使用，对传染病知识的进一步了解，以及公众对个人行为（如吸烟和酒后驾车）意识的觉醒，所有这些，都显著改善了美国人的健康状况。新发明的或改进了的科技创造了新的市场，并在医疗行业刺激了消费。

此外，由于近几十年来医疗津贴的增加，在医疗保健上的花费也迅速增多。美国的医疗保障覆盖率大部分是由用人单位提供的，其开支可作为公司机构享受免税的额外福利。实际上，免税待遇是政府的一种补助。1960年，60%的医疗费由消费者直接支付，而在2007年，仅有15%出自他们自己的口袋。这种现象有时被称为"第三方支付效应"，即当第三方支付账单时，消费者通常会容易忽略其成本。

所有这些因素（高收入弹性、技术进步和第三方支付的规模增加）导致了医疗费用的迅速增加。

为什么医疗保障是一项社会保险？健康经济学专家给出了这样三个原因：

1. 许多医疗保障体系，例如预防传染病和基础科学的发展，都是市场无法有效提供的公共品。消灭天花造福了几十亿潜在的受害者，然而没有一家厂商会因此直接受益于根绝天花的项目。当某人因了解吸烟危险而戒烟，当另一人因知晓艾滋病如何传播而使用安全套，其行为对他人带来的益处丝毫不少于他本人。这个现象在公共医疗改善方面将会导致市场投资不足。

2. 市场不灵的第二种情形是私人保险市场不灵。这种不灵的最大原因之一是病人、医生和保险公司之间存在信息不对称。治疗条件好坏对于病人来说经常是孤立的偶然的事件。为此，医生和病人之间的信息不对称就意味着，患者对于医生建议是完全依赖的，而医生的建议只取决于他所认为的适当的治疗水平。有时，当病人被推进急救室时，他们可能没有能力为自己选择治疗方式，所有要求甚至都可能取决于供应商的推荐。因此，必须设定特别的保护措施，来保证消费者免于在不知情时购买不必要的、质量差的或者价格昂贵的服务。

　　病人和保险提供者之间也存在着信息不对称。人们对自己的健康状况比保险公司可能了解得更多。低风险的个人可能选择不购买保险，这会导致逆向选择，它会扩大人群的平均风险，因此也加大投保者的成本。司空见惯，二十多岁的健康青年通常都是最少购买保险的人。

3. 政府政策的第三个考虑因素是公平，即应当为所有人都提供最低标准的医疗服务。局部地看，富有国家已经越来越多地将提供优质的医疗服务作为一种基本权利。然而，优质的健康服务同样意味着可观的社会投资。医疗保障不充分对于穷人尤其有害。这不仅是因为，他们与富人相比可能更容易生病，而且也是因为，他们的收入基本上是完全依靠劳动所得。更健康的人通常都更具生产力。因为，健康的人收入更多，而且所需医疗服务更少。

医疗服务不充分对于儿童也是最有害的。近年来,美国穷人的孩子和少数民族人群的孩子的医疗条件在某些程度上的确有所恶化。有病的孩子从一开始就有缺陷:他们上学的可能性更小,上学后表现得较差,容易辍学,还有,长大后很难找到高薪的好工作。若大部分儿童都不具有充分的医疗保障,则没有国家能够标榜自己繁荣。

不论一个国家是否能为所有居民提供平等的医护服务,医疗保障都需要实行分配,因为供给总是有限的。除非我们的条件好到了这样的程度,以至于每个忧郁症患者都能被彻底检查、探测和治疗,否则,留下若干只被感知而却不被满足的医疗需求就是必需的。没有更好的办法,只能实行医疗配给。

尽管如此,如何分配医疗服务品的方法却并非显而易见。许多商品和服务的限量供应都由钱包决定。价格将有限的炫目的汽车和大厦,以及不那么炫目的食品和鞋,按定量分配给想要获得并有支付能力的人。而在许多医疗领域,我们却不能允许价格机制将医疗服务分配给出价最高的人。比方说,我们不会将肝移植、血液和急救室拍卖给某个出价最高的人。恰恰相反,我们只希望这些医疗服务品能够被公正地分配。

医疗服务补助会导致短缺,对这种需求必须通过其他方式限制。这一现象被称为"非价格配给"。在排队等待商品或服务时,我们中的很多人可能体验过这种配给。当价格无法升至供求均衡点时,必须找到一些其他方法来实现"市场出清"。

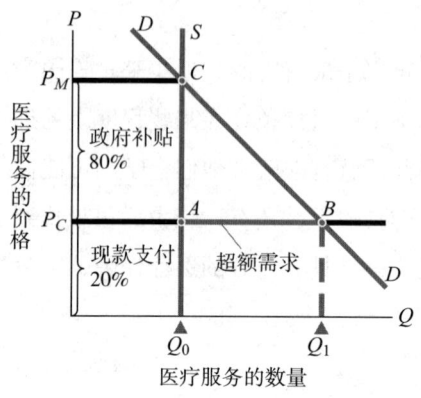

图 11-3　免费的医疗保障导致非价格配给

政府提供免费医疗或医疗补助时，必须经由某种机制来配给有限的服务。在政府补助的例子中，当需求量超过了供给量，过度的需求 AB 需要经由非价格机制出清消除。更多的情况是，人们需要为非急需的服务等待几小时，甚至几个月。

图 11-3 演示的是医疗市场的非价格配给。假设只有 Q_0 单位的可用医疗服务，消费者的需求曲线为 DD。市场出清的价格将在 C 处实现，在这里供给量和需求量相等。但是，由于消费者仅支付 20% 的花费，其需求量为 Q_1。线段 AB 就表示未被满足的需求，它因非价格配给而产生。当医疗补助越多，非价格配给的作用就越大。

像鞋和汽油一样，医疗保障也是一种经济品。医生的服务、护士的照料、医院的收容和其他服务的供给都是有限的。而消费者的需求，包括所有重要的和合理的，也包括不重要的和无意义的，却超出可得到的医疗资源的数量。然而医疗服务资源又必须以某种方式分配出清。按价格机制分配医疗服务是不合理的，因为它势必严重损害公众健康，置重要的需求于不顾，而且使很多人因病致贫。医疗服务市场的规模应该多大？非市场机制取代市场后应该如何因势利导？这些都是讨论医疗保障的核心问题。

创新与信息

经济学最重要的命题之一是信息经济学。信息包括多种事物，例如电子邮件、歌曲、新疫苗和你正在阅读的教科书。信息与一般商品（如比萨饼和鞋）的差异很大，因为它生产起来花费巨大，但复制起来却成本很小。正是由于信息的这种不同寻常的特性，导致很易受市场不灵的影响，因此我们需要制定不同的政策来管理信息，如关于"知识产权"的各种法规。

为准备本节的讨论，我们先回到前两章所讨论的不完全竞争经济学。我们了解到不完全竞争者把价格定得太高，赚取超额的利润，并不顾产品的质量。

这种关于垄断的悲观观点受到 20 世纪最伟大的经济学家之一约瑟夫·熊彼特的挑战。他指出：经济发展的本质在于创新，而实际上垄断是资本主义经济技术创新的源泉。

约瑟夫·熊波特：浪漫主义的经济学家

约瑟夫·熊彼特（Joseph Schumpeter, 1883~1950）出生于奥地利王国，是一位对社会科学各领域进行过广泛的研究、个人生活极其浪漫多彩的传奇式学者。

他早先在维也纳大学从事法律、经济学和政治学的研究，然后转到世界的经济学中心——奥地利学院,今天这所学院仍然推崇资本主义的自由制度。作为一个教授,对学生来说,他经常是一名侠士。在告别6个月的执教生涯之后,他开始负责图书馆的工作。因为一个图书管理员不肯让他的学生随便用书,他便挺身而出公开指责。图书管理员受到侮辱之后提出要和熊彼特进行决斗。幸好他受过贵族的训练,最后终于以刺中了对方的肩膀而取胜。自那以后,他的学生用书就再也用不着受限制了。

那个时代许多平庸的教职员们经常在一起聚会和作乐。而熊彼特却潜心投入他的经济学,建立了经济计量学的框架,致力于将它推广到整个欧洲大陆。后来,他去了英国和美国。后来,他又辗转到了哈佛大学,在那里他成了他最大的竞争对手凯恩斯理论的排斥对象,他的专业被废除。

熊彼特在经济学、社会学和历史学方面著述很多,不过他最喜欢的还是经济学理论。熊彼特早期的经典作品《经济发展理论》(1911年),打破了当时传统的静态分析方法,强调企业家和创新者的重要性,是他们将"新的组合"引入到新产品或新工艺中。创新在短期内会产生超额利润,在长期内却由于被模仿,这些利润最终会消失。即使是浪漫的熊彼特也看到,作为资本主义英雄的企业家们"具有超人的智慧和意志",并为占有欲和创造中的喜悦所激励和驱使。

他的权威著作《经济分析史》(他死后的1954年出版),是对现代经济学起源的出色考察。他的"流行"作品《资本主义、社会主义和民主》(1942年),阐述了关于垄断在技术上优势的令人吃惊的假说,并发展了竞争的民主理论,后来这个理论又发展成公共选择理论。他不祥地预见到，随着精英分子的不断觉醒，资本主义将最终灭亡。虽然这个预言还没有能够变成现实，但今天的保守派也的确已经在抱怨：福利国家将最终会耗尽市场经济的全部活力。

现代经济学强调**信息经济学**中存在的一系列特殊的经济问题。信息是一种与一般物品有着本质区别的商品。因为信息的生产成本很高，而再生产的成本却极低，信息市场常常遭受惨重的失败。

不妨讨论一下软件系统的生产，例如 Windows Vista。微软公司花了几年的时间和超过几十亿美元的资金才开发出了这套系统。而你用 220 美元左右就可以买到一张正版的软件，或者是花 5 美元买张盗版光盘。在医药、娱乐以及其他价值来源于信息含量的商品领域也是这种情况。在每一领域，产品的构思与开发可能是一个花费数年的昂贵过程。但是，一旦结果被写到一张纸、一台计算机、一盘磁带或是一张 CD 中，在那个时刻，它实际上就可以毫无成本地被第二个人加以再生产和使用了。

公司不能占有其发明者的全部货币价值的情况称为**不可划拨性**。发明不能被完全划拨是因为，其他公司可能会模仿或非法翻印一项创造品。在这种情况下，其他公司获取了部分创造性投资的收益，有时，模仿者可能会压低价格，此时消费者也会得到部分好处。案例研究表明，发明的社会收益（也就是发明对于所有消费者和生产者的价值）是发明者私人收益（也就是发明对于发明者的货币价值）的许多倍。

信息的生产成本很高，而复制成本却很低。就发明者报酬的不可划拨性的作用范围而言，我们可以预计私人的研发资助是不足的，基础研究中的投资尤为不足，因为这是一种最不可划拨的信息。研究成果的不可划拨性和巨大的社会收益，导致大多数政府在健康和科学领域都要对基础研究进行补助，并为这种创造性的行为设置许多特殊的激励机制。

政府很早就意识到需要对创造性活动给予特别的支持，因为，诸如发明等信息生产的价值会由于被模仿而大大降低。美国宪法授权国会"为了促进科学和艺术的进步，应当确保作者和发明者在有限的时间内对其作品和发现享有独占权。"政府还设置了**知识产权**，制定了许多具体的法规，用以保护专利、版权、商业秘密以及最近的电子传媒等。知识产权的目的是保护所有者的资源，以免他人在不对所有者或最初发明者进行补偿的情况下进行复制和使用。

知识产权最早的形式之一是**专利**，即由政府授权在有限的时间内（目前是 20 年），排他地（有效地、有限垄断地）使用一项"新颖、并非很起眼但很有用"的发明成果。版权法则可以提供法律保护，禁止对各种文字音像媒体（如教科书、音乐、视频、软件、艺术和信息品等）的原创作品在未经授权的情况下进行复制和利用。

为什么政府要鼓励垄断呢？专利和版权在图书、音乐和思想领域创造了知识产权。通过创造知识产权，政府可以鼓励艺术家和发明家将时间、精力和金钱投入到创造活动中。换句话说，通过允许对知识产权的垄断，政府可以提高发明的可划拨程度，从而激发人们去开发有用的产品，著书立说、填词谱曲，以及开发电脑软件。但是，专利保护并不意味着完全不公开，保护期限结束后，就应该对发明的技术性细节进行披露，以鼓励进一步的模仿和创造。成功地使用专利权的案例包括轧棉机、电话、施乐静电复印机和许多有利润的药品等。

促进交流的发明在现代很少受到限制。但是，电子存储、处理以及信息传输技术的发展，导致那些为创造新信息提供激励的机制陷入了一种左右为难的境地。很多新的信息技术，其前期的沉没成本较大，但边际成本则几乎为零。随着如互联网等电子信息系统成本的不断下降，多数信息在技术上可以用零成本提供给每个地方和每个人。必须注意的一点是，完全竞争在这里是无法存在的，因为若价格等于边际成本，即价格为零，则企业的收入为零，从而无法生存。

新的信息经济将更加激化效率要求与激励机制之间的矛盾。一方面，所有的信息都应该无偿地被提供，诸如免费的经济学教科书、免费的电影、免费的歌曲等。因为从经济学所论述的效率方面讲，价格原本应该定在边际成本的水平上，而信息的边际成本的确等于零。另一方面，知识产权的零回报率机制，必将减少或消除"生产"新书籍、电影和歌曲的利润激励，因为发明者从创造性劳动中几乎得不到补偿。过去，社会就已经试图摆脱这种尴尬的境地。然而，由于电子信息的再生产成本又要比传统的低得很多（生产成本更高，而再生产成本却更低），要寻找一种更有效的政策来保护知识产权，已经变得越来越困难。

专家们强调知识产权保护是不完善的，特别是跨越国界之后。

当今世界日益致力于开发新知识（其中很多是无形的，例如音乐、电影、新的药物和软件），政府必须为知识产权的流通找到一个中介平台。若知识产权保护过强，则会导致高价格和垄断损失；而若保护过弱，则又会阻碍发明和创新。

第三编

要素市场：劳动、土地和资本

第十二章　市场如何决定收入

欧内斯特，你知道，富人和我们不一样。

——司各特·菲茨杰拉德

是的，我知道。他们的钱比我们要多。

——欧内斯特·海明威

收入与财富

前面几章，我们讨论了小型厂商和大型公司所提供的产品和劳务的产量和价格。但是我们所享用的这些种类繁多的产品并不会突然地从地底下涌现出来——它们是由装备着机器的工人们所生产的，那些机器需要放在厂房里，厂房又需要坐落在某一块土地上。生产过程中的这些投入会得到如下要素收入——工资、利润、利息和租金。下面，我们将开始讨论要素价格的决定和影响国民收入分配的因素。

美国是一个收入和财富两极分化的国家。如果你是最富有的400个美国人中的一员，那么你可能是一位60岁的白人男子，拥有一流大学的学位，净资产达40亿美元。美国社会的这一小部分人拥有了这个国家财富总量的3%。过去,你是靠制造业或房地产发家致富的,而最新出现的亿万富豪则主要来自于信息技术和金融产业。通常,你之所以能够跻身高层,是与你的出身和头脑都有关,因为家庭给你的教育的可观投资很可能会给予你一个相当领先的起步机会。不过,与10年前相比,现在,更多的成功人士都是白手起家的。

另一个极端,是那些名不见《福布斯》或《人物》等经典杂志封面、几乎被社会所遗忘了的人们。不妨让我们听一听无家可归的失业者罗伯特·克拉克的故事。他是一个参加过越南战争的老兵,从底特律来到迈阿密寻找工作。他睡在街边的一张硬纸板上,盖的是一条偷来的床单。每天,他和其他的无家可归者从下水道里爬出来,为那些临时雇用他们的企业老板做工。这些企业每小时可以向其客户收费8~10美元,但老板却按"最低工资"向克拉克这类人支付。他们将所剩余的大部分钱用于自己的交通费和购置其他工具。克拉克的工资单表明,他工作31小时所得到的报酬仅仅为31.28美元。

我们怎样才能理解这种收入和财富的两极分化呢?为什么有些人一年收入1 000万美元,而另一些人1小时却只挣1个美金?为什么东京或曼哈顿的房地产每平方英尺价值成千上万美元,而沙漠中的土地每英亩却只卖几个美元?像微软或者通用电气这样的巨型企业,它们几十亿美元的利润究竟从何而来?

收入分配问题是经济学中最富争议的领域之一。一些人认为高收入是继承权和运气等因素所带来的不平等的后果,贫穷不过是来自于歧视和缺少机会;另一些人则认为,每个人都已经得到了他们应得的报酬,对收入的市场分配进行干预会损害一国经济的效率,并几乎能使得每个人的状况都要比原先更加糟糕。今天,美国政府各种干预经济的计划可谓是方方面面舆论相互妥协的产物。美国舆论一般都认为,收入应该主要由市场报酬机制决定,而政府则应该提供一个"安全网",使得那些处于贫困线以下的人们能够得到接济。

收　入

在衡量一个人或一个国家的经济状况时,最常用的两个指标是收入和财富。**收入**指的是一定时期内(通常为一年)的工资、利息、股息和其他有价物品的流入。所有收入的总和是国民收入,其内容见表12-1。国民收入中最大的部分是劳动收入,其形式为工资、薪金和附加福利。剩余部分是各种形式的财产收入:租金、净利息、公司利润和业主收入;这部分基本上包括了作为小企业主的收入。

> 市场经济中的收入以工资、利润、租金和利息等形式分配给生产要素的所有者。

理解要素收入和个人收入的差别很重要。表12-1列举了要素收入的分配,即在劳动收入和财产收入之间的分配。但同一个人往往可以拥有多种收入。例如,某人有工资,能从储蓄中得到利息,从持有共同基金的股份中取得股息,还能从房地产中收取租金,等等。用经济学语言来表述,一个人的市场收入,等于他所出售

表 12-1　2007 年美国国民收入的分配

收入种类	数额（10亿美元）	份额（%）	例子
劳动收入			
工资和薪金	6 356	51.8	汽车工人的工资；教师的薪金
津贴和其他劳动收入	1 457	11.9	公司为职工缴纳的养老基金
财产收入			
所有权收入	1 056	8.6	所有者经营企业的收入；律师作为合伙人的净收入
租金收入	40	0.3	房东出租公寓所得的租金，除去费用和折旧
公司利润	1 642	13.4	微软的利润
净利息	664	5.4	存款账户的利息
产品税及其他	1 056	8.6	
合计	12 271	100.0	

国民收入包括付给所有生产要素的收入。其中 3/4 是工资和其他种类的劳动补偿，其余的 1/4 是租金、公司利润和业主收入。

资料来源：U. S. Department of Commerce, Bureau of Economic Analysis, at the Web page www.bea.gov.

的生产要素的数量乘以每种要素的价格。

美国国民收入中大约有 2/3 是劳动收入，其余的是各种形式的资本收益。过去的 25 年是一个非常动荡的时期。石油危机、计算机革命、全球化、公司规模收缩和经济长期扩张等，对劳动收入在全部收入中所占份额会有什么样的影响呢？从图 12-1 中我们可以看出，自 1970 年以来，劳动收入在国民收入中所占份额的变动很小。这是美国国民收入分配的一个重要特征。

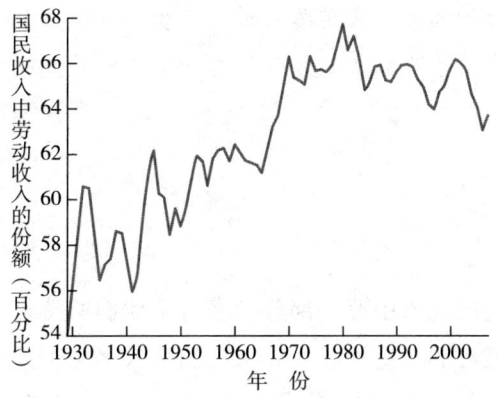

图 12-1 劳动收入在国民收入中的份额

自二战到1970年,劳动收入在国民收入中的份额逐步上升。自1970年以来,它一直稳定在2/3左右。国民收入的其余部分是租金、利息、公司利润、所有权收入和产品税的各个项目。

政府在收入分配中起什么作用呢?各级政府是工资、租金、利息收入的主要来源。表12-1中对生产要素的支付包括了政府购买支出。

政府在国民收入分配中还发挥着表12-1未能反映出来的作用。首先,政府通过税收和其他收费征收了国民收入的很大一部分。2008年大约30%的国内生产总值被联邦、州和地方政府以各种形式的税收所课征,包括个人所得税、公司利润税和社会保险税。

不过,不管是征收什么税,政府还是要花费掉或者转移出去。各级政府以**转移支付**的形式向社会提供收入。转移支付是政府向个人提供的一种不需要用商品或服务加以回报的支付。转移支付中最大的一项是对老年人的社会保险,此外还包括失业保险、农业补贴和福利开支。早在1929年以前,美国人几乎不曾从政府那里取得过什么收入;而到了2008年,竟然大约有15%的个人收入都是来自于政府的转移支付。

个人收入等于市场收入加上转移支付。市场收入大部分来自工资和薪金；少数富人的市场收入来自于财产权益。政府转移支付主要是用于支付老年人的社会保险。

财　富

以上我们看到，人们的收入中有一部分是来自于他们所持有的债券或股票，即利息或红利。这类收入要求我们引入第二个重要的经济概念：**财富**。财富是人们在某一时点所拥有的资产的货币净值。注意，财富是一个存量（如同湖中的水量），而收入是单位时间中的流量（如同河中的水流）。家庭的财富包括有形财产（房屋、汽车、其他耐用消费品及土地），还有金融资产（如现金、储蓄、债券和股票）。所有有价值的东西都叫做资产，而所有欠他人的东西都称为负债。总资产和总负债的差额称为财富或净财富。

由表12-2可见，1989~2004年美国家庭所拥有财产的构成情况。大部分家庭最重要的一项资产是住宅：如今美国已经有68%的家庭拥有自己的住房，而上一代人只有55%。大多数家庭都以储蓄的形式持有一定数量的金融资产，1/5的家庭直接拥有公司股票。但实际上，美国的金融资产的大部分还是集中在一小部分人的手中，大约1/3的总财富是由1%的最富有的美国家庭所拥有。

表 12-2　美国家庭的资产结构的变动趋势

	1989~2004 年美国家庭各种资产占总资产的比例		
	占总资产的百分比		
	1989 年	1995 年	2004 年
金融资产			
银行和其他各种储蓄	9.4	7.7	6.2
债　券	3.1	2.3	1.9
股　票	6.2	10.4	11.5
退休金账户	6.6	10.3	11.4
其　他	5.3	6.0	4.7
有形资产和其他资产			
自有住房	31.9	30.0	32.3
其他不动产和财产	13.4	10.0	11.1
车　辆	3.9	4.5	3.3
公司股权	18.6	17.2	16.7
其　他	1.7	1.5	1.0
	千美元，按 2004 年美元计		
家庭净值			
中位数值	68.9	70.8	93.1
平均数值	272.3	260.8	448.2

家庭拥有有形资产（如房屋和汽车）和金融资产（如储蓄和股票）。但绝大多数美国家庭的最大一项资产仍是房屋。财富分布的中位数值要远远小于其平均数值，反映了人们拥有财富的极大不平等。

资料来源：Federal Reserve Board，Survey of Consumer Finances，available in *Federal Reserve Bulletin* or at *www.federalreserve.gov/pubs/oss/oss2/2004/bull0206.pdf.*

边际生产率决定投入的价格

收入分配理论或**分配理论**研究的是经济中收入的决定问题。人们常会对家庭收入差距巨大这一点感到迷惑。这种差异是由于天分的差异,还是由于垄断势力?抑或是由于政府的干预?为什么比尔·盖茨身价600亿美元,而一半黑人家庭的净财富却不到2万美元?为什么都市的地价要大大高于沙漠地带?

对于这些问题,我们的回答首先是:收入分配理论是一般价格理论的一种特例。工资不过是劳动的价格;同理,地租是使用土地的价格。生产要素的价格是由不同要素的需求和供给之间的相互作用所决定的,就像商品的价格主要是由商品的供给和需求所决定的一样。

但是,供给和需求只是理解竞争性市场经济中收入分配问题的第一步。我们将会看到,收入的关键在于不同生产要素的边际产出。在本节,我们可以看到工资取决于劳动的边际产出或者说是劳动的边际收益产品的价值,其他要素也是如此。我们首先讨论这个新概念,然后看它是如何解决收入决定问题的。

要素需求的性质

要素需求与消费品需求的主要差别有二:(1)要素需求是派生需求;(2)要素需求是相互依赖的需求。

第十二章 市场如何决定收入

让我们讨论一下计算机软件企业对于办公楼面积的需求问题。软件公司需要为其编程人员、客户服务人员和其他雇员租用办公室。同理，其他诸如比萨饼店或银行等也需要经营活动的空间。在每一地区，都有一条斜率为负的办公面积的需求曲线，它将土地所有者所要求的租金与公司想要的办公面积的数量联系起来——价格越低，公司愿意租用的面积就越大。

但普通消费者的需求和企业对投入品的需求之间却有着本质的差别：消费者需要计算机游戏和比萨饼等最终产品，是因为这些消费品都能直接地提供快乐或效用。而像企业购买办公场地这类投入，却并不是因为它们能直接地提供满足；企业购买投入品是因为它能够通过使用这些要素而得到最终产品和相应收入。

消费者满意偏好决定着厂商要素投入的格局，不过这种偏好可谓一个阶段一个样。消费者从玩电子游戏中获得的满足决定了软件公司能卖出多少游戏软件，需要多少销售商，必须租用多少办公场地。其游戏软件越是成功，对办公场地的需求也就越大。因此，要准确地分析投入需求，必须认识到：是消费者的需求最终决定了企业对办公场地的需求。

认识这一点的意义，不仅限于分析办公面积的需求。事实上，消费者需求决定所有的投入需求，包括耕地、石油，还有比萨饼烤炉。你能看出对经济学教授的需求是如何由学生对经济学课程的需求最终决定的吗？

> 企业的投入需求由消费者对其最终产品的需求间接地派生而来。

于是，经济学家将生产要素需求称为**派生需求**。这意味着当企业需要一种投入时，是因为那种投入使他们能生产一种消费者现在或将来想要得到的商品。由图 12-2 可见，某一种投入需求，例如肥沃的玉米地，是如何由消费者对玉米的需求曲线派生而来的。同样，对办公场地的需求也是由消费者对欲租办公室的公司所生产的软件或者其他产品和服务的需求派生而来的。

生产要靠集体努力。要想锯倒一棵树，只有一把锯子是没有用的，而两手空空的工人也同样不能生产价值。只有将锯子交给工人使用才能很容易地将树锯倒。换句话说，某种要素的生产率，如劳动生产率，取决于能够与之相匹配的要素的数量。

这意味着在一般情况下，我们不应该说某一种投入独自创造了多少产出。说哪种要素更重要就好比说生孩子是父亲重要还是

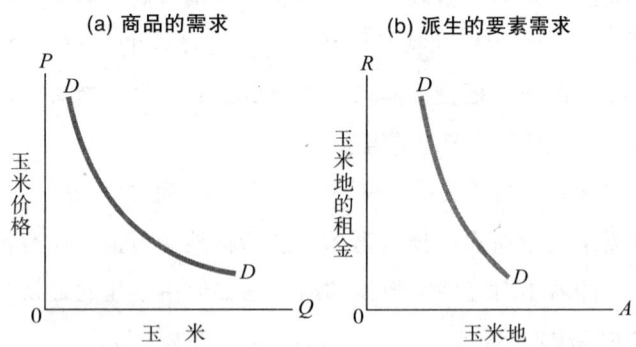

图 12-2　要素需求是由它所生产的产品的需求中派生而来
对玉米地的派生需求曲线是由对玉米这种商品的需求曲线得到的。将玉米的需求曲线向外移动，玉米地的需求曲线也会向外移动。如果商品的需求曲线变得没有弹性，投入的需求曲线也变得没有弹性。

母亲重要一样。

正是由于土地、劳动和资本品在生产中是相互依赖的，才使得收入的分配成为一个非常复杂的问题。设想你负责分配一个国家的所有产出，如果我们能够判定"土地"独立生产这么多，"劳动"独立生产那么多，而"机器"又单独生产了其余部分，那么分配就会非常容易。在供给需求分析框架中，如果每种要素可以独自生产一定数量的产品，那么它当然就能够独享自己的劳动果实。

但是，请将上面那段话再读一遍，并标出"独立生产"等关键词。这些词指的是一个虚幻的世界，即各要素的生产率可以相互独立，而这在现实中却是根本不存在的。煎蛋卷是由厨师的劳动、鸡蛋、牛油和天然气等要素投入共同作用而成的，你怎么可能将其中的每种投入单独的贡献从整体中分离出来呢？

为了寻求答案，我们需要考察要素的边际生产率（它影响需求）和要素的供给之间的相互作用关系。这二者决定要素的市场价格和交易数量。

生产理论回顾

在展示要素价格和边际产出的关系之前，我们来回顾一下第6章中生产理论的要点。

生产理论首先讨论了生产函数的概念。生产函数表示在给定的技术知识条件下，各种要素组合所能生产的最大产量。生产函数概念提供了边际产品的一个严格定义。一种投入品的边际产品是指：在其他投入品不变时，增加一单位某种投入品后所能带来的产品或产出的增加量。[1] 表 12-3 中前 3 栏复习了边际产品的计算方法。

最后,让我们复习一下"收益递减定律"。表 12-3 的第(3)栏说明,每一单位的新增劳动所能带来的边际产品呈递减状态。"边际产品递减"是收益递减的另一种说法。我们还可以把劳动换成土地,使劳动和其他投入保持不变,而仅仅改变土地的数量,我们会看到收益递减定律对于土地也同样适用。

分配理论和边际收益产品

分配理论的基本观点是,对各种要素产品的需求来自每种要素通过其边际产品所产生的收入。在说明这个结论之前,我们先定义一些新的概念。

应用生产理论我们可以在分配理论中提出一个核心的概念:边际收益产品(*MRP*)。假设我们经营一个大型的衬衫企业,并了解每一个新增的工人能生产多少件衬衫。不过该企业所追求的是货币利润的最大化,因为它是用货币而不是衬衫去支付工资和红利。于是我们需要一个概念来衡量每一单位新增投入品所能增加

---

[1] 注意,要素的边际产品是以每单位额外投入带来的产量的实物单位的增加来表示的。于是,有些时候,特别是这个词和我们即将遇到的"边际收益产品"这一概念可能发生混淆时,为了避免混淆,经济学家宁肯使用"边际实物产品"来代替"边际产品"。为简化起见,我们将边际产品缩写为*MP*。

表12-3 完全竞争厂商的边际收益产品的计算法

边际收益产品				
（1）劳动单位（工人）	（2）总产品（蒲式耳）	（3）劳动的边际产品（蒲式耳/工人）	（4）产品价格（美元/蒲式耳）	（5）劳动的边际收益产品（美元/工人）
0	0			
		20 000	3	60 000
1	20 000			
		10 000	3	30 000
2	30 000			
		5 000	3	15 000
3	35 000			
		3 000	3	9 000
4	38 000			
		1 000	3	3 000
5	39 000			

第（3）栏标明了劳动的边际产品，劳动的边际收益说明增加单位劳动投入时，厂商得到了多少新增收入。它等于第（3）栏中的边际产品乘以第（4）栏中的竞争性产品价格。

的货币收入。经济学家将增加一单位投入所能增加的产出的货币价值叫做"边际收益产品"。

投入品 A 的**边际收益产品**是追加一单位投入 A 所能产生的货币收益。

完全竞争的情况 当产品市场是完全竞争时，很容易计算出边际收益产品。在这种情况下，每一单位的工人生产的边际产品（MP_L）可以按产品的市场竞争价格（P）出售。而且，因为我们考虑的是完全竞争的情况，产品价格不受企业产出的影响，所以价格等于边际收益（MR）。如果我们的边际产品为10 000蒲式耳，价格和边际收益为3美元，那么最后一个工人的产出的货币价值（劳动的边际收益产品）为30 000美元（10 000×3美元），见表12-3中的第（5）栏。于是在完全竞争条件下，每一个工人对于企业的价值都等于最后一个工人边际产品的价值；每一英亩土地的价值等于土地的边际产品乘以产出的价格；对于其他各种要素可以依此类推。

表12-3展示了生产理论和要素需求理论之间的基本联系，学习时应予以注意。前(3)栏分别是劳动的投入量、产出和边际产品，再利用第（4）栏中的产品价格，我们可以在第5列计算出劳动的边际收益产品(以美元/工人计)。在本章,稍后我们可以看到第(5)栏是决定劳动需求的关键。一旦知道工资率,我们就可以利用第(5)栏计算出对劳动的需求。

不完全竞争的情况 在不完全竞争条件下，每个企业所面对的需求曲线是向下倾斜的，这时会发生什么情况呢？此时，从出售的每一单位新增产出上获得的边际收益低于价格，因为企业为卖出1单位新增产出必须能降低此前所有产品的价格。对于企业来说每单位边际产品的价值$MR < P$。

我们继续研究上面的例子，假设边际收益（MR）为2美元，而价格是3美元，那么表12-3中第二个工人的边际收益产品MRP为20 000美元（$= MP_L \times MR = 10\ 000 \times 2$美元），而不是竞争情况下的30 000美元。

小结：

边际收益产品表示在其他投入不变时，企业新增一单位某种投入所增加的收益。它用投入的边际产品乘以出售一单位新增产出所获得的边际收入来计算。这对于劳动（L）、土地（A）和其他投入要素都适用。用符号表示：

$$劳动的边际收益产品（MRP_L）= MR \times MP_L$$
$$土地的边际收益产品（MRP_A）= MR \times MP_A$$

其他情况类推。

在完全竞争条件下，因为 $P = MR$，所以对于每一种投入 i 来说：

$$边际收益产品（MRP_i）= P \times MP_i$$

生产要素的需求

在界定了相关的基本概念之后，现在我们来看追求利润最大化的厂商如何决定要素的最优组合，并从中导出对要素投入的需求。

对某一生产要素的需求是由什么来决定的？为了理解这些问题，我们需要先讨论旨在追求利润的厂商如何选择其最优的投入组合。

假设你是一个追求利润最大化的农场主。在你所处的地区，可以用每年2万美元的价格雇到你所想要的全部农场工人。你的会计会交给你一张表,其中数据如表12-3所示。在这些条件下,你会怎么办呢?

你会试验各种各样的可能性。雇用一个工人时,额外的收入(MRP)为6万美元,而工人的边际成本为2万美元,所以你的额外利润为4万美元;雇用第二个工人,会给你带来3万美元的边际收益产品,带来的额外利润为1万美元;雇第三个工人,所增加的生产只能带来1.5万美元的边际收益产品,而成本为2万美元,所以雇用第三个工人已经无利可图。表12-3说明,雇用两个工人所能获得的利润最大。

通过这种推理,我们能够找到选择最优投入组合的原则:

要达到利润最大化,企业应当增加投入,直到投入的边际收益产品与投入的边际成本或价格相等。

在完全竞争的要素市场上规则更为简单。在完全竞争条件下,边际收益产品等于价格乘以边际产品($MRP = P \times MP$)。

在完全竞争条件下,当边际产品乘以产出价格等于投入价格时,厂商就得到了利润最大化的要素组合:

劳动的边际产品 × 产出价格 = 劳动的价格 = 工资
土地的边际产品 × 产出价格 = 土地的价格 = 地租

其他情况依此类推。

我们可以通过以下推理来进一步理解这一规则:假定每种投

入都被打包成价值1美元的单位,即投入1美元的劳动,1美元的土地,等等。为追求最大利润,企业将购买各种要素投入,直至每一个"1美元投入组合"的产出都恰好价值1美元。换句话说,就是每一个"1美元投入包"都将生产 MP 单位的玉米,使得 $MP \times P$ 恰好等于1美元。那么,在利润最大化时,这些1美元的要素单位的 MRP 都恰好是1美元。

最低成本法则 我们可以将以上推理的前提推而广之,使它既可以适用于完全竞争的产品市场,也可以适应不完全竞争的市场(只要要素市场是竞争的)。重新整理上面所说的基本前提,利润最大化意味着:

$$\frac{\text{劳动的边际产品}}{\text{劳动的价格}} = \frac{\text{土地的边际产品}}{\text{土地的价格}} = \cdots\cdots \frac{1}{\text{边际收益}}$$

假设你有一家垄断的闭路电视公司。如果你要使利润最大化,你会对工人、铺设电缆的土地、卡车和检测设备等投入要素进行最优组合以使成本最小。如果卡车每月的租金为8 000美元,每个工人的每月工资为800美元,当每1美元投入的边际产品相等时,成本就达到了最小。因为卡车的成本是劳动成本的10倍,卡车的边际产品必须是劳动的边际产品的10倍。

> **最低成本法则**:当每一美元投入的边际产品都相等时,成本就达到了最小。这对于完全竞争和不完全竞争条件下的产品市场上的厂商都同样适用。

在得出不同要素的边际收益产品（MRP）后，我们现在就可以理解对生产要素的需求了。我们已经看到：一个追求利润最大化的厂商在选择各种投入的数量组合时，会使每种投入的价格等于其边际收益产品。这意味着从一种投入的边际收益产品表上，我们可以立刻得到投入价格和对该种投入的需求量之间的关系，这种关系就是需求曲线。

请回顾一下表12-3。表中最后一栏是我们这个玉米农场劳动的边际收益产品。根据利润最大化条件，我们可以知道，当工资为6万美元时，会雇用1单位劳动；工资为3万美元时，就会雇用2单位劳动；依此类推。

> 由每一种投入的边际收益产品表可以推导出企业对该种投入的需求表。

我们已经用表12-3中的数据来勾画我们这个玉米农场对劳动的需求曲线，如图12-3所示。我们再将这些点用平滑的曲线连接起来，以便看到每增加一个很小单位的劳动时需求曲线的性状。

从厂商到市场需求　不同厂商需求曲线的加总是决定劳动和其他要素需求的最后一步，是将各厂商的需求曲线水平加总。同其他需求曲线一样，竞争市场需求曲线也是所有厂商需求曲线水平的加总。因此，如果存在1 000家不同的厂商，那么对劳动的市场需求恰像图12-3所显示的那样（横轴所表示数字要乘以1 000）。我们可以看到，对生产要素的竞争性需求由不同厂商的边际收益产品加总而得。

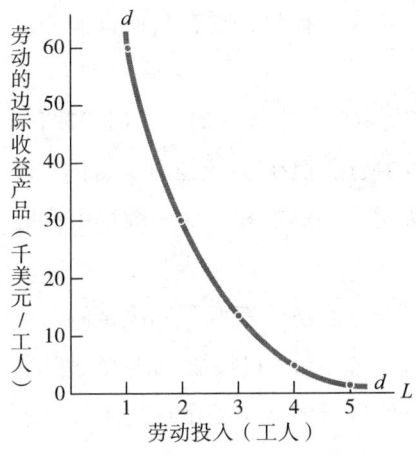

图 12-3 从边际收益产品导出的投入需求

对劳动的需求是由劳动的边际收益产品派生出来的,本图所用数据来自表 12-3 中竞争性厂商的数据。

替代法则 最小成本法则的一个推论是**替代法则**:当一种投入要素价格上升而其他投入要素价格不变时,更多地使用其他要素以替代那个价格上升的要素,企业将会从中获利。当劳动的价格 P_L 上升时,会导致 MP_L / P_L 的下降。这时企业将会减少雇用劳工的数量,而增加土地要素的投入,直到每 1 美元这两种投入的边际产品再次相等为止。这样就降低了对劳动的需求而提高了对土地的需求。同样,土地价格 P_A 的上升也会使得企业更多地使用劳动来替代土地。与最小成本法则一样,替代法则和对要素的派生需求对于完全竞争和不完全竞争的产品市场均适用。

生产要素的供给

关于要素价格和收入的决定因素的完整分析,须将上述的投入需求和生产要素的供给结合在一起。供给的一般原则因各种投入而异,以下两章中我们将进一步深入探讨。现在我们仅做一点介绍和简评。

在市场经济中,大多数生产要素是私人拥有的。人们"拥有"他们的劳动是指他们能控制劳动的使用;但在今天,这种关键的"人力资本"已经只能租借而不能买卖了。资本和土地一般都由家庭和企业所拥有。

劳动供给是由许多经济因素和非经济因素所共同决定的,重要的决定因素有劳动的价格(即工资率)和人口特征,如年龄、性别、教育和家庭结构。土地和其他自然资源的数量是由地理条件决定的,不可能有大的改变,虽然土地的数量也受水土保持、开垦方式和改良措施等因素的影响。资本的供给依赖于企业、家庭和政府过去的投资。短期内的资本存量像土地一样是固定的,但长期内的资本供给会受风险、税收和回报率这样的经济因素的影响。

投入的供给弹性是怎样的呢?实际上,供给曲线可以向上倾斜或垂直,甚至可能斜率为负。对于大多数要素,我们可以认为在长期内供给和要素价格是一种正相关关系,此时供给曲线向右上倾斜。土地的总供给一般认为是不受价格影响的。这种情况下,土地的总供给完全没有弹性,供给曲线是垂直的。在某些特殊情况下,当一种要素的收益增加时,所有者向市场提供的该种要素的数量反而更少。例如,当工资上升时,人们感觉他们可以工作更少的时间,所以在工资率高的时候,劳动的供给曲线就有可能向后弯曲,而不是继续向上倾斜。

图 12-4 显示了几种具有不同弹性的要素供给曲线。

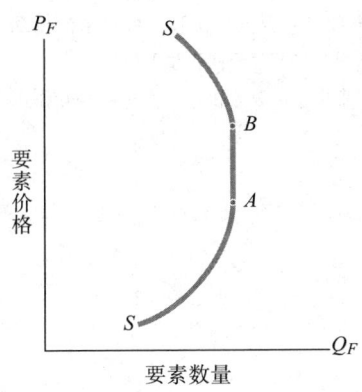

图 12-4　生产要素的供给曲线

生产要素的供给依赖于要素的特性和所有者的偏好。一般地说，供给与价格呈正相关关系，如图中 A 点以下区域所示。对于供给固定的要素，如土地，供给曲线是完全没有弹性的，如图中从 A 到 B 部分所示。在特殊情况下，要素价格上升会大大增加所有者收入，如劳动或石油，这些要素的供给曲线可能会向后弯曲，如图中 B 点以上部分所示。

供给和需求决定要素价格

一个完整的收入分配分析必须结合生产要素的供给和需求。本章前面我们已经提供了分析需求的基础，并简要描述了供给。我们已经指出，在给定的要素价格下，追求利润最大化的厂商将按各种投入的边际收益产品选择投入组合。当土地的价格下降时，每个农场主都会用土地去替代其他投入，如劳动、机器和肥料，于是每个农场主对玉米地投入的需求如图 12-2（b）所示。

我们怎样得到对要素（不论是玉米地，还是非熟练工人或计算机）的市场需求呢？我们将每个厂商的单个需求加总，于是，在土地价格给定时，我们将给定价格下所有企业对土地的需求加总；在土地的每个价格水平下我们都这样做。换句话说，我们将所有的单个厂商对土地的需求曲线进行水平加总，得到市场对土地的需求曲线。对于所有投入，我们都这样将所有厂商的所有派生需

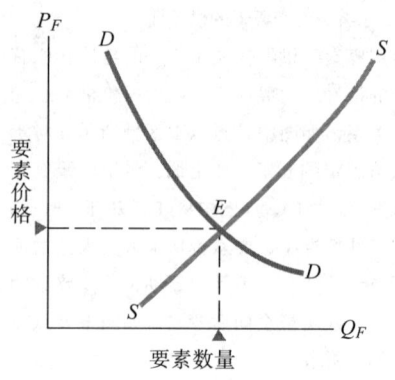

图 12-5 要素供给和派生需求的相互作用决定要素价格和收入分配

要素价格由要素供给与需求的相互作用决定。

求加总,从而得到每种投入的市场需求。在每种情况下,投入的派生需求都是根据该种投入的边际收益产品而得出的。[1] 图 12-5 的 DD 曲线是某种生产要素的总需求曲线。

我们怎么找到整个市场的均衡呢?完全竞争市场中投入的均衡价格,即是供给量和需求量相等时的那个价格水平。如图 12-5 所示,一种要素的派生需求曲线与其供给曲线在 E 点相交,只有在这种价格时,要素所有者愿意供给的数量与买方愿意购买的数量才平衡。

竖直型和扁平型

用以上概念我们可以分析一个只有两种要素的市场,以便看出为什么收入差异会这么大。图 12-6 是两种劳动(外科医生和快

---

[1] 注意,这里要素需求曲线的水平加总过程与第5章我们导出的产品市场需求曲线的过程是一致的。

餐工人）的要素市场。由于行医需要执照，且成为一名外科医生所需接受的教育和训练时间长、成本高，因而外科医生的供给相当有限。而对外科医疗的需求却与其他医疗服务的需求一起迅速增长，结果就是外科医生每年平均收入达30万美元。此外，需求的增长将导致医生收入的急剧增长和产出的低增长。

收入模式的另一个极端是快餐工人。这些工作对于技术或教育没有多少要求，几乎每个人都能做。劳动供给很有弹性。近年来对快餐需求的增长，导致快餐工人雇员数量也急剧增长。因为

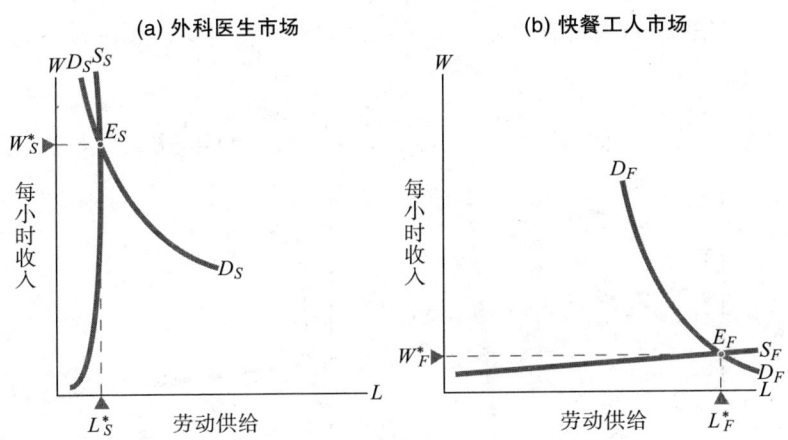

图12-6 **外科医生市场和快餐工人市场**

在（a）图中，我们看到了外科医生有限的供给产生的影响：产出很少，每个医生收入很高。如果老年人口比重上升，对外科医生的需求增加，会对医生的总收入和手术的价格产生什么影响呢？

在（b）图中，自由进入和低技术要求说明快餐工人的供给是具有弹性的，工资很低而就业量大。如果更多的青少年要找工作，这对快餐业的工资和就业有何影响？

进入这个市场很容易,全职快餐工人的年平均工资为1.9万美元,接近于最低工资。外科医生和快餐工人收入悬殊的原因何在?关键是劳动质量的差别,而不是工作时间问题。

富人和其他人

如果你是美国最富有的人之一,那么每年你可能有5 000万美元的利息、红利或其他财产收入。而中等家庭每年来自其所拥有的金融财产的收入还不到1 000美元。图12-7解释了这个差别。富人的股票或债券的回报率不比中产阶级高多少。

然而,富人的财富基数却大得多。图12-7中阴影矩形的面积显示了这两种人的资本收入的差别。切记:是财富的多少而不是

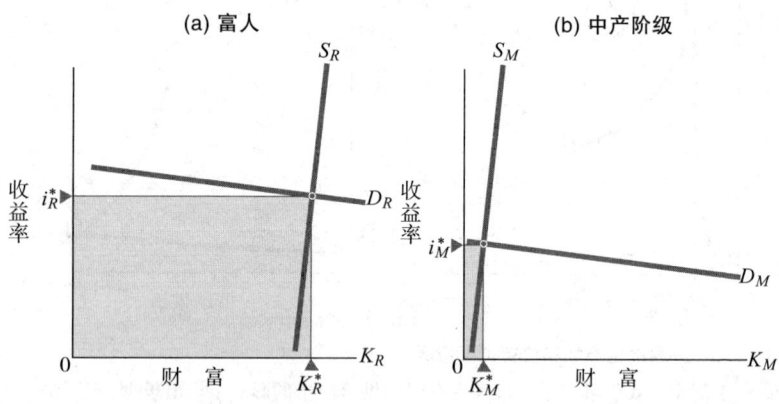

图12-7 **财富收入的差异**
本图展示出富人与中产阶级所持有财富的供给和需求。横轴代表总财富,纵轴代表收益率,阴影部分为 $r \times W$,或者说是财富带来的收入。为什么富人的阴影区矩形面积要远远大于中产阶级的阴影区矩形面积呢?富人的资产收入比较高,主要是因为富人的财富(K_R)要比中产阶级多很多(K_M)。

回报率的高低导致巨富财产收入的矩形面积如此之大。

这两个例子解释了要素价格和个人收入是如何由市场潜在力量决定的。供求的力量会使供给有限或需求很大的要素，通过较高的边际收益产品的形式产生很高的收益。如果一种要素（如外科医生），因训练素养要求提高而变得更为紧缺，那么这种要素的价格就会上升，医生就会享受到更高的收入。然而，如果某些领域（如精神病学领域）的需求减少（或许是因为保险公司缩减了精神病的承保范围，或者由于像社会工作者和心理学家一类的人拉走了一些病人，或者是人们需要更多的药物治疗而非心理治疗等），精神病医生的收入就会降低。竞争会给予一切,也会带走一切。

国民收入的分配

学习了边际生产率理论之后，我们现在可以回到本章开头时所提出的问题。在一个激烈竞争的世界里，市场如何在这么多的生产要素中分配国民收入？

这一节提出了新古典要素收入分配理论。该理论可以应用于任意数量的最终产品和要素投入的竞争市场中。如果我们考虑一个只有一种产品的简化的经济世界，而且在这个世界里所有的账目均按"实际的"单位记录，那么该理论就会变得易于掌握。这种产品可能是玉米，或是一篮子各种物品和服务的组合，而我们称它为 Q。另外，设定价格为1，整个讨论在实际条件下进行，那么产出的价值就是 Q，工资率则是以货物或 Q 表示的实际工资。

在此情形下，生产函数表明在每单位劳动小时（L），在每单位面积的同质土地（A）上生产多少 Q。注意因为 $P=1$，在完全竞争条件下，$MRP = MP \times P = MP \times 1 = MP$。因此，工资为 MP_L。

新古典模型的推导如下：工人 1 因可供耕种的土地很多而获得较多的边际产品。工人 2 获得的边际产品略少。但这两个工人的素质是相同的，因此他们应该获得相同的工资。问题在于由哪一个工人决定工资？是工人 1 的边际产品还是工人 2 的边际产品？或是二者的平均？

在完全竞争条件下，答案是清楚的。如果市场上工人工资已经超过工人的边际产品，土地所有者就不会再雇工人。因此，竞争会确保所有的工人获得的工资率与最后一个被雇的工人的边际产品相等。

但现在，由于早先的工人比最后一个工人的 MP_S 高，这就产生了总产出与工资额之间的剩余。所有早先的工人创造的超过 MP_S 的部分哪里去了？这个超出部分留给土地所有者作为了他们的剩余收入，将来我们会称之为租金。你可能会问，为什么土地所有者在千里之外坐着他们的游艇，却能从土地上获得收入？原因在于：每块土地的所有者都是竞争性土地市场的参与者，并以最优的价格出租土地。就像工人之间为工作而进行竞争一样，土地所有者之间为雇用工人而展开竞争。可见，在这个竞争世界里，没有工会来争取涨工资，也没有雇主联合起来剥削工人，在工资和地租上也不存在什么特别的公平，只有供给和需求之间的运动。

于是我们决定了付给工人的总工资。图 12-8 说明劳动的边际产品曲线以实际工资的形式决定了所有雇员的需求曲线。劳动供给要素决定了劳动的供给（图中为 SS）。均衡工资在 E 点，付给劳工的全部工资为 $W \times L$（例如，如果 $W = 5$，$L = 100$ 万，则总工资 = 500 万）；图中为矩形区域 OSEN。

令人惊讶的是，我们也可以计算土地的租金收入。图 12-8 中的浅色三角形 NDE 为所有已生产出来但没有作为工资支付出去的剩余产出，租金三角形的大小由追加劳动时劳动的边际产品的递减程度决定，即由收益递减的程度决定。如果高质量的土地有限，追加的劳动收益递减就会很显著，租金的份额就会很大。如果有大量需要开垦的同质的边远地带的土地，收益递减的倾向就会很弱，土地的租金三角形就会很小。

图 12-8 中工人的工资大约是财产所收租金的 3 倍，这种 3:1 的关系反映了劳动收入在国民收入中约占 3/4 这一事实。

这里讨论的边际生产率理论在经济学中的应用非常广泛，一个很重要的应用就是移民对于工资和利润的影响。

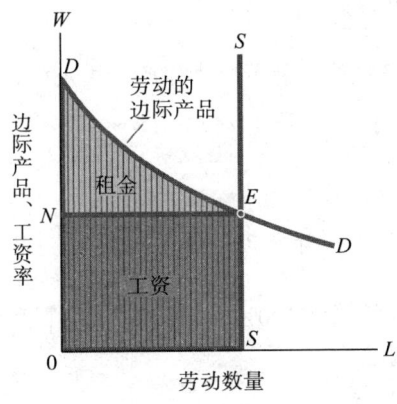

图 12-8　边际产品原则决定收入的要素分配

每一竖条都代表了那一单位劳动的边际产品。将所有劳动供给的边际产品 MP 的竖条加总，至劳动总供给量 S 为止，就得到全部产出 ODES。

产出的分配是由边际产品原则决定的，全部工资是下面的矩形（等于工资率 ON 乘以劳动数量 OS），土地租金获得了剩余的产出，图中为上面的三角形 NDE。

在理解不同投入的定价方面,边际生产率理论向前跨了一大步。另外需要注意,可通过土地和劳动的位置互换来取得一个完整的分配理论。要转换二者的位置,就要使劳动固定,对固定的劳动追加不同单位的土地,计算每英亩追加土地的边际产品。

然后画出一条需求曲线,表明在每一租金水平上,劳动所有者需要多少亩土地。在你重画的图12-8中,找到新的均衡点 E'。找出由租金乘以土地数量而得到的地租矩形,再找出剩下的工人工资三角形。最后注意这些要素是完全对称的。这个新图表将说明:我们应该认为每种生产要素的分配比例是由其互相依赖的边际产品同时决定的。

但这还不是全部。假设仅有两种要素:劳动和另一种多用途的资本品,而不是劳动和土地。假设有一个平滑的生产函数,将产量 Q 与劳动和资本联系起来,其基本特征如同图12-8所示。在这种情况下,你可以重新画图12-8,得到一个完全相同的劳动和土地之间的收入分配图。事实上,对于3种、4种或更多种要素,我们都可以用相同的方法进行分析。

在竞争市场中,投入的需求是由要素的边际产品决定的,在要素只由一种产出支付的简化情形下,我们有:

工资 = 劳动的边际产品

租金 = 土地的边际产品

其他要素可依此类推。这样就将100%的产出,恰好在所有生产要素之间进行了分配。

于是我们看到,收入分配的总体理论与多种要素生产的多种商品的竞争性定价是相容的。这个简单有力的理论说明:在一个竞争市场经济中,收入分配是如何与生产率相关联的。

收入分配中是否也存在看不见的手

我们已经描述了在一个简化的世界里,完全竞争经济是如何将国民产出分配给不同的投入要素的。

人们自然会问,在资本主义市场中,劳动者得到的报酬是否公平?从某种意义上讲,这等于问丛林中的动物他们所获得的食物是否公平。正如丛林中食物分配法则无所谓对错一样,竞争性市场也是根据劳动者的生产率来分派工资和利润的,而不是根据某个道德标准。

市场中是否有一只看不见的手,使得最有价值的人得到其应得的报酬?或者使那些长时间工作的人、在夜里或周末加班的人,以及从事沉闷的或危险的工作的人能够体面地生活?或者使发展中国家那些长年从事辛苦工作的人过上舒适的生活?

不,事实上竞争的市场并不能保证收入和报酬必然会分配到那些最需要或最应得的人的手中。自由主义的竞争会带来严重的不平等,营养不良的孩子长大成人之后又养育出更多的营养不良的孩子,收入和财富的不平等代代相传。并不存在一个保证非洲贫穷国家赶上北美富裕国家的经济规律。富人越来越富,穷人越来越穷。在市场经济下,收入和消费的分配不仅反映了劳动者的工作努力、聪明才智和技术娴熟等因素,同时也反映出其初始继承的财富和其他各种因素，如种族、性别、地点、健康和运气等问题。

在最有效地提供种类不断丰富的产品和服务方面，市场能够发挥强大的作用，然而并不存在一只看不见的手来保证自由主义经济能够公平地分配收入和财产。

了解了投入要素价格和收入分配决定的基本原理之后，我们不妨转向对三大要素——土地、劳动和资本市场展开详细的讨论。

第十三章 劳动市场

干活是酒鬼们所诅咒的事儿。

——奥斯卡·王尔德

劳动不仅是抽象的生产要素。工人们想得到高薪职位,是为了购买他们需要和向往的东西。本章探讨在市场经济中工资是如何决定的。第一部分研究竞争条件下劳动的供给和工资的决定。继而讨论劳动市场上的一些非竞争性因素,包括工会和劳工市场上令人挠头的歧视问题。

工资决定的基本理论

一般工资水平

在分析劳动的收入时,经济学家经常要观察平均**实际工资**,它代表 1 小时工作所能得到的实际购买力,或是除以生活费用的货币工资。[1] 用这个标准来看,美国劳工今天比 100 多年前的生活

---

1 在本章,我们把工资、薪水和其他形式的补偿都称作"工资"。

要好得多。由图 13-1 可见扣除通货膨胀因素后的平均每小时工资和相应的平均工作时间。

劳工生活水平显著改善的成就几乎在每一个工业国都可以看到。西欧、日本和东亚新兴工业国的劳工在食品、服装、房屋等方面的购买力,以及健康水平和寿命等,长期以来都在稳步地提高。在欧洲和美国,这种增长始于 19 世纪初,伴随着工业革命和社会的技术变革。而在那以前,实际工资虽然不时升降,但长期看并没有显著的增长。

这并不是说工业革命给工人带来了非常大的利益,特别是在 19 世纪的自由放任时期。事实上,一部狄更斯的小说绝不能改变童工的悲惨境地和危险的工作环境,以及 19 世纪早期工厂里的那

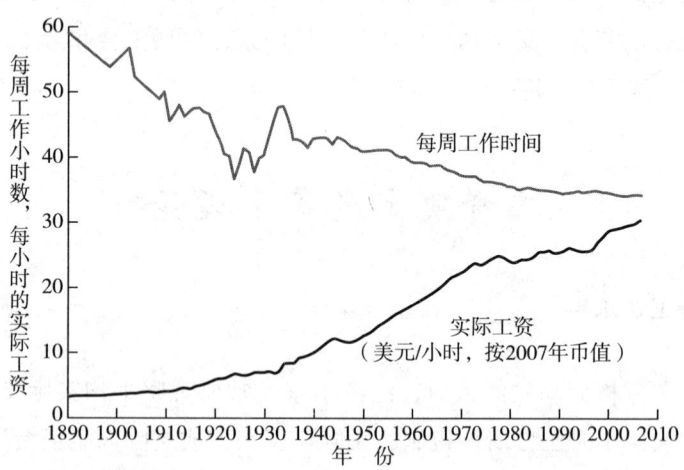

图 13-1　工作时间缩短的同时工资不断上升

随着技术进步和资本品质量的提高,美国劳工的工作时间缩短,但工资却上升了。这是长期经济发展的结果。

种糟糕的卫生条件。当时通行的标准是1周工作84小时，还不包括早饭时间，甚至不包括晚饭时间；一个6岁的儿童可能要干很多的活；如果一个妇女被纺织机切掉两个手指的话，她还得要用剩下的8个手指继续干活。

人们离开农场来到工厂工作难道是一个错误？也许不是。现代历史学家强调说，虽然工厂的条件很艰苦，但工人的生活水平，比起在几个世纪前封建的农业社会中的状况，还是有了非常大的改善。对于工人阶级来说，工业革命是巨大的进步而绝不是退步。那些描写早先健康而欢快的乡村农民（壮实的自耕农和快活的农民）田园诗般的景象，毕竟是一种历史的神话，并未曾有过统计数据支持。

对劳动的需求

开始考察一般的工资水平时，我们不妨先分析一下劳动需求的决定因素。所用的基本分析工具在上一章都已经介绍过，即对于一种生产要素的需求反映了那种投入的边际生产率。

图13-2说明了边际生产率理论。在给定的时间和给定的技术条件下，在劳动的投入与产出之间有一种联系。根据收益递减定律，每1单位追加的劳动投入所带来的产出越来越少。在图13-2的例子中，投入的劳动为10单位时，由竞争决定的一般工资水平为每单位20美元。

但我们要进一步探究边际产品的背后是什么。首先，如果劳工有更多或更好的资本品与之配合，劳动的边际生产率就会提高。

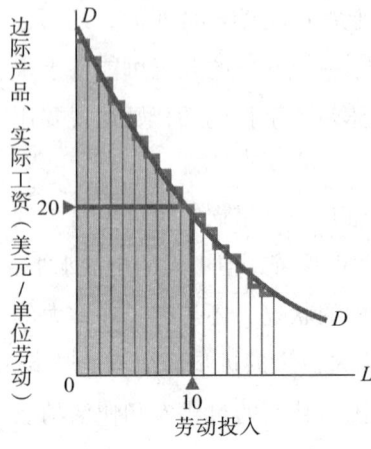

图 13-2 对劳动的需求反映的是劳动的边际生产率

对劳动的需求由其增加国民产出时的边际生产率所决定。图中浅灰色的竖条代表第1、2……个单位劳动生产的新增产出。在投入10单位劳动时,竞争决定的一般工资水平是每单位劳动20美元,等于第10单位劳动的边际生产率。随着时间的推移,资本积累、技术进步和劳动质量都会提高,因此劳动需求曲线会向右上方移动。

比较一下一个使用挖掘机的挖道工和一个使用手铲的挖道工的劳动效率,或者比较一下中世纪的通信员与当今电子邮件的传递信息能力。其次,训练有素或受过良好教育的劳工,其边际生产率一般要高于那些拥有较少"人力资本"的工人。

这些因素在很大程度上解释了近一个世纪以来,为什么工资和生活水平上升了很多。美国和其他发达国家的工资水平较高,是因为这些国家积累了大量的资本:密集的公路、铁路和通信网,众多的工厂和设备,充足的存货。更重要的原因是,技术比以前有了巨大进步。我们已经看到,电灯代替了油灯,飞机代替了马车,复印技术代替了羽毛笔和墨水笔,计算机代替了算盘,电子商务闯入了传统的做生意方式。想象一下如果美国普通的劳工还在使用1900年以前的技术,那么今天的生产率会是什么样子。

劳动投入的质量是决定一般工资水平的另一个因素。不管用什么标准(读写能力、教育或培训时间),现在的美国的劳动力都要比 1900 年强得多。培养能设计精密仪器的工程师需要许多年的教育；要有能力成功地做脑部手术则必须接受 10 年的训练。这种人力资源的积累对劳动的生产率有极大的推动作用。

同样的推理解释了世界各地工资水平差异如此巨大的原因。表13-1列出了8个国家的制造业每小时的平均工资和福利。请注意，美国的小时工资低于欧洲，但是几乎是菲律宾小时工资的 23 倍。

这些巨大的差异是由什么引起的呢？并不是中国和墨西哥的政府想压制工资上升，虽然政府政策对于最低工资及劳工市场的其他方面确实发挥了一些作用。事实上，不同国家之间的工资差异

表 13-1　各国一般工资水平差异巨大

区域	2006 年制造业工资和附加福利（美元/小时）
德国	34.21
意大利	25.07
美国	23.82
日本	20.20
韩国	14.72
墨西哥	2.75
中国	1.37
菲律宾	1.07

西欧国家、日本和美国是高收入国家，而菲律宾的每小时工资水平是美国的极小一部分。一般的工资水平是由对劳动的供求决定的，但资本、教育水平、技术水平和国内竞争等其他一些因素对供求曲线有巨大的影响。

资料来源：U.S. Bureau of Labor Statistics at *ftp://ftp.bls.gov/pub/special.requests/ForeignLabor/ichccpwsuppl02.txt* and estimates by the authors. Note these estimates use market exchange rates and not purchasing-power-parity exchange rates.

是由于劳动的供给和需求的作用而形成的。请看图13-3。假设图(a)代表的是美国的情况,图(b)代表的是墨西哥的情况。在图(a)中,美国劳工的供给由曲线$S_{US}S_{US}$表示,对美国劳工的需求由$D_{US}D_{US}$表示,均衡工资决定在E_{US}水平上。如果工资低于E_{US},就会出现劳工短缺,雇主就会将工资提到E_{US},重新回到均衡。同样的力量决定了墨西哥的工资率E_M。

由图可见,墨西哥的工资比美国要低。从根本上说,是因为在墨西哥,劳动的边际生产率很低,所以墨西哥的劳动需求曲线比美国的要低得多。其中,最主要的原因是劳工的质量。墨西哥平均的教育水平与美国相差很远,很大一部分人口仍是文盲。并且,与美国相比,一个像墨西哥这样的国家可供使用的资本比较少;

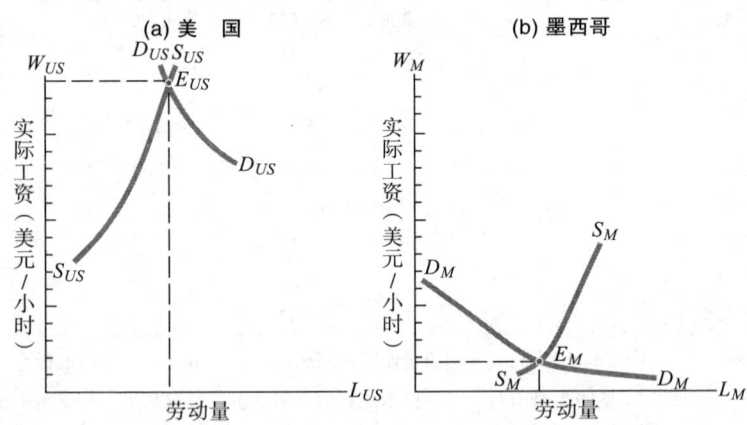

图13-3 有利的资源、技能、管理、资本和技术条件解释了美国工资高的原因
供给和需求决定了美国的竞争工资比墨西哥高。导致美国高工资的主要原因是美国劳动力受过更好的教育,工作技能更加熟练,供每个劳工利用的资本更多,技术更加现代化。

很多道路没有修整,计算机和传真机很少使用,很多设备陈旧而且缺乏保养。所有这些因素都造成了边际生产率比较低,进而造成工资水平较低。

这个分析也可以帮助解释,为什么像中国香港、韩国和中国台湾这样的亚洲国家和地区的工资上升得很快。这些国家和地区将其产出的很大一部分用于教育、新资本品的投资和最先进技术的进口上。这些国家的 MP 和 DD 曲线大幅向上方和向右方移动。结果,这些国家和地区的实际工资在过去 20 年中增加了 1 倍,而在其他一些相对封闭的国家,由于对教育、公共卫生和有形资本的投资不足,其工资水平就一直处于停滞状态。

劳动的供给

到目前为止,我们主要集中讨论劳动市场的需求,现在我们转向劳动市场的供给。劳动供给指的是人们愿意在有收益的活动中工作的小时数。决定劳动供给的三个主要因素是:每个劳工的工作时间、劳动力参与程度和移民状况。

工作时间 尽管一些人工作时间灵活,大多数美国人每周工作时间仍为 35~40 个小时,没有多少增加或减少的余地。但是,大多数人对其一生的工作时间仍有很多的安排办法。上大学、早退休、部分时间工作而不是全天工作,这些选择都能减少人一生工作时间的总时数。相反,加夜班、从事第二职业等,则会增加人一生的工作时间。

假定工资水平上升，这会增加还是会减少人一生的工作小时数呢？见图13-4中的劳动供给曲线。注意，供给曲线开始是向右上方倾斜的，然后在临界点C之后开始向后弯曲，向左上方倾斜。我们如何解释工资的提高在前一阶段增加了劳动供给，而在后一阶段又减少了劳动供给呢？

假设你是一个工人，雇主给你提供了更高的工资率，你可以自由选择工作的时数。这时，你会同时被拉向两个不同的方向。一方面是替代效应（第5章解释过替代效应的原理，即当一种商品的相对价格下降时，人们会增加此种商品的消费或者说用此种商品替代其他产品；而当一种商品的相对价格上升时，人们就会减少对它的消费）。因为每小时工作的工资比以前更多，这样每小时的闲暇就变得比以前更昂贵，于是你会受到一种激励，想用额外工作去替代闲暇。

与替代效应相反的是收入效应。工资更高时，你的收入更多。有了更多的收入，你就会想购买更多的商品和服务，此外你还想

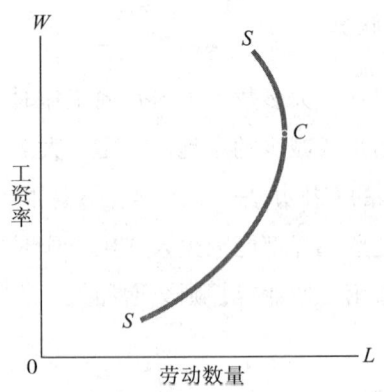

图13-4 随着工资的增长，工人的工作时间有可能减少

在临界点C以上，提高工资率会减少劳动的供给量，因为收入效应超过了替代效应。这是为什么呢？因为在更高的工资水平下，工人负担得起更多的闲暇，尽管所放弃的以工资计的每小时闲暇变得更加昂贵。

有更多的闲暇时间。你能够享有更长的假期或更早退休,而在以前你却不能做这些事。

哪一种效应更大,是替代效应还是收入效应?没有唯一正确的答案,这取决于个人。在图 13-4 的例子中,在 C 点以下的所有工资水平上,劳动供给随工资上升而增加:替代效应大于收入效应;但从 C 点往上,收入效应大于替代效应,随着工资的上升劳动供给反而下降。

劳动力参与程度 近几十年来最重要的变化之一就是妇女开始大量地加入到劳动大军中来,妇女的劳动参与率(即 15 岁以上妇女中被雇用的和积极寻找工作的人口的比重)由 1950 年的 34% 跃升到现在的 60%。这种上升一部分是由于实际工资的上升使得工作对妇女更有吸引力。但如此巨大的变化不能仅仅通过经济因素来解释。要完全理解就业模式如此重大的变动,我们有必要将目光投向经济领域以外,考虑社会对于妇女充当母亲、家庭主妇和工人等角色的态度的变化。

移 民 移民在美国劳工供给中的作用向来重要。1970 年只有 5% 的美国人是在国外出生的,到 2008 年这一数字已上升到了 12%。

合法移民的流入是由一个复杂的配额系统所控制的,它比较倾向于欢迎熟练劳工及其家庭、美国公民及永久居民的近亲。此外,对于政治避难者也设有特殊配额。现在,大多数移民都是非法的,他们来美国追寻自己的美国梦。近年来,合法移民中的最大部分来自墨西哥、菲律宾、越南及一些中美洲和加勒比海国家。

近几十年来,移民的主要变化是移入人口特征的变化。在 20

世纪50年代，德国和加拿大是移民的主要来源地，而在20世纪80年代和90年代，墨西哥和菲律宾则是移民的主要来源地。其结果就是，近年的移民与早期移民相比，工作的熟练程度和教育程度要低很多。

从劳动供给角度看，近年移民的总体效应是：美国非熟练劳工的供给比重比熟练劳工的供给比重上升得要快。有关研究估计，劳动供给的这种变化使得教育程度低的人口的工资水平，相对于有大学教育程度的人口的工资水平已经大幅度地下降。

理论并没有告诉我们某一群体的劳动供给是否会对工资水平的变化作出正的或负的反应。高收入者的所得税的提高（这会减少他们的税后收入），会使他们降低工作的努力程度吗？对贫穷的劳工的工资进行补贴，会减少还是增加他们工作的时间？在政策制定者权衡公平和效率的问题时，这些重要的问题都必须予以考虑。我们经常需要了解劳动供给曲线的确切形状和弹性。

表13-2总结了大量关于这个问题的研究意见。研究表明，成年男性的劳动供给曲线稍向后弯曲，而其他人口的反应看起来更像通常的向上倾斜的供给曲线。对于作为一个整体的人口而言，劳动供给对实际工资变化的反应似乎非常小。

工资差异

尽管对于一般工资水平的分析对比较不同国家和不同时期的工资水平很重要，但是我们还是经常希望了解工资差异问题。实

表 13-2 劳动供给反应的实证估计

劳动者群体	劳动供给模式		
	劳动力参与率（占人口百分比）		劳动供给对实际工资增加的反应
	1960	2007	
成年男性（25~54周岁）	97	91	在大多数研究中，供给曲线向后弯曲。收入效应大于替代效应。供给弹性大约为 -0.1。
成年女性（25~54周岁）	43	76	劳动供给与工资增加一般呈显著正相关。
青少年	48	40	劳动供给对工资增加的反应明显差异较大。
老年人（65周岁及以上）	21	16	劳动供给与相应于工资的退休福利项目的力度相关。
全部人口（16周岁及以上）	60	66	全部劳动供给的弹性接近于零，收入效应与替代效应大体相等。所评估的全部人口的劳动供给弹性大致在 0~0.2 之间。

经济学家就劳动供给对实际工资的反应做了细致的研究。对男性（25~54周岁男性）而言，劳动供给曲线向后弯曲（这意味着弹性是负的），而青少年和成年女性的供给一般与工资是正相关的。对于经济整体来说，劳动供给曲线接近于完全无弹性或垂直。

数据来源：U. S. Department of Labor, *Employment and Earnings*, March 2008.

际上人们的工资差别很大，平均工资就像普通人一样难以定义。对冲基金经理一年赚到 4 000 万美元，办事员每周仅赚到 400 美元。医生的收入是救生员的 20 倍，虽然两者的工作都是拯救生命。

另外,工资差别悬殊还表现在各种不同的产业中。如表 13-3 所示,小型的非工会化部门(如农业、零售业、家政业)工资偏低;而制造业中的大企业所支付的工资是前者的 2 倍。即使就是在主要产业各部门之间,工资差异也很大,这取决于劳工的熟练程度和市场条件等因素——快餐工人的收入比医生少得多,虽然他们都提供服务。

如何才能解释工资的这些差异呢?让我们先考虑完全竞争的

表 13-3 不同产业部门的工资差异

行业	各行业工资水平
	全职雇员平均年薪,2006 年 [*]
	(美元/年)
所有产业平均	**47 000**
农业	30 400
采矿业	79 200
制造业	52 300
零售业	29 400
金融和保险	82 800
证券及相关职业	205 600
住宿和餐饮服务业	20 800
餐饮服务业	18 900

[*] 全职雇员或相当于全职雇员的总薪酬

各产业部门之间的平均年薪有很大差别。高的如金融业可达到 82 800 美元,低的如住宿餐饮服务仅为 20 800 美元。在更细分的各行业中的工种职业之间,我们会看到证券分析师与食品服务业人员之间也存在巨大的工资差异。

资料来源:U.S. Bureau of Economic Analysis at *www.bea.gov*. Table 6.6D in the complete NIPA tables.

劳工市场，在这个市场上有大量的劳工和雇主，谁也没有力量能有效地影响工资水平。现实中几乎没有完全竞争的市场，一些市场（如一些大城市中少年工人和神职人员的市场）最多也只是接近完全竞争。如果在一个完全竞争的劳工市场上，所有的工作和所有的人都是一样的，竞争会使每小时工资水平完全相等，没有一个雇主会为一个劳工的工作支付比与他相同的劳工或具有相同技巧的劳工更高的工资。

这就意味着：为了解释产业之间和个人之间普遍存在的工资差异，我们必须考虑到工作之间的差别、人与人之间的差别以及劳工市场上的不完全竞争。

日常生活中看到的工资之间的巨大差别，有一些是由工种本身的性质差别所引起的。各种工种的吸引力不同，因此必须提高工资以诱导人们进入那些吸引力较小的工种。

为补偿相对吸引力或非货币因素的差别而产生的各工种之间的工资差别，称为**补偿性差异**。

玻璃清洁工的工资必须比看门人的高，因为需要冒险爬摩天大楼。工人们常从下午4点到凌晨12点的晚班中得到5%的额外收入；从凌晨12点到早晨8点的夜班中得到10%的额外收入。每周工作超过40小时的部分、周末或假期的工作，习惯上可按基本小时工资的1.5~2倍支付工资。高强度体力劳动、单调的工作、社会地位低的工作、临时性工作、有季节性停工和有人身危险的工作，吸引力都会比较小。无怪乎为了招聘人员到海上石油平台或阿拉斯加北部去做危险而孤独的工作，公司每年要付5万~8万美元的工资。而那些令人愉快和心理收益比较大的工作，如公园管理者和游泳场救生员，工资水平一般处于中等。

为检验两种工作之间的报酬差异是不是补偿性的，可以问那些同时从事过这两种工作的人："与低工资的工作相比，你是否更喜欢高工资的工作呢？"如果他们不是急切地想选择较高收入的工作，那么工作报酬的差异很可能就是反映两种工作之间的非货币差别的补偿性差异。

我们已经看到某些工资差异是为了补偿不同工作之间的吸引力的差别。但是，看一下你的周围，垃圾清洁工挣的钱要比律师少很多，而律师的工作还更有声望，工作条件更优越；很多高收入的工作比低收入的工作本身更令人愉快，这样的例子可以说数不胜数。为此，我们还需要进一步寻找补偿性差异以外的因素，来解释大部分工资差异存在的原因。

工资差异的一个关键原因，在于人们的劳动质量存在着巨大的差别。生物学家可能将我们全部归为人类这一物种，但人事管理人员则会坚持认为，人们在对企业产出的贡献能力上存在着很大的差别。

尽管劳动质量的很多差异是由非经济因素所决定，但积累**人力资本**的决策还是可以用经济标准来加以衡量。人力资本这一概念指的是，人们在其接受教育和培训过程中积累起来的有用的和有价值的技术和知识。医生、律师和工程师将多年时间投资于接受正规教育和在职培训，他们以付学费和放弃工资等形式投资，

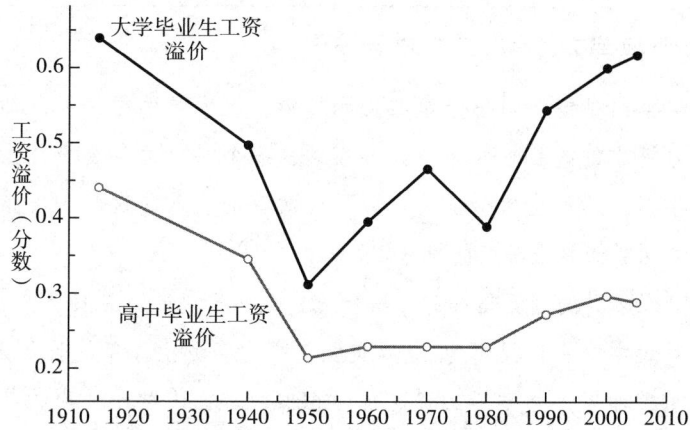

图 13-5 大学毕业生相对工资收入水平急剧上升

近些年,大学和高中毕业生的教育溢价已经急剧上升。与高中毕业生相比,大学毕业生的工资有优势;而高中毕业生又比仅读完八年级的学生有优势。请注意,1980年以后,大学生和高中生的收入差距急剧扩大。

资料来源:Claudia Goldin and Lawrence F. Katz, *The Race between Education and Technology* (Harvard University Press, Cambridge, Mass., 2008).

并且经常长时间地工作。这些专业人员的高工资中的一部分可以被认为是对其人力资本投资的一种回报,即对使这些受过高度训练的工作者成为特殊类型劳工的教育的回报。

对收入和教育的经济学研究表明,人力资本一般说来是一项好的投资。图 13-5 反映的是大学毕业生的小时工资与高中毕业生的小时工资之比。20 世纪 80 年代之后,随着"技能价格"上升,相对收入大幅度上升。

你是否应当投资于"人力资本"

学生们可能会对以下事实感到惊讶：上大学的每一天，都是对人力资本的投资。学生上大学期间，一个学生每年要交几千美元的学费，所付出机会成本，即是所放弃的收入。这笔支出相当于一项购买债券或房产的投资。

上大学真的划算吗？有证据表明它是划算的。如图13-5所示，假设对大学的全部投资为20万美元，高中毕业生每年的收入为4万美元。如果大学学历工资溢价为60%，那么大学毕业生的年收入可为6.4万美元。这代表着2.4万美元的回报，或者每年12%的收益。尽管这种情况并不适用于所有学校，但它确实表明学生们应当更努力地学习，以进入更好的大学。

上与不上大学的收入差距如此之大的原因是什么？在今天的服务经济中，公司们处理的更多是信息，而不是原始材料。在信息时代，大学教育中所获得的知识是获取高收入工作的先决条件。高中肄业生在劳动力市场中处于很不利的地位。即使你不得不借钱受教育，推迟挣钱时间，离家在外，自己支付租金和购买书籍，等等，你在那些只招聘大学毕业生的工作岗位上所赚取的一生的收入，也将有可能超出对这些成本的补偿。

人们经常提到运气在决定经济环境中的作用。但正如路易斯·巴斯德所指出的，"机会只偏爱有准备的头脑。"在一个技术日新月异的世界中，教育能教人理解新的环境并从中获利。

就少数幸运者而言，他们的名气使其收入达到天文数字。软件领袖比尔·盖茨，投资天才沃伦·巴菲特，篮球明星沙奎尔·奥尼尔，甚至那些为公司做顾问的经济学家，都从他们的服务中赚取了惊人的收入。

这些天才人士都拥有一种在当今经济中很有价值的技能。在其拥有特殊才能的领域之外，他们可能只能挣到其高收入的一小部分。而且，对于工资20%甚至50%的上升或下降，他们的劳动供给也不可能作出多大反应。经济学家将工资高于他们在次优职业中取得的收入的部分称为纯经济租金；这些收入在逻辑上等于固定数量的土地获得的租金。

有些经济学家指出：技术变革使得少数优秀个人能更加容易地占据市场的更大份额。体育、娱乐及金融竞赛中的冠军所得大大超过亚军。顶尖的娱乐明星或体育明星的表演能通过电视和录音机被几十亿人看到和听到，而这在仅仅几年前都不可能。如果这种趋势继续下去，租金将会继续上升，未来冠军和亚军们之间的收入差距也会变得更大。

即使在一个人们可以很容易变换其职业的完全竞争的世界，工资之间的巨大差异仍会出现。这些差异可能反映出教育和训练成本之间的差异，或者某些职业不吸引人，或者对于特殊才能的报酬。

但即使考虑了所有这些导致工资差异的原因，我们仍会发现在工资之间还存在很大差距，其主要原因是劳工市场被分割，形成了一些非竞争性群体。

只要略加思考就能看出，劳动并不是一种单一的生产要素，而是众多相互区别而又密切相关的生产要素。例如，医生和经济学家是两个非竞争性群体，因为一种职业的成员进入另外一种职业很困难，成本很高。就像许多种不同的房子要价各不相同一样，许多种不同的职业和技能的价格也各不相同，而竞争却只能以一种一般性的方式进行。只要我们认识到劳工市场中存在许多亚市场，我们就能明白为什么不同群体之间的工资差异会很大。

为什么市场会分成这么多非竞争性群体呢？主要原因是，对于专业性的和技术性的行业来说，比如医生和律师，需要花费大量金钱和时间才能成为熟练劳动者。而如果由于环境约束导致采煤业衰落，矿工们很难指望一夜之间就能开始从事讲授环境经济学的工作。当人们专门从事某一特定职业时，他们就成为一个特定劳工亚市场的一部分。于是他们就处于该市场对这种技术的供求影响之下，他们会发现自己工资的升降依赖于本行业和本职业所发生的事件。由于这种市场分割，某种职业的工资会与其他职业的工资相差很大。

新移民的工作选择问题是非竞争性群体的一个经典例子。来自某个国家的新移民，往往并非是由于偶然发现了正式招工广告才前来寻找工作的，而是事先已经倾向于集中在某些职业。例如，在许多城市，像洛杉矶和纽约，很多水果杂货店是韩国人开的，其原因是，韩国人能从他们那些开水果杂货店的亲戚朋友那里得到许多建议和支持。当移民在美国取得了更多的经验和教育、英语说得更流利时，他们的工作选择范围才能变宽，才有可能逐渐成为整体劳工市场的一部分。

除此之外,非竞争性群体理论还能帮助我们理解劳工市场上的各种歧视。在本章下一部分,我们会看到很多歧视的产生,是由于劳工按性别、种族或其他个人因素被分割成各种非竞争性群体。这种分割的原因离不开习俗、法律或偏见。

非竞争性群体理论揭示了劳工市场的一个重要方面,但我们必须认识到,在长期内,劳动在各个市场之间的进入和退出会降低工资差异。确实,当计算机和光导纤维代替拨号盘和铜线时,铜矿采掘工不可能成为电脑编程人员,于是我们看到,这两类群体的工资差异出现了。但在更长的时期内,由于更多的年轻人学习计算机科学而不是在铜矿工作,竞争会使这些非竞争性群体的工资差异有所下降。

表13-4总结了在竞争条件下决定工资水平的几个主要因素。

表13-4 市场工资结构由于竞争而表现出多种模式

竞争性工资的决定因素	
劳动条件	工资结果
1. 人员相同——工作同质	没有工资差异
2. 人员相同——工作的吸引力有别	补偿性工资差异
3. 人员不相同,但每种劳动的供给不变(非竞争性群体)	反映分割的市场上供求的工资差异
4. 人员不相同,但各竞争群体之间有若干流动性(局部竞争性群体)	一般供求决定的工资差异的一般均衡范式(1~3是其特例)

劳工市场的问题与政策

迄今为止，我们所考察的一直是竞争性的劳工市场。但是，一些问题会扭曲和阻碍完全竞争的劳工市场的运行。不完全竞争的原因之一就是工会，它代表了很大一部分劳工，尽管该比重在下降。劳工市场的一大问题是劳工歧视，虽然现在已经比几十年前有了改善，但其仍然是一个值得关注的重要问题。作用于劳工市场的另一个问题是政府政策，通过设定最低工资（这已在第4章讨论过）、或鼓励或限制工会、宣布歧视非法等举措，政府可以对劳工市场施加有力的影响。

美国工会的经济学

2007年，有1 600万美国人（相当于全部计酬劳动力的12%）是工会的成员。工会对于劳工市场无疑具有很大的影响力，它甚至可以成为劳动供给的垄断者。工会通过集体谈判达成协议，决定什么人做什么工作、如何付酬以及怎样制定工作规章。工会还能决定发起罢工（完全撤回其劳动供给，导致工厂停工），以便从雇主那里争取到更好的条件。研究工会是理解美国劳工市场变动的一个重要环节。

工会成员的工资和福利是由**集体协议**决定的。集体协议是劳资双方的代表为达成双方都能接受的雇用条件而进行交涉和商谈的过程。核心部分当然是一揽子经济协议，包括各工种的基本工资以及休假和工间休息等规定。此外，协议还包括有关福利，如养老金计划、医疗保健的范围以及类似项目的条款。

第二个重要且争议较多的主题是工作制度，包括工作安排、工作任务、工作安全及工作量等。特别是在那些走下坡路的产业中，由于劳动需求下降，雇工量就成了一个重要的问题。例如，在铁路产业中，一列火车需要多少工作人员，几十年来一直是个有争议的问题。

集体协议是一项复杂的工作，双方在"给"和"取"二者之间讨价还价。很多精力都花在纯粹经济问题的谈判上，协商如何在工资和利润之间分割经济馅饼。有时协议会因资方的特权问题而搁浅，如资方在重新安排工人或改变工作制度上的权力等。最终，无论如何，保证工人满意并以高效率进行工作，对劳资双方都有很大的好处。

工会的历史提醒我们，法律制度是经济组织的一个重要决定因素。200年前，当英国和美国的工人刚刚试图组织起来时，习惯法中反对"联合产业限制"的条款就曾经被用来阻挠工会。20世纪初期，工会及其成员还常被法院定罪、罚款、监禁并受到其他各种各样的命令的困扰。改善妇女和儿童的工作条件及其他改革工作时间和工资的立法，就曾屡次被最高法院推翻。

随着社会对工会和集体协议的支持力度的增加，工会开始大规模发展起来。一个重要的里程碑是《克莱顿法案》（1914年），被称颂为"劳工大宪章"，其目的是使劳工免受反托拉斯法的迫害。《公平劳动标准法案》（1938年）禁止使用童工，要求对每周40小时以上的工作付给原工资1.5倍的报酬,同时规定了大多数非农业劳工的联邦最低工资。

有关劳动的最重要立法是1935年的《国家劳资关系法》(即瓦格纳法)。它规定:"雇员有权……参加……劳工组织,进行集体协议……和参与统一行动。"受这些劳动立法的鼓舞,美国工会成员占劳动力总数的比例由20世纪20年代的不足1/10迅速上升到二战结束时的1/4。美国工会的衰落开始于20世纪70年代初。实质上,随着许多产业的管制被解除,国际竞争加剧,政府对工会的态度日趋保守,工会的垄断作用被削弱了。

工会如何提高工资

工会如何提高其成员的工资,改善其工作条件呢?工会通过取得对某一企业或产业劳动供给的合法垄断,从而拥有了市场力量。利用这一垄断,他们迫使企业提供高于竞争性水平的工资、福利和工作条件。例如,在阿拉巴马州,非工会成员的管道工每小时工资为20美元,而一个工会经与大建筑企业协商,可以将该企业的管道工工资定在每小时30美元。

只有企业的劳动替代渠道受到限制时,这类劳动供给协议对工会才有价值。所以在典型的集体协议合同中,企业会承诺不雇用那些并不属于工会的管道工,不向外承包管道服务,不向非工会企业转包合同。这些条款都在保护工会在管道工供给方面的垄断地位不受削弱。在有些产业,像钢铁业和汽车业,工会甚至试图将企业联合起来,这样A企业的工会成员就不必与B企业的非工会成员竞争。所有这些步骤对于保护工会的高工资率都是必要的。

图 13-6 说明了经由协议达成高标准工资的影响。工会迫使雇主支付 rr 水平的工资,均衡点在 E',在该点 rr 线与雇主的需求曲线相交。注意,当工会将工资标准定得很高时,它并没有直接减少劳动供给。而当工资被定在高于市场出清水平之上时,市场又将怎样运作呢?在高工资水平下,雇用量受到了企业对劳动需求的限制。寻求就业的工人数量超过需求量,超过额为 $E'F$。这些过剩工人可能处于失业状态,等待高工资的有工会的部门中的工作空缺;或者,他们很可能因为失望而到其他部门去寻找工作了。这些从 E' 到 F 的工人被有效地排除在工作之外,其效果与工会直接限制劳动力进入市场一样。

防止非工会竞争的需要,也解释了美国许多工人运动的政治目标。它解释了为什么工会想要限制移民的进入;为什么工会支

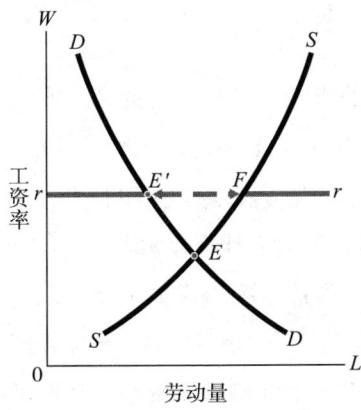

图 13-6 工会制定高标准工资并限制就业

在工会化的劳工市场上将工资提高到 rr 水平会减少就业。由于供求的不平衡,从 E' 到 F 的劳工在这个市场中就找不到工作。

如果工会将整个经济的实际工资推得过高,企业的劳动需求将为 E',而工人的劳动供给为 F。从 E' 到 F 的黑箭头代表古典的失业数量。当一国不能影响其价格水平或汇率时,这种失业特别重要,而且它不同于总需求不足所造成的失业。

持限制外国商品进口的保护主义法规——这些商品是由非美国工会成员的劳工制造的；为什么像医生联合会这样的准工会组织为限制其他团体参与行医而进行斗争；为什么工会有时会反对在运输、通信和航空等产业中放松管制。

在大多数集体协议谈判中，工会向雇主施加压力，要求更高的工资，而资方则坚持较低的补偿成本。这是一种被称为**双边垄断**的情况——只有一个买者和一个卖者。预测双边垄断的结果无法仅依据成本和需求等经济因素，它还取决于心理、政治和许多其他无形因素。

对工资和就业的影响

工会倡导者宣称工会提高了实际工资，从而使工人受益。而批评者则认为提高工资会导致失业和通货膨胀，并扭曲资源配置。事实究竟如何呢？

让我们先看看工会对相对工资的影响。考虑所有的私人产业工人，2006年工会工人的总报酬比非工会工人高出15%。然而，这个粗略的数据并未能反映这样一个问题：工会工人和非工会工人在技术、教育程度和行业组成等方面究竟有什么差别。

考虑了工人本身差距的情况下，经济学家得出如下结论：工会工人的工资比非工会工人的工资平均高出10%~15%。差异程度因产业而异，饭店工人和理发师当中的工资差异非常小，甚至可以忽略；而熟练的建筑工人或矿工的工资差别则可达到25%~30%。这说明，当工会可以有效地垄断一个产业的劳动供给和控制进入时，他们能够有效地提高工资。下面有一些证据可以证明近年来工会的影响有所减弱。

整体影响　即使我们已经得出工会能提高成员工资的结论，我们或许还会问，工会是否能提高整个经济的实际工资呢？大多数经济学家现在认为，工会并不是将收入从资本方面向劳动方面进行再分配，而是从非工会成员方面向工会成员方面进行再分配。换句话说，如果工会将其工资提高到竞争性水平以上，那么，他们的收益则是以非工会成员工资的损失为代价的。

　　这种分析得到经验数据的支持。这些证据显示，国民收入中属于劳动的部分在过去的60年中并没有发生什么变化。在剔除了经济周期对劳动所占份额的影响之后，我们看到工会化对于美国工资占国民收入的份额没有什么显著的影响（见图12-1）。而在工会化程度较高的欧洲国家，这些数据表明：当工会提高了货币工资率时，有时会触发通货膨胀性的工资和价格的螺旋式上升，而对于实际的工资却没有什么长久的影响。

　　如果工会对整体实际工资水平没有影响，则意味着其主要影响是在相对工资方面。即工会化产业的工资相对于非工会化产业的工资会上升；同时工会化产业的就业会下降，非工会化产业的就业会上升。

　　当力量强大的工会将实际工资推进到人为的高水平时，就会出现劳动的供给过度,这称为古典失业,图 13-6 也说明了这种情况。假定工会将工资由市场出清水平 E 提高到更高的实际工资率 rr 水平,如果对劳动的供给和需求总体上没有什么变化的话,E' 与 F 之间的箭头就代表想在 rr 工资水平上寻找工作但却不能找到工作的人的数量。之所以称为古典失业,是因为它是由于实际工资高于竞争性水平而造成的。

经济学家经常将古典失业与经济周期中出现的失业(常称为"凯恩斯失业")进行对比。凯恩斯失业来自于总需求不足。1990 年德国经济统一之后,我们曾看到过高的实际工资的影响。经济的统一使东德的工资相对于由劳动边际收益产品决定的工资水平至少高出两倍,结果造成统一后的东德就业率急剧下降。

这个分析表明:陷入实际工资过高状态的时候,一个国家或地区就会出现高失业率。这种失业对旨在增加总支出的传统宏观经济政策不会作出反应,因而需要通过降低实际工资来解决问题。

美国工会的衰落

美国劳工市场的一个主要的变动趋势是二战后工会的逐步衰落。尽管在 1955 年,工会曾组织了全国劳工的 1/4,但自 1980 年以来,这一比例急剧下降。在过去的 20 年中,制造业中工会成员所占比例已经大幅度下降;只有在服务业中,工会力量仍然十分强大。

工会衰落的一个原因是罢工的作用下降。罢工是集体协议过程中最后的威胁手段。20 世纪 70 年代,美国工会经常使用这个工具，每年举行的罢工多达300次。尽管近年来的罢工越来越不寻常，但实际上，罢工在美国劳工市场中已经消失。其原因在于，罢工经常给工人带来适得其反的后果。1981年举行罢工的机场调度员全部被里根总统解雇。1987年，职业橄榄球运动员曾举行罢工，但后来不得不回去工作，因为老板要使用替补队员。1992年，制造重型设备的大公司——卡特彼勒公司的工人举行了罢工，但6个月后，当公司威胁永远不再雇用他们时，这些工人不得不结束罢工。罢工并未能损害企业这一点，使得在过去20年中工会的整体实力大大削弱。

你或许想了解工会力量的削弱是否会降低劳动报酬。经济学家一般认为，工会力量的削弱会降低工会成员的相对工资，但不会降低劳动收入在国民收入中的份额。请看图12-1中劳动在国民收入中所占的份额。你认为1980年以后工会影响力的下降对劳动所占份额产生了什么影响？大多数经济学家都认为这没有什么影响。

歧 视

有史以来，种族、民族和性别歧视一直是人类社会普遍的特征。从一个极端来看，在美国内战以前，黑奴生活贫困，没有任何权利，并遭受虐待。在其他时期，或其他地方，如在美国的种族隔离时期，或在20世纪90年代之前的南非的种族隔离政策之下，黑人在很多场合都仍然是被隔离的，如住房、消费、交通等，他们还被禁止跨种族通婚，以及被禁止得到那些最有吸引力的工作。甚至在歧视已经被宣布违法的今天，在一些非正式市场、准市场、刑事审判和统计等方面也还存在着各种微妙的歧视行为。这导致男性和女性所得到的待遇仍存在差别，而在不同的种族和不同的民族之间这种性别差异往往表现得更为明显。

那些研究或体验过歧视的人会知道，歧视的存在远远超出了市场的范围。而我们的讨论将只涉及经济歧视，且主要集中在就业方面。我们想知道，为什么在歧视被定为违法的几十年以后，群体性差异仍然存在。我们需要研究白人男性和其他群体之间的工资差异的来源。为什么美国黑人和西班牙裔人的收入和财富水平长期以来一直大大低于其他群体？为什么妇女会被许多好工作拒之门外？这是一些需要我们解答的难题。

歧视的经济学解释

当收入差距的产生仅仅是由于不相关的个人特征，如种族、性别、性倾向或宗教等原因时，我们称之为**歧视**。通常，歧视可以有两种含义：(a) 对不同的人依据个人特征而给予不同的待遇；(b) 对某一特定群体设置不利的规则（如考试）。

最早研究歧视的经济学家，如芝加哥大学的加里·贝克尔，意识到这里存在一个根本性的难题：如果有两组工人，他们有相同的劳动生产率，而其中一组工资较低，那么，追求利润最大化的厂商为什么不雇用低工资的那组工人来增加他们的利润呢？例如，假设竞争性市场上的一组管理者决定给蓝眼睛的工人支付较高的工资，而给有同样劳动生产率的棕色眼睛工人支付较低的工资。不搞歧视的厂商可以进入市场，通过主要雇用棕色眼睛的工人来降低成本，从而降低搞歧视的厂商的产品价格，最后把它们赶出这个行业。因此，即使有一些厂商对某一群体抱有偏见，这种偏见也不足以减少这一群体的收入。从而，贝克尔的研究表明，是强权而非歧视因素造成了同质群体之间的收入差距。

最普遍的一种歧视形式是在就业和居住方面对某些群体进行排斥。美国黑人史展示了社会进步如何压低他们的工资和社会地位。奴隶制废除以后，美国南部的黑人落入了《吉姆·克劳法》的劳工分级制度。尽管黑人在法律上是自由的，劳动也按供求规律进行，但黑人工人的工资比白人工人要低得多。为什么呢？因为他们所受的教育不好，并被工会、地方法律和习惯势力等排斥在最好的工作之外，因而只能从事一些卑微的、技能要求低的职业，这些当然也属于非竞争性群体。隔离政策导致就业歧视存在了几十年。

供给需求分析可以说明这些排斥行为如何降低被歧视群体的收入。在存在歧视的条件下，一些工作被保留给有特权的群体。如图13-7（a）所示，在这个劳工市场中，有特权工人的供给为S_pS_p，而对这种劳动的需求为D_pD_p，均衡工资出现在E_p这一高水平上。

图13-7（b）所显示的是发生在少数民族劳工中的情况。由于他们居住在学校条件较差的地区，而且负担不起私人教育的学费，所以无法获得高报酬工作所需要的教育和培训。因为技能水平低，他们只能从事那些技能要求不高的工作，生产的边际收益产品较

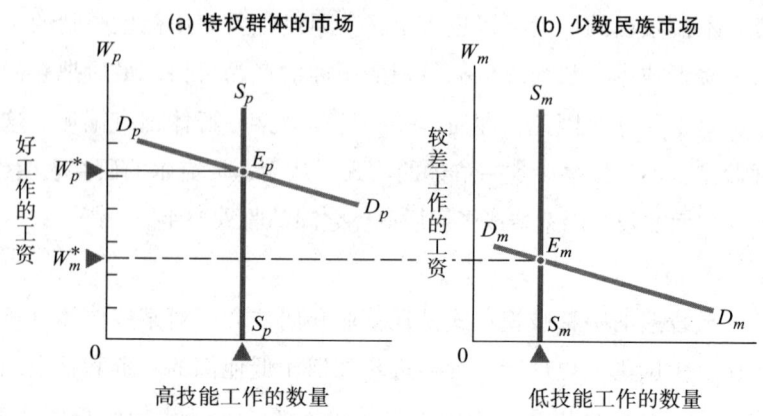

图 13-7 排斥性歧视降低了被排斥的少数民族群体的工资

将某些群体排斥在特权工作之外,常常会强化歧视。如果少数民族被排斥在市场(a)中的好工作之外,他们必须从事市场(b)中的较差的工作。特权群体享受 E_p 的高工资率,而少数民族的工资率则为市场(b)中的 E_m。

少,因此工资被压到低于工资均衡点 E_m 的水平。

请注意这两个市场的差别。因为少数民族被排斥在好的工作之外,市场力量导致他们的工资比那些特权劳工低得多。也许有人会争辩说少数民族劳工工资低是应该的,因为他们的竞争性边际收益产品比特权劳工少。但这种观点忽视了工资差异的根源。工资差异的产生是由于某些群体无法获得较好的教育和培训,并由于习俗、法律或勾结等因素的共同作用而被排斥在好的工作之外。

排斥性歧视的例子又提出了这样一个问题:为什么没有一些追求利润最大化的厂商规避法律或习俗的规定,来削弱他们的竞争对手呢？贝克尔提出了一个解释：无论是厂商还是它们的顾客都有一种"歧视的偏好"。或许有些管理者就是不喜欢雇用黑人；或许有些销售人员就是有偏见，不想把货卖给西班牙裔的顾客。批评者认为这是同义反复，说白了就是："事情之所以这样，是因为人们想让它这样。"

在不完全信息和不正当激励的相互作用下，产生了一种最有趣的歧视的变形。这种现象称为**统计性歧视**，即个体的情况都被按其所属群体的平均情况而非其个人特征来加以处理。

一个常见的例子是雇主筛选雇员的依据是他们所上的大学。雇主可能发现从更好的学校毕业的人平均生产率比较高；而且，由于各校评分标准不同，很难对各校学生的学习成绩进行评估和比较。因此，雇主更多的是根据他们毕业的学校而不是成绩来选择雇员。但如果进行一种更为细致的筛选就会发现，不太有名的学校的毕业生中也有许多优秀的工作者。在这个例子中，我们看到了一个常见的基于学校平均质量的统计性歧视。

因为统计性歧视能够强化人们的成见，并能减弱某一群体中成员提高技能和积累经验的激励，所以它会导致经济的无效率。不妨分析一个上了一所不太知名的大学的学生的情况。她知道在很大程度上雇主将根据其学校的质量对她进行判断，而学习成绩、所学课程难易程度、真正学到的东西以及工作经验都可能会被忽视。结果，在面临统计性歧视时，个人会减少投资于那些能提高劳动技能、使自己成为更好的雇员的活动。

当统计性歧视涉及种族、性别和民族时，其危害更大。如果雇主由雇用黑人青年的平均经验出发，把所有黑人青年当做"游手好闲"的人，那么，那些有才能的个体不仅会被当做平均水平的工人对待，而且他们自身也没有热情去提高他们的技能水平。

统计性歧视在社会许多领域都可以看到。人寿保险和汽车保险，往往将稳健谨慎的人的风险同那些冒失莽撞的人的风险平均起来，从而会降低人们在小心行事方面的激励，并导致人口的平均谨慎程度下降。传统上妇女被排除在工程师等数学能力要求高的职业之外。结果，妇女在报考学校和择业时容易倾向于人文社会科学，这个结果反过来又会强化人们认为妇女对工程不感兴趣的成见。

> 统计性歧视不仅能将个人的群体特征类型化，而且还能减弱个人对教育和培训进行投资的激励，从而反过来又强化关于原有群体特征的成见。

对妇女的经济歧视

受经济歧视最大的群体是妇女。在上一代，妇女的工资仅是男子工资的70%。这种情况的产生，部分源于教育、工作经验和其他因素的不同。今天，这种性别差距已经大大地缩短了。现存的绝大多数差距是"家庭差距"——有小孩妇女的一种工资损失。

男女收入差异背后的原因是什么呢？原因很复杂，它植根于社会习俗和期望、统计性歧视以及教育和工作经验等经济因素之中。一般地说，在同一份工作中，妇女的报酬不比男子少很多。

妇女收入较低是因为妇女被排斥在工程、建筑和采煤等高收入职业之外。此外，由于妇女生儿育女，承担家庭义务，她们不得不中断其职业生涯，这种情况一直存在于"家庭差距"之中。经济中的性别不平等还表现在：直到近期还几乎没有几位妇女被选进大公司的董事会，或在大的律师事务所中取得高级合伙人的资格，或在顶尖的大学里取得终身教职。

经验证据

我们已经分析了歧视被强化的机制，现在让我们来分析收入差距的程度。平均而言，在美国，妇女和少数民族的收入低于白人男性。比如说，在1967年全职工作的妇女只能得到男性收入的60%，到2007年这一数字上升到了80%。

劳动经济学家强调，收入差别不同于歧视。工资差异往往体现技术和生产率上的差异。许多西班牙裔工人（尤其是移民）历史上所接受的教育一直比白人少；习惯上妇女在工作之外所花的时间都要比男子多。既然教育和连续工作经验是高报酬所要求的条件，那么存在上述工资差异就应当说不足为奇了。

收入差异在多大程度上是由于歧视而非生产率的原因呢？这里有一些最新的发现。

- 近年来，对妇女的歧视程度显著下降。除了家庭差距（有小孩的妇女将会损失收入）以外，妇女的收入与同样水平的男子的收入基本相同。

- 在美国历史上绝大多数时期，黑人和白人之间的收入差距都非常之大。黑人劳工在20世纪的前70年中取得了很大的进步。20世纪80年代和90年代的数据表明，由于劳工市场上存在歧视，黑人男子所承受的损失达12%~15%。
- 一个令人鼓舞的趋势是，妇女和少数民族进入高薪职业的障碍正在破除。在1950~2000年间，医师、工程师、律师、经济学家这些职业中女性的比重增长很快。对于受过专业教育的女性来说，这个比重以更为惊人的速率在增加。1963年，法学院中女生比率仅为4%，到2006年，这个比率增加到44%，医学院中女性比例也从1960年的5%增加到2006年的50%。在其他一些传统上对性别、种族存在限制的领域中，也能发现相似的趋势。

264 减少劳工市场歧视

在过去半个多世纪中，政府采取了很多措施来制止歧视行为。主要的措施是强化立法，如1964年的《民权法》（该法将基于种族、肤色、宗教、性别、原国籍的歧视列为非法）和1963年的《同工同酬法》（该法规要求对从事同样工作的男性和女性支付相同的报酬）。

这些立法有助于消除明目张胆的歧视行为，但比较隐蔽的歧视仍然存在。为了反对这些歧视，政府采取了更为大胆也更有争议的政策，如平权措施。它要求雇主证明：他正采取特别措施以安置和雇用那些少数群体。研究表明，这种方式对妇女和少数民族的就业及工资产生了一定的积极作用。然而，确保承诺行动近年来已经被广泛地批评为一种"反向歧视"，一些州已经禁止它在就业和教育中加以使用。

歧视是一种复杂的社会和经济过程，并为那些剥夺弱势群体的平等的工作、住房与教育机会的法律所强化。即使法律重新确定权利平等之后，种族和性别隔阂仍然会使得社会和经济中的阶层分化长期存在。

在过去的30多年里，减小不同群体之间收入差距的进程变得缓慢了。传统的小家庭的解体、政府社会计划的削减、严厉的毒品法律和入狱率、对许多反歧视计划的敌对反应，以及非熟练工人相对工资的下降，这些因素都使得许多弱势群体的生活水平趋于下降。前方的路是不平坦的，在收入、财富、职业等方面所存在的差别仍然很大。

第十四章　土地、自然资源和环境

> 土地是一宗好投资,因为人们再也不可能将它多增长一点。
>
> ——威尔·罗杰斯

若你去观察任何一个经济过程,则会发现它都是由土地、劳动和资本这三种基本要素的有机组合所驱动的。在第1章,我们已经知道:土地和自然资源可以为我们的经济提供基础和燃料;在生产过程中,耐用资本品和无形资本结合在一起使用;而人类的劳动则是耕种土地、经营资本股票和管理生产过程。

前面的章节已经探讨了关于价格和要素的边际生产率的经济理论,以及劳动在经济中的作用。本章将继续分析生产要素,探讨市场机制在土地、自然资源和环境等方面如何发挥作用。我们首先从土地和自然资源这类不可再生的投入要素着手。接着我们将转向环境经济学中的热门课题。这些课题涉及重要的市场失灵问题,还包括关于全球气候变暖问题及其对策的讨论。

自然资源经济学

数万年以前,当蒙昧的人类开始生产活动的时候,其经济是以狩猎、捕鱼和采集为基础的,有丰富的自然资源,但很少有资本品,除了一些锋利的石头和树枝。今天,我们也许都会认为,享有清新的空气、丰富的水、未污染的土地,似乎是理所当然的。而如果我们无视自己所处的自然环境的限制,则人类又将会处于一种什么样的威胁之中呢?

强调多加限制并对危险忧心忡忡的环保人士认为,人类活动会造成这样的威胁:土地遭到污染,自然资源耗尽,复杂的自然生态系统被破坏,灾难性的气候变化势必发生。哈佛大学杰出的生物学家威尔逊曾有以下一个沉痛的警告,淋漓尽致地表达了环保人士的观点:

> 环境保护主义……将人类视为一种紧密地依存于自然界的生物物种……地球上许多重要的资源正在枯竭,大气的质量正在恶化,世界的人口正在膨胀到危险的程度。自然生态系统这一健康环境的源泉正在不可逆转地退化……每当这个严峻的现实及其后果困扰于心的时候,我的困惑就禁不住会激进得无以复加:人类是不是想要自我毁灭?

相信这一灾难性景象的人们指出,人类必须实行经济的"可持续"增长,并学会在稀缺的自然资源的约束下生存,否则我们将不得不吞食各种悲惨而又无可挽回的恶果。

上述问题的另一个极端则是"富足论者"或技术乐观主义者。他们认为,无论是自然资源还是技术能力,其枯竭都是极为遥远的事情。这种乐观的观点表明,我们能够实现持久的经济增长和生活水平的提高,人类的智慧足以应付任何资源限制或环境问题。如果石油耗尽了,还有大量的煤。如果这还不够的话,不断上涨的能源价格会引发太阳能、风能和核能方面的开发。在他们看来,技术、经济增长和市场力量就是人类的救世主,而绝不是祸根。朱利安·西蒙就是技术乐观主义者的杰出代表,他曾这样写道:

> 不妨随便问问满屋子的人,我们的环境是变得越来越脏,还是越来越干净?大多数人必答曰"越来越脏"。然而一个不争的事实却是,美国(和其他富裕的国家)现在的空气呼吸起来要比过去几十年更安全。污染物数量,特别是作为主要污染物的颗粒已经下降。就拿水资源来说吧,自从1961年开始有数据统计以来,美国所检测地区中的可饮用水的比例一直是在增加。我们的环境正变得越来越健康。而且不管从哪个角度看,这种趋势都将持续下去。

一般说来,主流经济学家们总是试图站在环保人士和富足论者这两个极端之间。他们承认人类利用地球上的资源已经很多年了。经济学家们一般都强调这一点,即经济的有效管理需要自然资源和环境资源的合理定价。在本章我们将简要地介绍对稀缺的自然资源进行定价和对环境进行管理的若干观点。

资源种类

什么是重要的自然资源？它们包括土地、水和大气。肥沃的土壤为我们提供了粮食和美酒；地表下蕴藏着石油和矿藏。水为我们提供鱼、娱乐，以及非常有效的运输方式。宝贵的大气层不但为我们提供可供呼吸的空气、日落的美景，还提供飞机的飞行空间。自然资源（包括土地）与劳动、资本一样，也是一种生产要素。它们之所以是生产要素，是因为我们从它们的服务中能够获得产出或满足。

在分析自然资源时，经济学家常从两个角度区分它们。其中最重要的区分是资源是可分拨的还是不可分拨的。当厂商或消费者能够获得商品的全部经济价值时，商品被称为**可分拨资源**。可分拨的自然资源包括土地（当农夫出售土地上生产的小麦和酒时，土壤肥力的经济价值为农夫所得）、像石油和天然气那样的矿产资源（所有者可以在市场上出售矿产品获得其经济价值），以及森林（所有者可以向出价最高的人出售土地或树木）。在一个运行良好的竞争性市场，可分拨的自然资源会被有效地定价和分配。

第二种自然资源，即**不可分拨资源**，是其成本或收益不能完全归属其拥有者的资源。换句话说，不可分拨的资源是一种具有外部性的资源。（回忆一下，外部性是指那些生产或消费对其他团体强征了不可补偿的成本或给予了无需补偿的收益的情形。）

不可分拨的资源的例子在地球的每一个角落都可以找到。让我们举一个像鲸鱼、金枪鱼、青鱼、鲟鱼等重要鱼类存量下降的例子。一群金枪鱼不仅能作为晚餐的食物，而且是繁殖下一代金枪鱼的母体。然而,这种繁殖潜力没有反映在市场价格之中。于是,当一只捕鱼船捕捞一条黄色尾巴的金枪鱼时,它没有因消耗未来生殖潜力的行为而向社会提供补偿。这就是在没有对捕鱼行为加以管理的情况下会有过度捕捞倾向的原因。

这就导出了自然资源和环境经济学中的一个中心结论:

> 当市场参与者不能完全获得使用自然资源的成本或收益时,外部性就会发生,市场就会提供错误的信号和扭曲的价格。一般说来,对于外部不经济的产品,市场会生产过度;而对于外部经济的产品,市场又会生产不足。

运用资源的方式,取决于资源本身是可再生的还是不可再生的。**不可再生资源**是指那些供给量基本固定的资源。一个明显的例子是矿物燃料,它们在几百万年前沉入地层,相对于人类文明的时间规模来说,它们可以视为不可再生的。另外还有非燃料矿物资源,例如铜、银、金、石头和沙子。

第二类是**可再生资源**,它们的效用能够被有规律地补充,而且只要管理得当,它们就能产生无穷无尽的效用。太阳能、耕地、河水、森林以及鱼群都是很重要的可再生资源。

有效利用这两种资源的原则表现为非常不同的要求。不可再生资源的有效利用,要求数量有限的资源在使用时间上能够安排得合理有序:是应该现在就使用低成本的天然气,还是保存起来供今后再用?相反,对于可再生资源来说,明智的做法是通过合理的方式保证能够不断地获得这种资源的效用,例如,适当地管理森林,保护生殖期的鱼群,监管河流湖泊的污染状况。

第十四章 土地、自然资源和环境

本章讨论的是自然资源经济学。这一节我们首先集中探讨土地资源，力图把握这种数量固定的资源的背后的定价原则和机制。第二节我们将转向环境经济学，讨论若干针对空气、水和土地的污染等问题重要的公共政策，还有气候变暖等全球性问题。

固定的土地和租金

土地是最有价值的自然资源。在法律上，"土地"的所有权包括一系列的权利与义务，例如占有的权利、耕种的权利、拒绝使用的权利，以及进行建筑的权利。除非你计划在气球上经营你的公司，否则土地对任何商业活动都是一种基本的生产要素。土地的一个不寻常的特征是：数量固定，对价格完全缺乏弹性。[1]

固定要素的价格称为**租金**，或**纯经济租金**。经济学家所说的"租金"，不仅是就土地要素而言，而且还用它来讨论所有供给固定的要素。如果你每年支付阿莱克斯·罗德里格斯 300 万美元，以使他为你的棒球队效力，那么这笔钱就可视作为使用他这种独特的要素而支付的租金。

租金以单位时间和单位固定要素的美元数计价。亚利桑那的荒漠土地的租金每年每英亩可能只要 50 美分，而纽约或东京中心

---

[1] 这句话是有局限的。因为有时可以排掉湿地中的水使之成为土地，也可以对浅海湾进行填土而"生产"土地。从1630年到1900年，波士顿的土地面积增加了两倍。而且，土地可被用于不同的目的，在世界上许多农业用地已经转变为城市用地了。

的土地的租金每年每英亩可能就是100万美元。一定要记住"租金"一词在经济学中特殊而具体的含义,即租金是对使用供给固定的生产要素的支付。日常生活中的"租金"通常包括其他的意思,如对租用公寓或建筑所支付的费用。

租金(或纯经济租金)是对使用供给固定的生产要素所支付的报酬。

市场均衡 因为土地的供给是固定的,所以土地的供给曲线是完全没有弹性的,即是垂直的。在图14-1中,需求和供给曲线相交于点E。土地的租金必须趋近这个均衡价格。为什么呢?

如果租金高于均衡价格,所有厂商需要的土地数量就会少于所能供给的现存的土地数量。有些土地所有者就不能将其土地租出去;他们不得不以较低的租金出租自己的土地,于是土地租金就会降下来。同理,租金也不会长时间停留在均衡水平以下。只有在土地的需求量正好等于固定供给时(此时为竞争性价格),市

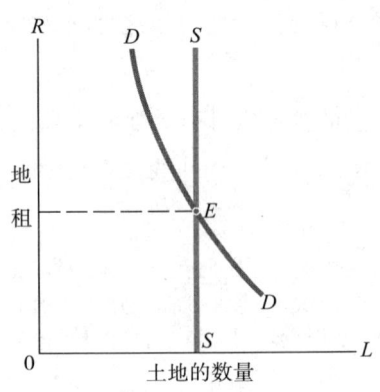

图14-1 数量固定的土地无论得到多少租金都会同样发生作用

完全没有供给弹性是租金(有时也叫做纯经济租金)的特征。我们沿供给曲线SS上移到与要素需求曲线相交处就可以决定租金。除土地外,我们可将租金分析运用到金矿、7英尺高的篮球运动员,以及任何一种供给固定的物品中去。

场才会处于均衡。

假定土地只能被用来种植玉米,如果对玉米的需求上升了,玉米地的需求曲线就会向右上方移动,租金就会上升。这说明了土地的一个重要特征:土地价值高是因为玉米价格高。这也是要素需求作为一种派生需求的很好的例子——对要素的需求是由对要素所生产的产品的需求所派生出来的。

> 因为土地的供给没有弹性,且土地总是为了它能生产的产品而发挥作用,所以土地的价值完全是由其能够生产的产品的价值派生而来,反之则不成立。

土地供给数量固定这一事实引出了一个很重要的结论。考虑图14-2中的土地市场。假设政府对所有的土地租金开始征收50%的税,注意对建筑或新增设施不征税。

征税后人们对土地的总体需求并没有改变。在图14-2中,当价格(含税)为200美元时,人们对土地的需求仍然等于土地的固定供给数量。于是,由于土地供给固定,土地服务的市场租金(含税)也就完全不会变动,仍在初始的市场均衡点E。

那么,土地所有者得到的租金将会有何变化?由于需求和供给的数量并没有变化,所以市场价格不会受税收影响。于是税收完全是从土地所有者的收入中扣除的。

我们可以在图14-2看到这种情况。农场主付的钱和土地所有者收到的钱现在完全是两码事了。对土地所有者来说,当政府介入拿走50%的租金时,其效应同所有者的净需求从DD降到$D'D'$

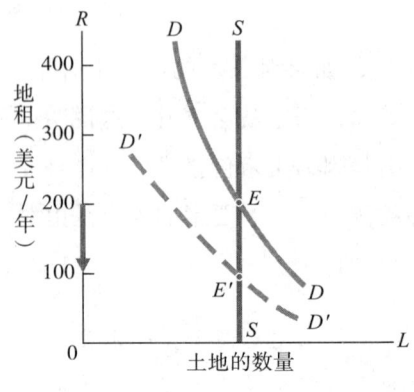

图14-2 对固定数量的土地征税完全由土地所有者承担,政府取得纯经济租金

对土地征税并没有改变使用者在 E 点所支付的价格,但使土地所有者的租金降到了 E'。土地所有者除了接受更低的报酬之外还能做什么呢?这为亨利·乔治的单一税运动提供了合理性。亨利·乔治的单一税运动旨在不扭曲资源分配的基础上,使社会得到土地价值增值的好处。

的影响一样。土地所有者税后的均衡收入现在只是 E'。税收全部由供给完全无弹性的要素的所有者承担。

土地所有者肯定会抱怨。但在完全竞争条件下,他们对此无能为力。因为他们不能改变土地的总供给,而且土地总要被用来获得些什么,得到半个面包总比没有面包要好。

此时,你可能想了解这种税收对经济效率的影响。令人吃惊的结果是,对租金征税不会引起扭曲或经济的无效率。这一惊人结果出现的原因是,对纯经济租金征税不会改变任何人的经济行为。需求者没有受到影响,因为他们的意愿价格没有改变;供给者的行为也没有受到影响,因为土地的供给是固定的,不可能作出反应。于是,税后的经济会同税前完全一样地运行,土地税没有带来扭曲或无效率。

对纯经济租金征税不会导致扭曲或无效率。

亨利·乔治的单一税运动

纯经济租金理论是19世纪后期单一税运动的基础。当时，由于世界各地的人向美国移民，美国的人口迅速增长。随着人口的增长和铁路延伸到美国西部，地租飞涨，为那些预先购买了土地的幸运的或有远见的人带来了丰厚的利润。

有人问，为什么允许这些土地所有者获得那么多的非劳动所得的土地增值呢？一位对经济学进行过很多思考的记者亨利·乔治(1839~1897)，在其畅销书《贫困和进步》(1879年)里集中表达了这种情绪。他在书中建议，应当把对土地征收财产税作为政府融资的主要途径，同时削减或免除其他所有的对资本、劳动以及土地新增设施的税收。乔治认为，这种单一税收能够在不损害经济生产效率的情况下，改善收入分配。

尽管美国经济显然没有向单一税理念的方向走得太远，但乔治的许多见解得到了后来几代经济学家的重视。在20世纪20年代，英国经济学家弗兰克·拉姆塞通过分析不同种类税收的效率，发展了乔治的方法。这带来了效率原理（或拉姆塞原理）的发展。这种分析表明，当一个部门的供给或需求的价格弹性非常小的时候，对其征税所导致的扭曲最小。

拉姆塞税收背后的推理与图14-2中所示基本一样，如果一种商品的供给或需求高度缺乏弹性，对该部门征税将不会对于生产和消费产生什么影响，所导致的扭曲将会非常小。

环境经济学

在本章的导论部分，我们就了解到一些关于环境问题的争论。一则严厉的警告来自保罗·埃尔利希和安·埃尔利希。2008年这两位环境保护主义者曾这样表达了他们的担忧：

> 我们人类已经摘完了低处的果实，使用完了最丰饶的土地。为了养活不断增长的人口，所冶炼的金属必须来自更贫瘠的矿石，而天然气和水资源将需要从更深的地井中才能获得，而且还需要运输得更加遥远。所谓的"临界"土地，即通常我们赖以生存的和保持基本的生态系统生物多样性的最后大本营，将日益需要生长更多的庄稼，以维持人和牲畜的生存，还有各种运动休闲车（SUVs）的驾用……全球气候变暖势必是一个主要的威胁，尽管它可能还不是最大的一个环境问题。土地用途的变化、地球中毒、流行病大范围蔓延的可能性的增加，还有关于稀缺资源的冲突，以及冲突中有可能的核武器使用，乃至所有与人口有关的隐患，都将会日益显示它们对于人类的威胁。

然而，许多技术乐观主义者却认为，这些担忧未免显得有些夸张。我们的任务是努力获悉那些能够控制环境恶化的经济力量。在这一节中，我们将揭示环境的外部性特征，说明为什么它们会造成经济的无效率，并分析可能的解决方式。

外部性

我们已经接触过外部性这个概念,其含义是一种向他人施加不被感知的成本或效益的行为,或者说是一种其影响无法完全体现在它的市场价格上的行为。

外部性表现为多种形式:有些外部性是正的,有些则是负的。当一个厂商将有毒的废水排放到溪流中时,鱼和植物会被杀死,溪流的景观价值也会降低。因为该厂商并不需要就其对溪流的损害向人们进行补偿,所以这是一种负的或有害的外部性。当你接种了一种新的流感疫苗时,那些并没有接种新疫苗的人们也将因你而获益,因为他们能够感染流感病毒的概率减少了。这就是一种正的或者说有益的外部性。

有些外部性具有普遍的影响,而有些只涉及很少的人。在中世纪,如有淋巴腺鼠疫病毒携带者进了城,那么城里所有的人可能会患黑死病而死亡;而在有风的日子里,如果你在足球场上嚼洋葱,外部性的影响就不容易被人注意到。

为了说明外部性概念,让我们看看公共品这个极端的例子,公共品是这样一种产品或服务,其向所有的人提供和向某一个人提供的难度是相同的。

公共品的典型例子是国防。对社会来说,没有什么比国家安全更重要了。但国防作为一种经济品,与面包等私人品完全不同。10 块面包可以按人头分成许多份,而且我吃过的面包别人就不可能再吃一遍。而国防一旦被提供,就会对所有人产生相同的影响。

无论你是鹰派还是鸽派，是和平主义者还是好战主义者，是老人还是青年，是文盲还是饱学之士，你都会和该国所有其他居民一样获得军队所提供的相同的安全保护。

一个明显的对比是：提供像国防这样的公共品的生产水平的决策，会涉及保护我们每个人的潜艇、巡航导弹和坦克等。相比之下，消费私人品（如面包）的决策则完全是一种私人行为。你可以吃4片、2片或者不吃，总之，这完全是你个人决定的事，而无需确保其他人都有一定量的面包可以消费。

国防是公共品中一个引人关注的极端例子。但是，如果你再想想天花疫苗、哈勃望远镜、干净的饮用水以及许多类似的政府项目，那么你就会发现公共品的基本特征。可归纳如下：

> **公共品**（也译"公共物品"或"公共产品"——译者注）是指那种不论个人是否愿意消费，都能使整个社会每一成员获益的物品。**私人品**恰恰相反，是那些可以分割、可以供不同人消费，并且对他人没有外部收益或外部成本的物品。公共品的有效提供通常需要政府行为，而私人品则可由市场进行有效地分配。

全球公共品

也许最棘手的市场失灵就是全球公共品了。全球公共品指的是其影响不可分割地蔓延到整个地球的一种外部性。重要的例子包括减缓全球变暖（本章后面将进行讨论）、防止臭氧的消耗、为防止禽流感进行的研发。全球公共品的问题之所以特别难以处理，是因为缺乏有效的市场或政治机制进行有效的配置。市场失灵是因为个人没有适当的积极性进行生产，而各个国家又无法独享全球公共品投资的收益。

全球公共品与其他物品有何不同？如果一场大风暴毁了美国的玉米收成，价格体系会引导消费者和农民重新达到供需平衡。如果美国的公路系统需要现代化，选民将游说政府开发更有效率的运输系统。但如果全球公共品问题出现，例如全球变暖或抗生素的研发，则市场参与者和单一国家将都没有适当的积极性去寻找有效率的结果。任何个人或国家的投资的边际成本都会远远低于全球居民的边际收益，因此投资不足是必然的结果。

外部性引起的市场无效率

亚伯拉罕·林肯曾经说过，政府应当"为人们做那些他们想做，但仅凭个人力量又根本无法做到或做好的事情"。控制污染合乎这一标准，因为市场机制无法对污染者进行适当的限制。厂商们既不会自愿地减少有毒化学物质的排放，也不会改变将有毒的废物倒入垃圾场的行为。控制污染一向被认为是政府的合法职能。

为什么像污染这样的外部不经济会导致经济的无效率？假定有一个以煤为原料的火力发电厂（黑亮电厂）排出大量含二氧化硫的有毒烟雾，从而造成外部不经济。部分硫化物当然也会影响厂家本身，厂房因此需要经常重新粉刷，同时员工医疗费用也会增加。尽管如此，损害的主要影响对该厂来说还是"外部的"，它影响的是整个地区：给植被和建筑物带来问题，导致附近居民患上多种呼吸道疾病，甚至还会出现孕妇流产和婴儿夭折等一系列问题。

作为一家以利润最大化为目标的厂家，黑亮电厂必须决定它应该排放多少污染物。若对污染置之不理，它的工人、厂房和利润都将会受到损害。另一方面，如果对所排放的气体都加以净化的话，则需要付出昂贵的成本。完全彻底的净化费用肯定太大，会使黑亮电厂无法在竞争市场上生存。

因此该厂家管理者会选择一个利润最大化的水平减少污染。在该水平，电厂从多净化1单位污染或"污染减少1单位"中所获得的效益（私人的边际收益），正好等于多"减少1单位污染"所增加的成本（净化的边际成本）。根据经济和工程核算，当电厂净化污染物的数量是50吨时，厂商的私人利润最大化。在这个水平上，厂家的私人边际收益正好等于净化污染物的私人边际成本，即每吨10美元。换言之，当黑亮发电厂只从私人成本收益角度考虑问题并以最小成本进行发电时，它就会排出350吨的污染物，而只净化50吨。

然而，现假定一组环境学家和经济学家要检测整个社会而不仅是一个黑亮电厂的净化效益。在检测总的影响时，审计员们发现，控制污染的社会边际收益（包括增进健康和提高邻近地区的资产价值）是上述私人边际收益的10倍。黑亮电厂每净化1吨额外的排放量所带来的私人收益是10美元，还有90美元的附加外部收益是造福社会的。为什么黑亮电厂不将附加的90美元社会收益统计入账呢？因为那对厂商来说是外部的，对利润毫无影响。

我们现在了解了污染和其他外部性如何导致了经济无效率的产生：在没有管制的情况下，厂商会采用使净化污染的私人边际收益等于净化污染的私人边际成本的方法，来决定利润最大化条件下的污染水平。当污染外溢的影响很严重时，私人均衡水平势必缺乏效率，从而导致高程度的污染和低水平的净化行为。

符合社会效率标准的污染 在私人控污决策缺乏效率的条件下，能否找出更好的解决办法呢？通常，经济学家们通过平衡社会成本和收益的办法来确定符合社会效率标准的污染水平。更明确地说，达到社会效率标准需要控污的社会边际收益等于控污的社会边际成本。

那么有效的污染水平该怎样确定呢？经济学家提供了一种方法叫做成本—收益分析，效率水平由一种行为的边际成本和边际收益的均衡来决定。在黑亮电厂的例子中，假定专家们研究了减少污染和影响环境的成本数据后发现：当控污量从 50 吨上升到 250 吨时，社会边际成本会等于社会边际收益。在这个有效率的污染水平，他们发现控污的边际成本是每吨 40 美元，此时，控制最后 1 单位污染所带来的社会边际收益也是每吨 40 美元。

上述的排放水平是符合社会效率标准的，因为在这一排放水平上产生的社会净效益最大。只有在这个排放水平上，控污的社会边际成本才等于社会边际收益。再重复一下，在许多场合，我们发现当一种行为的边际成本等于边际收益的时候，该行为的结果是最有效率的。

成本—收益分析说明了为什么"无风险"或"零排放"政策通常是很浪费的。将污染降低到零排放通常会使控污成本上升为一个天文数字，而减少最后几克的污染物所带来的边际收益却少得可怜。并且在有些情况下，要达到持续零排放几乎是不可能的。按照零风险原则，计算机工业就应当关闭，所有的汽车交通也应当被禁止。现实中通常的情况是，经济效率要求达成一个折中方案，即产业的额外产出的价值正好同额外污染的损失相均衡。

> 没有管制的市场经济会产生一定水平的污染（或其他外部性），在这个水平上，控污的私人边际收益等于私人边际成本。效率要求控污的社会边际收益等于其社会边际成本。在一个没有管制的经济中，会产生过少的控污行为和过多的污染。

制定有效的环境政策所遇到的一个主要困难是，我们需要去估计污染控制和其他政策的价值。如果受影响的只是市场产品和服务的话，那么相应的测量就会比较简单明了。例如，如果气候变暖导致小麦减产，我们可以通过观察小麦的净产值变动来测量。同样，如果新建一条马路需要拆掉某些人的房子，则我们可以计算这些住所替代品的市场价值。

然而不幸的是，对于许多类型的环境危害，我们很难对其损失进行价值估计。举例来说，环保人士最近呼吁政府出台一项停止在太平洋西北部伐木的禁令，以保护斑点猫头鹰的栖息地。这意味着将会牺牲掉数以千计的伐木工人的就业机会，并且木材的

第十四章 土地、自然资源和环境

价格会因此提高。但在另一方面，考虑到斑点猫头鹰的逐渐消失，我们又如何计量斑点猫头鹰持续生存下去的价值呢？再举个例子，在阿拉斯加的威廉王子海峡，埃克森公司的瓦尔代兹号油轮的泄漏污染了海滩，危害了野生动植物。那么海獭的生命究竟值多少钱？

经济学家们已经找出了许多种方法来估算那些无法直接用市场价格来表示的某种行为及其影响（比如上述猫头鹰和海獭的例子）的价值。最可靠的方法是首先检查环境污染对不同活动的影响，然后再计算这些活动变化的市场价值。例如，在估计二氧化硫排放量的影响时，环境经济学家首先估计高排放量对健康的影响，然后根据调查或根据人们实际行为来估计健康状况的变化，最后确定这些变化的价值。

估计涉及生态系统和不同物种生存的价值往往是最困难的情况。为了保证斑点猫头鹰幸存下来，社会应该支付多少价值呢？大多数人从未见过斑点猫头鹰，就像从未见过引吭高歌的仙鹤或威廉王子海峡一样。尽管如此，他们还是愿意对这些自然资源的价值进行估量。有些环境经济学家用或发价值的概念来表示人们愿为假定的情形（例如保护某些自然资源不受伤害）所支付的价格。这种方法能得到需要的答案，但这些答案并不总是可靠的。

几乎没有人会怀疑健康和洁净的环境会有很高的价值这一命题，但计量环境的真实价值，尤其是非市场部分的价值确实是一个难题。

我们可以通过图 14-3 来说明这些观点。具有正斜率的 MC 是控污的边际成本曲线,具有负斜率的曲线是减少污染的边际收益曲线。上面的 MSB 线是减少污染的社会边际收益曲线,下面的 MPB 线是减少污染的私人边际收益曲线。

污染的图形分析提示

在分析污染时将控污或净化视为"益品"是很有用的。在图上,我们在纵轴上衡量边际成本和收益,在横轴上衡量控污或污染清除量。这里的技巧在于记住控污是一种"益品",因此它在横轴上是正值。同样,你也可以用距原点很远的 400 单位作为新的原点,而将污染作为一种(害品)并用负值去计量。可见,零控污量就是 400 单位的污染,而控污 400 单位则意味着污染为零。

没有管制的市场均衡点为 I,在 I 点私人边际成本和收益相等。在这一点,只有 50 吨污染被控制,每吨的私人边际成本和边际收益是 10 美元。但是,没有管制的市场是缺乏效率的。通过一个实验将控污量提高 10 吨,我们将看到 I 点是缺乏效率的:边际收益和成本如 I 点右侧的条状部分表示;对于增加的净化量,边际收益是 MSB 曲线下的整个条状区域,而边际成本是 MC 曲线下的区域;净收益是两条曲线之间的条形阴影部分。

在 E 点则实现了有效率的污染水平,在该点,控污的社会边际收益等于边际成本,且 MSB 和 MC 均为每吨 40 美元。同时,因为 MSB 和 MC 相等,增加微量的控污量在两条曲线之间并无差

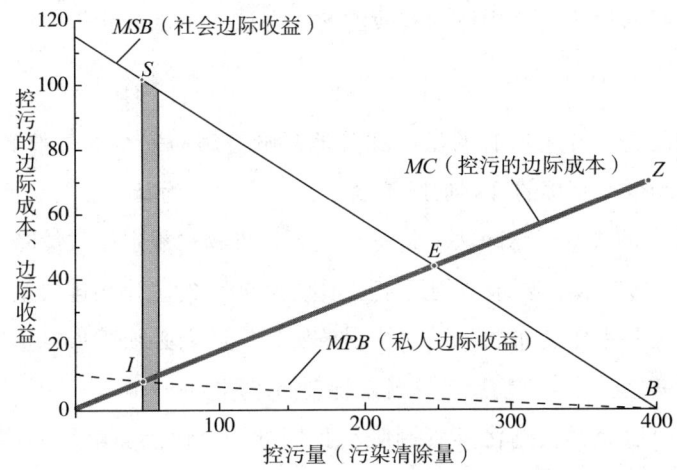

图 14-3 外部性导致无效率

当社会边际收益（*MSB*）与私人边际收益（*MPB*）两曲线分叉时，市场的非管制均衡点在 *I*，*I* 点的控污量，或者说污染清除量非常小。有效的控污量应该在 *E* 点，在该点的 *MSB* 等于 *MC*。

异，因此对额外的污染控制来说没有净收益。相对于无管制的情形，我们还可以把从阴影部分到 *E* 点的所有代表净收益的小条块加总，计算有效解决方式下的净收益。这一计算表明，区域 *ISE* 代表了有效控污后增加的收益。

矫正外部性问题的政策

对付由外部性造成的无效率的武器是什么呢？最常见的方法是政府的反污染计划，即通过直接控制或经济激励来引导厂商矫正外部性。更细致的办法是明确并加强产权管理，以促成私人部门之间通过协商达成更加有效的解决办法。本部分我们将讨论这些办法。

直接控制 几乎所有的污染和其他影响健康与安全的外部效应，政府均依靠直接的管制加以控制；这通常被称为社会管制。例如，1970年的《空气洁净法》将三种主要污染物的规定排放量降低了90%。1977年，要求新的厂家必须减少90%的硫化物排放量。根据过去几十年公布的一系列管制条例，厂商们必须逐步停止使用破坏臭氧层的化学物质。这就是管制的作用。

政府怎样实施污染管制呢？我们继续讨论黑亮电厂的例子。国家的环境保护局可能会要求黑亮电厂将净化量提高到250吨。在命令—控制型管制下，管制者只需给出所要求的控污技术和施工场地的详细规定，命令厂商执行即可，该厂或所有厂商几乎没有什么想点新招或者讨价还价的余地。如果标准被合理地确定下来（一个很重要的"如果"），结果就可能达到本节前面所谈的有效率的污染水平。

理论上管制者可以选择控污法令保证经济效率，但在现实中这一点却不大可能。事实上，许多污染管制苦于越来越多的政府失灵。例如，污染管制经常在未对边际成本和边际收益进行比较之前就拍板定夺了，而没有这种比较就根本无法确定有效率的控污水平。

此外，标准天生就是一种笨拙的东西。有效率的控污水平要求各种污染源的控污边际成本都相等。命令—控制型管制通常不考虑厂商、区域和产业之间存在的差别。因此，管制对大企业和小企业、城市和农村、高污染和低污染的产业都是"一刀切"的。即便A厂商一吨净化量的成本仅为B厂商的一小部分,但两个厂都被要求达到同样的标准。结果低成本的厂商得不到任何激励将污染降至污染标准以下,即使这样做会更经济。进一步的研究还表明,由于使用命令—控制管制法,实现环保目标产生了不必要的成本。

市场办法:排放费 为避免直接控制存在的缺陷,许多经济学家建议环境政策应更多依靠市场机制。方法之一就是收取排放费,即要求厂商为它们的污染支付等于其外部危害的税款。如果黑亮电厂对该社区造成的外部边际成本是每吨35美元,那么合适的排放费就应为每吨35美元。这实际上是为了让厂商支付其行为的社会成本,而将外部效应的影响内部化。黑亮电厂计算它的私人成本后会发现,在图14-3的E点,再增加1吨污染会花费它5美元的内部成本和35美元的排放费,边际污染成本总共是每吨40美元。通过比较新的私人边际收益(私人收益加排放费)和边际控污成本,厂商将会把它的污染水平控制到效率水平。如果排放费是通过精确计算的(又一个很重要的"如果"),那么,追求最大利润的厂商就会被一只修正过的"看不见的手"引导至有效率的水平,在该点污染的社会边际成本和社会边际收益是相等的。

另一种分析方法如图14-4所示,它与图14-3相似。运用直接控制法,政府命令厂商减少250吨污染物(或排放不超过150吨)。这将使排放标准落在粗的垂直线上。如果该标准设置正确,厂商就将会接受控污的社会效率水平。因此,由于有效率的管制,厂

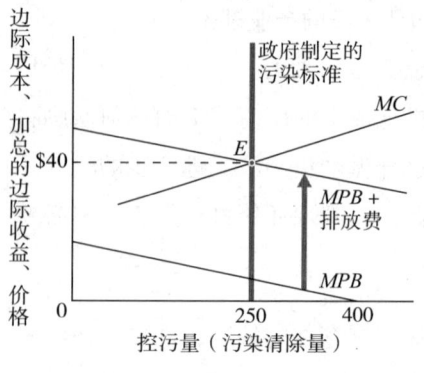

图 14-4 污染标准和排放费

当政府把污染限制在 150 吨或要求净化 250 吨时，这一标准将导致 E 点的有效率的控污。

同样的结果可以通过向污染收取每吨 35 美元污染费达到：在净化 250 吨时，5 美元的私人边际收益加上 35 美元的排放费等于总的边际收益 40 美元。因此，在有效率的 E 点，加总的边际收益曲线（MPB + 排放费）等于边际成本。

商将会选择 E 点，该点的社会边际收益 MSB 等于边际成本 MC。

我们也可以通过图 14-4 看到排放费是怎样起作用的。假定政府要对厂商每吨污染物收取 35 美元的排放费。加上排放费，控污的私人边际收益将会从每吨 5 美元上升到 40 美元。在图 14-4 中总的私人边际收益表示为加总的边际收益曲线。面临这种新的激励，厂商当然会选择图 14-4 中的有效率点 E。

市场办法：可交易的排放许可证 发放排放许可证是无需政府征税的一种新办法。采用这种办法，政府确定污染水平并将排放额度适当地在厂商中间分配，而不再是告诉厂商必须为每吨污染物缴纳多少税款，然后允许厂商自己选择污染水平。许可证的价格由许可证市场的供给和需求来决定，数额上相当于排放费。假设厂商知道它们的生产和控污成本，交易许可证将产生与排放费一样的结果。

经济创新：污染许可证交易

大多数环境管制利用命令——控制的办法限制个体（如能源制造厂或汽车厂）排放污染物。但这种方法并不适合于所有的污染物排放。更重要的是，它实际上使得所有的计划都会产生无效率，因为它不满足所有排放都有相同的边际成本这个条件。

1990年，美国政府在它的环境控制计划中，宣布了一种用以控制二氧化硫这一最有害的环境污染物的全新方法。在1990年《空气洁净法》修正案中，政府发行了一定数量的污染物排放许可证。从1990年起，全国允许的总排放量已经逐年减少。这一计划的创新之处就在于许可证可以自由交易。电力产业得到污染许可证，并被允许它像猪肉或小麦一样进行买卖。那些能以较低成本降低硫化物排放的厂商会这样做——卖出它们的许可证；另外一些需要为新工厂争取更多额度许可证的，或没有减少排放余地的厂商会发现，比起安装昂贵的控污设备或是倒闭来说，购买许可证或许更经济一些。

环境经济学家相信，激励的增强有助于实现雄心勃勃的目标，而且其成本比传统的命令——控制型管制要低。缅因州科尔比学院的经济学家汤姆·泰坦伯格（Tom Tietenberg）的研究表明：传统方法的成本要比有成本效益的管制（如买卖排污许可证）高出2~10倍。

排污许可证市场的运行产生了令人惊奇的结果。最初，政府预计在开始几年许可证的价格应在每吨二氧化硫300美元左右，但实际上，市场价格下降到每吨100美元以下。成功的原因之一是这一计划给了厂商足够的创新激励，厂商发现使用低硫煤比早先预想的要容易，而且更便宜。对于那些主张环境政策应以市场手段为基础的经济学家们来说，这个重要的实验可以提供一个强有力的论据。

人们通常认为某种形式的政府干预在克服污染和其他外部性导致的市场失灵问题时是必不可少的。实际上，在有些情况下，明确清晰的产权可以取代政府管制或税收，从而解决外部性问题。

私人部门克服外部性的一种方法是依靠责任规则，而不是直接的政府管制。在这种方法下，外部性问题的制造者有法律责任向受害人进行赔偿。事实上，建立一个恰当的责任系统，外部性就被内部化了。

在某些领域，这类规则已经确立和颁布。例如，在大多数州，如果你被一个冒失的司机撞伤，你可以依法索赔。或者，你因不合格的产品而受伤或生病，公司都将负担产品责任。

责任规则从理论上讲，是将生产非市场化的成本进行内部化的一个很好的方法，但是在现实中，责任规则的应用却十分有限。它通常需要高昂的诉讼成本，这增加了原有的外部性成本。而且，由于产权并不完全（例如，涉及清新的空气时），或者外部性牵涉到大量的企业（例如，将化学物质倒入溪流中），许多受害方很难或根本无法起诉。

私人部门所采用的第二种方法依赖于明晰的产权和不同利益集团的谈判。这种方法是由芝加哥大学的罗纳德·科斯（Ronald Coase）发现的，他指出：有关当事人自愿协商常常可以得到一种有效率的结果。

例如，假设我是一个农民，我用的化肥流到了下游，毒死了你鱼塘的鱼。并且进一步假设你无法起诉我毒死了你的鱼。如果你的养鱼业足够赚钱的话，即使你无法起诉我，你也会努力地促使我减少化肥的用量。换句话说，如果将我们两家的业务重组并能产生净利润的话，则我们两人都会有足够的动力坐到一起，就有效率的化肥流出水平达成一致的意见。而且，即使没有任何政府的控污计划，这种动力都会存在。

只要产权清晰，交易成本很低，尤其是当只有很少的利益相关方时，健全的责任规则或谈判有时也能保证在存在外部性的情况下产生有效率的结果。

气候变化：减缓抑或不减缓

在所有的环境问题中，没有什么比温室效应所引起的全球变暖的威胁更让科学家们感到焦虑了。气象学家和其他科学家警告说，由于燃烧矿物燃料所产生的大量诸如二氧化碳一类气体的累积，在下一个世纪将会引发全球气温变暖以及其他重大的气候变化。通过气象模型，科学家指出，如果目前的趋势持续下去，到下一个世纪，全球气温将会升高 4~8 华氏度。这将是人类文明史上从未有过的高温。

温室效应是很早就存在的公共品问题；今天的行为将影响下几个世纪全球人类的生存气候。近期，我们开始面临着控制二氧化碳排放的成本：许多国家已经开始节能和使用替代能源（太阳能或核能）来减少矿物燃料的使用，此外还有植树造林和其他一些方法。这些都意味着在短期内，我们不得不选用较高成本的能源、保持较低生活标准和较低消费水平。我们降低排放量的效益在未来很多年后势必得以实现。到那时，较低的排放水平会减轻未来的气候灾害——对农业、海滩和生态系统的破坏力会减弱。

经济学家研究气候变化的经济影响，为的是寻找可供政府采用的对策。经济研究表明，发达国家，如美国的市场经济可能在未来的数十年内相对不受气候变化的影响；而农业、森林、渔场以及像珊瑚礁一样难以管理的生态系统，很可能是受影响的主要对象。

制定控制气候变化的有效战略需要测定减少 CO_2 排放量的边际成本和边际收益。图 14-5 的 MC 曲线显示了减少污染的边际成本，MSB 表示社会边际收益。纵轴衡量的是成本和收益，单位是美元，横轴则衡量 CO_2 排放的减少量。图中的点 E 代表有效率的点，在该点，减缓气候变化的社会边际收益等于减少排放的边际成本。这一点使减少排放的净收益最大化。相反，纯粹的市场解决方案会使得排放减少量在原点，此时 MSB 远远高于取值为零的 MC。而极端的环境主义者的解决方式，即试图使排放量减少到 0，则会在图右侧的边缘部分，此时 MC 远远超过 MSB。

如何才能达到代表有效率的 CO_2 排放减少水平点 E 呢？既然 CO_2 来源于含碳燃料的燃烧，于是就有人提出对含碳燃料征收"碳税"。含碳较多的燃料（如煤）要比含碳少的燃料（如天然气）负担更重的税。经济学家已经发明了有效估计碳税的一些模型——这些模型能够使高税率带来的经济成本与降低全球变暖引起的损

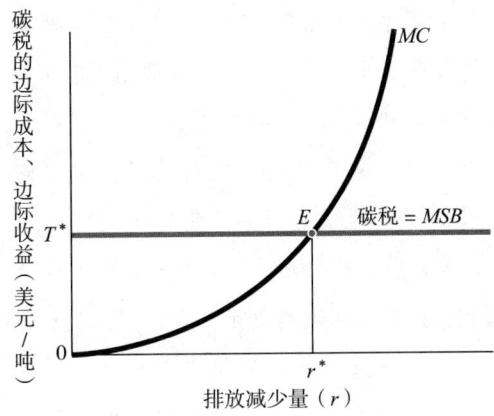

图 14-5 碳税能减缓气候变坏

有效减缓气候变化危害,要求征收 T^* 水平的"碳税",或者限制二氧化碳的排放水平为 r^*,以使减少排放的边际成本等于减少气候变化危害所获得的收益。

害所获得的收益相平衡。它们能在政策制定者们制定制止全球变暖的政策时起到指导作用。

全球公共品与《京都议定书》

在本章前面我们讨论了全球公共品。国家间应对全球公共品的方法是签订条约式的国际协议。这些协议的目的是,在污染博弈中从无效率的不合作转向有效率的合作。但是达成有效率的协议往往很困难,缓和全球变暖的努力就是一个很好的例子。尽管科学家提出气候变化的警告已经有30多年,但一直到1992年才有了第一个主要的关于气候变化的国际性协议:《气候变化协议备忘录》(FCCC)。FCCC包含了这样一些非约束性的条款:高收入国家承诺限制 CO_2 等温室气体的排放。

当自愿措施失效时,一些国家在1997年又对关于气候变化这一主题进行了谈判并签订了《京都议定书》。在这一协定中，高收入国家和前社会主义国家都做出了有约束力的承诺，即在2010年以前将温室气体的总排放量减少5%（与1990年相比），且每一国家都有一个具体的目标。以美国二氧化硫交易制度的经济学理论和经验为基础（上面讨论过），《京都议定书》还包括了允许国家间买卖排放权的条款。而当布什政府在2001年宣布美国退出《京都议定书》时，该协议便开始变得扑朔迷离起来。

经济学家们已经对关于全球变暖等问题的解决方法进行了详细的讨论。一个分析结论认为问题的关键在于能否确保市场当事人承担他们行为的全部成本。当前，环境变化的外部性在大多数国家还没有"内部化"，因为CO_2的排放价格为0。在没有合适的价格信号情况下，让数以万计的厂商和消费者作出减少含碳燃料使用的决定是不现实的。经济学家的讨论还指出，在经济全球化潮流中，世界各国参与，而不仅仅是高收入国家参与这一点，对减缓气候变暖是至关重要的。若将像中国和印度这样能源密集型的发展中国家的排放列在减排约定之外，则达成全球排放目标的成本势必大大增加，当然这是就相对于一个符合成本效益原则的全球协议而言。

《京都议定书》第一回合已在2008年实施，但它的有效期只到2012年。许多关心全球未来的人正在观望奥巴马新一届政府是否会加入到这方面的努力之中；此外还有长期解决方案是否能被设计出来，并能加以实施和生效等问题。

我们已经看到许多环境主义者正在询问一些令人沮丧的关于人类未来的问题。考察过这个领域之后，我们能得出什么样的结论呢？就个人来说，他们很容易对人类理解和处理全球环境威胁的能力产生乐观或悲观的看法。另一方面，很显然，我们正在驶向一个未知的海域；在耗尽许多资源的同时，我们正以一种无法逆转的方式改变着其他资源；我们正以一种不甚了了的方式与我们的世界进行着赌博。正如有历史记载的早期人类一样，今天的人们也喜好争论，他们制造了极其有效的武器来对争论者进行反击。与此同时，我们的观察和分析能力也是重要的、更令人生畏的武器。

一方面是我们不断的争论与污染的行为，另一方面则是我们推理与计算的能力，在这二者的竞赛中，哪一方将会占上风呢？是否有足够的资源能让今天的穷人也享受到高收入国家那样的消费水平呢？或者说富人会向他们提供向上爬的阶梯吗？这些深奥的问题，我们迄今还没有得到最后的答案。但是许多经济学家相信，答案的核心在于利用市场机制，努力减少污染以及其他影响经济增长的环境因素。明智的决策，加上适当的动力，一定能保证人类不仅可以继续生存，而且还会迎来长远的发展和繁荣。

第十五章　资本、利息和利润

你的蛋糕完全可以既保留下来而又不影响食用：将它出借并收取利息即可。

——佚名

美国是"资本主义"私有制经济，这样说的意思是这个国家的资本和其他资产主要都归私人所有。到2008年，美国的人均净资本的存量超过了15万美元。其中67%由私人公司拥有，14%由私人拥有，19%属于政府。此外，美国财富的所有权主要集中在那些最富有的美国人手中。在资本主义制度下，个人和私人企业拥有大部分的储蓄，拥有大部分的财富，获取这些投资的大部分利润。

本章主要研究资本。我们首先讨论资本理论的基本概念，包括"迂回性"概念和投资收益率的各种测算方法。然后我们将转向资本供求这个重要问题。这将会加深我们对于自由市场经济的某些重要特征的了解。

利息和资本的基本概念

什么是资本

首先,我们对本章将要讨论的资本和金融的重要概念做一个简约的界定。**资本**包括那些生产出来的耐用品,它们在进一步的生产中被作为生产性投入。有些资本能连续使用几年,有些则可能持续使用一个世纪或更长。但资本的基本特征是:它既是一种投入又是一种产出。

在早期,资本主要包括有形资产。三种重要的有形资本是:建筑(如工厂和住宅)、设备(耐用消费品,如汽车;耐用生产设备,如机床和卡车)以及投入和产出的存货(如经销商的汽车存货)。

现今,无形资本已经越来越重要。例如软件(如计算机操作系统)、专利(如微处理器)和品牌(如可口可乐)等。斯坦福大学的罗伯特·霍尔称其为"e资本",以区分传统的有形资本和越来越重要的知识资本。

资本在资本市场上交易。例如,波音公司将飞机卖给航空公司,航空公司再用这些特殊的资本品,加上软件、熟练劳动、土地和其他投入品,进行"航空旅行"这个服务品的生产和销售。

大多数资本归使用它们的企业所有,但有些资本是由其所有者租借出去的。为暂时使用资本品进行的支付叫做租费。房东可能将一套公寓租给一个学生使用一年——每月800美元的支付就构成了一项租费收入。我们要将固定要素(如土地)的租金收入与耐用要素（如资本）的租费区别开来。

个人和公司都拥有各种不同种类的资产。一种就是我们上面讨论的生产性投入资本，如用来生产其他产品和服务的计算机、汽车和厂房等。但是我们必须把这些有形资产和金融资产区分开来，后者本质上就是一些纸张或电子记录。更准确地说，金融资产是一方对另一方的货币要求权。例如，房屋抵押贷款就是银行对房屋所有者按月支付本金和利息的要求权，这些支付的钱款将用来偿还为买房所借的原始贷款。

通常，在抵押贷款的情况下，有形资产将作为一项金融资产的根据（或作为抵押品）。而在其他情况下，如学生贷款，金融资产的价值则可以来自于以个人未来收入能力为基础的还款承诺。

人们都很清楚，有形资产是经济的重要组成部分，因为它们可以提高其他要素的生产率。而金融资产的作用又是什么呢？它们的重要性产生于储蓄者和投资者之间的不匹配。学生们需要钱来上大学，但他们现在没有收入或存款来支付这笔费用。而那些正在工作并为退休存钱的成年人，会有一些超过消费需要的收入可以提供给学生。金融体系机构众多，有银行、共同基金、保险公司和养老基金等，通常还有政府贷款和政府担保作为补充。通过它们可以把储蓄者的资金引向投资者。如果没有这种金融系统，企业就不能进行开发新产品所必需的大规模投资；人们不存够全部房款，就不能买到房子；学生如果事先不存够必需的大笔学费，就不能上大学。

假设你拥有一些资本并将它投放了出去,或者,你拥有若干现金并将它借给了一家银行或者一家小企业。或者你可能想通过抵押贷款去购买一座房子。你一定很自然地想知道借款的成本或贷款的报酬。这个付出去或收进来的数量,称为**投资收益率**。在按固定利息计算金融资产的收益的情况下,这些收益称为**利率**。从经济学角度看,利率或投资收益是借款或贷款的价格。由于期限、风险、税收情况和其他投资属性的不同,投资的收益也往往大不相同。

本章我们将用较多的篇幅来阐释和理解这些概念。以下是一个提要:

1. 资本包括生产出来的耐用品,它们在其他产品的生产中被作为生产性投入。资本包括有形资产和无形资产。
2. 资本在资本市场上交易。为暂时使用资本品所做的支付叫做租费。
3. 我们必须能区分金融资产,它本质上就是一些纸张,其价值源于对其他有形或无形资产的所有权。
4. 投资收益率和特殊情况下的利率是借款和贷款的价格。我们通常以百分比/年为单位计算资金的收益率。

收益率和利率

现在我们更加详细地考察资本和金融理论的主要概念。我们先给投资收益率下个定义,它是最一般的概念。然后我们将该定义应用于金融资产。

任何经济体最重要的任务之一,就是将其资本在各种可能的投资之间进行分配。一国应将其资本投入到像钢铁这样的重型制造业,还是投入到像互联网这样的信息技术产业? 英特尔应该建造一个价值40亿美元的工厂来生产下一代的微处理器吗? 这些问题都涉及昂贵的投资——今天付出货币以取得未来的收益。

为了作出最佳投资决策,我们需要一种衡量资本报酬的标准。一个重要的指标是**投资收益率**,即每1美元资本投入在1年中能够获取的净收益。

我们以某汽车出租公司为例。丑小鸭出租公司以20 000美元的价格购买了一辆二手汽车,并将其租出去。减去所有费用(收入减去工资、办公用品和能源消耗等费用)并忽略汽车价格变化,丑小鸭公司每年的净租费收入为2 400美元。其年收益率为12%(2 400美元 ÷ 20 000美元)。请注意,收益率是单位时间的一个纯粹的或无单位的数字,也就是说它的计算方法是:(每一时期的美元)/(美元),通常按每年的百分比计算。

上述概念对比较各种投资非常有用。假设你正在考虑各种不同的投资机会:出租汽车、油井、公寓、教育等等。那么你怎么决定进行哪些投资呢?

一个有效的方法就是比较各种投资的收益率。对每一种投资,你先要计算该资本品的成本,然后估算该资产能够带来的年净收益或这项资产的租费收入。年净租费收入与成本的比率就是投资收益率。它告诉你投资的每1美元给你带来的收益,这是根据每1

美元投资每年能得到的美元数或百分比来衡量的。

投资收益率是每 1 美元投资的年净收益（租费收入减去费用）。它是一个纯粹的或无单位的数字——年百分比。

关于酒、树和钻井设备 这是几个投资收益率的例子。

- 我以 100 000 美元买了一块地，一年之后以 110 000 美元卖出。如果没有其他费用，这次投资的收益率就是 10 000 美元 /100 000 美元，或年收益率为 10%。
- 我以 100 美元的劳动成本种了 1 棵松树，25 年后，长成的树以 430 美元出售，这项资本投资 25 年的收益率为 330%，这相当于年收益率为 6%；即总收益等于 100 美元 × $(1.06)^{25}$ = 430 美元。
- 我购买了一套价值 20 000 美元的石油钻井设备，10 年中它每年的租费收入为 30 000 美元。但每年我的燃料、保险和维修支出的费用为 26 000 美元。4 000 美元的净收益用于支付利息和对 20 000 美元原始支付分期 10 年的偿还。钻井设备的收益率是多少？从统计数据表上看：年收益率是 15%。

对于金融资产，我们使用一系列不同的术语来衡量收益率。当你购买一份债券或者将钱存入储蓄账户时，这项投资的金融收益称为利率。例如，如果你在 2008 年购买了一份 1 年期债券，那么你每年将会得到大约 3% 的收益。这意味着，如果你在 2008 年 1 月购买 1 000 美元债券，那么在 2009 年 1 月你的债券将价值

1 030美元。

通常你可以看到，利率是以每年x%表示，这是一笔资金借入（或贷出）一整年能够得到的利息；对于更短或更长的时期，利息支付会相应地按比例调整。

资产的现值

大多数资产能在一定时期内产生一种租费流或收入流。例如，如果你拥有一幢公寓楼，你会在其使用年限内收取租费，就像果园的主人每年都会从树上采摘果实一样。

假设你对拥有并管理一幢楼感到厌倦，并已经决定出售它。为了给楼确定一个合理的价格，你需要决定该楼的全部的未来收入流的现在价值。这些收入流的价值称为该项资本资产的现值。

> **现值**是未来收入流的现在的货币价值。它是这样计算的：在当前的利率下，计算出现在需要投资多少货币才能产生该项资产的未来的收入流。

让我们从一个非常简单的例子开始。假设有人要卖给你一瓶酒，酒味要在一年后才能变得纯正，那时你可以按11美元的价格出售。假定市场利率是每年10%，这瓶酒的现值是多少呢？即现在你必须为这瓶酒付多少钱？你要付10美元，因为在今天市场利率为10%的情况下，投资10美元在一年后价值将为11美元。所以，下一年11美元的酒在今天的价值是10美元。

我们通过考察永久性资产的情况,给出现值的第一种计算方法。永久性资产是一种像土地一样的资产,可以一直存在下去,每年支付 N 美元,直到永远。我们现在要找出现值 V,如果年利率是 i,那么现值就是每年收益恰为 N 美元的现在的投资的货币量。计算公式很简单:

$$V = \frac{\$N}{i}$$

其中:V = 土地的现值(美元)

N = 永久性资产的年收入(美元/年)

i = 以小数表示的利率(比如,每年 0.05 或 $5/100$)

这就是说,如果利率永远是每年 5%,一个产生不变收入流的资产将以其年收入的 20($= 1 \div 5/100$)倍出售。在这种情况下,一个每年带来 100 美元收益的永久性资产的现值是多少?在 5% 的利率下,其现值为 2 000 美元($=$ 100 美元 $\div$ 0.05)。

这个计算永久性资产现值的公式也可以用来对股票进行估值。假定在未来无限期内,泉水公司可以为公司股东每股分配 1 美元的股利,股票的折现率为每年 5%。股票的价格就应该为每股 20 美元,即 P = 1 美元 /0.05 = 20 美元(这些数字已经过通货膨胀调整,所以分子为"实际股利",分母为"实际利率"或"实际折现率")。

在考察了永久性资产这一简单例子后,我们现在转入更一般的情形,研究未来收入随时间变化的资产的现值。关于现值的一个要点是:未来的支付没有现在的支付值钱,所以相对现在来说它们应当被折现,就像远处的目标看起来比近处的目标要小一样。从时间的角度来看,利率也造成了类似的收缩。

让我们举个有点怪异的例子。假设有人建议在100年后你要支付给你的继承人1亿美元,那么你今天要支付多少?根据现值的一般规则,要算出从现在起 t 年之后支付的 P 美元的现值,就得问问你自己,今天必须投资多少美元,在 t 年后才能生成 P 美元。假设利率为每年6%,据此计算每年的增长量,开始的 V 美元在 t 年后将生成 $V \times (1+0.06)^t$ 美元。于是,我们只需将这个表达式反过来找出现值:从现在起 t 年后支付的 P 美元的现值只有 $P/(1+0.06)^t$ 美元。用这个公式,我们算出100年后支付的1亿美元的现值是 294 723 美元。

在大多数情况下,资产的收入流量中包括好几项内容。在现值计量中,每1美元都要按时间排好,首先,对未来收入流量的每一部分根据支付日期进行必要的贴现,计算出其现值,然后将各个现值加在一起,总额就是该项资产的现值。

现值 V 的准确公式如下:

$$V = \frac{N_1}{1+i} + \frac{N_2}{(1+i)^2} + \cdots + \frac{N_t}{(1+i)^t} + \cdots$$

在这个等式中,i 是单期市场利率(假定为常数),N_1 是第1期的净收入(可为正数也可为负数),N_2 是第2期的净收入,N_t 是第 t 期的净收入,依此类推。支付流量(N_1, N_2, $\cdots$, N_t, $\cdots$)根据上面给出的公式计算出的现值就是 V。

例如,假设年利率为10%,我明年将得到1 100美元,3年后将得到2 662美元，这个流量的现值就是：

$$V = \frac{1100}{(1.10)^1} + \frac{2662}{(1.10)^3} = 3000$$

图15-1说明了一部机器的现值的计算。这部机器在20年内每年净租费固定为100美元，最后没有残值，它的现值不是2 000美元而是1 157美元。注意，由于时间因素，较晚年份的美元的币值是逐级递减或者说是被折现了的。折现后的全部面积（下面部分面积）代表了机器的总现值，即所有的未来收入流量的现时价值。

折现公式告诉我们，知道某项资产的未来收入之后，如何计算出该资产的现时价值。但是不要忘记，一项资产的未来收入通常取决于经营决策：一辆卡车我们用8年还是用9年？是一年还是一个月彻底检修一次？是用一辆便宜的不耐用的卡车，还是用一辆价格昂贵的耐用车？

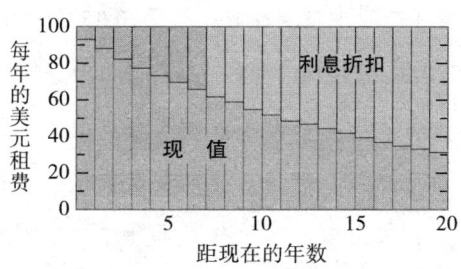

图15-1 一项资产的现值

图中下面的部分表示的是：在利率为每年6%时，一部20年中每年支付100美元净租费的机器的现值。上面灰色的部分被折扣掉了。解释为什么提高利率会使上面部分面积增大而资产的市场价格减少。

利率和资产价格

当利率上升时,许多资产的价格会下降。例如,如果联邦储备委员会突然采取了紧缩的货币政策,并提高了利率,你一般都会发现债券和股票的价格将会出现下降。我们可以用现值概念来说明其中原由。

我们先前的讨论表明:一项资产的现值取决于未来的收益流和利率。随着利率变化,现值进而资产的市场价值都会变化。举例如下:

- 有一张 1 年期债券,初始年利率为 5%。如果债券从现在开始每年收益 1 000 美元,那么它的现值为:1 000 美元/1.05=952.38 美元。现在假定年利率上升为 10%。那么债券的现值只有 1 000 美元/1.1=909.09 美元。资产的价格随着利率上升而下降。

- 考虑永久性资产的情况,它每年收益 100 美元。在年利率为 5% 时,永久性资产的现值为:100 美元/0.05=2 000 美元。现在,如果年利率上升为 10%,那么现值就会下降到 1 000 美元。

可见,资产的价格与利率呈反向变动,因为资产的现值是随着利率的上升而下降的。而且,长期资产价格的变化大于短期资产价格的变化。这是因为,大多数收益都产生于未来,因此利率变化对长期资产价格的影响更大。

资产价格对利率的依赖性是金融资产的一般属性。股票、债券、不动产和许多其他长期资产的价格,都是随着利率的上升而下降的。

有一条规则可以给所有的投资决策一个正确的答案：计算各种可能的决策所能带来的现值，然后依照使现值最大化的原则进行权衡。用这种方法，你将会有更多的财富，随便你以任何时间任何方式花费。

利率的神秘世界

书上通常只是说"该利率"，好像利率只有一个似的，但在实际中，现今复杂的金融体系中有着许许多多的利率。如果你翻看《华尔街日报》，你就会发现一页接一页的全都是金融利率。利率主要取决于贷款人或借款人的具体情况。我们不妨讨论一下它们的主要差别。

贷款的期限或到期日不同，即距离它们必须被清偿的时日的时间长度不同。贷款期限最短的只是一个晚上。短期证券的期限一般不超过1年。公司经常发行期限为10年到30年的债券和期限不超过30年的抵押贷款。长期证券的利率通常要高于短期证券，因为只有当借款者能够增加收益时才愿意放弃对其资金的快速存取。

贷款的风险也不同。一些贷款几乎没有风险，而其他的一些则极具风险性。当投资者投资于有风险的企业时，他们要求获得风险溢价。世界上最安全的资产就是美国政府债券。这些债券以政府的十足信用和征税能力为保证。风险中等的债券是有信誉的公司、州政府和居住地的借款。风险性投资，面临相当大的违约或无力支付的可能性，它包括那些濒临破产的公司、紧缩税基的城市，或者像阿根廷那样，背负大量外债且政局又不稳定的国家。

美国政府支付的是"无风险"利率，在过去的20年中，短期债券的利率从0变动到每年15%。风险较大的证券的利率可能高于无风险利率1%、2%甚至10%。这个溢价所体现的是由于可能存在违约损失而需要向借款者提供补偿的数额。

资产的流动性不同。如果一项资产在其价值只有很小减耗的情况下能够迅速转变为现金，则称该资产具有流动性。大多数有价证券（包括普通股票、公司债券和政府债券）都能够以接近它们当前价值的价格迅速地转变为现金。非流动性资产包括不存在完善市场条件下的独特的资产。例如，如果你在某个小城镇拥有一座别具一格的维多利亚大厦，你会发现很难迅速地或者很难以接近它的实际市场价值的价格将它卖掉。也就是说，你的房子是一项非流动性的资产。由于迅速实现资产价值的风险和困难比较大，非流动性的资产或贷款往往需要比流动性、无风险的资产或贷款支付更高的利率。

了解了资产的上述三大属性（此外还有税收情况、管理成本等其他因素等）之后，看到这么多不同的金融资产和利率我们也就不会觉得奇怪了。图15-2和表15-1显示的是过去50年中美国的一些重要利率的变动情况。在下面的讨论中，请注意当我们说到"利率"时，我们一般都是指的短期的政府债券的利率，如90天的国债利率。由图15-2可见，其他利率的上升和下降，绝大多数都与短期利率相一致。

利息是以美元支付，而不是以一般的房屋、汽车或产品支付。

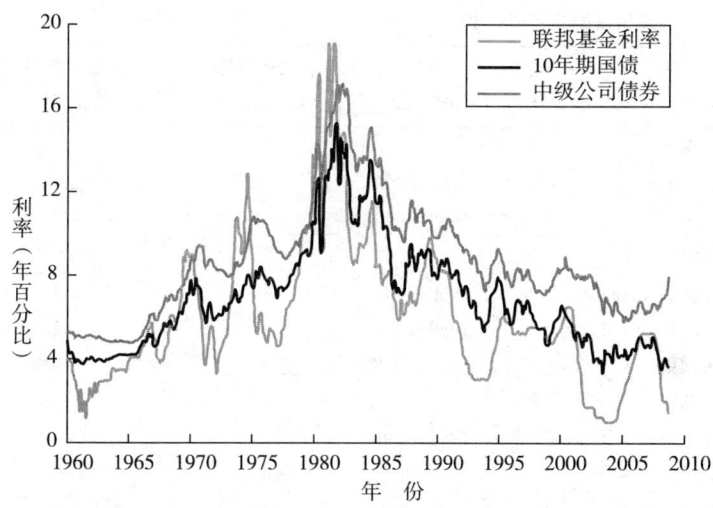

图 15-2 大多数利率同方向变动

该图表明了美国经济中主要利率的变动情况。联邦基金利率通常最低,它由联邦储备委员会在货币政策中设定。长期的、风险较高的利率通常高于安全的短期利率。

资料来源:Federal Reserve System, available at *www.federalreserve.gov/releases/*.

名义利率是以每1美元投资每年所得到的美元收入来衡量的。但是,美元有时会成为扭曲的标准。房屋、汽车和产品的价格通常会随时间变化而变化,而现今价格水平通常会由于通货膨胀而上升。也就是说,以美元支付的利率不能衡量借款者实际以产品和服务形式获得的收益。假定今天你以每年5%的利率借出100美元。一年后你将会得到105美元。但是,由于价格随时间变化,你拥有的105美元不能使你买到与年初你所能买到的同样数量的产品。

很明显,我们需要另一个概念来衡量以实际产品和服务表示的投资收益,而不是以美元来表示。这个概念就是实际利率,用

表 15-1 主要金融资产的利率

资产	时期	名义收益率（%/年）	实际收益率（%/年）
政府债券			
3个月	1960~2008	5.2	1.0
10年	1960~2008	6.9	2.7
公司债券			
安全的（Aaa）	1960~2008	7.7	3.4
有风险的（Baa）	1960~2008	8.7	4.4
公司股票	1960~2008	9.9	5.6
消费信贷			
抵押贷款（固定利率）	1971~2008	9.2	4.9
信用卡	1972~2008	16.4	11.8
汽车贷款	1972~2008	10.4	6.0

安全的政府债券的收益率最低。注意：消费者要为信用卡债务支付大量罚金（学生更要当心）。实际利率是名义利率减去通货膨胀之后的利率。Aaa 债券是最安全的公司债券，而 Baa 具有较大的破产风险。

资料来源：Federal Reserve Board, available at *www.federalreserve.gov/releases/*, and Department of Commerce.

于衡量我们放弃现在的商品能得到的未来的商品数量。实际利率是由名义或货币利率对通货膨胀率进行修正后得到的。

名义利率（有时也称为货币利率）是以货币形式衡量的货币的利率。阅读报纸时看到利率或者图 15-2 中的利率，都是名义利率。它给出了每美元投资的美元收益。

相反，**实际利率**则对通货膨胀进行了修正，其计算公式为：名义利率减去通货膨胀率。例如，假设名义利率是每年 8%，通货膨胀率是每年3%，则我们可以计算实际利率为：8% – 3% = 5%/年。

举一个简单的例子，假设你所生活的某个经济体中唯一的产品是面包；进一步假设面包第一期的价格为1美元1个，面包的通货膨胀率是每年3%。如果你以每年8%的利率借出100美元，一年后你会有108美元。然而，由于存在通货膨胀，下一年你只能购买105（而不是108）个面包。实际（或面包的）利率是8% – 3% = 5%。[1]

在通货膨胀时期，我们务必用实际利率而不是用名义利率或货币利率来计算投资收益，该投资收益以每年能够获得的产品的多少来表示。实际利率近似等于名义利率减去通货膨胀率。

世界上最安全的投资

美国国债通常被认为是一项无风险投资。它的缺点之一是支付美元固定利率。这意味着，如果通货膨胀上升，实际利率很容易变成负的。

1997年，美国政府引入通胀保值债券（TIPS）来解决这一问题。通胀保值债券将利息和本金与通货膨胀联系起来，可以在存续期内支付固定的实际利率。

---

1 实际利率的准确代数描述如下：令 π 为通货膨胀率，i 为名义利率，r 为实际利率。如果你今天投资1美元，1年后你会得到 $(1+i)$ 美元。然而，价格升高了，所以1年后你需要用 $(1+\pi)$ 美元购买今天用1美元就能买到的同样的产品数量。放弃今天购买1单位产品，你可以在未来购买 $(1+r)$ 单位产品，其中，$(1+r) = (1+i)/(1+\pi)$。当 i 和 π 很小时，$r = i - \pi$。

这种特殊债券运作如下：每年本金价值都会根据消费者价格指数（CPI）的增加进行调整。举一个具体的例子：在2000年1月，财政部发行了一个利率为4.25%、10年期的通胀保值债券。在2000年1月和2003年6月之间，消费者价格指数增加了12%。因此，在2000年购买的同一个1 000美元的债券在2003年6月价值1 120美元。如果财政部在2003年6月支付利息，利息将为1 120美元×4.25%，而不再是标准债券情况下的1 000美元×4.25%。不妨进一步假设2000~2010年年均通货膨胀率为3%。这意味着，债券的赎回本金价值为1 343.92美元[=1 000美元×$(1.3)^{10}$]，而常规的债券只有1 000美元。

只要人们预期下一年会有通货膨胀，通胀保值债券的利率就会小于标准国债的利率。例如，2008年4月，标准10年期国债的名义利率为3.6%，而10年期的通胀保值债券的实际利率为1.2%。这表明普通投资者预期10年的年均通货膨胀率为3.6% – 1.2% = 2.4%。

长期债券的名义利率和实际利率的差异如图15-3所示。上面的线表示名义利率，而下面的线表示所计算出的长期实际利率。另外，从2003年开始的点（的轨迹）表示通胀保值债券的实际利率。由图可知：1960~1980年名义利率的上升纯粹是幻觉，因为在这些年间，名义利率与通货膨胀率同时上升。而1980年后，实际利率急剧上升并且在随后10年中保持着较高水平。通胀保值债券的数据表明，在2007~2008年的次贷危机期间，实际利率曾急剧下降。

经济学家长期以来一直是物价指数债券的偏好者。领取退休金的人更可以购买这种债券，以保证他们的退休金不会因为通货膨胀而贬值。同理,为孩子教育着想的父母们也可以将部分储蓄以这种方式进行投资,因为这能与一般的价格水平保持同步的变化。甚至货币政策制定者也发现了物价指数债券的价值,因为常规债券和通胀保值债券的利息之间的差异表明了预期通货膨胀的变化。许多经济学家的莫大困惑在于:政府引进这项意义重大的创新为什么需要花费如此之长的时间?

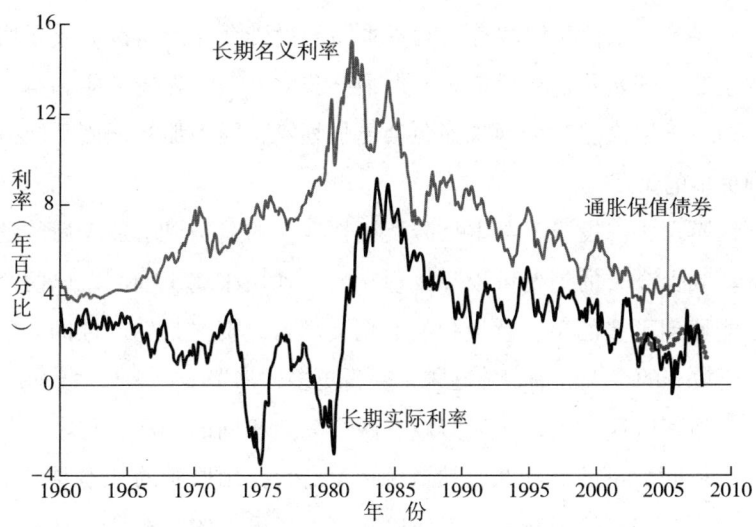

图 15-3 名义利率和实际利率

上面的线表示长期国债的名义利率。下面的线表示计算出的实际利率,它等于名义利率减去前一年已实现的通货膨胀率。可以看出,1980 年以前,实际利率呈下降趋势,而 1980 年以后,实际利率急剧上升。从 2003 年开始的点线表示长期通货膨胀指数证券的实际利率。

资料来源:Federal Reserve Board, Department of Labor.

资本、利润和利息理论

以上我们已经界定了基本概念,下面我们讨论关于资本和利息的理论,解释资本的供给和需求是如何决定收益的,诸如实际利率和利润等。

资本的基本理论

在第 2 章,我们注意到对资本品的投资会导致间接的或迂回的生产。开始我们用手抓鱼,但最终我们发现,先造渔船和编织渔网、再用渔船和渔网来捕鱼会更加划算,因为那样比用手能捕到更多的鱼。

换言之,投资于资本品涉及牺牲现在的消费以增加今后的消费。减少今天的消费可以释放现在的劳动用来编织渔网,以便今后能捕到更多的鱼。就最一般的意义而言,资本是生产性的,因为所放弃的今天的消费能在未来获得更多的消费。

为理解这一点,我们假设有两个完全相同的小岛,每个岛都拥有相同数量的劳动和自然资源。A 岛直接用原始的基本要素生产食物和衣着等消费品,不使用任何生产出来的资本品。而 B 岛就比较节省,它牺牲了现在的消费,用节省下来的资源和劳动生产了一些资本品,如犁、锹和织布机。在这样暂时牺牲了现在的消费之后,B 岛就有了大量的资本品。

图 15-4 说明了 B 岛的经济如何走在 A 岛的前面。计算每个岛

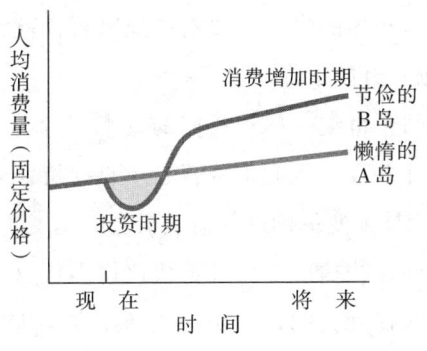

图15-4 今天的投资产生未来的消费

两个岛屿最初劳动和自然资源的禀赋相同。A岛比较懒惰，不进行任何投资，其人均消费增长缓慢。节俭的B岛在开始的一段时期放弃了一些消费进行投资，而在未来享有了更多的消费。

在维持现有资本存量的条件下享有的消费量。B岛由于节省并使用了迂回的资本密集型的生产方式，享有的未来消费量就要比A岛多。B岛由于其初始牺牲的100单位现时消费，而可以获得多于100单位的未来消费。

> 通过牺牲现在消费并生产资本品，社会可以提高其未来的消费量。

当一个国家越来越多地牺牲其消费以积累资本，生产变得越来越迂回或间接时，会发生什么样的情况呢？我们发现：收益递减规律将会起作用。以计算机为例，最初的计算机很昂贵，使用强度很高。40年前，科学家们都曾致力于提高计算机主板的耐用程度，当时那些大型主机的功能还比不上现在的个人电脑。到2009年，全美国计算机的计算和存储能力比那时增长了百万倍以上。因此，由于计算机投资相对快于劳动、土地和其他投资的增长，计算机功能的边际产品（存储器的最后一次运算或最后一个字节的价值）

大幅下降。推而广之，随着资本积累的增加，收益的递减规律就会开始起作用，投资的收益率就会开始下降。

令人惊讶的是，在过去的两个世纪，尽管我们的资本存量增长了许多倍，但资本的收益率却并没有大幅下降，它一直保持在较高的水平。这是因为，创新和技术变革创造新盈利机会的速度，与旧有投资抹杀新机会的速度同样快捷。尽管计算机比许多年以前功能强大了成千上万倍，但它在社会的每个角落的新用途（从医疗诊断到电子商务）都使得继续对计算机投资仍然有利可图。

欧文·费雪：锐意改革的经济学家

欧文·费雪（Irving Fisher，1867~1947年）是一位多才多艺的天才和改革者。他的开创性的经济学研究，既包括关于效用基础理论的研究，又包括对商业周期、物价指数和货币改革方面的资本理论和现实问题的探讨。

他的基本贡献之一，是在《资本和收入的性质》(1906)和《利息理论》(1907)中提出了关于资本和利息的一套完整的理论。费雪描述了利率和其他不可量化的经济要素之间的相互作用。然而，费雪说明了决定利率的两个支点：表现为"时间贴现"的尽早消费偏好和表现为"边际成本收益率"的投资机会。费雪还首先揭示了利息、资本和经济之间的内在关系，他在《利息理论》的综述中这样写道：

> 事实上，利率不仅只是用在商业合同上，它还渗透在所有的经济关系中。它是将人们与未来联系起来的纽带，是人们作

出长远决策的依据。利息通常会影响证券、土地和资本品的价格，也会影响租金、工资和所有的"相对"价格。利息还对财富的分配有着深远的影响。简言之，所有关于交换和分配的合约的公平性都有赖于利率作精确的调整。

费雪的研究一直致力于实证应用。他的追求经由计量经济学学会而得以实现。该学会是在他的倡导下创建的，旨在促进"经济理论与统计学和数学进一步密切结合，理论数量方法和实证数量方法进一步结合"。

除了纯经济学方面的研究，费雪在日常生活中也是一个改革者。他曾游说国会用"补偿美元"取代金本位制。他曾因自己感染了肺结核而成了一名健康促进人士，并竟然成了"个人卫生15条准则"的热情倡导者。其中包括许多硬性规定和特殊要求，例如，必须咀嚼100下之后方可吞咽。据传闻，由于既没有酒而又要求客人细嚼慢咽，结果是，费雪家的宴会在纽黑文市是很难活跃气氛的。

1929年，费雪作出了他最著名的一次预测，他认为股票市场已经进了"繁荣后的持久平稳期"。他按照自己的预测来运作自己的资金，结果在大萧条期间他损失了自己大量的财产。

尽管费雪的金融才干颇受质疑，但他的经济学遗产却为后人发扬光大，使他成了美国有史以来公认的最伟大的经济学家之一。

我们可以用古典的资本理论来理解利率是如何决定的。家庭通过在一定时期内抑制消费和积累储蓄为投资供给资金。同时，企业需要资本品与劳动、土地和其他投入要素相配合。从根本上说，企业的资本需求是受其生产商品从而获得利润的欲望驱使的。

我们也可以看看欧文·费雪在一个世纪以前所做的解释：

> 资本的数量和收益率由以下两个相互作用的因素来决定：（1）人们没有耐心为了等待将来的消费（也许是因为退休，或俗语所说的未雨绸缪之类）而去节约和积累更多的资本品，而是很容易趋向于即时消费；（2）给所积累的资本带来或高或低收益的各种投资机会。

为理解利率和资本收益，我们现在考虑完全竞争的、没有风险和通货膨胀的、理想的封闭经济。为决定是否投资，追求利润最大化的企业总会将其资金的成本与资本收益率进行比较。如果收益率高于企业能借到的资金的市场利率，它就会从事这项投资；如果利率高于投资的收益率，企业就不会投资。

这种过程会持续到什么时候呢？企业逐渐会就所有收益率高于市场利率的机会进行投资。在现有的利率水平上，当企业意愿投资的量等于此利率可以引致的储蓄的量的时候，就会达到均衡状态。

> 在没有风险和通货膨胀的竞争经济中，资本的市场收益率会等于市场利率。市场利率起到两个作用：它将稀缺的资本品分配到具有最高收益率的用途中去；它还引导人们牺牲当前消费以提高资本存量。

我们可以分析一个简单的例子来说明资本理论。在该例中，所有的实物资本品都相同。此外，我们还假设经济处于一个没有人口增长或技术变革的稳定状态中。

如图15-5所示，DD是资本存量需求曲线；它表示资本的需求数量与收益率之间的关系。请回忆第12章介绍过的内容，像资本这样的要素需求是一种派生需求——需求来自于资本的边际产品，即追加资本所能带来的那种新增产出。

投资的收益递减规律可由图15-5中资本需求曲线向右下倾斜来体现。当资本非常稀缺时，最有利可图的项目的收益率很高。逐渐地，人们就会积累资本以便从所有这些高收益项目中获利，在总劳动和土地固定的情况下，收益逐渐递减。于是人们开始不得不投资于收益较低的项目，在图中这种行为表现为沿着需求曲线逐渐下滑。

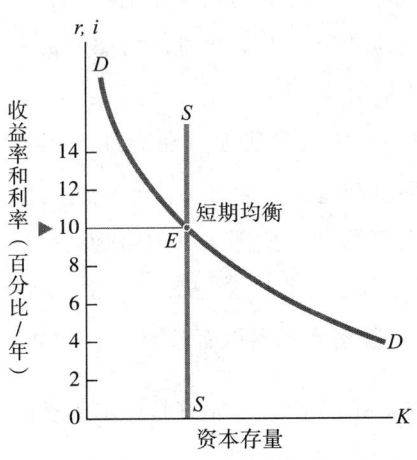

图15-5 利息和收益的短期决定

短期内经济从过去继承了一定的资本存量，图中表示为垂直的SS资本供给曲线。短期供给曲线与资本需求曲线的交点决定了短期资本收益及短期实际利率，每年10%。

短期均衡 我们现在可以看出供给和需求如何相互作用。在图15-5中,过去的投资产生了一个既定的资本存量,在图中为垂直的短期供给曲线 SS。企业对资本品的需求,如图中向右下倾斜的需求曲线 DD 所示。

在供给和需求的交点 E 上,资本正好全部分配给有需求的企业。在这种短期均衡下,企业愿意按年利率10%借款以购置资本品。在该点,资金贷出人也正好满足于按照10%的年利率来供应资金。

这样,在我们这个简单、无风险的世界里,资本的收益率正好等于市场利率。任何较高的利率都会使企业不愿借钱进行投资;任何较低的利率会使企业抢购过于短缺的资本;只有在10%的均衡利率下,供给和需求才是均衡的(这正好是实际利率,因为这里没有通货膨胀)。

但是在 E 点达到的均衡只在短期内是持续的,在这个高利率上,人们愿意积累更多财富,即继续储蓄和投资。这意味着资本存量会增加。但由于边际收益递减规律,收益率和利率会下降。当资本增加而其他投入(如劳动、土地和技术)不变时,增加的资本品存量的收益率就会降低。

这一过程见图15-6。注意资本的形成是从 E 点开始的。所以,由于每一年都有净投资,资本存量都比上一年多一点。随着时间推移,人们逐渐沿着 DD 曲线向下移动,如图15-6中箭头所示。图中可见到一系列非常细的短期资本供给曲线 S,S',S'',S''' ……这些曲线表示短期资本的供给如何随资本的累积而增加。

长期均衡 均衡逐渐出现在图15-6中的 E' 点,正好是资本的长期

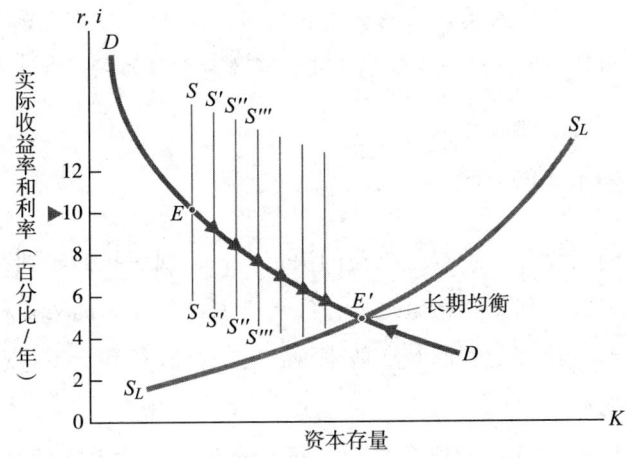

图 15-6 资本供求的长期均衡

在长期中社会积聚了资本,所以供给曲线不再是垂直的了。如图所示,财富和资本的供给对于更高的利率作出反应。在初始的短期均衡点 E,存在净投资,所以经济按图中箭头方向沿需求曲线 DD 移动。在 E' 点,净储蓄为零,达到了长期均衡。

供给曲线(图中为 $S_L S_L$)与资本需求曲线的交点。当实际利率降到企业拥有的意愿存量与人们所愿提供的财富数量相当时,就达到了长期均衡。在长期均衡点上,净储蓄停止了,净资本积累为零,资本存量不再增加。

随着所有投资机会被用完,投资是否会逐渐降为零?一些经济学家(如约瑟夫·熊彼特)将投资过程比作拉小提琴:在技术不变的情况下,随着资本积累降低资本收益,琴弦会逐渐停止下来。但是在经济达到稳定之前,一个外部事件或发明拉动了琴弦,会使投资再次运作起来。

当人们愿意持有的资产价值与企业生产所需的资本量恰好相等时，在这一实际利率上，资本存量就达到了长期均衡。

利润作为资本的收益

我们已经分析了资本收益的决定因素，现在我们转到利润分析。除工资、利息和租金之外，经济学家经常提到的第四种收入称为利润。什么是利润？一般来说，它们与利息和资本收益有什么不同呢？

在提出经济学的概念之前，我们先介绍会计中的计量方法。会计将利润定义为总收入和总成本之间的差额。要计算利润，先计算总销售收入，然后减去所有费用（工资、薪金、租金、材料、利息、消费税和其他支出），剩余的部分就称为利润。

然而，在分析利润时，区分会计利润和经济利润很重要。会计利润（也称为营业收入）是会计在财务报表中计算的剩余收入。经济利润是减去所有成本之后的收入，包括货币成本和隐含或机会成本。这些利润概念之所以不同，是因为会计利润忽略了一些隐含收益。企业所拥有的要素的机会成本称为隐含收益。

例如，大多数企业都只拥有其资本的大部分，因为公司的全部资本所应有的机会成本或隐含收益并不能在会计账面上得到反映。因此，会计利润包括企业所拥有的全部资本的隐含收益。大公司的经济利润等于营业利润减去企业拥有的资本的隐含收益和其他没有完全由市场价格补偿的成本。经济利润一般小于营业利润。

在市场经济中是什么因素决定公司的利润率？利润实际上是各种不同收益的组合，包括所有者的资本隐含收益、承担风险的回报和创新利润。

作为隐含收益的利润 大多数所申报的企业利润，基本上是企业所有者所提供的资本和劳动等生产要素的报酬。例如，有些利润是企业所有者提供的个人工作的收入——如在小型事务所工作的医生或律师。另一部分是企业所拥有的土地的租金收入。在大公司里，大多数利润都是投入的资本的机会成本。

这样，在平常我们称为利润的东西中，有一些实质上不过是"隐含租费"、"隐含租金"和"隐含工资"，它们是企业自有要素的收益。

作为承担风险回报的利润 利润也包括对承担投资风险的回报。大多数企业都要承担违约风险，这种风险在某项贷款或投资不能得到执行时发生，比如因为借款人破产。此外，还有许多可投保风险，如火灾和飓风。这些可以通过购买保险来加以解决。另一种风险是投资的不可投保风险或系统风险。一个公司可能对商业周期高度敏感，这意味着它的收入会随着总产出的波动而起伏。所有这些风险必须要么通过购买保险来预防，要么在利润中获得风险溢价。

作为创新报酬的利润 第三种利润是创新和发明的收益。不断增长的经济会不断创造出新的产品和服务——从19世纪的电话到20世纪初的汽车，再到现代的计算机软件。这些新产品是研究、开发和市场营销的产物，我们称那些将新产品、新工艺带入市场的

人为创新者或企业家。

所谓的"创新者"是指什么？创新者是那些有远见、有创意、敢于引进新思想的人。亚历山大·格雷厄姆·贝尔（电话）、杰克·凯尔比（集成电路）和凯瑞·穆里斯（聚合酶链反应）等，这些伟大发明家的发明给我们的经济带来了巨大的变革。

每一项成功的创新都造成了暂时性的垄断。我们可将创新利润（有时称为熊彼特利润）视为创新者或企业家的暂时性超额收入。这些利润是暂时性的，很快就会由于竞争者和模仿者的出现

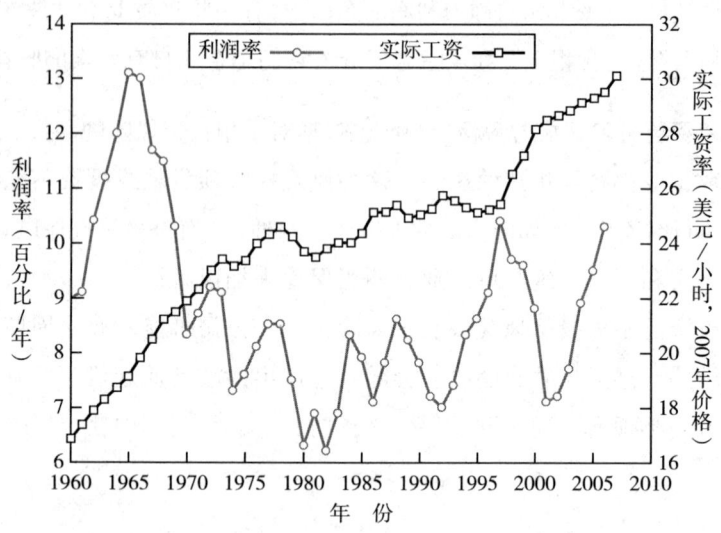

图 15-7 美国的工资和利润率的发展趋势
劳动和资本的收益近年来是如何变化的？平均实际工资一直在增长。美国企业资本的税前利润率在 20 世纪 60 年代中期达到顶峰之后，就开始急剧下滑，在接下来的 30 年基本保持在平均每年 8% 左右。

资料来源：U.S. Departments of Commerce and Labor.

而消失。而在一种创新利润的源泉消失之时,另一种创新又将诞生。只要经济不断创新,创新利润总是会存在。

公司利润是国民收入中一个最不稳定的组成部分。因此,获得公司利润的权利(由公司股票或股权来表示)就需要一个可观的风险溢价才能吸引规避风险的投资者。这一用以抵补投资风险的股权的额外回报,称为股权溢价。经验研究表明,在20世纪,平均每年的股权溢价大约在5%左右(参见表15-1)。

> 利润是一种剩余收入,等于总收入减去总成本。利润包括隐含收益(如所有者的资本的收益)、承担风险的回报和创新利润。

最后,我们看一看在过去的40年中,美国的劳动和资本的收益的实际变动趋势,如图15-7所示。实际工资(指根据消费者价格指数变化进行调整后的平均每小时收入)一直在上涨。资本的税前利润率在20世纪60年代中期达到顶峰,之后就一直在下降,在过去的30年资本的税前利润率保持在每年平均8%左右。

第四编

应用微观经济学

第十六章 政府税收和支出

一个民族的精神风貌、文化水平、社会结构以及政策可能塑造的行为方式，所有这些甚至更多，都记录在它的财政史上。那些明白怎样读懂这个历史所蕴涵的信息的人们，比从其他任何地方都能更清醒地预感到震撼世界的惊雷。

——约瑟夫·熊彼特

当我们留意一个市场经济——它能够提供苹果、船只、X光透视机乃至齐特拉琴（一种古代乐器）等应有尽有的东西——时，一个很容易闪现的想法便是：除了熟练的劳工和大量的资本之外，市场的运作似乎不再需要动用更多的东西。然而历史已经证明，市场绝不可能独自有效地运行。至少，一个有效的市场一定需要各种能够确保人身安全的安保部门，保证合同执行的独立司法体系，防止垄断泛滥和污染成灾的监管机制，培育年轻一代的各类学校，杜绝传染病的公共卫生保健系统，等等。要在私人行为和政府活动之间隔出一条精确的界线是非常困难的，事实上这一直是个争论不休的难题。即使到了今天，人们也还是在喋喋不休地争论着政府在教育、医疗保健和收入支持等领域究竟应当起什么作用的问题。

作为经济学家，我们试图超脱党派纷争来分析政府的职能——政府在混合经济中的比较优势。本章考察发达工业化经济中政府的作用。市场经济中合适的经济政策目标是什么，用什么工具可以实现这些目标？一个有效率的税收体系应遵循哪些原则？把握这些问题的症结是制定有效的公共政策的关键之所在。

政府对经济的控制

关于政府作用的争论往往发端于民众的请愿，诸如"不要新税"或"平衡预算"之类。然而这些过于简单化的词语并没能抓住政府经济政策的要害。比如说公众希望将更多的资源用在改善公众健康上；或者，更多的资源应该用于年轻人的教育；或者，在一个严重萧条时期，应该减少失业。市场不能自动解决这些问题，只有当政府改变其税收、支出或管制政策时，这些目标才可能实现。通过对财政政策的考察，我们可以听到世界历史的惊雷，因为税收政策和预算政策是社会变革的有力工具。

政府的政策工具

在现代工业经济中，经济生活中已经没有不受政府所影响的领域，我们可以列出政府用来影响私人经济活动的三种主要的工具。它们是：

1. 对收入、商品和服务的税收。这些税收减少了私人收入,从而减少了私人支出(如购买汽车或去餐厅吃饭),同时为公共支出(如购买导弹和提供校园午餐)提供了来源。税收制度还对某些经济活动(如吸烟)征收重税以对其进行抑制,同时对那些需要扶持发展的活动(如卫生保健)征收较轻的税收,甚至进行补贴。
2. 在某些商品或服务(如道路、教育或治安)领域中的支出,以及为个人提供资源的转移支付(像社会保障和食品券)。
3. 管制或控制措施,用以指导人们从事或减少某些经济活动。比如,对企业污染的限制,确定射频频谱标准,或是强制检验新药安全性等措施。

一个多世纪以来,所有经济体的国民收入和产出都一直在提高。同时,大多数国家的政府支出上升得更快。在每一紧急时期(萧条、战争或事关贫困和污染等严重的社会问题时),政府的活动范围都会扩张,但危机过后,政府的控制和支出却再也没有回到原来的水平上。

一战前,联邦政府、州政府和地方政府的支出或税收加起来,只占美国全部国民收入的 1/10 强;二战期间,战争使得政府消费有了很大增长,约占极度扩张的总产出的 1/2;截至 2007 年,美国各级政府的支出约占 GDP 的 33%。

由图 16-1 可见美国各级政府的税收和支出的发展趋势。上升的曲线表明,在最近几十年里,政府的税收和支出在 GDP 中所占的份额是稳步上升的。

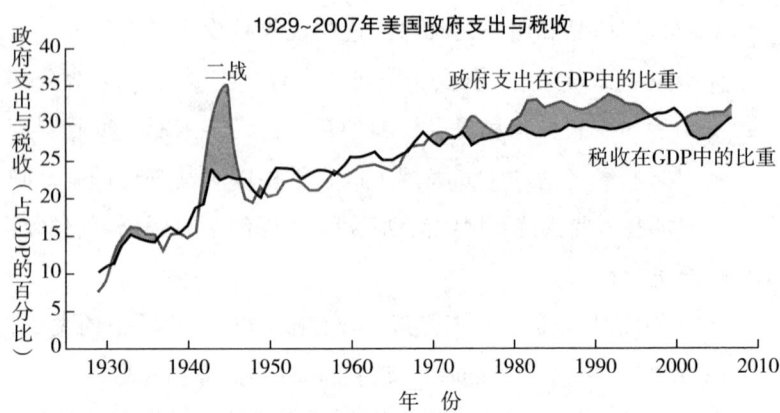

图 16-1 政府支出在国内生产总值中所占份额大幅度上升
政府支出包括联邦、州和地方各级政府在商品与服务上的支出和转移支付的支出。注意，支出在战争期间迅速增加，但过后却并没有回到战前水平。支出与税收之间的差额是政府的赤字或盈余。

资料来源：U. S. Department of Commerce.

政府的扩张并非没有遭到反对。事实上，每一项新的支出和税收计划都遭到了严厉的反对。例如，在1935年刚刚开始实行社会保障时，反对的人们指责它是不祥之兆。但随着时间的流逝，人们的政治态度转变了。今天，无论是哪一派别的政客，都已经视社会保障体系为代际"社会契约"的一个基本组成部分了。曾经的"激进教条"也成了广为接受的"福音书"。

图16-2显示的是各国政府支出占GDP的百分比。高收入国家的税收和支出占GDP的份额比贫困国家要大。我们能否找出一个富国的支出模式？在高收入国家内部，没有一个联系税收负担与公民福利水平的简单规律，各国的财政状况呈现出一种多样性。

第十六章 政府税收和支出

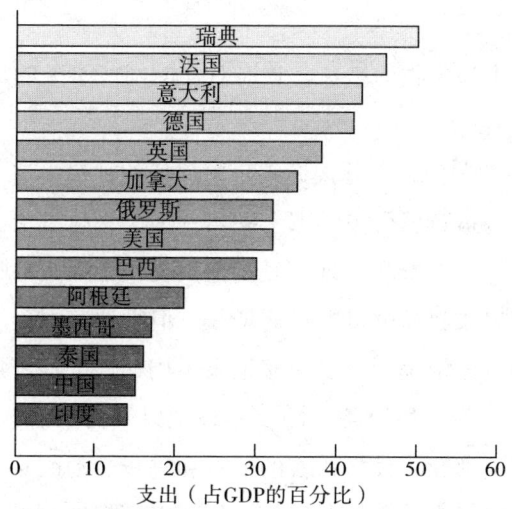

图 16-2 高收入国家的政府支出最高

贫困国家政府的税收和支出在国民收入中所占的比例相对较小。随着财富的增加，对公共品的需求增加，援助低收入家庭的再分配性的税收也增加了。

资料来源：United Nations for period 2000-2002, at *unpan1.un.org/ilradoc/groups/public/documents/un/unpan014052.pdf*.

例如，各国为教育和医疗保健计划（政府支出最大的两个组成部分）筹资所采取的组织方式就非常不同。

图 16-1 和图 16-2 所示为美国和其他有关国家的政府支出。这些支出包括"商品和服务采购"（如导弹和教育）和"转移支付"（如社会保险支出和政府公债利息）。政府对商品和服务的采购可以说是"耗费性"的，因为它直接从国民产品中扣除。而转移支付却既能增加人们的收入，使人们购买所需的商品和服务，又不会直接减少可供私人消费和投资的商品和服务的数量。

除了支出和税收的增长，政府对支配经济事务的法律和管制也大大加强了。

19世纪的美国，十分接近于自由放任的社会。这一纯粹的自由放任制度曾被英国历史学家卡莱尔称为"无政府主义加警察"。这种哲学为人们追求和实现其经济抱负提供了极大的自由，推动了一个世纪以来物质财富的迅速增长。但批评家看到了这种自由放任理想的许多缺陷。历史学家记录了周期性的经济危机、极端的贫困和不平等、根深蒂固的种族歧视以及污染所造成的水源、土地和空气的恶化。仗义执言的记者和进步运动的斗士疾呼要给资本主义的野马套上缰绳，以便人们可以更好地牵引它沿着人性的方向前进。

从19世纪90年代开始，美国逐渐偏离了"管制最少的政府是统治最好的政府"的教条。西奥多·罗斯福、伍德罗·威尔逊、富兰克林·罗斯福以及林登·约翰逊等几位总统，都扩大了联邦政府对经济的控制，尽管他们面对着强烈的反对。他们曾设计过许多新的管制手段和财政工具，与当时的经济病魔进行斗争。

宪法赋予政府的权限被做了宽泛的解释，以便用来"保证公共利益"和"督查"经济体系。1887年，美国政府设立了联邦州际商业委员会（ICC），以管理跨州的铁路运输。接着又制定和颁布了《谢尔曼反托拉斯法》和其他法律，以打击限制贸易的垄断行径。

在20世纪30年代，美国许多行业都处于经济管制之下，价格、市场进出条件、安全标准等都由政府确定。从那时起，受管制的产业包括航空、公路货运、水运、电力、汽油、公用电话事业、金融市场、石油、天然气和管道运输。

除了管理价格和企业标准外,国家还试图通过越来越严格的社会管制保护公民的健康和安全。20世纪初,继仗义执言的记者对一些问题揭露之后,有关食品卫生和药品的法案得以通过。在20世纪60~70年代,国会又通过了一系列法律,包括加强矿山安全和劳工安全;控制空气和水的污染;制定汽车和消费品的安全标准;控制矿山开采、核动力发展及有毒废物的排放。

近30年来,政府的管制有所放松。经济学家们已经令人信服地说明,许多经济管制限制了竞争,使得价格上升而不是下降。在社会管制领域,经济学家们开始强调:管制的边际收益必须大于边际成本。今天,"应得权益计划"(已覆盖所有达到了严格界定标准的人),如养老金和卫生保健,成了绝大多数高收入国家政府主要的支出项目。

但是,仍然不可能回到自由放任的时代。政府的管制改变了资本主义的性质,私有财产越来越不能完全地由私人控制;自由企业的自由逐渐减少。历史的发展是不可逆转的。

政府的职能

接下来我们将看到政府是如何指导经济并与之发生相互作用的。在一个现代混合经济中,什么是政府行动的合适的经济目标?让我们考察一下政府的四个主要职能。

1. 提高经济效率；
2. 减少经济不公平；
3. 通过宏观经济政策稳定经济；
4. 执行国际经济政策。

政府的核心经济目标是帮助社会按其意愿配置资源。这是政府政策的微观经济方面，它集中于经济生活中的生产什么和如何生产这两个问题。各国微观经济政策由于风俗习惯和政治哲学的差异而各不相同。有些国家强调一种政府放手、自由放任的方式，让市场作出大多数的决策；另外一些国家倾向于广泛的政府管制，甚至控制所有权，生产决策要由政府计划者作出。

美国基本上是市场经济，在任何微观经济问题上，大多数人认为市场会解决现时的经济问题。但有时，政府也有充足理由凌驾于市场供求之上而作出配置决策。

"看不见的手"的局限　前面的章节讨论了完全竞争下"看不见的手"如何带来资源的有效配置的问题。而这种看不见的手的作用只有在非常有限的条件下才能成立。所有商品必须是由完全竞争的厂商有效率地生产出来。所有的商品必须是像面包那样的私人商品，并可以被分为许多独立的部分供不同的个人消费。这里也没有像空气污染这样的外部性问题。消费者和厂商必须对于他们买卖的商品的价格和特征有充分的信息。

如果所有这些理想的条件都能满足，"看不见的手"就能带来完全有效率的国民产出的生产和分配，于是也就没有必要让政府介入来推进经济效率。

但即使在这种理想情况下,如果要在人们和地区之间进行劳动分工,且价格机制要能够运转,依然需要政府发挥其重要作用。社会经济的运转也需要有法庭和警察来保证社会契约的履行,防止欺诈和暴力行为,保障财产不被盗窃和外来侵犯,并保护财产的合法权益。

不能避免的相互依赖　　如果上面列出的理想社会化条件确实存在,政府干预程度最小的自由放任制度可能就是一个好的制度。但事实上,在所有人类社会中,上述每一条件都受到不同程度的破坏。不受管制的工厂经常要污染空气、水和土地;传染病爆发后,私人市场往往没有积极性去实行有效的公共健康计划;消费者有时对自己购买的商品的性能和质量并没有多少了解。市场并不是理想的,它存在市场失灵。

换句话说,政府经常运用自己的工具来矫正那些显著的市场失灵,其中最重要的是:

- *完全竞争的破坏。*当垄断或寡头厂商合谋操纵价格或将其他厂商驱逐出市场时,政府可以采取反托拉斯政策或进行管制。
- *外部性和公共品。*不受管制的市场可能产生过多的空气污染,并使公众健康或基础科学方面的投资不足。政府可以运用其影响控制有害的外部性,或者资助建立一些科学及公共健康项目;政府可以对那些产生外部成本的活动(如吸烟)征税,还可以为那些对社会有益的活动(如教育或产前保健)提供补助。

- 不完全信息。不受管制的市场为消费者提供的信息往往太少，使消费者不能基于完善的信息来进行决策。以前，有的小贩沿街叫卖蛇油药。这种药有可能治好病，但同时也有可能致人死亡。于是有了对食品和药品的管制，要求制药公司在销售新药之前提供有关其安全性和有效性的大量数据。而且，政府还要求厂商提供有关电冰箱和热水器等主要家用电器的节能效率的信息。此外，政府还可以通过公共支出，自己收集和向市场提供这方面所需要的信息，就像它收集交通事故和汽车安全数据的情况一样。

显然，政府要处理的有关分配的问题是很多的。

即使"看不见的手"能够发挥作用并且效率极高，它也会带来收入分配的不公平问题。在自由放任经济下，人们最后是富有还是贫穷，取决于他们的出生地，他们所继承的财富，他们的才智和努力程度，他们发现石油的运气，以及他们的性别或肤色。对有些人来说，无管制竞争所带来的收入的分配，就像丛林中的动物依靠暴力来捕获食物的达尔文式分配一样，充满着随意性。

在最贫困的社会中，境况稍好的人没有什么多余的收入可以提供给那些不幸的人。但是，当社会变得更加富裕时，就能有更多的资源为所有成员提供基本的必需品和社会保险。这种活动是"福利国家"的角色，在这些国家，政府保障全体公民的最低生活水平，这些在下一章中有详细的讨论。北美和西欧的福利国家现在拿出国民收入的很大一部分用于维持医疗保健、营养和收入的

第十六章 政府税收和支出

最低标准。

收入的再分配一般是通过税收和支出政策来进行的，有时管制也起到一定的作用。大多数发达国家现在规定：儿童不应因其父母的经济状况而忍受饥饿；穷人不应因没有足够的钱支付必要的医疗费用而死去；年轻人应该免费接受公共教育；老年人应有最低水平以上的收入安度余生。在美国，这些规定主要是通过转移支付计划去落实的，如食品券、医疗保健和社会保险。

但政府对于再分配的态度也是有变化的。随着税收负担加重，政府预算赤字增加，以及收入支持计划成本的上升，纳税人越来越强烈地抵制再分配计划和累进税。

早期的资本主义经常发生金融恐慌、通货膨胀和萧条。现在，政府有义务正确地运用货币政策和财政政策，并严格管制金融体系，以制止这种灾难性的经济萧条。此外，政府还努力熨平经济的周期性波动，以防经济衰退时出现大规模的失业；经济扩张时出现严重的通货膨胀。最近，政府开始努力寻求能够促进长期经济增长的经济政策。这些问题将在宏观经济学有关章节中详加讨论。

正如我们将在第 18 章"国际贸易"中所要讨论的，近年来，美国与全球经济的联系越来越密切。政府现在在国际舞台上代表的是国家的利益，与其他国家就广泛的问题进行谈判，签署对美国有利的协定。我们可以将国际经济政策主要分为如下四个方面。

- 减少贸易壁垒。国际经济政策的一个重要方面是协调有关法规，减少贸易壁垒，以提高劳动分工和国际生产专业化的水平。近年来，各国经过谈判，达成了一系列贸易协定，降低了农产品、工业制造品和服务的关税，减少了贸易壁垒。

  这些协定通常是充满争议的。它们有时会损害某些群体的利益，如取消纺织品关税会减少该产业的就业。此外，国际协定有时会要求各国放弃一些主权，以作为增加收入的代价。假设一国法律保护专利和版权等知识产权，而另一国的法律允许书籍、录像带和软件自由复制，哪一国的法律会在竞争中占优势呢？

- 执行援助计划。富国有很多旨在帮助穷国改善其境况的计划，这些计划包括直接对外援助、灾难救济和技术援助、建立类似世界银行这样的机构向贫穷国家提供低息贷款，以及对穷国出口给予优惠政策等。

- 协调宏观经济政策。各国都已发现，其他国家的财政政策和货币政策会影响本国的通货膨胀、失业和金融形势。国际货币体系不可能依靠自身来运转，稳定运行的汇率体系是有效率的国际贸易体系的先决条件之一。2008年美国次贷危机爆发后，迅速蔓延到欧洲，威胁到欧洲的几家大银行。在危机中，各国中央银行应当携手合作，以确保某一国的某一家银行的倒闭，甚至仅仅是担心其倒闭的恐慌情绪，不会像野火那样蔓延到整个的国际金融体系。特别是在那些联系紧密的地区，如西欧，各国都努力协调其财政、货币和汇率政策，甚至采用统一货币。这样，一国的通货膨胀、失业或金融危机就不再外溢，从而避免损害整个地区。
- 保护全球环境。近年来，绝大多数国际经济政策都在某个方面强调：在那些由某些国家引起外溢效应而另一些国家深受其影响的领域，展开国家间合作，以保护全球环境。历史上，在这方面最为积极的领域是渔场与河流水质的保护。当南极臭氧层空洞威胁到公众健康时，各国曾达成协议，共同限制破坏臭氧层物质的排放。世界各国还在酝酿其他的协议，以应对森林退化、全球变暖和物种灭绝等问题，各国家已经开始研究保护全球资源的方案。很显然，全球的环境问题只能通过许多国家的合作才能解决。

即使是最坚定的保守主义者也同意，在国际间的无政府状态下，各国政府在代表国家利益方面发挥着重要的作用。

公共选择理论

我们将绝大部分的讨论集中在规范性的政府理论上，即政府为提高人民的福利应该采取哪些适当的政策。但是经济学家对于政府行为的明察秋毫的能力，并不比他们对于市场的理解能力更强。政府往往也会作出错误的决定，或将很好的计划执行得非常糟糕。正如存在垄断和污染等问题时会出现市场失灵一样，政府的干预导致浪费和收入分配的不公平这类政府失灵也同样存在。

这些问题属于**公共选择理论**范畴。这种理论是一种研究政府决策方式的经济学和政治学。公共选择理论考察不同选举机制的运作方式，指出没有一种理想的机制能够将所有的个人偏好综合为一种社会选择；研究当国家干预不能提高经济效率或收入再分配存在不公平时所产生的政府失灵；还研究国会议员的短视，严格预算约束的缺乏，以及为竞选提供资金所导致的政府失灵等问题。有关政府失灵的深入研究，对于我们理解政府的局限性和确保政府计划适度或不造成浪费十分关键。

研究政治的经济学

经济学家将他们的大部分精力用于理解市场的运作上，但严肃的思想家们也对政府在社会中的作用进行了思考。约瑟夫·熊彼特在《资本主义、社会主义和民主》（1942年）一书中开创了公共选择理论。诺贝尔经济学奖得主肯尼思·阿罗（Kenneth Arrow）将数学的严密性引入了社会选择的研究领域。安东尼·唐斯（Anthony Downs）在研究中提供了里程碑式的成果《民主的经济理论》（1957年），该书提出了一种很有说服力的新理论。该理论认为政治家们是为了重新当选而提出某些经济政策的。唐斯指出，这些理论说明了由于选举竞争，政党会向政治光谱的中心移动。

公共选择理论最重要的应用之一是关于经济管制。乔治·斯蒂格勒（George Stigler）认为，监管机构已经被监管对象所"俘获"，并经常服务于他们较多监管的企业。詹姆斯·布坎南（James M. Buchanan）和戈登·塔洛克（Gordon Tullock）在《赞同的计算》（1959年）中的进一步研究，对权力制衡机制进行了论证，并剖析了在政治决策中所使用的一致同意原则。他们认为一致同意的原则不会强加于任何人。公共选择经济学的成果被应用到了农业政策、政府管制和法庭审判等领域，并且为一项旨在平衡预算的宪法修正案提议奠定了理论基础。

政府支出

在政府支出领域最能看出政府作用的变化。请回顾一下图16-1，它显示了国民收入中用于政府支出的份额。这些支出包括商品采购、政府雇员工资、社会保险和其他转移支付以及政府债务的利息。你可以看出，在20世纪政府支出的份额总的来说是上升的，在战争时期上升的速度更快，但近年来已经保持平稳。

财政联邦制

我们在谈及政府时，一直将它当做一个整体来看待。但现实中，美国公民所面临的却是三个级别的政府：联邦政府、州政府和地方政府。这个格局体现着财政责任在各级政府之间如何划分的模式，称为财政联邦制。美国各级政府的职能界限并不总是很明确的，但在整体上，联邦政府负责那些与全国有关的活动——支付国防、太空探索和外交事务的费用；地方政府负责儿童教育、街道治安和城市卫生等；州政府负责修建公路、管理大学教育系统，并实行福利计划。

各级政府的支出项目和数额如表 16-1 所示。联邦政府的作用成为主导是近几年才出现的一种现象。20 世纪以前,地方政府是各级政府中最重要的。联邦政府的工作主要是维持军队,支付国债利息以及为一些公共项目融资。其税收主要来自烟酒销售税和进口关税。但两次世界大战及福利国家的兴起(连同社会保险和医疗保健等转移支付计划的发展)使支出上升,1913 年由联邦政府开征的所得税所提供的资金在规模上是州和地方政府无法比拟的。

为理解财政联邦制,经济学家强调,支出决策应按政府计划的外溢效应在各级政府之间分配。总的说来,地方政府负责地方公共品,即那些受益人主要限于地方居民的活动。因为图书馆是由城内居民使用的,路灯为城市街道照明,因此这些物品的供应决策由地方居民作出比较合适。联邦政府职能主要是在全国性公共品方面,这种公共品能使国家所有的公民受益。例如,艾滋病

表 16-1　当前联邦、州和地方政府的支出

政府支出	总支出 (2007 年,10 亿美元)	占总支出的百分比
各级政府	4 429	100.0
联邦政府	2 515	56.8
州政府	857	19.3
地方政府	1 058	23.9

美国建国早期,大部分支出都发生在州和地方政府,但今天,联邦政府支出占总支出的比例已超过一半。

资料来源:U.S.Bureau of Economic Analysis.

疫苗能使各州的人民都受益，而不仅是那些居住在发现疫苗的实验室附近的人们；像保护臭氧层和控制温室效应这样的全球性公共品又会怎样呢？这些是国际公共品，因为它们超越了单个国家的边界。

有效的财政联邦制会考虑公共项目的效益溢出行政边界的途径。最有效的对策是配置税收和支出以便让项目受益者提供税金和权衡利弊。

现在让我们来看一下各级政府的支出情况。美国政府是世界上最大的"企业"，和任何地方的其他组织相比，它所购买的汽车和钢材、所支付的薪金和经手的款项都更多。联邦政府的财务数据都是天文数字——以十亿或万亿美元计算。2009年的联邦预算支出为31 070亿美元，约为3.1万亿美元。这一巨额数字相当于平均每个美国家庭约27 000美元。

表16-2列出了2009财政年度联邦支出的主要种类（2009联邦财政年度从2008年10月1日起到2009年9月30日止）。

过去30年中增长最快的项目是福利计划。这些计划向符合法定要求的人提供津贴和支付。主要的福利计划是社会保障（老人、遗属和残疾人）、卫生保健计划（包括对65岁以上老人的医疗计划和贫困家庭的医疗补助），以及收入保险计划（包括食品券和失业保险）。近年来，实际上几乎联邦支出的所有增长都是由福利计划引起的，它在预算中所占的比例由1960年的28%上升到2009年的60%。

表 16-2 联邦政府开支主要用于国防和福利计划

2009 年财政年度的联邦支出（10 亿美元）		
支出种类	支出（10 亿美元）	占总支出的百分比
总支出	3 107.4	100.0
国防	675.1	21.7
社会保障	649.3	20.9
医疗	413.3	13.3
收入保险	401.7	12.9
卫生	299.4	9.5
净利息	260.2	9.4
退伍军人福利及服务	91.9	3.0
教育、培训、就业和社会服务	88.3	2.8
运输	83.9	2.7
执法	51.1	2.7
国际事务	38.0	1.2
自然资源与环境	35.5	1.1
基础科学、航天与技术	29.2	0.9
社区和区域发展	23.3	0.8
一般政府支出	21.5	0.7
农业	19.1	0.6
商业和住房信贷	4.2	0.1
能源	3.1	0.1

联邦开支中，1/5 是用于国防和支付与过去战争相关的抚恤金和养老金，现在一半以上用于快速增长的福利计划——收入保险、社会保障和卫生等。注意，一般政府支出是很小的。

资料来源：Office of Management and Budget, Budget of the U. S. Government, Fiscal Year 2009, available at *www.whitehouse.gov/omb/budget/fy2009/hist.html*.

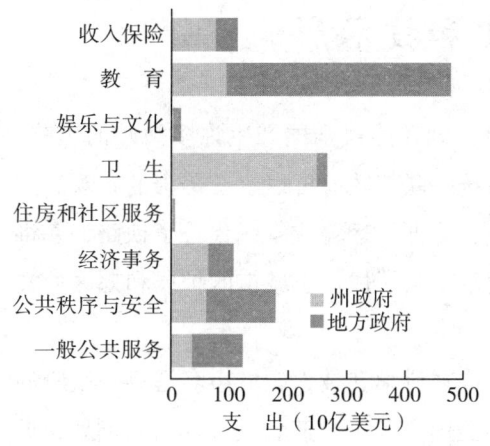

图16-3 州和地方政府的支出分布,2006年

州和地方政府的计划包括提供教育、筹建医院、维修道路。在州和地方政府支出中,教育和卫生支出在增长。

资料来源:Bureau of Economic Analysis.

尽管关于联邦预算的争论占据了报纸的头条,但是州政府和地方政府还是执行了当今美国经济中的许多基本职能。图16-3表明了州政府和地方政府的支出结构。最大的支出项目是教育,因为全国绝大多数儿童就读于主要由地方政府资助的学校。公共教育致力于使儿童得到平等的教育机会,这有助于消除由于教育资源不公平而带来的经济机会的巨大差异。

近年来,增长最快的州政府和地方政府的支出项目是卫生保健和监狱费用。过去20年来,各州在押犯人增加了3倍。这是由于这一时期美国打击犯罪的措施之一是延长刑期(尤其是对贩毒者)。同时,州政府和地方政府还不得不自己承担所增加的卫生保健成本。

文化和技术影响

除了支出金钱，政府计划还能对全国产生许多微妙的影响。通过修建州际高速公路系统，联邦政府可以改变美国的景观。高速公路网使行车更为迅速，降低了运输成本，代替了铁路，并将货物运送到全国的每一角落；它还加速了城市的扩展和郊区的文化繁荣。

政府支出还使美国在许多科学和技术领域声名远扬。政府的支持使得处于萌芽状态的美国电子工业蓬勃发展起来。例如，贝尔实验室所研制的晶体管，部分资助就是由美国军方提供的。因为军方当时急需更好的雷达和通信设备。今天蓬勃发展的计算机产业和飞机制造业，早期也曾得到政府的大力支持。互联网就是因国防部为建立一个在核战争中能继续有效运行的通信网络逐步发展而成的。

今天政府支出在基础科学的发展中的作用举足轻重。美国所有的基础科学研究中，85%是由政府或像大学这样的非营利机构资助的。如果你对一项成功的发明追根溯源，那么你会经常发现发明者的教育经费中有政府的补贴，大学基础研究得到了政府的支持。经济研究表明这些资金利用得都很好。不仅如此，据估计教育研究经费的收益率比其他领域的投资收益率还要高一些。

税收的经济学问题

税是我们为文明社会所支付的代价。

——奥利佛·温德尔·霍姆斯大法官

政府必须为其计划拨款。这些资金主要来自于税收,任何短缺都需要通过向公众借款来弥补,这些缺口形成财政赤字。

但在经济学中我们有必要揭开货币流动的面纱,以理解实际资源的流动。在税收所造成的货币流动的背后,政府实际需要的是经济中稀缺的土地、劳动和资本。当国家进行一场战争时,国会要辩论如何支付战争所需要的费用。但实际发生的却是:人力资源从其原先所在的民用部门被转移出来;飞机运输的是部队而不再是游客;石油被加到了飞机里而不是小轿车中。当政府拨出一笔生物技术研究经费时,它实际意味着原来用做办公场地的土地现在也可能会被用做实验室了。

> 通过税收,政府实际上是在决定如何从公民和企业的手中取得资源以用于公共目标。通过税收所筹集的货币实际上只是一种载体,经由它才能将那些现实的经济资源由私人品转化成公共品。

税收原则

政府决定征收一定数量税收的时候,总有许多可供选择的方式。它可以对收入、利润、销售额征收；可以向富人征收，也可以向穷人征收；可以向老年人征收，也可以向年轻人征收。是否存在能帮助建立一种公平而有效的税收制度的一般原则呢？

实际上是有的。经济学家和政治思想家已经提出了如下两个制定税收制度的主要原则。

- **受益原则**认为，个人所缴纳的税额应与他们从政府计划中得到的利益成比例。如同人们根据自己消费的面包数量按比例向卖者支付货币一样，个人纳税也应与其能够从公共品（如公路或公园）中获得利益的情况相对应。
- **支付能力原则**认为，人们纳税的数额应与其收入或财富相对应。财富或收入越多，所纳的税就应当越高。通常按支付能力原则设计的税收制度同时也具有再分配性。这意味着它们从高收入的人们那里取得资金，用以增加穷人的收入和消费。

例如，若建造一座新桥的资金要靠过桥费来偿付，则这里所体现的就是受益原则。因为只有你使用它时才支付费用。但若建桥资金来自于所得税，则它所依据的就是支付能力原则。

不管按以上哪种原则进行组织，大多数的现代税收体系都试图吸收有关公正与公平的现代观点。一个重要的原则是**横向公平**。这个原则指出，那些在实质上没有差别的人在纳税上也应该没有差别。

对同等者同等对待的观念在西方政治学和哲学中有深厚的根源。如果你和我除了眼睛的颜色不同而在其他所有方面都完全一样，那么所有的税收规则都应当要求我们缴纳相同的税额。在受益型税收的情况下，如果我们从公路或公园得到了同样的服务，横向公平原则就会指出，我们的纳税额也应该是一样的。或者，某税收制度遵从的是支付能力原则，横向公平就会指出，所有收入相同的人都应当缴纳相同的税额。

更有争议的一个原则是**纵向公平**。它是关于如何确定不同收入水平的人们的纳税待遇的。在这里，抽象的哲学原则不能为公正地解决问题提供指导。假设 A 和 B 在其他方面都一样，但 B 的收入和财产是 A 的 10 倍。在这种情况下，B 为治安维护等政府服务的绝对缴税额是否应该与 A 相同，还是应该按与 A 相同的税收－收入比例去纳税呢？或者，由于警察花费了更多的时间保护 B 的财产，B 缴纳的税额应当占其收入的更大份额，而这又是否公平呢？

重要的是，一般的抽象原则并不能决定一国的税收结构。里根减税时，是因为他认为高税收对那些努力工作和为将来储蓄的人是不公平的。而 10 年之后，克林顿说："现在我们新增税收的 80% 以上是由年收入 20 万美元以上的人所承担的。在这种税收模式中我们会得到真正的公平。"可见，在某些人看来很公平的做法，在另外一些人看来可能就很不公平。

> 横向公平指的是每个人都有权得到平等待遇的原则。而纵向公平指的是，地位不同的人有权公平地享有不尽相同的待遇。不过，关于纵向公平到底应该如何应用，始终没有达成共识。

社会怎样解决这些棘手的哲学问题呢？政府一般都采用实用主义的办法，将受益原则和支付能力原则进行折中。政治代表们都知道征税不得人心。在美国独立前，"不民主不纳税"的呼声曾引爆了美国革命。现代税收体系是在崇高的原则和实用主义政治之间的一种不那么令人舒服的折中。正如3个世纪前精明的法国财政部长柯勒贝尔所写的那样，"征税就像从鹅身上拔毛：你要拔最多的毛，但又最好不要让鹅叫。"

实践是怎样的呢？通常情况下，公共服务的受益对象主要是那些可以认定的团体，而这些团体并不要求根据其收入或其他特性而加以区别对待。在这种情况下，现代政府所依靠的一般都是受益税。

所以，地方公路通常由地方居民支付；供水和污水处理像私人品一样收取使用费；汽油的税收可能用于建设公路。

累进税和累退税　　受益税在政府收入中的份额正在下降。现在，发达国家更多地依赖于**累进所得税**。在累进税下，一个收入5万美元的家庭的纳税额要高于一个收入2万美元的家庭。高收入家庭不仅要交更多的所得税，而且其纳税占收入的份额实际上也更高。

这种累进税不同于严格的**比例税**。比例税要求所有纳税人按其收入的相同比例进行纳税。而**累退税**则使低收入家庭的纳税占收入的份额要高于高收入家庭。

税收可被划分为比例的、累进的还是累退的，取决于高收入者所纳税额占收入的比例是等于、大于还是小于低收入

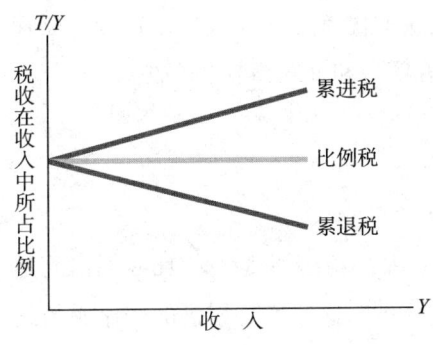

图 16-4 累进税、比例税和累退税

如果随收入增加,税额占收入的份额上升,税收就是累进的;如果税收占收入的一个固定份额,这种税就是比例税;如果低收入家庭的税收负担相对于高收入家庭,则这种税收就是累退的。

者所纳税额占其收入的比例。

图 16-4 解释了各种类型的税收。有哪些例子呢?若对某个人每 1 美元新增收入所征收的税越来越多的话,则这种个人所得税就是累进的。经济学家还发现,香烟税是累退的。因为香烟购买量上升的速度要比收入上升的速度慢。有些研究表明,香烟消费的收入弹性大约是 0.6。这意味着,收入增长 10% 时,所导致的香烟消费支出增加 6 个百分点,吸烟税的增长率是 6 个百分点。由此可知,高收入人群缴纳吸烟税在收入总额中所占的比例,势必要比低收入的人群要小。

直接税和间接税 税收还可以被分为直接税和间接税,**间接税**是对商品和服务征收的,所以是"间接地"对个人征收。例如货物税和销售税,烟草税和汽油税,进口关税以及财产税等。而**直接税**是直接对个人或企业征收的。例如个人所得税、社会保险或其他工薪税,以及遗产税和赠予税等。直接税的优点是更容易进行调整,以适应不同人的不同情况,如家庭规模、收入、年龄和一

般支付能力。与此相比,间接税的优点是征收成本比较低,征管上也比较方便,因为它们可以在零售和批发环节上征收。

联邦税

现在我们来考察联邦税收体系的组织原则。表 16-3 列出的是由联邦政府课征的主要税种,并指明这些税是累进的、比例的或是累退的。

表 16-3 所得税和工薪税是联邦收入的主要来源

2009 年财政年度联邦税收收入	
	收入(占总计的 %)
累进税:	
个人所得税	46.6
遗产和赠予税	1.0
公司所得税	12.6
比例税:	
工薪税	35.2
累退税:	
货物税	2.6
关　税	1.1
其他税收及收入	1.0
总　计	**100.0**

累进税仍然是联邦收入的最主要的来源,但比例工薪税所占份额正在迅速跟进,而消费税这样的累退税在联邦这一级大幅下降。

资料来源:参见表 16-2。

这里的讨论将集中在个人所得税上，它是税收体系中最复杂的部分。所得税是直接税，最能清楚地体现支付能力原则。

个人所得税在美国历史上出现得比较晚，宪法禁止任何不按人口比例在各州之间进行摊派的直接税，直到1913年这种情况才发生了变化。宪法第16条修正案写明："国会有权对任何来源的收入规定和征收所得税。"

联邦所得税是怎样运作的呢？尽管形式很复杂，但原理却很简单。首先你计算自己的收入；继而按规定减去某些费用和税收减免，便得到应税收入；然后在应税收入的基础上计算自己需要缴纳的税款。

假定你刚大学毕业，并在加利福尼亚州找到一份工作，2009年薪水为60 000美元。表16-4显示的是你应该缴纳的所有的直接税的计算方法。因此，有必要逐行了解一下不同科目所包含的内容。

开始的第1行是你的薪水。第一类应交纳的是社会保险税，这方面内容的讨论将放到下一节。第5行给出的是你调整后的总收入，即工薪、利息、股息及所获得的其他收入。如果你是单身，那么你还有3 500美元的个税免除；若你没有住房，则你有可能得到5 450美元的标准扣除。扣除所有这些后，就可以得到你的联邦应税收入51 050美元。

下一步，我们来看应纳税额表格。见所得税一项，你的联邦所得税为9 106美元，另外，你还应缴纳的州所得税，为2 672美元。

将上述税项加总，你会发现你的应缴纳税额为16 368美元，这相当于你收入的27.3%。这个税率被称为**有效税率**或**平均税率**，它等于总纳税额除以总收入。

表 16-4 2009 年个人所得税的计算

1	年薪	$60 000
2	社会保险税	
3	年（退休）金	3 720
4	医疗保险	870
5	经联邦调整的毛收入 =（1）	60 000
6	扣减去：	
7	个人豁免	3 500
8	标准扣除	5 450
9	联邦应税收入 =（5）-（7）-（8）	51 050
10	所得税：	
11	联邦	9 106
12	州（加利福尼亚）	2 672
13	总税收 =（3）+（4）+（11）+（12）	16 368
14	税后收入 =（1）-（13）	43 632
15	税率	
16	平均 =（13）/（1）	27.3%
17	边际*	42.0%

* 边际税率是每增加 1 美元收入而需要多交纳的税。计算方法是：按追加 1 000 美元收入，经由表中每一道步骤，就能得到因增加 1 000 美元而应当多交纳的税。

这个表格详细计算了 2009 年一位生活在加州的单身工人所需要缴纳的总税收，他的总收入为 60 000 美元。社会保险税为的是获取未来社会保险收益，而这些税将被用于已经退休的工人的医疗开支等。目前，美国联邦政府和大部分州都征收个人所得税。

　　经计算，平均税率为 27.3%。经济学家更为关注边际税率，即多增加 1 美元收入而需要多缴纳的税款。对于这个工人，边际税率经计算为 42%。

资料来源：Internal Revenue Service and State of California (preliminary tax tables).

最后一行是一个重要的新概念，**边际税率**，是因为多增加1美元收入而需要多缴纳的税款。我们从前文见过"边际"这个概念，它总是意味着"新增的"。如果对于每1 000美元新增收入，你都必须多付出420美元的税收，那么你的边际税率就是420美元/1 000美元，或42%。在税收分析中边际税率是个很关键的指标，因为个人和公司都总是倾向于注重他们的边际税率而不是平均税率。进一步说，当边际税率特别高的时候，人们的积极性将会严重受挫。

> 边际税率是税收分析的核心概念。该税率指的是，对于新增的每1美元的收入所增加征收的税款。对于理解税收的激励效应，边际税率可谓至关重要。

图16-5估算了收入不超过100 000美元的家庭的边际税率。低收入家庭得到的是一个负的所得税，这是因为他们能得到所得税抵免。

边际税率概念在现代经济学中非常重要。记住"边际原则"：人们应该关心的是所发生的新增成本或新增收益；而"过去的就（应该）让它过去"。就此而言，任何税收对激励的影响都主要来自于边际税率。

激进的税收改革：统一税

对于增加财政税收收入来说，个人所得税是一个非常实用的税种。但它自设立一个世纪以来已经变得异常复杂，并充满了许

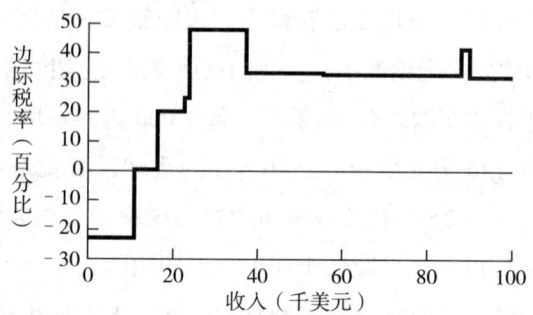

图 16-5　2005 年美国不同收入类型家庭的边际税率

边际税率是指多增加 1 美元收入而需要多缴纳的税款。由图可见 2005 年美国家庭边际税率,估算中考虑了社会保险税和联邦所得税和各州平均所得税。因为有所得税抵免,低收入工人能得到一笔税收返还,相当于负的所得税。注意:由于加州税率较高,同时国会预算局(CBO)又使用了不同的所得税抵免额和扣除额,因此这里的税率不同于表 16-4。

资料来源:Congressional Budget Office, *Effective Marginal Tax Rates on Labor Income*, November 2005, available at *www.cbo.gov*.

多漏洞或者说"税收偏好",可能有利于某些特殊形式的收入或支出,甚至有利于某些个别的纳税人群体。例如,住房抵押贷款利息和老年人医疗保健等,都可以从收入中有所抵扣,从而在实际上变成了一种税收补贴。

经济学家们一直不懈地努力倡导一个更高效的税制:它不但能扩大税基,从而能通过取消不必要的免税门槛来课征税收,而且还能降低边际税率。一项关于税收彻底改革的最激进的和有创意的建议是设立统一税。它由斯坦福大学的罗伯特·霍尔(Robert Hall)和阿尔文·拉布什卡(Alvin Rabushka)等专家详细地提出。他们的建议包括以下几个要点。

- 统一税的税基是消费而不是收入。我们稍后将会讨论，对消费征税可以提高储蓄的意愿，并提高国家不断下降的储蓄率。
- 统一税可以将公司所得税和个人所得税整合在一起，这样将可以切除美国税制中最为扭曲的一块。
- 统一税几乎可以消除所有的税收漏洞或税收偏好。对老年人的医疗保健、业主自住房屋和慈善捐款的税收补贴将一去不返。
- 统一税为每个家庭提供2万美元的基本免税额，在此水平之上将实行19%的单一边际税率。

统一税的经济影响将是非常深远的。税负沉重的实体（如企业）将发现它们的赋税大大减少，从而增加资本收入；高收入者会发现他们的赋税会减少一半。与此同时，业主自住房屋和医疗保健支出的数量都将缩减，而慈善捐款将会大幅度下降。

霍尔和拉布什卡强调统一税最为关键的一点在于能降低边际税率，"通过显著强化对人们在工作、储蓄、投资及风险创业等方面的激励，统一税可以在很大程度上加速美国经济的发展。统一税还可以帮助纳税人降低数千亿美元的直接成本和间接成本。"

批评者则指出，该计划将导致以牺牲中低收入者为代价，将收入向高收入者转移。利益受损的人将会质疑：为什么富人在过去30年里财富已经大大增加的情况下，还要再发一笔横财？在这里，我们又一次看到在诸多最受争议的经济政策议题中常见的权衡公平与效率的例子。

如今几乎所有的产业都得遵守《社会保险法》。雇员根据其收入记录和过去的社会保险税缴纳情况得到退休金。社会保险还设有残疾人计划和穷人、老年人的医疗保险。

为得到这些好处，雇主和雇员双方都需要缴纳工薪税。如图 16-4 所示，2008 年，这个税对所有雇员年工薪收入中 10.2 万美元以下的部分征收 15.3% 的税，对于 10.2 万美元以上的年收入再多征 2.9%。这项税收由雇主和雇员各承担一半。

由表 16-3 可见工薪税是一种比例税，因为它征收的是雇员收入的一个固定份额。但税收的影响比较复杂，因为工薪税仅对工薪收入征税（这使它具有累退性），同时它又主要为低收入人群提供退休金（这使它具有累进性）。

联邦政府还征收许多其他的税，其中一些在表 16-3 中已经列出。公司所得税是对公司利润征收的税。

公司所得税受到了经济学家的严厉批评。一些经济学家反对这种税，认为公司不过是一种法律形式，不应被征税。首先对公司利润征税，然后对由公司付给个人的红利再行征税，政府实际上对公司进行了双重征税。

美国非常倚重的是所得税，而一个角度十分不同的税种却是消费税，它针对商品和服务的购买环节而不是对收入征税。其理由是：人们应该为其所使用的东西而不是所生产的东西纳税。销售税是消费税中最常见的一种。美国没有国家销售税，但对某些商品，如烟、酒和汽油等征收联邦货物税。销售税和货物税通常都是累退的，因为这些物品的消费在贫困家庭的收入中所占的比例要大于在富裕家庭中所占的比例。

许多人认为，美国应该比现在更多地依赖销售税或消费税。一种在美国之外的其他国家被普遍采用的是增值税（VAT）。增值税很像销售税，但它在生产的每一阶段都进行课征。如果对面包征收增值税，那么它将对生产小麦的农民、生产面粉的磨坊、烘烤生面团的师傅和交货阶段的食品杂货店都进行征税。

消费税的倡导者认为，国家现在的储蓄和投资对于未来的需要是不够的。如果用消费税替代所得税，则国家的储蓄率就会上升。但是，消费税的批评者则认为这种改变是不合适的，因为消费税比目前的收入税更具有累退的性质。事实上，前面提到的统一税就相当于一项高度简化的个人消费税体系。

州和地方政府的税收

在美国财政联邦制的税收体系中，州和地方政府所依赖的税收与联邦政府大不相同，图16-6列出了州和地方政府收入的主要来源。

财产税主要对土地和建筑等不动产征收。每一地区会规定一个年税率，并根据对土地和建筑物的评估价值征税。在许多地方，对不动产的估价比其实际市场价值要低一些。财产税大约占州和地方政府全部收入的30%。由图16-6可见，地方政府是财产税的主要接收者。

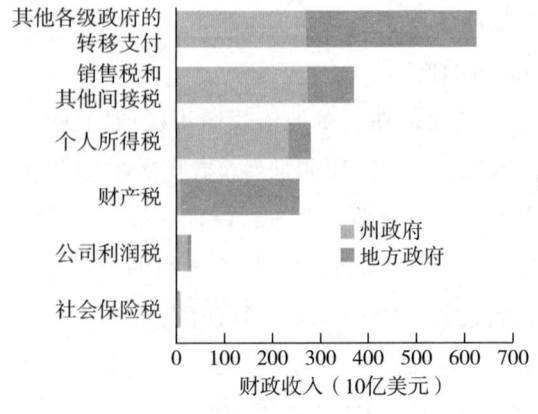

图16-6 州和地方政府的财政收入依赖于转移支付和间接税

城市十分依赖于财产税,因为房屋和土地难以转移到郊外以逃避税收。州政府还从销售税和所得税中获得更多收入。

资料来源:Bureau of Economic Analysis.

因为大约1/4的财产价值来自于土地,因此财产税既有资本税因素,也有亨利·乔治型的土地税因素。经济学家相信,财产税的土地因素不会造成什么扭曲,但其资本因素会使投资由税收较高的中心城市迁到税收较低的郊区。

州和地方政府的其他税收大多与类似的联邦税有密切关系。各州的收入大部分来自对商品和服务征收的一般销售税。在百货公司或餐厅购买的每一样东西都会带来某个百分比的销售税(在某些州食品和其他必需品是免税的)。各州还对公司的净利润征税。43个州仿效联邦政府,对个人按其收入状况征税,但税额要少得多。

州和地方政府还有各种其他的收入来源。许多州对汽油征收"公路使用税"。州和地方政府的一个正在增长的收入来源是对彩票和合法赌博征缴的税收。州政府的收入竟然来自于那些鼓励"老百姓糟践自己的活动"!

税收的效率与公平

近几年,经济学家越来越关注不同税收的效率问题。关于这一问题,首先应当想到的是效率主要取决于纳税者所面临的边际税率。请回顾图16-5,看看边际税率在不同收入群体中有何不同。

对劳动所得的课税 高税率如何影响经济行为?在劳动供给领域,其影响是混合的,正如我们在第13章中所看到的那样。税率对于工作时间的影响是不明确的,因为工资变化的收入效应和替代效应的作用方向是相反的。由于所得税是累进的,有些人会选择更多的闲暇而不是工作。另外的一些人则会更加努力地工作以期变得更富有。许多收入很高的医生、艺术家、明星和企业高管,都很喜欢自己的职业及其带给他们的权利感和成就感。税后收入在80万美元和在100万美元时相比,他们的工作努力程度实际上差不多。

图16-7反映了劳动税率的增加如何影响劳动供给。注意,如果劳动供给曲线是向后弯曲的,则会产生劳动随税率下降而减少的悖论。

对资本所得的课税 在储蓄和投资领域,税收显然对经济活动有很大影响。当一个部门的税收很高时,资源就会流向征税较轻的部门。例如,由于企业的资本会被双重征税,人们的储蓄就会从企业部门流出,并转向那些税负较轻的产业。如果对风险投资征税较高,则投资者可能就宁愿进行安全的投资。

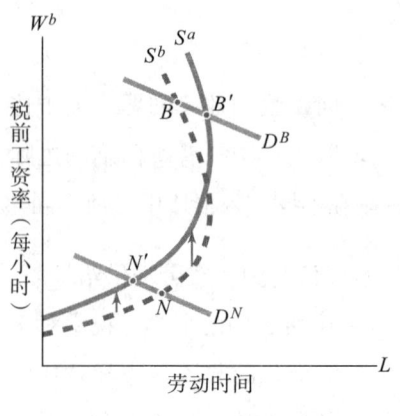

图 16-7 劳动对税收的反应取决于供给曲线的形状

供给和需求决定了税前工资水平下的劳动供给。在对劳动收入征收了 25% 的所得税后,税前劳动供给曲线 S^b 垂直上移到税后供给曲线 S^a 的位置。如果对劳动的需求与供给在底部的通常领域相交,我们可以看到预期的劳动供给下降,图中为从 N 移到 N'。如果劳动供给是向后弯曲的,如图顶端所示,劳动供给就随税收增加而上升,从 B 移到 B'。

全球化的影响 随着经济体开放程度的提高,一国需要保证本国生产要素如资本和高技术劳工不会被吸引和流动到低税收国家。这方面的考虑在公司所得税上显得尤为重要,因为公司可以轻易地将总部转移到某些离岸的群岛等避税天堂。

经济学家一直非常关心税收对经济效率的影响。请回忆第 14 章,亨利·乔治曾说过:对土地征税对效率不会有什么影响,因为土地的供给是完全无弹性的。有效税收的现代理论提出了拉姆齐税收原则。它认为政府应对那些供给和需求最没有价格弹性的投入和产出征收最重的税。[1] 拉姆齐税收原则的理论基础是:如果一种产品在供给或需求上非常缺乏价格弹性,那么对这种产品征

---

[1] 请回顾第14章关于亨利·乔治的单一税问题,还有延伸的税收效率问题和关于"拉姆齐税收"的讨论。

税对其消费和生产的影响就十分有限。在某些情况下，拉姆齐税收可以说是以最小的经济效率损失增进收入的一种办法。

但经济和政治关心的并不只是效率，对土地租金或粮食征收重税可能是有效率的，但许多人会认为这是不公平的。1990年英国一项要求实行人头税的建议提醒我们，这是一个两难问题。人头税是一种一次性总付税，或是对每个人征收的固定税收。这种税收的优点是像土地税一样，它不会导致低效率，毕竟人们不会逃到俄罗斯，或剖腹自杀以逃避税收，所以对经济的扭曲会最小。

但是，英国政府低估了人们对这种不公平的反对。人头税是高度累退的，因为低收入者的税收比例大大高于高收入者。在使当权11年的撒切尔政府倒台的过程中，对人头税的批评曾起到关键的作用。这个例子说明：在税收及其他经济政策领域中，效率和公平两者很难取舍。

对"害品"而非"益品"征税：绿色税

经济学家不怎么倡导人头税，他们更喜欢另外一种对"害品"而不是"益品"征收重税的税收制度。低效率的主要原因在于政府往往对那些"益品"——像工作、资本投资、储蓄或风险承担等经济活动——进行征税，所以挫伤了这些活动。一种替代办法是对"害品"征税。传统的害品税包括"罪恶税"：对于烟、酒及其他对健康有害的物品所征的税。

一种新型税收是对污染和其他有害的外部效应征税。这些税被称为**绿色税**，因为它们旨在改善环境，同时增加收入。假设国家决定为减缓全球变暖过程而征收"二氧化碳税",即对发电厂及其他地方排放的二氧化碳征税。根据一般的经济学推理,我们知道这种税会使得企业降低其二氧化碳排放量,从而改善环境。另外,绿色税当然也能带来收入,政府可用它资助某些活动或降低诸如工作、储蓄这类有益活动的税率。所以绿色税的益处是双重的:国家得到收入,同时环境得到改善,因为这些税抑制了有害的外部性。

最后的话

我们对于政府在经济中作用的简要考察,提醒我们应该注意集体行动的责任和不利之处。一方面,政府必须保卫国家的边疆,稳定经济,保护公众健康,并对污染加以管制。另一方面,许多政策也体现了一种将收入从消费者手中转移到政治力量强大的利益集团手中的倾向。

这意味着我们应该放弃政府这只"看得见的手",而换成市场那只"看不见的手"吗?经济学不能回答这么深刻的政治问题。它能做的只是考察政府选择和市场选择的优势与劣势,并设计出某些机制(如绿色税或研究开发资助)来弥补"看不见的手"的缺陷,使得这只手可以比在完全放任或无节制的官僚体制这两种极端条件下来得更有效率,也更公平。

第十七章　效率与公平：重大权衡

> 公平和效率（的冲突）是最需要加以慎重权衡的社会经济问题，它在很多的社会政策领域一直困扰着我们。我们无法在按市场效率生产馅饼的同时又完全按公平的原则去进行分配。
>
> ——阿瑟·奥肯（1975年）

大约一个世纪以前，许多西方国家开始对市场经济进行干预，并编织了一张社会安全网，作为与社会主义国家竞争的堡垒。这种新的模式被称为"福利国家"。走向福利国家的潮流逐步酿成了我们今天在北美和欧洲可以见到的混合型市场经济。在这些国家，市场要对绝大多数的产品和服务的生产和定价负责，而政府则维持经济体系的正常运行并向穷人、失业者以及老年人提供社会安全保障。

政府政策中最具争议的是针对穷人的社会保障计划。家庭是否应该得到有保障的收入？或者只应该提供最低水平的食品、住房和医疗保健？税制应该激进到能在富人和穷人之间进行收入再分配？抑或主要是促进经济有效率地增长？

令人惊讶的一点是，随着社会越来越丰裕，这些问题也日益引起更多的争议。你可能会认为，当一个国家变得更繁荣时，它一定会将其收入中更大的一部分用于救助国内外的贫困者。然而事实并非如此。半个世纪以来，随着税收负担的加重，人们总是在进行着反抗，不断地要求降低税率。同期，人们也逐渐地意识到，追求收入公平的尝试往往都会损害应有的激励力度和效率水平。今天，人们会问：为了把经济这块馅饼分得更加平均，我们究竟需要牺牲这块馅饼的多大一部分？如何在国家不破产的前提下通过重新设计收入支持计划以减少贫困和不公平？

本章旨在考察收入分配和减少不公平的两难政策抉择。保证收入公平分配是当今最具争议的经济话题之一。请回忆，在本书第一章我们就曾指出，经济学服务于公共利益的最佳途径就是：以自己冷静的思考去实现人们热切的期望。本章拟探究分配不公平的发展趋势和有关对策的利弊，并指明头脑冷静的经济学分析将如何能够促进混合经济的持续增长和公平分配。

不公平的根源

要衡量人们控制经济资源能力的不公平，我们需要弄清收入与财富的区别。请记住，**个人收入**这一概念指的是某人或某家庭在某个时期（通常是一年）所获得的总的款项或现金。个人收入主要包括劳动报酬、财产收入（如租金、利息和红利）以及政府的转移支付。**个人可支配收入**指的是个人收入减去所有的税赋。**财富**或"净价值"则是某个时点上所拥有的有形资产和金融资产

第十七章 效率与公平：重大权衡

的货币价值，减去对银行和其他信用机构的欠款。不妨回顾一下前面章节中的表12-1和表12-2，以增强你对收入和财富的来源和构成的理解。

收入和财富的分布

统计资料表明，2006年美国家庭收入的中位数是48 200美元，即有一半家庭的收入少于这个数，同时有一半家庭的收入超过它。这个数字关系到收入分配，也即收入的变动态势和离中趋势。为理解收入分布，我们不妨做一个实验：假定每个家庭都有一个成员在编序卡片上填写他或她的家庭年收入。根据这些卡片，我们可以按收入水平将其分为若干个收入档次。部分卡片归入收入最低的20%的组群，即11 551美元以下的那一组，另一部分划归相邻的其他组群。只有少数归入最高的5%的组群，他们的家庭年收入超过了362 514美元。

表17-1显示的是2006年美国家庭的实际收入分布。第（1）栏显示的是5个收入档次，或者说五分法，再加上收入最高的5%的家庭；第（2）栏显示各收入档次的区间；第（3）栏显示属于各收入档次的家庭所占的百分比；第（4）栏显示在各收入档次中的人的全部收入占总收入的百分比。

表17-1使我们可以大致了解到美国经济中收入的基本分布情况。大约一半的人口每年所赚的钱少于50 000美元。但越靠近收入金字塔的顶端，人数就越少。假如我们在街区外建造一座收入金字塔并以500美元为一层，那么它的最高层会比珠穆朗玛峰还

表 17-1　2006 年美国家庭货币收入分布情况

(1) 家庭收入档次	(2) 平均收入	(3) 占家庭总数的百分比	(4) 占家庭总收入的百分比
最低的 1/5	$ 11 551	20	3.4
次低 1/5	$ 29 442	20	8.7
第 3 低 1/5	$ 49 968	20	14.8
第 4 低 1/5	$ 79 111	20	23.4
最高的 1/5	$169 791	20	49.7
最高的 5%	$362 514	5	21.2

2006 年的家庭收入分布的总体状况如何？我们将家庭分为五档：最低收入的 1/5，次低收入的 1/5 等。

资料来源：U.S. Bureau of the Census, Current Population Report, *Income, Poverty, and Health Insurance Coverage in the United States: 2007*, available at *www.census.gov/hhes/www/income/income.html*.

要高，而大多数人都处在仅高出地面几英尺的那一层。

接下来的问题是如何衡量收入分配不公平的程度？在一个极端，如果收入绝对公平地加以分配，那么收入最低的 20% 人口将会接受恰好 20% 的总收入，收入最高的 20% 的人口也接受 20% 的总收入，两者毫无差异。这是绝对公平的定义。

然而事实远非如此。2006 年，最低收入的 20% 的家庭只得到少于 4% 的总收入，而收入最高的 5% 的家庭的情况则刚好相反，他们占有 21% 的总收入。

我们能将不公平程度用一个图来表示。这个图被称为**洛伦茨**

曲线，它被广泛地用于对收入和财富不公平状况的分析。图17-1显示了列在表19-2各栏中的数据的不公平程度。也即，该图对照了(1)绝对公平；(2)绝对不公平；(3)美国2006年的实际不公平的程度。

表17-2第(4)栏描述的是绝对公平的情况。将该栏数字画在图上，它们就成了图17-1中洛伦茨曲线图中的对角线(以虚线表示)。

在另一个极端，也有假设的绝对不公平的情况。这时，只有

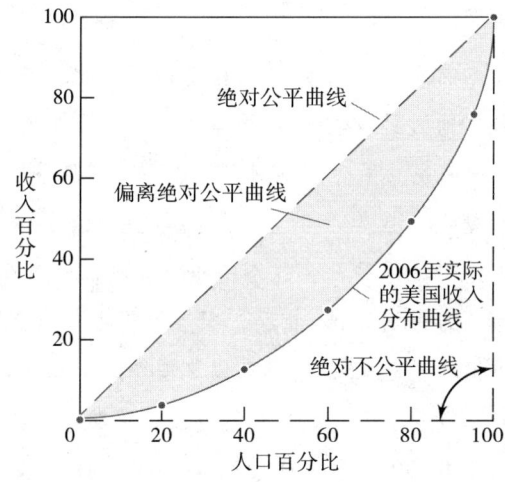

图17-1　洛伦茨曲线显示了收入不公平

根据表17-2的第(6)栏画出相应图形，我们看到实际的收入分布曲线处在绝对公平和绝对不公平这两个极端之间。这一洛伦茨曲线的阴影部分(作为三角形面积的百分比)衡量收入的相对不公平。(在群情激愤、社会不公平严重的20世纪20年代，洛伦茨曲线会是什么形状？在所有人都有相同遗产和机会的乌托邦社会又如何呢？)

一个人得到了全部的收入。绝对不公平显示在表17-2中第（5）栏中，即洛伦茨曲线图中右下方那条呈直角的虚线。

任何实际的收入分配，比如上述2006年的情况，都会落在绝对公平和绝对不公平这两个极端之间。根据表17-2中第（6）栏的数据可以画成图17-2中的实际洛伦茨曲线（由第（1）、第（2）栏派生）。这一实际的洛伦茨曲线在图17-1中以粗黑线来表示。阴影区域表示对绝对公平的偏离，从而为我们衡量出收入分配不公平程度。

基尼系数

经济学家常常需要将不公平的程度进行量化。常用的量化指标是**基尼系数**。通过计算图17-1中洛伦茨曲线阴影部分的面积再乘以2可以得出基尼系数。在绝对不公平下，基尼系数等于1，而在绝对公平时基尼系数等于0。为了理解这一点，不妨回顾一下，一个收入分配绝对公平的社会的洛伦茨曲线刚好就是45度线，所以这块阴影部分的面积为0。相反，当洛伦茨曲线沿着那条直角虚线时，这块面积刚好是0.5，将其乘以2便得到了基尼系数为1。

人口普查工作署采用基尼系数的方法计算发现，从1967~1980年（基尼系数从0.399上升为0.403）收入分布的不公平性并没有发生什么变化，而1980~2006年却稳步上升（从0.403上升为0.469）。

收入不公平的根源之一是财富所有权的不公平。财富指的是

表17-2 不公平的现实及其极端情况

(1) 家庭收入档次	(2) 占家庭总收入的百分比	(3) 累计的家庭百分比	(4) 累计的收入百分比 绝对公平	(5) 绝对不公平	(6) 实际分布
最低的1/5	3.4	20	**20**	**0**	3.4
次低的1/5	8.7	40	**40**	**0**	12.1
第3低的1/5	14.8	60	**60**	**0**	26.9
第4低的1/5	23.4	80	**80**	**0**	50.3
最高的1/5	49.7	100	**100**	**100**	100.0

通过将第(2)栏的每1/5的家庭收入累加,我们可以得到第(6)栏的实际分布情况,并将它与绝对公平和绝对不公平的情况加以比较。

资料来源:表17-1。

金融资产和有形资产的完全所有权。那些极为富有的人(无论由于继承、技能、运气或其他什么原因)享受着远远高于一般家庭的丰厚收入。而那些没有财富的人其收入却少得可怜。

在市场经济中,财富分布的不公平远远大于收入分布的不公平,这一点可参见图17-2。在美国,2004年财富最多的10%的家庭拥有全部财富的70%,财富最多的1%的家庭占有大约全部财富的35%。纽约大学爱德华·伍尔夫(Edward Wolff)的研究表明,财富的分配变得越来越不公平。

社会和国家对于个人可持有巨额财富的心态是矛盾的。一个世纪以前,老罗斯福总统曾经猛烈抨击"为富不仁"的现实,并提议对收入和遗产征收严厉的累进税。然而,一个世纪以后的今天,美国竟然通过了这样的税收法案:到2010年,美国将开始取消所谓的"死亡税",也即遗产税和赠予税。如果这项立法能够一直顶

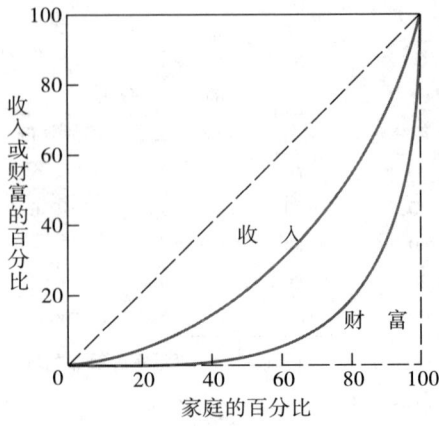

图17-2 **财富分布的不公平大于收入分布的不公平**

财富持有往往比年收入更为集中。

资料来源：For income, see Table 17-1. Source for wealth is Federal Reserve Board, *Survey of Consumer Finances, 2004*, available at *www.federalreserve.gov/Pubs/oss/oss2/2004/scf2004home_modify.html*.

得住舆论的压力，那么，它将会在2010年之后掀起新一波财富不公平的社会浪潮。

由于经济和社会结构的不同，各个国家的收入分配存有巨大差异。表17-3显示了财富最多的10%和最少的10%的国家和地区的收入分配的差异。在高收入国家中，以市场为导向的国家，如美国的收入分配最不公平，而北欧福利国家总的来说是最公平的。关于美国收入不公平的原因，我们还将在本章后面进行讨论。

发展中国家的经历显示出一种有趣的相似性：工业化进程开始时，不公平程度加剧；工业化进程完成后，不公平程度下降。最极端的不公平现象（即极度的富裕与极度的贫困共存）出现在中等收入国家，尤其是拉丁美洲的秘鲁、巴西及委内瑞拉。

表 17-3 不同国家收入不平等的比较

	最富 10% 与最穷 10% 的收入比
日本	4.5
捷克共和国	5.2
瑞典	6.2
德国	6.9
韩国	7.8
法国	9.0
西班牙	9.0
加拿大	10.0
意大利	11.7
奥地利	12.7
英国	13.6
美国	**15.7**
南非	31.9
阿根廷	38.9
巴西	67.0
纳米比亚	129.0

由表可见总人口中最富 10% 与最穷 10% 的收入的比率。各国的不平等情况差异很大。日本和西欧的不平等状况最为轻微，而南美国家不平等状况最为严重。

资料来源：World Bank, *World Development Indicators*, 2005, available at devdata.worldbank.org/wdi2005/index2.htm.

美国的贫困问题

《圣经》说："贫困将永远伴随着你。"贫困是美国社会及全世界范围内一直备受关注的问题。在讨论反贫困计划以前，我们必须考察贫困的定义。

贫困定义的微妙之处

"贫困"一词对不同的人有不同的含义。显然，贫困是一种人们没有足够收入的状况。但是，要在穷人与富人之间划一条明确的界线却很困难。经济学家因此设计了一些具体标准以供官方定义贫困。

20世纪60年代，美国将贫困正式定义为一种收入水平，它低于所估算的维持生存的基本生活水平所需的费用。其计算依据家庭的预算，还有家庭食品花费在支出中的比例。自那时起，随着政府消费者价格指数的更新，这种计算所反映的是生活费用的变化。按照标准定义，2004年四口之家的年最低生活费用是18 850美元。这个数据被当做"贫困线"，用于区分贫困家庭和非贫困家庭。贫困线的数值随着家庭规模大小而变化。

尽管确定贫困的具体数字是有帮助的，但专家们认识到"贫困"是个相对概念。生活预算中包括了偏好和社会习俗等主观因素。今天，标准以下的住房通常也包括家用设施和管道设备，这些在早期，即使在百万富翁家庭中也是不可能拥有的。

鉴于此，国家科学院的专家小组在1995年建议，将贫困的概念变为相对收入。专家组建议当某家庭的消费还不到平均家庭在食品、服装、住房上的消费水平的50%时，该家庭即可被定义为贫困。相对收入意义上的贫困在不公平现象缓解时会减少；当经济增长而收入和消费的分配没有变化时，贫困现象也不会有变化。在这个新的世界里，涨潮会让所有的小船升高，但不会改变仍有一部分人口被认为是穷人这一事实。政府正在审慎地考虑这一新的方法。

表17-4 2006年不同人群的贫困率

2006年主要人群的贫困率

人　群	贫困率
总人口	12.3
按种族和民族划分：	
白人	8.2
黑人	24.3
西班牙裔人	20.6
按年龄划分：	
18岁以下	17.4
18~64岁	10.8
65岁及以上	9.4
按家庭类型划分：	
有配偶者	5.7
女性户主现无配偶	30.5
男性户主现无配偶	13.8

白人和有配偶的人的贫困率低于平均值。黑人、西班牙裔人和女性户主的单亲家庭的贫困率高于平均的贫困率。

资料来源：U.S. Bureau of the Census, *Poverty in the United States: 2006*, CPS 2007 Annual Social and Economic Supplement, downloaded from *pubdb3.census.gov/macro/032007/pov/toc.htm*.

　　某些群体出现贫困的几率比另一些群体高。表17-4表明了2006年贫困在不同群体中的发生概率。白人家庭的贫困率低于黑人和西班牙裔的家庭。老年人的贫困率不再高于平均水平的贫困率。

　　也许最为不祥的趋势是，以女性为户主的单亲家庭在贫困家庭中的比率上升。1959年，只有18%的贫困家庭属于女性户主的单亲家庭。而到2006年，这个比例增加到30%。社会学家担心，这些家庭中的儿童不能得到足够的营养和教育，而且当他们长大成人后也难以摆脱贫困的折磨。

为什么有如此多的女性户主家庭和少数族群家庭陷入贫困呢？歧视在其中扮演了什么角色？有经验的观察家坚持认为，尽管厂商对少数族群劳工或妇女劳工少付报酬这类野蛮的种族歧视和性别歧视今天正在消失，但妇女和黑人的相对贫困却仍然日渐严重。我们如何调和这两种明显矛盾的趋势呢？一个重要因素是：受过高等教育和有技术的劳工与教育程度较低的非熟练劳工之间的收入的鸿沟越来越宽。近25年来，正如我们在下一个部分要看到的，这两组劳工的工资差异迅速增大，对少数族群劳工的冲击尤其严重。

另一个极端是高收入人群。许多最富的人的高收入主要来源于财产性收入，由股票、债券和不动产所带来的收入所组成。就前几代人而言，美国许多富翁都是通过遗产继承获得财富。而今天，成为成功的企业家才是更多美国人致富的主要路径。绝大多数最富有的美国人都经由承担风险、经营有方和获取丰厚利润而发家致富，例如电脑软件公司、电视网络和连锁店等。新产品和服务的发明人和公司创始人，依靠他们的"创新"经由"熊彼特利润"而获得巨额财富。这些富人包括民间英雄如比尔·盖茨（微软首脑）、沃尔顿（沃尔玛百货超市的开创者）、还有沃伦·巴菲特（股神）。而在早些年代，富人都是靠股票债券的收益和土地的租金而享受豪华生活的。

富人的高收入的另一个主要变化是（包括独资企业的）工资收入比重，占到了美国最富1%人群收入的85%，而这个比重在20世纪初只有50%。这些高收入者中，越来越多的人都任职于金融等商业领域。哪些职业赚钱最多？近些年应数金融市场中的投资银行家及其专业技术人员。2006年，证券业全部员工的平均收入高达206 000美元左右，其中高级管理者和分析师的收入又是平均数的好几倍。

为什么不同工作的收入差距能如此之大？一些差距来源自人力资本投入，比如要成为一名高级医生，必须经过很多年的训练。个人能力在差距形成中也扮演着重要的角色，例如，金融界有限的工作岗位往往都需要数字感觉极其敏锐的人。还有一些工作之所以工资高，是由于其存有危险或是让人不愉快（回顾第13章中关于报酬差异的讨论）。此外，各种职业所需要的劳动供给也并非无限（如工会限制和职业证照等原因）。这些供给限制也都能推高这些工种的工薪水平。

上个世纪，美国收入不公平的状况已经历了一个完整的周期。由图17-3可见美国贫富差距的历史变动情况。该图显示了美国1/5最高收入家庭和1/5最低收入家庭的收入比率的历史变动。由图可见三个明显不同的时期：首先不公平程度逐渐下降，直到第二次世界大战；然后直到20世纪70年代，是一段贫富差距较小的稳定时期；接下来的30年中，贫富差距又迅速地拉大。自1980年以来，最高收入群体与最低收入群体的收入比率几乎增加了50%。

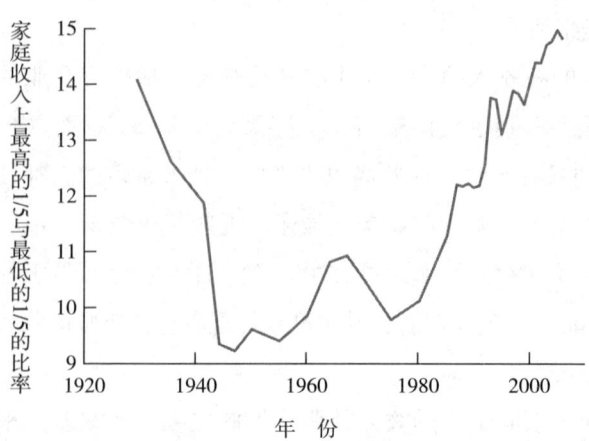

图17-3　1929~2006年美国收入分布的不公平趋势

一个实用的衡量不平等的方法是家庭收入上最高的1/5人口的收入与收入最低的1/5人口的收入的比率。最高的1/5人口的收入在全部家庭总收入中的比重有过三次下降：1929年股市崩溃之后；二战后的低失业率和减少妇女、少数民族的就业障碍的时期；人口由农村流向城市的时期。自从1980年以后，随着较多移民的进入和非熟练工人的工资的下降，美国的收入不公平的状况正急剧恶化。

资料来源：Bureau of the census, with historical seris spliced together by authors.

而且，由图17-4中四个群体的收入变动情况可见，金字塔顶端0.1%富人的收入上升得最快。2006年，该组群13.3万户家庭的平均收入高达6 300 000美元。

不公平程度缩小。收入不公平程度在1929年达到顶峰，后随着股市的崩溃和长期大萧条的出现，减少了上等收入群体的资本收入，美国的不公平程度也急剧下降。战后经济长期扩张带给中产阶级繁荣，导致最高收入组群的收入比重在60年代后期下降到低谷。

最低收入家庭的收入占总收入的份额在1929~1975年间也从3.8%增长到了5%。

这一时期贫富差距缩小的原因是什么？部分是由于工资差距的缩小。随着贫困人口受教育程度的提高和劳工队伍的团结、联合，工资差距逐步缩小。诸如社会保障等政府政策向老年人大幅

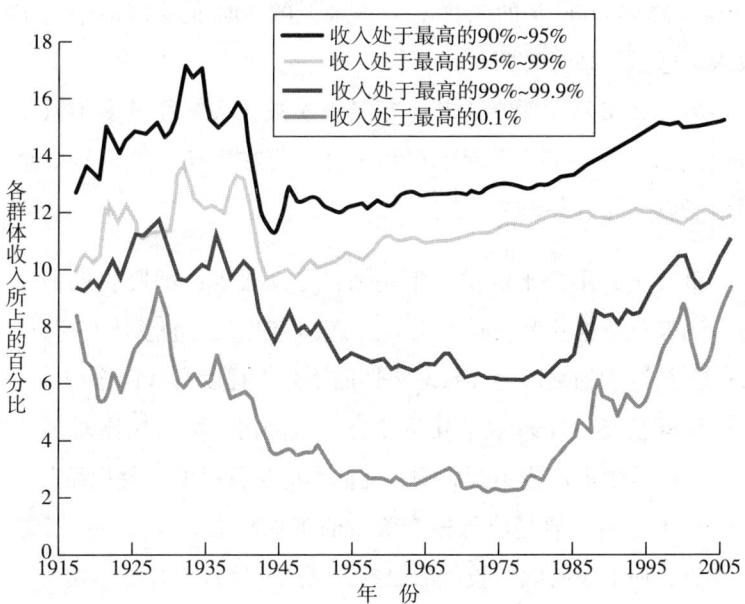

图17-4 美国最高收入组群在总收入中的比重：1917~2006年

收入不公平程度在20世纪大部分时间呈下降趋势，而在1970年左右开始上升。最明显的收益属于高收入群体——收入处于最高的0.1%的家庭。他们的收入占总收入的份额在1975年为2%，而在最近一年却达到9%。

资料来源：The methods were developed in Thomas Piketty and Emmanuel Saez, "Income Inequality in the United States, 1913–1998," *Quarterly Journal of Economics*, 2003. The data here are from their update of March 2008, downloaded from *elsa.berkeley.edu/~saez/*.

倾斜，而对于贫困者和失业者给予现金援助或发放食品券的做法也提高了其他群体的收入。同时，累进税制的实施（即收入越高所得税税率越高）也降低了不公平程度。

差距扩大：在过去四分之一个世纪中，情况已完全改变。20世纪80年代，低收入家庭收入占总收入的份额大幅下降，从1975年的5.4%下降到2006年的3.4%，收入最低的20%的家庭的平均实际收入也低于其高峰时期。

为什么贫富差距在近几十年又一次被拉大？经过多年激烈的辩论之后，罗伯特·戈登和伊恩·杜贝克在近期一篇调研中总算得出了以下几点共识：

- 事实上，不公平的扩大不是来自劳动收入在国民收入中比重的变化。这些劳动收入比率在1970年后就一直基本持平。
- 工会运动的衰落会导致对男性的不公平程度有些许增加。
- 国际贸易对工资水平几乎没有什么冲击，而移民则对国外出生的美国人产生不利影响，他们本应是移民的"替代品"。
- 技术进步主要是降低中产阶级的工资和推高高技能员工的工资，而对没有熟练技能的服务人员则几乎没有什么影响。
- 最高收入群体的收入比重急剧上升的原因有三：第一，技术进步使文体娱乐活动的观众增多，超级明星的酬金也随之猛增。第二，随着美国经济日益全球化，顶级专业技术人员的收入也在增长，尤其是在金融领域。第三，分离所有权和控制权，这个预先注入的（期权）"意识"，允许"首席执行官们拥有超高的薪酬和收益"。

以上是对美国收入不公平现象的描述及其原因的探讨。下一部分,我们将进一步讨论政府为缩小贫困比率所做的种种努力。每个高收入的民主国家在它们重新定义政府职能的时候都需要反思这个问题。

反贫困政策

所有的社会都会采取措施向其贫困的公民提供帮助。但是所能给予穷人的东西需要从其他群体那里获取,这无疑是再分配计划的主要阻力之所在。此外,经济学家还担心再分配会影响全国上下的效率和士气。这些问题在国家预算赤字扩大以及反对增税的阻力加大时尤其显得重要。在这一部分,我们将回顾福利国家的兴起,考察收入再分配的代价及现行的收入维持体系。

早期古典经济学家认为收入分配是不可改变的。他们认为,用政府干预减轻贫困的任何企图,都是只会导致整个国民收入下降的愚蠢的努力。这个观点曾受到英国经济学家、哲学家约翰·斯图亚特·穆勒的质疑。尽管他也注意到政府干预与市场机制的冲突,但是他仍然雄辩地认为政府的政策可以减少不公平。

半个世纪以后的19世纪末,西欧的政治领袖们采取了一些新措施,标志着政府在经济职能方面的历史性转折。德国的俾斯麦、英国的格拉斯通和迪斯累利,后来还有美国的富兰克林·罗斯福等,都引入了政府对人民福利负有责任的新观念。

这就是**福利国家**兴起的标志。在福利国家中，政府调节市场力量以保护个人能应付某些偶然事件，并保证人民有最起码的生活水平。

福利国家的政策主要包括公共养老金、意外伤残保险、失业保险、医疗保险、食品和住房计划、家庭补贴以及对某些群体的收入补助。这些政策从 1880 年到当今时代逐渐地被引入。福利国家引入美国则稍晚一些，是从 20 世纪 30 年代"新政"中的失业保险和社会保障开始的。20 世纪 60 年代美国建立了老人和穷人的医疗保健计划。1996 年联邦政府甚至还开了倒车，取消了最低收入保证。关于收入再分配的争论，也许永不会结束。

再分配的代价

现代混合经济的基本目标是向那些暂时或永久地不能为自己提供足够收入的人提供一把保护伞。这样做的目标之一是要增进社会更大程度的公平。

公平有哪些不同的概念？首先，民主社会注重政治权利的平等，通常包括投票权、陪审团制度、言论自由和集会自由。进而在 20 世纪 60 年代，自由主义哲学家赞同人们应享有公平的经济机会的观点。换言之，所有的人都应该在同一赛场上按同样的规则比赛，所有的人都应该有同等的机会进入最好的学校，获得最好的训练和工作。这样，基于种族、性别和宗教的歧视就会消失。尽管政府采取了许多措施来增进公平，但事实证明"机会不公平"的确是非常顽固的。

公平的第三个，也是最流行的概念——经济结果的公平。在这个理想的世界里，不论是杰出还是平庸，是勤奋还是懒惰，是幸运还是不幸，人们都应该享有同等的消费水平。医生和护士的工资应该相同，律师和秘书的工资也应该相同，"各尽所能、按需分配"是卡尔·马克思哲学的模式。

漏桶

在采取各种步骤将收入从富人向穷人那里进行再分配的过程中，政府可能损害经济效率并减少可以用来进行分配的国民收入的数量。但在另一方面，如果公平是一种社会商品的话，那么它是值得购买的。

问题是我们到底愿意以多少效率为代价来换取更多的公平？阿瑟·奥肯在他的"漏桶"实验中提出过这样的问题：如果我们重视公平，那么将1美元从富人的桶里拿到穷人的桶里时，我们将表示赞同。但设想在再分配之桶上有一个漏洞。设想富人所交的税只有一部分（可能是一半）实际到了穷人的手里。那么以公平的名义所进行的再分配就是以损失经济效率为代价的。[1]

奥肯提出了一个基本的两难问题。再分配措施，如第16章分析过的累进税等，由于降低工作和储蓄的积极性，将可能使实际产出减少。当一个国家考虑其收入分配政策时，它所要权衡的是，更大程度公平的收益和有关的政策会对国民收入产生多大的影响。

---

1 阿瑟·奥肯：《公平与效率：重大权衡》（*Arthur M. Okun, Equality and Efficiency: The Big Tradeoff*），Brookings Institution, Washington, D.C., 1975。

今天,即使是最激进的社会主义者也认识到,如果经济要有效率地运行,经济结果存在某些差别是必然的。对不同种类的工作如果在报酬上没有某种差别,如何能保证人们像做令人愉快的工作那样去做令人不愉快的工作呢?又如何能保证人们像愿意在漂亮的公园里工作那样乐意在危险的海上石油钻台上工作呢?一味地坚持结果的公平会严重阻碍经济机制发挥作用。

让我们用图 17-5 中的收入可能性曲线来阐释上述奥肯的基本观点。从图中我们可以看到当政府计划对收入进行再分配时,各群体可能得到的收入。

我们首先将人口分成两组。低收入组的实际收入在图 17-5 上用纵轴表示,而高收入组用横轴表示。在再分配开始以前的 A 点,没有税收,也没有转移支付,人们简单地靠他们的市场收入生活。

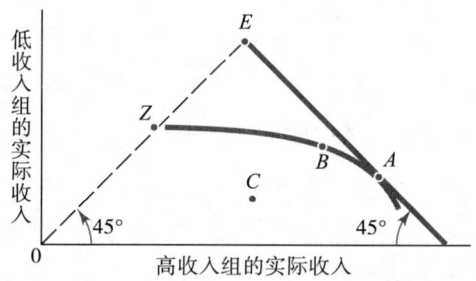

图 17-5　收入再分配会损害经济效率
A 点标志最有效率的结果:国民产出最大化。如果社会能在避免效率损失的条件下进行再分配,则经济将移向 E 点。因为再分配计划一般要引起扭曲和效率损失,再分配的路径可能是曲线 ABZ。社会必须决定牺牲多少效率来换得较大的公平。为什么每个人都希望避免将经济从 B 点引向 C 点的非效率的再分配计划?

第十七章 效率与公平：重大权衡

在一个竞争的经济中，A 点将是有效率的，并且没有应用再分配政策使国民总收入最大化。

遗憾的是，在自由放任的 A 点，高收入组得到的收入大大超过低收入组。于是人们也许会致力于税收和转移支付以增进公平，希望到达收入公平的 E 点。若采取这样的步骤不会降低国民收入，则经济将会从 A 点移向 E 点。AE 线的斜率是 $-45°$，体现了关于效率的这样一种假设：从富人那里拿去的每 1 美元正好使穷人的收入增加了 1 美元。沿着 $-45°$ 线，总的国民收入是固定的。它表示再分配计划对国民收入的总规模没有影响。

大多数再分配计划事实上都对效率有影响。如果一个国家以对最富者实施高税率的办法进行收入再分配，那么他们储蓄和工作的热情就可能会受到挫伤或误导，并导致国民总产出减少。他们可能在税收律师身上花更多的钱，可能减少退休储蓄，也可能少参加一些高回报但有风险的创新投资。同样，如果社会为穷人设置了最低收入保障，贫困的刺痛就会降低，穷人就可能会因此减少工作。对这种再分配计划的上述所有反应，都会降低实际国民总收入的规模。

在奥肯的实验中，我们可以发现：从富人那里征收来的每 100 美元税收，实际上只能使穷人的收入增长 50 美元，其余都因勤奋程度的下降和管理成本的上升而消失和消耗了。再分配这个桶上出现了一个大漏洞。这种费用高昂的再分配可表示为图 17-5 中的 ABZ 曲线。在图中，由于税收和转移支付所造成的无效率，使假定的实际收入边界从斜率为 $-45°$ 的线上弯曲下来。

一些社会主义国家的经历表明，那种试图通过剥夺富人财产使收入平等的方式，最终使每一个人都受到了伤害。通过禁止企业的私人所有权，政府降低了由于财产收入多而引起的不公平，但工作、资本积累以及创新的积极性被降低，破坏了这个"按需分配"的激进实验，并使得整个国家贫困化。到1990年，东西方生活水平的对比向他们证实，企业的私人所有制既有利于提高资本所有者的生活水平，也有利于提高工薪阶层的生活水平。

奥肯用一只漏桶来刻画我们的税收和转移支付再分配体系的特征。但就美国经济而言，这个漏洞有多大？是靠近图17-5中的漏洞可忽略不计的 A 点？或者是靠近漏洞比较大的 B 点？或者是靠近再分配的漏桶事实上已经变成筛子的 Z 点？要回答这个问题，我们必须考察由于高税率和慷慨的收入支持计划而造成的主要的无效率：管理成本的增加、工作和储蓄积极性的挫伤，以及社会经济为此付出的代价。

- 政府必须雇用税务人员征税，必须雇用社会保障人员去分配这些收入。这显然是无效率的行为，或是无奈之举。不过这方面的花费并不多，国家税务局在所征每1美元税收中只用掉半分钱。
- 随着税务人员咬去的那一口馅饼越来越大，我是否感到积极性受挫从而最终减少工作呢？当税率明显过高时，税收的总收入反而会比在较低税率条件下要少。但实际证据表明，税收对工作努力程度的损害还是有限的。对某些群体来说，劳动供给曲线可能会向后弯曲，表明对工资的征税将会增加而不是降低工作的努力程度。大多数研究发现,税率对中等收入和高收入群体的工作努力程度只有很小的影响。然而,福利和转移支付体系对穷人的行为方式可能影响巨大。

- 也许,税收收入之桶最重要的潜在漏泄是储蓄。有人认为现有的政府计划阻碍了储蓄和投资。一些经济研究表明,是税收而不是消费抑制了总储蓄。此外,经济学家们担心政府慷慨的社会计划会导致储蓄率急剧下降,尤其是社会保障和医疗保险计划,它减少了人们为养老和保健进行储蓄的动力。

- 一些人断言,在经济学家的成本统计中是不会发现漏洞的,因为公平的成本体现在态度上,而不是货币上。商业伦理是否在滑坡?人们是否因为高税率而去吸毒或游手好闲?福利制度是否造成了一个掉在"依赖他人"的陷阱里的永久的社会底层?

- 一些人批评整个再分配代价高昂的观点。他们认为,贫穷根源于早年的营养不良、家庭破裂、缺乏家庭教育、教育水平低和缺乏工作培训。贫困繁衍贫困;营养不良恶性循环、教育差、吸毒、低生产率、低收入等,又孕育着下一代的贫困家庭。为贫困家庭提供医疗保健和充足食品的计划将增进生产率和效率,而不是减少产出。打破今天的贫困恶性循环,我们明天就能改进贫困家庭儿童的技能、人力资本和生产率。打破贫困循环的计划是一项用今天的资源去提高明天的生产率的投资。

将所有的漏泄量加在一起,它们会有多大呢?奥肯认为,漏泄量是很小的，特别是当再分配计划的资金来自基础广泛的收入所得税时尤其如此。其他人对此持强烈的反对意见，认为居高的边际税率和慷慨的转移支付计划是一场混乱，是对经济效率的破坏。

事实如何呢？尽管对再分配的代价做了大量研究，但真相仍显得捉摸不定。一个谨慎的结论是，就今天在美国所实行的这些再分配性计划来说，由它所引起的经济效率的损失是非常微小的。对很多人而言，同营养不良、糟糕的健康状况、丧失工作技能、人生苦难等经济代价相比，再分配的效率代价是可以接受的。但是比美国走得更远的一些福利国家就面临着更多的效率损失。奉行平等主义的国家，如瑞典和荷兰，对其公民提供了"从摇篮到坟墓"的福利保护，因此出现了劳动参与率下降、失业增加和预算赤字扩大等一系列问题。这些国家已经采取了一系列措施以减轻福利政策的负担。

国家需要仔细设计其政策，以避免不可接受的不公平或重大的效率损失等极端状况。

反贫困政策：计划和批评

所有社会都得接济老人、儿童和生病的人。有时候，资助来源于家庭或宗教组织。近一个世纪以来，各国将对贫困进行收入支持的职能日益转移到中央政府。当政府对更多的人承担起更多的责任时，政府转移支付的财政负担也逐步趋于增长。今天，大多数高收入国家都在面临着增税以支持医疗保险、退休金及贫困家庭收入支持等公共计划。尤其是在美国，增税已经引起人们对"福利计划"的强烈反对。让我们回顾一下主要的反贫困计划和近年的改革。

在今天的福利国家中，什么是主要的收入保障计划呢？不妨先看看美国实施的计划。

大多数收入保障计划所针对的是老人而不是穷人；主要的项目是社会保障计划（联邦退休计划）和医疗计划（对65岁以上人口的保健提供补贴）。这两个计划是美国和其他高收入国家的最大的转移支付项目，而且，预计在未来几十年中其花费还会不断增长。

针对贫困家庭的计划是联邦、州、地方项目的混合体：有些是现金援助；有些是补贴某项支出或医疗辅助计划，如食品券计划或向贫困家庭提供免费治疗的医疗救助。大多数针对贫困家庭的计划近20年来已经大幅度缩减。

最受非议的是对有小孩的贫困父母的现金援助。这一计划在1996年有了重大变革，下文我们将予以讨论。

从预算支出上看，所有联邦计划共支出多少？今天所有的联邦贫困计划支出加在一起，可占到联邦总预算的20%。

贫困家庭面临的一个主要问题是，当今的福利制度严重损害了低收入的成年人寻找工作的积极性。如果一个享受福利待遇的穷人得到一份工作，政府就会取消他的食品券、福利支付和房租补贴。这个人甚至会失去医疗福利。在这种情况下，我们可以说，穷人面对的是高的边际工作"税率"（更准确地说是"福利减少率"）。

因为当收入上升时，福利补贴急剧地下降。

福利改革之战

很少有人为现行的福利制度辩护。有些人想改变它，有些人想加强它。一些人希望州政府、市政府和家庭对收入支持计划负起更多的责任，一些人则希望加强联邦政府的作用。这些不同的观点体现着对于贫困的不同认识，同时也导致了不同的政策提案。

为医治或减轻贫困，社会学家提出了许多建议。这些不同的建议往往体现了对于贫困的根源的不同看法。主张强化政府干预的人将贫困视为社会状况和经济状况的结果，对此穷人很难控制。他们强调营养不良、学校不佳、家庭破裂、歧视、缺乏工作机会以及危险的环境是决定穷人命运的关键性因素。如果持这种观点，你也可能会认为，政府负有减轻贫困的责任，或是向穷人提供收入保障，或是改善产生贫困的条件。

第二种观点认为，贫困产生于不良的个人行为——这些行为是个人的责任，理所当然应由这些穷人自行矫正。在前几个世纪，主张自由放任主义的人坚持说，穷人是不勤俭持家的人，是懒汉，是酒鬼；恰如一个慈善工作人员在一个世纪以前所写的："什么时候不喝酒，什么时候就想起了需要有一份工作。"有时政府还被指责：培养了人们对拼凑起来的政府计划的依赖性，而这些计划是破坏人们的开创精神的。持这种批评观点的人认为，政府应当削减其福利计划，让人们去挖掘和开发自身的资源。

第十七章 效率与公平：重大权衡

关于贫困的辩论，著名的社会学家威廉·威尔逊（William Wilson）做过简练的总结：

> 自由主义者在传统上一直强调怎样将弱势群体的困境同更广泛的社会问题——如歧视、社会阶级界限——紧密联系起来……与此相反，保守主义者则强调，不同群体的价值观和竞争性资源，对于解释处境不利的阶层的经历非常重要。[1]

如果这两种观点及其所含因子能够被分解在政治方程中，那么今天的大多数的辩论都可能得到更好的理解。

大多数高收入国家都为有小孩的贫困家庭提供收入保障补助，而美国直到1996年才开始实行这个计划。当年，美国采取了多种较激进的措施，以增加穷人的收入。首先，设立了一项对有工作的家庭给予工资补助的计划；其次，取消了以"联邦政府"的名义对贫困家庭给以补贴，从而从根本上改变了现金援助计划。

工资补助计划也被认为是一种劳动所得税抵免，或简称EITC。该抵免适于劳动收入和补助性工资收入。2008年，这项补助金占到了劳动收入的40%，对于两个子女的家庭来说，最高的抵免额度达4 824美元，单亲家庭的收入约在3.9万美元的都能得到若干抵免。劳动所得税抵免被认为是一项"可兑现的"举措，因为它确实是向某个人进行了支付，而这个人又并不因此而欠税。

1　William Julius Wilson, "Cycles of Deprivation and the Underclass Debate," *Social Service Review*, December 1985, pp. 541–559.

传统的现金援助计划和劳动所得税抵免的区别是什么？现金援助给予贫困家庭最基本的好处，同时又减少了市场收入增加带来的好处。相比之下，劳动所得税抵免却是不补贴那些不工作的人，而只是补贴那些有工作的人。本质上讲，EITC 的原则是"不工作的人不能从政府那里得到钞票。"

从 20 世纪 30 年代一直到 1996 年，贫困家庭都可以从联邦现金援助系统——"有子女家庭的援助项目"中获益。这项以联邦政府名义冠名的援助计划，意味着任何符合条件的家庭，都有依据法律程序获得该项目的权益。

克林顿总统曾经提出并致力于一项"福利改革"计划。1996 年，他与共和党占多数席位的国会达成了一项妥协，彻底地改革了联邦现金援助的办法。旧的法规开始为新的法案，也即《贫困家庭临时援助法案》（TANF）所取代。新法案将原先由联邦政府掌管的现金援助的权力全部下放移交给了全国的 50 个州。

新法案主要条款如下：

- 对穷人来说，现金援助计划最主要由各州的联邦基金和州政府负责。这项规定取代了早先由政府挑出收入最多的州实施福利政策的规定。
- 在 TANF 下，原先的联邦现金援助计划已被取消。
- 联邦支持的福利基金项目援助每个家庭的最长年限是 5 年。5 年以后，即使该家庭搬到另一个州或者已经许多年得不到福利支持，支持资金也将被撤销。

- 受项目支持的成年人在接受援助2年以后必须从事某项工作。
- 合法移民可能被排除在TANF条款之外。
- 其他主要的对低收入家庭的支持条款大部分都没有改变。

评 价 1996年的福利改革是社会政策方面一种激进的试验。它首先对劳动市场产生了影响。原有福利的失去将迫使一部分人去找工作,这会导致文化程度低的、没有技能的劳工大量增加。劳动供给增加将会降低最低工资水平和增加收入的不公平性(可以说,移民的猛增也是导致近30年来没有技能劳工工资水平下降的原因)。如果某些劳工的均衡工资降到了最低工资线以下,那么有可能会导致这类劳工失业率的增加。

新法案为社会经济保守主义者所强调的一个新的原则是:在贫困家庭收入支持方面,联邦政府向州政府下放了职责。这个规定同中央集权化的收入支持计划所体现的原则形成了鲜明的对照。许多经济学家认为,改革举措,如向各州提供"块状授权"或一次性定额拨款,并要求各州担负起保障流动人口福利的责任等,会促使州政府有强烈的动机去调整开支,降低成本,减轻低收入人口所带来的财政负担。这种机制一直被叫做"向底线赛跑",最后均衡的结果将是每个州都提供最低限度的福利并使全国各地低收入家庭受益。

EITC的影响和1996年的福利改革使得大多数的分析家为之一惊。主要的影响有如下几点:

- 福利申请数量的下降幅度是空前的、广泛的和持续的。从1995年至2008年,享受福利的家庭数目下降幅度超过了

70%。虽然下降为人们所预期，但是下降的幅度和持续时间如此之长却是惊人的。
- 有子女抚养的单身母亲的劳动参与率得到大幅度的提高。经济体制内部的激励和劳动力市场的繁荣使得妇女们放弃了福利而投身于工作之中。

新世纪初期的经济政策

当我们跨入新的世纪，应该怎样重新定义政府在经济中的角色呢？在本章结束之际，我们就此提出以下三点反思：

1. 我们已经考察了政府的主要职能：矫正市场失灵，对收入进行再分配，稳定经济并促进长期经济增长。每一项职能都至关重要。今天，没有一个有责任感的人会提议废除政府，允许核废料的弃置，让可怜的孤儿在街头饥寒交迫，中央银行私有化，或者开放边界让人、货物和毒品随意流入。现在的问题不在于政府是否应该管制，而在于怎样管制和管制什么。
2. 虽然政府在文明社会中扮演着一个核心的角色，但我们必须不断地重新评估政府政策的目标和手段。政府对政治权力的垄断，使得政府应当肩负特殊的责任以保证效率。公共基金中，浪费在一些项目上的每一美元，原本都可以用来促进科学研究和减少饥饿。由于税收无效率而浪费掉的每一美元，势必都会减少人们改善住房或上大学的机会。经济学的基本前提在于资源的稀缺性，这一点既适用于私人部门，也适用于政府。

3. 尽管经济学可以用来分析公共政策的焦点问题，但却不能得出最终的答案。因为在所有这些问题的背后都存在一个"怎样才正当与公平"的规范性假设和价值判断。因此，经济学的作用就在于尽最大的努力使实证的科学与规范的判断相分离，也即在大脑的经济计算和心灵的人文情感之间划清界限。但这并不意味着职业经济学家就应该是冷血的计算机，在政治观点方面，经济学家之间也存在着分歧，这同普通大众并没有什么两样。保守派的经济学家竭力地要求减少政府职责范围和停止转移支付计划，而开明的经济学家则是积极地鼓吹减少贫困和用宏观经济政策减少失业。经济科学不能说哪一种政治观点是正确的或错误的，但是它能为这种大辩论提供武器和弹药。

第十八章 国际贸易

致国民议会：我们正在同国外对手进行一场令人难以忍受的竞争。这个对手生产光线的条件十分优越，可以用很低的价格占领我们的市场。这个对手不是别人，而是太阳。为此我们请求通过一项法律，关闭和堵塞所有可以透光的窗户、通道和缝隙，使它无法损害我们这个为国民谋福利的产业。签名：蜡烛制造商

——巴斯夏

国际贸易的实质

在日常生活中，我们很容易忽视国际贸易的重要性。美国向其他国家输出大量的食品、飞机、计算机和机器；作为回报，我们得到大量的石油、鞋子、汽车、咖啡以及其他的商品和服务。尽管美国人为自己的创造才干而自豪，但冷静反省一下，自己所消费的很多东西，包括火药、古典音乐、钟表、铁路、青霉素以及雷达等，都是出自于久远那些也许已被遗忘了的人们的聪明才智。

推动国际贸易发展的经济力量究竟何在？简单地讲，就是贸

易能够促进专业化，而专业化则能够提高劳动生产率。在长期内，扩大的贸易和更高的劳动生产率能使所有国家人们的生活水平都得以提高。于是各国都逐渐意识到，向全球贸易体系开放自己的市场，是经济通向繁荣的最佳途径。

在本章中，我们将讨论决定国际贸易的基本原则，以拓展先前的分析。国际贸易是一个制度体系，各国都经由它来出口和进口商品、服务及资本。国际经济学中包含许多当今最有争议的问题：一个国家有如此多的消费品产自外国，该国应否为此忧虑呢？我们能否从自由贸易中获利，或者说，我们应否限制与墨西哥和中国的贸易呢？在与"廉价的海外劳动力"的国际竞争中，美国工人是否蒙受了损失呢？应该怎样把主宰国际贸易的原则延伸到知识产权，如版权和专利权的保护上？找到解决这些问题的答案，具有重大的经济意义。

从根本上讲，贸易就是贸易，而无需考虑从事它的人是在国内还是国外。尽管如此，国内贸易和国际贸易之间还是存有三大差异，这些差异在实际操作中和经济学意义上都会产生重要的影响：

1. 扩展了的贸易机会。国际贸易的主要好处是它拓宽了贸易的范围。如果我们只能消费本国生产的东西，那么世界在物质上和精神上都会变得贫乏单调。加拿大人会没有酒喝，美国人会吃不到香蕉，世界上大部分地区的人将欣赏不到爵士乐和好莱坞电影。

2. 主权国家。跨国界的贸易涉及不同国家的公民和厂商。每个国家都是一个主权实体,都对跨越国界的人口、商品和资金流动进行管制,这与国内贸易明显不同。在国内贸易中,只有一种货币,商品和货币可在境内自由流动,人口很容易搬迁以寻求新的机会。国家有时会通过关税或配额,对国际贸易设置壁垒,以"保护"会受影响的工人或企业,使其免遭国外竞争的冲击。

3. 国际金融。大多数国家都有自己的货币。我想用美元购买一辆日本汽车,但丰田公司可能希望我用日元支付。汇率是不同货币之间的相对价格(如以美元换算的日元价格),美元与日元的兑换必须按照汇率来进行。国际金融体系必须保证美元、日元以及其他货币能够顺利流通和兑换,否则贸易便将面临搁浅。有关国际贸易的金融方面的问题,我们将在宏观经济部分的有关章节中进行分析。

美国国际贸易的主要内容有哪些呢?表 18-1 列出了美国 2007 年对外贸易的商品构成情况。尽管服务业贸易增长迅速,商品尤其是制成品仍是贸易的主要部分。这些数据显示,美国出口数量惊人的初级产品(如食品),进口大量的精密的和资本密集型的制成品(如汽车和计算机设备)。而且,我们还可以发现大规模的双向的或产业内部的贸易。在一个特定的行业中,美国在同一时期内往往既需要进口也需要出口,因为产品的高差异性已经导致不同的国家都可以在该产品市场上占有一席之地。

表 18-1　商品和服务的国际贸易

商品和服务的国际贸易，2007 年（10 亿美元）		
	出口	进口
商品	**1 149**	**1 965**
粮食和饮料	84	50
工业制成品	316	269
资本品	446	284
汽车	121	204
消费品	146	308
其他商品	36	49
服务	**479**	**372**
旅游	97	76
客运	25	29
其他运输	52	67
版税与牌照费	71	28
其他私人服务	217	135
军火销售和政府采购	17	37
商品和服务总计	**1 628**	**2 337**

美国出口从粮食到知识产权等五花八门的商品和服务。2007 年，美国的进口额约超过出口额 700 亿美元。美国主要出口一些专业化的资本品，如机器设备。同时美国进口许多制成品，像小汽车和照相机，这是因为其他国家在某些市场上具有专业化优势，并享有规模经济效益。

资料来源：美国经济分析局（U.S. Bureau of Economic Analysis），可通过网址 *www.bea.gov/international/* 访问。

商品和服务的国际贸易原因

　　国际贸易模式背后的经济因素是什么？基于以下三种原因，各国都发现参与国际贸易是有利可图的：生产条件的多样性，各

341 国偏好不同，生产成本随规模递减。

由于生产可能性的多样化，各国之间才会发生贸易。事实上，生产条件的差异在一定程度上所反映的还是各国自然资源和要素禀赋的差异。一国可能拥有石油，而另一国则有大量肥沃的土地；一个多山的国家可以大量用水力发电再卖给邻国，而一个拥有深水港的国家可以成为一个国际船运中心。

贸易的第二个原因在于偏好。即使所有国家和地区的生产条件是相同的，但如果它们对商品的偏好不同，则国与国之间也还是需要进行贸易的。

举例来讲，假设挪威和瑞典两国从海里捕的鱼和在陆地上生产的肉类食品在数量上差不多，但瑞典人非常喜欢吃肉，而挪威人则偏爱吃鱼。那么，对双方都有利的贸易——挪威出口肉到瑞典，瑞典出口鱼到挪威——就会发生，两国都将从这种贸易中获利，国民的满足程度会提高，就像童话中杰克·斯普拉特（儿歌里的小矮人，很胖——译者注）用自身的肥肉交换他老婆的瘦肉一样。

也许，进行贸易的最重要原因是各国在生产成本上存在差异。在不同国家之间，劳动力成本存在着巨大的差异。举例来说，2006年中国的每小时工资为1美元，相当于西欧国家的1/30。国际企业为更加有效地竞争，纷纷寻找其产业链的某些环节落户到中国，利用中国的非熟练劳动力来获取利润。当一个音乐播放器或手机上标明"中国制造"时，这很可能只意味着它是在中国组装的，而设计专利、市场营销和硬件驱动等则很可能是在其他国家完成的。

当今世界的一个重要特征是：一些企业或国家享有规模经济的优势；也就是说，当产出扩张时，生产中的平均成本将会降低。当某个国家在某一产业上具有先发优势时，它就可以成为该产业的高产量、低成本的制造商。规模经济使得它比其他国家占有明显的成本和技术优势。其他国家会发现，从领先的厂商那里购买，比自己动手制造要更加便宜。

在需要投入大量的研发经费的产业中，规模大通常是一项重要的优势。作为世界上领先的飞机制造商，波音公司可将设计、开发和测试新飞机的巨额成本分摊到它所出售的大量产品之上。这意味着，它可以比那些销售量小的竞争者以更低的价格出售飞机。波音唯一真正的竞争对手是欧洲的空中客车公司。由于从几个欧洲国家获得了研发经费，空中客车公司才得以创建和运营。

成本递减的例证可以帮助我们解释表18-1中大量的产业内贸易这一重要问题。为什么美国同时进口和出口计算机及相关设备？不妨看一下英特尔这样的生产高端半导体的公司。英特尔公司不仅在美国，而且在中国、马来西亚和菲律宾设有制造厂。公司时常从一个国家将生产出来的零部件运送到另一个国家进行组装和测试。此外，在汽车、钢铁、纺织及许多其他制造业产品上，我们也都可以看到类似的一个产业内的国际分工格局。

国家间的比较优势

比较优势原则

各国应该生产和出口具有独特优势的商品，这一点已经是一个常识。但在常识之外，还有一个更深刻的能适合所有贸易（在家庭内部、国家内部或国家之间）的基本原则。比较优势原则认为，即使一国在每种商品的生产上比其他国家都绝对地更有效率（或绝对地更缺少效率），该国也仍然能够从国际贸易中获益。事实上，按比较优势原则进行的国际贸易对所有的国家都有利。

设想一个世界上只有两种产品——计算机和服装。假设在计算机和服装的生产上，美国每个劳工的产出（或每单位投入的产出）比其他国家都高；但假设美国在计算机的生产上比它在服装的生产上要更有效率。以数字为例，其计算机的劳动生产率要比其他国家高50%，而服装的劳动生产率只比其他国家高10%。在这种情况下，通过出口其生产效率相对更高的产品（计算机），进口其生产效率相对较低的产品（服装），美国将从国际贸易中获得利益。

或者，看一下像马里那样的小国。在马里，工人使用手工织机，其劳动生产率比工业化国家的低很多。在这种情况下，它如何指望出口纺织品呢？令人惊讶的是，根据比较优势原则，马里通过出口其生产效率相对较高的商品（如纺织品），而进口生产效率相对较低的商品（如涡轮机和汽车），也能够从贸易中获利。

第十八章 国际贸易

比较优势（也译作"相对优势"或"比较利益"——译者注）原则认为，如果各国专门生产和出口其生产成本相对低的产品，就会从贸易中获益。或者反过来说，如果各国进口其生产成本相对高的产品，也将从贸易中得利。

这一简单的原理为国际贸易提供了坚固的基础。

不妨以两个世纪以前的美国和欧洲为例，来解释国际贸易的基本原理。如果美国的劳动生产率（或者更一般地说，资源的生产效率）比欧洲高，这是否意味着美国就不需要进口任何东西呢？反过来，如果欧洲因此利用关税或配额来保护其市场，这种做法在经济上是否就明智呢？

1817年，英国经济学家大卫·李嘉图首先回答了这个问题。他揭示了国际分工对一国是有利的，并称它的这一结果为比较优势原则。

为简单起见，李嘉图只分析了有两个地区和两种产品的情况，并选用劳动小时数来衡量所有的生产成本。我们现在依照他的方式，讨论欧洲和美国的粮食和服装的贸易情况。[1]

由表18-2可见有关数据。在美国，生产1单位粮食需要1小时劳动，生产1单位服装需要2小时劳动；在欧洲，生产粮食的成本是3小时劳动，生产服装的成本是4小时劳动。我们看到，美国在这两种商品上都拥有绝对优势，它生产两种商品的绝对生产效率都要比欧洲高。但是，美国在粮食生产上有相对优势，而

---

[1] 多个国家和商品的比较优势分析将在本章后面展开。

表 18-2　比较优势只取决于相对成本

美国和欧洲从事生产的劳动需求

产品	生产所需求的劳动（劳动一小时）	
	美国	欧洲
1 单位粮食	1	3
1 单位服装	2	4

在上述例子中，美国生产粮食和服装的劳动成本都比欧洲低。美国的劳动生产率是欧洲的 2~3 倍（在服装生产上是 2 倍，粮食生产上是 3 倍）。

欧洲在服装生产上有相对优势，因为美国的粮食相对便宜，而欧洲的服装相对便宜。

从这个事实出发，李嘉图证明了，如果两国都专门生产其具有比较优势的商品，即美国专门生产粮食，欧洲专门生产服装，那么它们就都会获得利益。由此，美国会向欧洲出口粮食以换取欧洲的服装，而欧洲也会向美国出口服装换取美国的粮食。

为分析贸易效果，我们必须衡量两种情况下，两国生产和消费的粮食和服装的数量：（1）没有国际贸易时的情况；（2）两国专门生产自己具有比较优势的产品并进行自由贸易时的情况。

贸易前　先考虑一下没有任何国际贸易时的情况。没有贸易的原因可能是因为贸易非法，或存在禁止性关税等。表 18-2 所列的是美国工人 1 小时的实际工资，它相当于 1 单位的粮食和 1/2 单位的服装；而欧洲工人工作 1 小时只能挣得 1/3 单位的粮食或 1/4 单位的服装。

如果两个孤立的国家的市场都是完全竞争的，则显然，两国的粮食和服装的价格会由于生产成本的不同而不同。在美国,因为生产1单位的服装要花费两倍于生产1单位粮食的劳动,所以服装的价格将是粮食的两倍。在欧洲,服装价格则为粮食价格的4/3。

贸易后 现在设想所有的关税都取消了,自由贸易可以进行。为简便起见,我们进一步假设不存在运输成本。当贸易开放后商品将怎样流动呢?在美国,服装的相对价格较高(价格比是2,欧洲则是4/3);而在欧洲,粮食相对较贵(价格比是3/4,美国则是1/2)。假设这些相对价格,同时没有关税和运输成本,于是,粮食会很快由美国运到欧洲,而服装则由欧洲运到美国。

当欧洲服装进入美国市场之后,美国的服装制造商会发现,服装价格下降从而利润减少,于是他们开始关闭自己的工厂。相应地,当美国粮食冲击欧洲市场时,欧洲的农场主发现粮食的价格开始下降,他们将遭受损失,有些甚至面临破产,于是各种资源就会从农业中抽走。

当所有的国际贸易调整都完成之后,欧洲和美国的服装和粮食价格就会变得相等(就如同一旦你将两个相连的水管之间的障碍物清除了之后,两个管子中的水就会达到同一水平高度)。由于没有供给和需求的进一步详细的材料,我们不知道价格会达到什么水平,但可以确定,新的相对价格一定是在欧洲的价格比率(粮食对服装的价格比为3/4)和美国的价格比率(1/2)之间。让我们假设最终比率为2/3,即2单位的服装可以换得3单位的粮食。为简便起见,我们以美元衡量价格,并假设自由贸易时粮食的价格为2美元，这意味着服装的自由贸易价格为3美元。

在自由贸易条件下，不同地区的生产活动发生了改变。美国将资源从服装业撤出，专门生产粮食。而欧洲则缩小了农业部门，扩大了服装制造产业。在自由贸易条件下，各国将其生产转向自己具有比较优势的领域。

两个地区对国际贸易开放的经济影响是什么？整体上讲，美国会从服装的进口成本比自己生产成本要低这一事实中受益。同理，欧洲也从专门生产服装和消费比国内生产成本低的进口粮食中获利。

估算贸易利得的一个最简便的方法，是计算贸易对工人实际工资的影响，实际工资以工人每小时工资可购买的商品数来衡量。由表18-2我们可以推知，欧洲和美国的工人贸易后的实际工资都比贸易前要高。为简明起见，假设每个工人买1单位服装和1单位粮食。贸易前这一商品组合要花去美国工人3小时的工资，花去欧洲工人7小时的工资。

如同我们已经看到的，开放后服装的价格是1单位3美元，粮食的价格是1单位2美元。一个美国工人仍需工作1小时才能买到1单位粮食，因为粮食是国内生产的；但在2/3的价格比率下，美国工人只需工作1.5个小时就能买到1单位的欧洲服装。于是在允许贸易后，这一商品组合只需花费一个美国工人2.5小时的工资——这表明美国工人的实际工资上升了20%。

对于欧洲工人来说，在自由贸易的情况下，生产1单位服装仍需花去4小时的工资。但为取得1单位粮食，欧洲工人只需生产 2/3 单位的服装（这需要工作 2/3×4 个小时），然后按 2/3 单位服装换 1 单位美国粮食的比率进行贸易。于是为取得这一消费组合，欧洲工人所需工作的小时数为 $4 + 2\frac{2}{3} = 6\frac{2}{3}$ 个小时，这表明实际工资相对于没有贸易的情形提高了大约 5%。

在自由贸易条件下，当各国集中在自己具有比较优势的领域进行生产和贸易时，每个国家的情况都会变得比原先要好。与没有贸易的情况相比，当各国的劳工专门生产自己具有比较优势的产品，并用以交换比较劣势的产品时，他们工作同样的时间就能获得更多的消费品。

近年来，美国人开始关注外包。这究竟是怎么一回事呢？外包是指将服务业务或生产加工等分派到海外去进行。电话营销、医疗诊断、出版业务、网络开发和工程设计，都是外包的成功范例。曾几何时国际贸易主要是以交易货物为主，而境外服务一直价格昂贵。但现在，依靠便捷高效和价格低廉的网络电信服务，境外服务可以到成本更低的地方去完成。19 世纪，成本低廉的远洋运输曾使得国际谷物贸易的规模显著扩大；如今，成本低廉的通信服务，也使得印度建筑设计师有可能为纽约的公司完成设计等工作。

许多经济学家认为，外包贸易可视为比较优势原则在更多领域中的推广。举例来说，格里高利·曼昆在担任 G.W. 布什总统的首席经济顾问期间曾指出："我认为外包将是一种不断增长的贸易现象。然而应当看到，长期内它对我们的经济应当是有利的。"曼昆的评论在共和党和民主党中都引发了一场激烈的争论，一位政客称其为"爱丽丝梦游仙境的经济学"。

大多数经济学家都倾向于同意曼昆的观点，即认为外包是比较优势原则进一步应用的范例。这当然会影响美国政策当局的立场。普林斯顿大学的一位经济学家（也是民主党总统的顾问）艾伦·布林德曾对此作了详尽的分析，并对美国（或许也是对当今的学生们）提出了如下的建议：

> 发达国家尤其是像美国这样的富国，将不得不重新认识"工作"的本质，以拓展其在非贸易的服务领域中的巨大优势：离"摇钱树"最近！这将在一定程度上意味着，服务的"生产"将会进一步实行专业化分工，个人服务势必将既是自主的也是高回报的。可见，美国未来的劳动力中，势必将出现更多的高级离婚律师和更少的例行合同事务的律师；势必将有更多的内科医生和更少的放射科医生；势必将有更多的营销员和更少的打字员。美国市场体系对这场调整看来反应良好，尽管所涉及的面的确非常之宽。以前如此，今后亦然。尽管如此，这场调整仍然需要时间，且可能朝着某些还不确定的方向发展。

比较优势图解

我们可以用生产可能性边界（PPF）对比较优势作进一步的分析。尽管在这里依然是使用以劳动成本为基础的简单的数值例子，但分析结论在一个拥有多种不同投入品的竞争世界中也同样是有效的。

在第1章，我们曾介绍了生产可能性边界（PPF），它表示的是在既定的资源和技术水平下，一个社会所能生产的商品的组合。利用表18-2中的生产数据，并假设美国和欧洲都有600单位劳动，我们可以很容易地得出各自的生产可能性边界。图18-1中列示的是美国在既定的要素投入和技术水平下，生产粮食和服装时可能达到的水平。图18-1显示了各种生产可能性，图中DA线是美国的生产可能性边界，它的斜率为-1/2。这表明粮食和服装在生产中的替代条件。在没有国际贸易的竞争市场上，粮食对服装的价格

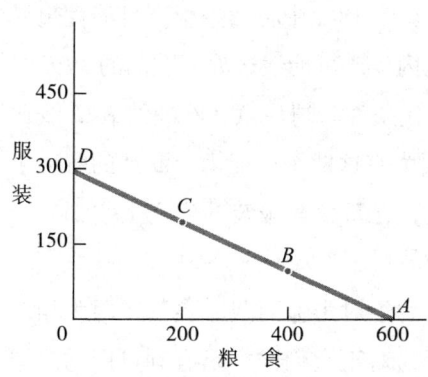

图 18-1 美国的生产数据

固定成本线 DA 代表美国国内的生产可能性边界。在没有贸易时，美国将在 B 点生产和消费。

美国的生产可能性表（1:2固定成本比率）

可能性	粮食（单位）	服装（单位）
A	600	0
B	400	100
C	200	200
D	0	300

比率是1/2。

到目前为止，我们集中讨论的是生产，而一直忽视了消费。请注意，如果美国孤立于所有的国际贸易之外，那么，它只能消费由自己生产的东西。假设，按其收入和市场需求，图18-1中的 B 点代表美国在没有国际贸易时的生产和消费。此时，美国生产并消费400单位粮食和100单位服装。

同样我们可以分析欧洲。欧洲的生产可能性边界看起来与美国不同，因为它在粮食和服装生产上具有不同的效率。欧洲两种商品的价格比率是3/4，代表了欧洲在粮食和服装上的相对生产率。

现在两个地区之间可以进行贸易了。粮食可按某种价格比率与服装进行交换。我们将出口价格与进口价格的比率称为**贸易条件**。为说明贸易可能性，我们在图18-2中将两条生产可能性边界放在一起。美国的 PPF 线是国内生产可能性边界，欧洲的 PPF 线亦体现了欧洲粮食与服装的替代条件。请注意，欧洲的 PPF 线比美国的 PPF 线更靠近原点，因为在这两个产业内，欧洲的劳动生产率比美国都要低。换句话说，在粮食和服装的生产上它都处于绝对劣势。

不过，欧洲不必因为自己的绝对劣势而灰心丧气，因为相对劳动生产率或比较优势使得贸易对于它们同样是有利可图的。图18-2中外边的线代表贸易利得。如果美国能按欧洲的相对价格进行贸易，它可以生产600单位的粮食，并按图18-2（a）中外面的曲线向左上方移动。这条曲线代表由欧洲的 PPF 形成的价格比率或贸易条件。同理，如果欧洲按美国的价格进行贸易，欧洲会专

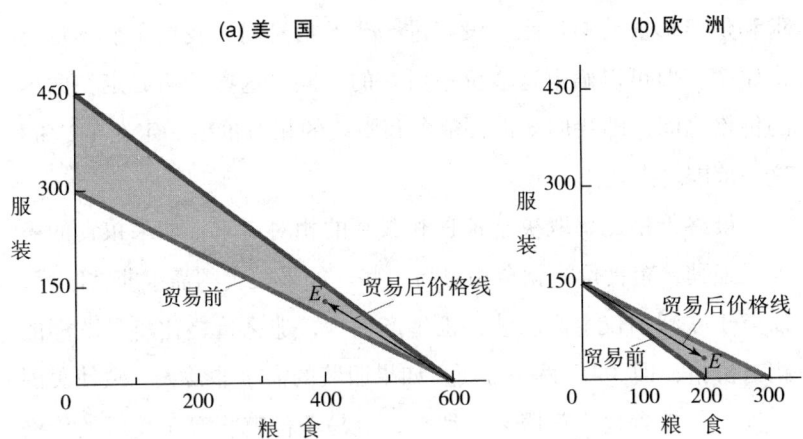

图 18-2 比较优势图示

通过贸易,欧洲和美国都提高了其可能的消费量。如果不允许贸易,各地区只能满足于它们自己生产的商品,于是就局限于各自的生产可能性曲线之上,在本图中为标有"贸易前"的两条线。对贸易开放后,竞争使得两种商品的相对价格相等,相对价格线就会如图中箭头所示。如果每个地区面临箭头所示的价格,你能看出为什么其消费可能性一定会改善吗?

门生产服装,并沿图 18-2(b)中的 PPF 线向右下方移动,该线代表的是美国在贸易前的价格比。

于是我们可以得出一个重要而令人惊讶的结论:小国从贸易中获得的利益较多。这是因为它们对世界价格的影响力小,所以能按与国内价格非常不同的世界价格进行贸易。由此你可以看出,为什么与其他国家非常不同的国家从贸易中获利最多,而大国的贸易获利则很少。

均衡价格比率 贸易一旦开始,世界市场必将根据整个市场的需求和供给形成价格体系。没有进一步的信息时，我们不能确定价格比率，但可以确定这些价格所在的区间。这些价格必定在两国的价格之间，即我们知道，粮食和服装的相对价格一定在 1/2~3/4 这一范围之内。

最终价格比率取决于粮食和服装的相对需求。如果粮食的需求很强劲，粮食价格就会相对高一些。如果粮食的需求非常旺盛，以至于欧洲不仅生产服装，也生产粮食，那么价格比将是欧洲的相对价格，即 3/4。另一方面，如果服装的需求非常大，致使美国不仅生产粮食也生产服装，那么，贸易条件就将等于美国的价格比率 1/2。如果各地区完全按其比较优势进行专业分工，即欧洲只生产服装，而美国只生产粮食，那么价格比率将在 1/2 和 3/4 之间，具体的比率取决于需求的力量。

现在假设需求使得最终的价格比率是 2/3，即 3 单位的粮食可换 2 单位服装。在这种价格比率下，各地区将专门生产（美国生产粮食、欧洲生产服装）和出口自己具有比较优势的商品，并按 2/3 的世界价格比率换得另一种产品的进口。

由图 18-2 可见贸易将如何发生。每个地区都面临一个消费可能性曲线，它们按照这个曲线生产、贸易和消费。消费可能性曲线始于该地区的完全专业分工点，到 2/3 的世界价格比率处结束。图 18-2（a）中箭头所示是美国的消费可能性曲线，斜率为 $-2/3$，由其完全专业化分工点（生产 600 单位粮食，不生产服装）出发。同理，图 18-2（b）中箭头所示为欧洲贸易后的消费可能性曲线，斜率为 $-2/3$，由其完全专业化分工点向右下方倾斜。

图 18-2 中的 E 点表示最终结果。在这个自由贸易的均衡点上，

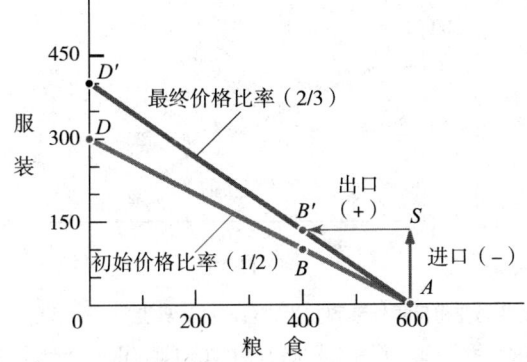

图18-3 贸易前后的美国

自由贸易扩大了美国的消费选择。DA代表美国的生产可能性曲线，D'A代表美国以2/3的价格比率进行自由贸易并完全专业化分工于粮食的生产（在A点）时，美国的消费可能性曲线。S到B'和A到S的箭头是美国出口（+）和进口（−）商品的数量。自由贸易的结果是美国最终停在B'点，消费的两种商品都比它沿DA生产时要多。

欧洲专门生产服装，美国专门生产粮食，欧洲出口133⅓单位的服装换取美国200单位的粮食。两个地区消费的商品都比由它们自己生产时要多，两个地区都能从国际贸易中受益。

图18-3显示了美国从贸易中所获得的利益。靠近原点的那条线是生产可能性边界，外面的线是世界价格比为2/3时的消费可能性曲线，箭头表示的是出口和进口的数量。美国在B'处停止贸易。通过贸易，它沿着D'A移动到B'，其效果与一个卓有成效的新发明一样将生产可能性边界外推。

图18-4总结了上述分析。由图可见世界的生产可能性边界。世界的生产可能性边界代表了当商品以最有效率的方式（即最有

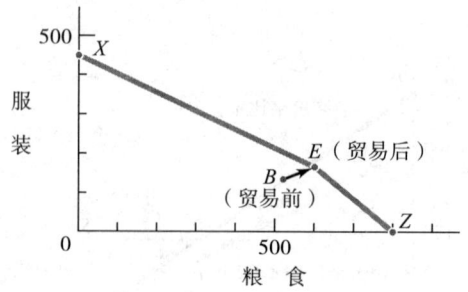

图 18-4　自由贸易使得世界能移到其生产可能性边界上

在这里,我们将世界作为一个整体来说明自由贸易的作用。允许进行贸易前,每个地区处在自己国家的生产可能性边界上。由于没有贸易的均衡是无效率的均衡,因而世界处于其生产可能性边界内部 B 点。

自由贸易使得每个地区按其比较优势生产专业化的商品。由于有效率的专业化分工的存在,世界生产向外移到其效率边界上的 E 点。

效率的劳动分工和地区专业化)生产时,既定的世界资源可能取得的最大产出。

世界的生产可能性边界是由图 18-2 中两个地区的生产可能性边界所组成的,它代表两个地区的 PPF 线可能得出的世界产出的最大水平。例如,在图 18-2 中可以看出,能够生产的粮食的最大产量(不生产服装)在美国是 600 单位,在欧洲是 200 单位,加起来得到世界的最大量 800 单位。将这一点(800 单位粮食,0 单位服装)在图 15-4 中标出,再通过两地区的 PPF 线画出世界 PPF 线上的另一点(0 单位粮食,450 单位服装),这样,通过仔细计算两个地区有效率地分工于两种商品生产时的世界最高产出,我们可以画出上述两点之间的所有的点。

在开放贸易之前,世界的产出处于 B 点,这一点是低效率的(在世界 PPF 线之内),因为不同地区生产不同商品相对效率不同。开放贸易之后,世界产出移到贸易均衡点 E,此时各国集中力量在其具有比较优势的领域进行生产。

竞争市场中的自由贸易使得世界生产能够上移到其生产可能性边界上。

扩展到多种商品和多个国家

现实生活中,国际贸易所涉及的国家不只是两个,商品也不只局限于两种。但上面我们所讨论的原理却不会因此而有实质性的改变。

当两个国家或地区以不变成本生产多种商品时,就可以按比较优势或比较成本对这些商品进行排序。举例说明,这些商品可能是微处理器、计算机、飞机、汽车、葡萄酒、羊角面包,并全部按照比较优势排序,见图 18-5。从图中你可以看出,在所有这些商品中,相对欧洲的成本而言,微处理器在美国最便宜。欧洲则在羊角面包的生产上拥有最大的比较优势。20 年前,美国在商务飞机市场上占有主导地位;但现在,欧洲已经取得了相当可观

| 美国的比较优势 ← | 微处理器 | 计算机 | 飞 机 | 汽 车 | 葡萄酒 | 羊角面包 | → 欧洲的比较优势 |

图 18-5 有多种商品时,存在一个比较优势序列

的市场份额，所以"飞机"在比较优势序列上右移了。

我们实际上可以肯定，贸易的引入会使美国生产和出口微处理器，而欧洲将生产和出口羊角面包。但分界线会落在哪里呢？在飞机和汽车之间？或者在葡萄酒和羊角面包之间？还是将落在某种商品上而不是在两种商品之间——或许汽车在两处都可以生产。

你会毫不惊讶地发现，答案取决于对不同商品的需求和供给。我们可以将这些商品想象成按其比较优势串在一根线上的珠子，供给和需求的力量将决定美国和欧洲生产的分界线落在何处。举例来说，对微处理器和计算机需求的增加会使价格向美国商品的方向移动，这种移动使美国将其力量集中于更有比较优势的领域进行生产，以至于它在比较劣势领域（如汽车）的生产不再是有利可图的。

多个国家时情形会怎样呢？引入多个国家并不改变我们的分析。当只考虑一个国家时，其他所有的国家可以合成一组被视为"世界其他国家"。贸易的优势与国界并无特殊联系，上面分析的原理适用于不同的国家组以及同一国家内的不同地区。实际上，它适用于美国北部和南部各州的贸易，正如它适用于美国和加拿大的贸易一样。

当有许多国家时，参与三角贸易或多边贸易一般来说是有益的，因为两个国家之间的双边贸易通常是不平衡的。

考虑一下图 18-6 中三角贸易的简单例子。图中箭头表明了出

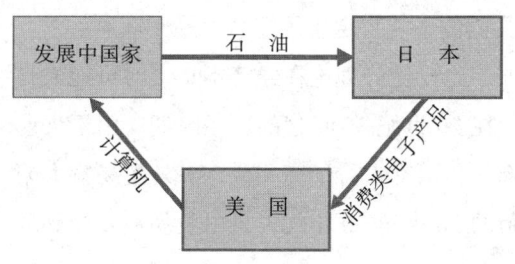

图 18-6 三角贸易对各方都有利

在现实中，国际贸易和国内贸易一样，是多边的。

口的方向。美国从日本购买消费类电子产品，日本从发展中国家购买石油和初级产品，发展中国家从美国购买计算机。现实中的贸易比这个三角贸易的例子当然还要复杂得多。

限制条件和结论

现在我们已经比较系统地学习了比较优势理论，它的结论适用于任何数量的国家和商品，而且可以被一般化以解决多种投入、要素比例变化及收益递减等问题。但我们必须强调，这个理论有两个重要的限制条件：

1. 古典假定。从理论上讲，比较优势理论的主要缺陷在于它的古典假定，即假定经济是一种平稳运行的竞争经济。当存在本地或全球公共品的时候，贸易可能导致环境问题的恶化（进一步的讨论见第 14 章）。而且，非弹性价格和工资、商业周期以及非自愿失业可能会导致低效率。当宏观或微观经济出现市场失灵的时候，贸易会将一国推到它的生产可能性边界以内。如果由于环境或其他问题使经济处于衰退或价格体系不能正常运行时,我们便不能肯定各国能从贸易中获利。

考虑到这种局限,比较优势理论在经济不景气时可能大打折扣就不足为奇了。在20世纪30年代的萧条时期,由于失业猛增,实际产出下降,各国都实行了高关税,对外贸易额大幅下降。此外,在繁荣的20世纪90年代,自由贸易愈发受到环保主义者的攻击,他们认为自由贸易使一些公司可以将污染物排放到大海或那些管制宽松的国家中。在对自由贸易的最新批评中,环保主义者一马当先(见本章结尾部分的"自由贸易谈判")。

2. 收入分配。第二个限制条件与对某些特定的人、部门或生产要素所产生的影响有关。我们在前面已经说明,一国开放贸易会增加国民收入,能消费到比不进行贸易时更多的商品和服务。

但正如斯托珀-萨缪尔森定理所表明的那样,这并不意味着每个个人、企业、部门或生产要素都能从贸易中获益。我们能通过一个例子来说明上述定理。假设美国拥有相对熟练的劳动力,而中国拥有相对不熟练的劳动力。进而,假设飞机制造业更密集地使用熟练劳动力,而服装生产中更密集地使用非熟练劳动力。现在考虑从无贸易到自由贸易的变动情况。在这个例子中,我们预期美国将出口飞机,并进口服装。在美国,飞机的价格将上升,而服装的价格将下降。

有趣的是上述过程对劳动所造成的影响。国内生产转移的结果是,服装的价格和生产下降,从而导致对不熟练劳动力需求的下降;而飞机的价格和生产将上升,从而使得对熟练劳动力的需求上升。在工资可以灵活调整的情况下，这将导致美国不熟练劳动力工资的下降，以及熟练劳动力工资的上升。由此可知，自由贸易倾向于提高出口品中密集使用的要素的价格，同时降低进口品中密集使用的要素的价格。（在工资不能灵活调整的情况下，正如我们在宏观经济学的讨论中所表明的那样，这将导致不熟练劳动力的失业。）

最近的研究显示：在过去30年中，高收入国家非技能型劳动力的实际工资下降了，原因在于从低工资的发展中国家进口的商品增加了。工资之所以下降，是因为像服装这样的进口品，由发展中国家的非熟练劳动力生产。从某种程度上讲，这些工人与高收入国家服装产业中非熟练劳动力之间，具有高度的替代关系。服装业增长的国际贸易降低了服装的价格，从而降低了高收入国家不熟练劳动力的工资。

比较优势理论表明：一些其他部门的收益量要大于受损部门遭受的损失，而且从长期看，那些从低收入部门被赶出来的劳动力会逐渐转向高工资的工作。但那些暂时被国际贸易损害的人们确实受到了伤害，因此他们是贸易保护和贸易壁垒的支持者。

尽管比较优势理论有其局限性，但它是经济学中最深刻的真理之一。那些忽视比较优势的国家，在生活水平和经济增长方面，会因此而付出沉重的代价。

贸易保护主义

回到本章的开头,重新阅读"蜡烛制造商请愿书"。法国经济学家弗雷德里克·巴斯夏在文中讽刺了那些旨在排斥与国货相竞争的外国产品的要求。今天,人们往往也对来自国外的竞争心存疑虑,"购买国货"听起来似乎是一场爱国运动。

但自亚当·斯密以来,经济学家对此却有不同的看法。他们认为贸易能推进对各国都有利的国际劳动分工,自由和开放的贸易使得每个国家都能扩大其生产和消费的可能性,从而提高全世界的生活水平。而贸易保护主义则阻碍了比较优势发挥最大的作用。

本节将从经济学的角度回顾贸易保护主义的论点。

贸易和关税的供求分析

我们可以通过分析贸易商品的供求来说明比较优势理论。以美国的服装市场为例,为简单起见,假设美国只是全球市场的一小部分,所以不能影响服装的世界价格。(这个假设可以使我们很容易地分析供给和需求,之后我们将讨论一国能影响世界价格这一更现实的情形。)

图 18-7 是美国服装的供给和需求曲线,美国消费者的需求曲线是 DD,美国国内厂商的供给曲线是 SS。我们假设服装的价格由世界市场决定,为 1 单位 4 美元。尽管国际贸易是以多种货币进

第十八章 国际贸易 599

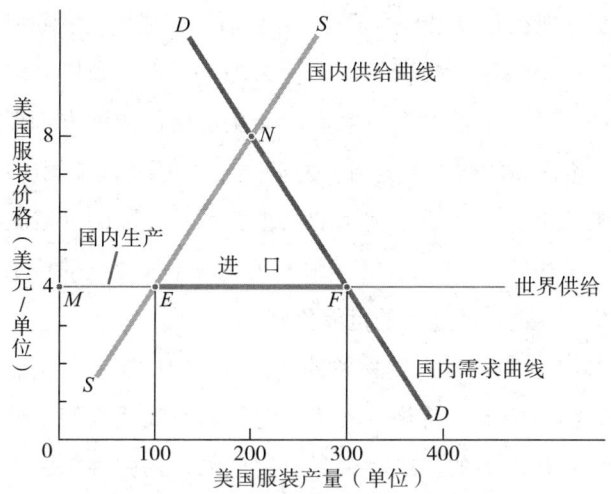

图 18-7 自由贸易条件下美国的生产、进口和消费

这里我们看到服装市场的自由贸易均衡。美国在服装上没有比较优势，于是在没有贸易的均衡点 N，美国的服装价格为 8 美元，而世界的价格是 4 美元。

假设美国的需求不影响每单位 4 美元的世界价格，当美国生产 ME（100 单位），并且进口国内需求与供给的差额 EF（200 单位）时，就达到了自由贸易的均衡。

行的，为简便起见，我们按现行汇率把国外供给曲线转换成以美元为计量单位的供给曲线。

无贸易均衡 假设服装的运输成本或关税是禁止性的（比如说，1 单位服装要付 100 美元的运输成本或关税），那么，无贸易均衡点在哪里呢？美国服装市场的均衡位于国内供给曲线和需求曲线的交点，即图 18-7 中的点 N。此时为每单位 8 美元，比世界价格要高，国内生产能满足所有的国内需求。

自由贸易 现在开放服装的贸易。在没有运输成本、关税和配额时,美国的价格应等于世界价格。为什么呢?因为,如果美国的价格比中国高,目光敏锐的企业家们就会从价格低的地方(中国)购买服装到价格高的地方(美国)去卖;于是中国将向美国出口服装。一旦贸易活动完全适应了美国的供求关系,美国的价格就会变得与世界价格相等。(如果存在运输和关税成本,美国的价格就会等于按这些成本进行调整后的世界价格。)

图 18-7 表明在自由贸易条件下,本例中的服装价格、数量和贸易是如何决定的。价格为 4 美元时的水平线代表的是进口的供给曲线,它是水平的,或者说具有完全的价格弹性,因为假定美国的需求量非常小,不能够影响服装的世界价格。

开放贸易后,进口服装流入美国,使美国的服装价格降到每单位 4 美元的世界价格水平。在这个价格下,国内生产者的供应量为 ME,即 100 单位,而此时消费者希望消费 300 单位。这个差额(图中为 EF)就是进口的数量。谁决定了我们要进口这么多的服装,而国内生产者只提供 100 单位的服装呢?是中国计划署,还是一个服装制造商的卡特尔?都不是,贸易的数量正是由供给和需求所决定的。

此外,无贸易均衡时的价格水平决定贸易流的方向。美国无贸易均衡时的价格比中国高,所以商品流入美国。请记住这条规则:在自由贸易下,或更一般地说在市场上,商品总是从价格低的地区流向价格高的地区。当市场进行自由贸易后,服装由价格较低的中国市场流向价格较高的美国市场,直到两处价格相等为止。

几个世纪以来，政府一直在利用关税和配额来提高收入和影响某些产业的发展。自18世纪英国议会试图对来自美国殖民地的茶叶、食用糖和其他商品征收关税以来，关税政策就一直被证明是一块酝酿革命和政治斗争的沃土。

我们可以通过供求分析来理解关税和配额的经济影响。请注

表18-3 各个国家和地区的平均关税率，2003年

国家或地区	平均关税率，2003（%）
中国香港	0.0
瑞 士	0.0
日 本	3.3
美 国	3.9
加拿大	4.2
欧 盟	4.4
俄罗斯	11.3
中 国	12.0
墨西哥	17.3
巴基斯坦	17.2
印 度	33.0
伊 朗	30.0
主要组别的平均值	
低收入国家	5.9
中等收入国家	14.1

在不同地区之间，关税的差异很大。现在美国与新加坡、中国香港这样的地区关税税率很低，尽管存在纺织和钢铁行业这样的例外。印度和伊朗这样的国家则继续保持着保护主义的贸易壁垒。

资料来源：World Trade Organization and government organizations.

意，**关税**是对进口商品课征的一种税。**配额**是一种对进口商品的数量限制，美国对许多商品实行配额，如花生、纺织品和牛肉。

表 18-3 列出了 2003 年主要国家的平均关税率。请注意，在大部分国家中，不同商品的关税水平差别很大。也许需要较为深入的讨论才能揭示，为什么美国进口马的关税为 0，而进口驴的关税却为 6.8%。但在另一方面，我们却很容易理解为什么美国对纺织品和钢铁都设有严厉的配额或者较高的关税。因为这些产品所涉及的产业，对国会或白宫都具有政治上的影响。

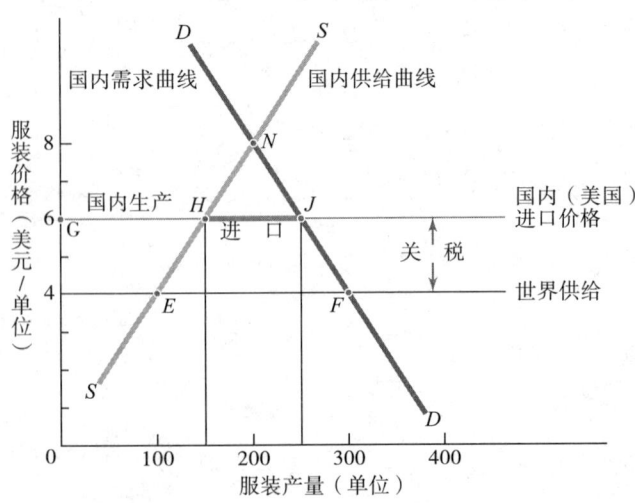

图 18-8 关税的效应
关税降低进口和消费，提高国内的产量和价格。从图 18-7 中的均衡自由贸易出发，美国现在对进口服装征收 2 美元的关税，从而进口的中国服装的价格上升到 6 美元（含关税）。

市场价格由 4 美元上升到 6 美元，导致总需求下降。于是进口由 200 单位缩减到 100 单位，而国内生产由 100 单位上升到 150 单位。

禁止性关税 最容易分析的例子是禁止性关税——一种税率非常高的关税，可以完全阻止任何商品的进口。回过头来看一下图18-7，如果服装的关税多于每单位4美元（即比8美元的美国无贸易均衡价格和4美元的世界价格之间的差额还要大），那么会发生什么呢？这将是一种禁止性关税，它会使所有的服装贸易都停止下来。一个进口商以4美元的世界价格购买服装，然后以8美元的无贸易价格水平在美国国内出售，显然这个价格并不能弥补商品的成本加关税。禁止性关税就是这样扼杀所有贸易的。

非禁止性关税 较低一些的关税（1单位服装征收不到4美元的关税）会损害但不会消除贸易。图18-8表明了当关税为2美元时服装市场的均衡。我们再次假定没有运输成本，2美元的关税意味着外国服装在美国将按1单位6美元的价格出售（相当于4美元的世界价格加上2美元关税）。

征收2美元关税后的均衡，使得国内消费（或需求量）由自由贸易时的300单位下降到征收关税后的250单位，国内生产的数量增加了50单位，进口数量下降了100单位。这个例子总结出关税的经济影响是：

> 关税会提高商品价格，减少消费和进口的数量，增加国内生产。

配 额 配额与关税的影响在性质上是相同的，一个禁止性配额（阻止所有进口的配额）相当于一项禁止性关税。在图18-8中，价格和数量将回到无贸易均衡点 N 上。一个不那么严厉的配额可能将进口量限制为 100 单位，这个配额相当于图 18-8 上的 *HJ*。100 单位配额下的均衡价格与产出和征收 2 美元关税后的均衡结果一样。

尽管关税和配额之间没有本质的差别，但仍存在一些微妙的区别。关税能给政府带来收入，或许使某些其他税收的降低成为可能，从而部分抵消其对进口国消费者所造成的损害。而配额，则将由其造成的价格差异所带来的利润，放入那些能够幸运地得到进口许可证的进口商或出口商的口袋。他们可以用这些收益来挥霍，甚至贿赂那些发放进口许可证的官员。

由于这些区别，经济学家一般认为关税的危害相比之下要小一些。尽管如此，如果一国政府已决定实行配额，那么它就应该拍卖那些稀缺的进口配额的许可证。通过拍卖可以保证是政府而不是进口商得到了由稀缺的进口权而带来的收益。而且这样做官员们也就不可能按照贿赂、交情或裙带关系去发放配额了。

运输成本 运输成本的影响是怎样的呢？运送体积大、易腐烂商品的成本具有与关税同样的影响，它减少了地区性专业分工所带来的好处。例如，如果从中国向美国运送服装每单位运输成本为 2 美元，供给和需求的均衡就会与图 18-8 显示的那样，美国的价格会比中国价格高 2 美元。

但在保护性措施和运输成本之间有一个区别：运输成本是由自然条件，如海洋、高山和河流等造成的，而限制性关税却应由国家负全部责任。实际上，有一位经济学家曾将关税称为"起副作用的铁路"。征收关税对经济的影响，如同将沙子洒进那艘将货物从别国运到本国的船舶的发动机里。

当美国对进口服装征收关税，所征关税为图18-8中所示的2美元时，会发生什么情况呢？它会产生三种影响：（1）国内厂商可以在关税所提供的价格保护伞下扩大生产；（2）消费者面临更高的价格，因而减少消费；（3）政府获得关税收入。

> 关税会造成经济无效率。征收关税时，消费者的经济损失超过政府的收入与厂商所得的额外利润的总和。

图示分析　图18-9所示为关税的经济成本。图中的供给曲线和需求曲线与图18-8中的一样，但有三个区域被重点标出。（1）区域 B 是政府征收关税的收入。它等于关税率乘以进口数量，总额是200美元。（2）关税将国内市场价格由4美元提高到6美元，生产者将其产量提高到150单位，于是总利润上升到250美元，体现在图中为 $LEHM$ 的面积，即原先生产产量的利润200美元，加上多生产50单位而增加的利润50美元。（3）最后，请注意关税给消费者带来一项高额的成本，消费者剩余损失总额为550美元，图中为 $LMJF$ 区域。

于是对社会的总影响是厂商获利250美元，政府收入200美元，消费者损失550美元。社会净成本（假设每1美元是相等的）为100美元。这相当于图中 A 和 C 两个区域，弄清这两部分的含义是很重要的：

- 区域 A 是国内生产成本高于国外生产成本带来的净损失。当

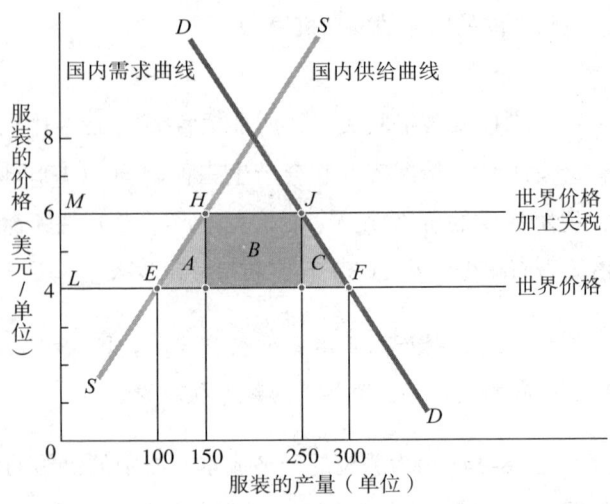

图18-9 关税的经济成本

征收关税增加收入,同时带来无效率。我们从三个方面探讨关税的影响。矩形B是政府得到的关税收入,三角形A是在关税保护伞下厂商产生的额外生产成本,三角形C是由于非效率的高价格带来的消费者剩余的净损失。A与C区域是由关税导致的不可避免的无效率后果。

国内价格上升时,厂商们就开始使用那些成本相对高的国内能力,其产量达到边际成本为6美元的那一点,而自由贸易下的边际成本为4美元。无效率的老工厂重新开工,现有的企业加班加点。从经济的角度来看,这些企业是有比较劣势的,因为由这些工厂生产出的新服装在国外可以用更低的成本生产。这种无效率生产带来的新的社会损失是区域A,数额为50美元。

- 此外,价格的上升还给该国带来另一个净损失,图中为区域C。

这一部分损失是无法由商业利润或关税收入来加以弥补的消费者剩余的损失。这一区域代表消费者由购买低成本的进口品转向购买高成本的国内产品时而产生的经济成本，数额也是 50 美元。

因此，不管用哪一种方法计算，社会总损失都是 100 美元。

图 18-9 的含义对于我们理解关税的政治和历史都非常重要。征收关税时，部分经济影响是由于关税对收入的再分配造成的，它将一部分收入从消费者那里转移到被保护的国内生产者和劳工手中。在图 18-9 中，区域 A 和 C 分别代表国内高成本生产的无效率和价格上升而减少消费所带来的效率损失。在上面所做的简单假定下，效率损失总计 100 美元。但再分配所涉及的数额要大得多，通过征收由商品消费者承担的关税可得到 200 美元的税收收入，此外厂商的新增利润为 250 美元。消费者对于产品成本上升很不满意，而国内这些产品的生产者和劳工则会受益。我们可以看出，为什么对于进口限制的争论，一般更容易集中在损益再分配问题上，而不是经济效率问题上。

> 征收关税会带来三种影响：它鼓励了无效率的国内生产；它提高了价格，从而导致消费者对征税商品的购买量低于有效率的水平；它增加了政府收入。其中前两项都给经济带来了效率成本。

保护纺织品贸易的成本

让我们考察一下某一关税的影响,以便使我们以上的分析更加详实。不妨以纺织品关税为例。现在,对进口的纺织品和服装所征收的关税是美国所征收的最高关税的一种。那么,这些高关税是如何影响消费者和生产者的呢?

首先,关税提高了国内服装的价格。由于价格较高,许多原本要破产倒闭的工厂会继续开工,虽然它们在纺织品方面的比较优势一直在下降。尽管它们盈利很少,但会尽力扩大销售以便能继续在国内进行生产;纺织业所雇用的工人,比在自由贸易时要多,虽然来自国外竞争的压力使得纺织业的工资处于制造业各部门中最低的一档。

从经济角度来看,支撑纺织业意味着在浪费资源。这些工人、原材料和资本在其他部门原本可以被更加有效率地利用,或许可以去制造飞机或提供金融服务和网上交易。由于使生产要素留在已丧失比较优势的产业中,国家的生产潜力会降低。

消费者当然会因为对纺织业的保护而付出高价格。他们从其收入中得到的满意程度,低于本可以用不包含高关税的价格去购买韩国、中国或印尼的纺织品时的满意程度。消费者于是减少了服装的消费,而把钱花在食品、交通和娱乐上,因为这些商品的价格由于对纺织品征收关税而被相对地降低了。

最后,政府从纺织品关税中得到了收益。这些收益可以用来购买公共品或是降低其他税收。所以(与消费者损失或生产的无效率不同)这种影响对社会倒并不是一个负担。

保护主义经济学

考察了关税对价格和数量的影响之后,让我们转向对赞成与反对贸易保护主义的分析。要求以关税或配额保护本国不受外国进口品竞争损害的主张,往往表现为多种形式,以下是主要的几类:(1)非经济观点,这种观点认为牺牲一些经济福利以支持国家其他目标是必要的;(2)若干误解经济逻辑的观点;(3)基于市场力量或宏观经济的不完善而进行的若干分析。

如果你要参加一个辩论小组,为自由贸易辩护,那么,一开始你可以先做个让步,承认经济福利不是生活的唯一目标,这样可能会使你的辩论更有说服力。一个国家当然不应该只为了几美元的额外收入而牺牲它的自由、文化和人权。

美国的半导体产业就是个很好的例子。20世纪80年代,国防部声称,如果美国没有一个独立的半导体产业,那么在高科技武器的芯片方面,军方就会过于依赖日本和其他国外供应商。于是人们都认为应该保护半导体工业,但经济学家对这种做法的价值表示怀疑。他们并不是对国家安全目标提出怀疑,而是质疑集中于实现该目标的方式的效率。他们认为,可以为该产业制定一项政策(也许是一个购买最小数目的高质量芯片的计划)。因为,相比之下保护措施的代价肯定要昂贵得多。

在贸易政策中,国家安全不是唯一的非经济目标,各国可能非常想保留自己的文化传统或保护本国环境。法国最近认为,应该保护本国公民不受美国那些"不文明的"影片的毒害。他们害怕法国的电影产业会淹没在多特技、高预算的好莱坞影片浪潮之中。结果，法国对从美国进口的电影和电视节目的数量一直实行严格的配额。

重商主义 据说亚伯拉罕·林肯曾经说过以下的话："对关税我知道的不多，但我确实知道当我从英格兰买一件上衣时，我得到上衣，英格兰得到了钱；当我在美国买上衣时，我得到上衣，而美国得到了钱。"

这种推理代表了一个历史久远的错误，即17、18世纪重商主义者所犯的一个典型错误。他们认为，如果一国卖的比买的要多，那么这个国家是很幸运的。因为这种贸易顺差意味着出口盈余，从而使黄金流进本国。

重商主义者的论断混淆了手段和目的。积聚黄金或其他货币并不能提高一国的生活水平，货币的价值不在于它本身，而在于它能从其他国家买到些什么。因此，今天大多数经济学家不再会认为提高关税、取得贸易盈余肯定能改善一国的经济福利。

为特殊利益集团征收关税 要求实行保护性关税的压力，最重要的来源是那些强有力的特殊利益集团。企业和工人都很明白，如果对与他们相同的某些进口商品征收关税，尽管增加了他人的成本，但对他们自身总是有利的。亚当·斯密也很清楚这一点，他写道：

> 期待贸易自由像期待乌托邦一样的荒谬。因为不仅公众的偏见会反对，而且更无法克服的是存在许多个人的私利，它们会不可遏制地出来阻挡和反对自由贸易。

如果自由贸易总体上对一国如此有利，那么为什么贸易保护主义的鼓吹者仍能在议会中发挥那种大得与之不相称的影响呢？其原因就在于，这一小部分人可以从某些保护措施中获利，进而为那些到处游说的政治家们提供大量的经费。相反，单个消费者只是在某种商品上受到关税的轻微影响，而由于这些损失很小而且影响很分散，所以个人没有什么动力去花费资源对每项关税发表意见。一个世纪以前，人们直接用行贿的办法来获得赞成关税立法所需的选票。现在，那些由工会或企业资助的力量强大的政治行动委员会（PACs），已经雇用了许多律师，不断地鼓吹对纺织品、木材、钢铁、食糖和其他商品征收关税或实行配额等各种主张。

如果政治投票完全遵循整体经济利益的分布比例，则各国就会废除现在实行的大部分关税。但是，所有的利益集团的美元总是不足以"买"够所需要的政治声音。组织广大的消费者和生产者倡导自由贸易的好处，比组织几个公司或工会反对"中国的廉价劳动力"要困难得多。在每个国家，自由贸易的那些永远不知疲倦的敌人，都是那些由受到保护的企业和工人所组成的特殊利益集团。

> 一个富有戏剧性的例子是美国对食用糖实行配额，这一措施对少数几个厂商有利，但却使美国的消费者每年多支付10亿美元。普通的消费者可能并不知道食用糖配额使得每人每天要多付出1美分，所以人们游说自由贸易的动力就小得微乎其微。

国外廉价劳动力的竞争　在所有提倡贸易保护主义的观点中，最有韧性的一种观点是：自由贸易会将美国劳动力置于国外廉价劳动力的竞争压力之下。这种观点认为，保持美国高工资的唯一方法是将由低工资国家生产的产品排斥出去，或者对其施加高关税。将这一观点极端化的人们认为，在自由贸易下，美国的高工资将与外国的低工资趋同。总统候选人罗斯·佩罗特在关于北美自由贸易协定的辩论中就曾鼓吹过这个观点，他争辩说：

> 从理论上讲，北美自由贸易协定是非常好的，但在现实中它对我国是不利的。在我们这个需要工作机会流入而非流出的时期，该协定会为美国制造一个无底洞，墨西哥的工资将上升到每小时7.5美元，而我们的工资将下降到每小时7.5美元。

这种论点听起来似乎有理，但却是完全错误的，因为它无视比较优势原则。美国工人的工资较高是因为他们的劳动生产率普遍较高。如果美国的平均工资是墨西哥的5倍，那是因为美国工人的边际产品是墨西哥工人的5倍。贸易按照比较优势进行，而不是按工资水平或绝对优势进行。

我们已经说明，一国进口本国不具比较优势而由"外国廉价劳动力"生产的产品，可以从中受益，但也不能忽视贸易给特定的企业和工人所带来的影响。请回忆上文中斯托珀－萨缪尔森定理所给出的解释。如果美国在纺织或玩具这样的行业具有比较劣势，并且这些行业密集使用非熟练劳动力，那么削弱贸易壁垒将会降低美国非熟练劳动力的工资水平。同时，这也会对那些因工资下降而寻找其他工作的人带来临时性的影响。当整个经济不景气或当地的劳动市场上失业率很高时,被解雇的工人的困难会加剧。长期看,劳动市场会将这些工人从衰退的产业重新安置到发展的产业中去,但这个过渡对于许多人来说可能是非常痛苦的。

小结:

> 国外廉价劳动力说的缺陷在于,它忽视了比较优势理论。即使一国的工资远比其贸易伙伴高,该国也能从贸易中受益。高工资来自于高效率,而不是保护性关税。

报复性关税 很多人都承认自由贸易的世界是最好的世界,但他们同时意识到这并不是自身所生活的现实世界。他们会说:"只要其他国家对我们的产品加以限制或以其他方式加以歧视,我们就别无选择,为了自我防卫只能玩贸易保护主义的游戏。只有在进行公平贸易的时候,我们才会按自由贸易原则行事,我们强调应该在公平的基础上进行。"20世纪90年代,美国有好几次都走到了与日本和中国爆发贸易战的边缘。美国曾威胁说,如果对方不停止某些令人不愉快的贸易行为,美国就将施加高关税。

那些支持这种做法的人会争辩说,实行报复会粉碎其他国家的贸易保护壁垒,《总统经济报告》中对贸易保护的分析就是这种逻辑的一个例子:

> 即使短期内美国经济会付出一定代价,但只要国际贸易干预有利于实现增加那些推行干预政策的外国政府的代价这一战略目标,它就是值得的。因此,精心制定的政策在使其他国家减少其贸易扭曲方面有一种潜在的作用。

尽管这种论点有着潜在的正确性，但应用时却必须十分小心。正如战争威胁可能会导致军备竞赛和军事冲突一样，用贸易保护政策去威胁他人，最终也可能会使威胁者自己及其对手都受到损害。历史研究发现，实行报复性关税通常导致其他国家将关税提得更高，而很少能够成为一种有效降低多边关税的讨价还价的筹码。

进口援助 在美国和其他国家，被来自外国的竞争所伤害的企业和工人总是致力于取得关税和配额等形式的保护。现在，在国会中几乎已经不再直接进行有关关税问题的讨论了，国会已经意识到关税的政治性太强，不好处理，所以建立起一些处理各产业诉讼的专门机构。一般说来，要求援助的报告由美国商务部和美国国际贸易委员会负责处理。援助措施包括以下几种：

- 例外条款。这在早期比较流行。当某一产业被进口品损害时，可以采取临时的进口援助（与他国谈判决定关税、进口配额或出口配额等）。当某种商品进口上升，该产业的国内产出、就业和利润下降时，我们就认为发生了进口损害。
- 反倾销关税。当某种外国商品以低于其平均成本或国内市场价格在美国出售时，就要对其征收反倾销关税。一旦发现有倾销行为时，就要对该进口商品加征"倾销税"。
- 抵消关税。当外国对出口到美国的产品进行补贴时，就要对该种产品征收抵消关税。它已成为进口援助的一种最普遍的形式，适用的案例多达几百起。

那么，制定这些报复性措施到底有多少合理之处呢？进口援助听起来是合理的，但实际上它与比较优势原则背道而驰。该原则认为，不能与外国企业竞争的产业本应该受到进口品的伤害。从经济优势角度看，缺少生产效率的产业在国内更有生产效率的产业的竞争下，实际上正在被淘汰出局。

这一点听起来的确很无情，没有一个产业会心甘情愿地消失，也没有一个地区会乐于遭遇经济转型而转向新的产业。旧产业向新产业的转移往往会伴随大量的失业和阵痛，那些弱势产业和落后地区会感到，它们正在被社会挑选出来去承担经济进步的代价。

最后，我们评价三个有实际经济学价值的贸易保护主义论点：

- 关税可能使贸易条件变得对一国有利；
- 对于有增长潜力的"幼稚产业"实行临时性关税保护，从长期看可能是有效率的；
- 在某些条件下，关税有助于减少失业。

贸易条件或最优关税的论点 一种可能正确的观点认为，施加关税会使贸易条件向有利于一国而不利于他国的方向变化。贸易条件即出口价格与进口价格的比率。这种观点认为，当一个大国对其进口商品征收关税时，世界市场需求的减少会使均衡价格下降，进而该国该产品的税前成本就会降低。这种变化将改善该国的贸易条件，提高该国的实际收入。能够最大化国内实际收入的关税称为最优关税。

贸易条件理论可以追溯到150年前的自由贸易鼓吹者约翰·斯

图亚特·穆勒那里。它是在充分就业和完全竞争条件下唯一可能正确的关税理论。假设美国对进口石油按最优关税征税，则导致国内石油价格上升，世界对石油的需求下降，世界市场的石油价格也将下降。因此关税的一部分实际上会落到石油生产者的身上。（可以推知小国就不能运用这个理论，因为它不能影响世界价格。）

这是否说明，我们已经找到一个理论上经得起推敲的支持关税的论点呢？如果不在乎它是一种"损人利己"的政策，并且不考虑其他国家的反应，那么答案就是肯定的。但是其他国家很有可能会作出反应。毕竟，如果美国对其进口商品征收30%的最优关税，那么，欧盟和日本为什么不对它们的进口商品征收30%或40%的关税呢？最后，每个国家都计算并征收对本国国内市场最优的关税，关税的总体水平就可能会螺旋式上升，同军备竞赛的情形无异。

最终，这种情况肯定不能表明世界或单个国家的经济福利有了改善。当所有的国家都征收最优关税时，自由贸易的障碍会更大，很可能每个国家的经济福利都会下降。相反，如果所有的国家都废除贸易壁垒，那么全世界都可能从中受益。

保护"幼稚产业"的关税　亚历山大·汉密尔顿在其著名的《关于制造业的报告》（1791年）中，建议保护"幼稚产业"使之不受国外竞争的损害，从而促进制造业的增长。主张自由贸易的经济学家，如穆勒和阿尔弗雷德·马歇尔，都对这种观点持谨慎的支持态度。根据这种理论，有一些产业只要确立起来，就能形成该国的比较优势。

巴西保护本国计算机产业的悲剧

巴西为我们提供了一个令人印象深刻的贸易保护主义悲剧的案例。1984年，巴西通过一项法令，实际上禁止了大部分外国计算机的进口，其宗旨就是为处于初级阶段的巴西计算机产业的发展提供保护。法令得到了严格的执行，专门的"计算机警察"在公司的办公室和学校的教室中搜查非法进口的计算机。

但其结果却是令人震惊的。巴西生产的计算机在技术上比迅速发展的世界水平落后许多年，而其消费者却要支付2倍或3倍于世界市场的价格。同时，由于巴西的计算机价格太高，它们在国际市场上没有竞争力，所以巴西的计算机公司不能通过向其他国家出售产品而获得规模经济效益。计算机的高价也损害了其他经济部门的竞争力。1990年，巴西经济部长泽里亚·卡多索·德·麦罗说："由于这一不理智的国家主义，我们变得更加落后，计算机产业的问题严重阻碍了巴西工业的现代化发展。"

来自巴西消费者和企业界的压力以及美国对开放市场的要求，迫使巴西在1992年放弃了计算机进口禁令。在不到一年的时间里，圣保罗和里约热内卢的电器商店里便摆满了进口的笔记本电脑、激光打印机和移动电话，巴西的公司开始从计算机革命中获益。每个国家、每一代人以自己的方式重温了比较优势理论。

如果直接面对国际市场上"大鳄"的激烈竞争，某些"幼稚产业"是很难生存的，而如果对其进行一些临时性保护，它们就可能成长起来，从而获得批量生产的经济效益、大量的技术工人、适合

当地经济的发明创造以及许多成熟产业特有的技术效率。尽管实行保护在最初会使消费者承担价格上涨所带来的负担,但产业发展成熟后就会富有效率,产品的成本和价格也都会下降。如果一项关税使得消费者在后来的收益远远大于在保护期内价格上升所承担的损失,那么这项关税就是合理的。

但对这种观点,我们也必须加以谨慎的权衡。研究历史可以发现,确有一些幼稚产业经过保护之后发展成了独立和成熟的产业。对那些成功了的新兴工业国或地区(如新加坡和中国台湾)的研究表明,在其工业化早期阶段,它们经常保护本国的制造业,使其免受进口商品的损害。但对于扶持幼稚产业而言,补贴将是更有效率和更加透明的做法。实际上,关税的历史也向我们提供了许多相反的例子。例如在钢铁、食用糖和纺织品等产业,许多企业在受到多年的保护之后,仍然没能成熟起来。

关税和失业 历史上,实行贸易保护主义的一个强有力的动机是,这样做在经济衰退或滞胀时期有助于增加就业机会。实行保护措施可以提高进口品的价格,使得需求转向国内生产,从而就可以创造就业机会,图18-8解释了这一效应。当国内需求上升时,企业会雇用更多工人,失业率就会下降。但这也是一项"以邻为壑"的政策,因为它是以其他国家的产出和就业的下降为代价来增加本国需求的。

然而,尽管经济保护会增加就业;但并不能将它作为一个追求高就业率、高效率和稳定的价格水平的有效计划。宏观经济分析表明,并不是没有比实行进口保护更加有效的降低失业的方法。

通过恰当地运用货币政策和财政政策，一国就可以增加产出和降低失业。而且，应用一般的宏观经济政策，也可以使工人从已经失去比较优势的产业的低生产率的工作岗位上，转移到具有比较优势的产业的高生产率的工作中去。

20世纪90年代的情况充分证明了这一点。1991~1999年，美国在维持市场开放和低关税的同时，净创1 600万个新的工作岗位；与此同时，贸易赤字大幅上升。相反，欧洲国家开始转向贸易盈余，但却基本上没有创造出新的工作岗位。

> 对于增加工作机会和降低失业来说，关税和进口保护都不是有效率的做法。一种更有效的增加就业的途径是运用国内的货币政策和财政政策。

尽管本章主要讨论关税，但大多数论点对分析其他贸易壁垒也同样适用。配额的影响与关税大致相同，它们都使得市场中的价格和产量不能按各国的比较优势来决定。近年来，国家之间就配额问题进行了谈判。例如，美国已经成功地使日本对其汽车出口实行了自愿出口配额，并就电视机、鞋和钢铁实行类似出口配额的问题与他国进行了谈判。

我们也应该注意那些所谓的非关税壁垒（NTB）。这些非正式的限制和管制使得一国很难在外国市场上出售自己的商品。举例来说，美国厂商抱怨说，日本的管制将他们排斥在电信、烟草和建筑业市场之外。

与关税相比，非关税壁垒的重要性如何呢？经济研究表明，在20世纪60年代,非关税壁垒实际上要比关税壁垒重要。近年来,非关税壁垒的保护程度约为关税壁垒的两倍。由于传统关税不断削减,非关税壁垒从某种意义上已经成为关税的替代物。

多边贸易谈判

在"自由贸易对经济有益"的论点和实行贸易保护主义的要求二者的拔河比赛中,究竟是谁取得了胜利呢?图18-10显示出美国的关税史一直是跌宕起伏的。在大多数时期,美国是一个高关

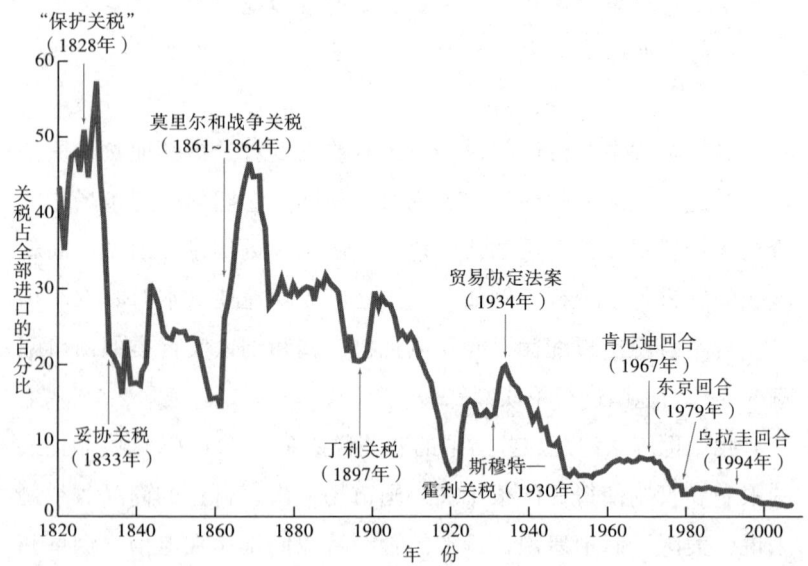

图18-10 **美国历史上是一个高关税的国家**

美国历史上大部分时期关税很高,但20世纪30年代以来的贸易谈判大幅度降低了关税。

税国家。1930年臭名昭著的斯穆特-霍利（Smoot-Hawley）关税法通过后，美国的贸易保护主义达到了顶点。这项关税几乎遭到所有经济学家的反对，但在国会却获得了通过。

在大萧条时期，美国树起的贸易壁垒加剧了价格上涨，使经济状况进一步恶化。在20世纪30年代的贸易战中，许多国家试图提高贸易壁垒，以牺牲邻国的利益为代价来增加就业和产出，但是它们很快就认识到：在关税报复游戏的结局中，所有的人都是输家。

二战结束后，国际社会建立了许多机构，通过合作性的政策来促进和平和经济繁荣。

多边协定 最成功的多边协定之一是关税和贸易总协定（GATT），它于1995年初改为世界贸易组织（WTO）。它的宪章宣称，通过"有效地降低关税和其他贸易壁垒，以及取消国际商业中的歧视待遇"，提高生活水平。截至2008年，世界贸易组织共有153个成员国，其贸易量占国际贸易的90%。

世界贸易组织的基本原则包括：(1) 各国应努力降低贸易壁垒；(2) 所有贸易壁垒都应该以非歧视为基础（即所有国家都应享有"最惠国"地位）；(3) 当一国将关税提高到协议水平之上时，它必须补偿对贸易伙伴造成的经济损失；(4) 应通过磋商和仲裁的方式来解决贸易冲突。

在二战之后的半个世纪中，多边贸易谈判在降低贸易壁垒方面取得了重大进展。最近成功的谈判是于1994年结束的由123个国家参加的乌拉圭回合。2001年，世界各国开始了新一轮的贸易谈判——多哈回合。多哈回合谈判的主要议程包括农业、知识产权以及环境问题等。发展中国家认为发达国家对于农业所实行的保护过于严格，而反对"全球化"的利益集团指责日益扩大的国际贸易在破坏环境。截至2008年，面对深刻分歧，多哈回合毫无进展。

区域性措施 在过去的几年中，各国政府采取了一系列措施以促进自由贸易或扩大区域性市场，其中最重要的措施有以下几个。

最有争议的降低关税壁垒的动议是《北美自由贸易协定》（NAFTA），关于它的争论非常激烈，1993年在美国国会仅以微弱的多数通过。墨西哥是美国的第三大贸易伙伴国，美国和墨西哥贸易的绝大部分是制造业产品。NAFTA不仅对贸易商品不征收关税，而且美国和加拿大都放松了对在墨西哥投资的管制。支持这项计划的人认为，它会带来更有效率的分工格局，使美国企业能更有效率地与其他国家的企业竞争。反对者（特别是劳工集团）认为这项协定会增加技能低下的劳工所提供的产品，从而降低那些受影响产业中工人的工资。

经济学家则告诫，如果排斥其他的潜在贸易伙伴的话，像NAFTA这样的区域性贸易协定则会导致无效率。他们以NAFTA通过之后未进入NAFTA协定的加勒比海地区国家经济停滞为例，试图说明这种区域性协定的危险性。

影响最为深远的贸易协议是主要的欧洲国家所致力形成的统一市场。二次大战后，欧盟成员国在欧洲地区建立了一个对国际贸易或生产要素流动有最低壁垒的统一的市场。第一步包括消除所有的限制贸易、劳动力和资本流动的内部关税和管制壁垒；最近的进展是在欧盟大多数成员国中引入统一的货币（欧元）。欧洲货币的统一可能是人类思想具有伟力的最好说明，这个思想就是自由与开放的贸易能够提高经济效率和推动科技进步。

二战后，世界各国的政策制定者都坚信自由贸易对世界繁荣是必不可少的，这种信念转化为几个成功的降低关税的协定，见图18-10。经济学家和以市场为导向的政策制定者对自由贸易的信念，在高失业和世界汇率动荡的时期经受了严峻的考验，最近又面临着来自反全球化势力的挑战，不过，大多数国家还是提高了对外开放程度，发展外向型经济的趋势仍在继续。

经济学研究表明，各国从更加开放的贸易中得到了利益，因为它带来了贸易量的增加和更高的生活水平。但是，因为政策和经济环境不断变化，保护开放市场所进行的努力常常要接受各种检验。

汉译世界学术名著丛书

经 济 学

(第十九版)

下 册

〔美〕保罗·萨缪尔森
威廉·诺德豪斯 著

萧琛 等译

汉译世界学术名著丛书
出 版 说 明

我馆历来重视移译世界各国学术名著。从五十年代起,更致力于翻译出版马克思主义诞生以前的古典学术著作,同时适当介绍当代具有定评的各派代表作品。幸赖著译界鼎力襄助,三十年来印行不下三百余种。我们确信只有用人类创造的全部知识财富来丰富自己的头脑,才能够建成现代化的社会主义社会。这些书籍所蕴藏的思想财富和学术价值,为学人所熟知,毋需赘述。这些译本过去以单行本印行,难见系统,汇编为丛书,才能相得益彰,蔚为大观,既便于研读查考,又利于文化积累。为此,我们从1981年着手分辑刊行。限于目前印制能力,1981年和1982年各刊行五十种,两年累计可达一百种。今后在积累单本著作的基础上将陆续汇印。由于采用原纸型,译文未能重新校订,体例也不完全统一,凡是原来译本可用的序跋,都一仍其旧,个别序跋予以订正或删除。读书界完全懂得要用正确的分析态度去研读这些著作,汲取其对我有用的精华,剔除其不合时宜的糟粕,这一点也无需我们多说。希望海内外读书界、著译界给我们批评、建议,帮助我们把这套丛书出好。

商务印书馆编辑部
1982年1月

目 录

下 册

第五编　宏观经济学：经济增长与商业周期 …… 625

第十九章　宏观经济学概述 …… 627

　　宏观经济学的基本概念 …… 629
　　　　宏观经济学的产生 …… 629
　　　　宏观经济学的目标和工具 …… 634
　　　　国际联系 …… 645

　　总供给和总需求 …… 647
　　　　宏观经济中的总供给和总需求 …… 647
　　　　宏观经济史：1900~2008 年 …… 652

第二十章　经济活动的衡量 …… 658

　　国内生产总值：经济绩效的尺度 …… 659
　　国民账户统计细节 …… 667
　　国民账户之外的问题 …… 686
　　价格指数和通货膨胀 …… 689
　　国民账户简评 …… 695

第二十一章　消费与投资 …… 696

消费和储蓄 ······ 697
　　　　消费、收入和储蓄 ······ 701
　　　　国民消费行为 ······ 711
　　投　资 ······ 718
　　　　投资的决定因素 ······ 719
　　　　投资需求曲线 ······ 722
　　　　走向总需求理论 ······ 727

第二十二章　商业周期和总需求理论 ······ 728

　　什么是商业周期 ······ 729
　　　　商业周期的特点 ······ 730
　　　　商业周期理论 ······ 733
　　总需求和商业周期 ······ 737
　　　　总需求理论 ······ 737
　　　　向下倾斜的总需求曲线 ······ 739
　　乘数模型 ······ 745
　　　　总支出对产出的决定 ······ 746
　　　　乘　数 ······ 752
　　乘数模型中的财政政策 ······ 756
　　　　财政政策怎样影响产出 ······ 757
　　　　财政政策乘数 ······ 762

第二十三章　货币和金融体系 ······ 771

　　现代金融系统 ······ 772
　　　　金融资产的类别 ······ 777
　　货币的各种特殊形态 ······ 780

货币的演变 ··· 781

　　　货币需求 ··· 787

　银行和货币供给 ····································· 791

　股票市场 ··· 797

　　　个人金融策略 ···································· 807

第二十四章　货币政策与经济 ························ 811

　中央银行和联邦储备系统 ·························· 812

　　　中央银行概论 ···································· 812

　　　中央银行是怎样决定短期利率的 ············ 818

　　　联储如何影响银行准备金 ····················· 821

　货币传导机制 ······································· 830

　货币经济学的应用 ································· 839

　　　货币主义以及货币和价格数量论 ············ 840

　　　开放经济中的货币政策 ······················· 849

　　　开放经济中的货币传导 ······················· 850

　　　从总需求到总供给 ····························· 851

第六编　经济发展、经济增长与全球经济 ············ 853

第二十五章　经济增长 ································· 855

　经济增长理论 ······································· 857

　　　经济增长的四个轮子 ·························· 858

　　　经济增长理论 ···································· 864

　美国经济增长的模式 ······························ 877

　　　当前生产率变动趋势 ·························· 885

第二十六章　经济发展的挑战 ························ 890

人口增长与经济发展 ·················· 891
　　马尔萨斯与沉闷的科学 ·················· 891
贫穷国家的经济增长 ·················· 896
　　发展中国家的一般状况 ·················· 896
　　经济发展的四大要素 ·················· 901
　　经济发展战略 ·················· 912
经济发展模式选择 ·················· 917
　　各种"主义"的盛宴 ·················· 917
　　亚洲模式 ·················· 919
　　社会主义 ·················· 922
　　失败了的模式：中央计划经济 ·················· 923

第二十七章　汇率与国际金融体系 ·················· 931
　　对外贸易的趋势 ·················· 933
国际收支平衡表 ·················· 934
　　国际收支账户 ·················· 934
汇率的决定 ·················· 941
　　外汇汇率 ·················· 941
　　外汇市场 ·················· 943
国际货币制度 ·················· 952
　　固定汇率制：古典金本位制 ·················· 954
　　二战后的国际货币体系 ·················· 959
　　浮动汇率制 ·················· 964
　　当今的混合体系 ·················· 965

第二十八章　开放经济的宏观经济学 ·················· 968

对外贸易与经济活动 969
    贸易对 GDP 的短期影响 972
    浮动汇率制度下美国的贸易和金融 977
    开放经济条件下的货币传导机制 981

全球经济中的相互依存 984
    开放经济中的经济增长 984
    开放经济的储蓄和投资 985
    促进开放经济的增长 992

国际经济问题 995
    竞争力和劳动生产率 995
    欧洲货币联盟 998
    最后评价 1002

第七编 失业、通货膨胀与经济政策 1005

第二十九章 失业与总供给的基础 1007

总供给的基础 1008
    总供给的决定因素 1009
    短期总供给和长期总供给 1014

失　业 1017
    失业统计 1018
    失业的影响 1020
    奥肯法则 1022
    失业在经济学上的解释 1024
    劳动市场问题 1031

第三十章 通货膨胀 1039

通货膨胀的定义及影响 1040
     什么是通货膨胀 1040
     通货膨胀的经济影响 1049
   现代通货膨胀理论 1055
     AS-AD 框架中的价格 1055
     菲利普斯曲线 1062
   反通货膨胀政策的两难困境 1072

第三十一章 宏观经济学前沿问题 1079
   政府债务的经济后果 1080
     财政史 1082
     政府预算政策 1084
     债务与赤字的经济学 1086
     政府赤字的短期影响 1086
     政府债务和经济增长 1088
   现代宏观经济学的新进展 1097
     古典宏观经济学和萨伊定律 1098
     现代古典宏观经济学 1099
     政策含义 1104
   稳定经济 1107
     货币政策与财政政策的相互作用 1108
     固定规则与相机抉择 1114
   经济增长和居民福利 1119
     企业的精神 1121

索　引 1125
译后记 1187

第五编

宏观经济学：经济增长与商业周期

第十九章　宏观经济学概述

发展经济的全部目的无非是为现在和将来提供商品或服务。证明这一点的义务，我认为最好是永远交给那些宁肯少生产一些而不是多生产一点的人，那些宁肯让人力、机器或土地等生产要素闲置起来的人。但令人吃惊的是，我们竟然能够听到如此之多的为浪费辩解的理由，诸如担心通货膨胀抬头、国际收支逆差、预算收支失衡、国家债务过重以及对美元信心的丧失，等等。

——詹姆斯·托宾

《国民经济政策》

找份工作是困难还是容易？实际工资和生活水平是否正在迅速提高，或者由于通货膨胀降低了实际工资，消费者是否正拮据地量入为出？经济是否处在股价快速攀升的金融繁盛时期？或者中央银行是否正运用货币政策以竭力摆脱房价下滑和金融危机的影响？全球化和对外贸易如何影响国内的就业与产出？以上都是宏观经济学的核心问题，而宏观经济学便是随后各章节所讨论的主题。

在开始学习之前，请记住，**宏观经济学**是将整个经济运行作为一个整体来进行研究的，所考察的是影响企业、消费者和工人的总体因素；相反，**微观经济学**所研究的却是单个产品的价格、数量和市场。

研究宏观经济学以两大核心命题为主要线索：

- 产出、就业、金融环境和价格的短期波动，也即所谓的商业周期；
- 产出和生活水平的长期变动趋势，也即所谓的经济增长。

20世纪经济学的一项主要突破是宏观经济学的发展。它促使人们更好地理解如何应对周期性经济危机和刺激经济长期增长等方面的问题。面对大萧条，约翰·梅纳德·凯恩斯创立了自己的革命性理论，它有助于揭示经济波动的决定因素，并就政府如何控制商业周期中最严重的生产过剩问题提出了对策。与此同时，经济学家也一直致力于讨论长期增长的机制问题。

宏观经济问题在20世纪的大部分时间里主导了美国的政治和经济的发展进程。20世纪30年代，当美国以及几乎所有的工业国的生产、就业和价格体系出现瘫痪等问题时，经济学家和政治领导人都在大萧条中艰难地摸索。60年代的越南战争和70年代的能源危机，给美国带来了棘手的问题——"滞胀"，低增长、高通胀并存。90年代迎来了高增长、低失业率和低通货膨胀的黄金时期——这一不寻常的时期被称为经济学的"新时代"。然而，在21世纪第一个十年中，资本市场的泡沫就曾两次破灭。第一次冲击是在2000年，科技股的价格急剧下降；接来下的就是2007年之后的房价猛跌。2007~2009年的房价下跌引发了一场深重的金融危机，进而导致了经济长期严重衰退。

宏观经济失败有时候会关系到一个国家乃至意识形态的生死存亡。前苏联领导人曾夸口在经济上超过西方。历史证明这只是一句空洞的宏观经济口号。因为，俄罗斯这个拥有丰富的自然资源和强大的军事力量的国家，在向其军队提供精良的军事装备的同时，并不能向其国民提供丰富的黄油。结果，宏观经济政策的失败导致了苏联解体、东欧剧变，并使得人们相信：只有用私人市场去控制经济，才是刺激经济增长的最佳途径。

本章介绍宏观经济学，阐释其基本概念和理论要点，以及如何用它们解释近年来许多非常重要的历史问题和政策问题。但这只是一个吊您胃口的介绍，在掌握了第二编到第四编的各章内容之后，您才有可能尽情地享用宏观经济学的盛宴。它既是经济政策灵感的源泉，也是宏观经济学家们无休止争论的领域。

宏观经济学的基本概念

宏观经济学的产生

20世纪30年代，凯恩斯率先解释引致大萧条的经济机制，标志着现代宏观经济学的创立。二战以后，鉴于凯恩斯主义的影响不断扩大和对于下一次大萧条的恐惧，美国国会正式宣布授权联邦政府担负起稳定宏观经济增长的责任。1946年国会通过的《就业法》是一个里程碑，其内容包括：

>国会在此申明,联邦政府持续的政策和责任,是使用与其需要和义务相一致的一切可行的方法……来实现就业、生产和消费的最大化。

这说明国会第一次明确了政府在促进增长、就业和维持价格稳定方面的作用。《就业法》很好地拟定了宏观经济学中的三个核心问题:

1. 为什么产出和就业会不时地下降?怎样才能减少失业?所有市场经济都会经历既有扩张又有收缩的商业周期。美国商业周期的最近一次衰退发生于一场严重的金融市场危机之后。该危机始于 2007 年,房价和股价猛跌,银行则收紧了信贷。从而导致了产出和就业率的急剧跌落。全球的政治领袖们都在运用货币和财政工具来减少失业和刺激经济。

   各国不时出现长期持续的高失业率,有时甚至会长达 10 年。美国 1929 年开始的大萧条就是如此。在随后的几年里,失业人口竟上升到了占整个劳动人口的近 1/4,工业生产竟下降了一半。在现代,最深重持久的一次经济衰退发生在日本,20 世纪 90 年代之后的日本面临着物价下跌,且难以摆脱高失业和缓慢的经济增长。

   宏观经济学致力于研究这种持续失业和高通胀的根源。在分析这些现象之后,宏观经济学家给出了各种对策,如运用货币政策来改变利率和信贷条件,或者使用财政工具如税收和政府支出。千百万人的生活和财富都依赖于经济学家能否对宏观经济的重大创伤作出正确诊断,以及政府能否及时地对症下药。

2. 通货膨胀的原因是什么？如何控制它？市场经济将价格视为衡量经济价值的尺度和引导商业行为的手段。而在价格上升时期（这种现象叫"通货膨胀"），这个尺度势必失去意义。在高度通货膨胀时期，人们可能会对物品的相对价格感到困惑，在消费和投资的决策上也容易犯错误。税收负担上升，固定收入的家庭就会发现通货膨胀正蚕食其真实收入。

　　结果，在宏观经济政策制定过程中，稳定的低通胀日益成了需要强调的目标。许多国家在制定经济政策时都设定了"通胀目标"，这些目标通常为每年 1% 到 3%。在过去的 20 年里，除了有一些短暂的物价上涨之外，美国成功地控制住了通胀，使得消费者物价指数的年通胀率平均为 3%。而很多国家却没有做到这一点。例如，俄罗斯，还有一些拉美国家和发展中国家，每年的通货膨胀率为 50% 或 100%，在 20 世纪 80 年代和 90 年代早期甚至达到 1 000%。在过去几年里，混乱的津巴布韦创下了通胀纪录，其 2008 年的通胀率达到了每年 20 000 000%。这样，一只鸡年初的时候值 1 万辛巴威元，到年末的时候就值 10 万亿辛巴威元。为什么美国能把通货膨胀这只老虎关在笼子里而津巴布韦却不能呢？宏观经济学建议可以采用适当的财政政策、货币政策、汇率政策，以及建立独立的中央银行等手段，以控制和解决通货膨胀问题。

3. 一国如何提高经济增长率？宏观经济学最重要的目标是关注一国的长期经济增长，这里的经济增长指的是一国单位资本的产出的增长。单位资本的产出的增长是决定其实际工资和生活水平增长率的关键因素。北美和西欧的大多数国家曾经历了两个世纪的快速增长，从而这些国家的居民也享有较高的平均收入。在过去的50年中，亚洲的一些国家和地区，如日本、韩国和中国台湾，使其国民生活水平有了极大的提高。近年来，中国同样也取得了显著增长。不过也有少数一些国家，尤其是非洲撒哈拉以南的国家，一直饱受着人均产出和生活水平下降的折磨。

这些国家都希望知道，成功地保持经济增长的良方和对策究竟是什么。经济历史学家发现长期经济增长的关键因素包括：大多数经济活动基于井然有序的私人市场、稳定的宏观经济政策、高储蓄率和投资、开放的国际贸易，以及清廉和负责的政府机构。

所有的经济都必然面临这些目标之间的权衡问题。长期产出增长率的提高要求对教育和资本有大量的投资，而更多的投资又势必要减少对食品、服装和娱乐等当前的消费。此外，在经济增长过快，或者金融环境呈现非理性繁荣的时候，政策制定者往往不得不采用宏观政策来抑制经济增长，以防止出现通货膨胀。

没有任何一个神奇的公式可以确保达到稳定的低通胀、高就业以及快速的经济增长；要实现哪些目标，以及采用哪些合适的政策措施来达到这些目标，宏观经济学家们对此存在激烈的争论。但是一个国家若想以最有效的方式实现其经济目标，则选择适当的宏观经济政策将是至关重要的。

宏观经济学的创始人

宏观经济政策每一课题的讨论都必须从约翰·梅纳德·凯恩斯（John Maynard Keynes，1883~1946）开始。凯恩斯在许多方面都是一个天才。他在数学、哲学、文学等领域都有若干建树。另外，他还分身有术，经营一家大的保险公司，出任英国财政部顾问，协助管理英格兰银行，编辑一本世界闻名的经济学杂志，收集现代艺术品和珍本图书，还创立过一家巡回剧院，并娶了一位俄国最著名的芭蕾舞演员。他还是一位精通投机赚钱之道的投资家，不仅是为了自己，而且也为他所在的剑桥大学国王学院（King's College）赚过大钱。

然而，凯恩斯主要的贡献还是首创了宏观经济学和宏观经济政策的新研究方法。在凯恩斯以前，大多数宏观经济学家和政策制定者都认为，商业周期的高峰和低谷的到来如潮汐一般不可避免。长时期形成的观点使得他们在20世纪30年代大萧条面前茫然无措。凯恩斯1936年《就业、利息与货币通论》一书对上述问题提出了极具创造性的解释。凯恩斯有两点重要的论述：首先，市场经济中高失业率和未被完全利用的生产能力有可能长期并存；其次，认定政府的财政政策和货币政策能够影响产出，从而能够降低失业率并缩短经济衰退。

由凯恩斯首次提出的这些观点具有爆炸性效果，曾引发无数的反对和争议。二战后，凯恩斯学派的经济学开始在宏观经济研究和政府政策制定等领域占据主导地位。后来，伴随着经济学对关于供给因素、预期、工资及价格变动的研究成果的吸纳，凯恩斯主义早年一统天下的局面开始动摇。凯恩斯主义的经济学曾经保证：政府的行为可以消除商业周期，但现在已经很少有经济学家还在坚持这样一种观点。应该说，经济学和经济政策都时过境迁，已经不再是凯恩斯的伟大发现所处的那个时代。

宏观经济学的目标和工具

有了关于宏观经济学基本问题的整体印象之后，我们现在讨论宏观经济政策的主要目标和工具。经济学家如何从整体上评价经济的运作绩效？政府能用哪些工具去实现其经济目标？表19-1列出了宏观经济政策主要的目标和工具。

宏观经济的主要目标是高水平的和快速增长的产出率、低失业率和稳定的价格水平。以下我们给出宏观经济的关键术语的定义，并讨论其重要性。下一章我们将详细讨论宏观经济学的数据。

产　出　经济活动的最终目标是向人们提供所需要的物品和服务。对于一国经济来讲，还有什么东西能比为居民提供足够的住房、食品、教育和娱乐更为重要的呢？

一国经济总产出最全面的指标是**国内生产总值**（GDP）。GDP指的是一国在一年内所生产的所有的最终物品和劳务（啤酒、轿车、摇滚音乐会、旅行等）的市场价值之和。衡量GDP的方法有两种：名义GDP，用现实市场价格衡量；实际GDP，按固定价格或不变价格来进行统计［我们用汽车数量乘以某一年（如2000年）的汽

表 19-1 宏观经济政策的目标和工具

目　标
产出：
高水平产出及快速增长
就业：
高就业，低非自愿失业
价格稳定

工　具
货币政策：
买卖债券，管理金融机构
财政政策：
政府支出
税　收

上栏是宏观经济政策的主要目标，下栏是现代经济中可运用的主要的政策工具。政策制定者可以改变政策工具来影响经济活动的节奏和方向。

车价格，来计算该年份汽车部门所创造的实际 GDP]。

实际 GDP 是衡量产出的最近似的指标，它们被用来仔细地监测一国经济的脉搏。图 19-1 是自 1929 年以来美国实际 GDP 的增长率。该增长率的定义为：

$$第\ t\ 年实际\ GDP\ 的增长率（\%）= 100 \times \frac{GDP_t - GDP_{t-1}}{GDP_{t-1}}$$

比如，2006 年实际 GDP 为 112 948 亿美元，2007 年为 115 239 亿美元（都以 2000 年的价格计算）。计算表明，2007 年实际 GDP 的全年增长率为 2.0%。确保你会进行上面的计算，这将

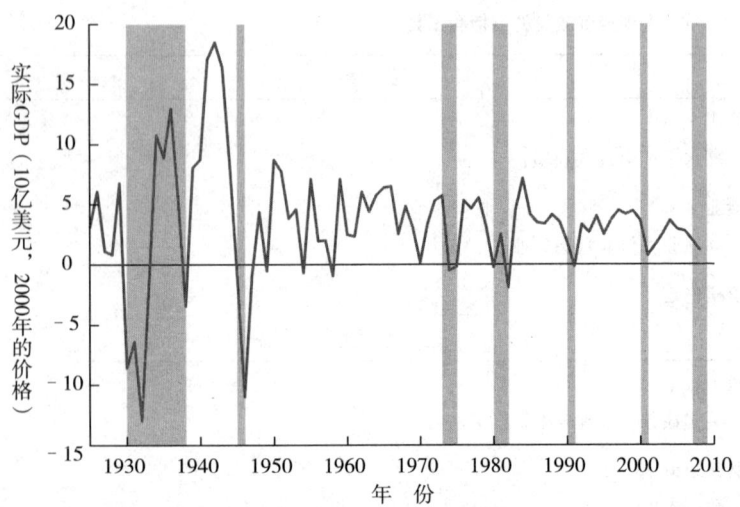

图19-1　1929~2008年美国的实际国内生产总值的增长率

实际GDP是经济产出的最综合的统计指标,图中给出了每年到下一年的增长率。请注意20世纪30年代大萧条期间连续的负增长率。同时,我们也可以看到,在过去几年的大稳健时期,产出比前面的时期更平稳。

资料来源:U.S. Bureau of Economic Analysis at www.bea.gov. 图中阴影部分是主要的经济衰退时期。

是有益的。请注意,20世纪30年代大萧条时期经济急剧下降,第二次世界大战期间经济急速增长,以及1974、1982、1991和2008年的经济衰退。

尽管商业周期中存在短期波动,但从长期看,发达国家的经济一般都呈现出实际GDP长期、稳定的增长和生活水平的改善,这种过程被称做经济增长。在过去的一个多世纪中,美国经济已经证明了它本身就是推动经济增长的强有力的发动机。这可以从潜在产出的增长上得到证实。

潜在 GDP 是指一国经济所能持续生产的最大产出水平。当一国经济按照其潜在生产能力运行时,劳动力和资本就会得到充分利用。当产出高于潜在产出时,通货膨胀将上升;而低于潜在产出的产出水平则容易导致高失业率。

潜在产出是由一个经济的生产能力来决定的,后者又是由可获得的投入(资本、劳动、土地等)和该经济的技术效率来决定的。潜在 GDP 多呈现缓慢而稳定的增长,因为像劳动和资本这样的投入以及技术水平的变化是缓慢的。相反,如果支出模式急剧变化,则实际 GDP 会随商业周期出现大的变动。

在商业周期的低迷时期,实际 GDP 下降至潜在产出水平以下,并且伴随着失业率的上升。例如,在 1982 年,美国经济的实际产出比潜在产出少了大约 4 000 多亿美元。这意味着,仅仅在这一年中,美国每个家庭就损失了 5 000 美元。当总产出、收入和就业连续数月明显下降,经济中很多部门出现普遍收缩,则这种经济下降被称为衰退。更严重的持续的经济低迷则被称为萧条。当经济繁荣和战争时期生产能力被开发到极限时,实际产出水平有可能在短时期内高于其潜在的产出水平,但这样高的设备利用率可能会带来通货膨胀的压力,通常情况下又不得不利用货币政策或财政政策来制止通货膨胀的上升。

图 19-2 是对 1929~2008 年间潜在的和实际的产出水平的估计。请注意,30 年代大萧条时潜在产出与实际产出之间的巨大缺口。

高就业,低失业 在所有宏观经济指标中,就业率和失业率最直

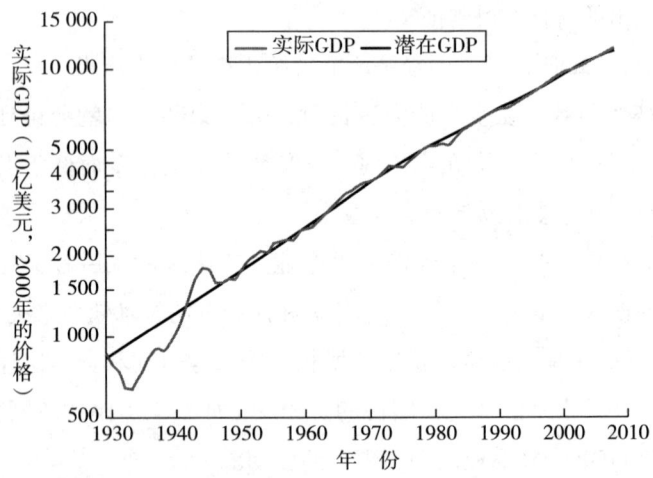

图 19-2 美国的实际 GDP 与潜在 GDP

当实际产出偏离潜在产出时,就会出现商业周期。比较平滑的曲线表示 1929~2008 年的潜在或趋势性的产出水平。潜在产出每年增长约 3.4%。请注意 20 世纪 30 年代大萧条时实际 GDP 与潜在 GDP 之间的巨大缺口。

资料来源:U.S. Bureau of Economic Analysis, Congressional Budget Office, and authors' estimates. 注意,实际 GDP 数据是依据有关基础统计数据直接估算出来的,而潜在产出水平只是从实际 GDP 和失业数据中推论出的分析性概念。

接地被人感知。人们希求不用等太长时间就能找到一份收入丰厚的工作,当找到工作时他们还希求工作保障和良好的福利。用宏观经济学术语表达,这个最直接的目标就是高就业,与此相对应的则是低失业。图 19-3 显示的是过去 80 年间失业的变动趋势。纵轴所表示的**失业率**指的是没有被雇佣的劳动力的百分比。劳动力包括所有就业人员和正在寻找工作的失业者,不包括那些没有工作但又不打算寻找工作的人。

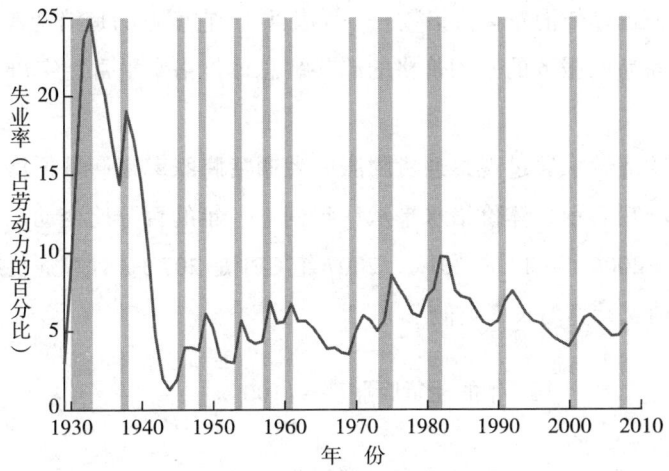

图 19-3 失业在衰退时期上升，在扩张时期下降

失业率衡量的是那些正在寻找工作但又未能找到工作的劳动力所占的比例。失业率在商业周期的衰退阶段上升，在经济扩张阶段下降。阴影区域为美国国民经济研究局（NBER）所定义的衰退期。

资料来源：U.S. Bureau of Labor Statistics at www.bea.gov.

失业率变动与商业周期趋向一致：当产出下降时，对劳工的需求下降，失业率上升。20世纪30年代的大萧条中，失业愈演愈烈，有1/4的劳动力处于闲置状态。二战以来，美国的失业率不断波动，但避免了与经济萧条相伴的高失业水平。

价格稳定 宏观经济政策的第三大目标是保持价格稳定。价格稳定指的是稳定的低通胀率。

政府部门统计人员使用**价格指数**——总体价格水平的衡量指标来描述价格的变动轨迹。一个重要的例子就是**消费者价格指数**

（CPI，也译作消费物价指数——译者注），它度量的是消费者所购买的商品或服务的平均价格的趋势。总体价格水平常用字母 P 来表示。

经济学家通过观察**通货膨胀**或者**通货膨胀率**来衡量价格的稳定性。它表示总体价格水平从一年到下一年的百分比变动。举个例子，2006 年 CPI 是 201.6，2007 年 CPI 是 207.3。计算通货膨胀率同前文计算增长率类似：

$$第\ t\ 年的通货膨胀率 = 100 \times \frac{P_t - P_{t-1}}{P_{t-1}}$$

我们可以计算出 2007 年的通货膨胀率为：

$$2007\ 年的通货膨胀率 = 100 \times \frac{207.3 - 201.6}{201.6} = 2.8\%/年$$

图 19-4 显示了 1960~2008 年用 CPI 表示的通货膨胀率。自 20 世纪 80 年代初通胀时期结束后一直到 2008 年，年平均通货膨胀率为 3%。

当价格水平下降（即通货膨胀率为负）时，就出现通货紧缩。另一个极端是恶性通货膨胀，即一年内物价水平上涨 1 000% 或 1 000 000%。在这种情况下，比如在 20 世纪 20 年代的魏玛共和国、80 年代的巴西以及 90 年代的俄罗斯，或者近年的津巴布韦，价格实际上已毫无意义，价格体系陷于瘫痪。

价格的稳定性非常重要，因为一个平稳运行的市场系统要求价格必须准确地传递关于相对稀缺资源的信息。历史数据证明，如果通货膨胀率很高会给经济运行增加很多的成本（有些是显性

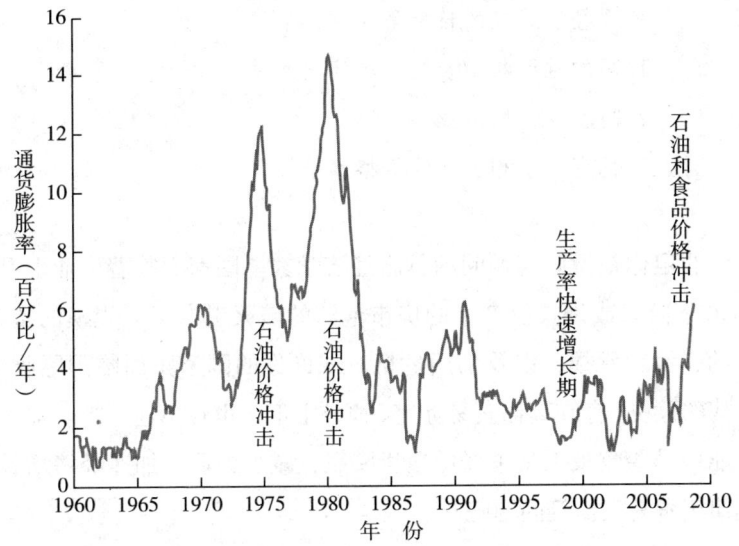

图 19-4 美国 1960~2008 年消费物价的通货膨胀

通货膨胀率度量物价从一年到下一年的变化率:这里我们所看到的是以消费者价格指数所衡量的通货膨胀率。大多数通货膨胀的发生都与石油或者食品价格有关。注意到从 20 世纪 80 年代中期以来,通货膨胀都是在较短的时间段内波动。

资料来源:U.S. Department of Labor. 图中通货膨胀率均表示上一年的数据。

的,有些是隐性的)。当通货膨胀率很高时,税收就会变得极不稳定,人们的养老金的真实价值会逐渐变小,因而会倾向于花掉实际资产而不愿意持有贬值的货币。但降低价格(通货紧缩)也是要付出代价的。因此,许多国家都寻求一条介于价格完全稳定和高通货膨胀二者之间的道路,即允许价格缓慢地爬升,并以它作为价格体系有效运行的最佳途径。

小结:

宏观经济政策的目标是：

1. 高的且不断增长的国民产出水平
2. 高就业、低失业
3. 稳定或温和上升的价格水平

假定你是做政府顾问的首席经济学家。国家面临着失业上升，GDP下降。或许投机产生的房市泡沫的破灭引发了大规模的贷款违约、银行亏损，以及信用危机。或许你的国家正面临国际收支失衡的危机，存在高额贸易赤字，而外汇汇率也在急速下挫。那么，你能用哪些政策工具来降低通货膨胀，减少失业，加速经济增长，或纠正贸易失衡等问题呢？

政府有一些能用以影响宏观经济活动的政策工具。政策工具是一种处于政府的控制之下，并能对一个或多个宏观经济目标施加影响的经济变量。通过改变货币政策、财政政策或其他政策，政府能够避免经济周期中最坏的情况，并提高潜在产出的增长率。宏观经济的两大政策工具可参见表19-1的下半部分。

财政政策 财政政策是指税收和政府支出的使用。政府支出有两种形式：其一是政府购买，指的是政府在物品和劳务上的花费——购买坦克、修建道路、支付法官的薪水，等等；其次是政府转移支付，以提高某些群体（如老人或失业者）的收入。政府支出的数量决定公共部门和私人部门的相对规模，亦即GDP中有多少是以集体形式而不是以私人形式消费掉的。从宏观经济角度看，政府支出也会影响经济的总体支出水平，从而会影响GDP的水平。

税收是财政政策的另一种形式,它通过两种途径影响整体经济。首先,税收影响人们的收入。通过增加或减少家庭可支配或可花费的收入,税收可以影响人们用于购买物品和劳务的支出以及私人储蓄量。不管是短期还是长期,私人的消费和储蓄对产出和投资都有重大的影响。

此外,税收还能影响物品和生产要素的价格,因而也能影响激励机制和行为方式。美国常常采用特殊的税收条款(如投资税抵免或加速折旧)以增加投资和推动经济增长。税法中许多条款都能对工作和储蓄的激励问题产生影响,从而对经济活动也产生重大的影响。

货币政策 宏观经济政策第二大工具是**货币政策**,它是通过政府对国家的货币、信贷及银行体制的管理来实施的。你可能见过美国的中央银行——联邦储备系统如何通过短期利率来影响经济的。美联储或者其他中央银行究竟是如何做到这一点的呢?首先,他们会设定短期利率目标,然后通过买进和卖出政府债券来达到利率目标。通过这些操作,联邦储备能够影响许多金融变量和经济变量,如利率、股价、房产价格、汇率,等等。这些金融变量进而将影响投资支出,尤其是房产投资、商业投资、耐用消费品以及进出口。

在历史上,美联储曾经在面临高通胀威胁时提高利率,从而导致了投资和消费的下降,使得 GDP 和通货膨胀率降低。最近的一次经济衰退始于 2007 年,当时美联储迅速采取行动,调低利率,提供信贷,并在传统银行机构之外增设了一系列方便和促进借贷的机制。

对每个国家来说,中央银行都是一个至关重要的宏观经济机构。日本、英国、俄罗斯以及欧盟国家都拥有强有力的中央银行。对一个"开放经济体",也即对货物、服务和资金流动开放边界的经济体而言,汇率机制是其货币政策的一个核心部分。

尽管在深度衰退中,货币政策的效力会减弱,但它仍然是国家最经常运用的旨在平抑商业周期的工具。至于中央银行究竟如何影响经济活动,我们将在论述货币政策的章节中详细讨论。

小结:

> 一个国家可以采用两种主要的经济政策来实现宏观经济目标——一种是财政政策,另一种是货币政策。

1. 财政政策由政府支出和税收收入组成。政府支出会影响私人消费和集体支出的相对规模。税收是对收入的扣除,它会降低私人支出并影响私人储蓄。另外它也会影响投资和潜在产出。财政政策的主要用途是:通过影响国民储蓄和投资,从而影响长期经济增长;同时也可以用于在严重衰退中刺激支出的扩大。

2. 由中央银行执行的货币政策决定了短期利率,从而影响了信贷条件,包括对资产价格的影响,如股票、债券的价格和汇率等。利率以及其他金融环境的变化影响了商业投资、房产及对外贸易等部门的支出水平。货币政策对实际 GDP 和潜在 GDP 都有重要的影响。

国际联系

没有一个国家是孤岛。所有国家都越来越多地通过国际金融和国际贸易等渠道来参与世界经济——这种现象叫做全球化。随着运输和通信成本的下降,国际联系与二三十年前相比已经变得更加紧密。国际贸易已经取代了建立帝国和军事征服的历史传统,而成为了国家扩大财富及国际影响的最可靠的办法。

当美国从日本进口汽车,或者向墨西哥出口计算机时,我们从中便可以看到一条商品和服务进出口的贸易链条。当外国为其主权债务基金购买美国债券时,或者美国购买新兴国家的股票以使养老基金的投资渠道多样化时,我们从中便可以看到一条国际金融的链条。

各国对国际贸易都十分关注。一个特别重要的指标是经常账户余额。这个指标反映的是出口产品价值与进口产品价值的差额以及一些其他项的调整。(经常账户余额与净出口也即进出口的商品和服务的价值的差额,有着密切的关系。)当出口大于进口时,这个差额称为顺差;而净出口为负时则称为逆差。2007 年美国出口总额为 24 630 亿美元,而进口和净转移支付总额为 31 940 亿美元,两者差额即美国的经常项目赤字为 7 310 亿美元。

在 20 世纪的大部分时间里,美国在对外贸易中都有顺差——出口额大于进口额。但到了 80 年代,美国的贸易格局已经发生了急剧的变化。由于美国储蓄减少以及外国储蓄增加,很大一部分外国储蓄都涌入美国。相应地,美国的经常账户余额迅速转变为赤字。由于外国投资的增加,至 2008 年美国外债已经达到约 2.5

万亿的水平。一些经济学家担心巨额外债负担会给美国带来重大风险——关于这种风险我们将在后面章节加以分析。

随着各国经济联系日益紧密，国际经济政策的制定也越来越重要，尤其是对于开放经济的小国而言。但仍要记住国际贸易和国际金融本身并不是目的。更进一步地说，国际贸易的终极目标是提高人们的生活水平。

国家所关心的主要领域是贸易政策和国际金融管理。贸易政策由关税、配额和其他鼓励性或限制性的进出口法规等组成。大多数贸易政策对短期宏观经济运行的影响不大，但有时候，如在20世纪30年代，严格限制国际贸易的政策曾导致经济混乱、通货膨胀和经济衰退。

第二大国际经济政策问题是国际金融管理，一国国际贸易受到汇率的影响，汇率是指用外国货币来表示的本国货币的价格。汇率制度是货币政策不可缺少的组成部分。对于开放经济的小国而言，管理汇率是唯一的也是最重要的宏观经济政策。

国际经济是一个联系着各国贸易和金融的复杂网络。国际经济体系顺利运行就能促进经济快速增长。但若贸易体系崩溃，全世界的生产和收入都将会受到巨大的冲击。因此，各国要考虑到贸易政策和国际金融政策对本国提高产出、增加就业和价格稳定等目标的影响。

总供给和总需求

一国经济史可由其宏观经济运行情况体现出来。经济学家采用总供求分析帮助解释产出和价格变动的主要趋势。我们先讨论这个宏观经济学的重要的分析工具,然后再用它来解释一些重要的历史事件。

宏观经济中的总供给和总需求

各种不同力量如何相互作用并决定总体的经济活动?图19-5显示的是宏观经济内部不同变量之间的关系。这些变量分为两类:影响总供给的变量和影响总需求的变量。尽管这只是简单的划分,但仍有助于我们理解产出、价格和就业水平的决定因素。

由图19-5的下半部分可见影响总供给的各种因素。**总供给**是指一定时期内一国企业所愿意生产和出售的物品和劳务的总量。总供给(通常记为 AS)取决于价格水平、经济的生产能力和成本水平。

一般说来,企业总是希望以较高的价格出售其所能生产的全部产品。在有些情况下,价格和支出水平可能会出现下降趋势,这时企业会发现其生产能力过剩。而在另外一些情况下,如在战时繁荣时期,当企业竭尽全力生产以完成订单任务的时候,工厂的生产能力就会被发挥到极点。

由此可见,总供给不仅取决于企业能够获得的价格水平,而

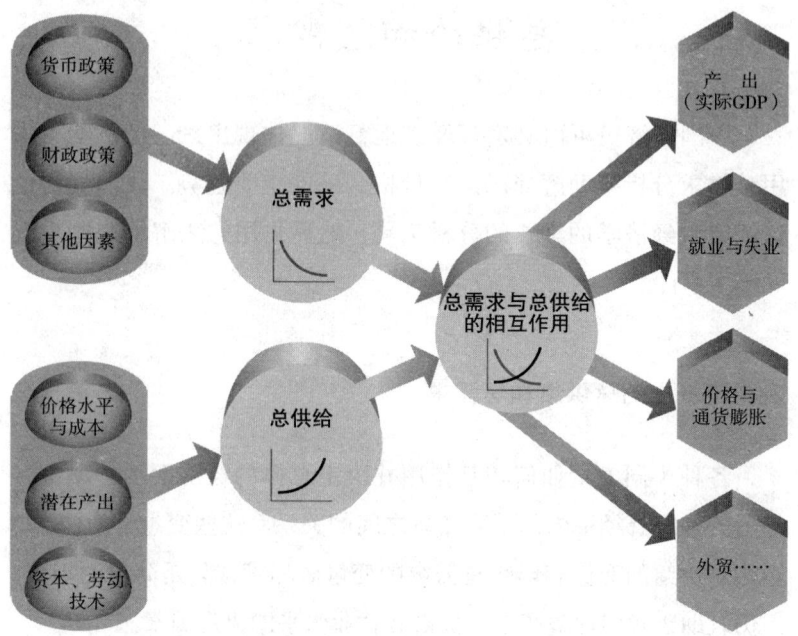

图 19-5　总供给和总需求决定主要的宏观经济变量

这个重要的示意图显示了影响总体经济活动的主要因素。左侧是决定总供给和总需求的主要变量,包括像货币政策和财政政策一类的政策变量,以及资本存量和劳动存量。在中间部分,总供给和总需求相交。右侧的几个六边形是主要的结果:产出、就业、价格水平以及外贸。

且也取决于该经济的生产能力或潜在产出水平。潜在产出水平又取决于可供利用的生产性投入(其中最主要的是劳动和资本)的数量,以及将这些投入组合在一起的管理效率和技术效率。

国民产出和价格总水平是由总供给和总需求这把剪子的两个刀刃来共同决定的。(除了总供给之外)剪子的另一个刀刃是**总需求**,指的是一定时期内经济中各部门所愿意支出的总量。总需求

(通常记为 AD)是对商品和服务支出的总和,它既取决于价格水平,也取决于货币政策、财政政策和其他因素。

总需求的组成部分包括:消费(消费者所购买的汽车、食品和其他消费品);投资(购置的住房、厂房以及商业设备);政府购买(如聘用教师和购买导弹的支出);以及净出口(即出口和进口的差额)。总需求会受物品成交价格的影响,会受战争和天气等外生因素的影响,还会受政府政策的影响。

应用总供求剪刀的两个刀刃,我们可以得到供求的均衡,如图 19-5 右边的圆内(两曲线的交点)所示。国民产出和价格水平在这一水平上达到平衡,即需求方所愿意购买的数量正好等于供给方所愿意出售的数量。而相应的国民产出和价格水平决定着就业、失业和外贸。

总供给曲线和总需求曲线常用于分析宏观经济状况。你也许还记得,我们在第 3 章曾应用市场的供给曲线和需求曲线来分析单个产品的价格和数量。一种类似的图形工具也可以帮助我们理解货币政策或技术进步如何影响总供给和总需求,从而决定总产出和总价格水平。

图 19-6 表示整个经济的总供给曲线和总需求曲线。横轴表示经济的总产出(实际 GDP)。纵轴表示价格总水平(用消费者价格指数即 CPI 来衡量)。我们以 Q 表示实际产出,以 P 表示价格水平。

向下倾斜的曲线是**总需求曲线**,简称 AD 曲线。它表示经济中所有的当事人实体(消费者、企业、政府和外国人)在不同的总价格水平(假定其他影响总需求的因素保持不变)上将要购买的

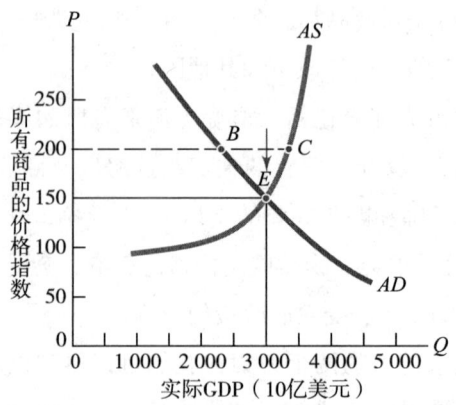

图 19-6 总价格和总产出由总供给和总需求的相互作用决定

其他因素不变时，AD 曲线代表在不同的价格水平上的总购买量。同样，其他因素不变时，AS 曲线表示在不同价格水平上企业所愿意生产和出售的数量。

国民产出和总体价格水平在总需求曲线和总供给曲线的交点 E 处达到均衡，这时企业愿意生产和出售的数量正好等于消费者和其他需求者所愿意购买的数量。

数量。由这条曲线可见，总体价格水平为 150 时，总支出为每年 3 万亿美元。如果价格水平上升到 200，总支出将下降到 2.3 万亿美元。

向上倾斜的曲线为**总供给曲线**，简称 AS 曲线。这条曲线所表示的是在每一个价格水平上（假定其他影响总供给的因素保持不变）企业所愿意生产与出售的物品和劳务的数量。根据这条曲线，当价格水平为 150 时，企业愿意出售的数量为 3 万亿美元；而如果价格上升到 200，则它们所愿意出售的数量就会上升到 3.3 万亿美元。当总产出的需求水平上升时，企业将力图以较高的价格出售更多的物品和劳务。

关于 AS 曲线和 AD 曲线的一个提醒

有必要强调一点：千万不要将宏观经济的 AD 曲线和 AS 曲线与微观经济的 DD 曲线和 SS 曲线相混淆。微观经济的供给曲线和需求曲线指的是单个商品的数量和价格，其前提是假定国民收入、其他商品的价格这类因素保持不变。而总供给曲线和总需求曲线则不同，它体现的是总产出水平和总价格水平的决定，其前提假定是货币供应量、财政政策以及资本存量这类因素维持不变。

总供给和总需求解释的是**总税收**如何影响总需求、国民产出以及总体价格水平。微观经济学的供给和需求则可能会考虑，在收入固定的情况下，**汽油税**怎样影响汽油的购买量。这两组曲线表面上相似，但它们所解释的却是截然不同的经济现象。

同时要注意到，我们将 AS 曲线画成向上倾斜的，而 AD 曲线则是向下倾斜的。我们将在以后的章节解释这样画的原因。

宏观经济均衡 现在我们来看总产出和价格水平如何调整（或平衡）使总供给和总需求达到平衡。也就是说，我们可以利用总供给和总需求的概念来研究价格和产量的均衡值是如何决定的，或者我们可以找到既能满足买方又能满足卖方的实际产量和价格水平。如图 19-6 中 AS 和 AD 曲线所示，整体经济在 E 点达到均衡。只有在该点，即产出水平 $Q = 3\,000$ 而价格水平 $P = 150$ 时，买者和卖者才同时满足。也只有在该点，所有需求者愿意购买的数量才正好等于所有企业愿意生产和出售的数量。

那么，经济如何达到均衡？所谓的均衡究竟是什么意思？**宏观经济均衡**是指总产量和总价格水平这样一种组合，此时，买者和卖者都不愿意再改变他们的购买量、销售量或价格水平。

图 19-6 可以说明这一概念。如果价格高于均衡价格，比如说 $P = 200$，这时企业所愿出售的数量就会大于买方所愿购买的数量。企业愿意出售的数量是 C，而买方所愿意购买的数量只达到 B。由于企业的生产量大于消费者的购买量，物品就会在货架上堆积起来。由于商品的总供给过剩，企业就会减少生产，并削减价格。总价格水平就会开始下降或者其上升速度变慢。而当价格从过高的水平下降时，买者愿意购买的总数量与卖者愿意出售的总数量之间的差距就会缩小。最后，价格将会下降到某个均衡点，使得总需求和总产出相等。在宏观经济达到均衡点时，既不存在供给过剩，也不存在需求过剩——从而不存在促使总体价格水平变动的压力。

宏观经济史：1900~2008 年

我们还可以用总供求这一工具来分析近年来美国的宏观经济史。这里我们集中讨论越战期间美国经济的扩张，以及 80 年代初货币紧缩所引发的严重衰退。此外，我们还涉及其他一些 20 世纪经济增长的经验数据记录。

战时繁荣 美国经济在经历了多次衰退之后走进了 1960 年代（见图 19-3）。总统约翰·肯尼迪把凯恩斯经济学带到了首都华盛顿。肯尼迪的经济顾问们力主扩张性政策，国会批准了刺激经济的举

措,尤其是1963年和1964年的削减个人税和公司税。在那段时期,美国GDP快速增加,失业率降低,通货膨胀也得到很好的控制。到1965年,美国经济的增长已经达到其潜在的产出水平。

遗憾的是,政府低估了越南战争所需要的开支。国防开支从1965~1968年增长了55%。甚至当严重的通货膨胀性的经济景气已经变得很明显时,约翰逊总统仍然在推迟采取旨在降低经济增长速度的痛苦的财政措施。直到1968年,增税和减少民用支出的措施才得以出台。但这对缓解经济过热引起的通货膨胀压力来讲,已经为时太晚。联邦储备系统也以货币供给的快速增长和低利率政策,来容忍经济的扩张。结果,在1966~1970年间,经济都在快速增长。在低失业和高开工率的压力之下,通货膨胀率逐步升高,开始了从1966年持续到1981年的所谓的"通货膨胀时代"。

图19-7说明了这个时期的基本情况。减税和国防开支都使总需求曲线从原来的AD向右上方移到AD'。这导致均衡点从E移到

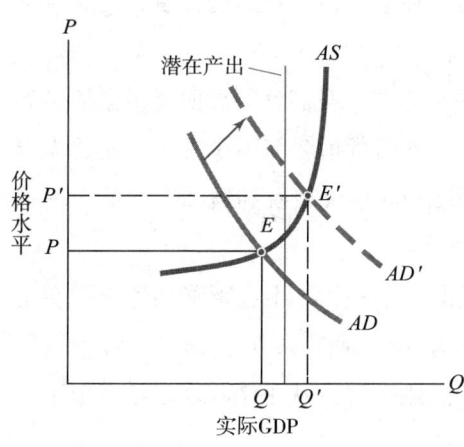

图19-7 战时繁荣是由总需求的增加推动的

在战争时期,国防开支的增加扩大了总支出,把总需求曲线由AD推移到AD',同时,均衡产量从E移到E'。当产出的增加大大超过潜在产出能力时,价格水平就会从P急剧增加到P',战时通货膨胀也就随之而来。

E'，产出和就业迅猛上升，而当产出水平超过生产能力的极限时，通货膨胀率就开始上升。经济学家由此看到：面临通货膨胀危险时，刺激经济增长比说服政策制定者通过提高税收来减缓经济增长要更加容易。面对这个教训，许多人开始质疑，运用财政政策来稳定经济是否明智？

1979~1982 年货币紧缩 20 世纪 70 年代是经济混乱的时代。在此期间，石油价格上涨，小麦短缺，进口价格急剧攀升，工会斗争，工资急剧上升，美国及其他国家经济已经陷入了通货膨胀。如图 19-4 所示，1978~1980 年间通货膨胀率达到两位数。

两位数的通货膨胀率是不可接受的。在经济学家保罗·沃尔克的领导下，联邦储备当局采取了措施，为减缓通货膨胀而开出了货币紧缩这剂猛药。1979 年和 1980 年，利率大幅上升，股市下跌，获得贷款很难。美联储的紧缩性货币政策减慢了消费者和企业支出的增长。受打击最为严重的是总需求中那些对利率变动比较敏感的部分。1979 年以后，住宅建设、汽车购买量、商业投资以及净出口额等全都急剧下降。

在图 19-7 中将箭头换一个方向，我们就能说明货币紧缩是如何降低总需求的。也就是说，紧缩货币政策减少支出，使总需求曲线向左下方移动，与 20 世纪 60 年代减税和增加军费的情况正好相反。

紧缩货币的影响是双重的。第一，产出会下降到低于潜在水平的位置，而失业率会急剧攀升（见图 19-3）。第二，货币紧缩和高失业将导致通货膨胀率急剧下降，从 1978~1980 年每年平均

12%下降到接下来一段时期的大约平均4%（见图19-4）。货币紧缩政策成功地结束了"通货膨胀时代"，但国家为此也付出了代价，即货币紧缩时期的高失业率和低产出。

增长的世纪 美国宏观经济这出"戏"的最后一幕应是自1900年以来近一个世纪的产出和价格的增长。从20世纪初至今，产出量已经增长了34倍。如何解释这个长期经济增长现象？

进一步研究美国经济增长可知，20世纪美国经济年均增长率是3.5%左右。这一增长的部分原因在于，这个时期大量的资本、劳动甚至土地等投入的迅速增长导致了生产规模的扩大。同样重要的原因在于，新产品（如汽车）和新工艺（如计算机技术）的开发与应用带来的生产效率的提高。此外还有些看不见的因素，例如管理技术和服务水平（包括生产线改进和快速交货等技术革新）的提高，也对经济增长起了重要作用。

许多经济学家都认为对经济增长的统计低估了实际的增长，因为统计往往忽视新产品开发和产品质量提高所带来的生活水平的提高。例如，托马斯·库帕发明了室内卫生间之后，千百万人便不必在冬天里还顶风冒雪到室外去方便了，然而这种舒适程度的增加却是无法通过国内生产总值来体现的。

怎样用 AS-AD 模型描绘产出量的巨大增长呢？图19-8提供了一种方法。投入增加和生产效率的提高使图中 AS 曲线从 AS_{1900} 向 AS_{2008} 大幅度右移。同时生产成本也大幅增加，比如平均小时收入由1900年的0.15美元增加到2008年的30多美元，成本上升使 AS 曲线向上移动。所以，总的结果正如图19-8所示，产出量和价

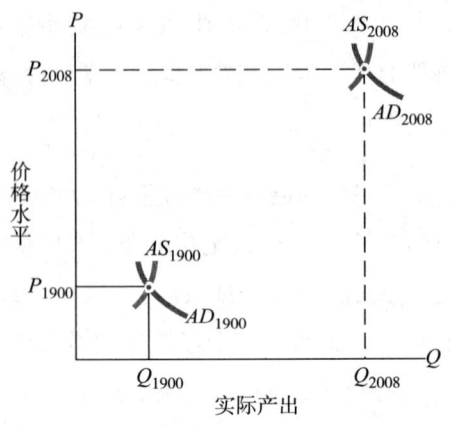

图 19-8 潜在产出的增长决定了长期经济绩效

一个世纪以来,劳动、资本、效率的提高导致了经济潜在生产率的极大提高,使总供给远远地向右移动。从长期来看,总供给是产出增长主要的决定性因素。

格同时上升。

在过去的半个世纪中,宏观经济政策在改善商业周期的状况方面发挥了核心作用。宏观经济学的发现与应用,以及对货币政策和财政政策重要性的肯定与局限性的思考,降低了商业周期的波动性,迎来了一个"黄金增长"时期。财政政策,特别是货币政策的运用,使80年代、90年代失业率下降,确保了价格水平的稳定。2007~2009年当美国金融系统遭受到巨大冲击时,央行的银行家们汲取并深刻理解了30年代大萧条时期的教训。他们深知,金融恐慌会蔓延、银行倒闭会导致挤兑、不稳定会诱发更多的不稳定,而宏观经济的历史和理论方面的知识,以及作为最后出借人的中央银行的干预,则可以减轻银行所遭受到的冲击,并防止银行危机演变成经济大萧条。

然而,并没有一种神奇的药可以"治愈"宏观经济所遭受的所有创伤。2007~2009年，当美国面临产出和就业的急剧跌落时，当局采取了各种货币政策和财政政策，但仍然不能完全抵消金融冲击所产生的巨大影响。迄今为止，我们所掌握的宏观经济知识，也只能够用于阻止经济萧条的来临，而绝对无法让经济衰退销声匿迹。

第二十章 经济活动的衡量

当你能衡量你所谈论的东西并能用数字加以表达时,你才真的对它有了几分了解;反之,你的了解就是肤浅的和不能令人满意的。尽管了解也许只是认知的开始,但是在思考上则很难说你已经步入了科学的阶段。

——凯尔文勋爵

宏观经济学的所有概念中,最重要的指标是国内生产总值(GDP)。这个指标衡量的是一个国家一年内生产的物品和劳务的总价值。GDP统计记录于国民收入与产出账户(或国民账户),它能帮助政策制定者据此判断经济是紧缩还是扩张,还能据此判断是否会面临严重衰退或通货膨胀的威胁。经济学家判断一国经济发展水平时,也会查核该国的人均GDP。

GDP和国民收入账户的其他指标看上去似乎是神秘的概念,但它们委实是20世纪最伟大的发明之一。仿佛卫星能探知整个大陆的天气情况一般,GDP也可以显示一国的经济全貌。本章拟着重介绍经济学家如何衡量GDP和其他重要的宏观经济学指标。

国内生产总值：经济绩效的尺度

何谓国内生产总值？国内生产总值是我们给一国在一年内所生产的最终物品和劳务的市场总价值所起的名称。用货币这把尺子去度量一国利用其土地、劳动及资本等资源所生产的各种物品和劳务（从苹果到齐特琴）的总值，你就会得到 GDP。GDP 等于所有的消费品、投资品、政府采购以及对外国的净出口的总产量之和。

GDP 是衡量一国物品和劳务产出总量的最综合的指标。它是一国一年内境内的消费（C）、投资（I）、政府购买物品和劳务（G）以及净出口（X）的货币价值的总和。

即，

$$GDP = C + I + G + X$$

GDP 用途很广，最重要的是衡量一国经济的整体状况。如果你问经济史学家大萧条时期发生了什么，那么最好的最简洁的回答将是：

从 1929~1933 年，GDP 从 1 040 亿美元下降到 560 亿美元。美国经济所生产的物品和劳务的货币价值急剧下降，导致了失业率高、生活艰难、股市暴跌、企业破产、银行倒闭、社区骚乱和政治动荡。

同样，如果你问宏观经济学家 20 世纪后半叶的美国经济，他们可能回答：

20世纪后半叶是世界经济史上的一段无与伦比的时期。由日本、美国和西欧各国所组成北方富裕地区,经历了有史以来人均产出最迅速的增长。从二战结束后到2000年,美国的人均实际GDP增长了近250%。

现在我们讨论国民收入和产品账户的组成要素。首先,我们介绍衡量GDP的几种方法,区分实际GDP和名义GDP。然后,我们讨论GDP的主要构成。最后,我们讨论如何衡量总体价格水平和通货膨胀率。

经济学家如何统计GDP?说起来你也许会感到很吃惊,可以用两种完全独立的方法来进行统计。如图20-1所示,GDP既可用产品流量来衡量,也可以用收入流量来衡量。

为说明统计GDP的不同方法,我们不妨首先设想,有这样一个极其简化的经济社会,其中不存在政府和外贸部门,也没有投资。我们这个小经济暂时只生产消费品,即那些供家庭购买并用于满足家庭需要的产品。

产品流量法 每年,社会大众都要消费各种各样的最终物品和劳务,例如,苹果、计算机软件和蓝色牛仔裤等是物品,而医疗和理发等则是服务。这里我们只计算最终产品,即最终由消费者所购买和使用的那些东西。各个家庭用其收入购买这些消费品,如图20-1环形流动图上部所示。将所有花在这些最终消费品上的货币价值加总,我们就得到这个简化经济的国内生产总值。

于是,在这个简化的经济中,用最终的物品和劳务的年流量

宏观经济活动的环形流动图

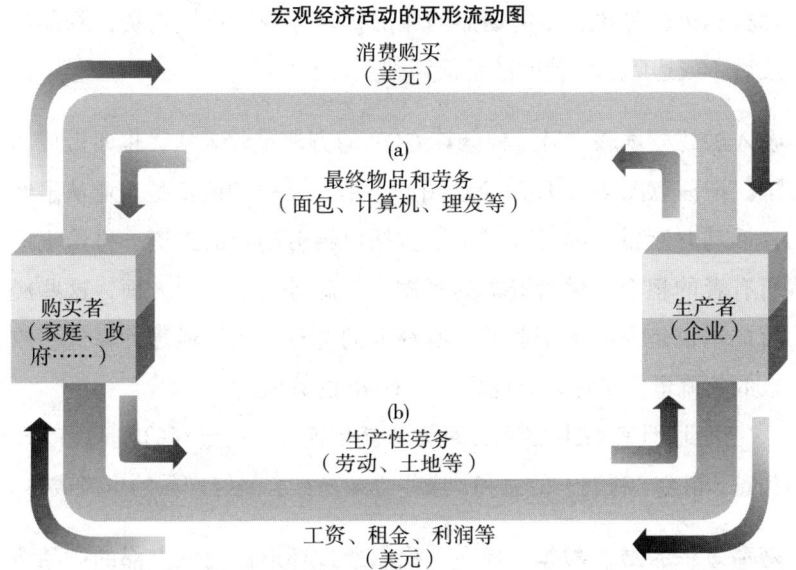

图 20-1 GDP 既可用（a）最终产品流量来衡量，也可以用（b）成本流量来衡量
在环形流动图上部，人们支出货币来购买最终物品与劳务，他们每年花费的货币总流量就是一种对国内生产总值的衡量。环形流动图下部衡量的是产出成本的年流量，企业以工资、租金、利息、股息和利润形式支付，构成人们的收入量。

用这两种方法所衡量出的 GDP 必定是相等的。本图形就是表示微观经济供给与需求循环的图 2-1 在宏观经济上的对应物。

的加总方法，你可以很容易地统计出国民收入或国民产值：(蓝色牛仔裤的价格 × 蓝色牛仔裤的数目)+(苹果的价格 × 苹果的数目)+ …… 直至计入所有的最终产品。国内生产总值被定义为一国生产的最终产品流量的货币价值的总和。

因为市场价格反映了各种不同物品和劳务的相对经济价值，所以，在衡量不同物品的价值时，国家统计人员用市场价格进行加权。也就是说，不同物品的相对价格体现了居民消费该物品的最后（或边际）单位时的价值评判。

收入法或成本法 另一种计算 GDP 的方法是收入法，也叫做成本法。请注意图 20-1 环形流动图的下部。其中的流量是企业从事经营活动时所付出的各种成本：包括付给劳动者的工资、付给土地所有者的租金、付给资本的利润，如此等等。另一方面，这些经营成本也是家庭从企业那里所获得的各种收入。通过计算这些收入的年流量，统计人员也能得到 GDP 的数值。

因此，计算 GDP 的第二种方法就是统计生产要素的收入（工资、利息、租金、利润）的总和，这些收入是社会最终产品的生产成本。

两种方法的结果相等 现在，我们通过环形流动图上部的产品流量法和环形流动图下部的收入流量法来计算国内生产总值。哪一种计算结果更准确？答案是它们正好相等。

不妨考察一个简单的理发店的经济来理解这一点。假定理发师除了支付自己的劳动之外没有别的支出。如果他给 10 个人理了发，每人收费 8 美元，那么这个经济的 GDP 就为 80 美元。但理发师的所得（工资和利润）也正好为 80 美元。因此，不论用产品流量（80 美元的理发费）还是用成本或收入（80 美元的工资和利润）流量来衡量，这个经济的 GDP 都是一样的。

两种方法结果相等的原因，实际上是因为我们将"利润"放入了图中环流的下面，与其他收入放在一起。利润到底是什么呢？利润是在销售收入中扣除其他生产要素的成本（工资、利息和租金）之后所剩下的部分。就是这些剩余起到了自动调节的作用，使得环流下部的成本或收入的价值正好等于环流上部的物品和劳务的价值。

小结:

GDP或国内生产总值可用两种不同的方法来衡量:(1)在最终产品上的支出流量;(2)生产这些产出时各种投入要素的总成本或总收入。这两种方法统计出的GDP结果恰好相等。

你可能有点疑问,经济学家从哪里能找到所有的国民账户的数据?事实上,为政府服务的经济学家们拥有广泛的资料来源:调查、所得税返还、零售业统计资料和就业数据等。

最主要的数据来源是企业账户。一个企业或一个国家的账户是一定时期内所有流量(产出、成本等)的数字记录。我们可通过设计一个仅由农场组成的经济账户来说明企业账户和国民账户的关系。表20-1的上半部分显示了一个普通农场一年内的耕作经营业绩。左边是最终产品销售额,右边是各种生产成本。表的下半部分说明如何设计一个简化的农业经济的GDP账户。假设这个简化的农业经济所有的最终产品都是由1 000万个完全相同的农场生产出来的。在这种情况下,只要把国民账户简单地加总,即将1 000万个完全相同的农场的产出和成本简单地加在一起,就能得到用两种不同方法所衡量的GDP数据。

我们把GDP定义为最终产品和劳务的总量。最终产品是指以

表20-1 根据企业账户建立国民产值账户

(a) 一家普通农场的收益表(美元)			
农场产出		收 入	
产品(玉米、苹果等)	1 000	生产成本:	
		工 资	800
		租 金	100
		利 息	25
		利润(留存额)	75
总 计	1 000	总 计	1 000

(b) 国民产值账户(百万美元)			
环形图上部的产品流		环形图下部的收入流	
最终产品(10×1 000)	10 000美元	成本或收入:	
		工资(10×800)	8 000
		租金(10×100)	1 000
		利息(10×25)	250
		利润(10×75)	750
GDP总额	10 000	GDP总额	10 000

(a)部分显示了一个普通农场的收益表。左边是产值,右边是农场的成本。(b)部分是把1 000万个完全相同的农场进行加总以获得GDP总额。注意:来自产品一方的GDP与来自收入一方的GDP正好相等。

消费或投资为目的而生产和出售的产品。GDP不包括中间产品——用于生产其他产品的产品。因此,GDP包括面包而不包括小麦,包括家用计算机而不包括计算机芯片。

在运用产品流量法计算GDP时,剔除中间产品并不难。我们所需要做的仅仅是直接将面包和计算机记入GDP,而避免记入生产面包所使用的小麦和面粉,或生产计算机所使用的芯片和塑料。再看一下图20-1中环形流动图的上部,面包和计算机出现在产品流量之中，但却找不到面粉或计算机芯片。

那么像面粉和芯片这样的产品在哪里呢？它们是中间产品，它们只在标着"生产者"的方框内循环流动。它们从来不会被消费者购买，也绝不会作为最终产品出现在 GDP 中。

环形流动图下部的"附加值" 一个正在学习如何计算 GDP 的统计人员可能会疑惑不解地问：

> 我可以相信，如果细心的话，环形流动图上部计算 GDP 的产品流量法能避免将中间产品计算在内。但是，当你用环形流动图下部的成本或收入进行统计时，你会不会遇到问题呢？

不管怎么说，当我们从各企业的账户中查看收益表时，是不是要把面粉厂支付给农场主的款项，面包厂支付给面粉厂的款项，还有食品零售店支付给面包厂的款项等，统统都计算进去呢？如果统统算入，则那些经过多个生产环节的款项，难道就不会出现双重甚至三重的计算？

这些问题提得很好，不过我们有一个能够解决问题的技巧。统计工作者在衡量环形流动图下部的收入时，总是小心翼翼地只将一个企业的附加值计算到 GDP 中。**附加值**指的是这样一个差额：企业的销售额同从其他企业购进的原材料和劳务的支付额之间的差额。

换句话说，在计算 GDP 中企业的收入或附加值时，统计员计入的是为购买各生产要素所支付的成本，同时要扣除所有对其他企业的支付。这样，工资、薪水、利息、股息等形式的企业成本都计入了附加值，而对小麦、钢材、电力的购买则不会计入附加值。为什么在计算 GDP 时要从附加值扣除这些从其他企业购买的价值呢？因为这些购买将会由其他企业在计算 GDP 时以附加值的形式恰当地计入。

表20-2 所列的面包生产的几个环节可以说明：在小心地采用附加值法时，我们是如何从农场、面粉厂、面包厂和食品零售店的损益表中扣除相应的中间产品支出的。最后，两种方法的结果说明，（1）最终产品面包的销售额和（2）总收入（面包生产各环

表 20-2 GDP 是每一个生产阶段的附加值之和

	面包的收入、成本和附加值（美分/片面包）		
生产阶段	（1）销售收入	（2）减：中间物品的成本	（3）附加值（工资、利润等）（3）=（1）-（2）
小 麦	23	0 =	23
面 粉	53	23 =	30
烘烤的生面	110	53 =	57
最终产品：面包	**190**	110 =	**80**
总 计	376	186	190
			（附加值合计）

为了避免重复计算中间产品，我们计算每一生产环节的附加值，然后减去不是该环节生产的、由其他企业购进的一切原材料和中间产品的成本。注意，每一件中间产品既出现在第（1）栏又出现在第（2）栏的下一个生产阶段，因而它被减掉了。（如果我们将所有款项都加进去，而不是只计算附加值，那么 GDP 会被高估多少呢？每片面包将会高估 186 美分。）

节的附加值之和）的结果相等。

附加值法：为了避免重复计算，我们严格地让 GDP 仅仅包括最终产品，而不包括用来制造最终产品的中间产品。通过计算每个生产环节的附加值，小心地扣除从其他厂商购买中间产品的支出，环形流动图下部的收入法能恰当地避免所有的重复计算，而正好只将工资、利息、租金和利润计算一次。

国民账户统计细节

以上我们已经概要地说明了国民收入或产品账户。在本章的以下部分我们将进一步讨论各组成部分是怎样组合在一起的。在了解完整的国民收入或产品账户之前，我们不妨先看一下表 20-3，以便能对将要分析的对象有个全面的印象。该表从产品和收入两个方面分别列举了一组统计科目。如果你了解这个表的结构以及其中各科目的内涵，那么你就能很好地理解 GDP 及其各组成部分。

我们将 GDP 定义为商品和服务的货币价值。而在计算这一货币价值时，我们使用的是市场价格这根标尺来衡量不同的商品和服务的价值。但价格会随时间变化，因为通货膨胀会年复一年地将价格推向更高的水平。谁愿用橡皮（每天都在你手中伸缩）标尺而不是固定不变的标尺去衡量事物呢？

用货币作为尺度时，经济学家必须解决一个问题，那就是价格变动。毫无疑问，我们需要用一根固定不变的尺子衡量国民产

表 20-3 国民收入和产品账户概览

产品法	收入法
国内生产总值的组成部分：	计算国内生产总值来源的收入法：
消费（C）	薪酬（工资、薪金和补助）
＋国内私人总投资（I）	＋企业利润
＋政府购买（G）	＋其他财产所得（租金、利息、业主收入）
＋净出口（X）	＋折旧
	＋生产税
等于：国内生产总值	等于：国内生产总值

本表显示了国民账户两边的主要构成。左侧显示了产品法（或环形流动图的上部）的主要构成。符号 C、I、G、X 经常被用于表示 GDP 的四个项目。右侧显示的是收入法（或环形流动图的下部）的主要构成。每种方法最终都会得到完全相等的 GDP。

出和收入。经济学家能够用可靠的尺度来代替伸缩的尺度，方法是从国民产出中剔除价格增长的因素，以得到国民产出的实际值或数量指数或曰数值化了的指数。

这个方法的基本思想是用当年实际市场价格统计当年的 GDP，所得到的称为**名义 GDP**，或称按现价计算的 GDP。但是，我们往往对**实际 GDP** 所发生的变化更感兴趣。它是一种生产商品和劳务的数量指数。在计算实际 GDP 时，要先剔除价格变动或通货膨胀的影响，再记录产出的数量。可见，名义 GDP 是由变动着的价格计算而成的，而实际 GDP 则是剔除价格变动因素后的总产出的数量。

名义 GDP 和实际 GDP 之差就是 **GDP 价格**，该价格我们时常称为 **GDP 紧缩指数**。

举个简单的例子。一个国家在第一年生产了 1 000 蒲式耳玉米，第二年产量是 1 010 蒲式耳。每蒲式耳玉米的价格在第一年为 1 美元，在第二年为 2 美元。我们可以算出，第一年的名义 GDP 为 1 美元 × 1 000 = 1 000 美元，第二年为 2 美元 × 1 010 = 2 020 美元。这样，两年中名义 GDP 增长了 102%。

但实际产出的增长远没有那么快。为算出实际产出，我们需要使用 GDP 紧缩指数。一个通常的方法是我们将第一年作为基期年，即获得基准价格的年份。首先，我们将该年物价指数，即 GDP 紧缩指数，确定为 $P_1 = 1$。这意味着产出由基期年的价格计算。由上一段的数据可知，第二年的 GDP 紧缩指数为 $P_2 = 2$ 美元 /1 美元 = 2。实际 GDP（Q）等于名义 GDP（PQ）除以 GDP 紧缩指数（P）。因此，第一年的实际 GDP 等于 1 000 美元 /1 = 1 000 美元，第二年的实际 GDP 等于 2 020 美元 /2 = 1 010 美元。这样，已经剔除了价格增长因素的实际 GDP 的增长率就为 1%，正好等于（理应如此）玉米生产量的增长率。

比较 1929~1933 年的情况，可以说明一个实际历史时期中的紧缩过程。由表 20-4 可见，名义 GDP 在 1929 年为 1 040 亿美元，在 1933 年为 560 亿美元。这表明从 1929 年至 1933 年，名义 GDP 下降了 46%。但是，政府估计这一时期价格水平平均下降了 26%。如果我们把 1929 年作为基期年，把该年的 GDP 紧缩指数定义为 1，那么就意味着 1933 年物价指数约为 0.74。因此，1933 年的 560 亿美元的实际价值大大高于 1929 年 1 040 亿美元 GDP 的一半。表 20-4 说明，以 1929 年价格计算，或者说用 1929 年的美元购买力来衡量，实际 GDP 下降到 760 亿美元。可见，名义 GDP 之所

表 20-4 实际 GDP（或剔除了通货膨胀的影响）是用 GDP 紧缩指数去除名义 GDP 而获得的

年　份	（1） 名义 GDP （当年的价格， 10 亿美元）	（2） 价格指数 （GDP 紧缩指数， 1929 年＝1）	（3） 实际 GDP （10 亿美元，1929 年的价格） $(3)=\dfrac{(1)}{(2)}$
1929	104	1.00	$\dfrac{104}{1.00}=104$
1933	56	0.74	$\dfrac{56}{0.74}=76$

使用第（2）栏的价格指数，矫正第（1）栏的数字以便得到第（3）栏的实际 GDP。（问题：你能够说明以 1933 年的价格表示的 1929 年的实际 GDP 是 770 亿美元吗？提示：如果把 1933 年视为基期，其价格指数是 1，那么 1929 年的价格指数为 1.35。）

以下降过半，部分原因还在于大萧条期物价的急剧下跌，也即通货紧缩所带来的错觉。

图 20-2 中下面的一条曲线表示自 1929 年以来名义 GDP（即用每年现行货币和价格所表示的 GDP）的增长。为便于比较，将实际 GDP（以 2000 年美元表示）也放入图内。很明显，在过去 80 多年名义 GDP 的增长是由于通货膨胀所造成的货币尺度的变化而引起的。

表 20-4 说明的是计算实际 GDP 和 GDP 紧缩指数的最简单的办法。这样的计算有时会产生误导，尤其是在重要商品的价格和数量发生急剧变动的条件下。

当不同商品的相对价格变动很大时，使用既定年份的价格会对实际 GDP 的增长率做出错误的估计。为纠正这种偏差，统计学

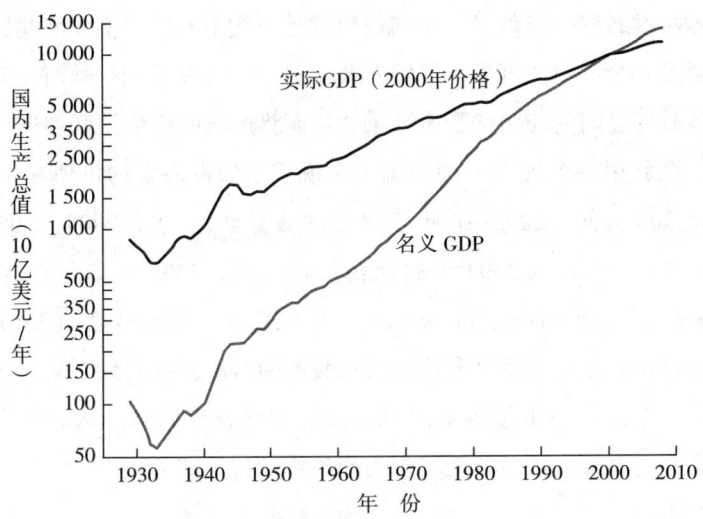

图 20-2　名义 GDP 的增长由于价格膨胀而快于实际 GDP

名义 GDP 的上升夸大了实际产出的上升，这是为什么呢？因为名义 GDP 的增长包括了价格的增加和产出的增长。要获得实际产出的准确度量，就必须从名义 GDP 中将价格变动因素剔除。

资料来源：U.S. Bureau of Economic Analysis.

家使用了系列加权法。此法使不同商品和服务的权重逐年变化，而不是固定每种商品的相对权重不变（例如，按既定年份 1990 年的权重计算），因此能反映出经济中支出模式的演化。今天，美国官方统计的 GDP 和 GDP 价格指数都是基于系列权数而得到的。它们的技术术语是"以系列美元计价的实际 GDP"和"GDP 的系列价格指数"。为简便起见，我们的讨论一般还是使用实际 GDP 和 GDP 紧缩指数。

系列权数的进一步讨论 系列权数的计算细节有些难懂,但我们可以通过一个简单的例子来了解其基本思想。计算系列权数时,需要将各时期之间的相对增长率连乘,从而将产出或价格的系列连接起来。在此用一个理发经济的例子来说明。假设理发的价值在1998年是300美元,2003~2004年理发的数量增加1%,2004~2005年增加2%。那么以2003年的加权价格计算,2003年实际GDP是300美元,2004年是$300 \times 1.01 = 303$美元,2005年是$303 \times 1.02 = 309.06$美元。在面对多种商品和服务的时候,我们只需简单地将香蕉、苹果、小木筏等不同组成部分的增长率加总,然后将不同商品在支出或产量中的份额作为增长率的权重即可。

小结:

> 名义GDP(PQ)代表给定年份中所生产的最终产品和劳务的货币价值总量。这里的价值量是以当年的市场价格来计算的。实际GDP(Q)是指从名义GDP中剔除了价格变化并以商品和服务的数量来计算的GDP。下面的等式表示出了名义GDP、实际GDP和GDP价格指数之间的关系。
>
> $$Q = 实际GDP = \frac{名义GDP}{GDP价格指数} = \frac{PQ}{P}$$
>
> 为了修正快速变化的相对价格的影响,美国国民账户使用系列权数来统计实际GDP和物价指数。

GDP最重要的组成部分是消费,或叫做"个人消费支出"。消费是GDP最大的组成部分,近年来已达到GDP总额的2/3。

图 20-3 显示的是过去 80 年的 GDP 中消费所占比例的变化。消费支出分为三类：耐用品（如汽车）、非耐用品（如食品）和服务（如医疗保健）。其中增长最快的是服务领域。

到目前为止，我们的分析都排除了所有的资本品。然而在现实生活中，各国都将其产出的一部分用于投资（即增加能提高未来生产能力的耐用品）。投资意味着牺牲当前消费以增加未来消费。人们现在不吃掉更多的比萨饼，而是新建一个比萨饼炉，为的是将来能生产更多的比萨饼供消费。

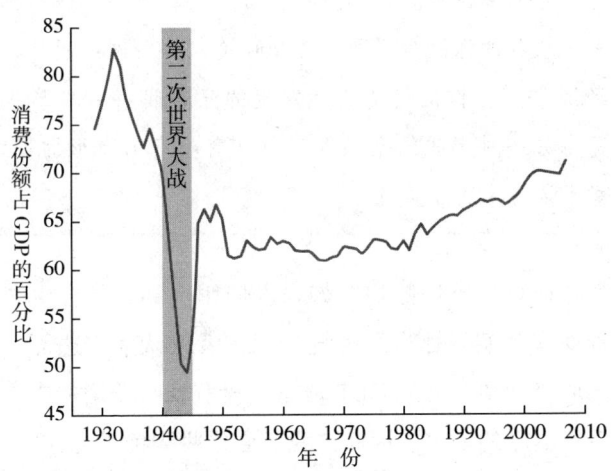

图 20-3　国民产出中消费的份额近年来有所上升

在大萧条时期，由于投资前景黯淡，全部 GDP 中消费所占的份额上升；二战时期，由于战争需求替代了个人需求，消费所占的份额急剧减少。近些年来，随着国民储蓄率和政府购买支出的下降，消费的增长速度快于全部产出的增长。

资料来源：U.S. Bureau of Economic Analysis.

在国民收入账户中，**投资**是指一年内一国的建筑物、设备、软件产品及库存等资本存量的增加部分。国民账户收入主要包括有形资本（如建筑物和计算机），忽略了大部分无形资本（如研发费用和教育支出）。

实际投资和金融投资

经济学家将"投资"（有时称为实际投资）定义为耐用资本品的生产。而在一般用法上，投资通常是指诸如购买通用汽车公司的股票或去开个存款户头这类东西。为了不致混淆，经济学家将这种投资称为金融投资。请不要将投资一词的两种用法混淆起来。

如果我从我的保险柜里取出1 000美元购买网络股票，这并不是宏观经济学家称作的投资，所发生的只是我将一种形式的金融资产转变为另一种形式的金融资产。只有生产出有形的资本品时，经济学家才认为形成了投资。

投资如何计入国民账户？如果人们用一部分社会生产能力去形成投资而非消费，那么经济统计工作者就认为，这部分产出必须计入环形流动图上部的GDP流量。投资意味着增加未来生产能力的耐用资本品的增多。因此，我们必须将先前的GDP定义做如下修改：

> 国内生产总值是一切最终产品的价值总和。除了消费品和劳务，我们还必须将总投资也包括在内。

净投资与总投资 修改后的定义除了包括消费之外，还包括了总投资。那么这里的"总"的含义何在？它表示的是该投资包括所有已经生产出来的投资品。总投资的另一层含义是，还没有经过折旧调整的折旧额。**折旧**衡量的是一年中已经消耗掉的资本额。因此，总投资包括了一年当中所增加的全部机器、工厂及房屋，尽管其中有一部分仅仅是为了替换那些将要被焚烧掉或扔进垃圾堆的旧的资本品而购置的。

如果你想要统计社会资本的增长，总投资并不是一个理想的指标。由于它没有除去必要的折旧数量，因此它太大、太笼统。

用人口增长来进行类比，会使折旧的意义更清楚。如果你要统计人口规模，你就不能简单地只计算出生人口数，因为这样显然会夸大了人口的净变动。要得到人口增量，你还必须减去死亡人数。

同样的道理对于资本也适用。要找到资本净增量，你就必须从总投资中减去以折旧形式死亡了的资本，或曰消耗掉了的资本。

因此，为了估计资本存量的增长，我们需要衡量净投资。净投资永远等于新投入的资本（总投资）减去死亡的资本（资本折旧）。

> 净投资等于总投资减去折旧。

一部分国民产品是由联邦政府、州政府以及地方政府采购的，这些购买显然也是 GDP 的组成部分。一些政府采购是消费品（如军粮），还有一些是投资品（如学校或道路）。在统计政府对 GDP 的贡献时，我们只需简单地将政府所有的采购都添加到私人消费、私人投资，还有后面马上要讨论的净出口这几大流量之中。

因此，政府在其雇员身上的一切薪金支出加上它向私人企业购买的物品（激光仪、道路和飞机），均被计入产品流量的第三个类别，即"政府消费性支出及总投资"。它等于联邦、州和地方政府对GDP的贡献。

排除转移支付 这是否意味着，政府所支出的每1美元都要计入GDP之中呢？绝非如此。GDP只包括政府购买，不包括在转移支付上的支出。

政府**转移支付**是指政府对个人的一种支付，这种支付并不用来交换受益人所提供的产品或劳务。政府转移支付的项目很多，包括失业保险、退伍军人抚恤金、老年人及残疾人的补助金等。转移支付的目的在于满足某种社会需要。由于转移支付不是用来购买当前的商品或服务的，因而不应包括在GDP中。

由此，如果你作为一名教师从政府那里领取了工资，那么这项对要素的支付就应该包括进GDP。而如果你是退休工人，从政府那里领取到福利补助，那么，由于并不需要为这项支付提供劳务，它属于转移支付，因此就不应计入GDP。类似地，政府的利息支付被认为是转移支付，因而也应该从GDP中扣除。

最后，不要将国民收入账户衡量政府的商品和服务支出（G）的方法与政府的官方预算混淆起来。当财政部计算其开支总额时，它包括了在商品和服务上的支出（G），再加上转移支付。

税 收 应用产品流量法计算GDP时，我们不需要担心政府如何为其开支筹措资金。不论政府通过征税、印钞票，还是借款来

支付其所购买的商品和服务,都没有什么关系。不论钱来自何处,统计人员都会将GDP中的政府部分计算为政府在商品和服务上的实际开销。

在产品流量法中忽略税收是恰当的,但在用收入或成本法计算GDP时我们必须考虑到各种税收。以工资为例,在我所得到的工资中,我必须把一部分工资以个人所得税的形式缴纳给政府。这些直接税肯定会被计入企业开支中的工资部分,同样的做法也适用于对利息、租金和利润所征收的直接税(不论是对个人还是对公司)。

再以销售税和其他间接税为例,这些税是制造商或零售商在一块面包(或在小麦、面粉和生面团阶段)上所必须支付的。假设这些间接税的总额为每块面包10美分,并假定面包行业所支付的工资、利润和其他附加值为90美分。那么使用产品流量法时,这块面包卖多少钱呢?是90美分吗?肯定不是。这块面包将卖1美元,这等于90美分的生产要素成本加上10美分的间接税。

因此,用成本法计算GDP时,我们必须将直接税和间接税都算做最终产品生产成本的一个组成部分。

美国是一个商品和服务不断地进口和出口的开放经济体。GDP的最后一个构成部分(也是近年来越来越重要的部分)是**净出口**,即商品和服务的出口额和进口额之间的差额。

如何划清美国GDP与别国GDP之间的界限呢?美国的GDP代表的是在美国境内生产的全部商品和服务的价值。美国的生产量与美国的销售量有两点不同。第一,我们的一些产品(如爱荷华州的小麦和波音公司的飞机)由外国人购买并运往海外,这些项目构成了出口。第二,我们消费的一些产品(如墨西哥的石油和日本的汽车),又是由别国生产并运送到美国来的,这些项目构成了进口。

尽管GDP在美国是运用得最广的国民产出指标,但另外两个概念也时常被采用:国内生产净值和国民生产总值。

如前所述,GDP中包括总投资,即净投资加上折旧。略加思索即可发现,计入折旧就如同既算了小麦又算了面包。比较合理的衡量方法是只将净投资算入总产出。从GDP中减去折旧,就得到了**国内生产净值**(NDP)。如果NDP是比GDP更好的国民产出指标,那么为什么国民经济统计账户要更多地使用GDP呢?这样做的原因是折旧比较难以估算,而总投资则能相当精确地加以估算。

国民账户另一个统计指标是**国民生产总值**(GNP),直到现在,它仍在被广泛地采用。GNP与GDP有何不同? GNP是美国居民所拥有的劳动和资本所生产的总产出量,而GDP则是美国境内的劳动和资本所生产的总产出量。

例如,美国GDP的一部分是由日本的本田公司在美国境内的工厂所生产的。这些工厂的利润应计入美国GDP但不应计入美国的GNP,因为本田是一家日本公司。同样,当一个美国经济学家飞到日本举办一场关于棒球的收费讲座时,讲座收入应计入日本的GDP和美国的GNP。对于美国来讲,GDP与GNP基本相同,但对其他开放经济的国家却有很大的不同。

小结：

国内生产净值（NDP）等于一国在一年内所生产的全部最终产品；这里的最终产品包括净投资或总投资减去折旧：

$$NDP = GDP - 折旧$$

国民生产总值（GNP）是一年内一国居民所拥有的投入要素所生产的最终产品的总值。

表20-5提供了一个关于GDP重要组成部分的全面定义。

理解了上述概念后，我们现在可以观察一下表20-6中的十分

表20-5　国民收入和产品账户的基本概念

1. **从产品角度算，GDP是以下4个主要构成之和：**
   - 个人在商品和劳务上的消费开支（C）
   - 国内私人总投资（I）
   - 政府的消费开支和总投资（G）
   - 商品和劳务的净出口（X），或出口额减进口额
2. **从成本角度算，GDP是以下几个主要构成之和：**
   - 薪酬（工资、薪金和补助）
   - 财产所得（公司利润、业主收入、利息、租金）
   - 生产税和资本折旧

   （在使用附加价值统计法时，总是需要小心从事，以避免重复计算从其他厂商购买的中间产品。）
3. **用产品法和成本法所算得的GDP完全相同**（这是因为遵守了用附加值进行记账的规则和将利润定义为一种剩余）。
4. **国内生产净值（NDP）等于GDP减去折旧。**

表 20-6　GDP 账户的两种观察方法——以真实数字为例

2007 年国内生产总值（10 亿美元，当年价格）

产品法		收入法或成本法	
1. 个人消费支出	9 710	1. 员工薪酬	7 812
耐用品	1 083	2. 业主收入	1 056
非耐用品	2 833	3. 租金收入	40
服务	5 794	4. 净利息	664
2. 国内私人总投资	2 130	5. 公司利润（调整后的）	1 642
固定投资		6. 折旧	1 721
非住宅投资	1 504	7. 生产税、统计误差和调整项	872
住宅投资	630		
私人存货变动	−4		
3. 商品或服务的净出口	−708		
出口	1 662		
进口	2 370		
4. 政府消费支出和总投资	2 675		
联邦政府	979		
州和地方政府	1 696		
国内生产总值	**13 808**	**国内生产总值**	**13 808**

左侧衡量产品流量（按照市场价格），右侧衡量成本流量（生产要素收入和折旧）。

资料来源：U.S. Bureau of Economic Analysis.

重要的实际数据。

产品流量法　先看该表的左侧。它表示用环形流动图上半部分的产品流量法所计算出的 GDP。四个主要组成部分的每一项及其在 2007 年的产量都列在这里。其中的 C、G 及其细目都不需做什么解释。

国内私人总投资需要稍加说明。它的总额（21 300 亿美元）包括企业在厂房和设备以及住宅建设上全部新增的固定投资，还包括商品库存增加。这个总数没有减去资本折旧。从总投资中扣除 17 210 亿美元的折旧后，我们得到的净投资数为 4 100 亿美元。

最后，注意净出口的巨额负值高达 7 080 亿美元。这个负值代表了这样的事实，即 2007 年美国的商品和服务的进口比出口多 7 080 亿美元。

将左侧的四个组成部分加在一起，便得到 GDP 总额为 138 080 亿美元。这就是我们的工作结果：用货币所衡量的美国经济在 2007 年的总业绩。

成本流量法　现在再看表的右方，它构成环形流动图的下半部分成本流量法。这里可见全部生产成本，加上税收和折旧。

员工薪酬包括工资、薪金和其他员工补助，净利息也属于这一类。

个人的租金收入包括所得的租金。此外，如果你住自己的房，则被认为是在向自己付房租。这是国民账户中许多"设算收入"（或衍生收入）中的一个。如果我们真想衡量美国人所实际享受的住房服务，而不希望这种估计随着是否拥有这套住房而改变，那么这种租金估算方法是有其意义的。

企业的生产税单列为一项，与某些调整项目放在一起，包括难以避免的"统计误差"。统计误差反映了这样一个事实，即官方统计人员从来没有完全掌握他们所需要的每一项统计数据。[1]

和其他费用一样，被消耗掉的资本品折旧，也必须作为一种费用出现在 GDP 中。利润是一个剩余额，即从销售总额中减去所有其他成本后的部分。利润有两种：公司利润和非公司企业的净收入。

非公司企业收入是指合伙企业和个人经营企业的收入。它包括大部分农场主的收入和专业人员的收入。最后，我们看公司税前利润。

看右边一栏各项，成本流量法的统计结果也是 138 080 亿美元，与左边的产品流量法的结果一致。

GDP 基本统计账户之所以令人感兴趣，不仅在于它本身，还因为它对于理解消费者和企业的行为具有重要的意义。进一步的细分将有助于说明国民账户的核算方法。

国民收入　为帮助理解总收入在不同生产要素中的分配，我们构造了国民收入（NI）的数据。NI 代表的是劳动、资本和土地等生产要素所获得的全部收入。它是从 GDP 中减去折旧而得到的。国民收入等于工资、租金、净利息、业主收入和企业利润之和。

---

[1] 统计工作者总是不得不使用数据不完整的报表，并经由估算等办法填充缺漏的数据。正如在化学实验室里进行测度很难等同于理想状态一样，不论按环形图上部还是环形图下部计算GDP都会出现误差。这些误差被一个称为"统计误差"的项目所弥补。在公务员中，除了有"工资"部门主任、"利息"部门主任等诸如此类的头衔外，在实际中的确也有"统计误差主任"这样的头衔。如果数据是完整的，这个主任就会失业。

由图 20-4 中的头两列可见 GDP 与国民收入之间的关系。左边的一列代表 GDP，右边的一列则表明了为获得 NI 而必须减掉折旧部分。

可支配收入　第二项重要概念所提出的问题是，家庭每年实际上能有多少钱可供花费？个人可支配的收入（通常称为**可支配收入**或 *DI*）概念回答的就是这一问题。要想获得可支配收入，你只要计算出家庭所获得的市场收入和转移支付的收入，然后减去个人税赋便可。

从 GDP 到国民收入到可支配收入

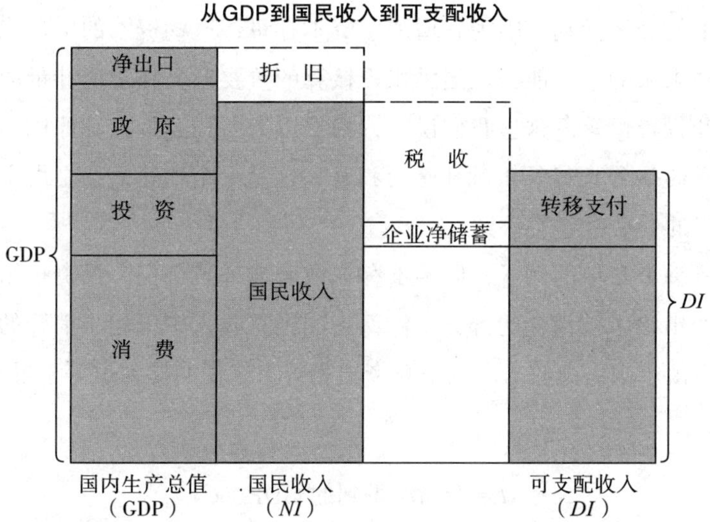

图 20-4　根据 GDP 计算国民收入（*NI*）和个人可支配收入（*DI*）

重要的收入概念是：（1）GDP，即所有生产要素的毛收入总额；（2）国民收入是要素收入总和，从 GDP 中扣除折旧所得；（3）个人可支配收入，它衡量的是居民户的收入总额，包括对居民户的转移支付，但扣除对居民户的税收。

图 20-4 说明了如何计算 DI。我们从第二列国民收入开始,减去所有的税赋,再减去企业净储蓄(企业净储蓄是利润减去折旧和股利),最后再加上家庭从政府那里所获得的转移支付。这样就得到了如图 20-4 最右边的一列 DI。可支配收入是指实际进入消费者手中并能由他们随心所欲地加以使用的收入。这一讨论省略了一些常常接近于零的次要项目,如统计误差和净外国要素收入。

下一章中我们将会看到,人们将 DI 划分为(1)消费支出和(2)个人储蓄。

如我们所知,总产出既可用于消费又可用于投资。投资是最基本的经济活动,因为它增加了资本存量,这些资本的增量能够提高未来的生产能力。国民账户核算的重要意义在于所计量的储蓄和投资恒等。这里我们说明,根据以上所描述的核算原则,所计量的储蓄正好等于所计量的投资。这是一个恒等式,是由定义得来的一个恒等关系。

举个简单的例子,假定不存在政府或外贸部门。投资指国民总产出中未被消耗的部分;储蓄指国民总收入中未用于消费的部分。由于国民总收入和国民总产出相等,这说明储蓄恒等于投资。简言之:

$$I = 产品法得到的 GDP - C$$
$$S = 收入法得到的 GDP - C$$

但由于两种方法所得的 GDP 必然相等,因此,我们得到:

$I=S$：所计量的储蓄与所计量的投资恒等

这是最简单的情况。为完成讨论，我们必须考虑增加企业、政府和净出口因素。在储蓄方面，总储蓄或国民储蓄（S^T）必须分为两类：来自居民户和企业的私人储蓄（S^P）和政府储蓄（S^G）。政府储蓄等于政府预算盈余，或税收收入与支出间的差额。

在投资方面，总投资或国民投资（I^T）等于国内私人总投资（I）加上外国净投资，即净出口（X）。因此，完整的储蓄—投资恒等式为：[1]

$$国民投资 = 私人投资 + 净出口$$
$$= 私人储蓄 + 政府储蓄$$
$$= 国民储蓄$$

或者

$$I^T = I + X = S^P + S^G = S^T$$

由定义可知，国民储蓄总是等于国民投资。投资的组成部分包括国内私人总投资和国外投资（净出口）。储蓄的来源是私人（家庭和企业）储蓄和政府储蓄（政府预算盈余）。私人投资加净出口等于私人储蓄加政府预算盈余。无论经济处于商业周期的哪一阶段，这种恒等关系都必然成立。

---

1 这里，我们只讨论私人投资，因此将政府采购视为消费。今天，大多数国家的国民收入账户的政府采购都分为消费和有形投资两大部分。如果我们将政府投资包括在内，则国民投资和政府预算盈余都会相应上升。

国民账户之外的问题

现存经济和社会体制的拥护者经常争辩说,市场经济创造了人类历史上实际产出的前所未有的快速增长。资本主义的崇拜者也称颂道:"看,自由市场思想为 GDP 带来多么巨大的增长。"

尽管如此,批评者还是指出了 GDP 统计指标的缺陷。GDP 统计不仅计入了很多值得怀疑的项目,而且忽略了许多有价值的经济活动。正如一位批评者说:"不要对我讲你的所有产量和金钱,以及你的国内生产总值。对我来讲,国内生产总值代表的只不过是国内污染总值!"

我们的看法如何呢? GDP 难道没有包括政府所生产的炸弹、导弹和付给监狱看守的工资吗?犯罪增加了家用警报系统的销售额,难道不是被加在了 GDP 之上吗?砍伐那些难以再生的红杉林,不也表现为国民账户中的产出增加吗? GDP 指标不是无法解释像酸雨的形成、温室效应这样的环境退化吗?

近年来经济学家们试图采用新的统计方法,以便修正广为采用的 GDP 指标的缺陷,使数据能更好地反映我们这个经济所提供的、真正能给人们带来满足的产品数量。新账户试图扩展传统账户的边界,使它能涵盖一些重要的非市场行为,并修正传统账户所包括的有害的经济活动。让我们来讨论一下其中若干被忽略或遗漏了的项目。

所遗漏的非市场性活动 回忆一下,标准的国民收入账户主要包括市场活动,但许多有意义的经济活动都发生在市场之外。例如,高校学生在人力资本方面进行投资。国民账户记录了学费,却忽

略了机会成本（即因上学而放弃的收益）。有研究表明，如果将在教育领域和其他领域的非市场性投资包括进来，国民储蓄率至少提高两倍。

同样，许多居民户活动产生很多有价值的"准市场性"产品和服务，例如做饭、洗衣和照顾小孩。最近一份对没有报酬的家务工作的评估表明，这部分价值达市场性消费总额的50%。市场账户最大的遗漏恐怕是闲暇时间的价值。平均而言，美国人花在创造效用的休闲活动上的时间与他们工作赚钱的时间大体相当。而休闲时间的价值却被排除在官方统计的国民账户之外。

你可能很想了解地下经济活动。地下经济活动不向政府报告收入情况，却涉及市场活动的各个领域，包括赌博、卖淫、贩毒，以及非法移民所从事的工作、服务交易和走私等。实际上，国民收入统计人员在衡量国民产出时将会有意排除非法活动——社会舆论认为这些活动是"坏事"而不是"好事"。日益膨胀的海洛因交易也不可能被如实地计入GDP。至于其他合法的却没有如实申报的活动，比如未上报的小费收入，商务部只能根据来自国内税务局的调查和审计进行估计。

所遗漏的环境破坏活动 除了遗漏的经济活动，GDP指标有时还会忽略经济活动所导致的有害后果。一个重要的例子是忽略了对环境的破坏。例如，假定市郊居民使用了1 000万度电维持空调工作，使用每度电付给公用事业公司10美分。这100万美元补偿了公司在劳动、设备和燃料方面的成本。现在假设发电所产生的污染损害了周围住户的生活环境，而该公司却没有为这种外溢效应

付出货币代价。在这种情况下，我们对产出的计量就不仅应该加入电的价值（GDP已经计入），而且还应该减去由于污染而对环境造成的损害（但GDP却没有这样做）。

假定除了10美分直接成本之外，每度电给周围住户所造成的环境损害为2美分。这就是公用事业公司没有偿付的污染的外部成本，此外部成本总计应为20万美元。在扩充的国民收入账户，为矫正这些隐蔽的成本，我们必须从100万美元的"电产品"中减去20万美元的"污染损失"。实际上在经济账户中政府统计人员并没有减掉污染成本。

在构建扩充的国民收入账户方面，经济学家已经取得了长足的进步。该账户旨在补入传统的国民核算账户不曾涵盖的活动。扩大核算账户的基本原则是尽可能多的记录各种经济活动，无论这些活动是否发生在市场体系之内。举例来说，对研发价值的估价，非市场性的人力资本投资的估价，对未计报酬的家政活动的估价，对森林的估价，还有对休闲时间的估价，都可被计入统计指标并纳入扩充的国民收入账户。经济学家甚至开设了气候变暖和空气污染的损害统计账户。这些账户完善之后，我们对国民经济将能有一幅更为完整的统计图画。

尽管如此，值得在此提请注意的一点是，即便是最细致的经济账户，也不过是用以衡量经济活动的。事实上经济学家也无法奢望去衡量日常生活中每一个人的满意、快乐或痛苦。这一观点在罗伯特·肯尼迪的最后的演讲中最为精彩：

> GDP并没有考虑到我们孩子的身心健康、教学质量或嬉

戏快乐，没有反映我们的诗歌之美和婚姻稳定，也没能包括我们在公共问题争论中的点子和公务员们的正直。它既不能衡量我们的机智，也不能衡量我们的勇气；既不能衡量我们的智慧，也不能衡量我们的学识；既不能衡量我们对祖国的热爱，也不能衡量我们对祖国的贡献。

价格指数和通货膨胀

本章我们已经集中讨论了国民产出的计量问题和它的构成。但人们同时还关心总体价格的变动趋势，关心通货膨胀。这些术语是什么意思呢？

让我们首先仔细地定义：

> **价格指数**是计量平均价格水平，用 P 表示。**通货膨胀**意味着整体价格水平的上升，用 π 表示。**通货膨胀率**则指整体价格水平的变化率，它可用以下公式衡量：
>
> $$t\text{ 年的通货膨胀率} = \pi_t = 100 \times \frac{P_t - P_{t-1}}{P_{t-1}}$$

近代历史的大多数时间都是正的通货膨胀。与通货膨胀相对的概念是**通货紧缩**，指的是总体物价水平的下降。20世纪后半叶通货紧缩鲜有发生。在美国，最近一次消费物价低于前一年的情况出现在1955年。持续的通货紧缩表现为价格连续几年下降，并伴随着经济萧条，比如20世纪30年代和19世纪90年代美国的状况。日本于20世纪后20年所经历的通货紧缩，使其遭受了长期而缓慢的衰退。

每当报纸告诉我们"通货膨胀率在上升"时，其确切含义是指价格指数在向上移动。价格指数是一系列商品和服务的价格的加权平均值。在计算价格指数时，经济学家赋予每一价格的权数是根据该商品在整体经济中的重要程度来决定的。最重要的价格指数包括消费者价格指数、GDP紧缩指数和生产者价格指数。

消费者价格指数 应用最广的通货膨胀指标是消费者价格指数，简称CPI，由美国劳工统计局（BLS）提供。CPI衡量的是城市消费者为购买一揽子市场消费品和服务而支付的平均价格。政府每月要统计大约八万种消费品和两百多种服务品的价格。主要分以下八类：

- 食品和饮料（早餐谷物、牛奶和零食）
- 住房（房租、业主自住租金、室内家具）
- 服装（衬衫、毛衣和首饰）
- 交通（新车、汽油、机动车保险费）
- 医疗（处方药、医疗服务、眼镜）
- 娱乐（电视、运动器械、门票或入场券）
- 教育和通信（大学学费、计算机软件）
- 其他商品和服务（理发、丧葬费）

消费者价格指数的一揽子样本中各商品的价格权数如何确定？如果仅将不同的价格简单加总或用数量来计算，显然都是不明智的。在构造价格指数时，应该依据每个商品在经济中的重要程度来衡量该商品价格的权数。

消费者价格指数的计算

值得花点时间掌握消费者价格指数变动的计算公式。书中所给的公式当然没有问题,但我们必须说明如何用这个公式进行计算,尤其是在面对众多的商品和服务时。整体的消费物价指数的变动,是各部分加权平均变动的结果:

t 期 CPI 的变动百分比

$$= 100 \times \sum_{\text{所有商品}} \left\{ \begin{array}{l} [\text{商品 } i \text{ 在 } (t-1) \text{ 期的权重}] \\ \times [\text{从第 } (t-1) \text{ 期到第 } t \text{ 期} \\ \text{商品 } i \text{ 的价格变动百分比}] \end{array} \right\}$$

此处,举一例具体说明。下表给出了实际价格变动和相对重要性的数据:

类　　别	相对重要性 2007 年 12 月 (％)	2007 年 12 月～ 2008 年 12 月的变化 (年百分比)
食品和饮料	14.9	4.4
住　房	42.4	3.0
服　装	3.7	-1.4
交　通	17.7	8.2
医　疗	6.2	4.6
娱　乐	5.6	1.3
教育与通信	6.1	3.0
其他商品和服务	3.3	3.2
总　计	100.0	4.0

经计算可知,2007 年 3 月到 2008 年 3 月间的通货膨胀率为每

年4.0%。

本例基本上说明了传统CPI是如何度量通货膨胀的。简化计算和真实计算的唯一差别在于,真实的CPI包含了更多的商品和地区。除此之外,计算方法完全相同。

在计算传统的CPI时,对应于消费者各项支出在其全部支出中的相对重要性,每一项支出都被给定一个固定权重。每一权重都和消费者在该项目上的预算开支成比例,而权重现又由2005~2006年消费者支出调查统计所决定。2008年,住房及相关支出在CPI中所占比重最大,占消费者预算开支的42%以上。而购买新车及其他交通工具的开支仅占消费者预算支出的7%。

GDP价格指数 另一种广为使用的价格指数是*GDP*价格指数(有时也被称做GDP紧缩指数),我们在本章前面曾遇见过它。GDP价格指数是一国生产的所有商品和服务(消费、投资、政府购买、净出口)的价格水平,而不是某一部分(如消费)的价格水平。它和传统的CPI的另一不同之处在于,它是一个系列加权指数,考虑到了不同商品所占份额的变化。此外,GDP的各组成部分(如投资品、计算机和个人消费等)也有紧缩指数。它们有时也被用做CPI的补充。

生产者价格指数(PPI) 该指数最早出现在1890年,是劳工统计局公开发布的历史最久的一套连续统计数据。它衡量的是生产或批发环节的价格水平。主要基于大约8 000种商品的价格,包括食品、制成品、矿产品等。计算PPI的固定权数是每种商品的净销售额。

由于这种指数非常详细，在商业领域广为使用。

矫正价格偏差

准确地计量价格是实证经济学的核心任务之一。价格指数不仅能影响通货膨胀率，而且也会影响实际产出和生产率的统计。经由政府政策，价格指数还会影响货币政策、税收政策、政府转移支付计划（如社会保障）和许多私人合同。

消费者价格指数可用于衡量生活成本。若告知你这种统计非常困难，你很可能会感到惊讶。其中有些是属于价格指数内在的难题，如指数数值问题，即不同的价格是如何进行加权或平均的。传统的 CPI 指数中每一种商品都固定了权数，所以当消费者用价格低廉的商品代替昂贵的商品时，CPI 就会高估生活成本。

能源价格的例子可以说明这个问题。20 世纪 70 年代石油价格迅速上涨，人们普遍减少了在石油方面的支出，倾向于购买小型汽车或减少旅行。然而，CPI 却仍然假定人们购买相同数量的石油，即使石油价格增至双倍。这样显然会夸大生活成本的增加。统计学家通过采用不同的加权方法设计出使指数数值问题降到最小程度的方法，例如，随支出变化调整权数。但是政府统计人员刚刚尝试使用这种 CPI 的新算法。

一个更重要的问题是：在新产品以及改良的产品和服务带来新贡献时，价格指数很难随之进行调整。有个例子可以说明这一点。近年来，消费者从节能荧光灯泡中受益良多，同样的亮度其耗电成本只有老式的白炽灯泡的四分之一，然而却没有一种价格指数能够计入这种质量改善。同样,激光唱片、数字唱片取代了老式唱片,带有成百个频道的卫星电视或有线电视取代了只有少数几个频道的画质不好的老式技术,空中航行取代了公路和铁路旅行,还有其他成千上万的产品和服务都得到了改善,这类进步都没能在价格指数中得到体现。

近期研究表明,如果价格指数能反映质量变化,这些年的 CPI 就不会增长得如此之快。在涉及医疗保健问题时,这个问题就特别麻烦。在过去的 20 年里,医疗保健价格飞速上涨,然而我们却没有对其质量进行如实的计量,而且 CPI 中完全忽视了新产品的引入,例如取代昂贵的外科手术的药物疗法。

以斯坦福大学的迈克尔·波斯金为首的著名的经济学家小组估计,对 CPI 的这种高估至少为每年 1%。数值虽小,但意义重大。这说明我们的实际产出可能被过度低估了相同的幅度。如果 CPI 的偏误被传导到了 GDP 紧缩指数,那么在过去的 20 年中,美国每小时的产出增长率每年被低估了 1% 左右。

这个发现也意味着,生活成本调整(被用做社会保障金,也在税收体系使用)对于人们生活成本的变化进行了过度的补偿。多年来这一偏差对税收和收益都有重要影响。价格指数对于许多技术人员来说不是深奥的利率概念。价格指数和产出指数的合理确定,直接影响到我们的政府预算、退休计划,甚至我们评估国民经济运行的方式。

鉴于自己的研究成果及其所受到的指责,劳工统计局已经着手对 CPI 指数工作进行全面的反思与调整。其中最重要的一项创新,是自 2002 年开始公布的"系列消费者价格指数",它用可变权数体系对固定权数价格指数进行了扩充和修正，说明了消费者进行的替代。在其公布的 10 年内，消费者惊讶地发现，比起传统的 CPI，系列 CPI 的增长是如此的缓慢。这表明，有关传统 CPI 夸大了通货膨胀率的批评是有道理的，尽管夸大的幅度可能低于波斯金委员会估计的数字。

国民账户简评

本章介绍了经济学家如何衡量国民产出和总体的物价水平，回顾了国民产出的统计方法并分析了 GDP 的缺陷。关于这些指标的适用性，我们可以得出什么样的结论呢？这些指标能反映主要的发展趋势吗？这些指标能够充分度量总的社会福利吗？阿瑟·奥肯的论述给出了恰当的回答：

> 毫不奇怪，国家的繁荣并不能确保社会的幸福，正如个人的发展并不能确保家庭的幸福一样。GDP 的增长绝不可能抵消由一场不受欢迎并未能取胜的战争所带来的紧张局势，不可能消除由于种族偏见所引起的长期的良心冲突，不可能平定泛滥的黄潮，也不可能阻止年轻人对其独立性的空前强调。尽管如此，经济的繁荣……毕竟还是成功地实现我们的抱负的先决条件。[1]

1　*The Political Economy of Prosperity* (Norton, New York, 1970), p. 124.

第二十一章 消费与投资

> 米考伯的公式:每年收入20英镑,支出19英镑19先令6便士,结果等于幸福;每年收入20镑,支出20英镑6便士,结果等于痛苦。
>
> ——狄更斯
> 《大卫·科波菲尔》

消费和投资是国民产出的主要构成部分。各国当然都追求高水平的消费,诸如房屋、食品、教育和娱乐。毕竟,经济活动的目的无非是要将劳动和资本等投入要素转换成消费品。

但是储蓄和投资,也即产出中没有被消费掉的那一部分,也在国民经济活动中扮演着重要的角色。储蓄和投资比较多的国家,其产出、收入和工资增长率也往往都比较高。19世纪的美国经济、20世纪的日本经济,以及近10年来的东亚经济"奇迹"等,都是以这种模式为特征的。相反,那些将大部分国民收入都用于消费的国家,如非洲和拉丁美洲的很多贫穷国家,只能拥有过时的资本、低水平的教育和落后的技术,其生产率和实际工资的增长也就都比较缓慢。相对于收入而言,高的消费一般都会引致低投资和经济增长缓慢;而高的储蓄则会引致高的投资和经济快速增长。

第二十一章 消费与投资

在经济周期的扩张时期和收缩时期，消费与收入的互动关系所发挥的作用大相径庭。当消费迅速增长时，总支出或总需求就会增加，短期的产出和就业率也会提高。20世纪90年代末美国经济的繁荣，在很大程度上就是由消费者支出的快速增长所驱动，而当美国消费者勒紧裤带之后，2007~2009年的衰退便处于酝酿之中。

消费和投资是宏观经济学中十分重要的部分，本章我们将就此问题进行讨论。

消费和储蓄

本节分析消费和储蓄行为，首先考察个人支出模式，然后观察总消费行为。回忆第20章的内容可知，消费（更精确地说，个人消费支出）指的是居民户在最终产品与服务上的支出。储蓄则是个人可支配收入中未用于消费的部分。

消费是GDP中最大的组成部分，过去10年中它大约占总支出的70%。消费的主要项目是什么呢？最重要的是住房、汽车、食品和医疗。表21-1列出了消费的若干主要项目，并将它们分成了三大类：耐用品、非耐用品和服务。这些类别本身都是大家所熟悉的，但它们各自的相对重要程度，特别是服务类产品在个人消费中不断提高的重要性，值得我们进一步认真研究。

在美国，不同家庭的消费支出模式有什么不同呢？任何两个

表 21-1 消费的主要构成

消费的种类	2007 年消费品的价值（10 亿美元）	占消费总额的百分比
耐用品	1 083	11.2%
汽车和零部件	440	
家具和家用设备	415	
其　他	227	
非耐用品	2 833	29.2%
食　品	1 329	
服装和鞋类	374	
能　源	367	
其　他	763	
服　务	5 794	59.7%
住　房	1 461	
家务开支	526	
交　通	357	
医疗保健	1 681	
娱　乐	403	
其　他	1 366	
个人消费支出总计	**9 710**	**100%**

我们将消费分为三类：耐用品、非耐用品和服务。随着食品等基本需要得到满足和家庭预算中医疗保健、娱乐和教育的比重不断增大，服务部门的重要性正在增加。

资料来源：U.S. Department of Commerce, available at *www.bea.gov*.

家庭都不可能以完全相同的方式来花费他们的可支配收入。然而统计数字显示，人们将收入分配于食品、衣着和其他项目上的方式具有可以预测的规律性。关于家庭预算支出模式的上千次调查

第二十一章 消费与投资

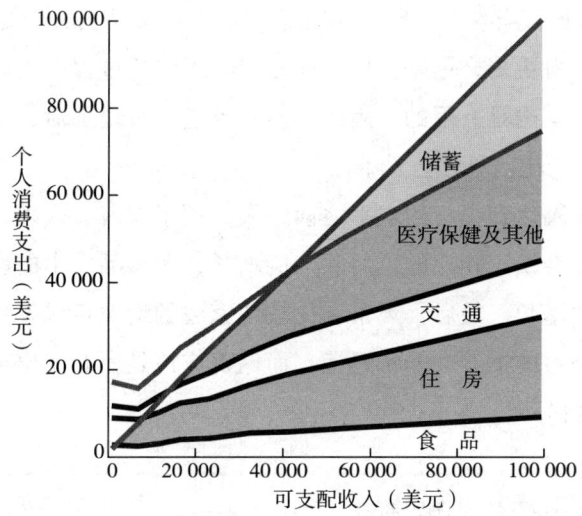

图 21-1 家庭预算支出的一般模式

调查表明，可支配收入作为消费支出的一个决定因素是很重要的。注意：食品支出在收入的百分比中随着收入的提高而下降。此处还要注意，在低收入时，储蓄为负值，但在高收入时，有大幅度的增长。

资料来源：U.S Department of Labor, *Comsumer Expenditure Surveys, 1998*, available on the Internet at *www.bls.gov/csxstnd.htm*.

结果显示，这些行为模式在总的特性上具有明显的一致性。[1] 图 21-2 可以说明这一点。

贫困家庭必然将其收入的大部分花在诸如食品和住房等生活

1　图21-1所示的支出模式被称为"恩格尔定律（Engel's Law）"。这是根据19世纪普鲁士统计学家恩斯特·恩格尔的名字命名的。平均消费支出行为的确相当有规律地随收入的变化而变化。但是，平均值并不能说明全部情况。在每一收入档次内，围绕平均值的消费差异也相当大。

必需品方面。当收入提高时,在很多食品类消费品上的开支会增加,人们会吃得更多、更好。尽管如此,收入增长过程中人们在食品上的边际支出是有限的。因此,当收入进一步增加后,食品支出占总支出的比例势必会下降。

在收入达到很高的水平之前,人们用于衣着、娱乐和汽车开支的增长会快于相应的税后收入的增长,奢侈品支出的增长会快于收入的增长。最后,观察和比较各家庭的情况可以发现,收入增长时储蓄的上升会非常迅速,而储蓄应该是所有支出项目中最大的"奢侈品"。

20 世纪消费模式的演进

技术、收入、社会影响力的不断变化使美国的消费模式随时间推移而发生急剧变化。1918 年,美国家庭在食品和饮料上的平均开销占收入的 41%。而今天这个比例只有 14%。这个明显的下降背后的原因是什么呢?主要原因是食品支出的增长比收入的增长要缓慢。同样,服装支出占家庭收入的比例也从 20 世纪初的 18% 下降到今天的 4%。

那么,让美国人投入越来越多的"奢侈品"是什么呢?一个最大的项目是交通。1918 年,美国人将收入的 1% 花在汽车上,当然,亨利·福特直到 1908 年才卖出他的第一辆 T 型车。而今天,平均每个有驾照的司机有 1.2 辆汽车,我们也不必为每 1 美元中的 11 美分是与汽车相关的交通支出而大惊小怪。娱乐支出情况如何呢?现在,家庭支出中有很大一部分是用在电视、移动电话和录像机等这些75年前还没有问世的项目上。住房支出比重与以前大致相同,都为支出总额的15%。不过,今天的这些美元已经可以买一套更大的房子,而且能装满可使家务劳动更省力的耐用消费品。

10年来,消费支出中增长最快的部分是医疗保健。令人吃惊的是,消费者医疗保健的现金支出在家庭预算中的比重,现今的情况和20世纪初期的差别竟然不大。其主要的原因是政府的医疗保健支出的日益增长。

消费、收入和储蓄

收入、消费和储蓄紧密相连。更准确地说,**个人储蓄**是可支配收入中没有用于消费的部分。储蓄等于收入减去消费。

表21-2显示的是美国2007年的收入、消费和储蓄之间的关系。先看个人收入(如第20章所述,个人收入由工资、额外福利、利息、租金、股息、转移支付等组成)。2007年个人收入中大约有12.8%用于交纳个人税。剩下的101 710亿美元为**个人可支配收入**。家庭的消费(包括利息)支出占可支配收入的99.4%,剩下的作为个人储蓄的部分为574亿美元。表中最后一项是很重要的指标**个人储蓄率**。它是个人储蓄额占个人可支配收入的比例(2007年为0.6%)。

经济研究已经表明,收入是消费和储蓄的首要决定因素。不论是从绝对值还是其占收入的百分比来看,富人的储蓄都多于穷人,非常穷的人根本没有储蓄。不仅如此,只要他们能借到钱或减少其财富,他们还会进行负储蓄。也就是说,他们的消费比收

表 21-2 储蓄等于可支配收入减去消费

项　目	2007 年金额（10 亿美元）
个人收入	11 663
减：个人纳税	1 493
等于：个人可支配收入	10 171
减：个人支出（消费和利息支出）	10 113
等于：个人储蓄	57.4
备注：储蓄占个人可支配收入的百分比	0.6

资料来源：U.S. Burea of Economic Analysis, available at *www.bea.gov*.

入还要多，从而使往日所积累的储蓄减少，或陷入更深的债务之中。

表21-3所列出的数据，是从美国家庭预算研究报告中选取的可支配收入、储蓄和消费。第（1）栏是可支配收入的7个档次，第（2）栏是每档收入水平上的储蓄额，第（3）栏是每档收入水平上的消费支出量。

收支相抵点是指一般家庭既不储蓄也不负储蓄，而是恰好消费掉其全部收入，这一般发生在2.5万美元的收入档次。低于该点时，比如说2.4万美元的一档，家庭的实际消费就会多于其收入，负储蓄是200美元。而在高于该点2.5万美元时，家庭才开始出现正的储蓄[+200美元和第（2）栏其他的正数储蓄额]。

第（3）栏显示的是每一收入档次的消费支出量。由于每1美元的收入都被分成两部分：消费和所剩的储蓄，所以第（3）栏和第（2）栏并不是独立的，它们加在一起必定等于第（1）栏。

为说明消费如何影响国民产出，我们需要引入一些新的分析

表 21-3　消费和储蓄主要由收入决定

	（1） 可支配收入 （美元）	（2） 净储蓄＋或 负储蓄（－） （美元）	（3） 消费 （美元）
A	24 000	−200	24 200
B	25 000	0	25 000
C	26 000	200	25 800
D	27 000	400	26 600
E	28 000	600	27 400
F	29 000	800	28 200
G	30 000	1 000	29 000

消费和储蓄随着可支配收入的增长而上升。在这里，人们进行零储蓄的收支相抵点是 2.5 万美元。在这个收入水平上，每当收入增加 1 美元时，消费增加多少？储蓄增加多少？（当我们比较 B 行和 C 行时，可以得出答案，分别是 80 美分和 20 美分。）

工具，需要了解每增加 1 美元收入，会使消费和储蓄增加多少美元。这个关系可表示如下：

- 消费函数，与消费和收入相关；
- 与消费函数相配对的是储蓄函数，它与储蓄和收入相关。

消费函数是宏观经济学最重要的范畴之一，它反映的是消费支出水平与个人可支配收入水平之间的关系。这个概念是凯恩斯提出来的，其假设的前提是，消费和收入之间存在着一种以经验为依据的稳定关系。

我们可以用图形来生动地说明消费函数。图 21-2 绘出了

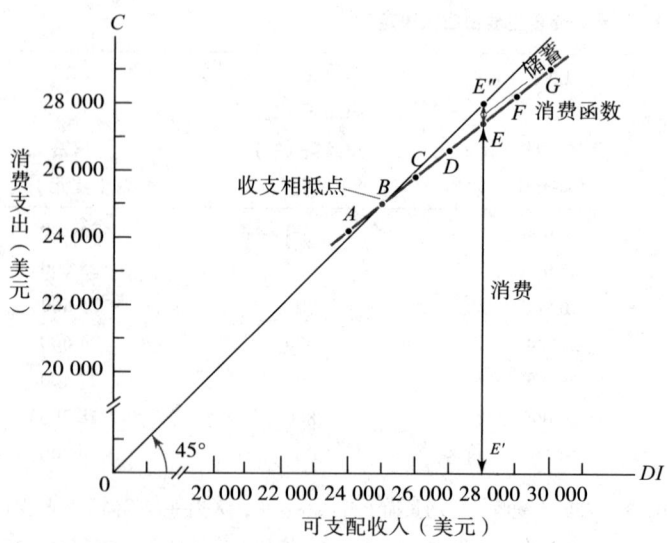

图 21-2 消费函数的图形

经过 A、B、C…G 的曲线就是消费函数。横轴代表可支配收入水平（DI），对于每一个 DI 水平，消费函数说明了家庭的货币消费水平（C）。注意：消费随着 DI 的增加而上升。45°线可以帮助我们找到收支相抵点，也可以帮助我们看到净储蓄的大小。

资料来源：表 21-3。

表 21-3 所列出的 7 个收入档次。横轴表示可支配收入［表 21-3 中的第（1）栏］，纵轴表示消费量［第（3）栏］。收入与消费的每一组合都用一个小圆点加以表示。然后，我们用一条平滑的曲线将所有的点连接起来。

图 21-2 所显示的消费与收入之间的关系，也就是消费函数。

盈亏平衡点 为理解这个图形，我们先观察一下从原点向右上方引出的一条 45° 线。由于横轴和纵轴使用了完全相同的刻度，因此 45° 线具有一个非常独特的性质。45° 线上的任何一点到横轴的垂直距离（消费）和到纵轴的水平距离（可支配收入）都正好相等。你可以单凭眼睛或刻度来验证。

因此，45° 线会马上告诉我们消费支出是等于、大于还是小于可支配收入水平。消费曲线与 45° 线的交点是盈亏平衡点（也译作收支相抵点），代表家庭收支相抵时的可支配收入。

在图 21-2 中，这个收支相抵点是 B。这时，消费支出正好等于可支配收入，处于此点的家庭既不举债也不储蓄。在 B 点的右方，消费函数处于 45° 线以下。弄清收入和消费之间的关系可以考察一下图 21-2 中从 E' 到 E 的线段。在收入为 28 000 美元时，消费水平为 27 240 美元（见表 21-3）。从 E 点的消费函数处于 45° 线之下这一事实我们可以看到，这时的消费少于收入。

一个家庭的收入如果没有用于消费就必然是用于储蓄。45° 线使我们能找到家庭储蓄的数量是多少。净储蓄是用从消费函数到 45° 线的垂直距离来衡量的，正如图中储蓄箭头所指的 EE'' 线所示。

45° 线还告诉我们，B 点左方的家庭支出大于它所得到的收入。消费超过收入的部分就是"负储蓄"，其数量是用消费函数与 45° 线之间的垂直距离来衡量。

小结：

在 45° 线上的任何一点，消费都正好等于收入，家庭的储蓄为零。当消费函数处于45°线之上时，家庭是负储蓄。当消费函数处于45°线之下时，家庭有正储蓄。负储蓄或储蓄的数量通常以消费函数与45°线之间的垂直距离来衡量。

储蓄函数表明的是储蓄水平与收入水平之间的关系。图21-3是该函数的图形。我们还是以横轴表示可支配收入，但纵轴现在则表示储蓄，不论其数值是正的还是负的。

储蓄函数是直接从图21-2中得到的。它是45°线与消费函数的垂直距离。比如，在图21-2中的A点我们看到，由于这时消费函数处在45°线上方，因此家庭的储蓄为负值。图21-3直接表示出该点的负储蓄状态，A点的储蓄函数处于零储蓄线之下。同理，在B点的右方，由于储蓄函数处于零储蓄线上方，因而呈现出正的储蓄。

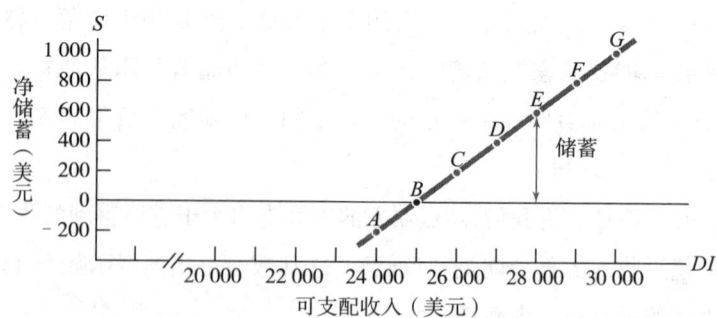

图21-3　储蓄函数是消费函数的镜像

储蓄曲线是通过从收入中减去消费而得到的。从图形上来看，在图21-2中，从45°线上垂直地减去消费函数就得到了储蓄函数。注：与图21-2一样，收支相抵点B也就是处于25 000美元的收入水平。

表 21-4　边际消费倾向和边际储蓄倾向

	(1) 可支配收入 （税后） （美元）	(2) 消费支出 （美元）	(3) 边际消费倾向 （MPC）	(4) 净储蓄 （美元） (4)=(1)-(2)	(5) 边际储蓄倾向 （MPS）
A	24 000	24 200		−200	
			800/1 000 = 0.80		200/1 000 = 0.20
B	25 000	25 000		0	
			800/1 000 = 0.80		200/1 000 = 0.20
C	26 000	25 800		200	
			800/1 000 = 0.80		200/1 000 = 0.20
D	27 000	26 600		400	
			800/1 000 = 0.80		200/1 000 = 0.20
E	28 000	27 400		600	
			800/1 000 = 0.80		200/1 000 = 0.20
F	29 000	28 200		800	
			800/1 000 = 0.80		200/1 000 = 0.20
G	30 000	29 000		1 000	

没有用于消费的每1美元可支配收入必然被储蓄起来。增加的每1美元可支配收入或者用于增加消费，或者用于增加储蓄。将这些事实结合在一起，我们就能计算出边际消费倾向（MPC）和边际储蓄倾向（MPS）。

现代宏观经济学认为，消费对收入变化所做出的反应具有十分重要的意义。这个概念叫做边际消费倾向。

边际消费倾向（MPC）是指当可支配收入每增加1美元时，人们所增加的消费量。

"边际"一词在经济学中广为采用，用以表示"额外的"或"增加的"意思。例如,"边际成本"是指多生产1单位产出所需要增加的成本。"消费倾向"指的是所愿意接受的消费水平。边际消费倾向指的是每增加1美元可支配收入所引起的额外的或(愿意)增加的消费量。

表21-4以更直观的方式重新排列了表21-3的数据。首先我们看它与表21-3的相似之处。然后注意第(1)栏和第(2)栏,看消费支出如何随收入水平的上升而增加。

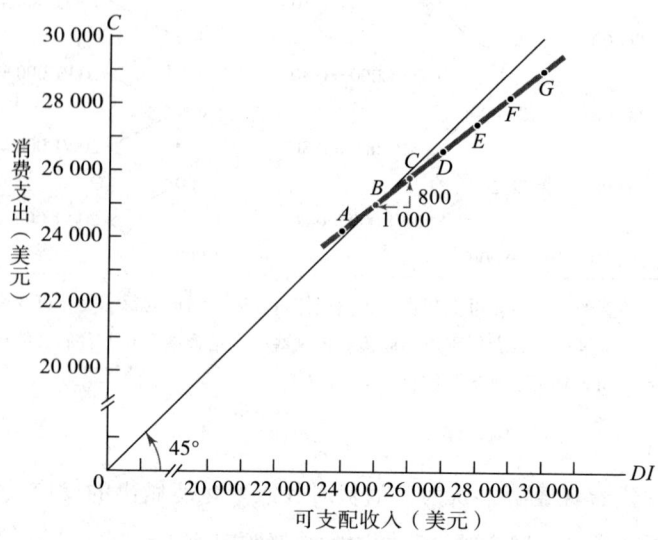

图21-4 消费函数的斜率就是 MPC
为了计算边际消费倾向,我们作出一个直角三角形,并通过直角三角形的高与底的关系来衡量消费函数的斜率。从B点到C点,可支配收入增加了1 000美元,而消费增加了800美元。用C的变动量除以DI的变动量所得到的斜率,就是MPC。如果消费函数在任何一点都是向上倾斜的,那么这对边际消费倾向来说意味着什么呢?如果消费函数是一条直线,斜率为常数,则对边际消费倾向又意味着什么呢?

第（3）栏说明如何计算边际消费倾向。从 B 到 C，收入从 25 000 美元增加到 26 000 美元，增加了 1 000 美元。消费增加了多少？消费从 25 000 美元增加到 25 800 美元，即增加了 800 美元。所以，增加的消费占所增加的收入的 80%。在每 1 美元增加的收入中，80 美分用于消费，20 美分用于储蓄。

以上计算反映的是一个线性消费函数的例子——*MPC* 为常数。通过计算，可以验证在这个线性消费函数上，任意一点的 *MPC* 均为 0.8。实际上，真实消费函数很有可能并不是完全线性的，但是线性函数却是对我们研究对象——真实消费函数的一种合理的近似。

作为几何斜率的边际消费倾向 我们已经知道如何根据消费和收入的数据来计算 *MPC*。图 21-5 则说明如何用几何图形计算 *MPC*。在 B 点或 C 点附近画一个小三角形。当我们从 B 点移向 C 点时，收入增加了 1 000 美元，而消费则增加了 800 美元。因此，在这个范围内 *MPC* 为 800 美元 /1 000 美元 = 0.80。

> 消费函数的斜率所衡量的是可支配收入每变动 1 美元时所引起的消费量的变动，也即边际消费倾向。

与边际消费倾向并存的还有其镜像——边际储蓄倾向。**边际储蓄倾向**（*MPS*）被定义为在所增加的每 1 美元可支配收入中被用来增加储蓄的部分。

为什么 *MPC* 和 *MPS* 会具有镜像关系呢？回想一下，可支配收入等于消费加储蓄，这意味着增加的每 1 美元可支配收入都必然分为相应增加的消费和储蓄。因此，如果 *MPC* 为 0.80，那么 *MPS*

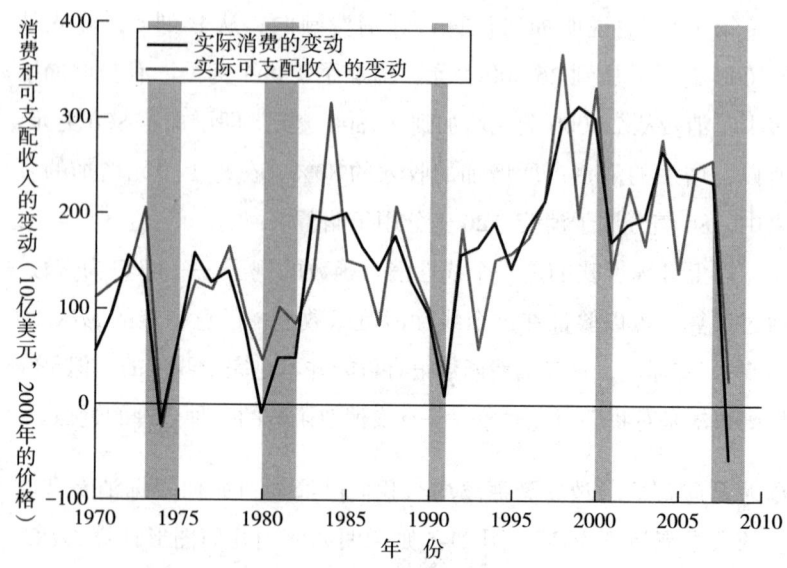

阴影部分是国民经济研究局所判定的衰退时期

图 21-5　1970~2008 年，消费与可支配收入的变化

可以看到，消费紧随可支配收入的变化而变化。宏观经济学家可以根据历史消费函数对消费做出比较准确的预测。衰退一般都会带来消费减少，因为收入已减少。

资料来源：U.S. Department of Commerce. 实际可支配收入系依据个人消费支出的价格指数进行计算的。

就必定为 0.20。（而如果 MPC 是 0.6 或 0.99，那么 MPS 又应该是多少呢？）对照表 21-4 的第（3）栏和第（5）栏可以证明，在任何收入水平上，MPC 与 MPS 之和都正好等于 1，不多也不少。不论何时何地，都有 $MPS+MPC=1$。

让我们简要地复习一下已经学过的几个主要的定义：

1. 消费函数反映消费水平与可支配收入水平之间的关系。
2. 储蓄函数反映储蓄水平与可支配收入水平之间的关系。由于所储蓄的就是未被消费的，因此储蓄曲线和消费曲线互为镜像。
3. 边际消费倾向（MPC）是增加 1 美元可支配收入所增加的消费量。在图形上，它是消费函数的斜率。
4. 边际储蓄倾向（MPS）是增加 1 美元可支配收入所增加的储蓄量。在图形上，它是储蓄函数的斜率。
5. 由于每 1 美元可支配收入中未被消费的必然是被储蓄起来了的，因此，$MPS \equiv 1 - MPC$。

国民消费行为

到目前为止，我们所考察的一直是在不同的收入水平下，普通家庭的预算模式和消费行为。现在我们来讨论一个国家的整体消费情况。从家庭行为研究转到国民经济趋势研究，是宏观经济学的一个基本方法：开始先考察个体的经济活动，然后加总或集合所有个体以研究整体经济的运作方式。

为什么我们要对国民消费趋势感兴趣？消费行为对于理解短期商业周期和长期经济增长都极为重要。短期看，消费是总支出的主要组成部分。当消费急剧变动时，很可能会通过对总需求的冲击来影响产出和就业。

此外，消费行为之所以重要，还在于那未被消费掉的部分即储蓄是一国可用于投资新资本品的部分，而投资又是长期经济增长背后的推动因素。消费和储蓄行为是理解经济增长和商业周期的关键。

我们的分析从影响消费支出的主要因素开始。在一国的社会生活中,是什么因素决定消费支出的数量呢?

可支配收入　由图 21-5 可见 1970~2008 年间,消费是多么紧密地随每年可支配收入的变动而变动。经济衰退中当可支配收入减少时,消费通常也都会随之减少。而当可支配收入由于减税而增长时,消费也会随之增长。1981~1983 年大规模削减个人所得税的影响,可以从可支配收入 DI 和消费 C 的相继增加中得到体现。

永久性收入和消费的生命周期模型　最简单的消费理论只是用当年收入水平去预测消费数量。下列例子说明了为什么其他因素也很重要:

> 如果恶劣的天气毁坏了庄稼,则农民就要动用以前的储蓄去消费。
>
> 同样,法学院的研究生们因为坚信毕业后的收入会远高于本科毕业生的微薄收入,所以在校期间通常会借钱消费。

在这些情况下,他们事实上是在考虑"当前收入和未来收入为既定,在不增加新债务的原则下,我今天究竟应该消费多少?"

有证据表明,一般说来,消费者在选择其消费水平时,既会考虑当前收入,也会预期其长期收入。为理解消费对长期收入趋势的依赖关系,经济学家提出了永久性收入理论和生命周期假说。

永久性收入指的是收入的趋势水平,也即剔除了暂时的或瞬时的影响（如天气、意外的收入或损失等）之后的收入。根据永久性收入理论，消费主要是永久性收入的反应。这一理论暗示，消费者不会对所有的收入变化做出相同的反应。如果收入的变动看来是永久性的（比如被晋升到可以提供可靠的更高收入的工作岗位上），那么人们就可能会消费所增加的大部分收入。另一方面，如果收入的变动具有明显的暂时性（比如一次性的奖励，或一次偶尔的好收成），那么所增加收入的大部分就会被储蓄起来。

生命周期假说认为，人们储蓄是为了熨平生命全程中消费的波动。一个重要的目标是保障退休后仍有一份适当的收入。因此，人们倾向于在工作时储蓄，以便为退休后储备资金，并力争在有生之年将所累积的储蓄消费殆尽。生命周期假说暗示，像社会保障可以为退休人员提供慷慨的收入支持计划，从而会减少中年劳工的储蓄，因为他们不再需要为退休存过多的钱。

财富和其他影响　另一个决定消费数量的重要因素是财产。假定有两个消费者，他们每年的收入都是 5 万美元，其中一个有 20 万美元的银行存款，而另一个则没有任何储蓄。第一个消费者有可能消费其部分财富，而第二个消费者则没有财富可以利用。较多的财富会导致较多的消费这一事实，称为财富效应。

通常，财富每年变化不大。但是，财富的迅速增加或减少会导致消费支出的重大改变。一个重要的历史事件是 1929 年之后的股票市场崩溃，大量的财富化为乌有，账面上富有的资本家一夜之间变成了穷人。一些经济史学家相信，1929 年股票市场崩溃之后财富的急剧下降减少了消费支出，并因此加重了大萧条。

在过去的 10 年中,房地产价格的波动对美国的消费有着显著的影响。从 2000 年到 2006 年,家庭房地产的总价值上升了 7 万多亿美元(相当于每户上涨大约 7 千美元)。许多居民户都进行了房地产再融资,将先前的房贷转手,或动用自己的储蓄。这是近年储蓄率降低的原因之一,我们很快就会讨论这一点。

然而,什么东西在上升之后都难免会接着下降。在 2009 年年初,居民房屋的平均价格自 2006 年的峰值降低了 30%。房价降低所导致的财富效应很快拉低了这几年的消费支出。

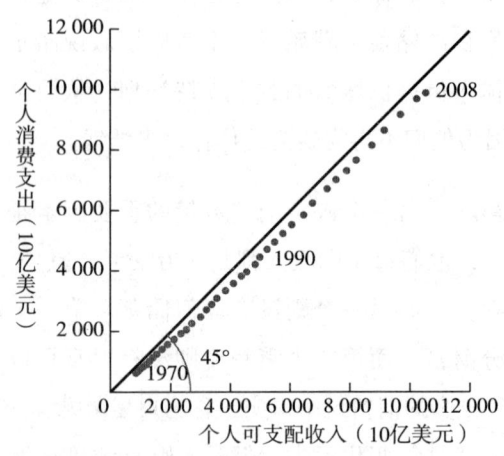

图 21-6 美国 1970~2008 年的消费函数

这幅散点图表示个人可支配收入和消费。我们画一条 45° 线,表示消费正好等于可支配收入。接下来,通过这些点画一条消费函数线。务必弄清楚你所画的线的斜率就是边际消费倾向 MPC。你能否证明拟合线的 MPC,也即拟合线的斜率接近 0.96?

资料来源:U.S. Bureau of Economic Analysis.

讨论了消费行为理论之后，我们可以得出这样的结论：这些影响因素是复杂的，包括可支配收入、财富和对未来收入的预期。我们可以将简单的消费函数描绘在图 21-6 中，这幅散点图表示的是 1970~2008 年的数据，图上每一点都代表某一年的消费和可支配收入水平。

此外，你可以画一条图 21-6 的通过各散点的线，称为"拟合的消费函数"。这个拟合的消费函数表明了在过去 38 年中消费是多么紧密地随着可支配收入的变动而变动。实际上，经济史学家已经发现，消费和可支配收入之间的密切关系可以追溯到 19 世纪。

个人储蓄率的下降

尽管长期消费行为相对稳定，但近 30 年来美国的个人储蓄率却呈明显下降的趋势。根据国民账户的统计，在 20 世纪大部分时间里，美国的平均个人储蓄率为个人可支配收入的 8%。但是从 1980 年开始，储蓄率开始下降，现在接近 0（见图 21-7）。

储蓄率的下降引起了许多经济学家的警惕。因为从长期看，一国资本存量的增长很大程度上是取决于该国的国民储蓄率。国民储蓄包括私人储蓄和政府储蓄两部分。当一国储蓄较多时，其资本存量就会迅速增长，从而使潜在的产出能力迅速提高。而当一国的储蓄率较低时，它的设备和工厂就会变得陈旧，基础设施就会开始变得破旧不堪。（这里的讨论排除了从国外借款的因素，那不应该是永久收入的组成部分。）

个人储蓄率剧烈下降的原因是什么呢？这是个颇有争议的问

题，但经济学家们指出了以下几种潜在的原因。

- **社会保障体系**。一些经济学家认为，社会保障体系的建立已经消除了某些私人储蓄的必要性。在早些年代，正如生命周期模型对消费的解释那样，一个家庭将会在具有工作能力的时期进行储蓄，以便为退休后积累一笔储备金。而今天，政府征收社会保险税并支付社会保险金，从而降低了个人为退休而进行储蓄的需求。其他的收入支持体系也具有相似的效果，即降低为困难时期进行储蓄的必要性。对农民的灾难保险，对工人的失业保险，对贫困者和年老者的医疗保健服务等，都减少了人们的预防性储蓄的动机。
- **金融市场**。在经济史上的大多数时期，金融市场仍然存在着许多缺陷。人们发现，不论是购买房子、资助教育还是开办企业，要想为这些有价值的活动借到钱都很困难。随着金融市场的发展（通常是在政府的帮助下），新的借贷手段将使人们能够更容易借到钱。一个好的例子是信用卡的流行，它鼓励人们借款，尽管利率相当高。二三十年前，一个人如果没有足够的资产，就很难得到1 000美元以上的借款。而今天，每天邮箱里人们都能发现信用卡消费的促销广告，一周内就能收到多个高达超过5 000美元的促销信贷的情况已不再鲜见。

  资金来源中最大的和终极的麻烦可能就是2000年年初开始流行的"次级"抵押贷款。该贷款可以是100%的房屋价值，有时还面向并没有可靠收入的人群。当房屋价格下降时，账面上违约房贷竟高达几千亿美元,由此全世界的投资者都遭受了巨大的损失。
- **财富的快速增长**。1990~2007 年个人储蓄下降的部分原因在于个人财富的快速增长,首先股票市场非常繁荣,随后是房价开始起飞。经济学家计算出,到 2000 年,仅仅是财富效应就可能为个人储蓄率的下降贡献 3 个百分点。

在这里你可能会问,"如果人们的储蓄这么少,为什么还有那么多的富人?"这个问题提得好,它所涉及的问题是,如何衡量个人储蓄。对于家庭和整个国家而言,储蓄的衡量方法是不同的。这是因为国家的储蓄是在国民收入账户和产品账户中统计,而个人储蓄则在个人资产负债表中记账。国民账户中的储蓄是可支配收入(不包括资本利得)与消费之间的差额。而资产负债表所计算的储蓄,是个人实际净资产价值(资产与负债的差额,并根据通货膨胀进行调整)的年度变化,它包含了资本利得的实际价值。

如果我们仔细看看 1997~2007 年的资产负债表,那么,从餐桌角度看,储蓄率还是相对高的。用 2007 年的价格衡量,平均每个居民户的净价值由 157 000 美元上升到了 191 000 美元。这个净价值的变动占到可支配收入的 17%。所以资产负债表中的储蓄率是 17%,而国民账户上的储蓄率是 2%,如图 21-7 所示。

这一不同角度是否意味着我们可以为美国经济的发展松一口气呢?可能还不行。原因在于过去 10 年内高的储蓄率很大程度上只是体现为一种"账面价值"的增加。股价的上升,或者像房屋的已有资产的价格上涨,并非必须反映经济的生产率或"真实财富"

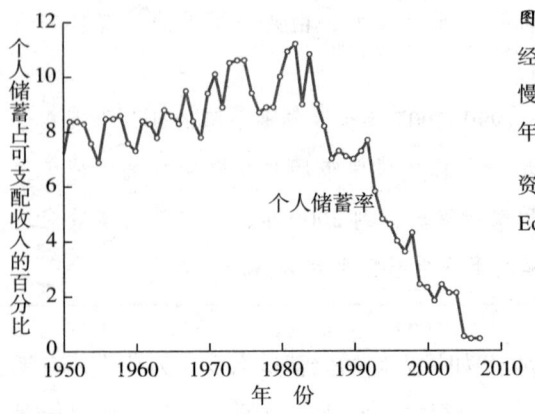

图 21-7 个人储蓄率的下降

经历了二战后一段时期的缓慢增长，个人储蓄率从1980年开始急剧下降。

资料来源：U.S. Bureau of Economic Analysis.

的情况。尽管泡沫经济中资产价格上升使人们感到更富裕，但实际上经济并未能生产出更多的汽车、计算机、食品或住房。而且，如果每个人都想卖房子，他会发现价格下降，结果是大家都无法将账面财富转为真实的消费。

所以，经济学家担心国民收入账户中储蓄率的下降是有理由的。尽管由于股票市场或房产市场的繁荣，消费者感到更加富裕了，但实际上，一个国家只有在生产出更多的有形与无形的资产的时候，才确实是变得更加富裕了。

投　资

仅次于消费的私人支出的第二个构成部分是投资。在宏观经济学中，投资起两个作用。第一，它是支出的一个很大且很易变动的部分，投资的大幅度变动会对总需求产生重大影响，这又会进一步影响商业周期。第二，投资导致资本积累。建筑物和设备存量的增加，能提高一国的潜在产出，从而促进长期的经济增长。

因此，投资发挥着双重作用，既经由总需求而影响短期产出水平，又通过对资本形成的作用而影响潜在的产出和总供给，从而能够左右长期产出的增长。

经济学中"投资"的含义

注意，宏观经济学家所使用的"投资"或"实际投资"，代表的是生产性资产和资本品（如计算机或卡车）存量的增加。亚马逊公司新建一座仓库，或史密斯一家新建一座房子，都说明出现了投资活动。

许多人在购买一块地、养老保险或买进其他财产凭证时，也都认为自己在投资。从经济学角度讲，这些实际上都只是金融资产的交易，或曰"金融投资"。因为，这只不过是金融资产在不同的人之间的交换而已，净效应为0，而真正的投资只能是指实际资本的增加。

投资的决定因素

在这部分讨论中，我们着重于私人国内总投资，即 I（一国投资中的国内组成部分）。然而 I 只是社会总投资的一个组成部分，社会总投资不仅包括 I，而且还包括国外投资、政府投资和在人力资源和知识进步上的无形投资。

私人国内总投资的主要类型是：住宅建筑，企业对固定设备、软件和建筑的投资，以及存货的增加。在本文中，我们将重点关注商业投资，但是这些原则也可以应用到其他部门的投资。

企业为什么要进行投资呢？归根结底，企业只有在预计到购买资本品会给它带来利润，也即会带来大于投资成本的收入时，才会进行投资。这个简短的论断包含了理解投资的三个基本要素：收入、成本和预期。

如果一项投资有助于厂商出售更多的产品，则它将会增加企业的收入。这表明，决定投资的一个十分重要的因素是整体产出水平（或GDP）。当原有的工厂处于闲置状态时，相对来说，企业对新厂的需求就不大，从而投资数量也较小。更为一般地说，投资取决于整体经济活动将会产生的收益。大多数研究认为，投资对商业周期反应敏感。

决定投资水平的第二个因素是投资的成本。由于投资品会持续使用多年，因此投资成本的计算，比起对别的商品如煤或小麦的成本计算，要更为复杂一些。对耐用品而言，资本的成本不仅包括资本品的价格，而且包括为它借款的利息和厂商为其收入所付的税金。

为理解这一点，请注意投资者经常是通过借款（如通过抵押贷款或在债券市场上出售债券）来为购买资本品筹措资金。借款的成本是什么呢？是借入资金的利息率。回想一下，利率是在一段时期中为借用货币所支付的价格。例如，借1 000美元使用1年，你也许不得不支付8%的利率。在家庭购买住房的情况下，利率通常就是抵押贷款利率。

另外,政府的税收也会影响投资。一个重要的税种是联邦公司所得税。由于联邦政府的公司所得税要从公司的每最后1美元的利润中拿走35美分(边际税率——译者注),因而会抑制公司的投资。有时,政府对某些特定的活动和领域有特殊的税收优惠政策。例如,政府为鼓励住房投资,就允许居民户从应税收入中扣除不动产税和为抵押贷款所支付的利息。

另外,利润预期和对企业的信心对于投资的决定非常重要。投资首先是对未来的一种赌博,意味着企业需要权衡确定的现期成本和不确定的未来收益。如果企业担心俄罗斯政治形势不稳定,就不会乐意到那里去投资。反之,如果企业认为电子商务对富人非常重要,则他们无疑将会加大在该领域的投资力度。

但是,经济学家也意识到情感在权衡时会起作用,所以由直觉促成的投资与用电子数据表促成的一样多。这一点在凯恩斯探讨市场经济不稳定的根源时曾被强调:

> 即使排除了投机所导致的不稳定,这里的不稳定性也有由人类本性所带来的,也即,我们大部分的积极活动都源于自发的乐观情绪,而并非是数学上的预期,不论是道德的、享乐主义的,还是经济的。我们想做正事的决定(整个进程和后果往往需要酝酿很多时日),大部分也许只能体现着某种动物精神。**动物精神**是一种自发的冲动,它是有所为而不是无所为的,也并非加权平均和概率量化各种好处的结果。

因此,投资决策命悬于对未来的预期或预测的细线之上。但是,准确的预测是非常困难的。企业花费了大量的精力分析投资的可行性,并试图缩小有关投资决策的不确定性。

关于投资决策背后的因素的讨论,可以小结如下:

> 企业投资的目的是为了赚取利润。由于资本品要延用许多年,投资决策取决于:(1)新投资导致的产出水平;(2)影响投资成本的利率和税收;(3)企业对未来经济状况的预期。

投资需求曲线

分析投资的决定因素时,我们着重讨论利率与投资之间的关系。因为政府主要(经由中央银行)靠利率来影响投资,所以这个关系特别重要。为说明利率与投资的关系,经济学家将这两种数据的关系列成了表,并绘制了**投资需求曲线**。

考察一个简化的经济。在这里,企业可以投资于不同的项目:A、B、C,等等,一直到H。为简化计算,假设所投资的东西的耐用期都很长(如发电厂或建筑物),以至于我们可以忽略资本更新的需要。此外,再假设它们每年都能获得一个固定的净收入,并且不存在通货膨胀。表21-5列出了每一投资项目的财务数据。

先考虑项目A。这个项目的成本为100万美元。它有很高的收益:每投资1 000美元每年可以获得1 500美元的收益(这代表每年150%的收益率)。第(4)栏和第(5)栏显示的是投资的成本。为简化起见,假定投资所需要的资金全部都是按市场利率借入的,利率分别按10%和5%计算,如第(4)栏和第(5)栏所示。

表21-5 投资的盈利性取决于利率

(1)	(2)	(3)	(4)	(5)	(6)	(7)
	项目总投资	每1000美元投资的总收益	在不同年利率下的每借1000美元的成本		在不同年利率下的每1000美元投资的年净利润	
			10%	5%	10%=(3)-(4)	5%=(3)-(5)
项 目	(百万美元)	(美元)	(美元)	(美元)	(美元)	(美元)
A	1	1 500	100	50	1 400	1 450
B	4	220	100	50	120	170
C	10	160	100	50	60	110
D	10	130	100	50	30	80
E	5	110	100	50	10	60
F	15	90	100	50	-10	40
G	10	60	100	50	-40	10
H	20	40	100	50	-60	-10

这个经济中有8个投资项目,按收益的高低顺序排列。第(2)栏显示了每个项目所需要的投资。第(3)栏计算了每1 000美元投资的年收益。第(4)栏和第(5)栏显示的是每项投资的成本,其假设条件是所有资金都是借入的,利率分别是10%和5%。表中利息利润的数值都是按每借入1 000美元计算的。

最后两栏计算了每1 000美元项目投资每年所能获得的净利润。如果净利润是正数,那么寻求最大利润的企业将进行投资。如果是负数,那么该投资项目将会被放弃。

请注意一点:盈利与否的投资分界点如何随着利率的提高而变动。(如果利率升至每年15%,分界点将会位于何处呢?)

这样，在年利率为10%时，借款1 000美元的成本是每年100美元，正如第（4）栏数字所示；在年利率为5%时，每1 000美元1年期借款的成本就是50美元。

最后，第（6）栏和第（7）栏显示的是每项投资所能获得的年净利润。项目A有利可图，在利率为10%时，每投资1 000美元的年净利润是1 400美元。而项目H则赔钱。

回顾一下可见：为了在不同的投资项目之间做出抉择，企业会比较各项投资所能获得的年收益和投资的成本，而投资成本的大小取决于利率的高低。年收益和年成本之间的差额就是年净利润。当年净利润为正数时，这项投资就赚钱；而当年净利润为负值时，则表示投资会亏本。

观察表21-5的最后一栏。这一栏显示的是利率为5%时的年净利润。可以看到，按照这个利率水平，投资项目A到G都将有利可图。因此，我们可以预期，追求利润最大化的企业将会投资于所有这7个项目，从而使投资总额达到5 500万美元［根据第（2）栏］。这就是说，在利率为5%时，投资需求将为5 500万美元。

然而，假设利率上升到10%，那么这些投资的融资成本就会增加一倍。从第（6）栏我们看到，在利率为10%时，项目F和G也将变得无利可图。投资需求将降至3 000万美元。

我们可以用图21-8来表示这一分析结果。这个图形显示的是投资需求曲线，它是关于利率的一个向下倾斜的阶梯形函数。该曲线说明了在每一利率水平上企业将会投资的数量。这个数量是通过把每一利率水平上全部有利可图的投资数量加总在一起而得到的。

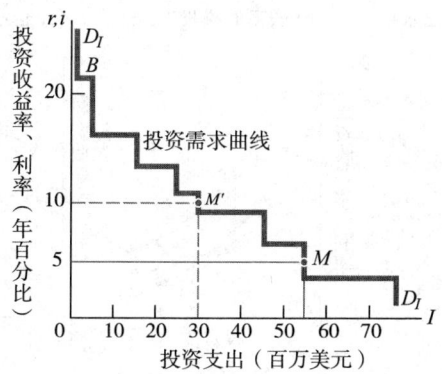

图 21-8 投资取决于利率

向下倾斜的阶梯形投资需求曲线绘出了在每一个利率水平上企业将会投资的数量，这个数量是按表 21-5 的数据计算出来的。每一级阶梯代表一个投资量。由于项目 A 的收益率是如此之高，以至于无法将它标在图形之中，所能看到的最高阶梯是项目 B，如图左上方所示。在每一个利率水平上，所有净利润为正数的项目都将被投资。

因此，如果市场利率为 5%，那么理想的投资水平将会出现于 M 点，其投资总额为 5 500 万美元。在这个利率水平上，从项目 A 到项目 G 都可以接受。如果利率上升到 10%，项目 F 和项目 G 将会被挤出；在这种情况下，投资需求将会处于图 21-10 中的 M' 点，这时投资总额为 3 000 万美元。[1]

我们已经明白利率是如何影响投资水平的。但投资还受其他因素的影响。例如，GDP 的增加将会使投资需求曲线向外移动，如图 21-9（a）所示。

1　在后面我们将讨论当价格变化时，用实际利率是合适的，它代表的是从名义或货币利率中剔除通货膨胀后的利率。

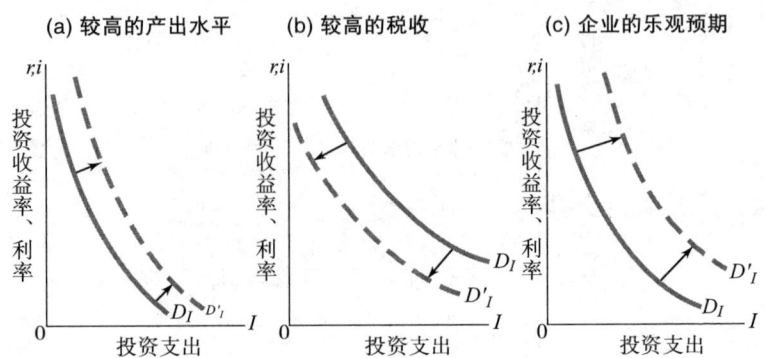

图 21-9 投资需求曲线的移动

在投资需求曲线中,箭头所表示的是:(a)较高的 GDP 水平的影响;(b)增加资本所得税的影响;(c)企业乐观预期的影响。

企业税收的增加将会对投资起抑制作用。比如说政府税收拿走了表 21-5 第(3)栏中的净收益的一半,而第(4)栏和第(5)栏的利息成本又没有减少。因此第(6)栏和第(7)栏中的净利润就会下降。[请你证明,在利率为 10% 时,对第(3)栏征收 50%的税收将使停止投资点提高到项目 B 和项目 C 之间,从而投资需求会降至 500 万美元。] 对投资收益增加税收的情况如图 21-11(b)所示。

从一个历史案例中,我们也可以看到预期是怎样进入投资需求曲线的。20 世纪 90 年代后期,投资者为所谓的"新经济"和互联网而疯狂。基于失去控制的计划,他们对并不实际存在的公司大量投资,甚至一些有经验的投资者也屈服于"动物精神",例如时代华纳投资了 1 800 亿美元给一家名为美国在线的网络公司。图 21-9(c)展示了在 20 世纪 90 年代企业的乐观预期如何改变了投资需求曲线。而当科技股的泡沫在 2000 年破灭时，对软件和相关设备的投资需求也急剧下降，图 21-9（c）中的曲线又大幅度地向左移动回来。由这两个例子可见一斑：预期对投资的影响是何等的强大。

在理解了影响投资的因素之后，对于"投资是支出中最容易变动的部分"这一点，你也许就不会再感到奇怪。投资行为的不可预测性，来源于以下几个不确定因素：新产品的成功或失败，税率及利率的变化，政治倾向和为稳定经济而采取的措施，以及经济生活中类似的随机事件，等等。事实上，在每一个商业周期中，投资的波动都是经济繁荣或衰退的驱动力。

走向总需求理论

现在，我们已经完成了对宏观经济学的基本概念的介绍。我们已经考察了决定消费和投资的因素，并已经看到，消费和投资会随着时间的变化而波动，有时波动还会相当剧烈。

就此而言，宏观经济学可分两大主题：商业周期和经济增长。以下几章我们将开始对商业周期进行讨论，它关注短期产出、就业和价格的波动。现代商业周期理论主要基于凯恩斯主义。它分析探讨了金融、投资、政府支出、税率和对外贸易的波动。这些波动往往因"引致消费效应"而放大，并决定总需求。我们会学到，政府明智地应用财政政策和货币政策，将如何削减衰退和通胀的严重性；而失败的政策也会放大这些波动。可见本章所讨论的消费和投资理论，将是商业周期这一重头戏中的主要角色。

第二十二章　商业周期和总需求理论

亲爱的布鲁斯特，错误并不在于命运，而在于我们自己。

——威廉·莎士比亚

《裘利斯·恺撒》

自建国之初起美国经济就一直处于经济周期之中。某些时期经济形势很好：就业机会充分、工厂加班加点、利润丰厚。"繁荣的20世纪90年代"对于美国经济来说就是这样一个时期。经济快速增长、失业率低，产能利用率高。不过，这个时期和先前的长期扩张明显不同，通货膨胀率始终很低。

繁荣时期通常最终都以不幸而告一段落。在19世纪和20世纪早期，以及2007~2009年，金融危机都导致了持续的悲观情绪，商业危机、信用恶化，银行和金融系统动荡不安。在经济低迷的时期，工作非常难找，工厂生产能力闲置、利润微薄。尽管这些经济低迷的时期通常都是短暂而温和的，如2001年3月至11月的经济衰退。但偶尔也会出现如同美国20世纪30年代和日本20世纪90年代那样的大萧条，经济萎缩持续了10年，且导致了世界范围内的经济低迷。

经济活动中上述短期波动称为商业周期，这是我们本章的中心内容。宏观经济学的一个中心课题就是研究商业周期。产生商业周期的原因是什么呢？政府采取何种政策才能降低商业周期的危害？在20世纪30年代之前，经济学家们对于这些问题还知之甚少，直到凯恩斯在他那革命性的宏观经济学理论中揭示出了总需求对于决定商业周期波动的关键作用之后。凯恩斯主义经济学认为：总需求的变动在短期内会对总产量、总就业和总价格水平产生强烈的影响。

本章主要讨论商业周期的基本特点，并阐述产出决定原理。本章的结构如下：

- 首先分析商业周期的基本要素。
- 然后概括总需求理论的基本框架，并讨论现代商业周期如何在这个框架中运作。
- 接下来，建立乘数模型，即最简单的凯恩斯总需求模型。
- 最后，我们将乘数模型应用于财政政策如何影响产出的分析之中。

什么是商业周期

经济发展的历史表明：经济的增长方式从来都不是按部就班、一成不变的。一个国家可以享受好几年令人兴奋的经济扩张和繁荣，以及股市（如20世纪90年代）和楼市（如21世纪早期）的快速增长。随之而来的非理性繁荣可能导致非理性的悲观情绪，正如 2007~2009 年的情况那样，贷款方停止了以优惠条件继续发放住房抵押贷款和汽车贷款，银行还收紧了其他商业贷款，支出减少。其结果是国民产出下降、失业率上升、利润和实际收入减少。

最后，经济衰退逐渐落至谷底，然后便开始复苏。复苏有可能恢复不到原先的经济状况，也有可能强劲得足以启动下一轮的经济扩张。经济繁荣一方面也许意味着较长时期内需求持续旺盛，就业机会充足，生活水平不断上升；另一方面，繁荣也可能伴随着通货膨胀、价格上扬和投机猖獗，紧接着便是另一轮经济衰退。

产出、通货膨胀率、利率和就业的波动构成了商业周期，商业周期是所有市场经济的共同特征。

商业周期的特点

究竟怎样精确定义"商业周期"？

> **商业周期**（也译作"经济周期"——译者注）是国民总产出、总收入、总就业量的波动，持续时间通常为 2~10 年，它以大多数经济部门的扩张或收缩为标志。

经济学家们一般将商业周期划分成两个主要阶段，即衰退和扩张。"谷"和"峰"代表的是周期的转折点。由图 22-1 可见商业周期先后继起的各个阶段。**衰退**是总产出、总收入和就业的连续下降期，通常延续 6 个月至一年，以经济中许多部门广泛的紧缩为标志。**萧条**指的是规模广泛且持续时间长的衰退。

国家经济研究局（NBER）是个私人性质的研究机构。它长期

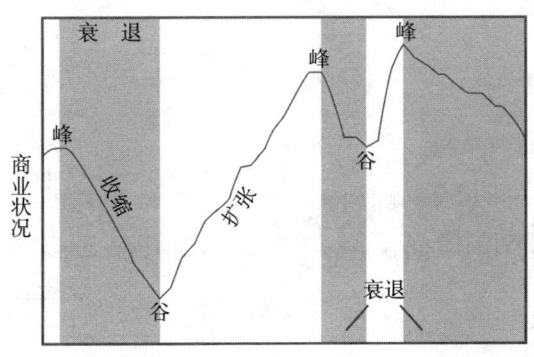

图 22-1 **商业周期像年份一样也有季节性**

商业周期是经济活动的不规则扩张和收缩。(这是最近一次商业周期中工业每月生产的实际数据。)

对国民经济的收缩和扩张做半官方的判定。国家经济研究局对"衰退"的定义是:"国民经济活动全面显著放缓,通常要持续几个月甚至更长的时间。主要表现在实际GDP、实际收入、就业、工业生产和零售业等各个方面。"

另一个常用的定义是:如果实际GDP连续两个季度下降,则应视为"衰退"。

尽管我们把短期波动叫做"周期",但请注意商业周期的形式是不规则的。没有两个完全相同的商业周期,也没有像测定行星或钟摆那样的精确公式,可用来预测商业周期的发生日期和持续时间。相反,就其不规则性而言,商业周期可能更像天气那样变化无常。图22-2显示的是美国近代历史上的商业周期。你可以看到商业周期就像山脉一样,有着千姿百态的山峰和山谷。有些山谷深幽且宽阔,如20世纪30年代的大萧条;另一些山谷浅显且狭窄,如1991年的那一次衰退。

尽管没有两个完全相同的商业周期,但它们通常却具有一种家族式的相似性。如果有一位可靠的经济预言家宣称下一次衰退

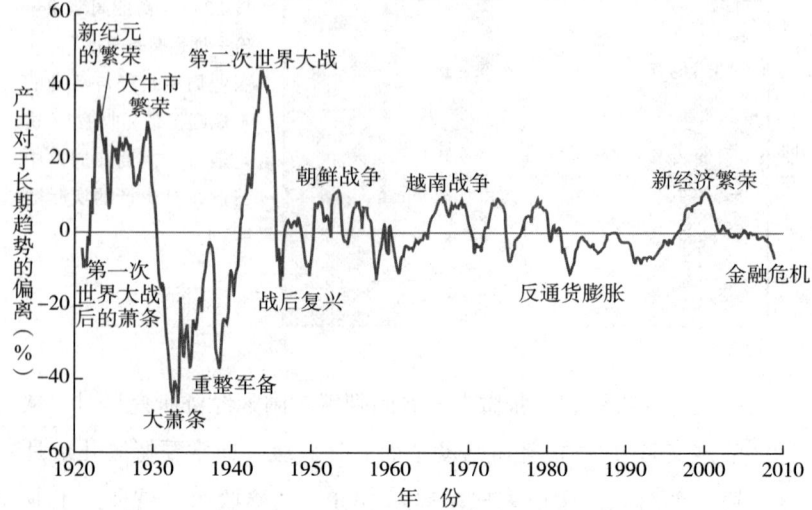

图 22-2　自 1919 年以来的商业活动

工业生产围绕长期趋势不规则地波动。你是否觉得经济波动近年来变得稳定了呢？

资料来源：Federal Reserve Board, detrended by authors.

即将来临，则你应当预感哪些典型的现象会随之而来呢？以下是经济衰退的普遍特征：

- 通常，投资在衰退中急剧下降。由于金融危机和美联储提高利率以降低通货膨胀率，房地产价格首先开始下降。消费者购买也会急剧下降。由于厂商会对此做出压缩产量的反应，所以实际 GDP 会下降。
- 就业通常在衰退初期就会急剧下降。但其恢复有时却要慢于经济，即所谓的"没有就业机会的复苏"。
- 产出下降，导致通货膨胀步伐放慢。对原材料的需求下降，导致其价格跌落。工资和服务的价格下降的可能性比较小，但在经济衰退期它们的增长趋势会放慢。
- 企业利润在衰退期急剧下滑。由于预期到这种情况，普通股票的价格一般都会下跌，就像是投资者嗅出了经济下滑的气味。
- 通常，当经济形势恶化、就业率下降，美联储就会开始降低短期利率以刺激投资，同时其他利率也会随之下降。

商业周期理论

外因论与内因论 多年来，关于商业周期根源的大量争论给宏观经济学带来了活力。有人认为商业周期源于货币政策波动，有人认为源于生产冲击，还有人认为源于外部支出的变动。

各种解释显然还不会有一个最终的结论，但是将这些不同的理论划分成两类可能是有益的，即外生的和内生的。外因论是在经济体系之外的某些要素的波动中寻找商业周期的根源，如战争、革命、选举；石油价格、发现金矿、移民；新土地和新资源的发现；科学突破和技术创新；甚至太阳黑子、气候变化和天气等。

外因论的一个例子是二战的爆发。德国和日本在欧洲大陆、亚洲和美国引爆战争，导致武器军备生产快速扩张和军事开支大幅增加，从而导致总需求增加，最终致使美国经济从大萧条中走了出来。这里我们看到的是一个外生事件，即战争，导致了美国军费开支的大幅增加，进而出现20世纪美国最大的一次经济扩张。

与外因论不同，内因论则在经济体系内部寻找商业周期的机制和原因。这种理论认为,任何一次扩张都孕育着新的衰退和收缩,任何一次收缩也都包含着可能的复苏和扩张。美国历史上许多次经济周期都是源于金融体系的内部周期。正因为如此,我们才将注意力集中在货币金融学上。

世界范围内的资本主义的一个共同特点是在19世纪中经常出现的虚假繁荣,曾导致经济大萧条,且在最近20年中美国又出现了几次类似的情况。以下是一些实例。

早期资本主义的恐慌 19世纪目击了美国狂热的投机浪潮,尤其是在运河、土地和铁路等领域。毋庸置疑"动物精神"会取代理性投资而发挥作用。其结果是铁路过度修筑、土地价格畸高,债务负担过多过重。企业破产导致银行坏账、出现挤兑风潮和银行危机。产出和价格也在经济恐慌中急剧下跌。最后,当最坏的情况统统出现并终于过去之后,经济便会进入新一轮的扩张。

恶性通货膨胀 有些时候,过热的经济会导致严重通货膨胀,甚至是恶性的通货膨胀。当价格月平均增长高达或超过100%时,就会出现恶性通货膨胀。历史上最著名的恶性通货膨胀出现在1923年的德国。政府无法通过税收和借款来维持财政开支,于是便开始大量印刷钞票。到1923年年底,印刷纸币的面额越来越大,德国流通中的纸币的最大面额竟然高达250亿马克!今天,各国中央银行都时刻警惕着哪怕是最温和的通货膨胀。

新经济泡沫 经典的投机繁荣模式在20世纪90年代末竟然又一

次出现。在"新经济"中,增长和创新都异乎寻常,各种软件、互联网和新涌现的 dot.com 等,都在新经济的股市中酿成了投机繁荣。企业通过互联网出售服务,寄送免费的电子生日贺卡,发行"Flooz.com"[1]的股票,所卖出的都不过是并不值钱的电子货币。大学生们也纷纷放弃学业,梦想一夜暴富。所有这些都促进了计算机、软件和远程通信等实际投资的增长。从 1995 年到 2000 年,信息处理设备的投资增加了 70%,占这一时期实际 GDP 增长的五分之一!

最后,投资者终于开始怀疑这些企业的真实价值,亏损开始累积并逐步到达极致。于是,在股价上涨前疯狂买空的冲动转而变成了在股价暴跌前争相卖空的金融恐慌。2003 年,一般的"新经济公司"的股票,纷纷从每股 100 美元下降到几美分。许许多多这样的公司都陷入倒闭。弃学的大学生也重新返回了校园,他们已经变得更加明智,尽管还没有更加富有。

房地产泡沫 相隔不到十年,另一场金融危机又席卷而来,同样这也是创新浪潮的结果。但是在这场危机中,"创新"只不过就是推进金融产品的"证券化"。这种创新是将某个金融产品,如住房抵押贷款的债券票据,尽力细分、反复包装,然后再在证券市场上推销出售。虽然证券化本身并不是一个新事物,但是现在打

---

[1] 译者注:Flooz.com (1998~2001):Flooz.com很想成为在线货币提供商,它的梦想是取代信用卡,可惜这个计划过于宏大。.com时代有很多好的创意,但Flooz.com绝不是其中的一个。虽然Flooz.com从投资者那里得到了3 500万美元资助,并且签下了Tower Records、Barnes & Noble、Restoration Hardware等零售巨头,但还是在2001年8月倒闭了,一起倒闭的还有它的竞争对手Beenz.com。

包和再打包的范围已经空前扩大。评级机构已经无法为这些新型证券的风险进行准确的评级,而很多人却认为这些证券具有和黄金一样高的投资价值,从而大量买进。最典型的例子就是"次级抵押贷款"债券,这些用来购买住房的贷款,基本上就没有考虑借款人的收入水平和工作情况。截至2007年年初,这些新型证券的总价值已经高达1万亿美元!

如果房地产价格能够像1995年那样不断攀升,那么所有的一切都将会处于良性的循环之中。然而,到2006年房地产泡沫终于破灭,其场景犹如十年前股市泡沫破裂的再度上演。许多新型证券都失去了其原有价值。结果,它们不仅不再是最高评级的3A级证券,而是成了垃圾债券。由于银行和其他金融机构也都遭受到重大的损失,因此它们也开始紧缩信贷和大量减少抵押贷款。经济活动的风险溢价因此大幅提高。

美联储紧急采取了一系列的措施以放松银根,降低利率和扩张信贷,但即便如此,也只能是杯水车薪。随着股市经历了一个世纪以来最严重的下挫,导致许多金融机构濒临破产。许多大型投资公司也都在金融恐慌中消失。于是美联储和财政部开始联手放贷注资,以帮助几大金融机构走出困境。尽管采取了诸多空前有力的措施,但经济还是在2007年年底深深地陷入了衰退之中。

也许你已经看出以上案例的某些共同特征。后面的几章,我们将用经济学理论来加以解释。

总需求和商业周期

本章第一部分讨论了产出、就业和价格的短期波动,在市场经济中这些波动构成了商业周期的基本特征。许多对于商业周期波动的解释都依赖于总需求理论。这一部分将对其展开深入讨论。

总需求理论

总需求的主要组成部分是什么?它们怎样与总供给相互作用并决定产出和价格?它如何解释总需求的短期波动会影响GDP?为了更好地认知推动经济发展的动力,我们现在需要更仔细地研究一下总需求。而到下一部分,我们还将引出最简单的总需求模型:乘数模型。

总需求(AD)是指在其他条件不变的情况下,在某一给定的价格水平上人们所愿意购买的产出的总量,也即所有生产部门所愿意支出的总量。它包括:消费、国内私人投资、政府采购商品与服务,以及净出口。这4个组成部分如下:

1. 消费。由上一章内容可知,消费(C)主要取决于可支配收入,而可支配收入是指个人收入减去税赋。其他影响消费的因素包括:收入的长期趋势、居民财富、总体价格水平。总需求分析主要关注那些决定实际消费数量(即名义的或货币的消费量除以消费者价格指数)的因素。
2. 投资。投资(I)支出包括对建筑物、软件和设备的私人购买以及库存品的增加。我们曾在第21章的分析中说明，决定投资的主要因素是产出水平、资本成本（取决于税收政策、利率和其他金融条件），还有对将来的预期。经济政策赖以影响投资的主要渠道是货币政策。

3. 政府采购。总需求的第三个组成部分是政府对商品与服务的采购（G）：如购买像坦克和教科书这样的商品，以及对法官和公立学校教师的服务所支付的费用。与私人消费和投资不同，总需求的这一部分是直接由政府的支出政策所决定的。例如，五角大楼购买一架新式战斗机时，这一产出会直接加到GDP中。

4. 净出口。总需求最后一个组成部分是净出口（X），它等于出口额减进口额。进口取决于国内的收入和产出、国内和国外价格的比率，还有本国货币的汇率。出口（亦即别国的进口）是进口的镜像，由外国的收入和产出、相对价格和外汇汇率

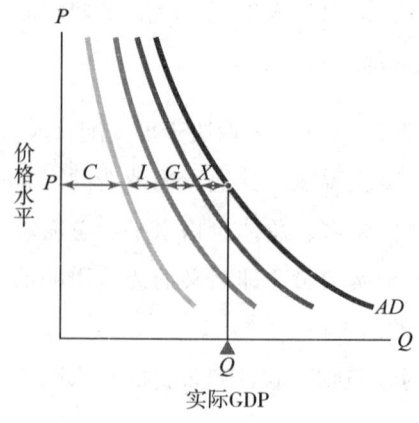

图22-3　总需求的构成

总需求（AD）有四个部分组成：消费（C）、国内私人投资（I）、政府在商品与服务上的支出（G）和净出口（X）。

当宏观经济政策变化时（如货币政策变化，政府支出或税率的变化）或外部事件改变了支出（如影响X的外国产出水平变化，或影响I的企业信心的变化），总需求曲线就会发生变动。

来决定。因此，净出口将取决于国内的和国外的产出、相对价格和汇率。

由图 22-3 可见 AD 曲线及其四大组成部分。价格水平为 P 时，我们可以看到消费、投资、政府支出和净出口分别处于什么样的水平，它们的总和为 GDP 或 Q。这一价格水平上的四项支出流量之和，就是该价格水平上的总支出量或总需求量。

向下倾斜的总需求曲线

由图 22-3 你应该会注意到总需求曲线是向下倾斜的。这意味着如果其他条件保持不变，当经济中整体价格水平升高的时候，实际支出水平会下降。

总需求曲线向下倾斜的原因何在？最主要的原因在于一些收入或财富的构成要素并不随价格上升而上升。比如，一些个人的收入是以名义货币定义的，譬如，政府的某种转移支付、最低工资和企业退休金。因此当价格上升时，实际可支配收入下降，从而导致实际消费支出下降。

另外，一些财富构成要素可能在名义货币上是固定的。如持有现金和债券，等于获得了一个承诺，在一定时期内可获得一定数量的货币。如果价格水平上升，这些财富的真实价值就会下降，这也会导致实际消费支出下降。

我们用图 22-4（a）来说明价格水平上升的影响。假设在 B 点上经济处于均衡状态。这时价格水平为 100（按照不变价格），实际 GDP 为 3 万亿美元。再假设价格上升了 50%，于是价格指数 P 由 100 上升到 150。在更高的价格水平上，可支配收入的下降导致实际支出下降。总的实际支出下降到 2 万亿美元，正如 C 点所示。这里我们可以看到，更高的价格水平怎样使得实际支出减少。

小结：

> 总需求曲线是向下倾斜的，这表明在其他条件保持不变的情况下，实际支出会随着价格水平的上升而下降。由于价格对实际收入和实际财富的影响，价格上升会导致实际支出下降。

我们已经看到，在其他条件不变的情况下，经济中总支出量会因价格水平的上升而趋于下降。然而，其他条件也可能会发生变化，从而也会引起总需求的改变。那么，能够引起总需求变动的主要决定因素是什么呢？

我们可以将决定 AD 的因素划分为两类，如表 22-1 所示。一类是由政府控制的宏观经济政策变量，包括货币政策（中央银行赖以影响货币供给量和其他金融条件的手段）和财政政策（税收和政府支出）。表 22-1 说明了政府的这些政策如何影响总需求的各个组成部分。

第二类是外生变量，或由 $AS\text{-}AD$ 框架以外的因素所决定的变量。如表 22-1 中所示，这类变量有的超出了宏观经济分析的正常范围（如战争或革命），有的不在国内政策控制之内（如外国经济活动），还有一些（如股票市场）则具有明显独立的变动性。

表 22-1　许多因素都能使总需求增加并使 AD 曲线向外移动

变量	对总需求的影响
	政策变量
货币政策	货币供给增加会降低利率并放宽信贷条件，从而增加投资和耐用品的消费数量。如果一国的经济环境是开放的，那么货币政策将会影响其汇率和净出口。
财政政策	政府对商品和劳务上的采购增加，会直接增加支出总量；减税或增加转移支付会提高可支配收入数量，并导致消费量的增加。税收刺激政策，比如投资税减免，可以导致在某个领域支出增加。
	外生变量
国外产出	对外产出的增长会导致净出口的增加。
资产价值	股票价格的上升增加家庭财富，从而增加消费数量，而且，这还会导致较低的资本成本，并使企业投资增加。
技术进步	技术进步可以为商业投资提供新的机会。重要的例子如铁路、汽车和计算机。
其他	计划经济体中政府的失败刺激了外国投资；冷战结束、和平突然降临，世界原油产量上升，油价下降；良好的气候使得农产品价格下降。

总需求曲线体现的是总支出数量与价格水平的联系。但是，许多其他因素都影响总需求，有些是政策变量，有些则是外生变量。表中显示的是总需求增加和 AD 曲线向外移动的变化。

AD 曲线背后的这些变量会产生什么影响呢？不妨观察一下二战中军费开支剧增对经济的影响。战争的额外支付包括前线部队支出、购买军火和运输费用。这些采购将使 G 的支出量增加。除非某些其他支出构成能够抵消 G 的增加，否则 AD 曲线将会随着 G 的增加而向右上方移动。同理，重要新发明引起新投资的盈利性增加，或者房地产价格上升会导致消费者财产价值增加等，都会引起总需求的增加和 AD 曲线的向右上方移动。

图 22-4（b）显示了表 22-1 中变量的变化怎样影响 AD 曲线。为检验你的理解程度，请你设计一个相似的表，列出那些将会使总需求减少的因素。

两点提示

不妨稍作停顿，注意两点提示。

1. 我们首先强调宏观经济学的需求曲线与微观经济学的需求曲线的区别。回忆有关供给和需求的讨论，微观经济学中的需求曲线以纵轴表示单个商品的价格，以横轴表示该商品的产量，并假定其他商品价格及消费者的总收入保持不变。

    而在宏观经济学的总需求曲线上，一般价格水平沿纵轴变化，总产量和总收入沿横轴变化。与此相反，在微观经济学的需求曲线那里，收入和产量是保持不变的。

    最后，微观经济学需求曲线斜率为负，是由于当价格升高时消费者用其他商品来替代所讨论的商品。肉价上升导致对肉的需求量下降，这是由于消费者用面包或土豆替代肉的结果，也就是说，人们可以多用相对便宜的商品而少用相对昂贵的商品。

    但是，宏观经济学总需求曲线向下倾斜的原因则大不相同。当总体价格水平上升时，总支出数量下降主要是因为消费者的实际收入和实际财富减少，从而导致消费的减少和利率的提高，继而投资支出减少。

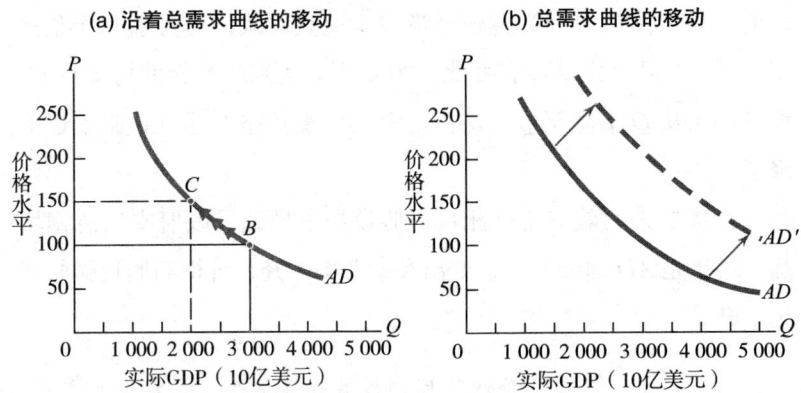

图 22-4　沿着总需求曲线的移动和总需求曲线的移动

在（a）中，价格水平上升的同时保持名义货币供给量不变，会导致实际可支配收入下降、利率上升以及对利率敏感的投资和消费支出的下降。在这里，假定其他因素不变，我们会看到一次沿着 AD 曲线的移动，从 B 至 C。

在（b）中，其他因素不再保持不变。那些决定 AD 曲线的基本变量（比如货币供给量、税收政策、军费开支）所发生的变化会导致某一给定价格水平上的总支出量发生变化。这会引起 AD 曲线的移动。

2. 回顾沿着曲线移动和曲线移动的主要差别。由图 22-4（a）可见沿着总需求曲线移动的例子。当更高的石油价格减少了可支配收入时，这种情况就会出现。图 22-4（b）表示总需求曲线的移动。战争期间支出的急剧上升就是这种情况。当你分析具体的政策或冲击的影响时，一定要区分这二者的差别。

商业周期波动的一个重要根源就是对总需求的冲击。图 22-5 表示总需求的下降如何降低产出水平。假设经济开始处于短期均衡的 B 点，然后，因为金融恐慌或者税收缩减，总需求曲线左移至 AD'。如果总供给没有变化，则经济会达到一个新的均衡点 C。注意产出从 Q 下降至 Q'。另外，新的均衡价格和通货膨胀率也下降了。

经济扩张的效应正好相反。假设战争导致了政府支出急剧增加，结果是 AD 曲线右移，产出和就业率上升，价格和通货膨胀率也上升。

产出、就业和价格的周期性波动通常源于总需求的变化。总需求的变化是因为相对于经济的生产能力，消费者、企业或者政府的支出发生了变化。当总需求的变化导致了经济的急剧走低，则经济便进入了衰退甚至是萧条。而若经济活动持续升温，则会导致通货膨胀。

在上世纪的最后 25 年中（见图 22-2），美国商业周期的历史显示出商业周期明显趋于平缓的态势。1940 年以前，我们目睹了很多的危机和萧条。如 19 世纪 70 年代、90 年代，20 世纪 30 年代，

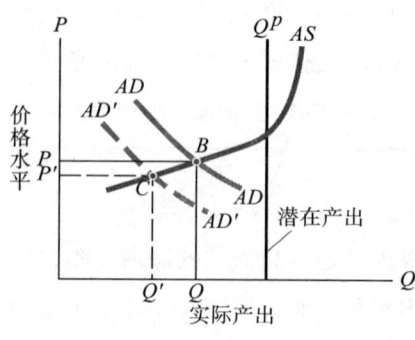

图 22-5 总需求下降导致经济下滑
相对于扁平的不变的 AS 曲线来说，AD 曲线向下移动导致较低的产出水平。注意，因为 AD 曲线向下移动，所以实际产出相对于潜在产出下降，而且使衰退加剧。

都存在持久的衰退。然而，自1945年以来，商业周期的波动已经变得不那么频繁，而且也温和了许多，许多跨入新千年的美国人恐怕还从未目睹过真实的萧条。

到底是什么东西在改变呢？有人认为资本主义发展到现在，自然会比早期更平稳。一个原因在于政府部门已经更具规模而且更为可靠。但更重要的一个原因还应该在于，当前人们对于宏观经济学已经有了更深刻的理解，政府已经能够运用货币手段和财政手段来预防各种冲击演化成衰退，制止经济像滚雪球一样地从衰退陷进萧条。

在经济的平稳时期，人们经常宣称商业周期已经消除。现实情况真是如此吗？在上世纪的最后25年，商业周期在美国已经得到控制，但它在其他国家和地区却更加肆虐。不妨让我们重温下面的一段话，它是大经济学家亚瑟·奥肯的名言，对于2007~2009年的经济衰退尤其适用：

> 现在，普遍的认识是，衰退从根本上说是可以防止的，它们就像飞机失事而不像飓风。但我们从来没有能够从地球上消除飞机失事，当然也不清楚是否有足够的智慧和能力去消灭衰退。危险并未消失，那些可以导致周期性衰退的因素仍然潜伏在飞机的两翼，等待着飞行员的某种失误。

乘数模型

商业周期的最基本的宏观经济学理论认为，总需求的变化导致产出、价格和就业产生了频繁而又无法预测的波动,这种波动被称为商业周期。经济学家试图理解"支出的变动"和"产出与就业的变动"之间究竟存在着什么样的传导机制。这种理解商业周期最简单的方法就是凯恩斯的乘数模型。

当经济学家们试图理解为什么战时大量军事支出会导致GDP的快速增长;为什么20世纪60年代或80年代的减税曾经引发了一场时间较长的经济扩张;为什么90年代末的投资繁荣会带来美国历史上时间最长的经济扩张时,常常可以在乘数模型中找到最简明的解释。

究竟什么是**乘数模型**?它是一个用来解释短期产出水平如何被决定的宏观经济学的理论范畴。"乘数"名称来自这样一个发现,即外生支出(如投资)的1美元变动会引起GDP的1美元以上的(或多倍的)变动。乘数模型是建立在一个关键的假设上,即工资和价格都是固定的,同时社会资源是未被充分利用的,此外,本章我们还要暂时忽略货币政策的作用和金融市场对经济变化的反应。现在我们假设没有国际贸易和国际金融。这些将会在之后的章节中详细阐述。

总支出对产出的决定

讨论乘数模型,不妨首先分析一下投资支出和消费支出如何与收入共同决定国民产出。这被称为决定国民产出的总支出法。

请回忆第21章中国居民消费函数的图形。图22-6是一个提示图,消费函数表示为CC线。它体现的是,与每一个收入水平相对

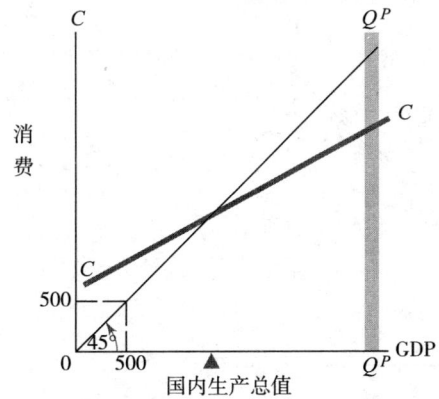

图 22-6 国民收入决定消费水平

回忆第 21 章中的消费函数，CC。它表示与每一个收入水平相对应的意愿消费数量（此模型中收入等于 GDP）。图中标有"500"的两点强调了 45° 线的重要性质：在 45° 线上的任意一点到纵横两轴的距离都刚好相等。标着 $Q^P Q^P$ 的阴影部分所表示的是潜在的 GDP 水平。

应的意愿中的消费数量。由于我们忽略了税收、转移支付和其他项目，因此，可支配收入将等于国民收入，也等于 GDP。

我们用图 22-7 表示总支出和产出水平之间的关系。这个图形有时被称做"凯恩斯交叉"，因为它表示当支出曲线与 45° 线相交时，产出与支出相等。

我们首先画出消费函数 CC 线，然后将总投资加到消费曲线上。通常，投资取决于利率、税收政策和人们对经济形势的信心。简单起见，我们将投资作为外生变量，也即投资水平由模型以外的因素决定。假设，有这样一个投资机会，即不论 GDP 水平如何，每年的投资均为 2 000 亿美元。在图 22-7 中，我们将投资加到消费曲线之上，注意 $C + I$ 曲线比 C 曲线正好高出 I 个单位，这表明投资是由外生变量决定且保持不变。

$C + I$ 曲线表示总支出（或 TE），等于意愿投资（固定为 I）加上消费。在图 22-7 中表示为上方的 $C + I$ 曲线或 TE 曲线。

最后，我们画出一条 45° 线，沿着这条线，纵轴上的支出都

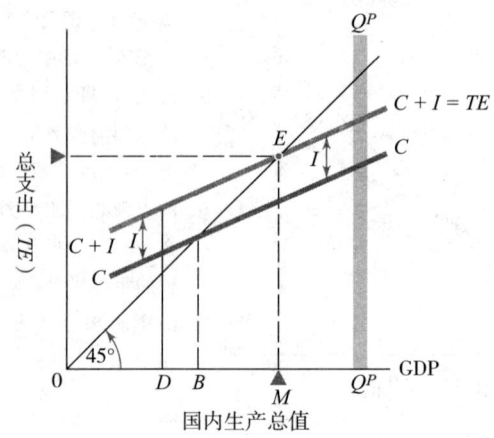

图 22-7 当总支出（TE）等于产出时，决定了均衡的国民生产总值

CC 线表示消费函数（如图 22-6 所示）。II 箭头表示不变的投资水平。把 II 加到 CC，就可以得到表示总投资支出和消费支出总和的 TE 曲线。沿着 45°线，支出总等于 GDP。均衡的 GDP 水平在 E 点，即 TE 曲线与 45°线的交点。只有在此处，C+I 曲线表示的意愿支出等于产出。

正好等于横轴上的产出。在 45°线上的任何一点，意愿支出（以纵轴衡量）都正好等于总产出（以横轴衡量）。

现在我们很容易地就能计算出图 22-7 中的均衡产出水平。只有在计划的支出总量（由 TE 曲线代表）等于总产出量的那一点上，经济才处于均衡状态。

总支出曲线（或 TE）表示对应于每一个产量水平，消费者和企业愿意或计划支出的数量。在图 22-7 中 TE = C + I 曲线与 45°线的交点 E，经济处于均衡状态。这是因为，在这一点上，对消费和投资的意愿支出数量正好等于总产出量。

分析商业周期或者经济增长的时候我们经常会考虑宏观经济均衡。这个术语到底是什么意思呢？**均衡**就是不同的力在作用时达到平衡的一种状态。例如，如果你看到一个球正在滚下山坡，那么这个球就不是处在一种均衡的状态中，因为在这个过程中存有一个力在推动球向山下滚动，因此称之为**非均衡**。而当这个球滚到山下静止下来的时候，作用在球上的若干力就达到了平衡，那么这个球也就达到了"均衡"。

同理，在宏观经济中，一个均衡水平的产出就是当支出和储蓄中的各种力达到了平衡。在均衡状态下，产出的水平总是趋向稳定，直到影响经济的力有所改变，均衡才会被打破。

将均衡的概念应用于图22-7中，我们可以看到E点是一种均衡。只有在E点，意愿支出$C+I$才等于实际产出。在任何其他产出水平上，意愿支出和产出水平都不相等。在除E点外的任何一点，企业都会觉得其生产得过多或者过少，从而势必想要改变其产出水平以回到均衡状态。

只知道E是均衡点是不够的。我们还需要理解为什么某一产出水平是均衡水平，以及如果产出水平偏离均衡水平时，则会发生什么？这里我们考虑三种情况：计划支出高于产出，计划支出低于产出，以及计划支出正好等于产出。

在第一种情况下，假设计划支出高于产出，用图22-7中的D点表示，在此产出水平上，$C+I$支出曲线处于45°线上方，所以计划支出高于产出。这意味着，消费者愿意购买的物品的数量大于企业预期的数量。这时汽车销售商将会发现他们的存货逐渐消失,电脑厂商向分销商配货的周期也会越来越长。

在这种非均衡状态,汽车经销商和电脑经销商将会增加它们的订货。汽车厂将会重新雇佣被解雇的工人并加快生产线运转,电脑厂商也会加快组装和配送。生产的增加将导致产出水平的增加。这样,总计划支出与总产出之间的差异就导致产出数量的调整。

你也许可以推知,当产出水平低于均衡水平时将会发生什么情况。

最后,来看第三种情况,即计划支出正好等于产出的情况。在均衡处,企业会发现它们的实际销售量正好等于预测的销售量。存货数量同计划相等。也不存在计划外的订单。企业不可能通过改变产量来增加利润,因为消费需求已经得到满足。因此,产出、就业、收入和支出将保持一致。在此种情况下,GDP 保持在 E 点,我们称其为均衡状态。

> GDP 的均衡水平出现在 E 点,此处,计划支出等于计划产量。在任何其他产出水平上,消费和投资的意愿支出都不等于计划产出。任何偏离实际水平的计划都将导致企业改变产量和雇佣工人的数量,从而使得经济重新回到 GDP 的均衡水平。

举个数据例子也许有助于说明,为什么在计划支出等于计划产出量时,产出会达到均衡。

表 22-2 给出了关于消费、储蓄和产出的简单例子。收支相抵的收入水平(消费等于收入)假设为 3 万亿美元。假设收入每变

表22-2 用算术方法,可将均衡产出视为计划支出量等于GDP的水平

产出等于计划支出的GDP(10亿美元)

(1) GDP和DI的水平	(2) 计划消费	(3) 计划储蓄 (3)=(1)−(2)	(4) 计划投资	(5) GDP的水平 (5)=(1)	(6) 计划投资和消费的总和,TE (6)=(2)+(4)	(7) 导致的产出变动趋势
4 200	3 800	400	200	4 200 >	4 000	收缩
3 900	3 600	300	200	3 900 >	3 800 ↓	收缩
3 600	**3 400**	**200**	**200**	**3 600 =**	**3 600**	**均衡**
3 300	3 200	100	200	3 300 <	3 400 ↑	扩张
3 000	3 000	0	200	3 000 <	3 200	扩张
2 700	2 800	-100	200	2 700 <	3 000	扩张

表中加粗的一行表示均衡的GDP水平。在这个水平上,正在被生产出来的3.6万亿美元正好等于居民计划消费和厂商计划投资的总和。在该行以上的两行,企业将被迫进行非意愿的存货投资,并将缩减产量,直至达到均衡的GDP。请你解释在该行以下各行趋于均衡GDP的扩张趋势。

动3 000亿美元会导致储蓄变动1 000亿美元和消费变动2 000亿美元。换句话说,为了使问题简单化,假设边际消费倾向MPC为一个常数,其数值为2/3。

假设投资是外生的,投资规模将保持在2 000亿美元,如表22-2第(4)栏所示。

第(5)栏和第(6)栏是关键。第(5)栏显示的是GDP总量,不过是将第(1)栏简单地复制到第(5)栏。第(6)栏表示在每一GDP水平上的计划总支出,它等于计划消费量与计划投资量之和,实际上即为数字表示的图22-7中的$C+I$曲线。

当所有企业作为一个整体，生产的产出过多（多于消费者和企业想要购买的数量之和）时，企业就会非自愿地积压商品存货。

从表22-2的第一行可见，如果企业最初生产的GDP为4.2万亿美元，而计划的或意愿的支出数量［第（6）栏］只有4万亿美元，在这种情况下，则过多的存货就会累积起来。企业将缩减产量，GDP就会下降。表22-2中最下边一行所表示的情况与此相反，总支出数量为3万亿美元，而产出数量为2.7万亿美元。于是存货会逐渐耗尽，企业会扩大生产从而增加总产出。

我们还可以看见，一旦其生产量大于它们能够以有利的价格销售的数量时，作为一个整体的厂商就会缩减作业量，从而GDP趋于下降。当销售的数量大于目前产量时，它们就会增加产量，GDP就会上升。

只有当第（5）栏的实际产出正好等于第（6）栏的计划支出（TE）时，经济才会处于均衡状态。只有在均衡状态时，它们的销售量正好继续维持总产出的现有水平。GDP既不扩大也不缩小。

乘　数

乘数究竟在哪里呢？为回答这一问题，我们需要考察外生的投资变化如何影响GDP。投资的增加会提高产出和就业水平，这在逻辑上是必然的。但是会提高多少呢？乘数模型说明，投资的增加将会引起更大的乃至数倍的GDP的增加，也即投资所引起的

GDP 的增加量会大于投资本身的增加量。

乘数是指外生支出变化 1 美元对于总产出的影响。在简单的 $C+I$ 模型中，乘数是总产出变化率和投资变化率的比率。

请注意，乘数的定义是指外生支出的变动所导致的每单位总产出的变动。这表明支出的某些组成部分是在模型外给定的。在上面提到的例子中，外生的变量是投资。稍后我们会看到同样的方法也可用于讨论政府支出、出口以及其他项目变化对于总产出的效应。

木屋和木匠 乘数为什么大于 1？假设我利用闲置资源建造了一幢价值 1 000 美元的木屋。我的木匠和木材生产者会因此增加 1 000 美元的收入。但事情并未到此为止。如果他们的边际消费倾向均为 2/3，则他们会支出 666.67 美元购买新的消费品。因而这些商品的生产者又会增加 666.67 美元。如果他们的 MPC 也是 2/3，则他们又会支出 444.44 美元，或者说是 666.67 美元的 2/3（或是 1 000 美元的 2/3 的 2/3）。这个过程会一直继续下去，每一轮新支出都是上一轮收入的 2/3。

这样，我最初的 1 000 美元的投资就导致了一系列次一轮的再消费支出。尽管这一系列的再支出永无止境，但其数值却是一次比一次减少。最终的总和是一个有限的量。

应用简单算术，我们可计算出总的支出增量：

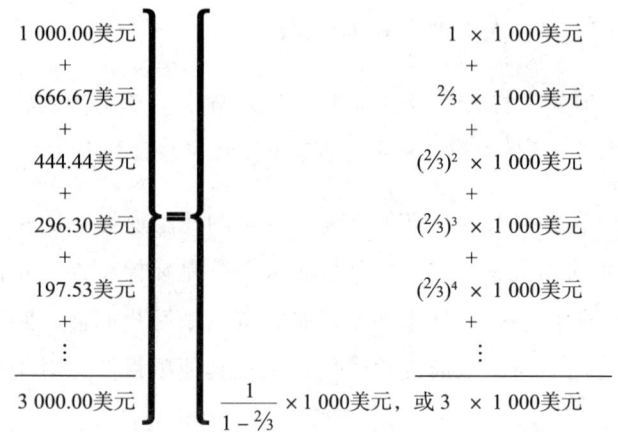

这就说明,如果 MPC 等于 $2/3$,则乘数为 3。它包括最初的投资(倍数)1 和所引发的一系列次轮消费(倍数)2。

如果 MPC 是 $3/4$,相同的演算会得出乘数是 4,因为 $1+3/4+(3/4)^2+(3/4)^3+\cdots\cdots$的总和为 4。如果说 MPC 是 $1/2$ 的话,则乘数为 2。[1]

因此,乘数的大小取决于 MPC 的大小。或者,我们也可以用 MPC 的相关概念,即边际储蓄倾向(MPS)。如果 MPS 等于 $1/4$,则 MPC 为 $3/4$,而乘数为 4。如果 MPS 为 $1/3$,则乘数为 3。如果 MPS 为 $1/x$,则乘数为 x。

现在可以明确地看到,简单的乘数总是边际储蓄倾向的"倒数",因此,等于 $1/(1-MPC)$。简单的乘数公式是:

---

1 无穷几何级数的公式是:
$$1+r+r^2+r^3+\cdots+r^n+\cdots=1/(1-r)$$
其中 MPC(r)的绝对值小于 1。

$$产出的变动 = \frac{1}{MPS} \times 投资的变动$$

$$= \frac{1}{1-MPC} \times 投资的变动$$

了解了乘数模型，你也许会问，是否能用我们在第19章中所学到的 AS-AD 模型来解释乘数模型呢？事实上，这是两个相同的方法。乘数模型就是总需求—总供给模型的一个特例。它解释了在特定的精确假设下，AD 是如何受消费和投资支出影响的。

乘数模型的核心假设是：在短期内价格和工资都是固定不变的。这个假设过于简单，因为在现实生活中价格是迅速变化的。但是该假设却捕捉到一个要点，即如果某些工资和价格具有粘性——这是不争的事实，那么一些使得 AD 发生移动的变化就会导致产出的变化。在以后的章节中我们还会回到这一重要的命题上来。

图22-8说明了乘数分析与 AS-AD 方法之间的关系。（b）图展现了当产出等于潜在产出时，一条完全垂直的 AS 曲线。而在潜在产出线的左侧，由于存在着闲置资源，产出主要由总需求大小决定。当投资增加时，会引起 AD 增加，从而使均衡产出上升。

同样的经济过程也可以用图22-8上面的乘数图形来描述。乘数图形中的均衡给出了与 AS-AD 均衡相同的产出水平，二者都得到了实际 GDP 的数量 Q。它们只不过是强调了决定产出的不同特点。

这一讨论还指出了乘数模型的一个非常重要的特点。对于描述萧条甚至衰退来说，它也许是个十分有用的模型。然而它却不能应用于充分就业时期。一旦当工厂正以其最大生产能力运作，

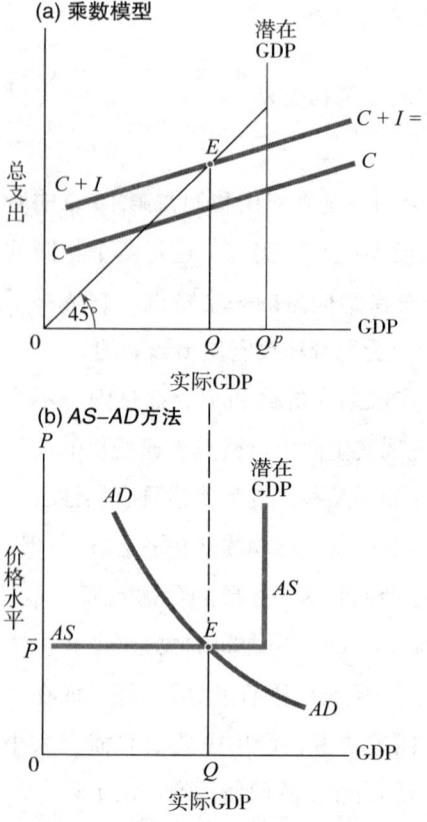

图 22-8 乘数模型如何与 AS-AD 方法相关

乘数模型是一种理解 AS-AD 均衡如何运作的方法。

（a）上图表示乘数模型中的产出—支出均衡。在 E 点，支出线正好与 45°线相交，导致了均衡产出 Q。

（b）这一均衡也可以在下图中看到，这时 AD 曲线与 AS 曲线相交于 E 点。在简单乘数模型中，假设工资和价格固定，所以 AS 曲线是水平的，直到达到充分就业为止。两种方法都引出了完全相同的均衡产出，即 Q。

同时所有的劳工都已经被雇佣时，那么，对于这样一种经济来说，就不可能再增加产出了。

乘数模型中的财政政策

几个世纪以来，经济学家们已经认识到财政政策（政府的税收和支出计划）的分配作用。人们也早已知道，财政计划有助于决定国民产出应当如何在集体消费和私人消费之间分配，以及如何在人口中分担公共支出的负担。

随着现代宏观经济学理论的进一步发展，一个十分令人惊奇的事实已经被揭示出来：政府财政对产出、就业和价格的短期变动也有着重要的宏观影响。财政政策对经济活动有重大影响，这一点促使了凯恩斯主义的宏观经济政策理论的出台。该理论认为：为缓和商业周期，政府行为具有积极的作用。这一点被著名的宏观经济学家诺贝尔经济学奖得主詹姆斯·托宾阐述如下：

> 凯恩斯主义的政策，首先体现为宏观经济政策对实际经济目标所做出的显著贡献，尤其对实现充分就业和国民收入实际增长这样的目标。其次，凯恩斯主义者要求积极主动的管理。第三，凯恩斯主义者希望将财政政策和货币政策紧密结合起来，共同促进宏观经济目标的实现。

在这一部分，我们将用乘数模型说明政府采购如何影响产出。

财政政策怎样影响产出

为了理解政府在经济活动中的作用，我们需要考察政府的支出和税收，以及这些活动对私人部门支出所产生的影响。现在我们通过在 $C+I$ 中加入 G 来修改前面的分析，从而可以得到一条新的总支出曲线 $TE = C + I + G$。当政府及其支出和税收被考虑进来时，我们就可以在图形中用这条曲线来描绘宏观经济的均衡状态。

为了使问题简化,我们在分析政府采购的影响之前,先假设税收总量是固定不变的(这种不随着收入和其他经济变量变动的税收称为一次性总付税收)。但是,即使假定税收的货币价值不变,我们也不能再忽视可支配收入与国内生产总值的差别。在简化(不考虑外贸、转移支付或折旧)条件下,第20章曾告诉我们,GDP等于可支配收入加税收。但是,在假定税收保持不变时,GDP和可支配收入 DI 之间永远相差一个相同的数量;这样,将税收考虑进来以后,我们仍能用 CC 曲线来对应 GDP 而不是 DI。

图 22-9 显示的是:存在税收时消费函数是如何改变的。我们

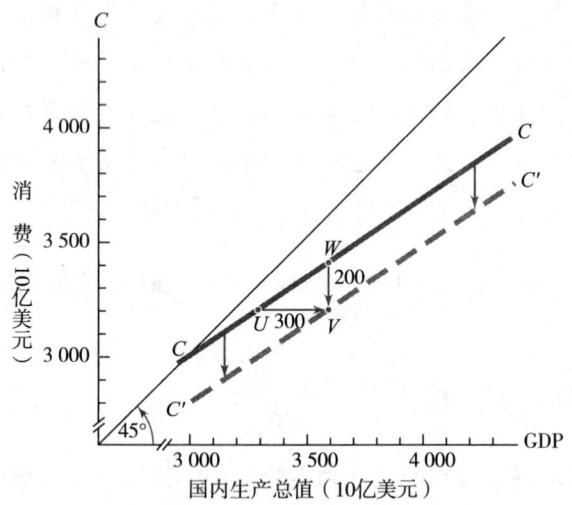

图 22-9 税收减少可支配收入,使 CC 曲线向右下方移动
每1美元税收会使 CC 曲线向右移动 1 美元。CC 曲线的右移也意味着 CC 曲线的下降,但向下移动的幅度小于向右移动的幅度。这是为什么呢?因为向下的移动幅度等于向右的移动幅度乘以 MPC。因此,如果 MPC 为 2/3,向下移动的幅度就是 2/3 × 3 000 亿美元 = 2 000 亿美元。这证明 WV = 2/3 UV。

用粗黑线 CC 画出初始无税收的消费函数。此时，GDP 等于可支配收入。我们使用和表 22-2 中一样的消费函数，所以，当 GDP（和 DI）为 3 000 时，消费量也是 3 000，等等。

现在引入为数 300 的税收。在 DI 为 3 000 时，GDP 必须等于 3 300 = 3 000 + 300。当 GDP 为 3 300 时，消费仍为 3 000，因为 DI 为 3 000。由此，可将消费曲线向右移到 $C'C'$，就能将消费写成 GDP 的函数；向右移动的数量 UV 正好等于税收的数量，即 300。

同样，我们还可以将新的消费曲线画成向下移动了 200 的一条平行线。如图 22-9 所示，200 是将收入的下降量 300 乘以边际消费倾向的数值 2/3 的结果。

现在再看总需求的构成，第 20 章曾告诉我们，GDP 由 4 个部分组成：

$$\begin{aligned}\text{GDP} =\ & 消费支出 \\ & + 国内私人总投资 \\ & + 政府对产品和服务的采购 \\ & + 净出口 \\ =\ & C + I + G + X\end{aligned}$$

现在假定经济是封闭的、不存在对外贸易，则 GDP 由前 3 项组成，即等于 $C + I + G$。（当我们讨论开放条件下的宏观经济学时再将最后一项净出口加上。）

图 22-10 可显示政府采购的影响。这个图与本章前一部分中所用的图（见图 22-7）几乎完全相同。在这里，我们在消费和投资量上加入了新的支出流 G。如图所示，我们在消费曲线和固定投

资量之上,又加入了一个新变量 G(政府在商品和服务上的支出)。也就是说,曲线 $C+I$ 与新曲线 $TE=C+I+G$ 之间的垂直距离就是 G 的数额。

为什么我们简单地将 G 加在消费和投资之上呢?因为政府建筑一座房子的支出(G)与私人建筑一座房子的支出(I)对宏观经济具有相同的影响。同样,包括购买政府办公用车的公共消费支出(G)与私人购买轿车的消费支出(C)对就业也具有相同的作用。

我们最后得到由三者叠加在一起的 $TE=C+I+G$,可计算出,在每一GDP水平上的总支出量。现在,我们必须根据它与45°线的交点来找出GDP的均衡水平。在GDP的这个均衡水平,如图22-10中的 E 点,总的计划支出量正好等于总的计划产出量。因此,将政府采购加入了乘数模型后,E 点就是产出量的均衡水平。

为什么政府征税会降低总需求和GDP的水平?增加税收会减少我们的可支配收入,而可支配收入的降低又会使我们减少消费。很明显,如果投资和政府支出保持不变,那么消费支出的减少将会降低GDP和就业水平。因此,在乘数模型中,增加税收而不增加政府支出,将会降低实际GDP。[1]

回过去看看图22-9就能知道这其中的原因。该图中,上方的 CC 曲线代表不存在税收时消费函数的水平。但这一曲线还不是消费函数,因为消费者的收入必须纳税。假定不论在何种收入水平上,

---

[1] 严格地说,本章提到的税收指的是净税额,即税收额减去转移支付。

消费者所交纳的税收都是3 000亿美元；这样，在每个产出水平，DI都正好比GDP少3 000亿美元。如图22-9所示，这一税收水平可以用消费曲线向右移动3 000亿美元来表示。这一向右移动还可以表现为向下移动。如果MPC为2/3，那么向右移动3 000亿美元就可以视为向下移动2 000亿美元。

在我们的乘数模型中，税收无疑会降低产出。图22-10说明了这一点。当税收增加时，$I + G$保持不变，但税收的增加将会降低可支配收入，从而使消费曲线CC向下移动。因此，$C + I + G$曲

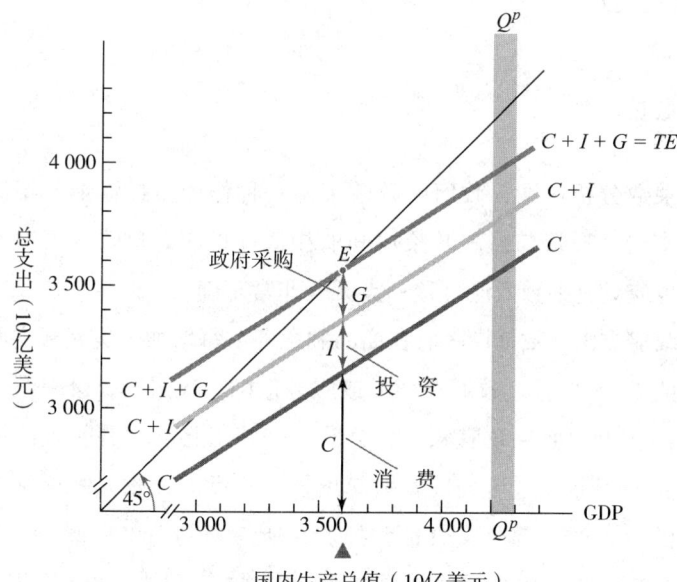

图22-10　把政府采购像投资那样加上去以决定均衡GDP
现在在消费支出与投资支出之上，我们加上政府在商品和服务上的支出。这使我们得到新的计划总支出曲线$TE = C + I + G$。在该曲线与45°线的交点E上，我们得到了GDP的均衡水平。

线也会向下移动。你可以用铅笔在图22-10中画一条新的较低的$C+I+G$线。证实该线与45°线的新交点，必然是一个较低的GDP均衡水平。

记住G是政府在商品和服务上的支出。它不包括转移支付，如失业保险或社会保障支付。这些转移支付被视为负税收。因此，最好将这里所考虑的税收（T）看成是税收减去转移支付。这样，如果直接税和间接税总额为4 000亿美元，而所有的转移支付为1 000亿美元，那么净税收T就等于4 000亿美元 – 1 000亿美元 = 3 000亿美元。

财政政策乘数

乘数分析说明，政府财政政策是一种作用与投资十分相似的高能支出。投资与财政政策之间的相似性说明，财政政策对于产出量也应具有乘数效应。这一点无疑非常正确。

政府支出乘数是指政府在商品和服务上每增加1美元开支所能引起的GDP增长。政府在商品或服务上的一项采购，会引致一系列的再支出：如果政府修一条公路，修路工将会用其收入的一部分购买消费品；这又会接着引起出售消费品的人收入的增加，而增加的收入的一部分又会被花掉。在所考察的简单模型中，G每增加1美元对GDP的最终效果与I每增加1美元的效果是一样的，即乘数都为$1/(1-MPC)$。图22-11说明G的变动如何导致GDP的更高水平，而且GDP增长额会数倍于政府购买量的增加额。

为说明政府每多花1 000亿美元所产生的影响，图22-11中的

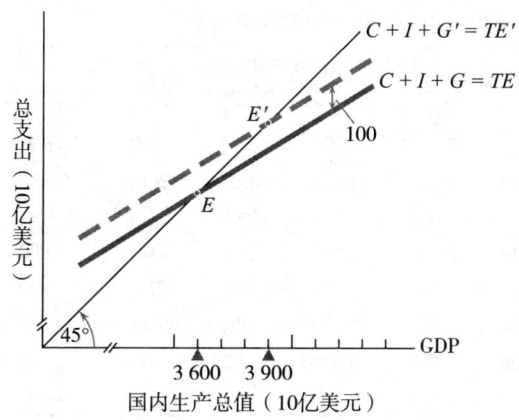

图 22-11 增加 G 对产出的影响

假设政府增加了 1 000 亿美元的国防开支，以对付中东油田所面临的威胁。这使得 $C+I+G$ 曲线向上移动了 1 000 亿美元，成为 $C+I+G'$。

这时新的均衡 GDP 水平处于 45°线上的 E' 点，而不是 E 点。由于 MPC 为 2/3，新的产出水平增加了 3 000 亿美元。这就是说，政府支出乘数为：

$$3 = \frac{1}{1 - \frac{2}{3}}$$

$C+I+G$ 曲线向上移动了 1 000 亿美元。GDP 的最终增加量则等于最初支出的 1 000 亿美元乘以支出乘数。在这个例子中，由于 MPC 为 2/3，乘数是 3，所以均衡的 GDP 水平增加 3 000 亿美元。

这个例子及常识告诉我们，政府支出乘数和投资乘数是完全相同的，它们被统称为**支出乘数**。

请注意，乘数具有双向作用。如果政府开支下降，而税收和其他因素保持不变，GDP 的下降幅度将等于 G 的变化量乘以乘数。

G 对产出的影响也可以从表 22-3 中的数据例子说明，你可以用铅笔填入一个不同的 G，比如说 3 000 亿美元，并找出 GDP 的

表 22-3 政府支出、税收及投资也决定均衡 GDP

含有政府支出的产出决定（10 亿美元）							
(1) GDP 的 初始 水平	(2) 税收 (T)	(3) 可支配 收入 (DI)	(4) 计划 消费 (C)	(5) 计划 投资 (I)	(6) 政府 支出 (G)	(7) 计划 总支出 ($C+I+G$)	(8) 导致的 经济变动 趋势
4 200	300	3 900	3 600	200	200	4 000	收 缩
3 900	300	3 600	3 400	200	200	3 800 ↓	收 缩
3 600	**300**	**3 300**	**3 200**	**200**	**200**	**3 600**	均 衡
3 300	300	3 000	3 000	200	200	3 400 ↑	扩 张
3 000	300	2 700	2 800	200	200	3 200	扩 张

由表可见，当把政府在商品和服务上的支出加入到乘数模型中的时候，产出将如何决定。在这个例子中，税收是"一次总付"的或不受收入水平影响的。因此可支配收入等于 GDP 减 3 000 亿美元。总支出等于 $I+G+C$（由消费函数所决定的消费）。

在产出水平小于 36 000 亿美元的两行中，计划支出量大于产出量，因而产出会扩张。而产出水平大于 36 000 亿美元的两行也是难以持久的，并会导致收缩。只有在产出水平为 36 000 亿美元时才达到均衡产量，即计划支出量等于产出量。

均衡水平。它会给出与图 22-11 相同的答案。

小结：

> 政府在商品和服务上的支出（G）是决定产出和就业的一个重要因素。在乘数模型中，如果 G 增加，那么产出的增加幅度就是 G 的增加量乘以支出乘数。因此，政府开支就具有了一种通过抑制或刺激产出而影响商业周期波动的潜能。

战争对于充分就业是必需的吗

历史上,经济的扩张始终伴随着战争。从表22-4中可以看出,过去主要的战争通常都伴随着军事开支的大幅增长。例如,在二战期间,在1941年12月日本轰炸珍珠港之前,国防支出费用占GDP的比重增加近10%。实际上,很多学者都认为,美国经济从大萧条中崛起主要是因为二战所带来的军备扩张。同样的但规模较小的朝鲜战争和越南战争中,类似的经济扩张也存在着。

不过,上世纪90年代初的海湾战争却曾经导致了一场经济衰退。出现这种反常的原因在于当时的军事开支的增加非常有限,而战争所导致的心理因素的副作用远远超过了政府支出增长的作用。

这些心理因素是什么呢?1990年8月伊拉克入侵科威特之后,消费者和投资者变得恐慌起来,进而减少了他们的支出。此外,国际油价飙升也降低了人们的实际收入。直到1991年2月美国获胜之后,这些心理因素才得以矫正。

那么2003年年初伊拉克战争的影响又是怎样的呢?这场战争不像历史上的大多数大战,而是更类似于海湾战争。战争时期美国在国防上的开支几乎没有什么增长,而同期却一直伴随着高涨的国际原油价格,消费者和企业投资者的谨小慎微共同刮起了一场阻挡经济前进的顶头风。

战时支出对经济扩张的作用是关于乘数模型功能的最为直接和最有说服力的案例之一。确保你已经理解了这个潜在的机制,以及为什么经济扩张的规模如表22-4所示的那样有所不同。

表 22-4　经济繁荣伴随着军事开支的大规模增长

来自国防支出的经济刺激			
战　争	战争或 军备扩张时期	国防支出占 GDP 百分比 的增量	在军备扩张期间 实际 GDP 增加 的百分比
一　战	1916~1918	10.2	13.0
二　战			
珍珠港战争之前	1939~1941	9.7	26.7
整个二战期间	1939~1944	41.4	69.1
朝鲜战争	1950.3~1951.3	8.0	10.5
越南战争	1965.3~1967.1	1.9	9.7
海湾战争	1990.3~1991.1	0.3	-1.3
伊拉克战争	2003.1~2003.2	0.1	0.5

由表可见，战争或军备扩张时期，军备扩张的规模及由此产生实际 GDP 的增长。那些主要的战争都曾产生了持续的经济繁荣，但是最后两次战争，由于军事开支增加较少，因此对经济的影响也较小。

资料来源：Department of Commerce, National Income and Product Accounts, available at www.bea.gov, and estimates by authors. The dates are year and quarter. Hence, 1950:3 is the third quarter of 1950.

税收也会影响 GDP 均衡水平，尽管与支出乘数相比税收乘数要小一些。考虑这样一个例子。假设经济正处于其潜在 GDP 水平，这时国家增加了 2 000 亿美元的国防开支。这种突然增加国防开支的情况在美国历史上可谓屡见不鲜：20 世纪 40 年代早期的第二次世界大战，1951 年的朝鲜战争，60 年代中期的越南战争，以及 80 年代早期里根执政期间的美苏军备竞赛。再假设经济规划者希望通过增加税收，来抵消增加 2 000 亿美元的政府支出（G）对 GDP 所产生的影响。那么税收应该增加多少呢？

我们肯定要大吃一惊。为了抵消 G 增加 2 000 亿美元的影响，我们需要增加的税收将大于 2 000 亿美元。在以下数字例子中，我们可以从图 22-9 中找出税收（或 T）增加的准确数量。该图说明 T 增加 3 000 亿美元会使可支配收入减少，并且在 MPC 为 2/3 时导致消费量正好下降 2 000 亿美元。换句话说，增加 3 000 亿美元税收将会使 CC 曲线向下移动 2 000 亿美元。这就是说，虽然国防开支增加 10 亿美元可以使 $C + I + G$ 线向上移动 10 亿美元，但税收增加 10 亿美元却只能使 $C + I + G$ 曲线向下移动 10 亿美元的 2/3（当 MPC 为 2/3 时）。因此，要抵消国防开支增加所产生的影响，就需要 T 比 G 有更大幅度的增加。

在影响产出方面，变动税收是个有力的工具。但是税收乘数小于支出乘数，小的幅度为一个 MPC 因子，即：

$$税收乘数 = MPC \times 支出乘数$$

税收乘数之所以小于支出乘数，原因显而易见。当政府在 G 上支出 1 美元时，这 1 美元会直接花费在 GDP 上。而另一方面，当政府减少 1 美元税收时，这 1 美元只有一部分花费在 C 上，另一部分则会被储蓄起来。这种对 1 美元的 G 和 1 美元的 T 所做出的不同反应，就足以使税收乘数低于支出乘数。[1]

---

[1] 为了简化，我们取税收乘数的绝对值（由于该乘数实际为负值）。我们可以通过前面所列出的"支出的系列轮数"方法来说明不同的乘数。假设 MPC 为 r，那么如果 G 上升一个单位，支出的总增加额就是各轮再支出的总和：

$$1 + r + r^2 + r^3 + \cdots = \frac{1}{1-r}$$

乘数模型是商业周期最简单的模型。它可以表明由于创新和悲观情绪导致的投资变化,以及战争导致的政府支出的波动,如何使得产出发生剧烈的变动。假设战争爆发,国家军费开支增加(如表22-4中案例所示)。G增加,从而导致产出增加数倍,如图22-11所示。回顾图22-2,你可以看到战争怎样引起产出(相对于潜在产出)的大量增加。同理,假设大批的创新导致了投资的快速增长,正如20世纪90年代的新经济中出现的情况。这会导致$C+I+G$曲线的上移,从而导致更高的产出。你不妨再检查一下图22-2中的结果,确保你应用$C+I+G$曲线来分析这些案例;此外也确保你能够解释为什么一国发生革命会导致投资急剧减少,从而有可能引发衰退。

经济学家经常将乘数模型和投资的加速数原理相结合,作为商业周期的内部理论。在该理论中,每次扩张都蕴涵着衰退和收缩,而每次收缩也同样蕴涵着复苏和扩张,这似乎已经是一条准规律、一个循环往复的链条。根据加速数原理,快速的产出增长会促进投资成倍增加。而较高的投资水平又反过来促进产出增长。这种互动会一直持续下去,直到经济产能达到饱和,在该点,经济增长开始趋缓。而在相反的情况下,较慢的经济增长速度会导致投资支出减少,进而通过乘数作用使得经济陷入衰退。这个过程同

现在,如果税收减少1美元,那么消费者新增加的可支配收入的($1-r$)倍会用于储蓄,并在第一次支出中花掉r美元,在以后各次中,总支出便是:

$$r+r^2+r^3+\cdots=\frac{1}{1-r}$$

因此,税收乘数是r倍的支出乘数,而这里的r是MPC。

样会产生一种互动,直到经济滑落到波谷,然后再开始转入复苏。这种商业周期内部理论阐述了一种机制,就像潮汐涨落一般,而外部冲击只会经以周期形式在经济过程内部传播。

> 乘数模型和投资波动的交互作用,体现了投资行为中乐观情绪与悲观情绪的交替,也解释了其他外部支出的变动如何导致我们所说的商业周期的波动。

以上我们已经对凯恩斯主义乘数模型进行了导论性阐释。下面我们对其前景进行展望,并解释乘数模型如何更广泛的应用于宏观经济学。我们的目标是理解什么在决定一国的国民产出。在长期,一国产出和生活水平主要由其潜在产出决定。但是在短期,企业经营状况会推动经济围绕其长期趋势上下浮动。我们借助乘数模型所分析的正是产出与就业对长期趋势的偏离。

在过去的半个世纪中,乘数模型对商业周期理论的影响可谓深远。尽管如此,它对于经济过程的刻画还是过于简单。其中最重要的一个省略是,金融市场和货币政策对经济的影响。产出的变化会影响利率,而这又反过来影响经济。另外,最简单的乘数模型也省略了国内外经济的互相作用。最后,模型还省略了经济的供给方面,也即支出和总供给及价格的相互作用。所有这些问题都将在稍后的章节中进行补充。这里的模型只是我们理解经济诸多复杂问题的一个台阶。记住这一点非常重要。

乘数分析主要关注支出随短期产出波动而变动。在乘数分析框架中,财政政策经常被视为稳定经济的工具。不过政府还有另一个同样强有力的武器,即货币政策。虽然货币政策的作用机制完全不同,但用它对抗失业和通货膨胀问题还是很有优势的。

在随后的两章中我们将要分析经济学中一项最有趣的内容:货币和金融市场。一旦明白了中央银行如何决定利率和信贷水平,那么,我们就会更充分地理解,政府怎样才能驯服那些在资本主义发展的大部分历史时期中一直狂暴不羁的商业周期。

第二十三章 货币和金融体系

> 历史上，货币一直这样地困扰着人们：要么很多却不可靠，要么可靠但又稀缺，二者必居其一。
>
> ——加尔布雷思
> 《不确定的年代》（1977年）

金融系统是现代经济中最为重要和最富创新的部门。它建立了重要的循环系统，使资源能够从储蓄者向投资者转移。早期的金融由一系列银行和乡村信用社组成，而今天的金融体系却是一个巨大的、国际性的银行体系、证券市场、养老基金和一系列的金融工具。自从第二次世界大战以来，金融体系曾一直运转良好，极大地促进了经济的健康发展。而当银行破产、人们对金融体系丧失信心之时，信贷便会紧缩，投资也会受阻，经济增长就会减缓，正如2007~2009年发生的国际金融危机那样。

宏观经济学的一个重要话题就是货币传导机制，指的是中央银行（在美国是联邦储备银行）会同其他银行和经济机构决定利率、金融情况、总需求水平、产出和通货膨胀水平，也即实施货币政策的全过程。

不妨以下列 5 个步骤来表述货币传导机制。

1. 依据调控目标和经济形势，中央银行确定并发布一个短期目标利率。
2. 中央银行进行公开市场业务以实现利率目标。
3. 中央银行的新目标利率和市场对未来金融情况的预期，二者共同决定总体的短期和长期利率、资产价格水平和汇率。
4. 利率水平、信贷宽松、资产价格和汇率的变动会影响投资、消费和净出口。
5. 投资、消费和净出口的变动通过总供给 – 总需求机制影响产出路径和通货膨胀。

我们将用三章篇幅来讨论这个机制，各章内容分别是货币、金融和中央银行。在前面的第 15 章中我们曾讨论了决定利率和资本的主要因素。本章的讨论将集中在私人金融部门，包括金融体系结构、货币需求、银行和证券市场。下一章中我们将讨论中央银行和金融市场如何与实体经济相互作用，以决定产出和通货膨胀。学完这几章之后，我们应能理解货币传导机制的不同步骤。这当然也是宏观经济学的一个重要组成部分。

现代金融系统

金融部门是一个将商品、服务和国内外金融市场联结起来的经济循环系统。为了消费和投资，家庭和企业需要经由货币金融体系进行相互借贷。人们可能会借入或者贷出资金，因为他们的现金收入时常与他们的意愿支出不匹配。例如，学生一般都会有超出他们现阶段收入的学费和生活开支的消费需求。他们通常通过学生贷款筹集超额开支。同样，双职工家庭可能通过购买股票或债券，将部分收入储蓄起来以备日后退休时所需。可见他们实际上是在为退休金而融资。

与金融相关的活动发生在**金融系统**中。它包括市场、企业和其他机构，执行家庭、企业和政府的各种金融决策。金融系统的重要组成部分包括货币市场（将在本章后面讨论）、固定利率的债券或抵押贷款等资本市场、能取得公司所有权的股票市场，还有交易不同国家货币的外汇市场。美国绝大多数的金融系统由旨在盈利的经济实体组成，但是非营利性的政府机构，如联邦储备系统和其他监管实体等，在保证金融系统的有效性和稳定性方面也起着特别重要的作用。

借贷行为经由各种金融中介发生在金融市场上。**金融市场**同其他市场一样，只不过它的产品和服务包括股票和债券等金融工具。重要的金融市场包括股票市场、债券市场和外汇市场。

提供金融服务和产品的机构叫做**金融中介**。金融机构和其他企业有所不同，它们的资产更多是金融资产，而非厂房和设备那样的实物资产。很多零售金融交易（如银行业务或购买保险）更多通过金融中介而不是直接在金融市场交易。

最重要的金融中介是商业银行，它从家庭或其他组织那里吸收存款资金，然后将它们贷给需要资金的企业和其他人。银行也"创造"货币这种特定产品。另一重要的金融中介包括保险公司和养老基金,它们提供专业化的服务,如保险政策和保证居民退休生活的投资。

而第三类金融中介"集中"并"细分"各种证券,包括共同基金(代表小投资者持有债券和公司股票)、抵押品再销售者(从银行购买抵押品,并将他们重新包装上市,销售给其他金融机构)和"衍生"公司(购买资产,再打包细分成不同的部分)。

由表23-1可见美国金融机构所拥有资产的增长和组成。在这一领域中有着非同寻常的增长和创新,比如,所有资产对GDP的比率已经从1965年的1.5增加到2007年的4.5。如此快速增长的原因主要在于金融中介的拓展,也即资产被购买、打包和多次出售的过程。金融中介的目的是将不流动的资产转变成流动的资产,以便小型投资者也能购买。到2007年年底,金融中介机构已拥有资产61万亿美元,大约每个家庭53万美元。显然,在人们所投资的领域中,一项关乎该领域动向的深入研究,不仅能有助于政策制定,而且也有助于家庭的理财投资决策。

由于金融系统是现代经济中非常重要的部门,让我们探讨一下它的主要功能。

- 金融系统在不同时间、部门和地区间转移资源。这一功能使投资被更有效地利用而不是浪费在不需要的地方。以上我们已经涉及学生贷款和退休储蓄的例子。下面是一个发生在国际金融领域的例子。日本是储蓄率极高的国家,现在正通过

表 23-1. 美国主要的金融资产

	1965		2007	
	全部资产 （10亿 美元）	占全部资产 的百分比 %	全部资产 （10亿 美元）	占全部资产 的百分比 %
美联储	112	11	2 863	5
商业银行	342	33	11 195	18
其他信贷机构	198	19	2 575	4
保险和养老基金	325	31	16 557	27
货币市场和共同基金	43	4	11 509	19
政府支持的抵押贷款公司	20	2	9 322	15
资产支持证券	0	0	4 221	7
证券经纪人、经销商和其他	10	1	3 095	5
全部	1 050	100	61 337	100
占 GDP 的百分比	146%		450%	

过去的 40 年里，金融领域发生了迅速的变革。这个表格显示了所有金融机构的资产，占 GDP 的百分比从 146% 上升到 450%。在银行和其他信贷机构的重要性下降的同时，对冲基金和政府支持的抵押担保机构不断扩大。若干重要金融工具在上世纪 60 年代还根本就不存在，如资产支持证券。

资料来源：Federal Reserve Board, Flow of Funds, available at *www.federalreserve.gov/releases/z1/*, level tables.

贷款和国外直接投资等方式将资源转移到投资机会激增的国家——中国。

- 金融系统对经济有控制风险的作用。从某种意义上说，风险管理类似于资源转移：它将风险从那些最需要降低风险的人或部门中转移出来，转移或分散给那些风险承受力和适应性更强的人或部门。例如，房屋火灾保险可为你承担高达 20 万美元的损失，让风险分摊到成千上万的保险公司股东们的头上。

- 金融系统根据单个储蓄者或投资者的需求吸收和发放资金。作为一个投资者，你可能只想在普通股票的多样化组合中投资1万美元，但有效地选购一个100种股票的组合也许需要投资1 000万美元。在这种情况下，共同基金便应运而生。基金可以拥有1 000个投资人，可以选购上述股票投资组合，然后再接受你的1万美元的认购并管理你的投资。作为回报，这个运作良好的共同基金可能需要你每年为1万美元的基金投资承担30美元的管理费。此外，现代经济要求大型公司拥有数十亿美元的土地和设备投资，个人很难负担得起。就算有人非常有钱、能够独立进行投资，他恐怕也不会愿意将自己所有的鸡蛋都放在同一个篮子里。因此，现代公司制度便应运而生。公司有能力吸引许多投资人买自己的股票，从而可以将分散的投资集中起来，从事规模巨大且更具风险性的投资。

- 金融系统发挥着重要的票据交换所的功能，从而促进付款人（买者）和收款人（卖者）之间的交易。例如，当你经由支票账户出具一张支票购买新电脑时，票据交换所就会在你的银行账户借方上记一笔，同时也在那家电脑公司的银行账户的贷方上记一笔。正是这一功能使得资金在全世界快捷地进行转换。

我们可以通过一幅**资金流动**图显示金融市场的简化账户，如

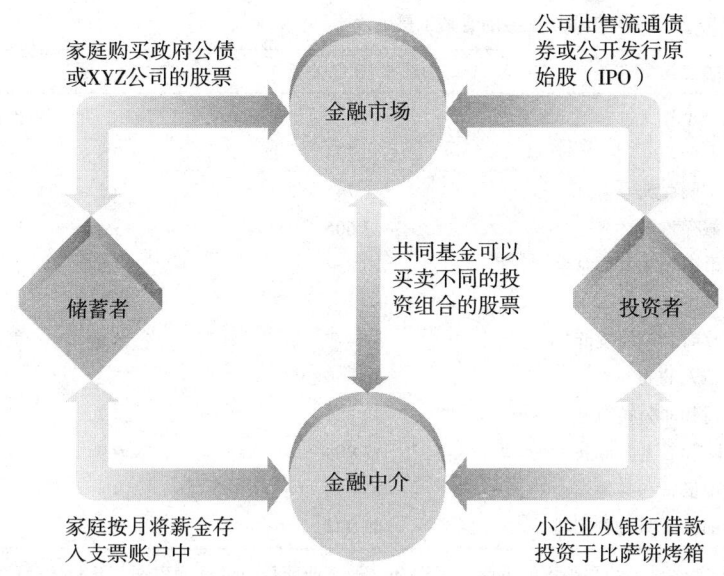

图 23-1　经济中资金流的流通渠道
储蓄者和投资者通过金融市场和金融中介跨时间、跨空间和跨部门地转移资金。一些资金流动（如购买 XYZ 公司 100 股股份）直接通过金融市场，而其他（如购买共同基金份额或将资金存入你的支票账户）则经由金融中介。

图 23-1 所示。这幅图显示了两组经济当事人（储蓄者和投资者），通过金融中介和金融市场进行储蓄和投资的典型范例。图 23-1 是高度简化的，现实中却有许多不同种类的金融资产或金融工具，我们在下文中将会看到。

金融资产的类别

金融资产是经济中一个参与者对另一个参与者的货币要求权，

表 23-2 2007 年美国主要的金融工具

金融工具	全部（10亿美元）	比　重
货币（M_1）		
现金	774	0.5
支票存款	745	0.5
储蓄存款	7 605	5.4
货币市场和共同基金	10 852	7.6
信贷市场工具		
政府和政府发起的	12 475	8.8
私人的	38 660	27.2
公司和非公司权益	29 355	20.7
保险和养老金储备	13 984	9.9
杂项信贷和其他	27 470	19.4
全部，所有金融工具	**141 921**	**100**

这个表格显示的是美国的家庭、公司和其他企业所拥有的金融资产。其整体价值要大于金融机构所发行的票据总额，因为许多资产是由其他实体如政府发行的。

资料来源：Federal Reserve Board, Flow of Funds, available at *www.federalreserve.gov/releases/z1/*, level tables.

主要包括以美元计价的资产（支付货币固定为美元）和有价证券（其价值代表的是所占有的实体资产的价值）。表23-2显示的是截止到2007年年底美国主要的金融工具。金融资产的全部价值为142万亿美元，大约每个家庭120万美元。当然，尽管其中许多资产是相互抵消的，但这些巨额数字也表明了当今金融体系的庞大。

以下是主要的金融工具或资产：

- 货币和它的两个组成部分作为一种特殊资产，将在这一章后

- 储蓄账户，指的是在银行或信贷机构的存款，通常由政府担保，有固定的本金价值，其利率由短期市场利率决定。
- 信贷市场工具，由政府或私人机构以美元为单位发行的证券。联邦政府债券被认为是最安全的投资。其他的信贷市场工具有不同程度的风险，包括公司抵押贷款、公司证券和垃圾债券。
- 普通股（一种股票权益）是指对企业的所有权。它们从公司的净利润中获取红利。公开交易的股权（或称普通股）由股票市场定价，将在后面的章节进行讨论。非公司股权体现的是合伙制企业、农场和小企业的价值。
- 货币市场基金和共同基金是一种基金，它拥有数百万甚至数十亿的短期资产或股权，然后被细分成若干部分，以便小型投资者购买。
- 养老金是指人们对公司或养老金计划所持资产的所有权。在工作期间由员工和公司共同建立这笔基金，在员工退休后以养老金的形式发给员工。
- 金融衍生产品（属于信贷金融工具）是新形式的金融工具，它们的价值依附或衍生于其他资产的价值。一个重要的例子是股票期权，其价值依附于它的基准股票。

请注意，这些金融资产中并未包括大多数人都拥有的一项最重要的资产——住宅。住宅是有形的，因此不属于金融资产。

在第15章，我们曾具体讨论了回报率、现值和利率。现在我们不妨仔细回顾一下这些概念。以下是主要的知识点。

利率是借入资金所支付的价格。我们通常以每年所支付的利息数量占所借本金的百分比来计算利率。利率可分成很多种，取决于期限、风险、税收负担和借入资金者等各种属性。

举几个例子来说明利息是如何被计算出来的：

- 当你大学毕业时你名下只有500美元，你决定以现金形式加以保存。如果你分文未花，那么年终时你仍然有500美元，因为通货的利率是零。
- 随后，你将2 000美元存入一家地方银行的储蓄账户，储蓄存款的年利率为4%。那么在年终时，银行会将80美元利息记入你的账户，这样该账户的金额就增加到2 080美元。
- 你开始工作并决定购买一套价值10万美元的房子。你去当地银行申请了30年期固定利率为每年5%的抵押贷款。每个月你的抵押贷款还款额为536.38美元。注意这个还款额略高于所签订的每月0.417（5/12）的利息率。这是为什么呢？因为它不仅包括利息，而且还包括本金的分期摊还。当你支付了360个月之后，你就付清了全部的贷款。

货币的各种特殊形态

让我们转向货币的各种特殊形式。只要思量一下，你就会觉得货币实在是一种很奇妙的东西。我们勤勤恳恳地赚生活所需的钱，但每张钞票却都仅仅是一张又一张的纸片，并没有什么内在的价值。货币只有在我们花掉它的时候才产生效用。

但是从宏观经济学的角度看，货币的重要性非常之大。当今，货币政策（和财政政策）是政府用来稳定商业周期的最重要的两个工具之一。中央银行可以控制货币供给、信贷和利率，在经济增长缓慢时刺激经济增长，而当通货膨胀的压力上升时减缓经济增长。

若金融系统能得到很好的管理，产出就会稳步增长，价格也同时能保持稳定。相反，如果金融体系不稳定，如遭到战争或革命清洗的国家，则会导致通货膨胀或经济萧条。的确，20世纪世界上大部分危机重重的宏观经济问题，都可以追踪到管理不当的货币体系上来。

现在，让我们认真地讨论货币的定义和对于货币的各种需求。

货币的演变

货币是什么？**货币**是能够被普遍接受的充当交易媒介的任何一种东西。鉴于货币有一段久远而引人入胜的历史，我们的学习也不妨从货币的产生和演变开始。

以物易物 在一本早期的关于货币的教科书中，当斯坦利·杰文斯想要说明社会引入货币所带来的变革时，他曾引用过下面的例子：

> 若干年前，巴黎拉利克剧院的歌手塞利小姐……曾在社

会群岛举办过一次演唱会。作为演唱歌剧"Norma"中的一首咏叹调和其他几首歌的报酬,她得到门票收入的1/3。

经清点,她的报酬包括3头猪、23只火鸡、44只鸡、5 000个椰子,还有很多香蕉、柠檬和橘子……在巴黎……这些家畜和水果可能值4 000法郎。这就是唱5首歌的优厚报酬。然而在社会群岛,货币是稀缺的。由于塞利小姐自己无法消费掉这些收入中的大部分,她最后只好用水果去喂猪和家禽。

这个例子说明了什么是**以物易物**,即用一种物品(服务也是一种物品——译者注)交换其他物品。与以物易物相对比的是通过使用货币进行交换,因为猪、火鸡、柠檬都不是可以普遍被我们或是塞利小姐接受的、能够用来买东西的货币。尽管以物易物比起没有贸易来说实在是一大进步,然而它操作起来还是极不方便。如果不采用货币这一重大的社会发明,则复杂的劳动分工将会变得不可思议。

随着经济发展,人们不再直接用一种物品与另一种物品相交换。相反,他们通过出售商品获得货币,然后再用货币购买他们所需要的物品。初看起来,用两次交易代替一次交易,似乎使事情变得更复杂了。如果你手里有苹果而心里却想要胡桃,那么直接用苹果交换胡桃,不是要比拿苹果卖钱,再用钱买胡桃更简单一些吗?

然而,事实的回答却恰恰相反:两笔货币交易要比一笔以物易物来得简单。例如,一些人可能想购买苹果,而另一些人则可能想卖出胡桃。但是,要找到一个愿望刚好与自己相反,即愿意卖胡桃而又想买苹果的人,却是件很不容易的事。用典型的经济学语言来讲,经常出现的情况并不是"需求的双重巧合",而是"缺乏巧合"。因此,在以物易物的条件下,除非一个饿着肚子的裁缝恰巧找到一个既有食物又想买条裤子的没有衣服穿的农民,否则双方都不可能直接进行交易。

广泛进行简单交易的社会无法克服以物易物的缺陷。只有使用可以共同接受的交易媒介,即货币,才能保证农民可以从裁缝那里买裤子,裁缝可以从皮匠那里买鞋子,而皮匠可以从农民那里买皮革。

商品货币 在人类历史上,作为交易媒介的货币最初是以商品形式出现的。许多不同的商品在不同时期都曾被当做货币使用,如牛、橄榄油、啤酒、葡萄酒、铜、铁、金、银、戒指、钻石和烟草,等等。

上述每种东西都有优点和缺点。牛不能分成很小的单位。虽然葡萄酒会由于储存而提高品质,但啤酒就不能如此。橄榄油是一种良好的流质货币,可以随心所欲地被分为很小的单位,但用起来却有点粘手(不好携带),如此等等。

到18世纪,商品货币几乎全部局限于金银这样的金属。这些形式的货币具有内在价值,也即本身具有使用价值。由于货币有内在价值,政府就没有必要再去保证它的价值。货币的数量也可以通过市场对金银的供求来管理。不过金属货币也有缺点,一是需要动用稀缺资源从地下开采它;二是会仅仅由于偶然发现矿藏而突然变得丰富起来。

自从中央银行开始控制货币,通货体系就比从前要稳定得多。

现在，货币的内在价值已经成了它最不重要的方面。

现代货币　商品货币时代已经让位于纸币时代。货币的本质现在已经很清楚了。人们需要货币并不是因为货币本身，而是因为它可以买到的东西。我们并不想直接消费货币，而是要把它花出去。即使我们选择把货币储存起来，它的价值也仅仅在于我们以后能够花掉它。

纸币的普遍使用是因为它是一种方便的交易媒介。纸币容易携带和储存。依靠精心雕凿的底版，能够防止伪造纸币，从而保证了它的价值。私人不能合法地制造货币，因而纸币是稀缺的东西。供给上的这种限制条件使得纸币具有价值。它可以购买商品。只要人们能够使用纸币支付他们的账单，只要它被接受为一种支付手段，它就起到了货币的功能。

政府发行的纸币正在逐渐被银行货币所取代（我们很快还会讲银行货币，即支票账户的问题）。

几年前，许多人预测我们将进入无现金社会。他们预测现金和支票账户会被电子货币所取代，比如现在许多商店所发行的充值卡。但在现实中，大多数消费者还是不愿意接受电子货币。他们更相信并偏好政府担保发行的货币和支票。某种程度上讲，电子转账、贷记卡和电子银行已经在取代支票，但是它们还不能被看做是一种新的货币，而只能看做是应用支票账户的一种新形式。

现在让我们进一步看看美国人所使用的各种货币。宏观经济学研究的货币总额称为 M_1，也称为交易货币。早先经济学家也曾关注其他的货币概念,如 M_2。这些概念涵盖了更多的资产,对于观察长期经济的大趋势常常很有用,但是它在今天的货币政策中已经很少被采用。以下是 M_1 的组成部分:

- **通货** 通货是银行体系以外的硬币和纸币。对于1美元或5美元钞票,大部分人只知道它上面印着一位美国政治家的画像,带有一位政府官员的签名,以及每一张都有一个数字标明它的面值。观察一张10美元或其他面值的钞票,你或许会看到上面印着"联邦储备券"的字样。但是纸币用什么东西做"担保"呢?许多年以前,纸币是由黄金或白银担保。现在已经不再需要这样担保了。今天,美国所有的硬币和纸币都是**法定货币**。这就是说,政府规定了某物为货币,即使该物品本身并没有价值。硬币和纸币是法定清偿手段,所有公共的或私人的债务都必须接受它作为偿还手段。硬币和纸币(它们之和称为通货)加起来约占 M_1 即交易货币总额的1/2。
- **支票存款** 交易货币的另一个组成部分是银行货币。这是指存于银行或其他金融机构、能够开支票以及根据你的需要提取的资金和存款。用专业术语来说,它们被称为"活期存款及其他支票存款"。如果我在阿尔伯克基国民银行有1 000美元的支票账户,那么这笔存款就可以看成货币。为什么?道理很简单,我能够据此开出支票来购买商品。我账户中的存款是一种交换媒介,因此它也被算做交易货币。

同学们经常考虑一个问题,那就是信用卡是不是货币呢?事实上,它们不是。原因是,信用卡实际上是提供一种很方便(却

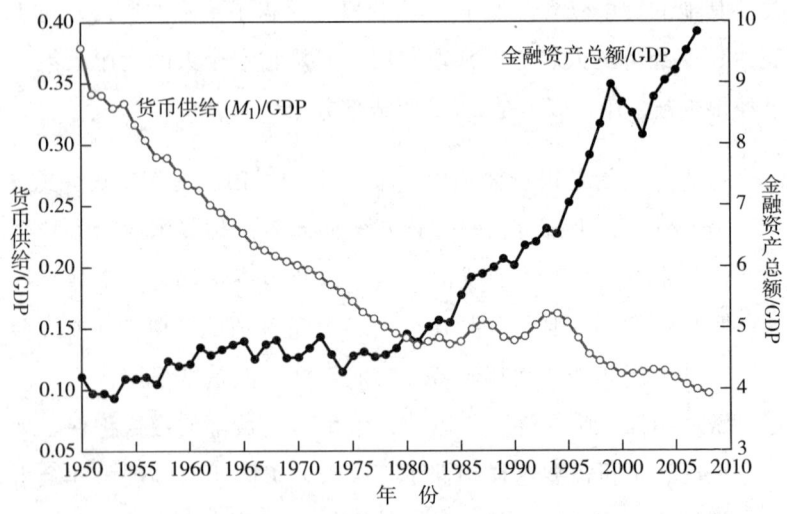

图 23-2 每单位 GDP 所拥有的货币和金融资产总额

全部金融资产占 GDP 的比重迅速增加,同时货币供给占 GDP 的比重逐渐下降。注意规模上的不同。这里金融资产总额的定义与表 23-1 相同。

资料来源:Financial data from the Federal Reserve Board; GDP from the Bureau of Economic Analysis.

并不便宜)的方法来借钱。当你使用信用卡支付时,你必须在未来的一个时间点用货币进行偿付。

图 23-2 显示了 M_1 对 GDP 比例的变动趋势。在过去的半个世纪里,该比率下降了 3 个基点。同时,其他金融资产增长迅速。

> 货币可以是任何一种在交易中能够被普遍接受的交换媒介。今天,我们把交易货币定义为 M_1,即公众所拥有的通货和支票存款的总和。

货币需求

对货币的需求不同于对冰淇淋或电影的需求。人们需要货币,并非因为货币本身。你不会去吃硬币,也很少因其雕版艺术价值而将 100 美元的钞票贴在墙上。相反,我们需要货币是因为它作为贸易和交换的一种润滑剂,能够间接地为我们服务。

在分析货币需求之前,让我们明确一下货币的职能。

- 货币最主要的职能是充当交易媒介。没有货币,我们就要不断四处奔波,寻找能与我们进行易货交易的人。当货币体系不能正常地发挥作用时,货币的价值就体现出来了。例如,在 20 世纪 90 年代初俄罗斯放弃了它的中央计划体系之后,由于卢布不能再充当一种可以被广泛接受的交易媒介,所以人们需要花费几个小时排队抢购商品,并竭力多换取美元或其他外汇。
- 货币也可以作为核算单位,用来衡量物品的价值。正如用千克表示重量一样,我们用货币衡量价值的大小。采用这种通用的核算单位可以极大地简化我们的经济生活。
- 货币有时还被当做价值贮藏手段。与股票、房地产或黄金等有风险的资产相比,货币相对来讲没有风险。早期,人们将持有现金视为保持财富的一种安全方式。今天,当人们为他们的财富寻找一个安全的场所时,绝大部分财富还是以非货币资产的形式来保存的,如储蓄账户、股票、债券和房地产。

持有货币的机会成本又是什么呢？货币的机会成本很高，因为它的收益率要比其他的安全资产低。货币的名义年收益率为0。支票存款账户有时有较低的利率，但是这个利率通常要比货币市场共同基金或储蓄账户低。例如，在2000~2007年，货币的年收益率为0，同期支票账户的平均年收益率为0.2%，短期的货币基金的年收益率为4.6%。如果货币（现金和支票账户）的年均权重收益率为0.1%，那么持有货币的机会成本相当于每年4.5%（= 4.6% - 0.1%）的负利息。图23-3是货币的利率（和其他安全的短

图23-3 **货币和短期安全资产的利率**
本图显示了货币的回报率（货币零回报率和支票账户回报率二者的平均）及其与短期政府债券回报率的比较。二者的差额即是持有货币的隐性成本。

资料来源：Treasury interest rate from Federal Reserve; interest rate on checking accounts from Informa Research Services, Inc.

期资产相比)。

持有货币的成本是所放弃的持有其他资产的利息收入。这一成本和短期利率很接近。

货币的交易需求 人们需要货币最主要的原因是人们的收入和支出并不发生在同一时期。比如，我也许在每月的最后一天领薪水，但是我需要在一个月30天里都可以买食品、报纸、汽油和服装。需要货币来支付购买或交易商品、服务和其他东西，这种需求构成了对货币的交易需求。

例如，假定一个家庭每月有3 000美元的收入，以现金形式持有，并且在当月内都会把它们花完。计算结果将会表明该家庭所持有的货币余额平均为1 500美元。

这个例子能帮助我们了解货币需求对不同的经济影响如何进行反应。如果所有价格和收入都增加一倍，对货币的名义需求量显然也就增加一倍。因此，如果名义GDP增加一倍，而实际GDP或其他实际变量保持不变，那么对于货币的交易需求也会增加一倍。

货币需求又是怎样随着利率的变动而变动的呢？当利率上升时，该家庭可能会说："让我们在月初将一半货币存入支票账户，而将另一半存入每年获利8%的储蓄账户。然后，到15日，再从储蓄账户中取出1 500美元存入支票账户，以便清偿后两个星期的账单。"

这意味着当利率上升且家庭决定将其一半收入存入储蓄账户时，该家庭的平均货币持有量从1 500美元减少到750美元。这表明货币持有量（或对于货币的需求量）对利率可能十分敏感：如果其他条件不变，当利率上升，对货币的需求量会下降。

资产需求 除了能满足交易需求之外，你也许还想知道，货币是否可用于价值贮藏。现今我们的答案是"不可常用"。现代经济中，人们偏好于将其非交易性资产投放在安全的、有利息的资产中，例如储蓄账户或货币基金。假若你每月需要放2 000美元在你的支票账户中以保证日常开支，而在储蓄账户中你还有5万美元。显然，你首先会考虑将5万美元储蓄投资于货币基金以赚取4.6%的年利息，而不是放在支票账户中只赚取0.2%的年息。10年后，前者的价值将为78 394美元，而后者则仅为51 009美元。

尽管如此，还是有例外的情况——货币本身就具有价值贮藏的功能。在早期的金融体系中，除了货币之外就没有其他可靠的资产，于是货币本身就会成为一种很有吸引力的资产。当一国面临高通货膨胀，或者本币即将贬值，或者金融体系不可靠的时候，美元就普遍地被视为一种安全资产。即使是在经济发达的国度，当利率为0时，人们也会选择持有货币。这种情况被称为流动性陷阱，是中央银行极度担心的问题，因为在这种情况下它们将没有能力控制利率。我们将在下一章中讨论这种情况。

我们拥有狭义货币M_1的主要原因是为满足交易需求。这意味着货币是可接受的交换媒介，我们可用它购买商品和支付账单。当收入增加，我们所需购买的商品价值也就会增加，那么就需要有更多的货币用于交易，所以对货币的需求就增加了。在现代金融体系中，一般对M_1没有或者仅有少量的需求。

银行和货币供给

上面我们已经分析了金融体系的基本结构,现在让我们来讨论商业银行和货币供给。如果你回顾一下本章开头关于货币传导机制的表述,那么你就会发现处在第三个环节的银行活动是关键。尽管货币在所有的金融资产中不过是一个很小的组成部分,但在调整利率进而影响宏观经济运行方面,中央银行和商业银行的互动却能够发挥重大作用。

银行成立的目的是为了给它们的所有者赚取利润。一个商业银行就是一个相对简单的企业,为顾客提供特定服务并从顾客那

表 23-3 美国商业银行的整体资产负债表

2008 年美国商业银行整体的资产负债表(10 亿美元)			
资　产		负债和净值	
准备金	43	支票存款	629
贷　款	6 250	储蓄和定期存款	5 634
投资和证券	2 265	其他负债	2 643
其他资产	1 404	净值(资本)	1 056
总　额	9 961	总　额	9 961

商业银行是多样化经营的金融机构,是支票账户存款的主要提供者,而支票存款是 M_1 的一个重要组成部分。开设支票账户之后存款可以按支付需要随时提取,因此可用作交易媒介。保有准备金的主要原因是满足法律要求,而不是应对意外提款。(注意,除了资产和负债以外,银行还保有一个比例不大的净值或曰资本,负债对净值的比率称作"杠杆率"。像 2007~2009 年所经历的那样,若银行的各种资产同时恶化,则杠杆率高的金融机构的系统风险也高。)

资料来源:Federal Reserve Board, available at *www.federalreserve.gov/releases/*.

里获取报酬。

表23-3显示的是美国所有商业银行的综合的资产负债表。资产负债表反映的是一个企业在某一时点上的财务状况,按资产(企业所拥有的各项目)和负债(企业所欠的各项目)分别入账列示。资产负债表中每一项目的价值,都是按其实际市场价值或其历史成本计入的。总资产与总负债的差额称为净值。

除了细节部分,一份银行的资产负债表与任何一个企业的资产负债表都非常相似。银行资产负债表的独特之处在于资产方有被称为"准备金"的项目。**准备金**是用于银行业的术语,指受中央银行管理的一种特殊的银行资产。准备金等于银行持有的通货加上联邦储备银行的存款。早先银行准备金是为满足客户提款之需,而今天却主要是为满足法定准备金率的要求。我们将会在下一章中详细讨论这个问题。

商业银行最初产生于英格兰,发端于金匠们承接保管黄金和贵重物品的业务。起初,这种店铺很像物品寄存处或仓库。寄存人留下他们想保存的黄金,得到一张收据,以后再根据收据支付一小笔保管费用,取回他们的黄金。

一个典型的金匠铺的资产负债表是什么样子呢?也许像表23-4那样。保险箱里已经存入了100万美元的货币,而且所有这些钱都是现金资产(这就是资产负债表中的"准备金"项目)。为了平衡这笔资产,存在着一笔数量相同的活期存款。所以,100%的存款都是准备金。

假如金匠铺存在于今天,它的活期存款将是货币供给的一部

表 23-4　第一个金匠银行对活期存款保有 100% 的准备金

准备金率为 100% 时的金匠银行的资产负债表			
资　产		负　债	
准备金	1 000 000	存　款	1 000 000
总　额	1 000 000	总　额	1 000 000

在最初的银行体系下，存款都有 100% 的准备金，不可能经由准备金创造货币。

分，即"银行货币"。但是银行货币恰好抵消置于银行保险柜中并可从流通中退出的普通货币（黄金或通货）数量，并没有创造货币。这个过程并不比公众决定将 5 分硬币换成 1 角硬币更有意义。具有 100% 准备金的银行体系对货币和宏观经济的影响是中性的，因为它对货币供给没有影响。

我们可以进一步讨论，如果纸币发行以 100% 黄金作为担保，那么情况将会是什么样的？在这种情况下，你可以画出一个新的表格 23-4，只要用"黄金券"替代"活期存款"即可。黄金券就可以成为一种通货，成为 M_1 的组成部分。不妨再看一下，货币供给量是不变的，因为所有通货都 100% 地以黄金作为担保。

不妨让我们转向部分准备金银行，以进一步讨论现代银行体系。在这里银行很快就会发现，并不需要将黄金白银 100% 地都用于准备金，以应对银行券兑现和存款提取。客户根本就不会在同一个时间前来银行要求兑现。银行只要针对其银行券和存款保留一部分准备金就可以进行安全的经营。这是向现代复杂金融体系首先迈出的一小步。

表 23-5 对存款和银行券保有 10% 的准备金的金匠银行

只有部分准备金的金匠银行的资产负债表			
资　产		负　债	
准备金	100 000	活期存款和	
投　资	900 000	黄金券	1 000 000
总　额	1 000 000	总　额	1 000 000

后来，金匠银行意识到没有必要保持 100% 的准备金，于是它决定投资 90%，而只持有 10% 的准备金应对存款和银行券。

为揭示"部分准备金银行"的内涵，我们假设所有金融机构都按习惯或者法定要求，对其存款保有至少 10% 的准备金。再假设金匠银行的老总突然醒悟并说道："我们并不需要 100% 地留有不生钱的黄金作为准备金。事实上，我们可以用 90% 的黄金去放贷，而仍然可以有足够的资金应对存款客户的需求。"

于是，金匠银行出借了 90 万美元，而只保有 10 万美元作为准备金。初期的结果如表 23-5 所示。该银行投放出 90 万美元，也许是为杜克公司建玩具厂。

但事情至此还未完结。杜克公司接受了 90 万美元贷款后，会将该款存在其银行账户中以应对玩具厂开支。为简便起见，我们不妨假设杜克公司在金匠银行也有支票存款账户。于是一个有趣的结果便可见于表 23-6：金匠银行恢复了 90 万美元的准备金。事实上，杜克公司接受了贷款之后，还是会将这 90 万美元再借给金匠银行。（若杜克公司将这笔钱存放到其他银行，则传导过程也并不会改变。也就是说，那家银行也会额外增进 90 万美元的准备金。）

表 23-6　公司将贷款存入银行后，银行拥有了超额准备金，因而可以再贷出

杜克公司将所得贷款存入银行账户后
金匠银行的资产负债表

资　产		负　债	
准备金	1 000 000	活期存款和	
投　资	900 000	黄金券	1 900 000
总　额	1 900 000	总　额	1 900 000

杜克公司将 90 万美元存进银行账户，使金匠银行的准备金又增加到 100 万美元。很快，超额的准备金势必被再次贷出。

既然银行现在只需要保持 190 000 美元的准备金（10% × 1 900 000），因此它可以借出 810 000 美元。很快，这 810 000 美元又会出现在银行的存款上。这个存款、贷放、再存款、再贷放的过程像一条逐步延续收敛下去的链条。

现在我们将所有这些存款创造加总起来：开始的存款 100 万美元，再加上 90 万美元，再加上 81 万美元，等等。加起来总共为：

$$存款总量 = 1\,000\,000 + 1\,000\,000 \times 0.9 + 1\,000\,000 \times 0.9^2 + \cdots\cdots$$
$$= 1\,000\,000\,[1 + 0.9 + 0.9^2 + \cdots\cdots + (0.9)^n + \cdots\cdots]$$
$$= 1\,000\,000\,\left(\frac{1}{1-0.9}\right) = 1\,000\,000\,\left(\frac{1}{0.1}\right) = 10\,000\,000$$

最终，全部的存款和现金为 1 000 万美元，是准备金的 10 倍。假设金匠银行是唯一的银行，或者我们把银行体系看做一个整体，我们就会看到如表 23-7 所示的资产负债表。这里有个规律，一旦

表 23-7　当银行体系再无超额准备金时，最后达到均衡的银行资产负债表

所有银行均衡后合并的银行资产负债表

资　产		负　债	
准备金	1 000 000	活期存款和	
投　资	9 000 000	黄金券	10 000 000
总　额	10 000 000	总　额	10 000 000

将所有银行视为一个整体，共备有100万美元准备金。银行将所有超额准备金都贷放出去后，准备金只保留存款和银行券的10%，货币总量最终将是准备金的10倍（1/0.1）。

银行只需要部分准备金，那么最终的货币供给总量就是准备金的倍数。

我们也可以直观地得到答案。这个累计结果，只有在系统中所有银行都保持10%的准备金时才会出现。换言之，银行体系的最后均衡点在于：10%的存款（D）等于全部准备金。何种水平的存款才能满足这个条件呢？答案是：D = 1 000万美元。

> 当银行对其存款只保持部分准备金时，他们事实上是在创造货币。而整个银行体系的货币总量一般都会等于全部准备金乘以准备金率的倒数。

$$银行货币 = 总准备金 \times \left(\frac{1}{准备金率} \right)$$

姑且不再谈金匠银行的故事。这些究竟如何能同今天的银行体系相联系呢？令人吃惊的答案是，除了若干细节，故事所描述的传导过程几乎完全同今天的银行体系类似。这里我们不妨列出

现代银行体系的关键因素：

- 银行的存款准备金比率必须保持在至少 10% 的水平，形式是现金，或是在美国联邦储备中的存款。
- 美国联邦储备在目标利率水平上出售或购入准备金。目标利率由联邦储备事前确定。
- 作为 M_1 的组成部分，支票账户存款的规模，也因此由准备金账户所决定，而准备金账户余额则依据法定准备金率而定。

在结束本节之前，有几点我们需要说明一下。第一，商业银行所需要做的，远远不只是简单地开设与经管支票账户，如表 23-3 所示的那样。这个事实会让货币监管当局的工作变得复杂起来，但却并不能改变货币政策的基本操作机制。

如果名义利率接近于 0，那么第二个复杂问题就出现了，这就是"流动性陷阱"，下一章我们将会讨论。

股 票 市 场

不妨让我们以一次股票市场漫游来结束本章的讨论。股票市场是资本主义体系中最富魅力的部分。**股票市场**是买卖公众所拥有的公司股票（企业所有权）的场所。据估计，2008 年美国的这些所有权凭证的价值为 21 万亿美元。股票市场是我们公司经济的核心。

纽约股票交易所是美国主要的股票市场，它买卖 1 000 多种证券。另一个重要的市场是纳斯达克,在2000年后它的股票价格有瞬间的增长并随后突然崩溃。每一个大的金融中心都有股票交易所,其中最主要的位于东京、伦敦、法兰克福、上海,当然还有纽约。

在我们讨论股票市场问题之前,我们需要介绍一些金融经济学的基本概念。在本章前面我们已经说明,不同资产具有不同的特征。其中最重要的两个特征是收益率和风险。

收益率是指从一项有价证券中获得的全部货币收入(以占该时期最初价格的百分比来衡量)。对于储蓄账户和短期债券来说,收益率只是利率。对大多数其他资产来说,收益还包括由资本损益所带来的收入(如红利等),资本损益即在两个时期内资产价值的增加或减少。

我们可以通过股票数据来说明股票的收益率(这里忽略税收和佣金)。假定在1996年年底,你购买了美国公司价值10万美元的股票组合。那么,在接下来的3年中,你的实际回报率(包括了红利和资本利得,并剔除了通货膨胀)是每年32%。

然而,在为这些丰厚回报激动不已之前,你必须清醒地认识到,股票市场同样也会出现下跌。1999年以后的3年中,股票实际价格每年都下跌了19%。而2008年的情况就更加糟糕,股价在一年就下跌了38%!

事实上,有一些资产的收益率是可以预测的,而另一些资产却有很大的风险性。这引出了投资的另一个重要特征:风险。**风险指投资收益的可变性**。如果我购买了收益率为6%的1年期国债,这将是个无风险的投资，因为我肯定将会得到我的收益。而如果购买的是1万美元的股票，我就不能确定它们在年底时的价值。

经济学家们用收益的标准差来衡量风险，这是一种离散测度，它大约可以将2/3的变化包含在内。[1] 例如，从1908~2008年，普通股的实际年平均收益率是6%，标准差是16%。这表明，在2/3的时间里其收益率是处于–10%（=6% – 16%）和22%（=6% + 16%）之间。

考虑到收益和风险，个人投资者一般更偏好高收益率，但他们同时也偏好低风险，因为他们是风险规避型的。这意味着必须有更高的收益率才能吸引他们投资于那些风险更大的项目。因此，从长期看，债券类的安全投资的平均收益率低于股票类的风险投资，也就毫不奇怪了。

表15-1给出了一些重要投资项目的历史收益或利率。图23-4又列出几项最重要资产的风险—收益图。该图纵轴表示的是平均实际（或是剔除通货膨胀影响的）收益，横轴表示的是历史风险记录（以标准差衡量）。注意风险和收益之间有很强的正相关。

金融史是经济学中最有意思的一个部分。时常，当市场热衷于狂乱的投机时，理性的判断被抛诸脑后，随之而来的则是价格的下跌和悲观的情绪。

---

[1] 标准差是用来衡量变化性的一种方法，在任何一本基础的统计学教材中都可以见到。它粗略等于一组数相对于均值的平均偏差。标准差的精确定义是一个变量偏离均值的方差的平方根。例如，如果一个变量值为1，3，1，3，则平均值或期望值为2，标准差为1。

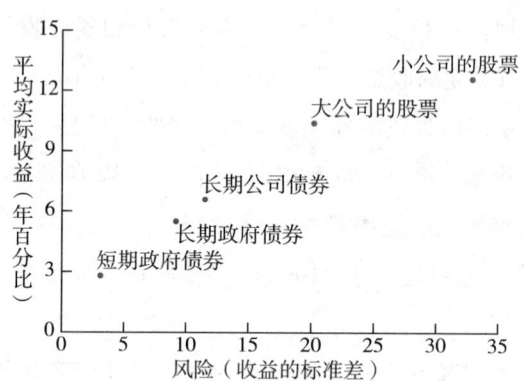

图 23-4 1926~2005 年重要投资的风险和收益

投资的平均收益和风险各不相同。债券是比较安全的,而股票有着更高的收益率,但也要面对更大的风险。本图显示的是不同金融资产的历史风险和收益。因为市场的原因,预期的风险和收益也许会显著地异于历史数据。

资料来源:Ibbotson Associates, 2006.

投资者有时可以分为两种:根据公司实际状况进行投资的投资者和竭力想要透析市场心理的投资者。根据公司状况投资的理论认为,资产应该依据它们的内在价值来估价。例如,对于普通股股票而言,内在价值就是股息现值的期望值。如果一种股票固定的年红利是 2 美元,而相应的贴现率是每年 5%,则其内在价值为每股 40 美元(2/ 0.05 = 40)。根据公司状况进行投资的方法是缓慢但安全的致富之路。

但是那些缺乏耐心的躁动者却不幸为凯恩斯所言中,凯恩斯认为投资者更容易担心市场上的心理变化,更倾向于投机资产的未来价值,而不是耐心等待股票表现出它们的内在价值。他认为,"为一项价值 30 美元的投资付出 25 美元是不理智的,如果你也认为3个月后它的市价将是20美元的话。"市场心理学家竭力想知道一般的投资者在想些什么，这需要考虑到一般投资者如何看待一般投资者的问题，此外还需要考虑其他一系列的因素。

如果一种狂乱的情绪充斥市场，则可能导致投机泡沫和市场崩溃。当价格的上升仅仅是因为人们断定它们在不久的将来将会升高的时候，投机泡沫也就产生了。这情况与我们曾经引用的凯恩斯的名言正好相反。一块地也许只值1 000美元，但如果你注意到一股房地产热潮使该地价格每年上升50%，你也许会以2 000美元的价格买下它，并且期待着在来年能以3 000美元的价格再卖给别人。

投机泡沫中往往充满着这样的自我承诺。如果人们是因为相信股票会升值而去购买股票，那么他们的购买行为本身就会抬高股票价格。这将导致人们更多地购买，就会使这个泡沫涨得更大。但是，与那些玩纸牌或赌博的人不同，股票交易中并不明确知道谁输谁赢。当然，这些赚头都是账面上的，而且如果每个人都试着变现的话，它就会消失。但是为什么有人要卖出利润丰厚的证券呢？价格抬升源于希望和梦想，而非源于公司利润和股息分红的迅速升高。

历史上这种投机价格曾被抬升到远高于它们内在价值的泡沫现象可谓比比皆是。在17世纪的荷兰，一场郁金香热将郁金香的价格抬高到甚至超过房屋的价格。18世纪，一个虚幻的关于南海公司将会使它的股票持有者致富的承诺，使南海公司的股票上涨到不可思议的水平。在更近的一个时期，类似的泡沫曾经发生在生物技术、日本地产、新兴市场，以及一家叫做 ZZZZ Best 的真空吸尘器公司（它的业务是为黑手党洗钱）。

所有这些泡沫经济中最著名的事件，是发生在20世纪20年代的美国股票市场。在那个"沸腾的20年代"，出现了令人难以置信的股市繁荣，所有的人都在买进和卖出股票。这个疯狂的牛市中大多数是以保证金的形式购买的。这意味着购买者只需支付部分现金就可以买到价值1万美元的股票，差额部分以新买的股票作为抵押来进行支付。当Auburn汽车公司或Bethlehem钢铁企业的股票一夜之间就可以飞涨10%的时候，向股票经纪人支付每年6%、10%或15%的利息又算得了什么呢？

投机泡沫总是要破裂的，有时还会导致经济恐慌。20世纪20年代的投机之后，很快跟着就是1929年的恐慌和崩盘。该事件同时也拉开了痛苦而漫长的20世纪30年代大萧条的序幕。经过1933年大萧条的洗礼后，市场下跌了85%。

股票市场的变动趋势可以用股票价格指数进行跟踪记录。股票价格指数是一揽子公司股票价格的加权平均数。通常使用的有包括30家大公司的道琼斯工业指数（DJIA）以及标准普尔500指数（S&P 500），后者是美国最大的500家公司股票价格的加权平均数。还有纳斯达克（NASDAQ）综合指数，是3 000多家上市公司股票价格的加权平均数。

由图23-5可见，自上世纪以来标准普尔500指数的历史变动趋势。下边的曲线表示平均的名义股票价格，它记录了某一个月的实际平均价格。上边的曲线表示的是股票的实际价格，它等于名义价格除以消费价格指数。两条曲线在2008年12月的股票指数等于100。股票的平均增长率按照美元计算为每年8.9%，但剔

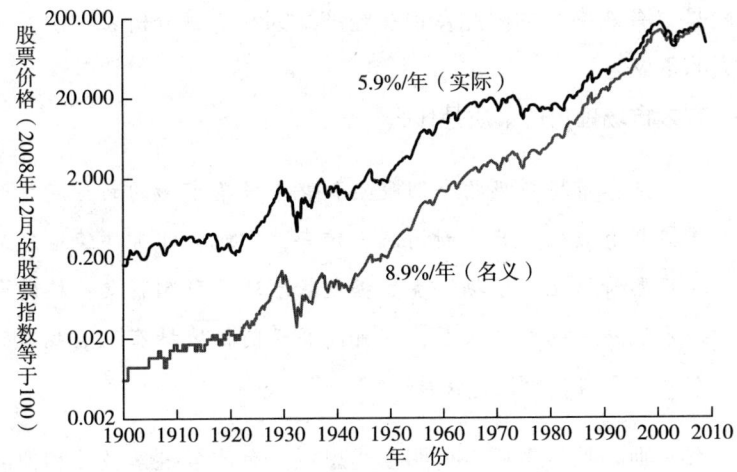

图 23-5 股票价格唯一可以保证的就是它会波动

图中标准普尔指数（S&P 500）所勾画的是美国最大 500 家公司股票价格的加权平均数的变动轨迹。它包括了股息再投资。下方曲线显示的是名义股票价格：从 1900~2008 年，平均每年增长 8.9%。上方曲线显示的是实际标准普尔指数，它是用消费者价格指数进行矫正而得到的。它平均每年仅增长 5.9%。

资料来源：Standard and Poor, Bureau of Labor Statistics.

除通货膨胀影响后仅为 5.9%。

长期看，股票是一种好的投资方式，但是它的短期风险特别大。例如从 2007 年 10 月到 2008 年 11 月，股票价格竟然下降了 52%！是否有一个童话中的"水晶球"能让我们预测到股票价格的未来变动？这显然是现代金融理论的一大难题。

经济学家和金融专家们对于投机性市场（比如股票市场和外汇市场）的价格进行了长期研究。一个重要的假设是投机性市场一般是"有效率"的。此发现在经济学家和金融分析家中引发了极大的争议。

有效市场理论的本质是什么？简言之：

> 证券市场在吸收个别股票和整个股票市场的新信息方面是极其有效的。只要新消息一传来，它就会非常快速地反应在股票价格上。依据过去数据或基本理论预测股票价格的金融系统产生的投资收益，不可能高于随机地持有风险相当的个股投资组合的投资收益。[1]

有一则幽默故事可以说明上述思想。有位金融学教授和他的学生在校园中漫步时，突然发现地上好像有一张100万美元的支票。教授对学生说："不要费心去捡它。若真是100万美元，绝不会掉在这里！"换言之，大庭广众之下，你想只要弯一下腰就能发大财，怎么可能？

上世纪后半叶，关于有效市场的悖论已经得到数以百计的案例研究的普遍证实。这并不是说你绝对不可能通过遵循某个经济学法则或公式而致富，而是说，一般而言，这些规则或公式不可能比随机选择的、多样化的投资组合具有更好的结果。

有效市场观的理论依据　金融学家花费了许多年时间分析股票和债券市场，并试图弄明白，为什么正常运行的金融市场不允许超

---

[1] 这一定义取自Malkiel在2003年的论文。注意"效率"在金融理论中不同于在经济学的其他部分的定义。这里的"效率"指的是信息能够被迅速地吸收，而不是资源产出最大化。

额利润的持续存在？对此，有效市场理论可以做出解释。

有效金融市场是指这样一种市场，即所有新信息都会很快被市场参与者领悟并立刻反映到市场价格之中。例如，拉齐-T石油公司刚刚在阿拉斯加海湾发现石油，这是在星期二上午11点30分宣布的。拉齐-T公司股票的价格将会在什么时间上涨呢？有效市场理论认为，市场参与者会立即做出反应，并将拉齐-T公司股票的价格抬高到应有的高度。简而言之，在每一个时点上，市场都已经消化了可以得到的全部最新消息，并且将它包含在资产价格之中。

> 有效市场理论认为，市场价格已经包含了所有可以得到的信息。依靠查看过去的信息或以往价格变化的模式来赚钱是不可能的。股票的收益主要由它对于市场的相对风险来决定。

随机游走 有效市场论为分析有组织的市场中的价格变动提供了一种重要的分析方法。根据这种方法，把股票价格在一段时间内的变化标在图上，它看上去应该是非常不规则的，就像随机游走一样。

当某种价格的随时变动完全无法预见时，它就呈现出**随机游走**的模式。例如，掷一枚硬币，看其落地时是正面朝上还是背面朝上。正面朝上记为"加1"，背面朝上记为"减1"。然后连续投掷100次，记下得分，并把它画在图纸上。这条曲线就是一条随机游走线。现在，为了比较，再画出微软公司股票价格或标准普尔500指数在100天里的变动。注意这三种图形看起来是多么的相似。

为什么投机价格类似于一种随机游走呢？经济学家经过仔细思考认识到下面的道理：在一个有效市场中，所有能够预见到的事情都已经被计算在价格之中了。影响股票或商品价格的正是新消息的出现。再者，新闻必然是随机的和无法预见的（如果能够预见的话，就不称其为真正的新闻了）。

小结：

> 有效市场理论解释了为什么股票价格的变动看起来如此没有规律。价格会对新闻和意料之外的事情做出反应。但是，人们无法预见那些意想不到的事情，因为它们有可能向任何一个方向变动，就像投掷硬币的结果或下个月的暴风雨。由于股票价格会随着无规则事件的发生而变动，因此股票价格本身的变动也是无规则的，就像随机游走一样。

有效市场观的限制条件　尽管有效市场观一直是经济和商业的金融规则，但也有人认为它过于简单，并有误导之嫌。以下是对有效市场观的一些保留意见：

1. 研究者已经在可预测的股票价格运动中找到了许多的"背反"。例如，相对于价格而言，红利和收益越高的股票在后市的表现反而越好。同样，急剧的上升或下降之后，股票价格通常都伴有回调或反向的运动。在有些人看来，这些背反现象应当是市场无效率的有力例证；而在另一些人看来，这些背反只能反映分析家们倾向于挖掘数据来寻找其实并不存在任何关系的范式。

2. 观察历史数据的经济学家会问，股票价格的剧烈波动事实上所反映的是新信息这种说法是否真有道理？历史上，1987年10月15日到19日股票市场价格是急剧下降的。有效市场论暗示，这种下降是由那些预期公司未来收益的现值减少的经济事件引起的。对有效市场的批评观点认为，不存在能够使股票价值在4天内变化30%的消息。有效市场论者在这个批评面前沉默了。

3. 最后，有效市场观适用于单个股票但不一定适用于整个市场。有些经济学家已经发现了长期股票市场价格存在着自我回旋摆动的证据。可能这些摆动反映了金融领域总体情绪的变化。这些长期摆动在20世纪20年代和90年代可能是由于投资者的乐观主义心理和上升的股票价格，而在20世纪30年代和2007~2008年，则可能是因为投资者在股票下跌时的悲观主义情绪造成的。然而说我们认为整个股票市场反映了"非理性繁荣"并且价值被高估的话，我们又能做些什么呢？我们个人对股票的买卖不足以抵消整个国家的情绪。此外，如果在股市高峰到来的前一两年做出错误地预期，我们就会被洗劫一空。因此，从宏观经济学角度看，如果没有强有力的经济力量介入并纠正情绪的波动，投机市场将表现出悲观情绪或乐观情绪的波动。

个人金融策略

研究经济学可能并不会使你致富，但是，现代金融学原理却无疑可以帮助你明智地投资，避免犯最糟糕的金融错误。经济学在个人投资决策中给了你哪些经验？我们从那些智者的建议中选择五个原则以供参考：

经验1：了解你的投资。进行一项好的投资最重要的一点就是在决策时要谨慎并且实事求是。对于重要的投资要认真分析有关资料并听取专家的意见。那些宣称已经找到快速成功之路的言论是值得怀疑的。你不可能依靠观察星象而变得富有（尽管有的投资顾问不可思议地向客户兜售占星术）。从长期看，直觉不会起作用。而且，华尔街上最好的头脑也不见得能胜过平均指数（道琼斯指数、标准普尔指数等）。

经验2：分散，分散，这是金融预言家的法则。关于金融的一条重要经验是分散你的投资。"不要把所有的鸡蛋放在一个篮子里"就是对这个规则的一种表述。通过将资金分散到不同的投资，你能够在降低风险的同时继续获得高收益。计算结果表明，通过将财富在一个广泛的投资领域中分散，例如购买不同的普通股票、一般债券和通货膨胀指数债券、房地产以及国内外的证券，人们可以在获得好收益的同时将投资风险降至最低。

经验3：考虑普通股指数基金。股票市场上的投资者可以通过持有由多种普通股股票投资组合来获得较高的收益，并最小化投资风险。指数基金是一个使投资具有多样化的好工具，它是许多公司股票的投资组合，根据公司的市值来衡量它在资产组合当中的比重，并跟踪类似于标准普尔500这样的主要股指。指数基金的一个主要优势在于低费用和低流转税。

经验4：最小化不必要的费用和税收。人们经常会发现，他们投资收益的相当一部分都用来支付了税收或其他费用。比如，一些共同基金在你购买基金时收取了很高的初始费用以外，每年还可能收取资产1%甚至2%的管理费用。而且，那些特别管理的基金因为有着高流转率而不得不为资本利得交纳大额税款。当日交易员也许会在每次进出市场时得到乐趣，也许他们还觉得是在赚钱，但实际上他们却要支付庞大的佣金和投资费用。如果仔细选择你的投资，就会避免这些不必要的投资收入流失。

经验5：使你的投资与你的风险偏好相一致。你可以投资于风险更高的项目从而提高预期收益（见图23-4），但必须仔细考虑你可以承受多大的风险，包括财务和心理两个方面。正如一个投资顾问所言，投资总是"吃得好"与"睡得香"之间的矛盾。假如你由于担心市场的涨跌而失眠，你就应该减少风险，而去购买美国财政部的按通货膨胀指数调整的国债来保值。但从长期来看，你可能就要一直在陋室中安睡。假如你想吃得好并能忍受痛苦，你可以更多地投资于股票，包括那些外国市场和新兴市场上的股票，并在你的投资组合中加上小公司的股票，但最好少买短期债券，少将钱存入银行。

这些都是历史和经济的教训。读了所有这些，如果你仍然想要试一下你在股票市场上的手气，那么不要气馁。请牢记美国最伟大的金融家伯纳德·巴鲁克的告诫：

> 如果你打算放弃其他一切事情，而像医学院学生学习解剖学那样，仔细研究整个市场的历史和背景以及所有主要上市

公司的股票，如果你真的能做到所有这一切，而且除此之外，你还有大赌徒那样的冷静头脑，有超乎常人的第六感觉，以及有雄狮一般的勇气，那么，你就会有一丝希望。

第二十四章 货币政策与经济

人类有史以来已经有三项伟大的发明：火、轮子与中央银行。
　　　　　　　　　　　　　　　　　——威尔·罗杰斯

今天，我们应该到哪里去寻找最有影响力的宏观经济政策制定者呢？去白宫、国会，还是去联合国或者世界银行？或许，你会很惊讶，他们就在华盛顿特区的联邦储备系统总部一座灰暗的大理石建筑里。美联储（Fed）就是在这里，确定短期利率水平并借货币给金融机构，从而全面地影响金融市场、财富总额、产出、就业和价格。事实上，联邦储备的影响力不仅仅限于美国的50个州，它甚至还通过金融与贸易等渠道，影响到全球的每一个角落。

美联储的中心目标是将通货膨胀稳定在较低的水平。同时，它还致力于国民产出的稳步增长、低失业率，以及保证金融市场的规范有序。如果产出增长过快，通货膨胀上升，联邦储备委员会就有可能会提高利率，这等于给经济增长踩了刹车，同时也减轻了价格压力。

2007~2009年，无论是对于美联储，还是对于其他国家的中央银行来说，都是一个特别具有挑战的时期。在此期间，不良投资和过度杠杆都曾导致银行和其他金融机构的财务健康状况明显恶化。进而又致使股票和债券的价格都出现了大幅度的下降,银行经营也大幅度地萎缩,还有一些大银行陷于破产。美国联邦储备、欧洲中央银行,还有美国和外国的政府相继提供了数万亿美元的贷款、贷款保证、国有化项目和其他的财政援助。所有这些举措的设计目标,都在于阻止金融市场瘫痪,并减少随之而来的经济衰退的严重性和破坏性。

世界各国都设有中央银行来负责管理该国货币事务。本章第一部分将以美国联邦储备系统为中心,讨论中央银行的目标和组织结构,说明联邦储备怎样进行货币政策操作,还有货币政策的传导机制。而在第二部分,我们将探讨货币政策中若干主要问题。

中央银行和联邦储备系统

本节开始我们将介绍中央银行的总体概况。而在下一节则详细讨论中央银行如何运用各种不同的政策工具,以及这些工具是如何用来影响短期利率的。

中央银行概论

中央银行是一个政府机构,主要负责一国的货币事务。本节我们的研究对象是美国联邦储备系统,重点讨论其历史、目标和功能。

19世纪，美国曾遭受银行恐慌的困扰。当人们在同一时间想要将他们的银行存款立刻变为现金的时候，恐慌便会出现。由于银行体系只拥有占银行存款一部分的准备金，所以当人们来到银行时，他们发现银行没有足够的现金来满足每个人的提款要求。随之通常就会发生银行倒闭和经济下滑。在1907年的大恐慌之后，骚乱和反思曾导致1913年《联邦储备法案》的产生。法案的宗旨是"帮助建立联邦储备银行，提供有弹性的通货，提供商业票据的再贴现手段，在美国建立更有效的银行监管，还确立了其他的目标"。这便是最初的联邦储备。

联邦储备系统现由设在华盛顿特区的联邦储备委员会和区域性的联邦储备银行组成。联邦储备系统的核心是联邦储备委员会。委员会由7名成员组成，各成员由总统提名，经参议院批准，任期可达14年。委员会的成员一般都由经济学家或专职的银行家担任。

此外，区域性的联邦储备银行有12家，分别设在纽约、芝加哥、里士满、达拉斯、旧金山以及其他主要城市。这些区域性机构最初是在平民党时代设立的，其主旨在于保证不同的地区在银行事务上享有相同的发言权，并防止中央银行权力过分集中在华盛顿或东部银行家手中。今天，每个联邦储备银行都在监管本区域的银行、操作国民支付体系以及参与全国货币政策的制定。

联邦储备系统关键的决策机构是联邦公开市场委员会（FOMC）。它的12名拥有表决权的成员包括：7名联邦储备管理委员会委员和5名来自地区联邦储备银行的行长，其中5名来自各区联邦储备银行的行长由各区联邦储备银行行长轮流担任。这是个十分重要的班子,因为它控制着货币政策最重要的工具:短期利率的制定。

处于联邦储蓄系统顶端的是联邦储备委员会主席。他由总统提名,经参议院批准上任,任期4年,可以连任。联邦储备委员会的主席掌管着联邦储备管理委员会,同时也任联邦公开市场委员会的主席,是联邦储备的公开发言人,在决定货币政策方面具有非常大的权力。联储的现任主席是本·伯南克,他在2006年被任命为主席,是著名的经济学者,曾任普林斯顿大学的经济学教授,在担任主席之前他曾是联邦储备委员会的委员。伯南克接任的是艾伦·格林斯潘的主席职位。艾伦·格林斯潘是一位稳健的经济分析师,他在长期担任联储主席期间(1987~2006),在美国经济事务上享有很高的威望。

尽管联邦储备系统表面上结构松散,但其权力实际上是相当集中的。联邦储备委员会举行会议时,12个地区的联储银行的行长都参加,在联储主席的领导下制定和贯彻货币政策。联邦储备系统的结构如图24-1所示。

在将注意力放在美国联邦储蓄系统之前,我们先简要介绍一下世界各国中央银行的目标。我们可以将中央银行的一般性目标划分为三种类型:

- 多目标。许多中央银行都有综合性的目标以保持经济稳定。在具体的目标追求中,可能是低的稳定的通货膨胀、低的失

第二十四章 货币政策与经济

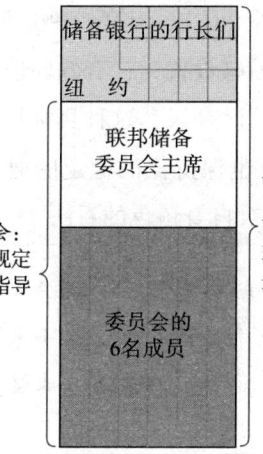

图 24-1 货币政府的主要决策者

两大重要的委员会是货币政策制定的中心。拥有 7 个成员的联邦储备委员会审批贴现率变动并规定法定准备金,而联邦公开市场委员会指导银行准备金的设定。联储主席同时领导这两个机构。每个方格的大小代表对应个人或团体的相对权力。请注意主席那一格的大小。

业率、快速的经济增长、协调财政政策、稳定的汇率。
- **通货膨胀目标**。近些年来,许多国家已经采取明确的通货膨胀目标。在这样的目标要求下,中央银行通常采取政策使通货膨胀率保持在低的但是正的范围内。例如,英格兰银行制定的货币政策是努力使每年通货膨胀率保持在 2%。
- **汇率目标**。有些国家有固定的汇率政策和开放的资本市场,那么该国家就不能够进行独立的货币政策制定(这在本书"开放经济的宏观经济学"章节可以看到)。在这种情况下,中央银行制定货币政策就可看做是以汇率为目标的。

联储的货币政策目标可以归于第一种类型,即"多目标"。在《联邦储备法案》中,联储就被设置为:"有效促进充分就业、稳定价格、合理的长期利率的目标"。今天,这种目标被解释为,在保持实体经济健康运行的同时,也保持低的稳定的通货膨胀率这样一种双重要求。下面即为联储对自身角色的看法:

> 美国联邦储备的目标包括:使经济增长与其潜在的扩张能力一致;使就业率维持在较高水平;使物价稳定(即货币的购买力保持稳定);以及使长期利率保持在合理状态。[1]

联邦储备系统有四大主要的功能:

- 通过设定短期利率实施货币政策。
- 作为"最后贷款人",保持金融体系的稳定并控制系统风险。
- 监督和管理金融机构。
- 为银行和政府提供金融服务。

我们将主要考察上述功能的前两项,因为它们对宏观经济活动的影响最为重要。

在考察联邦储备系统组织结构时,你可能会自然地问道:"联储属于立法、司法、行政三大政府部门中的哪一方呢?"答案是值得关注的。联邦储备系统在名义上是一家公司,为所有作为其

---

1 见 *The Federal Reserve System: Purposes and Functions*, p. 2, under "Websites" in this chapter's Further Reading section.

成员的商业银行所共有，但在实际上，它却是一个公共机构。它直接对国会负责并细心听取总统的建议。一旦它赢利的目标与公共利益发生冲突时，它就会毫不犹豫地选择服从公共利益。

然而首要的是，联储是个独立的机构。尽管联储咨询国会和总统的意见，但最终还是根据它自己对国家经济利益的看法来决定货币政策。所以，联储有时会与行政部门发生冲突。几乎每一位总统都曾对联储的政策提出过建议。当联储的政策与行政当局的目标发生冲突时，总统有时会用严厉的措辞。然而，联储虽然通常总会很有礼貌地听取意见，但仍然会选择他们自己认为的对国家最为有利的做法，因为它的决定不受其他任何人的左右。

经常有人批评联储过于独立——由一小部分未经选举的人控制国家的金融市场是不民主的。这种观点是值得冷静思考的，因为未经选举的团体有时会失去与社会和经济现实之间的联系。

而主张联储自主的人士则认为，独立的中央银行是国家通货的监管人和恶性通货膨胀的最好防护者。此外，独立性还能保证货币政策不为党派政治目标所破坏，而类似情况在那些由行政部门控制中央银行的国家里时有发生。历史研究表明，在降低通货膨胀方面，那些有独立中央银行的国家，往往比那些将中央银行置于选举出来的政府官员制约之下的国家要成功得多。

小结：

> 每一个现代国家都有一个中央银行。设于华盛顿的联邦储备委员会，再加上12个地区联邦储备银行，构成了美国的中央银行。它的主要使命是制定货币政策，以影响货币和信

贷条件，达到低通货膨胀、高就业率和稳定的金融市场的目标。

中央银行是怎样决定短期利率的

中央银行之所以能够站在宏观经济舞台的中央，就是因为它们在很大程度上能够决定短期利率。我们不妨现在就探讨联储的这一功能。

联储是通过改变短期利率（被称为联邦基金利率）来制定其政策的。**联邦基金利率**是银行之间相互借贷，交易在联储准备金账户余缺资金时所支付的利率。它是一种以美元计价的短期（隔夜）无风险利率。联储运用以下重要的货币政策工具来控制联邦基金利率。

- 公开市场业务——在公开市场上买卖美国政府债券，以影响银行的准备金水平。
- 贴现窗口融资——设定商业银行、其他存款机构、一级交易商（在最近，一级交易商也可以向联储借款）可以向联储借取资金时所用的利率（该利率称为贴现率）以及关于抵押要求。
- 法定准备金政策——针对银行和其他金融机构的存款，确定并有权变动法定准备金比率。

对货币政策的描述如下：当经济状况改变时，联储判断经济是否偏离了关于通胀和产出的预定路径以及其他的目标。如果经济偏离了所预定的目标,则美联储就会宣布改变其目标利率,也即联邦基金利率。为了实现新的目标利率,联储将进行相应的公开市场操作并改变贴现率。上述措施进而逐级影响整个利率体系和资产价格,并最终改变总体经济运行方向。

为了理解联储怎样进行货币政策的操作,我们需要先讨论一下联邦储备系统合并的资产负债表,如表24-1所示。美国政府证券(如公债)在历史上一直占据着美联储资产的大部分。从2007年开始,美联储将它的操作业务扩展到了短期标售、交易商信贷和贷款保证,在2008年,这些新扩展的账户余额也成了联邦储备资产的组成部分。不过,对于我们理解联储通常怎样决定利率来说,

表24-1 通过改变资产负债表,美联储决定着短期利率和信贷条件

2008年9月,12家联邦储备银行的合并资产负债表(10亿美元)			
资　产		负债和净值	
美国政府证券	479.8	联邦储备通货	832.4
贷款、短期标售和回购协议	322.5	存款:	
其他各种资产	181.0	**银行准备金余额**	**47.0**
		其他存款	14.4
		其他各种负债	89.5
总　额	983.3	总　额	983.3

美联储通过买卖它的资产(政府证券和回购协议)可以控制它的负债(银行存款和联邦储备券)。美联储通过改变准备金的数量来决定联邦基金利率,进而影响GDP、失业和通货膨胀。

资料来源:联邦储备委员会:*www.federalreserve.gov/release/h41.*

资产负债表的精确组成并不一定是必要的。

看一下负债方,有两个独特的项目:通货和准备金。联邦储备通货是联储的主要负债,它包括我们每天使用的硬币和纸币。另一个重要的负债项目是银行准备金余额,它是商业银行在联邦储备银行的存款余额。这些存款数量再加上银行库存现金,就是我们一直在谈论的**银行准备金**。

下面我们介绍本节计划内容的剩余部分:首先,我们将更详细地解释联储传导货币政策时所用的三大工具。我们将说明准备金的供给怎样经由联储的公告、公开市场业务和贴现率政策而得以决定。然后,我们将讨论短期利率是如何为"由联储控制准备金的供给"这个最重要的因素所决定。

联邦公开市场委员会每年召开8次会议以决定货币政策,并向它的操作机构,即纽约的联邦储备银行下达指示。纽约联邦储备银行每天进行公开市场操作。

今天,联储主要通过对联邦基金利率即银行准备金的同业拆借利率设定短期利率目标来进行操作。图24-2显示的是近些年的联邦基金利率,图中阴影部分表示经济衰退期。你可以看到联储倾向于在经济衰退前降低利率,以及在经济繁荣时提高利率。如果你回头去看图15-2,你将看到其他的利率是如何随着联邦基金利率一起变化的。然而,它们之间的联系又并不十分密切。尽管决定利率的总体水平和变动趋势的机构是联储,但显然还是有许多其他的因素也同时在影响和制约着利率水平和金融条件,这可以从利率有时沿不同的方向变动的事实而得到证实。

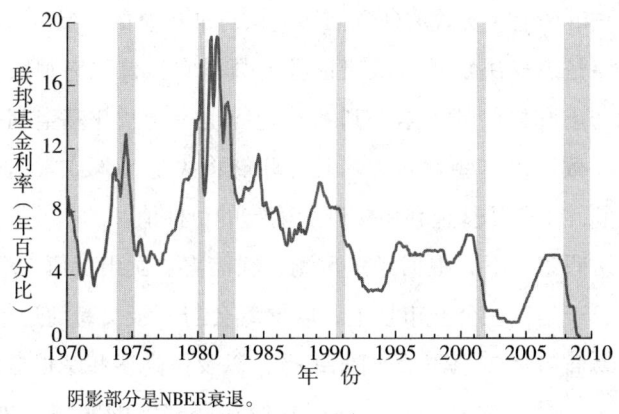

阴影部分是NBER衰退。

图 24-2 美联储决定联邦基金利率

联邦基金利率是银行间借出准备金收取的利率，美联储可以设定联邦基金利率。联邦基金利率随之影响所有其他的利率，尽管利率间的联系是变化的，并受到未来利率预期和整个金融状况的影响（参考图 15-2 显示的其他主要利率）。注意在 2008 年末联邦基金利率接近 0，此时经济陷入流动性陷阱。

资料来源：联邦储备委员会。

联储如何影响银行准备金

货币政策最重要的一点是联储对银行准备金的控制。而这是一个复杂的过程，需要我们仔细的研究。通过法定存款准备金要求、公开市场业务和再贴现政策的联合运用，联储通常都能在很有限的约束条件下决定银行准备金的数量。为此，我们先回顾一下这些政策工具的具体细节。

公开市场业务是中央银行实施货币政策的主要工具。联储通过在公开市场上买卖政府证券而影响银行准备金的数量。

联储是怎样决定买卖政府证券的数量呢？首先它观察决定准备金的需求和供给的因素，判断其趋势是否与联邦基金利率的目标值相一致。以这些判断为基础，联储将决定买入或卖出政府证券的数量，使联邦基金利率接近所确定的目标值。

不妨假定一下，根据经济预测，联储需要卖出价值10亿美元的证券。于是，在公开市场上，联储就会与一级交易商进行交易。这些交易商包括20家大的商业银行，以及像高盛和摩根这样的证券经纪人。这些交易商一般利用它们在联储上的账户买进证券。交易结束后，联储总的存款会减少10亿美元。于是，此次公开市场业务的净影响是整个银行体系的准备金将减少10亿美元。

表24-2（a）表明了一次10亿美元公开市场业务对联储资产负债表（这张资产负债表也是假设的）的影响。黑体字栏是公开市场业务前的资产负债表，深黑体字栏目显示的是该项公开市场业务对联储资产负债表的影响。这笔公开市场业务使联储资产负债表中的资产和负债均减少10亿美元，即联储卖出了10亿美元政府债券，而它的负债也下降了相同的数额，即减少了10亿美元的银行准备金。

现在我们看看这笔公开市场业务对于商业银行的影响，表24-2（b）为商业银行的合并资产负债表。假定商业银行在中央银行保留的准备金为其存款总额的10%。该笔公开市场业务进行之后，准备金减少10亿美元的同时存款也仅减少10亿美元，因此商业银行会发现他们的准备金出现了短缺。于是商业银行必须出售若干投资项目以及收回一部分短期贷款，以达到法定存款准

表 24-2（a） 联储的公开市场销售减少了银行准备金

联储的资产负债表（10 亿美元）			
资　产		负　债	
证　券	500 − 1	公众持有的通货	410
贷　款	10	银行准备金	100 − 1
总资产	**510 − 1**	**总负债**	**510 − 1**

表 24-2（b） 准备金的减少导致银行减少了贷款和投资，直至以 10:1 的法定准备金率减少货币供给

商业银行的资产负债表（10 亿美元）			
资　产		负　债	
准备金	100 − 1	活期存款	1 000 − 10
贷款和投资	900 − 9		
总资产	**1 000 − 10**	**总负债**	**1 000 − 10**

中央银行为了将利率提高至其目标值，卖出证券，减少准备金。

在（a）中，联储在公开市场上卖出价值 10 亿美元的证券。当交易商支付这些证券时，准备金减少 10 亿美元。

在（b）中，我们看到的是公开市场业务对商业银行的资产负债表的影响。在法定存款准备金率为 10% 的情况下，银行减少贷款和投资。其净影响是紧缩货币和提高利率。

备金的要求。这会导致相应银行的存款出现成倍的收缩。到这一连锁反应最终结束时，各商业银行的存款总共会减少 100 亿美元。与此相应，银行资产负债表的资产方也发生了变化 [请仔细阅读表 24-2（b）中的深黑色数字]。

贷款和投资的收缩会导致利率提高。如果联储预测正确，那么利率就会变动至联储新的目标值。

而若联储预测错误，则联储将会怎样做呢？联储只需要在第二天买进或卖出准备金就可以做出与新目标相应的调整。

联储可利用它的第二种工具来实现它的目标。贴现窗口是当银行、一级交易商需要额外资金时可以借款的工具。联储对所借的资金按照"贴现率"收取利率。贴现率对不同的用途和机构来说会有轻微的差别。一般讲，主要的贴现率要比联邦基金利率高出 1/4 到 1/2 个百分点。

经由贴现窗口可达到两个目的。第一，当准备金在短期内不足时，它可以借出资金补充准备金，从而与公开市场业务形成互补。第二，当机构的信贷条件突然变得紧张时，它可以为机构的流动性提供支撑。

直到最近，贴现窗口一直很少使用。而在 2007~2009 年的信贷危机中，联储曾打开贴现窗口，以便客户在纷纷变得紧张而需要立刻提款时银行能够借到资金。在这一时期，为了给紧张的金融市场提供更多的流动性，联储以多途径扩大借款能力。它扩宽了所允许的抵押物的界限，增加了可以向贴现窗口借款的一级交易商，为不良债券提供担保以帮助濒临破产的银行，向私有银行购买来自非银行企业的票据。上述举措都是为了减少因金融机构不能支付它们的债务、金融体系失效以及企业和家庭不能获得信贷而带来的恐惧。

最后贷款人　像银行之类的金融机构具有先天的不稳定性。正如我们看到的，由于它们的负债是短期的，容易遭受密集提款的冲击；

而它们的资产却是长期的,缺乏流动性。有时候,银行和其他的金融机构不能履行它们对客户的义务。这也许是出自对现金的周期性需要,更甚者,也许是出自存款者对银行失去信心从而同时要求立刻取款。在这种情况下,当银行用尽它们的流动性资产和信贷额度时,中央银行就可能会及时介入并充当最后贷款人的角色。这种功能可以用前美联储主席艾伦·格林斯潘的话来很好地描述:

> 如果我们乐于享用杠杆化了的金融中介体系的长处,那么管理金融体系风险的重担就不应当仅仅落在私人部门的肩上。杠杆通常都会传递风险,从而可能(虽然可能性很小)产生连锁反应。即如果违约没有被阻止,那么它就会逐级传递,从而在金融体系内累积,直至泡沫最终破裂。而在它变得具有破坏性之前,只有中央银行出面,利用它的无限供应货币权,才很有可能中断上述传导过程。可见,中央银行必然会介入其中而成为最后的贷款人。

> 今天,贴现窗口主要用来确保货币市场平稳运行。它提供额外的流动性,也是银行需要最后贷款人时可以仰仗的地方。

准备金的性质　前面章节我们已经说明了银行准备金和银行货币之间的关系。在一个自由市场的银行系统中,谨慎的银行家总会在手头保留一些准备金。他们需要以现金形式保留存款的一小部分,来支付那些提取存款或者开具支票的存款者。

许多年前,银行家就已经意识到,尽管存款是一经提取就必须立即支付的，但还是很少会出现所有存款都在同一时间内被提取的情况。如果所有的存款者突然在同一时点提取存款，那么就必须保持着与存款总额完全相等的准备金。然而这样的情况却并不曾发生。就某一天而言，一些人存款之际，往往是另一些人取款之时，这两种交易的数量通常可以相互抵消。

可见早期的银行并不需要将100%的存款都作为没有创造功能的准备金，因为存在库中的准备金显然不会产生利息。很快银行就发现用超额储蓄进行投资可以获利。通过将大部分存款投放于盈利性资产，而只保留很小一部分存款作为现金储备，商业银行就能最大化地获取利润。

向持有部分准备金的银行转变，即银行持有存款的一部分而不是100%作为准备金，实际上这具有革命性意义。它导致了具有杠杆作用的金融机构的产生，而这些具有杠杆作用的金融机构在今天已经支配着我们的金融体系。

法定准备金要求 19世纪时，银行有时并不能保留足够的准备金以满足存款者的要求，从而有时便会导致银行危机。因此，从那时起，就像现在联邦储备规则下形成的制度一样，银行必须保留一个特定比率的支票存款作为准备金。在早期，准备金要求是控制货币数量的重要组成部分（在本章的后面讨论）。在今天联储主要以利率为目标的情况下，准备金要求是货币政策中相对并不那么重要的工具。

准备金要求适用于各类支票账户存款。根据联邦储备条例，银行必须持有支票存款的一个固定比例作为准备金。这个比例被称为**法定准备金比率**。银行准备金由库存现金(即银行持有的通货)和银行在联邦储备系统的存款形式保有。

表 24-3 说明了现行法定准备金的比率和联储自行变动法定准备金率的权力。这里的一个关键概念是法定准备金比率的水平。它的变化范围从对支票存款的要求是 10%,到对个人储蓄存款的要求为零。在我们的例子中,为简便起见,使用的是 10% 的准备金比率。但我们应该了解,实际的法定准备金比率可以随时变动。

正常情况下,法定准备金所规定的水平都高于银行所自愿持有的水平。这样高的准备金比率要求主要是为了确保准

表 24-3 对金融机构的法定准备金比率的要求

存款类型	准备金比率(%)	联储可变动的范围(%)
支票(交易)账户		
0~4 400 万美元	3	不允许有变动
4 400 万美元以上	10	8~14
定期和储蓄存款:		
个 人	0	
非个人:		
偿还期在 1.5 年以内的	0	0~9
偿还期在 1.5 年以上的	0	0~9

准备金要求所依据的是法律和相关规定。准备金比率一栏所表示的是每一类存款必须以联储不生息存款或手头现金形式所持有的百分比。大银行的支票类账户需要有 10% 的准备金,而其他主要存款则没有准备金要求。联储有权在一定范围内改变法定准备金的比率,但是只有当经济形势的发展要求必须对货币政策做出重大改变时,它才可以行使这一权力。

资料来源:*Federal Reserve Bulletin*, March 2008.

备金需求比较容易预测，以便于联储能够更精确地控制联邦基金利率。

联储在2008年开始对银行准备金支付利息。这种做法的初衷是准备金利率可作为联邦基金利率的下限，从而可以更好地控制联邦基金利率。例如，如果联邦基金利率的目标值是3.5%，而准备金利率是3%，贴现率是4%，那么联邦基金利率将实际上被限定在3%~4%的范围内，这样联储就能够更容易达到其目标利率。在2007~2009年的金融危机中，金融环境发生了不寻常的变化，经济曾陷入流动性陷阱之中。这些我们将在本章后面进行讨论。

既然我们探讨了基本的货币政策工具，我们就能够分析联储是怎样决定短期利率的。图24-3说明了其基本过程。由该图可见银行准备金的需求与供给。

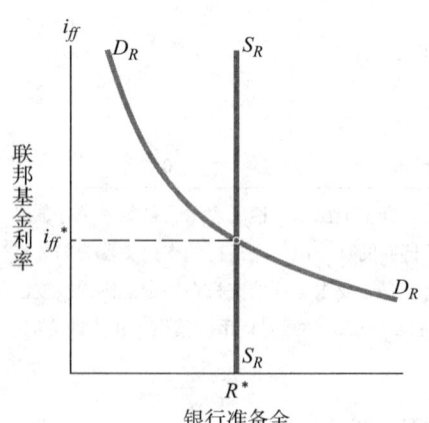

图24-3 决定联邦基金利率的银行准备金的供给和需求

随着利率的上升，银行准备金的需求下降，这反映了当利率上升时，货币需求下降，从而支票存款下降。联储的利率目标是 i_{ff}^*。通过公开市场业务提供合适的准备金数量 R^*，联储可实现其目标值。

首先，我们考虑银行准备金的需求。在上一章我们知道，银行要求持有的准备金由支票存款的总额和法定准备金比率所决定。因为支票存款的需求与利率呈反向变动的关系，因此当利率上升时，银行准备金的需求也随之下降。银行准备金的需求，如图 24-3 所示，是一条向下倾斜的曲线 $D_R D_R$。

其次，我们需要考虑准备金的供给。银行准备金的供给由公开市场业务决定。通过买进和卖出证券，联储控制着整个系统内准备金的规模。联储购买证券会增加银行准备金的供给，卖出证券则相反。

当准备金的供给和需求相等时，联邦基金的均衡利率便得以确定。这其中重要的一点是，联储可以通过合理的证券买卖，即通过公开市场业务来实现它的目标。

图 24-3 仅仅表明了在非常短的时间内的供给和需求。因为联储每天都在干涉市场，加之市场参与者知道联储的利率目标，所

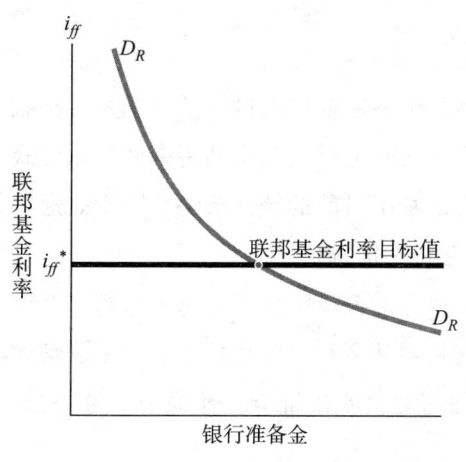

图 24-4 联储通过不断的干涉市场，可以实现其利率目标值

由于联储每天都通过公开市场业务（如图 24-3 所示）进行干涉，所以它能够在很小的范围内实现其目标值。

以联储能够保持联邦基金利率接近其目标值。图24-4展示了一个月或一个月以上的准备金的供给和需求。可见，中央银行实质上使得准备金的供给在联邦基金目标值处具有完全的弹性。这表明联储如何实现其每周的基金利率目标值和每月的基金利率目标值。

联邦基金利率作为市场上最重要的短期利率，由银行准备金的供给和需求决定。通过不断地监控市场，按需要通过公开市场业务增加或减少准备金，联储可以确保短期利率非常地接近其目标利率。

货币传导机制

考察了货币理论的主要组成部分之后，我们现在来讨论一下**货币传导机制**，即货币政策影响产出、就业、价格以及通货膨胀的途径。在前一章开始部分，我们已经大致介绍了货币传导机制，现在我们对此进行更加详细的讨论。

1. 中央银行提高目标利率。中央银行根据自己的目标和经济状况宣布短期利率目标值。联储也可以改变贴现率和借款方式等规定。作出这些决策是基于当前的经济形势，特别是通货膨胀、产出增长、就业和金融信贷条件。
2. 中央银行实施公开市场操作业务。中央银行每天进行公开市场操作业务，以达到其联邦基金利率的目标值。如果联储希望对经济进行降温，则它就会卖出证券，从而减少准备金，提高短期利率；而如果经济面临衰退威胁，则联储就会买进证券，从而增加准备金供应，降低短期利率。通过公开市场操作业务，联储将短期利率稳定在其目标值附近。

3. 资产市场对货币政策的反应。在给定未来金融信贷条件预期的情况下，随着短期利率的变化，银行会调整它们的贷款、投资及其利率与期限。短期利率的当前值和未来的预期值的改变，加上其他金融的和宏观的影响因素，决定着整个的长期利率格局。利率上升会降低资产的价格（例如股票、债券、房屋的价格）。在浮动汇率的经济中，利率上升还会提高其外汇汇率。

4. 投资和其他支出对利率变动的反应。假设联储为了降低通胀而提高利率。在利率上升、信贷收缩、财富减少、汇率上升的共同作用下，投资、消费和净出口都会减少。企业也会缩减它们的投资计划。同样，当抵押贷款利率上升时，人们会推迟房屋购买，减少住房投资。此外，在一个开放的经济体中，美元汇率上升会降低净出口。因此，紧缩货币会降低总需求中对利率敏感的组成部分的支出。

5. 货币政策最终影响产出和价格。总供给与总需求分析（也可以说，乘数分析）说明了投资和其他自主性支出的变化怎样影响产出和就业水平。如果联储紧缩货币和信贷，那么总需求 AD 的下降将降低产出水平，导致价格增长更缓慢，从而抑制通货膨胀。

我们可以将上述步骤总结如下：

货币政策变动

→利率、资产价格、汇率相应变化

→影响投资 I、消费 C 和出口 X

→影响总需求 AD

→影响产出 Q 和价格 P

请务必理解:从"中央银行目标利率的改变"到"对产出和价格的最终影响"的各步骤的顺序与路径。我们已经深入地讨论了该传导顺序的第一步,接下去我们将讨论其对整个经济的影响。

我们现在利用图形来分析货币传导机制。

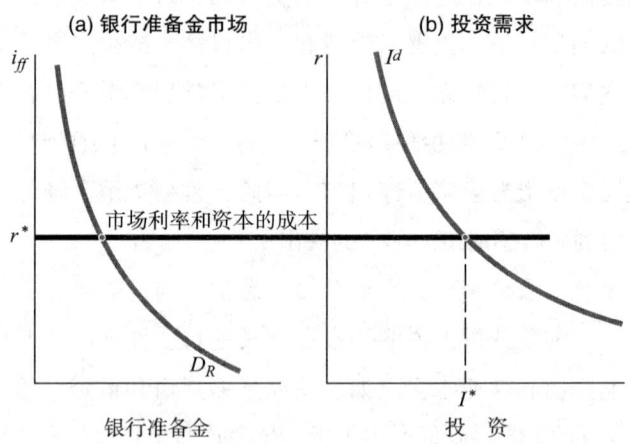

图 24-5 利率决定企业和居民投资

此图显示了货币政策和实体经济之间的关系。(a)联储通过公开市场操作业务来控制短期利率;(b)假定没有通货膨胀和风险,利率便决定着企业和居民投资的成本,即 $r=r_{ff}$。总投资作为总需求 AD 中对利率最敏感的部分,图中的位置在 I^*。

利率和投资需求 我们可以利用图24-5来追踪货币传导机制的前几个环节。图24-5将我们以前见过的两幅图放在了一起:(a)为准备金的供给与需求;(b)为投资需求曲线。为简化分析,我们假设没有通货膨胀、没有税收、没有风险。那么,在该假设下,图(a)中的联邦基金利率和图(b)中的企业和居民的资本成本相同,在这种简化条件下,实际利率 r 等于中央银行利率 i_{ff}。货币政策使利率等于 r^*,相应地,r^* 对应的投资为 I^*。

接下来,考虑经济状况发生改变的情况。假设经济形势恶化。这可能是由于战后军费支出的下降,也可能是由于泡沫破灭后投资的减少,还可能是因为恐怖袭击之后消费者信心不足。联储分析经济情况后,决定通过公开市场操作业务降低利率。结果便是

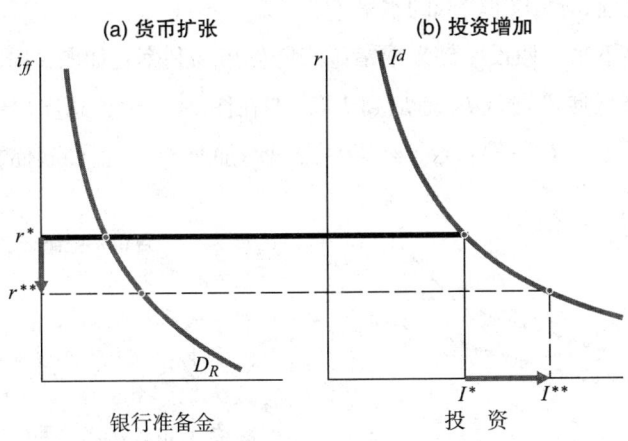

图 24-6 货币扩张降低利率,从而使投资增加

假设如 2007~2008 年一样,经济低迷。(a)联储买进证券,增加准备金,降低利率;(b)假定其他因素不变,它的作用是利率下降,资产价格上升,从而刺激企业和居民投资。我们可以看到投资从 I^* 增加到 I^{**}。

利率从 r^* 下降到 r^{**}，如图 24-6（a）所示。

如图 24-6（b）所示，紧接着是投资对利率变化的反应。当其他因素不变时，随着利率的降低，投资需求从 I^* 增加到 I^{**}。（我们之所以强调其他因素不变，原因在于其他因素发生变化会导致投资需求曲线发生移动，这可能会导致实际投资的下降。不过，相比没有该货币政策而言，实施货币政策后的投资下降的幅度会较小。）

投资和产出变化 如图 24-7 所示，货币传导机制的最后一个环节是对总需求的作用。图 24-7 与第 22 章中说明乘数机制的图是一样的。我们已经知道总支出 $C+I+G$ 是总产出的函数（图中总产出用水平轴来表示）。最初的利率是 r^*，在中央银行实施扩张的货币政策之前，产出在较低的水平 Q^*。

接下来，假设联储采取措施来降低市场利率，如图 24-6 所示。利率降低使投资从 I^* 增加到 I^{**}，即在图 24-7 中，总支出线向上移动到 $C+I(r^{**})+G$。结果是产出增加至 Q^{**}。正如联储在面对

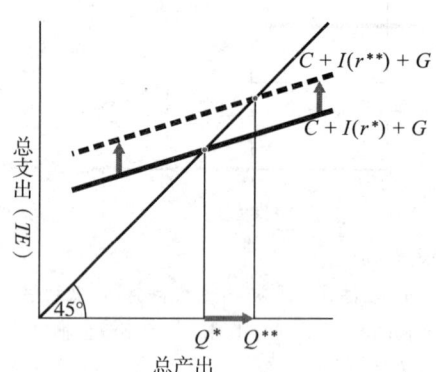

图 24-7 货币扩张降低利率、增加产出

利率从 r^* 降低到 r^{**}，当其他因素不变时，投资从 $I(r^*)$ 增加到 $I(r^{**})$。这导致总支出曲线 $C+I+G$ 向上移动，产出从 Q^* 增加至 Q^{**}。到此，货币传导机制便完成了。

经济状况恶化时所希望的那样,该图表明了货币政策是怎样依次传导而最终增加了产出。

上述图形分析显得过于简化。它省略了许多对总需求产生影响的其他因素。例如货币政策对财富的影响,进而对消费的影响;汇率对外贸的影响;信贷条件的改变对支出的直接作用;等等。此外,我们也没有充分地说明货币政策怎样影响通货膨胀。尽管如此,该简图还是阐释了货币传导机制的要义。

> 货币政策运用公开市场操作业务和其他工具来影响短期利率。然后,短期利率和其他经济因素相互作用,影响其他利率和资产价格。通过影响对利率敏感的支出(例如企业和居民投资),货币政策有助于控制产出、就业和通货膨胀。

当名义利率接近 0 时,中央银行就会面临一个最大的挑战。这种情况就是我们所提到的**流动性陷阱**。在美国,该情况曾在 20 世纪 30 年代的大萧条时期以及 2008~2009 年期间发生过。

当短期无风险利率为 0 时,短期无风险债券就等同于货币。货币需求对利率的弹性就会无穷大。在此情况下,银行就没有理由节省持有的准备金。它们从准备金中获得的利率与进行短期无风险投资所获得的利率基本上是相等的。例如,在 2009 年年初,银行从准备金中获得的利率每年为 0.10%,从短期国债中获得的利率为 0.12%。

因此,中央银行公开市场操作业务对利率和金融市场的影响就很小或没有影响。相反,联储购买证券,银行仅仅是增加它们的超额准备金。这种情况在2008~2009年期间报复性地发生了，当时超额准备金从10亿美元的正常水平增加到超过9 000亿美元的水平。实际上，银行将联储当做它们资金的一个安全的存款箱！因为联储不能降低短期利率，所以在流动性陷阱中，联储不能通过正常的货币传导机制来刺激经济。

如果中央银行不能将短期利率降至0以下，那么它是否能够采取其他的措施来刺激萧条的经济呢？这便是在2009年年初联储面临的两难境地。一种措施是试图降低长期利率。这需要中央银行购买长期债券，而不是像平常一样将注意力放在短期证券。第二种措施是降低风险证券的风险溢价。从2007~2009年信用危机的早期开始，联储就和财政部一起，朝这个方向采取了强有力的措施。这些措施包括购买不良资产，向非银行金融机构开启贴现窗口，购买商业票据，对大范围的私人金融资产进行贷款。上述措施的目的在于改善金融市场的流动性和增加信贷的可获得性。

图24-5、图24-6和图24-7说明了货币政策的改变如何引起总需求的增加。现在我们可以运用总供给和总需求曲线来说明总需求的增加对于宏观经济均衡的影响。

货币供给的增加导致总需求增加，引起AD曲线右移，如图24-8所示。这种移动说明，在存在闲置资源（这时AS曲线相对平缓）的情况下货币扩张的作用。这里，货币的扩张使总需求由AD移动到AD'，总体均衡由E移动到E'。这个例子说明货币的扩张能增加总需求，并对实际产出产生有力影响。

因此扩张性的货币政策的整个影响过程依次如下：公开市场

扩张的货币政策

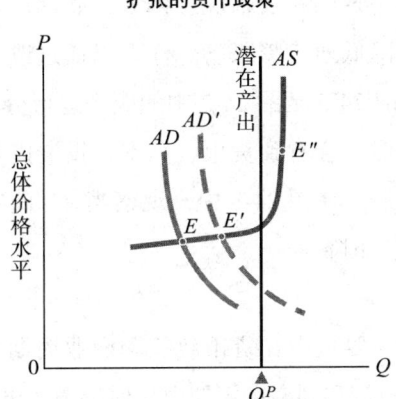

图 24-8　一项扩张性的货币政策会使 AD 曲线向右移动，并提高产出和价格水平

图 24-5 至图 24-7 表明了货币扩张如何导致投资的增加，从而使得产出成倍地增加。这会引起 AD 曲线向右移动。

在 AS 曲线比较平缓的（凯恩斯主义的）区域中，货币的扩张主要影响实际产出，对价格则只有轻微的影响。在充分就业的经济中，AS 曲线近乎于垂直（如 E'' 点所示），货币的扩张将主要提高价格和名义 GDP，而对实际 GDP 则几乎没有影响。如果 AS 曲线是垂直的，那么，在长期中你知道货币政策为什么对实际产出不会产生影响吗？

操作业务降低市场利率。市场利率降低会刺激那些对利率敏感部门的支出，包括企业投资、住房购买和净出口等。总需求通过乘数机制得以增加，从而使产出和价格高于原有水平。因此，基本顺序是：

r 下降 → I、C、X 上升 → AD 上升 → Q 上升和 P 上升

为彻底理解这个十分重要的顺序，不妨再考虑一下采取紧缩

性货币政策时所呈现的相反情况。例如，联储决定提高利率，以减缓经济增长并降低通货膨胀率。你可以通过改变货币政策的最初变化方向沿着图24-5至图24-7中的顺序进行分析。因此当采取紧缩性货币政策时，会看到货币、利率、投资以及总需求将会怎样相互作用。然后，在图24-8中，观察当AD曲线向左移动时将如何使产出和价格下降。

本章的分析主要集中在货币政策和商业周期。也就是说，本章考虑的是货币政策和利率在短期内如何影响产出。

然而，我们需要认识到，在长期还存在一组不同的因素在发挥作用。刺激经济的货币政策并不能使产出长期高于潜在产出。如果中央银行长期将利率维持在过低水平，经济就会过热，通胀压力将会出现。在低利率下，利率预期可能上升，非理性冲动可能取代理性思考。一些分析家认为，正是20世纪90年代长时期的过低利率才引发了股票市场泡沫。也有人认为21世纪初的房地产市场泡沫同样也是由相同的机制所引发的。

因此，货币扩张在长期中将主要影响价格水平，而对实际产出很少产生或者不会产生影响。如图24-8所示，在短期中，当经济中存在闲置资源，从而AS曲线相对平缓时，在短期内货币供给的变化将影响总需求和实际GDP。然而，在后面章节对总供给的分析中，我们将会看到在长期中，随着工资和价格的调整，AS曲线将趋向于垂直或近乎于垂直。由于价格和工资的调整及近乎于垂直的AS曲线，长期中AD曲线变动对产出的影响就削弱了，而对价格的影响则变得显著。这意味着在长期中，随着价格和工资变得更具有弹性,货币政策的变化对价格水平影响较大,而对实际产出影响较小。

那么,这种短期与长期的区别能够给人一种什么样的直觉呢?假设货币政策降低利率。开始,实际产出会较大地增加,而价格也会适当地上升。然而,随着时间的推移,工资和价格开始得到比较充分的调整,以满足更高的价格和产出水平。劳动市场和产品市场上的需求膨胀使得工资和价格上升,工资得到调整以反映更高的生活成本。最终,扩张的货币政策会导致国民经济中实际产出不变而价格上升。名义变量(包括货币供给量、准备金、政府债务、工资、价格、汇率,等等)的水平增高,而实际变量却没有发生变化。在这种情况下,我们说货币是中性的,即货币政策的变动对实际变量并没有什么影响。

还应注意到,我们关于货币政策作用的讨论并没有涉及财政政策。然而在现实中,不论政府奉行何种政策,每个发达经济体都会同时采用财政政策和货币政策。每一种政策都有其长处和不足。在以下各章中,我们将综合考察货币政策和财政政策在应对商业周期和促进经济增长方面的作用。

货币经济学的应用

我们已经考察了货币政策和中央银行的基本要点,现在转而分析货币在宏观经济学中的两个重要应用。首先,我们回顾一下具有影响力的货币主义理论,然后考察货币政策在全球化背景下的应用。

货币主义以及货币和价格数量论

金融和货币体系不能自我管理。包括中央银行在内的政府机构必须制定关于货币标准、货币供给量以及货币和信贷的收缩与扩张的基本政策。关于管理货币的最佳途径问题，目前还存在着不同的看法。有些人主张"反其道而行之"的积极政策，即当存在通胀威胁时就提高利率，而当经济衰退时就降低利率。另一些人则怀疑政策制定者是否有足够的能力运用货币政策对经济进行"微调"，从而达到预期的通货膨胀和失业水平。他们主张将货币政策限制在控制通货膨胀这个目标上。于是有货币主义者主张相机抉择的货币政策应该为固定的货币供给增长规则所取代。

在回顾基本的主流货币理论后，本节将分析货币主义，讨论古老的货币和价格的数量论，追溯货币主义的历史。在此我们也将会看到货币主义与现代宏观经济理论有着密切的联系。

货币主义认为，货币供给是决定名义 GDP 短期变动和价格长期变动的主要因素。当然，凯恩斯主义宏观经济学也承认，货币在决定总需求时所起的关键作用。货币主义和凯恩斯主义的主要区别在于：货币在决定总需求时被赋予的重要程度。凯恩斯主义理论认为，除了货币之外，还有许多其他因素也影响总需求；而货币主义则强调，只有货币供给的变动才是决定产出和价格变动的主要因素。

为了理解货币主义学说,我们需要理解货币流转速度这个概念。

货币的周转有时非常缓慢。在两次交易之间,它会在床垫下或银行账户上滞留很长的时间。而在另一些时间,特别是在急剧的通货膨胀期间,人们会迅速地抛出货币,因而货币会在人们的手上迅速地流转。货币周转的速度通常用货币流转速度这一概念加以表述,它是由剑桥大学的艾尔弗雷德·马歇尔和耶鲁大学的欧文·费雪提出来的。货币流转速度用于衡量货币供应中每一单位美元在一年中平均被用于购买商品和服务的次数。相对于支出流量而言,当货币数量很大时,货币的流转速度就低;当货币转手十分迅速时,货币流转速度就高。

货币流转速度的概念是在**交易方程式**中正式提出来的。方程式的表达式为:[1]

$$MV \equiv PQ \equiv (p_1q_1 + p_2q_2 + \cdots\cdots)$$

其中,M 代表货币供给,V 代表货币流转速度,P 代表价格总水平,Q 代表实际总产出水平。两边除以 M 后,它可以被重新表述为**货币流转速度**的定义:

$$V \equiv \frac{PQ}{M}$$

---

[1] 定义方程式采用的是恒等号"≡",而不是通常使用的等号"="。使用恒等号是为了强调它们是"恒等的",即该方程式根据定义总是成立的。

我们通常将 PQ 衡量为总的收入或产出（名义 GDP）。相关的速度概念为货币收入周转率。

> 周转率是货币在经济中流通的速度。**货币收入周转率**是名义 GDP 与货币存量的比率。

举个简单的例子，假设经济只生产面包，GDP 由 4 800 万块面包构成，每块面包售价为 1 美元。因此 GDP = PQ = 4 800 万美元/年。如果货币供给为 400 万美元，那么根据定义，V = 12 次/年。这意味着当收入用来每月购买一次面包时，货币每年周转 12 次，或者说每月周转一次。

定义了周转率这一值得关注的新变量之后，我们现在要描述一下早期的货币主义专家如何运用周转率的概念来解释总体价格水平的变动。这里关键性的假设是货币周转率相对稳定，并且可以预测。根据货币主义的理论，货币周转率之所以稳定，是因为它主要反映的是人们何时收入何时支出的模式。如果人们每月得到一笔收入，并倾向于在一个月中平均地花完其全部收入，那么一年的收入周转率就是 12 次。假设所有的价格、工资、收入可能会翻番，由于支出模式不变，所以货币收入周转率不变，货币需求翻倍。只有当个人或企业改变其支出模式或付款方式时，收入周转率才会发生变化。

基于上述关于周转率相对稳定的观点，一些早期的经济学家运用周转率来解释价格水平的变动。这种方法称为**货币和价格的数量论**，它将周转率的定义改写如下：

$$P \equiv \frac{MV}{Q} \equiv \left(\frac{V}{Q}\right) M \approx kM$$

这一方程式是由周转率的原始定义得出的,这个表达式是以变量 k(更简洁地)替换了原先方程中的 V/Q,然后解出 P。我们将方程写成这种形式,是因为许多古典经济学家认为,如果交易方式是稳定的,k 就会成为常数,或保持相对稳定。此外,他们往往还假定就业是充分的,即实际产出平稳增长。将这两个假定条件结合起来,$k \approx (V/Q)$ 在短期内就接近常数,长期内则会稳定地递减。

数量论的含义是什么呢?我们可以从上述方程式中看出,如果 k 为常数,价格水平的变动就会与货币供给量成比例。稳定的货币供给量将会带来稳定的价格。而当货币供给迅速增长时,价格也会同样地变动。同理,如果货币供给每年扩大 100 倍或 100 万倍,则经济就会发生急剧的或恶性的通货膨胀。事实上,在恶性通货膨胀时期,货币数量论可以得到最生动的体现。在后面的图 30-4 中,请注意当德国魏玛共和国的中央银行大量印刷纸币时,其价格如何上涨了数十亿倍。这就是最极端情况下的货币数量论。

要理解货币数量论,必须记住,货币与面包、汽车等普通商品具有根本的区别。我们需要面包是为了食用,需要汽车是为了行路。但我们需要货币却仅仅是因为用它能够买到面包或汽车。如果津巴布韦现在的物价是几年前的 1 亿倍,那么人们自然会需要 1 亿倍的货币才能购买到他们以前所能购买到的物品。货币数量论的核心就在于,只要其他条件保持不变,货币需求量与价格水平成比例上升。

事实上，货币流转速度一般随着时间缓慢增加，于是 k 值也可能是随着时间缓慢变化。此外，在正常时期，货币和价格数量论仅仅是现实的粗略近似。图 24-9 描述了最近半个世纪货币供给增长和通货膨胀之间的散点图。从图中货币供给和价格之间并不完全相关的关系可以看出，尽管美国货币供给增长更快的时期也是通货膨胀更高的时期，但明显也存在着其他的因素在发挥作用。

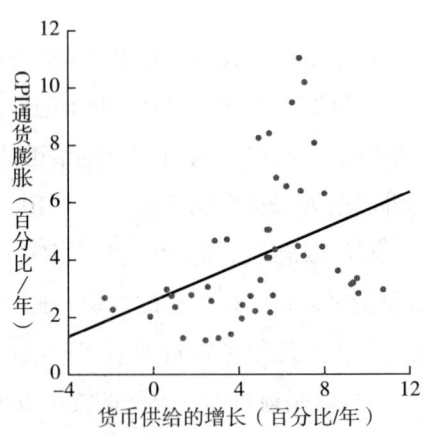

图 24-9 数量理论在美国（1962~2007）的实际情况
数量理论表明，货币供给变化 1%，价格也应变化 1%。过去半个世纪的数据绘成的散点图和拟合线说明数量理论是多么的简化。虽然通货膨胀确实与货币增长相关，但相关性不大。在关于通货膨胀的章节可以看到，失业和商品价格等其他变量也影响通货膨胀。问题：假定货币流转速度不变，产出每年增加 3%，如果货币是中性的，散点图将是怎样的？

资料来源：货币供给来自联邦储备委员会，CPI 来自劳工统计局。数据为 3 年的变动平均数。

货币和价格的数量论认为,价格变动与货币供给变动成比例。尽管这种理论只是一种粗略和近似的判断,但它的确有助于解释货币增长缓慢的国家会出现温和的通货膨胀,而在货币增长迅速的国家中物价水平则会急剧上涨。

现代货币主义经济学是二战后由芝加哥大学的米尔顿·弗里德曼及其众多的同行和追随者们发展起来的。在弗里德曼的领导下,货币主义者向凯恩斯主义的宏观经济学提出了挑战,并强调了货币政策在稳定宏观经济方面的重要性。在20世纪70年代,货币主义学派分离成两个独立的思想流派。其中一个坚持原有的传统,下面我们将会讨论。另一个较年轻的分支成为今天颇具影响的新古典学派,我们将在第31章加以分析。

纯粹的货币主义者认为"只有货币才是重要的"。这意味着价格和产出仅由货币供给决定,而影响总需求的其他因素(如财政政策)对总产出或价格则没有影响。此外,尽管货币供给的改变在短期内可以影响实际产出,但在长期内,实际产出则由劳动力、资本和技术的要素供给所决定。该理论预言在长期内货币是中性的。这意味着,在正确进行预期和不考虑商业周期的基础上,长期看,(1)名义产出与货币供给量同方向、同比例变化;(2)实际变量(产出、就业和失业)则独立于货币供给。

在第二次世界大战以后的时期,货币主义者在制定宏观经济政策方面扮演了重要的角色。货币主义者坚持认为,尽管货币在短期内影响实际产出,但货币在长期对实际产出却没有影响,并且货币在短期内影响产出还有一个长而多变的时滞。于是这种观点产生了货币主义者的中心原则——**固定的货币供给增长规则**：中央银行应该使货币供给以固定的速率增长，并且坚定地维持这一速率。

货币主义者相信，固定的货币增长率能够消除现代经济中造成不稳定的主要因素，即货币政策反复无常的不可靠的变动。他们认为，我们实际上应该用可以获得固定货币供给增长率的计算机取代联储。这种电脑化政策能够保证货币供给不会突然急剧增加。在稳定的货币流转速度下，名义GDP将以稳定的速度增长。在适宜低的货币供给增长情况下，经济不久将可以实现物价稳定。上述便是货币主义者的主张。

在20世纪70年代后期，当美国的通货膨胀率上升至两位数时，许多经济学家和政策制定者都相信，货币政策是有效对抗通货膨胀的唯一希望。1979年10月，联邦储备委员会的主席保罗·沃尔克曾向通货膨胀发起了一轮猛烈的反攻，被称为货币主义者的实验。在这项实验中，联储的运作程序发生了很大改变。它不再以利率为中心，而是试图稳定银行准备金和货币供给的增长。

联储希望这种货币管理的数量方法能够减缓名义GDP的增长率，进而降低通货膨胀水平。此外，一些人还相信，有规律的货币政策能够快速降低通货膨胀预期。一旦人们的预期降低，经济就可以在潜在的通货膨胀率下经历相对不痛苦的下降。

货币主义者的实验在减缓名义GDP增长以及降低通货膨胀率方面取得了成功。通过紧缩货币，利率急剧上升。通货膨胀率从

1980年的每年13%降低至1982年的4%。货币主义者的实验使得任何关于货币政策有效性的怀疑论调都平息了下来。货币确实发挥了作用,货币确实是重要的。紧缩货币能够使经济摆脱通货膨胀。然而,在1980~1983年期间,通货膨胀的下降却是以经济大衰退和高失业为代价的。

看似悖论的是,正当货币主义的实验成功地根除了美国经济中的通货膨胀之时,在金融市场上发生的变化却动摇了货币学派的现实经济基础。货币主义实验前后,周转率变得极不稳定。谨慎的经济学研究已经表明,货币流转速度明显会受利率的影响,从而不应再被视为一个独立于货币政策的常数。

图24-10描述了在1960~2007年期间货币流转速度的趋势。在1960~1979年间,M_1的流转速度增长相对稳定,致使许多经济学家相信货币流转速度是可以预测的。在1980年后,当1979~1982年间的高利率激发了包括货币市场账户和生息支票账户在内的金融创新时,货币流转速度变得日益不稳定。一些经济学家认为,货币流转速度变得不稳定实际上正是由于这一时期过分重视货币总量目标而造成的。

由于货币周转率越来越不稳定,美联储渐渐不再以它作为货币政策的风向标。在20世纪90年代早期,联储开始依靠诸如通货膨胀、产出和就业之类的宏观经济指标来诊断经济状况。政策的主要工具是利率,而不再是货币供给。

现在对大多数的中央银行来说,货币主义不再是有用的宏观经济理论。事实上,在2007~2009年的衰退时期,联储在它的目

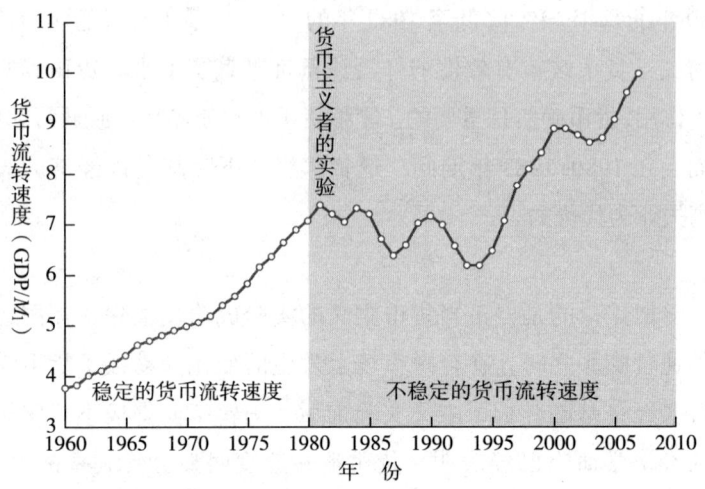

图 24-10 M_1 的收入周转率

货币主义者假定货币流转速度是稳定的，因此他们认为应保持固定的货币供给增长率。在 1979 年以前，货币流转速度是稳定增长的，并且是可以预测的。但从 1980 年（图中阴影部分）开始，活跃的货币政策、更高于变化的利率和金融创新导致了货币流转速度的极度不稳定性。

资料来源：流转速度通过名义 GDP/M_1 的比值定义。货币供给来自联邦储蓄委员会，GDP 来自商务部。

标中并没有包含货币数量。但是这也没有降低货币政策的重要性，在世界各国的宏观经济政策中，货币政策依旧是主要的组成部分。

货币主义者认为，在决定产出和价格的因素中"只有货币才是重要的"，而在长期中货币则是中性的。今天，尽管货币主义不再是宏观经济学的主流，但是货币政策仍是大型市场经济体稳定政策的主要工具。

开放经济中的货币政策

中央银行在开放经济中尤其重要,因为它们管理着准备金流和汇率,并监测国际金融的发展。随着全球经济日益一体化(一种通常被称为全球化的过程),中央银行必须学会管理货币的外部流动和内部等目标。本部分将讨论开放经济中货币管理的若干主要问题。

没有一个国家是与世隔绝的孤岛。所有的经济体都通过商品和服务的国际贸易以及资本和金融资产的流动而相互联系。

联系两个国家的一个重要的国际金融因素就是汇率。正如我们在后面章节将看到的那样,国际贸易和国际金融包含对不同的世界通货的使用,这些世界通货通过被称为外汇汇率的相对价格相互联系。因此,欧元与美元的相对价格就是这两种通货的汇率。

一个重要的汇率体系是浮动汇率制,即一国的汇率由市场供求力量来决定。今天,美国、欧洲和日本都实行浮动汇率制度。这些地区可以独立于其他国家实施自己的货币政策。本章的分析主要针对浮动汇率制度下货币政策的操作。

一些经济体,例如今天的香港、中国大陆以及早期的所有国家,采用的几乎都是固定汇率制。它们让本国的货币"钉住"一种或多种外国货币。当一个国家实行固定汇率制时,它必须使本国的货币政策与其货币所钉住的国家保持一致。例如,假如香港拥有开放的金融市场,且它的货币与美元保持着固定汇率,则香港就必须和美国保持同样的利率水平。

联储在国际金融体系中起到政府政策执行机构的作用。在浮动汇率制下,中央银行的主要目标是防止外汇市场上混乱局面的发生,例如可能由政治危机所引发的混乱局面。联储可以买卖美元或者与外国中央银行合作来确保汇率不至于发生异常的变动。然而,不像早先固定汇率的年代,联储不会通过"干预"市场而使汇率保持在特定的位置。

此外,当发生国际金融危机时,联储经常率先与其他国家和国际机构合作开展救援工作。1994~1995年墨西哥发生债务危机时,联储就曾发挥了重要的作用;1997年发生东南亚金融危机和1998年发生全球流动性危机时,联储也曾联合其他国家合力稳定金融市场;此外,联储在2001~2002年阿根廷债务危机中也发挥了稳定市场的重要作用。同样,在2007~2008年期间,许多国家的金融机构都开始遭受巨额亏损,于是美联储和其他国家的中央银行联合起来提供流动性,阻止投资者恐慌从一个国蔓延到更多的国家。

开放经济中的货币传导

随着经济日趋开放和汇率制度的变迁,过去30多年来美国的货币传导机制已经进一步发展。在小国或那些更开放的经济体,如英国、加拿大,货币政策和对外贸易的关系一直是主要的问题。但自从1973年国际汇率制度进入浮动时期,以及各国对外联系日趋密切以来,国际贸易和国际金融在美国宏观经济政策中占据了新的主导地位。

让我们在浮动汇率制度下分析货币政策如何通过国际贸易影响经济。设想美联邦储备当局紧缩货币供给。这项举措使得以美元计账的资产的利率上升。受美元高利率的吸引，投资者纷纷购买美元证券，导致浮动汇率制下的美元升值。美元升值进而鼓励美国的进口，减少了美国的出口。所以，美国净出口额下降，降低了总需求量。这既会降低实际GDP，也将减小通货膨胀率。

> 对外贸易打开了货币传导机制中的另一条渠道。如同影响国内投资一样，货币政策对国际贸易也有同样的影响：紧缩货币会减少净出口，因而降低产出和价格。货币政策对国际贸易的影响进一步强化了对国内经济的冲击。

从总需求到总供给

我们已经完成对总需求决定因素的介绍和分析。我们考察了总需求的基础，并且知道 AD 是由外部因素（如投资和净出口）与政府政策（如货币政策和财政政策）共同决定的。在短期中，这些因素的变动将会导致支出的变动及产出和价格的变动。

在当今多变的和全球化的世界中，经济会受到来自国内和国外两个方面的冲击。战争、革命、股票市场暴跌、房地产泡沫、金融和货币危机、石油价格冲击以及政府的失误等，不是引发高通货膨胀，就是引发高失业，或者，在滞胀时期，两种情况同时出现。由于市场不具有消除宏观经济波动的自动自我纠正机制，因此当今的政府负有减轻商业周期波动的责任。

尽管在1990年、2001年和2008年美国曾经历过经济衰退，但是我们仍然可以说，到目前为止，美国还是很幸运地避开了严重的长期经济低迷的情况。相比之下，在过去超过25年的时间里，其他国家好像就不曾有这样的幸运。日本、许多欧洲国家、拉丁美洲、俄罗斯和东南亚诸国，都曾经历过高水平的通货膨胀和失业，也都曾经历过货币危机和生活水平急剧下降的风暴。这些现象提醒我们，不存在一个万能的良方，能够让现代经济在面临各种冲击时都能消除失业和通货膨胀。

关于短期宏观经济学的讨论到这里应该说已经告一段落。从下一章开始，我们的讨论将转向有关经济增长、开放经济和经济政策等领域。

第六编

经济发展、经济增长与全球经济

第二十五章　经济增长

产业革命是一曲既无开头也无结尾的乐章，它仍在奏响。

——**霍布斯鲍姆**
《革命的年代》(1962 年)

　　如果你翻看一下上个时代的历史照片，那么你会很快地意识到，在过去的几个世纪、几十年中，普通家庭的生活水平已经发生了多么巨大的变化！今天的家庭已经拥有形形色色的一个世纪以前很难想象的物品。从娱乐生活上看，等离子电视、高清晰度DVD和便携式媒体设备等，都属前所未有。同样在信息传播上，互联网所提供的大量的信息，过去也只有去图书馆才能查阅得到。那时，甚至在大多数的图书馆，也都只有一小部分已出版的知识文献可供读者利用。医疗条件方面也可谓今非昔比，美国历史上的南北战争时期，士兵就仅仅因为受到感染而死亡。

　　以上普通家庭可获得的物品和服务在品种、数量和质量上的巨变，都是经济增长在人类社会生活福利中的具体表现。在宏观经济学中，经济增长说明了一个过程。在这个过程中，经济积累了大量的资本设备，推动了尖端科技的发展，经济变得更加稳健和富有效率。一个十年又一个十年、一个时代又一个时代,长期看,以人均产出或家庭消费所衡量的一国生活水平,现在已基本上都取决于总供给和生产率的水平。

本章首先研究经济增长理论,然后运用这些理论具体地分析美国等富庶国家的经济活动所具有的历史趋势。下一章我们通过讨论努力追赶西方富国的发展中国家的困境,来研究收入水平的另一个侧面。这两章都着重于说明国际贸易和金融对宏观经济的影响。

仔细分析美国经济史我们会发现,自 1900 年以来,实际 GDP 已经增长了 35 倍;而自 1800 年以来则更是已经增长了 1000 多倍。现代经济的显著特征之一就是产出快速增长,这与几百万年以前人类历史起源时期相比,可谓形成了强烈的对比。这也许是 20 世纪最重要的一个经济现象。持续快速的经济增长使得先进工业国能给它的居民提供更多的福利——更好的食物、更大的住房、更多的医疗,以及对污染的控制,对孩子的普及教育,更多的军事装备,以及为退休者提供养老金。

由于经济增长对于提高人民生活水平如此重要,所以它已经成为一项核心的经济政策目标。经济增长竞赛中速度最快的国家,例如 19 世纪的英国和 20 世纪的美国,已经成为其他国家寻求富裕之路的典范。相反,一些经济滑坡的国家却常常遭受政治与社会动荡。1989~1991 年发生在东欧和前苏联的革命,也是由于那些国家的居民将本国在社会主义条件下的经济停滞,与相邻西方市场经济国家的经济快速增长相比较而引发的。经济增长无疑已成为各国长期经济成就的一个最重要的标志。

经济增长理论

我们不妨先对"经济增长"给出一个准确的定义。**经济增长**代表的是一国潜在的 GDP 或国民产出的增加。也可以说，当一国生产可能性边界（*PPF*）向外移动时，就实现了经济增长。

与此密切相关的一个概念是人均产出增长率。它决定一国生活水平提高的速度。国家主要关注的是人均产出的增长，因为它将带来平均收入的提高。

在一个高收入国家，经济增长的长期模式是怎样的呢？由表25-1可见，包括北美、西欧的主要国家，还有日本、澳大利亚在内的高收入国家自1870年以来的经济增长史。我们看到在这段历史时期，产出是稳定增长的。此外，对生活水平更有影响力的因素是每小时产出的增长，它的变动与生活水准的提高密切相关。在整个时期中，每工时的产出平均每年增长2.3%。如果我们把这136年的增长率综合统算，那么最终人均产出将是开始时的22倍。

这种增长背后的主要力量是什么呢？一国应该怎样做才能提高它的经济增长率呢？21世纪增长前景又会怎样呢？所有这些都是在分析经济增长过程中必须面对的问题。

> 经济增长涉及长期潜在产出的增长。人均产出的增长是政府的重要目标，因为它关系到平均实际收入和生活水平的提高。

表 25-1　发达国家的增长模式

时　期	平均年增长率（%/年）			
	GDP	每个工时 GDP	总工作时间	劳动力
1870~1913 年	2.5	1.6	0.9	1.2
1913~1950 年	1.9	1.8	0.1	0.8
1950~1973 年	4.8	4.5	0.3	1.0
1973~2006 年	2.6	2.2	0.4	1.0
总计时期	**2.8**	**2.3**	**0.5**	**1.0**

在上个世纪，主要高收入国家如美国、德国、法国以及日本经济增长迅速。产出的增长快于投入的劳动的增长，这反映了资本增长和技术进步。

资料来源：Angus Maddison, *Phases of Capitalist Development* (Oxford University Press, Oxford, 1982). 作者对部分数据作了修订和更新。从 1870 年开始的数据包括 16 个主要国家，而较近期的数据包括 31 个发达国家。

经济增长的四个轮子

经济增长的良方是什么呢？首先需要说明的一点是，条条道路通罗马。有许多成功的策略可以实现经济的自我持续增长。例如，英国最早开始进行工业革命，包括发明蒸汽机和铁路、强调自由贸易等，并在 19 世纪成为世界经济的领导者。日本则相反，它加入经济增长竞赛的时间较晚。日本最初是通过模仿外国技术，限制进口保护国内工业，然后大力发展自己的制造业和电子业，最终成功地发展了本国经济。

虽然发展途径各不相同，但所有快速发展的国家都有一些共同点。经济增长和经济发展的基本机制都是一样的，当初它们成就了英国和日本，如今也适用于中国和印度这样的发展中国家。

事实上，研究经济增长的经济学家已经发现，无论是穷国还是富国，经济增长的发动机必定安装在相同的四个轮子上。这四个轮子或者说经济增长的要素就是：

- 人力资源（劳动供给、教育、技能、纪律、激励）
- 自然资源（土地、矿产、燃料、环境质量）
- 资本（工厂、机器、道路、知识产权）
- 技术变革和创新（科学、工程、管理、企业家才能）

通常，经济学家用总生产函数（APF）来表明这些因素之间的关系。总生产函数将国民总产出与总投入和技术联系在一起。它的数学表达式是：

$$Q = AF(K, L, R)$$

其中 Q = 产出，K = 资本的生产性作用，L = 投入的劳动，R = 投入的自然资源，A 代表经济中的技术水平，F 是生产函数。随着资本、劳动、资源等投入要素的增加，我们可以预计产出也会增加，尽管随着生产要素投入的不断增加，这种产出增加会发生收益递减现象。我们可以考虑一下技术对于提高投入要素生产率的作用。**生产率**是指产出与投入的加权平均值的比率。由于新发明的出现或者对国外先进技术的引进，技术水平（A）得到提高，技术的进步可以使一国在相同投入水平条件下生产出更多的产出。

现在让我们来分析这四个因素对经济增长所分别做出的贡献。

劳动投入包括劳动力数量和劳动大军的技能。很多经济学家认为，所投入的劳动力的质量，如劳工的技能、知识和纪律性，是经济增长的最重要的因素。一个国家可以购买高速计算机、现代通信设备、复杂的发电装置和超音速战斗机。但是，这些资本品只有那些有技术的、经过培训的劳工才能有效地使用和维护。提高劳工的知识水平、健康程度和纪律意识，以及短时期内提高劳工的电脑操作技能，都将极大地提高劳动生产率。

产出的第二大典型要素是自然资源。这里所指的重要资源包括耕地、石油、天然气、森林、水资源和矿产资源等。一些高收入国家，如加拿大和挪威，就是凭借其丰富的资源，在石油、天然气、农业、渔业和林业等方面获得高产而发展起来的。与它们类似，美国由于拥有广袤的良田，所以才成为当今世界最大的谷物生产国和出口国。

但在当今世界上，自然资源的拥有量并不是经济发展取得成功的必要条件。纽约市的繁荣主要源于它高密度的服务业。许多几乎没有自然资源可言的国家，如日本，通过大力发展依靠更多劳动和资本而非本土资源的产业而变得繁荣昌盛。

资本包括有形的资本品，如公路、电厂、卡车、电脑等设备，以及无形的物品，如专利、商标和计算机软件等。经济学史中最典型的故事常涉及资本积累。19世纪，横跨北美大陆的铁路将工商业引至美国的心脏地带。而在此之前，那里还处在与世隔绝的状态。20世纪以来，对汽车、公路和电厂的投资浪潮大幅度地提高了劳动生产率，也为创建全新的工业体系提供了基础设施。许多人士都认为,计算机和信息技术对于整个21世纪的作用,会如同早年的铁路和公路一样。

我们已经知道,积累资本意味着需要牺牲多年的当前消费。凡是经济快速增长的国家,一般都会在新的资本品上进行大量的投资。在大多数经济高速发展的国家,用于净资本形成的资金都占到了产出的10%~20%。不过美国则与高储蓄国家形成了鲜明的对比。2008年,美国的国民净储蓄率从二战后第一个40年期间的平均7%下降到接近于零。低储蓄率是由低水平的私人储蓄以及庞大的政府财政赤字造成的。低储蓄率可以从大量的对外(贸易)赤字得到验证。经济学家担心低储蓄率将会阻碍未来几十年的投资以及经济增长,庞大的外债规模也可能会对汇率和实际的工资水平造成较大的负面影响。

说到资本,我们不应该只是局限于计算机和工厂。还有许多投资是由政府部门所承担的,这些投资对私人企业部门的有效运作是必不可少的。这些投资被称作**社会分摊资本**,包括旨在促进商业和贸易的大规模的前期项目投资。其中重要的项目包括公路、灌溉和引水工程、公众医疗保健事业等。所有这些都涉及不可分割的或曰整体性的大规模投资,有时这些投资还具有规模报酬递增的特征。这些工程通常都具有外部经济或溢出效应,私人公司无法投资经营,所以政府才必须介入,以保证这些社会分摊投资或曰基础设施投资能够有效率地进行。还有一些投资,如运输和通信系统等,会涉及"网络外部效应"问题,其生产率取决于使用网络的人口数。

除上面讨论的三个典型因素之外，生活水平的快速提高还依赖于第四个重要因素——技术进步。历史上，增长过程本来就不像单纯的增加钢厂或电厂数量那样是一种简单的复制。事实上，正是层出不穷的发明和技术进步，促进了欧洲、北美和日本的生产潜力的巨大增长。

今天我们正目睹新技术爆炸式地发展，特别是在计算机技术、通信（例如互联网）和生命科学领域。尽管如此，就美国社会而言，它已经不是首次受到基础性发明的猛烈推动。电力、无线电、汽车和电视等新技术，在早些年的美国经济发展中已经迅速地扩散。图25-1显示了20世纪主要发明的传播状况。这条S形曲线反映的是新技术传播的一般情况。

技术变革是指生产过程的变革，或是新产品、新服务的引进。蒸汽机、发电机、抗生素、内燃机、宽体喷气式飞机、微处理器和传真机等作业流程方面的发明极大地提高了劳动生产率。基础性的产品发明还包括电话、收音机、飞机、照相机、电视、计算机和录像机等。

当今社会最活跃的技术变革发生在信息技术产业。如今，一台小巧的笔记本电脑的性能已远胜过20世纪60年代速度最快的计算机，一条光缆可以同时承载20万个对话，而在早些时候这需要20万根铜线。这些发明都是技术变革中最引人注目的成就。然而，实际上，技术进步是由一系列或小或大的技术改进过程所组成。以美国为例，政府每年颁发10万余个专利许可证，在现代经济中数百万的细微之处的革新已是常规活动。

由于技术进步对于提高生活水平十分重要，长期以来经济学

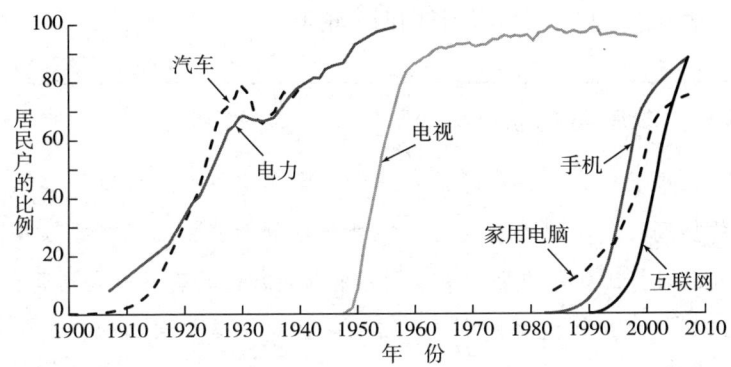

图 25-1 主要技术的传播

今天的信息技术,如移动电话、电脑和互联网,在美国社会得到了快速的传播。类似的传播方式在过去其他基础发明中也可以看到。

资料来源:*Economic Report of the President*, 2000, updated by authors.

家们一直都在考虑如何促进技术进步。技术进步是一个复杂的、多层面的变化过程,迄今为止人们还没有发现一个公认的成功模式。

不妨看看历史上的一些例子。日本丰田汽车公司成功地灌输了自下而上不断进行质量改进的职场道德,这使得丰田跻身世界汽车工业的前列。硅谷的计算机业则是另一个不同的模式。在硅谷,技术变革源于勇于探索的企业家精神、宽松适度的政府管制、自由的知识产权国际贸易,以及富有吸引力的利润丰厚的股权激励。经济学家们也意识到,仍然存在一些方式在扼杀着创新精神。在中央计划经济条件下,由于国家管制枷锁沉重、盈利动机缺乏、价格机制无效乃至普遍滋生腐败,所以在前苏联的许多部门中都可以见证技术停滞。

表25-2总结了经济增长的四个轮子。

制度、激励与创新

在很长时期内,全球的产出和财富的增长主要取决于知识水平的提高。但在人类历史上,在新技术创新、新知识传播以及激励人们投身工作等方面,制度因素的起步却比较晚——直到近500年以来,才在西欧缓慢发展。威廉·鲍莫尔曾经深刻地指明了这个问题:

> 亚历山大博物馆是罗马帝国技术创新的中心。在公元前的第一个世纪,那里的人们事实上已经了解了今天我们所使用的各种机械装置,包括使用蒸汽机。但它们看起来仅仅像是精巧的玩具而已。蒸汽机也只是被用于开启或关闭神庙的大门。

鲍莫尔和经济史学家乔尔·莫科尔都认为,激励和制度的发展对于技术创新具有至关重要的作用。他们还特别指出,私人所有制、专利制度以及基于规则的法律仲裁体系等,都是培育创新的工具。

经济增长理论

毋庸置疑,谁都希望经济增长。但是,关于实现这一目标的最好方法,人们却有很多不同的看法。一些经济学家和政策制定

表 25-2　经济增长的四个轮子

经济增长的因素	例　子
人力资源	劳动力的规模
	工人素质（教育、技能和纪律）
自然资源	石油和天然气
	土壤和气候
资本存量	住宅和厂房
	机　器
	知识产权
	社会分摊资本
技术和企业家精神	科学与工程知识水平
	管理技能
	创新的回报

经济增长无疑需要构架在劳动、自然资源、资本和技术这四个车轮之上。不过，由于国家不同，车轮也有可能大不相同，一些国家对车轮的利用可能要比另一些国家有效率得多。

者强调需要增加资本投资；另一些则主张用政策鼓励研发活动和技术变革；还有一些人看重良好教育对劳工队伍的作用。

　　长期以来，经济学家们一直致力于研究经济增长中各种决定因素的相对重要性。在接下来的讨论中，我们将看到有关经济增长的各种理论。这些理论为我们找出增长背后的推动力提供了一些线索。最后在本章的结尾，我们将讨论从上个世纪的增长模式中我们能够学到关于增长的哪些东西。

　　早期的经济学家，如亚当·斯密和马尔萨斯，强调土地在经济增长中的重要作用。在《国富论》(1776年)中,亚当·斯密提出了关于经济发展的指导性意见。他首先假设处在一种田园时代:"一切事物都处于它的原始状态,没有土地占有和资本积累。"在那个时代,土地可供所有人自由地免费使用,资本积累也还没有凸显其重要性。

在这样一个黄金时代,什么才是经济增长的动力呢?由于土地可以自由使用,于是随着人口的增加,人们只能不断地开垦土地和扩大耕地面积,就像历史上美国西进运动中的垦荒者所经历的那样。因为没有资本,所以人口翻一番,国民产出也正好随之翻一番。实际工资的情况又会如何呢?因为没有土地租金或资本利息,所以工资就是全部的国民收入。由于产出的扩张与人口的增加是同步的,因此人均实际工资会长期不变。

但是,这样一个黄金时代势必不可能永远地维持下去。最终,随着人口继续增加,所有的土地都将被占用和开垦。一旦再无多余的土地可以开垦,则土地、劳动和产出的平衡增长也将不复存在。于是,新增加的劳动开始拥挤在已开发的土地上。土地变得稀缺,租金开始提升,以便社会能就不同的用途对土地进行分配。

人口继续增长,国民产出也在增长。但产出的增长一定会远慢于人口的增加。这是为什么呢?随着新增劳动力不断地被投入到面积既定的土地上,每个劳动力可以使用的耕地面积势必减少,收益递减规律势必开始发挥作用。劳动力与土地的比率的不断提高，导致劳动的边际产出下降，实际工资率的下降也会随之而来。[1]

情况最坏能到什么程度呢？冷峻的马尔萨斯牧师认为，人口的压力会使经济状况恶化到劳工们处于仅能维持生存的最低生活水平。马尔萨斯推断道：一旦工资高于最低生存线，人口将会增长；而若工资水平低于最低生存线，则会导致死亡率升高，人口也将会减少。只有在最低生存工资水平上才会实现人口的稳定均衡。于是他认为工人阶级命里注定要过一种野蛮的、肮脏的、短命的生活。这幅阴暗的画面使得托马斯·卡莱尔指责经济学为"沉闷的科学"。

图25-2（a）显示的是斯密的黄金时代的经济增长过程。当人口翻一番时，生产可能性边界（PPF）则在各个方向上移两倍，可见该增长并未受到土地或资源的限制。图25-2（b）显示的是悲观的马尔萨斯的情况，人口翻一番导致食品和服装不到1倍的增长，当更多的人拥挤进有限的土地上的时候，减少的收益也会导致人均产出降低。

马尔萨斯的预言明显地落空了，因为他没有认识到技术创新和资本投资可以克服收益递减规律的影响。土地已经不再成为生产的制约因素。取而代之的是，第一次工业革命带来的动力机器

---

[1] 本章的理论依据的是微观经济学的一个重要发现。在包括完全竞争的简化条件下分析工资的决定时，我们可以看到工人的工资率将等于所雇佣的最后一个工人的额外或边际产出。例如，如果最后一个工人对于整个公司产出的贡献是每小时价值12.5美元的产品，那么在自由竞争条件下，公司愿意支付每小时12.5美元的报酬给那位工人。同理，土地的租金是由最后1单位土地的边际产出所决定，而实际利率是由资本的最小生产单位的边际产出所决定。

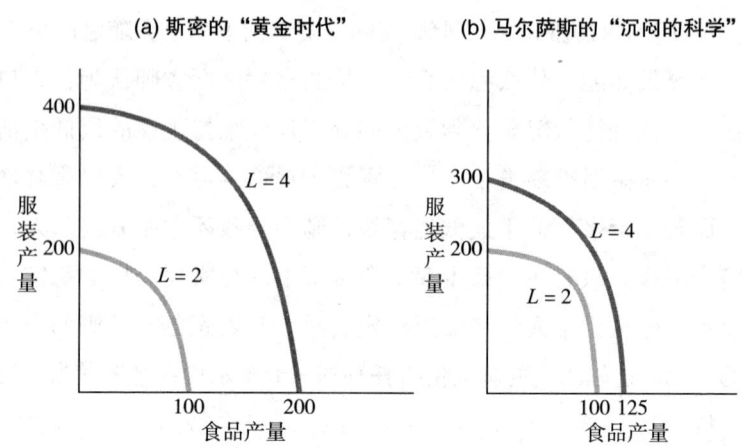

图 25-2 斯密和马尔萨斯的古典动力学

在（a）中，生产可能性边界上无限的土地意味着当人口翻番的时候，劳动也简单地随之疏散，使得所产出的食品和服装变成原来的两倍。在（b）中，有限的土地意味着人口从 200 万增加到 400 万会导致收益递减。注意：当投入的劳动力翻番的时候，潜在的食品产出仅仅增加了 25%。

增加了产量，工厂使工人聚集在规模巨大的企业中，铁路和汽船把相隔遥远的世界各地连接在一起，钢铁使制造出更坚固的机器和更快的机车成为可能。当市场经济进入 20 世纪的时候，第二次工业革命开始了，电话、汽车、电力等一些重要的产业成长起来。资本积累和新技术成为影响经济发展的支配性力量。

在 21 世纪，经济增长的动力会是什么呢？也许计算机、软件和人工智能方面的进步会引发另一次工业革命。也可能正如一些生态悲观主义者所警告的，随着气候的变化、海平面上升和干旱等，将会引发人口迁徙，造成社会动乱和经济衰退，一个当代马尔萨斯的阴霾将会笼罩在富裕国家的头上。

为理解资本积累和技术变革对经济的影响，我们必须了解**新古典经济增长模型**。这一理论由麻省理工学院的罗伯特·索洛提出。他因为这一理论和其他对经济增长理论的贡献，于1987年获得了诺贝尔经济学奖。新古典增长模型是理解发达国家经济增长过程的基本工具，并被用于有关经济增长源泉的实证性研究。

经济增长的倡导者

罗伯特·索洛（Robert M.Solow）出生于布鲁克林，曾在哈佛大学就读，后于1950年到麻省理工学院经济系学习。在那以后的几年中，他提出了新古典增长模型，并应用到增长要素核算分析理论之中。该理论在本章后面将会加以讨论。

索洛最重大的研究成果之一是1956年出版的《经济增长理论的拓展》。该书是对本章所介绍的新古典增长模型的一种数理分析。索洛的研究成果非常重要，由诺贝尔评奖委员会的评价我们可见一斑：

> 索洛的理论模型对经济分析有着重要的影响。除了作为一个分析增长过程的工具，它还在其他几个不同的领域中都得到了推广。该模型被推广到引入其他多种生产要素的情形，而且也根据随机因素的假设做了修正。一般均衡分析中采用的一些"数理"模型所具备的动态联系的特征，也是以索洛的模型为基础。然而最为重要的一点还是，索洛增长模型构建了现代宏观经济理论赖以形成的基本框架。

索洛的研究激起了各国政府对于发展教育、加强研究和开发等活动的更多兴趣。任何一个国家、任何一个长期的经济报告……都无一例外地沿用了索洛式的分析技术。[1]

索洛还致力于经济增长的实证性研究、自然资源经济学和资本理论的发展。此外，索洛还曾担任肯尼迪政府的宏观经济顾问。

索洛不仅因为他对经济学的热情，而且也因为他的幽默而闻名。他担心对社会声誉的渴求正导致某些经济学家夸大自己的知识。他批评经济学家中存在着"一种明显的不可遏制的急切心情，要将他们的科学拔高到超越科学本身的极限程度，总想将问题回答得比自己有限的理解复杂问题的能力更为精巧的程度。而没有人喜欢说'我不知道'"。

作为一个文笔生动的作家，索洛担心向公众解释经济学是非常困难的。在他获得诺贝尔奖后举行的新闻发布会上，他有一句妙语："你的读者对你的注意力长度比你的一个句子还要短。"尽管如此，索洛继续在属于他的经济学领域中辛勤劳作。世界也越来越注意倾听麻省理工学院这位经济增长的倡导者的声音。

基本假定 新古典增长模型描述的是这样一种经济，该经济使用两种投入要素（资本和劳动）生产一种同质产品。与马尔萨斯的分析不同，在这里，劳动的增长是给定的。另外，假定经济是竞争性的，并且总在充分就业的水平上运行。由此，我们就能够分析潜在产出增长。

1　引自诺贝尔经济学奖委员会，网址：*www.nobel.se/laureates*。

新古典增长模型中新的、重要的组成部分是资本和技术变革。先假定技术保持不变。资本由已经生产出来的、可用于生产其他物品的耐用品所组成。资本品包括建筑物(如厂房、房屋)、设备(如计算机、机床)和存货(包括成品与半成品)。

为方便起见,我们假定只有一种资本品(称为 K)。然后我们以资本品的总数量来衡量总资本存量。实际计算中,我们估算全部资本品的美元价值(如设备、建筑和存货的固定美元价值)。假如 L 是工人的数量,那么(K/L)等于人均资本量,或称为资本-劳动比率。这样我们就可以在假定技术不变的新古典增长模型下,写出我们的总产出方程:$Q = F(K, L)$。

现在回到经济增长过程,经济学家强调**资本深化**的必要性。资本深化是指人均资本量随时间推移而增长的过程。这里是一些资本深化的例子:农民使用柑橘采摘机而不再靠非技术性的体力劳动;道路修筑者使用挖土机而不再雇使用锄和铲的劳工;银行用成千上万的自动取款机代替先前的出纳柜员。这些都是经济发展人均资本量增加的例子。其结果是,农业、道路修筑业、银行业中的人均产出都有了极大的提高。

资本深化过程中资本报酬会发生什么变化呢?在技术水平既定的条件下,工厂和设备较快的投资速率会降低资本收益率。[1]因为最有价值的投资项目总是最先实施,越是靠后的投资,价值就会越小。一旦完整的铁路网或电话系统建立起来之后,新的投资

---

[1] 如果市场是完全竞争的,同时也不存在风险、税收或通货膨胀,那么,资本回报率将等于债券和其他金融资产的实际利率。

就只能向人口较少的地区分流或重复已有的线路。这些靠后的投资的收益率，会低于人口密集区之间最初的线路投资的收益率。

另外，随着资本的深化，劳工的工资率将会上升。为什么呢？因为每个劳工都有更多的资本可供他在工作中利用，因而他的边际产品也会提高。结果，竞争性的工资率会随着劳动边际产品的提高而相应地提高。

我们可以将新古典增长模型中资本深化的影响概括如下：

> 如果资本存量的增加快于劳动力的增加，那么就会发生资本深化。如果没有技术变革，资本深化将会带来人均产出的增长，带来劳动边际产品和实际工资的增加；它还会导致资本收益的递减并降低资本收益率。

由图 25-3 我们可以分析资本积累的效应。该图显示了总生产函数，纵轴表示人均产出，横轴表示人均资本。在本章开始时讨论过的所有其他变量，诸如土地数量、自然资源贡献以及最重要

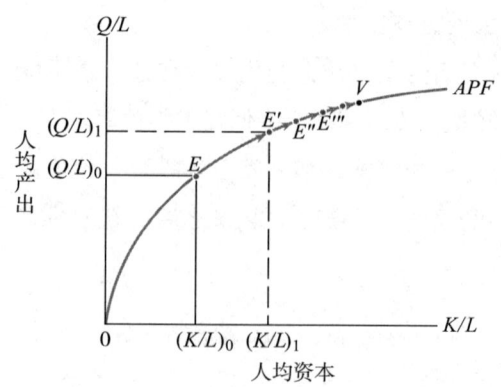

图 25-3 经由资本深化的经济增长

当人均资本数量增加时，人均产出也会增加。这个图形表现了"资本深化"的重要性，或者说增加人均资本的必要性。但是请记住，要保持其他要素不变，如技术、劳动力的质量和自然资源等。

的变量,即经济所使用的技术等,在此都作为常量而保持不变。

社会积累资本时将会发生什么情况呢?由于每个工人都有越来越多的资本可以利用,所以整个经济开始上升,到达总生产函数(曲线)的右边。假定资本 – 劳动比率上升,从 $(K/L)_0$ 增加到 $(K/L)_1$,那么人均的产出量也上升,从 $(Q/L)_0$ 增至 $(Q/L)_1$。

劳动力和资本的要素价格又会发生什么变化呢?随着资本的深化,资本的边际收益递减规律开始起作用,所以资本收益率和实际利率下降。(图 25-3 中曲线的斜率是资本的边际产品,当资本深化时,可以看到该斜率变小。)此外,由于每个工人可以利用更多的资本,所以工人的边际生产率提高,实际工资率也随之上升。

如果每个工人的资本使用量由于某种原因而下降了,则相反的情形就会出现。例如,战争会消耗一国很大一部分资本,并降低资本 – 劳动比率,因此战后会出现资本稀缺及资本收益升高的现象。这样,我们先前对资本深化作用的文字总结就由图 25-3 的分析而得到了验证。

长期稳定状态 无技术变革的新古典增长模型中的长期均衡是怎样的呢?最终,资本 – 劳动比率会停止升高。长期看,经济会进入一种稳定的状态:资本深化终止,实际工资停止增长,资本收益和实际利息率也保持稳定。

我们可以用图 25-3 说明经济是怎样向稳定状态移动的。随着资本继续积累,资本 – 劳动比率会沿着图中箭头从 E' 上升到 E'',再到 E''',直到资本 – 劳动比率不再增长的 V 点。在该点上,人均产出 (Q/L) 不再变动,实际工资也停止了增长。

没有技术变革,人均产出和工资的增长就会停滞。这个结果,比起马尔萨斯所预言的那个"维持生存工资"的世界来,显然要好得多。但是,新古典增长模型的长期均衡已经表明:假如经济增长仅仅是靠资本积累,而这种资本积累又只不过是靠用现存的生产技术来增加工厂数目的话,那么生活水平的提高最终还是会停滞。

尽管资本积累模型是理解经济增长的一个很好的开端,但它仍然有一些重要的问题没有解答。首先,模型预言在技术水平不变的前提下,实际工资最终将停滞。但在上个世纪中,实际工资并非停滞不动。可以提前参考图25-5(c)。该图表明:在上个世纪中,实际工资的增长超过了8倍。简单的资本积累模型既不能解释为什么经过一段时间劳动生产率会有巨大的提高,也不能解释不同国家间人均收入的巨大差异。

它所忽略掉的是技术变革。我们可以将技术变革表示为图

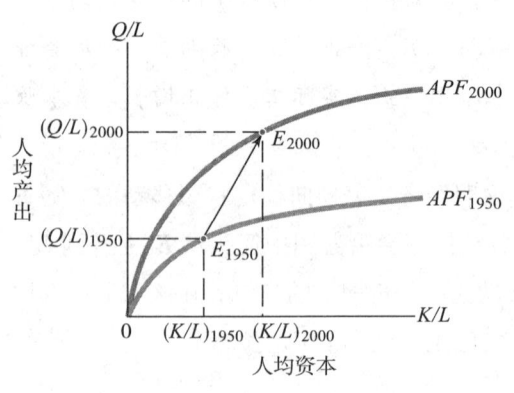

图25-4 技术进步使生产函数曲线向上移动

作为技术进步的结果,总生产函数曲线随着时间推移向上移动。因此,技术进步加上资本深化就导致了单位人工产出和实际工资的提高。

25-4 中总生产函数的上移。在这个图中，我们同时给出了 1950 年和 2000 年的总生产函数曲线。由于技术变革，总生产函数曲线从 APF_{1950} 上移到 APF_{2000}。曲线上移表明，由于众多新工艺和新产品的出现，如电子工业、电子商务、冶金技术的进步以及医疗技术得到改进等，生产率提高了。

因此，除了前文讨论的资本深化之外，我们还必须考虑技术进步的作用。资本深化和技术变革的总和用图 25-4 中的箭头来表示，它使人均产出从 $(Q/L)_{1950}$ 增长到 $(Q/L)_{2000}$。经济没有停滞不前，而是人均产出增加、工资上升和生活水平提高。

不断变革的技术对于利润率和实际利率的影响，也特别引起人们的兴趣。作为技术进步的结果，实际利率无需下降。发明创造提高了资本生产率，抵消了利润率下降的趋势。

到现在为止，我们一直将技术变革视为科学家和发明家所赐予的神秘的东西，就像是天赐甘露一样。近期对经济增长的研究开始关注技术变革的源泉。这项研究，有时被称作新增长理论，或称"内生技术变革理论"，其目的在于探讨私人市场力量、公共政策决定以及相关制度如何引导出技术变革的不同模式。

一个重要的观点是技术变革是经济体系的一种产出。爱迪生的灯泡是基于在那以前许多年中人们探索和设计各种灯泡的结果；晶体管的发明脱胎于贝尔实验室的科学家们试图改进电话信号转换装置的努力；新药剂的问世离不开制药公司曾花费上亿美元用于研制和测试。聪明而又幸运的人可以取得巨额回报，甚至像微软的比尔·盖茨一样，成为亿万富翁。但也有很多失败的发明者或公司,最终以囊中空空如也而告终。

技术的另一个与众不同的特点在于它们都是公共品,或用一句术语来说,是一种"非竞争性"物品。这意味着,它可以同时被很多人使用而不怕被用光。就一种新计算机语言、一种神奇的新药、一个新的炼钢工艺设计而言,我在这里的使用绝不会减少它在你那里的效用,或在英国人、日本人以及其他任何人那里的使用。除此之外的一个特征是,产生这种发明的代价很昂贵,但复制它的成本却很低廉。技术变革的这些特征导致了严重的市场不灵,它意味着由于其他人可以很容易地复制这些发明,而使得发明者有时很难从其发明中获取合理的回报。

对于最基础性的研究来说,市场不灵最严重。公共政策在这方面发挥了重要的作用。首先,政府通常会通过政府补助、提供研究设施等举措来支持基础科学的研究。如果没有政府和非营利性的支持,数学、自然科学和社会科学方面的基础研究将无法进行。另外,政府必须注意确保那些以盈利为目的的发明者能够有足够的动力来从事研究和开发。政府越来越关注知识产权,如专利权和版权,为那些创造性的活动提供足够的市场回报。

新增长理论的主要贡献是什么?它改变了我们关于增长过程和公共政策的思维方式。如果技术水平不同是导致各国生活水平差异的主要原因,且假定技术是一个可以生产出来的要素,那么关于经济增长的政策就应该着重关注国家怎样才能提高技术水平。这正是新经济增长理论的代表人之一,斯坦福大学的保罗·罗默所总结出的经验:

在全面理解长期经济成功的决定因素方面,经济学家可以再一次取得进步。最终,我们可以向政策制定者提供一些比标准的新古典学派更具洞察力的观点,更节省、也更学院化。我们有能力参加当前的政策辩论。这些辩论涉及对私人研究提供税收补贴、给从事研究开发的合资企业以反垄断豁免权、跨国公司的活动、政府特许权的作用、贸易政策与创新之间的相互关系、对知识产权的保护范围、私人企业和大学之间的合作、挑选接受公共资助研究项目的机制,还有明确的政府引导型技术政策的成本和收益,等等。

小结:

在投入既定的条件下,技术变革能够使产出增加,因而它是国民经济增长的关键因素。新增长理论试图揭示产生技术变革的过程。这种理论强调技术变革是一种容易引起严重的市场不灵的产出。因为技术是一种公共品,它的生产成本昂贵但复制成本却很低廉。政府正在不断地加大力度来保护那些开发新技术的人或企业的知识产权。

美国经济增长的模式

本章第一部分讲述的是经济增长的基本理论。但经济学家不会满足于理论探讨。从世界各国看,主要的研究课题是应用经济增长这个重大的理论工具去分析经济增长过程中的各种要素的作

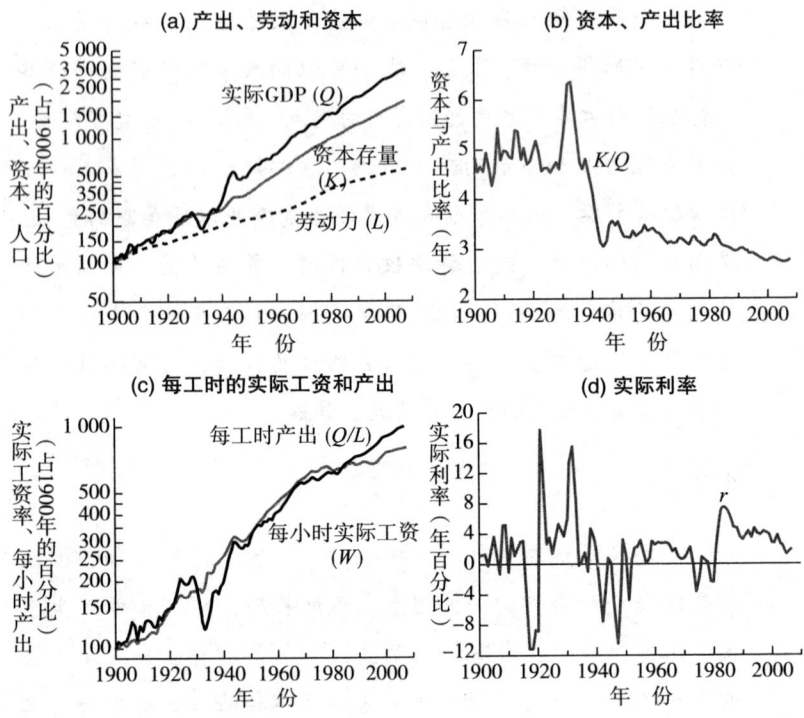

图 25-5 经济增长有着惊人的规律性

（a）资本存量的增长快于人口和劳动力供给。然而，由于技术进步，总产出的增长更快于资本的增长。（b）在 20 世纪上半叶，资本—产出比率大幅下降，随后，下降速度减慢。（c）实际收益平稳增长，其增长率和整个时期每工时平均产出的增长率相同。（d）实际利率自 1900 年的走势不明朗，这意味着技术变革抵消了资本积累所造成的收益递减。

资料来源：U.S. Departments of Commerce and Labor, Federal Reserve Board, U.S. Bureau of the Census, and Susan Carter et al., *Historical Statistics of the United States: Millennial Edition* (Cambridge University Press, Cambridge, U.K., 2006), available online.

第二十五章 经济增长

用。对于各种经济增长模式的理解和把握，将有助于我们揭示和回答为什么一些国家繁荣，而另一些国家却衰退？

图25-5描述了20世纪以来美国经济发展的主要趋势。大多数主要的工业化国家的模式也类似。

图25-5（a）显示的是实际GDP、资本存量和人口的变动趋势。人口和就业量从1900年以来增长了3倍以上。同时，实物资本存量增长了14倍。这样，人均资本量（K/L比率）就增长了4倍多。显而易见，资本深化是20世纪和21世纪初美国资本主义的一个重要特征。

产出的增长又是怎样的呢？在一个不存在技术进步的经济中，产出的增长应该介于劳动增长和资本增长之间。事实上，图25-5（a）中的产出曲线并非处在两条要素曲线之间，而是在两条曲线的上方。这就说明了技术进步一定提高了资本和劳动的生产率。

在大多数人眼中，经济增长的业绩是应当按照工资、薪金和额外福利来衡量的。这在图25-5（c）中表现为实际小时报酬（或曰剔除了通货膨胀因素的工资和额外福利）的增长态势。在20世纪大部分时间里，每小时劳动收入都呈现着明显增长的趋势。这与我们从资本-劳动比率的增长和稳定的技术进步中所预期到的结果是一致的。

实际利率（以剔除了通货膨胀的长期国债利率计算）显示在图25-5（d）中。资本的利润率虽然大于反映风险和税收的无风险利率，但是它的波动却是与实际利率相似的。实际利率和利润率的波动在商业周期中和战争时期都很剧烈，但就整个时期而言，却没有呈现出明显的上升或下跌趋势。或是出于偶然，或是由于某种经济机制的内在作用,技术变革大体上刚好抵消资本报酬递减的那一部分。

经济增长的七个基本趋势

研究发达国家经济史的经济学家发现,大多数国家都具有如下趋势:

1. 资本存量增加的速度远比人口和就业量的增长速度要快,原因是资本深化。
2. 1900年以来的大部分时期,实际平均小时收入都呈现强劲的上升趋势。
3. 20世纪劳动报酬在国民收入中所占的份额相当稳定。
4. 实际利率和利润率有较大波动,特别是在商业周期中。但在20世纪后期它们没有表现出明显的上升或下降的趋势。
5. 按照边际收益递减规律,在技术条件不变的情况下,资本-产出比率应稳步上升。但自20世纪初以来,这一比率实际上是下降的。
6. 1900年以来的大部分时期,国民储蓄占GDP的比率和投资占GDP的比率一直是稳定的。但是,自1980年以后,美国的国民储蓄率急剧地下降了。
7. 不考虑商业周期的影响,国民产值年平均增长率约为3.3%。产出增长大大高于加权平均后的资本、劳动和资源投入的增长,表明技术创新在经济增长中起着十分关键的作用。

图 25-5（c）中，黑色实线表示每工时的产出。与人们从资本深化和技术进步中可以得到的预期一样，人均产出一直在稳步上升。

虽然工资与人均产出的上升速度相同，却并不意味着劳动这一要素获取了生产率提高的全部果实。应该说，这意味着在整个时期中劳动在总产出中保持了大致相同的份额，资本也同样获得了相应的份额。实际上，再仔细观察图 25-5（c）就会发现，自 1900 年以来，实际工资保持与人均产出相同的增长速度。更精确地说，实际工资年均增长率为 1.8%，而人均产出的年增长率为 2.2%。这些数字说明，劳动在国民收入中的份额（也称财产份额）在过去 100 年的时间内几乎没有发生变动。

虽然经济史上这 7 个趋势不同于物理学中那些永恒不变的定理，但它们的确勾画出了新时期经济增长的基本事实。这些趋势如何与我们的经济增长理论相吻合呢？

趋势 2 和趋势 1（发生资本深化时工资率升高）与图 25-3 中新古典学派的增长模型十分吻合。趋势 3（工资份额相当稳定）是一个有趣的巧合，因为多个表示 Q 与 L、K 之间关系的生产函数都与这一趋势相一致。

然而，趋势 4 和趋势 5 则提醒我们，技术变革一定在此起到重要的作用。所以，图 25-4 中表明技术不断改进的那个图，要比图 25-3 所描述的稳定状态更贴近现实。在技术不变的条件下，如果 K/L 比率上升，稳定的利润率和稳定的（或下降的）资本－产出比率就不可能保持。总的说来，这些都与资本深化条件下边际收益递减规律相矛盾。因而，我们必须认清技术进步在解释现代经济增长的7个趋势时所起的关键作用。我们的模型已经肯定了我们的直觉所告诉我们的。

我们已经知道，发达的市场经济的增长依赖于劳动、资本的增长和技术革新。但是劳动、资本和技术的相对贡献又是怎样的呢？为回答这个问题，我们需要分析一下增长的数量和增长核算的有用方法。对任何一个国家来说，这个方法都是经济增长数量分析的第一步。

增长核算方法 对经济增长的详细研究依赖于**增长核算**。这种核算技术不同于我们前面所见的资产负债表或国民产值核算。它可以区分不同因素对增长趋势所起的不同作用。

增长核算一般开始于前面提到过的总生产函数，$Q = AF(K, L, R)$。因为土地的数量是常数，所以常忽略不计。运用初级微分知识和简化假设，我们可以用投入的增加和技术革新的贡献来表示产出的增长。产出（Q）的增长可以分解为三个部分：劳动（L）的增长乘以它的权数；资本（K）的增长乘以权数；技术变革（T.C.）本身。

我们暂不考虑技术变革，并假设规模报酬不变，这意味着劳动（L）和资本（K）同时增长1%，会导致产出增长1%。但如果L增长1%，K增长5%，那么人们可能错误地推测Q将增长3%，即1%和5%的简单平均。为什么错了呢？因为两种要素对产出的贡献并非一定相等。事实上，国民收入的3/4应归功于劳动，只有

1/4归于资本,也就是说增加劳动比增加资本对产出增长的贡献更大。

如果劳动对增长的贡献是资本的3倍,那么上述问题的答案可以这样计算:Q将每年增长2%(= 1% × 3/4 + 5% × 1/4)。投入要素的增加,再加上技术变革,就是增长的所有源泉。

因而,每年的产出增长率可以从增长核算的基本方程得出:

$$Q\text{增长的}\% = \frac{3}{4}(L\text{增长的}\%) + \frac{1}{4}(K\text{增长的}\%) + \text{T.C.} \quad (1)$$

其中,"T.C."代表技术变革(或全要素生产率),它提高了生产率;1/4和3/4是每一种投入对经济增长的相对贡献。在完全竞争条件下,这些比例等于两种要素在国民收入中所占的份额。当然,如果生产要素相对份额变了,或者有其他要素加入,那么这些比例也会变化。

为解释人均产出增长,我们不将L当作独立的增长来源。因为资本占产出的1/4,所以我们从方程(1)可以得出:

$$\frac{Q}{L}\text{增长的}\% = Q\text{增长的}\% - L\text{增长的}\%$$
$$= \frac{1}{4}\left(\frac{K}{L}\text{增长的}\%\right) + \text{T.C.} \quad (2)$$

上述关系式清楚地表明,在没有技术创新时资本深化对人均产出的影响。人均产出的增长只是人均资本增长速度的1/4,这正好反映了边际收益递减规律。

最后还有一个重要的问题是我们能够衡量Q的增长、K的增长、

L 的增长以及 K 和 L 的份额，但怎样去衡量技术变革 T.C. 呢？我们没有办法衡量，而只能推算 T.C.，即计算了投入产出的其他部分后的剩余。这样，T.C. 就可以通过方程（1）的变形计算出来：

$$\text{T.C.} = Q \text{ 增长的 \%} - \frac{3}{4}(L \text{ 增长的 \%}) - \frac{1}{4}(K \text{ 增长的 \%}) \quad (3)$$

这一方程可以帮助我们批判性地回答许多关于经济增长的重要问题，如人均产出的增长中有多少由资本深化带来？有多少由技术变革带来？社会进步主要是依靠节俭和放弃当前消费吗？或者，我们生活水平的不断提高，是不是对发明家的独创性和创新者－企业家的敢作敢为的奖赏呢？

详细的研究 表 25-3 是美国劳工部分析 1948~2007 年间增长来源的结果。这一时期中，产出（以私人企业部门的总产出衡量）以平均每年 3.5% 的速度增长。投入要素的增长（资本、劳动和土地）每年所做的贡献为 2.1%，因此**全要素生产率**，即产出增长减去所有投入要素加权总和的增长，或者称作技术进步，平均每年是 1.4%。

在美国，劳动和资本的增长在产出增长中的贡献比例大约为 60%，剩余的 40% 归功于教育、研究和开发、创新、规模经济、知识进步以及其他因素。

其他国家经济的增长模式则与此不同。例如，学者们用增长核算方法研究前苏联，该国经济从 20 世纪 30 年代到 60 年代中期迅速增长。然而，这种高增长率主要来自于资本和劳动投入的强行增加。前苏联解体之前的几年中，由于中央计划体制越来越失去功效、腐败深化和激励机制恶化，生产率实际上是下降的。在

表 25-3　知识进步胜过资本对经济增长的贡献

1948~2007 年不同因素对美国实际 GDP 增长的贡献		
	每年增长（百分比）	累计增长（百分比）
实际 GDP 的增长（私人企业部门）	**3.52**	**100**
增长来源：		
投入要素的贡献	**2.14**	**61**
资　本	1.21	34
劳　动	0.94	27
全要素生产率增长（研发、教育、知识进步及其他来源）	**1.39**	**39**

使用增长核算方法，把私人企业部门 GDP 的增长分解到对其有贡献的各种要素中。最近的全面研究发现，资本增长占产出增长的 34%，教育、研发以及其他知识上的进步对总产出增长的影响则占到了 39%，对人均产出增长的影响则超过 50%。

资料来源：U.S. Department of Labor, "Historical Multifactor Productivity Measures (SIC 1948-87 Linked to NAICS 1987-2007)", at *www.bls.gov/mfp/home.htm*.

前苏联解体之前的半个世纪中，它的全要素生产率的估计增长速度要低于美国和其他主要市场经济国家。只有通过中央政府的强制力将产出转移到投资（消费之外）上，才能抵消其制度的低效率。

当前生产率变动趋势

仔细研究生产率的走势可以发现，无论是短期（年度）还是中长期，它都在发生剧烈的变动。图 25-6 显示的是劳动生产率的增长。从二战到 20 世纪 60 年代末，生产率一直保持较快的增长。

然后，从 1973 年左右开始，有几年生产率增长乏力，甚至有所下降。经研究发现,这个时期生产率的增长停滞根源于国际油价飙升、管制变严、物价影响、工资控制、能源产业全面管制,以及研发经费削减。

经济学家之所以关注生产率问题,是因为它对于实际工资和生活水平的提高关系重大。图 25-5(c)可表明自 1900 年以来,实际工资水平是如何遵循每工时生产率的变动轨迹而增长的。而表 25-4 就是对于这一统计计量结果的数量说明。也许小学算术知识就可以说明,如果劳动收入在国民收入中的比重保持不变,那

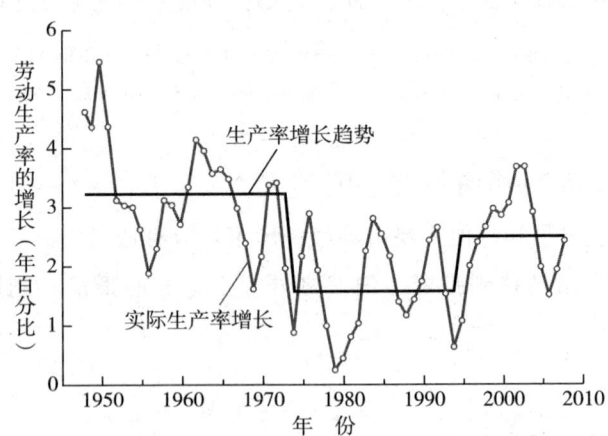

图 25-6　1948~2008 年美国企业劳动生产率的增长

在 20 世纪 70 年代以前,劳动生产率增长迅速,而到 20 世纪动荡的 70 年代则开始出现下降。从 90 年代开始,信息技术,尤其是计算机产生的巨大利益,使生产率的增长开始反弹。

资料来源:Bureau of Labor Statistics. Data were downloaded from the St. Louis Fed database at *research.stlouisfed.org/fred2*.

么实际工资的增长就会与劳动生产率的增长保持同等的速率。[1]

经济学家们期待着生产率增长情况的好转,希望信息技术革命能带来经济的快速增长。的确,信息技术的创新(计算机硬件、软件和通信)给经济领域的每一个角落都带来了惊人的变化。计算机的价格在近30年里下降了超过千倍。电子邮件和互联网改变着零售业的面貌。计算机成为商业的神经系统,它们被用于航空定价和订票系统,浏览各商场的商品的价格和数量,调度电力、兑付支票、催缴赋税,以及向学生们发送学费账单。一些经济学家认为,计算机就像生产的新的第四大要素。

计算机革命的影响从始于1995年前后的生产率统计数据中可以明显地看出。在1973~1995年间,劳动生产率增长缓慢,然后从1995年到2008年,以每年2.6%的增长率一路攀升。

正如保持收入份额不变的模型所预测的,实际报酬随着劳动生产率平行移动,如表25-4所示。1948~1973年,实际工资的平均增长率为3.3%,1973~1995年,增长率下降到每年1.5%,1995~2008年,增长率又迅速增加到2.6%。

有鉴于此,热衷人士提出了"新时代"和"美国资本主义的全新世界"的说法。甚至连以谨慎著称的前美联储主席艾伦·格

---

[1] 为了考察这一关系,将劳动的份额写作 $W \times L = s \times P \times Q$,其中,$s$ 是劳动份额,W 是名义工资率,L 是工作时间,P 是价格指数,Q 是产出。两边同时除以 L 和 P,得到 $(W/P) = s \times (Q/L)$,表明实际工资等于劳动的份额乘以劳动生产率。因此,只要劳动在国民收入中的份额是一定的,实际工资就会与劳动生产率以相同的速度增长。

表 25-4　实际工资与生产率增长的镜像关系

时　期	生产率和实际工资	
	年均增长率（百分比）	
	劳动生产率	实际工资
1948~1973	3.1	3.3
1973~1995	1.3	1.5
1995~2008	2.6	2.6

就长期而言，实际工资水平将与劳动生产率的变动保持同步。随着1973年生产率的下滑，实际工资水平的增长也大幅下降。

资料来源：美国劳工部。生产率按美国不同企业部门计算而得，名义工资按照私人企业的价格指数做了调整。

林斯潘，也都成为了技术变革的热衷者，他说道："新技术被应用于实践的速度显著加快这一事实证明了这样的一个论断，近期劳动生产率的加速，不仅只是一个突兀的现象，或者统计上的失常，而是至少部分地反映出更加深化且不断发展的技术，的确改变了世界经济的面貌。"

对数据进行了仔细研究的经济学家们发现了有关生产率反弹的一些有趣的事实。以下是生产率加速的一些重要因素：

- 计算机领域的生产率爆炸式增长。计算机领域的生产率爆炸式增长（及相应的价格下降）格外显著。研究过计算机技术的经济学家们估计，该部门的生产率增长率为每年20%~30%。从经济角度看，这一点很重要，因为计算机更深地渗透到了美国经济之中。到20世纪90年代末，信息技术产品对整个生产率增长的贡献几乎达到了一半，尽管2000年信息技术泡沫的破裂降低了这一比例。
- 资本深化。1995年以来，投资保持了高速增长。公司大量地投资计算机和软件，以充分利用计算机不断降低的价格和新软件效能提高带来的好处。
- 未被统计的产出。新经济的许多进步是不能通过生产率的统计进行反映的。互联网、电子邮件和手机的显著发展，大部分都被生产率的统计所遗漏。一些经济学家发现，软件和通信设备的生产率都被严重低估。换个角度说，我们可以认为，消费者通过网上购物节省了时间，从传统信件转变为电子邮件和移动电话的便利节省了时间和邮资，这些都没有反映到生产率的统计上。还有一些人认为计算机所带来的真实收益，要在未来很长一段时期才能充分体现出来。斯坦福大学的经济史学家保罗·戴维对过去的发明进行研究后认为，经济生活要充分享受基础创新的好处，还需要几十年的时间。

生产率更快的增长无论是否是经济的永久特点，计算机都非常明显地以惊人的速度改变着我们的经济和生活。

本章关于经济增长原理的讨论不妨到此告一段落。下一章拟将这些原理应用到那些正在努力提高生活水平的贫穷国家。而在本编所余下的章节中，我们还将探讨国际贸易和国际金融。

第二十六章　经济发展的挑战

我相信物质主义。我相信健康的物质主义所带来的一切：可口的食物、干爽的房屋、舒适的鞋袜、方便的缝纫机、排水排污管道、24小时热水、沐浴卫生间、电灯、轿车、宽阔的道路、明亮的街区、远离乡土的长假、新颖的念头、快马良驹、投机的交谈、影院、歌剧、交响乐、流行乐队，等等。我相信，这一切东西每一个人都应当享有。那些还未曾享用过这些东西便离开了尘世的人们，也许很有可能犹如圣人一般地高雅，或如诗人一般地丰富，然而那却是因为他们本来就高雅、就丰富，而绝对不是因为他们被剥夺了这些物质享受。

——弗朗西斯·哈克特

今天地球上的人们生活水平差距悬殊，两极分化。一极是富裕的北美和西欧，占世界总人口1%的最富裕的人，却享受着世界20%的收入和消费；另一极是贫穷的非洲和亚洲，大约10亿人口处于绝对贫困的境地，温饱问题尚且不能解决，生活就更是毫无舒适可言。

是什么原因造成各国贫富差异如此悬殊？世界能否在贫富悬

殊状态下和平共处呢？穷国可以采取哪些步骤来提高本国人民的生活水平？富国又应当承担起什么样的责任？

发展中国家所面临的这些发展进程中的问题，是现代经济学所面临的最大挑战之一。正是在这个领域，经济学分析工具不仅能够导致人们的日常生活水平天上地下；也正是在这个领域，经济学还可以在学术上关系到人类的生死存亡。本章首先分析人口，然后讨论发展中国家的特点。第二部分则考察发展中国家不同的经济发展道路，特别是成功的亚洲模式和失败了的前苏联的实验。

人口增长与经济发展

马尔萨斯与沉闷的科学

穷国的技术发展速度能跟上人口增长速度吗？由于高出生率，还有像艾滋病那样的疾病，非洲人是不是就注定要生活在贫困的边缘？这是近两个世纪以来经济学中一直最热的话题。

关于人口数据的经济分析要回溯到牧师马尔萨斯那里，这个人我们在上一章经济增长的分析中曾经提到过。马尔萨斯在反驳父亲有关人类总在进步的完美主义论调时，第一次提出了他的观点。后来，他的观点变得如此强烈，使他最终写出了《人口论》(1798年)。该书当时非常畅销，并从那时起影响了全世界人们关于人口问题和经济增长的思维方式。

马尔萨斯的研究始于本杰明·富兰克林关于美国殖民地的考

察。那里资源丰富，人口每隔25年左右就要翻一番。随后，他提出了人口增长的一般趋势的假定：除非是由于食物供应有限，否则人口数量就会按照指数方式，或者说几何级数的速度增长。最终，一代又一代翻番的人口数量——1，2，4，8，16，32，64，128，256，512，1024，……变得如此之大，以至于地球上再也找不出足够的空间让所有的人都有安身之地。

在研究了指数增长之后，马尔萨斯还有一记杀手锏。这一次，他放出了"边际收益递减"这个魔术师。他指出，因为土地是固定的，食物将按照算术级数，而不能与人口的指数增长（比较1，2，3，4，…和1，2，4，8，…）同步。马尔萨斯沮丧地总结道：

> 当人口翻番、再翻番时，就好像地球不断地被等分、再等分。直到最后，地球会收缩得如此之小，以至于食物的生产降低到人类生存所必需的水平以下。

当边际收益递减规律应用于固定的土地供给时，食物的产量显然不能与人口的几何增长速率保持一致。

事实上，马尔萨斯并非说人口必定会呈几何级数增长。这不过是在不加阻止的情况下才能发生的一种趋势。他曾经描述过一些随时随地能促使人口数量降低的因素。在他的著作（第1版）中，他特别指出了提高死亡率的那些确定因素：瘟疫、饥饿和战争。然后他提出了希望，指出减缓人口增长可以通过诸如禁欲和延迟结婚等"道德约束"。

这一边际收益递减法则的重要应用，显示了一个简单的理论能产生多么大的影响。马尔萨斯的思想有着极其深远的影响。他的著作被用来支持对英国的贫困法进行严厉的修订。由于受马尔萨斯理论的影响,人们认为应让穷人尽可能地感到不舒适。按照这种观点,政府不能改善穷人的福利,因为任何收入增长都会导致工人增加生育,直至所有人的生活水平降到仅够生存的水平。

复利和指数增长

指数增长和复利是经济学重要的分析工具。当一个变量从一个时期到另一个时期以固定比率增长时,指数(或几何)增长就发生了。例如,当数量为200的人口以每年3%的比例增加时,在起始年份(第0年),人口数为200;第1年,人口数为200×1.03;第2年为$200\times1.03\times1.03$;…;第10年为200×1.03^{10},如此类推。

当用货币进行连续投资时,如果获得的是复利,那么这就意味着过去的利息也产生了利息。能够赚取复利的货币呈几何增长。一项有趣的计算是,如果按照复利计算存款的话,印第安人出售曼哈顿岛所获得的26美元,到今天将价值几何?若从1626年起将这笔存放在捐助基金中,每年能获得6%的回报,那么到了2010年,它将价值1360亿美元。

70法则是关于复利的一个有用的法则。它表明每年以g比率增长的数量每隔($70/g$)年将翻一番。例如,每年以2%速度增长的人口35年之后将会翻一番;如果你的投资基金每年有7%的回报率,那么每隔10年你的投资将会翻一番。

马尔萨斯预言的缺陷 尽管马尔萨斯的统计研究工作非常仔细,

但是今天的人口学家们还是认为他的观点过于简单化了。在对边际收益递减的讨论中，马尔萨斯从未预料到工业革命所带来的技术奇迹，也没有认识到计划生育和新技术能让家庭有降低出生率的能力。事实上，在1870年以后，当生活水平和实际工资快速增长时，西方大部分国家的人口增长率却开始下降了。

在马尔萨斯以后的一个世纪里，在欧洲和北美，技术的进步拓宽了生产可能性边界。实际上，技术变革的速度非常之快，使产出的增长远超出人口的增长，从而使得今天的实际工资已经有了极大的提高。然而马尔萨斯理论中的正确部分，对于我们理解当前存在着人口和食物供给不平衡的贫困国家中的人口变化趋势仍然有重要的作用。

人口萎缩？ 在转向穷国面临的问题之前，最重要的一点是应该认识到，现代很多富国所面临的问题并不是人口爆炸，而是人口萎缩。事实上，当今几乎每一个富国的人口的自然增长率都为0或负数，这意味着每个妇女生育的子女数为2个甚至更少。今天大部分发达国家的人口之所以还在增长，主要还是因为移民。在预期寿命不断延长的今天，人口不变甚至缩减势必给国家财政带来巨大压力，因为国家面临着医疗保健和社会养老的巨额支付。

每当出现新的社会潮流或科学发现时，早先的思想就常常为人们旧话重提。许多反增长论者和环境保护论者都坚持认为，经济增长要受自然资源和环境容量的限制，于是，马尔萨斯学派的理论就再次成为热门话题。

关于增长潜力的担忧，主要是由20世纪70年代早期"罗马俱乐部"的一系列研究所引起。著名的计算机研究报告《增长的极限》及其1992年的续篇《超越极限》，这些都是马尔萨斯学派再次出现的表现。新马尔萨斯主义的预测甚至比马尔萨斯更悲惨：

> 如果目前世界人口增长、工业化、污染、食物问题，以及资源枯竭等趋势继续保持下去，那么我们这个星球将会在下一百年增长到极限。最有可能的一个结果就是，人口和工业产能会出现一次突兀而无法控制的骤减。

由于发展中国家人口快速增长的警报和20世纪70年代石油价格的螺旋式上升，以及随之而来的主要的工业国的生产率增长出现了大的滑坡等现象，有关增长的批评言论逐渐为人们所接受。第二轮的悲观主义浪潮出现在最近10年。它所关心的是长期经济增长中的环境约束问题。今天人们所担忧的问题主要包括：地球正在变暖，包括由于使用矿物燃料而导致的气候变暖；酸雨的广泛存在；南极洲上空出现了"臭氧层空洞"以及温带地区臭氧的消失；砍伐森林，尤其是毁灭热带雨林，很可能造成全球生态系统的失衡；土壤被侵蚀将威胁农业的长期发展；大气中二氧化碳浓度上升，引起海洋酸化；物种的灭绝对生态系统和许多宝贵的生物资源都构成了威胁；等等。

新马尔萨斯主义的经济分析与早期马尔萨斯论密切相关。马尔萨斯认为粮食产出受制于生产中的边际收益递减，今天的增长悲观论者则认为增长受制于自然环境有限的吸收能力。有人主张，我们可以在全球气候发生危变之前，限制使用矿物燃料。不过，减少矿物燃料使用势必会减缓长期的经济增长。

但是,这里有一个关键的区别。早期马尔萨斯学派的分析主要是针对私人品,如土地、食物和石油;而今天所关注的问题却涉及外部性和公共品。在这些领域,不受管制的市场价格往往提供扭曲的信号。

资源枯竭和环境限制对于经济增长的影响的经验证据究竟如何呢?事实是,相对于一般物价水平来说,大多数初级产品如谷物、能源和木材的价格上涨速度要比普通商品缓慢得多。尽管如此,许多经济学家更关心的是外部性问题,特别是全球公共品,如气候变暖问题,各国就很难就化解这个问题达成合作协议。我们还可以回顾一下关于核扩散问题的条约的艰难历程,从中也可以发现全球合作协议是何等地难以达成。或许,全球经济的未来就取决于如何去解决这些新的马尔萨斯困局。

贫穷国家的经济增长

发展中国家的一般状况

发展中国家的含义是什么?发展中国家最重要的特征是人均收入低,另外,人们的健康水平普遍较差,文化水平低,普遍营养不良,并且缺乏资本。许多落后国家的市场和政府机构的功能较弱,腐败和国内冲突很多。这些国家的人口出生率却又比较高,而且同时存在着较多的人口流失,尤其是高技能劳工的流失。

表26-1 不同国家区域的重要指标

地区	人口 总数，2006年（百万）	人口 增长率，2000~2006（%/年）	出生时预期寿命	人均GDP 2006（美元）	人均GDP 增长率，2000~2006（%/年）	教育 成人文盲率（%，15周岁及以上）	净移民 移民率（每1000人）
东亚和太平洋（中国，印度尼西亚，……）	1 900	0.9	71	6 820	7.6	9	−2.0
东欧和中亚（俄罗斯，波兰，……）	460	0.0	69	9 660	5.7	2	−0.4
拉美和加勒比海（巴西，墨西哥，……）	556	1.3	73	8 800	1.8	10	−1.2
中东和北非（埃及，伊朗，……）	311	1.8	70	6 450	2.3	27	−0.9
南亚（印度，巴基斯坦，……）	1 493	1.7	63	3 440	5.1	42	−0.2
撒哈拉以南的非洲（尼日利亚，埃塞俄比亚，……）	770	2.3	47	2 030	2.3	41	−0.1

世界银行将发展中国家分为6个区域。每个区域都有如表中所列的反映其经济发展的几大重要指标。注意，低收入国家有更高的文盲率和对外移民率。有些低收入国家的人均预期寿命接近于富裕国家。

资料来源：World Bank, *World Development Report*, and data at *www.worldbank.org*.

表 26-1 所给的一些基本数据，可以帮助我们了解世界经济各主要成员的基本状况，以及关于经济不发达的主要指标。该表将低收入和中等收入国家分为 6 个区域。

由该表可见许多值得注意的特征。很明显，低收入国家要比像美国这样的发达国家贫穷得多。他们的人均收入大约只相当于高收入国家的 1/20。表中的数据使用购买力平价（PPP）来衡量相对收入。市场汇率倾向于低估低工资国家的收入。请注意在 21 世纪初世界经济曾呈现出强劲的增长，这也波及和影响到最贫困的地区。

另外，还有许多社会指标和健康指标能体现贫穷在低收入国家所造成的影响。人们的预期寿命低于高收入国家的预期寿命，教育普及率及文化水平都是最低的。

在发展中国家之间也存在很大的差别。它们当中一些极端贫困的国家，如刚果、埃塞俄比亚、利比里亚，至今仍处在饥饿的边缘；其他一些原先贫困的国家或地区，则已于二三十年前开始好转，并已经上升到中等收入国家的行列。其中比较成功的如斯洛文尼亚、新加坡和韩国，它们已经脱离了发展中国家的行列，其中最成功的国家的人均收入已经达到了高收入国家的水平。昨天获得成功的发展中国家，明天将会成为高收入国家。

对世界上最贫穷国家人们生活的描述可以说明两个问题：适当的、可以满足基本生活需求的收入水平是重要的；生活水平的标志不仅仅只是市场收入。富有创新意识的经济学家如诺贝尔奖得主阿马蒂亚·森和耶鲁大学的古斯塔夫·拉尼斯强调，评价一

低收入国家的生活

为更好地说明发达国家和发展中国家的巨大差异,不妨设想你自己是某一低收入国的公民,如你是马里、印度或孟加拉国的一名普通的 21 岁青年人。你很贫穷,甚至在你为所生产和消费的商品满打满算之后,你的年收入也很难达到平均 2000 美元。而一名生活在北美洲的条件相当者,很可能每年平均要挣到超过 3 万美元。不过,当想到世界上平均每 4 个人中只有 1 个人的年收入可能超过 5000 美元时,你或许会感到一丝安慰。

在你的同胞中,每两个人中就有一个像你这样一字不识。你的预期寿命只相当于发达国家人均预期寿命的 4/5,你已有两个兄弟姐妹在成年之前夭折。出生率很高,在妇女未接受教育的家庭尤其如此,同时死亡率也比有良好医疗保健体系的国家要高得多。

在你生活的国度,大部分人都靠农业为生,只有很少的人可以不从事粮食生产而在工厂里工作。你在工作中所使用的马力数只相当于富裕的北美工人所使用的 1/60。你几乎不懂科学,所了解的知识大多仅限于本村的传统习俗。

你经常挨饿,所吃到的食物基本上都是粗粮或大米。也许你在自己的国家受到过一点基础教育,但却像你的大多数朋友一样未上过中学,而只有极少数最富裕的人才能升入大学。你在庄稼地里劳动时间很长,根本享受不到机械的好处。到了夜里,你睡的只是一块草席。房间里几乎没有什么家具,可能只有一张桌子和一台收音机。你唯一的交通工具可能只是一双旧靴子。

个国家的发展时，还应考虑其他因素，如健康、预期寿命、入学率、成人识字率和妇女独立性以及人均消费的增长，这些都是发展中国家的重要目标。

图 26-1 是预期寿命和人均 GDP 的散点图。可以看出，预期寿命和人均产出二者之间存在着很强的正相关关系。当然也有例外，有些国家，例如博茨瓦纳、赤道几内亚和南非，预期寿命相对人均收入水平较低，这是因为他们受到艾滋病的威胁。贫穷国家都没有较高的预期寿命，但是，像希腊、哥斯达黎加这样的国家却有着与美国同样甚至更高的预期寿命，这其中的主要原因在于美国的医疗体系的设计存在缺陷。

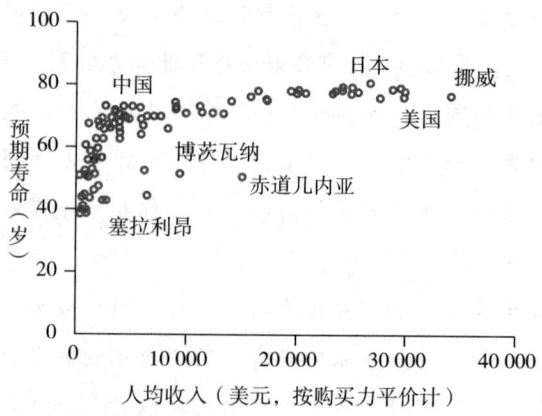

图 26-1　2000 年的预期寿命和收入

预期寿命与人均收入高度正相关。高收入保证了对医疗保健的更多投资，反过来，健康的人口也更具有生产力。注意，一些中等收入的非洲国家已经被艾滋病严重困扰，这威胁着他们的健康和经济发展。

资料来源：United Nations Development Programme, *Human Development Report*, 2002.

经济发展的四大要素

我们已经知道什么是发展中国家,现在就来分析一下低收入国家提高生活水平的过程。上一章分析经济增长问题时,我们曾探讨过美国提高潜在生产水平的具体过程,它所依靠的四个车轮是:(1)人力资源;(2)自然资源;(3)资本;(4)技术。其他国家经济增长的支撑因素也不例外,无论是穷国还是富国,都必须凭借同样的四大因素来促进经济发展,只是还要与本国的国情相结合。下面让我们来看看这四个车轮分别是如何在发展中国家运转的,以及公共政策怎样指引经济增长沿着令人满意的方向前进。

人口爆炸:马尔萨斯的遗产 许多穷国举步维艰,似乎永远都在原地踏步。甚至当一个穷国的GDP上升时,它的人口也同时在上升。请回忆上一章我们对马尔萨斯人口陷阱的讨论:人口的增长如此之快,以致收入停留在维持生计的水平。虽然高收入国很久以前就已经将马尔萨斯远远地抛在身后,但非洲却是高出生率和低收入并存,仍旧在马尔萨斯的陷阱中不能自拔。人口爆炸远未停止,人口学家预测,未来25年贫困国家还会增加10亿人口。

穷国难以在高出生率下摆脱贫困,但并非没有路径可以缓解人口过多的压力。一个办法是采取各种积极的举措控制人口增长,其中有些措施甚至会违背当地盛行的宗教信条。很多国家为控制人口增长而引入教育计划,颁发计划生育津贴。

对致力于提高人均收入的国家来说,有希望完成一个人口转型的任务，即人口将逐步在低出生率和低死亡率的水平上达到稳定。一旦国家足够富裕，婴儿死亡率就会下降，人们就会自愿地降低生育率。当妇女受过教育且开始有所作为时，她们就会将生命中较少的部分用于生儿育女。家庭也会放弃数量求质量——将时间和收入集中起来为较少的孩子提供更好的教育。在墨西哥、韩国、中国台湾等国家和地区，在收入上升、国民所受教育程度提高的时候，生育率都出现了急剧的下降。

发展经济和控制生育的成效会缓慢地为人们所感觉到。一些穷国的出生率已经从1960年的4.4%下降到2005年的2.7%，但仍然明显高于高收入国1.1%的水平。因此，反对因人口过度增长而导致贫困的斗争还将会继续下去。

但是人口转型的任务并非在所有地方都已经提上了议事日程。尽管艾滋病在非洲人群中蔓延及其所造成的预期寿命缩短问题，要比早几个世纪中的大瘟疫更加严峻，但是热带非洲的大多数地区人口仍然继续保持着快速的增长。马尔萨斯的预言仿佛幽灵一样仍然徘徊在广大的中非地区。

人力资本　除了人口增长过度，很多发展中国家还必须关注人力资源的质量问题。一般说来，发展中国家的政府在制定经济发展计划时，总要强调下列一些特殊项目：

1. 控制疾病，提高健康和营养水平。其目的不仅在于使人们生活得更幸福，而且要使他们能成为生产能力更高的劳动力。卫生保健机构和安全饮用水的提供都是极其有用的社会资本。
2. 提高教育水平，减少文盲并加强劳工培训。受过教育的人会成为具有更高生产能力的劳动力。因为他们不仅能更有效地利用资本,采用新技术,而且更善于从错误中汲取教训。为获得先进的科学、工程、医药以及管理等方面的知识,发展中国家向外国派出最优秀的人才,并让他们把最先进的东西带回来,这将有利于该国的发展。但是,这些国家必须注意人才外流问题,即大部分有才能的人都流到高工资的国家去了。

3. 最重要的一点是,不可低估人力资本的重要性。大多数其他要素可以从国际市场上购买到,但大多数劳动力都是在本国生成的,尽管有时可以通过移民增加劳动力。在发展中国家,精良的采掘机、武器或生产设备,往往因为劳工缺乏必要的操作和维修技能而不能利用和修理。在陷入这种困境时,熟练劳工的重要性就不言而喻了。

亚洲和非洲的一些穷国的自然资源十分贫乏,而且它们所具有的这些有限的土地和矿产还必须在稠密的人口中进行分配。或许,发展中国家最有价值的自然资源就是耕地。这些国家绝大多数劳动力都从事农业生产。因此,充分利用土地(适宜的水土保持、肥料和耕作方法)有助于提高穷国的产出。

土地所有制模式是十分关键的,它可以鼓励农民投入更多的资本和技术力量以提高土地的产量。如果农民能得到土地的所有权,他们就会乐于改善土地状况,如改进土地的灌溉系统,采取适当的办法保持水土。

经济学家认为,石油或矿藏所带来的自然财富并非是绝对的天赐之福。美国、加拿大、挪威这样的国家曾经用它们的自然财富构造了坚实的工业扩张基础。而在某些国家,这些财富只是腐败的政府官员或军阀们掠夺、寻租的目标。像尼日利亚和刚果(扎伊尔)矿产资源非常丰富,但其地下资源却没有转化为生产力和资本,这是因为其统治者将财富敛入自己的银行账户,并挥霍于奢侈消费。

现代经济要求一系列多样化的资本品。国家必须抑制当前消费以形成富有成效的迂回的生产能力。但是,对于一个接近最低生活水平的最贫困国家而言,这一点无异于抢劫。当你在非常贫困之际,要求你降低当前消费以提供未来消费,显然是不可能的。

发达国家可以用不少于20%的产出来形成资本。与此相比,一些最穷的农业国却常常只能用国民收入的5%形成储蓄。而且这种低水平储蓄中的很大一部分,还要用来为不断增长的人口提供住房和简单的劳动工具,因此几乎剩不下什么钱来用于发展。

不妨讨论一个储蓄率已经成功提高的国家。即便真的高到了一定的水平,该国还是需要花费数十年的时间积累资本,以修建高速公路、电信系统、医院、发电厂和其他能构建有效经济结构的资本品。

在获得最先进的资本品之前,发展中国家必须首先建设其基础设施,或基础社会资本,这包括市场经济发展所必须依托的许多大型项目。例如,地方农业顾问帮助农民了解新谷物和良种;连接不同市场之间的公路网;伤寒或白喉的预防接种等公共保健医疗计划,该计划不仅可以预防已接种者患上该类疾病,而且由于控制了疾病的蔓延，没有接种疫苗者也会因此得到防护。以上这几种情况，任何一个企业都不可能从中回收全部的社会收益。因为任何私人企业都无法向成千上万甚至上百万得益者收取费用。由于这类基础设施不可分割，也由于它具有外部效应，所以政府必须介入保证对这些项目必要的资金投入。

在许多发展中国家，一个最迫切的问题是储蓄少得可怜。特别是在最贫困的地区，刻不容缓的当前消费需求同稀缺资源的项目投资一直在争夺资金。其结果，经济快速增长所必不可少的生产性投资势必变得过少。

国外贷款与债务危机

既然依靠国内储蓄形成资本困难重重，那么为什么不从国外贷款呢？经济理论告诉我们，一个富国在投资开发好的项目的时候，不仅可以使自己获利，而且也能使投资项目的所在地或所在国获利。

但是外国借款在取得收益的同时，也必然伴随着风险。富国贷款给穷国的历史显示出某种循环：机会、贷款、利润、投资过热、投机、危机、资金枯竭。随后出现的是新一轮的借贷循环，只是主角常被换成了另一群"见钱眼开"的乐天派投资商。可谓一场危机可能还没有忘却，另一轮投资便又热浪再起。

回顾一下新兴市场的传奇是很有启发意义的。新兴市场指的是迅速成长的中低收入国家，他们对外资有着极大的吸引力。20世纪90年代，富国的投资者将其资金转向国外，以追求比在国内更高的投资回报率；而穷国迫切需要得到这些资本以利于开展各种开发项目，因而也十分欢迎这些外国资金流入本国。90年代，从泰国到南非，各种贷款和股权投资都增长得很快。

图26-2给出了新兴市场国家有价证券的息差，这反映了新兴市场国家为了吸引投资所必须支付的风险溢价。当人们感觉风险较低时，信贷息差就会较低；而当投资者担心这些国家可能还不起贷款时，也就是当风险价值上升时，信贷息差就会出现攀升。

只要新兴市场不断成长，一切看上去都似乎平安无事，回报率也很稳定。但是，随着投资增速减缓和一系列银行危机事件，巨额短期资金从泰国、印度尼西亚和韩国纷纷外流。数额巨大的银行贷款都需要按时偿还，这导致这几个国家的货币供应量急剧上升。由于这几个国家中大多数都实行固定汇率制度，因而只能依靠抛售外汇储备进行干预。最后，东亚各国一个接一个地发现自己的货币大幅度贬值。于是许多国家向国际货币基金组织（IMF）求援，以期获取所急需的短期资金，但IMF要求它们必须采取紧缩性的货币政策和财政政策。这些因素导致东亚各国经济衰退。1998年俄罗斯债务出现违约时，对新兴市场的投资曾出现恐慌，信贷息差也随之迅速上升。

3年内，大多数国家经过减缓产出增长、降低实际工资、重新安排债务以及贸易顺差等调整措施，终于从危机中恢复过来，重新开始了经济增长，全球经济再一次从金融危机中幸存。此后10年，如图26-2所示，信贷息差或风险溢价逐渐降低，这种状况一直持续到2007年美国金融危机爆发。

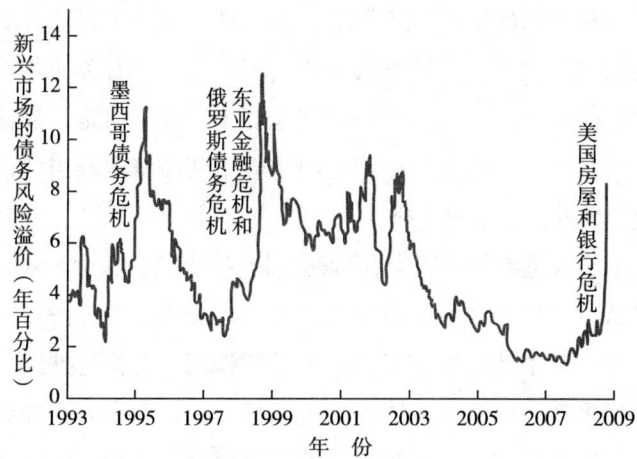

图 26-2　1993~2008 年新兴经济体的债权息差

息差反映了新兴经济体为借款所支付的风险溢价，即相对于美国安全的有价证券的利息差额。注意，在1995年墨西哥债务危机及1998年东亚金融危机和俄罗斯债务危机时，息差也曾大幅上升。在21世纪前几年市场长期繁荣的情况下，投资者都十分乐观，而这种乐观情绪在2007~2009年金融危机时结束，此时，息差也大幅上升。

资料来源：International Monetary Fund.

经济发展所依赖的最后一个也是最重要的车轮是科学技术进步。这方面，发展中国家具有一个有利条件——渴望在分享发达国家技术进步的过程中受益。

技术模仿　现在的穷国绝对不需要培养出一个现代的牛顿来发现万有引力定律，因为它可以从任何一本物理书中读到。穷国也不必在漫长而曲折的工业革命道路上，像现今工业化国家所经历过的那样，一步一步地向上攀登。他们如今可以买到各种大企业家们过去做梦也不曾想到的拖拉机、计算机和纺织机械设备。

日本和美国的发展史清楚地表明了这一点。美国的发展向世界其他国家提供了一个鼓舞人心的例证。与汽车有关的各种突破性技术发明虽然几乎无一例外地都来源于国外，但是，福特公司和通用汽车公司却将这些外国发明物应用到经济实践当中，并迅速地成为世界汽车业的领袖。

日本加入世界工业国竞赛行列比较晚，直到19世纪末，它才开始派遣留学生去西方学习先进技术。在加快本国经济发展步伐的过程中，日本政府发挥了积极主导的作用。它修建铁路，兴办各种公用事业。由于引进国外的生产技术，日本今天已经成为世界上第二工业大国。日本和美国的情况说明，一个国家怎样才能通过引进国外科技，并使之适用于本国市场条件而兴旺发达起来。

企业家精神和创新　从日本和美国的历史看，引进并采纳外国技术似乎是经济发展的简单诀窍。你可能会说："只要出一趟国，照抄一些高效率的方法，并将它们用在国内生产的实践当中，便可以坐等产量一个劲儿地增长了。"

事实上，技术变革的实施过程并非如此简单。你当然可以送一本有关化学工程的教科书给某一穷国，但是，如果缺少掌握这门工程技术的科学家、工程师以及企业家，如果不具备足够的资本，那么，我们就很难设想这个穷国可以建立起一座运转良好的化工厂。请记住，先进的技术是为了满足先进国家的具体条件而发展起来的。这些具体条件包括大批掌握先进技术的工程技术人员和劳动力、可靠的电力供应、及时的备件供应以及维修服务。而一些较穷的国家不可能全面具备这些条件。

促进经济发展的关键任务之一，是培养起一种企业家精神。一个国家如果不具备一批乐于承担风险、勇于开办新工厂、采纳新技术并敢于引进新式经营理念的企业家或管理者，就不可能走上繁荣丰裕之路。从根本上说，当产权明晰、完整、税率较低且可以预测，而其他有可能扭曲盈利（例如腐败）的行为又比较少的时候，创新和企业家精神才有可能蓬勃发展。政府的某些投资，诸如扩大对农民的服务、为劳动者提供教育和培训机会、创办各种管理类学校，也可以帮助培育这种企业家精神。

在穷国，腐败现象非常普遍。发展经济学家罗伯特·克里特加尔德曾就腐败如何给经济增长埋下隐患问题发表过如下见解：

> 从广义上讲，腐败是出于非官方目的并滥用职权。腐败包括受贿、巧取豪夺、滥施影响、包庇、欺骗、敛财、挪用公款等等。
>
> 破坏游戏规则的腐败行为，如破坏司法系统、财产权、银行和信贷，势必阻碍经济和政治的健康发展。而允许污染者污染河流或默许医院勒索病人等腐败行为，则会造成对环境和社会风气的腐蚀。但若腐败成了常态，则其影响就会削弱经济。可见，尽管每个国家都存在一定的腐败现象，但其类型和程度却都有所不同。体制本身的腐败往往是最致命的杀手，它可以破坏游戏规则。这也是大多数不发达地区陷入困境的主要原因。

应对腐败挑战的主要困难就在于维护公正性的国家机构，自身通常就存在腐败。

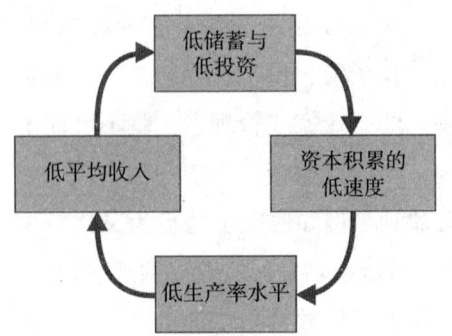

图 26-3 贫困的恶性循环
许多妨碍发展的因素在此得以自我强化。低收入水平妨碍储蓄,阻碍资本增长,抑制生产率提高,从而低收入水平仍在延续。若要成功地获得发展,则需要采取一系列举措在很多环节上去打破这一循环。

我们已经强调过,穷国所面临的巨大障碍是如何将经济进步所必不可少的四大要素结合起来。这四大要素即劳动力、资本、资源和创新。此外,这些穷国还发现,妨碍自己发展的种种困难在贫困的恶性循环中彼此加强。

由图 26-3 可见,发展中国家的一个障碍如何引发其他障碍的恶性循环过程。低收入导致低储蓄率;低储蓄率妨碍资本增长;资本不足妨碍了在生产中新设备的使用,从而阻碍生产率的迅速提高;而生产率水平低下又造成低收入。另外一些与贫穷有关的因素也在这个过程中得到了自我加强。伴随着贫穷而来的是教育、文化和技术水平低下,这反过来又阻碍新技术的使用和技术改进,并导致人口的快速增长,而人口的迅速增长将消耗掉所增加的产出,包括粮食。

陷入恶性循环的国家可能在贫困的陷阱中难以自拔。在经济存在多重均衡时这种情况就可能会出现,其中还可能存在着一种极其有害的均衡。低水平陷阱在自然科学和社会科学的许多领域都会出现,如图 26-4 所示,其横轴表示 t 期的平均收入,纵轴表

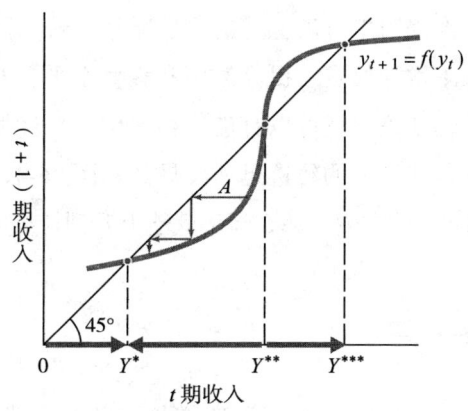

图 26-4　一些国家有可能陷入贫困的陷阱

当恶性循环导致收入螺旋形下降时，一国可能在 Y^* 陷入低水平均衡陷阱。注意，开始一国收入在 0 和 Y^{**} 之间，最后是如何回到低水平陷阱的。如开始点在 A，顺着箭头看收入是如何一步步回到 Y^* 的。但是，如果一国有某种巨大的推动力使得收入水平超过 Y^{**}，就可享受增长的良性循环到达高收入水平 Y^{***}。低水平陷阱可能源自低收入、健康状况差、低储蓄率、低投资率以及低生产率的相互作用。

示 $t+1$ 期的平均收入。非线性增长曲线 $y_{t+1}=f(y_t)$ 表明收入如何随时间变化。其中 45 度线是经济增长与衰退的分界线。当增长曲线上的某一点位于 45 度线的上方时，表明 $t+1$ 期收入要高于 t 期收入，因此收入是增长的；而当增长曲线与 45 度线相交时，收入保持恒定，经济达到均衡点。

S 型增长曲线的一个特殊性质是它会导致多重均衡。较低的交点表明在 Y^* 水平存在一个不好的低水平均衡陷阱；而较高的交点则表明在 Y^{***} 水平存在一个高水平的均衡。现代经济增长理论指出低水平陷阱源自高人口增长率、低生产率以及低开放度。

要克服贫困陷阱需要在许多方面努力。有些发展经济学家建议用一种"大推进"来打破上述的恶性循环。若一国能够同时采取一系列步骤来增加投资、提高健康和教育水平、发展技术并且控制人口增长，则该国就可以打破这种贫困的恶性循环，并促使经济按照一种良性循环的轨迹迅速发展。如图26-4，如果经济能将自身推进到 Y^{**} 的右侧，那么经济就能上升到持续的经济增长。

经济发展战略

我们知道，各国为使经济迅速增长，必须将劳动力、资源、资本和各种技术结合在一起。但是这还不是一个现实可行的发展模式。因为这无异于在说，一个参加奥林匹克运动会的短跑选手必须跑得像风一样快。那么，究竟是什么原因使一些国家在经济发展的竞赛中比另一些国家跑得更快呢？穷国又怎样才能开始走上经济发展的阳关大道？

长期以来，历史学家和社会学家们一直对不同国家经济增长速度的差异问题很感兴趣。早期的一些理论强调气候差异，指出所有发达国家都位于地球上的温带这一事实。另外一些学者却认为，民俗习惯、文化背景或宗教也是一个关键因素。马克斯·韦伯就曾强调，"新教的伦理道德"是推动资本主义发展的重要力量。近代的曼克尔·奥尔森则论证说，当一个国家的决策组织结构变得脆弱，各利益集团或垄断寡头势力已经阻碍社会和经济变革的时候，该国就会开始衰落。

毫无疑问，这些理论在某个特定时期和某个特定地点都是有效的。但是，它们并不适用于对整个经济发展进行一般性的解释。

韦伯的理论并不能说明,为什么世界文明的发源地出现在近东和希腊,而后来在世界上领先的欧洲人当时却还在住洞穴、穿兽皮。在繁忙的中国,哪里能找到新教徒的伦理规范?还有,如何解释像日本这样一个具有严谨的社会组织结构和强大的院外活动集团的国家,是怎样成为了当今世界上生产率最高的经济大国之一呢?

甚至在现代,人们仍然习惯性地用简单的整体理论来解释经济发展。人们曾经认为进口替代政策(用国货代替进口品)是最安全的发展战略。20世纪70年代,对劳动密集型技术的依赖曾经被认为是先进的。而今天,正如我们所看到的那样,经济学家已经倾向于强调对外向型市场力量的依赖。对于使用过于简单的方法解释复杂过程的人们,这段历史应该是一个警示。

然而,从对不同的经济发展问题的研究中,历史学家和发展经济学家们学到了许多东西。到底学到了些什么呢?下面所概述的就是近年来有关这个问题的重要思想。这里所提到的理论都试图阐明各国怎样冲出贫困的恶性循环,怎样启动经济发展的四个车轮向前奔驰。

这种观点强调经济发展的国际背景。如前所述,与那些沿着工业化道路率先发展起来的国家相比,现在的穷国具备某些它们所不曾有过的重要优势。如今的发展中国家,可以汲取发达国家的资本、技能和技术。该假说由哈佛大学的亚历山大·格申克龙提出。他认为相对落后本身,很可能会有助于经济发展。相对落后的国家可以购买先进的织机、高效率的水泵、神奇的种子、各种化肥以及现代医药用品。由于可以依靠发达国家的工艺技术,发展中国家今天的发展速度明显要快于1780~1850年的英国或西欧国家。正是由于低收入国家能够从领先者那里学到更高效率的生产技术，我们才期望看到，在前沿技术问题上各国之间存在着某种趋同现象。比之高收入国，贫困国家或低收入地区的经济增长一般都更加迅速，此时，趋同现象产生。

在大多数国家，城市的收入几乎是乡村收入的两倍。一些富裕国家的主要经济支柱是工业和服务业。因此，许多国家便匆忙得出结论说，工业化是富裕的原因，而不是富裕的结果。

对于这类推论，我们必须持谨慎的态度，因为它们常混淆了因果关系。有些人这样说："富人开的是宝马车，但开宝马车却不会使你成为富翁。"同理，经济学也无法确定，一个穷国是否应坚持拥有自己的民航公司和大钢铁厂。这些并不是经济增长所必需的基础设施。

近几十年来，一些国家试图以牺牲农业为代价来加速工业化步伐。它们的教训已经使很多分析家开始重新考虑农业的作用。工业化是资本密集型的，它吸引大批工人涌入城市，并经常造成大量失业。而提高农业劳动生产率需要的资本或许要少一些，同时又能为剩余劳动力提供就业岗位。的确，假如孟加拉国能将自己的农业劳动生产率提高20%，而不是全力发展用以取代进口钢铁制品的本国钢铁业，那么，它就可以让渡出更多的资源来生产生活用品。

很多发展中国家的文化传统都同市场机制格格不入。市场上的企业竞争或追求利润的行为，往往与这些国家的传统做法、宗教信仰和既得利益相悖。然而，近几十年来的经验还是证明，广泛地借助市场，能够提供管理经济和加速经济增长的最有效的途径。

市场导向政策的主要要素是什么？它主要包括确立私人财产和所有权的优势，外向型的贸易政策，低水平的关税和尽可能少的贸易限制，以及培育竞争，等等。此外，处于稳定的宏观经济环境之中，市场才能良好运转。这种稳定的宏观经济环境要求税收是可预测的，而且通货膨胀率低。

经济发展的一个基本问题是一国的对外贸易战略。发展中国家应当自给自足，用国产货代替进口品（即进口替代战略）吗？或者，应该努力于增进效率，提高竞争力，并拓展国际市场和降低贸易壁垒，以便能够买得起自己所需要的进口品（即开放型经济或外向型经济战略）吗？

直到20世纪80年代，进口替代政策在拉丁美洲一直都很盛行。该政策通常体现为，为制造业设立高关税壁垒，以保护本地厂商生产和销售那些本可以进口的商品。

开放政策中的一项政策是尽可能降低贸易壁垒，并主要使用关税而非配额或其他非关税壁垒的手段。这种政策对资金流动的干扰较小，允许让供给和需求去引导金融市场的运作。它避免了国家对进出口的垄断，并将政府管制控制在有序的市场经济所必需的最低限度内。最重要的是，它应该主要依靠有利有弊的私有化市场机制去引导生产，而不是推行公有制或政府计划体制的控制或命令。

外向型政策的最成功范例是东亚的新兴工业化国家和地区。在我们父辈生活的时代,中国台湾、韩国、新加坡这样的国家和地区的人均收入曾经只是最富足的拉丁美洲国家的1/4或1/3。但是,通过将国民收入的很大一部分储蓄起来,并将这些资金导入高回报的出口产业,在20世纪80年代末,东亚的新兴工业国和地区超过了每一个拉美国家。成功的秘密并非在于教条式的自由放任政策,因为事实上政府介入了某些计划并进行了干预。开放和外向型政策使得这些国家和地区获得了规模经济和国际专业化分工的好处,从而增加了就业,有效地利用了国内资源,使得劳动生产率快速增长,生活水平也有了很大的提高。

尽管对外开放带来了许多收益,但若开放过度,特别是对于短期资金流动不加限制,很有可能会招致投机者的攻击。所有投入进来的东西,投资人随时都有可能收回和撤出。这就有可能酿成金融危机和银行危机,正如我们在本章前面所讨论过的东亚经济一样。

发展经济学家根据几十个国家在几十年中的经验数据,就政府如何推动经济迅速发展问题得出了如下结论:

> 要建立和维持一个健康的经济环境,政府的作用至关重要。政府必须推崇法治,强调合同的有效性,防治腐败,并使其政策有利于竞争和创新。政府在教育、医疗、通信、能源、交通等社会常规资本上的投资可以起到重要的作用,但在那些

政府没有比较优势的产业，则必须依靠私人部门。政府应当抵制诱惑，不应当把所有的生产都放在国内，要坚定地促进对外贸易和外商投资开放，这些都将有助于国民经济各部门能快速地向着国际先进水平看齐。

经济发展模式选择

人们总在不断寻找新办法来提高自己的生活水平。经济学的要义之一，是驱动贫困国家为自己探寻一条致富道路。本书深入调查过美国的混合市场经济。该经济以自由市场为基础，一定程度上混合了政府的干预。除此之外，还有没有其他的可行之路呢？

各种"主义"的盛宴

纯粹的自由市场经济是一个极端，那里最好的政府是最小的政府。另一个极端是彻底的共产主义，在那里政府执行的是体现集体意志的经济指令，个人主义是行不通的。在这两个极端之间，是混合的资本主义、有管理的市场经济、社会主义和若干混合模式。这里，我们简要地介绍一些有影响的其他增长和发展战略。

1. 亚洲管理市场模式。这是韩国、中国台湾、新加坡和其他一些东亚国家和地区为其经济设计的战略，特征是将强有力的政府监控同强大的市场力量相结合。
2. 社会主义。社会主义包含一系列的不同模式。二战后的西欧，建立在民主框架上的社会主义政府扩大了福利国家的范围，对工业进行了国有化，对经济实行了计划管理。然而近年来，这些国家大力放松管制和实行私有化，又回到了自由市场的框架之下。

3. 苏式共产主义。多年来，对市场经济的最彻底的替代是前苏联模式。在前苏联模式下，国家拥有所有的土地和几乎全部的资本，决定工资和绝大部分的物价，还指导经济的微观运作。

考察各种经济模式，结论似乎是许多令人迷茫的各种"主义"的罗列。的确，各国经济组织方式的选择具有非常广泛的多样性。

但是，在关于各种经济模式讨论的全过程中，都始终贯穿着下列核心的问题：一国经济的决策，是应该主要依靠私有市场，还是主要依靠政府指令？

模式的一端是市场经济。在市场体系中，人们的行动是自愿的，其行为的主要目的是获取金钱或个人满足。企业购买生产要素并生产产品，都是按照一种能使利润达到最大化的原则来决定投入和产出的。消费者提供生产要素并购买消费品，也以获得最大程度的满足为目的。生产和消费的协议都是应用货币手段，根据自由市场确定的价格，在买者和卖者之间自愿形成。尽管个人与个人之间的经济权利有很大差别，但个人与企业的关系在本质上是平等的，从根本上说都是自愿的而非等级强制的。

模式的另一端是指令经济。在这里，决策是由政府官员们做出的。在这种体制中，人与人的关系是纵向从属的，并由多层权力机构来实现对经济的控制。负责计划的官员决定生产什么、如何生产和为谁生产。金字塔的最高一级进行重大决策并提出经济计划的主要内容。计划被分解并沿着官僚阶梯逐级向下传达,基层负责计划的执行,并且越往下走,越要更多地注意计划的细节。个人的积极性是依靠强制和法规制裁来推动的;组织强迫个人接受来自上级的命令。交易和命令可能使用货币,也可能不使用货币;贸易可能按照既定的价格进行,也可能不按照这样的价格进行。

在市场经济和指令经济这两者之间,是社会主义和有管理的市场经济。在这两种情况下,虽然政府的作用小于指令经济,但政府在引导和指导经济方面仍起着重要的作用。市场与指令之间的这种紧张关系,贯穿于所有关于经济体制的讨论中。下面,让我们更仔细地看一下混合市场经济的几种可选择模式。

亚洲模式

发展经济学家有时关注东亚国家和地区,并把它们看成是发展战略的成功典范。半个世纪以来,韩国、新加坡和中国台湾等,都取得了惊人的经济增长,这些国家或地区有时也被称为"东亚奇迹"。表26-2对比了亚洲各条"龙"与其他主要地区最近的经济发展状况。拉美和撒哈拉以南的非洲经济一直保持正的增长率。但是,再看看东亚和太平洋地区,尤其是中国,这些国家一直有着惊人的增长率,尤其是在近30年。

世界银行最近一份调查分析了不同地区的经济政策,以确定是否出现了新的经济模式。调研结果证实了一些普遍观点,同时

表 26-2　驱动亚洲龙增长的基础因素分析

地　区	人均 GDP 的平均增长率		
	1962~1973	1973~1995	1995~2006
东亚和太平洋地区	3.6	4.8	6.4
中　国	4.0	4.7	8.2
南　亚	2.0	2.5	4.4
印　度	2.2	2.3	4.9
拉美和加勒比海地区	4.0	1.7	1.5
撒哈拉以南的非洲	2.8	0.7	1.7

资料来源：*World Development Indicators* (2008)，available at *www.worldbank.org/*.

也发现了一些令人惊讶的事实。主要有以下几点：

- 投资率。亚洲龙都奉行高投资率这个古典秘诀，以确保经济能从最新的技术中获利，并能建成必要的基础设施。亚洲龙的投资率比其他地区几乎要高 20 个百分点。

- 宏观经济的基础。成功的国家或地区都在宏观经济政策上力求稳定，保持低通货膨胀和高储蓄率。它们重视人力资本和物质资本的投资，在教育方面的投资也比其他发展中国家和地区要高得多。而其金融系统则致力于确保币值的稳定和坚挺的通货。

- 出口导向。亚洲龙大都是出口导向型的，往往是通过低汇率促进出口，通过财政政策刺激出口，并引进那些在高收入国家最具有实用性的技术。

过去 30 年的经济发展中，最令人吃惊的是高速增长的中国经济。1949年建国后，中国采行了苏式中央集权的计划经济体制。1966~1976年文化大革命带来了高度空前的市场集中，经济大幅度下滑。在革命领袖毛泽东逝世以后，新一代领导人得出了一个结论：共产党要想继续执政，就必须进行经济改革。1977年到1997年，在邓小平的领导下，中国下放了很多经济权力，并允许和鼓励竞争。但是，政治改革并没有同经济改革相同步。

为促进经济增长，中国的领导人大刀阔斧地进行了改革，建立了经济特区，允许资本家和外资企业在内地经营。中国经济增长最快的是沿海开放地区，如南部靠近香港的地区和上海。这些地区与国外经济联系比较紧密，吸引了相当可观的外国投资。中国政府还允许私人企业和外国公司不受中央计划体制的约束，与国有企业共同发展。这些富有创造力的所有制形式在中国迅速发展，到21世纪初，其产值已经占到了中国GDP的一半以上。

中国经济的持续快速增长令观察家们叹为观止，其惊讶程度几乎不亚于苏联经济的崩溃。如表26-2所示，中国人均GDP的增长率从1962~1973年的每年4%上升到1995~2006年的8.2%。最近十年，中国对美国的出口每年增长超过17个百分点。到2008年，中国每年的出口额接近2万亿美元，并积累了超过1.5万亿美元的外汇储备。

目前，全世界都在密切关注中国经济模式的未来。外向型经济政策，尤其是在引进外资方面毋庸置疑的成功，是中国经济政策的一个特别显著的特征。

社会主义

社会主义作为一种学说，是基于马克思和其他19世纪激进思想家的思想发展起来的。社会主义处于一个中间地带，它位于自由放任的资本主义同接下来我们将要讨论的中央计划模式之间。社会主义的共同特征如下：

- 生产资源由政府所有。社会主义者普遍认为应该降低私人财产的作用。对铁路和银行等关键产业应该实行国有化（即由国家拥有和经营）。近年来，由于许多国有企业绩效较差，许多发达民主国家对国有化的热情已经减退。
- 计划。社会主义者对于"秩序混乱"的市场心存疑虑,怀疑"看不见的手"配置资源的效率。他们坚持认为需要有一个计划机制来协调不同的部门。近年来，计划者强调用补贴的形式来促进高新技术产业，如微电子、飞机制造和生物技术产业的发展。这些政策有时被称为"产业政策"。
- 收入再分配。严格行使政府征税权力，以减少继承的财富和过高的收入。在西欧有些国家，边际税率高达98%。累进税收入用于提供社会保障补贴、免费医疗保健以及"从摇篮到坟墓"的（全程）社会福利事业，以增加贫困阶层的福利，并保障最低生活标准。
- 和平和民主的演进。社会主义者往往主张用和平和渐进的方式扩大政府的所有权——通过选举投票，而不是通过枪弹革命。

伴随着计划经济的非效率、欧洲的经济停滞，还有各国市场经济的成功，社会主义模式已经逐渐不为人们所赞同。沉思的社会主义者正从挫败中努力梳理，以求为这一经济理论分支找到一条通向未来的路。

失败了的模式：中央计划经济

很多年来，发展中国家都关注前苏联和其他共产主义国家实现工业化的模式。共产主义既从理论上批判了西方的资本主义，又提出了看似行之有效的经济发展战略。我们先看一看马克思主义和共产主义的理论基础，再检验一下苏式指令经济在实践中的应用。

卡尔·马克思：革命的经济学家

表面上看，卡尔·马克思（Karl Marx，1818~1883）过着平静的生活——他钻研大不列颠博物馆的藏书，为报纸写文章，对资本主义进行学术探讨。尽管最初就读于德国的大学，但他的无神论、宪政观和激进的思想，使他投身于新闻工作。最终他流亡到巴黎和伦敦，完成了他批判资本主义的巨著——《资本论》（1867，1885，1894）。

马克思著作的核心内容是剖析资本主义的优势和缺陷。马克思认为所有商品的价值都是由劳动内容决定的，劳动包括直接劳动，也包括先前投入的内含在资本设备中的间接劳动。举例来说，一件衬衫是由纺织工人的劳动加上制造织布机的工人的劳动所共同构成的。通过计算所有的劳动在所产出的产品中的价值，马克思致力于证明利润（由工人劳动创造而被资本家所占有的那部分产出）是一种"剩余价值"。

根据马克思的观点，工人只有通过从资本家手中夺取工厂和其他生产资料，才能打破资本家对剩余价值的无偿占有。他在1848年的《共产党宣言》中写道："让统治阶级在共产主义革命面前发抖吧，无产阶级在这个革命中失去的只是锁链。"统治阶级确实在马克思主义的影响下颤抖了一个多世纪！

像许多伟大的经济学家一样，但比大多数经济学家又更富热情，马克思为劳动人民的斗争所感动，并致力于改变他们的生活。在马克思的墓碑上有一段他自己的话："迄今为止，哲学家们只是用不同的方式解释世界，而问题在于改变世界！"我们这篇纪念马克思的短文，将以一位十分著名的历史学家以塞亚·伯林爵士的评语来作结："19世纪没有一位思想家能够像卡尔·马克思那样，对于全人类有着如此坦率、准确和强有力的影响。"

马克思认为资本主义不可避免地要被社会主义所代替。在马克思的学说中，技术进步使资本家通过用机器代替工人以获得更多利润。但不断扩大的资本积累带来了相互矛盾的后果。一方面，随着资本供给增长，资本的利润率会下降；另一方面，由于工作岗位减少，失业率升高，工资下降。用马克思的话说，失业后备大军会不断增加，工人阶级变得越来越穷，工人的工作条件恶化，工人们会逐渐成长起来并从工作中摆脱出来。

当利润下降、国内投资机会越来越少时，统治资产阶级会走向帝国主义。资本会到国外寻求更高的利润率。根据这个理论（尤其是后来被列宁所发展的理论），帝国主义国家会占有更多的殖民地，并不遗余力地压榨他国的剩余价值。

马克思认为，资本主义制度不能持续这种不平衡的增长。马克思预言，在资本主义制度下会越来越不平等，受压迫的无产阶级会逐渐觉醒。因为大面积贫穷会导致宏观经济呈现负消费，因此商业周期会越来越剧烈。最后，严重的经济危机将会敲响资本主义的丧钟。正如以前的封建主义一样，资本主义也已经造就了自己的掘墓人。

对历史的经济学解释是马克思对西方思想的不朽贡献之一。马克思强调，经济利益才是处在观念背后并决定着人们价值观的东西。为什么工商业的经理阶层会为保守势力投赞成票，而工人领袖则会支持那些带头要求提高最低工资和增加失业补贴的人？马克思认为，原因就在于人们的信念和意识形态所体现的是他们所处的社会经济阶层的物质利益。事实上，马克思理论对于主流经济学来说并不陌生。他所归纳和演绎的是亚当·斯密（经济学之父——译者注）关于自我利益的睿智分析。所不同的是，马克思将市场上的美元选票发展成了选举中的政治选票，甚至是街头堡垒战中的子弹选票。

马克思广泛地描述了资本主义的缺陷，但他并没有为美好的社会主义留下具体的行动方案。他认为，共产主义将在发展程度最高的工业化国家出现。事实上，封建主义的俄国接受了马克思主义的观点。让我们来看看这个既令人神往而又令人震惊的经济史篇章。

历史根源　前苏联几乎是各种指令经济理论的实验室,所以对苏联共产主义的分析,对于经济学来说都特别重要。一些经济学家曾宣称社会主义不可能实施,但前苏联的经验却证明这一点是错的。它的倡导者们还认为共产主义终将取代资本主义,但前苏联的历史反驳了这一点。

尽管1880~1914年期间,沙皇俄国的经济迅速增长,但与美英等工业化国家相比仍然是相当落后的。第一次世界大战给俄国带来了很多的困难,也使共产主义者执掌了政权。从1917~1933年,在确定中央计划体制之前,前苏联曾尝试过几种社会主义模式。但由于不满于缓慢的工业化步伐,斯大林在1928年前后决定进行一项新的激进主义的冒险——实行农业集体化,强制推行工业化,对经济实施中央集中计划。

在1929~1935年间的苏联农业集体化的过程中,94%的苏联农民被迫加入集体农场。在这个过程中,许多富裕的农民被流放,生活条件恶化,导致数百万人死亡。前苏联大跃进的另一部分,是通过引入计划经济来加快工业化的步伐。1928~1933年的第一个五年计划确定了苏联计划经济的优先发展部门:重工业优先于轻工业,消费品工业只有在其他优先发展部门都实现目标后才能加以考虑。尽管曾经出现过许多的改革和变动,但前苏联经济所采取的一直都是指令经济的斯大林模式,东欧各国在第二次世界大战之后所效法并沿用的也是这种模式,直到20世纪80年代末这种模式在前苏联失败为止。

指令经济如何运作 在苏式的指令经济中，大规模的产出清单都由政策制定者决定。前苏联的军备支出总是占产出和科研资源的一个相当重要的部分。另一个优先项目是投资。消费要在其他应当优先保证的部门得到满足之后才能够加以考虑。

在很大程度上，如何生产的决策也是由计划当局决定。计划人员首先决定最终产出的数量（生产什么），然后从产出出发，回过头来决定如何投入以及如何组织厂商生产。甚至连投资决策的细节都是由计划人员来制定的。厂商的灵活性只限于决定劳动投入的组合。

很明显，没有一个计划体系可以细化所有厂商的所有行为——这需要每年下达数以万亿计的命令。于是，许多具体的决策必须留给工厂的负责人。由此产生了一系列所谓的"委托-代理问题"，这使得指令性经济深陷困境。

委托-代理问题的出现是因为顶层的委托人想要通过适当的激励机制让下级（或称"代理人"）人员按照上级的意图来行事。在市场经济中，利润和价格充当着消费者和生产者之间的协调机制。但指令经济由于无法找到像利润和价格那样作为激励代理人的方式而陷入绝境。

一个失败的解决委托-代理问题的有用例子是前苏联的图书出版业。在市场经济中，书籍出版与否主要取决于盈利与亏损分析。而在前苏联，由于利润是禁忌，所以计划者用数量指标来进行决策。最初的管理激励是按照出版社生产书籍的数量来进行奖励，因此出版社印出了成千上万本没有人读的小薄书。面对这种激励带来的后果，计划者（委托人）转而要求页数，相应地，生产者（代理人）转而用洋葱皮那么厚的纸张和大号字体来印制出厚厚的书籍。计划者再转而以字数为标准，出版社的反应是用小号字体来印刷大部头的书籍。在所有这些过程中，消费者却始终都不曾在激励机制所考虑的范围之内。

所有国家的组织都存在委托-代理问题。但在苏联模式中，对于各种浪费几乎没有实质性的制约机制（如市场上的破产行为和公共品的选择机制等）。

经济绩效比较　　从第二次世界大战结束后直到20世纪80年代中期，美国和前苏联这两个超级大国在舆论导向、军事优势和经济支配权等方面展开了竞争。那么，这个指令经济在经济增长竞赛中的表现究竟如何呢？任何回答这个问题的尝试都会遇到一个问题，即缺乏可信赖的统计资料。直到最近，大多数经济学家仍相信从1928年到60年代中期，前苏联经济的增长速度甚至要快于北美和西欧。60年代中期以后，前苏联经济的增长停滞，产出开始下降。

对东西德国历史的比较也可以作为比较市场经济和指令经济运行绩效的例子。这两个国家在二战结束后几乎是从同样的生产率水平和工业结构上开始发展的。经过资本主义在西德发展40年而社会主义在东德发展40年之后，东德的生产率降到了西德生产率的1/4~1/3的水平。而且，东德经济增长所倚重的是中间产品，还有那些对消费者来说没有多大价值的商品。在东德，数量而不是质量,是整个经济的发展目标。

利弊权衡 权衡利弊之后,前苏联中央计划的经验说明了什么呢?前苏联模式已经证明,指令经济有能力动员和组织资本和劳动力,既生产大炮,也生产黄油。但是,由于前苏联经济与世(西方)隔绝,技术、贸易和人力资源的有效配置长期受到限制,因而随着时间的推移,该模式势必日益陈旧和过时。糟糕的激励机制堵塞了创新的源泉。在同那些市场开放的经济体的激烈竞争中,特别是在世界各国对商品和服务的质量要求日益提高的同时,前苏联却往往只能够出口原材料和军事设备。

推行中央计划的晚期,经济增长率已经放慢,人均收入也已经下降。正如大家所看到的,前苏联的领导者们最终不得不放弃集中的中央计划体制。前苏联体制无论是在道德上、政治上,还是在经济上都已经宣告破产。

从1989年开始,前苏联和东欧国家纷纷放弃了共产主义实验,并开始大力引入市场经济。东欧有一个冷笑话:"问:什么是共产主义?答:从资本主义到资本主义的漫长之路。"

对于许多国家来说,回归资本主义的道路是艰难的,其遭遇的挑战包括:(1)放开价格,让供给和需求去决定;(2)对于享受补贴的企业加以严格预算约束;(3)企业私有化,让私人机构做出关于购买、销售、定价、生产、借贷等各项决策;(4)建立市场制度,如现代银行体系,为商业建立法律框架,并运用财政政策和货币政策等工具。

一些国家,如斯洛文尼亚和捷克,其经济转型相当迅速,目前在民主市场转型上正迅速融入欧盟。俄罗斯将其大部分能源产业重新国有化,并已成为世界能源基地。其他一些国家,目前仍陷于独裁、腐败和僵化的经济结构中。对于许多试图建立市场经济制度的国家来说,这里的经验教训应该是十分有用的。

本章阐述了贫困国家在其致富和追求自由(本章开头提到过的干净的住房、教育、电灯、良驹、汽车以及休假等)的道路上所面对的问题及前景。达到这些目标的前景如何?

我们不妨以哥伦比亚大学地球研究所的杰弗里·萨克斯和杰出发展经济学家安德鲁·华纳的一段冷静的评价来作为结束:

> 今天的世界经济与19世纪末很相似。一个全球化的资本主义体系正在形成,大多数国家和地区都在开放国际贸易和协调经济制度。正如在19世纪一样,新一轮的全球化浪潮也向加入了这个体系的各国做出了承诺,它将领导世界各国完成全球经济制度的趋同任务。

> 然而风险也同时存在:俄罗斯、中国和非洲的市场化改革能否巩固,领先国家之间的国际协议能否维持……过去了的25年,市场资本主义的扩张是一个充满希望和意义深远的历史性大事,再过25年,一个自由民主的、基于市场经济的世界体系能否确立,我们能否为她庆功摆好,恐怕还要取决于大家在未来的洞察判断和远见卓识。

第二十七章　汇率与国际金融体系

国际贸易的效益在于：生产要素在全世界范围内被更加有效地利用。

——约翰·斯图尔特·米尔

从经济上讲，可以说没有哪个国家是完全与世隔绝的。当经济衰退或金融危机的警钟敲响的时候，其令人惊恐的声浪显然会波及全世界的各个角落。

我们可以将20世纪划分为两个不同的时期，来说明上述观点。1914~1945年这一时期的特点是破坏性竞争，国际贸易锐减，金融封闭严重，热战、冷战和贸易战，专制和衰退。与之相反，二战以后，大多数国家参与了日益增强的国际经济合作，拓宽了贸易渠道，加强了金融市场的整合，扩大了民主，并加快了经济增长。上述两个阶段之间的鲜明对比表明，能否明智地管理本国和全球经济的意义是何其重大。

国家之间的经济纽带是什么？从经济学看，最重要的无疑是国际贸易和国际金融。国际之间的商品贸易和服务贸易，使得人们能够受惠于各国比较优势下的专业分工所带来的各种好处。通过出口那些本国生产相对有效率的商品和服务，进口那些本国生产缺乏效率的商品和服务，就可以提高本国人民的生活水平。在现代经济中，国际贸易总是借助多种货币进行。而鉴于允许人们使用和交换不同的货币，国际金融体系事实上充当着促进国际贸易和国际金融的润滑剂。

国际贸易有时被视为一种达尔文主义所描述的那种零和争斗。好一点说，该观点具有误导性；坏一点说，该观点就是错误的。同所有自愿交易一样，国际贸易和国际金融可以改善所有交易参与者的福利。当美国向日本出口小麦和进口汽车并在交易过程中使用美元和日元作为支付媒介时，这些交易会降低两国的商品价格并提高两国人民的生活水平。

但是，经济一体化（有时称为全球化）并不是毫无危险。有些时期（如21世纪初）表现相对平静，而有些时期则呈现接连不断的危机。20世纪30年代，金本位崩溃、国际贸易体制濒于瘫痪。70年代则出现了固定汇率制度的瓦解、石油禁运以及通货膨胀的急剧上升。90年代金融危机接连爆发：1991~1992年欧洲汇率体制的信心危机；1994~1995年墨西哥货币崩溃危机；1997年东亚金融和货币危机；1998年俄罗斯债务危机和全球资本流动性危机；以及拉丁美洲的一系列金融危机。

在经历一段较为平静的时期之后，世界又在2007~2009年遭受了打击，而这次打击来自美国（这个世界上最为发达的经济体）的房地产泡沫的破灭、抵押品赎回权的丧失以及金融失败。当发生在美国的金融危机蔓延至世界时，经济体系的全球化属性在2007~2009年得以彰显。而走出所有这些危机，需要牵涉其中的主要国家的财政和货币当局的共同努力与慎重管理。

第二十七章 汇率与国际金融体系

本章和下一章将探讨国际宏观经济学。所讨论的问题包括国际货币体系的管理原则,以及对外贸易对产出、就业和价格的影响。

今天,国际宏观经济学领域中还存在着许多有争议的问题:对外贸易究竟是增加还是减少了我们的产出和就业?国内储蓄、国内投资和贸易平衡之间究竟存在着什么关系?为什么金融危机不断爆发并从一国蔓延到另一国?欧洲货币联盟的建立对欧洲的宏观经济有何影响?为什么美国在20世纪最后10年中成了世界上最大的债务(贸易逆差和资本流入——译者注)国?探讨这些问题的真谛具有极高的经济价值。

对外贸易的趋势

所谓的**开放经济**指的是那些投身于国际贸易的经济。一个很有用的衡量开放程度的指标是一国的出口或进口占其GDP的比重。图27-1显示的是美国在过去半个世纪进口和出口份额的变化趋势。二战后的头几年,因支持欧洲重建,美国每年都有大量的贸易顺差。但是,进口和出口份额在20世纪50年代和60年代都比较低。随着海外经济的增长和国际贸易壁垒的降低,美国的国际贸易份额稳定增长。在2008年,美国的国际贸易额已经平均占到了GDP的13%。

也许你会感到惊讶,美国竟然是一种相对自给自足的经济。在图27-2中,有关各国的对外贸易比重可以表明,一些小国和那些高度一体化的地区(如西欧)都要比美国更加开放。此外,就美国而言,某些产业的开放度要明显高于整个国民经济的开放度,

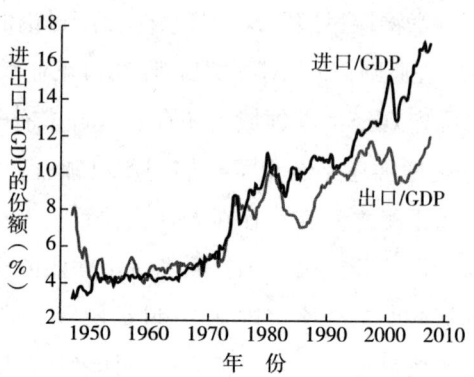

图 27-1 美国对外开放程度的上升

像所有主要的市场经济国家一样,自二次世界大战后,美国的对外贸易的开放度不断上升,结果是与国际贸易相关的产出和消费所占的份额上升。自 20 世纪 80 年代以来,美国的进口远远超过出口,从而使美国成为世界上最大的债务国。

资料来源:U.S. Bureau of Economic Analysis.

特别是钢铁、纺织、家用电器和汽车等制造产业。而教育、医疗保健等产业在很大程度上都与国际贸易无缘。

国际收支平衡表

国际收支账户

这里我们不妨先回顾一下一国是如何进行国际核算的。经济学家通过利润表和资产负债表来记录经济运行的绩效,而在国际经济学领域,主要的手段则是国际收支平衡表。一国的**国际收支平衡表**是对该国与世界其他各国经济交往的系统记录,其主要内

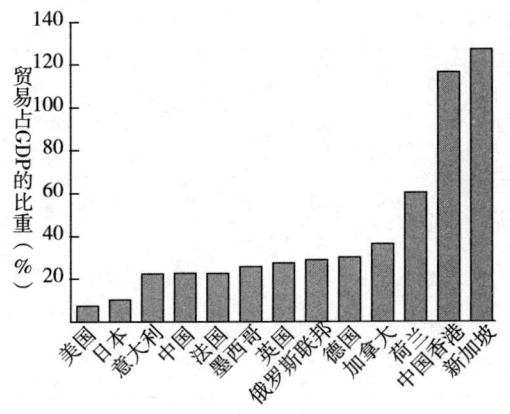

图 27-2 各地经济的开放程度

如美国等大国,贸易份额比较小,而小国如新加坡,其贸易额要超过它们的净产出。

资料来源:世界贸易组织。2002~2005 年的贸易份额是商品进出口值除以 GDP。

容包括经常账户和金融账户。其基本结构见表 27-1,以下我们逐一讨论表中的各项。

像其他账户一样,国际收支平衡表将每笔交易记作"+"或"-",其基本会计原则是:

> 如果一笔交易能为该国赚取外汇,就记为贷方项目,是正值。如果一笔交易要花费外汇,就是一个借方项目,记作负值。总的来讲,出口为贷方,进口为借方。

出口能赚取外汇,所以是贷方项目;进口需要花费外汇,所以是借方项目。美国从日本进口照相机,如何记录呢?因为我们最终要用日元支付,很显然它要记在借方。至于美国人从国外赚得的投资利息和红利则又应如何对待呢?显然它应该记在贷方,因为像出口一样,它为我们赚取了外汇。

表 27-1　国际收支平衡表的基本要素

Ⅰ．经常账户
　　商品（或"贸易余额"）
　　服　务
　　投资收益
　　单方转移支付

Ⅱ．金融账户
　　私　人
　　政　府
　　官方储备变动
　　其　他

国际收支平衡表分两大部分。经常账户代表商品和服务的收支和转移支付；金融账户包括金融资产和负债的购入与售出。一个重要的原则是两者之和必须为零，即：

$$经常账户 + 金融账户 = Ⅰ + Ⅱ = 0$$

经常账户余额　表27-1中的第一部分是**经常账户余额**。它包括所有的收入和支出项目：商品和服务的出口和进口、投资收益、转移支付。经常账户余额从性质上讲，与一国的净收入相类似；而在概念上，它又与国民产出账户中的净出口相类似。

过去很多作者所关注的是**贸易余额**，它由商品进口和出口构成，主要包括初级产品（如食物和燃料）和制成品。历史上，重商主义者曾一味追求贸易盈余（出口大于进口），他们称之为"贸易顺差"，而总是竭力避免"贸易逆差"，即贸易赤字（进口大于出口）。直到今天这一观点仍有市场，许多国家仍然致力于追求国际贸易盈余。

不过，今天的经济学家们通常都回避这种说法，因为国际贸易赤字不一定有害于一国的经济。正如我们将看到的,国际贸易赤字实际上是国内投资和国内储蓄之间的不平衡的一种反映。常见的一种情况是,一国之所以出现贸易赤字,是因为该国的储蓄率低(也许是因为政府赤字),也可能是因为该国的投资盈利率高(例如美国就属于这种情况)。而相反的情况,即贸易盈余则源于一个国家拥有高储蓄并且国内很少有有效率的投资。

除了商品之外,服务项目在国际贸易中正在日益变得重要。服务包括航运、金融服务、境外旅游等项目。经常账户下的第三个项目是投资收益,它包括国外投资收益(如美国在国外的资产收益)。过去20年来的一个重大发展就是服务和投资收益的增长。最后一个项目是转移支付,它代表不需要以商品和服务作为回报的单方面的支付。

表27-2简要地说明了2007年美国国际收支的情况。注意它有两个主要部分——经常账户和金融账户。每个项目的名称列在(a)栏,贷方记在(b)栏,借方记在(c)栏,(d)栏列的是净借贷。在表中,如果某个项目能增加美国的外汇储备,就记为贷;如果会减少美国的外汇储备,就记为借。

2007年,美国的商品出口(贷方)额为11 490亿美元,但商品进口(借方)额为19 650亿美元,借贷净差额为贸易逆差8 150亿美元。这个贸易赤字在(d)栏的第二行列出。(一定要弄清为什么这里的代数符号是"−"而不是"+"。)从这个表中我们还可以看到,净服务和净投资收入项目均为正数。而包括商品贸易、服务、投资收入以及单边转移在内的经常账户赤字在2007年为7 390亿美元。

表 27-2 2007 年国际收支平衡表的基本内容

(a) 项目	(b) 贷方 (+)	(c) 借方 (−)	(d) 净贷 (+) 或净借 (−)
Ⅰ. 经常账户			−739
a. 商品贸易余额	1 149	−1 965	−815
b. 服务	479	−372	107
c. 投资收益	782	−708	74
d. 单方转移支付			−104
Ⅱ. 金融账户 [贷出 (−) 或借入 (+)]			739
a. 私人借贷	1 451	−1 183	268
b. 政府			
美国官方储备资产变动			−24
其他国家官方资产在美国的变动			413
c. 统计误差			83
Ⅲ. 经常账户和金融账户总计			**0**

资料来源：U.S. Bureau of Economic Analysis. Note that the totals may not equal the sum of the components because of rounding.

（我们省略了额外的一个账户项目，即资本项目，它包含资本的转移。在大多数情况下，该项目非常小，可以忽略。）

金融账户 现在我们已经完成了经常账户的分析，但美国如何为其 2007 年 7 390 亿美元的经常账户赤字进行融资呢？答案是，它必须借款或缩减其外国的资产。因为根据定义，要么你为自己所买的东西付款，要么你就得借款。这意味着从整体上看国际收支的最终差额必须为零。

金融账户的交易是美国公民与外国公民之间的资产交易。例如，当日本的养老基金购买美国的政府证券，或美国公民买了德国企业的股票时，就发生了这种交易。

借和贷的问题在金融账户中要比经常账户略微复杂一些。总体规则来自复式记账法，即增加一国资产和减少其债务都记入借方；相反，减少一国资产和增加其债务则记入贷方。借方用负号（−）表示，而贷方则用正号（+）表示。

如果你用下面这个规则，则可以很容易地确定在金融账户中哪些项目为贷，哪些项目为借。你可以设想一下，美国总是在进口和出口股票、债券或其他证券，你就可以把这些进口和出口像其他进出口一样对待。当我们从国外借款时，我们向其他国家发出借据（以国库券或公司股票的形式），获得外国货币。获得的外汇应记在贷方，还是记在借方呢？很显然应记贷方，因为它把外汇带入了美国。

同样，如果美国银行向国外提供贷款，以资助在墨西哥建立一个计算机组装厂，那么美国银行是在从墨西哥进口借据，从而使美国外汇流失。很显然，这在美国的国际收支账户上是一个借方项目。

由表第Ⅱ行可见，美国在2007年是一个净借入国。美国从国外借的比借给国外的要多，从而是一个"借据"的净出口国（净借入国），其总净额为7 390亿美元。[1]

---

[1] 如同在所有的经济统计中一样，国际收支账户必然也存在统计上的错误（称为"统计误差"）。它反映了许多商品与金融的交易（从小的货币交易到毒品交易）没有能够被记录下来的这一事实。我们将这些统计误差包括在表27-2中的Ⅱ（c）行。

富有的借款者悖论

国家盈余与赤字的一般模式是什么?你可能这样认为,穷国因拥有较高的资本利用率而向富国借款,而富国则由于自己的投资机会耗尽而借钱给穷国。

的确,这个模式存在于美国大部分的历史中。在19世纪,美国的进口量超过出口量。当时,欧洲借款给美国弥补这个差额,进而得以使美国继续进行资本积累。美国是一个典型的年轻且正在成长中的债务国。从大约1873年到1914年之间,美国的贸易余额逐渐改变为盈余。此后,在第一次及第二次世界大战期间,美国借款给它的盟友英国与法国,以满足它们战争装备和战后援助的需要。战后,美国成为债权国,国外投资收入表现为盈余,相应地,商品贸易呈现赤字。

由于金融全球化,整个世界格局已今非昔比。在一个金融开放的世界,盈余和赤字在很大程度上取决于储蓄与投资的差额。由表27-3可见当今世界主要区域的概况。此表表明,各国的借贷情况实际上与经济发展水平没有关联,而主要由储蓄及投资的模式来决定。在表中最引人注目的是美国,它虽然富有但却仍向海外借钱。我们将在下一章探讨这个富有的借款者悖论背后的原因。

表 27-3　2007 年全球经常账户模式

经常账户余额（10 亿美元）	
地　区	2007 年
富有，但低储蓄	
美　国	−739
富有，但高储蓄	
日　本	211
其他富国	160
资源富饶并且多样化	
石油输出国组织/中东	257
俄罗斯	76
贫穷，但高储蓄	
中　国	372
贫穷，但低储蓄	
撒哈拉以南的非洲	−25
其　他	−45

美国是世界上最大的借款国，它具有低储蓄率和稳定的投资环境。重要的储蓄国包括富有的具有高储率的国家（如日本）、寻求金融多样化的资源富饶型国家（如俄罗斯和石油输出国），以及贫穷的高储蓄率国家（如中国，储蓄率高于投资率）。最穷的国家只有很小的资金净流入。

资料来源：International Monetary Fund, *World Economic Outlook*, available online at *www.imf.gov*.

汇率的决定

外汇汇率

我们都很熟悉国内贸易。当我购买佛罗里达的橘子或加利福尼亚的计算机时，很自然地会想到用美元支付。所幸的是，种橘子的人和生产计算机的厂商也希望得到以美元支付的账款。所以，这些贸易就都很自然地可以用美元进行。国内贸易相对比较简单。

而现在，如果我的工作是销售日本的自行车，那么交易就会变得复杂起来。对于自行车制造商来说，它们需要得到的货币是日元而不是美元。于是，为进口日本自行车，我就必须先用美元购买日元，然后再用日元付款给日本的制造商。同理，如果日本人想购买美国的商品，则他们也必须先获得美元。可见，这里新增的一个环节所涉及的就是外汇问题。

对外贸易涉及不同国家货币的使用。**外汇汇率**是以另一国货币来表示的本国货币的价格，其高低最终由**外汇市场**决定。外汇市场是不同货币进行交易的场所。

让我们先观察一下，大多数国家都有自己的货币，如美国的货币是美元，日本的货币是日元，墨西哥的是比索，等等。（欧洲国家是个例外，它们使用共同的货币欧元。）我们习惯上以1单位本币能购买多少外国货币这一标价法来衡量外汇汇率，以符号 e 来表示。举例讲，美元的汇率可以是1美元兑换100日元（￥100/$）。

当我们想把一国货币兑换成另一国货币时，需要按照汇率进行计算。举例来讲，如果在2008年的夏天到墨西哥旅游，你用1美元可以兑换到约11个墨西哥比索。美元和其他任何一个国家的货币之间都有一个汇率。在2008年，1美元相当于0.68欧元、0.54英镑、103日元。

通过外汇兑换，我就有可能购买一辆日本自行车了。假设它的报价是 2 万日元,并且我可以在报纸上查到日元兑美元的汇率。假设汇率为 100 日元 / 1 美元,我便可以到银行将我的 200 美元兑换为 2 万日元,这样,我就能以厂家想要的货币来购买自行车了。

你应该了解一个日本进口商如果想从美国进口卡车时,他需要做些什么。例如,日本进口商想从美国出口商那里购买价值 3.5 万美元的卡车,那么,日元必须兑换成美元。当汇率为 1 美元兑 100 日元时,你会看到,购买卡车需要花掉 360 万日元。

就商务人员和旅游者进行进出口交易而言,也许只要懂得这一点也就差不多了。但是,只有懂得外汇供求和外汇市场运行的决定因素,我们才能掌握好有关外汇汇率的经济学。

> 外汇是以另一个货币来表示一个货币的价格。我们是以每一个国内货币单位可以购买的外国货币数量,来衡量外汇 e 是多少:
>
> e = 外国货币 / 国内货币 = 日元 / 美元 = 欧元 / 美元
> = ……

外汇市场

与其他商品的价格一样,外汇汇率在大多数时期都不是固定的,汇率每周、每个月都会由于供求的变化而发生波动。外汇市场是交易不同国家的货币并决定外汇汇率的场所。外汇在许多银行和专门做外汇业务的企业那里进行零售环节的交易。在纽约、东京、伦敦和苏黎世这些有组织的市场上,每天都要进行数以千

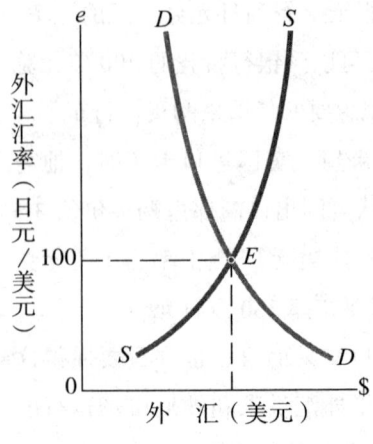

图 27-3 外汇汇率的决定

外汇的供给和需求背后,是商品和服务的交易以及金融资产的流动。对美元需求的背后,是日本购买美国商品和对美国进行投资的需求;美元的供给则来自那些想得到日本的商品和资产的美国人。均衡点出现在 E 点,如果外汇汇率高于 E,就会出现对美元的超额供给。除非政府用官方储备购买这些超额供给,否则市场就会把汇率压低到供求均衡的 E 点。

亿美元的外汇交易。

我们可以利用熟悉的供求曲线来说明市场如何决定外汇的价格。由图 27-3 可见美国和日本的交易中美元的供给和需求情况。[1] 美元的供给来自美国那些需要日元来购买日本商品、服务或金融资产的人们;对美元的需求来自于日本那些打算购买美国商品、服务或进行投资,因而需要以美元进行支付的人们。外汇的价格,即外汇汇率,就是供给和需求达到平衡时的那个价格。

让我们首先考虑供给方面。当美国人需要日本的汽车、照相机和其他商品,以及去东京度假的时候,外汇市场上就产生了对美元的供给。另外,如果美国人想要购买日本的资产,比如购买日本公司的股票,也会需要外汇。总之,当他们购买外国商品、服务和资产时,美国人就会供给美元。

---

[1] 这是个简化的例子,仅考虑日本和美国之间的双边贸易。

在图27-3中，纵轴表示汇率e，以每单位本币合多少单位外币来衡量，也就是每单位美元值多少日元或墨西哥比索等等。你一定要注意理解这里所用的单位。横轴表示外汇市场上美元的买卖数量。

美元的供给由向上倾斜的SS曲线表示。向上倾斜表明，当外汇汇率上升时，每单位美元所能购买的日元数将会增加。这意味着，在其他情况不变的条件下，日本商品的价格相对美国商品的价格下跌了，因此，美国人会倾向于购买更多的日本商品，美元的供给也因此而上升。

让我们以自行车为例来说明供给曲线向上倾斜。如果汇率从100日元/1美元升至200日元/1美元，价值2万日元的自行车的价格将会从200美元降至100美元。在其他条件不变的情况下，日本的自行车将会变得更有吸引力，而美国人在外汇市场将需要更多的美元购买更多的日本自行车。因此，在汇率水平更高的价位上，美元的供给也会更多。

是什么因素导致了对美元的需求（图27-3中DD表示对美元的需求曲线）？当外国人购买美国的商品、服务和资产时，就会需要美元。比如，一位日本学生要买一本美国的经济学教科书或去美国旅游，她就需要美元支付这些商品；或者，当日本航空公司购买一架波音767时，就会增加对美元的需求。如果日本的养老基金会在美国投资股票，那么它也需要购买美元。总而言之，当外国人购买美国商品、服务和资产时，他们就会需要美元进行支付。

图27-3中的需求曲线向下倾斜，表明随着美元的贬值（日元

因而变得更贵），日本居民将购买更多的外国商品、服务和投资，因而在外汇市场上他们就需要更多的美元。考虑一下当美元汇率从100日元/1美元降至50日元/1美元时会发生什么样的情况。以前卖20万日元（2 000美元×100日元/美元）的美国计算机，现在只卖10万日元（2 000美元×50日元/美元）了。日本购买者因而会倾向于购买更多的美国计算机，从而对美元的外汇需求量就会更大。

市场力量促使汇率升降以实现供求平衡，价格将会稳定在均衡汇率上。在此汇率水平上，人们意愿的买入量恰好等于意愿的卖出量。

> 外汇的供求平衡决定了一种货币的汇率。图27-3中E点所示的100日元/1美元的市场汇率是均衡汇率，它既没有上升也没有下跌的趋势。

我们已从美元的供给和需求两个方面讨论了外汇市场。但由于这个市场所涉及的是两种货币，因此我们也可以用同样的方法很容易地讨论日元的供求。为掌握这一点，你不妨画一张供求图：横轴是日元，纵轴是其汇率（美元/日元）。如果从美元角度看，100日元/美元是均衡汇率，那么0.01美元/日元则应当是这一汇率的倒数。作为练习，不妨对相应的市场做同样的分析。你会看到在这两者中，日元与美元的情形恰恰形成一种对照：美元的供给是日元的需求，而美元的需求则是日元的供给。

要真正理解外汇市场，还需要进一步地拓展我们的分析。现实中有许多种不同的货币，因此我们有必要理解每种货币的供求情况。在拥有众多国家的世界中，多边的交换和贸易（代表着来自全球各地的需求和供给）关系决定着各种外汇的汇率。

汇率变动术语

外汇市场有一套特定的术语。当以一种或所有其他货币表示的某种货币的价格下降时，称为**贬值**；而以另一种货币表示的一种货币的价格的上升称为**升值**。在上面的例子中，当美元价格由100日元/1美元上升到200日元/1美元时，就是美元升值，同时可知日元发生了贬值。

在对美元的供求图中，汇率 e 的下降表示美元的贬值，e 的上升表示美元的升值。

当一个货币所采用的是固定汇率时，所采用的术语也相应有所变动。所谓的**降值**，是指一个国家将其在市场上的官方币值降低；而所谓的**增值**，则发生在官方外汇汇率被提高的时候。

例如，1994年12月墨西哥在保护比索时，将官方汇率由1美元兑3.5比索降到1美元兑3.8比索，就是对货币进行降值。但很快墨西哥就发现自己没有能力维护这种新平价，只好又让汇率"浮动"，结果，比索的下跌或贬值得更多。

当一国货币相对于其他国家的货币价值下跌时，我们说该国货币经历了一次**贬值**，而外国货币经历了一次**升值**。

当一国由官方确定的外汇汇率被调低时，我们说该国货币经历了一次**降值**；而当官方外汇汇率被调高时，则说该国货币经历了一次**增值**。

如果外汇需求变动，则会发生什么情况呢？例如，日本出现了经济衰退，进口需求下降，结果对美元的需求减少，这一结果如图27-4。对美国的商品和服务购买以及投资的下降减少了市场上对美元的需求。这种变化在图中表现为需求曲线的左移。结果是汇率下降，即美元贬值、日元升值。在较低的汇率下，美国人向国际市场供给的美元数量会减少，因为现在日本商品价格高、买得少了。而且，日本人对美元的需求量会由于经济衰退而下降。汇率会变动多少呢？只要供给和需求再次达到平衡即可。在图27-4所示的例子中，美元汇率由100日元/1美元跌到了75日元/1美元。

在当今世界，汇率经常会对涉及金融账户在内的变化作出反应。假设美联储升高美元利率，这将导致美元资产比外国资产更具吸引力，因为相对于外国证券的利率而言，美元的利率升高。结果对美元的需求上升，美元升值。这一过程如图27-5所示。

汇率与国际收支账户调整之间有什么联系？在最简单的情况

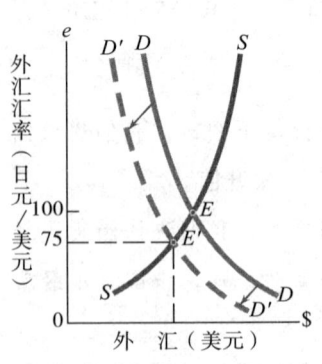

图27-4　对美元需求的下降导致美元贬值
假设日本发生了衰退或通货紧缩，减少了日本人对美元的需求。这会使美元需求曲线由DD向左移到D'D'，从而美元贬值、日元升值。想一想，为什么新的汇率会减少美国人对日本商品的购买？

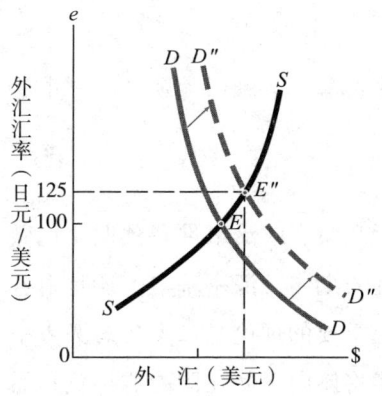

图 27-5 货币紧缩增加了对美元的需求，导致美元升值

货币政策可以通过金融账户影响汇率。如果联储提高美元的利率，则会刺激投资人购买美元证券，从而增加对美元的需求，结果导致美元升值。（解释为什么这又会导致欧元的贬值。）

下，我们假设汇率由私人部门的供给和需求决定，而不受政府的干预。不妨考虑一下1990年德国统一后所发生的情况，当时德国的中央银行决定提高利率以抑制通货膨胀。货币紧缩后，外国人将他们的一些资产转为德国马克，以便从德国的高利率中获益。于是，在旧的汇率水平上产生了对德国马克的额外需求。换言之，按旧的汇率，人们愿意买进德国马克并相应卖出其他货币。

这里你会看到汇率是如何起到一个均衡器的作用的。对德国马克的需求增加时，德国马克就会升值，而其他货币例如美元就会贬值。汇率的这一变化将一直持续，直至金融账户和经常账户恢复平衡。

外汇汇率的上述变化对于贸易流量有着重要影响。德国马克的升值将使得德国商品在外国市场上变得更加昂贵，而外国商品将在德国变得更加便宜，这导致德国出口的下降与进口的增加。结果，贸易平衡转为赤字。而经常账户赤字对应着由较高利率所产生的金融账户盈余。

> 汇率变化可以作为一个平衡器，消除国际收支账户中的不平衡现象。

在短期中，市场汇率会对货币政策、政治事件和预期变化做出反应，而表现得很不稳定。但在长期中，汇率基本上还是由各国商品的相对价格来决定的。一个重要的理论是汇率的购买力平价理论。该理论认为，一国的汇率将倾向于使在国内购买贸易品的成本等于在国外购买这些商品的成本。

购买力平价理论可由一个简单的例子来说明。假定一揽子商品（汽车、珠宝、石油、食品等等）在美国值1 000美元，而在墨西哥值1万比索。若汇率为100比索兑换1美元，则这批商品价值在墨西哥就是100美元。给定这些相对价格，并假定两国间实行自由贸易，我们就可以预计到，美国的企业和消费者将会越过边界以较低的墨西哥价格购买商品。结果是对墨西哥的进口上升，对墨西哥比索的需求也会增加，而这将导致墨西哥比索对美元升值，因此需要您用更多的美元才能购买同样数量的比索。其结果便是，即使墨西哥商品的比索价格没有变动，其美元价格也会上升。

此过程要到何时才会终止呢？假设两国商品的国内价格不变，当比索对美元的汇率下降到10比索兑换1美元时，此过程结束。只有在此汇率下，这一揽子商品的价格才会在两国间相等。即只有10比索兑换1美元，两种货币对所交易的商品才具有同样的购买力。

购买力平价理论还认为，通货膨胀率高的国家将倾向于使其货币贬值。举个例子，如果 A 国的通货膨胀率为 10%，而 B 国的通货膨胀率为 2%，两国通货膨胀率的差异将使 A 国货币相对于 B 国货币每年贬值 8%。我们也可以假定，急剧的通货膨胀使俄罗斯的物价在一年之中翻了 100 倍，而美国物价保持不变。根据购买力平价理论，卢布应贬值 99% 才能恢复美俄两国物价的均衡。

值得注意的一点是，购买力平价理论只是一个近似的、并不能准确预测汇率变动的理论。购买力平价理论不能精确预测的原因之一在于，包含在物价指数中的许多商品和服务并不能进行贸易。例如，如果购买力平价理论采用消费者物价指数，那么我们就必须考虑到房屋是不能进行贸易的，以及质量相当的房屋的价格在空间上会有很大变化。此外，即使对可贸易的商品，"一价定律"也不能一致地适用于所有商品。如果你去看看 amazon.com 与 amazon.co.uk 上相同商品的价格，你将会发现它们的价格（即使是已经用当下的汇率转换过）通常都是不一样的。贸易壁垒、运输成本以及税收，也会使同一商品的价格出现差别。另外，短期内金融资产的流动也可以大大压倒价格效应。因此，尽管购买力平价理论在长期中是汇率的有用指导，但汇率仍然能够在许多年里背离购买力平价水平。

购买力平价和国家经济规模

无论用哪个标准衡量，美国都是世界上最大的经济体。但哪个国家是第二呢？日本、德国、俄罗斯，还是其他国家？你可能认为这个问题像测量身高和体重一样容易回答。但问题是，日本是以日元计算其国民产出，俄罗斯用卢布计算其国民产出，而美国则是用美元。为了比较，它们必须转换成同一种货币。

通常的做法是依照市场汇率将所有的货币都转换成美元，以此标准计算，日本是第二大经济强国（2010年，中国首次超过日本，成为世界第二大经济体——译者注）。然而，在使用市场汇率时有两个困难。首先，因为市场汇率上下波动剧烈，国家的经济规模可以很容易地在一夜之间变化10%或20%。而且，在应用市场汇率时，一般会低估低收入国家的国民产出。

现在，经济学家一般都偏向于使用购买力平价这个汇率来比较不同国家的生活水平，这同按市场汇率计算的结果相比，差别可能非常之大，如图27-6所示。在使用市场汇率时，低收入国家（如印度、中国）的收入和产出就通常被低估。这种低估是由于他们产出的很大一部分是来自于劳动密集型服务，这种服务在低收入国家（或地区）通常非常便宜。因而，当我们用包括了非贸易品价格的购买力平价进行计算时，低收入国家（或地区）的国内生产总值相对于高收入国家就会上升。例如，用购买力平价计算时，中国的国内生产总值是市场汇率计算结果的2.3倍。

国际货币制度

尽管简单的供给-需求图可以说明外汇市场主要的决定因

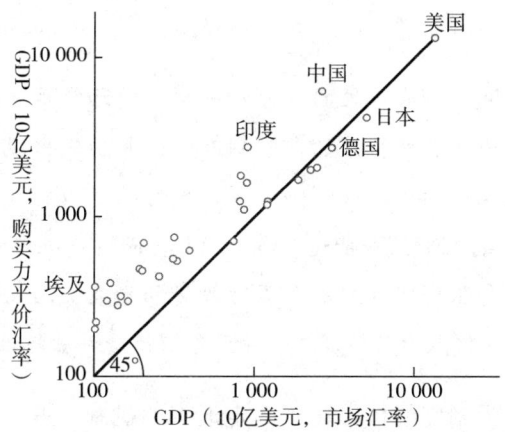

图 27-6　2006 年用购买力平价计算可以改变各国经济的相对规模

不用市场汇率，而使用购买力平价汇率进行计算，改变了各国经济实力的排名。在调整了收入购买力之后，中国从第四大经济体变为第二大经济体。请注意，45°线上的国家使用两种汇率计算出的 GDP 是一样的。而在该线上部的点，例如中国，使用购买力平价汇率对 GDP 进行估计的结果，高于用市场汇率估计的结果。日本在 45°线的下部，这是由于较高的租金和贸易壁垒导致日本的相对价格比较高。

资料来源：世界银行。请注意产出是按比率尺度标出的。

素，但它们还无法揭示国际货币制度这个因素举足轻重的作用。20 世纪 90 年代国际金融危机接踵而至——1991~1992 年的欧洲、1994~1995 年的墨西哥和拉丁美洲、1997~1998 年的东亚和俄罗斯，1998~2002 年又回到拉丁美洲。

什么是**国际货币制度**？它指的是跨国交易的支付活动所经由和遵循的规制体系。具体地说，国际货币制度所涉及的任务是：汇率如何确定，以及政府如何影响汇率。

经济学家罗伯特·所罗门曾经这样很好地说明了国际货币制

度的重要性：

> 就像一个城市里的红绿灯一样，国际货币制度的存在往往被认为是理所当然的，直到有一天其功能出现了问题并开始扰乱人们的生活……一个运行良好的货币制度能促进国际贸易和国际投资，并能适应各种变化。而运行很糟的货币制度，则不仅会阻碍国际贸易和国际投资的发展，而且还由于不能对各种变化做出必要调整，导致经济遭受到破坏性的打击。

国际货币制度的核心在于确定汇率的机制。近年来，世界各国所采用的汇率制度主要有以下三种：

- 固定汇率制；
- 灵活的或浮动的汇率制，在这种制度下汇率完全由市场力量决定；
- "管理"汇率制，国家借助汇率干预政策熨平汇率的波动，或保证将汇率（的浮动）维持在目标范围之内。

固定汇率制：古典金本位制

汇率制度的一个极端是**固定汇率制**，即由政府决定美元兑换成比索、日元和其他货币的各个比率。历史上，最重要的固定汇率制是**金本位制**。在1717~1936年间，这种制度曾时断时续地被各国采用。在这种制度下，每个国家都将自己的货币价值确定为固定数量的黄金，再以黄金为基础，建立起各国货币之间的固定汇率。[1]

我们可以通过一个简单的例子来看看金本位制是如何运作的。假设世界各地的人都要求别人用纯金作为支付手段,那么,在英国买一辆自行车就需要按以多少盎司黄金表示的价格用黄金去支付。根据定义,这不会出现外汇汇率的问题,因为黄金是世界通用的货币。

这个例子抓住了金本位制的实质。一旦黄金成为交易的媒介或货币,对外贸易与国内贸易就不再有什么区别。每样东西都可以用黄金支付,国家之间的唯一区别就是它们可以为其金币选择不同的单位。于是,维多利亚女王选择将英国硬币铸造为 1/4 盎司黄金(英镑),而威廉·麦金利总统则将美国的单位货币(美元)确定为 1/20 盎司黄金。在这种情况下,英镑的重量就是美元的 5 倍,汇率为 5 美元 /1 英镑。

这就是金本位制的本质。在现实中,各国都倾向于使用自己的货币。但是,每个人都可以随意将铸币熔化,并按当时市场的黄金价格将其卖出。所以,在金本位制条件下,不同国家的货币的交换比率(又称"票面价值"或"平价")得以固定,即由其货币单位的含金量决定。

汇率制度的目的在于促进国际贸易和国际金融,同时便于汇率在受到冲击时能够进行调整。那么,国际调整机制到底是如何

---

[1] 为什么用黄金而不是其他商品作交易媒介和支付手段呢?当然,也可以用其他物品,但黄金具有供给有限、不易损坏以及工业用途少等优点。你明白为什么酒、小麦或者牛不能成为有效的国家之间的支付手段吗?

运行的呢？如果一国的工资和价格急剧上升，它的商品在国际市场上就不再具有竞争力，那么将会发生什么情况呢？在浮动汇率制下，该国汇率会贬值以抵消国内的通货膨胀。但在固定汇率制下，则必须通过国内的通货紧缩或国外的通货膨胀才能回到均衡点。

让我们来考察一下固定汇率制下美、英两个国家的国际调整机制。假定美国的通货膨胀使得美国的商品不再具有竞争力，则美国的进口上升、出口下降，于是它在与英国的贸易中开始出现赤字。为支付这个赤字，美国不得不向英国运送黄金。如果美国和英国都没有调整的话，那么美国的黄金就会运送到耗尽为止。

但在现实中，正如英国哲学家大卫·休谟1752年所指出的那样，确实存在着一种自动调节机制。他指出，黄金的外流是国际收支平衡机制的一个组成部分。休谟的论断尽管已有近250年的历史，但仍然能够帮助我们理解现代经济中贸易流动如何达到平衡的问题。

休谟的解释部分是基于价格的数量论，这是宏观经济学中分析整体价格水平的理论。这种理论认为，一个经济中的整体价格水平与货币供应量是成比例的。在金本位下，无论是以金币这种直接的形式，还是政府以黄金为基础发行纸币这种间接的形式，黄金都构成货币供给的一个重要部分。

一国黄金流失会产生哪些影响呢？首先，该国的货币供给会下降。这可能是由于金币被出口，或者是由于作为货币发行基础的黄金从该国流失。两种结果加在一起，黄金的流失就导致货币供给的下降。根据数量理论，下一步就是价格和成本会随货币供给的变动而成比例地发生变动。如果美国因为支付贸易赤字而流失了其黄金量的10%，数量论就预计美国的价格、成本和收入也会下降10%。换句话说，经济中会出现通货紧缩。

四重机制 现在我们考察休谟的国际收支均衡论。假设美国有巨额贸易赤字，黄金开始流失。根据价格数量论，这种流失减少了美国的货币供应，使美国的价格和成本下降，结果是：（1）美国减少了对英国和其他国家商品的进口，因为这些商品变得相对昂贵了；（2）因为美国国内生产的商品在世界市场上变得相对便宜，美国的出口开始增加。

在英国和其他国家，情况正好相反。由于英国的出口迅速增长，它得到了黄金，进而英国的货币供应量增加，根据数量论，这会抬高价格和成本。在这一点上，休谟机制中的另外两重机制开始加入进来：（3）英国和其他国家的出口变得更加昂贵，所以出口到美国和其他地方的商品数额下降；（4）英国公民由于面临一个更高的国内价格水平，开始更多地进口美国的低价商品。

由图27-7可见休谟机制的逻辑。请务必弄清其逻辑链条：在初始阶段，图的顶部有国际收支赤字，经过调整，才达到底部的均衡。

> 休谟的四重黄金流通机制的结果是，流失黄金的国家收支状况日益改善，得到黄金的国家收支状况日益恶化。最终，国际贸易和国际金融在新的相对价格上重新达到均衡。此时贸易和国际借贷处于平衡状态，没有净黄金流动。这一均衡是稳定的，不需要关税或其他的政府干预。

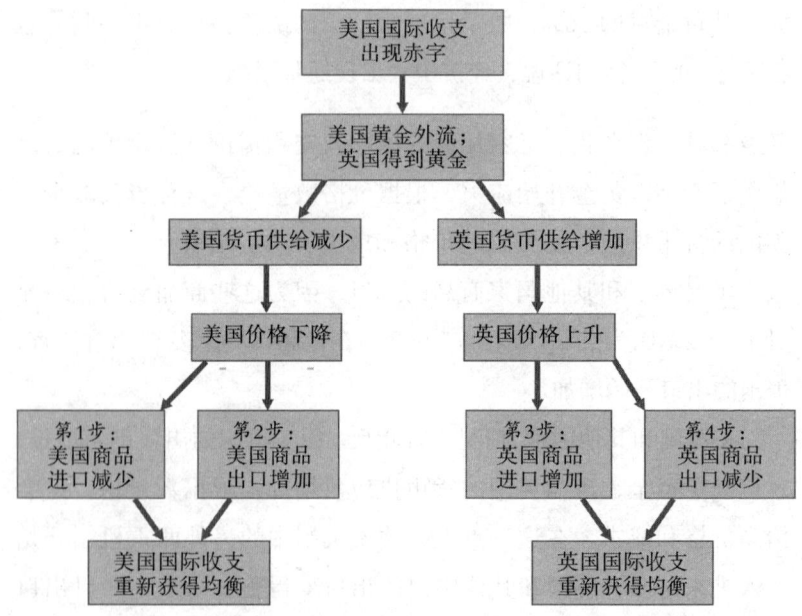

图 27-7 休谟的四重国际调整机制

休谟解释了金本位制下收支不平衡如何自动恢复均衡的调整机制。如图,从顶端最初的不均衡开始,经过价格变化,到达底部的重新均衡。这种机制在任何固定汇率制度下都会以某种更加适应现实的方式运作。现代经济学已经对其进行扩充,将第四行改成了"美国价格、产出和就业的下降"和"英国价格、产出和就业的上升"。

今天,休谟理论已经不再完全适用。我们不再使用金本位制,同时价格数量论也不再用来解释物价的变化。然而,在现代宏观经济学框架下,休谟理论的基本原理可以得到重新解释。休谟理论的本质在于解释固定汇率制下对国家间贸易收支不平衡的调整机制。固定汇率制可以是金本位制(存在于1936年以前)、美元本位制(在1945至1971年之间的布雷顿森林体系之下),或者欧元本位制(实行于今日的欧盟国家中)。

当不同国家的价格和收入变化过大,而汇率又不能自由波动时,国内价格和产出就必须进行调整以重新达到均衡。在固定汇率制下,如果国内价格相对于进口价格变得过高,充分的调整只能出现在国内价格跌落之时。当国内产量下降足够大,以至于国内价格水平相对世界价格而有所下降,充分调整就会出现。在这时,国家的收支余额将会重新回到均衡状态。假设希腊的价格上升远远超过其他欧盟国家,那么希腊在市场上会变得没有竞争力。希腊将发现它的出口下降以及进口上升,从而拉低了净出口。最终,当希腊的工资与价格相对其他欧盟国家而言下降时,希腊将会重新变得具有竞争力,并能够恢复充分就业。

> 当一国实行的是固定汇率制的时候,它就将不可避免地面对着一个事实:必须不断地调整国内实际产出和就业,以确保本国的相对价格水平与贸易伙伴的相对价格相一致。

二战后的国际货币体系

20世纪早期,即使是那些声称爱好和平的国家,也参加到破坏性的贸易战和竞争性的货币贬值之中。二战后,国际社会建立了一些国际机构以促进国际经济合作。借助这些机构各国可以调整其经济政策,并寻求解决共同面临的问题。

由于二战中,美国经济毫发无损,所以二战后,美国经济脱颖而出,它有能力也愿意帮助友好的和(曾经)敌对的国家进行重建。战后的国际政治体系为满足遭到战争破坏的国家的需要，建立了一些有利于国际经济迅速恢复的永久性机构。战后主要的国际经济机构包括：关税与贸易总协定（GATT，1995年改为世界贸易组织WTO）、布雷顿森林体系、国际货币基金组织和世界银行。这四个机构在二战以后帮助工业国进行重建，并实现了快速增长。直到今天，它们仍是重要的国际组织。

布雷顿森林体系的一个组成部分是国际货币基金组织（IMF）的建立，它现在仍管理着国际货币体系，并作为各成员国中央银行的中央银行运作。成员国通过将货币借给国际货币基金组织来认购股份，国际货币基金组织则将这些基金重新借出，以帮助那些出现国际收支困难的国家。国际货币基金组织的主要职能是向国际收支出现问题或在金融市场上遭到投机者攻击的国家提供临时贷款。

二战后建立的另一个国际金融机构是世界银行。世界银行依靠高收入国家提供资金支持，这些国家会费比例的确定，依据的是以GDP衡量的经济的相对重要性及其他各种因素。基于这笔基金，世界银行向有关国家提供长期低息贷款，主要是那些在经济上可行但却无法从私人部门获得资金的项目。作为这种长期贷款的结果，商品和服务会从发达国家流向发展中国家。

在第二次世界大战之后，各国政府决定以更加灵活的体系来取代金本位制。于是他们建立了采取固定汇率制的**布雷顿森林体系。布雷顿森林体系的创新是使汇率变得既固定而又可以调整。当一国货币与其适当的或"基本"价值偏离得太远时,平价就可以被加以调整。

布雷顿森林体系在二战后的四分之一个世纪里有效地发挥了作用。但是,当美元被高估时,这个体系最终瓦解了。1973年,美国宣布放弃布雷顿森林体系,世界从那时起进入了一个新时代。

如何通过"大修"来确保可靠的固定汇率

尽管布雷顿森林体系的崩溃结束了固定汇率制的统治地位,但仍有许多国家继续采用固定汇率制度。对于固定汇率制来说,一个反复出现的问题是,当一国外汇储备不足的时候,它们往往会遭遇投机攻击的困扰。各国如何提高固定汇率体系的可信度呢?"硬"的固定汇率体系能够更好地防止各种投机者的攻击吗?

从事这类问题研究的经济学家强调建立信用机制的重要性。例如,通过建立一个体系,使得国家不能轻易改变其汇率,就能够提高信用程度。这和军队在过桥后便炸毁桥以断绝后路从而背水一战的道理是一样的。事实上,阿根廷的领导人为了建立其货币体系的信用,就曾说过,他"宁肯死亡也不会让货币降值"。

另一个解决办法是**建立货币委员会**。货币委员会是管理货币的机构,它只发行一种货币,这种货币以一种关键外国货币资产作为支撑,通常是美元或欧元。货币委员会保护的是依靠法律而不是政策决定的汇率,它通常是独立的,有时甚至是私人的。在货币委员会的管理下,赤字常会触发休谟的自动调整机制。也就是说,国际收支赤字将会减少货币供给，引起经济紧缩，并最终降低一国的国内价格，从而恢复平衡。今天，货币委员会有效运作的一个实例在中国香港，而阿根廷的货币委员会已经在2002年瓦解，因为它不能应对经济和政治混乱。

当各国通过建立货币联盟使用**统一货币**时，固定汇率将更加可靠。美国自1789年起就有了统一货币。近期最重要的货币联盟的例子是欧洲联盟15国所采用的"欧元"。这种措施显得非比寻常，因为欧元将众多强大的主权国家联合在一起。就宏观经济学的观点而言，统一货币是对所有的固定汇率制度进行的最大程度的修复，原因在于不同国家均被规定了相同的货币。这种方法的一个变异被称为"美元化"，发生于一国（通常是小国）将一种关键货币作为本国货币的情形。大约有十几个小国家（如萨尔瓦多）便走了这样一条道路。

如今世界各个大国都已放弃了对固定汇率制的青睐，只有个别国家仍然采用固定汇率制，但同时其承受着来自其他国家要求让其货币浮动的强大压力。除这些个别国家外的世界大部分地区均已采取了各种各样的浮动汇率制。我们随后将简要分析这些问题。

当政府想要固定并维持其汇率时，它就必须对外汇市场进行"干预"。政府买卖外汇以影响汇率的行为，就是政府对汇率的**干预**。例如，日本政府在某日用美元购买了价值10亿美元的日元，并由此导致了日元的升值。

让我们以中国为例（此分析仅代表作者个人的观点——译者注）。中国曾是最后一个采行固定汇率制的大国，其官方汇率在

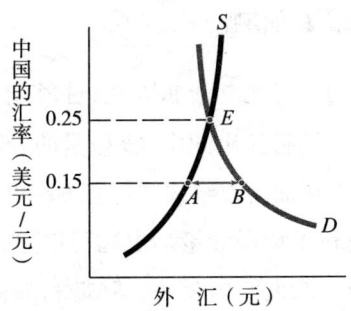

图 27-8 政府出面干预以维持固定汇率
由于中国建立了固定汇率制,它必须干预外汇市场来维持它所确立的汇率。假设没有干预下的市场均衡是每 1 元人民币可兑换 0.25 美元,即图中市场供给曲线与市场需求曲线相交的 E 点。然而,中国政府却已设定了每 1 元人民币兑换 0.15 美元的官方汇率。在较低的汇率下,将会形成对人民币的超额需求,超额量如图 AB 线段所示。中国政府最终将卖出相当于图中线段 AB 表示的人民币来保证其汇率免于升值。

2008 年是每 1 元人民币兑换 0.144 美元。然而,在这个汇率之下,中国有着巨大的经常账户盈余,如表 27-3 所显示。中国一直实行着出口导向型战略,这需要低于市场的汇率来使得它的出口具有竞争力。所以当美国与欧洲的政策制定者一直敦促中国将人民币升值时,中国便不断坚持它将继续保持当前固定汇率制的政策。

中国要如何精准地维持这个体系呢?图 27-8 说明了这个机制。让我们假设供给与需求的力量在 E 点达到均衡,此时由市场决定的汇率为每 1 元人民币可兑换 0.25 美元。而在固定汇率制之下,每 1 元人民币只可以兑换 0.15 美元。相对于市场决定的汇价,人民币显然是"被(官方)低估"的。那么,中国政府怎么做才可以保持人民币低于市场价值呢？

- 一种做法是通过买进美元卖出人民币进行干预。用这个方法，如果中国的中央银行卖出图中 AB 数量的人民币，就增加了对人民币的供给，从而可以继续维持官方平价。
- 另一种做法是利用货币政策。中国可以通过降低利率，引导私人部门增加对人民币的供给。降低利率将使美元投资相对地更具有吸引力，而人民币投资则相对地缺乏吸引力。这将引导投资者卖出人民币并使人民币的供给曲线向右移动，直到经过 B 点，达到所需的汇率水平。（你可以画出导致供需均衡的新曲线 S'。）

这两种操作的区别并不像听起来那么大。一方面，中国政府卖出人民币并买入美元；另一方面，私人部门也做着同样的事情。它们都涉及货币扩张。实际上，固定汇率管理开放经济最复杂的问题之一，是运用货币政策管理汇率的需要，有时会与稳定国内商业周期的需要发生冲突。

浮动汇率制

当今主要国家的国际货币体系大多依靠着**弹性汇率制**；另一种说法是**浮动汇率制**，指的是同样的一种制度。在这种汇率制度下，弹性汇率完全由供给和需求的变化去决定。政府既不规定官方汇率，也不采取任何措施去影响汇率，汇率的变化主要取决于私人对商品、服务与投资的供给与需求。

在前面提到过，事实上除了个别大国以外的所有大规模、中等规模的国家都依赖着浮动汇率制。我们可以运用墨西哥的例子来说明这样的体系是如何运作的。1994年在外汇市场上，比索受到了攻击，墨西哥开始允许比索自由浮动。最初的比率大约是4比索兑1美元，此时，比索供过于求，这意味着在这个汇率水平上，欲购买美国和其他国家的商品和资产的墨西哥人对比索的供给，超过了欲购买墨西哥的商品和资产的美国人和其他国家人对比索的需求。

那么结果会怎样呢？由于比索供过于求，比索相对于美元贬值。贬值比率有多大？一直降到6比索兑换1美元，此时供求才达到均衡。

那么供求平衡背后的决定因素又是什么呢？主要的两点在于：（1）因为美元变贵，墨西哥人购买美国的商品、服务以及投资就要花更多的钱，一般情况下这会使比索的供给下降；（2）随着比索贬值，墨西哥的商品和资产对外国人来说就变得比以前便宜，从而就增加了市场对比索的需求。（注意这个简化的例子所假设的是：所有的交易只在两国之间进行，更完整的讨论则涉及所有国家对货币的供给和需求。）

当今的混合体系

不同于过去的金本位制或布雷顿森林体系等国际统一的制度，现在的汇率制度不存在一种整齐划一的模式。在没有任何人为设计的情况下，世界已经进入了一种混合汇率制的状态，其主要特征如下：

- 一些国家允许其货币自由浮动。这样，一国将允许市场决定其货币价值而很少进行干预。美国在过去30年里的大部分时间就是应用这种模式。尽管欧元在统一货币方面还是一个幼儿，但欧洲已经向自由灵活的汇率体制靠拢。
- 一些主要的国家实行管理的但是有弹性的汇率制，这些国家包括加拿大、日本以及许多发展中国家。在这种制度下，一国政府会买卖本币以降低其日常波动的多变性。此外，这些国家有时会进行系统的干预，以使其货币向着它所认为的比较适宜的方向浮动。
- 许多小国家和个别大国，采用固定汇率，将其货币钉住一种基准货币或一揽子货币。有时，这种钉住制度允许货币在一定的范围内上下平稳波动，被称为滑动或爬行的钉住。一些国家经由货币委员会实行严格的管理，而其他国家则通过"美元化"的过程将自己的货币等同于美元。
- 此外，当市场变得混乱无序，或汇率偏离适于现有市价和贸易流动的"基准"水平很远的时候，则几乎所有的国家将都会出面对汇率进行干预。

过去30年中，国际金融体系经历了重大的变革。在早期，大部分货币是经由钉住黄金或美元的固定汇率制度而相互联系的。而今天，除了个别大国以外，世界各主要国家都已经采用了浮动汇率制。这个新制度的缺点在于汇率反复变化，且可能会大幅度背离潜在的经济基本面。但同时该体系也具有能降低投机风险的优点。早期的固定汇率制度就是这样被投机风险所破坏的。更重要的是，在国际金融市场日益开放的条件下，浮动汇率制允许各国追求各自的货币政策，以熨平国内商业周期。这也是大多数经济学家所认为的新制度的最大优越性之所在。

第二十八章 开放经济的宏观经济学

砌一堵墙之前,我该问清楚,围在里面的和留在外边的都是些什么……

——罗伯特·弗罗斯特

国际商业周期对世界上每一个国家都会产生巨大的影响。一个地区的动荡往往能够在全世界范围内引发连锁反应。中东的政治动荡可能会引起石油价格的飞涨,从而引发通胀和失业。违约问题可能对股票市场产生冲击,使全球商业信心动摇。在2007~2009年的金融危机中,各国经济密不可分相互依赖这一点得到了最有力的诠释。当美国的金融机构蒙受巨额损失时,全世界的股票和债券行情也纷纷应声下挫,美国和欧洲的银行业几乎是同时爆发了危机。

上一章我们介绍了国际宏观经济学的基本概念:收支平衡、汇率决定以及国际货币体系等。本章我们将继续讨论一国的宏观经济动荡如何影响其他国家的产出和通货膨胀,并探讨一个令人困惑的发现:贸易余额竟然能够由国内的储蓄和投资的差额去决定。本章末,我们还将反思一下当今的一些重大的国际事件。

对外贸易与经济活动

开放经济的宏观经济学所研究的是在国家之间存在着贸易和金融联系的条件下,各经济体的行为逻辑。前一章我们讨论了国际收支平衡表等基本概念,本章我们将从国民收入和产品账户的角度来加深对这些概念的理解。

对外贸易包括进口和出口。尽管美国可以制造自己所需的绝大多数商品,但**进口**数量仍然十分巨大。进口是指这些商品和服务由国外提供而在美国国内消费。**出口**是指在国内生产而被别国购买的商品和服务。

净出口定义为出口的商品和服务减去进口的商品和服务的净值。2007年美国的净出口为负的7 080亿美元,即16 620亿美元的出口减去23 700亿美元进口的余额。当一个国家的净出口额为正数时,它等于是在积累自己在国外的资产。与净出口相对应的一个概念是**对外净投资**,它表示一国在国外的净储蓄,并且大致等于净出口的价值。由于美国的净出口为负,净对外投资也为负,这就意味着美国的外债在增加。

换言之,是外国人对美国投资做出了意义深刻的贡献。那么,为什么富庶的美国竟然会欠如此多的外债呢?这种矛盾的现象,可以用美国的低储蓄率,国外的高储蓄率,以及美国有吸引力的投资环境来解释,我们在后面的章节将会讨论。

在一个开放的经济中,一国的支出可能会不同于其产出。国内支出(有时称国内需求)等于消费加国内投资再加政府采购。

它与国内总产出（或国内生产总值 GDP）有两点不同。第一，国内支出的一部分用于购买外国生产的产品，这些项目称为进口（用 Im 表示），如购买墨西哥的石油和日本的汽车。第二，美国国内产出的一部分将以出口形式（以 Ex 表示）销往国外，如向国外出售小麦和波音飞机。国内产出与国内支出之间的差额就等于出口减去进口，即净出口，$Ex - Im = X$。

为计算美国的商品和服务的总产出，我们需要将贸易加入国内需求。这就是说，我们既要知道美国为本国居民所提供的总产出量，也要知道国外的净购买量。因此，总产出必须包括国内支出（$C + I + G$）加上销售到国外的数量（Ex），再减去国内从国外的购买量（Im）。从而，总产出数量或 GDP，等于消费、国内投资、政府购买和净出口之和。

$$国内总产出 = GDP = C + I + G + X$$

是什么因素决定出口和进口的水平，从而决定净出口的数量呢？我们不妨将影响净出口的进口因素和出口因素分开来加以考察。

先从进口开始。美国的进口量与美国的收入、产出呈正相关关系。当美国的 GDP 上升时，进口将随之上升，这是因为（1）$C + I + G$ 的增量中有一部分是外国产品（如汽车和鞋子）；（2）美国使用了外国制造的投入品（如石油和钢铁）来生产自己的产品。此外，进口需求取决于外国产品和本国产品的相对价格。比如说，由于美元升值，美国生产的小汽车的价格相对于日本生产的小汽车价格升高了，那么美国人将会更多地购买日本的小汽车，而较少购买美国的小汽车。因此,进口的数量和价值将受到本国产出以及本国和别国产品相对价格的影响。

出口好比进口的镜像:美国的出口就是其他国家的进口。因此,美国的出口主要取决于其贸易伙伴的产出,以及美国的出口品相对于外国产品的价格。当其他国家的产出上升时,或者,当美元的汇率下降时,美国的出口量和出口额就趋于增长。

图 28-1 显示的是净出口在 GDP 中所占的比率。在二战后的很长一段时期内,美国的对外账户是平衡甚至是盈余的。20 世纪 80

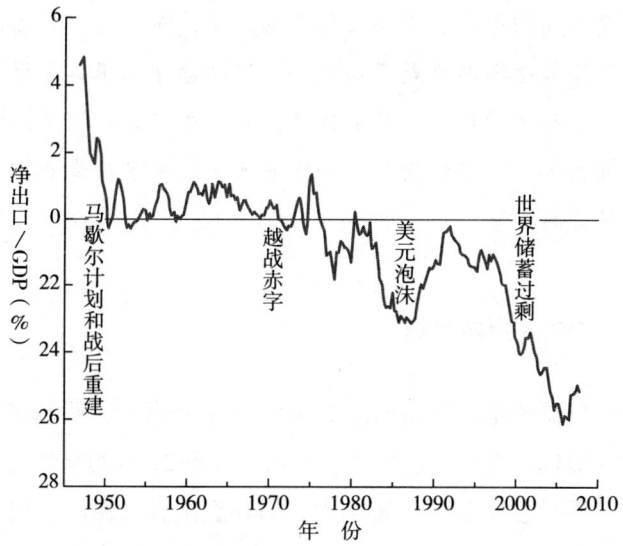

图 28-1 美国的净出口多年持续赤字

二战后,美国帮助欧洲重建时其国际贸易存在大量的盈余。注意,在 20 世纪 80 年代初,随着国内储蓄急剧下降,美国的净出口是怎样快速地下降成负数的。最近 10 年,随着全球储蓄的过剩,美国的净出口赤字进一步加剧。

资料来源:U.S. Bureau of Economic Analysis.

年代早期，美国的国内储蓄锐减，再加上联邦预算赤字增加等因素，曾导致美元出现了大幅度的升值。同期国外经济增长慢于美国国内经济的增长。这些都曾抑制了美国的出口。其结果是美国出现了巨额的贸易赤字，美国的外债也同时急剧增长。贸易赤字到底是一件好事还是一件坏事呢？总统经济顾问委员会在一篇经济文献中对美国的贸易赤字问题进行了如下分析：

> 对外贸易和经常账户赤字自身并不存在一定好或一定坏的问题。关键在于造成赤字的原因。今天，美国赤字产生的主要原因似乎来自于美国经济的扩张，而同时，其他国家的经济增长缓慢甚至是负增长……这些赤字从根本上说，是一种宏观经济的现象，所反映的问题是国内的投资率高于国内的储蓄率。赤字的增长……更多地是反映了投资的增长而不是储蓄的下降。

贸易对 GDP 的短期影响

一国贸易流量的变动如何影响其 GDP 和就业？我们将这个问题先放入短期产出决定模型的框架内，即第 22 章的乘数模型中进行分析。乘数模型显示，短期内，当存在闲置资源时，贸易的变化将影响总需求、总产出和就业。

考虑到国际贸易的存在，有关上述分析的新因素主要有两个：首先，支出有了第四个组成部分——净出口，它被添加到了总需求之中。第二，由于有一部分支出会漏出到世界上的其他地方去，因而在开放经济中,私人投资和政府国内支出的乘数就会不同。

表28-1说明的是引入净出口对产出决定的影响。该表从那些与封闭经济相同的成分开始(回顾总支出的各主要组成部分,以及它们如何加总形成总支出)。第(2)栏的国内总需求由我们以前分析过的消费、投资以及政府采购构成。第(3)栏加入商品和服务的出口额。如上所述,出口依赖于国外的收入和产出水平,以及价格和汇率水平,所有这些都被视作是为分析之需而既定的。出口额假定不变,为2 500亿美元,它是外国对本国商品和服务的购买支出。

有趣的新数据是进口额,见第(4)栏。像出口一样,进口取决于价格和汇率这类外生变量。此外,进口还取决于本国的收入和产出,而它们在表28-1的不同行列中的数额明显不同。为简便起见,我们假定进口量始终占本国总产出的10%。因此,第(4)栏的进口量就是第(1)栏的10%。

表28-1 净出口加到经济的总需求中

存在对外贸易的产出决定(10亿美元)						
(1)	(2)	(3)	(4)	(5)	(6)	(7)
GDP的初始水平	国内需求($C+I+G$)	出口(Ex)	进口(Im)	净出口($X=Ex-Im$)	总支出($C+I+G+X$)	导致的经济趋势
4 100	4 000	250	410	−160	3 840	↓ 收缩
3 800	3 800	250	380	−130	3 670	收缩
3 500	**3 600**	**250**	**350**	**−100**	**3 500**	↑ 均衡
3 200	3 400	250	320	−70	3 330	扩张
2 900	3 200	250	290	−40	3 160	扩张

必须在国内需求$C+I+G$之上加入净出口$X=Ex-Im$,才能求得与该国产出相应的总需求。就像投资和政府购买影响总需求一样,更高的净出口也影响总需求。

用第（3）栏减去第（4）栏，就得到第（5）栏的净出口额。当进口额超过出口额时，它是一个负值；而当出口额大于进口额时，它是一个正值。第（5）栏的净出口额是对外贸易带来的支出流量的净增加额。第（6）栏的基于国内产出的总支出正好等于第（2）栏的国内需求加上第（5）栏的净出口。在一个开放的经济中，均衡产出将位于这样一个水平：第（6）栏的国内外净支出总额正好等于第（1）栏的国内总产出。在这个例子中，当净出口额正好为 –100 时，即该国进口大于出口时，经济才处于均衡状态。还应该注意到，在这种均衡状态下，国内需求大于国内产出。

图 28-2 说明了开放经济的均衡。向上倾斜的灰线 $C+I+G$ 与图 22-10 中使用的曲线相同。我们必须在这条线上加入对应于每一 GDP 水平的净出口量。将表 28-1 中第（5）栏的净出口额加入后，我们就得到黑色的总需求或总支出线。图中，$C+I+G+X$ 线处于 $C+I+G$ 线的下方时，进口大于出口，净出口值为负。当 $C+I+G+X$ 线处于 $C+I+G$ 线上方时，该国有净出口盈余，国内产出量大于需求量。

均衡 GDP 出现于总支出线 $C+I+G+X$ 与 45°线的交点。与表 28-1 所显示的均衡 GDP 正好处于同样的水平，即 35 000 亿美元。只有在 35 000 亿美元这一水平上，GDP 才正好等于消费者、企业、政府以及外国人想要消费的美国商品和服务的数量。

注意在图 28-2 中，总需求曲线 $C+I+G+X$ 的斜率略小于国内需求曲线 $C+I+G$ 的斜率。对此的解释是，存在着一个由于增加进口而增加支付的漏出量。这个新的漏出量，是由于我们假设每 1 美元收入中有 10 美分要用于购买进口品而产生的。为说明这一点，需要引入一个新概念，即边际进口倾向。**边际进口倾向**用 MPm 表示，指 GDP 每增加 1 美元时进口品增加的数额（用美元计值）。

边际进口倾向与边际储蓄倾向（MPS）密切相关。回忆一下 MPS，它是指收入所增加的 1 美元中，有多大一部分未被消费而是漏进了储蓄。同理，边际进口倾向告诉我们，所增加的总产出和总收入中有多少花在了进口上。举例来说，MPm 是 0.10，则意味着每增加 3 000 亿美元的收入，进口就相应增加 300 亿美元。（不考虑对外贸易时，经济中的边际进口倾向是多少？答案为 0。）

再回到图 28-2，让我们考察一下总支出线（即表示为 $C + I + G + X$ 的总支出量）的斜率。注意总支出曲线的斜率小于国内需求曲线 $C + I + G$ 的斜率。当 GDP 和总收入增加 3 000 亿美元时，消费支出的增加量等于收入的增加量乘以 MPC（假设为 2/3），也就是等于 2 000 亿美元。与此同时，对进口品或者说对外国产品的支出量也增加 300 亿美元。因此，对本国产品支出的增加量仅为 1 700（= 2 000 − 300）亿美元，因而总支出曲线的斜率就由封闭经济中的 0.667 下降到开放经济中的 1 700 亿美元 / 3 000 亿美元 = 0.567。

令人惊讶的一点是，一国开放其经济会降低其支出乘数。

理解开放经济中支出乘数的一个方法是：累计政府开支、投资或净出口每增加 1 美元所引起的一轮接一轮的支出和再支出。例如，假设德国需要购买美国的计算机，以更新原东德地区过时

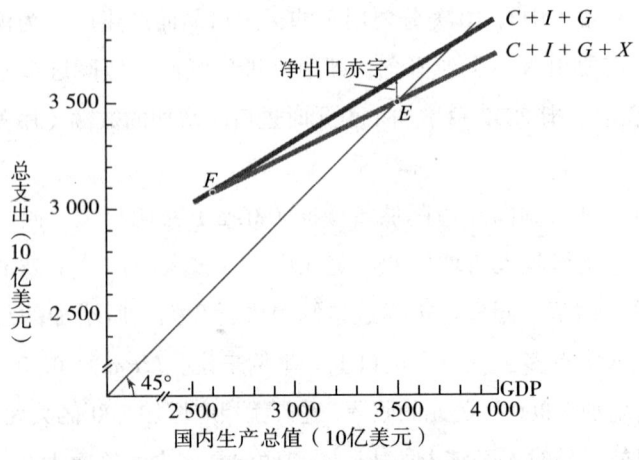

图 28-2　在开放经济条件下，净出口加国内需求得到均衡的 GDP

$C+I+G$ 代表国内需求，由本国的消费者、企业和政府采购决定，在这条线上必须加进对外净支出。净出口加上国内需求就得到了总支出线，在 E 点达到均衡，此时 GDP 等于对美国商品和服务的总支出。注意，总需求曲线 $C+I+G+X$ 的斜率小于国内需求曲线 $C+I+G$ 的斜率，这反映了支出向进口的漏出。

的设备。用在购买美国计算机上的支出每增加 1 美元，将使美国的收入增加 1 美元，而这 1 美元的收入中有 2/3 美元（或 0.667 美元）将被美国人用于消费。然而，由于边际进口倾向为 0.10，因此增加的每 1 美元收入中的 1/10，或者说 0.10 美元将要花费在外国的商品或服务上，从而使花费在本国产品上的消费支出只有 0.567 美元。这 0.567 美元对本国产品的支出将使美国的收入增加 0.567 美元，增加的 0.567 美元的收入中，又有 0.567×0.567 美元 $=0.321$ 美元会用于下一轮在本国商品和服务上的支出。这样，总产出的增加，或者说开放经济的乘数将是：

$$\text{开放经济乘数} = 1 + 0.567 + (0.567)^2 + \cdots$$
$$= 1 + (2/3 - 1/10) + (2/3 - 1/10)^2 + \cdots$$
$$= 1/(1 - 2/3 + 1/10) = 1/(13/30)$$
$$= 2.3$$

这与封闭经济中的乘数 $1/(1 - 2/3) = 3$ 的差别显然比较大。

还有一种计算乘数的方法：在我们最简单的模型中，乘数为 $1/MPS$，这里的 MPS 为边际储蓄倾向，或者说是支出向储蓄的"漏出"。前面曾经提到，进口是另一种形式的漏出。每 1 美元额外收入的总漏出量是漏向储蓄的数量（MPS）与漏向进口品的数量（MPm）之和。这样，开放经济中的乘数就应该是：$1/(MPS + MPm) = 1/(0.333 + 0.1) = 1/0.433 = 2.3$。注意，用漏出量分析和用轮数分析所得到的结果完全相同。

小结：

在开放经济中，由于收入的任一增加中都会有一部分向进口品漏出，因此，**开放经济的乘数**势必略小于封闭经济的乘数。其精确关系为：

$$\text{开放经济的乘数} = 1/(MPS + MPm)$$

其中 MPS = 边际储蓄倾向，MPm = 边际进口倾向。

浮动汇率制度下美国的贸易和金融

我们首先回顾浮动汇率制下美国贸易和金融的主要变动趋势。

浮动汇率制开始于1973年布雷顿森林体系的崩溃。

首先观察一下图28-3中美元汇率的变动,图中表示的是美元对其他重要货币的实际汇率指数。实际汇率修正了不同国家价格水平的变动。如图所示,汇率在固定汇率制度下是相对稳定的。然而,如同所有的由市场决定的资产价格一样,汇率在浮动汇率时代变得起伏不定。

图28-4显示了净出口的实际组成部分。我们在上文的分析中已经看到,实际净出口的增加对经济起着扩张性的作用,而实际净出口的减少则会引起产出的下降。我们将讨论美国历史上的两

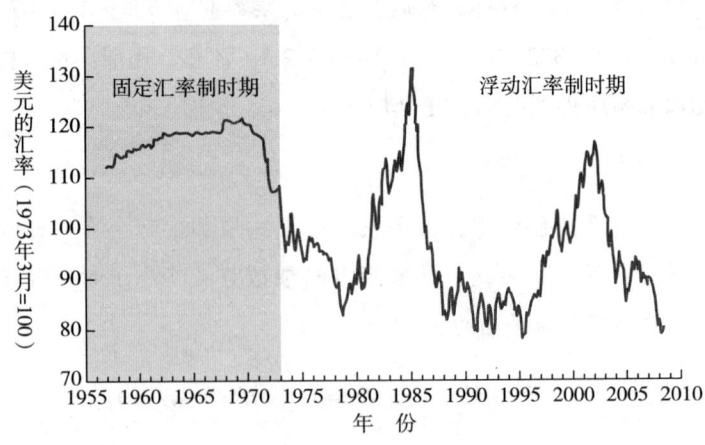

图28-3 美元的汇价

在固定汇率(布雷顿森林体系)时期,外汇市场上美元的价值是稳定的。而后,在1973年美元改为浮动汇率制,美元的价值不再稳定。20世纪80年代早期,由于美国实行紧缩性的货币政策,利率提高,推高了美元的汇价。随着大量的经常账户赤字和外国对美元资产的积累,美元自2000年开始贬值。

资料来源:Federal Reserve System, at *www.federalreserve.gov/releases/h10/summary*.

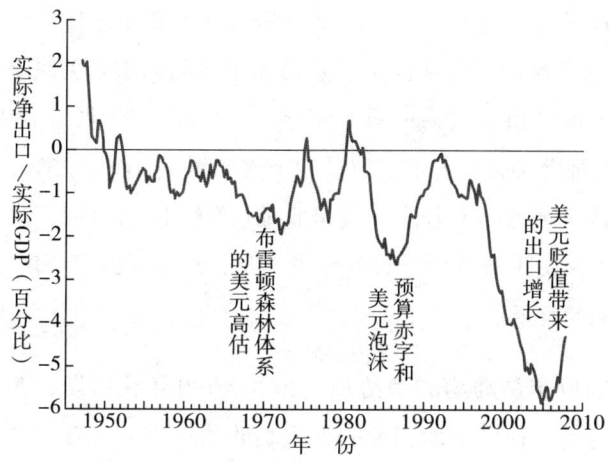

图 28-4 实际净出口是需求的重要组成部分

随着美元的强劲升值以及外国经济增长的变缓,美国的实际净出口在 20 世纪 80 年代初出现了迅速下降。这一逆转造成了总支出 $C + I + G + X$ 的大幅度下降,并对 1982 年的大衰退起到推波助澜的作用。1990 年后的一段时期,贸易赤字的增加适应了产出的增长。在 21 世纪初的最后几年,随着美元的贬值净出口增加。

资料来源:U.S. Bureau of Economic Analysis.

个时期,以理解国际贸易对国内产出的影响。

20 世纪 80 年代贸易的变动加剧了货币的紧缩 在整个 80 年代,美元经历一场戏剧性的升值和贬值。美国采取了紧缩的货币政策和宽松的财政政策后,自 1980 年开始美元价值急剧上升。国内的高利率和国外经济的不稳定吸引着各国更多地持有美元。由图 28-3 可见,从 1979~1985 年初这段时期中,美元的实际汇率升高了 80%。到 1985 年,许多经济学家都深信美元被高估。货币高估指的是一种货币的价值高于其长期的或可持续的水平。

随着美元的升值,美国的出口品价格上涨而进口品价格则下跌。图28-5显示了实际汇率和贸易赤字之间的重要关系。该图显示了美元的升值对贸易的重大影响。从1980年的低谷到1986年的高峰,随着美元的升值,贸易赤字增加额为GDP的3%。

贸易赤字急剧上升本身就是收缩性的。净出口的下降又加剧了因紧缩性货币政策所导致的需求不足,结果导致了一场50年来最为深刻的衰退。

1995~2000年逆周期的净出口 20世纪90年代后期,美国经济所展现的是一种同早期相反的令人欣欣的态势。1995年之后,较低的实际利率和繁荣的股票市场带来了美国国内需求的迅速增长,

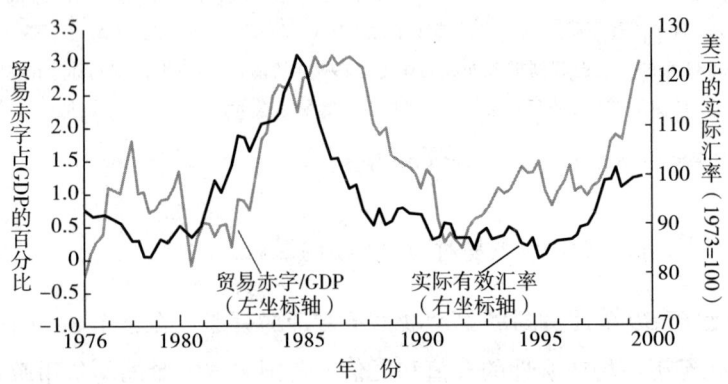

图28-5 贸易与汇率

汇率变动会对贸易产生影响,但存在一个时滞问题。20世纪80年代,美元实际汇率的上升提高了美国的出口品价格,降低了进口品价格,结果贸易赤字大幅度上升。1985年美元贬值后,贸易赤字才开始下降。近期,美国的经常账户赤字上升,原因是美元的升值和其他国家经济增长减速。

资料来源:Council of Economic Advisers. *Economic Report of the President, 2000.*

特别是私人投资，失业率急剧下降。外国对美国资产需求的快速增加导致了美元急剧升值。

相比 80 年代早期，在这个时期，美元升值对宏观经济的影响是积极的。由于美国经济实现了充分就业，所以进口价格上升、净出口减少以及外贸部门对经济过热起到适当的抑制作用。如果当时美元是贬值而不是升值，外贸部门必定会扩张，美国经济就会出现通货膨胀，联储就会采取紧缩的货币政策来控制通货膨胀。因此，20 世纪 90 年代末美元升值和净出口的减少对于宏观经济调控当局来说，真可谓是一件求之不得的事情。

开放经济条件下的货币传导机制

此前，我们对经济周期和经济增长的乘数分析，主要集中在封闭经济。我们分析过货币政策和财政政策如何稳定经济周期。现在，在一个开放的经济中，宏观经济政策的作用是如何变动的呢？此时的货币传导机制又有什么不同呢？令人惊奇的是，这些问题的答案，竟然取决于一国所实行的汇率制度是固定的还是浮动的。

讨论中我们将关注那些高收入国家，这些国家（包括美国、日本和欧盟）的金融市场之间存在密切的联系。如果金融投资可以自由地出入于这些国家，且对金融投资的管制又很少，则我们就说，这些国家拥有高度的金融资本流动性。

固定汇率制　那些实行固定汇率制且拥有高度资本流动性的国家有个十分重要的特征，即它们彼此间的利率必须保持密切的联系。

这样的两个国家间的任何利率差异,都会吸引投机者卖出一种货币,并买入另一种货币,直至利率达到同一水平。

考虑一个小国将其汇率钉住某一大国货币时的情况。因为小国的利率将由大国的货币政策决定,所以小国将不能再实行独立的货币政策。小国的货币政策必须保证该国利率与其钉住伙伴的利率水平相一致。

因此,在这种情况下,宏观经济政策才会出现此前乘数模型中所讨论过的情况。从小国的角度看,投资是外生变量,因为它取决于世界利率。而此时财政政策将非常有效,因为货币市场将不会对政府支出或税收的变动做出反应。

浮动汇率制 在这里重要的一点是,浮动汇率制下,宏观经济政策的运作方式与固定汇率下截然不同。在浮动汇率制下,加强了货币政策的影响。

让我们以美国为例,近几十年来,随着经济的日益开放和汇率机制的变化,美国的货币传导机制也在不断地演变。目前,国际贸易和国际金融逐渐在美国的宏观经济政策中起着重要的作用。

图 28-6 显示了浮动汇率制下货币政策的传导机制。其中,(a) 图显示了净出口和汇率之间的关系,在图 28-5 中我们已经看到了历史上二者之间的真实变动关系。二者之间呈现出反向变动的关系,因为贬值将刺激出口而抑制进口。假设联储决定降低利率以刺激经济。利率的降低势必将导致美元的贬值,因为金融投资者将把美元转换为非美元标价的股票和债券。贬值由图 28-6 中 e^* 到 e^{**} 的变动表示。贬值使得 X^* 的净出口赤字,转换为 X^{**} 的净出口

盈余。利率的下降，当然也会引起国内投资的上升。不过在这里的讨论中，我们略去了这个效应。

图 28-6（b）显示的是净出口扩张的影响。（和所有的乘数分析一样，这里假定存在着未充分利用的资源。）净出口的增加，使总支出曲线由 $C+I+G+X(e^*)$ 上移至 $C+I+G+X(e^{**})$。其结果是总支出的上升，以及产出从 Q^* 从上升至 Q^{**}。图 28-6 中的所有变化，可以表明和解释 1995~2000 年的政策变动和经济反应，该时期我们在前文曾讨论过。

或者不妨考虑一下相反的情况。假设联储决定减缓经济的发展速度，正如其在 1979 年之后曾经采取的措施那样。货币政策

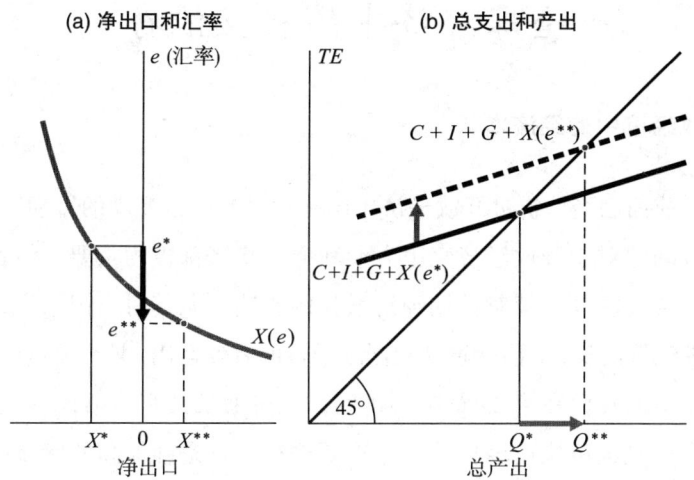

图 28-6 浮动汇率制下货币传导机制得到加强

假设央行降低利率。在浮动汇率制下，这将导致汇率由 e^* 降至 e^{**}。本币的贬值将刺激净出口，使其沿净出口曲线下移。净出口由 $X(e^*)$ 增加到 $X(e^{**})$，使得总支出曲线上移，从而使总产出由 Q^* 上升为 Q^{**}。

紧缩使得美国的利率提高,从而吸引资金购买以美元标价的证券。对美元需求的增加,导致了美元的升值。美元的坚挺则造成了净出口的萎缩,进而引发了前文所述的1981~1983年的衰退。这种情况下对净出口的作用,恰好与图28-6中所分析的局面相反。

> 当一国实行浮动汇率制的时候,对外贸易确实为货币传导机制铺垫了另一条道路。货币政策通过利率影响到汇率、净出口和国内投资。紧缩型货币政策会使汇率升值,并引起净出口的下降(扩张型的货币政策正好起到相反的作用)。利率变化对净出口的影响,强化了它对国内投资的作用。

全球经济中的相互依存

开放经济中的经济增长

前面已经分析过开放经济中国际贸易和政策变动的短期影响,这些问题对于开放经济克服失业和通货膨胀都极为重要。但各国还需要关注其政策对长期经济增长的影响。尤其对小国来说,为促进经济增长,对国际贸易和国际融资的有效运用,是至关重要的。

正如我们在第25章中所讲的,经济增长其实包括很多方面。也许促进经济快速增长的唯一重要途径,就是确保高的储蓄率和投资率。

但是,经济增长所牵涉到的不仅是资本,它还要求采取最好的工艺技术,从而尽可能逼近技术可能性边界;为培育投资和培养企业家精神创造条件，还需要制度建设；还有一些因素，如贸易政策、知识产权、直接投资政策以及宏观经济气候等，也都是开放经济增长的必要组成部分。

开放经济的储蓄和投资

在封闭经济中，投资总额等于国内储蓄总额。然而，开放经济体能够从国际金融市场上获取投资资金，并且将国内储蓄输出到其他的国家。（请回忆表27-3中重要地区的净储蓄额）。我们不妨先回顾储蓄－投资的关系，然后讨论储蓄在各国之间的分配机制。

我们需要进一步探讨上述等式，以了解开放经济中导致储蓄和投资相一致的机制。这里的分析主要是从长期的角度，此时经济实现了充分就业，并且产出达到了其潜在水平。也就是说，我们这里考虑，在长期内的"古典"经济中，储蓄和投资是如何分配的。

封闭经济 在一个封闭经济中没有通货膨胀和不确定性。在这种条件下，我们知道投资必须等于私人储蓄加上政府盈余。此时的均衡价格是实际利率，通过实际利率的调整，使储蓄和投资保持平衡。

图28-7说明在一个充分就业的封闭经济中，国民储蓄和投资如何达到均衡。图中的 $S + T - G$ 曲线代表了国内储蓄，我们假定

开放经济中的储蓄—投资关系

回顾我们讲过的储蓄—投资公式：

$$I_T = I + X = S + (T - G)$$

公式表明，一国的总投资（I_T）包括国内投资（I）加上国外净投资或净出口（X）。总投资必须等于所有居民和企业的私人储蓄（S）与体现为政府盈余的公共储蓄（$T-G$）之和。

将公式进行整理，以突出净出口因素：

$$X = S + (T - G) - I$$

或：

净出口 = 私人储蓄 + 政府储蓄 − 国内投资

这个重要的公式表明，净出口是国内储蓄和国内投资的差额。近几十年来美国国内投资总额及构成情况见表28-2。

其随利率上升而略微增加。此外，正如我们在21章中讨论的那样，投资和利率之间存在着反向变动的关系。利率升高将会减少对房地产、厂房和设备的投资。因此我们将投资写成$I(r)$，以表明投资取决于实际利率r。

图28-7中储蓄和投资曲线相交，决定了一个具有较高的储蓄和投资的利率水平r^*。

现在假设政府在不增加税收的条件下使其购买支出增加，比如，为应对海外战争而增加军备支出。这将导致储蓄曲线左移至

表 28-2　美国储蓄率的下降

部　门	储蓄和投资占 NNP 的百分比		
	1959~1981	1982~2001	2002~2007
净国民储蓄	**11.5**	**6.4**	**1.7**
净私人储蓄	11.6	8.8	4.6
净政府储蓄	−0.1	−2.5	−2.8
净国民投资（以资本）	**11.1**	**8.5**	**7.7**
净外国投资	**0.4**	**−2.1**	**−6.0**

该表显示了上半个世纪内，美国储蓄结构的变动。在 1959~1981 的大部分时间段内，储蓄和投资大体相当，并处在较高的水平上。而到 1981 年后，随着联邦预算陷入赤字，政府储蓄开始下降。21 世纪初，随着个人和其他私人储蓄的锐减，储蓄的下降趋势进一步加深。在 2002~2007 年间，与巨大的经常账户赤字相对应，美国绝大多数的资本投资都由国外储蓄进行融资。

$S + T - G'$。结果实际利率上升，使储蓄和投资再次达到均衡，投资水平下降。如果政府减税，或私人部门降低其期望的储蓄水平，则将出现类似的结果。

在一个充分就业的封闭经济体中（始终保持其他条件不变），较高的政府支出，较低的税收，或者较低的期望的私人储蓄，将提高实际利率水平，并降低均衡的储蓄和投资水平。

开放经济的均衡　现在我们考虑开放经济条件下的情况，此时金融市场与世界市场连为一体。一个开放的经济，拥有投资的其他来源和储蓄的其他用途。为简单起见，我们假定该经济体很小，从而不能影响世界利率水平。我们将以图 28-8 中拥有高度金融资本流动性的小国的开放经济为例做进一步说明。一个小的开放经济必须使其国内实际利率与国际实际利率 r^W 相等。这是因为金融

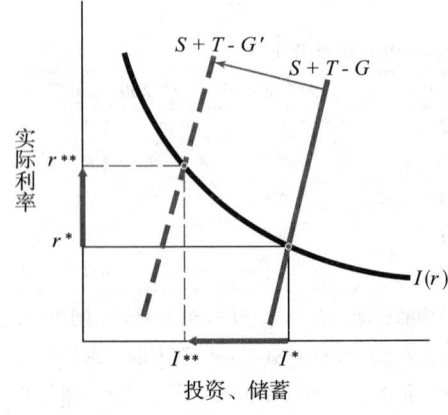

图 28–7　封闭经济中的储蓄和投资

投资与实际利率呈负相关关系,而私人储蓄和公共储蓄对利率却反应迟钝。均衡的储蓄和投资出现在 r^* 点。假设政府军费支出增加,从而政府赤字增加,公共储蓄减少。其结果是使国内储蓄曲线向左移至 $S+T-G'$,把市场利率提高到 r^{**},并使国内储蓄和投资减少到 I^{**}。

市场是开放的,金融资本的流动将会很快拉平国内外的利率。

图 28-8 有助于解释开放经济中的储蓄、投资和净出口的决定。在现行国际利率水平下,国内投资水平在 A 点,即投资曲线和利率的交点。国民总储蓄在总储蓄曲线 $S+T-G$ 上的 B 点。投资储蓄二者的差额用线段 AB 表示,该差额就是净出口。

> 因此,净出口是由国民储蓄和投资之间的差额决定的,也是由国内因素和国际利率水平共同决定的。

下面的讨论进一步深入到一国贸易、储蓄、投资的调节机制。我们发现,汇率在其中起到了至关重要的平衡作用。汇率的变动是调节储蓄和投资的机制。也就是说,汇率变动确保了净出口与国内储蓄和投资差额之间的均衡。

这一分析有助于解释近几年来一些重要国家的储蓄、投资和贸易方式的变化趋势。图 28-8 很好地描述了日本在世界经济中的

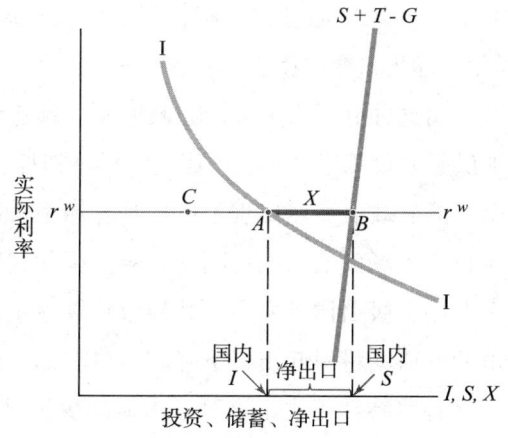

图 28-8 小国开放经济中的储蓄和投资

由图 28-7 可知，国内储蓄和投资是由收入、利率和政府财政政策等决定的。但是，具有金融资本流动性的小国开放经济的实际利率则由世界资本市场决定。在相对高的实际利率水平 r^w 上，国内储蓄超过国内投资，多余的储蓄流向国外更具吸引力的投资市场。图中 X 是现行利率下国民储蓄与国内投资的差额。日本和中国出现的贸易盈余，就是由国内的高储蓄与相对匮乏的国内投资机会的相互作用所造成的。

角色。日本传统上就是一个国内储蓄率很高的国家。然而在最近若干年中，由于国内生产成本升高和相邻的新兴工业化国家的竞争，日本国内的资本收益率开始下降。因此，日本的国内储蓄开始在国外寻找新的出路，结果日本的贸易顺差和净出口额都变得十分巨大。

表 28-2 显示的是美国的储蓄和投资的有趣变动。直至 1980 年，美国一直有着适度的正的净出口，但是到了 80 年代上半期，美国政府的财政状况迅速变为赤字。你可以在图 28-8 中画一条新的 $S + T' - G'$ 曲线，交实际利率线于 C 点。这时你可以看到，当政府

出现巨额财政赤字时国民储蓄将下降，而国内投资却保持不变，如线段 CA 所示，净出口变成负值。

我们也可以用这种分析来解释，当政府发生预算赤字时，调节净出口以提供必要投资这一机制。假定一国最初拥有图 28-8 中的净出口盈余，然后政府突然出现了巨额预算赤字。这个变化将会导致储蓄-投资市场失衡，国内利率相对于国际利率上升。而国内利率的上升则会吸引国外资金，并导致预算赤字，国家的外汇升值。货币的升值又将引起出口下降和进口增加，或是净出口的降低。这一趋势将持续下去，直至净出口减少足以消除储蓄-投资的差额。

关于小国开放经济的储蓄-投资理论，还有以下一些重要的例子：

- 一国私人储蓄的增加或政府支出的减少将增加国民储蓄，导致图 28-8 中国民储蓄曲线的右移。这将导致汇率的贬值，直至净出口的增加足以平衡国内储蓄的增加。
- 如果由于商业条件改进或是一系列的创新推动引致国内投资增加，则会导致投资曲线的移动，并进一步导致汇率升值，直至净出口的减少足以平衡储蓄和投资。在这种情况下，国内的投资将会挤出外国的投资。
- 国际利率的升高将会降低投资水平，进而导致国内净储蓄增加、汇率贬值、净出口增加和对外投资上升。（这种情况将会是一种沿着投资曲线的移动。）

表 28-3 总结的是关于小国开放经济的几个主要结论，并设法

表 28-3 小国开放经济的储蓄—投资模型的重要结论

政策变化或外生变量	汇率改变	投资改变	净出口改变
G 增加或 T 减少	$e\uparrow$	0	$X\downarrow$
私人 S 增加	$e\downarrow$	0	$X\uparrow$
投资需求增加	$e\uparrow$	$I\uparrow$	$X\downarrow$
世界利率升高	$e\downarrow$	$I\downarrow$	$X\uparrow$

你要确信自己能够理解每一个环节发生的机制。

确保你能够分析政府财政赤字、私人储蓄、投资和国际利率下降的情况。这张简单的表以及对它的解释,值得你仔细领悟。[1]

每当一国加入世界金融体系时,其宏观经济运行和经济政策领域都会新添一系列的重要因素。主要包括以下几个方面:

- 国外部门会为国内投资多提供一个来源,同时也会为国内储蓄多提供一条出路。
- 国内储蓄的提高,无论是私人储蓄增加还是公共储蓄增加,都将导致净出口的增加。
- 一国贸易余额更主要的是反映国民储蓄和投资的平衡,而不是该国的生产率和财富。
- 一国对贸易账户的调节,要求国内储蓄或投资做相应变动。
- 在长期中,贸易账户的调节大致由一国的相对价格变动决定,一国相对价格的变动通常是通过汇率的变化来完成的。

---

1 该讨论所涉及的是不能对世界利率产生影响的小国开放经济。而对于像美国这样的大国开放经济而言,其影响将介于小规模经济和封闭经济之间。这一更为复杂的情况在中级教科书中可以查到。

促进开放经济的增长

在开放经济中提高产出增长率，远比挥舞魔杖吸引投资者或储蓄者要复杂得多。储蓄和投资环境包含一系列政策，包括稳定的宏观经济环境、对产权的保护，以及最重要的：要有一个可预测的且有吸引力的投资回报。在这里，我们探讨开放经济有效地利用全球市场促进经济增长的途径。

长期看，提高人均产出和生活水平的一个最重要途径，是确保该国在生产工艺中采用最实用的技术。如果对一项错误的技术进行投资，即使投资率很高也没有助益。投资率相当高，但很多投资缺乏考虑，往往无法完工或是投到了生产效率很低的部门，这一点在前苏联的计划经济时代体现得很明显。而且，个别穷国也没有必要从设计自己的涡轮机、机械、电脑和管理系统等研发活动开始。为获得前沿技术，这些国家通常需要与外国公司合作，建立合资企业，而那些外国公司也要求这些国家的制度体系能够与外国资本很好的契合。

另一个重要政策是贸易政策。有证据表明，一个开放的贸易体系会提高竞争力和促进最实用技术的应用。通过维持较低的关税和其他贸易壁垒，一国可以确保本国企业受到竞争的激励。当本国厂商制定非效率的高价格或倾向于在某一部门形成垄断的时候，该国可以允许外国厂商进入本国的市场。

一国考虑其储蓄和投资的时候，不应该只着眼于有形资本，无形资本也同样重要。有研究表明，一个以教育方式进行人力资本投资的国家，经济往往有较好的表现，而且在冲击面前有更强的适应能力。许多国家拥有宝贵的自然资源，如森林、矿产、石油和天然气、渔业和耕地等，必须很好地加以利用，以确保它们能具有最高的产出率。

一国经济增长中最复杂的因素之一是移民进入和移民流出。美国历史上曾经吸引了大量的移民，不仅壮大了劳工队伍，而且加强了文化底蕴和科研力量。但是，近年来移民队伍的受教育程度和技术熟练程度已经低于国内劳工的水平。结果，据某项研究表明，移民降低了美国低工资劳工的相对工资。而那些"出口"劳动力的国家，如墨西哥，则经常有稳定的境外劳工收入寄回本国。这也是对他们的国家出口收入的一种补充。

市场机制也会产生重大而微妙的影响。最为成功的开放经济，诸如欧洲的荷兰、卢森堡或亚洲的中国台湾和中国香港等，都为投资者和企业家提供了一个安全的环境。这包括建立一整套由法律监督的产权政策。日益重要的是知识产权的发展，发明者和创新者可以由此确保自己将会从发明创造活动中获利。政府还必须不懈地与腐败作斗争。腐败是强加于最有利可图的企业头上的私人税收体系，它带来的是产权的不确定性，并增加成本和抑制投资。

一个稳定的宏观经济环境意味着：税收合理且可以预测；通货膨胀率很低，从而贷款者无需担心通货膨胀会侵蚀他们的投资收益；汇率相对稳定，同时具有可兑换性，以保证资金能够方便且廉价地进入和撤出一国的货币体系。那些提供有利的制度体系的国家可以吸引大量的外资流入。而那些制度不稳定的国家，可能几乎无法吸引到外资。不仅如此，有时它们还会饱尝资本外逃之苦，即当地的居民将他们的资金转移到国外，以避免税收、征用和贬值。

由图 28-9 可见投资环境对国内投资的影响。(a) 图表明一国拥有良好的投资环境，国内利率与国际利率相一致；整体的投资水平很高，且能够吸引到外国资金为本国投资融资。

(b) 图显示的是一个高风险国家。请回忆图 26-2，该图显示出新兴市场的债券溢价。在危机时期，这些国家支付的利率，可能比发达国家的投资者高出 8%，10%，甚至 12%。高的风险溢价可能出于高通货膨胀率、不可预测的税收、国有化、违约、腐败、不稳定的汇率，有时甚至仅仅出于恐慌或疾病的传染。资本的实

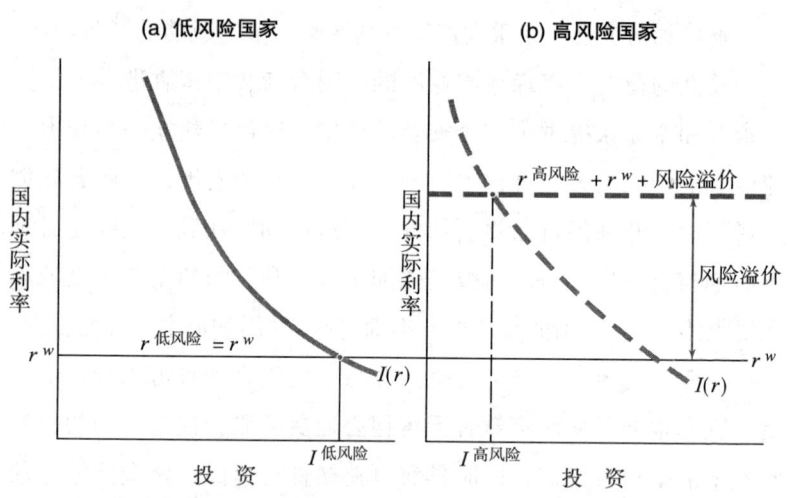

图 28-9 商业环境影响利率和投资水平

在 (a) 中的低风险国家，稳定的经济环境导致较低的国内利率 r^W 和较高的投资水平 $I^{低风险}$。而在高风险的国家，受政治动荡、腐败和经济不确定性的影响，投资者要求其投资有较高的风险溢价，所以，该国的国内利率会远远高于国际利率水平。由于外国投资者寻找更安全的投资环境，结果该国的投资水平很低。

际成本当然因此而变得非常之高。高风险国家在吸引国内和国外的投资方面将会遇到麻烦,其结果是投资水平很低。请比较图(a)中低风险国家和图(b)中高风险国家均衡的投资水平。

在一个开放的经济中,促进经济增长应确保其商业对国内外投资者具有吸引力,因为这些投资者在整个世界经济中拥有广泛的投资机会。政策的最终目的,是在生产率高的各部门和各环节上保持高储蓄率和高投资率,并确保企业能采用最先进的实用技术。达到这些目标需要做到:建立一个稳定的宏观经济环境;确保有形投资和知识产权得到可靠的产权保障;实现货币可自由兑换,以便投资者能将其利润顺利汇回本国;保持对该国政治经济稳定的信心。

国际经济问题

在最后一部分,我们将应用国际经济学的工具来考察近年来各国普遍关心的两个核心问题。我们先讨论竞争力和生产率之间的差别;然后转而讨论欧洲货币联盟的诞生。

竞争力和劳动生产率

一般说来,当一国的贸易赤字变大时,人们就会关注和担心该国的劳动生产率及其竞争力。美国 20 世纪 80 年代就曾出现过这种情况，并且在21世纪初再度出现。回顾那一段历史，有助于提醒我们贸易流动的决定因素。

20世纪80年代，美元升值给美国的涉外经贸部门带来了严重的经济困难，包括汽车、钢铁、纺织和农业在内的产业，由于汇率上升，导致其产品价格相对于国外竞争品急剧上升，所以国际社会对它们产品的需求迅速缩减。随着工厂的倒闭，制造业中心地区的失业率急剧上升，美国的中西部竟成了众人皆知的"铁锈地带"。

许多非经济学专业人士认为，美国的国际贸易问题所体现的实质是"美国正在衰落"。他们还忧心忡忡地认为，由于不公平贸易过度管制、缺乏革新以及管理散漫等，美国的技术领导地位正在逐渐丧失。一些人呼吁，美国应当重新签署诸如北美自由贸易协定（NAFTA）这样的国际贸易协议。他们还争辩说，现在是美国人生产薯片，而别人则制造我们的计算机芯片。

尽管如此，经济学家们从现实中所看到的却是另外一种表现，即典型的汇率高估症。为理解这种病症的基本原理，我们需要将一国的生产率和竞争力加以区分。竞争力指的是一国商品参与市场竞争的程度，它主要取决于国内外产品的相对价格。竞争力明显不同于一国的生产率，后者是以每单位投入的产出量去衡量的。生产率的提高是一国生活水平提高的基础——随着一国生产率的提高，其实际国民收入势必增加，这种说法应该说是正确的。

在20世纪80年代以及21世纪初，美国的竞争力下降得很快，但原因并不是美国生产率增长下降导致的。事实上，在贸易赤字增加的同时，生产率的增长率也在上升。宏观经济学家认为，美国的竞争力之所以下降，是因为美国的储蓄率下降导致美元升值，从而使美国的物价相对于贸易伙伴提高了。

有关美国实际收入的真实故事并非在于其竞争力，而是在于其生产率。回忆一下，生产率衡量的是每个工人每小时或每单位投入的产出。前面章节我们关于经济增长的讨论表明，实际工资的增加，主要依赖于国内劳动生产率的提高。

竞争力对贸易来说很重要，但与实际收入水平及其增长并无内在联系。21世纪初，中国拥有大量的贸易盈余，而美国却背负大量的贸易赤字。但这意味着美国人愿意将自己的生活水平拱手让给中国人，而接受中国1美元时薪的工作吗？在国际市场上，竞争力的缺乏源自一国价格与其贸易伙伴的价格不协调，而与一国生产率相对于其他国家生产率的状况并无必然联系。

国家之间生产率差别的研究所强调的是竞争和外部导向的重要性。国家采取的提高劳动生产率的政策中，一个很重要的方面就是促进国内企业同该产业世界领先企业展开竞争。那些由生产率最高的国家所进行的对外直接投资（比如日本的汽车生产转移到美国），通过引进先进技术和刺激竞争，有助于生产率的大幅度提高。

关于劳动生产率和竞争力的结论：正如比较优势理论所表明的那样，从本质上讲，没有国家是生来就不具备竞争力的。一些国家之所以失去了竞争力，是因为该国的价格超出了其贸易伙伴的价格底线。通向高生产率进而高生活水平的必由之路是：向世界市场开放国内企业，并鼓励激烈的国内竞争与那些已经使用最先进技术的公司展开竞争。

欧洲货币联盟

理想的汇率体系应该使相对价格具有高度的可预测性，同时保证经济在面临冲击时能够保持稳定。在一个运行良好的体系下，人们可以在他国进行贸易活动或投资，而不用担心汇率会突然发生变动，使他们的企业无利可图。

然而，从20世纪90年代初至今，固定汇率体系所带来的更多的是不稳定性，而不是稳定性。固定汇率体系一次又一次遭到了国际投机的猛烈攻击，并辐射和殃及到全球的经济，如：1991~1992年的欧洲危机、1994~1995年的墨西哥危机、1997~1998年俄罗斯和东亚的金融风暴，以及1998~2002年拉丁美洲的金融危机。

对西欧来说，汇率制度的问题比其他国家更为持久更深刻。最终欧盟国家大胆迈出了一步，即通过欧洲货币联盟将欧盟各国经济财富联系起来，共同的货币——欧元——也由此产生。

在经历了两次毁灭性的战争之后，西欧的民主国家立志实行更加紧密的经济一体化，主要目的是加强政治上的稳定性。许多政治学家都认为，和平与贸易之间的联系日益紧密。自从1957年签订自由贸易协定建立欧洲共同体以来，西欧国家逐步消除了商品、服务和金融贸易领域的各种壁垒。经济一体化的最后一步就是采用统一货币。采用统一货币不仅可以使这些国家保持更为紧密的经济联系，而且可以解决货币不稳定的问题。早期实行固定汇率制时的货币不稳定问题曾困扰过许多国家。

固定汇率制的内在根本冲突

"你无法拥有全部"，这是经济学的一个核心原则。20世纪90年代所发生的几次宏观经济事件都说明了这一点。实行固定汇率制度的国家开放了它们的资本市场，从而遭遇到固定汇率体系的基本的三重困境，即一国只可能同时拥有其中的两个目标：(a) 可调整的固定汇率；(b) 自由的资本和金融流动；(c) 独立的国内货币政策。

保罗·克鲁格曼阐释了上述三个目标的冲突：

> 你无法拥有全部：一国必须在三个目标中选择两个。一国可以固定其汇率，也不削弱其中央银行，但其手段必须是控制资本流动；一国也可以让资本自由流动，并维持本币的自治能力，但手段必须是让汇率自由波动（像英国或加拿大的情况）；或者，一国还可以选择让资本自由流动，并能稳定本币的汇率，但手段必须是放弃调控本币利率的权力以防止通货膨胀和经济衰退（像今天的阿根廷，或欧洲大多数国家）。

1999年，11个欧洲国家加入了欧洲货币联盟（EMU）。这些国家（有时被称为"欧元国"）开始使用"欧元"作为其记账单位和交易媒介。第一步是尝试用欧元进行交易。而所迈出的最关键的一步还是在2002年1月1日，当时欧洲许多国家都将本国货币兑换成欧元的硬币和钞票，并宣称，"再见，法国法郎；早安，欧元"。欧元终于顺利发行，目前已成了世界上一种主要的货币。

欧洲货币联盟的货币结构与美国相类似。欧洲的货币政策由欧洲中央银行（ECB）来制定，并执行欧盟各国的货币政策。ECB进行公开市场业务，从而决定欧洲的利率。

货币政策的一个主要问题是中央银行的目标。根据欧洲中央银行的章程，它的首要目标是致力于"价格稳定"。当然，在不影响这个目标时，它也可以追求其他各种目标。欧洲中央银行将"价格稳定"定义为：中期内的消费价格增长每年低于2%。

欧洲货币联盟的代价和收益如何？货币联盟的倡导者们也许更重视收益。在统一的货币下，欧洲内部的汇率波动将会降低到零，因此贸易和金融将不再会面临汇率变动所引发的价格不确定性。其主要成果是降低了各国的交易成本。统一货币还减低了各国金融市场的分割程度，使得资本可以在国家间更加有效地流动和配置。一些人认为，明确的宏观经济调控权必须加以保留，手段是建立一个独立的欧洲中央银行，负责严格的通货膨胀目标。也许，欧洲货币联盟最重要的收益可能还是政治一体化和西欧的稳定。第二次世界大战结束以来，欧洲大陆已经保持了半个多世纪的和平，而此前的历史上，欧洲内部战乱不止。

很多经济学家对欧洲货币联盟提出质疑，并指出其代价巨大。最显著的担忧是，每个国家将无法使用货币政策和汇率工具来调整自己的宏观经济。这个问题涉及理想货币区问题。该概念由1999年诺贝尔奖得主，哥伦比亚的罗伯特·蒙代尔提出。在**理想货币**

区内,劳动力的流动性很高,或者,总供给和总需求所面临的冲击是共同的或同步的。因此,确保宏观经济得到快速调整将无需对汇率做大的变动。

大多数经济学家相信,美国就是一个理想货币区。当美国面临的冲击对不同的区域构成不同程度的影响时,各地区劳动力的转移将会使经济重新达到平衡。例如,在20世纪70年代石油冲击之后,美国劳工纷纷离开受到严重冲击的北方各州,而迁徙到石油资源丰富的西南部地区。

欧洲是一个理想货币区吗?一些经济学家认为它不是,因为各国的工资结构具有刚性,劳动力在不同国家间的流动性比较弱。当冲击发生时,例如20世纪90年代的德国统一,刚性的工资和价格势必在需求上升的国家导致通货膨胀,而在衰退的地区导致失业率上升。于是,货币联盟很可能对那些增长率低、失业率高的不幸的地区进行指责。

对欧洲货币联盟成立之初的评判如何呢?欧元的创立消除了欧洲经济中一个主要的不稳定因素,即欧洲国家内部的汇率变动。另外,欧元的创立还使得不同国家之间的利率和通货膨胀率趋于一致。同时我们也看到,在欧元引入之后,欧洲国家一直处于高失业率状态。2007~2009年的金融危机,是对欧洲货币体系的首次重大考验。经济学家将会研究清楚,这个多国体系究竟将如何应对这个困境。

> 欧洲货币联盟是历史上伟大的经济学实验之一。从未有过这么一大群强有力的国家将它们的经济命脉交给欧洲中央

银行这样一个多国联合体,从未有一家中央银行有权控制这么多国家(拥有3.25亿人口、创造16万亿美元的商品和服务产值)的宏观经济命运。尽管乐观人士认为,更大的市场规模和更低的交易成本将会给宏观经济带来收益,但是怀疑者却担忧,由于价格和工资缺乏弹性,以及国家之间劳动力的流动性不足等原因,这一实验很可能会引起经济停滞和失业。2007~2009年的金融危机,是对欧洲货币体系的第一次重大考验。

最后评价

本章关于国际经济学的考察向我们展示了一幅混合图景:既有成功,也有失败。市场经济会不时地遭遇通货膨胀和经济衰退。而且,在最近的2007~2009年的经济滑坡中,失业率曾急剧上升,众多金融巨头都濒临破产。但如果我们撇开个人意见,历史学家们将来所做的客观判断肯定是:对北美和西欧的国家来说,过去的50年它们取得了空前伟大的成功。而其论据将肯定会包括以下几点:

- 健康强劲的经济运行。这一时期出现了有史以来最快速最持久的经济增长,这是自产业革命以来仅有的不曾发生过严重经济衰退和恶性通货膨胀的半个世纪。
- 新兴的货币体系。国际货币制度继续成为世界经济动荡的根源,各国经常遭遇国际收支失衡和货币危机的困扰。尽管如此,我们看到在美国、欧洲及日本等主要的经济区，新兴的货币体系在浮动汇率制下仍然在独立地制定货币政策。而那些小国则采取自由浮动的汇率制度，或者，严格地钉住某一主要货币。将亚洲经济大国——中国和印度整合到国际贸易和金融体系之中，是未来的一项重大挑战。

- **自由市场的重新出现。** 你可能经常听到，模仿是一种最诚恳的奉承。在经济学中，当一国采用另一国的经济结构并希望这能带来增长和稳定时，模仿便发生了。在过去的20年中，一个接一个的国家摒弃了令人窒息的计划经济体制。这并不是出于教科书解释了自由市场的繁荣，而是人们亲眼看到了指令型经济崩溃的同时，以市场为导向的西方国家如何繁荣。人类第一次目睹了一个帝国，仅仅因为它生产大炮时不能同时生产足够的黄油，便导致了自身的崩溃。

第七编

失业、通货膨胀与经济政策

第二十九章 失业与总供给的基础

进城的途中务必与人为善,因为回家的路上你可能会遇上他们。

——威尔逊·米茨纳

市场经济持续的特征之一就是会伴有经济衰退。在衰退时期,就业和产出下降而失业却增加。二战以后的大部分时间里,美国都阻止了持久而严重的经济衰退的发生。然而,即使所发生的是很温和的经济衰退,失业也还是会增加,而且收入同样会急剧地减少。

有时,且经常毫无预兆,一些国家就遭遇到严重的经济衰退,甚或是长达十多年的经济大萧条,其间的高失业率则往往要持续好几年,甚至长达十多年。上个世纪30年代,美国就曾经出现过这样的情况,其失业率在十年间曾经持续高于10%。

2007年,世界上一个最富裕的经济体陷入了经济衰退;到2008~2009年时,境况更是急转直下。在2007~2009年的这段时期,由于房地产泡沫破灭、银行破产倒闭,人们对经济失去了信心,投资萎缩,并出现流动性陷阱和失业率迅速攀升。尽管较好地理解宏观经济学能够使大多数国家采取一系列有力的举措应对经济周期波动，但是，让产出和就业迅速地走出衰退阴影的希望却还是很渺茫。

总供给的基础

前面章节主要阐述的是总需求和经济增长问题。这一部分主要讨论总供给的决定因素。短期内，通货膨胀的性质和政府反周期政策的有效性都依赖于总需求；而在10年或更长的时期内，经济增长和生活水平的提高却都与总供给的增长紧密相关。

区分短期总供给与长期总供给，对于现代宏观经济学十分重要。在短期，总需求与总供给的相互作用决定了商业周期的波动、通货膨胀、失业、衰退和繁荣。但在长期，潜在产出的增长则决定着总供给的变动，这里的总供给解释的是产出及生活水平的变动趋势。

不妨首先归纳一下有关理论的要点：

- **总供给**描述的是经济中生产方的行为。其他条件不变时，我们可以通过每一价格水平及其所对应的国民产出来确立一条**总供给曲线**，也即 AS 曲线。
- 在分析总供给时，我们将重点区分长期总供给和短期总供给。短期考察的是几个月到几年的时间内的经济行为。这将涉及**短期总供给表**。在短期内，价格和工资是不可变要素。因而，随着商品与服务产出量的增加，价格也相应升高。这会体现为一条向上倾斜的 AS 曲线。
- 长期则与经济增长相关，在长期内，大多数经济周期的相关要素的影响势必减弱。这里的长期指的是几年甚或几十年。在长期内，价格和工资可完全灵活变动。产出由潜在产出水平决定，与价格水平无关。基于**长期总供给表**我们可以画出一条垂直的总供给曲线。

本节就将讨论这几个基本问题。

总供给的决定因素

总供给基本取决于两组截然不同的因素：潜在产出和投入成本。让我们对它们的影响分别加以考察。

理解总供给的一个关键概念是潜在产出，或叫潜在 GDP。**潜在产出**是在不会引致或增大通货膨胀压力的条件下经济所能够持续生产的最大产量。

从长期看，总供给主要取决于潜在产出。因此，长期 AS 曲线是由影响经济长期增长的因素决定的，包括劳动力的数量和质量，资本和自然资源的供给，技术水平，等等。

宏观经济学家通常使用下列潜在产出定义：

> 潜在 GDP 是可持续的最大的国民产出水平。如果排除掉经济周期的影响，所能得到的产出水平即为潜在的 GDP。为便于操作，我们将潜在 GDP 定义为在失业率处于非加速通货

膨胀的失业率（NAIRU）的基准水平时，一国经济的生产能力。

潜在产出是一个不断增长着的目标。当经济增长时，潜在产出随之上升，总供给曲线向右移动。如表29-1，将总供给的主要决定因素分为影响潜在产出的因素和影响生产成本的因素。通过对经济增长的分析，我们可以知道，潜在产出增长的基本决定因素是投入的增加和技术的进步。

潜在产出并不是最大产出

关于潜在产出，我们必须强调一点：潜在产出是可持续的最大产出，而未必就是经济所能生产的最大产出。在短期内，实际产出水平很可能会高于潜在产出水平。工厂和工人可能在一段时期内加班，但在潜在产出水平之上的生产并不是持续的生产。如果实际产出长期高于潜在产出，则失业率会随之下降，通货膨胀会升温，工厂会在高强度下运转，工人和企业都急于获取更高的工资和利润。

这就像一个运动员在参加马拉松比赛。潜在产出好比最高速度。在这一速度下，运动员不会因过度劳累而退出比赛。显然，短期内运动员的跑步速度可以高于可持续的速度，正如20世纪90年代美国经济的增长就曾高于其潜在的增长水平一样。但是在整个过程中，实际产出只能以最快的可持续速度增长，这种可持续产出的速度就是我们所说的潜在产出。

表 29-1 总供给取决于潜在产出和生产成本

变　量	对总供给的影响
潜在产出	
投　入	资本、劳动和自然资源是重要的投入品。潜在产出出现在利用劳动和其他投入品达到最高可持续的水平。投入的增长会带来潜在产出和总供给的上升。
技术和效率	创新、技术进步和效率的提高都会增加潜在产出水平和总供给。
生产成本	
工　资	工资降低带来生产成本的降低；成本降低意味着在每一价格水平上，某一潜在产出的供给数量会增加。
进口品价格	国外价格的降低或汇率的上升会引起进口品价格的降低，这会导致生产成本的下降和总供给的增加。
其他投入成本	较低的石油价格会降低生产成本，从而提高总供给。

总供给将供给的总产出与价格水平联系起来。AS 曲线依赖于以潜在产出和生产成本为代表的生产率的基本因素。表中所列的因素都会使总供给增加，从而使 AS 曲线向右或向下移动。

潜在产出增加将导致总供给增加，这并不奇怪。不过 AS 成本的影响却并不明显。尽管如此，我们仍然可以发现，短期总供给还是受到生产成本的影响的。

这个结论背后的经济学直觉是：在短期，厂商的某些生产成本是固定的。比如，考虑一个航空公司，其租赁合约是长期的，劳动合同也是跨若干年度的。如果搭机旅行的需求增加，那么航空公司增加航班和提高机票价格将是有利可图的。也就是说，短期需求的增加将使得价格和产出同时增加。

同时我们也将发现，生产成本的变化也会影响短期总供给。

比如，考虑本世纪初期曾发生的事，石油价格急剧上涨致使飞机燃料价格上升，而航空公司短期内无法充分调整他们的运营航班和机票价格，从而不能完全抵消成本上升的影响。这样，这些航空公司的亏损额达到新高。他们因此缩减航班，减少航线，减少食物供应等服务，并闲置了许多飞机。这个例子表明了投入成本是如何影响供给行为的。

表29-1显示的是影响总供给的一些成本因素。在这些例子中，降低成本都使 AS 增加了，即 AS 曲线向下移动。

AS 移动 我们可以用图29-1来说明潜在产出和成本的变化所产生的影响。（a）图说明，当潜在产出增加而生产成本保持不变时，总供给曲线向外移动，由 AS 移到 AS'。如果生产成本增加而潜在

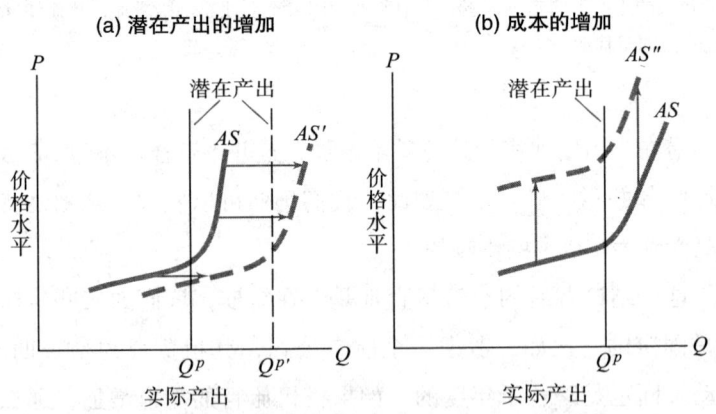

图 29-1 潜在产出和成本的增加对总供给的影响

在（a）中，当潜在产出增加而生产成本不变时，总供给曲线由 AS 右移到 AS'。当生产成本增加（比如工资提高或石油成本上升）而潜在产出不变时，总供给曲线垂直上移，如（b）图中由 AS 上移到 AS''。

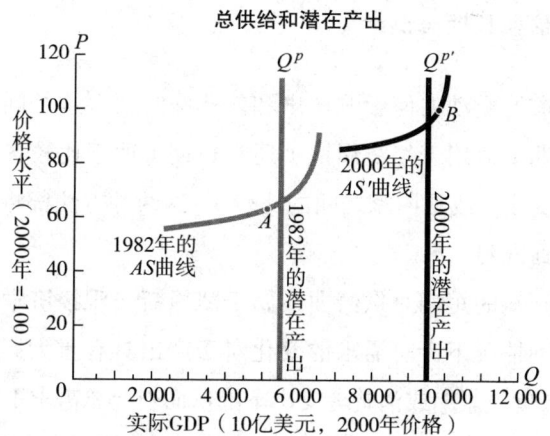

图 29-2 事实上,总供给的变化包括成本和潜在产出的增加

从 1982~2000 年,由于资本和劳动投入的增加以及技术的进步,潜在产出在增加,AS 曲线向外移动。同时,生产成本的增加,使 AS 曲线向上移动。总的影响是使得 AS 曲线向右上方移动。

产出不变,那么曲线 AS 将垂直上移到 AS''',如图 29-1(b)所示。

图 29-2 显示的是现实中 AS 曲线的移动。这两条曲线是根据两个不同年份(即经济衰退的 1982 年和经济高峰期的 2000 年)的经验数据估计值绘制的。两条垂直线分别表示这两年的潜在产出水平。研究结果表明,实际潜在产出在这段时期内增长了大约 72%。

由图可见,在 20 世纪八九十年代 AS 曲线向外向上移动。向外移动是因为潜在产出的增加,而潜在产出的增加是由于劳动力和资本存量的增加以及技术的进步。向上移动是因为生产成本的增加,比如工资、石油价格以及其他生产成本的上升。当成本上升与潜在产出增加一起发挥作用时,总供给曲线就发生如图 29-2 所示的移动。

短期总供给和长期总供给

总需求的变动如何影响产出和就业呢？回答这个问题，首先要看是短期（适用于经济周期）还是长期（适于比较各国在较长时期内的变化，或是国家之间的比较）。这两种方法都将分别在图29-3 中得到说明。

向上倾斜的短期总供给曲线属于**凯恩斯宏观经济学**的分析范畴。在这种情况下，总需求的变化对于产出具有重大影响。也就是说，如果货币紧缩或消费者支出下降从而引起总需求下降，那么，产出减少和价格降低就会出现。在曲线上表现为 AS 曲线向上倾斜；AD 曲线的下降会同时引起价格和产出的下降。

对长期的分析（有时也称为**古典宏观经济学**）认为 AD 的变动会影响价格，但是对实际产出却没有影响。在长期，价格和工资会针对总需求的变动做出充分的调整。古典或长期的 AS 曲线是垂直的，因此，总需求的变化不会影响产出。

这两种方法不同的原因可以归结如下：图 29-3（a）中的短期 AS 曲线表明当总需求变化时，厂商情愿增加它们的产出。显然，这就要求经济中必须存在闲置资源。但是产出不可能无限度地扩张。随着产出的增加，会出现劳动力短缺，工厂的运转接近其生产能力极限，工资和价格开始以更快的速度上涨。大部分对总需求增加所做出的反应都是以提高价格的形式出现，只有一小部分是以增加产出的形式出现。

由图 29-3（b）可见，在长期中，也即在工资和价格有足够时间做了相应的充分调整之后，总供给所发生的情况。当所有的调

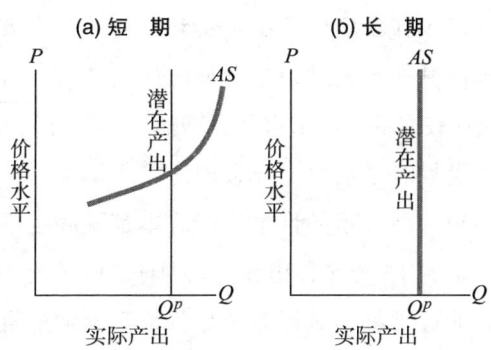

图 29-3　AS 曲线在短期内向上倾斜，而在长期是垂直的

（a）图中的短期 AS 曲线之所以向上倾斜，是因为短期内许多成本是缺乏弹性的。但是价格和工资的粘性随着时间而减弱，所以长期 AS 曲线在（b）图中是垂直的，且产出是由潜在产出决定。凯恩斯学派经济学家在（a）图中想要通过改变总需求的政策来稳定经济，而古典经济学家在（b）图中将注意力集中在增加潜在产出，你知道这是为什么？

整完成之后，长期的 AS 曲线将会变成垂直的，或者说是古典的。在长期情况下，产出的供给水平并不取决于总需求。

经济学家普遍认为，AS 曲线在短期是向上倾斜的，换言之，产出和价格都会对需求的变动做出反应。很难提出一个完整的理论来说明这种关系，而且在所有经济学领域里，关于总供给的争论也是最激烈的。在此我们将引入一个重要且经得起长期检验的理论，即关于粘性工资和价格的理论。如果你听到过其他的理论，当然也不用感到惊奇。

问题是为什么在短期内当总需求增加时，厂商既提高价格又增加产出，而长期内需求的增加却主要导致价格变化？这个问题的答案关键在于现代市场经济中工资和价格的行为方式。在短期内，企业成本的某些要素是缺乏弹性的或粘性的。由于这种粘性的存在，厂商在较高的总需求水平下增加产出是有利可图的。

比如，假设战时紧急情况导致国防支出增加。厂商知道，在短期内以货币形式所表示的许多生产成本都是固定不变的，诸如工人每小时工资为15美元，租金为每月1 500美元，等等。在需求增加时，企业通常都会既提高产品价格又增加产量。这种价格与产出之间的正相关关系可以从图29-3（a）中向上倾斜的 AS 曲线看到。

我们一再提到成本是"粘性的"或"缺乏弹性的"。有没有例子呢？最典型的例子是工资。以参加工会的工人为例，他们的工资通常都是依据长期工会合同支付，而该合同早已规定了按美元计价的工资率。在劳动协议有效期内，企业所面对的以货币数量表示的工资率在很大程度上是固定的。甚至对非工会成员的工人来说，一年之内工资上升多于一次的情况也非常罕见。而货币工资或薪水实际上被削减的情况就更不寻常，除非企业确实面临着破产的威胁。

其他的价格和成本在短期内也具有类似的粘性。当企业租借一座房子时，租借合同通常要持续1年或1年以上，租金通常也是以货币形式确定下来。此外，企业通常还会与它们的供应商签订合同，以确定所要支付的原料和零部件的价格。

将所有这些情况放在一起，你就会看到在现代市场经济中，短期内工资和价格的粘性是怎样形成的。

在长期内，又会发生什么样的情况呢？缺乏弹性的或粘性的成本要素（工资合同、租赁协议、受管制的价格等），最终都会变为无粘性的或可协商的。厂商不可能永远因为劳资协议中固定的工资率而获得好处。工人也很快就会发现价格已经上升，并坚持要求增加补偿性工资。最终，所有的成本都将随着较高的产出价格而调高。在价格总水平因需求增加而上升 $x\%$ 之后，货币工资、租金、受管制的价格以及其他成本最终也会做出上浮约 $x\%$ 的反应。

一旦成本上调幅度赶上了价格上涨幅度，厂商就不再能够因总需求的上升而获利。长期中，当所有成本要素都做了充分的调整之后，厂商所面对的价格成本比率与需求变化之前是相同的。这时，将不存在任何刺激厂商增加产出的因素。因此，我们说 AS 曲线是垂直的，这意味着供给的产出并不取决于价格和成本水平。

> 由于时间长度不同，总供给也会不同。在短期内，由于工资和价格不可变，使得厂商对需求上升所做出的反应是既增加产出又提高价格。在长期内，成本可以充分调整，因而企业对需求增加所做出的大部分或全部反应，都是以价格上涨的形式出现。短期 AS 曲线是向上倾斜的，而长期 AS 曲线是垂直的。这是因为，只要时间充足，所有的价格和成本都会做出充分调整。

失 业

在 2007 年开始的经济衰退期间，美国的失业人数增加了四百多万。到 2008 年底，失业人数总计达到一千一百万，其中一半是"工作失败者"，即非自愿失业的人。而在此之前，如 20 世纪 30 年代的大萧条或 20 世纪 80 年代初期，失业率上升得更多，1933 年更是创纪录地达到了 25%。

市场经济中非自愿失业的出现带来了很多的重要问题：在存在大量有用的工作需要人去完成的时候，为什么还会有成百万的人失业呢？市场机制有何种缺陷，致使这么多渴望工作的人闲在家中？或者，高失业率是否来源于事实上会降低工作激励的政府计划（比如失业保险），抑或是由于市场经济的自身的缺陷？本节余下部分将研究失业的含义并回答这些重要问题。

失业统计

失业率的变动是每月的头条新闻。可以回头看一下图 29-3 所介绍的长期趋势。这些数字后面隐藏着什么呢？失业和劳动力的统计数据是由国家收集的综合经济数据，这些统计都经过了精心的设计。有关机构采用的是一种所谓的人口调查随机抽样法来收集每月数据。他们每月走访 6 万个家庭，了解这些被访者最近的就业情况。

调查将 16 岁及以上的人口分为以下四个组群：

- **就业者**。这些人正从事有报酬的工作，因病、因假或因罢工而缺勤者也算就业。
- **失业者**。如果一个人没有工作，而且在那以前的 4 周里都曾在主动地寻找工作并随时可以应雇上岗，那么就可以将其划归为失业人口。需要注意的一个重要问题是，划分为失业人口，不仅仅意味着这个人是没有工作的，而且还意味他是在采取措施寻找工作。

- **非劳动力**。成年人口的 34% 属于非劳动力。这部分人有的在操持家务，有的已经退休，有的身体不佳不能工作，还有的没有去寻找工作。
- **劳动力**。就业的和失业的人口都包括在劳动力中。

图 29-4 按上述原则，将美国的人口进行了分类——就业者、失业者、非劳动力。

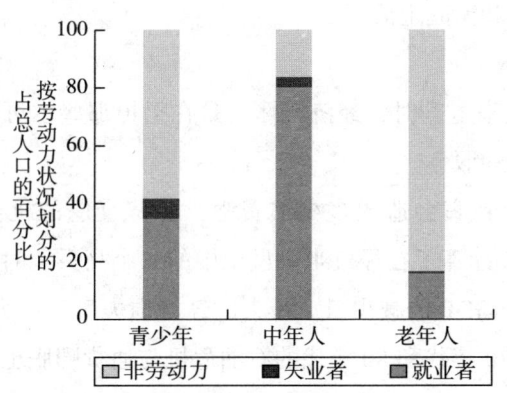

图 29-4　2007 年美国人口的劳动力状况

美国人如何支配他们的时间？这个图显示的是青少年（16~19 岁）、中年人（25~54 岁）和老年人（大于 65 岁）如何在就业、失业和离开劳动大军之间分配自己的时间的。许多年轻人还在上学，因而是非劳动力人口，而大多数老年人都已退休。

资料来源：U.S. Bureau of Labor Statistics.

官方对劳动力的定义如下：

> 有工作的人是就业者；没有工作而在寻找工作的人则是失业者；没有工作但不找工作的人，不属于劳动力。**失业率**是失业人口占总劳动力人口的比率。

失业的影响

高失业率不仅是个经济问题而且是个社会问题。之所以是经济问题，是因为它意味着要浪费有价值的资源。之所以又成为重要的社会问题，是因为它会使失业人员面对收入减少的困境而痛苦挣扎。在高失业率时期，经济上的贫困令人无法承受，影响着人们的情绪和家庭生活。

当失业率上升时，经济实际上是在扔掉那些本可由失业工人生产的商品和服务。

高失业到底会造成多少浪费呢？经济衰退的机会成本有多大？表29-2计算了在最近半个世纪中的三个高失业时期，实际产出相对潜在GDP的减少量。最大的经济损失发生在大萧条时期，而20世纪70年代和80年代的石油危机与通货膨胀也使产出的损失超过1万亿美元。

高失业时期的经济损失是现代经济中有据可查的最大浪费。它们比微观经济中由于垄断而引起的无效率或关税和配额所引起的浪费都要大许多倍。

表 29-2　高失业时期的经济代价

	平均失业率（%）	产出损失	
		GDP 损失（10 亿美元，2008 年的价格）	占该时期 GDP 的百分比
大萧条时期（1930~1939）	18.2	2 796	30.0
石油危机和通货膨胀时期（1975~1984）	7.7	1 694	2.7
网络产业受挫后的萧条时期（2001~2003）	5.5	509	1.4

1929 年以来发生高失业的两个主要时期，是大萧条时期和 1975~1984 年的石油危机和高通货膨胀时期。表中所显示产出损失额是根据潜在 GDP 和实际 GDP 之间的累计差额而计算的。注意：大萧条时期 GDP 的损失是 70 年代和 80 年代损失的 10 倍还多。21 世纪初的经济减速与之前的衰退相比是相对温和的。

资料来源：作者根据官方 GDP 和失业数据而估计。

失业的经济成本显然相当之大，但长时间持续非自愿失业给人们所造成的精神损失，却无法用一个确定的美元数额来充分地加以表达。事实一再证明，失业会给人们酿成种种悲剧。下面一段文字描述了大萧条时期在旧金山找工作的难度：

> 早上 5 点我从床上爬起来，赶到港口区。在炼糖厂的大门外面，上千人正在等待。可你很清楚，一共只有三四份工作。一个家伙带着两个小警察走了出来："我需要两个看牛群的，两个能钻洞的。"于是，一千多人就像一群阿拉斯加野狗一样拼命地冲进去，可仅仅只有 4 个人可以抢到工作。

我们还可以看看下面一位失业的建筑工人的回忆录：

> 我申请去盖屋顶，可他们不需要我。因为已经有人为他

们工作五六年了，没有那么多的工作岗位。大部分工作都要求受聘者有过高等教育背景。我可以做任何工作，从清洗汽车到任何其他事情。

可是，你成天干什么呢？回到家里坐着，变得垂头丧气。家里每一个人也都变得有些紧张和不安。他们开始为一些蠢事而互相争吵，因为每个人都成天被囚禁在那个空间里，整个家庭气氛被破坏了。

在20世纪80年代和90年代，在规模缩小的公司，像许多高薪的经理、专业人士和白领阶层所了解的，失业不仅限于非技术工人。听听一个在1988年失去工作，而且到1992年仍然没有找到固定工作的中年公司经理的故事吧：

我是一个失败者，不能在现代经济的竞争中保持领先……我决定去寻找工作，但是日复一日、年复一年，衰退似乎就没有尽头。被拒绝过那么多次，以至于你不得不开始怀疑起你自身的价值。

奥肯法则

衰退恶果中带来最大伤害的是随之而来的失业率上升。产出下降时，厂商需要的劳动投入减少，于是一部分有工作的人被解雇，而工厂又不雇佣新工人。我们知道，在商业周期之中，失业率与产出之间存在着反向变动的关系。这种变动关系最早为阿瑟·奥肯所发现，这就是著名的奥肯法则。

奥肯法则指出,相对于潜在 GDP,GDP 每下降 2 个百分点,失业率就大约会上升 1 个百分点。

这意味着,如果初期 GDP 是潜在 GDP 的 100%,然后下降到潜在 GDP 的 98%,失业率就会上升 1 个百分点,即由初期的 6% 上升到 7%。图 29-5 显示了一段时期内,产出和失业是如何相互关联的。

我们选择 20 世纪 90 年代的产出和就业趋势来解释奥肯法则。在 1991 年经济衰退的低谷期,失业率上升到 7%,而实际 GDP 估计低于潜在产出 3 个百分点。在接下来的 8 年时间中,实际产出增长比潜在产出增长高 5 个百分点,因此在 1999 年,实际 GDP 估计高于潜在产出 2 个百分点。根据奥肯法则,失业率应该下降 2.5 个百分点(5/2),即下降到 4.5%(7-2.5)。事实上,1999 年的失业率为 4.25%——一个非常准确的预测。这个例子说明,奥肯法则可以用来说明失业率变化与实际产出增长之间的关系。

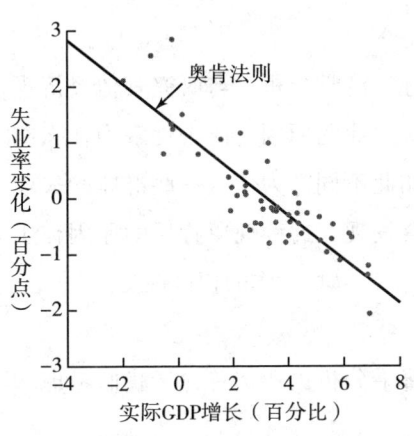

图 29-5 1955~2007 年的状况说明了奥肯法则

根据奥肯法则,产出的增长比潜在产出增长快 2% 时,失业率会下降 1 个百分点。此图表明,可以通过 GDP 的增长率准确地预测失业率的变动。根据这条线,什么样的产出增长不会影响失业率?

资料来源:U.S. Department of Commerce and Labor.

奥肯法则的一个重要结论是实际 GDP 必须保持与潜在 GDP 同样快的增长，以防止失业率的上升。也即，GDP 必须不断增长才能保证失业率停留在原地。如果你想让失业率下降，实际 GDP 的增长必须快于潜在 GDP 的增长。

奥肯法则揭示了产出市场和劳动市场之间极为重要的联系。它描述了实际 GDP 的短期变动与失业率变动的联系。

失业在经济学上的解释

失业原因从表面上看很清楚：过多的劳动力角逐过少的工作岗位，但这个简单的现象令经济学家们困惑了 60 年。经验表明，价格的上升或下降将会出清竞争市场。在市场出清的价格水平上，卖者所愿意卖的正是买者所愿意买的。但是，当许多医院招不到护士时，当成千上万的煤矿工人虽愿接受现行工资却找不到一个工作时，劳动市场的运行就受阻了。劳动市场不灵的类似征兆，在所有的市场经济中都能发现。

现在，我们转而对失业进行经济学分析。与研究其他经济现象时一样，我们当然希望能理解失业的原因。能否理解为什么在同一个经济周期内失业率竟会如此不同，为什么一些群体的失业率要会比其他群体高？我们将会发现，这种现象背后的原因在于劳动市场的种种不完善，还在于个人寻找工作的积极性。

我们从供给和需求的角度着手分析失业。首先，我们考虑均衡失业。当人们跳槽或者离开劳动大军，也即自愿失业之时，**均衡失业**就会出现。这有时也称作摩擦性失业，因为人们不可能在辞职以后立即找到另一份工作。比如，某个在汉堡店前台工作的人可能觉得工资太低，或者工作时间不太方便，于是辞职去找更好的工作。又如，一些人在离开学校以后可能不想立即开始第一份工作；一个刚生孩子的人可能会休三个月产假。这些人在权衡了自己对收入、工作性质、闲暇以及家庭责任等各种偏好之后，都选择了失业。

这样的失业就是均衡的，因为厂商和工人都在遵循自己的供给和需求表行事。在现有工资率和工作条件下，所有想要工作的人都得到了工作，而所有厂商在现有薪酬下也都雇到了所需要的工人，此时市场出清。当人们偏好生存状态、不偏好工作赚钱进而选定失业时，一些经济学家就将这些人定义为自愿失业人口。

图 29-6（a）中显示了均衡失业的情形，工人的劳动供给曲线为 SS。图 29-6（a）描述的是竞争性的供给和需求的一般情况，市场均衡点在 E 点，工资水平为 W^*。在竞争性的、市场出清的均衡水平，厂商愿意雇佣接受市场工资水平的合格工人，雇佣的数量由 AE 线代表。

然而，尽管市场达到均衡，仍有一些人虽然愿意工作，却要求有较高的工资。线段 EF 表示的这部分工人不愿在现行的市场工资率下工作，所以他们是失业人口。但这是均衡失业，因为他们是在给定市场工资率下，选择了不工作。

均衡失业的存在很容易令人产生一种误解：不同的人在寻找工作或尝试各种不同的工作时，失业是他们在那种情况下的一种

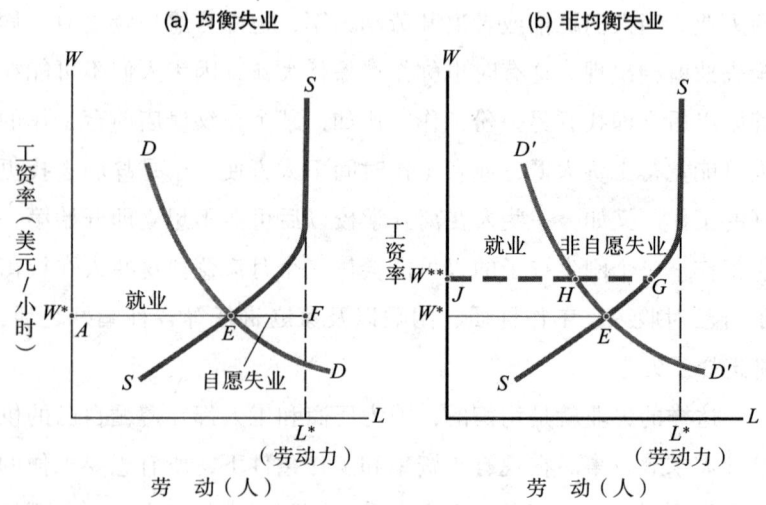

图 29-6 均衡失业与非均衡失业

使用微观经济学的供给—需求分析,我们可以对失业的不同类型加以描述。

图(a)显示了工资可变时市场出清的均衡状态。工资降到 W^* 劳动市场出清,供给和需求平衡。所有的失业都是自愿的。

图(b)显示的是非均衡失业,工资具有粘性不能调节以出清市场。在 W^{**} 的过高工资水平上,JH 个劳动力被雇佣,但 HG 数量的劳动力是非自愿失业的。

有效率的(选择)结果。在现行工资率下,自愿失业者可能更偏好闲暇或其他活动,而不是工作。他们可能属于摩擦性失业,也可能正在寻找第一份工作。他们可能是生产率较低的劳动力,相对于较低收入的工作,他们更愿意退休或享受失业保险。人们有无数的理由在现行工资率下选择不工作,但这些人中的一部分仍有可能被官方统计为失业者。

再回去重温前面所引用过的三个工人的经历,在炼糖厂外的情形不可能是达到了均衡状态。这些失业者肯定不是那种想在工作价值和闲暇价值之间慎重权衡的人，也不像是为了能够找一份更好的工作而想要选择失业的人。确切地说，他们处于非均衡失业状态中。当劳动市场或者宏观经济运行不灵时，合格的劳动力在现行工资率下找不到工作，这时就会出现非均衡失业。非均衡失业的两个例子是结构性失业和周期性失业。

结构性失业的原因是劳动力的供给和需求不匹配。如果对一种劳动的需求上升，对另一种劳动的需求下降，而市场又未能及时地做出调整，则这种不匹配的情况就有可能发生。常见的情况是，产业的兴衰所引起的行业间或地区间的结构性失衡。举例来说，最近由于老年人口增加，美国对护士的需求急剧上升，但同期有经验的护士数量的增长却相对缓慢，于是导致这一时期护士严重短缺。等到护士的薪金上升、供给调整完成之后，这一结构性短缺才能得到缓解。与此相反，由于劳动和资本缺乏跨地区的流动性，对煤矿工人的需求连续几十年低迷，煤矿产业的失业率至今仍然高居不下。

正如凯恩斯经济周期理论中所描述的那样，在经济周期的衰退阶段，对劳动的整体需求下降时，就会出现**周期性失业**。举个例子，在2007~2009年的严重衰退中，每个行业和地区的劳动力需求都在降低，失业率都在升高。同理，在21世纪初长期经济扩张中，美国每个州的失业率都在下降。在不同案例中，经济周期对劳动市场的影响也是不同的，从就业增长的温和下降，到失业总数占总人口相当大的比例，不一而足。

理解非均衡失业的关键是劳动市场还没有达到供给和需求的

均衡，如图 29-6（b）所示。在这个例子中，我们假设工资在短期是刚性的，其初始水平为 W^{**}。因此，当劳动力需求下降到（b）中的 $D'D'$ 时，市场价格 W^{**} 高于市场出清价格 W^{*}。

在过高的工资率下，寻找工作的合格工人的数量大于可提供的工作职位。愿意在工资 W^{**} 下工作的工人数量是供给曲线上的 G 点，而企业需要雇佣的数量则是需求曲线上的 H 点。由于工资高出市场出清水平，于是出现劳动供给过剩。虚线 HG 表示的失业者构成了非均衡失业人口。或者，可以把他们称为"非自愿失业者"，代表着那些愿意接受现行工资但却找不到工作的合格工人。

相反的情况是工资低于市场出清的工资水平。在这个劳动力短缺的经济里，雇主找不到足够的劳动力来填补现有的岗位空缺，于是，企业的窗口贴满了招工告示，报纸上或者求职网站 Monster.com 登着许多招工广告，企业甚至到其他的城镇去招募工人。

图 29-7 显示了美国在过去十年中职位空缺率和失业率。正如图 29-6 所示的粘性工资理论所预测的那样，这两条曲线是反向运动的。

大学招生的例子 大学入学的例子可以说明因为价格不变，当短缺或过剩出现时所发生的调整。许多院校发现，最近几年入学申请人数增加了。学校是怎样应对的呢？是提高学费标准来遏制超额需求吗？不是的。它们的做法是提高入学标准，要求更高的中学成绩和统考（SAT）分数。提高要求和标准而不是提高工资和价格，恰恰是短期内企业在劳动供给过剩时所做出的反应。

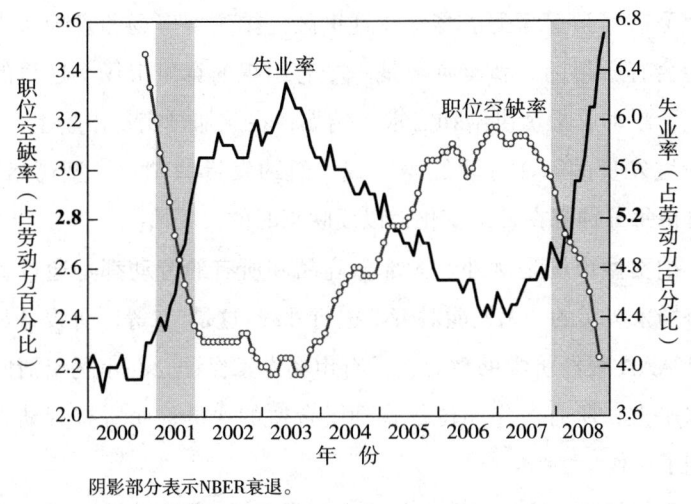

阴影部分表示NBER衰退。

图 29-7　职位空缺率和失业率

职位空缺率和失业率在整个经济周期内是反向运动的。这是凯恩斯关于失业的粘性工资理论的一个重要预测。

资料来源：Bureau of Labor Statistics.

经济学家们研究了很多方法试图理解失业的微观经济基础。而这个问题仍然是现代经济学中最深奥难解的谜团之一。研究表明，问题的重点在于工资和价格的刚性。由此就引出了更深层次的问题：为什么工资和价格是刚性的？为什么工资不能上下浮动以便实现市场出清？

这些都是存在争议的问题。今天，几乎没有经济学家还会说，工资变动足够快捷，它可以消除劳动的短缺或过剩。同样，也没有谁能够完全理解工资、薪金反应迟滞的原因。因此，对于工资刚性的原因，我们最多只能提供一个尝试性的解释。

拍卖型市场和管理型市场　在这里区分拍卖型市场和管理型市场可能会有所帮助。拍卖市场是一个有组织的竞争市场，这里的价格上下浮动以平衡供给和需求。例如，在芝加哥交易市场上，"堪萨斯城发货的第2号硬红麦"或"纽约发货的'A'型烤焙鸡"的价格每分钟都在发生变化，以反映当时的市场情况。

拍卖型市场是例外。大部分商品和所有的劳动都是通过管理型市场来买卖的。无人能对劳工进行评级：这是"二等网页设计员"，那是AAA级经济学助教。也没有市场专家保证，在市场出清的工资水平上，所有工作岗位都找到了合适的雇员，而所有劳动力都得到了工作。

不仅如此，绝大多数企业确实在管理其工资与薪金，它们规定付酬标准并按新手水平的工资薪金率来雇佣劳动力。这些工资标准通常在一年左右是固定的。调整它们的时候，几乎所有其他种类的付酬标准都会相应地变动。例如，医院里每个等级的雇员今年都可以得到4%的加薪。有时，厂商可能会决定某些岗位的报酬多上升一些，另一些则少上升一些。在标准薪金制度下，企业很少能有充分调整的余地，即使在发现某个领域出现短缺或过剩的时候。

在工会化的劳动市场，工资模式就更为僵化。劳资合同通常以3年为期，工资水平在合同中事先确定。在合同有效期内，工资不会因特定工作出现劳动力短缺或过剩而进行调整。

调节工资和价格的菜单成本　工资和薪金刚性的经济原因是什么？很多经济学家都认为，刚性是由工资管理费用引起的，这又叫"菜单成本"。以工会工资为例，谈判一个合同是个漫长的过程，它不会带来产出,却需要投入许多的人员和管理时间。正因为集体谈判成本惊人,所以通常每隔3年才进行一次。

确定非工会工人报酬的成本比较少,但它仍要求投入宝贵的管理时间,而且对职工士气也会产生重要的影响。每次调整工资或薪金,甚至是附加福利发生变化时,先前的报酬协定也会随之变动。一些人员会感到这种变动不公正,另一些人则会抱怨做法不合理,从而引发不满情绪。

因此,人事经理往往喜欢采用这样的体制:工资不频繁变动,绝大多数工人以相同的幅度提升工资,而不管不同技能或工种的市场条件如何。这种体制也许是无效率的,因为它不允许充分调整工资以反映市场的供求。但这种方法却节约了宝贵的管理时间,有助于在企业内形成一种公正平等的意识。最后,更积极地招募雇员或调整招工条件,可能会比仅仅为雇佣几个新雇员而打乱企业现存工资结构要更加合算。

上述微观经济基础总结如下:

> 市场经济中的工资大多数都受到厂商或合同的管束。由于谈判和确定工资率成本较大,所以工资和薪金不会频繁调整。当粘性工资使得劳动力的供给或需求出现过剩时,市场的反应主要是改变雇佣劳动力的数量,而不是工资水平。

劳动市场问题

分析了失业原因后,我们转而研究今天的劳动市场所面临的主要问题。哪些群体最有可能失业？他们的失业会持续多久？如何解释国家间失业率的差距？

通过比较产出高于潜在产出的年份（如1999~2000年）和严重衰退年份（如1982年），我们可以诊断劳动市场的情况。两者的差别可以表明商业周期如何影响失业的数量、原因、持续时间和分布状况。

由表29-3可见经济高峰年份和低谷年份的失业统计数据。前两列数字表示按年龄、种族、性别划分的失业率。这些数据表示，在衰退期间，每一群体的失业率都倾向于上升。后两列数字表示失业者总数如何分布于不同群体。应当注意在商业周期各阶段，各群体的失业分布变动相对较小。

请注意，不管是在经济高峰期还是在经济低谷期，非白人劳动力的失业率都是白人劳动力失业率的两倍以上。在20世纪80年代以前，女性失业率高于男性。但近20年来，性别造成的失业率差异已经微乎其微。由于面临更多的摩擦性失业，青少年失业率一般都高于成年人。

另一个关键问题是失业的持续时间。失业中有多少是社会所关注的长期性失业？有多少只是由于变换工作而形成的短期性失业呢？

由图29-8可见在充分就业的2000~2007年中失业所持续的时间。美国劳动市场有个令人吃惊的特征：很大一部分失业的持续期非常短。在2003年，大约1/3的失业的持续期少于5周，长期

表 29-3　不同人口统计群体的失业情况

劳动力市场群体	不同群体的失业率（占劳动力的百分比）		总失业人口在不同群体中的分布（占失业总人数的百分比）	
	低谷（1982年）	高峰（2000年3月）	低谷（1982年）	高峰（2000年3月）
按年龄划分：				
16~19岁	23.2	13.3	18.5	20.2
20岁以上	8.6	3.3	81.5	80.0
按种族划分：				
白人	8.6	3.6	77.2	77.6
黑人及其他	17.3	7.3	22.8	22.4
按性别划分（只记成年人）：				
男性	8.8	3.8	58.5	50.5
女性	8.3	4.3	41.5	49.5
所有工人	**9.7**	**4.1**	**100.0**	**100.0**

由表可见，在经济高峰年份和低谷年份中不同群体的失业变动情况。前两列数字表示的是1982年和2000年的高峰每一群体的失业率。后两列数字表示各群体占总失业人口的百分比。

资料来源：U.S. Department of Labor, *Employment and Earnings*.

失业情况几乎很少。

　　由于较低的流动性和经济变动的法律限制较多，20世纪90年代中期，欧洲长期失业人数占到了总失业人数的50%。长期失业成了一个突出的社会问题，这是因为失业数月以后，家庭可支配资源（储蓄、失业保险和家庭成员之间的亲情等）将会被消耗殆尽。

　　人们为什么失业？图29-9说明的是在衰退的1982年和充分就业的2000年失业者对其失业原因所做的回答。

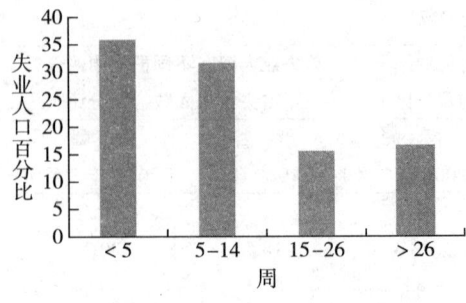

图 29-8 2000~2007 年，美国失业的持续时间
美国的大多数失业都是短期的。这说明美国大多数失业都是摩擦性失业，人们很快地从一份工作跳到下一份工作。

资料来源：Bureau of Labor Statistics.

有些人失业是因为居住地发生了变化，或进入了不同的生活阶段——迁居、首次跨入劳动力行列等，从而引发了摩擦性失业。在商业周期中，失业率的变动主要源于失去工作的人数的增加。这一根源在衰退时期变得极为重要，其原因有二：首先是丧失工作的人数的增加，其次是找到新工作需要更长的时间。

失业在生命周期内是如何变化的？青少年在任何人口统计的群体中通常都有最高的失业率，而非白人青少年的失业率近年来竟高达 30%~50%。这种失业是摩擦性的、结构性的，还是周期性的呢？

最新证据表明，青少年，特别是白人青少年的失业中有很大一部分是摩擦性失业。青少年在劳动力范畴的边缘频繁地进出。他们能很快得到工作，但又经常变换工作。他们的平均失业持续期仅仅是成年人的一半。与之形成对照的是，成年人一般的平均工作时间长度是青少年的 12 倍。在绝大多数年份里，一半的青少年失业者是以前从未参加过有偿工作的"新手"。所有这些因素都提示我们，青少年失业在很大程度上是摩擦性的。这说明，寻找

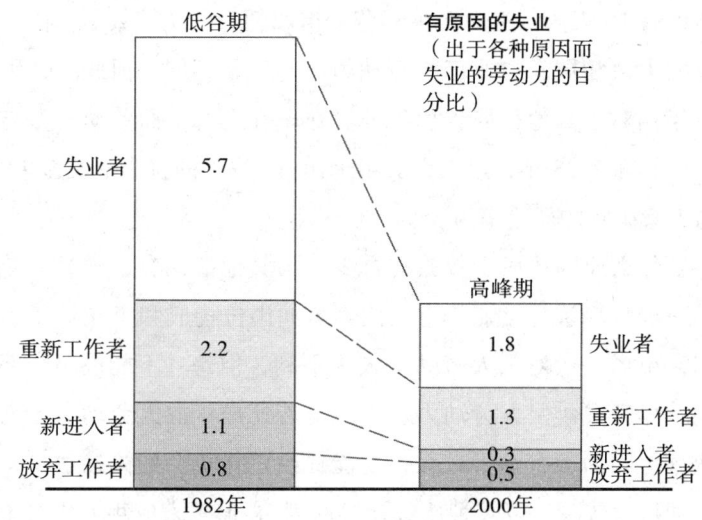

图 29-9　1982 年和 2000 年由于各种原因失业的分布

人们为什么失业？在充分就业的 2000 年，自己离开工作而失业的人非常少，且仅有近 2% 的新进入者（比如刚毕业的大学生）或重新进入者（早先离开就业行列，现在又回来寻找工作的人）进入劳动力市场。从经济高峰期到低谷期，失业的主要变化是失业者的数量。从 1982 年到 2000 年，失业者所占比例从 5.7% 下降到 1.8%。

资料来源：Bureau of Labor Statistics, at *www.bls.gov/data*.

和换工作对于青少年发现自己的技能特长和了解工作到底是怎么回事是必要的。

但青少年最终能学会有经验的劳动者的工作技能和工作方法。中年人的失业率比青少年要低得多，其原因是他们有经验并受过培训，对全职工作有更强烈的愿望和需求。

少数族群青少年的失业　大量证据表明，白人青少年失业主要是摩擦性的，但美国黑人青少年的劳动市场境况却大为不同。二次大

战结束后10年内，黑人青少年劳动市场的有关统计数据与白人青少年的大致相同，失业率与劳动力参与率都相同。但此后，黑人青少年相对于其他种族青少年的失业率在上升，而劳动力参与率则下降。到2008年，黑人青少年（16~19岁）的就业率仅为20%，而白人青少年的就业率为35%。

是什么原因造成少数族群青少年与其他群体有这样大的差别呢？一种解释认为可能是市场因素（如岗位构成和工作场所）的作用，市场一般对黑人劳动力较为不利，但这并不能说明全部的问题。尽管成年黑人劳动力一直承受着比成年白人劳动力更高的失业率（因为教育水平较低，与能提供工作机会的人接触少，在职培训机会较少，以及种族歧视等原因），但黑人成年人相对于白人成年人的失业率自二次大战以来一直没有增长。

经济学家针对黑人青少年失业率上升的根源做过大量的研究，但都未能对这一趋势做出过清楚的解释。一个可能的根源是种族歧视，不过，黑人与白人失业率差距的扩大必须由种族歧视的加剧来解释，包括在对少数族群工人的法律保护已经得到加强的条件下。另一种理论认为，伴随着附加福利成本的不断升高，过高的"最低工资"往往将劳动生产率低的黑人青少年抛入失业队伍。

青少年高失业率是否会对劳动市场造成长期损害，即伴有永久性的低技能和低工资率呢？这是需要进一步研究的课题。初步的答案是肯定的，特别对少数族群青少年更是如此。看来，如果青少年未能具备适当的工作技能和工作态度，那么随着年龄增长，只能获得较低的工资并且会有更高的失业率。这一发现表明，公共政策的一个重要任务，就是提出能降低少数族群青少年失业率

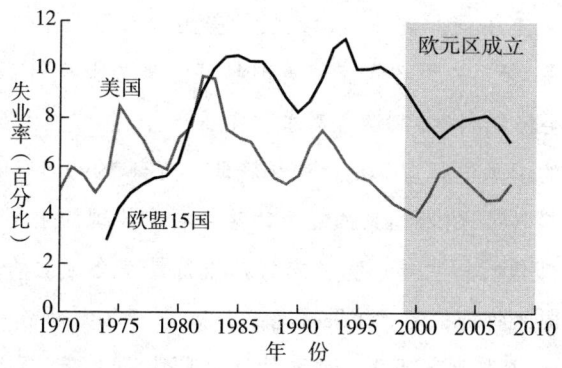

图 29-10 美国与欧洲的失业

近 20 年来,美国的失业保持在较低的水平,而欧洲的失业则呈现急剧上升的趋势。很多人相信失业率上升是由于劳动市场的刚性,而另外一些人则认为应该归咎于无条理的货币政策。自从 1999 年引入欧元并成立了统一的欧洲中央银行以来,欧洲失业率已经逐渐在下降了。

资料来源:U.S. Department of Labor, the OECD, and Eurostat. Data are for the EU 15 countries.

的计划。

欧洲和美国的失业率变动趋势

近些年来,美国和欧洲的失业率呈现出不同的发展趋势。直到 20 世纪 70 年代欧洲遭受供给冲击之前,其失业率一直都很低,而从那以后,欧洲的失业率就开始走高。在过去的 25 年里,美国的失业率一直比欧洲国家的要低。图 29-10 显示的是这两个地区失业的历史概况。

如何解释两地劳动力市场的差别呢?部分原因可能在于两地

宏观经济政策不同。近一个世纪里，美国只有一个中央银行，即联邦储备系统，它严格监控着美国经济。当失业率升高的时候，美联储就会降低利率，刺激总需求和提高产出，并防止失业率上升。

欧洲的中央银行在历史上就很脆弱。直到1999年，欧洲还是各国的"邦联"，这些国家的货币政策主要由德国的中央银行，即德意志联邦银行所主导。德意志联邦银行是完全独立的，其目标是维持德国的物价稳定。如果情况像1990年德国重新统一时那样，欧洲其他地区失业率高涨，德国的通货膨胀率上升，则德意志联邦银行就会提高利率。这势必就会抑制产出，同时使那些与德国货币政策保持一致的国家的失业率也随之上升。你能从图上看出1990年后欧洲失业率的上升情况。

欧洲失业的第二个特征是结构性失业明显上升。欧洲是福利国家的诞生地，德国、法国、瑞典等国都有慷慨的法定福利计划、失业保险、最低工资以及对工人工作的保护政策。这些政策使工人有更强的讨价还价能力，而且更容易倾向于将时间用在非工作方面，因而会导致实际工资上升。那些享受各种福利或失业津贴的个人，很可能成为自愿失业者，但在实际统计中却被当做失业者。美国没有如此慷慨的失业补贴和福利计划。

有无医治欧洲高失业水平的灵丹妙药呢？一些经济学家强调应该降低劳动市场的壁垒，并降低社会福利。另外一些经济学家相信，统一后的欧洲中央银行能在整个地区更好地保持总供给与总需求之间的平衡。自1999年引入欧元之后，尽管欧洲失业率仍然高于美国，但似乎已经有所降低了。

第三十章 通货膨胀

据说列宁曾断言,捣毁资本主义制度的最有效办法就是破坏它们的货币。不断地借助通货膨胀,政府就可以秘而不宣地没收其公民的大部分财产。

——凯恩斯

在过去 25 年的大部分时间里,美国成功地保持了稳定的低通胀率。这主要是由于货币政策和财政政策的实施,成功地将产出保持在过度通胀和严重衰退的夹缝之中,而控制物价的经验以及适度上涨的工资也都有助于加强这些政策的效果。

在通货膨胀方程式中,现在应该新增加一项,即不断增长的生产的"全球化"。美国越来越密切地融入到了世界市场之中。美国的国内企业发现,它们在制定价格时要受国际市场上竞争对手的价格限制。

即使国内服装与电子产品销售正旺,国内企业也不敢贸然提高价格,唯恐被其他国外生产商趁机抢占市场,使自己失去先前的市场份额。

21 世纪是一个价格动荡的时期。在第一个十年的前期,通货膨胀从长期的休眠中苏醒。物价水平迅速上涨，尤其在石油和食品价格的刺激下。然后，始于2007年的急剧衰退又导致了商品价格的急剧下跌，各国经济又转而面临通货紧缩的危险。

什么是宏观经济中通货膨胀的动因和趋势？为什么通货紧缩会给政策制定者带来那么严峻的挑战？本章拟探讨通货膨胀的含义及其决定因素，并讨论有关重要的公共政策问题。

通货膨胀的定义及影响

什么是通货膨胀

在第20章我们介绍了一些重要的价格指数并定义了通货膨胀。尽管如此，我们在这里还是有必要重复一下基本定义。

> 当价格水平普遍上涨时通货膨胀就会发生。今天，我们用价格指数，即成千上万种产品的加权平均价格来计算通货膨胀。消费者价格指数（CPI）是以某年的价格水平为基准来衡量市场上一揽子消费品和服务的成本。GDP紧缩指数就是GDP所有不同组成部分的价格。

> 通货膨胀率即价格水平变动的百分比：

$$t \text{ 年的通货膨胀率} = 100 \times \frac{P_t - P_{t-1}}{P_{t-1}}$$

通货膨胀与市场经济一样的古老,图30-1描绘的是13世纪以来英国价格变动的历史。图中上面一条曲线表示价格水平在这么长的时期内一直呈现持续上升的趋势,下面一条曲线表示实际工资(工资率除以消费者价格指数)的变动情况。到工业革命之前,实际工资曲线总是忽上忽下的。比较这两条曲线可以看出,通货膨胀不一定伴有实际收入的下降。该图还说明,大约自1800年以来,实际工资一直在稳步上升,到现在已增长了10倍以上。

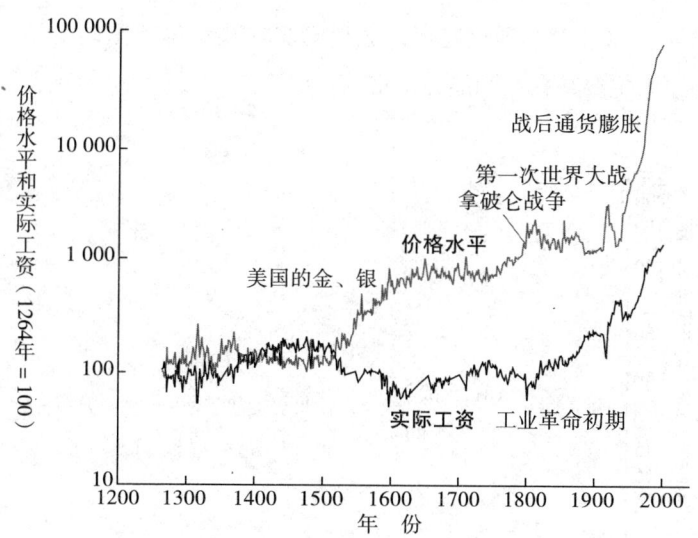

图30-1 1264~2007年英国的价格水平和实际工资(1270年=100)

由图可见自中世纪以来英国的价格和实际工资水平变动的历史。在早期,价格的上涨与货币供给的增长相联系,诸如新大陆财富的发现与拿破仑战争时期货币的印制密切地联系在一起。注意,实际工资曲线在工业革命前是弯弯曲曲的。自工业革命之后,实际工资一直呈迅速、稳定的上升趋势。

资料来源:E.H. Phelps Brown and S.V. Hopkins, *Economica*, 1956, updated by the authors.

图 30-2 着重描述了自独立战争以来美国消费价格的变动情况。直到第二次世界大战,美国一直使用金银复本位制,消费价格的变动都很有规律:各种价格在战时上涨,在战后经济萧条时回落。但是,第二次世界大战之后,美国消费价格的变动态势发生了明显的变化。价格和工资之车仿佛驶入同一条单行道,呈现出只升不降的趋势。在经济扩张时期它们迅速上升,而在经济衰退时它们却只是上升得稍慢一些。

图 30-3 表示在过去的半个世纪里用消费者价格指数计量的通货膨胀。你可以看到近些年,通货膨胀在狭窄的范围内变动,波动的原因主要是食品和能源价格的不稳定。

图 30-2　1776~2008 年美国的消费者价格

在第二次世界大战之前,价格波动并不规律——在每次发生战争时上涨,随后又逐渐下降。但自此以后,无论是国内还是国外,价格上涨的趋势一直持续不变。

资料来源:U. S. Department of Labor, Bureau of Labor Statistics for data since 1919.

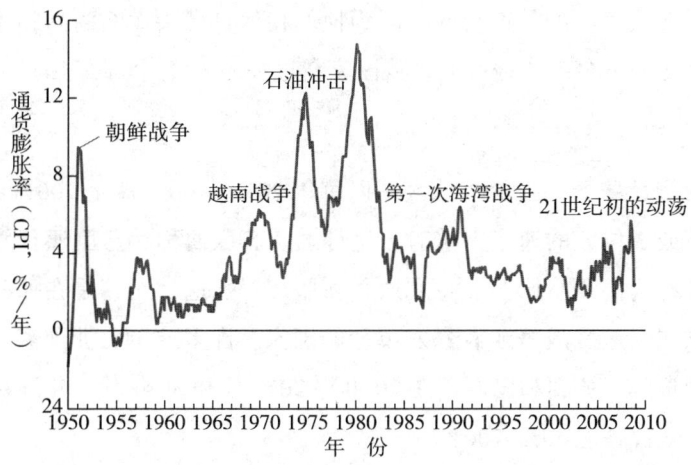

图 30-3 通货膨胀在近些年一直保持着稳定的低水平

在历史上,美国的通货膨胀率一直很不稳定,20 世纪 80 年代初的通货膨胀率曾达到令人难以接受的高水平。在过去的 10 年里,美联储采取了巧妙的货币管理政策,再加上有利的供给冲击,使通货膨胀保持在了较低的狭窄范围内。

资料来源:Bureau of Labor Statistics, *www.bls.gov*. 该图显示的是消费者价格指数的通胀情况。该图给出了前 12 个月的通胀率。

通货膨胀像疾病一样也会表现出不同的严重程度。因此,有必要将其分成三种类型,即低通货膨胀、急剧通货膨胀和恶性通货膨胀。

低通货膨胀 低通货膨胀的特点是,价格上涨缓慢且可以预测。我们也许可以将其定义为年通货膨胀率为一位数的通货膨胀。此时物价相对来讲比较稳定,人们对货币比较信任,因为这些钱的价值在一个月或一年当中不会有很大变化。人们会很愿意签订以货币形式表示的长期合同，因为他们相信自己买卖的商品的相对价格变动不会太离谱。大多数国家在过去的10年里都经历过低通货膨胀。

急剧通货膨胀　当价格总水平以每年20%、100%甚至200%的2位数或3位数的速率上涨时，这种通货膨胀便称为**急剧通货膨胀**或者称为高通货膨胀。急剧通货膨胀相对普遍，尤其是在那些政府软弱、遭受战争或者暴发革命的国家。许多拉丁美洲国家，例如阿根廷、智利和巴西，在20世纪70年代和80年代，年通货膨胀率就曾高达50%~700%。

　　这种急剧通货膨胀局面一旦形成，便会出现严重的经济扭曲。一般地说，大多数经济合同都会用某种价格指数或某种外币（如美元）来加以指数化。在这种情势下，货币贬值非常迅速，所以人们仅在手中保留最低限度的货币以应付日常交易所需。随着资本逃向国外，金融市场逐渐消亡。人们囤积商品，购置房产，而且绝对不会按照很低的名义利率出借货币。

恶性通货膨胀　存在急剧通货膨胀的经济似乎还可以生存下去，但是，当**恶性通货膨胀**像癌症一样袭来的时候，这致命的第三种通货膨胀便会使整个经济窒息。在这种局势下，各种价格以每年百分之一百万甚至百分之万亿的惊人速率持续上涨，经济势必变得一无是处。

　　正在学习通货膨胀的学生对恶性通货膨胀也许会特别有兴趣，因为在这种情况下更能看清通货膨胀的灾难性的影响。下面一段话描述的是南北战争时期，南方邦联所发生的恶性通货膨胀的情况：

第三十章 通货膨胀

过去我们一般都在兜里装着钱去商店购物,将买到的食物装在篮子里带回来。而现在我们是用篮子装钱,再用衣兜装回所买的食品。除了纸币以外,一切都十分缺乏!物价一片混乱,生产也一塌糊涂。以前一次餐费的价钱和一张歌剧票差不多,可现在却几乎是原来的20倍。每个人都在囤积"东西",并尽力抛掉"不值钱"的纸币,这就将"值钱"的金属货币赶出了流通领域。结果,人们的生活部分地退回到极不方便的物物交换时代。

记载最全面的恶性通货膨胀发生在20世纪20年代的德意志魏玛共和国。图30-4所示的是当时该国政府如何开动印钞机,从而将纸币发行数量和物价都推到了天文数字的水平。从1922年1月到1923年11月,魏玛共和国的价格指数从1上升到10 000 000 000。假如某人在1922年初拥有一张价值3亿元的德国债券,那么两年之后,这些钱连一小块糖都买不到。

研究发现恶性通货膨胀具有几个共同的特征。首先,对货币的实际需求(用货币存量除以价格水平来计算)急剧下降。在上述德国恶性通货膨胀末期,实际货币需求只是两年前的1/30。人们实际上是在忙着抢购,像扔掉烫手的土豆似的急匆匆地抛出自己的货币,以免进一步遭受货币贬值的损失。其次,相对价格变得极不稳定。在正常时期,个人每月实际工资的变动仅为1%或更小。但在1923年,德国人每月实际工资平均变动1/3(上升或下降)。相对价格和实际工资的这种变动是非常大的,加之由这些波动所造成的分配不公和经济扭曲,势必给工人和企业造成巨大的损失,

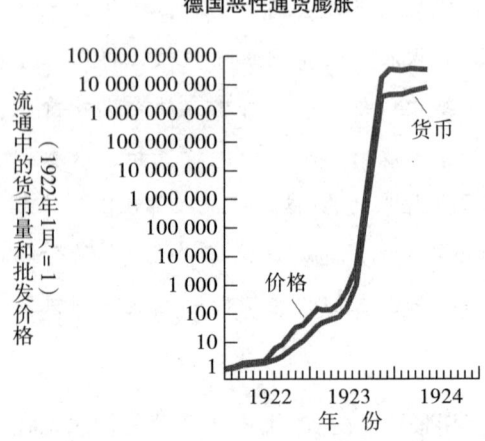

图 30-4 1922~1924 年德国的货币和恶性通货膨胀

在 20 世纪 20 年代初，德国无法征收到足够的税款以偿还政府债务，于是政府便印刷纸币。从 1922 年 1 月到 1923 年 12 月，货币发行量以惊人的速度增长。当国民在贬值前发疯似地抛出纸币时，价格也就不断地盘旋飞涨。

从而也体现出通货膨胀的高昂代价之一。

通货膨胀的影响曾被凯恩斯精确地表述为：

> 当通货膨胀来临时，货币实际价值每月都产生巨大的波动，所有构成资本主义坚实基础的、存在于债权人和债务人之间的永恒关系，都变得扭曲，甚至几乎完全失去意义，获得财富的途径退化到依靠赌博和运气的境地。

分析通货膨胀时，价格增长可否预期是区分通货膨胀的一个显著标志。假定所有价格每年上涨 3%，且每个人都预期这种趋势会持续，那么通货膨胀还会令人感到措手不及吗？假如每年实际的和预期的通货膨胀率都是 1%、3% 或 5%，那么情况又有什么区别呢？经济学家们通常认为，预期到的温和的通货膨胀对经济效率或是对收入和财富的分配几乎没有什么影响，变动的价格仅仅成为人们调整自己行为的标准。

事实上，通货膨胀却往往是不可预期的。举个例子来说，俄国人在过去几十年间都习惯于稳定的价格，当1992年物价突然放开时，没有人能预测未来5年内价格会上升40 000%，甚至经济学专家也无法做到这一点。那些天真地将钱存入储蓄账户的人们，眼睁睁地看着自己的财富缩水。富有经验的人们操纵了整个体系，一些人甚至变成了富甲一方的寡头。

在物价更稳定的国家，如美国，不可预期的通货膨胀的影响就没那么严重，但是本质是一样的。价格不可预期地上升会使某些人变穷，也会使另一些人变富。这种再分配的代价如何呢？或许已不能用"成本"来反映了。因为它对社会的影响可能远大于对经济的影响。一系列的盗窃案可能不会使GDP水平降低，但却会带来严重的混乱。同样，由于通货膨胀随机地重新分配财富，就好比强迫人们去玩他们本想竭力避免的彩票赌博一样。

通货紧缩的困境

若通货膨胀是如此之坏，则社会是否应该努力去追求通货紧缩，即价格实际上在下降而不是在上升？历史经验和宏观经济学分析表明，通货紧缩和低利率也会导致宏观经济运行困难重重。

普通的通货紧缩自身并不特别有害。通货紧缩之所以会引发经济问题，是因为它会导致货币政策变得无效。

正常地，如果价格水平因为衰退而开始下跌，则中央银行可以通过增加银行储备金和降低利率来刺激经济发展。但是，如果价格水平下降得很快，那么真实利率会变得相对较高。举例说，如果名义利率是0.25%，价格水平每年下降3.75%，那么真实利率是每年4%。面对如此之高的真实利率，投资就会减少，从而会导致经济衰退。

中央银行有可能决定降低利率来刺激经济。但是名义利率的下限是零。为什么是这样呢？因为当利率为0时，债券实际上就是钱，这时人们几乎不愿意持有负利率的债券，此时货币的利率为0。如果中央银行把利率降低到零，则真实利率仍将是每年3.75%，这个利率水平还是很高，仍然不能刺激经济发展。于是中央银行便陷入了一个被称作"*流动性陷阱*"的泥沼中，它不可以再降低短期利率。此时，中央银行调节经济的武器库已近乎弹尽粮绝。

通货紧缩在19世纪和20世纪早期经常发生，但是到了20世纪晚期就已大幅度减少了。不过，在20世纪90年代晚期，日本曾进入持续性的通货紧缩时期。部分原因在于资产价格尤其是土地和股票价格的急剧下跌和长期的经济衰退。日本的短期利率在2000年之后实际上为零。例如，在2003年中期，1年期银行存款的收益率是每年0.032%。日本银行在通货紧缩和零利率面前显得束手无策。

美国在2008年年底以前陷入了流动性陷阱。从2008年年底到2009年初，美国的短期无风险债券（如90天国债）的利率一度跌至千分之一以下。在这种情况下，许多经济学家认为，美联储已经"弹尽粮绝"，即没有降低短期利率的空间了。

有没有对通货紧缩和流动性陷阱的补救措施？正如2009年初由奥巴马新政府提出的大规模财政刺激计划所强调的，一个解决方法是利用财政政策。财政刺激会提高总需求，并且不会产生高利率水平所带来的危害。

正如第24章讨论过的，货币政策也可以扩大它的工具使用范围。例如，美联储可以尝试降低长期利率或者降低风险资产的溢价，但这些措施是很难实施的。许多经济学家认为，最好的反流动性陷阱的防卫措施是有效的进攻。政策制定者应该通过维持充分就业、保证价格水平逐渐上涨、避免过去十年经历过的资产价格泡沫，保证经济远离通货紧缩和流动性陷阱。

通货膨胀的经济影响

各国中央银行反对通货膨胀的决心是一致的。在高通货膨胀时期，民意测验常发现，人们普遍认为通货膨胀是头号经济敌人。通货膨胀为什么如此危险且如此代价高昂呢？我们在上文曾谈到，发生通货膨胀时，所有的价格和工资并不按照同样的比率变动。这就是说，相对价格会发生变化。由于相对价格的不断游移，通货膨胀会明确带来如下两种影响：

- 收入和财富在不同阶层之间的再分配。
- 不同商品的相对价格和产出的扭曲，或者有时是整个经济的产出和就业的扭曲。

通货膨胀对收入和财富分配的影响主要是由于人们所持有的

资产与负债的种类有差别而造成的。如果欠别人的钱,那么价格急剧上升对他们来讲就是一种意外收益。假定你为买一所房屋借款10万美元,每年偿还的固定利率的抵押贷款额是1万美元。倘若大幅度的通货膨胀突然将所有的工资和收入都翻了一番。虽然你需要偿还的贷款名义上还是每年1万美元,但是你的贷款的实际成本却只有原来的一半了。你只需要付出过去一半的劳动来支付这1万美元。这种大幅度的通货膨胀使你的抵押贷款的实际价值减少了一半,从而增加了你的财产。

假使你是个债权人,且持有固定利率的抵押贷款或长期债券作为资产,那么你的处境就会完全相反。价格突然上涨会使你变得比以前更穷一些,因为别人还给你的美元的实际价值比你原先借出时要小。

如果通货膨胀持续了很长时间,使人们最终有可能预见其发展趋势,并且市场也开始与之相适应,那么市场利率中就会逐渐地包含对通货膨胀的补偿部分。譬如在某一经济中,起始状态时价格稳定,利率为3%。一旦人们预期价格将以每年9%的速率上涨,那么各种债券和抵押贷款的利率就要按12%而不是3%支付。12%的名义利率反映的是3%的实际利率再加上9%的通货膨胀溢价。一旦在利率上进行了这样的调整,收入和财富就不会再发生较大规模的再分配了。这种针对长期通货膨胀所进行的利率调整,在每一个经历过长期价格上涨的国家都曾经出现过。

由于制度变迁,一些古老的说法已经不再适用。人们以往习惯性地认为,普通股票是抵御通货膨胀的好盾牌,但近年来实际情况表明,普通股票的价值与通货膨胀的变动方向是相反的。过去人们曾经以为通货膨胀会损害寡妇和孤儿的利益,但今天,她们所得到的社会保障抚恤金已经根据消费价格被指数化了,所以不再与通货膨胀有多少瓜葛。而且,有许多债务(如"浮动利率"抵押借款)的利率也随着市场利率而上下变动,因而对债务人和债权人的影响也不像以前那样明显了。

通货膨胀对再分配的作用主要通过影响人们手中财富的实际价值来实现。一般说来,不可预期的通货膨胀会将财富从债权人手中再分配给债务人,也就是说,通货膨胀往往有利于债务人而有害于债权人。而不可预期的通货紧缩则具有相反的效应。但在更多时候,通货膨胀只是将收入和资产搅和在一起,随机地将财富在全体居民中进行重新分配,而不会只冲击某些单个群体。

除了收入再分配,通货膨胀还在两个领域影响实际经济:经济效率和总产出。首先我们来看看通货膨胀对经济效率的影响。

通货膨胀之所以损害经济效率,是因为它会扭曲价格和价格信号。在一个低通货膨胀的经济中,如果一种商品的市场价格上升,则买方和卖方都很清楚:这种商品的供给和需求的两个方面都发生了实际的变化,他们就可以对此做出正确的反应。例如,如果附近的超市都将牛肉价格提高50%,消费者就知道应该是多吃鸡肉的时候了。与此类似,如果新型电脑的价格下跌90%,你也许就会决定换掉那台旧型号的电脑了。

相反,在一个高通货膨胀的经济中,人们就很难区分相对的价格变化与整体的价格变化。如果通货膨胀率高达每月20%或30%，商店就会频繁地变动价格，以至于相对价格变得混乱无序，令人无所适从。

通货膨胀同样会扭曲货币的使用。流通中的现金是名义利率为零的货币。如果年通货膨胀率从0上升至10%，则现金的实际利率就从每年的零降为–10%。现在还没有办法消除这种扭曲。

由于货币的实际利率为负，所以在通货膨胀时期，人们当然更愿意持有实际资源而减少货币持有量。他们更频繁地进出银行——磨光了鞋底，浪费了时间。企业精心设计现金管理计划。因此，实际资源仅仅被用来适应不断变化的货币尺度，而不是被用来进行生产投资。

经济学家还指出了通货膨胀对税收的扭曲。有一部分税收法规是以所写明的美元计价。当价格上升时，尽管实际收入没有变化，但是应交纳的税收的实际价值却会上升。例如，对你的收入征收30%的税。进一步假设名义利率为6%，通货膨胀率为3%。实际算下来，你将会为3%的实际利息收入交纳税率为60%的税（因为你的名义收入上升了1倍——译者注）。现在税收法案中还有许多类似的扭曲。

但这些还不是通货膨胀的唯一代价。一些经济学家还提出了通货膨胀的菜单成本，即当价格发生变化时，公司必须消耗实际资源调整价格。譬如说，饭店需要重新印刷它们的菜单，邮购公司需要重新印制它们的目录，出租汽车公司必须重新制定计价表，市区需要重新调停车计时器，商店需要更改商品价格标签。这些成本有时还是无形的，比如召集人员重新做定价决策等。

通货膨胀对宏观经济有什么影响？这个问题是我们下一章的内容，这里不妨先提及几点。在20世纪70年代以前，美国的高通胀一直伴随着经济扩张。当投资形势良好、工作机会很多的时候，通货膨胀就上升。在通货紧缩或通货膨胀水平降低的时期，如19世纪90年代、20世纪30年代和50年代的一些时期，资本和劳动则都呈高度失业状态。

如果进一步对历史资料做详细分析，则会发现一个有趣的事实：产出和通货膨胀之间的正相关关系似乎只是暂时的。长期来说，通货膨胀与产出的增长之间存在着一种类似倒"U"形的关系。表30-1显示了最近的一项涉及许多国家的研究，它表明了各国的产出增长与通货膨胀之间的关系。研究结果说明：低通货膨胀国

表30-1 通货膨胀和经济增长

通货膨胀率 （年百分比）	人均GDP的增长 （年百分比）
−20~0	0.7
0~10	2.4
10~20	1.8
20~40	0.4
100~200	−1.7
1 000+	−6.5

从127个国家综合得出的经验显示：最快的经济增长与低通货膨胀率相联系。通货紧缩和中等的通货膨胀伴随着缓慢的经济增长。而恶性的通货膨胀则与经济大幅下滑并行。

资料来源：Michael Bruno and William Easterly, "Inflation Crises and Long-Run Growth," *Journal of Monetary Economics*, 1998.

家的经济增长最为强劲,而高通货膨胀或通货紧缩国家的增长趋势则较为缓慢。

大多数国家都希望经济高速增长、就业充分和价格稳定。但何谓"价格稳定"?是通货膨胀率为零吗?如果是的话,又是在多长的区间里呢?抑或,低通货膨胀率才是价格稳定?

有一思想流派认为,政府的政策必须致力于保持稳定的价格或者通货膨胀率为零。如果我们确信未来20年的价格水平和今天的价格水平基本一致,那么我们就可以更好地做出长期投资和储蓄决策。

许多宏观经济学家认为,尽管零通货膨胀率的目标在一个理想的经济体系中是明智的,但我们并不是生活在一个没有摩擦的社会中。其中的一个摩擦就是劳工对降低货币工资的抵制。当通货膨胀率为零时,有效的劳动市场要求某些部门的货币工资上升,有些部门的工资下降。但工人和厂商都极不愿意接受货币工资的下降。一些经济学家认为,在名义工资刚性下降的情况下,平均来说,零通货膨胀率势将导致更高的失业率。

一个关于零通货膨胀率更重要的隐忧是,经济会不由自主地陷入上面讨论的流动性陷阱。如果一个处于零通货膨胀的国家遭遇严重的经济收缩的冲击,那么它也许只能依靠货币政策,需要借助负的真实利率来帮助经济走出衰退。不过财政政策却仍然是有效的,为此多数宏观经济学家都认为,一个更好的解决方案应该是,始终以正的通货膨胀率为目标,让流动性陷阱的威胁降至最低。

我们可以将以上讨论做如下小结:

大多数经济学家赞同一个可以预期的、缓慢上升的价格水平能为健康的经济增长提供最好的环境。对现实的详细分析表明，低通货膨胀对生产率或者实际产出几乎没有影响；相反，急剧或恶性通货膨胀会损害生产率，并以任意方式对收入和财富进行再分配。逐步上升的价格有助于避免致命的流动性陷阱。

现代通货膨胀理论

导致通货膨胀的经济因素是什么？在短期和长期，失业与通货膨胀间的关系是什么？一国如何降低其过高的通货膨胀率？作为中央银行政策目标的通货膨胀的作用是什么？

问题，问题，全都是问题。能否加以回答，是我们现代混合经济健康发展的关键。在本章后半部分，我们将探讨现代通货膨胀理论，并分析降低通货膨胀的成本。

AS-AD 框架中的价格

通货膨胀的根源并非只有一个，它像许多疾病一样由诸多原因造成。有些通货膨胀是由于需求方面的原因引起的，另一些则由供给方面的原因造成。但是，现代的通货膨胀都有一个重要特征：累积一种内在能量，一旦爆发便很难平息下去。

在现代工业经济社会中，如美国，通货膨胀具有极大的惯性。

它一般保持同样的速率。我们可以用一条又懒又老的狗来比喻预期通货膨胀。如果这条狗不被人踹一脚或被一只猫吸引过去，它就会一直呆在原地不动。一旦受到搅扰，这条狗可能会跳起来追猫，而随后又会在另一个地方躺下，并在那里一直躺到下一次受到冲击为止。

在过去的30年里，美国物价一直以每年3%左右的速度稳步上升，大部分人逐渐对这一通货膨胀率有所预期，于是将它考虑到有关的经济制度之中。劳资双方在签订工资协议时要将大约3%的通货膨胀率考虑在内；政府的货币计划、财政计划要假定存在3%的物价上涨因素。在此期间，预期通货膨胀率是每年3%。

另一个密切相关的概念是核心通货膨胀率，这个术语经常被用于货币政策中。核心通货膨胀率指不包含如食品和能源价格等易变因素的通货膨胀率。

尽管通货膨胀率在一段时间内保持不变，但历史经验表明，经济冲击会拉高或拉低通货膨胀率。总需求变动、石油价格和商品价格的剧烈动荡、农业生产歉收、汇率波动、生产率变化以及无数其他的经济事件，都会对通货膨胀不断造成冲击，使其高于或低于预期通货膨胀率。

现代经济中，通货膨胀具有很高的惯性。人们形成**预期通货膨胀率**，这一比率被写入劳动合同和其他协议之中。预期通货膨胀率一般持续不变，直至某种冲击出现才使其提高或下降。

影响通货膨胀的主要冲击之一是总需求的变动。前几章我们已经看到，投资、政府支出或净出口的变化，都可以使总需求发生变动，并推动产出增长，使其超出潜在生产能力。我们还知道一国中央银行如何影响经济活动。无论出于什么原因，只要总需求的增长速度超出经济的潜在生产能力，就会发生**需求拉动型通货膨胀**，使物价上升以平衡总供给与总需求。这就是说，由于需求方的货币竞相追逐有限的商品供给，从而将价格提拉起来。由于失业率下降，劳动力变得稀缺，工资也被抬高，所以通货膨胀会加速到来。

当政府面临支出赤字，并借助货币印刷机印刷货币来弥补赤字时，一个极其具有破坏性的需求拉动型通货膨胀就会随之出现。大规模的赤字和货币供给的快速增加使总需求增长，而后者反过来又使价格水平升高。德国中央银行在 1922~1923 年间曾印制出数万亿马克的纸币来弥补支出，这些纸币涌入市场寻求面包和燃料，因此德国当时的物价水平成十亿倍地上涨也就不足为奇了。这是一种猛烈的需求拉动型通货膨胀。20 世纪 90 年代初，前苏联政府大量印刷卢布来填补其预算赤字，同样的情况便再度出现。结果每月平均通货膨胀率达到 25%，或每年 1 355%。

图 30-5 用总供给和总需求来说明需求拉动型通货膨胀的过程。让我们从初始的均衡状态 E 点开始分析，假定支出的扩大将 AD 曲线向右上方推移，该经济的均衡点就要从 E 点移至 E' 点。在这个更高的需求水平上，价格就要从 P 点上升到 P' 点。于是，需求拉动型通货膨胀便会发生。

古典经济学家不仅研究需求拉动型通货膨胀的原理，而且常

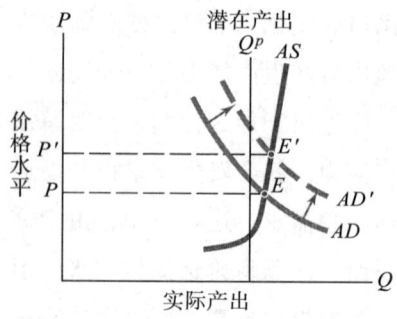

图30-5 **当太多的支出追逐太少的商品时，便会发生需求拉动型通货膨胀**
当总需求增长时，不断上升的支出竞购有限的商品。在需求拉动型通货膨胀中，价格从 P 升高到 P'。

用此来解释经济史上的价格变动趋势。在过去的半个世纪中，曾出现一个新的现象。我们今天可以发现通货膨胀率的上涨，有时候是因为成本增加而不是需求增加。这种现象我们称之为成本推动型通货膨胀，或称为供给冲击的通货膨胀。通常，它会导致经济增长放缓和"滞胀"现象，或称通货膨胀和经济停滞的并存。

图30-6表示的是供给冲击型通货膨胀的作用机理。在1973年、1978年以及1999年末和2000年初，当世界石油市场发生严重短缺时，各个国家都密切关注自己的宏观经济运行情况。一方面是石油价格急剧上升，另一方面是生产经营成本的增加和随后成本推动型通货膨胀的猛烈爆发。这些情况可看做 AS 曲线上移。当价格和通货膨胀上升时，均衡产出下降。

滞胀给政策当局带来了一个进退两难的困境。尽管他们可以运用货币政策和财政政策来调节总需求，但是 AD 的移动却并不能同时增加产出、降低价格和通货膨胀。在图30-6中，利用扩张的货币政策使 AD 曲线外移，这虽然能弥补产量的下降趋势，但是价格却会进一步上升。或者，试图利用紧缩的货币政策遏制通货膨

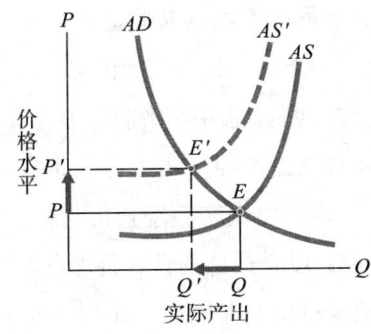

图 30-6 生产成本上升导致滞胀,产出下降,价格上升

当生产成本急剧上涨时,如石油价格振荡,国家将面临滞涨的困境,即通货膨胀上升,产出下降。影响总需求的政策能解决通货膨胀上升或者产出下降,但不能同时解决这两个问题。

胀,结果又只能进一步降低产出。在这种情况下,经济学家解释说,政策当局需要面对两大目标(低通货膨胀或者低失业),但手中却只有一个工具(总需求)。

货币政策制定者经常要面对这样的两难困境。当通货膨胀和失业率同时上升时,美联储和欧洲中央银行将会作何种反应?他们是否应该收紧银根以降低通货膨胀?或是集中力量降低失业率?或是二者兼顾?在这一两难困境中,经济学家难以给出唯一确切的答案。答案应首先取决于社会价值观以及国家立法所赋予的使命[如 ECB(欧洲央行)的通货膨胀目标与美联储的双重使命]。

在失业率很高和资源利用率不足时,由于成本上升造成的通货膨胀称为**供给冲击型通货膨胀**。当产出下降与通货膨胀上升同时发生时,则会导致滞胀的政策困境。

你也许会问,为什么通货膨胀会有如此大的惯性或动力呢?答案是大多数价格和工资的确是着眼于未来的经济形势。当价格和工资正迅速上升,且预期继续上升的时候,厂商和工人就倾向于在自己的价格和工资决策中考虑到急剧上升的通货膨胀率。或低或高的通货膨胀预期，似乎真的是一种能够自我实现的预言。

可以设想一个例子来说明预期在通货膨胀中的作用。Brass Mills 公司是一个没有工会组织的照明设备制造商，2009 年它正在慎重制定 2010 年的工资和薪金制度。该公司销售额增长得很快。Brass Mills 公司的首席经济学家报告说，没有预见到会有通货膨胀或通货紧缩的冲击，而一些主要的预测机构当时预期，2010 年全国的工资增长率约 4%。该公司通过对各地方公司进行普查后发现，大部分雇员都计划在下一年得到 3%~5% 的工资报酬增长率。这样，所有的信息都表明，2010 年的工资应比 2009 年大约增长 4%。

考察"内部劳动市场"之后，Brass Mills 公司决定使自己的员工工资与地区劳动市场保持一致。由于该公司管理人员确实不想使本公司员工的工资水平低于当地的工资水平，所以他们要尽力跟上当地工资的增长速度，于是决定按预期的市场增长率，即 2010 年以 4% 的平均工资增长率来增加本公司员工的工资。

这种通过预期未来经济形势确立工资和薪金政策的过程，实际上可以扩展到所有的雇主。这种推理办法也适于确定很多产品的价格，如高等院校学费、汽车价格以及长途电话费等等。这些价格一旦确定之后，就不容易再发生变动。由于修正通货膨胀预期和调整大多数工资和价格都需要较长时间，所以只有在较大的冲击或经济政策变动的情况下，预期通货膨胀率才会发生变动。

由图 30-7 可见预期通货膨胀的形成过程。假定潜在产出保持不变，且不存在供给或需求的冲击。如果人人都预期平均成本和价格按照每年 3% 的比率上涨，则 AS 曲线将按每年 3% 的比率上移。

如果不存在需求的冲击，AD 曲线也将按照这一比率上移。于是 AD 和 AS 的交点就会每年提高 3%。这样，宏观的经济均衡就会从 E 移到 E'，再移到 E"。物价每年上涨 3%，也就是说，预期通货膨胀率固定在 3%。

当 AS 和 AD 曲线以相同的比率不断稳步地向上移动时，就会发生稳定的通货膨胀。

利用图 30-7，我们可以将价格水平的运动和通货膨胀的运动有效地区分开来。一般说来，在其他条件保持不变时，总需求的增长会使价格上涨。同样，在其他条件保持不变时，由工资和其他成本的增长所造成的 AS 曲线的向上移动，也会使价格上涨。

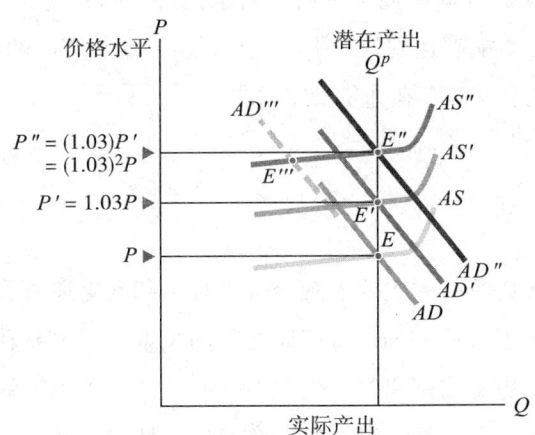

图 30-7 当总供给和总需求一起向上移动时，价格和工资会发生螺旋式上升
假定生产成本每年都上升 3%，AD 曲线将比上一年提高 3%。这样，AS 和 AD 曲线每年将会以同样的幅度上移 3%。均衡点从 E 上移到 E' 再上移到 E"，由于预期通货膨胀，价格也会以同样的速度向上攀升。

然而，其他条件并非总是一成不变的，尤其是 AD 和 AS 曲线，几乎从未保持过静止状态。例如，图30-7就表明了 AS 和 AD 曲线一起向上移动。

假使在第三个时期 AS 或 AD 曲线发生了一次预料之外的移动，则会出现什么情况呢？价格和通货膨胀将会受到怎样的影响？举例来说，如果第三个时期的 AD'' 曲线将会由于货币的紧缩而向左移动到 AD'''，这就很可能会引起一次经济衰退，新的均衡位于 AS''' 曲线上的 E'''。在这个均衡点，产出将会下降到低于潜在生产能力的水平。价格和通货膨胀率也会比在均衡点 E'' 时低，但此时经济生活中将仍会存在通货膨胀，因为 E''' 处的价格水平仍高于前一期，即均衡点 E' 处的价格水平 P'。

以上分析告诉我们：供给或需求的冲击可以降低价格水平，使其低于原本能够达到的水平。但是，由于通货膨胀的内在能量，该经济可能会继续存在通货膨胀问题。

菲利普斯曲线

理解通货膨胀的主要宏观经济工具是**菲利普斯曲线**。菲利普斯曲线显示了失业率和通货膨胀之间的关系。有关菲利普斯曲线最基本的思想是当产出高、失业率低的时候，货币工资和价格就趋于快速上升。这种情况之所以会发生，是因为当工作机会很多的时候，工人和工会就会强烈要求涨工资；而当产品销售很火爆的时候，企业也更容易提高销售价格。反之亦然，高失业率会降低通货膨胀率。

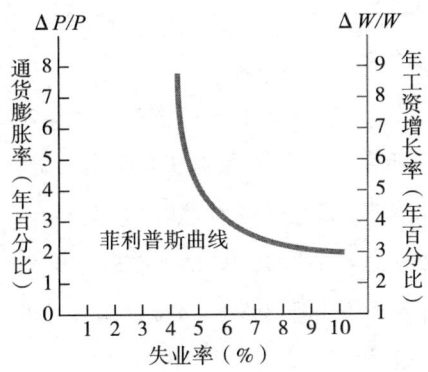

图 30-8　短期菲利普斯曲线所描述的通货膨胀和失业的替代

短期菲利普斯曲线显示出通货膨胀和失业之间的反向关系。在假定平均劳动生产率增长 1% 的情况下，右边刻度上的工资变动标度会比左边刻度上的通货膨胀标度要高。

宏观经济学家把短期的菲利普斯曲线和长期的菲利普斯曲线加以区分。图 30-8 所表示的是典型的短期菲利普斯曲线。图中的横轴代表失业率，左边垂直的刻度代表每年的通货膨胀率，右边垂直的刻度代表货币工资增长率。当我们沿着这条菲利普斯曲线向左移动以降低失业时，曲线上的价格和工资的增长率就会上升。

这条曲线的背后，存在着一道重要的通货膨胀算术题。让我们假定劳动生产率（即人均产出）每年以 1% 的速率上升，再进一步假定各企业都依据平均劳动成本来确定自己的产品价格，因而价格的变动总是恰好等于每单位产出的平均劳动成本。如果工资以 4% 的比率增长，而劳动生产率以 1% 的比率增长，那么平均劳动成本的增长就将是 3%。结果，价格的上涨也将是 3%。

运用这种方法，我们可以从图 30-8 中看出工资增长和价格增长之间的关系。两者之间的差额即为劳动生产率的增长（如果劳动生产率以每年 1% 的速度增长，而且价格的变动总是恰好等于平均劳动成本的增长，则价格每年上涨 4% 所对应的是工资每年增长 5%）。

工资——价格的算术逻辑

价格、工资和生产率的关系可以表述如下：价格是基于每单位产出的平均劳动成本。这意味着价格 P 总是与 WL/Q 成比例。这里 P 表示价格水平，W 表示工资率，L 代表劳动时间，Q 是产出。进一步假设平均劳动生产率（Q/L）每年都以 1% 的比率增长。那么，假如工资每年上涨 4%，价格就会每年上升 3%（= 4% 的工资增长率 – 1% 的生产率增长率）。更一般的情况是：

$$通货膨胀率 = 工资增长率 - 生产率增长率$$

这就是价格通货膨胀和工资通货膨胀之间的关系。

我们可以用低通货膨胀时期和高通货膨胀时期的具体例子来说明价格通货膨胀和工资通货膨胀之间的密切关系。下面的表说明，通货膨胀在长期内的主要决定因素是工资增长率和生产率增长率。从图表中的第一个时期到第二个时期，通货膨胀率急剧上升是因为工资增长率虽然缓慢，但生产率下降幅度却比较大。在第三个时期，通货膨胀率非常低，原因是工资增长率得到控制的同时生产率增长率又有所反弹。

	用 CPI 计算的 通货膨胀率 (%)	工资增长率 (%)	生产率增长率 (%)
1958~1973 年	2.9	5.4	3.1
1973~1995 年	5.6	5.9	1.5
1995~2007 年	2.6	4.3	2.6

资料来源：Bureau of Labor Statistics data on the business sector, at *www.bls.gov*.

经济学家在仔细观察研究了不同的通货膨胀时期后，注意到图30-8中两个变量的菲利普斯曲线非常不稳定。因此，基于埃德蒙·菲尔普斯和米尔顿·弗里德曼的理论基础和历史数据的统计检验，宏观经济学家发展了通货膨胀的现代理论，将长期菲利普斯曲线和短期菲利普斯曲线区分开来。根据这种理论，图30-8中那种向下倾斜的菲利普斯曲线只适用于短期情况。在长期，菲利普斯曲线是垂直的，而不是向下倾斜的。这种方法表明，从长期看，存在一种与稳定的通货膨胀相一致的最低失业率，称为非加速通货膨胀的失业率，或 NAIRU（读作"nay-rew"）。[1]

非加速通货膨胀的失业率是指与稳定的通货膨胀率相一致的失业率。当经济处于非加速通货膨胀的失业率时，那些作用于价格和工资通货膨胀的向上或向下的力量得以平衡，从而通货膨胀不存在变化的趋势。非加速通货膨胀的失业率是指在没有向上的通货膨胀压力的情况下，能够维持的最低失业率。

非加速通货膨胀的失业率意味着经济的运行状况可以被分成三种情况：

- 超额需求。当市场上商品极度紧缺时，失业率低，产能被高度利用，价格和工资会上涨，会出现需求拉动型通货膨胀。
- 超额供给。在经济衰退时，失业率高，工厂闲置，企业打折

---

[1] 有时候可能遇到其他术语。NAIRU的最初名称是"自然失业率"。这一术语并不能令人满意，因为关于NAIRU，没有什么是自然的。

出售商品，工人不再要求涨工资。在这种情况下，工资和价格会趋于适度上涨。
- **中性压力**。有时经济运行会表现得比较"中性"，其含义是职位空缺所起的工资上涨的压力和失业所引起的工资下降的压力会相互匹配。没有来自石油或其他外在资源的供给冲击。此时，经济处于非加速通货膨胀的失业率状态，通货膨胀维持不变。

经济怎样从短期的菲利普斯曲线发展到长期的菲利普斯曲线？基本的思想是当价格变化没有被预期到的时候，短期的菲利普斯曲线趋向上移或者下移。这一点可以用"繁荣周期"和图30-9中的一系列步骤来说明。

- **第一阶段**。在第一阶段，失业处于非加速通货膨胀的失业率水平，不存在供给或需求的意外冲击，经济运行位于图30-9中较低的短期菲利普斯曲线 $SRPC$ 的 A 点上。
- **第二阶段**。假设经济扩张降低了失业率。随着失业率的下降，各企业倾向于积极地招收新劳工和比以前大幅度地提高工资。由于产出接近产能，所以价格增长额会升高，工资和物价开始加速上升。用菲利普斯曲线来说，经济向上运行并向左达到短期菲利普斯曲线上的 B 点（沿图30-9中的 $SRPC$ 线移动）。如图中所示，对通货膨胀的预期尚未发生变化，因此经济运行停留在原有的菲利普斯曲线 $SRPC$ 上。但在这个阶段，较低的失业率却使通货膨胀率上升了。

- 第三阶段。由于通货膨胀率上升，企业及工人们都开始预期将会出现更高的通货膨胀率。这种预期的高通货膨胀率随即会体现在工资和价格的制定当中，从而使短期菲利普斯曲线发生移动。从图30-9中可以看到新的菲利普斯曲线 $SRPC'$。新的短期菲利普斯曲线位于原来曲线的上方，它反映了更高的预期通货膨胀率。新的短期菲利普斯曲线表示的三阶段的新的预期通货膨胀率等于第二阶段的实际通货膨胀率。如果经济发展放慢，使失业率回复到第三阶段的非加速通货膨胀的失业率，那么经济运行到 C 点。即使失业率和第一阶段的失业率保持一致，实际通货膨胀率也会上升，这反映了短期

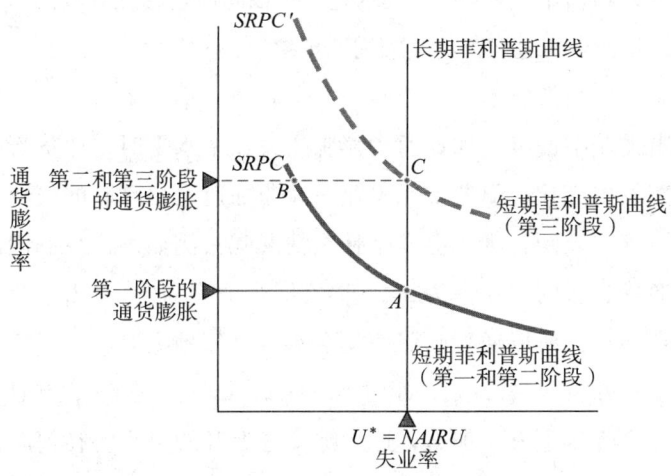

图 30-9 **菲利普斯曲线的移动**

这张图显示的是经济扩张导致了突然的通货膨胀和短期菲利普斯曲线向上移动。正文中的要点解释了菲利普斯曲线移动的步骤。注意，如果将点 A、B、C 连接起来，曲线就会形成沿顺时针方向转动的环状轨迹。

菲利普斯曲线向上移动。

请注意这一出人意料的结果。由于预期的通货膨胀率升高，即使失业率保持不变，第三阶段的通货膨胀率也要比第一阶段高。第三阶段的经济生活将经历与第一阶段相同的实际GDP和失业率水平，尽管名义变量（价格和名义GDP）的增长速度，比起它们在经济扩张提升预期通货膨胀率之前要来得更快一些。

当失业率上升且实际通货膨胀率降低至预期通货膨胀率以下时，我们有时可以看到经济中会出现一种"衰退周期"的现象。在衰退期，预期通货膨胀率会有所下降，而且当经济运行回复到非加速通货膨胀的失业率水平时，就会享有较低的通货膨胀率。1979~1984年间，在卡特—沃尔克—里根向通货膨胀开战的那段岁月中，就曾出现过痛苦的紧缩周期现象。

当失业率偏离非加速通货膨胀的失业率水平时，通货膨胀率就可能发生变化。但若实际失业率和非加速通货膨胀的失业率之间一直存在差距，则将会发生什么情况呢？例如，让我们假定非加速通货膨胀的失业率为5%，而实际失业率为3%。由于二者之间存在差距，所以通货膨胀率将会年复一年地上升。第一年，通货膨胀率可能是3%，第二年可能是4%，第三年是5%，并且此后很可能会逐年上升。那么，这种螺旋式上升的势头将在何时停止呢？根据非加速通货膨胀的失业率的理论，只有当失业回复到非加速通货膨胀的失业率水平时，通货膨胀率的上升趋势才会停止。换言之，只要失业率低于非加速通货膨胀的失业率，工资、通货膨胀就会上升。

在高失业率的情况下，我们将会看到与上述运动相反的行为。也就是说，只要失业率高于非加速通货膨胀的失业率，通货膨胀率就会趋于下降。

只有当失业率等于非加速通货膨胀的失业率水平时，通货膨胀才会保持稳定；不同劳动市场上的供需力量的变动才会平衡；通货膨胀，无论其原有惯性多大，这时既不会上升也不会下降。

现代有关通货膨胀的理论对于制定经济政策具有非常重要的启迪作用。依据这些理论，存在着一个长期内可以保持经济发展的最低水平的失业率。而如果经济达到了很高的产出水平和就业水平，则会引起工资和物价的螺旋式上升。以上理论还提供了一个抑止通货膨胀的处方，即当通货膨胀率非常高的时候，国家可以紧缩银根，让经济衰退，把失业率提高到非加速通货膨胀的失业率之上，从而降低通货膨胀率。

> 非加速通货膨胀的失业率定义了"过度紧缩/通货膨胀率上升"和"高失业率/通货膨胀率下降"二者间的一个中性地带。在短期内，通货膨胀可以通过把失业率提高到非加速通货膨胀的失业率之上来降低通货膨胀率。但从长期看，非加速通货膨胀的失业率就是经济可以保持的一个最低的失业率。

虽然非加速通货膨胀的失业率是一个很重要的宏观经济学概念，但我们却很难确切地估算出它的具体数值。许多宏观经济学家都分别运用先进的工具来估计非加速通货膨胀的失业率。在这本书里，我们采用的是国会预算办公室（CBO）提供的估计值。根据CBO的数据，非加速通货膨胀的失业率在20世纪50年代开始逐步增长，到1980年左右，达到占劳动力6.3%的最高值，然后逐渐滑落到2008年的4.8%。图30-10说明了CBO的估计值，以及截止到2008年末的实际失业率。

非加速通货膨胀的失业率概念，还有与产出相关的概念，即潜在GDP，对于我们理解通货膨胀以及宏观经济学中长期与短期

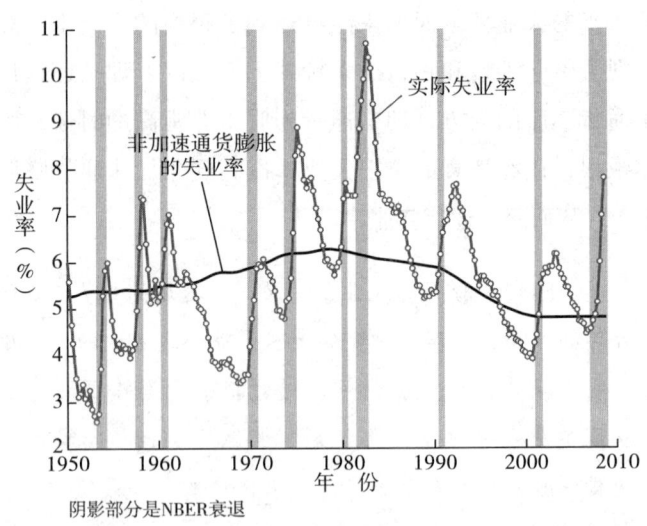

阴影部分是NBER衰退

图30-10　美国实际失业率与非加速通货膨胀的失业率

非加速通货膨胀失业率是作用在通货膨胀上的各种作用力达到平衡时得到的失业率。

资料来源：从美国劳工统计局得到的实际失业率；非加速通货膨胀的失业率来自国会预算办公室的估计。

之间的关系非常关键。但是,这里提及的主流观点仍然是有争议的。

评论家怀疑非加速通货膨胀的失业率是否为一个稳定的可靠的概念。美国的通货膨胀经验使经济学家质疑是否存在稳定的非加速通货膨胀失业率。另一个问题是,一段持续时期较长的高失业率是否会导致职业技能的退化,使人们失去在职培训与获得工作经验的机会,因而造成非加速通货膨胀的失业率的上升。实际GDP的缓慢增长是否能做到不降低投资水平,并且不使一国的资本存量逐渐减少呢?即使在失业率高于非加速通货膨胀的失业率水平的情况下,生产能力短缺是否也能避免通货膨胀的不断加剧呢?

过去20多年来,欧洲的经验已经证实这些担忧并非毫无根据。20世纪60年代初,德国、法国与英国劳动市场的均衡失业率水平似乎都介于1%~2%之间。到20世纪90年代初期,在经过10年的经济停滞和就业机会的缓慢增长之后,劳动市场的均衡似乎已经处在6%~12%的失业率范围之内。许多宏观经济学家正在根据近年来欧洲国家的经验,寻找方法来解释非加速通货膨胀的失业率的不稳定,以及它与实际失业率和劳动市场体制相互依存的关系。

我们需要理解的重点内容如下:

- 短期内,总需求的增长会将失业率降低到非加速通货膨胀的失业率水平之下,但总需求增长率又会推高通货膨胀率。而衰退和高失业率则趋向于降低通货膨胀。可见在短期内,通货膨胀与失业之间存在着一种替代权衡的关系。
- 当通货膨胀率高于或者低于人们关于通货膨胀率的预期时，预期会自我调整。通货膨胀率预期的改变一般会推动短期菲利普斯曲线上升或者下降。
- 长期菲利普斯曲线是一条位于非加速通货膨胀的失业率处的垂线；只要失业率低于（高于）非加速通货膨胀的失业率水平，通货膨胀就会保持不断上升（下降）的势头。

反通货膨胀政策的两难困境

经济总是在不断地适应政治力量和技术变革的过程中向前演进。我们这里所讨论的旨在解释通货膨胀和失业等问题的经济理论，同样也必须适应这种变化。在关于通货膨胀理论的最后一部分，我们将讨论在与通货膨胀作斗争的过程中所迫切需要解决的问题。

非加速通货膨胀的失业率理论认为，菲利普斯曲线在长期中是垂直的。那么，这里所谓的长期究竟是多长呢？对于经济完全适应一次冲击所需要的时间长度，我们现在还不能确切地得知。最近的一些研究指出，经济上的这种充分调整至少需要5年甚至10年的时间。之所以存在这样长的时滞，是因为调整预期、劳动合同及其他长期合同的重新谈判，还有所有这些因素逐步渗透到经济体系当中，都需要数年的时间。

我们的分析表明,一个国家可以利用暂时减少产出和提高失业率的办法来降低预期通货膨胀率。但是,政策制定者很想了解将通货膨胀排除到经济之外要付出多大的代价?实施旨在降低通货膨胀水平的反通货膨胀政策要付出多大的代价?

有关研究表明,降低通货膨胀率的代价会因为国家、初始通货膨胀率和所用政策的不同而不同。通过对美国的反通货膨胀代价进行的研究,获得了一致的答案。使预期通货膨胀率每降低1个百分点,就会使年GDP减少4%。而就美国目前的GDP水平来说,使通货膨胀率降低1个百分点的代价大约为6 000亿美元的产出损失(按2008年美元价格计算)。

我们可以用菲利普斯曲线来解释反通货膨胀的成本。如果菲利普斯曲线相对比较平坦,则降低通货膨胀率就要以较高的失业率和产出损失为代价;而如果菲利普斯曲线比较陡峭,则失业率的小幅上升就会带来通货膨胀率的快速下降,因而相对来说,降低通货膨胀率的代价就比较小。统计分析表明,当失业率在一年当中高于非加速通货膨胀的失业率1个百分点,而后又回复到原来的非加速通货膨胀的失业率的时候,通货膨胀率将会下降大约0.5个百分点。因此,若要使通货膨胀率降低整整1个百分点,失业率就须在一年内持续地高于非加速通货膨胀的失业率2个百分点。

与执行反通货膨胀政策相关的损失称为**牺牲率**。确切地说,牺牲率是产出的累积损失,以年损失在GDP中所占的百分比来衡量,单位是"每持续减少一个百分点的通货膨胀"。

我们可以用1979年后的反通货膨胀来说明牺牲率。图30-11描绘的是这段时期通货膨胀率和失业率的散点图。这是经济紧缩周期或反通胀周期,与图30-9表示的繁荣周期相反。在这段时期,美联储采取了有力的措施以降低通货膨胀。货币紧缩使得失业率连续两年高于10%,产出连续7年低于潜在水平。我们用垂直线来表示平均的非加速通货膨胀失业率,也是这段时期的长期菲利普斯曲线。

在这段时间,货币紧缩确实将核心通货膨胀率从每年8%降低到每年3%。与反通货膨胀相关的产出的累积损失,估计占GDP的20%。可见,所估算的在此期间的牺牲率为4%〔=(GDP的20%)/(5个百分点的通货紧缩)〕。对于如今的美国经济,这意味着核心通货膨胀率每降低1个百分点,GDP大约需要损失掉6 000亿美元,或每个家庭6 000美元。

> 菲利普斯曲线理论阐述在一段时期内,政策如何通过将失业率提高到非加速通货膨胀失业率以上,从而降低通货膨胀率。通货膨胀率降低1%的代价大约为年GDP的4%。这个计算结果表明了为什么反通货膨胀是一项代价高昂的不宜轻易实施的政策。

反通货膨胀政策中最重要的问题之一是政策信用的作用。很多经济学家都认为,按菲利普斯曲线来分析问题会过于悲观。这些持不同观点的人认为,信用的和公开宣布的政策,如保持货币规则稳定或制定名义GDP目标等,在产出和失业方面都可以用比较小的代价来达到抑制通货膨胀的目的。

这种想法基于如下事实:通货膨胀是一种取决于人们对未来

通货膨胀进行预期的过程。一项信用货币政策,如预先强制确定一个固定的低通货膨胀率目标,会使人们预期未来的通货膨胀将会更低,而这种信念在某种程度上往往可以成为人们自我实现的预言。强调信贷的经济学家引用"制度变迁"理论来支持其论点。例如,货币政策和财政政策改革曾以比较小的失业或 GDP 的代价,结束了奥地利和玻利维亚所发生的恶性通货膨胀。

许多经济学家对于信用会显著降低反通货膨胀的产出成本这一论断表示怀疑。他们的理由是:尽管严厉的反通货膨胀政策可能会在遭遇恶性通货膨胀和战争或革命破坏的国家发挥效用,但这类政策在美国却不能令人信服。当失业急剧上升的时候,当农民和建筑工人在首都示威并包围白宫的时候,国会和总统往往都只会心慌意乱。

如图 30-11 所示,20 世纪 80 年代美国的经验,为检验信用理论提供了良好的依据。在那个时期,政府以一种明确且强有力的姿态采取了紧缩性的货币政策。然而,价格居高不下,正如代价

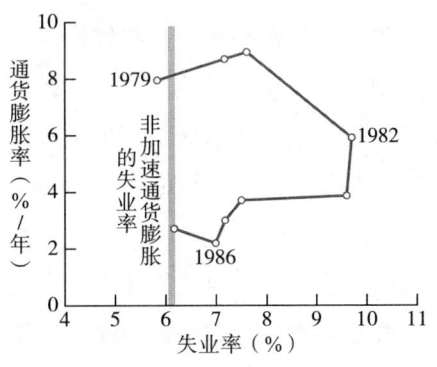

图 30-11 **1979~1987 年反通货膨胀的成本**

这个图显示了反通货膨胀周期。20 世纪 80 年代初,高利率导致经济增长缓慢和高失业率。其结果是失业率高于非加速通货膨胀的失业率,产出低于潜在水平。核心通货膨胀率下降约 5 个百分点,累计产出损失约为 GDP 的 20%,导致 4% 的牺牲率。

计算结果所表明的。可见,使用硬性的和预先宣布的政策来增强信用,在美国似乎并不能有效地降低反通货膨胀的代价。

因为美国的政治制度和经济制度非常稳定,所以上述经历在美国历史上并不常见。经济学家考察了别国反通货膨胀的政策经验之后,所得出的结论是抑制通货膨胀的政策有时候是扩张性的。近期斯坦利·费希尔、拉特纳·撒哈和柯劳斯·维赫的一项研究得出以下的结论:

> 在高通货膨胀的时期,宏观经济一般表现不佳。特别是,高通货膨胀对于经济增长总是不好的。这个结论是依据由18个经历过高通货膨胀的国家组成的样本数据而得出的。在通货膨胀时期,人均实际GDP平均每年降低1.6%(在低通货膨胀时期,人均实际GDP平均每年增长1.4%)。汇率的稳定会使实际GDP和实际个人消费量有一个初始的扩张。

如果确知高失业的成本,我们可能会问:非加速通货膨胀的失业率是否是失业率的理想水平呢?如果不是,则我们能采取什么措施来降低它,使它达到一个更合理的水平呢?一些经济学家们认为,非加速通货膨胀的失业率(有时称为自然失业率)代表着经济生活中有效率的失业水平。他们坚持认为这是产生了有效的工作方式、工作空缺和寻找工作活动的结果。依照他们的观点,失业率保持在非加速通货膨胀的失业率以下。

另外一些经济学家则强烈反对,认为非加速通货膨胀的失业率可能高于理想的失业率水平。在他们看来,如果非加速通货膨胀失业率可以被降低，那么经济福利将会增加。他们强调在劳动市场上存在着溢出效应或外部性。例如，被解雇的工人会遭受一系列社会上和经济上的艰辛。但雇主并不支付失业的成本，大多数成本（失业保险、医疗保健费用、家庭贫困等）作为外部成本溢出，并由工人或政府承担。而且，当增加的失业工人使其他工人寻找工作变得更加困难时，就可能出现"拥挤"这种外部性。在某种程度上说，失业具有"外部"成本，非加速通货膨胀的失业率可能要高于理想的失业率。因此，降低这种失业率会增加一国的净经济福利。

倘若一个社会能找到降低非加速通货膨胀的失业率的有效方法，便可以获得巨大的社会利益。哪些措施可能使非加速通货膨胀的失业率下降呢？

- **改进劳动市场的服务。** 有些失业是由于职业空缺与失业工人不匹配才发生的，因此我们可以通过提供较完善的信息，来减少摩擦性失业和结构性失业。最近的一个新方法是通过互联网帮助人们找工作，这种互联网由政府或公司运作，因此，企业可以更快地找到合格的工人。
- **支持培训计划。** 如果你浏览一下网络或者报纸上的招聘广告，便会发现大部分空缺职位都要求有技能的工人。大多数失业者都是没有技术或只有一点儿技术的人，或者所在产业不景气的人。很多经济学家都认为，政府或私人的培训计划能帮助失业者获得在新兴产业谋取较好职位的技术能力。假如这类培训计划取得成功，就能获得双重利益——不但能使人们过上自食其力的生活，而且还能减轻政府转移支付项目的负担。

- 减少工作障碍。政府所采取的一些旨在保护人们免受失业和贫困之苦的措施，在消除失业痛苦的同时，也降低了失业者寻找工作的积极性。一些经济学家呼吁对失业保险制度进行改革，主张改革医疗保健、残疾和社会保障等福利计划，以提高工作积极性。另外一些经济学家认为：缺少全国性医疗保险制度，可能会增加"工作锁定"和降低劳动力的流动性。

* * * *

考察失业率和通货膨胀的历史和理论之后，我们可以谨慎地得出如下结论：

经济评论家认为，在北美和欧洲经常出现的高失业率现象，是现代资本主义社会的一个主要缺陷。事实上，失业率有时候必须高于该国社会性最优水平以保证价格稳定。价格稳定和低失业率两者不可兼得是现代社会最痛苦的困境之一。

第三十一章　宏观经济学前沿问题

稳定经济的任务，要求我们能够控制住经济，使之不至于偏离持续高就业之路太远。就业率过高将导致通货膨胀，而过低则又意味着衰退。灵活审慎的财政政策和货币政策，能够帮助我们在这两条路中间穿行出一条"狭窄的通道"。

——约翰·肯尼迪总统（1962年）

在过去50年中，美国经济经历了巨大的变化。农业和制造业在国民经济中所占比例已经明显下降；人们工作时所用的更多的是电脑而不再是拖拉机；贸易在生产和消费中所占的比例也已不断上升。技术为我们的日常生活带来了翻天覆地的变化；先进的电信系统让企业将其经营活动扩展到全国乃至全世界，功能日益强大的计算机淘汰了过去由雇员承担的大量的重复性劳动。

然而，即使经济结构已经发生巨变，宏观经济政策的基本目标也并未改变：稳定的就业、更高的薪酬、低失业率、不断增长的生产率和实际收入，以及将通货膨胀率稳定在较低的水平上。我们所面临的挑战是制定实现这些目标的政策。

本章使用前面所讨论过的宏观经济学工具来考察当今主要的

政策问题。我们首先评估政府财政赤字和债务对经济活动的影响，然后讨论解决宏观经济问题的新途径。其中的有些理论在今天可能处于学科的前沿，但在未来仍有可能成为宏观经济学课堂上的重要命题。我们分析有关短期经济稳定问题的争议，包括当前对货币政策和财政政策有效性的质疑。政府是否应该停止熨平商业周期波动的努力？政策制定者是否应采取固定的经济规则而非相机抉择？最后我们将以经济增长这个重要问题作为结语。

政府债务的经济后果

631　当美国进入 21 世纪时，它的财政政策是稳定的，联邦政府曾长期持有着巨额的预算盈余。但接着，预算赤字就像一头从深海之底突兀浮起的怪兽，大有吞噬整个国家财政收入之势，这一情景无疑会使人惊恐万分。

由于税收削减、新项目上马以及在伊拉克与阿富汗结束不了的战争，美国的财政赤字即使是在 21 世纪初的繁荣之年也在不断地扩大。另外，国民银行系统也承受着巨额的损失，经济陷入了深度衰退之中。税收收入急剧减少，国家投入数以千亿美元的巨额资金以挽救金融系统和刺激经济增长。以 2009 年为例，美国联邦政府每年的财政赤字就高达 2 万亿美元，这是继二战以来占国内生产总值最大一个百分比的赤字。

预算赤字何以变得如此之高？赤字对于经济的影响又如何？本章将会讨论这些问题。下面我们将会看到，赤字受到普遍关注确有其坚实的经济基础。就缩减衰退长度和弱化衰退深度而言，赤字财政也许是必要的，尤其是当国民经济处在流动性陷阱中的时候。尽管如此，充分就业时期的高赤字也势必会带来严重的后果，包括国民储蓄和投资的下降，以及长期经济增长速度放缓等。

政府预算 政府通过预算来计划并控制其财政事务。**预算**确定在既定年度内，政府项目的预计支出和来自税收体系的预期收益。预算一般包括一系列具体的项目（教育、福利、国防等），以及税收来源（个人所得税、社会保险税等）。

在一个财政年度中，如果税收和其他政府收入超过政府支出，就会形成**预算盈余**；而当支出超过收入时，则会形成**预算赤字**；如果收入与支出相等（这在联邦政府极为罕见），就称政府实现了**预算平衡**。

当政府出现财政赤字时，它就必须向公众举债来支付其款项。为了借债，政府需要发行债券，即用以承诺将来偿还的一种借据（IOUs）。**政府债务**（有时称作公共债务）指政府借款总额或累积额，即政府债券的美元价值。

区分总债务和净债务是很有用的。净债务，也称为公众持有的债务，不包括政府自身的债务。净债务是指由居民、银行、商业企业、外籍人员以及其他非联邦机构持有的债务。总债务等于净债务加政府所持有的债券，主要是社会保障信托基金。社会保障信托基金有大量的盈余，因此，现在总债务和净债务这两个概念之间的差别正在扩大。

债务与赤字

人们往往将债务与赤字混淆。你不妨记住以下的区别：债务是存量，而赤字是流量。政府债务是政府负债的**存量**，赤字是当政府支出大于所征税收时所产生的新增债务的**流量**。例如，当2008年政府赤字为6 400亿美元时，政府债务存量中就会增加6400亿美元。同理，当2000年政府盈余为2 000亿美元时，政府债务就会减少2 000亿美元。

财政史

就像古希腊神话中的科林斯王一样，联邦政策制定者们费尽了九牛二虎之力，才把预算平衡的巨石推上了山顶。但其后果却只能是，这块巨石势必滚落下来并碾压他们自己。从20世纪80年代到90年代，政府不断通过法律以求制止财政赤字的上升。然而，刚刚被（克林顿当局——译者注）解决了的赤字问题，到2001年（布什当局——译者注）以后便又以更快的速度增长起来。美国经济的代表性或者说新的特征究竟是什么？

财政赤字对于美国经济而言并不是新事物，但在和平时期赤字规模如此巨大这一点，在美国经济史上却没有先例。独立战争后最初的两个世纪内，美国联邦政府一直尽力保持财政预算的总体平衡。战争时期，巨额的军费开支通常都经由借款融资等手段去加以解决。因此，政府债务在战争期间一般都迅猛增长。而在和平时期，政府则一般都会清偿一部分债务，从而使债务负担有所减轻。

1940 年开始政府的财政事务发生了比较大的变化。由表 31-1 不难看到美国联邦预算发生变动的主要趋势。该表列出了联邦预算的主要项目及其从 1940 年到 2008 年在 GDP 中所占的比重。其

表 31-1 1940~2008 年的联邦预算趋势

联邦预算组成	占 GDP 百分比				
	1940 年	1960 年	1980 年	2000 年	2008 年
收 入	6.4	17.6	18.5	20.6	17.7
个人所得税	0.9	7.7	8.8	10.2	8.1
公司所得税	1.2	4.1	2.3	2.1	2.1
社会保险和退休金账户	1.8	2.8	5.7	6.7	6.3
其 他	2.7	3.0	1.8	1.6	1.2
支 出	9.4	17.5	21.2	18.2	20.9
国防和国际事务	1.8	9.7	5.3	3.2	4.4
医 疗	0.1	0.2	2.0	3.6	4.7
收入保障	1.5	1.4	3.1	2.6	3.0
社会保障	0.0	2.2	4.2	4.2	4.3
净利息	0.9	1.3	1.9	2.3	1.7
其 他	5.2	2.7	4.7	2.4	2.5
盈余（+）或赤字（-）	-2.9	0.1	-2.6	2.4	-3.2

从 1940~1960 年，在冷战和热战期间，由于美国在国际军事事务中扮演了积极的角色，因此联邦支出在经济中所占比重急剧上升。1960 年以后，联邦支出比重比较稳定，但支出构成发生了变化，军事开支更多转向医疗和其他社会开支。21 世纪初，由于削减个人所得税，收入显著下降，所以联邦政府的预算赤字也急剧上升。

资料来源：Data are for fiscal years and come from the department of the Treasury, Office of Management and Budget, and Department of Commerce. They are summarized in *Economic Indicators*, available at origin.www.gpoaccess.gov/

主要特征如下：

- 从 1940~1960 年，联邦的预算支出和税收收入所占的比重都大幅度增加，这主要是由于军事扩张和国民支出造成的。这部分支出主要来源于个人和企业税收的显著增加。
- 从 1960~1980 年，医疗保险、收入保障和扩大的社会保障等"新社会"计划特别地引人注目。结果，联邦支出所占比重剧增。这段时期，联邦收入在 GDP 中所占的份额比较稳定。
- 从 1981 年开始，美国两大党都宣布"大政府"时期已经结束。里根总统和布什总统都实行了税收削减政策，它们都导致了巨额的政府预算赤字。如表 31-1 所示，从 1980 年到 2008 年，联邦总支出占 GDP 的比重基本保持不变。医疗保险支出急剧增加，其他民生项目则相应缩减。

政府预算政策

政府预算有两项主要的经济功能。首先，它是政府确定国民经济优先发展项目的工具，使得政府可以将国民产出在私人消费、公共消费以及投资之间进行配置，从而刺激或抑制某些部门的产出。从宏观角度看，预算经由财政政策来影响宏观经济的核心目标。更确切地说，**财政政策**是指对税收和公共支出进行规划，以帮助抑制商业周期的波动，保持经济的持续增长和高就业率，避免过高的或急剧的通货膨胀。

凯恩斯学派早期的一些信徒们相信，财政政策就像一个旋钮，可以用来控制或"微调"经济发展的步伐。较高的预算赤字意味着对总需求的更大刺激，从而可以减少失业和摆脱经济衰退。预算盈余可以缓解过热的经济，并消除通货膨胀的威胁。

今天，很少有人还会对财政政策持如此乐观的态度。经过这么多年的实践，衰退和通货膨胀依然伴随着我们。财政政策从理论上讲应该很好，但在实践中却不尽然。而且，货币政策已经成为更受青睐的调节商业周期波动的政策工具。然而，无论何时，只要失业率上升，政府仍会因受到强烈的公众压力而扩大支出。在本部分中，我们将研究政府运用财政政策的主要方式，考察它在实践中的一些明显缺陷。

现代公共财政学将结构性赤字和周期性赤字进行了区分。思路很简单，预算的结构性部分是主动的——取决于相机抉择的政策，例如确定税率、公共工程支出、教育支出或国防支出的规模。与此相反，预算的周期性部分则需要被动地取决于商业周期的状况，即国民收入和产出的高低程度。以下是精确的定义：

实际预算是指既定时期内，实际支出、收入和赤字的货币数额。

结构性预算是指如果经济在潜在产出水平上运行，政府收入、支出和赤字应该是多少。

周期性预算是实际预算与结构性预算的差额。用于衡量商业周期对预算的影响，包括商业周期对收入、支出和赤字的影响。

对于政策制定者而言，区别实际预算与结构性预算十分重要，因为他们想区分长期的或趋势性的预算变化与主要由商业周期推动的短期变化。结构性支出和收入包括立法通过的相机抉择的项目；而根据经济状况自动调整的税收和支出则构成了周期性的支出和赤字。

国民储蓄和投资的平衡主要受结构性预算的影响。改变政府储蓄的努力应集中于结构性预算之上，因为，只靠从经济繁荣中增加税收是不会带来持久的改观的。

债务与赤字的经济学

当今宏观经济学中，可以说没有任何一个问题能比巨额财政赤字的经济影响更富争议。一些人认为，巨额赤字会加重后代人的负担；另一些人则反驳，没有什么证据能够表明赤字对利率或投资已经造成了（负面）影响。还有些人则认为，赤字有助于经济的发展，尤其是在发生经济衰退的时期。

如何看待这些分歧？一方面，我们必须避免一些习惯性看法：因为私人欠债要受惩罚，所以政府出现赤字肯定是坏事。另一方面，我们也必须认识到，大量的政府赤字确实会带来一些问题，而较小的政府赤字却可能带来一些好处。

政府赤字的短期影响

区分财政政策的短期影响和长期影响是有必要和有意义的。

在宏观经济学中，短期内需要考虑的是实际就业低于充分就业，也即实际产出不同于潜在产出的问题。这也就是凯恩斯的乘数模型所依存的世界。而在长期内，需要考虑的问题则是充分就业，此时实际产出将会等于潜在产出。这才是我们分析经济增长的基本框架。

我们已经讨论过财政政策在短期内的作用，在这一部分只需要简单的回顾一下即可。长期影响是新的论题，将在下一部分详细展开讨论。

在前面的章节中，我们讨论过短期内，也即未达到充分就业条件下财政政策影响经济的方式。

假定政府为学校购买电脑或者为军队提供导弹。根据我们的乘数模型，在短期内，既定的利率和汇率都不会发生变化，GDP的增长将是政府支出（G）增量的 1.5 或 2 倍。同样的论证也适用于税收 T 减少（乘数较小）时的情况。同时政府赤字将会上升，因为政府赤字等于 $T-G$，所以 T 下降或 G 上升。

因而短期内最基本的结论是在未充分就业的条件下，削减税收或增加政府支出而导致的结构性赤字的上升，往往会导致更高的产出和更低的失业率，或者较高的通货膨胀率。

然而这一分析未免过于简单化，因为我们必须考虑到金融市场和货币政策的反应。由于产出的增长和通货膨胀的加剧，中央银行可能会提高利率，抑制国内投资；而如果该国实行浮动汇率制，更高的利率会导致一国外汇升值，从而致使净出口减少。利率的提高和本币的升值都趋向于抑制或"挤出"投资，导致基本模型中支出乘数的降低。

在短期内，也就是在资源未充分利用的条件下，财政政策往往会导致经济的扩张。较高的支出和较低的税率会增加总需求、扩大总产出、提高就业水平和加剧通货膨胀。金融市场对利率和汇率的各种反应，减轻了短期财政政策的扩张效应。

政府债务和经济增长

现在我们不妨离开短期问题，转而讨论财政政策尤其是巨额政府债务对于投资和经济增长的长期影响。需要分析的问题包括巨额外债的成本，对支付债务利息征税的非效率性，以及债务对资本积累的影响。

在分析政府债务之前，我们有必要回顾一下政府债务的历史趋势。本书书后的图给出了若干美国长期经济数据，该图显示了自1789年以来美国联邦政府净债务在GDP中的比重。请注意，战争如何驱使该比值上升，同时在和平时期预算大致平衡的条件下，产出的快速增长通常又会使该比值有所降低。

由图31-1可见过去70年中美国政府债务占GDP的比重。不仅可以看出二战期间政府赤字的戏剧性影响，而且看出在20世纪80年代和21世纪前10年政府赤字的戏剧性影响。

今天，大多数工业国都陷入了大量公共债务的困境。表31-2

表 31-2　八个主要国家的政府债务

	政府债务占 GDP 百分比（%）			
	1980 年	1990 年	2000 年	2007 年
日本	37	47	106	161
意大利	53	93	104	96
法国	30	40	47	52
英国	51	35	43	43
德国	13	20	34	39
美国	26	41	34	36
韩国	4	13	17	32
墨西哥	18	46	23	24

在过去的 30 年，主要工业国都面临经济增长缓慢和支出项目不断增加的问题，从而导致公共债务的增加。尽管日本是世界上最富有的国家之一，但是其债务—GDP 比率的迅速上升仍导致了债务评级的下降。

资料来源：OECD at *webnet.org/wbos/index.aspx*.

对美国和其他七大工业国做了对比。日本由于采取了积极的财政政策，以及经济长期处于衰退状态，因而其债务与 GDP 的比值在过去 20 年中上升得很快。日本的债务比率的恶化，令许多经济学家都在担心日本已经陷入了一种怪圈：高债务导致高利率支付，而高利率支付反过来又会促使债务水平的进一步地拉高。

我们首先应区分内债与外债。内债是指一国政府欠本国公民的钱。许多人认为内债不构成负担，因为这全是"我们自己欠自己的钱"。尽管这种看法过分简单化了，但它却意味着一种真实的洞察力。如果每位公民都持有 1 万美元政府债券，并且为这笔债务的本息缴税，那么，将这些债务看做每位公民必须承受的沉重

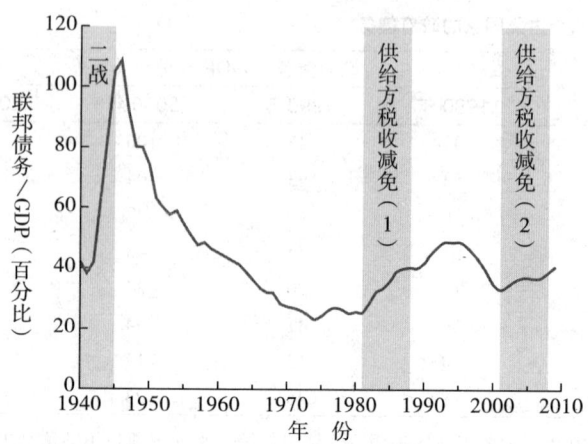

图 31-1 美国联邦政府的债务占 GDP 的比率

本图显示出净债务的比率，或公众手中的债务占 GDP 的比率。看看第二次世界大战的作用和两次供给方税收减免时期的比率。

资料来源：U.S. Office of Management and Budget, available at *www.gpoaccess.gov/eop/tables08.html*, Table B-78.

负担就是毫无意义的了。因为人们只不过是欠了自己的钱。

外债则不同，外债指外国人持有一部分本国的资产。例如，截至 2008 年底，由于现金账户巨额赤字，美国所欠外债达 3 万亿美元。这意味着，美国居民需要出口更多的产品和服务或者卖掉更多的本国资产才能还清债务。假定年债务的实际利率为 5%，那么，美国居民需要对外支付的外债利息将高达每年 1 500 亿美元（平均每人 500 美元）。

可见外债确实意味着债务国公民的可支配资源的净减少。这一教训一次又一次为发展中国家的痛苦经历所验证，特别是在债权国加紧催索债款的时候。

内债要求政府向债券持有人支付利息,为此,政府必须征收税款。但是,即便是向同样的人征收同样的利息税,也仍然会造成激励机制的扭曲,这是任何税收都不可避免会带来的影响。对鲍拉的利息收入或工资收入征税,以支付鲍拉应得的债券利息,会引起微观经济意义上的扭曲。鲍拉可能会因此减少工作和储蓄。而无论是减少工作还是减少储蓄,都应被视为对效率和福利的一种扭曲。

巨额公债最严重的后果或许是它取代了该国私人财富存量中的资本,从而使经济增长的步伐放慢,未来的生活水平降低。

债务影响资本的机制是什么呢?请回想一下,我们曾讨论过,人们积累财富是出于一系列不同的目的,诸如退休、教育、住房等。我们可以将人们持有的资产区分成两大类:(1)政府债务;(2)住房等资产及公司股票等金融资产,其中公司股票代表对私人资本存量的所有权。

政府债务的作用是:人们将会积累政府债务而非私人资本,从而使得一国私人资本存量被公债替代。

为具体说明这一点,我们假定人们恰好愿意持有1 000单位的财富,以备退休养老及其他目的所需。随着政府债务的增加,人们对其他资产的持有额就会以1美元对1美元的比例减少。这是因为,当政府出售债券时,由于所希望的财富持有量总额既定,其他资产必然会减少。但这些"其他资产"最终代表的是私人资本存量。股票、债券和抵押契据是工厂、设备和住房在金融资产上的对应物。在本例中,如果政府债务增长了100个单位,我们就会发现人们所持有的资本和其他私人资产将减少100个单位。这种情况就是百分之百的替代(与长期内百分之百的挤出效应相类似)。

现实中不可能发生完全的替代。较高的政府债务可能会提高利率,并刺激国内储蓄。此外,一国可能举借外债,而不是减少其国内投资(如近几年美国所为)。资本被政府债务替代的确切数额取决于生产条件及本国居民和外国人的储蓄行为。

几何分析 图31-2说明了长期内资本存量被替代的过程。(a)图中,资本的供给和需求表示为实际利率或资本收益的函数。当利率上升时,厂商对资本的需求减少,而个人愿意供给的资本增加。图中所示的均衡水平是资本存量为4 000单位,实际利率为4%。

现在让我们假定,由于战争、经济衰退、供给学派财政政策,或是其他一些原因,使政府债务由0上升到1 000。从图31-2的(b)图中可以看出债务增长所造成的影响。该图将政府债务增长1 000单位表示为资本供给曲线向左移动1 000单位,到达$S'S'$处。如图中所示,居民的资本供给向左移动1 000个单位到达$S'S'$。

我们用居民户资本供给曲线的左移表示政府债务的增加。请注意,由于SS曲线代表每一给定利率水平下,人们愿意持有的私人资本量,因此该资本量等于财富持有总量减去政府债务持有量。当政府债务总量(或非资本的资产量)增长1 000单位时,人们在

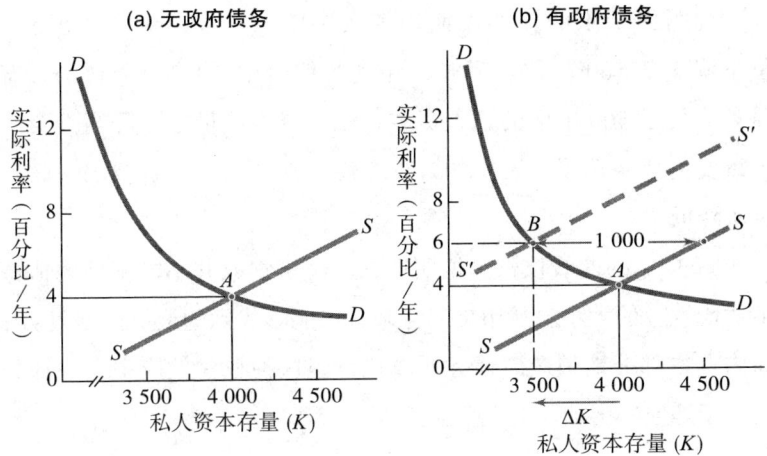

图 31-2 政府债务取代了私人资本

企业需要资本,而居民经由私人资产和公共资产方面的储蓄提供资本。需求曲线是向下倾斜的企业资本需求曲线,而供给曲线是向上倾斜的居民财富供给曲线。

(a)所示的是没有政府债务的均衡情况:K 为 4 000,而实际利率为 4%。

(b)所示的是政府举借 1 000 单位债务的状况。债务将 K 的净供给向左移动 1 000 单位。新均衡点沿 K 的需求曲线向左上移动,由点 A 移到点 B。利率提高了,企业不愿意持有 K,于是资本存量减少了。

持有 1 000 单位政府债务之后所能购买的私人资本量,就会等于每一利率水平上的财富总量减去 1 000。所以,如果 SS 代表人们持有的财富总量,$S'S'$(相当于 SS 减去 1 000)就代表人们持有的资本总量。简言之,在售出 1 000 单位政府债券之后,新的资本供给曲线就是 $S'S'$。

当资本供给逐渐耗竭(国民储蓄转向政府债券,而不是住房和公司股票),市场均衡点会沿着资本需求曲线向左上方移动。结果是利率升高了,厂商对新的厂房、卡车和计算机的购买有所减少。

在图中所示的新的长期均衡状态中，资本存量由4 000单位下降至3 500单位。因此，在这个例子中，1 000单位的政府债务取代了500单位的私人资本。私人资本存量的下降当然会产生重要的经济后果。资本的减少会使潜在产出、工资及国民收入有所降低。

图31-2的曲线仅仅是说明性的。经济学家并不能精确地估算出替代效应的大小。从历史趋势来看，能够找到的最好证据表明：国内资本部分地被政府债务所取代，但这种替代效应中有一部分是由于外债的增加。

考虑政府债务对经济的综合影响，我们会发现，巨额公债可能会有损于长期经济增长。图31-3说明了这种关系。假设某一经济一直在没有政府债务的情况下运行。那么，根据第25章所阐述的有关经济增长的原则，其资本存量和潜在产出便会沿着图31-3的实线所表示的假设路径运动。

接下来考虑政府债务不断增长的情况。随着时间的推移，政府债务逐渐累积，越来越多的资本被它取代，如图31-3下面的虚线所代表的资本存量曲线所示。为支付债务利息而征更高的税，由此带来的低效率进一步降低了产出。同时，外债的增长使国民收入下降，并且用于支付外债本息的国民产出比重上升。综合考虑以上这些影响，产出和消费水平的增长速度会比没有巨额的政府债务和巨额赤字时缓慢，这一点可以从图31-3中上面两条线的比较中看出。

政府预算盈余和不断减少的债务所产生的影响是什么？这里

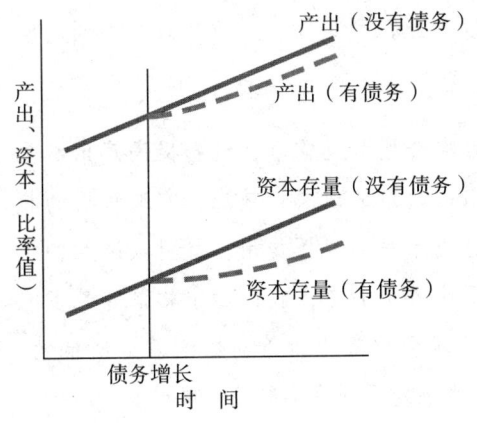

图 31-3 政府债务对经济增长的影响

实线代表政府预算平衡、没有债务时资本和产出的状况。当政府举借债务时，私人资本将会削减。虚线代表较高的政府债务对资本和产出的影响。

的回答是从另一个角度：低的国家债务意味着更多的国家财富投到了资本领域，而不是政府债券。高资本存量会促进产出增长，并增加工资和每个人的消费。

关于巨额政府债务对经济增长所产生的长期影响的主要观点是：巨额政府债务往往会降低潜在产出的增长。这是因为政府债务会替代私人资本，增加由于税收产生的非效率，强迫一国减少消费以偿还外国借款。

财政赤字争论不休的注脚

讨论了赤字和债务的经济影响之后，我们不妨再就本领域内的主要争论来做一点梳理和澄清的工作，并以此概括出若干关键的论点。

财政政策对于经济的影响是宏观经济学中最容易产生误解和

分歧的一个领域。而之所以如此，则是缘于财政政策在不同的时间段其效果也不相同。

- **短期看，高支出和低税率会增加总需求，进而提高产出水平和减少失业。**这就是财政政策的凯恩斯效应，它通过提高相对于潜在产出的实际产出水平而发挥作用。就财政政策的扩张效应（增加产能利用能力）而言，我们毋宁相信它最多能够持续几年。它很有可能会被货币政策的紧缩效应所抵消，尤其是当中央银行认为经济处于通货膨胀的边缘时。
- **长期看，高支出和低税率趋向于减缓经济增长率。**这是财政政策的增长效应。增长效应关注的是，在充分就业条件下，政府赤字对一国储蓄和投资平衡的影响。如果税收减少，那么公共储蓄就会减少，而由于私人储蓄上升幅度不大可能刚好等于公共储蓄的下降幅度，所以一国总储蓄和总投资都会下降。投资减少将会导致资本存量增长减缓，从而降低潜在产出的增长率。

财政政策这两方面的影响很容易让人们疑惑不解，因而导致了很多有关财政政策的争论。不妨听听参议员豪克和多夫之间的争论：

参议员多夫：经济正处于衰退时期，当成千上万的人失业时，我们不能无所作为。现在正是出台大规模刺激政策组合的时机，包括减税、加快基础设施建设和强调公共需求。经济衰退当前，不是争论赤字财政是否陈旧过时的时候。

参议员豪克：现在出台大规模经济刺激计划意味着我们在财政上极不负责。随着政府支出的增加，赤字会进一步扩大，利率会上升，企业会减少对厂房、设备和信息技术的支出。就经济的真正需要而言，我们的错误选择势必导致今后十年经济增长放缓。

确信你已经读懂了两位令人尊敬的参议员的这番对话的理论内涵。他们俩都是对的……但也都是错的。

现代宏观经济学的新进展

本书原则上综合考虑所有重要的流派。我们重视作为现代主流的凯恩斯主义学说，因为它能最好地解释市场经济的商业周期。但在理解长期经济增长的动力时，我们认为最好还是采用新古典增长模型。

尽管我们的主要任务是说明宏观经济学的各主要学派，但经验告诉我们，兼听则明和博采众长十分重要。在科学发展史上，一个时代的正统思想被下一个时代新的发现所推翻的例子可谓屡见不鲜。经济学派像人一样容易患动脉硬化症。学生们从老师或经典课本那里学到了"不朽"的真理，正统信条中的不完美之处往往被忽视掉了。例如，有史以来最著名的经济学家和哲学家约翰·斯图尔特·米尔，曾在其1848年的经典著作《政治经济学原理》中写道："值得欣慰的是，价值规律已臻完美，今天和未来的学者们无需再做探索。"但是之后的150年我们就看到了经济学的两次重要革命——微观经济学的边际革命和宏观经济学的产生。

科学史学家观察到的科学发展进程是不连续的,新的思想学派出现、传播并影响于世,进而折服那些曾抱有怀疑态度的人。在本部分,我们将对现代宏观经济学的一些新的主流思想进行分析。

古典宏观经济学和萨伊定律

自从两个世纪前经济学诞生以来,经济学家们一直想知道市场经济能否在不引入政府干预的前提下,自动实现长期的充分就业均衡。用现代经济学语言来讲,我们将那种强调经济中自我矫正力量的学说称为**古典**理论。古典学派认为,价格和工资是有弹性的,经济是稳定的,因而经济能够自动且迅速地实现充分就业均衡。

在凯恩斯提出其宏观经济理论之前,主要的经济思想家所追随的都是古典的经济学观点,至少在经济繁荣时期是如此。早期的经济学家尽管已经意识到商业周期的存在,但是他们将这种周期看做是一种可以自我矫正的暂时偏离。

古典分析都是围绕**萨伊的市场定律**展开的。这一理论由法国经济学家萨伊于1803年提出。他宣称,从本质上说,不可能出现生产过剩。这种观点有时被表述为:"供给自动创造对其自身的需求"。该定律成立的基础是:货币经济和以物易物经济是没有本质区别的,也就是说,无论工厂生产多少产品,人们都有能力购买。

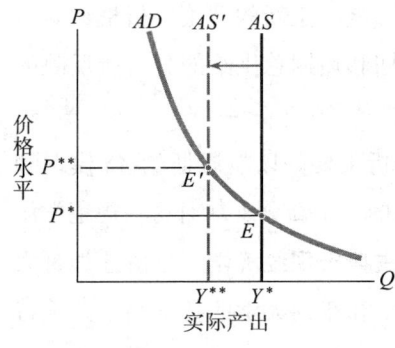

图 31-4 在实际商业周期中，产出变化由科技进步导致

根据古典经济学与实际商业周期（RBC）理论，AS 曲线反映了工资与价格是灵活变动的，因此它是垂直的。当技术变革的冲击渗入到经济时，产出发生波动。此图说明生产率下降是由 RBC 衰退导致的。你知道增加总需求的政策为什么影响价格而不是产出吗？

萨伊定律如图 31-4 所示。在古典经济学中，产出由总供给决定，总需求只影响价格水平。

许多杰出的经济学家，包括大卫·李嘉图（1817年）、约翰·斯图尔特·米尔（1848年）、阿尔弗雷德·马歇尔（1890年）等，都赞成古典学派的这种宏观经济观点，认为生产过剩是不可能的。

根据古典学派的观点，经济会自动回到其充分就业的均衡状态。货币供给、财政政策、投资或者其他支出因素不会对产出和就业产生持久的影响。价格和工资的灵活变动能够维持充分就业。

现代古典宏观经济学

尽管古典经济学家不断宣称持久的失业不可能出现，然而20世纪30年代，那些折中的经济学家们却很难忽视当时庞大的失业大军——那些在街角乞求工作或推销铅笔的人。凯恩斯的《就业、利息与货币通论》（1936年）提供了一种迥然不同的宏观经济理论，即一套观察经济政策和外部冲击影响的全新的理论分析框架。事实上，本书中出现的关于商业周期和短期总供给的分析所反映的就是凯恩斯学派的思想的现代综合。

尽管主流学派的商业周期分析主要是以凯恩斯的 AS 模型和 AD 模型为基础的，但是古典学派的一个新分支却对这一规范学派提出了挑战。这一理论被称为**新古典宏观经济学**，是由芝加哥大学的罗伯特·卢卡斯、斯坦福大学和纽约大学的托马斯·萨金特和哈佛大学的罗伯特·巴罗共同提出的。这一理论在强调弹性工资和价格的作用方面，与前面讨论的古典学派一脉相承，但增加了一个新特点，即理性预期，用于解释菲利普斯曲线等问题。

新古典经济学最重要的创新就是将理性预期引入了宏观经济学之中。探究预期理论的现实基础会有助于我们解释这个新的理论方法。在经济生活中的许多领域，特别是涉及投资和财务决策的领域，预期是做出决策的关键。它影响投资者的投资规模，也影响消费者现在的支出或（为未来）储蓄的决策。例如，假设你正在考虑花多少钱去购买第一套房产，则你的决策一定会受你对未来收入、家庭规模和房产价格的预期影响。

人们的预期是如何形成的呢？按照**理性预期假说**，预期是合理无偏的，它基于所有可获得的信息。

让我们稍作停顿，回顾一下统计学的有关知识：如果一项预期没有系统性的预测错误，则称该预期是"无偏"的。显然现实中的预期不可能总是完全准确的——如果只抛一次硬币，那么你的确无法预测哪一面会朝上。但是，如果你预测抛掷一枚完好硬币时背面朝上的次数为25%,那么你就犯下了统计学中的"有偏"的错误。而如果你预测硬币背面朝上的次数为总数的50%,或骰子任何一个点数朝上的平均可能性为1/6,那么你的预测就是"无偏"的。

若某人能利用所有可获得的信息做出无偏的决策,则认为他属于**理性预期**。这就意味着,人们能够理解经济如何运行,以及了解政府正在做些什么。因此,假设政府通常在大选之年扩大支出,理性预期理论则认为人们能够预期到这一行为,并据此做出反应。

现代古典宏观经济学最主要的应用就是**实际商业周期理论**,也称 **RBC 理论**。这一理论最初由芬尼·基德兰德和爱德华·C.普雷斯科特提出,他们也因为在这一领域的杰出贡献而获得了诺贝尔经济学奖。该理论认为,商业周期仅仅取决于技术的变化,丝毫没有引入货币或其他需求方面的因素。

根据实际商业周期理论,对技术、投资或劳动供给的冲击使经济的潜在产出发生变化。也就是说,使垂直的 *AS* 曲线发生移动。这些供给冲击通过总供给的波动转化为实际产出,完全不受总需求 *AD* 的影响。同理,受到产业集中冲击、税收和管制政策等微观因素的影响,非加速通货膨胀的失业率会发生变动,从而导致失业率的变动。而在正统的凯恩斯模型中,货币政策和财政政策对于实际商业周期模型中的产出或就业是没有影响的,它们只会影响总需求和价格水平。图31-4表明,生产率的下降会导致实际商业周期陷于衰退。

在对凯恩斯主义宏观经济学的批评中，影响最大的是一种关于财政政策作用的新观点。这种观点是由哈佛大学的罗伯特·巴罗提出的，称为**财政政策的李嘉图法则**，认为税率变动对消费支出没有影响。

这种观点是对第21章所介绍的消费的生命周期模型的逻辑扩展。根据李嘉图的观点，个人在进行消费决策时，不仅会考虑当代人的消费，而且会考虑得更远。个人是非常有远见的，并像历史中的王朝一样，是家族成员得以延续的一部分。父母不仅关心他们自己的消费，而且关心他们孩子的福利；同样，他们的孩子也会关心其下一代的福利。这种结构称为"王朝家族偏好"，其含义是：如果每一代都考虑子孙后代的福利，则当代人的决策视野势必要延伸到无尽的未来。

然而，由此推导出的结论却令人惊讶：如果政府在减少税收的同时保持政府支出不变，则必然要增加借款。但是要保证政府支出不变，在未来某个时点上，政府将不得不增加税收以偿还新增借款的利息。根据李嘉图财政法则，消费者对未来政府将会采取的政策具有理性预期。因此，当税收削减时，他们就知道要为未来税收增加做好准备。这样，他们就会增加与所减少的税收额相等的储蓄，并保持消费支出不变。另外，即使税收增加不是发生在他们的有生之年，他们也会考虑到下一代人的福利。因此他们会减少现期消费以增加遗产，帮他们的孩子偿还额外的税收支出。

按照李嘉图法则，从最终净效果来看，税收变化对消费支出不会产生影响。另外，从家庭角度来看，政府债务并非是净债务，因为他们在计算中，会考虑到为这笔债务所必须支付的税收的现值，而这会抵消他们所持有的这些资产的价值。

李嘉图关于债务和赤字的观点在宏观经济学家当中引起了许多争论。批评者指出，李嘉图法则的这个观点要求家庭必须很有远见，计划留下遗产给下一代，并能不断地权衡他们自己和子孙后代的利益。若家庭没有孩子，没有遗产，不为子孙考虑或者没有远见，则这根链条就会断裂。最新的经验证据并不是很支持李嘉图法则，但是这项研究在揭示财政政策的逻辑局限性等方面却很有价值。

近年来另一个重要的理论发展是将古典经济学和凯恩斯经济学融合在一起，称为**效率工资理论**。这一理论的代表人物包括哥伦比亚大学的埃德蒙·菲尔普斯和约瑟夫·斯蒂格利茨以及洛杉矶联邦储备银行的主席珍妮特·耶仑。企业存有将工资水平保持在市场出清水平之上以提高生产率的动机，该理论用这个动机来解释实际工资的刚性和非自愿失业的存在。根据该理论，高工资之所以导致高生产率，是因为工人更加健康、士气更加旺盛，或怕丢掉工作不敢在工作时间上网，还因为优秀的工人不大可能辞职去寻找新工作，或者是因为高工资可以吸引更出色的工人。

随着公司增加工资以提高生产率，寻找工作的人可能愿意排队等候这些高收入工作，从而产生了非自愿失业。这一理论的创新在于，它认为非自愿失业是一种均衡的特征，不会随时间的推移而消失。

20世纪80年代早期，由经济学家和新闻工作者发展起来的学派被称为**供给学派经济学**，它强调激励，建议大幅削减税收，以此来促进经济增长。供给学派经济学曾得到美国总统里根（1981~1989年）和英国首相撒切尔夫人（1979~1990年）的热烈拥护。

供给学派认为凯恩斯主义过分强调商业周期，而忽视了税率和激励对经济增长的影响。根据供给学派的观点，高税收使得人们减少劳动和资本的供给。事实上，一些供给学派经济学家，像阿瑟·拉弗甚至认为，高税率实际上可能会减少税收收入。"拉弗曲线"假说认为，高税率抑制了经济活动，从而缩减了税基。为了改进在他们眼中无效率的税收体系，供给学派经济学家提出了一项重建税收体系的激进建议，有时被称作"供给学派减税"。

在20世纪80年代占据中心舞台的供给学派经济学随着罗纳德·里根的离任而慢慢退去。在对那一时期的研究中，经济学家普遍发现，供给学派的许多观点都未得到经济现实的支持。供给学派减税所导致的是更低而不是更高的税收收入。

2001年，当布什总统所提出的新一轮所得税削减计划得以顺利通过时，供给学派的许多政策建议又一次走到前台。然而，这一轮减税的战略意图却并非是为了增加收入，而是为了提高税收体制的运作效率，并促进长期的经济增长。正如他们的前辈在1981年的作为一样，这轮减税仍然导致了更低的而不是更高的税收收入。

政策含义

新古典经济学具有许多重要的宏观经济政策含义。其中最重要的来自新古典理论的一个观点是：旨在对付失业的系统性的财政政策和货币政策具有无效性。其基本思想是，若一项刺激经济的政策是可预测的，人们就会事先知晓，因此它对经济不具任何影响。

例如，假设政府每逢大选临近之时，就倾向于刺激经济。经历了一系列出于政治目的的财政政策之后，人们将会理性地预期到这种行为。他们会自言自语地说道：

"选举来了，从过去的经验看，政府通常会在大选前给经济打强心针。选举年我能享受税收削减，可紧接着下一年他们又会偷偷地提高税率。他们骗不过我，也别指望我会增加消费、更努力的工作，或者为现任总统投赞成票。"

这就是古典宏观经济学的**政策无效性定理**。存在理性预期且工资与价格具有弹性的条件下，人们预期到的政府政策无法影响实际的产出或失业。

在第24章中，我们曾讨论过货币主义者对于固定规则的看法。新古典宏观经济学将这一论点建立在更加坚实的基础之上。这一理论认为一项经济政策可以分为两个部分，一个是可预见的部分（即"固定规则"），另一个是不可预见的部分（即"相机抉择"。）

新古典宏观经济学家认为，相机抉择是一个陷阱和骗局。政策制定者争辩说，在经济预测方面，他们并不比私人部门更具优势。因此，当政策制定者对新闻做出即时反应时，在信息充分的买主和卖主聚集的市场上，灵活变动的价格已经做出改变，并达到了有效的供求均衡。在这种情况下，政府已经没有什么相机抉择的措施可以改善市场的结果，或防止由暂时的错觉或实际商业周期冲击所引致的失业。

尽管政府政策无法使情况变好，但却绝对可以使情况变得更糟。它们可以通过不可预见的相机抉择政策发出误导性的经济信号，使人们产生困惑，扭曲其经济行为，并造成浪费。根据新古典宏观经济学家的观点，政府应该完全避免任何相机抉择的宏观经济政策，不要去冒险制造这种令人困惑的"噪音"。

经过 30 年对新古典宏观经济学的消化和吸收，新旧理论的综合已经初见端倪。经济学家对预期给予了足够的重视。区分适应性预期（或"后顾型预期"）与理性预期（或"前瞻型"预期）这两个范畴十分有用。适应性预期认为，人们仅仅机械性地根据过去的信息形成自己的预期；前瞻型预期或理性预期的观点已在上文阐述过。前瞻型预期的重要性对于理解人的行为十分关键，特别是在金融部门等竞争性拍卖市场中更是如此。

一些宏观经济学家开始将新古典的预期理论与凯恩斯主义关于产品市场和劳动市场的理论结合在一起。这种综合体现在做出如下假定的宏观经济模型中：（1）劳动市场和产品市场表现出工资和价格的刚性；（2）金融拍卖市场的价格和数量可迅速调整以适应经济的冲击和预期；（3）拍卖市场的预期是前瞻型的。

新研究方法的一项重要预期是，当重大新闻事件发生时，前瞻型模型中的利率、股票价格、汇率或油价容易产生大的"跳跃"或不连续变动。这种强烈的反应常见于大选过后或战争爆发之时。

例如，当2003年3月美国入侵伊拉克时，仅一周内油价就下降35%，同时股价飙升10%。关于跳跃价格的新古典预期折射出了拍卖市场的一个现实特征。这表明，在现实世界中，前瞻型预期可能在这些领域中十分重要。

新古典宏观经济学提出了许多颇有成效的见解。最重要的是，它提醒我们注意，经济中充满了聪明的消费者和投资者，他们对政策做出反应，有时甚至能预期到政策。而这种作用和反作用实际上能够改变经济行为的方式。

稳定经济

对于高收入的市场经济与民主法治的国度，二战后其经济发展过程都具有里程碑意义。人均收入和就业水平飞速增长，国际贸易的深度和广度不断提高，很多较贫穷国家，如印度和中国，开始逐渐赶超富裕国家。

经济发展势头如此良好，所以很多人将它称之为"黄金时代"。在这个时期中，经济周期甚至已经逐渐消失。实际上，一些"新"的经济学教科书已经省略了不少有关经济周期的宏观经济学内容。

这种理想情况止于2007年开始的金融危机和深度衰退。像"衰退"和"萧条"一类本已经在历史书上看不到的词语，又一次出现在人们的日常生活中。

当务之急是找到能够避免经济周期过度扩张或收缩的政策。我们已经看到产出与价格变动的轨迹取决于总供给与总需求的相互作用，但旨在熨平经济周期的政策必须通过影响总需求而发挥作用。政府可以通过运用其货币杠杆和财政杠杆来影响总需求的增长，从而达到抑制衰退的目的。

这些观点导致了两个关键问题的出现：要稳定经济，货币政策与财政政策两者的最佳组合是什么？政策的制定应当遵循严格的规则还是允许相机抉择？

货币政策与财政政策的相互作用

对于像美国和欧元国这样庞大的经济体而言，货币政策与财政政策的最佳组合取决于两个因素：需求管理的必要性和财政政策与货币政策的理想组合。

商业周期管理首先要考虑的问题是经济的总体状况和调整总需求的必要性。当经济停滞时，财政政策和货币政策可以用于刺激经济，促使经济复苏。当面临通货膨胀的威胁时，货币政策和财政政策又有助于减缓经济增长速度，控制"通货膨胀之火"。这些都是需求管理的例子。需求管理指的是，主动地运用货币政策和财政政策来影响总需求的水平。

举例来说，假定经济正陷于严重的衰退之中。相对于潜在产出水平，实际产出较低。在这种情况下，政府能够采取何种措施以振兴停滞的经济呢？它可以通过提高货币供给，或增加政府支出，抑或二者兼用来扩大总需求。当经济对货币刺激和财政刺激做出反应之后，产出和就业就会增加，而失业则会下降。

让我们回顾一下货币政策和财政政策的相对优势和劣势。

财政政策的作用　　在凯恩斯革命的早期，宏观经济学家强调财政政策是最强有力的，也是最综合的需求管理手段。对财政政策的批评指出，财政政策的缺陷源于时滞、政治因素、宏观经济理论等。

一种观点认为，周期性冲击和有效反应之间存在时滞。首先，经济学家需要花费一定的时间来识别周期转折点的到来，即政策滞后。例如，美国国家经济研究局用了一年时间才宣布最近一次商业周期的峰值。（2007年12月的峰值直到2008年12月才宣布。）在识别转折点之后，总统还需要时间决定采取何种措施，国会还需要更多时间讨论并通过应对措施。最后，即使税收或支出发生了变化，在经济做出反应之前仍然会存在一个生效时滞。

对财政政策的批评还指出，减税比增税容易，增加支出比缩减支出容易。在20世纪60年代，国会对于通过肯尼迪－约翰逊减税方案曾经充满热情。两年以后，越南战争的升级诱发了通货膨胀的压力，要求出台紧缩性政策。

在两种情况下，反周期的财政政策特别有效。一种情况是在经济衰退时临时减税。临时减税最初针对中低收入家庭。原因是这类家庭的边际消费倾向较高，几乎没有可用于困难时期的超额储蓄。相关统计表明，这些措施在短期内有效地增加了总需求，同时也可避免长期财政赤字。

另一种情况是在经济处于流动性陷阱、中央银行没有降低短期利率空间的时候。这正是2007~2009年经济衰退中出现的情况。为了恢复经济增长，奥巴马政府和国会在2009年初通过了美国历史上数额最大的财政刺激计划。尽管一些人担心财政刺激会长期影响政府债务，但大多数宏观经济学家还是坚信财政政策是防止经济陷入更深层衰退的唯一可行的方法。

货币政策的有效性　　与财政政策相比，货币政策对经济的作用更为间接。扩张性财政政策实际上是要购买产品与劳务，或将收入转移到消费者或企业的手中；而货币政策则通过改变利率、信贷条件、汇率和资产价格来影响支出。凯恩斯革命早期，一些宏观经济学家对于货币政策的有效性充满了疑虑，有些人曾这样说："货币政策就像在走钢丝。"但是最近20年来，联邦储备系统发挥了十分积极的作用，并显示出自己有能力减缓或加速经济的增长，人们的疑虑也因此而打消。

联储比财政政策制定者更能制定稳定经济的政策，其专业经济学家比其他任何人更能够识别出经济周期的变动。而且当有需要时，他们能够迅速采取行动。例如，2008年3月14日（周五），当投资银行贝尔斯登有严重的流动性问题时，一连串的金融机构的失误引发了一场严重的金融危机。联邦储备必须在周一上午开市之前找到解决方法。而在周日之前，联邦储备就会同美国财政部，动员摩根公司收购贝尔斯登公司，并且为其一级交易商提供了一种全新的信贷机制。很难想象任何一家立法机构能在如此短暂的时间内采取如此复杂的措施。

联储政策的关键点在于联储的独立性。它用行动证明，在有必要采用政治上不受欢迎的政策以抑制通货膨胀时，它可以承受做出这种决策的压力。更重要的一点是，正如我们在前面所提到的那样，从需求管理的角度看，财政政策所能做到的或所能够阻止的，货币政策也都无所不能。值得注意的一点是，如果经济处于流动性陷阱之中，名义利率接近或等于零，则用货币政策刺激经济增长将是无效的。因此，当经济处于或接近流动性陷阱时，只能靠财政政策发挥主力作用。

下面，我们将总结一下财政政策和货币政策的现状。

> 由于政治上独立，决策迅速，中央银行当仁不让地被置于经济调控的第一线，以避免商业周期的冲击和实现国民经济的稳定。在衰退中作为一次性的刺激计划，相机抉择的财政政策也是可以发挥作用的。而当经济接近流动性陷阱时，则财政政策是刺激经济增长的首要选择。

影响财政政策和货币政策作用的第二个因素是所选择的**财政－货币政策组合**，即财政政策、货币政策的相对优势和它们对不同经济部门的作用。财政－货币政策组合的变化是这样一种方法：在紧缩其中一项政策时，放松其他政策，保持总需求不变，从而总产出不变。基本的思路是财政政策和货币政策在需求管理中可以相互替代。尽管可以采用不同的财政－货币政策组合来稳定经济，但它们对于产出的构成却会有不同的影响。通过改变税收、政府支出和货币政策的组合，政府可以改变企业投资、消费、净出口和政府对商品和服务的采购等各个组成部分占 GDP 的比重。

财政－货币政策组合变动的效果 为了理解财政－货币政策组合发生变动时的影响，让我们考察一组特定的政策。假设联邦政府减少了1 000亿美元预算赤字,并以较低的利率恰好抵消了财政政策的紧缩作用。

我们可以用量化的经济模型来估计这一政策组合的影响。表31-3列出了实验的结果。该表显示了两个有趣的特征:第一,模拟结果表明,财政-货币政策组合的变化确实会改变实际GDP的构成。当赤字下降1 000亿美元时,企业投资增加300亿美元,房地产投资也随利率的下降而有所上升。与此同时,个人消费减少了,从而释放出更多的资源以供投资。模拟结果表明了财政-货币政策组合的变化如何改变了产出的构成。

表31-3 改变财政-货币政策组合

部　门	产出的变化(10亿美元,2008年的价格)	
投资部门		**132**
私人国内总投资	48	
住　房	18	
商业固定投资	30	
净出口	83	
消费部门		**−106**
政府采购商品和服务	−68	
个人消费支出	−38	
备注:		
实际GDP的变化		26
联邦赤字的变化		−100

美国改变其财政-货币政策组合的影响是什么?这个模拟假定通过提高个人所得税、降低联邦非国防支出,使联邦赤字减少1 000亿美元,同时联储运用货币政策使失业率保持不变。该模拟采用的是2000~2009年间变化的平均值。

资料来源:模拟使用的是美国经济的DRI模型。

该模拟另一个特别有趣的结果是净出口的增长幅度远远大于住房或企业固定投资的增长幅度。这是由于利率的降低导致美元币值暴跌。这一结果显然对金融市场和汇率对"削减赤字政策组合"的反应十分敏感。尽管如此，它还是表明，一些普遍的对削减赤字政策组合的作用的分析可能是误导性的。许多分析家这样认为，削减赤字政策组合会对国内企业的投资和生产率产生重大影响。然而，从某种程度上来说，较低的赤字主要是增加了净出口和住房，而对生产率提高的作用可能比较小。根据估计，预算赤字削减 1 000 亿美元，会使十年内潜在产出增长率由每年的 2.3% 上升到 2.5%。也许正因为回报如此之小，当政者才难以下定决心削减赤字。

实践中的财政-货币政策组合方案

财政-货币政策组合在美国经济政策中引起了激烈的争论。下面是两种主要的方案。

- **宽松的财政政策-紧缩的货币政策**。假定最初经济在低通货膨胀和潜在产出水平上运行，新上任的总统准备在不增加税收的情况下，大幅度增加国防支出。这样就会导致政府赤字的增加和总需求的上升。在这种情况下，联储就需要紧缩货币政策，阻止经济过热。结果就会出现实际利率上升和美元升值。高利率将挤出国内投资，美元升值会减少净出口。因此，净效应为国防开支的增加挤出了国内投资和净出口。这项政策就是美国 20 世纪 80 年代早期出现的情况，并在 21 世纪初期又一次出现。

- **紧缩的财政政策－宽松的货币政策。**假定经济开始时国民储蓄率比较低，政府希望通过增加投资来进一步推动资本存量，提高潜在产出的增长率。在实际操作当中，政府可以提高消费税，压缩转移支付，从而减少可支配收入，降低消费水平（紧缩性的财政政策）。这将会伴随着扩张性的货币政策，从而导致低利率和投资增加，以及美元贬值和净出口的增加。整个过程通过增加公共储蓄来刺激私人投资。这就是克林顿总统的经济哲学。它在1993年的预算法案中得以体现，并导致了20世纪90年代末的预算盈余。

固定规则与相机抉择

我们已经看到，原则上，财政政策和货币政策可以起到稳定经济的作用。许多经济学家认为，在实践上各国应该采取措施熨平商业周期的波峰和低谷。另外一些经济学家则怀疑我们是否有能力预测周期，并在合适的时机根据适当的理由采取正确的措施。后者得出结论说：不能相信政府能制定出正确的经济政策，因此政府自由干预的权限应受到严格限制。

例如，财政政策方面的保守主义者担心，国会增加支出并削减税收比相反的政策更容易执行。这就意味着，在衰退时期很容易增加预算赤字，而在繁荣时期却很难反其道而行之，即根据反周期财政政策的要求削减赤字。因此，保守主义者几次力图限制国会批准设立新基金或扩大赤字的能力。

与此同时，货币主义保守派则努力与中央银行保持密切的联系，并试图迫使中央银行将政策目标放在通货膨胀上。这将有利于消除政策的不确定性，并提高中央银行作为反通货膨胀斗士的信誉。

在最一般的水平上，关于"固定规则与相机抉择"的争论可以归结为：灵活决策的优势是否会被由自由决策带来的不确定性和滥用权力的潜在可能性所抵消并超越。一些认为经济具有内在的不稳定性和复杂性且政府一般可以做出明智决策的人，乐于给政策制定者广泛的相机抉择的权力，使其能够积极地采取措施稳定经济。另一些人则认为政府是经济中最不稳定的因素，政策制定者一般是利己的，而且易于判断失误，他们主张应当约束财政和货币当局的权限。

随着20世纪80年代预算赤字的增加，许多人认为国会缺乏自我控制能力，不能抑制超额支出及膨胀的政府债务。保守主义者提议实行要求平衡预算的宪法修正案。然而经济学家却对此提出批评，认为这将增加运用财政政策降低经济衰退的难度。到目前为止，没有一项提议的宪法修正案被国会通过。

相反，国会立法通过了一系列限制支出和税收减少的预算原则。第一项尝试是国会在1985年通过的《格拉姆－拉德曼法》，该法案要求每年削减一定数量的赤字，以期至1991年实现预算平衡。这项法案因不能成功削减支出而被废除。

第二项尝试是1990年出台的量入为出的预算原则。该原则要求国会应为新设的支出项目寻找相应的收入来源。某种程度上，量入为出预算原则的规定对国会施加了一项预算约束，明确要求新设项目的成本必须通过高税收或其他方面的低支出等办法来弥补。

对国会的预算约束会造成什么影响呢？经济学研究表明，预算原则产生了显著的财政约束，帮助降低了20世纪90年代的政府赤字，并最终在1998年以后产生了预算盈余。但是当赤字转为盈余时，降低赤字的迫切要求就不存在了，政策制定者就会用各种借口来逃避以前制定的预算约束，例如，借人口普查等可预测项目作为"紧急支出"之类。到了2002年，政府预算约束原则被终止。许多经济学家认为，量入为出原则是为立法施加预算约束的一个有效机制，2009年有一些提案再度要求落实这些原则。

在第24章讨论货币主义时，我们曾设计过固定政策规则的例子。通常支持固定规则的论点是，私人经济相对稳定，积极的政策干预可能会导致经济不稳定，而非促使经济稳定。而且在某种程度上，中央银行可能在政府的支配下，在大选之前扩张经济，以便制造出一种政治性的商业周期。而固定规则却可以约束央行的种种行为。此外，现代宏观经济学家曾指出过事先承诺的价值。如果中央银行能够承诺遵循非通货膨胀规则，则人们的预期将会与之相适应，从而减弱对通货膨胀的预期。

近10年来一个最重要的新动向是许多国家都有设定通货膨胀目标的趋势。**设定通货膨胀目标**是指宣布通货膨胀率变动范围的官方目标，并明确表示较低且稳定的通货膨胀率是货币政策的首要目标。近年来,许多工业国家,包括加拿大、英国、澳大利亚、新西兰等都采取了或温和或强硬的通货膨胀目标。另外,条约授权新成立的欧洲中央银行将稳定价格作为欧洲中央银行的首要目标,虽然没有正式要求其设定通货膨胀目标。许多经济学家和立法者提议美国也实行该项措施。

设定通货膨胀目标的具体内容包括:

- 政府或中央银行宣布,货币政策将努力使通货膨胀率接近在某一数量目标上。
- 该目标通常是一个范围,例如,每年从 1%~3%,而非字面上的价格稳定。一般地说,政府规定一个核心通货膨胀率,例如,剔除多变的食品价格和能源价格的消费者价格指数。
- 通货膨胀是中期和长期内首要的或压倒一切的政策目标。但是各国通常会为短期稳定目标留有余地,特别是有关产出、失业率、金融稳定及汇率的短期目标。这些短期目标承认,供给冲击会影响产出和失业率,因此为避免过度的失业损失和产出损失而暂时地偏离通货膨胀目标,也被认为是可取的。

支持设定通货膨胀目标的人指出,这一措施有许多优点。如果我们承认长期内失业与通货膨胀之间不存在此消彼长的替代关系,那么设立一个通货膨胀目标以实现价格体系的效率最大化就是切合实际的。第 30 章对通货膨胀的分析表明,一个较低且稳定的通货膨胀率可以提高效率,并使得不必要的收入与财富再分配最小化。此外,一些经济学家相信,有力且可信的降低和稳定通货膨胀的承诺,可以改善短期内通货膨胀与失业之间的此消彼长的关系。最后,一个明确的通货膨胀目标会增加货币政策的透明度。

设定通货膨胀目标是介于固定规则和纯粹的相机抉择政策之间的一个折中办法。其主要的缺陷在于,如果中央银行过分严格地倚重通货膨胀规则,就会在严重的供给冲击时期允许过度失业的存在。怀疑者担心,经济太复杂了,难以靠固定的规则来管理。作为类比,他们提出:是否应该倡导在任何天气状况和紧急情况下,都规定汽车以固定的速度行驶,或给飞机安装一个自动驾驶仪。

批评家们指出2007~2009年的金融危机可作为因依赖严格目标而导致了严重后果的例子。即便供给冲击导致通货膨胀率上升到联邦储备当局"感到舒适的范围"以内,联储在这一时期也仍然降低利率和扩张信贷。如若联储按照所设定通货膨胀目标进行操作,将注意力完全集中反通货膨胀的问题上,那么它就会在这一时期提高利率和紧缩信贷,而这样就会加剧衰退倾向和经济危机。相反,联储就会尽量避免经济深度衰退,并防止金融机构的整体破产。

货币政策不能消除所有的衰退或短暂的通货膨胀,但利用财政政策,它能减少剧烈紧缩或恶性通货膨胀的出现机会。

有关固定规则和相机抉择的争论,是政治经济学中最古老的争论之一。事实上,这一两难问题也反映出民主社会的一大困境:如何在旨在吸引政治支持的短期政策与旨在提高一般福利的长期政策之间进行决策。不存在适用于任何时间任何地点的唯一最佳的方案。为了实施货币政策,美国已经通过创建了一个独立的中央银行而解决了这一两难问题,中央银行虽然负责立法，但却可以在经济或金融出现危机时进行相机抉择。

经济增长和居民福利

我们关于现代宏观经济学的研究已经接近尾声。让我们回味一下经济学家兼记者的保罗·克鲁格曼关于长期经济核心问题的一段话：

> 生产率不等于一切，但在长期内，它却几乎意味着一切。一个国家提高其生活水平的能力几乎完全取决于该国提高人均产出的能力。

保持较高并不断增长的国内居民的生活水平，是宏观经济政策的基本目标之一。由于当前的实际收入水平反映了生产率增长的历史，所以我们可以通过考察不同国家的人均GDP来衡量其过去生产率增长的相对成功性。表31-4是一个简表，该表用购买力平价汇率来比较各国的收入，购买力平价汇率衡量的是不同国家货币的购买力（或可购买的商品和服务的数量）。显然，美国在其过去的发展中已经取得了成功。但在最近几年，也许最令人担忧的问题是生活水平的提高还未能在全球共享。

在讨论增长率时，所涉及的数据常显得很小。一项成功的政策可能仅会使该国的增长率每年提高1个百分点。但经过较长的时期之后，情况就大不相同了。表31-5说明的是，随着增长率差

表 31-4　当前收入反映了过去增长的影响

国家或地区	人均 GDP，2006 年
美　国	44 070
香　港	39 200
英　国	33 650
日　本	32 840
德　国	32 680
斯洛文尼亚	23 970
韩　国	22 990
波　兰	14 250
墨西哥	11 990
博茨瓦纳	11 730
阿根廷	11 670
中　国	4 660
尼日利亚	1 410
刚　果	270

那些在过去的时间里增长得最快的国家，今天其人均 GDP 达到了最高水平。

资料来源：World Bank.

异的累积，小小的橡木是如何长成参天大树的。年均 4% 的增长率差异在一个世纪之后，会导致收入差距增加 50 倍。

公共政策如何促进经济增长呢？如我们关于经济增长的分析所强调的，人均产出的增长和生活水平的提高主要取决于一个国家的储蓄率和技术进步。包括储蓄在内的这些问题在本章已经讨论过了。技术变革不仅包括新产品和新的工艺流程，而且包括管理的改善以及企业家精神和企业精神。

表 31-5 增长率的微小差异在几十年后积聚为收入的巨大差异

增长率 （年百分比）	实际人均收入（固定价格，美元）		
	2000 年	2050 年	2100 年
0	$24 000	$24 000	$24 000
1	24 000	39 471	64 916
2	24 000	64 598	173 872
3	24 000	170 560	1 212 118

企业的精神

虽然投资是经济增长的主要因素，但技术进步也许更加重要。拿 1900 年的农场工人来说，即使他们在骡子、鞍具、牛车道和单沟犁具等方面的投资增加一倍或两倍，其生产率仍然无法与今天使用巨型拖拉机、高速公路和超级计算机的人们相比。

尽管人们很容易看到技术进步如何促进生产率及生活水平的提高，但各国政府并不能简单地强迫人们多思考或变得更聪明。实行中央计划的前社会主义国家曾使用"大棒"来促进科学发展、技术进步，鼓励创新，但它们的努力最终还是难免失败。这是因为不管是制度"大棒"还是"胡萝卜"，都很难解决鼓励技术创新和引进新技术中的根本性问题。而只有当政府设计出一个健全的经济法治框架，有力地保护知识产权，并允许在此框架内拥有广泛的经济自由之时，才有可能最大限度地促进技术变革。劳动力、资本、产品和思想的自由市场，被证明是创新和技术变革的最肥沃的土壤。

在自由市场的框架内，政府可以通过鼓励新思想和确保技术的有效利用，来扶植快速的技术进步。政策可以同时对供给和需求两方面都施加影响。

刺激对更高技术水平的需求　市场上充满了未被利用的先进技术，否则我们如何解释表31-4所反映的生产率的巨大差异呢？因此，政府在考虑技术政策时，必须努力确保企业和产业位于技术可能性边界上，该边界上任何一点都代表在全球市场上可获得的实践中的最好技术。

这里，最主要的经验是"需要是发明之母"。换句话说，企业间和行业间的激烈竞争是确保创新的最基本的动力。正如运动员在试图超过其竞争对手时往往能取得更好的成绩一样，当竞争优胜者获得名誉和财富，而落后者则可能破产时，公司就会受到刺激去改进它们的产品和工艺流程。

激烈的竞争既涉及国内也涉及国外的竞争对手。对技术领先的大国而言，要鼓励技术创新，国内的竞争是必要的。在过去30年解除管制的进程中，航空、能源、电信和金融等领域引入了竞争，明显地促进了技术创新。就小国或技术落后的国家而言，引入竞争对于采用先进技术、确保产品市场的竞争活力也十分关键。

促进新技术的供给　经济快速增长不仅要求确保对现有先进技术的需求，而且要求推动技术可能性边界的外移，后者可通过增加发明的供给来实现。政府可以采用三种方式鼓励新技术的供给。

首先，政府可以确保基础科学、工程学和技术得到适度的支持。

在这方面，最近50年内美国一直走在世界前列，它将公司对应用研究的支持与政府对高等学府基础研究的支持（资金资助）结合起来。其中最突出的是生物医学技术的改善，新的药物和医疗设备直接使消费者在日常生活中普遍受益。政府对纯粹营利性研究的支持主要通过以下措施实现：强大的专利系统、预测能力、成本－收益管制，还有财政激励等措施。例如，现今对研究开发活动实行税收优惠。

第二，政府可以通过鼓励外国企业投资来促进本国技术的进步。随着各国赶上并超过美国的前沿技术，它们也会有助于促进美国的技术水平，这主要是通过外国企业在美国开办业务来加以实现的。最近20年来，许多日本汽车制造商进入了美国，其采用的新技术和管理经验既有利于提高日本股东的利润，也有利于提高美国劳工的生产率。

第三，政府可以通过健全的宏观经济政策来促进新技术。其中包括对资本收入征收较低且稳定的税收，以及降低企业的资本成本。谈到资本成本的重要性，的确又会使我们兜回到低储蓄率和高实际利率的圈子里去。人们常说美国企业缺乏远见，不愿意进行长期投资。这种缺乏远见至少有一部分原因是由于实际利率太高——美国的高实际利率迫使理性的美国企业追求投资的短期收益。因此，降低实际利率的经济政策变化，会摘掉美国企业在考虑其技术政策时所戴的"经济眼镜"。如果实际利率降低了，企业将更倾向于考虑诸如技术投资这类长期的高风险项目，而所增加的知识投资也将会导致技术和生产率更快地提高。

经济增长的结束语

伴随着凯恩斯革命的发生,资本主义民主国家的领导人相信,他们的国家能够繁荣昌盛、实现快速增长。借助现代经济学工具,它们可以缓和过度失业和通货膨胀、贫富分化,以及特权者与被剥夺者之间利益的对立。鉴于市场经济经历了一段前所未有的产出扩张、就业增长的繁荣时期,应该说上述的许多目标都已经变成现实。

同期,一些马克思主义者曾经断言,资本主义将会在大萧条中走向自我毁灭。生态学家们常担心市场经济将窒息于其自身产生的毒气。自由主义者们则担心政府计划正在引导人们逐步走向奴役之路。然而,所有这些悲观主义者们都忽视了由开放社会和自由市场所带来的一种企业精神,而这种精神正是技术创新永不枯竭的源泉。

凯恩斯早期的一句名言在今天仍然没有过时,可以为同学们漫游现代经济学世界提供一个中肯的告别辞:

> 企业在创造并增加世界的财富。当企业顺利运作时,无论人们是否节俭,社会财富都会随之积聚起来;而当企业停滞不前时,无论人们如何节俭,社会财富也都会逐渐枯竭。

索 引

（所标页码为原书页码，即本书边码）

A

Ability-to-pay principle，支付能力原则，312，313
Absolute advantage，绝对优势，342
Absolute inequality，绝对不公平，325
Accelerator principle of investment，投资的加速数原理，448
Account，账户，389
Accounting，会计
    balance sheet，资产负债表，136–138
    deceptive or fraudulent，会计欺诈，138–139
    for depreciation，会计折旧，135–136
    historical costs，历史成本，138
    income statement，收益表，135–136
Accounting profits，会计利润，295
Accounting scandals，会计丑闻，138–139
Accounts payable，应付账款，138
Actual budget，实际预算，633
Actual GDP，实际GDP，372
Addiction, economics of，上瘾物品经济学，94–95
Adjustment mechanism，调整机制，439
Administered markets，管理型市场，601
Adverse selection，逆向选择，217，218，220

Advertising, as barrier to entry，广告，作为进入壁垒，176
Afghanistan war，阿富汗战争，140，631
Africa，非洲，526
African Americans，非洲裔美国人
    discrimination against，歧视，261
    teenage unemployment，青少年失业，603–604
    wage gap，工资差异，263
Age, unemployment by，由年龄造成的失业，603–604
Aggregate demand，总需求，377，432
    and business cycles，总需求与商业周期，435–437
    and classical unemployment，总需求与古典失业，260
    determination of output，产出决定，379
    factors influencing，影响因素，433–434
    impact of taxation，税收影响，444–445
    and inflation，总需求与通货膨胀，617
    interactions of monetary and fiscal policies，货币政策与财政政策的相互作用，643–646

macroeconomic equilibrium，宏观经济均衡，379–380
macroeconomic variables 宏观经济变量，377, 378
and monetary policy，与货币政策，488–489
and net exports，与净出口，567
and prices，与价格，377
Aggregate demand curve，总需求曲线，377–380
downward-sloping，向下倾斜，433–434, 435
price levels and output，价格水平和产出，435
Aggregate demand schedule，总需求表，378
Aggregate production function，总生产函数，117–118
and capital deepening，与资本深化，509–510
empirical estimates，经验估计，117–118
Aggregate supply，总供给，377, 590
determinants，决定因素
input costs，投入成本，590–592
potential output，潜在产出，500
determination of output，产出决定，379
foundations of，总供给的基础，589–594
in long and short run，长期总供给和短期总供给，589, 592–594
macroeconomic equilibrium，宏观经济均衡，379–380
macroeconomic variables，宏观经济变量，377, 378
and monetary policy，与货币政策，488–489

shifts in，总供给的移动，591–592
Aggregate supply curve，总供给曲线，377–380, 590
upward-sloping，向上倾斜的总供给曲线，594
vertical，垂直的总供给曲线，640
Aggregate supply schedule，总供给表，378–379
Agriculture，农业
collectivization of，农业集体化，537
economics of，农业经济学
crop restrictions，农业限制，75
long-run decline，长期下降，73–75
versus industrialization，与工业化，532
law of diminishing returns，收益递减规律，110
paradox of bumper harvest，丰收悖论，71
Amazon.com，亚马逊网站，138, 553
Anticipated inflation，预期通货膨胀，613
Antidumping tariffs，反倾销关税，357
Anti-inflation policy dilemmas，反通货膨胀政策的两难困境，624–627
costs of reducing inflation，降低通货膨胀的成本，625–626
defining the long run，长期的定义，625
Antipoverty policies，反贫困政策
costs of redistribution，再分配成本
adding up leaks，增加泄漏，333
goals，目标，331
battle over reform，改革之战，334–336
income-security，收入保障，334

views of poverty，贫困的观点，334

rise of welfare state，福利国家的崛起，330

Antitrust laws，反托拉斯法，36，184，201

Clayton Act，《克莱顿法》，203，204

conduct and structure，行为和结构efficiency，效率，206

illegal conduct，非法行为，204–205

Federal Trade Commission Act，《联邦贸易委员会法》，203，204

Microsoft case，微软案，205–206

Sherman Act，《谢尔曼法》，203–204，306

Standard Oil case，标准石油案，205

Apple Computer，苹果计算机，32，169，192

Appreciation of currencies，货币升值，551，569–570，580

Appropriable commodity，可分拨商品，268

AS-AD framework，AS-AD框架

compared to multiplier model，与乘数模型比较，441，442

monetary policy in，货币政策，488–489

Phillips curve，菲利普斯曲线，620–624

prices and inflation，价格与通货膨胀，617–620

Asia, economic growth in，亚洲的经济增长，369

Asian managed-market approach，亚洲管理型市场方式，533

investment rates，投资率，535

macroeconomic fundamentals，宏观经济基础，535

rise of China，中国的崛起，535

Asset demand for money，货币的资产需求，462

Asset market, reaction to monetary policy，资产市场对货币政策的反应，485

Asset prices, and interest rates，资产价格与利率，287

Assets，资产，136–137

on balance sheet，资产负债表，136–137

of banks，银行资产，463

depreciation of，资产折旧，135–136

distribution of，资产分配，232

of financial institutions，金融机构的资产，455

and financial intermediaries，与金融中介，454

financial vs. capital，金融资产与资本资产，284

fixed，固定资产，138

illiquid，非流动资产，288

liquidity of，资产流动性，288

nonmonetary，非货币资产，461

present value analysis，现值分析，285–287

tangible，有形资产，283，284

Asset values, impact on aggregate demand，资产价值对总需求的影响，434

Assistance programs，援助计划，308

Asymmetric information，信息不对称，217，220

AT&T，（美国）电话电报公司，36，118–119

antitrust case，反托拉斯案，205

Auction markets，拍卖型市场，601
Austrian School of Economics，奥地利经济学派，222
Automobile culture，汽车文化，116
Automobiles，汽车
 factors affecting demand curve，需求曲线的影响因素，49
 increase in demand for，增加对汽车的需求，50
Average cost，平均成本，129
 relation to marginal cost，平均成本与边际成本的关系，130–132
Average fixed cost，平均固定成本，129–130
Average income，平均收入，48，49，50
Average product，平均产量，108，109–110
Average tax rate，平均税率，315
Average variable cost，平均可变成本，130，153

B

Backward-bending supply curve，向后弯曲的供给曲线，159
Balanced budget，预算盈余，631，646
Balance of international payments，国际收支平衡，545
 basic elements，基本要素，545
 capital account，资本账户，546
 current account balance，经常账户余额，546，548
 current account deficits，经常账户赤字，634–635
 debits and credits，借方与贷方，545–547
 equilibrium，均衡，557
 and exchange rates，与汇率，551–552
 financial account，金融账户，546–547
 international adjustment mechanism，国际调整机制，555–557
 patterns of deficits/surpluses，赤字/盈余模式，547–548
 trade balance，贸易余额，546
Balance on current account，经常账户余额，376，546，548
Balance sheet，资产负债表，136
 accounts payable，应付账款，138
 assets，资产，136–137
 compared to income statement，资产负债表与收益表比较，137
 of Federal Reserve Banks，联邦储备银行的资产负债表，478–479
 historical costs，历史成本，138
 liabilities，负债，137
 notes and bonds payable，应付票据，138
 stock，股票，137
Bank reserves，银行储备，478
Bankruptcy，破产，431
Banks and banking; see also Central banks; Federal Reserve System，银行与银行业，见"中央银行"、"联邦储备系统"
 assets of，银行的资产，463
 historical development，历史发展，463–465
 inherently unstable，内在不稳定，481
 money creation by，货币创造，464–465
 nature of reserves，准备金的性质，482
 savings accounts，储蓄账户，457
Barriers to entry，进入壁垒，175

advertising,广告,176
brand value,品牌价值,176–177
high cost of entry,进入的高成本,176
legal,合法的
    entry restrictions,进入限制,175
    import restrictions,进口限制,175
    patents,专利,175
product differentiation,产品差异化,176
source of imperfect competition,不完全竞争的来源,175–177,189
Base year,基年,391
Benefit principle,受益原则,312,313
Bilateral monopoly,双边垄断,259
Bilateral trade,双边贸易,348
Birth rates,出生率,526–527
Board of directors,董事会,121
Bonds,债券
    emerging-market,新兴市场,580
    interest rate on,债券利率,289
    interest rates and prices of,利率与债券价格,287
Bonds payable,应付债券,138
Boskin Commission,波斯金委员会,404
Bottom line,利润,135
Brand names, as capital,品牌名称资本,283
Brands, top ten,排名前十的品牌,176
Brand value,品牌价值,176–177
Brazil,巴西
    protectionism in,保护主义,358–359
Break-even point,盈亏平衡点,412
    consumption function,消费函数,413
Bretton Woods system,布雷顿森林体系,557,558,569
    ended in 1973,1973年结束,558
British East India Company,东印度公司,120
Budget, federal,联邦预算,631
    actual,实际预算,633
    constraints on Congress,对国会的约束,646–647
    government policy,政府政策,632–633
    and growth of deficits,预算与赤字的增长,631–632
    major purposes,主要目的,632
    and national accounts,预算与国民账户,396
    structural,结构性预算,633
Budget Act of 1993,1933年《预算法案》,322,646
Budgetary expenditure patterns,预算支出模式,409–411
Budget constraint,预算约束,103
Budget deficits,预算赤字,631
    effect on net exports,预算赤字对净出口的影响,577
    fiscal history,财政历史,631–632
    versus government debt,预算赤字与政府债务,631
    Keynesian view,凯恩斯关于预算赤字的观点,632
    in Ricardian view of fiscal policy,李嘉图对财政政策的观点,641
    short-run impact,短期影响
        fiscal policy and multiplier model,财政政策与乘数模型,633–634
        versus long-run,与长期,633
Budget line,预算线,103
    consumer equilibrium,消费者均衡,104

effect of income changes，收入变化影响，104–105
effect of price changes，价格变化影响，105
Budget surplus，预算盈余，631
　Keynesian view，凯恩斯关于预算盈余的观点，632
Buffett, Warren，沃伦·巴菲特，256，328
Bumper harvest paradox，丰收悖论，71
Bureau of Economic Analysis，经济分析局，321，406，426，451
Bureau of Labor Statistics，劳工统计局，265，402，403，426
Bush administration (2nd)，布什政府，140，206
Business climate，商业环境，579–580
Business confidence，企业信心，421
Business cycles，4，428–437，429，458；see also Stabilization policies，商业周期，见"稳定政策"
　in classical macroeconomics，古典宏观经济学中的商业周期，639
　consumption/saving behavior，消费/储蓄行为，416
　control by monetary policy，通过货币政策控制商业周期，375–376
　definition，商业周期的定义，39
　and demand management，商业周期与需求管理，643–644
　features，商业周期的特征，429–431
　and financial crises，商业周期与金融危机，431–432
　and Great Moderation，商业周期与黄金时代，436–437
　international，国际商业周期，564
　and multiplier model，商业周期与乘数模型，448
　output vs. unemployment in，产出与失业，597
　recent，最近的商业周期，428
　recession of 2007–2008，2007~2008年的衰退，368–369
　role of economic policy，经济政策的作用，381–382
　spending-income interactions，支出与收入的相互作用，408
　and stabilization policies，商业周期与稳定政策，307–308
　and unemployment，商业周期与失业，594–605
　unemployment rate，失业率，373
Business-cycle theories，商业周期理论，431–432
　internal theories，内部理论，431，448
　and multiplier model，商业周期理论与乘数模型，449
　real-business-cycle theory，实际商业周期理论，639，640
Business decisions，商业决策，139
Business income，营业收入，295
Business strategies，经营战略，116

C

Capital，资本，33
　allocation across investments，资本在投资间配置，284–285
　basic theory of，资本的基本理论
　　determinants of interest and return on，利率与资本收益的决定因素，293
　　graphical analysis of returns，投资收益的图形分析，293–295
　　long-run equilibrium，长期均衡，295

short-run equilibrium,短期均衡,294–295
categories of,资本分类,283
versus financial assets,资本与金融资产,284
Fisher theory,费雪理论,292–293
growth of,资本增长,33–34
intangible,无形资本,283, 578
investments,投资
 prices and rentals on,价格和租费,283–284
 rate of return on,投资收益率,284
marginal product,边际产品,293
net increases in,资本净增长,395–396
physical,物理资本,216–217
present value,资本现值
 definition,资本现值定义,285
 general formula,资本现值一般公式,286–287
 maximizing,资本现值最大化,287
profit as return to,利润作为资本的收益
 determinants of profit,利润的决定因素,295–297
rate of return,收益率,284–285
 remaining steady,维持稳定,292
return on,资本收益
 determinants of interest rate,利率的决定因素,293
 graphical analysis,图形分析,293–295
supply of,资本供给,238
taxes on,对资本所得的课税,318
Capital account,资本账户,547
Capital deepening,资本深化,508–509

in economic growth process,经济增长过程中的资本深化,508–510
per capita output,人均产出,515
Capital formation,资本形成
for economic development,经济发展,527–528
and need for technological change,技术变革的需要,510–511
Capital gain,资本利得,466
Capital goods,资本品,9
depreciation,资本品折旧,135–136
and property rights,资本品与所有权,34
Capitalism,资本主义,25–26, 34, 283
financial panics,金融恐慌,431
Capital-labor ratio,资本-劳动比率,508, 510
Capital markets; see Financial markets,资本市场,见"金融市场"
Capital output ratio, U.S. 1900–2008,美国1900~2008年的资本产出比率,512–513
Capital stock,资本存量
Carbon dioxide emissions,二氧化碳的排放,278–279
Carbon taxes,碳税,278–279
Cartels,卡特尔,190
OPEC,石油输出国组织,191
Cash,现金,138
Caterpillar, Inc.,卡特彼勒公司,260
Central bank(s), 33, 475–479; see also Federal Reserve System,中央银行,见"联邦储备系统"
European Union,欧盟,583
goals,中央银行的目标,476–477
history of,中央银行的历史,476

inflation-targeting，设定通货膨胀目标，647
international linkages，国际联系，494
monetary transmission mechanism，货币传导机制，453，484–485
in open economy，开放经济中的中央银行，493–494

Centrally planned economies，中央计划经济
and economic development，中央计划经济与经济发展，534–535
failed model，模型失效，536–539
versus market economy，中央计划经济与市场经济，535
Soviet-style，苏联模式
balance sheet，资产负债表，538
comparative performance，比较绩效，538
historical roots，历史根源，537

Chicago Board of Trade，芝加哥期货交易所，26，601
Chief executive officers，首席执行官，121
China，中国
economic development，中国经济发展，535
and intellectual property rights，知识产权，223
labor costs，劳动成本，341
market economy in，中国的市场经济，41
oil imports，石油进口，57
trade surplus，贸易盈余，581
trade war with，与中国的贸易战争，357
Choice，选择
by consumers，消费者选择，84

and production possibilities frontier，选择与生产可能性边界，10–14
and utility theory，选择与效用理论，84–87

Circular flow diagram，环形流动图
flow of funds，资金流动图，456
of macroeconomic activity，宏观经济活动环形流动图，388
of market economy，经济活动流程图，28–29

Civil Rights Act of 1964，1964年《民权法案》，264

Classical macroeconomics，古典宏观经济学，593，639
on comparative advantage，比较优势，348–349
on economic growth，经济增长，506–507
and income redistribution，古典宏观经济学与收入再分配，330
policy consequences，政策后果，639

Clayton Antitrust Act，《克莱顿反托拉斯法》，203，204，258
Clean Air Act of 1970，1970年《空气洁净法》，275
Climate change，气候变化
Kyoto Protocol，《京都议定书》，279
Clinton, Bill，比尔·克林顿，313，335，646
Clinton administration，克林顿政府，384
Closed economy，封闭经济
saving and investment in，封闭经济中的储蓄和投资，574
Coase, Ronald，罗纳德·科斯，119，124，278
Coca-Cola Company，可口可乐公司，170，176–177，283

Collective bargaining，集体协议，257
  bilateral monopoly，双边垄断，259
  costs of，集体协议的成本，601
  and government，与政府，258
  wage increases，工资增长，258–259
  work rules，工作规则，258
Collusion，勾结，190
  obstacles to，相互勾结的障碍，191
Collusive oligopoly，勾结寡头，190–191
Command economy，指令经济，8
Commercial banks, 454; see also Banks and banking，商业银行，见"银行与银行业"
  balance sheet，资产负债表，463，480–481
Commodities，商品，523
  and comparative advantage，商品与比较优势，347–348
Commodity money，商品货币，459
Common currency，统一货币，558，581–582
Common market，统一市场，361
Common stock，普通股，120，138，457
  impact of inflation，通货膨胀的影响，615
Compaq Computer，康柏计算机，192
Comparative advantage，比较优势
  and cheap foreign labor，国外廉价劳动力，356
  equilibrium price ratio，均衡价格比率，345–347
  extensions of，比较优势扩大
    triangular and multilateral trade，三角/多边贸易，348
  of firms，企业间的比较优势，119
  gains from trade，贸易利得，343–344
  graphical analysis，比较优势图解

  opening up to trade，开放贸易，345–347
  U.S. without trade，没有贸易的美国，344–345
  outsourcing，外包，344
  principle，原理，341–342
  and production possibilities frontier，生产可能性边界，344–347
  qualifications on decisions，决策的限制条件
    classical assumptions，古典假定，348–349
    income distribution，收入分配，349
    Ricardo's analysis，李嘉图关于比较优势的分析，342–343
    supply and demand analysis，供给与需求分析，350–355
    terms of trade，贸易条款，345
Compensating differentials，补偿性（工资）差异，254
Compensation，薪酬
  of executives，高管薪酬，121–122
  reasons for differences，薪酬差异原因，328
Competition; see also Game theory，竞争，见"博弈理论"
  concentration ratios，集中率，189
  versus import restrictions，竞争与进口限制，175–176
  industrial，产业竞争，173，174
Competitive economy, rate of return on capital，竞争性经济，资本收益率，293
Competitive equilibrium，竞争均衡
  in agriculture，农业的竞争均衡，74
  efficiency，效率，160–162

with many consumers and markets, 多个消费者和市场的竞争均衡, 162–163
Competitive firms, 竞争性企业
　　demand curve, 需求曲线, 150
　　homogeneous products, 同质化产品, 150
　　profit maximization, 利润最大化, 149–150
　　supply behavior, 供给行为, 149–154
　　supply decisions, 供给决策, 151
Competitive industries, 竞争产业
　　long-run equilibrium, 长期均衡, 155–157
　　market supply curve, 市场供给曲线, 154–155
　　prices in long run, 长期价格, 157
　　short-run equilibrium, 短期均衡, 155
　　supply behavior, 供给行为, 154–157
Competitive markets, 竞争市场
　　backward-bending supply curve, 向后弯曲的供给曲线, 159
　　concept of efficiency, 效率的概念, 160
　　demand for inputs, 投入需求, 243
　　demand rule, 需求规则, 158
　　efficiency of competitive equilibrium, 竞争性均衡的效率, 160–162
　　equilibrium with many consumers and markets, 多个消费者和市场的均衡, 162–163
　　evaluating market mechanism, 市场机制评估, 160–163
　　fixed supply and economic rent, 固定的供给和经济租金, 159
　　general rules, 一般规则, 157–160
　　income and consumption in, 竞争市场的收入与消费, 234
　　integration of demand and costs, 需求与成本的整合, 162
　　with many goods, 多种商品的竞争市场, 162–163
　　marginal cost as benchmark for efficiency, 边际成本作为效率的标杆, 163
　　qualifications, 限制
　　　　externalities, 外部性, 164
　　　　imperfect competition, 不完全竞争, 163–164, 164
　　and shifts in supply, 供给的移动, 159–160
　　small number of, 少量, 169
　　supply rule, 供给规则, 158
Competitiveness and productivity, 竞争力和生产率, 580–581
Complements, 互补品, 92, 93
　　and illegal drugs, 非法药品, 95
Compound interest, rule of 70, 复利的70法则, 522
Computer industry, in Brazil, 巴西的计算机产业, 358–359
Computers, 计算机
　　decline in price of, 计算机价格下降, 49
　　demand for, 计算机需求, 48
Concentration ratios, 集中率
　　four-firm ratio, 四企业集中率, 188
Congress, budgetary constraints on, 国会的预算约束, 646–647
Congressional Budget Office, 国会预算办公室, 383, 623
Consumer behavior, 消费者行为
　　in behavioral economics, 行为经济学, 88–89
　　equimarginal principle, 等边际原理, 87

income effect,收入效应,90–91
　　with indifference curves,无差异曲线,101–106
　　substitution effect,替代效应,90
　　utility maximization,效用最大化,87
Consumer equilibrium,消费者均衡,87
　　effect of income change,收入变化的影响,104–105
　　effect of price changes,价格变化的影响,105
Consumer expenditures,消费者支出
　　on illegal drugs,消费者在非法药品的支出,94–95
　　on tobacco and alcohol,消费者在烟草和酒类的支出,94
Consumer price index,消费者价格指数,373,609
　　calculating,消费者价格指数的计算,403
　　index-number problem,指数数值问题,403–404
　　inflation rate calculation,通货膨胀率计算,373–374
Consumers; see also Tastes,消费者,见"偏好"
　　average income,平均收入,48,49
　　budget constraint/line,预算约束/线,103
　　choices,选择,84
　　costs of tariffs,关税成本,353–355
　　demand for final goods,最终产品需求,233,234
　　determinants of production,产量决定因素,27
　　in network markets,网络市场,114–116
　　price signals for,价格信号,27

rational expectations,理性预期,641
utility maximization,效用最大化,163
and utility theory,效用理论,87
Consumer surplus,消费者剩余,96,161
　　applications of,消费者剩余的应用,97
　　and utility,消费者剩余与效用,96–97
Consumption,消费
　　in aggregate demand,总需求,377,432–433
　　budgetary expenditure patterns,预算支出模式,409–411
　　changes in U.S. 1970–2007,1970~2007年美国的消费变化,417
　　component of GDP,GDP的组成,394,408–409
　　definition,消费定义,408
　　of demerit goods,害品的消费,94–95
　　determinants of,消费的决定因素,416–418
　　and domestic demand,国内需求,565
　　effect of taxes on,税收对消费的影响,75–77
　　high relative to income,消费与收入高度相关,408
　　life-cycle hypothesis,生命周期假说,416–417
　　major components,消费的主要构成,409
　　national behavior,国民消费行为
　　　　determinants,消费的决定因素,416–418
　　　　national consumption function,国民消费函数,418–420

nominal vs. real，名义消费与实际消费，433
reaction to interest rate changes，消费对利率变化的反应，485
in Ricardian view of fiscal policy，李嘉图的财政政策观点，640–641
and saving，消费与储蓄
 alternative measures，其他测量指标，420
 consumption function，消费函数，412–413
 and income，收入，411–412
 saving function，储蓄函数，413–414
with trade，贸易前，345–347
without trade，贸易后，344–345
and utility theory，效用理论，84–86
Consumption expenditures，消费支出，394
Consumption function，消费函数，412
 break-even point，盈亏平衡点，413
 effect of taxes，税收的影响，444
 and output determination，产出决定，437–438
 and saving function，消费函数与储蓄函数，413
 scatter diagram，散点图，23
 slope of，消费函数的斜率，415
Consumption goods，消费品，387
Consumption possibilities curve，消费可能性曲线，346, 347
Consumption taxes，消费税，317
Cooperative oligopolies，合作寡头，190
Copyright laws，版权法，223
Corporate bonds, interest rate on，公司债券的利率，289
Corporate income tax，公司所得税，317
Corporate profits，公司利润，297

Corporate scandals，公司丑闻，121
Corporations, 120; see also Firms，公司，见"企业"
 advantages and disadvantages，公司的优势与劣势，121
 executive compensation，高管薪酬，121–122
 limited liability，有限责任，120
 managers and directors，经理和董事，120
 ownership of，公司所有权，120
 separation of ownership and control，公司所有权与控制权分离，121
 stockholders，公司股东，120
Cost(s); see also Opportunity cost; Production costs，成本，见"机会成本"、"生产成本"
 accounting for，成本的会计核算
  balance sheet，资产负债表，136–138
  financial scandals，金融丑闻，138–139
  income statement，收益表，135–136
 derivation of，衍生成本，132
 determinant of investment，投资的决定因素，421
 economic analysis of，成本的经济分析
  average cost，平均成本的经济分析，129–132
  average fixed cost，平均固定成本的经济分析，120–130
  average variable cost，平均可变成本的经济分析，130
  fixed cost，固定成本的经济分析，126–127

marginal cost,边际成本的经济分析,127–129
marginal product and least-cost rule,边际产品和最小成本法则,134
relation of average and marginal costs,平均成本与边际成本的关系,130–131
substitution rule,替代原则,134–135
total cost,总成本的经济分析,126, 127, 129
unit cost,单位成本的经济分析,129
variable cost,可变成本的经济分析,127
of entry,进入成本,176
factor in international trade,国际贸易因素,341
historical,历史成本,138
of Iraq war,伊拉克战争的成本,140
long-run,长期成本,133–134
minimum attainable,最小可获得成本,127
of resources,资源成本,139
short-run,短期成本,133–134
source of imperfect competition,不完全竞争的根源,173–175, 189
of tariffs,关税成本,353–355
Cost-benefit analysis,成本–收益分析
of European Monetary Union,欧洲货币联盟的成本–收益分析,583–584
of government programs,政府计划的成本–收益分析,97
of pollution levels,污染水平的成本–收益分析,273
Cost curves,成本曲线
determination of,成本曲线的决定因素,132–133
U-shaped,U形成本曲线,133–134
Cost-minimization assumption,成本最小化假设,134
Cost of capital,资本成本,421, 580
Cost of goods sold,销货成本,135
Credit crisis of 2007–2008,2007~2008年的信贷危机,308, 481
Currency boards,货币委员会,558
Currency/Currencies,货币
appreciation,货币升值,551
depreciation,货币贬值,551
euro,欧元,361, 581–582
in money supply,货币供给,459–460
supply and demand equilibrium,供求均衡,566
Current account,经常账户
balance on,经常账户余额,546, 548
and exchange rates,汇率,553
Current assets,货币资产,138
Curves,曲线
movements along,沿着曲线移动,22
shifts of,曲线的移动,22
Cyclical unemployment,周期性失业,599

D

Deadweight loss,净损失,200
Defense spending,国防支出,447
Deflation,通货紧缩,374, 392
Dell Inc.,戴尔公司,169
Delta Air Lines,德尔塔航空公司,193
Demand; see also Aggregate demand; Domestic demand; Supply and demand,需求,见"总需求"、"国内需求"、"供给与需求"

for addictive substances，对上瘾物品的需求，94–95
in behavioral economics，行为经济学，88–89
for better technologies，对更好的技术的需求，649
for capital，资本需求，291–292
downward-sloping，向下倾斜，57
elastic，有弹性的需求，66
income effect，需求的收入效应，90–91
inelastic，无弹性的需求，66
law of diminishing marginal utility，边际效用递减规律，85
market demand，市场需求，48
price-elastic，富有需求价格弹性，66–68
price-inelastic，缺乏需求价格弹性，66–68
and Say's Law of Markets，萨伊定律，639
substitution effect，需求的替代效应，90
unit-elastic，单位弹性，66–68
and utility maximization，效用最大化，84
and utility theory，效用理论，84–85
Demand curve，需求曲线，46，65
versus aggregate demand curve，需求曲线与总需求曲线，379
for competitive firms，竞争性厂商的需求曲线，150
and consumer surplus，需求曲线与消费者剩余，96–97
downward-sloping，向下倾斜的需求曲线，47，87–88，90，106，160
equilibrium with，均衡，54–59

forces behind，背后的力量
average income，平均收入，48，49
prices of related goods，相关物品价格，48，49
size of market，市场规模，48，49
special influences，特殊影响，48，49
tastes and preferences，品位与偏好，48，49
with free trade，自由贸易，350
for gasoline，对汽油的需求，76
and income effect，收入效应，47，48，90–91
linear，线性，69–70
market，市场，48
for monopolistic competition，垄断竞争，191–192
and price discrimination，价格歧视，194
price elasticity of，需求的价格弹性，68–79
rightward shifts，向右移动，56
source of market demand，市场需求来源，239–240
and substitution effect，替代效应，47，48，90–91
Demand for labor，劳动力需求，249–251
derived demand，衍生需求，233，234
marginal productivity differences，边际生产率差异，249–250
and minimum wage，最低工资，78–79
national comparisons，劳动力需求的国家间比较，250–251
Demand for money; see Money，货币需求，见"货币"

Demand management, 需求管理
  in business cycles, 商业周期, 643
  fiscal policy role, 财政政策的作用, 643–644
  monetary policy effectiveness, 货币政策的效果, 644
Demand-pull inflation, 需求拉动型通货膨胀, 617, 617–618
Demerit goods, 害品, 94
Demographics of unemployment, 失业人口统计, 602–604
Department of Commerce, 商务部, 357, 401
Department of Defense, 国防部, 312, 355
Department of Labor, 劳工部, 516
Depreciation, 贬值, 135, 395
Depreciation (currency), 货币贬值, 551, 569–570, 572–573
  of Mexican peso, 墨西哥比索贬值, 560
Depression, 429; see also Great Depression, 萧条, 见"大萧条"
Deregulation, 解除管制
Derived demand, 衍生需求, 233, 234
Developing countries, 发展中国家
  backwardness hypothesis, 落后假说, 531–532
  debt crises, 债务危机, 528–529
  emerging-market bonds, 新兴市场债券, 528
  human development, 人类发展, 525
  imitating technology, 技术模仿, 529
  inequality in, 不公平, 327
  infrastructure, 基础设施, 527–528
  investment in, 投资, 528–529
  living standards, 生活水平, 525
  natural resources, 自然资源, 527
  obstacles facing, 面对的障碍, 521

population explosion, 人口爆炸, 526–527
poverty traps, 贫困陷阱, 530
strategies for development, 发展战略, 532–533
Diminishing marginal product, 边际产品递减, 144–145
Diminishing marginal utility, 边际效用递减
Direct control of externalities, 外部性的直接控制, 275–276
Direct taxes, 直接税, 314
Discounting, 折现, 286
Discount rate, 折现率, 481
Discrimination, 261; see also Labor market discrimination, 歧视, 见"劳动市场的歧视"
Disease control, 疾病控制, 527
Disequilibrium, 不均衡, 428, 439
Disequilibrium unemployment, 不均衡失业, 598–601
Disposable income, 可支配收入, 400
  and consumption function, 消费函数, 412–413
  and marginal propensity to save, 边际储蓄倾向, 414
Distribution theory, 分配理论, 232
  factor demands, 要素需求, 233–234, 236–238
  national income, 国民收入, 241–243
  supply factors, 供给因素, 238–239
Diversification of investments, 投资多样化, 455, 470–471
Dollar, 美元
  appreciation of, 美元升值, 580
  and currency boards, 货币委员会, 558

nominal interest rate，美元的名义利率，288
supply and demand，美元的供给和需求，549–550
and tight money policy，紧缩的货币政策，569–570
Dollarization，美元化，558，560
Domestic demand，国内需求，565
Domestic investment，国内投资，577
Domestic product，国内产品，565
Domestic trade，国内贸易
capital in，国内贸易中的资本，33–34
division of labor for，劳动分工，31
versus international trade，国内贸易与国际贸易，340
key considerations，关键考虑因素，30–31
Dominant equilibrium，主导均衡，197
Dominant strategy，主导战略，197
Double taxation，双重税收，121，318
Downward-sloping aggregate demand curve，向下倾斜的总需求曲线，433–434，435
Downward-sloping demand curve，向下倾斜的需求曲线，47，57，87–88，106，160
income effect，收入效应，90–91
substitution effect，替代效应，90
Dumping，倾销，195

E

East Asia，东亚
financial crisis of 1998，1998年的东亚金融危机，494
East Asian miracle，东亚奇迹，534
Eastern Europe，东欧
revolution of 1989–1991，1989~1991年的东欧革命，502
transition to markets，东欧向市场转型，41，538–539
E-commerce，电子商务，26
Economic development，经济发展，7
alternative models，其他模式
markets vs. command，市场经济与指令经济，533–534
socialism，社会主义，533，535–536
Soviet-style command economy，苏联模式下的指令经济，533，536–539
and compound interest，复合利率，522
elements of，经济发展的要素
capital formation，资本形成，527–528
human capital，人力资本，527
human resources，人力资源，526–527
natural resources，自然资源，527
technological change，技术变革，529–530
in poor countries，贫穷国家
aspects of developing countries，发展中国家方面，524–525
human development，人力发展，525
and population growth，人口增长
strategies for，经济发展战略
backwardness hypothesis，落后假说，531–532
government role，政府作用，533
industrialization vs. agriculture，工业化vs.农业，532
outward orientation，出口导向，出532–533

social scientists' views，社会科学家的观点，531
Economic efficiency, 4; see also Efficiency，经济效率，见"效率"
Economic fluctuations; see Business cycles，经济波动，见"商业周期"
Economic goods，经济品，4
Economic growth，经济增长，371, 502
　and Adam Smith，亚当·斯密，30
　in advanced countries 1870–2006，1870~2006年发达国家的经济增长，502
　aggregate production function，总生产函数，503
　in closed economy，封闭经济中的经济增长，574–576
　consumption/saving behavior，消费/储蓄行为，416
　versus decline，经济增长与经济下降，502
　definition，经济增长的定义，39
　disagreements among economists，经济学家关于经济增长的争论，506
　and equity，经济增长与公平，38
　four wheels of，经济增长的四个轮子
　　human resources，人力资源，503
　　increase in capital，资本增加，503–504
　　natural resources，自然资源，503
　　technological change，技术变革，504–505
　and government debt，经济增长与政府债务
　　displacement of capital，资本替代，635–637
　　efficiency losses from taxes，税收的效率损失，635

　　external vs. internal debt，外部债务与内部债务，634–635
　　historical trends，历史趋势，634
　　long-term decline，长期下降，637–638
　growth century，增长的世纪，381
　and human welfare，人类福利
　　per capita GDP，人均GDP，648
　　spirit of enterprise，企业家精神，649–650
　impact of budget deficits，预算赤字的影响，633–634
　in Industrial Revolution，工业革命，502–503
　in Japan, China, and India，日本、中国和印度，503
　limits to，经济增长的限制，523
　living standards，生活水平，501–502
　and low inflation，经济增长与低通货膨胀，616
　in open economy，开放经济中的经济增长，574, 578–580, 583
　output per person，人均产出，502
　and production possibilities frontier，生产可能性边界，10–13, 502
　and productivity，经济增长与生产率，503
　promotion of，促进经济增长
　　intangible capital，无形资本，578
　　investment climate，投资环境，579–580
　　stable macroeconomic climate，稳定的宏观经济环境，579
　　trade policies，贸易政策，578
　sustainable，可持续的经济增长，267
　theories of，经济增长理论，502–512
　　in classical economics，古典经济增长理论，506–507

long-term significance，长期影响，501–502
in macroeconomics，宏观经济学，501
new growth theory，新增长理论，511
role of technological change，技术变革的作用，510–511
seven basic trends，七大基本趋势，512–513
in United States，美国
basic trends，基本趋势，512–514
labor productivity，劳动生产率，516
Economic impact of unemployment，失业的经济影响，596
Economic integration，经济一体化
in European Union，欧盟经济一体化，583
and financial crises，金融危机，32
of financial markets，金融市场的经济一体化，32
gains from trade，贸易利得，32
from globalization，全球化，31–33
Economic opportunity，经济机会，331
Economic organization，经济组织
problems to solve，要解决的问题，7–8
solutions to，解决方案，27–28
Economic outcomes，经济结果，331
Economic profit，经济利润，135，295
and long-run equilibrium，长期均衡，157
zero，零经济利润，152
Economic regulation，经济管制，306
Economic rent，经济租金，159
Economics，经济学，4
of addiction，上瘾经济学，94–95
of agriculture，农业经济学，73–75
Austrian School，奥地利学院，222
behavioral，行为经济学，88–89，183
concept of equilibrium，均衡概念，57–58
debate about equality，关于公平的争论，39
of debt and deficits，债务与赤字经济学，633–635
environmental，环境经济学，271–280
essence of，经济学的本质，4–5
goal of，经济学的目标，6–7
of health care，医疗保健经济学，219–221
of inflation，通货膨胀经济学，614–616
of information，信息经济学，221
of insurance，保险经济学，216–219
logic of，经济学逻辑，5–6
marginal principle，边际原理，183
of natural resources，自然资源经济学，267–271
opportunity cost，机会成本，13
of politics，政治经济学，309
production possibilities frontier，生产可能性边界，9–13
of protectionism，保护主义经济学，355–359
public-choice theory，公共选择理论，309
reasons for studying，学习的理由，3
of risk and uncertainty，风险和不确定性经济学，211–216
scarcity，稀缺，4
of taxation，税收经济学，312–320

what, how, and for whom issues，什么、如何以及为谁，7–8
Economics of information，信息经济学，222
Economic stabilization，经济稳定，39–40
Economic stimulus from defense spending，国防支出的经济刺激，447
Economic surplus，经济剩余，161
Economic systems，经济系统
 command economy，指令经济，8, 533, 536–539
 laissez-faire，自由放任，8
 market economy，市场经济，8
 mixed economy，混合经济，8
 socialism，社会主义，533, 535–536
Economic trends，经济趋势，7
Economies of scale，规模经济，111, 189
 factor in international trade，国际贸易的因素，341
 in large firms，大型企业的规模经济，169
 in natural monopoly，自然垄断的规模经济，201
Economies of scope，范围经济，116
Economists，经济学家
 categorization of resources，资源分类，268–269
 criticism of corporate income tax，关于公司所得税的批评，317
 disagreements on economic growth，关于经济增长的争论，506
 on free trade，自由贸易，349–350
 on inflation policy，通货膨胀政策，626
 on minimum wage，最低工资，77
 on natural resources，自然资源，268
 on policies to lower unemployment，降低失业的政策，626–627

Economy/Economies，经济
 effects of taxation，税收的影响，375
 efficiency，经济效率
  and externalities，经济效率与外部性，36
  and imperfect competition，经济效率与不完全竞争，35–36
  perfect competition，完全竞争，35
  public goods，公共品，36–38
 equity，公平，38–39
 fine-tuning，微调，489
 government control of，政府对经济的控制，303–309
 government role，政府作用，34–35
 growth and stability，增长与稳定，39–40
 invisible hand，看不见的手，28–30
 market equilibrium，市场均衡，27
 market mechanism，市场机制，26–30
 money，货币，33
 prices，价格，27
 private property，私有产权，34
 profits，利润，27
 public vs. private goods，公共品与私人品，12–13
 solution of economic problem，经济问题的解决方案，27–28
 specialization，专业化，31–33
 stabilization policies，稳定政策，307–308
 tastes and technology，偏好与技术，28
 technological possibilities，技术可能性，8–14
 trade，贸易，30–33
 waste in，经济浪费，14
 welfare state，福利国家，40–41
Ecosystems，生态系统，274

Education,教育
　　in developing countries,发展中国家的教育,527
　　and wage differentials,教育与工资差异,255–256
Effective tax rate,有效税率,315
Efficiency,效率,4
　　and antitrust laws,效率与反托拉斯法,206
　　of competitive equilibrium,竞争均衡的效率,160–162
　　concept of,效率的概念,160
　　conclusions on,结论,164–165
　　effect of income redistribution on,收入再分配对效率的影响,332
　　engineering efficiency,工程效率,160n
　　equilibrium with many consumers and markets,多个消费者与市场的均衡,162–163
　　government promotion of,政府提高经济效率
　　　　externalities,外部性,36
　　　　and imperfect competition,不完全竞争,35–36
　　　　perfect competition,完全竞争,35
　　　　public goods,公共品,36–38
　　impact of inflation,通货膨胀的影响,615
　　of income redistribution,收入再分配的效率,331
　　in insurance market,保险市场,217
　　Pareto efficiency,帕累托效率,160
　　and profit maximization,利润最大化,148
　　in tax system,税收制度
　　　　capital income,资本收入,318
　　　　impact of globalization,全球化影响,318–319
　　　　labor income,劳动收入,318
Efficiency-wage theory,效率工资理论,641
Efficient financial market,有效率的金融市场,469
Efficient market theory,有效市场理论
　　rationale for,基本原理,469
Efficient tax theory,有效税收理论,271
Elastic demand,弹性需求,66
Elastic supply,弹性供给,72–73
Electronic money,电子货币,459
Emerging-market bonds,新兴市场债券,528–529,580
Emigration and economic growth,移民与经济增长,578–579
Emission fees,排放费,276–277
Employment,就业
　　effect of aggregate demand shifts,总需求移动的影响,593–594
　　effect of minimum wage on,最低工资的影响,77–79
　　fluctuations in,就业波动,368–369
　　measure of economic success,经济成功的测量,373
　　in recessions,衰退中的就业,430
　　self-employment,自我雇佣,120
Employment Act of 1946,1946年《就业法案》,368
Energy price controls,能源价格管制,79–80
Energy prices,能源价格,404
Engel's Laws,恩格尔定律,409n
Engineering efficiency,工程效率,160n
Enron Corporation,安然公司,121–122,138–139
Entrepreneurship,企业家精神
　　in developing countries,发展中国家的企业家精神,529–530

Entry; see also Barriers to entry, 进入, 见"进入壁垒"
    free, 自由进入, 155
    high costs of, 进入的高成本, 175
    for labor market, 劳动力市场, 257
    monopolistic competition before and after, 垄断竞争前后, 192
Entry restrictions, 进入限制, 175
Environment, global protection of, 环境的全球保护, 308
Environmental economics, 271–280; see also Externalities, 环境经济学, 见"外部性"
    climate change, 气候变化, 278–280
Environmentalism, 环境保护主义, 271
    and limits to growth, 增长限制, 523
    view of economic growth, 经济增长观点, 267
Equal-cost lines, 等成本线, 146
Equilibrium, 438; see also Competitive equilibrium, 均衡, 见"竞争性均衡"
    in banking system, 银行系统的均衡, 465
    concept of, 均衡的概念, 57–58
    consumer, 消费者均衡, 101–106, 104–106
    dominant, 主导均衡, 197
    effects of supply and demand shifts, 供给与需求移动的影响, 55–57
    free trade, 自由贸易, 346–347
    long-run, 长期均衡, 155–157
    macroeconomic, 宏观经济学, 379–380
    maximum-profit, 利润最大化, 190
    no-trade, 无贸易, 350–351
    in return on capital, 资本收益, 293–295
    short-run, 短期均衡, 155, 156
    supply and demand, 供给与需求, 53–60, 560
    with supply and demand curves, 供给曲线与需求曲线, 54–59
    zero-profit, 零利润, 157
Equilibrium foreign exchange rate, 均衡汇率, 550
Equilibrium GDP, 均衡GDP, 445, 447–448, 567
Equilibrium level of output, 产出的均衡水平, 438–440
Equilibrium output, 均衡产出, 567
Equilibrium price, 均衡价格, 54–56
    with taxation, 税收的均衡价格, 76
Equilibrium price ratio, 均衡价格比率, 345–347
Equilibrium unemployment, 均衡失业, 598
    versus disequilibrium unemployment, 均衡失业与非均衡失业, 599
Equimarginal principle, 等边际原理, 87
    and ordinal utility, 序数效用, 89
Equity, 公平
    and economic growth, 公平与经济增长, 38
    in medical care, 医疗保健, 220
Europe, 欧洲
    long-term unemployment, 长期失业, 602–603
European Central Bank, 欧洲中央银行, 475, 583, 605, 618, 647
European Monetary Union, 欧洲货币联盟
    central bank, 中央银行, 582
    common currency, 统一货币, 583
    costs and benefits, 成本与收益, 583–584

development of，欧洲货币联盟的发展，582–583
European Union，欧盟，176
　　common currency，统一货币，558
　　criticism of flexible exchange rates，对浮动汇率的批评，581–582
　　development of，欧盟的发展，361
　　high capital mobility，高资本流动性，571
　　unemployment trends，失业趋势，604–605
Excess demand，超额需求，621
Excess supply，超额供给，621
Exchange, money as medium of，货币作为交换媒介，33
Exchange rate policies，汇率政策，308
Exchange rate targeting，设定汇率目标，477
Expansions，扩张，429
Expected inflation，预期通货膨胀，617
Expected rate of inflation，预期通货膨胀率，617
Expenditure multiplier，支出乘数，446，569
Expenditures; see Consumption; Government expenditures; Investment，支出，见"消费"、"政府支出"、"投资"
Exports, 396, 433, 564; see also Net exports，出口，见"净出口"
　　in current account，经常账户，546
　　determinants of，出口的决定因素，565
External debt，外部债务，645
Externalities，外部性，30，36，164，523
　　and climate change，气候变化，278–280
　　global public goods，全球公共品，272

　　government regulation，政府管制，307
　　internalizing cost of，外部性的内部化成本，276
　　as market failure，市场不灵，36
　　market inefficiency with，市场非效率
　　　　analysis of，外部性分析，272–273
　　　　graphical analysis，图形分析，274–275
　　and natural resources，自然资源，268
　　policies to correct，矫正措施
　　　　government programs，政府计划，275–277

F

Factor income，要素收入，230–231
Factor markets，要素市场，28
Factor prices，要素价格，28，233
　　and capital deepening，资本深化，509–510
　　effect of free trade，自由贸易的影响，349
　　marginal productivity theory，边际生产率理论，232–235
　　　　derived demand，派生需求，233
　　　　distribution of national income，国民收入分配，241–243
　　　　and invisible hand，看不见的手，243
　　　　least-cost rule，最低成本法则，237
　　　　profit-maximizing firms，利润最大化企业，236–237
　　　　substitution rule，替代原则，238
　　　　and supply and demand，供给与需求，239–240
　　　　supply factors，要素供给，238–239

in production costs，生产成本，132–133
Factors of production，生产要素，9
  capital，资本，33–34，283–297
  capital-labor ratio，资本－劳动比率，508，510
  and comparative advantage，竞争优势，349
  demand for，对生产要素的需求
    from firm to market demand，从企业需求到市场需求，237–238
    least-cost rule，最低成本法则，237
  derived demand for，对生产要素的派生需求，233，270
  distribution of income，收入分配，241–243
  and economic rent，经济租金，159
  in fixed supply，固定供给，269
  kinds of，生产要素的种类，267
  land，土地，269–271
  law of diminishing marginal product，边际产品递减规律，144–146
  marginal product，边际产品，233
  natural resources，自然资源，267–271
  and nature of firms，企业性质，118–119
  noncompeting，无竞争，256–257
  scarce，稀缺，156
  substitution ratio，替代比率，147
  variable vs. fixed，可变生产要素与固定生产要素，112
Fairness in tax system，税收体系的公平，319
Federal funds rate，联邦基金比率，478
Federal Reserve Act of 1913，1913年《联邦储备法案》，476，477
Federal Reserve Banks，联邦储备银行，463，476
  balance sheet，资产负债表，478–479
  bank reserves，银行储备，478
Federal Reserve Bulletin，《联邦储备公告》，473
Federal Reserve System，联邦储备系统，453，476，551–552，572–573
  effect on bank reserves，对银行储备的影响
    determination of Fed funds rate，联邦基金比率的决定，483–484
    discount window policy，贴现窗口政策，481
    open-market operations，公开市场操作，479–481
    reserve requirement，法定储备，482–483
  federal funds rate，联邦基金利率，479，480
  goals，目标
    exchange-rate targeting，设定汇率目标，477
    inflation targeting，设定通货膨胀目标，476–477
    multiple objectives，多个目标，476
    in recession of 2007–2008，2007~2008年的衰退，475
  history，历史，476
  and housing bubble，房地产泡沫，432
  inflation-targeting，设定通货膨胀目标，647
  interest-rate targeting，设定利率目标，465

and monetary policy, 货币政策, 375–376
monetary rules for, 货币规则, 647–648
monetary transmission mechanism, 货币传导机制, 484–485
policy effectiveness, 政策有效性, 644
stagflation problem, 滞胀问题, 618
structure, 结构, 476
tight money era, 货币紧缩时代, 380–381
and unemployment rates, 失业率, 605
Federal Trade Commission Act, 《联邦贸易委员会法案》, 203, 204
Final goods, 最终产品, 233, 387, 389
Financial account, 金融账户, 546–547
and exchange rates, 汇率, 553
Financial assets, 金融资产, 456
versus capital, 金融资产与资本, 284
and interest rates, 金融资产与利率, 285, 457–458
of major financial institutions, 主要金融机构的金融资产, 455
major types, 金融资产的主要类型, 456–457
risk and return, 风险和收益, 466–467
Financial crises, 金融危机, 32
and business cycles, 金融危机与商业周期
housing bubble, 房地产泡沫, 432
new-economy bubble, 新经济泡沫, 431–432
credit crisis of 2007–2008, 2007~2008年信贷危机, 481
global liquidity crisis 1998, 全球流动性危机, 494
panics, 恐慌, 470
since 1990, 1990年以来的金融危机, 543–544
Financial derivatives, 金融衍生产品, 457
Financial intermediaries, 金融中介
commercial banks, 商业银行, 454
insurance companies, 保险公司, 454
mutual funds, 共同基金, 454
Financial investment, 金融投资, 395, 420
Financial markets, 金融市场, 4, 328
and decline in saving, 储蓄下降, 419
globalization of, 金融市场的全球化, 32
reaction to monetary policy, 对货币政策的反应, 485, 635
and risk sharing, 风险分摊, 215
role of information in, 信息在金融市场中的作用, 202
Financial system, 金融系统, 284, 453, 454
assets in, 资产, 455
banks, 银行, 463–466
financial assets in, 金融资产, 456–458
financial intermediaries, 金融中介, 454
financial markets, 金融市场, 454
functions, 金融系统的职能
clearinghouse, 清算, 455
resource transfers, 资源转移, 455
risk management, 风险管理, 455
money supply, 货币供给, 463–466
personal financial strategies, 个人金融策略, 470–471
stock market, 股票市场, 465–470
Fine-tuning, 微调, 489, 632

Firms; see also Competitive firms; Corporations, 企业, 见"竞争性企业"、"公司"
   cost-minimization assumption, 最小成本假设, 134
   derived demand for inputs, 对投入的衍生需求, 233, 234
   entry and exit of, 进入与退出, 155
   nature and functions, 企业的性质与职能, 118–119
   number and size of, 企业的数量与规模, 119
   zero economic profits, 零经济利润, 152
Fiscal-monetary mix, 财政政策与货币政策组合, 644, 644–646
Fiscal policy, 财政政策, 375, 458, 632
   Clinton administration, 克林顿政府, 384
   to control business cycles, 控制商业周期, 39
   for economic stabilization, 经济稳定, 308
   and government expenditures, 政府支出, 375
   and growth of deficits, 赤字增长, 631–632
   impact on aggregate demand, 财政政策对总需求的影响, 434
   interaction with monetary policy, 财政政策与货币政策的相互作用
      demand management, 需求管理, 643–644
      international coordination, 国际协调, 308
      kinds of multipliers, 乘数类型, 446–447
      for macroeconomic goals, 宏观经济目标, 632–633
   misunderstandings about, 对财政政策的误解, 638
   in multiplier model, 乘数模型
      effects on output, 对产出的影响, 442–444
      impact of budget deficits, 对预算赤字的影响, 633–634
      impact of taxes, 对税收的影响, 447–448
      impact on aggregate demand, 对总需求的影响, 444–445
   Reagan administration, 里根政府, 384
   to reduce unemployment, 减少失业, 359
   in small countries, 小国, 572
   and taxation, 税收, 375
   tool of macroeconomics, 宏观经济学工具, 375
   during Vietnam war, 越南战争期间, 380
Fixed assets, 固定资产, 138
Fixed costs, 固定成本, 126–127, 153, 156
   average, 平均固定成本, 129–130
Fixed exchange rates, 固定汇率, 494, 554–555, 560
   and Bretton Woods system, 布雷顿森林体系, 558
   with common currency, 统一货币, 558
   with currency boards, 货币委员会, 558
   and dollarization, 美元化, 558
   gold standard, 金本位, 554–555
   international adjustment mechanism, 国际调整机制, 555–557

monetary transmission mechanism with, 货币传导机制, 571–572
Fixed rules, 固定规则, 642
Fixed supply, 固定供给, 159
Flexible exchange rates, 浮动汇率, 494, 559, 559–560
 European criticism of, 欧洲对浮动汇率的批评, 581–582
 and inflation, 浮动汇率与通货膨胀, 555
 and monetary policy, 浮动汇率与货币政策, 493
Ford Motor Company, 福特汽车公司, 169, 529
Foreign aid programs, 国外援助计划, 308
Foreign direct investment, 国外直接投资, 581
Foreign exchange market, 外汇市场, 548
 central bank intervention, 中央银行干预, 493–494
 definition, 外汇市场的定义, 549
 government intervention in, 政府干预, 558–559
 organized markets, 有组织的市场, 549
 supply and demand curves, 供给曲线与需求曲线, 549–550
Foreign exchange rates, 376, 548; see also Fixed exchange rates; Flexible exchange rates, 外汇汇率, 见"固定汇率"、"浮动汇率"
 adjusting saving and investment, 调整储蓄与投资, 577
 and currency boards, 货币委员会, 558

 effect of interest rate changes, 利率变化的影响, 551, 552
 equilibrium, 均衡, 550
 in international trade, 国际贸易, 548–549, 551, 572
 major systems, 主要系统, 554
 managed but flexible, 有管理的浮动汇率, 560
 and monetary policy, 外汇汇率与货币政策, 493, 559
 and purchasing power parity, 外汇汇率与购买力平价, 552–553
Foreign exchange systems, 外汇系统, 376
Foreign investment, 国外投资, 565
For whom to produce, 为谁生产, 8
 effect of prices, 价格影响, 59–60
Four-firm concentration ratio, 四企业集中率, 188
Franklin, Benjamin, 本杰明·富兰克林, 522
Free entry and exit, 自由进出, 155, 157
Free markets, 自由市场
 technological advance in, 技术进步, 649
Free trade, 自由贸易, 4
 and consumption options, 消费选择, 346–347
 in European Union, 欧盟的自由贸易, 583
 impact on factor prices, 对要素价格的影响, 349
 versus no trade, 自由贸易与无贸易
  no-trade equilibrium, 无贸易均衡, 350–351
 prices and wages with, 价格与工资, 343

and production possibilities frontier，生产可能性边界，346–347
versus restrictions on competition，自由贸易与竞争限制，175–176
versus special interests，自由贸易与特殊利益，356
Free-trade areas，自由贸易区，175–176
Free-trade equilibrium，自由贸易均衡，346–347
Frictional unemployment，摩擦性失业，598
sources of，摩擦性失业的来源，603
teenagers，青少年，602，603
Full employment，充分就业
in classical view，古典观点，639
saving and investment in，储蓄与投资
in closed economy，封闭经济的储蓄和投资，574–576
open-economy equilibrium，开放经济均衡，576–578
Fundamental identity，基本恒等式
of balance sheet，资产负债表的基本恒等式，137
of income statement，收益表的基本恒等式，135

G

Gains from trade，贸易利得，343–344，345，346
definition，贸易利得的定义，31
Gambling，赌博，215–216
Game theory，博弈论，195，195–199
dominant equilibrium，占优均衡，197
dominant strategy，占优策略，197
and gambling，博弈，216
and imperfect competition，不完全竞争，195
Nash equilibrium，纳什均衡，197–199
noncooperative equilibrium，非合作均衡，198–199
payoff，回报，196
payoff table，回报矩阵，196
and price setting，价格设定，196
price war，价格战，197
Gasoline prices，汽油价格，45，46，57
with price controls，价格控制，79–80
Gasoline rationing，汽油配给，80–81
Gasoline taxes，汽油税，75–76
Gates, Bill，比尔·盖茨，171，232，256，328，511
GDP price index，GDP价格指数，403
General Electric，通用电气，176，204
General Motors，通用汽车，135，156，529
Germany，德国
monetary policy after 1990，1990年后德国的货币政策，552
unemployment in，德国的失业，605
wages and fringe benefits，德国的工资与福利，250
Gini coefficient，基尼系数，326
Global environment, protection of，全球环境保护，308
Globalization，全球化，4，543
definition，全球化的定义，31
and division of labor，全球化与劳动分工，32
and financial crises，全球化与金融危机，32
in financial markets，金融市场的全球化，32
impact on antitrust laws，全球化对反托拉斯法的影响，206
impact on tax policy，全球化对税收政策的影响，318–319

and macroeconomics, 宏观经济学, 376–377
and monetary policy, 货币政策, 493–494
and national output, 国民产出, 31–32
and policymakers, 政策制定者, 32–33
Global liquidity crisis of 1998, 1998年的全球流动性危机, 494
Global Positioning System, 全球定位系统, 37
Global public goods, 全球公共品, 272, 310
Global warming, 全球变暖, 523
Gold, 黄金
as adjustment mechanism, 作为调整机制, 555
and money supply, 黄金与货币供给, 555–557
Gold standard, 金本位, 292, 554–555, 557
Goods and services, 商品与服务
complements, 互补品, 92–93
in consumer price index, 消费者价格指数, 402–403
consumption goods, 消费品, 387
durable and nondurable, 耐用品与非耐用品, 409
final goods, 最终产品, 233, 387, 389
free, 自由, 4
GDP price index, GDP价格指数, 403
independent goods, 独立品, 92–93
luxuries, 奢侈品, 410–411
at market prices, 市场价格, 387
merit vs. demerit, 益品与害品, 94
price elasticities, 价格弹性, 66

private goods, 私人品, 272
public goods, 公共品, 36–37, 272
and purchasing power parity, 购买力平价, 552–553
sources of trade, 贸易来源, 340–341
substitutes, 替代品, 92–93
Google, Inc., 谷歌公司, 32
Government, 政府
control of money supply, 控制货币供给, 33
economic role, 经济作用
continuing debate about, 对经济作用的持续争论, 41
economic stability, 经济稳定性, 39–40
effects on output, 对产出的影响, 442–445
equity, 公平, 38–39
and externalities, 外部性, 36
and imperfect competition, 不完全竞争, 35–36
macroeconomic growth, 宏观经济增长, 39–40
main functions, 主要职能, 35
in mixed economy, 混合经济, 41
and perfect competition, 完全竞争, 35
public goods, 公共品, 36–37
regulating prices and profits, 价格与利润管制, 36
taxation, 税收, 38
policy instrument, 政策工具, 375
and public-choice theory, 公共选择理论, 308–309
role in income, 政府在收入中的作用, 231

Government debt, 631; see also Budget deficits, 政府债务,见"预算赤字"
　versus budget deficits, 政府债务与预算赤字, 631
　debt-GDP ratio, 债务-GDP比率, 634, 635
　economic consequences, 经济结果, 630–638
　and economic growth, 政府债务与经济增长
　　decline in long run, 长期下降, 637–638
　　displacement of capital, 资本替代, 635–637
　　historical trends, 历史趋势, 634
　external vs. internal debt, 外部债务与内部债务, 634–635
　fiscal history, 财政历史, 631–632
Government expenditure multiplier, 政府支出乘数, 446, 446
Government expenditures, 政府支出
　in aggregate demand, 总需求, 377
　components of, 政府支出的组成, 305
　cultural/technological impacts, 文化/技术影响, 311–312
　defense spending, 国防支出, 447
　deficit spending, 赤字支出, 617
　fiscal federalism, 财政联邦制
　　federal expenditures, 联邦政府支出, 310, 311
　　state and local expenditures, 州和地方政府支出, 310–311
　percentage of GDP, 政府支出占GDP的百分比, 305
　as policy tool, 政府支出作为政策工具, 304

Government failures, 政府失灵, 309
Government functions, 政府职能
　assuring competition, 保证竞争, 307
　conclusions on, 结论, 336
　conducting assistance programs, 实行援助计划, 308
　coordinating macro policies, 协调宏观政策, 308
　dealing with externalities, 处理外部性, 307
　improving economic efficiency, 提高经济效率, 306–307
　international economic policy, 国防经济政策, 308
　in market economy, 市场经济中的政府职能, 35
　protecting global environment, 保护全球环境, 308
　reducing trade barriers, 降低贸易壁垒, 308
　stabilizing economy, 稳定经济, 307–308
Government intervention, 政府干预
　antitrust laws, 反托拉斯法, 36
　in foreign exchange markets, 外汇市场的政府干预, 558–559, 560
　forms of, 政府干预的形式, 39–40
　price controls, 价格控制
　　energy prices, 能源价格, 79–80
　　minimum wage, 最低工资, 77–79
　　and rationing, 配额, 80–81
　　rent controls, 租金控制, 77
Government ownership, 政府所有权, 535
Government policies, 4; see also Antitrust laws; Fiscal policy; Macroeconomic policies; Monetary policy, 政府政策,见"反托拉斯法"、

"财政政策"、"宏观经济政策"、"货币政策"
antipoverty policies,反贫困政策,330–336
as barrier to entry,进入壁垒,175–176
and collective bargaining,集体协议,258
and consumer surplus,消费者剩余,97
to control externalities,控制外部性
    direct controls,直接控制,275–276
    emission fees,排放费,276–277
    tradeable emission permits,可交易排放许可,277
control of economy,对经济的控制,303–309
    debates about,对经济控制的争论,303
    policy tools,政策工具,304–305
current examples,现有例子,40
to deal with market failures,处理市场不灵,307
effect on supply curve,政府政策对供给曲线的影响,52,53
and executive compensation,高管薪酬,122
gasoline taxes,汽油税,75–76
impact on price and quantity,政府政策对价格和数量的影响,75–77
on imperfect competition,不完全竞争的政府政策,201
and principle of utility,效用原理,87
reaction to globalization,政府政策对全球化的应对,32–33
to reduce unemployment,减少失业,359
tools of,政府政策工具

expenditures,支出,304
regulations,管制,304
taxes,税收,304
Government purchases,政府购买
    in aggregate demand,总需求,433
    component of GDP,GDP的构成,395–396
Government saving,政府储蓄,400
Graphs,图形
    analysis of pollution,污染的图形分析,274–275
    comparative advantage,比较优势,344–347
    demand curve,需求曲线,47
    interest rates,利率,289
    market equilibrium,市场均衡,55
    monopoly equilibrium,垄断均衡,180–182
    production possibilities frontier,生产可能性边界,10–12,18–22
    return on capital,资本收益,293–295
    scatter diagrams,散点图,23
    slopes,斜率,19–22
    supply and demand shifts,供给移动与需求移动,56
    time series,时间序列,22–23
    variables,变量,19
Great Depression,大萧条,5,328,470,484
    actual vs. potential output,实际产出与潜在产出,372
    decline of trade,贸易下降,349
    fall in GDP,GDP下降,387
    lessons for 21st century,21世纪的教训,382
    origins of macroeconomics,宏观经济学的产生,367–368
    output decline,产出下降,14

索　引

trade barriers，贸易壁垒，359
unemployment rate，失业率，373，594，596
Great Moderation，黄金时代，436–437
Greenhouse effect，温室效应，278–279
Greenspan, Alan，艾伦·格林斯潘，476，482，497，517，647
Gross debt，总债务，631
Gross domestic product, 370–371; see also National accounts; Nominal GDP; Real GDP，国内生产总值，见"国民账户"、"名义GDP"、"实际GDP"
　in business cycles，商业周期，429–430
　and disposable income，可支配收入，399–400，443
　effect of investment，投资效应，440
　and government expenditures，国内总产值与政府支出，375
　government spending percentage of，政府支出比例，305
　and gross national product，国内生产总值与国民生产总值，396–397
　key concepts，关键概念，397
　losses from unemployment，失业损失，596，597
　measure of economic performance，经济绩效衡量，386–387
　and national income，国内生产总值与国民收入，399
　net exports in，净出口，396
　Okun's Law，奥肯法则，597
　per capita，人均国内生产总值，648
　ratio of government debt to，政府债务占国内生产总值的比率，634，635
　short-run impact of trade on，贸易对国内生产总值的短期影响
　open-economy multiplier，开放经济乘数，569
Gross investment，总投资，395，396
Growth rate，增长率
　formula，增长率公式，371
　of real GDP，实际GDP的增长率，371

H

Health and nutrition，健康与营养，527
Health care，医疗保健
　economics of，医疗保健经济学，219–221
　expenditures，健康医疗支出，219
　high income elasticity，高收入弹性，219
　increased subsidization，增加津贴，219–220
　rationing，配给，220–221
　as social program，社会计划，220
　special economic features，特殊经济特征，219–220
　technological advances，技术进步，219
　unsolved problems，未解决的问题，219
Health care spending，医疗保健支出，411
Hedging，套期保值，213
High-risk countries，高风险国家，579–580
Historical costs，历史成本，138
Honda，本田，89，397
Horizontal equity，横向公平，312–313
Hours of work，工时
　and labor supply，劳动供给，251–252

Households,居民户
- break-even point,盈亏损平衡点,411–412
- budgetary expenditure patterns,预算支出模式,409–411
- distribution of money incomes,货币收入分配,324
- effects of taxation,税收效应,375
- marginal tax rates,边际税率,316
- ownership of wealth,财富所有权,326
- personal saving rate,个人储蓄率,411
- rise in net worth,净价值上升,420
- single-parent families,单亲家庭,328
- trends in wealth,财富趋势,232

Housing bubble,房地产泡沫,432
Housing market collapse in 2007–2008,2007~2008年房地产市场崩溃,32
How to produce,如何生产,7–8
- effect of prices,价格的影响,59–60

Human capital,人力资本,238,255,527
- and economic growth,人力资本与经济增长,578
- investment in,人力资本投资,255–256

Human development,人力发展,525
Human resources,人力资源
- and economic development,人力资源与经济发展,526–527
- and economic growth,人力资源与经济增长,503

I

Illegal activities,非法活动,204–205,401

Illegal drugs,非法药品,94–95
Illegal immigrants,非法移民,252
Illiquid assets,非流动性资产,288
Immigration,移民
- and economic growth,移民与经济增长,578–579
- effect on labor market,移民对劳动市场的影响,58–59
- and job choice,移民与工作选择,256–257
- and labor supply,移民与劳动供给,252–253

Imperfect competition, 35, 170; see also Game theory; Market structure,不完全竞争,见"博弈论"、"市场结构"
- and antitrust laws,不完全竞争与反托拉斯法,203–206
- concentration ratios,集中率,188–189
- economic costs,经济成本
- effect on prices,不完全竞争对价格的影响,35
- four-firm concentration ratio,四企业集中率,188
- government intervention,政府干预,36
- graphic depiction,图形描述,170–171
- as market failure,市场不灵,163–164
- monopoly behavior,垄断行为,177–184
- versus no competition,不完全竞争与无竞争,172–173
- patterns of,不完全竞争的模式,169–177
- price discrimination,价格歧视,193–194
- price makers,价格制定者,170–171

and production possibilities frontier, 生产可能性边界, 35
regulation of, 对不完全竞争的管制, 201–202
sources of, 不完全竞争的来源
    barriers to entry, 进入壁垒, 175–177, 189
    costs, 成本, 173–175, 189
    labor unions, 工会, 257
    strategic interaction, 策略互动, 189
theories of, 不完全竞争理论
    cartels, 卡特尔, 190
    collusive oligopoly, 勾结寡头, 190–191
    monopolistic competition, 垄断竞争, 191–193
    oligopoly, 寡头, 193
Imperfect information, 不完全信息, 307
    as market failure, 市场不灵, 164
Import quotas; see Quotas, 进口配额, 见"配额"
Import restrictions, 175–176; see also Quotas; Tariffs, 进口限制, 见"配额"、"关税"
Imports, 进口, 396, 433, 564
    in current account, 经常账户, 546
    marginal propensity to import, 边际进口倾向, 568–569
Import substitution, 进口替代, 531, 532
Inappropriability, 不可分拨性, 222
Inappropriable commodity, 不可分拨商品, 268
Income, 收入, 230
    break-even point, 盈亏平衡点, 411–412, 439
    from capital, 资本收入, 318
    changes in, 收入变化, 92

consumption, saving, and, 消费, 储蓄, 411–412
and demand curve, 收入与需求曲线, 48, 49
diminishing marginal utility of, 收入的边际效用递减, 215
disposable, 可支配收入, 324, 411
in distribution theory, 收入分配理论, 232–233
effect of minimum wage on, 最低工资对收入的影响, 79
effect on consumption patterns, 收入对消费模式的影响, 410–411
impact of inflation, 通货膨胀对收入的影响, 614–615
invisible hand for, 看不见的手, 243
marginal productivity of, 收入的边际生产率, 232–240
marginal utility of, 边际效用, 87
and paradox of bumper harvest, 丰收悖论, 71
personal, 个人收入, 323–324
and price levels, 收入与价格水平, 423
real vs. money, 实际收入与货币收入, 90–91
transfer payments, 转移支付, 231
Income classes, 收入等级
Income distribution, 收入分配, 4, 324–326
and comparative advantage, 比较优势, 349
Gini coefficient, 基尼系数, 326
in market economy, 市场经济中的收入分配, 38, 243
Income effect, 收入效应, 47, 90, 93
and demand for automobiles, 收入效应与对汽车的需求, 50

and labor supply, 收入效应与劳动供给, 252
  and market demand curve, 收入效应与市场需求曲线, 48
Income elasticity, 收入弹性, 90, 93
  calculating, 计算收入弹性, 90
  empirical estimates, 收入弹性的经验估计, 93
Income inequality, 收入不公平
  across classes, 阶级间收入不公平, 324–326
  across countries, 国家间收入不公平, 326–327
  and government intervention, 收入不公平与政府干预, 40
  reduced by taxation, 通过税收减少收入不公平, 38
  reduced by transfer payments, 通过转移支付减少收入不公平, 38–39
Income redistribution, 收入再分配, 307
  costs of, 收入再分配的成本
    size of leaks, 漏损规模, 332–333
  and goals of mixed economy, 混合经济的目标, 331
  income-security programs, 收入保障计划, 334
  in socialism, 社会主义的收入再分配, 536
  in socialist countries, 社会主义国家的收入再分配, 332
  welfare reform, 福利改革, 334–336
Income statement, 收益表, 135
  cost categories, 成本类别, 135
  depreciation, 贬值, 135–136
  operating expenses, 经营费用, 136
Income-support systems, 收入支持体系, 419
Income tax, 所得税
  corporate, 公司所得税, 317
  individual, 个人所得税, 314–317
Increasing costs, 增加成本, 158
Independent goods, 独立品, 92, 93
Indexed bonds, 指数债券, 290–291
Index funds, 指数基金, 471
Index-number problem, 指数数值问题, 403–404
India, oil imports, 印度的石油进口, 57
Indifference curves, 无差异曲线, 101
  budget line/constraint, 预算线/约束, 103
  income change, 收入变化, 104–105
  indifference map, 无差异图, 101–103
  versus marginal utility, 无差异曲线与边际效用, 89–90
  price changes, 价格变化, 105
Indirect taxes, 间接税, 313–314, 396
Individual commodities, 单个商品, 46, 51
  income elasticities, 收入弹性, 93
  price elasticities, 价格弹性, 93
Individual demand, 个人需求, 91
Individual income tax, 个人所得税, 314–317
Individual proprietorships, 个人所有制, 120
Industrial competition, 行业竞争, 173, 174
Industrialization vs. agriculture, 工业化与农业化, 532
Industrial organization, 行业组织, 189
Industrial Revolution, 工业革命, 248–249
Industries, 行业
  competitive supply behavior, 竞争性供给行为
    entry and exit of firms, 企业进出, 155

long-run supply，长期供给，155–156

short-run/long-run equilibrium，短期/长期均衡，155–157

zero-profit long-run equilibrium，零和长期均衡，157

deregulation of，解除行业管制，258

economic regulation，经济管制，306

social regulation，社会管制，306

wage differentials，工资差异，253–254

Inefficiency，非效率

of externalities，外部性的非效率，36

analysis of，非效率分析，272–273

graphical analysis，非效率图形分析，274–275

and government intervention，非效率与政府干预，40

imperfect competition，不完全竞争，35–36

of pollution control，污染控制非效率，276

of price controls，价格控制非效率，77–80

of tariffs，关税的非效率，353

of tax rates，税率的非效率，332–333

Inefficiency loss from monopoly，垄断造成的非效率，200

Inequality; see also Income inequality，不公平，见"收入不公平"

across countries，国家间不公平，326–327

changes from 1967 to 1980，1967~1980年收入不公平的变化，326

sources of，收入不公平的来源，323–330

trends in，收入不公平趋势，328–330

trends in U.S. 1929–2006，1929~2006年美国收入不公平趋势，329

of wealth，财富的不公平，326

Inflation，373, 402, 609–627; see also Rate of inflation，通货膨胀，见"通货膨胀率"

in AS-AD framework，AS-AD框架

cost-push inflation，成本推动型通货膨胀，618

demand-pull inflation，需求拉动型通货膨胀，617

and expectations，通货膨胀与预期，619–620

expected inflation，预期的通货膨胀，617

price level，价格水平，620

stagflation，滞胀，618

supply-shock inflation，供给冲击型通货膨胀，618

data for 1979–1987，1979~1987年的通货膨胀数据，629

dilemmas of anti-inflation policies，反通货膨胀政策的两难困境，624–627

economic impacts，通货膨胀的经济影响

on efficiency，通货膨胀对效率的经济影响，615

on income and wealth distribution，通货膨胀对收入和财富分配的经济影响，614–615

microeconomic impacts，通货膨胀的微观经济影响，616

optimal rate of inflation，最优通货膨胀率，616

effect of monetary policy，通货膨胀对货币政策的影响，485

and flexible exchange rates，通货膨胀与浮动汇率，555
and globalization，通货膨胀与全球化，609
impact on taxes，通货膨胀对税收的影响，615
menu costs，菜单成本，615
modern theory，现代理论，616–624
and Phillips curve，菲利普斯曲线
 quantitative estimates，定量估计，623
 short-run，短期的菲利普斯曲线，620–621
 from short run to long run，从短期到长期，621–623
and price signals，通货膨胀与价格信号，615
and purchasing power parity，通货膨胀与购买力平价，553
and real interest rate，通货膨胀与实际利率，288–290
low inflation，低通货膨胀，611
Inflation targeting，设定通货膨胀目标，476–477，647
Inflation-unemployment tradeoff，通货膨胀-失业权衡
Information，信息
 economics of，信息经济学，221
 imperfect，不完全信息，164
 and innovation，信息与创新，221–223
 market failures in，市场不灵
  adverse selection，逆向选择，217
  moral hazard，道德风险，217
Information economy，信息经济，223
Information technology，信息技术，112，128，223，504
Infrastructure，基础设施，527–528
Innovation，创新，189
 from competition，来自竞争的创新，649
 in developing countries，发展中国家的创新，529–530
 dilemma of Internet，互联网困境，223
Input prices，投入价格
 and aggregate supply，投入价格与总供给，590–592
Inputs，投入，9
 aggregate production function，总生产函数，117–118
 choice of，投入选择，134–135
 demand in competitive markets，竞争市场的投入需求，243
 derived demand for，派生需求，233，234
 elasticity of supply，供给弹性，238–239
 least-cost rule，最低成本法则，134，237
 marginal productivity theory，边际生产率理论，243
 marginal product of，投入的边际产品，234–235
 market demand for，投入的市场需求，239–240
 prices of，投入的价格，52，53
 in production function，生产函数，107–108
 substitution rule，替代原则，134–135，238
Insurance，保险，216
 adverse selection，逆向选择，217
 health care，医疗保健，220
 moral hazard，道德风险，217
 risk spreading，风险扩散，216
Intangible capital，无形资本，283，578

Intel Corporation, 英特尔公司, 176, 206, 341
Interest, Fisher theory, 费雪的利息理论, 292–293
Interest rates, 利率, 284, 457–458
 and asset liquidity, 利率与资产流动性, 288
 and asset prices, 利率与资产价格, 287
 and budget deficit, 利率与预算赤字, 577
 and demand for investment, 利率与投资需求, 485–487
 effect on exchange rates, 利率对汇率的影响, 551
 federal funds rate, 联邦基金利率, 478, 479, 480
 and Federal Reserve System, 利率与联邦储备系统, 375
 and financial assets, 利率与金融资产, 285
 graphical analysis, 图形分析, 289–290
 impact of inflation, 通货膨胀的影响, 615
 and level of investment, 利率与投资水平, 577
 present value analysis, 现值分析, 285–287
 and profitability of investment, 利率与投资盈利性, 421–423
 real vs. nominal, 实际利率与名义利率, 288–291
 and return on capital, 利率与资本收益, 293–295
 riskless, 无风险利率, 288
Interest-rate targeting, 设定利率目标, 484

Internal government debt, 内部政府债务, 645
Internal Revenue Service, 国内收入署, 321
Internal theories of business cycle, 商业周期的内部理论, 431, 448
International business cycle, 国际商业周期, 564
International competition, and concentration ratios, 国际竞争与集中率, 188–189
International economic issues, 国际经济问题
 competitiveness, 竞争力, 580–581
 European Union, 欧盟, 581–583
 productivity, 生产率, 580–581
International finance, 国际金融, 340
International financial management, 国际金融管理, 376
International financial system, 国际金融系统, 543
 under flexible exchange rates, 浮动汇率下的国际金融系统, 569–571
International Labour Organization, 国际劳工组织, 265
International macroeconomics, 国际宏观经济学, 544
International monetary system, 国际货币体系, 308, 544, 553–554, 553–560
 adjustment mechanism, 调整机制, 555–557
 financial crises of 1990s, 20世纪90年代的金融危机, 553
 with gold standard, 金本位, 554–557
 Bretton Woods system, 布雷顿森林体系, 558

with flexible exchange rates, 浮动汇率, 559–560
    intervention, 干预, 558–559
    World Bank, 世界银行, 557–558
International specialization, 国际专业化, 342–344
International trade, 国际贸易, 4, 339–361
    bilateral, 双边国际贸易, 348
    comparative advantage, 竞争优势, 341–349
    consumption possibilities curve, 消费可能性曲线, 346, 347
    decline in Great Depression, 国际贸易在大萧条中下降, 349
    division of labor for, 劳动分工, 31
    versus domestic trade, 国际贸易与国内贸易, 340
    dumping, 倾销, 195
    impact on wages, 国际贸易对工资的影响, 330
    international adjustment mechanism, 国际调整机制, 555–557
    multilateral negotiations, 多边谈判
        World Trade Organization, 世界贸易组织, 360
    net exports, 净出口, 396
    in open economy, 开放经济
        under flexible exchange rates, 在浮动汇率下, 569–571
        monetary transmission mechanism, 货币传导机制, 571–573
        net exports and output, 净出口和产出, 564–566, 568
        short-run impact on GDP, 对GDP的短期影响, 566–569
    price discrimination in, 价格歧视, 194–195
    promoting competition, 促进竞争, 175–176
    and protectionism, 保护主义, 349–359
    sources of, 国际贸易的来源, 340–341
        cost differences, 成本差异, 341
        differences in taste, 偏好差异, 341
    specialization for, 专业化, 31
    supply and demand analysis, 供求分析, 350–355
    trade policies, 贸易政策, 376
Inventions, 干预
    in information technology, 信息技术, 504
    social return to, 社会回报, 222
Investment, 394–395; see also Financial system, 投资, 见"金融系统"
    accelerator principle, 加速数原理, 448
    and aggregate demand, 投资与总需求, 377, 424, 433
    component of GDP, GDP的构成, 394–395
    crowded out, 挤出, 634
    effect on GDP, 投资对GDP的影响, 440
    environment for, 投资环境, 579
    at full employment, 充分就业
        in closed economy, 封闭经济中的充分就业, 574–576
        open-economy equilibrium, 开放经济均衡, 576–578
    in national accounts, 国民投资账户, 400
    in open economy, 开放经济, 574–578
    personal strategies, 个人策略

diversification，多元化，470–471
knowledge of investment，投资知识，470
risk preferences，风险偏好，471
profitability and interest rates，盈利性与利率，420，423
rate of return on capital，资本收益率，509
reaction to interest rate changes，投资对利率变化的反应，485
risk and return，风险与收益，466–467
Investment bankers，投资银行，328
Investment income, in current account，经常账户中的投资收入，546
Investment multiplier，投资乘数，446
Investments，投资
in capital goods，资本品，291
determinants of profits，利润的决定因素，295–297
in financial assets，金融资产，284
for future consumption，未来消费，291–292
and government policy，政府政策，333
prices and rentals on，价格与租金，283–284
risk spreading，风险扩散，217
Investment-saving relation，投资–储蓄关系，574–575
Invisible hand，看不见的手，29
for income，收入，243
as market mechanism，市场机制，28–30
and perfect competition，完全竞争，35
Involuntary unemployment，非自愿失业，641
Iraq war，伊拉克战争，34，45，631

Italy, wages and fringe benefits，意大利的工资与福利，250

J

J. P. Morgan Company，J.P.摩根公司，480，644
Japan，日本
automakers in U.S.，日本在美国的汽车制造商，650
deflation in，日本的通货紧缩，614
gains from trade，贸易利得，31
imitating technology，技术模仿，529
lack of natural resources，缺乏自然资源，503
liquidity trap，流动性陷阱，462
trade war with，贸易战争，357
voluntary export quotas，自愿出口配额，359
wages and fringe benefits，工资与福利，250
Job creation，工作创造
Jobs，工作
choice of new immigrants，新移民的工作选择，256–257
reasons for wage differences，工资差异的原因，328
Job training programs，工作培训计划，627

K

Kennedy, John F.，约翰·肯尼迪，380，630
Kennedy, Robert F.，罗伯特·肯尼迪，402，406，407
Kennedy-Johnson tax cuts，约翰·肯尼迪减税，6，322，643
Keynes, John Maynard，约翰·梅纳德·凯恩斯，222，368，383，451，609，639，653，654

on business cycles, 凯恩斯论商业周期, 39, 428
on economic growth, 凯恩斯论经济增长, 650
founder of macroeconomics, 宏观经济学的创立者, 4, 370, 467
Keynesian economics, 凯恩斯经济学
business cycles, 商业周期, 424
demand management, 需求管理, 643–644
fiscal policy, 财政政策, 632
and monetarism, 货币主义, 490
and real-business-cycle theory, 实际商业周期理论, 640
Keynesian macroeconomics, 凯恩斯宏观经济学, 442, 593
Keynesian revolution, 凯恩斯革命, 39

L

Labor, 劳动
law of diminishing returns, 收益递减规律, 109–111
marginal revenue product, 边际收益产品, 236
total, average, and marginal product, 总产量, 平均产量, 边际产量, 108–110
Labor force, 劳动力, 595
and economic growth, 经济增长, 503
status of population, 人口统计, 595
wage differentials, 工资差异, 253–257
Labor force participation, 劳动力参与程度, 252
by groups of workers, 劳动者群体, 253
Labor income, 劳动收入, 230

share of national income, 劳动收入在国民收入中的份额, 231, 260, 330
taxes on, 对劳动所得的课税, 318, 319
Labor legislation, 劳动立法, 258
Labor market, 劳工市场
demand side, 需求
marginal productivity differences, 边际劳动生产率差异, 249–250
effect of unions, 工会的影响, 257–260
effects of welfare reform, 福利改革的影响, 335
noncompeting groups, 非竞争群体, 256–257
Labor market discrimination, 劳工市场歧视
minorities, 少数民族, 261–263
statistical, 统计性歧视, 262–263
Labor market services, 劳动市场的服务, 627
Labor productivity, 劳动生产率, 116
division of labor, 劳动分工, 31
growth in, 生产率增长, 117
specialization, 专业化, 31
Labor quality, 劳动质量, 254–256
Labor supply, 劳动供给
and classical unemployment, 古典失业, 260
determinants, 决定因素
hours worked, 工作时间, 251–252
income effect, 收入效应, 252
effect of immigration, 移民的影响, 58–59
and minimum wage, 最低工资, 78–79

and total wages, 总工资, 242–243
Labor supply curve, 劳动供给曲线, 159
Labor unions, 工会
    effects of, 工会的影响
        on unemployment, 工会对失业的影响, 260
        on wages, 工会对工资的影响, 259–260
    a legal monopoly, 合法垄断, 258
    market power, 市场力量, 257
    membership, 工会成员, 257, 258
    political goals, 政治目标, 258–259
    strikes by, 罢工, 260
    wage increases, 提高工资, 258–259
Laffer curve, 拉弗曲线, 322, 641
Laissez-faire economy, 自由放任经济, 8, 40
    and government control, 政府控制, 305–306, 306–307
    and income distribution, 收入分配, 38
Land, 土地
    derived demand for, 土地的派生需求, 270
    as factor of production, 土地作为生产要素, 9
    marginal revenue product, 边际收益产品, 236
    market demand curve for, 市场需求曲线, 239
    ownership of, 土地的所有权, 269
    property tax, 财产税, 271
    supply curve for, 土地的供给曲线, 269–270
Latin America, 拉丁美洲
    debt crisis, 债务危机, 33
    inflation, 通货膨胀, 369

Law of diminishing marginal utility, 边际效用递减规律, 84–85, 86, 213–214
Law of diminishing returns, 边际收益递减规律, 108–109, 108–111, 160, 235
    and increasing costs, 增加成本, 158
    and population growth, 人口增长, 522
    and supply curve, 供给曲线, 51
Law of downward-sloping demand, 需求向下倾斜规律, 47, 57
Law of one price, 一价定律, 553
Leaky bucket experiment, 漏桶实验, 331
Least-cost rule, 最小成本法则, 134, 237
Legal reserve requirement, 法定准备金需求, 482–483, 484
Legal tender, 法定货币, 460
Lender of last resort, 最后贷款人, 481
Liabilities, 负债, 137
    accounts payable, 应付账款, 138
    of banks, 银行负债, 463
Life-cycle hypothesis, 生命周期假说
    of consumption, 消费的生命周期假说, 416–417
    and Social Security, 社会保障, 419
Limited liability, 有限责任, 120, 121
Limited-liability partnerships, 有限责任合伙制, 120
Linear demand curve, 线性需求曲线, 69–70
Liquidity, 流动性, 288
Liquidity trap, 流动性陷阱, 462, 487, 498, 614, 644
Living standards, 生活水平, 107
    in developing countries, 发展中国家的生活水平, 525

goal of macro policies，宏观经济政策的目标，648
Local government expenditures，地方政府支出，310–311
Local public goods，地方公共品，310
Local taxes，地方税，317–318
Long run，长期，112
    aggregate supply in，长期总供给，589，593–594
    monetary policy in，长期的货币政策，489
Long-run aggregate supply schedule，长期总供给表，590
Long-run economic growth，长期经济增长
    impact of budget deficits，预算赤字的影响，633
    in neoclassical model，新古典模型，510
Long-run equilibrium，长期均衡
    in competitive industries，竞争性行业，155–157
    in neoclassical growth model，新古典增长模型，510
Long-run industry supply，长期行业供给，155–156
Long-run price，长期价格，157
Long-run supply curve，长期供给曲线，158
Loose-fiscal—tight-monetary policy，宽松的财政政策，紧缩的货币政策，645–646
Lorenz curve，洛伦兹曲线，325，326
Loss aversion, marginal principle，损失规避，边际原则，183
Low inflation，低通货膨胀，611
    and economic growth，经济增长，616

Low-risk countries，低风险国家，579–580
Lump-sum taxes，一次性总付税收，319，442
Luxury goods，奢侈品，410–411

M

M_1 money supply，货币供给M_1，459–460
    income velocity，收入周转率，493
Macroeconomic climate，宏观经济环境，579–580
Macroeconomic demand curve，宏观经济需求曲线，435
Macroeconomic equilibrium，宏观经济均衡，379–380
Macroeconomic failures，宏观经济失灵，368
Macroeconomic growth，宏观经济增长，39–40
Macroeconomic impact of inflation，通货膨胀对宏观经济的影响，616
Macroeconomic models，宏观经济模型，642
Macroeconomic policies，宏观经济政策
    to control business cycles，控制商业周期，39
    credibility of，宏观经济政策的可信性，626
    fiscal policy，财政政策，39
    to lower unemployment，降低失业，626–627
    in modern inflation theory，现代通货膨胀理论，623
    monetarist influence on，货币主义对宏观经济政策的影响，492
    monetary policy，货币政策，39
    new economic synthesis，新经济综合，642–643

in open economy, 开放经济, 571-573
policy-ineffectiveness theorem, 政策无效性定理, 642
protection of global environment, 全球环境保护, 308
to raise living standards, 提高生活水平, 648
to reduce trade barriers, 降低贸易壁垒, 308
to reduce unemployment, 降低失业, 359
stagflation problem, 滞胀问题, 618
Macroeconomic policymakers, 宏观经济政策制定者, 475
Macroeconomics, 宏观经济学, 5, 367
birth of, 宏观经济学的产生, 368-370
classical, 古典宏观经济学, 639
consequences of government debt, 政府债务的后果, 630-638
consumption function, 消费函数, 412
current account in, 经常账户, 376
and international adjustment mechanism, 国际调节机制, 557
key concepts, 主要概念, 368-377
monetary transmission mechanism, 货币传导机制, 453-454
multiplier model, 乘数模型, 449
Macroeconomic variables, 宏观经济变量, 377, 378
Macroeconomic waste, 宏观经济浪费, 596
Malthus, Thomas R., 托马斯·马尔萨斯, 510, 526, 540
and neo-Malthusianism, 新马尔萨斯主义, 523
population theory, 人口理论, 521-522
Managed but flexible exchange rates, 有管理的浮动汇率, 560

Managers, 经理人, 120
principal-agent problem, 委托-代理问题, 122
Marginal, concept of, 边际的概念, 85
Marginal abatement cost, 边际控污成本, 276
Marginal cost, 边际成本, 127-128
in competitive equilibrium, 竞争性均衡, 161-162
and marginal utility, 边际效用, 162
and total cost, 总成本, 129
Marginal cost curve, 边际成本曲线, 152
and shutdown point, 关停点, 153
Marginal principle, 边际原则, 183, 316
and loss aversion, 损失规避, 183
Marginal private benefit, 私人边际收益, 273, 276
Marginal product, 边际产量, 108, 109-110, 234-235
substitution rule, 替代规则, 134-135
Marginal productivity, 边际生产率
and distribution of national income, 国民收入的分配, 241-243
theory of factor prices, 要素价格理论, 232-243
Marginal product of capital, 资本的边际产品, 293
Marginal propensity to consume, 边际消费倾向, 414, 415-416
Marginal propensity to import, 边际进口倾向, 568
Marginal propensity to save, 边际储蓄倾向, 415, 568
and disposable income, 可支配收入, 414
Marginal revenue, 边际收益, 177
and monopoly, 垄断

price, quantity, and total revenue, 价格，数量，总收益，177
price elasticity of demand, 需求的价格弹性，179–180
and profit maximization, 利润最大化，180–183
Marginal revenue product, 边际收益产品，235
in distribution theory, 分配理论，235–236
and factor demands, 要素需求，236–238
imperfect competition, 不完全竞争，236
perfect competition, 完全竞争，236
Marginal social benefit, 社会边际收益，273，274–275
Marginal social costs, 社会边际成本，273
Marginal tax rate, 边际税率，315，315–316
Marginal utility, 边际效用，84–85，85
paradox of value, 价值悖论，96
and slope of demand curve, 需求曲线的斜率，87–88
and total utility, 总效用，85–86
Marginal utility curve, 边际效用曲线，85–86
Marginal utility of income, 收入的边际效用，87
Marginal value, 边际价值，22
Market(s), 市场，26
demand and size of, 需求与市场规模，48，49
with free trade, 自由贸易，351
institutions of, 市场机制，579
risk and uncertainty in, 风险与不确定性，211–216

Say's Law of, 萨伊定律，639
Market-clearing price, 市场出清价格，54
Market-clearing wages, 市场出清工资，600
Market demand, 市场需求，48
and demand shifts, 需求移动，92
price and income elasticities, 价格和收入弹性，93
for substitutes and complements, 对替代品和互补品的市场需求，92–93
Market demand curve, 市场需求曲线，48，91，237–238
Market economy, 市场经济，8，25–26
business cycles in, 商业周期，39
versus command economy, 指令经济，534
entry and exit of firms, 企业的进入和退出，155
income distribution, 收入分配，38–39
invisible hand, 看不见的手，28–30
and market failures, 市场不灵，30
property rights, 财产权，34
Market equilibrium, 市场均衡，54
effects of supply and demand shifts, 供给和需求变动的影响，55–57
land and rent, 土地和租金，269–270
Market equilibrium of supply and demand, 供给和需求的市场均衡，27
Market exchange rates, 市场汇率，553
Market failure, 市场不灵，30
externalities, 外部性，36，164
and government intervention, 政府干预，39–40
imperfect information, 不完全信息，164
in information, 信息，221，223

adverse selection，逆向选择，217
asymmetric information，信息不对称，217–218
moral hazard，道德风险，217
Market mechanism，市场机制，40
equilibrium of supply and demand，供给和需求的市场均衡，27
functions of，市场机制的功能，149
and price stability，价格稳定，374
qualifications，限制
externalities，外部性，164
imperfect competition，不完全竞争，163–164
rationing by prices，通过价格进行分配，59–60
Marketplace，市场，26
Market power，市场力量，188
and antitrust laws，反垄断法，203–206
price discrimination，价格歧视，193–195
Market prices，市场价格，387
and shutdown condition，停业条件，153
Market size，市场规模
and demand，市场规模与需求，48，49
and market structure，市场规模与市场结构，173–174
Market structure，市场结构
duopoly，双寡头，193，196
imperfect competition，不完全竞争，35–36
monopolistic competition，垄断竞争，171–172，187
oligopoly，寡头，171，172–173，187
Maturity of loans，贷款的到期日，288
Medicare，医疗保健，310，334
Menu costs，菜单成本
of adjusting wages and prices，调整工资和价格的菜单成本，601
Mercantilism, and tariffs，重商主义与关税，355
Merchandise trade，商品贸易，546
Microeconomic demand curve，微观经济的需求曲线，435
Minimum wage，最低工资
and teenage unemployment，青少年失业，78–79
Mixed economy，混合经济，8，25–26，39
Monetarism，货币主义，490
velocity of money，货币流转速度，490
Monetarist experiment，货币主义者的实验，492
Monetary policy，货币政策，375，449，458
and aggregate demand，总需求，495
discount rate，贴现率，478，481
discount window policy，贴现窗口政策，481–482
and exchange rates，汇率，376，559
federal funds rate，联邦基金利率，478，479，483–484
impact on aggregate demand，货币政策对总需求的影响，434
international linkages，国际联系，473–474
in long run，长期的货币政策，489
in open economy，开放经济中的货币政策，493–494
Monetary transmission mechanism，货币传导机制，453–454，484
and asset markets，资产市场，485
in open economy，开放经济的货币传导机制，494

fixed exchange rates, 固定汇率, 571–573
flexible exchange rates, 浮动汇率, 572–573
open-market operations, 公开市场操作, 484

Money, 货币, 33, 457
compound interest, 复利, 522
quantity theory of, 货币数量理论, 490–491

Money supply, 货币供给
components, 货币供给的构成
transactions money, 交易货币, 459–460
and quantity theory of prices, 价格的数量论, 555–557

Monopolistic competition, 垄断竞争, 171, 191
in market structure, 市场结构, 172, 187

Monopoly, 垄断, 30, 171
and marginal revenue, 边际收益
restriction of output, 产出限制, 199–200

Monopoly equilibrium, 垄断均衡, 180–182

Moral hazard, 道德风险, 217

Movement along a demand curve, 沿需求曲线移动, 50, 57, 435–436

Movement along a supply curve, 沿供给曲线移动, 52–53

Multilateral trade, 多边贸易, 348

Multilateral trade negotiations, 多边贸易谈判, 359–361
General Agreement on Tariffs and Trade, 多边协定, 360
World Trade Organization, 世贸组织, 360

Multiplier, 乘数, 440, 440–441
open-economy, 开放经济, 569

Multiplier model, 乘数模型, 437, 437–441

N

Nash equilibrium, 纳什均衡, 197–199, 198

National accounts, 国民账户
depreciation in, 折旧, 395
disposable income, 可支配收入, 399–400
and federal budget, 联邦预算, 396

National consumption, 国民消费
and decline in saving rate, 储蓄率下降, 418–420
determinants
disposable income, 可支配收入, 416

National consumption function, 国民消费函数, 418

National defense, 国防, 272

National investment, 国民投资, 400, 574–575

National saving, 国民储蓄, 400, 577

Natural monopoly, 自然垄断, 173–175
economies of scale, 规模经济, 201
economies of scope, 范围经济, 201

Natural rate of unemployment, 自然失业率, 621n, 626

Natural resources, 自然资源, 9
categories, 分类
appropriable, 可分拨资源, 268
inappropriable, 不可分拨资源, 268
renewable, 可再生资源, 269

Negative externalities, 负外部性, 36, 271

Neoclassical economics, factor-income distribution, 新古典经济学的要素收入分配, 241–243
Neoclassical model of economic growth, 经济增长的新古典模型, 507–510, 508
    capital deepening, 资本深化, 508–509
    geometrical analysis, 几何分析, 509–510
    long-run steady state, 长期稳定状态, 510
Net exports, 净出口, 376, 396, 564–565
    and budget deficit, 预算赤字, 577
    in national accounts, 国民账户中的净出口, 396
Net income, 净收入, 135
Net investment, 净投资, 395
Network industries, 网络行业, 175, 202
Network markets, 网络市场, 114–116
New classical macroeconomics, 新古典宏观经济学, 639–643, 640
    efficiency-wage theory, 效率工资理论, 641
    policy implications, 政策含义
    policy-ineffectiveness theorem, 政策无效性定理, 642
    rational expectations, 理性预期, 640
    and supply-side economics, 供给学派经济学, 641–642
New economy, 新经济, 423
New-economy bubble, 新经济泡沫, 431–432
New growth theory, 新增长理论, 511
New York Mercantile Exchange, 纽约商品交易所, 26
New York Stock Exchange, 纽约股票交易所, 120, 466
Nominal consumption, 名义消费, 433
Nominal GDP, 名义GDP, 391
Nominal interest rate, 名义利率, 288
    versus real interest rate, 与实际利率, 288–291
Nonaccelerating inflation rate of unemployment, 非加速通货膨胀失业率, 590, 621, 640
Noncooperative equilibrium, 非合作均衡, 198
Nondurable goods, 非耐用品, 409
Nonexcludability, 非排他性, 37
Nonlinear curves, 非线性曲线, 21
Nonprice rationing, 非价格配给, 221
Nonprohibitive tariff, 非禁止性关税, 352
Nontariff trade barriers, 非关税壁垒, 359
Normative economics, 规范经济学, 6
North American Free Trade Agreement, 北美自由贸易协定, 6, 580
Northwest Airlines, 西北航空, 187

O

Oligopoly, 寡头, 171
    cartels, 卡特尔, 190
    collusive, 勾结寡头, 190–191
    cooperative vs. noncooperative, 合作与非合作, 190
Open economy, 开放经济, 375, 544
    expenditure multiplier, 支出乘数, 569
    net exports and output, 净出口和产出, 564–566, 571
Open-economy equilibrium, 开放经济均衡, 567, 576–578
Open-economy multiplier, 开放经济乘数, 569, 569
Open-market operations, 公开市场操作, 478, 479, 481–482
Openness strategy, 开放策略

Opportunity cost,机会成本,139
Optimal currency area,理想货币区,582
Ordinal utility,序数效用,89
Organization of Petroleum Exporting Countries,石油输出国组织,191
Output(s),产出,9
    effect of aggregate demand shifts,总需求移动的影响,593–594
    equilibrium level of,产出的均衡水平,438–440
    fluctuations in,产出波动,368–369
    growth accounting approach,增长核算方法,514–516
    least-cost rule,最小成本法则,134
    in net domestic product,国内生产净值,396–399
    in production function,生产函数,107–108
    in real-business-cycle theory,实际商业周期理论,639
    technological change as,技术变革,511
Output per person,人均产出,369, 502
Outsourcing,外包,119, 344
Overvalued currency,货币高估,570, 580

P

Paper money,纸币,459
Paradox of value,价值悖论,95–96
Pareto efficiency,帕累托效率,160
Pareto optimality,帕累托最优,160
Par value,面值,555
Patents,专利,175, 223
Payoffs,支付,196
Payoff table,,回报矩阵,或"支付矩阵",196
Payroll tax,工资税,317
Pegged exchange rates,盯住汇率,494, 560, 572
Per capita GDP, national comparisons,人均GDP的国家间比较,648
Perfect competition,完全竞争,35, 150
    cost and demand curve,成本与需求曲线,173, 174
    firm demand curve,企业需求曲线,170
    in market structure,市场结构,172, 187
Perfectly competitive labor market,完全竞争的劳工市场,254
Perfectly elastic demand,富有需求价格弹性,68
Perfectly inelastic demand,缺乏需求价格弹性,68
Perpetuities,永久性资产,286
Personal disposable income,个人可支配收入,411
Personal exemption,个税免除,315
Personal income,个人收入,323–324
Personal saving,个人储蓄,411
Personal saving rate,个人储蓄率,411, 418–420
Phillips curve,菲利普斯曲线,620
    costs of reducing inflation,降低通货膨胀的损失,625–626
    and disinflation,反通货膨胀,625
    short-run,短期菲利普斯曲线,620–621
Physical capital,实物资本,623
Policy-ineffectiveness theory,政策无效性定理,642
Policy instrument,政策工具,375
Policy variables,政策变量,434–435
Political risk,政治风险,211

Politics,政治
 and labor unions,与工会,258–259
 public-choice theory,公共选择理论,309
Poll tax,人头税,319
Pollution,污染
 and climate change,与气候变化,278–280
 cost-benefit analysis,成本–收益分析,273
 and property rights,污染和产权,34
 valuing damages from,价值损失,274
Pollution control,控制污染,272
 government policies,政府政策,275–277
 marginal social benefit,社会边际收益,273
 and property rights,产权,277–278
Pollution costs,污染成本,114
Pollution standards,污染标准,276–277
Poor countries,贫穷国家
 lack of property rights,缺乏产权,34
 poverty trap,贫困陷阱,33
Population,人口
 and economic growth,与经济增长,506–507
 Malthusian theory,马尔萨斯理论,506–507
  neo-Malthusianism,新马尔萨斯主义,523
Population explosion,人口爆炸,526–527
Population growth,人口增长
 and economic development,经济发展,521–522
Population implosion,人口萎缩,523
Positive economics,实证经济学,6
Positive externalities,正外部性,164,271
 public goods,公共品,36–37

Post hoc fallacy,前因后果谬误,5
Potential GDP,潜在GDP,371–372,590
Potential output,潜在产出,590
 and aggregate supply,总供给,590–591
 versus maximum output,与最大产出,591
Poverty,贫困,4
 defined in U.S.,美国的贫困问题,327
 and income redistribution,收入再分配,333
 as relative-income status,相对收入状况,327
Poverty line,贫困线,327
Poverty trap,贫困陷阱,33,530–531
Present value,现值,285
 formula,公式,286
 for perpetuities,永久性资产的现值,286
Price(s),价格,27,53
 in AS-AD framework,总供给–总需求框架,617–620
 and average cost,平均成本,129
 base year,基年,391
 and demand curve,需求曲线,46–49
 in distribution theory,分配理论,233
 effects of taxation,税收影响,375
 equal to marginal cost,等于边际成本,150–152
 equal to opportunity cost,等于机会成本,140
 factor prices,要素价格,28
 of farm products,农产品价格,74
 government regulation of,政府管制价格,36
 for homogeneous products,无差异产品的价格,150
 and income effect,收入效应,47

law of one price, 一价定律, 553
market-clearing, 市场出清, 54
menu costs of adjusting, 调节菜单成本, 601
quantity theory of, 价格数量论, 490–491, 555–557
and speculation, 投机
　　arbitrage, 套利, 212
　　hedging, 套期保值, 213
and substitution effect, 替代效应, 47
and zero-profit point, 零利润点, 157
Price ceilings, 价格上限, 79–80
Price competition, 价格竞争, 27
Price controls, 价格控制
　　energy prices, 能源价格, 79–80
　　minimum wage, 最低工资, 77–79
Price cutting, 价格削减, 196
Price discrimination, 价格歧视, 71, 193
　　in Clayton Act, 《克莱顿法》, 204
Price elasticity of demand, 需求的价格弹性, 65–66
　　airline industry, 航空业, 70–71
　　calculating, 计算需求的价格弹性, 66–68
　　and cigarette taxes, 香烟税, 72
　　and marginal revenue, 边际收益, 179
　　and price discrimination, 价格歧视, 71, 194
　　versus slope, 价格弹性与斜率, 69–70
Price elasticity of supply, 供给的价格弹性, 72
Price fixing, 价格联合, 36, 204–205
Price floors, 价格下限, 77–79
Price indexes, 价格指数, 373, 402
　　consumer price index, 消费者价格指数, 402–403
　　GDP price index, GDP价格指数, 403
　　producer price index, 生产者价格指数, 403
Price-inelastic demand, 缺乏需求价格弹性, 66–68, 94
　　for farm products, 农产品缺乏需求价格弹性, 75
Price level, 价格水平
　　in England 1264–2007, 1264~2007年英国的价格水平, 610
　　and inflation, 通货膨胀, 620
　　long-term effect of monetary policy, 货币政策的长期影响, 489
Price makers, 价格制定者, 170–171
Price of GDP, GDP的价格, 392, 394
Price ratios, 价格比率, 346–347
Price signals, distorted by inflation, 通货膨胀扭曲的价格信号, 615
Price stability, 价格稳定性, 583, 616
Price takers, 价格接受者, 150
　　versus price makers, 价格制定者, 171
Price war, 价格战
　　oil producers, 石油生产者, 153–154
　　payoff table, 回报矩阵, 197
Pricing, 定价
　　duopoly price game, 双寡头垄断的价格博弈, 196
　　in game theory, 博弈论, 196
　　penetration pricing, 渗透定价, 116
Principal-agent problem, 委托－代理问题
Principle of comparative advantage, 比较优势原则, 341–342
Private goods, 私人品, 12–13, 272
　　versus public goods, 公共品, 271
Private pollution control approaches, 个体污染控制办法
　　liability laws, 责任规则, 277–278
　　negotiation among parties, 不同利益集团的谈判, 278

property rights issue，产权问题，278
Private property, and capital，私人产权和资本，34
Private saving，私人储蓄，400
Process innovation，工艺创新，113–114
Producer price index，生产者价格指数，403
Producer surplus，生产者剩余，161
Product differentiation，产品差异化
　as barrier to entry，进入壁垒，176
　importance of location，地理位置的重要性，172
　in monopolistic competition，垄断竞争，171–172
　and product quality，产品质量，172
Product innovation，产品创新，113–114
Production，生产
　aggregate production function，总生产函数，116–118
　basic concepts，基本概念
　　law of diminishing returns，收益递减规律，108–111
　　crop restrictions，种植限制，75
　　in firms or market，企业或市场，118–119
　　holdup problem，敲竹杠问题，119
　　and nature of firms，企业的性质，118–122
　　outsourcing，外包，119
　　returns to scale，规模报酬，111–112
　　technological change，技术变革，113–116
Production costs，生产成本
　average costs，平均成本，129–132
　and business accounting，企业会计，135–139
　and comparative advantage，比较优势，342–343

constant-cost curve，不变成本曲线，158
effects of tariffs，关税的影响，353
fixed costs，固定成本，126–127
in flow-of-cost approach，成本流量法，398–399
on income statement，收益表，135–136
least-cost rule，最小成本原则，134
marginal cost，边际成本，127–129
and opportunity cost，机会成本，139–141
source of imperfect competition，不完全竞争的根源，173–175
substitution rule，替代法则，134–135
total cost，总成本，126–129
variable costs，变动成本，127
Production function，生产函数，108–109，234–235
　and cost curves，成本曲线，132
Production possibilities，生产可能性，10
Production possibilities frontier，生产可能性边界，9–14，10
　and business cycles，商业周期，14
　and economic growth，经济增长，502
　and efficiency，效率，13–14，160
　and environmental degradation，环境恶化，14
　productive efficiency，生产效率，13–14
Production process，生产过程，118
Production theory，生产理论，107–116，234–235
Productive capacity，生产能力，107
Productive efficiency，有效率的生产，13，162

economies of specialization,专业化生产的经济性,118
and production possibilities frontier,生产可能性边界,13–14
Productivity,生产率,116, 503
aggregate production function,总生产函数,117–118
and wages and prices,工资与价格,621
Productivity growth,生产率增长,116
from economies of scale,由于规模经济的生产率增长,116–117
from economies of scope,由于范围经济的生产率增长,116–117
Product market, in circular flow diagram,产品市场,环形流动图,28–29
Product quality,产品质量,172
Products,产品
degrading,降低产品级别,195
homogeneous,无差异产品,150
network,网络产品,116
Professions,职业,256
women in,职业女性,263
Profit maximization,利润最大化
conditions for monopoly,垄断利润最大化的条件,179–183
factor demands,要素需求,236–237
price equal to marginal cost,价格等于边际成本,151
and shutdown condition,停业条件,153
Profit-maximizing output,利润最大化的产量水平,180–183
Profits,利润,27
accounting vs. economic,会计利润与经济利润,295
and average cost,平均成本,129

determinants,决定因素
implicit returns,隐含收益的利润,295
rewards for innovation,创新报酬的利润,296–297
rewards for risk bearing,承担风险回报的利润,296
Progressive income taxes,累进所得税,313, 314, 330, 331
Progressive taxation,累进税,38
Prohibitive tariff,禁止性关税,352
Property income,财产性收入,230–231, 328
Property rights,产权
and pollution,产权与污染,34
and pollution control,污染控制,277–278
Property tax,财产税,271, 318
Proportional income taxes,比例税,313, 314
Protectionism,保护主义,349–359
economics of,保护主义经济学,355–359
noneconomic goals,非经济目标,355
supply and demand analysis,供给和需求分析
costs of tariffs,关税的成本,353–355
free trade vs. no trade,自由贸易与非自由贸易,350–351
textile industry,纺织业,354–355
and transportation costs,运输成本,353
Public-choice theory,公共选择理论,308–309
Public goods,公共品,12–13, 36, 272, 307, 523

global,全球性公共品,272,310
health care,医疗保健,220
versus private goods,与私人品,271
technology,技术,511
Purchasing power parity,购买力平价,648
and developing countries,购买力平价与发展中国家,524–525
and exchange rates,汇率,552–553
and inflation,通货膨胀,553
Purchasing power parity theory of exchange rates,汇率的购买力平价理论,552–553
Pure economic rent,纯经济租金,159,256,269
basis of single-tax movement,单一税运动,271
Pure food and drug acts,食品卫生和药品法案,306

Q

Quantity,数量
equilibrium values,均衡值,379–380
under free trade,自由贸易下,351
and marginal revenue,边际收益,177–179
Quantity demanded,需求量
and substitution effect,替代效应,47
and income effect,收入效应,47
and income elasticity,收入弹性,90–91
and market price,市场价格,46–47
and price elasticity,价格弹性,66–68
Quantity supplied,供给量
and economic rent,供给量与经济租金,159
supply curve,供给曲线,51

Quantity theory of money and prices,货币和价格数量论,490
Quantity theory of prices,价格的数量论,555–557
Queue, rationing by,排队,配给,79–80
Quotas,配额,351

R

Random walk,随机游走,469–470
Rate of inflation,通货膨胀率,373–374,402
converging in European Union,欧盟统一,582–583
core,核心通货膨胀率,617
socialist countries,社会主义国家,33
Rate of return,收益率
on capital,资本收益率,284–285,292,294–295
and capital deepening,资本深化,509
and interest rates,利率,284–285
Rate of return on investments,投资收益率,284,285
Rational expectations,理性预期,640
of consumers,消费者的理性预期,641
Rational-expectations hypothesis,理性预期假说,640
Real-business-cycle theory,实际商业周期理论,640
Real consumption,实际消费数量,433
Real GDP,实际GDP,378,391
Real income,实际收入,90–91
per capita,人均收入,649
Real interest rate,实际利率,286,288
versus nominal interest rate,名义利率,288–291
Real investment,实际投资,395,420
Real wage,实际工资,248

efficiency-wage theory,效率工资理论,641
Recession,衰退,14,429
Regime changes,制度变迁,626
Regional free trade agreements,区域性自由贸易协定,361
Regressive taxes,累进税,313,314
Regulation,管制
    command-and-control type,命令控制型,275–276
    of externalities,外部性的管制,36
Renewable resources,可再生资源,269
Rent,租金,159,269
    income of land,土地收入,242
    on land,土地租金
        market equilibrium,市场均衡,269–270
        single-tax movement,单一税运动,271
    in national accounts,国民账户,398
Rent controls,租金控制,77
Rent-seeking by corrupt governments,腐败的政府寻租,527
Required reserve ratio,法定准备金比率,482
Research and development,研发,189
Reserve requirement,法定准备金,465
Reserve requirements policy,法定准备金政策
    determination of Fed funds rate,联邦基金利率的决定,483–485
    discount window lending,贴现窗口借款,481–482
    legal reserves,法定准备金,482–483
    nature of reserves,准备金的性质,482
    open-market operations,公开市场操作,479–481

required reserve ratio,法定准备金比率,482
Residual income,剩余收入,297
Resource allocation,资源分配,160–163
Resource categories,资源种类,268–269
Resource costs,资源成本,139
Restraint of trade,贸易限制,203,205,306
Retained earnings,留存收益,138
Retaliatory tariffs,报复性关税,357
Return on capital,资本收益
    in capital deepening,资本深化,509
    long-run equilibrium,长期均衡,295
    short-run equilibrium,短期均衡,293–295
Returns to scale,规模报酬
    and information technology,规模报酬与信息技术,112
    and mass production,大规模生产,111–112
Revaluation,增值,551
Revenue,收入
    determinant of investment,投资的决定因素,420–421
Revenue maximization,收益最大化,177
Reverse discrimination,反向歧视,264
Ricardian view of fiscal policy,财政政策的李嘉图法则,640–641
Risk,风险,466
    of default,违约风险,296
    hedging,对冲风险,213
    political risk,政治风险,211
    and uncertainty,不确定性,215
Risk and return on different assets,风险和不同资产的收益率,466–467
Risk-averse,风险规避,215,466
Risk preference,风险偏好,471
Risk premium,风险溢价,32

Risk spreading, 风险分摊, 216
Rivalry game, 对抗博弈, 198
Ruinously low prices, 摧毁性低价, 204
Rule of reason doctrine, 合理法则, 205
Rule of 70, 70法则, 522
Rules vs. discretion, 固定规则与相机抉择

S

Sacrifice ratio, 牺牲率, 625
Sales tax, 销售税, 318, 396
Saving, 储蓄, 408–420
 balance sheet measure, 资产负债表所计算的储蓄, 420
 break-even point, 盈亏平衡点, 411–412
 and economic performance, 经济绩效, 408
 at full employment, 充分就业
  in closed economy, 封闭经济的充分就业, 574–576
 government, 政府, 400
 and government policy, 政府政策, 333
 life-cycle hypothesis, 生命周期假说, 417
 marginal propensity to save, 边际储蓄倾向, 415–416
 in national accounts, 国民账户, 400
Saving function, 储蓄函数, 412–414
 and consumption function, 消费函数, 413
Saving-investment relation, 储蓄-投资关系, 574–575
Savings accounts, 储蓄账户, 457
Say's Law of Markets, 萨伊的市场定律, 639
Scarcity, 稀缺, 4
 and opportunity cost, 机会成本, 13, 139–140
 and substitution value, 替代价值, 101
Scientific approach, 科学方法, 5
Securities, 证券
 government bonds, 政府债券, 290–291
Securities and Exchange Commission, 证券交易委员会, 202
Segmented markets, 细分市场, 256–257
Separation of ownership and management, 所有权与控制权分离, 121–122
Services, in current account, 经常账户中的服务, 546
Sherman Antitrust Act, 《谢尔曼反垄断法》, 203, 203–204, 205, 306
Shift of demand curve, 需求曲线的移动, 435–436
Shortages, 短缺
 from price controls, 价格控制造成的短缺, 80
Short run, 短期, 112
Short-run economic growth, impact of budget deficits, 预算赤字对短期经济增长的影响, 633–634
Short-run Phillips curve, 短期菲利普斯曲线, 620–621
Short-run supply curve, 短期供给曲线, 155
Shutdown condition, 关停条件
 and total cost, 总成本, 152–154
Shutdown rule, 停业原则, 153
Single-tax movement, 单一税运动, 271
Slope, 斜率, 19
 of curved line, 曲线的斜率, 21
 versus elasticity, 斜率与弹性, 69–70
 of equal-cost curves, 等成本曲线的斜率, 146, 147
 of equal-cost lines, 等成本线的斜率, 146

of indifference curve, 无差异曲线的斜率, 101, 104
Social contract, 社会契约, 305
Social insurance, 社会保险, 218
    health care insurance, 医疗保险, 220–221
    versus private insurance, 私人保险, 218
    unemployment insurance, 失业保险, 218–219
Social insurance taxes, 社会保险税, 317
Socialism, 社会主义
    and economic development, 经济发展, 534, 536–537
    and welfare state, 福利国家, 40
Socialist countries, income redistribution in, 社会主义国家的收入再分配, 332
Social overhead capital, 社会分摊资本, 504
Social regulation, 社会管制, 275–276, 306
Social safety net, 社会安全网, 323
Social Security, 社会保险, 310, 334
    trust fund, 信托基金, 631
Special economic zones, China, 中国的经济特区, 535
Specialization, 专业化生产
    economics of, 专业化生产的经济性, 118
    and globalization, 全球化, 32
Speculation, 投机, 212
    arbitrage, 套利, 212
    and hedging, 套期保值, 213
Speculative bubbles, 投机泡沫
    high-tech, 高技术, 431–432
    housing, 房地产投机泡沫, 432
Stabilization policies, 稳定政策, 307–308

interaction of monetary and fiscal policies, 财政政策与货币政策的相互作用
Stable macroeconomic climate, 稳定的宏观经济环境, 579–580
Stagflation, 滞胀, 368, 618
Standard and Poor's 500 index, 标准普尔500指数, 468–469
State vs. markets, 政府与市场, 532
Static costs of monopoly, 垄断的静态成本, 200
Statistical discrimination, 统计性歧视, 262
Sticky prices and wages, 粘性价格与工资, 594
Stimulus package, 刺激计划, 644
Stockholders, 股东, 120
    versus managers, 与管理者, 121
Stockholders' equity, 股东权益, 138
Stock market, 股票市场, 465
    efficient market theory, 有效市场理论, 469–470
    irrational exuberance, 非理性繁荣, 470
    random walk, 随机游走, 469–470
Stock options, 股票期权, 121–122
Stock-price indexes, 股票价格指数, 470
Stock variable, 存量, 137
Stolper-Samuelson theorem, 斯托珀-萨缪尔森定理, 356
Strategic interaction, 策略互动, 189
    and collusive oligopoly, 勾结寡头, 190
    payoff table, 回报矩阵, 196
Structural budget, 结构性预算, 633
Structural unemployment, 结构性失业, 598–599
Substitutes, 替代品, 92, 93

and elastic demand, 替代品与需求弹性, 66
Substitution effect, 替代效应, 47, 90, 93
  and labor supply, 劳动供给, 252
  and taxation, 与税收, 318
Substitution rule, 替代法则, 134–135, 238
Sunk cost, 沉没成本, 127
Supply and demand, 供给与需求
  attaining equilibrium, 达到均衡, 27–28
  for competitive firms, 竞争性企业的供给与需求, 149–154
  concept of equilibrium, 均衡的概念, 57–58
  market equilibrium, 市场均衡, 27
  and microeconomics, 与微观经济学, 65
Supply and demand analysis, 供给与需求分析
  changes in price and quantity, 价格与数量的变化, 57
  of discrimination by exclusion, 排他性歧视, 261
  foreign exchange market, 外汇市场, 549–550
  of immigration, 移民的供给与需求分析, 58–59
  paradox of value, 价值悖论, 95–96
  taxes, prices, and quantity, 税收, 价格和数量, 75–77
Supply behavior, 供给行为
  of competitive firms, 竞争性企业的供给行为, 149–154
  of competitive industries, 竞争性行业的供给行为, 154–157
Supply curve, 供给曲线, 51, 65

backward-bending, 向后弯曲的供给曲线, 159
for land, 土地的供给曲线, 269–270
and shutdown point, 与关停点, 153
upward-sloping, 向上倾斜, 51
Supply rule, 供给原则, 158
Supply-shock inflation, 供给冲击型通货膨胀, 618
Supply-side economics, 供给学派经济学, 641
  versus Keynesian economics, 与凯恩斯经济学, 641
Surplus, 剩余, 55
Systematic risk, 系统风险, 296

T

Tangent lines, 切线, 21
Tangible assets, 有形资产, 283, 284
Tariffs, 关税, 351
  economic costs, 经济成本, 353–355
  economic effects, 经济效应, 352
  nonprohibitive, 非禁止性关税, 352
  prohibitive, 禁止性关税, 352
  and unemployment, 与失业, 359
Taste for discrimination, 歧视偏好, 262
Taxable income, 应纳税收入, 315
Taxation, 税收
  cigarette tax and smoking, 香烟税和吸烟, 71–72
  of corporations, 公司税, 121
  earned-income tax credit, 劳动所得税抵免, 335, 336
  efficiency losses from, 税收的效率损失, 635
  efficiency vs. fairness, 效率与公平, 319–320
  federal, 联邦
    consumption taxes, 消费税, 317

corporate income tax，公司所得税，317
social insurance taxes，社会保险税，317
flat tax proposal，统一税，316–317
goal of efficiency，效率目标
impact of globalization，全球化的影响，318–319
taxes on capital income，对资本所得的课税，318
taxes on labor income，对劳动所得的课税，318
green taxes，绿色税，319–320
and investment decision，与投资决策，471
poll tax，人头税，319
principles of，原则
ability-to-pay principle，支付能力原则，312
benefit principle，受益原则，312
direct or indirect taxes，直接税或间接税原则，313–314
horizontal equity，横向公平原则，312–313
proportional taxes，比例税原则，313
regressive taxes，累退税原则，313
vertical equity，纵向公平原则，313
Ramsey tax rule，拉姆齐税收原则，271，319
single-tax movement，单一税运动，271
sin taxes，罪恶税，319
state and local，州和地方，317–318
property tax，财产税，318
sales tax，销售税，318

user fees，使用税，313
value-added tax，增值税，317
Tax incidence，税收归宿，76–77
Tax multiplier，税收乘数，448
Tax preferences，税收偏好，316
Tax rates，税率，315
Technological advance/change，技术进步/变革，27，504–505
Technological possibilities，技术可能性
inputs and outputs，投入与产出，9
and limited resources，与有限资源，8–9
production possibilities frontier，生产可能性曲线，9–14
Technological regress，技术进步，114
Technological stagnation，技术停滞，505
Technology，技术，45
determinant of production，生产的决定因素，28
impact of government spending，政府支出的影响，311–312
Terms of trade，贸易条件，345，357
Theoretical approaches，理论方法，5
Theory of capital, profits, and interest，资本、利润和利息理论，291–297
Theory of demand，需求理论
in behavioral economics，行为经济学，88–89
and law of diminishing marginal utility，边际效用递减规律，85
and ordinal utility，与序数效用，89
Theory of economic value，经济价值理论，96
Theory of income distribution，收入分配理论，232
Theory of supply and demand，供给与需求理论，45

Third-party payment effect,第三方支付效应,220
Tight-fiscal—loose-monetary policy,紧缩的财政政策,宽松的货币政策,646
Tight money,紧缩货币
    and core inflation,与核心通货膨胀,625
Time,时间
    opportunity cost of,时间的机会成本,139
    optimal allocation of,时间的最优分配,88
Time discounting,时间贴现,292
Total assets,总资产,137
Total cost,总成本,127
    and shutdown condition,与关停条件,152–154
Total cost curve,总成本曲线,131
Total cost schedule,总成本表,130
Total factor productivity,全要素生产率,116,117,516
Total product,总产量,108,109–110
Total revenue,总收益,70,71,177
    and marginal revenue,与边际收益,177–179
Total utility,总效用
    and consumer surplus,与消费者剩余,96–97
    and marginal utility,与边际效用,85–86
    paradox of value,价值悖论,96
Trade balance,贸易余额,546
Trade barriers,贸易壁垒
    nontariff,非关税壁垒,359
    quotas,配额,351,352–353
    transportation costs,运输成本,353

Trade deficits,贸易赤字,376,546,565,580
Trade policies,贸易政策,376
Trade surplus,贸易盈余,376,546
Trade wars,贸易战,357
Transaction costs,交易成本,278,583
Transactions demand for money,货币的交易需求,461
Transfer payments,转移支付,38–39,231,304,395–396
Treasury bonds,国债,290–291
Triangular trade,三角贸易,348
Trusts,信托,184

U

Unanticipated inflation,不可预期的通货膨胀,613
Uncertainty,不确定性
    and risk,与风险,215–216
    and speculation,与投机,212–215
Unemployed,失业者,595
Unemployment,失业,594–605
    classical,古典失业,260
    cyclical,周期性失业,599
    effect of minimum wage on,最低工资对失业的影响,77–79
    efficiency-wage theory,效率工资理论,641
    frictional,摩擦性失业,598
    Keynesian,凯恩斯主义,260
    labor market issues,劳动市场问题
        duration of unemployment,失业的持续时间,602–603
    microeconomic foundations,微观经济学基础,601
    periodic,周期性失业,589
    in policy-ineffectiveness theorem,政策无效性定理,642

structural,结构性失业,598–599
and tariffs,与关税,359
voluntary,自愿失业,598
Unemployment insurance,失业保险,7,218–219,627
Unemployment rate,失业率,373
in business cycles,商业周期,373,602
in Great Depression,大萧条,373,594,596
Okun's Law,奥肯法则,597
Unit cost,单位成本,129
United States,美国
assets of financial institutions,金融机构的资产,455
capitalist economy,资本主义经济,283
capital stock in 2008,2008年资本存量,33,283
comparative advantage,比较优势,344–347
consumer prices 1776–2008,1776~2008年消费者价格,611
consumption function,消费函数,418
credit crisis,信用危机,308
definition of poverty,贫穷的定义,327
distribution of money incomes,货币收入的再分配,324
federal expenditures,联邦支出,310,311
government spending and taxes,政府支出与税收,304
growth of labor productivity,劳动生产率的增长,516
high capital mobility,高资本流动率,571
immigration,移民,252–253
liquidity trap in 2008,2008年的流动性陷阱,487,614
low saving rate,低储蓄率,504
macroeconomic data 1929–2008,1929~2008年的宏观经济数据,385
monetary transmission mechanism,货币传导机制,572–573
net exports in 2007,2007年的净出口,564–565
state and local expenditures,州与地方政府支出,310–311
trade deficit,贸易赤字,564,581
United States Constitution,美国宪法,223
United States International Trade Commission,美国国际贸易委员会,357
United States Supreme Court,美国最高法院,205,258
Unit-elastic demand,单位需求价格弹性,66
Unlimited liability,无限责任,120
Upward-sloping aggregate supply curve,向上倾斜的总供给曲线,594
U-shaped cost curve,U形成本曲线,133–134
Utility,效用,84
cardinal,基数效用,89
and consumer surplus,与消费者剩余,96–97
ordinal,序数效用,89
and paradox of value,与价值悖论,95–96
principle of,效用原则,87
Utility maximization,效用最大化,84,87,163
Utility theory,效用理论

equimarginal principle, 等边际原则, 87, 89

V

Value, 价值
  of brands, 品牌价值, 176–177
  historical cost, 历史成本, 138
  theory of, 价值理论, 96
Value added, 附加值, 390
Value-added tax, 增值税, 317
Variable costs, 可变成本, 127, 153
  average, 平均成本, 130
  and total cost, 与总成本, 128
Variable factors of production, 生产的可变要素, 112
Variables, 变量, 19
  affecting aggregate demand, 影响总需求的变量, 434–435
  macroeconomic, 宏观经济变量, 377, 378
Velocity of money, 货币周转率, 490
Vertical aggregate supply curve, 垂直的总需求曲线, 640
Vertical equity, 纵向公平, 313
Vietnam war, 越南战争, 380
Voluntary export quotas, 自愿出口配额, 359
Voluntary unemployment, 自愿失业, 598

W

Wage differentials, 工资差异
  compensating, 补偿性工资差异, 254
  and discrimination, 与歧视, 260–264
  industry comparisons, 行业比较, 253–254
  investment in human capital, 人力资本投资, 255–256
  noncompeting groups, 非竞争群体, 256–257
  in segmented markets, 细分市场, 256–257
Wage-price arithmetic, 工资价格计算, 621
Wage-price spiral, 工资价格螺旋, 260, 619–620
Wages, 工资
  from collective bargaining, 集体协议, 257–259
  determination of, 工资的决定因素, 248–257, 257
  effect of immigration, 移民对工资的影响, 58–59
  effects of welfare reform, 福利改革对工资的影响, 335
  general wage level, 一般工资水平, 248–249
  and labor supply, 与劳动供给
    hours worked, 工时, 251–252
  market-clearing rate, 市场出清价格, 600
  minimum wage, 最低工资, 77–79
  real wage, 实际工资, 248
  sticky, 粘性工资, 594
  and vacancy rate, 与职位空缺率, 600
War, and full employment, 战争与充分就业, 447
Wartime boom, 战时繁荣, 380
Waste, 浪费
  caused by monopoly, 垄断导致的浪费, 200
  from high unemployment, 高失业造成的浪费, 596
Waste Management, 废物处理, 138
Wealth, 财富, 231, 324

determinant of consumption，消费的决定因素，417–418
distribution of，财富的分布，324–326
and factor prices，与要素价格，240–241
in nonmonetary assets，非货币资产，461
and price levels，与价格水平，423
property income，财产收入，328
Wealth effect，财富效应，417
Weighting, in consumer price index，消费者价格指数的权重，402–403
Welfare reform，福利改革
appraisal of，评价，335–336
battle over，福利改革之战，334–336
earned-income tax credit，劳动所得税抵免，335, 336
Welfare state，福利国家，40, 307, 323, 330
rise of，福利国家的崛起，40, 330–331
What to produce，生产什么，7
Whole price，总价格，172
Women，妇女

economic discrimination against，对妇女的经济歧视，264
Worker safety acts，劳工安全法，306
Work rules，工作制度，258
World Bank，世界银行，308, 363, 557–558
World Trade Organization，世界贸易组织，360, 557
World War II，第二次世界大战，447

Y

Yahoo!，雅虎，138

Z

Zero-economic-profit，零经济利润，157
Zero-inflation policy，零通货膨胀政策，616
Zero interest rate，零利率，614
Zero-profit condition，零利润条件，157
Zero-profit point，零利润点，152, 157
and shutdown point，关停点，153
Zimbabwe，津巴布韦
hyperinflation，恶性通货膨胀，374

译后记

萨缪尔森《经济学》第19版英文版问世之后，新曲线出版咨询公司的两位老总在最佳时间亲送原著与我商谈中文翻译问题。时值共和国成立60周年大庆假期，且他们所选的那一天恰好是我的生日，令人从内心感谢这些十年如一日的异常敬业的出版人。

鉴于萨缪尔森《经济学》教科书的国际影响，每一版从英文原著到中文译本发行，其间所要经历的环节真的远非一般读者所能想象。包括作者、国外出版社、国际版权代理、国内出版社及其代理制书机制，中文翻译团队、编辑团队乃至图表美编等，无不有新的要求和希望。这次又遇一特殊情况，商务印书馆要求将本书列入该社经典系列"汉译世界学术名著"。中国最早的《经济学》（第10版）就出自该译丛第一辑，后来走了一大圈：第12版在中国发展出版社，第14版在首都经贸大学出版社，第16版在华夏出版社，第17、18版在人民邮电出版社，现在的第19版，也是萨缪尔森先生在世修订的最后一版，又回归商务印书馆，这也许是一种圆满。

每一环节的新希望和新要求，都意味着新的选择和新的磨合。其结果，第19版的中文翻译合同，直到今年4月才得以签字。按国外出版社和代理机制的要求，我们只能进行倒计时。于是，合同留给译者翻译全书的时间竟然只剩下非常可怜的4个月!好在新曲线两位经验丰富的制书人似乎都有先见之明,英文原著一直"不耽搁"地放在我手中,到签合同前已满18个月!本能和"路径依赖"告诉我,自己早已被萨缪尔森"锁定"。义务与职责、光荣与梦想,都令我"波澜誓起"并未雨绸缪!

事实上,我动手布置翻译是在去年寒假开始前,而在今年春节开学后全部初译稿几近完成。这比合同所签定的"开工时间"要提前4个月!现在想也许不足挂齿,可当时心里还真不是"只有一点发毛"。现今大学生的时间和精力可谓非常稀缺,贸然动用是需要"豁一把"的,而这并不是我的一贯风格。与全国类似,北大硕士生的第一年也是"要和两年的学分较劲",第二年"再同用人单位过招",活得真的不算轻松。

参与会战的主力基本上是我在北大指导或授课的世界经济专业的研究生,他们天资聪慧、基础厚实、素养良好、精度较高。初稿收齐后,我不得不深感青春年华之弥足珍贵。英文中 bachelor 一词,不仅指的是 unattached 和 unmarried,也不仅是指一种学位,而且指的是有潜力的、可塑性强的。在上世纪那激扬的90年代(The Roaring Nineties),美国的年轻人曾表现出令人惊叹的建设热情和创业气魄:怀揣着一项专利、饱含着一腔热血,"到西部去!","两年,赚足两千万美元!"(本版经济学也已涉及),曾经是美国"新淘金热"(new gold rush)的口头禅。对比之下,中国年轻才俊所甘愿选择的却是另一种更为高尚的"学术淘金":为中国的知识经济创建和教材建设贡献聪明才智!

有仗于整个团队的献身精神和萨缪尔森的感召力,也得益于我的几个立志学术的研究生弟子,翻译工作可谓应者云集和顺风顺水。分工动员会上,我们播放了萨缪尔森的传记和各版花絮,如师兄师姐翻译团队的照片记录等。而在那以前和以后,我都曾结合新版经济学的内容,提取难句和新句,给同学们系统地讲解翻译技巧和名家经验。翻译过程中,同学们不分中外、不计名利,尽心竭力、相互切磋。少数不能过关的译文,我都要特请"从译文中发现的尖子生"顶上去重译一遍,以免主译人"瓶颈"过窄、精力不济、影响大局。何物羡人,二月杏花八月桂;有谁催我,三更灯火五更鸡!

奋发努力的动力源泉当属充沛。首先是因为大家都有"高处不胜寒"之感。由中国出版科学研究所和《中国图书商报》联合主办的"新中国60年600本最具影响力图书"评选活动中,财经类著作共入选了41本,本书也荣列在榜,被认为是"以不同的姿态影响和改变了几代中国人,在中国社会产生了重大影响,甚至推动了社会的发展进程。"而在那以前,"改革开放30周年"和"建国50周年"的两次"全国最具影响力图书"评选中,本书也都曾不负众望、连续当选。这个记录虽然远非百尺竿头(事实不过是狐假虎威,毕竟只是译著而已),然而,在心存感激的同时,主译人除了竭尽愚钝、老当益壮,难道还敢有过多的喘息?

其次,读者的错爱与鞭策也难以闪避,"我们都是跟随萨缪尔森学习经济学的一代人!"动笔写这篇后记的当天,我还收到一个手机短信,是湖北土家族苗族自治州的一名自学经济学的乡镇干部。他不仅密切关注第19版哪天出版,而且还热心邀请我们去他的家乡。最特殊、最让我印象深刻的是一封寄自秦城监狱的明信片。信中写道:"请允许我向您及您的助手们表示真诚而深切的敬意!……正是由于阁下主译的这本《经济学》(第18版),温暖着我冰冷的每一天,使我在prison的生活更理性更有价值。若有机缘,我愿意资助阁下翻译出更多更好的经济学著作。"该信中英文字都写得非常好。

连续4版的翻译,肯定有不少需要交代的地方。其一是"goods"的翻译。"物品""产品""财货",译法很多。我们一直采用"品"。私人品、公共品;益品、害品、劣品、良品、基芬品。其二是"inefficiency"的处理。我们认为这个词比较活,有时是"非效率",有时是"无效率"和"低效率",前者包括后两者,抽象层次也稍高一点。其三是"market failures"和"government failures"。读者通常见到的翻译多是"市场失灵"和"政府失灵",而我们的翻法是"市场不灵"和"政府不灵"。多年这样坚持的理由是,"失灵"的前提是"应灵",而这显然明显违背原意。"不灵"看似全盘否定,但细究起来则不然。因为"不灵"有单复数,具"可数性",加之上下文和常识都在强调市场功能强大,因而很难有较大的误导。当然这也只是我们的一种理解和处理,翻译本来就没有标准答案。我们再次声明会始终尊重与认可其他的译法。

困惑与忐忑肯定不少,一个典型的老问题是"payoff table"的翻译。这个术语本应理解和翻译成"回报矩阵",才不至于让读者黑白反向和明显别扭。但该词长期以来一直被译成"支付矩阵",约定俗成、根深蒂固,致使我们在此前三版中一直未敢擅动。这一次,在加上了"也称'支付矩阵'的注释"的同时,我们还是斗胆将被颠倒了的东西再颠倒过来。

错误疏漏或未能到位之处肯定难免，译者在此恳请读者共同留意和不吝赐教。这次翻译编辑中沟通机制有所更新：三审三校，虽然效率高、进度快、省时间，但却难免会失去我先前主张的"划出我改"的好处。经济学翻译比较特殊，对于词、句和语流的把握，往往难免需要超越词典所允许的弹性空间。有些场合，编辑越众多越尽职，"保证流畅光鲜、统一和谐"这一点很有可能就越困难。12年前第16版后记中，译者曾详细记录过我们的那场遭遇。那时出版社"悬赏"找错，结果是译文"遍体鳞伤返来"，尔后又"体无完肤归去"。不过这次看罢最终校样，还是佩服商务印书馆资深编辑的文字水平！尽管如此，译者还是要重复一句感叹："在经济转型的岁月里，在自由骑士难免的集体行动中，精品总是需要千呼万唤的。限于时间和能力，译者再次恳请各位读者切勿过于厚望。"

第19版《经济学》翻译的具体执笔分工情况如下：海琳娜、萧剑犁（宣言、前言），胡翠（目录、经济学与互联网），杜月（第1章、第11章、第21章），萧剑犁（第2章），王睿（第3章、第13章、第23章），杨镇瑀（第4章、第14章、第24章、第27章＜协助＞），翟菲菲（第5章、第15章、第25章、第30章＜协助＞），刘博（第6章、第16章、第26章），胡梦若（第7章、第17章、第27章），韩鹏飞（第8章、第18章、第28章、第10章＜协助＞），陈凤平（第9章、第19章、第29章、第7章＜协助＞），韩奕（第10章、第20章、第30章），刘叶（第12章、第22章、第31章），高明星、崔楠楠、李梦遥、刘丁华（专业术语表）。

全书翻译的指导、纠错、审校和润色工作由萧琛教授承担。

而在沟通和协调等方面，助理金曦老师和杜月同学则出色地发挥了作用。本系的几位留学生（如德国的杜文凯硕士、泰国的黄雪贞博士、韩国的赵恩娇博士等）和台湾同胞学生（如黄慧玲博士）也一直努力追随这部不朽的著作，自始至终积极参加了围绕翻译工作展开的一系列学术活动。此外，还有经济学院国际经济系主管教学的主任李权副教授，多年来也一直为本书默默奉献，节省了我大量的时间。

本书第19版译者团队的照片是今年6月在北大未名湖畔的合影。他们中间大多数同学都直接参加了主书的翻译，少数正在参与辅书（如《学习指南》和若干衍生作品）的翻译、审校、编辑等工作。遗憾的是部分成员未能到场，团队跨越了两届研究生，其中有一届已经毕业。要想按太阳光线的需要一次聚齐，实在是已经太难太难！即便是在教师节那天，同学们也是有的在天上、有的在国外，大家只能遥相电子问候……另外三幅照片分别是第16版、第17版和第18版译者团队的合影。后来者永远有幸站在先行者的肩上，附上这三版译者的照片不仅应该而且必要。翻译萨缪尔森经济学教科书以来，时光不觉已经逝去了13年，"当年燕园桃李杏，今日华夏竹梅松！"

翻译团队应者云集动力充沛的重要原因还是在于萨缪尔森的学术魅力，尤其是在他留下绝版从容离去的日子里，追思和悼念之情可谓绕梁不绝，北大尤其是我教过的学生们肯定也不会例外。不妨允许我在此提请各位为萨缪尔森默哀片刻！12年前他曾在北京翠宫饭店（以其录像发言）出席过我们的萨缪尔森《经济学》第16版中译本的首发式。他那睿智机敏的谈吐和铁骨铮铮的风范，他对于中国市场经济前景的无限憧憬,对于中国"转轨经济学"潜在诺奖得主的由衷呼唤,至今仍然深深地映刻在笔者的脑海中。

责任编辑徐向娟、颜林柯、王涧秋三位女士、美编陶建胜先生和排版制作孙东亭女士的劳动也需要特别地致谢。他们高效率的工作和忘我奉献的精神,应当得到广大读者的认可和敬重。"汉译世界学术名著"版式既定,众多的图表在小开本中有可能让读者感到阅读视野不够开阔。经验丰富的编辑在版式方面当然能够提出这个问题,主译人也曾提出能否既有扬也有弃、将既定格式等比例放大,但经典系列毕竟有自己的传统尊严和美学偏好。令人庆幸的是商务印书馆已计划开拓新系列,更好地满足读者这方面的需求。

北京大学今年93岁高寿的胡代光教授,已过88寿辰的范家骧先生,经济学院吴树青教授(前北京大学校长),前院长晏智杰教授,前院长现副校长刘伟教授,前党委书记现校长助理黄桂田教授,院长孙祁祥教授,党委书记章政教授,北京大学前社会科学部部长、现《北京大学学报》主编程郁缀教授,北京大学党委书记朱善璐先生,北京大学校党委常务副校长(原法学院院长)吴志攀教授,北京大学党委副书记光华管理学院教授于鸿君教授,还有国内外著名经济学家厉以宁教授,长期以来一直关心这部经典教科书的翻译工作。范家骧先生近年还老当益壮地出版了一部研究萨缪尔森《经济学》的专著。

校外的经济学教授,如复旦大学的洪文达先生、华民教授,人大的杜厚文先生、方福前教授,北京师范大学的李翀教授和李实教授,南开大学的薛敬孝先生、陈漓高教授,浙江大学的张小蒂教授、肖文教授，中山大学的邹建华教授，上海财经大学的林珏教授、鲁品越教授，长江商学院的王一江教授，美国联邦储备高级研究员斯坦福大学经济学博士王柯女士，此外，北京社会科学联合会副主席陈之昌先生，北京社会科学规划办主任王祥武先生，《广义虚拟经济研究》学术委员会主席林左鸣博士和秘书长李克安先生等，都曾对本书有过特别的指点与关注。

清华、人大、北师大、外经贸大、中财大、北工大、中政法大、首经贸大、北工商大、首师大、外交学院、北外、中央民族大学，复旦、南开、武大、中大、吉大、辽大、南大、浙大、厦大、川大、山大、云大、兰大、苏大、湖北大、湖南大、黑大、藏大，上海财大、南京财大、西南财大、河南财经政法大、安徽财大、贵州财大，广东外语外贸大学、上海交大、同济大学、上海外经贸大、暨南大学、华侨大学，河北大学、海南大学、山东理工大学、华中理工大学、宁波大学、嘉兴学院、嘉华学院、泰达学院、毕节学院、延边科技大学，中央党校、中国浦东干部学院、北京市委党校、新疆阿尔伯达党校等众多高等学府的同仁好友和莘莘学子，多年来海纳百川慷慨错爱，常有难得的高见和友善的鼓励。

中华外国经济学研究会、中国世界经济学会、中国美国经济学会、中国出版科学研究所等，曾多次为本书举行过相应的学术活动。CCTV、CETV、BTV、《人民日报》《中华工商时报》《东方早报》《华夏时报》《中国证券报》《21世纪经济报道》、新华社《国际先驱导报》《每日经济新闻》《中国社会科学报》《世界经济》《世界经济与政治》《世界经济导刊》《国际经贸探索》《经济学动态》《中国大学生》《北京大学学报》《中国图书商报》《中国经济》《社会观察》等杂志，新华网、人民网、新浪、搜狐、网易、凤凰网－读书频道等多家网站，都曾有关于萨缪尔森这本不朽著作的正向报道、中肯评论和热切关注。

在新一版萨缪尔森《经济学》教科书中译本终于问世的今天，请允许我代表连续四版翻译团队全体成员，向以上所提到的学府、学者、专家、学会、报纸、杂志、网站，乃至其他所有关心过此书的各界机构和朋友们，还有多年来提出各种建议和意见却未能尽列的众多学者和网民，一并表示最诚挚最由衷的谢忱！

萧 琛

2011年12月3日凌晨于北京大学

图书在版编目(CIP)数据

经济学:第19版:学术版/(美)萨缪尔森,(美)诺德豪斯著;萧琛等译.—北京:商务印书馆,2012(2024.1重印)
(汉译世界学术名著丛书)
ISBN 978-7-100-08406-2

Ⅰ.①经… Ⅱ.①萨… ②诺… ③萧… Ⅲ.①经济学—高等学校—教材 Ⅳ.①F0

中国版本图书馆 CIP 数据核字(2011)第 230258 号

权利保留,侵权必究。

汉译世界学术名著丛书
经 济 学
(第十九版)
(上下册)

〔美〕保罗·萨缪尔森 著
威廉·诺德豪斯
萧 琛 等译

商务印书馆出版
(北京王府井大街36号 邮政编码100710)
商务印书馆发行
北京市白帆印务有限公司印刷
ISBN 978-7-100-08406-2

2012 年 1 月第 1 版	开本 850×1168 1/32
2024 年 1 月北京第 11 次印刷	印张 38⅞

定价:168.00 元